# 2003

# 全国农产品成本收益资料汇编

国家发展改革委价格司 编

中国物价出版社

**图书在版编目(CIP)数据**

全国农产品成本收益资料汇编. 2003/国家发展改革委价格司编.
-北京：中国物价出版社，2003.8
ISBN 7-80155-596-1

Ⅰ.全… Ⅱ.国… Ⅲ.农产品-产品成本-成本效益分析-资料-中国-2003 Ⅳ.F323.7

中国版本图书馆 CIP 数据核字(2003)第 068002 号

**出版发行**/中国物价出版社(邮政编码：100837
地址：北京市西城区月坛北小街 2 号院 3 号楼
电话：读者服务部 68022950 发行部 68033577)
**经销**/新华书店
**印刷**/北京林业印刷厂

---

**开本**/880×1230 毫米 大 16 开 **印张**/45.75 **字数**/1170 千字
**版本**/2003 年 8 月第 1 版 **印次**/2003 年 8 月第 1 次印刷

---

**书号**/ISBN 7-80155-596-1/F·429
**定价**/158.00 元

---

# 编者说明

一、《全国农产品成本收益资料汇编—— 2003》是一部全面反映我国主要农林牧渔产品单位面积和单位产量成本收益情况的资料汇编，收录了2002年各省(区、市)主要农产品成本收益资料、大中城市蔬菜副食品成本收益资料、2002年与2001年主要农产品全国平均成本收益对比资料、1990年以来主要农产品全国平均成本收益资料。

二、汇编资料来源于各级价格主管部门和棉麻、烟草、蚕茧、中药材、渔业、林业等行业主管部门对全国1550多个调查县(市)约60000个农户的典型调查汇总数据。

三、汇编共分十部分，分别为：第一部分，综合；第二部分，粮食、油料；第三部分，棉、麻、烟、糖料；第四部分，蚕茧、茶叶、水果；第五部分，肉、禽、蛋、奶；第六部分，水产品；第七部分，蔬菜；第八部分，中药材；第九部分，畜产品；第十部分，林产品(略)。

另附《农产品成本调查主要指标解释》，对农产品成本主要指标的含义、核算范围和核算方法作了简要说明。

四、汇编中，“三种粮食平均”指稻谷、小麦、玉米平均；“二种油料平均”指花生、油菜籽平均；“生猪平均”指农户散养生猪和规模饲养生猪平均；“黄河流域棉区”包括河北、山东、河南、陕西四省；“长江流域棉区”包括江苏、安徽、江西、湖北、湖南五省。

五、2002年全国统一劳动日工价，种植业和一般饲养业为11元，淡水鱼为15.4元。为方便使用，本汇编列出了各品种按全国统一工价和各地区工价分别计算的成本收益数据。统一工价和地区工价均根据工价计算公式计算得出(请参阅《农产品成本调查主要指标解释》)。

六、为适应农村税费改革的实际情况，对2002年种植业产品税金等指标的核算口径作了统一调整。已推行农村税费改革的地区，将农业税及附加(包括农业特产税及附加)的实际数额按播种面积分摊后计入“税金”；尚未推行农村税费改革的地区，先计算出各品种应分摊的税金、村提留和乡统筹，再按这三项之和的70%计入“税金”，其余30%计入“成本外支出”中的“其他成本外支出”指标。与此相适应，“期间费用”项目中的“管理费”指标不再包含村干部工资，“成本外支出”项目中的“村提留”和“乡统筹”两项指标不再填列数据。

七、为便于与2002年成本数据进行比较，对“第一部分 综合”中“三、2002年与2001年全国主要农产品成本收益比较”表中的2001年种植业产品成本数据作了调整，即将原2001年种植业产品成本数据中的税金、管理费、村提留、乡统筹四项数据之和计入调整后的“税金”指标，同时“管理费”、“村提留”和“乡统筹”三项指标数据调整为0。

八、本汇编由国家发展改革委价格司综合汇总编制。

联系电话：(010)68501097 68501740；E-mail：gjjw0069@mx.cei.gov.cn

# 目录

## 第一部分 综合



## 第二部分 粮食、油料



## 第三部分 棉、麻、烟、糖料

## 第四部分　蚕茧、茶叶、水果



## 第五部分　肉、禽、蛋、奶

### （一）省、自治区、直辖市

# 全国主要农产品成本收益变化情况

**品种：三种粮食平均**

| 项　目　名　称 | | 单位 | 1990 年 | 1995 年 | 1998 年 | 1999 年 | 2000 年 | 2001 年 | 2002 年 |
|---|---|---|---|---|---|---|---|---|---|
| 每亩 | 主产品产量 | 公斤 | 334.30 | 342.40 | 350.50 | 348.40 | 342.20 | 356.00 | 358.30 |
| | 产值合计 | 元 | 199.15 | 545.67 | 463.14 | 396.25 | 352.96 | 390.04 | 375.26 |
| | 主产品产值 | 元 | 179.50 | 514.36 | 435.00 | 369.55 | 331.00 | 366.65 | 352.87 |
| | 副产品产值 | 元 | 19.65 | 31.31 | 28.14 | 26.70 | 21.96 | 23.39 | 22.39 |
| | 其它收入 | 元 | | | 1.21 | 0.86 | 0.45 | 0.04 | 0.03 |
| | 生产成本 | 元 | 128.48 | 274.11 | 304.71 | 292.08 | 282.08 | 280.52 | 286.39 |
| | 物质费用 | 元 | 77.62 | 158.04 | 172.33 | 170.48 | 160.08 | 155.72 | 159.89 |
| | 用工作价 | 元 | 50.14 | 116.07 | 132.38 | 121.60 | 122.00 | 124.80 | 126.50 |
| | 用工数量 | 日 | 17.30 | 15.90 | 13.80 | 12.80 | 12.20 | 12.00 | 11.50 |
| | 劳动日工价 | 元 | 2.90 | 7.30 | 9.60 | 9.50 | 10.00 | 10.40 | 11.00 |
| | 期间费用 | 元 | | 8.02 | 16.90 | 14.45 | 12.82 | 12.40 | 8.99 |
| | 税金 | 元 | 5.02 | 12.26 | 14.79 | 13.92 | 14.86 | 15.95 | 25.63 |
| | 含税成本 | 元 | 133.50 | 294.39 | 336.40 | 320.45 | 309.76 | 308.87 | 321.01 |
| | 净产值 | 元 | 120.81 | 387.63 | 290.81 | 225.77 | 192.88 | 234.32 | 215.37 |
| | 减税纯收益 | 元 | 65.65 | 251.28 | 127.95 | 76.66 | 43.65 | 81.21 | 54.28 |
| | 成本纯收益率 | % | 46.91 | 85.36 | 38.04 | 23.92 | 14.09 | 26.29 | 16.91 |
| 每 50 公斤主产品 | 平均出售价格 | 元 | 27.12 | 75.11 | 62.05 | 53.04 | 48.36 | 51.50 | 49.24 |
| | 物质费用 | 元 | 11.08 | 21.75 | 23.09 | 22.82 | 21.93 | 20.56 | 20.98 |
| | 生产成本 | 元 | 17.98 | 37.73 | 40.82 | 39.10 | 38.65 | 37.04 | 37.58 |
| | 含税成本 | 元 | 18.69 | 40.52 | 45.07 | 42.89 | 42.44 | 40.78 | 42.12 |
| | 净产值 | 元 | 16.04 | 53.36 | 38.96 | 30.22 | 26.43 | 30.94 | 28.26 |
| | 减税纯收益 | 元 | 8.44 | 34.59 | 17.15 | 10.27 | 5.99 | 10.73 | 7.12 |
| 每一劳动日 | 主产品产量 | 公斤 | 19.10 | 21.50 | 25.40 | 27.20 | 28.00 | 29.70 | 31.20 |
| | 净产值 | 元 | 6.81 | 24.38 | 21.09 | 17.64 | 15.81 | 19.53 | 18.73 |
| 每亩主产品出售数量 | | 公斤 | | 177.00 | 189.40 | 184.80 | 168.10 | 179.10 | 173.70 |
| 每亩主产品出售产值 | | 元 | | 266.86 | 233.76 | 195.26 | 161.59 | 183.39 | 169.86 |
| 每亩成本外支出 | | 元 | 4.35 | 15.11 | 37.43 | 35.61 | 32.10 | 26.62 | 10.09 |

# 全国主要农产品成本收益变化情况

品种：稻谷

| 项目名称 | | 单位 | 1990年 | 1995年 | 1998年 | 1999年 | 2000年 | 2001年 | 2002年 |
|---|---|---|---|---|---|---|---|---|---|
| 每亩 | 主产品产量 | 公斤 | 414.10 | 408.20 | 421.90 | 420.60 | 415.10 | 427.20 | 420.40 |
| | 产值合计 | 元 | 264.44 | 702.50 | 593.36 | 500.90 | 451.72 | 481.85 | 453.37 |
| | 主产品产值 | 元 | 241.27 | 670.32 | 564.63 | 475.99 | 429.56 | 458.64 | 432.10 |
| | 副产品产值 | 元 | 23.17 | 32.18 | 28.73 | 24.91 | 22.16 | 23.21 | 21.27 |
| | 其它收入 | 元 | | | 1.44 | 1.01 | 0.83 | 0.13 | 0.10 |
| | 生产成本 | 元 | 151.80 | 326.62 | 345.49 | 329.27 | 319.15 | 316.68 | 319.04 |
| | 物质费用 | 元 | 91.39 | 187.92 | 187.67 | 185.72 | 173.15 | 170.04 | 172.74 |
| | 用工作价 | 元 | 59.65 | 138.70 | 157.82 | 143.55 | 146.00 | 146.64 | 146.30 |
| | 用工数量 | 日 | 20.60 | 19.00 | 16.40 | 15.10 | 14.60 | 14.10 | 13.30 |
| | 劳动日工价 | 元 | 2.90 | 7.30 | 9.60 | 9.50 | 10.00 | 10.40 | 11.00 |
| | 期间费用 | 元 | | 9.57 | 16.84 | 14.20 | 11.63 | 12.20 | 7.96 |
| | 税金 | 元 | 6.39 | 17.98 | 19.72 | 17.99 | 18.62 | 20.34 | 29.86 |
| | 含税成本 | 元 | 158.19 | 354.17 | 382.05 | 361.46 | 349.40 | 349.22 | 356.86 |
| | 净产值 | 元 | 172.28 | 514.58 | 405.69 | 315.18 | 278.57 | 311.81 | 280.63 |
| | 减税纯收益 | 元 | 106.25 | 348.33 | 212.75 | 140.45 | 103.15 | 132.76 | 96.61 |
| | 成本纯收益率 | % | 66.00 | 98.35 | 55.69 | 38.86 | 29.52 | 38.02 | 27.07 |
| 每50公斤主产品 | 平均出售价格 | 元 | 29.02 | 82.11 | 66.92 | 56.59 | 51.74 | 53.68 | 51.39 |
| | 物质费用 | 元 | 10.20 | 21.96 | 21.17 | 20.98 | 19.83 | 18.94 | 19.58 |
| | 生产成本 | 元 | 16.75 | 38.18 | 38.96 | 37.20 | 36.56 | 35.28 | 36.16 |
| | 含税成本 | 元 | 17.46 | 41.40 | 43.09 | 40.84 | 40.02 | 38.90 | 40.45 |
| | 净产值 | 元 | 18.81 | 60.15 | 45.75 | 35.61 | 31.91 | 34.74 | 31.81 |
| | 减税纯收益 | 元 | 11.56 | 40.71 | 24.00 | 15.87 | 11.82 | 14.80 | 10.95 |
| 每一劳动日 | 主产品产量 | 公斤 | 20.20 | 21.50 | 25.70 | 27.80 | 28.40 | 30.30 | 31.60 |
| | 净产值 | 元 | 8.35 | 27.08 | 24.68 | 20.86 | 19.08 | 22.11 | 21.10 |
| 每亩主产品出售数量 | | 公斤 | | 181.70 | 211.20 | 196.90 | 189.60 | 200.90 | 189.90 |
| 每亩主产品出售产值 | | 元 | | 308.94 | 286.25 | 223.50 | 199.46 | 219.53 | 196.00 |
| 每亩成本外支出 | | 元 | 4.59 | 19.25 | 38.21 | 36.72 | 31.33 | 27.68 | 9.57 |

# 全国主要农产品成本收益变化情况

品种：籼稻

| 项　目　名　称 | | 单位 | 1990 年 | 1995 年 | 1998 年 | 1999 年 | 2000 年 | 2001 年 | 2002 年 |
|---|---|---|---|---|---|---|---|---|---|
| 每亩 | 主产品产量 | 公斤 | 407.30 | 400.30 | 401.90 | 398.10 | 403.00 | 410.30 | 399.70 |
| | 产值合计 | 元 | 237.88 | 626.29 | 539.88 | 451.86 | 411.95 | 432.11 | 411.31 |
| | 主产品产值 | 元 | 214.41 | 597.68 | 512.24 | 428.87 | 391.00 | 411.42 | 391.96 |
| | 副产品产值 | 元 | 23.47 | 28.61 | 27.64 | 22.99 | 20.95 | 20.69 | 19.35 |
| | 其它收入 | 元 | | | 1.77 | 0.74 | 0.20 | 0.17 | 0.14 |
| | 生产成本 | 元 | 145.09 | 309.51 | 327.09 | 312.82 | 302.54 | 300.00 | 299.81 |
| | 物质费用 | 元 | 85.38 | 170.08 | 171.28 | 168.51 | 158.54 | 155.44 | 155.71 |
| | 用工作价 | 元 | 59.71 | 139.43 | 155.81 | 144.31 | 144.00 | 144.56 | 144.10 |
| | 用工数量 | 日 | 20.60 | 19.10 | 16.20 | 15.20 | 14.40 | 13.90 | 13.10 |
| | 劳动日工价 | 元 | 2.90 | 7.30 | 9.60 | 9.50 | 10.00 | 10.40 | 11.00 |
| | 期间费用 | 元 | | 7.23 | 11.28 | 10.32 | 8.72 | 9.15 | 5.89 |
| | 税金 | 元 | 6.35 | 19.32 | 19.68 | 18.00 | 18.40 | 19.76 | 29.14 |
| | 含税成本 | 元 | 151.44 | 336.06 | 358.05 | 341.14 | 329.66 | 328.91 | 334.84 |
| | 净产值 | 元 | 152.50 | 456.21 | 368.60 | 283.35 | 253.41 | 276.67 | 255.60 |
| | 减税纯收益 | 元 | 86.44 | 290.23 | 183.60 | 111.46 | 82.49 | 103.37 | 76.61 |
| | 成本纯收益率 | % | 57.08 | 86.36 | 51.28 | 32.67 | 25.02 | 31.43 | 22.88 |
| 每 50 公斤主产品 | 平均出售价格 | 元 | 26.32 | 74.65 | 63.73 | 53.86 | 48.51 | 50.14 | 49.03 |
| | 物质费用 | 元 | 9.45 | 20.27 | 20.22 | 20.09 | 18.67 | 18.04 | 18.56 |
| | 生产成本 | 元 | 16.05 | 36.89 | 38.61 | 37.29 | 35.63 | 34.81 | 35.74 |
| | 含税成本 | 元 | 16.76 | 40.06 | 42.27 | 40.66 | 38.82 | 38.17 | 39.91 |
| | 净产值 | 元 | 16.87 | 54.38 | 43.51 | 33.77 | 29.84 | 32.10 | 30.47 |
| | 减税纯收益 | 元 | 9.56 | 34.59 | 21.68 | 13.29 | 9.71 | 11.99 | 9.14 |
| 每一劳动日 | 主产品产量 | 公斤 | 19.80 | 21.00 | 24.80 | 26.20 | 28.00 | 29.50 | 30.50 |
| | 净产值 | 元 | 7.41 | 23.89 | 22.71 | 18.65 | 17.60 | 19.90 | 19.51 |
| 每亩主产品出售数量 | | 公斤 | | 151.40 | 174.10 | 155.60 | 153.80 | 168.10 | 152.80 |
| 每亩主产品出售产值 | | 元 | | 219.18 | 219.27 | 166.71 | 146.68 | 167.37 | 146.21 |
| 每亩成本外支出 | | 元 | 3.66 | 16.11 | 38.31 | 33.63 | 29.36 | 25.62 | 8.50 |

# 全国主要农产品成本收益变化情况

品种：早籼稻

| 项目名称 | | 单位 | 1990年 | 1995年 | 1998年 | 1999年 | 2000年 | 2001年 | 2002年 |
|---|---|---|---|---|---|---|---|---|---|
| 每亩 | 主产品产量 | 公斤 | 389.40 | 366.10 | 351.30 | 352.80 | 372.80 | 374.80 | 364.40 |
| | 产值合计 | 元 | 218.82 | 550.69 | 442.35 | 402.04 | 340.81 | 372.08 | 365.27 |
| | 主产品产值 | 元 | 199.24 | 525.38 | 417.56 | 382.08 | 319.94 | 352.02 | 346.97 |
| | 副产品产值 | 元 | 19.58 | 25.31 | 24.79 | 19.96 | 20.87 | 20.06 | 18.30 |
| | 其它收入 | 元 | | | 1.32 | 1.11 | 0.31 | 0.12 | 0.04 |
| | 生产成本 | 元 | 143.75 | 300.86 | 322.22 | 301.43 | 291.69 | 289.84 | 289.26 |
| | 物质费用 | 元 | 90.39 | 173.11 | 178.80 | 172.33 | 161.69 | 159.84 | 158.36 |
| | 用工作价 | 元 | 53.36 | 127.75 | 143.42 | 129.10 | 130.00 | 130.00 | 130.90 |
| | 用工数量 | 日 | 18.40 | 17.50 | 14.90 | 13.60 | 13.00 | 12.50 | 11.90 |
| | 劳动日工价 | 元 | 2.90 | 7.30 | 9.60 | 9.50 | 10.00 | 10.40 | 11.00 |
| | 期间费用 | 元 | | 7.39 | 10.67 | 10.25 | 7.76 | 9.21 | 6.45 |
| | 税金 | 元 | 6.31 | 22.48 | 20.46 | 17.79 | 18.12 | 19.58 | 26.73 |
| | 含税成本 | 元 | 150.06 | 330.73 | 353.35 | 329.47 | 317.57 | 318.63 | 322.44 |
| | 净产值 | 元 | 128.43 | 377.58 | 263.55 | 229.71 | 179.12 | 212.24 | 206.91 |
| | 减税纯收益 | 元 | 68.76 | 219.96 | 90.32 | 73.68 | 23.55 | 53.57 | 42.87 |
| | 成本纯收益率 | % | 45.82 | 66.51 | 25.56 | 22.36 | 7.42 | 16.81 | 13.30 |
| 每50公斤主产品 | 平均出售价格 | 元 | 25.58 | 71.75 | 59.43 | 54.15 | 42.91 | 46.96 | 47.61 |
| | 物质费用 | 元 | 10.57 | 22.55 | 24.02 | 23.21 | 20.36 | 20.17 | 20.64 |
| | 生产成本 | 元 | 16.80 | 39.20 | 43.29 | 40.60 | 36.73 | 36.58 | 37.70 |
| | 含税成本 | 元 | 17.54 | 43.09 | 47.47 | 44.38 | 39.98 | 40.21 | 42.03 |
| | 净产值 | 元 | 15.01 | 49.20 | 35.41 | 30.94 | 22.55 | 26.79 | 26.97 |
| | 减税纯收益 | 元 | 8.04 | 28.66 | 12.15 | 9.93 | 2.97 | 6.77 | 5.59 |
| 每一劳动日 | 主产品产量 | 公斤 | 21.20 | 20.90 | 23.50 | 26.00 | 28.70 | 30.00 | 30.60 |
| | 净产值 | 元 | 6.98 | 21.58 | 17.64 | 16.90 | 13.78 | 16.98 | 17.39 |
| 每亩主产品出售数量 | | 公斤 | | 143.80 | 177.30 | 156.50 | 167.10 | 175.00 | 154.20 |
| 每亩主产品出售产值 | | 元 | | 203.31 | 205.90 | 170.58 | 139.70 | 163.40 | 145.71 |
| 每亩成本外支出 | | 元 | 2.69 | 13.00 | 36.49 | 27.74 | 26.16 | 24.10 | 8.89 |

# 全国主要农产品成本收益变化情况

品种：中籼稻

| 项　目　名　称 | | 单位 | 1990年 | 1995年 | 1998年 | 1999年 | 2000年 | 2001年 | 2002年 |
|---|---|---|---|---|---|---|---|---|---|
| 每亩 | 主产品产量 | 公斤 | 458.20 | 471.80 | 474.50 | 475.00 | 470.90 | 468.00 | 464.30 |
| | 产值合计 | 元 | 264.59 | 714.48 | 640.28 | 516.74 | 473.91 | 493.82 | 474.57 |
| | 主产品产值 | 元 | 239.34 | 679.88 | 609.46 | 489.80 | 449.75 | 471.57 | 453.68 |
| | 副产品产值 | 元 | 25.25 | 34.60 | 30.82 | 26.94 | 24.16 | 22.25 | 20.89 |
| | 其它收入 | 元 | | | 1.45 | 0.48 | | | |
| | 生产成本 | 元 | 146.18 | 324.86 | 349.61 | 337.28 | 326.29 | 330.01 | 326.83 |
| | 物质费用 | 元 | 77.45 | 160.61 | 165.67 | 167.99 | 154.29 | 153.21 | 156.33 |
| | 用工作价 | 元 | 68.73 | 164.25 | 183.94 | 169.29 | 172.00 | 176.80 | 170.50 |
| | 用工数量 | 日 | 23.70 | 22.50 | 19.20 | 17.80 | 17.20 | 17.00 | 15.50 |
| | 劳动日工价 | 元 | 2.90 | 7.30 | 9.60 | 9.50 | 10.00 | 10.40 | 11.00 |
| | 期间费用 | 元 | | 7.64 | 13.27 | 13.34 | 11.12 | 8.76 | 6.04 |
| | 税金 | 元 | 5.73 | 15.02 | 20.51 | 18.84 | 19.87 | 21.90 | 33.75 |
| | 含税成本 | 元 | 151.91 | 347.52 | 383.39 | 369.46 | 357.28 | 360.67 | 366.62 |
| | 净产值 | 元 | 187.14 | 553.87 | 474.61 | 348.75 | 319.62 | 340.61 | 318.24 |
| | 减税纯收益 | 元 | 112.68 | 366.96 | 258.34 | 147.76 | 116.63 | 133.15 | 107.95 |
| | 成本纯收益率 | % | 74.18 | 105.59 | 67.38 | 39.99 | 32.64 | 36.92 | 29.44 |
| 每50公斤主产品 | 平均出售价格 | 元 | 26.12 | 72.05 | 64.23 | 51.56 | 47.75 | 50.38 | 48.86 |
| | 物质费用 | 元 | 7.65 | 16.20 | 16.62 | 16.76 | 15.55 | 15.63 | 16.10 |
| | 生产成本 | 元 | 14.43 | 32.76 | 35.07 | 33.65 | 32.88 | 33.67 | 33.65 |
| | 含税成本 | 元 | 15.00 | 35.04 | 38.46 | 36.86 | 36.00 | 36.80 | 37.75 |
| | 净产值 | 元 | 18.47 | 55.85 | 47.61 | 34.80 | 32.20 | 34.75 | 32.76 |
| | 减税纯收益 | 元 | 11.12 | 37.01 | 25.92 | 14.75 | 11.75 | 13.58 | 11.11 |
| 每一劳动日 | 主产品产量 | 公斤 | 19.30 | 21.00 | 24.80 | 26.70 | 27.40 | 27.50 | 30.00 |
| | 净产值 | 元 | 7.90 | 24.62 | 24.77 | 19.57 | 18.58 | 20.04 | 20.53 |
| 每亩主产品出售数量 | | 公斤 | | 182.60 | 180.90 | 167.10 | 155.40 | 171.50 | 168.70 |
| 每亩主产品出售产值 | | 元 | | 250.47 | 231.45 | 169.67 | 147.27 | 171.74 | 158.52 |
| 每亩成本外支出 | | 元 | 4.65 | 25.32 | 48.84 | 44.00 | 36.79 | 27.98 | 9.91 |

# 全国主要农产品成本收益变化情况

品种：晚籼稻

| 项目名称 | | 单位 | 1990年 | 1995年 | 1998年 | 1999年 | 2000年 | 2001年 | 2002年 |
|---|---|---|---|---|---|---|---|---|---|
| 每亩 | 主产品产量 | 公斤 | 374.30 | 362.90 | 379.90 | 366.60 | 365.40 | 388.00 | 370.40 |
| | 产值合计 | 元 | 230.23 | 613.70 | 537.01 | 436.81 | 421.13 | 430.42 | 394.10 |
| | 主产品产值 | 元 | 204.66 | 587.79 | 509.69 | 414.74 | 403.31 | 410.67 | 375.24 |
| | 副产品产值 | 元 | 25.57 | 25.91 | 27.32 | 22.07 | 17.82 | 19.75 | 18.86 |
| | 其它收入 | 元 | | | 2.55 | 0.63 | 0.30 | 0.40 | 0.37 |
| | 生产成本 | 元 | 145.35 | 303.59 | 309.52 | 299.73 | 291.58 | 281.18 | 283.37 |
| | 物质费用 | 元 | 88.31 | 176.57 | 169.36 | 165.21 | 159.58 | 153.26 | 152.47 |
| | 用工作价 | 元 | 57.04 | 127.02 | 140.16 | 134.52 | 132.00 | 127.92 | 130.90 |
| | 用工数量 | 日 | 19.70 | 17.40 | 14.60 | 14.20 | 13.20 | 12.30 | 11.90 |
| | 劳动日工价 | 元 | 2.90 | 7.30 | 9.60 | 9.50 | 10.00 | 10.40 | 11.00 |
| | 期间费用 | 元 | | 6.65 | 9.89 | 7.38 | 7.26 | 9.47 | 5.22 |
| | 税金 | 元 | 7.01 | 20.47 | 18.08 | 17.36 | 17.20 | 17.80 | 26.93 |
| | 含税成本 | 元 | 152.36 | 330.71 | 337.49 | 324.47 | 316.04 | 308.45 | 315.52 |
| | 净产值 | 元 | 141.92 | 437.13 | 367.65 | 271.60 | 261.55 | 277.16 | 241.63 |
| | 减税纯收益 | 元 | 77.87 | 282.99 | 202.07 | 112.97 | 105.39 | 122.37 | 78.95 |
| | 成本纯收益率 | % | 51.11 | 85.57 | 59.87 | 34.82 | 33.35 | 39.67 | 25.02 |
| 每50公斤主产品 | 平均出售价格 | 元 | 27.34 | 80.99 | 67.09 | 56.57 | 55.19 | 52.92 | 50.65 |
| | 物质费用 | 元 | 10.49 | 23.30 | 21.16 | 21.40 | 20.91 | 18.84 | 19.60 |
| | 生产成本 | 元 | 17.26 | 40.06 | 38.67 | 38.82 | 38.21 | 34.57 | 36.42 |
| | 含税成本 | 元 | 18.09 | 43.64 | 42.16 | 42.02 | 41.42 | 37.92 | 40.55 |
| | 净产值 | 元 | 16.85 | 57.69 | 45.93 | 35.17 | 34.28 | 34.08 | 31.05 |
| | 减税纯收益 | 元 | 9.25 | 37.35 | 25.27 | 14.64 | 13.81 | 15.05 | 10.15 |
| 每一劳动日 | 主产品产量 | 公斤 | 19.00 | 20.90 | 26.00 | 25.90 | 27.70 | 31.50 | 31.10 |
| | 净产值 | 元 | 7.22 | 25.12 | 25.18 | 19.18 | 19.81 | 22.53 | 20.31 |
| 每亩主产品出售数量 | | 公斤 | | 127.80 | 164.20 | 143.20 | 139.00 | 157.70 | 135.50 |
| 每亩主产品出售产值 | | 元 | | 203.76 | 220.45 | 159.89 | 153.07 | 166.98 | 134.39 |
| 每亩成本外支出 | | 元 | 3.64 | 10.01 | 29.60 | 29.15 | 25.14 | 24.77 | 6.72 |

# 全国主要农产品成本收益变化情况

品种：粳稻

| 项　目　名　称 | | 单位 | 1990 年 | 1995 年 | 1998 年 | 1999 年 | 2000 年 | 2001 年 | 2002 年 |
|---|---|---|---|---|---|---|---|---|---|
| 每亩 | 主产品产量 | 公斤 | 434.70 | 431.90 | 481.80 | 487.90 | 451.10 | 477.80 | 482.40 |
| | 产值合计 | 元 | 344.10 | 931.14 | 753.80 | 648.01 | 571.02 | 631.07 | 579.53 |
| | 主产品产值 | 元 | 321.82 | 888.24 | 721.81 | 617.33 | 545.23 | 600.29 | 552.51 |
| | 副产品产值 | 元 | 22.28 | 42.90 | 31.99 | 30.68 | 25.79 | 30.78 | 27.02 |
| | 其它收入 | 元 | | | 0.43 | 1.80 | 2.72 | 0.01 | |
| | 生产成本 | 元 | 171.91 | 377.87 | 400.51 | 378.59 | 367.05 | 365.68 | 372.21 |
| | 物质费用 | 元 | 112.46 | 241.36 | 236.83 | 237.33 | 217.05 | 213.84 | 223.71 |
| | 用工作价 | 元 | 59.45 | 136.51 | 163.68 | 141.26 | 150.00 | 151.84 | 148.50 |
| | 用工数量 | 日 | 20.50 | 18.70 | 17.10 | 14.90 | 15.00 | 14.60 | 13.50 |
| | 劳动日工价 | 元 | 2.90 | 7.30 | 9.60 | 9.50 | 10.00 | 10.40 | 11.00 |
| | 期间费用 | 元 | | 16.63 | 33.54 | 25.84 | 20.39 | 21.34 | 14.10 |
| | 税金 | 元 | 6.50 | 13.96 | 19.83 | 17.98 | 19.28 | 22.06 | 32.04 |
| | 含税成本 | 元 | 178.41 | 408.46 | 453.88 | 422.41 | 406.72 | 409.08 | 418.35 |
| | 净产值 | 元 | 231.64 | 689.78 | 516.97 | 410.68 | 353.97 | 417.23 | 355.82 |
| | 减税纯收益 | 元 | 165.69 | 522.68 | 300.35 | 227.40 | 167.02 | 222.00 | 161.18 |
| | 成本纯收益率 | % | 92.87 | 127.96 | 66.17 | 53.83 | 41.07 | 54.27 | 38.53 |
| 每 50 公斤主产品 | 平均出售价格 | 元 | 37.02 | 102.83 | 74.90 | 63.26 | 60.43 | 62.82 | 57.27 |
| | 物质费用 | 元 | 12.10 | 26.65 | 23.53 | 23.17 | 22.97 | 21.29 | 22.11 |
| | 生产成本 | 元 | 18.49 | 41.73 | 39.80 | 36.96 | 38.84 | 36.40 | 36.78 |
| | 含税成本 | 元 | 19.19 | 45.11 | 45.10 | 41.24 | 43.04 | 40.72 | 41.34 |
| | 净产值 | 元 | 24.92 | 76.18 | 51.37 | 40.09 | 37.46 | 41.53 | 35.16 |
| | 减税纯收益 | 元 | 17.83 | 57.72 | 29.84 | 22.20 | 17.69 | 22.10 | 15.93 |
| 每一劳动日 | 主产品产量 | 公斤 | 21.20 | 23.10 | 28.30 | 32.80 | 30.10 | 32.70 | 35.70 |
| | 净产值 | 元 | 11.30 | 36.89 | 30.32 | 27.62 | 23.60 | 28.58 | 26.36 |
| 每亩主产品出售数量 | | 公斤 | | 272.50 | 322.60 | 320.60 | 297.00 | 299.30 | 301.20 |
| 每亩主产品出售产值 | | 元 | | 578.20 | 487.19 | 393.86 | 357.78 | 375.98 | 345.36 |
| 每亩成本外支出 | | 元 | 7.39 | 28.66 | 37.92 | 45.99 | 37.23 | 33.86 | 12.76 |

# 全国主要农产品成本收益变化情况

品种：小麦

| 项 目 名 称 | | 单位 | 1990年 | 1995年 | 1998年 | 1999年 | 2000年 | 2001年 | 2002年 |
|---|---|---|---|---|---|---|---|---|---|
| 每亩 | 主产品产量 | 公斤 | 230.30 | 257.30 | 245.90 | 261.30 | 289.80 | 261.40 | 261.90 |
| | 产值合计 | 元 | 155.37 | 412.24 | 351.25 | 339.45 | 323.70 | 296.14 | 290.04 |
| | 主产品产值 | 元 | 140.17 | 388.21 | 327.38 | 315.37 | 306.49 | 274.52 | 268.47 |
| | 副产品产值 | 元 | 15.20 | 24.03 | 23.87 | 24.08 | 17.21 | 21.62 | 21.57 |
| | 其它收入 | 元 | | | 1.80 | 0.87 | 1.09 | | |
| | 生产成本 | 元 | 115.45 | 238.79 | 281.92 | 280.39 | 284.85 | 258.93 | 264.97 |
| | 物质费用 | 元 | 74.85 | 146.08 | 178.72 | 181.02 | 205.85 | 160.13 | 162.67 |
| | 用工作价 | 元 | 40.60 | 92.71 | 103.20 | 99.37 | 79.00 | 98.80 | 102.30 |
| | 用工数量 | 日 | 14.00 | 12.70 | 10.80 | 10.50 | 7.90 | 9.50 | 9.30 |
| | 劳动日工价 | 元 | 2.90 | 7.30 | 9.60 | 9.50 | 10.00 | 10.40 | 11.00 |
| | 期间费用 | 元 | | 7.57 | 18.09 | 16.70 | 21.07 | 12.92 | 11.32 |
| | 税金 | 元 | 4.59 | 11.50 | 13.43 | 13.06 | 11.78 | 15.12 | 23.98 |
| | 含税成本 | 元 | 120.04 | 257.86 | 313.44 | 310.15 | 317.70 | 286.97 | 300.27 |
| | 净产值 | 元 | 80.52 | 266.16 | 172.53 | 158.43 | 117.85 | 136.01 | 127.37 |
| | 减税纯收益 | 元 | 35.33 | 154.38 | 39.61 | 30.17 | 7.09 | 9.17 | -10.23 |
| | 成本纯收益率 | % | 29.43 | 59.87 | 12.64 | 9.73 | 2.23 | 3.20 | -3.41 |
| 每50公斤主产品 | 平均出售价格 | 元 | 30.43 | 75.44 | 66.58 | 60.36 | 52.88 | 52.51 | 51.25 |
| | 物质费用 | 元 | 14.66 | 26.73 | 33.88 | 32.19 | 33.63 | 28.39 | 28.74 |
| | 生产成本 | 元 | 22.61 | 43.70 | 53.44 | 49.86 | 46.53 | 45.91 | 46.82 |
| | 含税成本 | 元 | 23.51 | 47.19 | 59.41 | 55.15 | 51.90 | 50.88 | 53.06 |
| | 净产值 | 元 | 15.77 | 48.71 | 32.70 | 28.17 | 19.25 | 24.12 | 22.51 |
| | 减税纯收益 | 元 | 6.92 | 28.25 | 7.54 | 5.38 | 1.17 | 1.63 | -1.81 |
| 每一劳动日 | 主产品产量 | 公斤 | 16.50 | 20.30 | 22.90 | 25.00 | 36.70 | 27.50 | 28.20 |
| | 净产值 | 元 | 5.75 | 20.96 | 16.05 | 15.15 | 14.92 | 14.32 | 13.70 |
| 每亩主产品出售数量 | | 公斤 | | 135.30 | 129.00 | 147.00 | 190.40 | 131.90 | 127.30 |
| 每亩主产品出售产值 | | 元 | | 209.14 | 172.57 | 182.15 | 206.16 | 138.91 | 132.83 |
| 每亩成本外支出 | | 元 | 3.81 | 12.34 | 36.59 | 34.73 | 28.64 | 25.43 | 9.99 |

# 全国主要农产品成本收益变化情况

品种：玉米

| 项目名称 | | 单位 | 1990年 | 1995年 | 1998年 | 1999年 | 2000年 | 2001年 | 2002年 |
|---|---|---|---|---|---|---|---|---|---|
| 每亩 | 主产品产量 | 公斤 | 358.30 | 361.60 | 383.90 | 363.20 | 350.50 | 379.40 | 392.60 |
| | 产值合计 | 元 | 177.64 | 522.28 | 444.79 | 348.40 | 323.68 | 392.13 | 382.38 |
| | 主产品产值 | 元 | 157.05 | 484.56 | 412.98 | 317.28 | 300.10 | 366.79 | 358.05 |
| | 副产品产值 | 元 | 20.59 | 37.72 | 31.81 | 31.12 | 23.58 | 25.34 | 24.33 |
| | 其它收入 | 元 | | | 0.38 | 0.69 | 0.15 | | |
| | 生产成本 | 元 | 118.18 | 256.92 | 286.67 | 266.68 | 262.13 | 265.89 | 272.96 |
| | 物质费用 | 元 | 68.01 | 140.12 | 150.64 | 144.70 | 138.13 | 136.93 | 144.26 |
| | 用工作价 | 元 | 50.17 | 116.80 | 136.03 | 121.98 | 124.00 | 128.96 | 128.70 |
| | 用工数量 | 日 | 17.30 | 16.00 | 14.20 | 12.80 | 12.40 | 12.40 | 11.70 |
| | 劳动日工价 | 元 | 2.90 | 7.30 | 9.60 | 9.50 | 10.00 | 10.40 | 11.00 |
| | 期间费用 | 元 | | 6.92 | 15.76 | 12.45 | 13.44 | 12.08 | 7.71 |
| | 税金 | 元 | 4.08 | 7.31 | 11.21 | 10.72 | 11.94 | 12.38 | 23.04 |
| | 含税成本 | 元 | 122.26 | 271.15 | 313.64 | 289.85 | 287.51 | 290.35 | 303.71 |
| | 净产值 | 元 | 109.63 | 382.16 | 294.15 | 203.70 | 185.55 | 255.20 | 238.12 |
| | 减税纯收益 | 元 | 55.38 | 251.13 | 131.53 | 59.24 | 36.32 | 101.78 | 78.67 |
| | 成本纯收益率 | % | 45.30 | 92.62 | 41.94 | 20.44 | 12.63 | 35.05 | 25.90 |
| 每50公斤主产品 | 平均出售价格 | 元 | 21.92 | 67.00 | 53.79 | 43.67 | 42.81 | 48.34 | 45.60 |
| | 物质费用 | 元 | 8.39 | 17.98 | 18.22 | 18.14 | 18.27 | 16.88 | 17.20 |
| | 生产成本 | 元 | 14.58 | 32.96 | 34.67 | 33.43 | 34.67 | 32.78 | 32.55 |
| | 含税成本 | 元 | 15.09 | 34.78 | 37.93 | 36.33 | 38.03 | 35.79 | 36.22 |
| | 净产值 | 元 | 13.53 | 49.02 | 35.57 | 25.53 | 24.54 | 31.46 | 28.40 |
| | 减税纯收益 | 元 | 6.83 | 32.22 | 15.91 | 7.43 | 4.80 | 12.55 | 9.38 |
| 每一劳动日 | 主产品产量 | 公斤 | 20.70 | 22.60 | 27.10 | 28.30 | 28.30 | 30.60 | 33.60 |
| | 净产值 | 元 | 6.34 | 23.89 | 20.76 | 15.86 | 14.96 | 20.58 | 20.35 |
| 每亩主产品出售数量 | | 公斤 | | 214.00 | 227.90 | 210.50 | 189.10 | 204.40 | 203.80 |
| 每亩主产品出售产值 | | 元 | | 282.50 | 242.46 | 180.13 | 159.78 | 191.74 | 180.74 |
| 每亩成本外支出 | | 元 | 4.66 | 13.73 | 37.53 | 35.36 | 33.32 | 26.74 | 10.70 |

# 全国主要农产品成本收益变化情况

品种：大豆

| 项目名称 | | 单位 | 1990年 | 1995年 | 1998年 | 1999年 | 2000年 | 2001年 | 2002年 |
|---|---|---|---|---|---|---|---|---|---|
| 每亩 | 主产品产量 | 公斤 | 100.40 | 116.10 | 129.00 | 121.70 | 121.20 | 118.60 | 133.60 |
| | 产值合计 | 元 | 125.43 | 316.41 | 308.68 | 255.61 | 261.59 | 244.09 | 309.08 |
| | 主产品产值 | 元 | 117.60 | 299.44 | 291.83 | 241.64 | 249.11 | 229.51 | 295.12 |
| | 副产品产值 | 元 | 7.83 | 16.97 | 16.85 | 13.97 | 12.48 | 14.58 | 13.96 |
| | 其它收入 | 元 | | | 0.17 | 0.42 | | | |
| | 生产成本 | 元 | 71.74 | 148.41 | 175.71 | 158.97 | 152.23 | 153.65 | 154.46 |
| | 物质费用 | 元 | 36.94 | 70.30 | 86.81 | 84.02 | 78.23 | 76.69 | 75.26 |
| | 用工作价 | 元 | 34.80 | 78.11 | 88.90 | 74.95 | 74.00 | 76.96 | 79.20 |
| | 用工数量 | 日 | 12.00 | 10.70 | 9.30 | 7.90 | 7.40 | 7.40 | 7.20 |
| | 劳动日工价 | 元 | 2.90 | 7.30 | 9.60 | 9.50 | 10.00 | 10.40 | 11.00 |
| | 期间费用 | 元 | | 6.18 | 18.73 | 11.96 | 11.76 | 11.00 | 6.68 |
| | 税金 | 元 | 3.47 | 7.09 | 10.26 | 9.92 | 11.28 | 12.32 | 25.98 |
| | 含税成本 | 元 | 75.21 | 161.68 | 204.70 | 180.85 | 175.27 | 176.97 | 187.12 |
| | 净产值 | 元 | 88.49 | 246.11 | 221.87 | 171.59 | 183.36 | 167.40 | 233.82 |
| | 减税纯收益 | 元 | 50.22 | 154.73 | 104.15 | 75.18 | 86.32 | 67.12 | 121.96 |
| | 成本纯收益率 | % | 66.77 | 95.70 | 50.88 | 41.57 | 49.25 | 37.93 | 65.18 |
| 每50公斤主产品 | 平均出售价格 | 元 | 58.55 | 128.96 | 113.12 | 99.29 | 102.77 | 96.76 | 110.45 |
| | 物质费用 | 元 | 17.24 | 28.65 | 31.81 | 32.64 | 30.73 | 30.40 | 26.89 |
| | 生产成本 | 元 | 33.49 | 60.49 | 64.39 | 61.75 | 59.81 | 60.91 | 55.20 |
| | 含税成本 | 元 | 35.11 | 65.90 | 75.02 | 70.25 | 68.86 | 70.15 | 66.87 |
| | 净产值 | 元 | 41.31 | 100.31 | 81.31 | 66.65 | 72.04 | 66.36 | 83.56 |
| | 减税纯收益 | 元 | 23.44 | 63.06 | 38.17 | 29.21 | 33.91 | 26.61 | 43.58 |
| 每一劳动日 | 主产品产量 | 公斤 | 8.40 | 10.90 | 13.90 | 15.40 | 16.40 | 16.00 | 18.60 |
| | 净产值 | 元 | 7.37 | 23.00 | 23.96 | 21.75 | 24.78 | 22.62 | 32.48 |
| 每亩主产品出售数量 | | 公斤 | | 82.10 | 91.50 | 94.40 | 77.40 | 85.40 | 99.20 |
| 每亩主产品出售产值 | | 元 | | 206.56 | 205.03 | 187.28 | 155.49 | 161.08 | 216.17 |
| 每亩成本外支出 | | 元 | 5.18 | 17.26 | 38.67 | 34.35 | 31.89 | 30.39 | 10.34 |

# 全国主要农产品成本收益变化情况

品种：二种油料平均

| 项目名称 | | 单位 | 1990年 | 1995年 | 1998年 | 1999年 | 2000年 | 2001年 | 2002年 |
|---|---|---|---|---|---|---|---|---|---|
| 每亩 | 主产品产量 | 公斤 | 133.10 | 137.80 | 138.10 | 140.60 | 149.80 | 154.50 | 154.60 |
| | 产值合计 | 元 | 224.46 | 432.57 | 401.04 | 362.63 | 353.74 | 341.93 | 375.02 |
| | 主产品产值 | 元 | 213.64 | 414.03 | 382.99 | 344.92 | 336.53 | 325.62 | 357.16 |
| | 副产品产值 | 元 | 10.83 | 18.54 | 18.05 | 17.71 | 17.21 | 16.31 | 17.86 |
| | 其它收入 | 元 | | | 0.95 | 0.47 | 0.06 | | |
| | 生产成本 | 元 | 130.34 | 298.08 | 300.06 | 269.48 | 270.44 | 273.13 | 257.96 |
| | 物质费用 | 元 | 68.86 | 162.30 | 134.56 | 132.20 | 128.44 | 125.45 | 119.36 |
| | 用工作价 | 元 | 61.48 | 135.78 | 165.50 | 137.28 | 142.00 | 147.68 | 138.60 |
| | 用工数量 | 日 | 21.20 | 18.60 | 17.20 | 14.50 | 14.20 | 14.20 | 12.60 |
| | 劳动日工价 | 元 | 2.90 | 7.30 | 9.60 | 9.50 | 10.00 | 10.40 | 11.00 |
| | 期间费用 | 元 | | 5.55 | 14.46 | 13.45 | 13.31 | 12.51 | 6.65 |
| | 税金 | 元 | 4.34 | 10.01 | 12.18 | 12.14 | 14.46 | 14.66 | 24.38 |
| | 含税成本 | 元 | 134.68 | 313.64 | 326.70 | 295.07 | 298.21 | 300.30 | 288.99 |
| | 净产值 | 元 | 155.60 | 270.27 | 266.48 | 230.43 | 225.30 | 216.48 | 255.66 |
| | 减税纯收益 | 元 | 89.79 | 118.93 | 75.29 | 68.03 | 55.59 | 41.63 | 86.03 |
| | 成本纯收益率 | % | 63.80 | 37.92 | 23.05 | 23.06 | 18.64 | 13.86 | 29.77 |
| 每50公斤主产品 | 平均出售价格 | 元 | 79.38 | 150.23 | 138.62 | 122.69 | 112.33 | 105.38 | 115.51 |
| | 物质费用 | 元 | 24.41 | 56.37 | 46.51 | 44.73 | 40.79 | 38.66 | 36.76 |
| | 生产成本 | 元 | 46.99 | 103.52 | 103.72 | 91.17 | 85.88 | 84.18 | 79.45 |
| | 含税成本 | 元 | 48.67 | 108.93 | 112.92 | 99.83 | 94.70 | 92.55 | 89.01 |
| | 净产值 | 元 | 54.97 | 93.86 | 92.11 | 77.96 | 71.54 | 66.72 | 78.75 |
| | 减税纯收益 | 元 | 30.71 | 41.30 | 26.04 | 23.03 | 17.65 | 12.83 | 26.50 |
| 每一劳动日 | 主产品产量 | 公斤 | 6.20 | 7.40 | 8.00 | 9.70 | 10.50 | 10.90 | 12.30 |
| | 净产值 | 元 | 7.20 | 14.53 | 15.46 | 15.95 | 15.87 | 15.25 | 20.29 |
| 每亩主产品出售数量 | | 公斤 | | 93.70 | 108.10 | 108.20 | 103.90 | 107.60 | 103.80 |
| 每亩主产品出售产值 | | 元 | | 269.20 | 292.81 | 259.71 | 222.51 | 220.57 | 236.78 |
| 每亩成本外支出 | | 元 | 3.87 | 20.87 | 31.32 | 33.11 | 33.08 | 28.01 | 8.48 |

# 全国主要农产品成本收益变化情况

品种：花生

| 项目名称 | | 单位 | 1990年 | 1995年 | 1998年 | 1999年 | 2000年 | 2001年 | 2002年 |
|---|---|---|---|---|---|---|---|---|---|
| 每亩 | 主产品产量 | 公斤 | 165.50 | 169.50 | 182.70 | 176.20 | 178.00 | 188.90 | 195.80 |
| | 产值合计 | 元 | 286.88 | 563.71 | 541.08 | 479.89 | 480.95 | 454.63 | 528.03 |
| | 主产品产值 | 元 | 275.05 | 540.83 | 518.15 | 455.36 | 458.92 | 434.41 | 505.20 |
| | 副产品产值 | 元 | 11.83 | 22.88 | 22.93 | 24.53 | 22.03 | 20.22 | 22.83 |
| | 其它收入 | 元 | | | 0.62 | 0.61 | 0.02 | | |
| | 生产成本 | 元 | 156.42 | 303.80 | 358.08 | 308.88 | 315.85 | 325.77 | 300.13 |
| | 物质费用 | 元 | 87.40 | 154.88 | 171.26 | 163.63 | 162.85 | 162.49 | 149.43 |
| | 用工作价 | 元 | 69.02 | 148.92 | 186.82 | 145.25 | 153.00 | 163.28 | 150.70 |
| | 用工数量 | 日 | 23.80 | 20.40 | 19.50 | 15.30 | 15.30 | 15.70 | 13.70 |
| | 劳动日工价 | 元 | 2.90 | 7.30 | 9.60 | 9.50 | 10.00 | 10.40 | 11.00 |
| | 期间费用 | 元 | | 5.31 | 18.68 | 16.68 | 13.51 | 13.82 | 7.85 |
| | 税金 | 元 | 4.01 | 9.85 | 9.97 | 10.85 | 14.47 | 14.69 | 27.52 |
| | 含税成本 | 元 | 160.43 | 318.96 | 386.73 | 336.41 | 343.83 | 354.28 | 335.50 |
| | 净产值 | 元 | 199.48 | 408.83 | 369.82 | 316.26 | 318.10 | 292.14 | 378.60 |
| | 减税纯收益 | 元 | 126.45 | 244.75 | 154.97 | 144.09 | 137.14 | 100.35 | 192.53 |
| | 成本纯收益率 | % | 78.82 | 76.73 | 40.07 | 42.83 | 39.89 | 28.33 | 57.39 |
| 每50公斤主产品 | 平均出售价格 | 元 | 83.09 | 159.54 | 141.83 | 129.24 | 128.91 | 114.98 | 129.01 |
| | 物质费用 | 元 | 25.31 | 43.83 | 44.89 | 44.07 | 43.65 | 41.10 | 36.51 |
| | 生产成本 | 元 | 45.30 | 85.98 | 93.86 | 83.19 | 84.66 | 82.39 | 73.33 |
| | 含税成本 | 元 | 46.47 | 90.27 | 101.37 | 90.60 | 92.16 | 89.60 | 81.97 |
| | 净产值 | 元 | 57.78 | 115.71 | 96.94 | 85.17 | 85.26 | 73.88 | 92.50 |
| | 减税纯收益 | 元 | 36.62 | 69.27 | 40.63 | 38.81 | 36.76 | 25.38 | 47.04 |
| 每一劳动日 | 主产品产量 | 公斤 | 7.00 | 8.30 | 9.40 | 11.50 | 11.60 | 12.00 | 14.30 |
| | 净产值 | 元 | 8.38 | 20.04 | 19.00 | 20.68 | 20.79 | 18.61 | 27.64 |
| 每亩主产品出售数量 | | 公斤 | | 111.10 | 145.60 | 133.10 | 113.30 | 126.40 | 127.10 |
| 每亩主产品出售产值 | | 元 | | 333.98 | 407.22 | 336.49 | 280.36 | 282.85 | 328.72 |
| 每亩成本外支出 | | 元 | 4.66 | 12.16 | 31.13 | 30.75 | 35.09 | 32.79 | 9.15 |

# 全国主要农产品成本收益变化情况

品种：油菜籽

| 项目名称 | | 单位 | 1990年 | 1995年 | 1998年 | 1999年 | 2000年 | 2001年 | 2002年 |
|---|---|---|---|---|---|---|---|---|---|
| 每亩 | 主产品产量 | 公斤 | 100.60 | 106.10 | 93.60 | 105.00 | 121.50 | 120.00 | 113.30 |
| | 产值合计 | 元 | 162.04 | 301.42 | 261.00 | 245.36 | 226.51 | 229.22 | 222.00 |
| | 主产品产值 | 元 | 152.22 | 287.22 | 247.83 | 234.48 | 214.13 | 216.83 | 209.11 |
| | 副产品产值 | 元 | 9.82 | 14.20 | 13.17 | 10.88 | 12.38 | 12.39 | 12.89 |
| | 其它收入 | 元 | | | 1.28 | 0.33 | 0.09 | | |
| | 生产成本 | 元 | 104.26 | 211.17 | 241.84 | 229.85 | 223.92 | 219.33 | 215.69 |
| | 物质费用 | 元 | 50.32 | 88.53 | 97.74 | 100.65 | 93.92 | 88.29 | 89.19 |
| | 用工作价 | 元 | 53.94 | 122.64 | 144.10 | 129.20 | 130.00 | 131.04 | 126.50 |
| | 用工数量 | 日 | 18.60 | 16.80 | 15.00 | 13.60 | 13.00 | 12.60 | 11.50 |
| | 劳动日工价 | 元 | 2.90 | 7.30 | 9.60 | 9.50 | 10.00 | 10.40 | 11.00 |
| | 期间费用 | 元 | | 5.78 | 10.23 | 10.21 | 13.10 | 11.17 | 5.44 |
| | 税金 | 元 | 4.66 | 10.16 | 14.39 | 13.42 | 14.45 | 14.63 | 21.24 |
| | 含税成本 | 元 | 108.92 | 227.11 | 266.46 | 253.48 | 251.47 | 245.13 | 242.37 |
| | 净产值 | 元 | 111.72 | 212.89 | 163.26 | 144.71 | 132.59 | 140.93 | 132.81 |
| | 减税纯收益 | 元 | 53.12 | 74.31 | -4.18 | -7.79 | -24.87 | -15.91 | -20.37 |
| | 成本纯收益率 | % | 48.77 | 32.72 | -1.57 | -3.07 | -9.89 | -6.49 | -8.40 |
| 每50公斤主产品 | 平均出售价格 | 元 | 75.66 | 135.35 | 132.39 | 111.71 | 88.12 | 90.35 | 92.28 |
| | 物质费用 | 元 | 23.50 | 39.75 | 49.58 | 45.82 | 36.54 | 34.80 | 37.07 |
| | 生产成本 | 元 | 48.68 | 94.82 | 122.67 | 104.65 | 87.11 | 86.45 | 89.66 |
| | 含税成本 | 元 | 50.86 | 101.98 | 135.16 | 115.41 | 97.83 | 96.62 | 100.75 |
| | 净产值 | 元 | 52.16 | 95.60 | 82.81 | 65.89 | 51.58 | 55.55 | 55.21 |
| | 减税纯收益 | 元 | 24.80 | 33.37 | -2.09 | -3.54 | -9.67 | -6.27 | -8.47 |
| 每一劳动日 | 主产品产量 | 公斤 | 5.40 | 6.30 | 6.20 | 7.70 | 9.30 | 9.50 | 9.90 |
| | 净产值 | 元 | 6.01 | 12.67 | 10.88 | 10.64 | 10.20 | 11.18 | 11.55 |
| 每亩主产品出售数量 | | 公斤 | | 76.20 | 70.50 | 83.30 | 94.40 | 88.70 | 80.40 |
| 每亩主产品出售产值 | | 元 | | 204.42 | 178.40 | 182.93 | 164.65 | 158.28 | 144.83 |
| 每亩成本外支出 | | 元 | 3.07 | 8.71 | 31.48 | 35.45 | 31.04 | 23.22 | 7.81 |

# 全国主要农产品成本收益变化情况

品种：棉花

| 项 目 名 称 | | 单位 | 1990年 | 1995年 | 1998年 | 1999年 | 2000年 | 2001年 | 2002年 |
|---|---|---|---|---|---|---|---|---|---|
| 每亩 | 主产品产量 | 公斤 | 67.80 | 61.50 | 68.30 | 66.90 | 71.30 | 77.90 | 81.90 |
| | 产值合计 | 元 | 538.89 | 1035.80 | 919.63 | 601.03 | 839.23 | 689.59 | 889.26 |
| | 主产品产值 | 元 | 463.46 | 904.62 | 810.55 | 510.05 | 737.99 | 589.78 | 783.66 |
| | 副产品产值 | 元 | 75.43 | 131.18 | 109.08 | 90.98 | 101.24 | 99.81 | 105.60 |
| | 其它收入 | 元 | | | 1.48 | 0.35 | 0.27 | 0.50 | 0.02 |
| | 生产成本 | 元 | 240.79 | 545.79 | 589.86 | 521.00 | 517.50 | 534.88 | 543.54 |
| | 物质费用 | 元 | 112.44 | 241.38 | 259.72 | 233.81 | 226.50 | 222.88 | 222.34 |
| | 用工作价 | 元 | 128.35 | 304.41 | 330.14 | 287.19 | 291.00 | 312.00 | 321.20 |
| | 用工数量 | 日 | 44.30 | 41.70 | 34.40 | 30.20 | 29.10 | 30.00 | 29.20 |
| | 劳动日工价 | 元 | 2.90 | 7.30 | 9.60 | 9.50 | 10.00 | 10.40 | 11.00 |
| | 期间费用 | 元 | | 15.04 | 37.25 | 27.12 | 19.80 | 20.82 | 17.96 |
| | 税金 | 元 | 8.11 | 17.40 | 20.19 | 19.10 | 20.03 | 21.64 | 40.22 |
| | 含税成本 | 元 | 248.90 | 578.23 | 647.30 | 567.22 | 557.33 | 577.34 | 601.72 |
| | 净产值 | 元 | 426.45 | 794.42 | 659.91 | 367.22 | 612.73 | 466.71 | 666.92 |
| | 减税纯收益 | 元 | 289.99 | 457.57 | 273.81 | 34.16 | 282.17 | 112.75 | 287.56 |
| | 成本纯收益率 | % | 116.51 | 79.13 | 42.30 | 6.02 | 50.63 | 19.53 | 47.79 |
| 每50公斤主产品 | 平均出售价格 | 元 | 341.99 | 735.46 | 593.81 | 381.37 | 517.52 | 378.55 | 478.42 |
| | 物质费用 | 元 | 71.36 | 171.39 | 167.70 | 148.36 | 139.67 | 122.35 | 119.62 |
| | 生产成本 | 元 | 152.81 | 387.53 | 380.88 | 330.59 | 319.12 | 293.62 | 292.42 |
| | 含税成本 | 元 | 157.96 | 410.57 | 417.97 | 359.92 | 343.68 | 316.93 | 323.72 |
| | 净产值 | 元 | 270.63 | 564.07 | 426.11 | 233.01 | 377.85 | 256.20 | 358.80 |
| | 减税纯收益 | 元 | 184.03 | 324.89 | 176.92 | 21.71 | 174.03 | 61.94 | 154.71 |
| 每一劳动日 | 主产品产量 | 公斤 | 1.50 | 1.50 | 2.00 | 2.20 | 2.50 | 2.60 | 2.80 |
| | 净产值 | 元 | 9.64 | 19.05 | 19.19 | 12.15 | 21.06 | 15.56 | 22.84 |
| 每亩主产品出售数量 | | 公斤 | | 56.00 | 64.90 | 60.80 | 66.10 | 72.10 | 71.10 |
| 每亩主产品出售产值 | | 元 | | 828.57 | 763.59 | 470.29 | 684.20 | 545.65 | 702.92 |
| 每亩成本外支出 | | 元 | 8.50 | 21.82 | 58.50 | 55.47 | 45.52 | 42.10 | 17.01 |

# 全国主要农产品成本收益变化情况

品种：烤烟

| 项目名称 | | 单位 | 1990年 | 1995年 | 1998年 | 1999年 | 2000年 | 2001年 | 2002年 |
|---|---|---|---|---|---|---|---|---|---|
| 每亩 | 主产品产量 | 公斤 | 141.50 | 126.90 | 137.30 | 138.10 | 128.40 | 121.20 | 128.70 |
| | 产值合计 | 元 | 507.98 | 929.44 | 789.89 | 959.15 | 861.76 | 915.00 | 1053.75 |
| | 主产品产值 | 元 | 498.91 | 919.27 | 779.72 | 951.09 | 851.08 | 904.03 | 1042.73 |
| | 副产品产值 | 元 | 9.07 | 10.17 | 10.17 | 8.06 | 10.68 | 10.97 | 11.02 |
| | 其它收入 | 元 | | | 15.22 | 7.43 | 11.31 | 10.42 | 22.97 |
| | 生产成本 | 元 | 313.78 | 609.50 | 733.66 | 695.96 | 711.58 | 730.20 | 762.95 |
| | 物质费用 | 元 | 155.96 | 267.86 | 321.82 | 311.12 | 310.58 | 320.44 | 351.55 |
| | 用工作价 | 元 | 157.82 | 341.64 | 411.84 | 384.84 | 401.00 | 409.76 | 411.40 |
| | 用工数量 | 日 | 54.40 | 46.80 | 42.90 | 40.50 | 40.10 | 39.40 | 37.40 |
| | 劳动日工价 | 元 | 2.90 | 7.30 | 9.60 | 9.50 | 10.00 | 10.40 | 11.00 |
| | 期间费用 | 元 | | 7.88 | 33.18 | 29.61 | 32.35 | 29.57 | 28.43 |
| | 税金 | 元 | 4.46 | 10.26 | 12.50 | 11.24 | 13.68 | 13.48 | 29.32 |
| | 含税成本 | 元 | 318.24 | 627.64 | 779.34 | 736.81 | 757.61 | 773.25 | 820.70 |
| | 净产值 | 元 | 352.02 | 661.58 | 468.07 | 648.03 | 551.18 | 594.56 | 702.20 |
| | 减税纯收益 | 元 | 189.74 | 301.80 | 25.77 | 229.77 | 115.46 | 152.17 | 256.02 |
| | 成本纯收益率 | % | 59.62 | 48.08 | 3.31 | 31.18 | 15.24 | 19.68 | 31.20 |
| 每50公斤主产品 | 平均出售价格 | 元 | 176.26 | 362.20 | 283.97 | 344.47 | 331.42 | 372.95 | 405.10 |
| | 物质费用 | 元 | 54.12 | 104.38 | 115.70 | 111.74 | 119.44 | 130.61 | 135.15 |
| | 生产成本 | 元 | 108.88 | 237.52 | 263.75 | 249.95 | 273.66 | 297.63 | 293.31 |
| | 含税成本 | 元 | 110.42 | 244.59 | 280.18 | 264.62 | 291.37 | 315.17 | 315.51 |
| | 净产值 | 元 | 122.14 | 257.82 | 168.27 | 232.73 | 211.98 | 242.34 | 269.95 |
| | 减税纯收益 | 元 | 65.84 | 117.61 | 9.33 | 82.54 | 44.45 | 62.08 | 98.51 |
| 每一劳动日 | 主产品产量 | 公斤 | 2.60 | 2.70 | 3.20 | 3.40 | 3.20 | 3.10 | 3.40 |
| | 净产值 | 元 | 6.47 | 14.14 | 10.91 | 16.00 | 13.75 | 15.09 | 18.78 |
| 每亩主产品出售数量 | | 公斤 | | 124.20 | 131.90 | 135.30 | 127.10 | 114.10 | 126.40 |
| 每亩主产品出售产值 | | 元 | | 905.40 | 749.03 | 935.44 | 841.63 | 838.47 | 1027.99 |
| 每亩成本外支出 | | 元 | | 14.80 | 34.35 | 34.82 | 32.11 | 32.27 | 8.80 |

# 全国主要农产品成本收益变化情况

品种：甘蔗

| 项目名称 | | 单位 | 1990年 | 1995年 | 1998年 | 1999年 | 2000年 | 2001年 | 2002年 |
|---|---|---|---|---|---|---|---|---|---|
| 每亩 | 主产品产量 | 公斤 | 4922.90 | 4844.70 | 4815.00 | 4468.80 | 4725.90 | 4991.90 | 4533.90 |
| | 产值合计 | 元 | 744.32 | 1284.75 | 1098.50 | 795.86 | 914.41 | 971.62 | 785.15 |
| | 主产品产值 | 元 | 701.44 | 1225.96 | 1054.53 | 764.30 | 864.31 | 946.44 | 756.83 |
| | 副产品产值 | 元 | 42.88 | 58.79 | 43.97 | 31.56 | 50.10 | 25.18 | 28.32 |
| | 其它收入 | 元 | | | 0.94 | 2.53 | 1.69 | 0.29 | 0.09 |
| | 生产成本 | 元 | 343.42 | 659.77 | 703.54 | 630.23 | 634.74 | 638.65 | 641.61 |
| | 物质费用 | 元 | 213.44 | 388.21 | 396.44 | 357.39 | 355.74 | 370.33 | 345.71 |
| | 用工作价 | 元 | 129.98 | 271.56 | 307.10 | 272.84 | 279.00 | 268.32 | 295.90 |
| | 用工数量 | 日 | 44.80 | 37.20 | 32.00 | 28.70 | 27.90 | 25.80 | 26.90 |
| | 劳动日工价 | 元 | 2.90 | 7.30 | 9.60 | 9.50 | 10.00 | 10.40 | 11.00 |
| | 期间费用 | 元 | | 48.50 | 45.99 | 48.23 | 59.78 | 47.93 | 70.48 |
| | 税金 | 元 | 9.79 | 23.10 | 19.84 | 21.83 | 20.18 | 23.43 | 21.11 |
| | 含税成本 | 元 | 353.21 | 731.37 | 769.37 | 700.29 | 714.70 | 710.01 | 733.20 |
| | 净产值 | 元 | 530.88 | 896.54 | 702.06 | 438.47 | 558.67 | 601.29 | 439.44 |
| | 减税纯收益 | 元 | 391.11 | 553.38 | 330.07 | 98.10 | 201.40 | 261.90 | 52.04 |
| | 成本纯收益率 | % | 110.73 | 75.66 | 42.90 | 14.01 | 28.18 | 36.89 | 7.10 |
| 每50公斤主产品 | 平均出售价格 | 元 | 7.12 | 12.65 | 10.95 | 8.55 | 9.14 | 9.48 | 8.35 |
| | 物质费用 | 元 | 2.04 | 3.82 | 3.95 | 3.84 | 3.56 | 3.61 | 3.68 |
| | 生产成本 | 元 | 3.29 | 6.50 | 7.01 | 6.77 | 6.34 | 6.23 | 6.82 |
| | 含税成本 | 元 | 3.38 | 7.20 | 7.67 | 7.52 | 7.14 | 6.93 | 7.80 |
| | 净产值 | 元 | 5.08 | 8.83 | 7.00 | 4.71 | 5.58 | 5.87 | 4.67 |
| | 减税纯收益 | 元 | 3.74 | 5.45 | 3.29 | 1.06 | 2.02 | 2.55 | 0.55 |
| 每一劳动日 | 主产品产量 | 公斤 | 109.80 | 130.20 | 150.50 | 155.60 | 169.40 | 193.50 | 168.50 |
| | 净产值 | 元 | 11.84 | 24.10 | 21.95 | 15.27 | 20.02 | 23.31 | 16.34 |
| 每亩主产品出售数量 | | 公斤 | | 3966.10 | 4736.50 | 3902.60 | 4574.10 | 4876.20 | 4122.30 |
| 每亩主产品出售产值 | | 元 | | 1190.67 | 1037.40 | 743.64 | 829.33 | 918.94 | 678.36 |
| 每亩成本外支出 | | 元 | 12.10 | 15.68 | 49.42 | 40.96 | 43.21 | 53.41 | 7.75 |

# 全国主要农产品成本收益变化情况

品种：甜菜

| 项 目 名 称 | | 单位 | 1990 年 | 1995 年 | 1998 年 | 1999 年 | 2000 年 | 2001 年 | 2002 年 |
|---|---|---|---|---|---|---|---|---|---|
| 每亩 | 主产品产量 | 公斤 | 1976.80 | 2086.50 | 2262.00 | 2182.70 | 2305.00 | 2208.30 | 2532.10 |
| | 产值合计 | 元 | 322.62 | 709.95 | 613.05 | 498.10 | 529.70 | 510.83 | 532.71 |
| | 主产品产值 | 元 | 309.10 | 658.39 | 586.87 | 480.32 | 505.62 | 484.37 | 510.75 |
| | 副产品产值 | 元 | 13.52 | 51.56 | 26.18 | 17.78 | 24.08 | 26.46 | 21.96 |
| | 其它收入 | 元 | | | 0.98 | 0.22 | 0.53 | 0.28 | |
| | 生产成本 | 元 | 162.72 | 314.79 | 394.89 | 361.12 | 345.66 | 340.96 | 361.38 |
| | 物质费用 | 元 | 106.37 | 180.47 | 233.13 | 210.55 | 205.66 | 193.28 | 201.88 |
| | 用工作价 | 元 | 56.35 | 134.32 | 161.76 | 150.57 | 140.00 | 147.68 | 159.50 |
| | 用工数量 | 日 | 19.40 | 18.40 | 16.90 | 15.90 | 14.00 | 14.20 | 14.50 |
| | 劳动日工价 | 元 | 2.90 | 7.30 | 9.60 | 9.50 | 10.00 | 10.40 | 11.00 |
| | 期间费用 | 元 | | 25.39 | 46.97 | 42.53 | 40.41 | 39.33 | 38.52 |
| | 税金 | 元 | 4.42 | 9.96 | 12.44 | 12.68 | 14.99 | 16.17 | 25.64 |
| | 含税成本 | 元 | 167.14 | 350.14 | 454.30 | 416.33 | 401.06 | 396.46 | 425.54 |
| | 净产值 | 元 | 216.25 | 529.48 | 379.92 | 287.55 | 324.04 | 317.55 | 330.83 |
| | 减税纯收益 | 元 | 155.48 | 359.81 | 159.73 | 81.99 | 129.17 | 114.65 | 107.17 |
| | 成本纯收益率 | % | 93.02 | 102.76 | 35.16 | 19.69 | 32.21 | 28.92 | 25.18 |
| 每50公斤主产品 | 平均出售价格 | 元 | 7.82 | 15.78 | 12.97 | 11.00 | 10.97 | 10.97 | 10.09 |
| | 物质费用 | 元 | 2.58 | 4.01 | 4.93 | 4.65 | 4.26 | 4.15 | 3.82 |
| | 生产成本 | 元 | 3.94 | 7.00 | 8.35 | 7.97 | 7.16 | 7.32 | 6.84 |
| | 含税成本 | 元 | 4.05 | 7.78 | 9.61 | 9.19 | 8.31 | 8.51 | 8.06 |
| | 净产值 | 元 | 5.24 | 11.77 | 8.04 | 6.35 | 6.71 | 6.82 | 6.27 |
| | 减税纯收益 | 元 | 3.77 | 8.00 | 3.38 | 1.82 | 2.67 | 2.47 | 2.03 |
| 每一劳动日 | 主产品产量 | 公斤 | 101.70 | 113.40 | 134.20 | 137.70 | 164.60 | 155.50 | 174.60 |
| | 净产值 | 元 | 11.13 | 28.78 | 22.55 | 18.14 | 23.15 | 22.36 | 22.82 |
| 每亩主产品出售数量 | | 公斤 | | 2003.40 | 2229.00 | 2162.60 | 2300.50 | 2184.20 | 2529.30 |
| 每亩主产品出售产值 | | 元 | | 618.31 | 585.23 | 475.15 | 504.62 | 470.85 | 510.25 |
| 每亩成本外支出 | | 元 | 4.44 | 5.32 | 30.35 | 34.61 | 28.42 | 26.76 | 13.10 |

# 全国主要农产品成本收益变化情况

品种：桑蚕茧

| 项 目 名 称 | | 单位 | 1990 年 | 1995 年 | 1998 年 | 1999 年 | 2000 年 | 2001 年 | 2002 年 |
|---|---|---|---|---|---|---|---|---|---|
| 每亩 | 主产品产量 | 公斤 | 109.90 | 100.40 | 90.90 | 79.60 | 93.80 | 111.50 | 106.30 |
| | 产值合计 | 元 | 1230.22 | 1306.65 | 1290.48 | 1036.12 | 1594.28 | 1705.04 | 1268.11 |
| | 主产品产值 | 元 | 1170.04 | 1250.79 | 1236.77 | 996.36 | 1552.06 | 1651.26 | 1168.00 |
| | 副产品产值 | 元 | 60.18 | 55.86 | 53.71 | 39.76 | 42.22 | 53.78 | 100.11 |
| | 其它收入 | 元 | | | 4.39 | 1.70 | 6.57 | 0.03 | 0.69 |
| | 生产成本 | 元 | 675.13 | 1028.92 | 916.97 | 758.83 | 938.98 | 1045.83 | 1090.71 |
| | 物质费用 | 元 | 321.76 | 401.12 | 304.59 | 278.89 | 341.98 | 368.79 | 355.91 |
| | 用工作价 | 元 | 353.37 | 627.80 | 612.38 | 479.94 | 597.00 | 677.04 | 734.80 |
| | 用工数量 | 日 | 121.90 | 86.00 | 63.80 | 50.50 | 59.70 | 65.10 | 66.80 |
| | 劳动日工价 | 元 | 2.90 | 7.30 | 9.60 | 9.50 | 10.00 | 10.40 | 11.00 |
| | 期间费用 | 元 | | 16.04 | 36.54 | 28.87 | 33.67 | 33.68 | 20.53 |
| | 税金 | 元 | 13.62 | 39.04 | 35.41 | 25.42 | 38.47 | 39.30 | 44.65 |
| | 含税成本 | 元 | 688.75 | 1084.00 | 988.92 | 813.12 | 1011.12 | 1118.81 | 1155.89 |
| | 净产值 | 元 | 908.46 | 905.53 | 985.89 | 757.23 | 1252.30 | 1336.25 | 912.20 |
| | 减税纯收益 | 元 | 541.47 | 222.65 | 305.95 | 224.70 | 589.73 | 586.26 | 112.91 |
| | 成本纯收益率 | % | 78.62 | 20.54 | 30.94 | 27.63 | 58.32 | 52.40 | 9.77 |
| 每 50 公斤主产品 | 平均出售价格 | 元 | 532.13 | 622.90 | 680.14 | 626.25 | 827.32 | 740.48 | 549.39 |
| | 物质费用 | 元 | 139.18 | 191.22 | 160.53 | 168.57 | 177.46 | 160.16 | 154.19 |
| | 生产成本 | 元 | 292.03 | 490.50 | 483.28 | 458.65 | 487.27 | 454.19 | 472.53 |
| | 含税成本 | 元 | 297.92 | 516.76 | 521.20 | 491.46 | 524.70 | 485.89 | 500.77 |
| | 净产值 | 元 | 392.95 | 431.68 | 519.61 | 457.68 | 649.86 | 580.32 | 395.20 |
| | 减税纯收益 | 元 | 234.21 | 106.14 | 161.35 | 135.86 | 306.12 | 254.60 | 48.94 |
| 每一劳动日 | 主产品产量 | 公斤 | 0.90 | 1.20 | 1.40 | 1.60 | 1.60 | 1.70 | 1.60 |
| | 净产值 | 元 | 7.46 | 10.53 | 15.46 | 14.99 | 20.98 | 20.53 | 13.66 |
| 每亩主产品出售数量 | | 公斤 | | 100.10 | 90.70 | 78.80 | 93.70 | 110.10 | 105.90 |
| 每亩主产品出售产值 | | 元 | | 1249.73 | 1229.54 | 987.55 | 1549.93 | 1629.32 | 1148.79 |
| 每亩成本外支出 | | 元 | | 16.47 | 52.91 | 42.51 | 57.10 | 44.70 | 17.51 |

# 全国主要农产品成本收益变化情况

品种：苹果

| 项目名称 | | 单位 | 1995年 | 1998年 | 1999年 | 2000年 | 2001年 | 2002年 |
|---|---|---|---|---|---|---|---|---|
| 每亩 | 主产品产量 | 公斤 | 1347.60 | 1594.60 | 1791.60 | 1650.70 | 1421.90 | 1328.50 |
| | 产值合计 | 元 | 2544.76 | 1637.82 | 1569.03 | 1436.97 | 1416.12 | 1292.05 |
| | 主产品产值 | 元 | 2501.75 | 1600.44 | 1556.43 | 1431.60 | 1409.05 | 1280.59 |
| | 副产品产值 | 元 | 43.01 | 37.38 | 12.60 | 5.37 | 7.07 | 11.46 |
| | 其它收入 | 元 | | 4.51 | 0.09 | | | |
| | 生产成本 | 元 | 939.51 | 881.37 | 918.86 | 891.22 | 843.53 | 726.97 |
| | 物质费用 | 元 | 463.55 | 413.37 | 460.68 | 452.22 | 447.29 | 345.27 |
| | 用工作价 | 元 | 475.96 | 468.00 | 458.18 | 439.00 | 396.24 | 381.70 |
| | 用工数量 | 日 | 65.20 | 48.80 | 48.20 | 43.90 | 38.10 | 34.70 |
| | 劳动日工价 | 元 | 7.30 | 9.60 | 9.50 | 10.00 | 10.40 | 11.00 |
| | 期间费用 | 元 | 43.94 | 95.99 | 87.00 | 86.43 | 70.77 | 30.39 |
| | 税金 | 元 | 101.35 | 114.40 | 95.26 | 88.10 | 83.33 | 58.26 |
| | 含税成本 | 元 | 1084.80 | 1091.76 | 1101.12 | 1065.75 | 997.63 | 815.62 |
| | 净产值 | 元 | 2081.21 | 1224.45 | 1108.35 | 984.75 | 968.83 | 946.78 |
| | 减税纯收益 | 元 | 1459.96 | 550.57 | 468.00 | 371.22 | 418.49 | 476.43 |
| | 成本纯收益率 | % | 134.58 | 50.43 | 42.50 | 34.83 | 41.95 | 58.41 |
| 每50公斤主产品 | 平均出售价格 | 元 | 92.82 | 50.18 | 43.44 | 43.36 | 49.55 | 48.20 |
| | 物质费用 | 元 | 16.91 | 12.66 | 12.75 | 13.65 | 15.65 | 12.88 |
| | 生产成本 | 元 | 34.27 | 27.00 | 25.44 | 26.89 | 29.52 | 27.12 |
| | 含税成本 | 元 | 39.57 | 33.45 | 30.49 | 32.16 | 34.91 | 30.43 |
| | 净产值 | 元 | 75.91 | 37.52 | 30.69 | 29.71 | 33.90 | 35.32 |
| | 减税纯收益 | 元 | 53.25 | 16.87 | 12.95 | 11.20 | 14.64 | 17.77 |
| 每一劳动日 | 主产品产量 | 公斤 | 20.70 | 32.70 | 37.20 | 37.60 | 37.30 | 38.30 |
| | 净产值 | 元 | 31.92 | 25.12 | 22.98 | 22.43 | 25.43 | 27.28 |
| 每亩主产品出售数量 | | 公斤 | 1347.60 | 1411.80 | 1737.00 | 1552.30 | 1296.20 | 1215.70 |
| 每亩主产品出售产值 | | 元 | 2501.75 | 1482.71 | 1454.74 | 1327.68 | 1275.48 | 1135.62 |
| 每亩成本外支出 | | 元 | 43.10 | 35.61 | 43.16 | 38.23 | 37.21 | 11.50 |

# 全国主要农产品成本收益变化情况

品种：农户散养生猪

| 项目名称 | | 单位 | 1990年 | 1995年 | 1998年 | 1999年 | 2000年 | 2001年 | 2002年 |
|---|---|---|---|---|---|---|---|---|---|
| 每头 | 主产品产量 | 公斤 | 114.10 | 53.60 | 109.20 | 105.10 | 105.90 | 107.60 | 105.50 |
| | 产值合计 | 元 | 416.00 | 886.71 | 769.03 | 609.28 | 646.58 | 662.19 | 629.41 |
| | 主产品产值 | 元 | 393.31 | 853.24 | 741.33 | 585.68 | 621.32 | 639.64 | 606.82 |
| | 副产品产值 | 元 | 22.69 | 33.47 | 27.70 | 23.60 | 25.26 | 22.55 | 22.59 |
| | 其他收入 | 元 | | | 0.74 | 0.28 | 0.02 | 0.05 | |
| | 生产成本 | 元 | 367.13 | 808.90 | 757.37 | 595.80 | 594.04 | 619.10 | 590.96 |
| | 物质费用 | 元 | 304.26 | 680.42 | 609.15 | 466.89 | 466.04 | 483.90 | 463.36 |
| | 劳动日工价 | 元 | 62.87 | 128.48 | 148.22 | 128.91 | 128.00 | 135.20 | 127.60 |
| | 用工数量 | 日 | 21.70 | 17.60 | 15.40 | 13.60 | 12.80 | 13.00 | 11.60 |
| | 劳动日工价 | 元 | 2.90 | 7.30 | 9.60 | 9.50 | 10.00 | 10.40 | 11.00 |
| | 期间费用 | 元 | | 2.81 | 4.04 | 4.75 | 4.34 | 4.15 | 3.37 |
| | 税金 | 元 | 1.12 | 2.33 | 4.71 | 3.94 | 3.08 | 4.00 | 0.74 |
| | 含税成本 | 元 | 368.25 | 814.04 | 766.12 | 604.49 | 601.46 | 627.25 | 595.07 |
| | 净产值 | 元 | 111.74 | 206.29 | 159.88 | 142.39 | 180.54 | 178.29 | 166.05 |
| | 减税纯收益 | 元 | 47.75 | 72.67 | 3.65 | 5.07 | 45.14 | 34.99 | 34.34 |
| | 成本纯收益率 | % | 12.97 | 8.93 | 0.48 | 0.84 | 7.51 | 5.58 | 5.77 |
| | 耗粮数量 | 公斤 | 438.30 | 100.10 | 195.20 | 179.20 | 165.70 | 173.50 | 171.90 |
| 每50公斤主产品 | 平均出售价格 | 元 | 172.40 | 796.68 | 339.56 | 278.60 | 293.35 | 297.23 | 287.59 |
| | 物质费用 | 元 | 126.09 | 611.34 | 268.97 | 213.49 | 211.44 | 217.20 | 211.72 |
| | 生产成本 | 元 | 152.15 | 726.77 | 334.41 | 272.44 | 269.51 | 277.89 | 270.02 |
| | 含税成本 | 元 | 152.61 | 731.39 | 338.28 | 276.41 | 272.88 | 281.55 | 271.90 |
| | 净产值 | 元 | 46.31 | 185.34 | 70.59 | 65.11 | 81.91 | 80.03 | 75.87 |
| | 减税纯收益 | 元 | 19.79 | 65.29 | 1.62 | 2.32 | 20.48 | 15.70 | 15.69 |
| | 耗粮数量 | 公斤 | 192.10 | 93.50 | 89.40 | 85.30 | 78.20 | 80.60 | 81.50 |
| 每一劳动日 | 主产品产量 | 公斤 | 5.30 | 3.00 | 7.10 | 7.80 | 8.30 | 8.30 | 9.10 |
| | 净产值 | 元 | 5.15 | 11.72 | 10.35 | 10.49 | 14.10 | 13.71 | 14.31 |
| 每核算单位成本外支出 | | 元 | | 1.25 | 1.98 | 2.47 | 1.82 | 2.48 | 0.74 |

# 全国主要农产品物质费用变化情况

品种：三种粮食平均

| 项　目　名　称 | 单位 | 1990年 | 1995年 | 1998年 | 1999年 | 2000年 | 2001年 | 2002年 |
|---|---|---|---|---|---|---|---|---|
| 每亩物质费用 | 元 | 77.62 | 158.04 | 172.33 | 170.48 | 160.08 | 155.72 | 159.89 |
| 一、直接生产费用 | 元 | 69.08 | 147.29 | 159.17 | 158.19 | 148.94 | 145.29 | 149.41 |
| 1.种籽秧苗费 | 元 | 10.65 | 22.65 | 20.71 | 21.25 | 18.94 | 18.00 | 20.32 |
| 2.农家肥费 | 元 | 7.35 | 10.56 | 11.11 | 10.40 | 8.87 | 9.35 | 9.16 |
| 3.化肥费 | 元 | 27.77 | 62.79 | 64.44 | 62.74 | 57.38 | 54.76 | 57.27 |
| 4.农膜费 | 元 | 0.92 | 1.71 | 2.72 | 2.16 | 1.78 | 1.93 | 1.77 |
| 5.农药费 | 元 | 3.33 | 7.33 | 8.25 | 8.69 | 8.12 | 8.31 | 8.70 |
| 6.畜力费 | 元 | 8.33 | 14.07 | 14.28 | 12.82 | 12.14 | 12.01 | 11.16 |
| 7.机械作业费 | 元 | 5.00 | 13.21 | 20.38 | 21.22 | 22.85 | 22.79 | 23.78 |
| 8.排灌费 | 元 | 3.74 | 9.42 | 12.84 | 14.98 | 15.67 | 15.50 | 14.77 |
| 9.燃料动力费 | 元 |  | 1.04 | 0.85 | 0.95 | 0.09 | 0.04 | 0.07 |
| 10.棚架材料费 | 元 | 0.07 | 0.28 | 0.22 | 0.29 | 0.18 | 0.18 | 0.19 |
| 11.其它直接费用 | 元 | 1.92 | 4.23 | 3.37 | 2.69 | 2.92 | 2.42 | 2.22 |
| 二、间接生产费用 | 元 | 8.54 | 10.75 | 13.16 | 12.29 | 11.16 | 10.43 | 10.48 |
| 1.固定资产折旧 | 元 | 3.00 | 6.59 | 7.33 | 7.22 | 6.76 | 6.00 | 6.15 |
| 2.小农具购置修理费 | 元 | 1.90 | 4.16 | 4.05 | 3.67 | 3.24 | 3.29 | 3.38 |
| 3.其它间接费用 | 元 | 3.64 |  | 1.78 | 1.40 | 1.16 | 1.14 | 0.95 |
| 附记：1.每亩种籽用量 | 公斤 | 8.42 | 8.27 | 7.80 | 7.79 | 7.54 | 7.40 | 7.40 |
| 2.每亩化肥用量 | 公斤 | 24.90 | 17.40 | 19.60 | 20.00 | 20.30 | 19.80 | 20.90 |
| 3.每亩农膜用量 | 公斤 |  | 0.20 | 0.30 | 0.30 | 0.20 | 0.20 | 0.20 |
| 4.每度电价 | 元 |  |  | 0.71 | 0.72 | 0.64 | 0.62 | 0.60 |
| 5.每亩柴油费 | 元 |  |  | 1.75 | 2.39 | 3.11 | 3.66 | 8.47 |

# 全国主要农产品物质费用变化情况

品种：稻谷

| 项 目 名 称 | 单位 | 1990 年 | 1995 年 | 1998 年 | 1999 年 | 2000 年 | 2001 年 | 2002 年 |
|---|---|---|---|---|---|---|---|---|
| 每亩物质费用 | 元 | 91.39 | 187.92 | 187.67 | 185.72 | 173.15 | 170.04 | 172.74 |
| 一、直接生产费用 | 元 | 80.66 | 174.55 | 171.36 | 172.01 | 160.36 | 157.97 | 160.25 |
| 1.种籽秧苗费 | 元 | 10.32 | 22.71 | 16.64 | 18.17 | 15.29 | 13.53 | 15.23 |
| 2.农家肥费 | 元 | 6.47 | 9.01 | 9.35 | 8.03 | 7.04 | 7.03 | 6.89 |
| 3.化肥费 | 元 | 31.58 | 72.12 | 65.34 | 63.98 | 57.01 | 56.18 | 57.10 |
| 4.农膜费 | 元 | 1.08 | 2.86 | 3.22 | 3.13 | 2.77 | 2.59 | 2.57 |
| 5.农药费 | 元 | 6.88 | 13.79 | 15.02 | 15.59 | 14.87 | 15.58 | 15.50 |
| 6.畜力费 | 元 | 10.95 | 19.05 | 20.24 | 19.37 | 18.35 | 17.89 | 16.70 |
| 7.机械作业费 | 元 | 4.99 | 12.63 | 17.99 | 20.51 | 21.30 | 21.75 | 23.30 |
| 8.排灌费 | 元 | 5.97 | 12.21 | 16.58 | 16.82 | 17.97 | 19.18 | 18.46 |
| 9.燃料动力费 | 元 | | 2.27 | 1.15 | 1.00 | 0.07 | 0.01 | 0.05 |
| 10.棚架材料费 | 元 | 0.22 | 0.54 | 0.61 | 0.77 | 0.49 | 0.48 | 0.51 |
| 11.其它直接费用 | 元 | 2.20 | 7.36 | 5.22 | 4.64 | 5.20 | 3.75 | 3.94 |
| 二、间接生产费用 | 元 | 10.73 | 13.37 | 16.32 | 13.72 | 12.81 | 12.09 | 12.49 |
| 1.固定资产折旧 | 元 | 3.79 | 7.88 | 8.81 | 7.72 | 7.43 | 6.72 | 7.31 |
| 2.小农具购置修理费 | 元 | 2.68 | 5.49 | 5.26 | 4.36 | 4.19 | 4.27 | 4.29 |
| 3.其它间接费用 | 元 | 4.26 | | 2.25 | 1.64 | 1.19 | 1.10 | 0.89 |
| 附记：1.每亩种籽用量 | 公斤 | 7.28 | 5.46 | 4.27 | 4.52 | 3.93 | 3.68 | 3.50 |
| 2.每亩化肥用量 | 公斤 | 29.70 | 19.70 | 20.20 | 20.60 | 20.60 | 20.30 | 21.10 |
| 3.每亩农膜用量 | 公斤 | | 0.30 | 0.40 | 0.40 | 0.30 | 0.40 | 0.40 |
| 4.每度电价 | 元 | | | 0.82 | 0.77 | 0.69 | 0.66 | 0.62 |
| 5.每亩柴油费 | 元 | | | 1.49 | 1.63 | 2.61 | 2.87 | 5.35 |

# 全国主要农产品物质费用变化情况

品种：籼稻

| 项　目　名　称 | 单位 | 1990年 | 1995年 | 1998年 | 1999年 | 2000年 | 2001年 | 2002年 |
|---|---|---|---|---|---|---|---|---|
| 每亩物质费用 | 元 | 84.74 | 170.08 | 171.28 | 168.51 | 158.54 | 155.44 | 155.71 |
| 一、直接生产费用 | 元 | 75.01 | 156.67 | 154.87 | 155.26 | 146.17 | 143.47 | 143.68 |
| 1.种籽秧苗费 | 元 | 9.26 | 22.02 | 15.96 | 17.52 | 14.58 | 12.42 | 14.50 |
| 2.农家肥费 | 元 | 6.64 | 9.46 | 9.35 | 8.38 | 7.29 | 7.31 | 6.63 |
| 3.化肥费 | 元 | 30.49 | 68.89 | 62.08 | 59.89 | 54.21 | 52.47 | 53.71 |
| 4.农膜费 | 元 | 0.68 | 1.64 | 2.41 | 2.07 | 2.15 | 2.02 | 1.88 |
| 5.农药费 | 元 | 6.49 | 11.80 | 13.38 | 14.33 | 13.64 | 13.84 | 14.05 |
| 6.畜力费 | 元 | 12.30 | 21.42 | 23.15 | 21.93 | 20.69 | 20.47 | 19.58 |
| 7.机械作业费 | 元 | 3.75 | 8.59 | 13.78 | 16.51 | 16.85 | 17.44 | 19.50 |
| 8.排灌费 | 元 | 4.17 | 7.78 | 9.94 | 10.24 | 11.81 | 13.80 | 10.41 |
| 9.燃料动力费 | 元 |  | 0.95 | 0.78 | 0.48 | 0.10 |  |  |
| 10.棚架材料费 | 元 | 0.16 | 0.17 | 0.39 | 0.63 | 0.37 | 0.30 | 0.25 |
| 11.其它直接费用 | 元 | 1.07 | 3.95 | 3.65 | 3.28 | 4.48 | 3.40 | 3.17 |
| 二、间接生产费用 | 元 | 9.73 | 13.41 | 16.41 | 13.27 | 12.37 | 11.96 | 12.03 |
| 1.固定资产折旧 | 元 | 3.56 | 7.71 | 8.69 | 7.34 | 7.07 | 6.66 | 6.89 |
| 2.小农具购置修理费 | 元 | 2.79 | 5.70 | 5.68 | 4.62 | 4.39 | 4.39 | 4.38 |
| 3.其它间接费用 | 元 | 3.38 |  | 2.04 | 1.31 | 0.91 | 0.91 | 0.76 |
| 附记：1.每亩种籽用量 | 公斤 | 6.46 | 4.38 | 3.43 | 3.35 | 2.90 | 2.63 | 2.60 |
| 2.每亩化肥用量 | 公斤 | 28.50 | 18.70 | 19.00 | 19.20 | 19.70 | 19.10 | 19.80 |
| 3.每亩农膜用量 | 公斤 |  | 0.20 | 0.30 | 0.30 | 0.30 | 0.30 | 0.40 |
| 4.每度电价 | 元 |  |  | 0.87 | 0.81 | 0.72 | 0.69 | 0.64 |
| 5.每亩柴油费 | 元 |  |  | 0.89 | 1.33 | 1.55 | 1.51 | 3.63 |

# 全国主要农产品物质费用变化情况

品种：早籼稻

| 项　目　名　称 | 单位 | 1990 年 | 1995 年 | 1998 年 | 1999 年 | 2000 年 | 2001 年 | 2002 年 |
|---|---|---|---|---|---|---|---|---|
| 每亩物质费用 | 元 | 90.39 | 173.11 | 178.80 | 172.33 | 161.69 | 159.84 | 158.36 |
| 一、直接生产费用 | 元 | 78.37 | 159.66 | 163.13 | 159.37 | 149.18 | 147.26 | 145.46 |
| 1.种籽秧苗费 | 元 | 8.89 | 19.41 | 15.75 | 14.98 | 13.53 | 12.44 | 13.37 |
| 2.农家肥费 | 元 | 7.96 | 10.56 | 10.83 | 7.65 | 7.58 | 7.91 | 6.44 |
| 3.化肥费 | 元 | 32.85 | 72.72 | 66.77 | 63.26 | 56.63 | 55.78 | 54.62 |
| 4.农膜费 | 元 | 1.37 | 3.21 | 4.34 | 3.79 | 3.70 | 3.17 | 3.17 |
| 5.农药费 | 元 | 6.21 | 11.83 | 12.94 | 13.13 | 12.44 | 12.56 | 11.92 |
| 6.畜力费 | 元 | 11.36 | 21.82 | 24.14 | 22.89 | 21.94 | 23.53 | 21.44 |
| 7.机械作业费 | 元 | 4.44 | 8.83 | 15.45 | 20.12 | 19.13 | 18.35 | 21.07 |
| 8.排灌费 | 元 | 4.16 | 6.06 | 8.88 | 8.07 | 9.33 | 9.63 | 8.70 |
| 9.燃料动力费 | 元 |  | 0.43 | 0.37 | 0.37 | 0.13 |  |  |
| 10.棚架材料费 | 元 | 0.11 | 0.33 | 0.62 | 1.59 | 0.58 | 0.38 | 0.40 |
| 11.其它直接费用 | 元 | 1.02 | 4.46 | 3.04 | 3.52 | 4.19 | 3.51 | 4.33 |
| 二、间接生产费用 | 元 | 12.02 | 13.45 | 15.67 | 12.96 | 12.51 | 12.58 | 12.90 |
| 1.固定资产折旧 | 元 | 3.58 | 7.71 | 8.16 | 7.00 | 6.97 | 7.44 | 7.64 |
| 2.小农具购置修理费 | 元 | 2.96 | 5.74 | 5.47 | 4.82 | 4.52 | 4.47 | 4.41 |
| 3.其它间接费用 | 元 | 4.59 |  | 2.04 | 1.14 | 1.02 | 0.67 | 0.85 |
| 附记：1.每亩种籽用量 | 公斤 | 9.48 | 7.55 | 6.40 | 6.23 | 5.60 | 4.80 | 4.70 |
| 2.每亩化肥用量 | 公斤 | 31.20 | 19.80 | 20.10 | 19.70 | 20.10 | 20.50 | 19.50 |
| 3.每亩农膜用量 | 公斤 |  | 0.40 | 0.50 | 0.50 | 0.50 | 0.60 | 0.60 |
| 4.每度电价 | 元 |  |  | 0.93 | 0.82 | 0.74 | 0.70 | 0.65 |
| 5.每亩柴油费 | 元 |  |  | 0.51 | 1.09 | 1.13 | 1.79 | 2.16 |

# 全国主要农产品物质费用变化情况

品种：中籼稻

| 项目名称 | 单位 | 1990年 | 1995年 | 1998年 | 1999年 | 2000年 | 2001年 | 2002年 |
|---|---|---|---|---|---|---|---|---|
| 每亩物质费用 | 元 | 77.45 | 160.61 | 165.67 | 167.99 | 154.29 | 153.21 | 156.33 |
| 一、直接生产费用 | 元 | 68.52 | 148.84 | 149.44 | 154.64 | 141.67 | 141.58 | 145.36 |
| 1.种籽秧苗费 | 元 | 9.89 | 25.36 | 16.67 | 20.20 | 15.51 | 12.42 | 16.02 |
| 2.农家肥费 | 元 | 6.56 | 8.66 | 8.78 | 10.06 | 7.36 | 8.25 | 7.70 |
| 3.化肥费 | 元 | 25.41 | 61.39 | 56.66 | 55.93 | 49.91 | 47.60 | 52.37 |
| 4.农膜费 | 元 | 0.67 | 1.67 | 2.44 | 2.29 | 2.55 | 2.49 | 2.21 |
| 5.农药费 | 元 | 4.42 | 9.55 | 10.83 | 11.46 | 10.84 | 11.00 | 13.24 |
| 6.畜力费 | 元 | 12.83 | 19.39 | 22.63 | 23.28 | 20.49 | 19.45 | 19.42 |
| 7.机械作业费 | 元 | 2.79 | 7.23 | 11.72 | 12.38 | 14.43 | 14.26 | 16.44 |
| 8.排灌费 | 元 | 4.26 | 10.21 | 13.19 | 14.42 | 16.53 | 22.42 | 14.92 |
| 9.燃料动力费 | 元 |  | 1.82 | 1.41 | 0.75 |  |  |  |
| 10.棚架材料费 | 元 | 0.10 | 0.18 | 0.53 | 0.28 | 0.43 | 0.50 | 0.32 |
| 11.其它直接费用 | 元 | 1.59 | 3.38 | 4.58 | 3.59 | 3.62 | 3.19 | 2.72 |
| 二、间接生产费用 | 元 | 8.93 | 11.77 | 16.23 | 13.35 | 12.62 | 11.63 | 10.97 |
| 1.固定资产折旧 | 元 | 3.29 | 6.25 | 7.95 | 7.32 | 7.41 | 6.04 | 5.90 |
| 2.小农具购置修理费 | 元 | 2.52 | 5.52 | 5.84 | 4.51 | 4.32 | 4.39 | 4.36 |
| 3.其它间接费用 | 元 | 2.79 |  | 2.44 | 1.52 | 0.89 | 1.20 | 0.71 |
| 附记：1.每亩种籽用量 | 公斤 | 4.99 | 2.31 | 1.98 | 1.89 | 1.50 | 1.50 | 1.40 |
| 2.每亩化肥用量 | 公斤 | 25.30 | 17.00 | 18.00 | 18.40 | 19.40 | 17.70 | 20.30 |
| 3.每亩农膜用量 | 公斤 |  | 0.20 | 0.30 | 0.30 | 0.30 | 0.20 | 0.40 |
| 4.每度电价 | 元 |  |  | 0.73 | 0.80 | 0.69 | 0.65 | 0.62 |
| 5.每亩柴油费 | 元 |  |  | 1.50 | 1.68 | 2.06 | 1.45 | 5.45 |

# 全国主要农产品物质费用变化情况

品种：晚籼稻

| 项 目 名 称 | 单位 | 1990 年 | 1995 年 | 1998 年 | 1999 年 | 2000 年 | 2001 年 | 2002 年 |
|---|---|---|---|---|---|---|---|---|
| 每亩物质费用 | 元 | 88.31 | 176.57 | 169.36 | 165.21 | 159.58 | 153.26 | 152.47 |
| 一、直接生产费用 | 元 | 78.17 | 161.55 | 152.03 | 151.74 | 147.60 | 141.57 | 140.25 |
| 1.种籽秧苗费 | 元 | 9.01 | 21.30 | 15.47 | 17.37 | 14.69 | 12.39 | 14.12 |
| 2.农家肥费 | 元 | 5.40 | 9.17 | 8.44 | 7.42 | 6.92 | 5.78 | 5.75 |
| 3.化肥费 | 元 | 33.21 | 72.56 | 62.82 | 60.49 | 56.06 | 54.03 | 54.15 |
| 4.农膜费 | 元 |  | 0.05 | 0.44 | 0.12 | 0.20 | 0.40 | 0.28 |
| 5.农药费 | 元 | 8.85 | 14.01 | 16.36 | 18.41 | 17.64 | 17.95 | 17.00 |
| 6.畜力费 | 元 | 12.72 | 23.06 | 22.68 | 19.61 | 19.64 | 18.43 | 17.87 |
| 7.机械作业费 | 元 | 4.02 | 9.72 | 14.17 | 17.02 | 17.00 | 19.72 | 20.98 |
| 8.排灌费 | 元 | 4.10 | 7.08 | 7.74 | 8.22 | 9.56 | 9.35 | 7.62 |
| 9.燃料动力费 | 元 |  | 0.60 | 0.55 | 0.33 | 0.16 |  |  |
| 10.棚架材料费 | 元 | 0.27 |  | 0.02 | 0.02 | 0.11 | 0.03 | 0.03 |
| 11.其它直接费用 | 元 | 0.59 | 4.00 | 3.34 | 2.73 | 5.62 | 3.49 | 2.45 |
| 二、间接生产费用 | 元 | 10.14 | 15.02 | 17.33 | 13.47 | 11.98 | 11.69 | 12.22 |
| 1.固定资产折旧 | 元 | 3.80 | 9.19 | 9.97 | 7.69 | 6.83 | 6.50 | 7.12 |
| 2.小农具购置修理费 | 元 | 2.88 | 5.83 | 5.73 | 4.52 | 4.34 | 4.32 | 4.37 |
| 3.其它间接费用 | 元 | 2.77 |  | 1.63 | 1.26 | 0.81 | 0.87 | 0.73 |
| 附记：1.每亩种籽用量 | 公斤 | 4.90 | 3.28 | 1.92 | 1.94 | 1.70 | 1.60 | 1.70 |
| 2.每亩化肥用量 | 公斤 | 29.00 | 19.30 | 18.90 | 19.40 | 19.80 | 19.20 | 19.40 |
| 3.每亩农膜用量 | 公斤 |  |  | 0.10 |  |  | 0.10 | 0.10 |
| 4.每度电价 | 元 |  |  | 0.94 | 0.82 | 0.73 | 0.71 | 0.64 |
| 5.每亩柴油费 | 元 |  |  | 0.67 | 1.23 | 1.47 | 1.28 | 3.27 |

# 全国主要农产品物质费用变化情况

品种：粳稻

| 项 目 名 称 | 单位 | 1990 年 | 1995 年 | 1998 年 | 1999 年 | 2000 年 | 2001 年 | 2002 年 |
|---|---|---|---|---|---|---|---|---|
| 每亩物质费用 | 元 | 112.46 | 241.36 | 236.83 | 237.33 | 217.05 | 213.84 | 223.71 |
| 一、直接生产费用 | 元 | 97.57 | 228.14 | 220.79 | 222.24 | 202.90 | 201.38 | 209.81 |
| 1.种籽秧苗费 | 元 | 13.50 | 24.79 | 18.66 | 20.13 | 17.42 | 16.85 | 17.39 |
| 2.农家肥费 | 元 | 5.96 | 7.63 | 9.35 | 6.98 | 6.28 | 6.18 | 7.68 |
| 3.化肥费 | 元 | 34.85 | 81.80 | 75.11 | 76.22 | 65.43 | 67.29 | 67.22 |
| 4.农膜费 | 元 | 2.26 | 6.51 | 5.66 | 6.33 | 4.61 | 4.29 | 4.58 |
| 5.农药费 | 元 | 8.05 | 19.76 | 19.94 | 19.37 | 18.57 | 20.79 | 19.84 |
| 6.畜力费 | 元 | 6.88 | 11.93 | 11.50 | 11.68 | 11.32 | 10.14 | 8.06 |
| 7.机械作业费 | 元 | 8.71 | 24.74 | 30.62 | 32.52 | 34.63 | 34.68 | 34.69 |
| 8.排灌费 | 元 | 11.37 | 25.47 | 36.50 | 36.56 | 36.45 | 35.31 | 42.58 |
| 9.燃料动力费 | 元 | | 6.25 | 2.28 | 2.55 | | 0.05 | 0.20 |
| 10.棚架材料费 | 元 | 0.38 | 1.67 | 1.26 | 1.19 | 0.84 | 0.99 | 1.30 |
| 11.其它直接费用 | 元 | 5.61 | 17.59 | 9.91 | 8.71 | 7.35 | 4.81 | 6.27 |
| 二、间接生产费用 | 元 | 14.89 | 13.22 | 16.04 | 15.09 | 14.15 | 12.46 | 13.90 |
| 1.固定资产折旧 | 元 | 4.47 | 8.35 | 9.15 | 8.88 | 8.52 | 6.91 | 8.59 |
| 2.小农具购置修理费 | 元 | 2.35 | 4.87 | 4.01 | 3.59 | 3.58 | 3.89 | 4.03 |
| 3.其它间接费用 | 元 | 6.87 | | 2.88 | 2.62 | 2.05 | 1.66 | 1.28 |
| 附记：1.每亩种籽用量 | 公斤 | 9.76 | 8.69 | 6.76 | 8.00 | 6.90 | 6.80 | 6.30 |
| 2.每亩化肥用量 | 公斤 | 33.30 | 22.60 | 23.80 | 24.70 | 23.10 | 23.90 | 24.50 |
| 3.每亩农膜用量 | 公斤 | | 0.50 | 0.60 | 0.80 | 0.50 | 0.50 | 0.50 |
| 4.每度电价 | 元 | | | 0.66 | 0.62 | 0.60 | 0.58 | 0.56 |
| 5.每亩柴油费 | 元 | | | 3.27 | 2.52 | 5.78 | 6.95 | 10.52 |

# 全国主要农产品物质费用变化情况

品种：小麦

| 项 目 名 称 | 单位 | 1990 年 | 1995 年 | 1998 年 | 1999 年 | 2000 年 | 2001 年 | 2002 年 |
|---|---|---|---|---|---|---|---|---|
| 每亩物质费用 | 元 | 74.85 | 146.08 | 178.72 | 181.02 | 205.85 | 160.13 | 162.67 |
| 一、直接生产费用 | 元 | 67.38 | 136.46 | 167.16 | 168.73 | 190.30 | 150.49 | 153.13 |
| 1.种籽秧苗费 | 元 | 13.31 | 25.70 | 28.19 | 28.46 | 28.74 | 24.93 | 24.70 |
| 2.农家肥费 | 元 | 7.53 | 11.02 | 11.44 | 11.72 | 7.68 | 9.78 | 9.85 |
| 3.化肥费 | 元 | 25.80 | 53.33 | 63.51 | 62.96 | 65.01 | 52.55 | 55.93 |
| 4.农膜费 | 元 |  | 0.12 | 1.02 | 0.24 | 0.09 | 0.14 | 0.09 |
| 5.农药费 | 元 | 2.05 | 4.25 | 5.37 | 6.31 | 6.00 | 5.01 | 5.88 |
| 6.畜力费 | 元 | 6.97 | 10.43 | 9.62 | 8.16 | 5.29 | 7.82 | 6.34 |
| 7.机械作业费 | 元 | 6.33 | 17.51 | 30.58 | 30.08 | 50.10 | 32.36 | 32.79 |
| 8.排灌费 | 元 | 3.34 | 9.95 | 13.52 | 17.31 | 23.45 | 15.83 | 16.24 |
| 9.燃料动力费 | 元 |  | 0.70 | 0.93 | 1.19 |  |  |  |
| 10.棚架材料费 | 元 |  | 0.01 |  | 0.01 |  |  |  |
| 11.其它直接费用 | 元 | 2.05 | 3.44 | 2.98 | 2.29 | 3.94 | 2.07 | 1.31 |
| 二、间接生产费用 | 元 | 7.47 | 9.62 | 11.56 | 12.29 | 15.55 | 9.64 | 9.54 |
| 1.固定资产折旧 | 元 | 2.57 | 5.86 | 6.70 | 7.56 | 10.44 | 5.86 | 5.64 |
| 2.小农具购置修理费 | 元 | 1.55 | 3.76 | 3.33 | 3.25 | 2.97 | 2.75 | 2.97 |
| 3.其它间接费用 | 元 | 2.81 |  | 1.53 | 1.48 | 2.14 | 1.03 | 0.93 |
| 附记：1.每亩种籽用量 | 公斤 | 15.02 | 16.06 | 15.91 | 15.80 | 17.80 | 15.60 | 15.70 |
| 2.每亩化肥用量 | 公斤 | 23.00 | 15.30 | 19.00 | 19.50 | 22.00 | 18.80 | 20.60 |
| 3.每亩农膜用量 | 公斤 |  |  | 0.10 |  |  |  |  |
| 4.每度电价 | 元 |  |  | 0.64 | 0.72 | 0.56 | 0.59 | 0.58 |
| 5.每亩柴油费 | 元 |  |  | 2.29 | 3.58 | 6.34 | 5.09 | 10.34 |

# 全国主要农产品物质费用变化情况

**品种：玉米**

| 项 目 名 称 | 单位 | 1990年 | 1995年 | 1998年 | 1999年 | 2000年 | 2001年 | 2002年 |
|---|---|---|---|---|---|---|---|---|
| 每亩物质费用 | 元 | 68.01 | 140.12 | 150.64 | 144.70 | 138.13 | 136.93 | 144.26 |
| 一、直接生产费用 | 元 | 59.24 | 130.87 | 139.05 | 133.85 | 127.95 | 127.37 | 134.87 |
| 1.种籽秧苗费 | 元 | 8.31 | 19.55 | 17.30 | 17.11 | 15.40 | 15.54 | 21.04 |
| 2.农家肥费 | 元 | 8.04 | 11.65 | 12.54 | 11.46 | 10.04 | 11.23 | 10.74 |
| 3.化肥费 | 元 | 25.94 | 62.92 | 64.47 | 61.30 | 57.86 | 55.51 | 58.77 |
| 4.农膜费 | 元 | 1.69 | 2.15 | 3.96 | 3.14 | 2.42 | 3.06 | 2.66 |
| 5.农药费 | 元 | 1.07 | 3.94 | 4.37 | 4.16 | 4.08 | 4.34 | 4.71 |
| 6.畜力费 | 元 | 7.08 | 12.74 | 12.99 | 10.93 | 10.48 | 10.31 | 10.44 |
| 7.机械作业费 | 元 | 3.67 | 9.50 | 12.56 | 13.07 | 14.70 | 14.27 | 15.25 |
| 8.排灌费 | 元 | 1.92 | 6.09 | 8.43 | 10.80 | 11.46 | 11.49 | 9.62 |
| 9.燃料动力费 | 元 | | 0.16 | 0.47 | 0.66 | 0.20 | 0.12 | 0.17 |
| 10.棚架材料费 | 元 | | 0.28 | 0.05 | 0.09 | 0.05 | 0.06 | 0.05 |
| 11.其它直接费用 | 元 | 1.52 | 1.89 | 1.91 | 1.13 | 1.26 | 1.44 | 1.42 |
| 二、间接生产费用 | 元 | 8.77 | 9.25 | 11.59 | 10.85 | 10.18 | 9.56 | 9.39 |
| 1.固定资产折旧 | 元 | 2.65 | 6.02 | 6.47 | 6.37 | 6.39 | 5.42 | 5.49 |
| 2.小农具购置修理费 | 元 | 1.47 | 3.23 | 3.55 | 3.40 | 2.76 | 2.85 | 2.87 |
| 3.其它间接费用 | 元 | 3.85 | | 1.57 | 1.08 | 1.03 | 1.29 | 1.03 |
| 附记：1.每亩种籽用量 | 公斤 | 2.97 | 3.28 | 3.22 | 3.05 | 3.00 | 2.90 | 3.00 |
| 2.每亩化肥用量 | 公斤 | 22.00 | 17.30 | 19.80 | 19.80 | 20.50 | 20.00 | 20.90 |
| 3.每亩农膜用量 | 公斤 | | 0.20 | 0.40 | 0.40 | 0.30 | 0.30 | 0.30 |
| 4.每度电价 | 元 | | | 0.66 | 0.66 | 0.63 | 0.61 | 0.60 |
| 5.每亩柴油费 | 元 | | | 1.46 | 1.97 | 2.40 | 3.01 | 9.72 |

# 全国主要农产品物质费用变化情况

品种：大豆

| 项 目 名 称 | 单位 | 1990 年 | 1995 年 | 1998 年 | 1999 年 | 2000 年 | 2001 年 | 2002 年 |
|---|---|---|---|---|---|---|---|---|
| 每亩物质费用 | 元 | 36.94 | 70.30 | 86.81 | 84.02 | 78.23 | 76.69 | 75.26 |
| 一、直接生产费用 | 元 | 30.28 | 62.87 | 76.15 | 74.72 | 69.90 | 68.75 | 67.27 |
| 1.种籽秧苗费 | 元 | 11.13 | 18.44 | 21.64 | 19.33 | 20.26 | 17.78 | 17.35 |
| 2.农家肥费 | 元 | 3.69 | 4.19 | 6.07 | 5.89 | 3.23 | 3.77 | 3.03 |
| 3.化肥费 | 元 | 6.57 | 18.82 | 18.30 | 17.61 | 16.33 | 17.90 | 18.22 |
| 4.农膜费 | 元 | | | 0.01 | 0.12 | | 0.01 | |
| 5.农药费 | 元 | 1.04 | 2.98 | 3.76 | 5.01 | 5.52 | 4.33 | 5.13 |
| 6.畜力费 | 元 | 5.55 | 10.53 | 13.58 | 10.01 | 7.87 | 9.45 | 7.08 |
| 7.机械作业费 | 元 | 1.58 | 5.77 | 8.17 | 11.03 | 11.92 | 10.91 | 10.98 |
| 8.排灌费 | 元 | 0.29 | 1.16 | 3.85 | 4.70 | 4.03 | 3.63 | 4.56 |
| 9.燃料动力费 | 元 | | 0.06 | 0.06 | 0.12 | 0.02 | | |
| 10.棚架材料费 | 元 | | | | | | | |
| 11.其它直接费用 | 元 | 0.43 | 0.92 | 0.71 | 0.90 | 0.72 | 0.97 | 0.92 |
| 二、间接生产费用 | 元 | 6.66 | 7.43 | 10.66 | 9.30 | 8.33 | 7.94 | 7.99 |
| 1.固定资产折旧 | 元 | 2.10 | 5.05 | 5.80 | 6.04 | 5.64 | 5.00 | 5.18 |
| 2.小农具购置修理费 | 元 | 1.44 | 2.38 | 4.02 | 2.54 | 1.97 | 2.49 | 2.48 |
| 3.其它间接费用 | 元 | 2.87 | | 0.84 | 0.72 | 0.72 | 0.45 | 0.33 |
| 附记：1.每亩种籽用量 | 公斤 | 7.29 | 6.69 | 6.67 | 6.98 | 6.70 | 6.20 | 6.10 |
| 2.每亩化肥用量 | 公斤 | 6.20 | 5.10 | 5.60 | 5.60 | 5.40 | 5.60 | 6.70 |
| 3.每亩农膜用量 | 公斤 | | | | | | | |
| 4.每度电价 | 元 | | | 0.77 | 0.71 | 0.67 | 0.65 | 0.65 |
| 5.每亩柴油费 | 元 | | | 1.12 | 2.46 | 2.89 | 2.52 | 4.79 |

# 全国主要农产品物质费用变化情况

品种：二种油料平均

| 项目名称 | 单位 | 1990年 | 1995年 | 1998年 | 1999年 | 2000年 | 2001年 | 2002年 |
|---|---|---|---|---|---|---|---|---|
| 每亩物质费用 | 元 | 68.86 | 162.30 | 134.56 | 132.20 | 128.44 | 125.45 | 119.36 |
| 一、直接生产费用 | 元 | 62.06 | 155.57 | 124.99 | 123.73 | 120.10 | 117.35 | 111.77 |
| 1.种籽秧苗费 | 元 | 19.38 | 35.73 | 36.30 | 33.44 | 32.51 | 31.45 | 29.71 |
| 2.农家肥费 | 元 | 8.92 | 11.01 | 13.72 | 10.42 | 11.79 | 11.44 | 9.70 |
| 3.化肥费 | 元 | 18.21 | 76.79 | 40.30 | 43.45 | 41.21 | 40.04 | 39.09 |
| 4.农膜费 | 元 | 1.55 | 4.34 | 2.08 | 1.51 | 2.09 | 2.04 | 1.57 |
| 5.农药费 | 元 | 2.34 | 4.96 | 6.22 | 6.63 | 6.73 | 6.88 | 6.65 |
| 6.畜力费 | 元 | 8.12 | 13.07 | 14.34 | 11.67 | 11.94 | 12.72 | 10.30 |
| 7.机械作业费 | 元 | 1.51 | 4.17 | 5.55 | 8.26 | 7.22 | 7.24 | 7.02 |
| 8.排灌费 | 元 | 1.18 | 3.85 | 4.70 | 7.21 | 5.30 | 4.40 | 6.63 |
| 9.燃料动力费 | 元 |  | 0.10 | 0.30 | 0.17 | 0.02 |  |  |
| 10.棚架材料费 | 元 |  | 0.01 | 0.01 | 0.01 | 0.01 |  |  |
| 11.其它直接费用 | 元 | 0.88 | 1.54 | 1.47 | 0.96 | 1.28 | 1.14 | 1.10 |
| 二、间接生产费用 | 元 | 6.80 | 6.73 | 9.57 | 8.47 | 8.34 | 8.10 | 7.59 |
| 1.固定资产折旧 | 元 | 2.22 | 3.80 | 4.59 | 4.66 | 4.62 | 4.56 | 4.00 |
| 2.小农具购置修理费 | 元 | 1.55 | 2.93 | 3.29 | 3.01 | 3.00 | 2.70 | 2.91 |
| 3.其它间接费用 | 元 | 2.69 |  | 1.69 | 0.80 | 0.72 | 0.84 | 0.68 |
| 附记：1.每亩种籽用量 | 公斤 | 8.16 | 7.80 | 9.06 | 8.38 | 8.10 | 7.60 | 8.30 |
| 2.每亩化肥用量 | 公斤 | 16.60 | 21.00 | 12.00 | 13.70 | 14.60 | 14.30 | 14.40 |
| 3.每亩农膜用量 | 公斤 |  | 0.30 | 0.20 | 0.20 | 0.20 | 0.30 | 0.20 |
| 4.每度电价 | 元 |  |  | 0.72 | 0.69 | 0.68 | 0.65 | 0.61 |
| 5.每亩柴油费 | 元 |  |  | 0.91 | 1.16 | 1.37 | 1.74 | 3.06 |

# 全国主要农产品物质费用变化情况

品种：花生

| 项 目 名 称 | 单位 | 1990年 | 1995年 | 1998年 | 1999年 | 2000年 | 2001年 | 2002年 |
|---|---|---|---|---|---|---|---|---|
| 每亩物质费用 | 元 | 87.40 | 154.88 | 171.26 | 163.63 | 162.85 | 162.49 | 149.43 |
| 一、直接生产费用 | 元 | 80.39 | 147.36 | 160.60 | 155.28 | 153.64 | 153.22 | 141.11 |
| 1.种籽秧苗费 | 元 | 36.38 | 67.06 | 69.02 | 62.65 | 60.68 | 58.84 | 55.11 |
| 2.农家肥费 | 元 | 8.98 | 12.00 | 15.50 | 10.46 | 13.26 | 14.17 | 11.65 |
| 3.化肥费 | 元 | 16.32 | 36.67 | 38.18 | 42.02 | 38.53 | 39.15 | 35.86 |
| 4.农膜费 | 元 | 3.07 | 3.97 | 4.15 | 2.81 | 3.99 | 3.99 | 3.05 |
| 5.农药费 | 元 | 2.45 | 5.77 | 7.58 | 7.46 | 8.50 | 8.27 | 7.88 |
| 6.畜力费 | 元 | 9.50 | 12.65 | 14.06 | 11.27 | 12.93 | 14.16 | 10.37 |
| 7.机械作业费 | 元 | 1.27 | 3.31 | 4.80 | 8.22 | 7.35 | 6.72 | 6.14 |
| 8.排灌费 | 元 | 1.24 | 4.12 | 5.85 | 9.23 | 6.59 | 6.30 | 9.78 |
| 9.燃料动力费 | 元 |  | 0.16 | 0.07 | 0.13 | 0.02 |  |  |
| 10.棚架材料费 | 元 |  | 0.02 |  |  |  |  |  |
| 11.其它直接费用 | 元 | 1.18 | 1.63 | 1.39 | 1.03 | 1.79 | 1.62 | 1.27 |
| 二、间接生产费用 | 元 | 7.01 | 7.52 | 10.66 | 8.35 | 9.21 | 9.27 | 8.32 |
| 1.固定资产折旧 | 元 | 1.98 | 4.33 | 5.11 | 4.84 | 5.58 | 5.26 | 4.59 |
| 2.小农具购置修理费 | 元 | 1.54 | 3.19 | 3.82 | 3.10 | 3.23 | 3.13 | 3.24 |
| 3.其它间接费用 | 元 | 3.19 |  | 1.73 | 0.41 | 0.40 | 0.88 | 0.49 |
| 附记：1.每亩种籽用量 | 公斤 | 15.25 | 14.79 | 17.35 | 15.94 | 15.50 | 14.50 | 15.80 |
| 2.每亩化肥用量 | 公斤 | 13.00 | 9.70 | 11.10 | 13.50 | 13.60 | 13.50 | 12.40 |
| 3.每亩农膜用量 | 公斤 |  | 0.30 | 0.50 | 0.40 | 0.40 | 0.50 | 0.30 |
| 4.每度电价 | 元 |  |  | 0.73 | 0.64 | 0.67 | 0.64 | 0.61 |
| 5.每亩柴油费 | 元 |  |  | 0.72 | 1.00 | 1.60 | 2.23 | 3.36 |

# 全国主要农产品物质费用变化情况

品种：油菜籽

| 项　目　名　称 | 单位 | 1990 年 | 1995 年 | 1998 年 | 1999 年 | 2000 年 | 2001 年 | 2002 年 |
|---|---|---|---|---|---|---|---|---|
| 每亩物质费用 | 元 | 50.32 | 88.53 | 97.74 | 100.65 | 93.92 | 88.29 | 89.19 |
| 一、直接生产费用 | 元 | 43.73 | 82.61 | 89.27 | 92.07 | 86.46 | 81.36 | 82.34 |
| 1.种籽秧苗费 | 元 | 2.37 | 4.39 | 3.58 | 4.22 | 4.34 | 4.05 | 4.31 |
| 2.农家肥费 | 元 | 8.86 | 10.02 | 11.94 | 10.37 | 10.31 | 8.70 | 7.75 |
| 3.化肥费 | 元 | 20.09 | 40.12 | 42.37 | 44.84 | 43.85 | 40.87 | 42.26 |
| 4.农膜费 | 元 | 0.02 | 0.37 | 0.01 | 0.20 | 0.18 | 0.08 | 0.08 |
| 5.农药费 | 元 | 2.23 | 4.14 | 4.85 | 5.79 | 4.95 | 5.48 | 5.41 |
| 6.畜力费 | 元 | 6.74 | 13.49 | 14.61 | 12.07 | 10.94 | 11.28 | 10.22 |
| 7.机械作业费 | 元 | 1.74 | 5.03 | 6.29 | 8.30 | 7.08 | 7.75 | 7.90 |
| 8.排灌费 | 元 | 1.11 | 3.57 | 3.55 | 5.18 | 4.00 | 2.50 | 3.48 |
| 9.燃料动力费 | 元 |  | 0.04 | 0.52 | 0.20 | 0.02 |  |  |
| 10.棚架材料费 | 元 |  |  | 0.01 | 0.01 | 0.02 |  |  |
| 11.其它直接费用 | 元 | 0.57 | 1.44 | 1.54 | 0.89 | 0.77 | 0.65 | 0.93 |
| 二、间接生产费用 | 元 | 6.59 | 5.92 | 8.47 | 8.58 | 7.46 | 6.93 | 6.85 |
| 1.固定资产折旧 | 元 | 2.46 | 3.26 | 4.07 | 4.47 | 3.66 | 3.86 | 3.41 |
| 2.小农具购置修理费 | 元 | 1.55 | 2.66 | 2.75 | 2.92 | 2.77 | 2.27 | 2.57 |
| 3.其它间接费用 | 元 | 2.19 |  | 1.65 | 1.19 | 1.03 | 0.80 | 0.87 |
| 附记：1.每亩种籽用量 | 公斤 | 1.07 | 0.81 | 0.76 | 0.81 | 0.70 | 0.70 | 0.80 |
| 2.每亩化肥用量 | 公斤 | 20.20 | 11.30 | 13.00 | 13.80 | 15.20 | 14.50 | 16.00 |
| 3.每亩农膜用量 | 公斤 |  |  |  |  |  |  |  |
| 4.每度电价 | 元 |  |  | 0.71 | 0.74 | 0.69 | 0.66 | 0.60 |
| 5.每亩柴油费 | 元 |  |  | 1.10 | 1.32 | 1.14 | 1.25 | 2.76 |

# 全国主要农产品物质费用变化情况

品种：棉花

| 项　目　名　称 | 单位 | 1990年 | 1995年 | 1998年 | 1999年 | 2000年 | 2001年 | 2002年 |
|---|---|---|---|---|---|---|---|---|
| 每亩物质费用 | 元 | 112.44 | 241.38 | 259.72 | 233.81 | 226.50 | 222.88 | 222.34 |
| 一、直接生产费用 | 元 | 96.99 | 229.30 | 245.38 | 221.17 | 214.58 | 212.35 | 211.89 |
| 1.种籽秧苗费 | 元 | 7.07 | 15.36 | 18.04 | 19.08 | 18.86 | 21.19 | 21.31 |
| 2.农家肥费 | 元 | 13.23 | 20.33 | 19.65 | 17.20 | 15.76 | 14.30 | 12.25 |
| 3.化肥费 | 元 | 33.01 | 83.25 | 79.72 | 78.12 | 76.77 | 73.72 | 80.87 |
| 4.农膜费 | 元 | 6.16 | 15.50 | 17.45 | 14.55 | 14.43 | 15.78 | 13.77 |
| 5.农药费 | 元 | 20.34 | 55.63 | 51.70 | 40.73 | 39.99 | 36.92 | 34.25 |
| 6.畜力费 | 元 | 5.30 | 11.80 | 10.19 | 8.77 | 7.59 | 8.12 | 6.31 |
| 7.机械作业费 | 元 | 3.06 | 9.59 | 14.70 | 13.00 | 12.71 | 14.07 | 15.44 |
| 8.排灌费 | 元 | 3.74 | 11.76 | 18.09 | 18.97 | 18.49 | 19.34 | 21.61 |
| 9.燃料动力费 | 元 | 0.38 | 0.61 | 0.92 | 0.78 | | | |
| 10.棚架材料费 | 元 | 0.37 | 0.63 | 0.77 | 0.39 | 0.45 | 0.38 | 0.22 |
| 11.其它直接费用 | 元 | 4.33 | 4.84 | 14.15 | 9.58 | 9.53 | 8.53 | 5.86 |
| 二、间接生产费用 | 元 | 15.45 | 12.08 | 14.34 | 12.64 | 11.92 | 10.53 | 10.45 |
| 1.固定资产折旧 | 元 | 4.90 | 6.90 | 7.69 | 7.00 | 6.62 | 6.20 | 6.16 |
| 2.小农具购置修理费 | 元 | 2.69 | 5.18 | 4.15 | 3.89 | 4.15 | 3.64 | 3.63 |
| 3.其它间接费用 | 元 | 7.08 | | 2.50 | 1.75 | 1.15 | 0.69 | 0.66 |
| 附记：1.每亩种籽用量 | 公斤 | 4.62 | 5.08 | 4.85 | 4.14 | 3.50 | 3.80 | 3.40 |
| 2.每亩化肥用量 | 公斤 | 25.60 | 23.10 | 23.90 | 24.40 | 26.50 | 26.10 | 29.00 |
| 3.每亩农膜用量 | 公斤 | | 1.50 | 1.90 | 1.70 | 1.70 | 1.80 | 1.80 |
| 4.每度电价 | 元 | | | 0.65 | 0.65 | 0.64 | 0.66 | 0.66 |
| 5.每亩柴油费 | 元 | | | 1.69 | 1.95 | 3.65 | 2.60 | 5.76 |

# 全国主要农产品物质费用变化情况

品种：烤烟

| 项 目 名 称 | 单位 | 1990 年 | 1995 年 | 1998 年 | 1999 年 | 2000 年 | 2001 年 | 2002 年 |
|---|---|---|---|---|---|---|---|---|
| 每亩物质费用 | 元 | 155.96 | 267.86 | 321.82 | 311.12 | 310.58 | 320.44 | 351.55 |
| 一、直接生产费用 | 元 | 135.26 | 248.97 | 298.58 | 286.78 | 286.26 | 297.96 | 323.15 |
| 1.种籽秧苗费 | 元 | 1.30 | 2.00 | 3.82 | 3.79 | 3.36 | 3.54 | 5.56 |
| 2.农家肥费 | 元 | 15.59 | 25.46 | 24.89 | 24.71 | 24.22 | 21.56 | 20.82 |
| 3.化肥费 | 元 | 31.81 | 82.78 | 108.38 | 108.41 | 105.72 | 109.09 | 121.47 |
| 4.农膜费 | 元 | 8.46 | 15.29 | 21.28 | 18.25 | 18.94 | 21.00 | 19.51 |
| 5.农药费 | 元 | 5.25 | 10.63 | 13.21 | 12.62 | 15.44 | 15.96 | 16.85 |
| 6.畜力费 | 元 | 9.12 | 16.36 | 18.81 | 17.63 | 18.16 | 16.69 | 17.42 |
| 7.机械作业费 | 元 | 1.67 | 6.05 | 7.38 | 8.24 | 7.79 | 8.75 | 12.08 |
| 8.排灌费 | 元 | 0.95 | 5.52 | 3.83 | 4.24 | 6.64 | 7.31 | 4.92 |
| 9.燃料动力费 | 元 | 50.31 | 71.75 | 83.28 | 79.79 | 76.84 | 83.07 | 95.90 |
| 10.棚架材料费 | 元 | 2.32 | 5.35 | 4.99 | 4.70 | 3.27 | 3.86 | 3.74 |
| 11.其它直接费用 | 元 | 8.48 | 7.78 | 8.71 | 4.40 | 5.88 | 7.13 | 4.88 |
| 二、间接生产费用 | 元 | 20.70 | 18.89 | 23.24 | 24.34 | 24.32 | 22.48 | 28.40 |
| 1.固定资产折旧 | 元 | 11.61 | 14.43 | 15.88 | 18.88 | 17.87 | 16.61 | 21.01 |
| 2.小农具购置修理费 | 元 | 2.88 | 4.46 | 4.56 | 3.89 | 4.35 | 3.99 | 4.16 |
| 3.其它间接费用 | 元 | 4.73 |  | 2.80 | 1.57 | 2.10 | 1.88 | 3.23 |
| 附记：1.每亩种籽用量 | 公斤 |  | 0.30 | 0.19 | 498.64 |  |  |  |
| 2.每亩化肥用量 | 公斤 | 22.80 | 23.30 | 30.50 | 31.40 | 34.60 | 30.50 | 33.90 |
| 3.每亩农膜用量 | 公斤 |  | 1.80 | 2.30 | 2.20 | 2.30 | 2.50 | 2.70 |
| 4.每度电价 | 元 |  |  | 0.78 | 0.72 | 0.84 | 0.68 | 0.67 |
| 5.每亩柴油费 | 元 |  |  | 1.06 | 1.10 | 1.08 | 1.28 | 5.51 |

# 全国主要农产品物质费用变化情况

品种：甘蔗

| 项 目 名 称 | 单位 | 1990 年 | 1995 年 | 1998 年 | 1999 年 | 2000 年 | 2001 年 | 2002 年 |
|---|---|---|---|---|---|---|---|---|
| 每亩物质费用 | 元 | 213.44 | 388.21 | 396.44 | 357.39 | 355.74 | 370.33 | 345.71 |
| 一、直接生产费用 | 元 | 191.88 | 375.70 | 378.28 | 342.83 | 336.49 | 357.26 | 321.60 |
| 1.种籽秧苗费 | 元 | 55.50 | 92.83 | 90.98 | 81.81 | 85.68 | 104.01 | 98.30 |
| 2.农家肥费 | 元 | 15.76 | 21.32 | 19.27 | 12.89 | 14.08 | 12.52 | 12.48 |
| 3.化肥费 | 元 | 83.38 | 175.22 | 185.63 | 157.42 | 150.18 | 164.58 | 129.41 |
| 4.农膜费 | 元 | 3.41 | 13.07 | 2.52 | 7.09 | 7.73 | 10.19 | 7.59 |
| 5.农药费 | 元 | 9.63 | 16.34 | 21.38 | 22.18 | 16.18 | 15.62 | 16.45 |
| 6.畜力费 | 元 | 8.77 | 21.77 | 26.31 | 21.29 | 24.58 | 14.59 | 13.38 |
| 7.机械作业费 | 元 | 1.74 | 9.83 | 5.91 | 11.04 | 13.09 | 17.73 | 20.68 |
| 8.排灌费 | 元 | 4.21 | 8.41 | 3.42 | 3.57 | 5.15 | 8.69 | 8.69 |
| 9.燃料动力费 | 元 | 0.04 | | 0.02 | 0.08 | 0.01 | | 0.01 |
| 10.棚架材料费 | 元 | 0.16 | 0.54 | 2.08 | 0.68 | 0.82 | 0.13 | 0.51 |
| 11.其它直接费用 | 元 | 9.28 | 16.37 | 20.76 | 24.78 | 18.99 | 9.20 | 14.10 |
| 二、间接生产费用 | 元 | 21.56 | 12.51 | 18.16 | 14.56 | 19.25 | 13.07 | 24.11 |
| 1.固定资产折旧 | 元 | 4.01 | 6.74 | 7.08 | 6.61 | 7.42 | 6.33 | 4.81 |
| 2.小农具购置修理费 | 元 | 3.59 | 5.77 | 5.86 | 5.36 | 6.01 | 5.44 | 3.87 |
| 3.其它间接费用 | 元 | 5.41 | | 5.22 | 2.59 | 5.82 | 1.30 | 15.43 |
| 附记：1.每亩种籽用量 | 公斤 | 435.62 | | 435.19 | 333.60 | | | 444.20 |
| 2.每亩化肥用量 | 公斤 | 60.60 | 47.20 | 54.10 | 50.50 | 54.90 | 57.70 | 44.40 |
| 3.每亩农膜用量 | 公斤 | | 0.70 | 0.30 | 0.80 | 1.00 | 1.10 | 0.90 |
| 4.每度电价 | 元 | | | 0.91 | 0.90 | 0.73 | 0.72 | 0.71 |
| 5.每亩柴油费 | 元 | | | 1.52 | 2.88 | 0.45 | 0.79 | 1.36 |

# 全国主要农产品物质费用变化情况

品种：甜菜

| 项目名称 | 单位 | 1990年 | 1995年 | 1998年 | 1999年 | 2000年 | 2001年 | 2002年 |
|---|---|---|---|---|---|---|---|---|
| 每亩物质费用 | 元 | 106.37 | 180.47 | 233.13 | 210.55 | 205.66 | 193.28 | 201.88 |
| 一、直接生产费用 | 元 | 81.11 | 170.85 | 218.33 | 195.36 | 195.52 | 180.73 | 190.32 |
| 1.种籽秧苗费 | 元 | 7.10 | 11.94 | 25.13 | 26.68 | 24.97 | 22.20 | 22.80 |
| 2.农家肥费 | 元 | 5.84 | 9.32 | 14.67 | 11.97 | 13.50 | 10.00 | 12.55 |
| 3.化肥费 | 元 | 36.81 | 80.05 | 99.41 | 79.84 | 77.99 | 76.58 | 73.70 |
| 4.农膜费 | 元 | 0.11 | 7.99 | 8.99 | 6.80 | 7.08 | 6.22 | 5.76 |
| 5.农药费 | 元 | 2.22 | 3.90 | 6.49 | 4.84 | 5.87 | 5.73 | 6.17 |
| 6.畜力费 | 元 | 9.60 | 14.47 | 15.44 | 5.89 | 13.39 | 7.53 | 7.95 |
| 7.机械作业费 | 元 | 8.57 | 19.97 | 19.45 | 25.62 | 25.65 | 24.63 | 27.04 |
| 8.排灌费 | 元 | 7.05 | 16.82 | 24.15 | 28.36 | 24.80 | 26.12 | 30.44 |
| 9.燃料动力费 | 元 |  | 0.89 | 0.62 | 0.33 |  |  | 0.02 |
| 10.棚架材料费 | 元 |  | 0.79 |  | 0.16 |  |  |  |
| 11.其它直接费用 | 元 | 3.81 | 4.71 | 3.98 | 4.87 | 2.27 | 1.72 | 3.89 |
| 二、间接生产费用 | 元 | 25.26 | 9.62 | 14.80 | 15.19 | 10.14 | 12.55 | 11.56 |
| 1.固定资产折旧 | 元 | 3.93 | 6.10 | 6.16 | 7.64 | 5.96 | 8.59 | 7.52 |
| 2.小农具购置修理费 | 元 | 1.32 | 3.52 | 3.80 | 3.98 | 2.68 | 2.92 | 3.21 |
| 3.其它间接费用 | 元 | 9.21 |  | 4.84 | 3.57 | 1.50 | 1.04 | 0.83 |
| 附记：1.每亩种籽用量 | 公斤 | 2.11 | 2.09 | 2.05 | 1.86 |  | 0.30 | 1.70 |
| 2.每亩化肥用量 | 公斤 | 39.30 | 20.40 | 30.10 | 24.00 | 25.10 | 23.30 | 24.70 |
| 3.每亩农膜用量 | 公斤 |  | 0.40 | 1.00 | 0.80 | 0.70 | 0.70 | 0.70 |
| 4.每度电价 | 元 |  |  | 0.53 | 0.58 | 0.55 | 0.53 | 0.58 |
| 5.每亩柴油费 | 元 |  |  | 2.82 | 2.74 | 2.71 | 5.72 | 5.27 |

# 全国主要农产品物质费用变化情况

品种：桑蚕茧

| 项 目 名 称 | 单位 | 1995年 | 1998年 | 1999年 | 2000年 | 2001年 | 2002年 |
|---|---|---|---|---|---|---|---|
| 每亩物质费用 | 元 | 401.12 | 304.59 | 278.89 | 341.98 | 368.79 | 355.91 |
| 一、直接生产费用 | 元 | 345.79 | 258.43 | 231.47 | 287.43 | 304.76 | 301.35 |
| 1.种籽秧苗费 | 元 | 107.40 | 83.63 | 70.89 | 86.20 | 96.17 | 86.94 |
| 2.农家肥费 | 元 | 29.77 | 23.41 | 20.30 | 20.61 | 20.65 | 18.45 |
| 3.化肥费 | 元 | 126.46 | 88.37 | 76.46 | 98.40 | 107.20 | 116.23 |
| 4.农膜费 | 元 | 3.92 | 1.85 | 1.47 | 1.56 | 1.68 | 1.43 |
| 5.农药费 | 元 | 26.69 | 26.61 | 25.02 | 29.18 | 37.48 | 34.53 |
| 6.畜力费 | 元 | 2.35 | 1.46 | 1.70 | 1.82 | 2.55 | 3.45 |
| 7.机械作业费 | 元 | 0.38 | 0.31 | 0.79 | 2.56 | 0.98 | 0.62 |
| 8.排灌费 | 元 | 4.12 | 2.75 | 7.05 | 7.49 | 7.12 | 6.36 |
| 9.燃料动力费 | 元 | 12.57 | 8.31 | 6.94 | 6.80 | 4.16 | 10.56 |
| 10.棚架材料费 | 元 | 4.60 | 5.17 | 4.24 | 6.01 | 7.55 | 6.90 |
| 11.其它直接费用 | 元 | 27.53 | 16.56 | 16.61 | 26.80 | 19.22 | 15.88 |
| 二、间接生产费用 | 元 | 55.33 | 46.16 | 47.42 | 54.55 | 64.03 | 54.56 |
| 1.固定资产折旧 | 元 | 43.75 | 30.14 | 32.07 | 39.08 | 45.14 | 42.22 |
| 2.小农具购置修理费 | 元 | 11.58 | 11.58 | 12.39 | 13.38 | 13.62 | 9.76 |
| 3.其它间接费用 | 元 |  | 4.44 | 2.96 | 2.09 | 5.27 | 2.58 |
| 附记：1.每亩种籽用量 | 公斤 | 174.30 | 2.24 | 2.66 |  | 0.20 | 2.60 |
| 2.每亩化肥用量 | 公斤 | 36.70 | 27.40 | 25.40 | 36.20 | 40.60 | 42.50 |
| 3.每亩农膜用量 | 公斤 | 0.20 | 0.20 | 0.20 | 0.20 | 0.20 | 0.30 |
| 4.每度电价 | 元 |  | 0.84 | 0.75 | 0.74 | 0.65 | 0.63 |
| 5.每亩柴油费 | 元 |  |  | 0.32 | 0.20 | 0.14 | 0.80 |

# 全国主要农产品物质费用变化情况

品种：苹果

| 项 目 名 称 | 单位 | 1995年 | 1998年 | 1999年 | 2000年 | 2001年 | 2002年 |
|---|---|---|---|---|---|---|---|
| 每亩物质费用 | 元 | 463.55 | 413.37 | 460.68 | 452.22 | 447.29 | 345.27 |
| 一、直接生产费用 | 元 | 417.71 | 366.92 | 423.46 | 425.82 | 421.74 | 322.26 |
| 1.种籽秧苗费 | 元 | 1.93 | 1.42 | 0.90 | 0.04 | | 4.01 |
| 2.农家肥费 | 元 | 83.11 | 41.51 | 83.12 | 56.92 | 53.10 | 44.03 |
| 3.化肥费 | 元 | 123.64 | 141.90 | 121.52 | 130.07 | 126.98 | 100.15 |
| 4.农膜费 | 元 | 1.45 | 0.03 | 0.42 | 0.07 | | |
| 5.农药费 | 元 | 137.23 | 112.01 | 120.74 | 127.66 | 118.58 | 85.98 |
| 6.畜力费 | 元 | 2.13 | 1.98 | 2.95 | 1.66 | 3.56 | 4.60 |
| 7.机械作业费 | 元 | 9.38 | 12.19 | 10.06 | 22.61 | 10.60 | 18.73 |
| 8.排灌费 | 元 | 24.29 | 29.83 | 60.45 | 58.06 | 58.02 | 28.66 |
| 9.燃料动力费 | 元 | 2.55 | 3.30 | 3.08 | 2.86 | 1.64 | |
| 10.棚架材料费 | 元 | 0.58 | 0.16 | 0.69 | 0.10 | 0.42 | 0.18 |
| 11.其它直接费用 | 元 | 31.42 | 22.59 | 19.53 | 25.77 | 48.84 | 35.92 |
| 二、间接生产费用 | 元 | 45.84 | 46.45 | 37.22 | 26.40 | 25.55 | 23.01 |
| 1.固定资产折旧 | 元 | 36.82 | 33.17 | 25.18 | 18.90 | 16.68 | 15.42 |
| 2.小农具购置修理费 | 元 | 9.02 | 8.08 | 8.00 | 5.85 | 6.41 | 6.84 |
| 3.其它间接费用 | 元 | | 5.20 | 4.04 | 1.65 | 2.46 | 0.75 |
| 附记：1.每亩种籽用量 | 公斤 | | 19.09 | 0.93 | | | 21.30 |
| 2.每亩化肥用量 | 公斤 | 31.20 | 41.50 | 40.90 | 45.50 | 42.40 | 33.20 |
| 3.每亩农膜用量 | 公斤 | 0.10 | | 0.10 | | | |
| 4.每度电价 | 元 | | 0.58 | 0.56 | 0.57 | 0.57 | 0.55 |
| 5.每亩柴油费 | 元 | | 3.29 | 5.29 | 8.99 | 6.38 | 10.93 |

# 全国主要农产品物质费用变化情况

品种：农户散养生猪

| 项　目　名　称 | 单位 | 1990 年 | 1995 年 | 1998 年 | 1999 年 | 2000 年 | 2001 年 | 2002 年 |
|---|---|---|---|---|---|---|---|---|
| 一、物质费用 | 元 | 304.26 | 680.42 | 609.15 | 466.89 | 466.04 | 483.90 | 463.36 |
| (一)直接生产费用 | 元 | 297.60 | 670.49 | 598.57 | 456.38 | 456.48 | 472.88 | 453.18 |
| 1.仔畜进价 | 元 | 73.84 | 172.56 | 180.68 | 108.99 | 127.57 | 136.32 | 125.11 |
| 2.精饲料费 | 元 | 154.89 | 394.73 | 310.06 | 256.67 | 242.88 | 253.40 | 252.99 |
| 3.青粗饲料费 | 元 | 45.52 | 65.39 | 67.35 | 56.46 | 52.85 | 50.52 | 43.98 |
| 4.饲料加工费 | 元 | 4.44 | 7.75 | 9.81 | 6.91 | 7.45 | 6.77 | 6.48 |
| 5.水费 | 元 | | | 1.64 | 1.62 | 1.65 | 1.69 | 1.69 |
| 6.电费 | 元 | | 11.38 | 2.23 | 1.90 | 1.64 | 1.77 | 1.53 |
| 7.煤费 | 元 | | | 8.33 | 7.76 | 6.73 | 7.22 | 6.14 |
| 8.医疗防疫费 | 元 | 3.99 | 7.56 | 9.32 | 7.78 | 7.63 | 7.21 | 7.83 |
| 9.死亡损失费 | 元 | 1.97 | 4.16 | 2.99 | 3.75 | 3.08 | 2.99 | 2.86 |
| 10.工具材料费 | 元 | | 3.70 | 3.05 | 2.64 | 2.69 | 2.82 | 2.35 |
| 11.其他直接费用 | 元 | 2.33 | 3.26 | 3.11 | 1.90 | 2.31 | 2.17 | 2.22 |
| (二)间接生产费用 | 元 | 6.66 | 9.93 | 10.58 | 10.51 | 9.56 | 11.02 | 10.18 |
| 1.固定资产折旧费 | 元 | | 6.95 | 7.38 | 7.61 | 6.83 | 8.70 | 8.04 |
| 2.修理费 | 元 | | 1.32 | 1.99 | 1.72 | 1.85 | 1.67 | 1.64 |
| 3.其它间接费用 | 元 | | 1.66 | 1.21 | 1.18 | 0.88 | 0.65 | 0.50 |
| 二、期间费用 | 元 | | 2.81 | 4.04 | 4.75 | 4.34 | 4.15 | 3.37 |
| 1.承包费 | 元 | | | 0.27 | 0.57 | 0.27 | 0.23 | 0.19 |
| 2.管理费 | 元 | | 1.42 | 1.16 | 1.20 | 1.41 | 1.36 | 0.72 |
| 3.销售费 | 元 | | 1.39 | 2.38 | 2.33 | 2.30 | 2.36 | 2.32 |
| 4.财务费 | 元 | | | 0.23 | 0.65 | 0.36 | 0.20 | 0.14 |
| 附记：1.仔畜重量 | 公斤 | 16.20 | 18.20 | 19.00 | 18.10 | 17.40 | 17.10 | 17.10 |
| 2.精饲料数量 | 公斤 | 219.10 | 280.80 | 255.00 | 238.10 | 246.30 | 239.30 | 242.10 |
| 3.青粗饲料量 | 公斤 | | | 505.50 | 334.90 | 344.10 | 301.70 | 341.90 |

# 2002 年与 2001 年全国主要农产品成本收益比较(一)

| 品种 | | | 三种粮食平均 | | | 稻谷 | | |
|---|---|---|---|---|---|---|---|---|
| 项目名称 | | 单位 | 2001 年 | 2002 年 | + - % | 2001 年 | 2002 年 | + - % |
| 每亩 | 主产品产量 | 公斤 | 356.00 | 358.30 | 0.60 | 427.20 | 420.40 | -1.60 |
| | 产值合计 | 元 | 390.09 | 375.26 | -3.80 | 481.85 | 453.37 | -5.91 |
| | 主产品产值 | 元 | 366.71 | 352.87 | -3.77 | 458.64 | 432.10 | -5.79 |
| | 副产品产值 | 元 | 23.38 | 22.39 | -4.23 | 23.21 | 21.27 | -8.36 |
| | 其它收入 | 元 | 0.05 | 0.03 | | 0.13 | 0.10 | |
| | 生产成本 | 元 | 280.55 | 286.39 | 2.08 | 316.72 | 319.04 | 0.73 |
| | 物质费用 | 元 | 155.75 | 159.89 | 2.66 | 170.08 | 172.74 | 1.56 |
| | 用工作价 | 元 | 124.80 | 126.50 | 1.36 | 146.64 | 146.30 | -0.23 |
| | 用工数量 | 日 | 12.00 | 11.50 | -4.20 | 14.10 | 13.30 | -5.70 |
| | 劳动日工价 | 元 | 10.40 | 11.00 | 5.80 | 10.40 | 11.00 | 5.80 |
| | 期间费用 | 元 | 7.52 | 8.99 | 19.55 | 6.94 | 7.96 | 14.70 |
| | 税金 | 元 | 37.02 | 25.63 | -30.77 | 43.10 | 29.86 | -30.72 |
| | 含税成本 | 元 | 325.09 | 321.01 | -1.26 | 366.76 | 356.86 | -2.70 |
| | 净产值 | 元 | 234.34 | 215.37 | -8.10 | 311.77 | 280.63 | -9.99 |
| | 减税纯收益 | 元 | 65.05 | 54.28 | -16.56 | 115.22 | 96.61 | -16.15 |
| | 成本纯收益率 | % | 20.01 | 16.91 | | 31.42 | 27.07 | |
| 每 50 公斤主产品 | 平均出售价格 | 元 | 51.50 | 49.24 | -4.39 | 53.68 | 51.39 | -4.27 |
| | 物质费用 | 元 | 20.56 | 20.98 | 2.04 | 18.95 | 19.58 | 3.32 |
| | 生产成本 | 元 | 37.04 | 37.58 | 1.46 | 35.28 | 36.16 | 2.49 |
| | 含税成本 | 元 | 42.92 | 42.12 | -1.86 | 40.86 | 40.45 | -1.00 |
| | 净产值 | 元 | 30.94 | 28.26 | -8.66 | 34.73 | 31.81 | -8.41 |
| | 减税纯收益 | 元 | 8.59 | 7.12 | -17.11 | 12.84 | 10.95 | -14.72 |
| 每一劳动日 | 主产品产量 | 公斤 | 29.70 | 31.20 | 5.10 | 30.30 | 31.60 | 4.30 |
| | 净产值 | 元 | 19.53 | 18.73 | -4.10 | 22.11 | 21.10 | -4.57 |
| 每亩主产品出售数量 | | 公斤 | 179.10 | 173.70 | -3.00 | 200.90 | 189.90 | -5.50 |
| 每亩主产品出售产值 | | 元 | 183.42 | 169.86 | -7.39 | 219.53 | 196.00 | -10.72 |
| 每亩成本外支出 | | 元 | 10.43 | 10.09 | -3.26 | 10.17 | 9.57 | -5.90 |

# 2002年与2001年全国主要农产品成本收益比较(二)

| 品种 | | | 早籼稻 | | | 中籼稻 | | |
|---|---|---|---|---|---|---|---|---|
| 项目名称 | | 单位 | 2001年 | 2002年 | +-% | 2001年 | 2002年 | +-% |
| 每亩 | 主产品产量 | 公斤 | 374.80 | 364.40 | -2.80 | 468.00 | 464.30 | -0.80 |
| | 产值合计 | 元 | 372.08 | 365.27 | -1.83 | 493.82 | 474.57 | -3.90 |
| | 主产品产值 | 元 | 352.02 | 346.97 | -1.43 | 471.57 | 453.68 | -3.79 |
| | 副产品产值 | 元 | 20.06 | 18.30 | -8.77 | 22.25 | 20.89 | -6.11 |
| | 其它收入 | 元 | 0.12 | 0.04 | | | | |
| | 生产成本 | 元 | 289.84 | 289.26 | -0.20 | 330.01 | 326.83 | -0.96 |
| | 物质费用 | 元 | 159.84 | 158.36 | -0.93 | 153.21 | 156.33 | 2.04 |
| | 用工作价 | 元 | 130.00 | 130.90 | 0.69 | 176.80 | 170.50 | -3.56 |
| | 用工数量 | 日 | 12.50 | 11.90 | -4.80 | 17.00 | 15.50 | -8.80 |
| | 劳动日工价 | 元 | 10.40 | 11.00 | 5.80 | 10.40 | 11.00 | 5.80 |
| | 期间费用 | 元 | 5.12 | 6.45 | 25.98 | 4.23 | 6.04 | 42.79 |
| | 税金 | 元 | 40.81 | 26.73 | -34.50 | 44.01 | 33.75 | -23.31 |
| | 含税成本 | 元 | 335.77 | 322.44 | -3.97 | 378.25 | 366.62 | -3.07 |
| | 净产值 | 元 | 212.24 | 206.91 | -2.51 | 340.61 | 318.24 | -6.57 |
| | 减税纯收益 | 元 | 36.43 | 42.87 | 17.68 | 115.57 | 107.95 | -6.59 |
| | 成本纯收益率 | % | 10.85 | 13.30 | | 30.55 | 29.44 | |
| 每50公斤主产品 | 平均出售价格 | 元 | 46.96 | 47.61 | 1.38 | 50.38 | 48.86 | -3.02 |
| | 物质费用 | 元 | 20.17 | 20.64 | 2.33 | 15.63 | 16.10 | 3.01 |
| | 生产成本 | 元 | 36.58 | 37.70 | 3.06 | 33.67 | 33.65 | -0.06 |
| | 含税成本 | 元 | 42.38 | 42.03 | -0.83 | 38.59 | 37.75 | -2.18 |
| | 净产值 | 元 | 26.79 | 26.97 | 0.67 | 34.75 | 32.76 | -5.73 |
| | 减税纯收益 | 元 | 4.60 | 5.59 | 21.52 | 11.79 | 11.11 | -5.77 |
| 每一劳动日 | 主产品产量 | 公斤 | 30.00 | 30.60 | 2.00 | 27.50 | 30.00 | 9.10 |
| | 净产值 | 元 | 16.98 | 17.39 | 2.41 | 20.04 | 20.53 | 2.45 |
| 每亩主产品出售数量 | | 公斤 | 175.00 | 154.20 | -11.90 | 171.50 | 168.70 | -1.60 |
| 每亩主产品出售产值 | | 元 | 163.40 | 145.71 | -10.83 | 171.74 | 158.52 | -7.70 |
| 每亩成本外支出 | | 元 | 6.95 | 8.89 | 27.91 | 10.41 | 9.91 | -4.80 |

# 2002年与2001年全国主要农产品成本收益比较(三)

| 品种 | | | 晚籼稻 | | | 粳稻 | | |
|---|---|---|---|---|---|---|---|---|
| 项目名称 | | 单位 | 2001年 | 2002年 | +-% | 2001年 | 2002年 | +-% |
| 每亩 | 主产品产量 | 公斤 | 388.00 | 370.40 | -4.50 | 477.80 | 482.40 | 1.00 |
| | 产值合计 | 元 | 430.42 | 394.10 | -8.44 | 631.07 | 579.53 | -8.17 |
| | 主产品产值 | 元 | 410.67 | 375.24 | -8.63 | 600.29 | 552.51 | -7.96 |
| | 副产品产值 | 元 | 19.75 | 18.86 | -4.51 | 30.78 | 27.02 | -12.22 |
| | 其它收入 | 元 | 0.40 | 0.37 | | 0.01 | | |
| | 生产成本 | 元 | 281.18 | 283.37 | 0.78 | 365.68 | 372.21 | 1.79 |
| | 物质费用 | 元 | 153.26 | 152.47 | -0.52 | 213.84 | 223.71 | 4.62 |
| | 用工作价 | 元 | 127.92 | 130.90 | 2.33 | 151.84 | 148.50 | -2.20 |
| | 用工数量 | 日 | 12.30 | 11.90 | -3.30 | 14.60 | 13.50 | -7.50 |
| | 劳动日工价 | 元 | 10.40 | 11.00 | 5.80 | 10.40 | 11.00 | 5.80 |
| | 期间费用 | 元 | 4.80 | 5.22 | 8.75 | 13.60 | 14.10 | 3.68 |
| | 税金 | 元 | 39.78 | 26.93 | -32.30 | 47.79 | 32.04 | -32.96 |
| | 含税成本 | 元 | 325.76 | 315.52 | -3.14 | 427.07 | 418.35 | -2.04 |
| | 净产值 | 元 | 277.16 | 241.63 | -12.82 | 417.23 | 355.82 | -14.72 |
| | 减税纯收益 | 元 | 105.06 | 78.95 | -24.85 | 204.01 | 161.18 | -20.99 |
| | 成本纯收益率 | % | 32.25 | 25.02 | | 47.77 | 38.53 | |
| 每50公斤主产品 | 平均出售价格 | 元 | 52.92 | 50.65 | -4.29 | 62.82 | 57.27 | -8.83 |
| | 物质费用 | 元 | 18.84 | 19.60 | 4.03 | 21.29 | 22.11 | 3.85 |
| | 生产成本 | 元 | 34.57 | 36.42 | 5.35 | 36.40 | 36.78 | 1.04 |
| | 含税成本 | 元 | 40.05 | 40.55 | 1.25 | 42.51 | 41.34 | -2.75 |
| | 净产值 | 元 | 34.08 | 31.05 | -8.89 | 41.53 | 35.16 | -15.34 |
| | 减税纯收益 | 元 | 12.92 | 10.15 | -21.44 | 20.31 | 15.93 | -21.57 |
| 每一劳动日 | 主产品产量 | 公斤 | 31.50 | 31.10 | -1.30 | 32.70 | 35.70 | 9.20 |
| | 净产值 | 元 | 22.53 | 20.31 | -9.85 | 28.58 | 26.36 | -7.77 |
| 每亩主产品出售数量 | | 公斤 | 157.70 | 135.50 | -14.10 | 299.30 | 301.20 | 0.60 |
| 每亩主产品出售产值 | | 元 | 166.98 | 134.39 | -19.52 | 375.98 | 345.36 | -8.14 |
| 每亩成本外支出 | | 元 | 7.46 | 6.72 | -9.92 | 15.86 | 12.76 | -19.55 |

# 2002年与2001年全国主要农产品成本收益比较(四)

| 品种 | | | 小麦 | | | 玉米 | | |
|---|---|---|---|---|---|---|---|---|
| 项目名称 | | 单位 | 2001年 | 2002年 | +-% | 2001年 | 2002年 | +-% |
| 每亩 | 主产品产量 | 公斤 | 261.40 | 261.90 | 0.20 | 379.50 | 392.60 | 3.50 |
| | 产值合计 | 元 | 296.14 | 290.04 | -2.06 | 392.29 | 382.38 | -2.53 |
| | 主产品产值 | 元 | 274.52 | 268.47 | -2.20 | 366.97 | 358.05 | -2.43 |
| | 副产品产值 | 元 | 21.62 | 21.57 | -0.23 | 25.32 | 24.33 | -3.91 |
| | 其它收入 | 元 | | | | | | |
| | 生产成本 | 元 | 258.93 | 264.97 | 2.33 | 265.97 | 272.96 | 2.63 |
| | 物质费用 | 元 | 160.13 | 162.67 | 1.59 | 137.01 | 144.26 | 5.29 |
| | 用工作价 | 元 | 98.80 | 102.30 | 3.54 | 128.96 | 128.70 | -0.20 |
| | 用工数量 | 日 | 9.50 | 9.30 | -2.10 | 12.40 | 11.70 | -5.60 |
| | 劳动日工价 | 元 | 10.40 | 11.00 | 5.80 | 10.40 | 11.00 | 5.80 |
| | 期间费用 | 元 | 8.44 | 11.32 | 34.12 | 7.17 | 7.71 | 7.53 |
| | 税金 | 元 | 34.72 | 23.98 | -30.93 | 33.24 | 23.04 | -30.69 |
| | 含税成本 | 元 | 302.09 | 300.27 | -0.60 | 306.38 | 303.71 | -0.87 |
| | 净产值 | 元 | 136.01 | 127.37 | -6.35 | 255.28 | 238.12 | -6.72 |
| | 减税纯收益 | 元 | -5.95 | -10.23 | 71.93 | 85.92 | 78.67 | -8.44 |
| | 成本纯收益率 | % | -1.97 | -3.41 | | 28.04 | 25.90 | |
| 每50公斤主产品 | 平均出售价格 | 元 | 52.51 | 51.25 | -2.40 | 48.35 | 45.60 | -5.69 |
| | 物质费用 | 元 | 28.39 | 28.74 | 1.23 | 16.89 | 17.20 | 1.84 |
| | 生产成本 | 元 | 45.91 | 46.82 | 1.98 | 32.78 | 32.55 | -0.70 |
| | 含税成本 | 元 | 53.57 | 53.06 | -0.95 | 37.76 | 36.22 | -4.08 |
| | 净产值 | 元 | 24.12 | 22.51 | -6.67 | 31.46 | 28.40 | -9.73 |
| | 减税纯收益 | 元 | -1.06 | -1.81 | 70.75 | 10.59 | 9.38 | -11.43 |
| 每一劳动日 | 主产品产量 | 公斤 | 27.50 | 28.20 | 2.50 | 30.60 | 33.60 | 9.80 |
| | 净产值 | 元 | 14.32 | 13.70 | -4.33 | 20.59 | 20.35 | -1.17 |
| 每亩主产品出售数量 | | 公斤 | 131.90 | 127.30 | -3.50 | 204.50 | 203.80 | -0.30 |
| 每亩主产品出售产值 | | 元 | 138.91 | 132.83 | -4.38 | 191.81 | 180.74 | -5.77 |
| 每亩成本外支出 | | 元 | 10.31 | 9.99 | -3.10 | 10.81 | 10.70 | -1.02 |

# 2002年与2001年全国主要农产品成本收益比较(五)

| 品　　种 | | | 大　豆 | | | 二种油料平均 | | |
|---|---|---|---|---|---|---|---|---|
| 项　目　名　称 | | 单位 | 2001年 | 2002年 | +-% | 2001年 | 2002年 | +-% |
| 每亩 | 主产品产量 | 公斤 | 118.60 | 133.60 | 12.60 | 154.50 | 154.60 | 0.10 |
| | 产值合计 | 元 | 244.09 | 309.08 | 26.63 | 341.93 | 375.02 | 9.68 |
| | 主产品产值 | 元 | 229.51 | 295.12 | 28.59 | 325.62 | 357.16 | 9.69 |
| | 副产品产值 | 元 | 14.58 | 13.96 | -4.25 | 16.31 | 17.86 | 9.50 |
| | 其它收入 | 元 | | | | | | |
| | 生产成本 | 元 | 153.65 | 154.46 | 0.53 | 273.13 | 257.96 | -5.55 |
| | 物质费用 | 元 | 76.69 | 75.26 | -1.86 | 125.45 | 119.36 | -4.85 |
| | 用工作价 | 元 | 76.96 | 79.20 | 2.91 | 147.68 | 138.60 | -6.15 |
| | 用工数量 | 日 | 7.40 | 7.20 | -2.70 | 14.20 | 12.60 | -11.30 |
| | 劳动日工价 | 元 | 10.40 | 11.00 | 5.80 | 10.40 | 11.00 | 5.80 |
| | 期间费用 | 元 | 6.84 | 6.68 | -2.34 | 8.18 | 6.65 | -18.70 |
| | 税金 | 元 | 34.51 | 25.98 | -24.72 | 36.16 | 24.38 | -32.58 |
| | 含税成本 | 元 | 195.00 | 187.12 | -4.04 | 317.47 | 288.99 | -8.97 |
| | 净产值 | 元 | 167.40 | 233.82 | 39.68 | 216.48 | 255.66 | 18.10 |
| | 减税纯收益 | 元 | 49.09 | 121.96 | 148.44 | 24.46 | 86.03 | 251.72 |
| | 成本纯收益率 | % | 25.17 | 65.18 | | 7.70 | 29.77 | |
| 每50公斤主产品 | 平均出售价格 | 元 | 96.76 | 110.45 | 14.15 | 105.38 | 115.51 | 9.61 |
| | 物质费用 | 元 | 30.40 | 26.89 | -11.55 | 38.66 | 36.76 | -4.91 |
| | 生产成本 | 元 | 60.91 | 55.20 | -9.37 | 84.18 | 79.45 | -5.62 |
| | 含税成本 | 元 | 77.30 | 66.87 | -13.49 | 97.84 | 89.01 | -9.02 |
| | 净产值 | 元 | 66.36 | 83.56 | 25.92 | 66.72 | 78.75 | 18.03 |
| | 减税纯收益 | 元 | 19.46 | 43.58 | 123.95 | 7.54 | 26.50 | 251.46 |
| 每一劳动日 | 主产品产量 | 公斤 | 16.00 | 18.60 | 16.30 | 10.90 | 12.30 | 12.80 |
| | 净产值 | 元 | 22.62 | 32.48 | 43.59 | 15.25 | 20.29 | 33.05 |
| 每亩主产品出售数量 | | 公斤 | 85.40 | 99.20 | 16.20 | 107.60 | 103.80 | -3.50 |
| 每亩主产品出售产值 | | 元 | 161.08 | 216.17 | 34.20 | 220.57 | 236.78 | 7.35 |
| 每亩成本外支出 | | 元 | 12.36 | 10.34 | -16.34 | 10.85 | 8.48 | -21.84 |

# 2002年与2001年全国主要农产品成本收益比较(六)

| 品种 | | | 花生 | | | 油菜籽 | | |
|---|---|---|---|---|---|---|---|---|
| 项目名称 | | 单位 | 2001年 | 2002年 | +-% | 2001年 | 2002年 | +-% |
| 每亩 | 主产品产量 | 公斤 | 188.90 | 195.80 | 3.70 | 120.00 | 113.30 | -5.60 |
| | 产值合计 | 元 | 454.63 | 528.03 | 16.15 | 229.22 | 222.00 | -3.15 |
| | 主产品产值 | 元 | 434.41 | 505.20 | 16.30 | 216.83 | 209.11 | -3.56 |
| | 副产品产值 | 元 | 20.22 | 22.83 | 12.91 | 12.39 | 12.89 | 4.04 |
| | 其它收入 | 元 | | | | | | |
| | 生产成本 | 元 | 325.77 | 300.13 | -7.87 | 219.33 | 215.69 | -1.66 |
| | 物质费用 | 元 | 162.49 | 149.43 | -8.04 | 88.29 | 89.19 | 1.02 |
| | 用工作价 | 元 | 163.28 | 150.70 | -7.70 | 131.04 | 126.50 | -3.46 |
| | 用工数量 | 日 | 15.70 | 13.70 | -12.70 | 12.60 | 11.50 | -8.70 |
| | 劳动日工价 | 元 | 10.40 | 11.00 | 5.80 | 10.40 | 11.00 | 5.80 |
| | 期间费用 | 元 | 9.56 | 7.85 | -17.89 | 6.77 | 5.44 | -19.65 |
| | 税金 | 元 | 39.15 | 27.52 | -29.71 | 33.16 | 21.24 | -35.95 |
| | 含税成本 | 元 | 374.48 | 335.50 | -10.41 | 259.26 | 242.37 | -6.51 |
| | 净产值 | 元 | 292.14 | 378.60 | 29.60 | 140.93 | 132.81 | -5.76 |
| | 减税纯收益 | 元 | 80.15 | 192.53 | 140.21 | -30.04 | -20.37 | -32.19 |
| | 成本纯收益率 | % | 21.40 | 57.39 | | -11.59 | -8.40 | |
| 每50公斤主产品 | 平均出售价格 | 元 | 114.98 | 129.01 | 12.20 | 90.35 | 92.28 | 2.14 |
| | 物质费用 | 元 | 41.10 | 36.51 | -11.17 | 34.80 | 37.07 | 6.52 |
| | 生产成本 | 元 | 82.39 | 73.33 | -11.00 | 86.45 | 89.66 | 3.71 |
| | 含税成本 | 元 | 94.71 | 81.97 | -13.45 | 102.19 | 100.75 | -1.41 |
| | 净产值 | 元 | 73.88 | 92.50 | 25.20 | 55.55 | 55.21 | -0.61 |
| | 减税纯收益 | 元 | 20.27 | 47.04 | 132.07 | -11.84 | -8.47 | -28.46 |
| 每一劳动日 | 主产品产量 | 公斤 | 12.00 | 14.30 | 19.20 | 9.50 | 9.90 | 4.20 |
| | 净产值 | 元 | 18.61 | 27.64 | 48.52 | 11.18 | 11.55 | 3.31 |
| 每亩主产品出售数量 | | 公斤 | 126.40 | 127.10 | 0.60 | 88.70 | 80.40 | -9.40 |
| 每亩主产品出售产值 | | 元 | 282.85 | 328.72 | 16.22 | 158.28 | 144.83 | -8.50 |
| 每亩成本外支出 | | 元 | 12.60 | 9.15 | -27.38 | 9.09 | 7.81 | -14.08 |

# 2002年与2001年全国主要农产品成本收益比较(七)

| 品种 | | | 棉花 | | | 烤烟 | | |
|---|---|---|---|---|---|---|---|---|
| 项目名称 | | 单位 | 2001年 | 2002年 | +－% | 2001年 | 2002年 | +－% |
| 每亩 | 主产品产量 | 公斤 | 77.90 | 81.90 | 5.10 | 121.20 | 128.70 | 6.20 |
| | 产值合计 | 元 | 689.59 | 889.26 | 28.95 | 915.00 | 1053.75 | 15.16 |
| | 主产品产值 | 元 | 589.78 | 783.66 | 32.87 | 904.03 | 1042.73 | 15.34 |
| | 副产品产值 | 元 | 99.81 | 105.60 | 5.80 | 10.97 | 11.02 | 0.46 |
| | 其它收入 | 元 | 0.50 | 0.02 | | 10.42 | 22.97 | |
| | 生产成本 | 元 | 534.88 | 543.54 | 1.62 | 730.20 | 762.95 | 4.49 |
| | 物质费用 | 元 | 222.88 | 222.34 | －0.24 | 320.44 | 351.55 | 9.71 |
| | 用工作价 | 元 | 312.00 | 321.20 | 2.95 | 409.76 | 411.40 | 0.40 |
| | 用工数量 | 日 | 30.00 | 29.20 | －2.70 | 39.40 | 37.40 | －5.10 |
| | 劳动日工价 | 元 | 10.40 | 11.00 | 5.80 | 10.40 | 11.00 | 5.80 |
| | 期间费用 | 元 | 14.30 | 17.96 | 25.59 | 25.34 | 28.43 | 12.19 |
| | 税金 | 元 | 52.12 | 40.22 | －22.83 | 38.76 | 29.32 | －24.36 |
| | 含税成本 | 元 | 601.30 | 601.72 | 0.07 | 794.30 | 820.70 | 3.32 |
| | 净产值 | 元 | 466.71 | 666.92 | 42.90 | 594.56 | 702.20 | 18.10 |
| | 减税纯收益 | 元 | 88.79 | 287.56 | 223.87 | 131.12 | 256.02 | 95.26 |
| | 成本纯收益率 | % | 14.77 | 47.79 | | 16.51 | 31.20 | |
| 每50公斤主产品 | 平均出售价格 | 元 | 378.55 | 478.42 | 26.38 | 372.95 | 405.10 | 8.62 |
| | 物质费用 | 元 | 122.35 | 119.62 | －2.23 | 130.61 | 135.15 | 3.48 |
| | 生产成本 | 元 | 293.62 | 292.42 | －0.41 | 297.63 | 293.31 | －1.45 |
| | 含税成本 | 元 | 330.08 | 323.72 | －1.93 | 323.75 | 315.51 | －2.55 |
| | 净产值 | 元 | 256.20 | 358.80 | 40.05 | 242.34 | 269.95 | 11.39 |
| | 减税纯收益 | 元 | 48.79 | 154.71 | 217.09 | 53.50 | 98.51 | 84.13 |
| 每一劳动日 | 主产品产量 | 公斤 | 2.60 | 2.80 | 7.70 | 3.10 | 3.40 | 9.70 |
| | 净产值 | 元 | 15.56 | 22.84 | 46.79 | 15.09 | 18.78 | 24.45 |
| 每亩主产品出售数量 | | 公斤 | 72.10 | 71.10 | －1.40 | 114.10 | 126.40 | 10.80 |
| 每亩主产品出售产值 | | 元 | 545.65 | 702.92 | 28.82 | 838.47 | 1027.99 | 22.60 |
| 每亩成本外支出 | | 元 | 18.13 | 17.01 | －6.18 | 11.23 | 8.80 | －21.64 |

# 2002年与2001年全国主要农产品成本收益比较(八)

| 品种 | | 单位 | 甘蔗 | | | 甜菜 | | |
|---|---|---|---|---|---|---|---|---|
| 项目名称 | | | 2001年 | 2002年 | +-% | 2001年 | 2002年 | +-% |
| 每亩 | 主产品产量 | 公斤 | 4991.90 | 4533.90 | -9.20 | 2208.30 | 2532.10 | 14.70 |
| | 产值合计 | 元 | 971.62 | 785.15 | -19.19 | 510.83 | 532.71 | 4.28 |
| | 主产品产值 | 元 | 946.44 | 756.83 | -20.03 | 484.37 | 510.75 | 5.45 |
| | 副产品产值 | 元 | 25.18 | 28.32 | 12.47 | 26.46 | 21.96 | -17.01 |
| | 其它收入 | 元 | 0.29 | 0.09 | | 0.28 | | |
| | 生产成本 | 元 | 638.65 | 641.61 | 0.46 | 340.96 | 361.38 | 5.99 |
| | 物质费用 | 元 | 370.33 | 345.71 | -6.65 | 193.28 | 201.88 | 4.45 |
| | 用工作价 | 元 | 268.32 | 295.90 | 10.28 | 147.68 | 159.50 | 8.00 |
| | 用工数量 | 日 | 25.80 | 26.90 | 4.30 | 14.20 | 14.50 | 2.10 |
| | 劳动日工价 | 元 | 10.40 | 11.00 | 5.80 | 10.40 | 11.00 | 5.80 |
| | 期间费用 | 元 | 40.05 | 70.48 | 75.98 | 35.68 | 38.52 | 7.96 |
| | 税金 | 元 | 62.52 | 21.11 | -66.23 | 34.34 | 25.64 | -25.33 |
| | 含税成本 | 元 | 741.22 | 733.20 | -1.08 | 410.98 | 425.54 | 3.54 |
| | 净产值 | 元 | 601.29 | 439.44 | -26.92 | 317.55 | 330.83 | 4.18 |
| | 减税纯收益 | 元 | 230.69 | 52.04 | -77.44 | 100.13 | 107.17 | 7.03 |
| | 成本纯收益率 | % | 31.12 | 7.10 | | 24.36 | 25.18 | |
| 每50公斤主产品 | 平均出售价格 | 元 | 9.48 | 8.35 | -11.92 | 10.97 | 10.09 | -8.02 |
| | 物质费用 | 元 | 3.61 | 3.68 | 1.94 | 4.15 | 3.82 | -7.95 |
| | 生产成本 | 元 | 6.23 | 6.82 | 9.47 | 7.32 | 6.84 | -6.56 |
| | 含税成本 | 元 | 7.23 | 7.80 | 7.88 | 8.83 | 8.06 | -8.72 |
| | 净产值 | 元 | 5.87 | 4.67 | -20.44 | 6.82 | 6.27 | -8.06 |
| | 减税纯收益 | 元 | 2.25 | 0.55 | -75.56 | 2.15 | 2.03 | -5.58 |
| 每一劳动日 | 主产品产量 | 公斤 | 193.50 | 168.50 | -12.90 | 155.50 | 174.60 | 12.30 |
| | 净产值 | 元 | 23.31 | 16.34 | -29.90 | 22.36 | 22.82 | 2.06 |
| 每亩主产品出售数量 | | 公斤 | 4876.20 | 4122.30 | -15.50 | 2184.20 | 2529.30 | 15.80 |
| 每亩主产品出售产值 | | 元 | 918.94 | 678.36 | -26.18 | 470.85 | 510.25 | 8.37 |
| 每亩成本外支出 | | 元 | 22.21 | 7.75 | -65.11 | 12.23 | 13.10 | 7.11 |

# 2002年与2001年全国主要农产品成本收益比较(九)

| 品种 | | | 桑蚕茧 | | | 苹果 | | |
|---|---|---|---|---|---|---|---|---|
| 项目名称 | | 单位 | 2001年 | 2002年 | +-% | 2001年 | 2002年 | +-% |
| 每亩 | 主产品产量 | 公斤 | 111.50 | 106.30 | -4.70 | 1421.90 | 1328.50 | -6.60 |
| | 产值合计 | 元 | 1705.04 | 1268.11 | -25.63 | 1416.12 | 1292.05 | -8.76 |
| | 主产品产值 | 元 | 1651.26 | 1168.00 | -29.27 | 1409.05 | 1280.59 | -9.12 |
| | 副产品产值 | 元 | 53.78 | 100.11 | 86.15 | 7.07 | 11.46 | 62.09 |
| | 其它收入 | 元 | 0.03 | 0.69 | | | | |
| | 生产成本 | 元 | 1045.83 | 1090.71 | 4.29 | 843.53 | 726.97 | -13.82 |
| | 物质费用 | 元 | 368.79 | 355.91 | -3.49 | 447.29 | 345.27 | -22.81 |
| | 用工作价 | 元 | 677.04 | 734.80 | 8.53 | 396.24 | 381.70 | -3.67 |
| | 用工数量 | 日 | 65.10 | 66.80 | 2.60 | 38.10 | 34.70 | -8.90 |
| | 劳动日工价 | 元 | 10.40 | 11.00 | 5.80 | 10.40 | 11.00 | 5.80 |
| | 期间费用 | 元 | 25.99 | 20.53 | -21.01 | 64.74 | 30.39 | -53.06 |
| | 税金 | 元 | 76.07 | 44.65 | -41.30 | 116.04 | 58.26 | -49.79 |
| | 含税成本 | 元 | 1147.89 | 1155.89 | 0.70 | 1024.31 | 815.62 | -20.37 |
| | 净产值 | 元 | 1336.25 | 912.20 | -31.73 | 968.83 | 946.78 | -2.28 |
| | 减税纯收益 | 元 | 557.18 | 112.91 | -79.74 | 391.81 | 476.43 | 21.60 |
| | 成本纯收益率 | % | 48.54 | 9.77 | | 38.25 | 58.41 | |
| 每50公斤主产品 | 平均出售价格 | 元 | 740.48 | 549.39 | -25.81 | 49.55 | 48.20 | -2.72 |
| | 物质费用 | 元 | 160.16 | 154.19 | -3.73 | 15.65 | 12.88 | -17.70 |
| | 生产成本 | 元 | 454.19 | 472.53 | 4.04 | 29.52 | 27.12 | -8.13 |
| | 含税成本 | 元 | 498.52 | 500.77 | 0.45 | 35.84 | 30.43 | -15.09 |
| | 净产值 | 元 | 580.32 | 395.20 | -31.90 | 33.90 | 35.32 | 4.19 |
| | 减税纯收益 | 元 | 241.97 | 48.94 | -79.77 | 13.71 | 17.77 | 29.61 |
| 每一劳动日 | 主产品产量 | 公斤 | 1.70 | 1.60 | -5.90 | 37.30 | 38.30 | 2.70 |
| | 净产值 | 元 | 20.53 | 13.66 | -33.46 | 25.43 | 27.28 | 7.27 |
| 每亩主产品出售数量 | | 公斤 | 110.10 | 105.90 | -3.80 | 1296.20 | 1215.70 | -6.20 |
| 每亩主产品出售产值 | | 元 | 1629.32 | 1148.79 | -29.49 | 1275.48 | 1135.62 | -10.97 |
| 每亩成本外支出 | | 元 | 15.62 | 17.51 | 12.10 | 10.53 | 11.50 | 9.21 |

# 2002年与2001年全国主要农产品成本收益比较(十)

| 品种 | | | 农户散养生猪 | | | 规模生猪平均 | | |
|---|---|---|---|---|---|---|---|---|
| 项目名称 | | 单位 | 2001年 | 2002年 | +-% | 2001年 | 2002年 | +-% |
| 平均饲养天数 | | 天 | 184.00 | 184.00 | | 145.00 | 141.00 | -3.00 |
| 每头 | 主产品产量 | 公斤 | 107.60 | 105.50 | -2.00 | 98.60 | 96.30 | -2.30 |
| | 产值合计 | 元 | 662.19 | 629.41 | -4.95 | 632.36 | 591.15 | -6.52 |
| | 主产品产值 | 元 | 639.64 | 606.82 | -5.13 | 617.85 | 578.19 | -6.42 |
| | 副产品产值 | 元 | 22.55 | 22.59 | 0.18 | 14.51 | 12.96 | -10.68 |
| | 其他收入 | 元 | 0.05 | | | 0.13 | 0.10 | |
| | 生产成本 | 元 | 619.10 | 590.96 | -4.55 | 565.63 | 528.55 | -6.56 |
| | 物质费用 | 元 | 483.90 | 463.36 | -4.24 | 527.15 | 495.55 | -5.99 |
| | 劳动日工价 | 元 | 135.20 | 127.60 | -5.62 | 38.48 | 33.00 | -14.24 |
| | 用工数量 | 日 | 13.00 | 11.60 | -10.80 | 3.70 | 3.00 | -18.90 |
| | 劳动日工价 | 元 | 10.40 | 11.00 | 5.80 | 10.40 | 11.00 | 5.80 |
| | 期间费用 | 元 | 4.15 | 3.37 | -18.80 | 13.45 | 11.62 | -13.61 |
| | 税金 | 元 | 4.00 | 0.74 | -81.50 | 1.29 | 0.64 | -50.39 |
| | 含税成本 | 元 | 627.25 | 595.07 | -5.13 | 580.37 | 540.81 | -6.82 |
| | 净产值 | 元 | 178.29 | 166.05 | -6.87 | 105.21 | 95.60 | -9.13 |
| | 减税纯收益 | 元 | 34.99 | 34.34 | -1.86 | 52.12 | 50.44 | -3.22 |
| | 成本纯收益率 | % | 5.58 | 5.77 | | 8.98 | 9.33 | |
| | 耗粮数量 | 公斤 | 173.50 | 171.90 | -0.90 | 186.80 | 184.40 | -1.30 |
| 每50公斤主产品 | 平均出售价格 | 元 | 297.23 | 287.59 | -3.24 | 313.31 | 300.20 | -4.18 |
| | 物质费用 | 元 | 217.20 | 211.72 | -2.52 | 261.18 | 251.65 | -3.65 |
| | 生产成本 | 元 | 277.89 | 270.02 | -2.83 | 280.25 | 268.41 | -4.22 |
| | 含税成本 | 元 | 281.55 | 271.90 | -3.43 | 287.55 | 274.64 | -4.49 |
| | 净产值 | 元 | 80.03 | 75.87 | -5.20 | 52.13 | 48.55 | -6.87 |
| | 减税纯收益 | 元 | 15.70 | 15.69 | -0.06 | 25.83 | 25.61 | -0.85 |
| | 耗粮数量 | 公斤 | 80.60 | 81.50 | 1.10 | 94.70 | 95.70 | 1.10 |
| 每一劳动日 | 主产品产量 | 公斤 | 8.30 | 9.10 | 9.60 | 26.60 | 32.10 | 20.70 |
| | 净产值 | 元 | 13.71 | 14.31 | 4.38 | 28.44 | 31.87 | 12.06 |
| 每核算单位成本外支出 | | 元 | 2.48 | 0.74 | -70.16 | 1.15 | 1.09 | -5.22 |

# 第二部分　粮食、油料

# 2002年全国粮食成本收益(一)

品种：早籼稻　　　　按统一工价汇总

| 项目名称 | | 单位 | 平均 | 浙江 | 安徽 | 福建 | 江西 |
|---|---|---|---|---|---|---|---|
| 调查县数 | | 个 | 167.00 | 15.00 | 6.00 | 16.00 | 38.00 |
| 调查户数 | | 户 | 1718.00 | 138.00 | 45.00 | 139.00 | 342.00 |
| 调查面积 | | 亩 | 5596.75 | 294.62 | 126.30 | 324.78 | 1425.38 |
| 每亩 | 主产品产量 | 公斤 | 364.40 | 379.60 | 350.20 | 397.70 | 346.70 |
| | 产值合计 | 元 | 365.27 | 406.50 | 301.78 | 424.64 | 344.59 |
| | 主产品产值 | 元 | 346.97 | 386.81 | 292.43 | 402.45 | 310.60 |
| | 副产品产值 | 元 | 18.30 | 19.69 | 9.35 | 22.19 | 33.99 |
| | 其它收入 | 元 | 0.04 | | | | |
| | 生产成本 | 元 | 289.26 | 262.37 | 265.36 | 317.72 | 294.25 |
| | 物质费用 | 元 | 158.36 | 174.37 | 147.66 | 163.72 | 142.45 |
| | 用工作价 | 元 | 130.90 | 88.00 | 117.70 | 154.00 | 151.80 |
| | 用工数量 | 日 | 11.90 | 8.00 | 10.70 | 14.00 | 13.80 |
| | 劳动日工价 | 元 | 11.00 | 11.00 | 11.00 | 11.00 | 11.00 |
| | 期间费用 | 元 | 6.45 | 12.16 | 2.41 | 8.60 | 4.08 |
| | 税金 | 元 | 26.73 | 18.24 | 33.82 | 31.62 | 33.28 |
| | 含税成本 | 元 | 322.44 | 292.77 | 301.59 | 357.94 | 331.61 |
| | 净产值 | 元 | 206.91 | 232.13 | 154.12 | 260.92 | 202.14 |
| | 减税纯收益 | 元 | 42.87 | 113.73 | 0.19 | 66.70 | 12.98 |
| | 成本纯收益率 | % | 13.30 | 38.85 | 0.06 | 18.63 | 3.91 |
| 每50公斤主产品 | 平均出售价格 | 元 | 47.61 | 50.95 | 41.75 | 50.60 | 44.79 |
| | 物质费用 | 元 | 20.64 | 21.86 | 20.43 | 19.51 | 18.52 |
| | 生产成本 | 元 | 37.70 | 32.89 | 36.71 | 37.86 | 38.25 |
| | 含税成本 | 元 | 42.03 | 36.70 | 41.72 | 42.65 | 43.10 |
| | 净产值 | 元 | 26.97 | 29.09 | 21.32 | 31.09 | 26.27 |
| | 减税纯收益 | 元 | 5.59 | 14.25 | 0.03 | 7.95 | 1.69 |
| 每一劳动日 | 主产品产量 | 公斤 | 30.60 | 47.50 | 32.70 | 28.40 | 25.10 |
| | 净产值 | 元 | 17.39 | 29.02 | 14.40 | 18.64 | 14.65 |
| 每亩主产品出售数量 | | 公斤 | 154.20 | 253.20 | 124.30 | 154.70 | 197.20 |
| 每亩主产品出售产值 | | 元 | 145.71 | 256.01 | 102.33 | 158.09 | 177.79 |
| 每亩成本外支出 | | 元 | 8.89 | | 17.39 | 17.99 | 6.44 |

# 2002年全国粮食成本收益(二)

品种：早籼稻　　　　按统一工价汇总

| 项目名称 | | 单位 | 湖北 | 湖南 | 广东 | 广西 | 海南 |
|---|---|---|---|---|---|---|---|
| 调查县数 | | 个 | 18.00 | 20.00 | 31.00 | 15.00 | 8.00 |
| 调查户数 | | 户 | 373.00 | 156.00 | 282.00 | 171.00 | 72.00 |
| 调查面积 | | 亩 | 1116.00 | 558.36 | 836.18 | 651.43 | 263.70 |
| 每亩 | 主产品产量 | 公斤 | 398.90 | 317.80 | 375.80 | 389.60 | 323.70 |
| | 产值合计 | 元 | 351.71 | 302.88 | 413.10 | 410.44 | 331.85 |
| | 主产品产值 | 元 | 335.38 | 290.90 | 392.64 | 392.10 | 319.46 |
| | 副产品产值 | 元 | 16.33 | 11.98 | 20.46 | 18.34 | 12.39 |
| | 其它收入 | 元 | | | 0.38 | | |
| | 生产成本 | 元 | 258.43 | 310.91 | 298.99 | 333.15 | 260.17 |
| | 物质费用 | 元 | 138.53 | 162.41 | 176.89 | 189.05 | 130.37 |
| | 用工作价 | 元 | 119.90 | 148.50 | 122.10 | 144.10 | 129.80 |
| | 用工数量 | 日 | 10.90 | 13.50 | 11.10 | 13.10 | 11.80 |
| | 劳动日工价 | 元 | 11.00 | 11.00 | 11.00 | 11.00 | 11.00 |
| | 期间费用 | 元 | 9.52 | 2.12 | 12.78 | 5.66 | 0.67 |
| | 税金 | 元 | 34.26 | 28.75 | 24.53 | 14.47 | 21.63 |
| | 含税成本 | 元 | 302.21 | 341.78 | 336.30 | 353.28 | 282.47 |
| | 净产值 | 元 | 213.18 | 140.47 | 236.21 | 221.39 | 201.48 |
| | 减税纯收益 | 元 | 49.50 | -38.90 | 77.18 | 57.16 | 49.38 |
| | 成本纯收益率 | % | 16.38 | -11.38 | 22.95 | 16.18 | 17.48 |
| 每50公斤主产品 | 平均出售价格 | 元 | 42.04 | 45.77 | 52.24 | 50.32 | 49.35 |
| | 物质费用 | 元 | 16.56 | 24.54 | 22.37 | 23.18 | 19.39 |
| | 生产成本 | 元 | 30.89 | 46.98 | 37.81 | 40.84 | 38.69 |
| | 含税成本 | 元 | 36.12 | 51.65 | 42.53 | 43.31 | 42.01 |
| | 净产值 | 元 | 25.48 | 21.23 | 29.87 | 27.14 | 29.96 |
| | 减税纯收益 | 元 | 5.92 | -5.88 | 9.76 | 7.01 | 7.34 |
| 每一劳动日 | 主产品产量 | 公斤 | 36.60 | 23.50 | 33.90 | 29.70 | 27.40 |
| | 净产值 | 元 | 19.56 | 10.41 | 21.28 | 16.90 | 17.07 |
| 每亩主产品出售数量 | | 公斤 | 303.00 | 57.70 | 174.20 | 75.30 | 48.20 |
| 每亩主产品出售产值 | | 元 | 257.01 | 51.60 | 184.03 | 77.18 | 47.39 |
| 每亩成本外支出 | | 元 | 13.78 | 6.83 | 8.52 | 8.63 | 0.48 |

# 2002年全国粮食成本收益(一)

品种：早籼稻　　按地区工价汇总

| 项目名称 | | 单位 | 平均 | 浙江 | 安徽 | 福建 | 江西 |
|---|---|---|---|---|---|---|---|
| 调查县数 | | 个 | 167.00 | 15.00 | 6.00 | 16.00 | 38.00 |
| 调查户数 | | 户 | 1718.00 | 138.00 | 45.00 | 139.00 | 342.00 |
| 调查面积 | | 亩 | 5596.75 | 294.62 | 126.30 | 324.78 | 1425.38 |
| 每亩 | 主产品产量 | 公斤 | 364.40 | 379.60 | 350.20 | 397.70 | 346.70 |
| | 产值合计 | 元 | 365.27 | 406.50 | 301.78 | 424.64 | 344.59 |
| | 主产品产值 | 元 | 346.97 | 386.81 | 292.43 | 402.45 | 310.60 |
| | 副产品产值 | 元 | 18.30 | 19.69 | 9.35 | 22.19 | 33.99 |
| | 其它收入 | 元 | 0.04 | | | | |
| | 生产成本 | 元 | 319.01 | 322.37 | 254.66 | 379.32 | 283.21 |
| | 物质费用 | 元 | 158.36 | 174.37 | 147.66 | 163.72 | 142.45 |
| | 用工作价 | 元 | 160.65 | 148.00 | 107.00 | 215.60 | 140.76 |
| | 用工数量 | 日 | 11.90 | 8.00 | 10.70 | 14.00 | 13.80 |
| | 劳动日工价 | 元 | 13.50 | 18.50 | 10.00 | 15.40 | 10.20 |
| | 期间费用 | 元 | 6.45 | 12.16 | 2.41 | 8.60 | 4.08 |
| | 税金 | 元 | 26.73 | 18.24 | 33.82 | 31.62 | 33.28 |
| | 含税成本 | 元 | 352.19 | 352.77 | 290.89 | 419.54 | 320.57 |
| | 净产值 | 元 | 206.91 | 232.13 | 154.12 | 260.92 | 202.14 |
| | 减税纯收益 | 元 | 13.12 | 53.73 | 10.89 | 5.10 | 24.02 |
| | 成本纯收益率 | % | 3.73 | 15.23 | 3.74 | 1.22 | 7.49 |
| 每50公斤主产品 | 平均出售价格 | 元 | 47.61 | 50.95 | 41.75 | 50.60 | 44.79 |
| | 物质费用 | 元 | 20.64 | 21.86 | 20.43 | 19.51 | 18.52 |
| | 生产成本 | 元 | 41.58 | 40.41 | 35.23 | 45.20 | 36.81 |
| | 含税成本 | 元 | 45.91 | 44.22 | 40.24 | 49.99 | 41.67 |
| | 净产值 | 元 | 26.97 | 29.09 | 21.32 | 31.09 | 26.27 |
| | 减税纯收益 | 元 | 1.71 | 6.73 | 1.51 | 0.61 | 3.12 |
| 每一劳动日 | 主产品产量 | 公斤 | 30.60 | 47.50 | 32.70 | 28.40 | 25.10 |
| | 净产值 | 元 | 17.39 | 29.02 | 14.40 | 18.64 | 14.65 |
| 每亩主产品出售数量 | | 公斤 | 154.20 | 253.20 | 124.30 | 154.70 | 197.20 |
| 每亩主产品出售产值 | | 元 | 145.71 | 256.01 | 102.33 | 158.09 | 177.79 |
| 每亩成本外支出 | | 元 | 8.89 | | 17.39 | 17.99 | 6.44 |

# 2002年全国粮食成本收益(二)

品种：早籼稻　　　　按地区工价汇总

| 项 目 名 称 | | 单位 | 湖 北 | 湖 南 | 广 东 | 广 西 | 海 南 |
|---|---|---|---|---|---|---|---|
| 调查县数 | | 个 | 18.00 | 20.00 | 31.00 | 15.00 | 8.00 |
| 调查户数 | | 户 | 373.00 | 156.00 | 282.00 | 171.00 | 72.00 |
| 调查面积 | | 亩 | 1116.00 | 558.36 | 836.18 | 651.43 | 263.70 |
| 每亩 | 主产品产量 | 公斤 | 398.90 | 317.80 | 375.80 | 389.60 | 323.70 |
| | 产值合计 | 元 | 351.71 | 302.88 | 413.10 | 410.44 | 331.85 |
| | 主产品产值 | 元 | 335.38 | 290.90 | 392.64 | 392.10 | 319.46 |
| | 副产品产值 | 元 | 16.33 | 11.98 | 20.46 | 18.34 | 12.39 |
| | 其它收入 | 元 | | | 0.38 | | |
| | 生产成本 | 元 | 247.53 | 354.11 | 371.14 | 326.60 | 307.37 |
| | 物质费用 | 元 | 138.53 | 162.41 | 176.89 | 189.05 | 130.37 |
| | 用工作价 | 元 | 109.00 | 191.70 | 194.25 | 137.55 | 177.00 |
| | 用工数量 | 日 | 10.90 | 13.50 | 11.10 | 13.10 | 11.80 |
| | 劳动日工价 | 元 | 10.00 | 14.20 | 17.50 | 10.50 | 15.00 |
| | 期间费用 | 元 | 9.52 | 2.12 | 12.78 | 5.66 | 0.67 |
| | 税金 | 元 | 34.26 | 28.75 | 24.53 | 14.47 | 21.63 |
| | 含税成本 | 元 | 291.31 | 384.98 | 408.45 | 346.73 | 329.67 |
| | 净产值 | 元 | 213.18 | 140.47 | 236.21 | 221.39 | 201.48 |
| | 减税纯收益 | 元 | 60.40 | −82.10 | 5.03 | 63.71 | 2.18 |
| | 成本纯收益率 | % | 20.73 | −21.33 | 1.23 | 18.37 | 0.66 |
| 每50公斤主产品 | 平均出售价格 | 元 | 42.04 | 45.77 | 52.24 | 50.32 | 49.35 |
| | 物质费用 | 元 | 16.56 | 24.54 | 22.37 | 23.18 | 19.39 |
| | 生产成本 | 元 | 29.59 | 53.51 | 46.93 | 40.04 | 45.71 |
| | 含税成本 | 元 | 34.82 | 58.18 | 51.65 | 42.51 | 49.03 |
| | 净产值 | 元 | 25.48 | 21.23 | 29.87 | 27.14 | 29.96 |
| | 减税纯收益 | 元 | 7.22 | −12.41 | 0.64 | 7.81 | 0.32 |
| 每一劳动日 | 主产品产量 | 公斤 | 36.60 | 23.50 | 33.90 | 29.70 | 27.40 |
| | 净产值 | 元 | 19.56 | 10.41 | 21.28 | 16.90 | 17.07 |
| 每亩主产品出售数量 | | 公斤 | 303.00 | 57.70 | 174.20 | 75.30 | 48.20 |
| 每亩主产品出售产值 | | 元 | 257.01 | 51.60 | 184.03 | 77.18 | 47.39 |
| 每亩成本外支出 | | 元 | 13.78 | 6.83 | 8.52 | 8.63 | 0.48 |

# 2002年全国粮食物质费用(一)

品种：早籼稻

| 项目名称 | 单位 | 平均 | 浙江 | 安徽 | 福建 | 江西 |
|---|---|---|---|---|---|---|
| 每亩物质费用 | 元 | 158.36 | 174.37 | 147.66 | 163.72 | 142.45 |
| 一、直接生产费用 | 元 | 145.46 | 156.96 | 134.55 | 146.81 | 130.55 |
| 1.种籽秧苗费 | 元 | 13.37 | 9.58 | 12.00 | 13.26 | 13.55 |
| 2.农家肥费 | 元 | 6.44 | 4.36 | 2.67 | 7.41 | 7.07 |
| 3.化肥费 | 元 | 54.62 | 47.76 | 39.82 | 59.11 | 53.58 |
| 4.农膜费 | 元 | 3.17 | 1.75 | 3.20 | 4.60 | 3.53 |
| 5.农药费 | 元 | 11.92 | 16.18 | 4.79 | 15.09 | 11.48 |
| 6.畜力费 | 元 | 21.44 | 7.53 | 27.05 | 18.86 | 24.37 |
| 7.机械作业费 | 元 | 21.07 | 56.49 | 13.23 | 16.18 | 8.63 |
| 8.排灌费 | 元 | 8.70 | 8.34 | 11.89 | 8.13 | 5.97 |
| 9.燃料动力费 | 元 |  |  |  |  |  |
| 10.棚架材料费 | 元 | 0.40 | 0.11 | 0.23 | 0.69 | 0.43 |
| 11.其它直接费用 | 元 | 4.33 | 4.86 | 19.67 | 3.48 | 1.94 |
| 二、间接生产费用 | 元 | 12.90 | 17.41 | 13.11 | 16.91 | 11.90 |
| 1.固定资产折旧 | 元 | 7.64 | 13.67 | 7.91 | 8.02 | 6.62 |
| 2.小农具购置修理费 | 元 | 4.41 | 3.04 | 4.49 | 6.23 | 4.46 |
| 3.其它间接费用 | 元 | 0.85 | 0.70 | 0.71 | 2.66 | 0.82 |
| 附记：1.每亩种籽用量 | 公斤 | 4.70 | 5.80 | 7.30 | 2.90 | 4.10 |
| 2.每亩化肥用量 | 公斤 | 19.50 | 16.50 | 14.90 | 23.60 | 18.50 |
| 3.每亩农膜用量 | 公斤 | 0.60 | 0.30 | 0.70 | 0.50 | 0.50 |
| 4.每度电价 | 元 | 0.65 | 0.42 | 0.81 | 0.54 | 0.82 |
| 5.每亩柴油费 | 元 | 2.16 |  |  | 0.50 | 0.57 |

# 2002年全国粮食物质费用(二)

品种：早籼稻

| 项 目 名 称 | 单位 | 湖 北 | 湖 南 | 广 东 | 广 西 | 海 南 |
|---|---|---|---|---|---|---|
| 每亩物质费用 | 元 | 138.53 | 162.41 | 176.89 | 189.05 | 130.37 |
| 一、直接生产费用 | 元 | 133.25 | 145.27 | 165.73 | 175.18 | 121.09 |
| 1.种籽秧苗费 | 元 | 16.64 | 13.29 | 12.42 | 15.59 | 14.01 |
| 2.农家肥费 | 元 | 4.01 | 10.22 | 8.11 | 6.81 | 7.33 |
| 3.化肥费 | 元 | 50.51 | 52.25 | 70.92 | 63.80 | 53.88 |
| 4.农膜费 | 元 | 4.00 | 3.48 | 2.09 | 5.99 | |
| 5.农药费 | 元 | 7.90 | 14.99 | 14.27 | 16.04 | 6.58 |
| 6.畜力费 | 元 | 34.25 | 23.92 | 19.22 | 24.38 | 13.37 |
| 7.机械作业费 | 元 | 8.06 | 19.47 | 27.91 | 26.00 | 13.69 |
| 8.排灌费 | 元 | 5.68 | 5.76 | 9.20 | 11.61 | 11.70 |
| 9.燃料动力费 | 元 | | | | | |
| 10.棚架材料费 | 元 | 0.11 | 0.51 | 0.37 | 1.19 | |
| 11.其它直接费用 | 元 | 2.09 | 1.38 | 1.22 | 3.77 | 0.53 |
| 二、间接生产费用 | 元 | 5.28 | 17.14 | 11.16 | 13.87 | 9.28 |
| 1.固定资产折旧 | 元 | 3.10 | 11.72 | 6.63 | 7.77 | 3.29 |
| 2.小农具购置修理费 | 元 | 1.84 | 5.07 | 4.01 | 5.46 | 5.07 |
| 3.其它间接费用 | 元 | 0.34 | 0.35 | 0.52 | 0.64 | 0.92 |
| 附记：1.每亩种籽用量 | 公斤 | 10.40 | 4.40 | 2.20 | 1.80 | 3.00 |
| 2.每亩化肥用量 | 公斤 | 19.20 | 20.40 | 23.50 | 23.00 | 16.40 |
| 3.每亩农膜用量 | 公斤 | 0.70 | 1.10 | 0.30 | 0.90 | |
| 4.每度电价 | 元 | 0.70 | 0.76 | 0.53 | 0.56 | 0.69 |
| 5.每亩柴油费 | 元 | 5.27 | 3.39 | 4.14 | 4.47 | 1.11 |

# 2002年全国粮食期间费用(一)

品种：早籼稻

| 项目名称 | 单位 | 平均 | 浙江 | 安徽 | 福建 | 江西 |
|---|---|---|---|---|---|---|
| 一、每亩期间费用 | 元 | 6.45 | 12.16 | 2.41 | 8.60 | 4.08 |
| 1.土地承包费 | 元 | 2.55 | 8.20 |  | 2.25 | 0.68 |
| 2.管理费 | 元 | 1.52 | 2.11 | 1.36 | 2.74 | 0.96 |
| 3.销售费 | 元 | 2.27 | 1.24 | 1.03 | 3.36 | 2.41 |
| 4.财务费 | 元 | 0.11 | 0.61 | 0.02 | 0.25 | 0.03 |
| 二、每亩用工量 | 日 | 11.90 | 8.00 | 10.70 | 14.00 | 13.80 |
| 1.直接用工 | 日 | 10.80 | 7.30 | 10.10 | 12.80 | 12.10 |
| 2.间接用工 | 日 | 1.10 | 0.70 | 0.60 | 1.20 | 1.70 |
| 三、每亩成本外支出 | 元 | 8.89 |  | 17.39 | 17.99 | 6.44 |
| 1.村提留费 | 元 |  |  |  |  |  |
| 2.乡统筹费 | 元 |  |  |  |  |  |
| 3.两工支出 | 元 | 4.80 |  | 13.17 | 2.89 | 5.74 |
| 4.其它成本外支出 | 元 | 4.09 |  | 4.22 | 15.10 | 0.70 |
| 附记：1.人均耕地面积 | 元 | 1.30 | 1.00 | 1.40 | 0.80 | 1.70 |
| 2.人均成本外支出 | 元 | 28.00 |  | 36.30 | 41.50 | 30.80 |
| 3.人均两工数量 | 日 | 2.40 |  | 4.40 | 2.00 | 2.50 |
| 4.雇工天数 | 日 | 0.50 | 0.80 | 1.40 | 0.60 | 0.10 |
| 5.雇工工价 | 元 | 21.50 | 28.20 | 21.50 | 19.20 | 21.30 |

# 2002年全国粮食期间费用(二)

品种：早籼稻

| 项 目 名 称 | 单位 | 湖 北 | 湖 南 | 广 东 | 广 西 | 海 南 |
|---|---|---|---|---|---|---|
| 一、每亩期间费用 | 元 | 9.52 | 2.12 | 12.78 | 5.66 | 0.67 |
| 1.土地承包费 | 元 | | 0.13 | 9.45 | 1.92 | 0.30 |
| 2.管理费 | 元 | 2.85 | | 2.26 | 1.38 | |
| 3.销售费 | 元 | 6.65 | 1.96 | 1.07 | 2.36 | 0.37 |
| 4.财务费 | 元 | 0.02 | 0.03 | | | |
| 二、每亩用工量 | 日 | 10.90 | 13.50 | 11.10 | 13.10 | 11.80 |
| 1.直接用工 | 日 | 9.40 | 12.00 | 10.10 | 12.10 | 11.10 |
| 2.间接用工 | 日 | 1.50 | 1.50 | 1.00 | 1.00 | 0.70 |
| 三、每亩成本外支出 | 元 | 13.78 | 6.83 | 8.52 | 8.63 | 0.48 |
| 1.村提留费 | 元 | | | | | |
| 2.乡统筹费 | 元 | | | | | |
| 3.两工支出 | 元 | 10.05 | 5.50 | 2.43 | 2.98 | 0.48 |
| 4.其它成本外支出 | 元 | 3.73 | 1.33 | 6.09 | 5.65 | |
| 附记：1.人均耕地面积 | 元 | 1.40 | 1.00 | 1.10 | 1.60 | 1.30 |
| 2.人均成本外支出 | 元 | 45.50 | 50.20 | 23.40 | 23.00 | 1.50 |
| 3.人均两工数量 | 日 | 5.60 | 3.50 | 0.60 | 1.50 | 1.20 |
| 4.雇工天数 | 日 | | 0.40 | 0.40 | 0.50 | 0.10 |
| 5.雇工工价 | 元 | | 22.60 | 23.60 | 17.20 | 18.10 |

# 2002年全国粮食成本收益(一)

品种：中籼稻　　　　按统一工价汇总

| 项目名称 | | 单位 | 平均 | 江苏 | 安徽 | 福建 | 河南 | 湖北 |
|---|---|---|---|---|---|---|---|---|
| 调查县数 | | 个 | 140.00 | 13.00 | 13.00 | 6.00 | 5.00 | 24.00 |
| 调查户数 | | 户 | 1780.00 | 123.00 | 130.00 | 69.00 | 38.00 | 478.00 |
| 调查面积 | | 亩 | 5559.79 | 321.04 | 480.91 | 242.87 | 137.60 | 1998.31 |
| 每亩 | 主产品产量 | 公斤 | 464.30 | 521.50 | 489.20 | 408.40 | 473.30 | 525.40 |
| | 产值合计 | 元 | 474.57 | 519.86 | 500.17 | 418.58 | 454.54 | 505.62 |
| | 主产品产值 | 元 | 453.68 | 498.73 | 478.04 | 413.41 | 440.15 | 483.61 |
| | 副产品产值 | 元 | 20.89 | 21.13 | 22.13 | 5.17 | 14.39 | 22.01 |
| | 其它收入 | 元 | | | | | | |
| | 生产成本 | 元 | 326.83 | 292.17 | 317.98 | 261.15 | 239.59 | 312.41 |
| | 物质费用 | 元 | 156.33 | 192.07 | 174.98 | 132.45 | 139.49 | 170.51 |
| | 用工作价 | 元 | 170.50 | 100.10 | 143.00 | 128.70 | 100.10 | 141.90 |
| | 用工数量 | 日 | 15.50 | 9.10 | 13.00 | 11.70 | 9.10 | 12.90 |
| | 劳动日工价 | 元 | 11.00 | 11.00 | 11.00 | 11.00 | 11.00 | 11.00 |
| | 期间费用 | 元 | 6.04 | 2.96 | 3.52 | 8.66 | 5.56 | 9.87 |
| | 税金 | 元 | 33.75 | 35.88 | 33.29 | 22.92 | 31.66 | 43.50 |
| | 含税成本 | 元 | 366.62 | 331.01 | 354.79 | 292.73 | 276.81 | 365.78 |
| | 净产值 | 元 | 318.24 | 327.79 | 325.19 | 286.13 | 315.05 | 335.11 |
| | 减税纯收益 | 元 | 107.95 | 188.85 | 145.38 | 125.85 | 177.73 | 139.84 |
| | 成本纯收益率 | % | 29.44 | 57.05 | 40.98 | 42.99 | 64.21 | 38.23 |
| 每50公斤主产品 | 平均出售价格 | 元 | 48.86 | 47.82 | 48.86 | 50.61 | 46.50 | 46.02 |
| | 物质费用 | 元 | 16.10 | 17.67 | 17.09 | 16.01 | 14.27 | 15.52 |
| | 生产成本 | 元 | 33.65 | 26.88 | 31.06 | 31.58 | 24.51 | 28.43 |
| | 含税成本 | 元 | 37.75 | 30.45 | 34.66 | 35.39 | 28.32 | 33.29 |
| | 净产值 | 元 | 32.76 | 30.15 | 31.77 | 34.60 | 32.23 | 30.50 |
| | 减税纯收益 | 元 | 11.11 | 17.37 | 14.20 | 15.22 | 18.18 | 12.73 |
| 每一劳动日 | 主产品产量 | 公斤 | 30.00 | 57.30 | 37.60 | 34.90 | 52.00 | 40.70 |
| | 净产值 | 元 | 20.53 | 36.02 | 25.01 | 24.46 | 34.62 | 25.98 |
| 每亩主产品出售数量 | | 公斤 | 168.70 | 276.20 | 242.10 | 131.80 | 180.30 | 330.00 |
| 每亩主产品出售产值 | | 元 | 158.52 | 268.10 | 233.43 | 136.96 | 167.28 | 275.69 |
| 每亩成本外支出 | | 元 | 9.91 | 24.21 | 11.63 | 10.26 | 7.45 | 14.23 |

# 2002 年全国粮食成本收益(二)

品种：中籼稻　　　　按统一工价汇总

| 项目名称 | | 单位 | 湖南 | 四川 | 贵州 | 重庆 | 陕西 |
|---|---|---|---|---|---|---|---|
| 调查县数 | | 个 | 7.00 | 30.00 | 22.00 | 16.00 | 4.00 |
| 调查户数 | | 户 | 52.00 | 320.00 | 294.00 | 240.00 | 36.00 |
| 调查面积 | | 亩 | 209.79 | 671.19 | 886.20 | 506.18 | 105.70 |
| 每亩 | 主产品产量 | 公斤 | 468.10 | 489.70 | 353.70 | 450.30 | 463.80 |
| | 产值合计 | 元 | 461.67 | 524.17 | 450.06 | 456.12 | 454.90 |
| | 主产品产值 | 元 | 449.94 | 492.27 | 404.97 | 430.46 | 445.23 |
| | 副产品产值 | 元 | 11.73 | 31.90 | 45.09 | 25.66 | 9.67 |
| | 其它收入 | 元 | | | | | |
| | 生产成本 | 元 | 299.06 | 367.07 | 459.11 | 366.35 | 357.81 |
| | 物质费用 | 元 | 162.66 | 143.77 | 181.91 | 139.75 | 125.71 |
| | 用工作价 | 元 | 136.40 | 223.30 | 277.20 | 226.60 | 232.10 |
| | 用工数量 | 日 | 12.40 | 20.30 | 25.20 | 20.60 | 21.10 |
| | 劳动日工价 | 元 | 11.00 | 11.00 | 11.00 | 11.00 | 11.00 |
| | 期间费用 | 元 | 6.52 | 7.05 | 10.07 | 3.60 | 2.50 |
| | 税金 | 元 | 46.53 | 34.07 | 23.18 | 38.49 | 27.93 |
| | 含税成本 | 元 | 352.11 | 408.19 | 492.36 | 408.44 | 388.24 |
| | 净产值 | 元 | 299.01 | 380.40 | 268.15 | 316.37 | 329.19 |
| | 减税纯收益 | 元 | 109.56 | 115.98 | -42.30 | 47.68 | 66.66 |
| | 成本纯收益率 | % | 31.12 | 28.41 | -8.59 | 11.67 | 17.17 |
| 每50公斤主产品 | 平均出售价格 | 元 | 48.06 | 50.26 | 57.25 | 47.80 | 48.00 |
| | 物质费用 | 元 | 16.93 | 13.79 | 23.14 | 14.65 | 13.26 |
| | 生产成本 | 元 | 31.13 | 35.20 | 58.40 | 38.39 | 37.76 |
| | 含税成本 | 元 | 36.65 | 39.14 | 62.63 | 42.80 | 40.97 |
| | 净产值 | 元 | 31.13 | 36.47 | 34.11 | 33.15 | 34.74 |
| | 减税纯收益 | 元 | 11.41 | 11.12 | -5.38 | 5.00 | 7.03 |
| 每一劳动日 | 主产品产量 | 公斤 | 37.80 | 24.10 | 14.00 | 21.90 | 22.00 |
| | 净产值 | 元 | 24.11 | 18.74 | 10.64 | 15.36 | 15.60 |
| 每亩主产品出售数量 | | 公斤 | 192.90 | 84.80 | 61.60 | 76.10 | 110.70 |
| 每亩主产品出售产值 | | 元 | 185.20 | 89.08 | 70.29 | 70.74 | 88.45 |
| 每亩成本外支出 | | 元 | 10.46 | 16.69 | | 1.18 | 2.93 |

# 2002年全国粮食成本收益(一)

品种：中籼稻　　　　按地区工价汇总

| 项目名称 | | 单位 | 平均 | 江苏 | 安徽 | 福建 | 河南 | 湖北 |
|---|---|---|---|---|---|---|---|---|
| 调查县数 | | 个 | 140.00 | 13.00 | 13.00 | 6.00 | 5.00 | 24.00 |
| 调查户数 | | 户 | 1780.00 | 123.00 | 130.00 | 69.00 | 38.00 | 478.00 |
| 调查面积 | | 亩 | 5559.79 | 321.04 | 480.91 | 242.87 | 137.60 | 1998.31 |
| 每亩 | 主产品产量 | 公斤 | 464.30 | 521.50 | 489.20 | 408.40 | 473.30 | 525.40 |
| | 产值合计 | 元 | 474.57 | 519.86 | 500.17 | 418.58 | 454.54 | 505.62 |
| | 主产品产值 | 元 | 453.68 | 498.73 | 478.04 | 413.41 | 440.15 | 483.61 |
| | 副产品产值 | 元 | 20.89 | 21.13 | 22.13 | 5.17 | 14.39 | 22.01 |
| | 其它收入 | 元 | | | | | | |
| | 生产成本 | 元 | 331.48 | 310.37 | 304.98 | 312.63 | 220.48 | 299.51 |
| | 物质费用 | 元 | 156.33 | 192.07 | 174.98 | 132.45 | 139.49 | 170.51 |
| | 用工作价 | 元 | 175.15 | 118.30 | 130.00 | 180.18 | 80.99 | 129.00 |
| | 用工数量 | 日 | 15.50 | 9.10 | 13.00 | 11.70 | 9.10 | 12.90 |
| | 劳动日工价 | 元 | 11.30 | 13.00 | 10.00 | 15.40 | 8.90 | 10.00 |
| | 期间费用 | 元 | 6.04 | 2.96 | 3.52 | 8.66 | 5.56 | 9.87 |
| | 税金 | 元 | 33.75 | 35.88 | 33.29 | 22.92 | 31.66 | 43.50 |
| | 含税成本 | 元 | 371.27 | 349.21 | 341.79 | 344.21 | 257.70 | 352.88 |
| | 净产值 | 元 | 318.24 | 327.79 | 325.19 | 286.13 | 315.05 | 335.11 |
| | 减税纯收益 | 元 | 103.30 | 170.65 | 158.38 | 74.37 | 196.84 | 152.74 |
| | 成本纯收益率 | % | 27.82 | 48.87 | 46.34 | 21.61 | 76.38 | 43.28 |
| 每50公斤主产品 | 平均出售价格 | 元 | 48.86 | 47.82 | 48.86 | 50.61 | 46.50 | 46.02 |
| | 物质费用 | 元 | 16.10 | 17.67 | 17.09 | 16.01 | 14.27 | 15.52 |
| | 生产成本 | 元 | 34.13 | 28.55 | 29.79 | 37.80 | 22.56 | 27.26 |
| | 含税成本 | 元 | 38.22 | 32.12 | 33.39 | 41.62 | 26.36 | 32.12 |
| | 净产值 | 元 | 32.76 | 30.15 | 31.77 | 34.60 | 32.23 | 30.50 |
| | 减税纯收益 | 元 | 10.64 | 15.70 | 15.47 | 8.99 | 20.14 | 13.90 |
| 每一劳动日 | 主产品产量 | 公斤 | 30.00 | 57.30 | 37.60 | 34.90 | 52.00 | 40.70 |
| | 净产值 | 元 | 20.53 | 36.02 | 25.01 | 24.46 | 34.62 | 25.98 |
| 每亩主产品出售数量 | | 公斤 | 168.70 | 276.20 | 242.10 | 131.80 | 180.30 | 330.00 |
| 每亩主产品出售产值 | | 元 | 158.52 | 268.10 | 233.43 | 136.96 | 167.28 | 275.69 |
| 每亩成本外支出 | | 元 | 9.91 | 24.21 | 11.63 | 10.26 | 7.45 | 14.23 |

# 2002 年全国粮食成本收益(二)

品种：中籼稻　　　　　　　　　　　　　　按地区工价汇总

| 项目名称 | | 单位 | 湖南 | 四川 | 贵州 | 重庆 | 陕西 |
|---|---|---|---|---|---|---|---|
| 调查县数 | | 个 | 7.00 | 30.00 | 22.00 | 16.00 | 4.00 |
| 调查户数 | | 户 | 52.00 | 320.00 | 294.00 | 240.00 | 36.00 |
| 调查面积 | | 亩 | 209.79 | 671.19 | 886.20 | 506.18 | 105.70 |
| 每亩 | 主产品产量 | 公斤 | 468.10 | 489.70 | 353.70 | 450.30 | 463.80 |
| | 产值合计 | 元 | 461.67 | 524.17 | 450.06 | 456.12 | 454.90 |
| | 主产品产值 | 元 | 449.94 | 492.27 | 404.97 | 430.46 | 445.23 |
| | 副产品产值 | 元 | 11.73 | 31.90 | 45.09 | 25.66 | 9.67 |
| | 其它收入 | 元 | | | | | |
| | 生产成本 | 元 | 338.74 | 377.22 | 433.91 | 351.93 | 330.38 |
| | 物质费用 | 元 | 162.66 | 143.77 | 181.91 | 139.75 | 125.71 |
| | 用工作价 | 元 | 176.08 | 233.45 | 252.00 | 212.18 | 204.67 |
| | 用工数量 | 日 | 12.40 | 20.30 | 25.20 | 20.60 | 21.10 |
| | 劳动日工价 | 元 | 14.20 | 11.50 | 10.00 | 10.30 | 9.70 |
| | 期间费用 | 元 | 6.52 | 7.05 | 10.07 | 3.60 | 2.50 |
| | 税金 | 元 | 46.53 | 34.07 | 23.18 | 38.49 | 27.93 |
| | 含税成本 | 元 | 391.79 | 418.34 | 467.16 | 394.02 | 360.81 |
| | 净产值 | 元 | 299.01 | 380.40 | 268.15 | 316.37 | 329.19 |
| | 减税纯收益 | 元 | 69.88 | 105.83 | -17.10 | 62.10 | 94.09 |
| | 成本纯收益率 | % | 17.84 | 25.30 | -3.66 | 15.76 | 26.08 |
| 每50公斤主产品 | 平均出售价格 | 元 | 48.06 | 50.26 | 57.25 | 47.80 | 48.00 |
| | 物质费用 | 元 | 16.93 | 13.79 | 23.14 | 14.65 | 13.26 |
| | 生产成本 | 元 | 35.26 | 36.17 | 55.20 | 36.88 | 34.86 |
| | 含税成本 | 元 | 40.79 | 40.11 | 59.43 | 41.29 | 38.07 |
| | 净产值 | 元 | 31.13 | 36.47 | 34.11 | 33.15 | 34.74 |
| | 减税纯收益 | 元 | 7.27 | 10.15 | -2.18 | 6.51 | 9.93 |
| 每一劳动日 | 主产品产量 | 公斤 | 37.80 | 24.10 | 14.00 | 21.90 | 22.00 |
| | 净产值 | 元 | 24.11 | 18.74 | 10.64 | 15.36 | 15.60 |
| 每亩主产品出售数量 | | 公斤 | 192.90 | 84.80 | 61.60 | 76.10 | 110.70 |
| 每亩主产品出售产值 | | 元 | 185.20 | 89.08 | 70.29 | 70.74 | 88.45 |
| 每亩成本外支出 | | 元 | 10.46 | 16.69 | | 1.18 | 2.93 |

# 2002 年全国粮食物质费用(一)

品种：中籼稻

| 项目名称 | 单位 | 平均 | 江苏 | 安徽 | 福建 | 河南 | 湖北 |
|---|---|---|---|---|---|---|---|
| 每亩物质费用 | 元 | 156.33 | 192.07 | 174.98 | 132.45 | 139.49 | 170.51 |
| 一、直接生产费用 | 元 | 145.36 | 182.07 | 164.43 | 117.71 | 131.24 | 160.96 |
| 1.种籽秧苗费 | 元 | 16.02 | 15.02 | 15.18 | 15.84 | 15.88 | 18.68 |
| 2.农家肥费 | 元 | 7.70 | 6.14 | 10.13 | | 5.09 | 5.76 |
| 3.化肥费 | 元 | 52.37 | 65.21 | 54.15 | 56.19 | 49.66 | 57.54 |
| 4.农膜费 | 元 | 2.21 | 2.85 | 1.68 | | 1.03 | 1.40 |
| 5.农药费 | 元 | 13.24 | 17.96 | 16.41 | 17.90 | 7.48 | 14.30 |
| 6.畜力费 | 元 | 19.42 | 0.19 | 15.93 | 10.08 | 7.00 | 21.34 |
| 7.机械作业费 | 元 | 16.44 | 45.82 | 31.64 | 11.65 | 25.61 | 18.71 |
| 8.排灌费 | 元 | 14.92 | 26.23 | 16.82 | 1.94 | 17.49 | 18.66 |
| 9.燃料动力费 | 元 | | | | | | |
| 10.棚架材料费 | 元 | 0.32 | | | | | 0.28 |
| 11.其它直接费用 | 元 | 2.72 | 2.65 | 2.49 | 4.11 | 2.00 | 4.29 |
| 二、间接生产费用 | 元 | 10.97 | 10.00 | 10.55 | 14.74 | 8.25 | 9.55 |
| 1.固定资产折旧 | 元 | 5.90 | 4.12 | 5.58 | 8.60 | 4.93 | 5.44 |
| 2.小农具购置修理费 | 元 | 4.36 | 5.51 | 4.60 | 5.65 | 3.30 | 2.88 |
| 3.其它间接费用 | 元 | 0.71 | 0.37 | 0.37 | 0.49 | 0.02 | 1.23 |
| 附记：1.每亩种籽用量 | 公斤 | 1.40 | 1.20 | 1.30 | 1.30 | 1.30 | 2.10 |
| 2.每亩化肥用量 | 公斤 | 20.30 | 23.40 | 23.10 | 28.20 | 19.70 | 21.90 |
| 3.每亩农膜用量 | 公斤 | 0.40 | 0.40 | 0.20 | | 0.80 | 0.10 |
| 4.每度电价 | 元 | 0.62 | 0.62 | 0.79 | 0.49 | 0.62 | 0.67 |
| 5.每亩柴油费 | 元 | 5.45 | 11.71 | 4.27 | | 6.31 | 6.03 |

# 2002 年全国粮食物质费用(二)

品种：中籼稻

| 项目名称 | 单位 | 湖南 | 四川 | 贵州 | 重庆 | 陕西 |
|---|---|---|---|---|---|---|
| 每亩物质费用 | 元 | 162.66 | 143.77 | 181.91 | 139.75 | 125.71 |
| 一、直接生产费用 | 元 | 150.38 | 133.71 | 165.55 | 129.27 | 118.25 |
| 1.种籽秧苗费 | 元 | 13.34 | 16.92 | 18.75 | 16.38 | 14.18 |
| 2.农家肥费 | 元 | 6.32 | 5.98 | 24.07 | 7.02 | 6.53 |
| 3.化肥费 | 元 | 54.39 | 44.37 | 59.43 | 44.55 | 38.19 |
| 4.农膜费 | 元 |  | 4.64 | 4.11 | 5.14 | 1.24 |
| 5.农药费 | 元 | 25.12 | 9.31 | 10.94 | 8.46 | 4.51 |
| 6.畜力费 | 元 | 23.34 | 25.28 | 34.36 | 33.23 | 23.48 |
| 7.机械作业费 | 元 | 16.23 | 7.77 |  | 3.39 | 3.53 |
| 8.排灌费 | 元 | 11.47 | 14.75 | 10.51 | 5.92 | 25.43 |
| 9.燃料动力费 | 元 |  |  |  |  |  |
| 10.棚架材料费 | 元 |  | 0.73 | 0.35 | 1.73 | 0.14 |
| 11.其它直接费用 | 元 | 0.17 | 3.96 | 3.03 | 3.45 | 1.02 |
| 二、间接生产费用 | 元 | 12.28 | 10.06 | 16.36 | 10.48 | 7.46 |
| 1.固定资产折旧 | 元 | 5.69 | 4.96 | 8.66 | 5.71 | 5.33 |
| 2.小农具购置修理费 | 元 | 5.22 | 4.34 | 6.30 | 3.65 | 2.13 |
| 3.其它间接费用 | 元 | 1.37 | 0.76 | 1.40 | 1.12 |  |
| 附记：1.每亩种籽用量 | 公斤 | 1.10 | 1.50 | 2.10 | 1.10 | 1.10 |
| 2.每亩化肥用量 | 公斤 | 19.30 | 17.00 | 20.70 | 13.40 | 15.40 |
| 3.每亩农膜用量 | 公斤 |  | 0.80 | 0.60 | 0.60 | 0.20 |
| 4.每度电价 | 元 | 0.74 | 0.64 | 0.65 | 0.58 | 0.43 |
| 5.每亩柴油费 | 元 | 2.96 | 2.94 | 3.91 |  |  |

# 2002 年全国粮食期间费用(一)

品种：中籼稻

| 项 目 名 称 | 单位 | 平 均 | 江 苏 | 安 徽 | 福 建 | 河 南 | 湖 北 |
|---|---|---|---|---|---|---|---|
| 一、每亩期间费用 | 元 | 6.04 | 2.96 | 3.52 | 8.66 | 5.56 | 9.87 |
| 1.土地承包费 | 元 | 1.89 | | 1.37 | 6.29 | | 0.48 |
| 2.管理费 | 元 | 0.90 | | | 0.97 | | 1.80 |
| 3.销售费 | 元 | 3.16 | 2.96 | 2.15 | 0.96 | 5.56 | 7.48 |
| 4.财务费 | 元 | 0.09 | | | 0.44 | | 0.11 |
| 二、每亩用工量 | 日 | 15.50 | 9.10 | 13.00 | 11.70 | 9.10 | 12.90 |
| 1.直接用工 | 日 | 13.90 | 8.20 | 11.70 | 11.20 | 7.80 | 11.20 |
| 2.间接用工 | 日 | 1.60 | 0.90 | 1.30 | 0.50 | 1.30 | 1.70 |
| 三、每亩成本外支出 | 元 | 9.91 | 24.21 | 11.63 | 10.26 | 7.45 | 14.23 |
| 1.村提留费 | 元 | | | | | | |
| 2.乡统筹费 | 元 | | | | | | |
| 3.两工支出 | 元 | 6.01 | 13.59 | 8.77 | | 6.57 | 9.84 |
| 4.其它成本外支出 | 元 | 3.90 | 10.62 | 2.86 | 10.26 | 0.88 | 4.39 |
| 附记：1.人均耕地面积 | 元 | 1.40 | 1.50 | 1.50 | 1.30 | 1.80 | 1.60 |
| 2.人均成本外支出 | 元 | 33.90 | 75.80 | 25.80 | 40.60 | 23.10 | 44.20 |
| 3.人均两工数量 | 日 | 3.00 | 7.20 | 4.20 | | 0.70 | 8.00 |
| 4.雇工天数 | 日 | 1.10 | 0.20 | 0.40 | 0.40 | | |
| 5.雇工工价 | 元 | 18.70 | 19.10 | 22.00 | 23.80 | 8.90 | 20.00 |

# 2002年全国粮食期间费用(二)

品种：中籼稻

| 项 目 名 称 | 单位 | 湖 南 | 四 川 | 贵 州 | 重 庆 | 陕 西 |
|---|---|---|---|---|---|---|
| 一、每亩期间费用 | 元 | 6.52 | 7.05 | 10.07 | 3.60 | 2.50 |
| 1.土地承包费 | 元 | 3.71 | 1.61 | 5.08 | 0.39 | |
| 2.管理费 | 元 | | 4.10 | 1.64 | 0.45 | |
| 3.销售费 | 元 | 2.81 | 1.24 | 3.19 | 2.70 | 2.50 |
| 4.财务费 | 元 | | 0.10 | 0.16 | 0.06 | |
| 二、每亩用工量 | 日 | 12.40 | 20.30 | 25.20 | 20.60 | 21.10 |
| 1.直接用工 | 日 | 10.60 | 19.00 | 23.10 | 18.60 | 18.00 |
| 2.间接用工 | 日 | 1.80 | 1.30 | 2.10 | 2.00 | 3.10 |
| 三、每亩成本外支出 | 元 | 10.46 | 16.69 | | 1.18 | 2.93 |
| 1.村提留费 | 元 | | | | | |
| 2.乡统筹费 | 元 | | | | | |
| 3.两工支出 | 元 | 8.79 | 12.28 | | | 0.22 |
| 4.其它成本外支出 | 元 | 1.67 | 4.41 | | 1.18 | 2.71 |
| 附记：1.人均耕地面积 | 元 | 1.10 | 1.00 | 1.30 | 1.00 | 1.40 |
| 2.人均成本外支出 | 元 | 69.40 | 21.30 | 22.70 | 14.00 | 2.50 |
| 3.人均两工数量 | 日 | 3.00 | 6.80 | 0.10 | | 0.30 |
| 4.雇工天数 | 日 | 4.30 | 2.70 | 1.60 | 1.20 | |
| 5.雇工工价 | 元 | 23.90 | 16.50 | 15.30 | 21.10 | 16.10 |

# 2002年全国粮食成本收益(一)

品种：晚籼稻　　　　按统一工价汇总

| 项目名称 | | 单位 | 平均 | 浙江 | 安徽 | 福建 | 江西 |
|---|---|---|---|---|---|---|---|
| 调查县数 | | 个 | 166.00 | 9.00 | 8.00 | 17.00 | 38.00 |
| 调查户数 | | 户 | 1675.00 | 82.00 | 63.00 | 168.00 | 342.00 |
| 调查面积 | | 亩 | 6207.04 | 181.28 | 152.50 | 509.55 | 1805.54 |
| 每亩 | 主产品产量 | 公斤 | 370.40 | 423.90 | 408.60 | 377.60 | 377.90 |
| | 产值合计 | 元 | 394.10 | 462.93 | 397.55 | 407.48 | 411.69 |
| | 主产品产值 | 元 | 375.24 | 438.92 | 379.00 | 392.06 | 378.24 |
| | 副产品产值 | 元 | 18.86 | 24.01 | 18.55 | 15.42 | 33.45 |
| | 其它收入 | 元 | 0.37 | 2.99 | | | |
| | 生产成本 | 元 | 283.37 | 260.50 | 273.58 | 293.52 | 289.58 |
| | 物质费用 | 元 | 152.47 | 171.40 | 133.88 | 152.72 | 137.78 |
| | 用工作价 | 元 | 130.90 | 89.10 | 139.70 | 140.80 | 151.80 |
| | 用工数量 | 日 | 11.90 | 8.10 | 12.70 | 12.80 | 13.80 |
| | 劳动日工价 | 元 | 11.00 | 11.00 | 11.00 | 11.00 | 11.00 |
| | 期间费用 | 元 | 5.22 | 1.53 | 1.32 | 7.72 | 5.12 |
| | 税金 | 元 | 26.93 | 20.42 | 28.39 | 27.58 | 33.22 |
| | 含税成本 | 元 | 315.52 | 282.45 | 303.29 | 328.82 | 327.92 |
| | 净产值 | 元 | 241.63 | 291.53 | 263.67 | 254.76 | 273.91 |
| | 减税纯收益 | 元 | 78.95 | 183.47 | 94.26 | 78.66 | 83.77 |
| | 成本纯收益率 | % | 25.02 | 64.96 | 31.08 | 23.92 | 25.55 |
| 每50公斤主产品 | 平均出售价格 | 元 | 50.65 | 51.77 | 46.38 | 51.91 | 50.04 |
| | 物质费用 | 元 | 19.60 | 19.17 | 15.62 | 19.46 | 16.75 |
| | 生产成本 | 元 | 36.42 | 29.13 | 31.92 | 37.39 | 35.20 |
| | 含税成本 | 元 | 40.55 | 31.59 | 35.38 | 41.89 | 39.86 |
| | 净产值 | 元 | 31.05 | 32.60 | 30.76 | 32.45 | 33.29 |
| | 减税纯收益 | 元 | 10.15 | 20.53 | 11.00 | 10.02 | 10.18 |
| 每一劳动日 | 主产品产量 | 公斤 | 31.10 | 52.30 | 32.20 | 29.50 | 27.40 |
| | 净产值 | 元 | 20.31 | 35.99 | 20.76 | 19.90 | 19.85 |
| 每亩主产品出售数量 | | 公斤 | 135.50 | 138.00 | 243.80 | 104.80 | 202.20 |
| 每亩主产品出售产值 | | 元 | 134.39 | 142.30 | 225.78 | 106.84 | 202.65 |
| 每亩成本外支出 | | 元 | 6.72 | | 8.42 | 11.52 | 5.66 |

# 2002年全国粮食成本收益(二)

品种：晚籼稻　　　　按统一工价汇总

| 项目名称 | | 单位 | 湖北 | 湖南 | 广东 | 广西 | 海南 |
|---|---|---|---|---|---|---|---|
| 调查县数 | | 个 | 18.00 | 21.00 | 31.00 | 16.00 | 8.00 |
| 调查户数 | | 户 | 312.00 | 166.00 | 285.00 | 185.00 | 72.00 |
| 调查面积 | | 亩 | 995.68 | 648.29 | 960.94 | 654.06 | 299.20 |
| 每亩 | 主产品产量 | 公斤 | 432.50 | 384.80 | 336.40 | 329.50 | 262.60 |
| | 产值合计 | 元 | 404.41 | 367.08 | 430.59 | 402.26 | 262.91 |
| | 主产品产值 | 元 | 385.48 | 356.57 | 409.24 | 385.16 | 252.49 |
| | 副产品产值 | 元 | 18.93 | 10.51 | 21.35 | 17.10 | 10.42 |
| | 其它收入 | 元 | | | 0.31 | | |
| | 生产成本 | 元 | 271.69 | 289.87 | 294.44 | 330.53 | 251.01 |
| | 物质费用 | 元 | 140.79 | 156.77 | 172.34 | 182.03 | 124.51 |
| | 用工作价 | 元 | 130.90 | 133.10 | 122.10 | 148.50 | 126.50 |
| | 用工数量 | 日 | 11.90 | 12.10 | 11.10 | 13.50 | 11.50 |
| | 劳动日工价 | 元 | 11.00 | 11.00 | 11.00 | 11.00 | 11.00 |
| | 期间费用 | 元 | 7.21 | 4.09 | 13.81 | 5.68 | 0.50 |
| | 税金 | 元 | 37.54 | 33.88 | 25.09 | 16.27 | 19.99 |
| | 含税成本 | 元 | 316.44 | 327.84 | 333.34 | 352.48 | 271.50 |
| | 净产值 | 元 | 263.62 | 210.31 | 258.25 | 220.23 | 138.40 |
| | 减税纯收益 | 元 | 87.97 | 39.24 | 97.56 | 49.78 | -8.59 |
| | 成本纯收益率 | % | 27.80 | 11.97 | 29.27 | 14.12 | -3.16 |
| 每50公斤主产品 | 平均出售价格 | 元 | 44.56 | 46.33 | 60.83 | 58.45 | 48.08 |
| | 物质费用 | 元 | 15.51 | 19.79 | 24.35 | 26.45 | 22.77 |
| | 生产成本 | 元 | 29.94 | 36.59 | 41.60 | 48.03 | 45.90 |
| | 含税成本 | 元 | 34.87 | 41.38 | 47.09 | 51.22 | 49.65 |
| | 净产值 | 元 | 29.05 | 26.54 | 36.48 | 32.00 | 25.31 |
| | 减税纯收益 | 元 | 9.69 | 4.95 | 13.79 | 7.23 | -1.57 |
| 每一劳动日 | 主产品产量 | 公斤 | 36.30 | 31.80 | 30.30 | 24.40 | 22.80 |
| | 净产值 | 元 | 22.15 | 17.38 | 23.27 | 16.31 | 12.03 |
| 每亩主产品出售数量 | | 公斤 | 259.50 | 76.70 | 107.10 | 54.80 | 32.60 |
| 每亩主产品出售产值 | | 元 | 232.14 | 69.70 | 129.82 | 68.40 | 31.88 |
| 每亩成本外支出 | | 元 | 13.14 | 5.00 | 8.30 | 8.19 | 0.24 |

# 2002年全国粮食成本收益(一)

**品种：晚籼稻** 按地区工价汇总

| 项目名称 | | 单位 | 平均 | 浙江 | 安徽 | 福建 | 江西 |
|---|---|---|---|---|---|---|---|
| 调查县数 | | 个 | 166.00 | 9.00 | 8.00 | 17.00 | 38.00 |
| 调查户数 | | 户 | 1675.00 | 82.00 | 63.00 | 168.00 | 342.00 |
| 调查面积 | | 亩 | 6207.04 | 181.28 | 152.50 | 509.55 | 1805.54 |
| 每亩 | 主产品产量 | 公斤 | 370.40 | 423.90 | 408.60 | 377.60 | 377.90 |
| | 产值合计 | 元 | 394.10 | 462.93 | 397.55 | 407.48 | 411.69 |
| | 主产品产值 | 元 | 375.24 | 438.92 | 379.00 | 392.06 | 378.24 |
| | 副产品产值 | 元 | 18.86 | 24.01 | 18.55 | 15.42 | 33.45 |
| | 其它收入 | 元 | 0.37 | 2.99 | | | |
| | 生产成本 | 元 | 313.12 | 321.25 | 260.88 | 349.84 | 278.54 |
| | 物质费用 | 元 | 152.47 | 171.40 | 133.88 | 152.72 | 137.78 |
| | 用工作价 | 元 | 160.65 | 149.85 | 127.00 | 197.12 | 140.76 |
| | 用工数量 | 日 | 11.90 | 8.10 | 12.70 | 12.80 | 13.80 |
| | 劳动日工价 | 元 | 13.50 | 18.50 | 10.00 | 15.40 | 10.20 |
| | 期间费用 | 元 | 5.22 | 1.53 | 1.32 | 7.72 | 5.12 |
| | 税金 | 元 | 26.93 | 20.42 | 28.39 | 27.58 | 33.22 |
| | 含税成本 | 元 | 345.27 | 343.20 | 290.59 | 385.14 | 316.88 |
| | 净产值 | 元 | 241.63 | 291.53 | 263.67 | 254.76 | 273.91 |
| | 减税纯收益 | 元 | 49.20 | 122.72 | 106.96 | 22.34 | 94.81 |
| | 成本纯收益率 | % | 14.25 | 35.76 | 36.81 | 5.80 | 29.92 |
| 每50公斤主产品 | 平均出售价格 | 元 | 50.65 | 51.77 | 46.38 | 51.91 | 50.04 |
| | 物质费用 | 元 | 19.60 | 19.17 | 15.62 | 19.46 | 16.75 |
| | 生产成本 | 元 | 40.24 | 35.93 | 30.44 | 44.57 | 33.86 |
| | 含税成本 | 元 | 44.37 | 38.38 | 33.90 | 49.06 | 38.52 |
| | 净产值 | 元 | 31.05 | 32.60 | 30.76 | 32.45 | 33.29 |
| | 减税纯收益 | 元 | 6.33 | 13.74 | 12.48 | 2.85 | 11.52 |
| 每一劳动日 | 主产品产量 | 公斤 | 31.10 | 52.30 | 32.20 | 29.50 | 27.40 |
| | 净产值 | 元 | 20.31 | 35.99 | 20.76 | 19.90 | 19.85 |
| 每亩主产品出售数量 | | 公斤 | 135.50 | 138.00 | 243.80 | 104.80 | 202.20 |
| 每亩主产品出售产值 | | 元 | 134.39 | 142.30 | 225.78 | 106.84 | 202.65 |
| 每亩成本外支出 | | 元 | 6.72 | | 8.42 | 11.52 | 5.66 |

# 2002 年全国粮食成本收益(二)

品种：晚籼稻 按地区工价汇总

| 项目名称 | | 单位 | 湖北 | 湖南 | 广东 | 广西 | 海南 |
|---|---|---|---|---|---|---|---|
| 调查县数 | | 个 | 18.00 | 21.00 | 31.00 | 16.00 | 8.00 |
| 调查户数 | | 户 | 312.00 | 166.00 | 285.00 | 185.00 | 72.00 |
| 调查面积 | | 亩 | 995.68 | 648.29 | 960.94 | 654.06 | 299.20 |
| 每亩 | 主产品产量 | 公斤 | 432.50 | 384.80 | 336.40 | 329.50 | 262.60 |
| | 产值合计 | 元 | 404.41 | 367.08 | 430.59 | 402.26 | 262.91 |
| | 主产品产值 | 元 | 385.48 | 356.57 | 409.24 | 385.16 | 252.49 |
| | 副产品产值 | 元 | 18.93 | 10.51 | 21.35 | 17.10 | 10.42 |
| | 其它收入 | 元 | | | 0.31 | | |
| | 生产成本 | 元 | 259.79 | 328.59 | 366.59 | 323.78 | 297.01 |
| | 物质费用 | 元 | 140.79 | 156.77 | 172.34 | 182.03 | 124.51 |
| | 用工作价 | 元 | 119.00 | 171.82 | 194.25 | 141.75 | 172.50 |
| | 用工数量 | 日 | 11.90 | 12.10 | 11.10 | 13.50 | 11.50 |
| | 劳动日工价 | 元 | 10.00 | 14.20 | 17.50 | 10.50 | 15.00 |
| | 期间费用 | 元 | 7.21 | 4.09 | 13.81 | 5.68 | 0.50 |
| | 税金 | 元 | 37.54 | 33.88 | 25.09 | 16.27 | 19.99 |
| | 含税成本 | 元 | 304.54 | 366.56 | 405.49 | 345.73 | 317.50 |
| | 净产值 | 元 | 263.62 | 210.31 | 258.25 | 220.23 | 138.40 |
| | 减税纯收益 | 元 | 99.87 | 0.52 | 25.41 | 56.53 | -54.59 |
| | 成本纯收益率 | % | 32.79 | 0.14 | 6.27 | 16.35 | -17.19 |
| 每50公斤主产品 | 平均出售价格 | 元 | 44.56 | 46.33 | 60.83 | 58.45 | 48.08 |
| | 物质费用 | 元 | 15.51 | 19.79 | 24.35 | 26.45 | 22.77 |
| | 生产成本 | 元 | 28.63 | 41.47 | 51.79 | 47.05 | 54.32 |
| | 含税成本 | 元 | 33.56 | 46.26 | 57.28 | 50.24 | 58.06 |
| | 净产值 | 元 | 29.05 | 26.54 | 36.48 | 32.00 | 25.31 |
| | 减税纯收益 | 元 | 11.00 | 0.07 | 3.60 | 8.21 | -9.98 |
| 每一劳动日 | 主产品产量 | 公斤 | 36.30 | 31.80 | 30.30 | 24.40 | 22.80 |
| | 净产值 | 元 | 22.15 | 17.38 | 23.27 | 16.31 | 12.03 |
| 每亩主产品出售数量 | | 公斤 | 259.50 | 76.70 | 107.10 | 54.80 | 32.60 |
| 每亩主产品出售产值 | | 元 | 232.14 | 69.70 | 129.82 | 68.40 | 31.88 |
| 每亩成本外支出 | | 元 | 13.14 | 5.00 | 8.30 | 8.19 | 0.24 |

# 2002年全国粮食物质费用(一)

品种：晚籼稻

| 项目名称 | 单位 | 平均 | 浙江 | 安徽 | 福建 | 江西 |
|---|---|---|---|---|---|---|
| 每亩物质费用 | 元 | 152.47 | 171.40 | 133.88 | 152.72 | 137.78 |
| 一、直接生产费用 | 元 | 140.25 | 160.20 | 119.78 | 135.90 | 126.37 |
| 1.种籽秧苗费 | 元 | 14.12 | 9.63 | 14.97 | 14.91 | 11.99 |
| 2.农家肥费 | 元 | 5.75 | 3.86 | 5.84 | 2.12 | 7.31 |
| 3.化肥费 | 元 | 54.15 | 57.89 | 39.61 | 59.41 | 53.43 |
| 4.农膜费 | 元 | 0.28 | | 0.33 | | |
| 5.农药费 | 元 | 17.00 | 23.90 | 14.39 | 18.79 | 15.58 |
| 6.畜力费 | 元 | 17.87 | 10.89 | 19.33 | 13.84 | 19.50 |
| 7.机械作业费 | 元 | 20.98 | 42.09 | 17.75 | 21.05 | 9.67 |
| 8.排灌费 | 元 | 7.62 | 7.13 | 5.58 | 3.42 | 7.32 |
| 9.燃料动力费 | 元 | | | | | |
| 10.棚架材料费 | 元 | 0.03 | | | | |
| 11.其它直接费用 | 元 | 2.45 | 4.81 | 1.98 | 2.36 | 1.57 |
| 二、间接生产费用 | 元 | 12.22 | 11.20 | 14.10 | 16.82 | 11 41 |
| 1.固定资产折旧 | 元 | 7.12 | 7.45 | 10.26 | 8.81 | 6.53 |
| 2.小农具购置修理费 | 元 | 4.37 | 3.06 | 3.80 | 5.69 | 4.06 |
| 3.其它间接费用 | 元 | 0.73 | 0.69 | 0.04 | 2.32 | 0.82 |
| 附记：1.每亩种籽用量 | 公斤 | 1.70 | 1.20 | 1.40 | 1.60 | 1.30 |
| 2.每亩化肥用量 | 公斤 | 19.40 | 20.80 | 15.20 | 22.80 | 18.10 |
| 3.每亩农膜用量 | 公斤 | 0.10 | | 0.40 | | |
| 4.每度电价 | 元 | 0.64 | 0.45 | 0.76 | 0.53 | 0.81 |
| 5.每亩柴油费 | 元 | 3.27 | | 4.07 | 0.40 | 1.68 |

# 2002年全国粮食物质费用(二)

品种：晚籼稻

| 项 目 名 称 | 单位 | 湖 北 | 湖 南 | 广 东 | 广 西 | 海 南 |
|---|---|---|---|---|---|---|
| 每亩物质费用 | 元 | 140.79 | 156.77 | 172.34 | 182.03 | 124.51 |
| 一、直接生产费用 | 元 | 134.36 | 139.70 | 161.74 | 168.28 | 115.91 |
| 1.种籽秧苗费 | 元 | 17.30 | 15.06 | 13.35 | 15.21 | 14.66 |
| 2.农家肥费 | 元 | 8.05 | 6.46 | 6.12 | 5.41 | 6.57 |
| 3.化肥费 | 元 | 45.39 | 49.57 | 67.89 | 64.89 | 49.20 |
| 4.农膜费 | 元 |  |  | 1.37 | 0.84 |  |
| 5.农药费 | 元 | 15.41 | 21.74 | 16.03 | 20.72 | 6.45 |
| 6.畜力费 | 元 | 28.03 | 12.85 | 18.20 | 21.45 | 16.75 |
| 7.机械作业费 | 元 | 10.40 | 22.45 | 28.66 | 25.30 | 11.46 |
| 8.排灌费 | 元 | 8.08 | 9.38 | 7.13 | 9.84 | 10.73 |
| 9.燃料动力费 | 元 |  |  |  |  |  |
| 10.棚架材料费 | 元 |  |  | 0.13 | 0.15 |  |
| 11.其它直接费用 | 元 | 1.70 | 2.19 | 2.86 | 4.47 | 0.09 |
| 二、间接生产费用 | 元 | 6.43 | 17.07 | 10.60 | 13.75 | 8.60 |
| 1.固定资产折旧 | 元 | 2.99 | 11.11 | 6.09 | 7.41 | 3.41 |
| 2.小农具购置修理费 | 元 | 2.43 | 5.48 | 4.23 | 5.82 | 4.78 |
| 3.其它间接费用 | 元 | 1.01 | 0.48 | 0.28 | 0.52 | 0.41 |
| 附记：1.每亩种籽用量 | 公斤 | 2.40 | 1.40 | 1.90 | 1.60 | 2.40 |
| 2.每亩化肥用量 | 公斤 | 18.10 | 18.80 | 23.10 | 24.00 | 14.60 |
| 3.每亩农膜用量 | 公斤 |  |  | 0.10 | 0.10 |  |
| 4.每度电价 | 元 | 0.70 | 0.76 | 0.53 | 0.55 | 0.69 |
| 5.每亩柴油费 | 元 | 8.65 | 1.43 | 4.05 | 4.37 | 1.54 |

# 2002年全国粮食期间费用(一)

品种：晚籼稻

| 项目名称 | 单位 | 平均 | 浙江 | 安徽 | 福建 | 江西 |
|---|---|---|---|---|---|---|
| 一、每亩期间费用 | 元 | 5.22 | 1.53 | 1.32 | 7.72 | 5.12 |
| 1.土地承包费 | 元 | 2.11 | | | 3.04 | 1.67 |
| 2.管理费 | 元 | 1.31 | 1.53 | 0.21 | 2.66 | 0.95 |
| 3.销售费 | 元 | 1.75 | | 0.99 | 1.76 | 2.44 |
| 4.财务费 | 元 | 0.05 | | 0.12 | 0.26 | 0.06 |
| 二、每亩用工量 | 日 | 11.90 | 8.10 | 12.70 | 12.80 | 13.80 |
| 1.直接用工 | 日 | 10.80 | 7.30 | 11.60 | 12.00 | 12.20 |
| 2.间接用工 | 日 | 1.10 | 0.80 | 1.10 | 0.80 | 1.60 |
| 三、每亩成本外支出 | 元 | 6.72 | | 8.42 | 11.52 | 5.66 |
| 1.村提留费 | 元 | | | | | |
| 2.乡统筹费 | 元 | | | | | |
| 3.两工支出 | 元 | 3.48 | | 6.64 | 0.60 | 4.60 |
| 4.其它成本外支出 | 元 | 3.24 | | 1.78 | 10.92 | 1.06 |
| 附记：1.人均耕地面积 | 元 | 1.30 | 0.90 | 1.10 | 1.00 | 1.70 |
| 2.人均成本外支出 | 元 | 28.20 | | 16.40 | 41.20 | 32.20 |
| 3.人均两工数量 | 日 | 2.10 | | 1.80 | 1.70 | 2.60 |
| 4.雇工天数 | 日 | 0.40 | 1.20 | 0.50 | 0.30 | 0.20 |
| 5.雇工工价 | 元 | 21.20 | 28.40 | 21.10 | 22.70 | 21.30 |

# 2002年全国粮食期间费用(二)

品种：晚籼稻

| 项 目 名 称 | 单位 | 湖 北 | 湖 南 | 广 东 | 广 西 | 海 南 |
|---|---|---|---|---|---|---|
| 一、每亩期间费用 | 元 | 7.21 | 4.09 | 13.81 | 5.68 | 0.50 |
| 1.土地承包费 | 元 | | 2.72 | 9.20 | 2.13 | 0.27 |
| 2.管理费 | 元 | 1.70 | | 3.02 | 1.68 | |
| 3.销售费 | 元 | 5.51 | 1.34 | 1.59 | 1.87 | 0.23 |
| 4.财务费 | 元 | | 0.03 | | | |
| 二、每亩用工量 | 日 | 11.90 | 12.10 | 11.10 | 13.50 | 11.50 |
| 1.直接用工 | 日 | 10.20 | 10.70 | 10.20 | 12.50 | 10.90 |
| 2.间接用工 | 日 | 1.70 | 1.40 | 0.90 | 1.00 | 0.60 |
| 三、每亩成本外支出 | 元 | 13.14 | 5.00 | 8.30 | 8.19 | 0.24 |
| 1.村提留费 | 元 | | | | | |
| 2.乡统筹费 | 元 | | | | | |
| 3.两工支出 | 元 | 10.37 | 3.99 | 2.88 | 1.99 | 0.24 |
| 4.其它成本外支出 | 元 | 2.77 | 1.01 | 5.42 | 6.20 | |
| 附记：1.人均耕地面积 | 元 | 1.40 | 1.30 | 1.10 | 1.60 | 1.20 |
| 2.人均成本外支出 | 元 | 46.80 | 68.00 | 23.50 | 23.90 | 1.50 |
| 3.人均两工数量 | 日 | 5.50 | 4.00 | 0.60 | 1.60 | 1.20 |
| 4.雇工天数 | 日 | 0.10 | 0.40 | 0.40 | 0.20 | 0.10 |
| 5.雇工工价 | 元 | 18.00 | 21.40 | 23.10 | 17.30 | 17.70 |

# 2002年全国粮食成本收益(一)

品种：粳稻　　　　按统一工价汇总

| 项目名称 | | 单位 | 平均 | 天津 | 河北 | 山西 | 内蒙古 | 辽宁 |
|---|---|---|---|---|---|---|---|---|
| 调查县数 | | 个 | 182.00 | 4.00 | 4.00 | 4.00 | 4.00 | 24.00 |
| 调查户数 | | 户 | 1591.00 | 18.00 | 30.00 | 30.00 | 42.00 | 155.00 |
| 调查面积 | | 亩 | 14319.49 | 117.70 | 153.90 | 95.70 | 574.80 | 1703.73 |
| 每亩 | 主产品产量 | 公斤 | 482.40 | 515.80 | 547.90 | 426.60 | 468.00 | 504.20 |
| | 产值合计 | 元 | 579.53 | 822.08 | 678.21 | 648.47 | 591.28 | 608.45 |
| | 主产品产值 | 元 | 552.51 | 797.33 | 647.33 | 584.21 | 564.22 | 587.00 |
| | 副产品产值 | 元 | 27.02 | 24.75 | 30.88 | 64.26 | 27.06 | 21.45 |
| | 其它收入 | 元 | | | | | | |
| | 生产成本 | 元 | 372.21 | 474.55 | 491.18 | 402.44 | 434.00 | 364.19 |
| | 物质费用 | 元 | 223.71 | 348.05 | 284.38 | 203.34 | 260.20 | 245.39 |
| | 用工作价 | 元 | 148.50 | 126.50 | 206.80 | 199.10 | 173.80 | 118.80 |
| | 用工数量 | 日 | 13.50 | 11.50 | 18.80 | 18.10 | 15.80 | 10.80 |
| | 劳动日工价 | 元 | 11.00 | 11.00 | 11.00 | 11.00 | 11.00 | 11.00 |
| | 期间费用 | 元 | 14.10 | 21.99 | 51.91 | 31.53 | 6.50 | 11.93 |
| | 税金 | 元 | 32.04 | 39.52 | 46.61 | 21.94 | 25.28 | 35.62 |
| | 含税成本 | 元 | 418.35 | 536.06 | 589.70 | 455.91 | 465.78 | 411.74 |
| | 净产值 | 元 | 355.82 | 474.03 | 393.83 | 445.13 | 331.08 | 363.06 |
| | 减税纯收益 | 元 | 161.18 | 286.02 | 88.51 | 192.56 | 125.50 | 196.71 |
| | 成本纯收益率 | % | 38.53 | 53.36 | 15.01 | 42.24 | 26.94 | 47.78 |
| 每50公斤主产品 | 平均出售价格 | 元 | 57.27 | 77.29 | 59.07 | 68.47 | 60.28 | 58.21 |
| | 物质费用 | 元 | 22.11 | 32.72 | 24.77 | 21.47 | 26.53 | 23.48 |
| | 生产成本 | 元 | 36.78 | 44.62 | 42.78 | 42.49 | 44.25 | 34.84 |
| | 含税成本 | 元 | 41.34 | 50.40 | 51.36 | 48.14 | 47.49 | 39.39 |
| | 净产值 | 元 | 35.16 | 44.57 | 34.30 | 47.00 | 33.75 | 34.73 |
| | 减税纯收益 | 元 | 15.93 | 26.89 | 7.71 | 20.33 | 12.79 | 18.82 |
| 每一劳动日 | 主产品产量 | 公斤 | 35.70 | 44.90 | 29.10 | 23.60 | 29.60 | 46.70 |
| | 净产值 | 元 | 26.36 | 41.22 | 20.95 | 24.59 | 20.95 | 33.62 |
| 每亩主产品出售数量 | | 公斤 | 301.20 | 395.90 | 364.30 | 235.10 | 374.40 | 340.50 |
| 每亩主产品出售产值 | | 元 | 345.36 | 580.62 | 432.13 | 357.00 | 446.84 | 394.40 |
| 每亩成本外支出 | | 元 | 12.76 | 26.86 | | 18.39 | 18.46 | 13.04 |

# 2002 年全国粮食成本收益(二)

品种：粳稻　　　　按统一工价汇总

| 项目名称 | | 单位 | 吉林 | 黑龙江 | 上海 | 江苏 | 浙江 | 安徽 |
|---|---|---|---|---|---|---|---|---|
| 调查县数 | | 个 | 10.00 | 31.00 | 8.00 | 32.00 | 10.00 | 7.00 |
| 调查户数 | | 户 | 87.00 | 212.00 | 123.00 | 329.00 | 92.00 | 57.00 |
| 调查面积 | | 亩 | 1212.10 | 7004.30 | 330.79 | 1212.90 | 315.13 | 297.20 |
| 每亩 | 主产品产量 | 公斤 | 459.00 | 376.70 | 529.20 | 587.00 | 489.00 | 442.40 |
| | 产值合计 | 元 | 470.28 | 385.94 | 559.38 | 641.39 | 556.34 | 425.54 |
| | 主产品产值 | 元 | 453.87 | 368.12 | 559.38 | 617.88 | 532.15 | 406.84 |
| | 副产品产值 | 元 | 16.41 | 17.82 | | 23.51 | 24.19 | 18.70 |
| | 其它收入 | 元 | | | | | | |
| | 生产成本 | 元 | 306.43 | 269.01 | 291.09 | 348.25 | 308.84 | 258.38 |
| | 物质费用 | 元 | 196.43 | 184.31 | 210.79 | 236.05 | 215.34 | 137.38 |
| | 用工作价 | 元 | 110.00 | 84.70 | 80.30 | 112.20 | 93.50 | 121.00 |
| | 用工数量 | 日 | 10.00 | 7.70 | 7.30 | 10.20 | 8.50 | 11.00 |
| | 劳动日工价 | 元 | 11.00 | 11.00 | 11.00 | 11.00 | 11.00 | 11.00 |
| | 期间费用 | 元 | 7.41 | 33.49 | 3.14 | 3.58 | 18.10 | 2.54 |
| | 税金 | 元 | 38.37 | 36.64 | 25.67 | 41.25 | 26.35 | 29.34 |
| | 含税成本 | 元 | 352.21 | 339.14 | 319.90 | 393.08 | 353.29 | 290.26 |
| | 净产值 | 元 | 273.85 | 201.63 | 348.59 | 405.34 | 341.00 | 288.16 |
| | 减税纯收益 | 元 | 118.07 | 46.80 | 239.48 | 248.31 | 203.05 | 135.28 |
| | 成本纯收益率 | % | 33.52 | 13.80 | 74.86 | 63.17 | 57.47 | 46.61 |
| 每50公斤主产品 | 平均出售价格 | 元 | 49.44 | 48.86 | 52.85 | 52.63 | 54.41 | 45.98 |
| | 物质费用 | 元 | 20.65 | 23.33 | 19.92 | 19.37 | 21.06 | 14.84 |
| | 生产成本 | 元 | 32.21 | 34.06 | 27.50 | 28.58 | 30.20 | 27.92 |
| | 含税成本 | 元 | 37.03 | 42.94 | 30.22 | 32.25 | 34.55 | 31.36 |
| | 净产值 | 元 | 28.79 | 25.53 | 32.93 | 33.26 | 33.35 | 31.14 |
| | 减税纯收益 | 元 | 12.41 | 5.92 | 22.63 | 20.38 | 19.86 | 14.62 |
| 每一劳动日 | 主产品产量 | 公斤 | 45.90 | 48.90 | 72.50 | 57.50 | 57.50 | 40.20 |
| | 净产值 | 元 | 27.39 | 26.19 | 47.75 | 39.74 | 40.12 | 26.20 |
| 每亩主产品出售数量 | | 公斤 | 348.80 | 280.90 | 201.00 | 281.70 | 221.50 | 319.50 |
| 每亩主产品出售产值 | | 元 | 356.73 | 273.27 | 212.10 | 297.09 | 241.12 | 292.19 |
| 每亩成本外支出 | | 元 | 9.16 | 8.50 | | 27.19 | | 12.06 |

# 2002年全国粮食成本收益(三)

**品种：粳稻** 按统一工价汇总

| 项目名称 | | 单位 | 山东 | 河南 | 湖北 | 云南 | 宁夏 |
|---|---|---|---|---|---|---|---|
| 调查县数 | | 个 | 8.00 | 5.00 | 4.00 | 22.00 | 5.00 |
| 调查户数 | | 户 | 73.00 | 15.00 | 77.00 | 206.00 | 45.00 |
| 调查面积 | | 亩 | 326.50 | 104.90 | 113.00 | 551.38 | 205.46 |
| 每亩 | 主产品产量 | 公斤 | 483.70 | 457.00 | 398.50 | 448.80 | 583.90 |
| | 产值合计 | 元 | 588.98 | 571.61 | 412.98 | 628.50 | 683.09 |
| | 主产品产值 | 元 | 564.24 | 542.45 | 386.36 | 582.49 | 646.33 |
| | 副产品产值 | 元 | 24.74 | 29.16 | 26.62 | 46.01 | 36.76 |
| | 其它收入 | 元 | | | | | |
| | 生产成本 | 元 | 406.14 | 420.52 | 264.03 | 452.90 | 456.70 |
| | 物质费用 | 元 | 248.84 | 214.82 | 138.63 | 183.40 | 271.90 |
| | 用工作价 | 元 | 157.30 | 205.70 | 125.40 | 269.50 | 184.80 |
| | 用工数量 | 日 | 14.30 | 18.70 | 11.40 | 24.50 | 16.80 |
| | 劳动日工价 | 元 | 11.00 | 11.00 | 11.00 | 11.00 | 11.00 |
| | 期间费用 | 元 | 12.14 | 4.81 | 5.48 | 9.16 | 1.75 |
| | 税金 | 元 | 36.37 | 25.35 | 36.80 | 17.76 | 29.69 |
| | 含税成本 | 元 | 454.65 | 450.68 | 306.31 | 479.82 | 488.14 |
| | 净产值 | 元 | 340.14 | 356.79 | 274.35 | 445.10 | 411.19 |
| | 减税纯收益 | 元 | 134.33 | 120.93 | 106.67 | 148.68 | 194.95 |
| | 成本纯收益率 | % | 29.55 | 26.83 | 34.82 | 30.99 | 39.94 |
| 每50公斤主产品 | 平均出售价格 | 元 | 58.33 | 59.35 | 48.48 | 64.89 | 55.35 |
| | 物质费用 | 元 | 24.64 | 22.30 | 16.27 | 18.94 | 22.03 |
| | 生产成本 | 元 | 40.22 | 43.66 | 30.99 | 46.76 | 37.01 |
| | 含税成本 | 元 | 45.03 | 46.79 | 35.96 | 49.54 | 39.55 |
| | 净产值 | 元 | 33.69 | 37.05 | 32.21 | 45.95 | 33.32 |
| | 减税纯收益 | 元 | 13.30 | 12.56 | 12.52 | 15.35 | 15.80 |
| 每一劳动日 | 主产品产量 | 公斤 | 33.80 | 24.40 | 35.00 | 18.30 | 34.80 |
| | 净产值 | 元 | 23.79 | 19.08 | 24.07 | 18.17 | 24.48 |
| 每亩主产品出售数量 | | 公斤 | 360.70 | 370.60 | 306.40 | 121.30 | 296.40 |
| 每亩主产品出售产值 | | 元 | 415.74 | 453.73 | 289.97 | 150.72 | 332.03 |
| 每亩成本外支出 | | 元 | 19.17 | 3.06 | 8.40 | 15.50 | 24.34 |

# 2002年全国粮食成本收益(一)

品种：粳稻

按地区工价汇总

| 项目名称 | | 单位 | 平均 | 天津 | 河北 | 山西 | 内蒙古 | 辽宁 |
|---|---|---|---|---|---|---|---|---|
| 调查县数 | | 个 | 182.00 | 4.00 | 4.00 | 4.00 | 4.00 | 24.00 |
| 调查户数 | | 户 | 1591.00 | 18.00 | 30.00 | 30.00 | 42.00 | 155.00 |
| 调查面积 | | 亩 | 14319.49 | 117.70 | 153.90 | 95.70 | 574.80 | 1703.73 |
| 每亩 | 主产品产量 | 公斤 | 482.40 | 515.80 | 547.90 | 426.60 | 468.00 | 504.20 |
| | 产值合计 | 元 | 579.53 | 822.08 | 678.21 | 648.47 | 591.28 | 608.45 |
| | 主产品产值 | 元 | 552.51 | 797.33 | 647.33 | 584.21 | 564.22 | 587.00 |
| | 副产品产值 | 元 | 27.02 | 24.75 | 30.88 | 64.26 | 27.06 | 21.45 |
| | 其它收入 | 元 | | | | | | |
| | 生产成本 | 元 | 377.61 | 496.40 | 444.18 | 351.76 | 386.60 | 347.99 |
| | 物质费用 | 元 | 223.71 | 348.05 | 284.38 | 203.34 | 260.20 | 245.39 |
| | 用工作价 | 元 | 153.90 | 148.35 | 159.80 | 148.42 | 126.40 | 102.60 |
| | 用工数量 | 日 | 13.50 | 11.50 | 18.80 | 18.10 | 15.80 | 10.80 |
| | 劳动日工价 | 元 | 11.40 | 12.90 | 8.50 | 8.20 | 8.00 | 9.50 |
| | 期间费用 | 元 | 14.10 | 21.99 | 51.91 | 31.53 | 6.50 | 11.93 |
| | 税金 | 元 | 32.04 | 39.52 | 46.61 | 21.94 | 25.28 | 35.62 |
| | 含税成本 | 元 | 423.75 | 557.91 | 542.70 | 405.23 | 418.38 | 395.54 |
| | 净产值 | 元 | 355.82 | 474.03 | 393.83 | 445.13 | 331.08 | 363.06 |
| | 减税纯收益 | 元 | 155.78 | 264.17 | 135.51 | 243.24 | 172.90 | 212.91 |
| | 成本纯收益率 | % | 36.76 | 47.35 | 24.97 | 60.03 | 41.33 | 53.83 |
| 每50公斤主产品 | 平均出售价格 | 元 | 57.27 | 77.29 | 59.07 | 68.47 | 60.28 | 58.21 |
| | 物质费用 | 元 | 22.11 | 32.72 | 24.77 | 21.47 | 26.53 | 23.48 |
| | 生产成本 | 元 | 37.32 | 46.67 | 38.69 | 37.14 | 39.41 | 33.29 |
| | 含税成本 | 元 | 41.88 | 52.45 | 47.27 | 42.79 | 42.65 | 37.84 |
| | 净产值 | 元 | 35.16 | 44.57 | 34.30 | 47.00 | 33.75 | 34.73 |
| | 减税纯收益 | 元 | 15.39 | 24.84 | 11.80 | 25.68 | 17.63 | 20.37 |
| 每一劳动日 | 主产品产量 | 公斤 | 35.70 | 44.90 | 29.10 | 23.60 | 29.60 | 46.70 |
| | 净产值 | 元 | 26.36 | 41.22 | 20.95 | 24.59 | 20.95 | 33.62 |
| 每亩主产品出售数量 | | 公斤 | 301.20 | 395.90 | 364.30 | 235.10 | 374.40 | 340.50 |
| 每亩主产品出售产值 | | 元 | 345.36 | 580.62 | 432.13 | 357.00 | 446.84 | 394.40 |
| 每亩成本外支出 | | 元 | 12.76 | 26.86 | | 18.39 | 18.46 | 13.04 |

# 2002年全国粮食成本收益(二)

**品种：粳稻**　　按地区工价汇总

| 项目名称 | | 单位 | 吉林 | 黑龙江 | 上海 | 江苏 | 浙江 | 安徽 |
|---|---|---|---|---|---|---|---|---|
| 调查县数 | | 个 | 10.00 | 31.00 | 8.00 | 32.00 | 10.00 | 7.00 |
| 调查户数 | | 户 | 87.00 | 212.00 | 123.00 | 329.00 | 92.00 | 57.00 |
| 调查面积 | | 亩 | 1212.10 | 7004.30 | 330.79 | 1212.90 | 315.13 | 297.20 |
| 每亩 | 主产品产量 | 公斤 | 459.00 | 376.70 | 529.20 | 587.00 | 489.00 | 442.40 |
| | 产值合计 | 元 | 470.28 | 385.94 | 559.38 | 641.39 | 556.34 | 425.54 |
| | 主产品产值 | 元 | 453.87 | 368.12 | 559.38 | 617.88 | 532.15 | 406.84 |
| | 副产品产值 | 元 | 16.41 | 17.82 | | 23.51 | 24.19 | 18.70 |
| | 其它收入 | 元 | | | | | | |
| | 生产成本 | 元 | 306.43 | 257.46 | 385.99 | 368.65 | 372.59 | 247.38 |
| | 物质费用 | 元 | 196.43 | 184.31 | 210.79 | 236.05 | 215.34 | 137.38 |
| | 用工作价 | 元 | 110.00 | 73.15 | 175.20 | 132.60 | 157.25 | 110.00 |
| | 用工数量 | 日 | 10.00 | 7.70 | 7.30 | 10.20 | 8.50 | 11.00 |
| | 劳动日工价 | 元 | 11.00 | 9.50 | 24.00 | 13.00 | 18.50 | 10.00 |
| | 期间费用 | 元 | 7.41 | 33.49 | 3.14 | 3.58 | 18.10 | 2.54 |
| | 税金 | 元 | 38.37 | 36.64 | 25.67 | 41.25 | 26.35 | 29.34 |
| | 含税成本 | 元 | 352.21 | 327.59 | 414.80 | 413.48 | 417.04 | 279.26 |
| | 净产值 | 元 | 273.85 | 201.63 | 348.59 | 405.34 | 341.00 | 288.16 |
| | 减税纯收益 | 元 | 118.07 | 58.35 | 144.58 | 227.91 | 139.30 | 146.28 |
| | 成本纯收益率 | % | 33.52 | 17.81 | 34.86 | 55.12 | 33.40 | 52.38 |
| 每50公斤主产品 | 平均出售价格 | 元 | 49.44 | 48.86 | 52.85 | 52.63 | 54.41 | 45.98 |
| | 物质费用 | 元 | 20.65 | 23.33 | 19.92 | 19.37 | 21.06 | 14.84 |
| | 生产成本 | 元 | 32.21 | 32.59 | 36.47 | 30.25 | 36.44 | 26.73 |
| | 含税成本 | 元 | 37.03 | 41.47 | 39.19 | 33.93 | 40.79 | 30.17 |
| | 净产值 | 元 | 28.79 | 25.53 | 32.93 | 33.26 | 33.35 | 31.14 |
| | 减税纯收益 | 元 | 12.41 | 7.39 | 13.66 | 18.70 | 13.62 | 15.81 |
| 每一劳动日 | 主产品产量 | 公斤 | 45.90 | 48.90 | 72.50 | 57.50 | 57.50 | 40.20 |
| | 净产值 | 元 | 27.39 | 26.19 | 47.75 | 39.74 | 40.12 | 26.20 |
| 每亩主产品出售数量 | | 公斤 | 348.80 | 280.90 | 201.00 | 281.70 | 221.50 | 319.50 |
| 每亩主产品出售产值 | | 元 | 356.73 | 273.27 | 212.10 | 297.09 | 241.12 | 292.19 |
| 每亩成本外支出 | | 元 | 9.16 | 8.50 | | 27.19 | | 12.06 |

# 2002 年全国粮食成本收益(三)

品种：粳稻　　　　按地区工价汇总

| 项目名称 | | 单位 | 山东 | 河南 | 湖北 | 云南 | 宁夏 |
|---|---|---|---|---|---|---|---|
| 调查县数 | | 个 | 8.00 | 5.00 | 4.00 | 22.00 | 5.00 |
| 调查户数 | | 户 | 73.00 | 15.00 | 77.00 | 206.00 | 45.00 |
| 调查面积 | | 亩 | 326.50 | 104.90 | 113.00 | 551.38 | 205.46 |
| 每亩 | 主产品产量 | 公斤 | 483.70 | 457.00 | 398.50 | 448.80 | 583.90 |
| | 产值合计 | 元 | 588.98 | 571.61 | 412.98 | 628.50 | 683.09 |
| | 主产品产值 | 元 | 564.24 | 542.45 | 386.36 | 582.49 | 646.33 |
| | 副产品产值 | 元 | 24.74 | 29.16 | 26.62 | 46.01 | 36.76 |
| | 其它收入 | 元 | | | | | |
| | 生产成本 | 元 | 410.43 | 381.25 | 252.63 | 416.15 | 428.14 |
| | 物质费用 | 元 | 248.84 | 214.82 | 138.63 | 183.40 | 271.90 |
| | 用工作价 | 元 | 161.59 | 166.43 | 114.00 | 232.75 | 156.24 |
| | 用工数量 | 日 | 14.30 | 18.70 | 11.40 | 24.50 | 16.80 |
| | 劳动日工价 | 元 | 11.30 | 8.90 | 10.00 | 9.50 | 9.30 |
| | 期间费用 | 元 | 12.14 | 4.81 | 5.48 | 9.16 | 1.75 |
| | 税金 | 元 | 36.37 | 25.35 | 36.80 | 17.76 | 29.69 |
| | 含税成本 | 元 | 458.94 | 411.41 | 294.91 | 443.07 | 459.58 |
| | 净产值 | 元 | 340.14 | 356.79 | 274.35 | 445.10 | 411.19 |
| | 减税纯收益 | 元 | 130.04 | 160.20 | 118.07 | 185.43 | 223.51 |
| | 成本纯收益率 | % | 28.33 | 38.94 | 40.04 | 41.85 | 48.63 |
| 每50公斤主产品 | 平均出售价格 | 元 | 58.33 | 59.35 | 48.48 | 64.89 | 55.35 |
| | 物质费用 | 元 | 24.64 | 22.30 | 16.27 | 18.94 | 22.03 |
| | 生产成本 | 元 | 40.65 | 39.59 | 29.66 | 42.97 | 34.69 |
| | 含税成本 | 元 | 45.45 | 42.72 | 34.62 | 45.75 | 37.24 |
| | 净产值 | 元 | 33.69 | 37.05 | 32.21 | 45.95 | 33.32 |
| | 减税纯收益 | 元 | 12.88 | 16.63 | 13.86 | 19.14 | 18.11 |
| 每一劳动日 | 主产品产量 | 公斤 | 33.80 | 24.40 | 35.00 | 18.30 | 34.80 |
| | 净产值 | 元 | 23.79 | 19.08 | 24.07 | 18.17 | 24.48 |
| 每亩主产品出售数量 | | 公斤 | 360.70 | 370.60 | 306.40 | 121.30 | 296.40 |
| 每亩主产品出售产值 | | 元 | 415.74 | 453.73 | 289.97 | 150.72 | 332.03 |
| 每亩成本外支出 | | 元 | 19.17 | 3.06 | 8.40 | 15.50 | 24.34 |

# 2002年全国粮食物质费用(一)

品种：粳稻

| 项 目 名 称 | 单位 | 平 均 | 天 津 | 河 北 | 山 西 | 内蒙古 | 辽 宁 |
|---|---|---|---|---|---|---|---|
| 每亩物质费用 | 元 | 223.71 | 348.05 | 284.38 | 203.34 | 260.20 | 245.39 |
| 一、直接生产费用 | 元 | 209.81 | 336.89 | 267.12 | 200.44 | 215.71 | 239.68 |
| 1.种籽秧苗费 | 元 | 17.39 | 20.98 | 10.04 | 27.62 | 15.40 | 12.17 |
| 2.农家肥费 | 元 | 7.68 | 6.89 | 3.65 | 6.08 | 7.81 | 6.38 |
| 3.化肥费 | 元 | 67.22 | 65.46 | 85.54 | 59.74 | 68.49 | 66.33 |
| 4.农膜费 | 元 | 4.58 | 8.39 | 4.59 | 6.85 | 7.74 | 5.46 |
| 5.农药费 | 元 | 19.84 | 14.13 | 28.71 | 9.94 | 13.07 | 12.67 |
| 6.畜力费 | 元 | 8.06 | 4.67 | 5.51 |  | 4.14 | 17.55 |
| 7.机械作业费 | 元 | 34.69 | 64.84 | 34.72 | 41.13 | 26.60 | 25.99 |
| 8.排灌费 | 元 | 42.58 | 121.23 | 78.46 | 46.99 | 70.43 | 78.63 |
| 9.燃料动力费 | 元 | 0.20 | 1.04 |  | 0.14 |  | 1.58 |
| 10.棚架材料费 | 元 | 1.30 | 3.47 | 5.14 |  | 2.03 | 3.21 |
| 11.其它直接费用 | 元 | 6.27 | 25.79 | 10.76 | 1.95 |  | 9.71 |
| 二、间接生产费用 | 元 | 13.90 | 11.16 | 17.26 | 2.90 | 44.49 | 5.71 |
| 1.固定资产折旧 | 元 | 8.59 | 4.30 | 14.05 | 1.04 | 29.09 | 2.37 |
| 2.小农具购置修理费 | 元 | 4.03 | 5.35 | 3.21 | 1.86 | 13.49 | 2.24 |
| 3.其它间接费用 | 元 | 1.28 | 1.51 |  |  | 1.91 | 1.10 |
| 附记：1.每亩种籽用量 | 公斤 | 6.30 | 5.00 | 6.20 | 8.40 | 5.80 | 4.70 |
| 2.每亩化肥用量 | 公斤 | 24.50 | 20.80 | 32.60 | 22.50 | 16.40 | 24.50 |
| 3.每亩农膜用量 | 公斤 | 0.50 | 1.20 | 0.40 | 0.70 | 1.20 | 0.90 |
| 4.每度电价 | 元 | 0.56 | 0.42 | 0.55 | 0.47 | 0.65 | 0.57 |
| 5.每亩柴油费 | 元 | 10.52 | 15.11 |  |  | 46.83 |  |

# 2002 年全国粮食物质费用(二)

品种：粳稻

| 项 目 名 称 | 单位 | 吉 林 | 黑龙江 | 上 海 | 江 苏 | 浙 江 | 安 徽 |
|---|---|---|---|---|---|---|---|
| 每亩物质费用 | 元 | 196.43 | 184.31 | 210.79 | 236.05 | 215.34 | 137.38 |
| 一、直接生产费用 | 元 | 186.59 | 172.36 | 204.85 | 228.85 | 194.04 | 127.59 |
| 1.种籽秧苗费 | 元 | 13.74 | 14.07 | 13.14 | 10.72 | 9.85 | 14.45 |
| 2.农家肥费 | 元 | 5.14 | 1.08 | 0.28 | 6.35 | 3.11 | 4.76 |
| 3.化肥费 | 元 | 54.08 | 50.19 | 57.48 | 88.13 | 63.82 | 47.79 |
| 4.农膜费 | 元 | 7.76 | 8.93 |  | 1.56 |  |  |
| 5.农药费 | 元 | 13.25 | 11.70 | 41.21 | 32.54 | 35.57 | 17.07 |
| 6.畜力费 | 元 | 10.15 | 1.58 |  | 0.75 | 1.98 | 26.31 |
| 7.机械作业费 | 元 | 35.28 | 43.71 | 59.56 | 48.62 | 59.28 | 7.64 |
| 8.排灌费 | 元 | 39.91 | 24.24 | 32.15 | 36.01 | 14.11 | 7.96 |
| 9.燃料动力费 | 元 | 0.49 |  |  |  |  |  |
| 10.棚架材料费 | 元 | 2.55 | 4.06 |  |  |  |  |
| 11.其它直接费用 | 元 | 4.24 | 12.80 | 1.03 | 4.17 | 6.32 | 1.61 |
| 二、间接生产费用 | 元 | 9.84 | 11.95 | 5.94 | 7.20 | 21.30 | 9.79 |
| 1.固定资产折旧 | 元 | 5.20 | 8.93 |  | 3.26 | 14.76 | 5.36 |
| 2.小农具购置修理费 | 元 | 2.46 | 2.48 | 4.04 | 3.34 | 2.99 | 3.21 |
| 3.其它间接费用 | 元 | 2.18 | 0.54 | 1.90 | 0.60 | 3.55 | 1.22 |
| 附记：1.每亩种籽用量 | 公斤 | 3.50 | 5.50 | 5.70 | 3.90 | 4.50 | 6.10 |
| 2.每亩化肥用量 | 公斤 | 15.60 | 19.70 | 20.40 | 29.70 | 23.00 | 19.00 |
| 3.每亩农膜用量 | 公斤 | 0.90 | 1.50 |  | 0.20 |  |  |
| 4.每度电价 | 元 | 0.65 | 0.68 | 0.28 | 0.62 | 0.41 | 0.77 |
| 5.每亩柴油费 | 元 | 2.37 | 15.65 | 17.17 | 13.74 |  | 2.54 |

# 2002年全国粮食物质费用(三)

品种：粳稻

| 项 目 名 称 | 单位 | 山 东 | 河 南 | 湖 北 | 云 南 | 宁 夏 |
|---|---|---|---|---|---|---|
| 每亩物质费用 | 元 | 248.84 | 214.82 | 138.63 | 183.40 | 271.90 |
| 一、直接生产费用 | 元 | 233.46 | 196.06 | 130.73 | 168.58 | 253.92 |
| 1.种籽秧苗费 | 元 | 21.65 | 14.53 | 20.46 | 19.23 | 40.11 |
| 2.农家肥费 | 元 | 9.27 | 17.31 | 3.78 | 23.78 | 17.28 |
| 3.化肥费 | 元 | 104.28 | 82.30 | 39.83 | 52.12 | 89.93 |
| 4.农膜费 | 元 | 1.25 | 11.10 |  | 7.39 | 2.30 |
| 5.农药费 | 元 | 18.46 | 26.21 | 13.89 | 11.63 | 17.46 |
| 6.畜力费 | 元 | 4.12 |  | 23.75 | 19.36 | 9.04 |
| 7.机械作业费 | 元 | 27.37 | 21.65 | 10.32 | 19.26 | 29.00 |
| 8.排灌费 | 元 | 45.29 | 21.43 | 16.12 | 7.88 | 40.41 |
| 9.燃料动力费 | 元 |  |  |  |  |  |
| 10.棚架材料费 | 元 |  |  | 0.10 | 0.20 |  |
| 11.其它直接费用 | 元 | 1.77 | 1.53 | 2.48 | 7.73 | 8.39 |
| 二、间接生产费用 | 元 | 15.38 | 18.76 | 7.90 | 14.82 | 17.98 |
| 1.固定资产折旧 | 元 | 9.75 | 13.23 | 5.21 | 7.15 | 13.71 |
| 2.小农具购置修理费 | 元 | 5.22 | 3.86 | 2.01 | 5.39 | 3.33 |
| 3.其它间接费用 | 元 | 0.41 | 1.67 | 0.68 | 2.28 | 0.94 |
| 附记：1.每亩种籽用量 | 公斤 | 5.90 | 4.20 | 5.60 | 6.20 | 19.90 |
| 2.每亩化肥用量 | 公斤 | 50.20 | 30.80 | 15.40 | 16.80 | 35.20 |
| 3.每亩农膜用量 | 公斤 | 0.10 | 0.90 |  | 0.80 | 0.20 |
| 4.每度电价 | 元 | 0.63 | 0.61 | 0.63 | 0.62 | 0.47 |
| 5.每亩柴油费 | 元 | 23.64 | 22.67 |  |  | 8.65 |

# 2002年全国粮食期间费用(一)

品种：粳稻

| 项目名称 | 单位 | 平均 | 天津 | 河北 | 山西 | 内蒙古 | 辽宁 |
|---|---|---|---|---|---|---|---|
| 一、每亩期间费用 | 元 | 14.10 | 21.99 | 51.91 | 31.53 | 6.50 | 11.93 |
| 1.土地承包费 | 元 | 8.97 | 21.99 | 50.36 | 21.44 | | |
| 2.管理费 | 元 | 0.85 | | | 2.32 | | 1.93 |
| 3.销售费 | 元 | 3.85 | | 1.55 | 7.77 | 5.41 | 9.55 |
| 4.财务费 | 元 | 0.43 | | | | 1.09 | 0.45 |
| 二、每亩用工量 | 日 | 13.50 | 11.50 | 18.80 | 18.10 | 15.80 | 10.80 |
| 1.直接用工 | 日 | 12.30 | 10.10 | 17.20 | 16.20 | 14.80 | 9.60 |
| 2.间接用工 | 日 | 1.20 | 1.40 | 1.60 | 1.90 | 1.00 | 1.20 |
| 三、每亩成本外支出 | 元 | 12.76 | 26.86 | | 18.39 | 18.46 | 13.04 |
| 1.村提留费 | 元 | | | | | | |
| 2.乡统筹费 | 元 | | | | | | |
| 3.两工支出 | 元 | 9.70 | 20.02 | | 11.27 | 18.46 | 12.67 |
| 4.其它成本外支出 | 元 | 3.06 | 6.84 | | 7.12 | | 0.37 |
| 附记：1.人均耕地面积 | 元 | 3.20 | 1.20 | 2.60 | 2.20 | 4.20 | 2.30 |
| 2.人均成本外支出 | 元 | 40.30 | 51.30 | | 51.10 | 79.70 | 82.70 |
| 3.人均两工数量 | 日 | 4.50 | 4.90 | | 2.70 | 5.50 | 4.40 |
| 4.雇工天数 | 日 | 0.80 | 0.50 | 2.40 | 0.90 | 1.60 | 0.90 |
| 5.雇工工价 | 元 | 19.90 | 21.50 | 20.00 | 18.60 | 17.90 | 22.60 |

# 2002年全国粮食期间费用(二)

品种：粳稻

| 项 目 名 称 | 单位 | 吉 林 | 黑龙江 | 上 海 | 江 苏 | 浙 江 | 安 徽 |
|---|---|---|---|---|---|---|---|
| 一、每亩期间费用 | 元 | 7.41 | 33.49 | 3.14 | 3.58 | 18.10 | 2.54 |
| 1.土地承包费 | 元 | | 22.06 | | | 15.03 | 1.07 |
| 2.管理费 | 元 | 0.50 | 1.15 | | | 2.30 | 0.50 |
| 3.销售费 | 元 | 6.10 | 6.34 | 3.14 | 3.58 | 0.77 | 0.68 |
| 4.财务费 | 元 | 0.81 | 3.94 | | | | 0.29 |
| 二、每亩用工量 | 日 | 10.00 | 7.70 | 7.30 | 10.20 | 8.50 | 11.00 |
| 1.直接用工 | 日 | 9.20 | 6.70 | 6.60 | 9.30 | 7.80 | 10.20 |
| 2.间接用工 | 日 | 0.80 | 1.00 | 0.70 | 0.90 | 0.70 | 0.80 |
| 三、每亩成本外支出 | 元 | 9.16 | 8.50 | | 27.19 | | 12.06 |
| 1.村提留费 | 元 | | | | | | |
| 2.乡统筹费 | 元 | | | | | | |
| 3.两工支出 | 元 | 9.16 | 5.11 | | 17.23 | | 9.14 |
| 4.其它成本外支出 | 元 | | 3.39 | | 9.96 | | 2.92 |
| 附记：1.人均耕地面积 | 元 | 4.50 | 20.60 | 1.00 | 1.40 | 1.00 | 1.30 |
| 2.人均成本外支出 | 元 | 53.30 | 51.60 | | 64.50 | | 23.30 |
| 3.人均两工数量 | 日 | 5.40 | 6.40 | | 6.50 | | 3.90 |
| 4.雇工天数 | 日 | 0.20 | 1.40 | | 0.40 | 0.40 | 0.90 |
| 5.雇工工价 | 元 | 20.90 | 21.70 | | 22.20 | 27.80 | 20.20 |

# 2002年全国粮食期间费用(三)

品种：粳稻

| 项 目 名 称 | 单位 | 山 东 | 河 南 | 湖 北 | 云 南 | 宁 夏 |
|---|---|---|---|---|---|---|
| 一、每亩期间费用 | 元 | 12.14 | 4.81 | 5.48 | 9.16 | 1.75 |
| 1.土地承包费 | 元 | 8.91 | | | 2.61 | |
| 2.管理费 | 元 | | | 2.92 | 2.03 | |
| 3.销售费 | 元 | 3.23 | 4.81 | 2.56 | 4.49 | 1.55 |
| 4.财务费 | 元 | | | | 0.03 | 0.20 |
| 二、每亩用工量 | 日 | 14.30 | 18.70 | 11.40 | 24.50 | 16.80 |
| 1.直接用工 | 日 | 12.80 | 17.20 | 10.40 | 21.90 | 16.00 |
| 2.间接用工 | 日 | 1.50 | 1.50 | 1.00 | 2.60 | 0.80 |
| 三、每亩成本外支出 | 元 | 19.17 | 3.06 | 8.40 | 15.50 | 24.34 |
| 1.村提留费 | 元 | | | | | |
| 2.乡统筹费 | 元 | | | | | |
| 3.两工支出 | 元 | 13.79 | 3.06 | 7.86 | 7.86 | 19.60 |
| 4.其它成本外支出 | 元 | 5.38 | | 0.54 | 7.64 | 4.74 |
| 附记：1.人均耕地面积 | 元 | 1.50 | 1.50 | 1.70 | 1.90 | 2.00 |
| 2.人均成本外支出 | 元 | 72.50 | 7.40 | 23.60 | 45.00 | 39.00 |
| 3.人均两工数量 | 日 | 8.70 | 0.90 | 12.70 | 3.40 | 6.80 |
| 4.雇工天数 | 日 | 0.80 | | | 1.60 | 0.30 |
| 5.雇工工价 | 元 | 17.10 | 7.40 | | 15.60 | 25.00 |

# 2002年全国粮食成本收益(一)

品种：小麦　　　　　　　　　　　　　　　　　　　　　　按统一工价汇总

| 项目名称 | | 单位 | 平均 | 北京 | 天津 | 河北 | 山西 | 内蒙古 |
|---|---|---|---|---|---|---|---|---|
| 调查县数 | | 个 | 409.00 | 7.00 | 4.00 | 35.00 | 12.00 | 6.00 |
| 调查户数 | | 户 | 3942.00 | 39.00 | 33.00 | 305.00 | 174.00 | 60.00 |
| 调查面积 | | 亩 | 22072.69 | 5891.23 | 154.36 | 1344.20 | 703.80 | 266.80 |
| 每亩 | 主产品产量 | 公斤 | 261.90 | 299.70 | 320.90 | 343.20 | 254.00 | 322.50 |
| | 产值合计 | 元 | 290.04 | 326.71 | 352.07 | 372.46 | 299.86 | 406.54 |
| | 主产品产值 | 元 | 268.47 | 321.21 | 334.87 | 355.31 | 269.25 | 380.59 |
| | 副产品产值 | 元 | 21.57 | 5.50 | 17.20 | 17.15 | 30.61 | 25.95 |
| | 其它收入 | 元 | | | | | | |
| | 生产成本 | 元 | 264.97 | 277.07 | 269.43 | 314.43 | 265.57 | 360.74 |
| | 物质费用 | 元 | 162.67 | 230.87 | 227.63 | 230.83 | 172.07 | 251.84 |
| | 用工作价 | 元 | 102.30 | 46.20 | 41.80 | 83.60 | 93.50 | 108.90 |
| | 用工数量 | 日 | 9.30 | 4.20 | 3.80 | 7.60 | 8.50 | 9.90 |
| | 劳动日工价 | 元 | 11.00 | 11.00 | 11.00 | 11.00 | 11.00 | 11.00 |
| | 期间费用 | 元 | 11.32 | 23.68 | 4.59 | 2.22 | 8.54 | 10.31 |
| | 税金 | 元 | 23.98 | 14.53 | 21.16 | 28.15 | 26.30 | 32.10 |
| | 含税成本 | 元 | 300.27 | 315.28 | 295.18 | 344.80 | 300.41 | 403.15 |
| | 净产值 | 元 | 127.37 | 95.84 | 124.44 | 141.63 | 127.79 | 154.70 |
| | 减税纯收益 | 元 | -10.23 | 11.43 | 56.89 | 27.66 | -0.55 | 3.39 |
| | 成本纯收益率 | % | -3.41 | 3.63 | 19.27 | 8.02 | -0.18 | 0.84 |
| 每50公斤主产品 | 平均出售价格 | 元 | 51.25 | 53.59 | 52.18 | 51.76 | 53.00 | 59.01 |
| | 物质费用 | 元 | 28.74 | 37.87 | 33.74 | 32.08 | 30.41 | 36.56 |
| | 生产成本 | 元 | 46.82 | 45.45 | 39.93 | 43.70 | 46.94 | 52.36 |
| | 含税成本 | 元 | 53.06 | 51.72 | 43.75 | 47.92 | 53.10 | 58.52 |
| | 净产值 | 元 | 22.51 | 15.72 | 18.44 | 19.68 | 22.59 | 22.45 |
| | 减税纯收益 | 元 | -1.81 | 1.87 | 8.43 | 3.84 | -0.10 | 0.49 |
| 每一劳动日 | 主产品产量 | 公斤 | 28.20 | 71.40 | 84.40 | 45.20 | 29.90 | 32.60 |
| | 净产值 | 元 | 13.70 | 22.82 | 32.75 | 18.64 | 15.03 | 15.63 |
| 每亩主产品出售数量 | | 公斤 | 127.30 | 294.70 | 65.00 | 142.10 | 58.20 | 201.60 |
| 每亩主产品出售产值 | | 元 | 132.83 | 315.64 | 74.63 | 147.73 | 61.26 | 241.47 |
| 每亩成本外支出 | | 元 | 9.99 | | 14.54 | | 15.58 | 16.18 |

# 2002 年全国粮食成本收益(二)

品种：小麦 按统一工价汇总

| 项 目 名 称 | | 单位 | 黑龙江 | 上 海 | 江 苏 | 浙 江 | 安 徽 | 山 东 |
|---|---|---|---|---|---|---|---|---|
| 调查县数 | | 个 | 17.00 | 6.00 | 35.00 | 1.00 | 14.00 | 50.00 |
| 调查户数 | | 户 | 120.00 | 87.00 | 345.00 | 9.00 | 155.00 | 494.00 |
| 调查面积 | | 亩 | 1414.10 | 55.04 | 1232.60 | 22.50 | 671.60 | 2150.09 |
| 每亩 | 主产品产量 | 公斤 | 226.70 | 240.50 | 307.60 | 246.90 | 273.30 | 314.30 |
| | 产值合计 | 元 | 222.17 | 218.28 | 294.12 | 247.60 | 284.85 | 353.01 |
| | 主产品产值 | 元 | 212.20 | 218.28 | 276.51 | 241.90 | 259.82 | 331.27 |
| | 副产品产值 | 元 | 9.97 | | 17.61 | 5.70 | 25.03 | 21.74 |
| | 其它收入 | 元 | | | | | | 0.01 |
| | 生产成本 | 元 | 134.68 | 154.79 | 229.69 | 188.66 | 225.05 | 315.58 |
| | 物质费用 | 元 | 114.88 | 123.99 | 165.89 | 136.96 | 137.05 | 213.28 |
| | 用工作价 | 元 | 19.80 | 30.80 | 63.80 | 51.70 | 88.00 | 102.30 |
| | 用工数量 | 日 | 1.80 | 2.80 | 5.80 | 4.70 | 8.00 | 9.30 |
| | 劳动日工价 | 元 | 11.00 | 11.00 | 11.00 | 11.00 | 11.00 | 11.00 |
| | 期间费用 | 元 | 24.53 | 3.81 | 2.70 | 80.00 | 3.98 | 10.23 |
| | 税金 | 元 | 20.71 | 17.07 | 29.86 | 23.20 | 30.79 | 36.11 |
| | 含税成本 | 元 | 179.92 | 175.67 | 262.25 | 291.86 | 259.82 | 361.92 |
| | 净产值 | 元 | 107.29 | 94.29 | 128.23 | 110.64 | 147.80 | 139.73 |
| | 减税纯收益 | 元 | 42.25 | 42.61 | 31.87 | -44.26 | 25.03 | -8.90 |
| | 成本纯收益率 | % | 23.48 | 24.26 | 12.15 | -15.16 | 9.63 | -2.46 |
| 每50公斤主产品 | 平均出售价格 | 元 | 46.80 | 45.38 | 44.95 | 48.99 | 47.53 | 52.70 |
| | 物质费用 | 元 | 24.20 | 25.78 | 25.35 | 27.10 | 22.87 | 31.84 |
| | 生产成本 | 元 | 28.37 | 32.18 | 35.10 | 37.33 | 37.55 | 47.11 |
| | 含税成本 | 元 | 37.90 | 36.52 | 40.08 | 57.75 | 43.35 | 54.03 |
| | 净产值 | 元 | 22.60 | 19.60 | 19.60 | 21.89 | 24.66 | 20.86 |
| | 减税纯收益 | 元 | 8.90 | 8.86 | 4.87 | -8.76 | 4.18 | -1.33 |
| 每一劳动日 | 主产品产量 | 公斤 | 125.90 | 85.90 | 53.00 | 52.50 | 34.20 | 33.80 |
| | 净产值 | 元 | 59.61 | 33.68 | 22.11 | 23.54 | 18.48 | 15.02 |
| 每亩主产品出售数量 | | 公斤 | 184.60 | 239.10 | 178.40 | 172.80 | 89.00 | 135.50 |
| 每亩主产品出售产值 | | 元 | 171.45 | 263.50 | 154.72 | 169.33 | 82.94 | 142.95 |
| 每亩成本外支出 | | 元 | 6.45 | | 23.03 | | 12.83 | 15.66 |

# 2002年全国粮食成本收益(三)

品种：小麦　　　　按统一工价汇总

| 项目名称 | | 单位 | 河南 | 湖北 | 四川 | 贵州 | 云南 | 重庆 |
|---|---|---|---|---|---|---|---|---|
| 调查县数 | | 个 | 35.00 | 13.00 | 26.00 | 10.00 | 42.00 | 16.00 |
| 调查户数 | | 户 | 197.00 | 208.00 | 283.00 | 102.00 | 299.00 | 211.00 |
| 调查面积 | | 亩 | 1097.03 | 616.91 | 371.43 | 128.90 | 733.45 | 172.79 |
| 每亩 | 主产品产量 | 公斤 | 294.20 | 205.40 | 242.80 | 122.00 | 179.20 | 160.30 |
| | 产值合计 | 元 | 317.96 | 191.22 | 265.79 | 170.10 | 196.30 | 184.17 |
| | 主产品产值 | 元 | 288.66 | 177.95 | 239.02 | 144.54 | 177.68 | 166.45 |
| | 副产品产值 | 元 | 29.30 | 13.27 | 26.77 | 25.56 | 18.62 | 17.72 |
| | 其它收入 | 元 | | | | | | |
| | 生产成本 | 元 | 249.33 | 237.46 | 291.53 | 222.26 | 244.86 | 287.18 |
| | 物质费用 | 元 | 161.33 | 125.26 | 103.43 | 90.26 | 99.66 | 72.68 |
| | 用工作价 | 元 | 88.00 | 112.20 | 188.10 | 132.00 | 145.20 | 214.50 |
| | 用工数量 | 日 | 8.00 | 10.20 | 17.10 | 12.00 | 13.20 | 19.50 |
| | 劳动日工价 | 元 | 11.00 | 11.00 | 11.00 | 11.00 | 11.00 | 11.00 |
| | 期间费用 | 元 | 2.75 | 6.48 | 6.71 | 1.72 | 6.73 | 1.82 |
| | 税金 | 元 | 28.91 | 34.37 | 26.11 | 16.74 | 10.51 | 22.64 |
| | 含税成本 | 元 | 280.99 | 278.31 | 324.35 | 240.72 | 262.10 | 311.64 |
| | 净产值 | 元 | 156.63 | 65.96 | 162.36 | 79.84 | 96.64 | 111.49 |
| | 减税纯收益 | 元 | 36.97 | -87.09 | -58.56 | -70.62 | -65.80 | -127.47 |
| | 成本纯收益率 | % | 13.16 | -31.29 | -18.05 | -29.34 | -25.10 | -40.90 |
| 每50公斤主产品 | 平均出售价格 | 元 | 49.06 | 43.32 | 49.22 | 59.24 | 49.58 | 51.92 |
| | 物质费用 | 元 | 24.89 | 28.38 | 19.15 | 31.43 | 25.17 | 20.49 |
| | 生产成本 | 元 | 38.47 | 53.80 | 53.99 | 77.41 | 61.84 | 80.96 |
| | 含税成本 | 元 | 43.36 | 63.05 | 60.06 | 83.83 | 66.20 | 87.86 |
| | 净产值 | 元 | 24.17 | 14.94 | 30.07 | 27.81 | 24.41 | 31.43 |
| | 减税纯收益 | 元 | 5.70 | -19.73 | -10.84 | -24.59 | -16.62 | -35.94 |
| 每一劳动日 | 主产品产量 | 公斤 | 36.80 | 20.10 | 14.20 | 10.20 | 13.60 | 8.20 |
| | 净产值 | 元 | 19.58 | 6.47 | 9.49 | 6.65 | 7.32 | 5.72 |
| 每亩主产品出售数量 | | 公斤 | 135.20 | 139.70 | 81.80 | 67.50 | 51.90 | 31.80 |
| 每亩主产品出售产值 | | 元 | 133.19 | 120.02 | 82.58 | 80.10 | 51.25 | 30.31 |
| 每亩成本外支出 | | 元 | 3.36 | 19.82 | 18.28 | 0.28 | 10.46 | 1.57 |

# 2002年全国粮食成本收益(四)

品种：小麦　　　　按统一工价汇总

| 项目名称 | | 单位 | 陕西 | 甘肃 | 青海 | 宁夏 | 新疆 | 附：西藏 |
|---|---|---|---|---|---|---|---|---|
| 调查县数 | | 个 | 7.00 | 34.00 | 10.00 | 6.00 | 23.00 | 13.00 |
| 调查户数 | | 户 | 72.00 | 308.00 | 126.00 | 54.00 | 261.00 | 54.00 |
| 调查面积 | | 亩 | 278.80 | 1596.65 | 741.00 | 244.80 | 2184.61 | 355.33 |
| 每亩 | 主产品产量 | 公斤 | 263.60 | 299.80 | 218.80 | 266.70 | 359.80 | 301.30 |
| | 产值合计 | 元 | 292.99 | 354.45 | 223.92 | 343.69 | 462.64 | 441.01 |
| | 主产品产值 | 元 | 266.88 | 312.60 | 194.02 | 314.85 | 422.55 | 407.30 |
| | 副产品产值 | 元 | 26.11 | 41.85 | 29.90 | 28.84 | 40.09 | 33.71 |
| | 其它收入 | 元 | | | | | | |
| | 生产成本 | 元 | 247.39 | 362.29 | 319.62 | 337.52 | 297.52 | 384.45 |
| | 物质费用 | 元 | 145.09 | 201.69 | 142.52 | 216.52 | 215.02 | 99.55 |
| | 用工作价 | 元 | 102.30 | 160.60 | 177.10 | 121.00 | 82.50 | 284.90 |
| | 用工数量 | 日 | 9.30 | 14.60 | 16.10 | 11.00 | 7.50 | 25.90 |
| | 劳动日工价 | 元 | 11.00 | 11.00 | 11.00 | 11.00 | 11.00 | 11.00 |
| | 期间费用 | 元 | 7.16 | 4.87 | 14.48 | 1.27 | 20.16 | 1.08 |
| | 税金 | 元 | 23.39 | 25.34 | 12.81 | 21.01 | 25.78 | |
| | 含税成本 | 元 | 277.94 | 392.50 | 346.91 | 359.80 | 343.46 | 385.53 |
| | 净产值 | 元 | 147.90 | 152.76 | 81.40 | 127.17 | 247.62 | 341.46 |
| | 减税纯收益 | 元 | 15.05 | -38.05 | -122.99 | -16.11 | 119.18 | 55.48 |
| | 成本纯收益率 | % | 5.41 | -9.69 | -35.45 | -4.48 | 34.70 | 14.39 |
| 每50公斤主产品 | 平均出售价格 | 元 | 50.62 | 52.13 | 44.34 | 59.03 | 58.72 | 67.59 |
| | 物质费用 | 元 | 25.07 | 29.66 | 28.22 | 37.19 | 27.29 | 15.26 |
| | 生产成本 | 元 | 42.74 | 53.28 | 63.29 | 57.97 | 37.76 | 58.92 |
| | 含税成本 | 元 | 48.02 | 57.73 | 68.69 | 61.80 | 43.59 | 59.09 |
| | 净产值 | 元 | 25.55 | 22.47 | 16.12 | 21.84 | 31.43 | 52.23 |
| | 减税纯收益 | 元 | 2.60 | -5.60 | -24.35 | -2.77 | 15.13 | 8.50 |
| 每一劳动日 | 主产品产量 | 公斤 | 28.30 | 20.50 | 13.60 | 24.20 | 48.00 | 11.60 |
| | 净产值 | 元 | 15.90 | 10.46 | 5.06 | 11.56 | 33.02 | 13.18 |
| 每亩主产品出售数量 | | 公斤 | 71.50 | 48.50 | 37.90 | 159.30 | 214.50 | 126.67 |
| 每亩主产品出售产值 | | 元 | 72.96 | 52.24 | 35.67 | 189.24 | 249.05 | 164.67 |
| 每亩成本外支出 | | 元 | 2.21 | 11.19 | 7.62 | 16.26 | 24.30 | |

# 2002年全国粮食成本收益(一)

品种：小麦　　　　按地区工价汇总

| 项目名称 | | 单位 | 平均 | 北京 | 天津 | 河北 | 山西 | 内蒙古 |
|---|---|---|---|---|---|---|---|---|
| 调查县数 | | 个 | 409.00 | 7.00 | 4.00 | 35.00 | 12.00 | 6.00 |
| 调查户数 | | 户 | 3942.00 | 39.00 | 33.00 | 305.00 | 174.00 | 60.00 |
| 调查面积 | | 亩 | 22072.69 | 5891.23 | 154.36 | 1344.20 | 703.80 | 266.80 |
| 每亩 | 主产品产量 | 公斤 | 261.90 | 299.70 | 320.90 | 343.20 | 254.00 | 322.50 |
| | 产值合计 | 元 | 290.04 | 326.71 | 352.07 | 372.46 | 299.86 | 406.54 |
| | 主产品产值 | 元 | 268.47 | 321.21 | 334.87 | 355.31 | 269.25 | 380.59 |
| | 副产品产值 | 元 | 21.57 | 5.50 | 17.20 | 17.15 | 30.61 | 25.95 |
| | 其它收入 | 元 | | | | | | |
| | 生产成本 | 元 | 269.62 | 333.77 | 276.65 | 295.43 | 241.77 | 331.04 |
| | 物质费用 | 元 | 162.67 | 230.87 | 227.63 | 230.83 | 172.07 | 251.84 |
| | 用工作价 | 元 | 106.95 | 102.90 | 49.02 | 64.60 | 69.70 | 79.20 |
| | 用工数量 | 日 | 9.30 | 4.20 | 3.80 | 7.60 | 8.50 | 9.90 |
| | 劳动日工价 | 元 | 11.50 | 24.50 | 12.90 | 8.50 | 8.20 | 8.00 |
| | 期间费用 | 元 | 11.32 | 23.68 | 4.59 | 2.22 | 8.54 | 10.31 |
| | 税金 | 元 | 23.98 | 14.53 | 21.16 | 28.15 | 26.30 | 32.10 |
| | 含税成本 | 元 | 304.92 | 371.98 | 302.40 | 325.80 | 276.61 | 373.45 |
| | 净产值 | 元 | 127.37 | 95.84 | 124.44 | 141.63 | 127.79 | 154.70 |
| | 减税纯收益 | 元 | −14.88 | −45.27 | 49.67 | 46.66 | 23.25 | 33.09 |
| | 成本纯收益率 | % | −4.88 | −12.17 | 16.43 | 14.32 | 8.41 | 8.86 |
| 每50公斤主产品 | 平均出售价格 | 元 | 51.25 | 53.59 | 52.18 | 51.76 | 53.00 | 59.01 |
| | 物质费用 | 元 | 28.74 | 37.87 | 33.74 | 32.08 | 30.41 | 36.56 |
| | 生产成本 | 元 | 47.64 | 54.75 | 41.00 | 41.06 | 42.73 | 48.05 |
| | 含税成本 | 元 | 53.88 | 61.02 | 44.82 | 45.28 | 48.89 | 54.21 |
| | 净产值 | 元 | 22.51 | 15.72 | 18.44 | 19.68 | 22.59 | 22.45 |
| | 减税纯收益 | 元 | −2.63 | −7.43 | 7.36 | 6.48 | 4.11 | 4.80 |
| 每一劳动日 | 主产品产量 | 公斤 | 28.20 | 71.40 | 84.40 | 45.20 | 29.90 | 32.60 |
| | 净产值 | 元 | 13.70 | 22.82 | 32.75 | 18.64 | 15.03 | 15.63 |
| 每亩主产品出售数量 | | 公斤 | 127.30 | 294.70 | 65.00 | 142.10 | 58.20 | 201.60 |
| 每亩主产品出售产值 | | 元 | 132.83 | 315.64 | 74.63 | 147.73 | 61.26 | 241.47 |
| 每亩成本外支出 | | 元 | 9.99 | | 14.54 | | 15.58 | 16.18 |

# 2002 年全国粮食成本收益(二)

品种：小麦　　　　按地区工价汇总

| 项目名称 | | 单位 | 黑龙江 | 上海 | 江苏 | 浙江 | 安徽 | 山东 |
|---|---|---|---|---|---|---|---|---|
| 调查县数 | | 个 | 17.00 | 6.00 | 35.00 | 1.00 | 14.00 | 50.00 |
| 调查户数 | | 户 | 120.00 | 87.00 | 345.00 | 9.00 | 155.00 | 494.00 |
| 调查面积 | | 亩 | 1414.10 | 55.04 | 1232.60 | 22.50 | 671.60 | 2150.09 |
| 每亩 | 主产品产量 | 公斤 | 226.70 | 240.50 | 307.60 | 246.90 | 273.30 | 314.30 |
| | 产值合计 | 元 | 222.17 | 218.28 | 294.12 | 247.60 | 284.85 | 353.01 |
| | 主产品产值 | 元 | 212.20 | 218.28 | 276.51 | 241.90 | 259.82 | 331.27 |
| | 副产品产值 | 元 | 9.97 | | 17.61 | 5.70 | 25.03 | 21.74 |
| | 其它收入 | 元 | | | | | | 0.01 |
| | 生产成本 | 元 | 131.98 | 191.19 | 241.29 | 223.91 | 217.05 | 318.37 |
| | 物质费用 | 元 | 114.88 | 123.99 | 165.89 | 136.96 | 137.05 | 213.28 |
| | 用工作价 | 元 | 17.10 | 67.20 | 75.40 | 86.95 | 80.00 | 105.09 |
| | 用工数量 | 日 | 1.80 | 2.80 | 5.80 | 4.70 | 8.00 | 9.30 |
| | 劳动日工价 | 元 | 9.50 | 24.00 | 13.00 | 18.50 | 10.00 | 11.30 |
| | 期间费用 | 元 | 24.53 | 3.81 | 2.70 | 80.00 | 3.98 | 10.23 |
| | 税金 | 元 | 20.71 | 17.07 | 29.86 | 23.20 | 30.79 | 36.11 |
| | 含税成本 | 元 | 177.22 | 212.07 | 273.85 | 327.11 | 251.82 | 364.71 |
| | 净产值 | 元 | 107.29 | 94.29 | 128.23 | 110.64 | 147.80 | 139.73 |
| | 减税纯收益 | 元 | 44.95 | 6.21 | 20.27 | -79.51 | 33.03 | -11.69 |
| | 成本纯收益率 | % | 25.36 | 2.93 | 7.40 | -24.31 | 13.12 | -3.21 |
| 每50公斤主产品 | 平均出售价格 | 元 | 46.80 | 45.38 | 44.95 | 48.99 | 47.53 | 52.70 |
| | 物质费用 | 元 | 24.20 | 25.78 | 25.35 | 27.10 | 22.87 | 31.84 |
| | 生产成本 | 元 | 27.80 | 39.75 | 36.88 | 44.30 | 36.22 | 47.53 |
| | 含税成本 | 元 | 37.33 | 44.09 | 41.85 | 64.72 | 42.02 | 54.45 |
| | 净产值 | 元 | 22.60 | 19.60 | 19.60 | 21.89 | 24.66 | 20.86 |
| | 减税纯收益 | 元 | 9.47 | 1.29 | 3.10 | -15.73 | 5.51 | -1.75 |
| 每一劳动日 | 主产品产量 | 公斤 | 125.90 | 85.90 | 53.00 | 52.50 | 34.20 | 33.80 |
| | 净产值 | 元 | 59.61 | 33.68 | 22.11 | 23.54 | 18.48 | 15.02 |
| 每亩主产品出售数量 | | 公斤 | 184.60 | 239.10 | 178.40 | 172.80 | 89.00 | 135.50 |
| 每亩主产品出售产值 | | 元 | 171.45 | 263.50 | 154.72 | 169.33 | 82.94 | 142.95 |
| 每亩成本外支出 | | 元 | 6.45 | | 23.03 | | 12.83 | 15.66 |

# 2002年全国粮食成本收益(三)

品种：小麦　　　　　　　　　　　　　　　　　　　　　　　按地区工价汇总

| 项目名称 | | 单位 | 河南 | 湖北 | 四川 | 贵州 | 云南 | 重庆 |
|---|---|---|---|---|---|---|---|---|
| 调查县数 | | 个 | 35.00 | 13.00 | 26.00 | 10.00 | 42.00 | 16.00 |
| 调查户数 | | 户 | 197.00 | 208.00 | 283.00 | 102.00 | 299.00 | 211.00 |
| 调查面积 | | 亩 | 1097.03 | 616.91 | 371.43 | 128.90 | 733.45 | 172.79 |
| 每亩 | 主产品产量 | 公斤 | 294.20 | 205.40 | 242.80 | 122.00 | 179.20 | 160.30 |
| | 产值合计 | 元 | 317.96 | 191.22 | 265.79 | 170.10 | 196.30 | 184.17 |
| | 主产品产值 | 元 | 288.66 | 177.95 | 239.02 | 144.54 | 177.68 | 166.45 |
| | 副产品产值 | 元 | 29.30 | 13.27 | 26.77 | 25.56 | 18.62 | 17.72 |
| | 其它收入 | 元 | | | | | | |
| | 生产成本 | 元 | 232.53 | 227.26 | 300.08 | 210.26 | 225.06 | 273.53 |
| | 物质费用 | 元 | 161.33 | 125.26 | 103.43 | 90.26 | 99.66 | 72.68 |
| | 用工作价 | 元 | 71.20 | 102.00 | 196.65 | 120.00 | 125.40 | 200.85 |
| | 用工数量 | 日 | 8.00 | 10.20 | 17.10 | 12.00 | 13.20 | 19.50 |
| | 劳动日工价 | 元 | 8.90 | 10.00 | 11.50 | 10.00 | 9.50 | 10.30 |
| | 期间费用 | 元 | 2.75 | 6.48 | 6.71 | 1.72 | 6.73 | 1.82 |
| | 税金 | 元 | 28.91 | 34.37 | 26.11 | 16.74 | 10.51 | 22.64 |
| | 含税成本 | 元 | 264.19 | 268.11 | 332.90 | 228.72 | 242.30 | 297.99 |
| | 净产值 | 元 | 156.63 | 65.96 | 162.36 | 79.84 | 96.64 | 111.49 |
| | 减税纯收益 | 元 | 53.77 | -76.89 | -67.11 | -58.62 | -46.00 | -113.82 |
| | 成本纯收益率 | % | 20.35 | -28.68 | -20.16 | -25.63 | -18.98 | -38.20 |
| 每50公斤主产品 | 平均出售价格 | 元 | 49.06 | 43.32 | 49.22 | 59.24 | 49.58 | 51.92 |
| | 物质费用 | 元 | 24.89 | 28.38 | 19.15 | 31.43 | 25.17 | 20.49 |
| | 生产成本 | 元 | 35.88 | 51.48 | 55.57 | 73.23 | 56.84 | 77.11 |
| | 含税成本 | 元 | 40.76 | 60.74 | 61.65 | 79.66 | 61.20 | 84.01 |
| | 净产值 | 元 | 24.17 | 14.94 | 30.07 | 27.81 | 24.41 | 31.43 |
| | 减税纯收益 | 元 | 8.30 | -17.42 | -12.43 | -20.42 | -11.62 | -32.09 |
| 每一劳动日 | 主产品产量 | 公斤 | 36.80 | 20.10 | 14.20 | 10.20 | 13.60 | 8.20 |
| | 净产值 | 元 | 19.58 | 6.47 | 9.49 | 6.65 | 7.32 | 5.72 |
| 每亩主产品出售数量 | | 公斤 | 135.20 | 139.70 | 81.80 | 67.50 | 51.90 | 31.80 |
| 每亩主产品出售产值 | | 元 | 133.19 | 120.02 | 82.58 | 80.10 | 51.25 | 30.31 |
| 每亩成本外支出 | | 元 | 3.36 | 19.82 | 18.28 | 0.28 | 10.46 | 1.57 |

# 2002 年全国粮食成本收益(四)

品种：小麦　　　　按地区工价汇总

| 项目名称 | | 单位 | 陕西 | 甘肃 | 青海 | 宁夏 | 新疆 | 附：西藏 |
|---|---|---|---|---|---|---|---|---|
| 调查县数 | | 个 | 7.00 | 34.00 | 10.00 | 6.00 | 23.00 | 13.00 |
| 调查户数 | | 户 | 72.00 | 308.00 | 126.00 | 54.00 | 261.00 | 54.00 |
| 调查面积 | | 亩 | 278.80 | 1596.65 | 741.00 | 244.80 | 2184.61 | 355.32 |
| 每亩 | 主产品产量 | 公斤 | 263.60 | 299.80 | 218.80 | 266.70 | 359.80 | 301.30 |
| | 产值合计 | 元 | 292.99 | 354.45 | 223.92 | 343.69 | 462.64 | 441.01 |
| | 主产品产值 | 元 | 266.88 | 312.60 | 194.02 | 314.85 | 422.55 | 407.30 |
| | 副产品产值 | 元 | 26.11 | 41.85 | 29.90 | 28.84 | 40.09 | 33.71 |
| | 其它收入 | 元 | | | | | | |
| | 生产成本 | 元 | 235.30 | 311.19 | 287.42 | 318.82 | 284.02 | 280.85 |
| | 物质费用 | 元 | 145.09 | 201.69 | 142.52 | 216.52 | 215.02 | 99.55 |
| | 用工作价 | 元 | 90.21 | 109.50 | 144.90 | 102.30 | 69.00 | 181.44 |
| | 用工数量 | 日 | 9.30 | 14.60 | 16.10 | 11.00 | 7.50 | 25.90 |
| | 劳动日工价 | 元 | 9.70 | 7.50 | 9.00 | 9.30 | 9.20 | 7.00 |
| | 期间费用 | 元 | 7.16 | 4.87 | 14.48 | 1.27 | 20.16 | 1.08 |
| | 税金 | 元 | 23.39 | 25.34 | 12.81 | 21.01 | 25.78 | |
| | 含税成本 | 元 | 265.85 | 341.40 | 314.71 | 341.10 | 329.96 | 281.93 |
| | 净产值 | 元 | 147.90 | 152.76 | 81.40 | 127.17 | 247.62 | 341.46 |
| | 减税纯收益 | 元 | 27.14 | 13.05 | -90.79 | 2.59 | 132.68 | 159.08 |
| | 成本纯收益率 | % | 10.21 | 3.82 | -28.85 | 0.76 | 40.21 | 56.43 |
| 每50公斤主产品 | 平均出售价格 | 元 | 50.62 | 52.13 | 44.34 | 59.03 | 58.72 | 67.59 |
| | 物质费用 | 元 | 25.07 | 29.66 | 28.22 | 37.19 | 27.29 | 15.26 |
| | 生产成本 | 元 | 40.65 | 45.77 | 56.91 | 54.76 | 36.05 | 43.04 |
| | 含税成本 | 元 | 45.93 | 50.21 | 62.32 | 58.59 | 41.88 | 43.21 |
| | 净产值 | 元 | 25.55 | 22.47 | 16.12 | 21.84 | 31.43 | 52.33 |
| | 减税纯收益 | 元 | 4.69 | 1.92 | -17.98 | 0.44 | 16.84 | 24.38 |
| 每一劳动日 | 主产品产量 | 公斤 | 28.30 | 20.50 | 13.60 | 24.20 | 48.00 | 11.60 |
| | 净产值 | 元 | 15.90 | 10.46 | 5.06 | 11.56 | 33.02 | 13.18 |
| 每亩主产品出售数量 | | 公斤 | 71.50 | 48.50 | 37.90 | 159.30 | 214.50 | 126.67 |
| 每亩主产品出售产值 | | 元 | 72.96 | 52.24 | 35.67 | 189.24 | 249.05 | 164.67 |
| 每亩成本外支出 | | 元 | 2.21 | 11.19 | 7.62 | 16.26 | 24.30 | |

# 2002年全国粮食物质费用(一)

品种：小麦

| 项目名称 | 单位 | 平均 | 北京 | 天津 | 河北 | 山西 | 内蒙古 |
|---|---|---|---|---|---|---|---|
| 每亩物质费用 | 元 | 162.67 | 230.87 | 227.63 | 230.83 | 172.07 | 251.84 |
| 一、直接生产费用 | 元 | 153.13 | 202.30 | 224.97 | 217.23 | 161.67 | 238.88 |
| 1.种籽秧苗费 | 元 | 24.70 | 29.20 | 32.12 | 24.72 | 21.95 | 52.21 |
| 2.农家肥费 | 元 | 9.85 | 0.03 | 12.93 | 7.78 | 5.45 | 10.19 |
| 3.化肥费 | 元 | 55.93 | 70.25 | 69.68 | 76.31 | 50.06 | 79.19 |
| 4.农膜费 | 元 | 0.09 |  |  |  | 0.03 |  |
| 5.农药费 | 元 | 5.88 | 8.23 | 5.88 | 6.09 | 4.03 | 3.15 |
| 6.畜力费 | 元 | 6.34 | 0.30 |  | 1.62 | 3.45 | 9.27 |
| 7.机械作业费 | 元 | 32.79 | 64.58 | 72.28 | 54.27 | 43.87 | 33.16 |
| 8.排灌费 | 元 | 16.24 | 28.40 | 32.08 | 46.12 | 32.78 | 50.90 |
| 9.燃料动力费 | 元 |  |  |  |  |  |  |
| 10.棚架材料费 | 元 |  |  |  |  |  |  |
| 11.其它直接费用 | 元 | 1.31 | 1.31 |  | 0.32 | 0.05 | 0.81 |
| 二、间接生产费用 | 元 | 9.54 | 28.57 | 2.66 | 13.60 | 10.40 | 12.96 |
| 1.固定资产折旧 | 元 | 5.64 | 15.33 | 1.16 | 10.25 | 6.68 | 6.95 |
| 2.小农具购置修理费 | 元 | 2.97 | 10.52 | 1.50 | 3.31 | 2.57 | 3.83 |
| 3.其它间接费用 | 元 | 0.93 | 2.72 |  | 0.04 | 1.15 | 2.18 |
| 附记：1.每亩种籽用量 | 公斤 | 15.70 | 21.30 | 20.20 | 15.80 | 14.40 | 24.30 |
| 2.每亩化肥用量 | 公斤 | 20.60 | 26.20 | 24.10 | 28.60 | 19.60 | 35.10 |
| 3.每亩农膜用量 | 公斤 |  |  |  |  |  |  |
| 4.每度电价 | 元 | 0.58 | 0.52 | 0.43 | 0.59 | 0.46 | 0.53 |
| 5.每亩柴油费 | 元 | 10.34 | 14.19 | 15.83 | 19.09 | 5.58 | 6.32 |

# 2002年全国粮食物质费用(二)

品种：小麦

| 项 目 名 称 | 单位 | 黑龙江 | 上 海 | 江 苏 | 浙 江 | 安 徽 | 山 东 |
|---|---|---|---|---|---|---|---|
| 每亩物质费用 | 元 | 114.88 | 123.99 | 165.89 | 136.96 | 137.05 | 213.28 |
| 一、直接生产费用 | 元 | 105.18 | 120.80 | 159.09 | 135.96 | 128.18 | 203.54 |
| 1.种籽秧苗费 | 元 | 30.73 | 18.77 | 24.55 | 12.00 | 21.32 | 20.69 |
| 2.农家肥费 | 元 | 0.03 | | 7.67 | | 7.29 | 17.69 |
| 3.化肥费 | 元 | 37.64 | 46.36 | 63.75 | 88.96 | 54.42 | 81.31 |
| 4.农膜费 | 元 | | | 0.24 | | 0.72 | |
| 5.农药费 | 元 | 2.82 | 13.91 | 11.68 | 10.00 | 3.34 | 6.36 |
| 6.畜力费 | 元 | | | 0.25 | | 1.91 | 2.41 |
| 7.机械作业费 | 元 | 30.28 | 40.38 | 44.49 | 25.00 | 33.66 | 45.41 |
| 8.排灌费 | 元 | | | 5.76 | | 4.37 | 29.21 |
| 9.燃料动力费 | 元 | | | | | | |
| 10.棚架材料费 | 元 | | | | | | |
| 11.其它直接费用 | 元 | 3.68 | 1.38 | 0.70 | | 1.15 | 0.46 |
| 二、间接生产费用 | 元 | 9.70 | 3.19 | 6.80 | 1.00 | 8.87 | 9.74 |
| 1.固定资产折旧 | 元 | 6.75 | | 3.13 | | 5.92 | 6.28 |
| 2.小农具购置修理费 | 元 | 2.09 | 0.60 | 2.92 | 1.00 | 2.63 | 3.02 |
| 3.其它间接费用 | 元 | 0.86 | 2.59 | 0.75 | | 0.32 | 0.44 |
| 附记：1.每亩种籽用量 | 公斤 | 22.10 | 12.90 | 13.90 | 6.00 | 14.30 | 11.50 |
| 2.每亩化肥用量 | 公斤 | 14.40 | 15.60 | 22.20 | 26.40 | 21.50 | 28.50 |
| 3.每亩农膜用量 | 公斤 | | | | | 0.10 | |
| 4.每度电价 | 元 | 0.72 | 0.28 | 0.62 | 0.36 | 0.80 | 0.67 |
| 5.每亩柴油费 | 元 | 8.46 | 12.18 | 10.44 | 8.99 | 8.99 | 15.01 |

# 2002年全国粮食物质费用(三)

品种:小麦

| 项 目 名 称 | 单位 | 河 南 | 湖 北 | 四 川 | 贵 州 | 云 南 | 重 庆 |
|---|---|---|---|---|---|---|---|
| 每亩物质费用 | 元 | 161.33 | 125.26 | 103.43 | 90.26 | 99.66 | 72.68 |
| 一、直接生产费用 | 元 | 150.15 | 114.29 | 96.14 | 82.41 | 90.59 | 64.13 |
| 1.种籽秧苗费 | 元 | 17.69 | 17.71 | 19.43 | 11.37 | 16.50 | 12.16 |
| 2.农家肥费 | 元 | 10.16 | 11.05 | 9.07 | 25.92 | 12.93 | 10.13 |
| 3.化肥费 | 元 | 55.93 | 41.80 | 38.54 | 21.94 | 27.90 | 33.71 |
| 4.农膜费 | 元 | | | 0.22 | | | |
| 5.农药费 | 元 | 6.09 | 6.13 | 7.03 | 1.67 | 5.01 | 2.65 |
| 6.畜力费 | 元 | 2.41 | 18.82 | 12.14 | 20.52 | 18.89 | 2.43 |
| 7.机械作业费 | 元 | 42.01 | 15.60 | 6.52 | | 6.25 | 2.02 |
| 8.排灌费 | 元 | 15.82 | 1.74 | 2.56 | | 1.72 | |
| 9.燃料动力费 | 元 | | | | | | |
| 10.棚架材料费 | 元 | | | | | | |
| 11.其它直接费用 | 元 | 0.04 | 1.44 | 0.63 | 0.99 | 1.39 | 1.03 |
| 二、间接生产费用 | 元 | 11.18 | 10.97 | 7.29 | 7.85 | 9.07 | 8.55 |
| 1.固定资产折旧 | 元 | 7.53 | 6.71 | 3.61 | 3.96 | 5.71 | 4.97 |
| 2.小农具购置修理费 | 元 | 3.45 | 2.67 | 2.53 | 3.22 | 2.69 | 3.06 |
| 3.其它间接费用 | 元 | 0.20 | 1.59 | 1.15 | 0.67 | 0.67 | 0.52 |
| 附记:1.每亩种籽用量 | 公斤 | 10.80 | 12.70 | 14.10 | 5.60 | 12.40 | 9.80 |
| 2.每亩化肥用量 | 公斤 | 21.10 | 18.00 | 16.00 | 9.10 | 9.40 | 11.50 |
| 3.每亩农膜用量 | 公斤 | | | 0.10 | | | |
| 4.每度电价 | 元 | 0.66 | 0.72 | 0.97 | 0.58 | 0.59 | 0.57 |
| 5.每亩柴油费 | 元 | 11.80 | 3.70 | | | | |

# 2002 年全国粮食物质费用(四)

品种：小麦

| 项 目 名 称 | 单位 | 陕 西 | 甘 肃 | 青 海 | 宁 夏 | 新 疆 | 附：西藏 |
|---|---|---|---|---|---|---|---|
| 每亩物质费用 | 元 | 145.09 | 201.69 | 142.52 | 216.52 | 215.02 | 99.55 |
| 一、直接生产费用 | 元 | 138.57 | 192.66 | 132.56 | 202.97 | 206.68 | 87.98 |
| 1.种籽秧苗费 | 元 | 18.01 | 29.79 | 33.23 | 44.45 | 34.82 | 26.16 |
| 2.农家肥费 | 元 | 6.12 | 19.72 | 11.49 | 15.80 | 15.34 | 10.83 |
| 3.化肥费 | 元 | 48.67 | 60.09 | 37.93 | 76.78 | 69.03 | 21.14 |
| 4.农膜费 | 元 | 0.58 | 0.31 | | | | |
| 5.农药费 | 元 | 5.32 | 6.01 | 3.73 | 5.87 | 4.42 | 1.06 |
| 6.畜力费 | 元 | 3.37 | 13.87 | 18.89 | 4.36 | 4.64 | 12.23 |
| 7.机械作业费 | 元 | 40.40 | 30.70 | 20.21 | 28.15 | 42.14 | 8.29 |
| 8.排灌费 | 元 | 14.81 | 29.63 | 6.48 | 24.06 | 30.88 | 2.50 |
| 9.燃料动力费 | 元 | | | | | | 5.17 |
| 10.棚架材料费 | 元 | | | | | | |
| 11.其它直接费用 | 元 | 1.29 | 2.54 | 0.60 | 3.50 | 5.41 | 0.60 |
| 二、间接生产费用 | 元 | 6.52 | 9.03 | 9.96 | 13.55 | 8.34 | 11.57 |
| 1.固定资产折旧 | 元 | 3.87 | 4.87 | 6.61 | 10.54 | 3.24 | 7.27 |
| 2.小农具购置修理费 | 元 | 2.20 | 3.87 | 3.22 | 2.28 | 2.06 | 3.93 |
| 3.其它间接费用 | 元 | 0.45 | 0.29 | 0.13 | 0.73 | 3.04 | 0.37 |
| 附记：1.每亩种籽用量 | 公斤 | 11.10 | 21.10 | 23.20 | 25.00 | 21.80 | 19.52 |
| 2.每亩化肥用量 | 公斤 | 21.40 | 20.30 | 11.50 | 29.80 | 22.30 | 14.33 |
| 3.每亩农膜用量 | 公斤 | 0.10 | | | | | |
| 4.每度电价 | 元 | 0.52 | 0.51 | 0.44 | 0.46 | 0.68 | |
| 5.每亩柴油费 | 元 | 8.40 | 11.95 | 10.09 | 9.27 | 5.75 | |

# 2002年全国粮食期间费用(一)

品种：小麦

| 项 目 名 称 | 单位 | 平 均 | 北 京 | 天 津 | 河 北 | 山 西 | 内蒙古 |
|---|---|---|---|---|---|---|---|
| 一、每亩期间费用 | 元 | 11.32 | 23.68 | 4.59 | 2.22 | 8.54 | 10.31 |
| 1.土地承包费 | 元 | 8.10 | 21.18 |  | 1.20 | 2.24 | 4.56 |
| 2.管理费 | 元 | 0.89 |  | 4.59 |  | 3.73 | 2.63 |
| 3.销售费 | 元 | 1.96 | 1.17 |  | 1.02 | 2.14 | 1.90 |
| 4.财务费 | 元 | 0.37 | 1.33 |  |  | 0.43 | 1.22 |
| 二、每亩用工量 | 日 | 9.30 | 4.20 | 3.80 | 7.60 | 8.50 | 9.90 |
| 1.直接用工 | 日 | 8.10 | 3.80 | 3.30 | 7.00 | 7.50 | 7.80 |
| 2.间接用工 | 日 | 1.20 | 0.40 | 0.50 | 0.60 | 1.00 | 2.10 |
| 三、每亩成本外支出 | 元 | 9.99 |  | 14.54 |  | 15.58 | 16.18 |
| 1.村提留费 | 元 |  |  |  |  |  |  |
| 2.乡统筹费 | 元 |  |  |  |  |  |  |
| 3.两工支出 | 元 | 6.39 |  | 10.04 |  | 5.78 | 8.94 |
| 4.其它成本外支出 | 元 | 3.60 |  | 4.50 |  | 9.80 | 7.24 |
| 附记：1.人均耕地面积 | 元 | 3.10 | 10.20 | 1.70 | 1.50 | 1.80 | 4.20 |
| 2.人均成本外支出 | 元 | 39.70 | 179.70 | 40.40 |  | 37.30 | 66.10 |
| 3.人均两工数量 | 日 | 4.10 | 1.20 | 7.10 |  | 4.90 | 9.30 |
| 4.雇工天数 | 日 | 0.30 | 0.20 |  |  | 0.10 | 0.50 |
| 5.雇工工价 | 元 | 17.70 | 17.80 | 20.10 | 17.20 | 14.00 | 18.00 |

# 2002年全国粮食期间费用(二)

品种：小麦

| 项目名称 | 单位 | 黑龙江 | 上海 | 江苏 | 浙江 | 安徽 | 山东 |
|---|---|---|---|---|---|---|---|
| 一、每亩期间费用 | 元 | 24.53 | 3.81 | 2.70 | 80.00 | 3.98 | 10.23 |
| 1.土地承包费 | 元 | 19.33 | | | 80.00 | 0.62 | 6.00 |
| 2.管理费 | 元 | 0.86 | | | | 1.69 | |
| 3.销售费 | 元 | 2.93 | 3.81 | 2.70 | | 1.67 | 4.09 |
| 4.财务费 | 元 | 1.41 | | | | | 0.14 |
| 二、每亩用工量 | 日 | 1.80 | 2.80 | 5.80 | 4.70 | 8.00 | 9.30 |
| 1.直接用工 | 日 | 1.50 | 2.40 | 5.10 | 4.20 | 6.80 | 8.10 |
| 2.间接用工 | 日 | 0.30 | 0.40 | 0.70 | 0.50 | 1.20 | 1.20 |
| 三、每亩成本外支出 | 元 | 6.45 | | 23.03 | | 12.83 | 15.66 |
| 1.村提留费 | 元 | | | | | | |
| 2.乡统筹费 | 元 | | | | | | |
| 3.两工支出 | 元 | 4.94 | | 12.95 | | 9.85 | 8.99 |
| 4.其它成本外支出 | 元 | 1.51 | | 10.08 | | 2.98 | 6.67 |
| 附记：1.人均耕地面积 | 元 | 20.70 | 1.00 | 1.40 | 0.80 | 1.70 | 1.70 |
| 2.人均成本外支出 | 元 | 53.00 | | 73.00 | | 23.50 | 59.80 |
| 3.人均两工数量 | 日 | 6.10 | | 7.20 | | 4.20 | 6.80 |
| 4.雇工天数 | 日 | 0.30 | | 0.10 | | 0.10 | 0.10 |
| 5.雇工工价 | 元 | 20.70 | | 20.30 | 30.00 | 16.20 | 16.30 |

# 2002年全国粮食期间费用(三)

品种：小麦

| 项目名称 | 单位 | 河南 | 湖北 | 四川 | 贵州 | 云南 | 重庆 |
|---|---|---|---|---|---|---|---|
| 一、每亩期间费用 | 元 | 2.75 | 6.48 | 6.71 | 1.72 | 6.73 | 1.82 |
| 1.土地承包费 | 元 |  | 1.07 | 4.64 | 0.30 | 3.10 |  |
| 2.管理费 | 元 |  | 0.74 |  | 0.69 | 1.41 |  |
| 3.销售费 | 元 | 2.75 | 4.55 | 1.52 | 0.73 | 2.09 | 1.82 |
| 4.财务费 | 元 |  | 0.12 | 0.55 |  | 0.13 |  |
| 二、每亩用工量 | 日 | 8.00 | 10.20 | 17.10 | 12.00 | 13.20 | 19.50 |
| 1.直接用工 | 日 | 7.10 | 8.00 | 15.80 | 10.60 | 11.50 | 17.40 |
| 2.间接用工 | 日 | 0.90 | 2.20 | 1.30 | 1.40 | 1.70 | 2.10 |
| 三、每亩成本外支出 | 元 | 3.36 | 19.82 | 18.28 | 0.28 | 10.46 | 1.57 |
| 1.村提留费 | 元 |  |  |  |  |  |  |
| 2.乡统筹费 | 元 |  |  |  |  |  |  |
| 3.两工支出 | 元 | 2.85 | 13.10 | 13.38 |  | 6.98 |  |
| 4.其它成本外支出 | 元 | 0.51 | 6.72 | 4.90 | 0.28 | 3.48 | 1.57 |
| 附记：1.人均耕地面积 | 元 | 1.60 | 1.70 | 1.10 | 1.10 | 1.60 | 1.00 |
| 2.人均成本外支出 | 元 | 12.00 | 41.60 | 28.70 | 23.10 | 35.80 | 14.00 |
| 3.人均两工数量 | 日 | 1.10 | 10.30 | 8.30 | 0.10 | 3.30 |  |
| 4.雇工天数 | 日 |  |  | 1.30 |  | 1.80 | 0.20 |
| 5.雇工工价 | 元 | 9.20 | 20.00 | 16.40 | 16.00 | 13.40 | 20.70 |

# 2002年全国粮食期间费用(四)

品种：小麦

| 项 目 名 称 | 单位 | 陕 西 | 甘 肃 | 青 海 | 宁 夏 | 新 疆 |
|---|---|---|---|---|---|---|
| 一、每亩期间费用 | 元 | 7.16 | 4.87 | 14.48 | 1.27 | 20.16 |
| 1.土地承包费 | 元 | 5.93 | 1.47 | 11.94 | 0.14 | 14.37 |
| 2.管理费 | 元 | | 0.91 | 2.23 | | |
| 3.销售费 | 元 | 1.23 | 0.56 | 0.31 | 1.00 | 5.14 |
| 4.财务费 | 元 | | 1.93 | | 0.13 | 0.65 |
| 二、每亩用工量 | 日 | 9.30 | 14.60 | 16.10 | 11.00 | 7.50 |
| 1.直接用工 | 日 | 8.00 | 12.60 | 14.30 | 10.00 | 6.10 |
| 2.间接用工 | 日 | 1.30 | 2.00 | 1.80 | 1.00 | 1.40 |
| 三、每亩成本外支出 | 元 | 2.21 | 11.19 | 7.62 | 16.26 | 24.30 |
| 1.村提留费 | 元 | | | | | |
| 2.乡统筹费 | 元 | | | | | |
| 3.两工支出 | 元 | | 6.70 | 7.43 | 13.07 | 15.51 |
| 4.其它成本外支出 | 元 | 2.21 | 4.49 | 0.19 | 3.19 | 8.79 |
| 附记：1.人均耕地面积 | 元 | 1.50 | 2.50 | 3.20 | 2.40 | 4.50 |
| 2.人均成本外支出 | 元 | | 67.50 | 27.40 | 37.50 | 53.50 |
| 3.人均两工数量 | 日 | | 6.80 | 3.70 | 5.80 | 4.20 |
| 4.雇工天数 | 日 | | 0.60 | 0.20 | 0.20 | 0.30 |
| 5.雇工工价 | 元 | 15.70 | 13.30 | 18.30 | 20.00 | 17.90 |

# 2002年全国粮食成本收益(一)

品种：玉米　　按统一工价汇总

| 项目名称 | | 单位 | 平均 | 北京 | 天津 | 河北 | 山西 | 内蒙古 |
|---|---|---|---|---|---|---|---|---|
| 调查县数 | | 个 | 425.00 | 9.00 | 5.00 | 46.00 | 15.00 | 14.00 |
| 调查户数 | | 户 | 4007.00 | 56.00 | 42.00 | 425.00 | 215.00 | 130.00 |
| 调查面积 | | 亩 | 25561.97 | 6322.05 | 189.86 | 1551.80 | 962.14 | 1198.20 |
| 每亩 | 主产品产量 | 公斤 | 392.60 | 293.90 | 390.80 | 337.60 | 425.40 | 462.80 |
| | 产值合计 | 元 | 382.38 | 292.79 | 385.60 | 341.91 | 388.25 | 422.98 |
| | 主产品产值 | 元 | 358.05 | 286.57 | 371.39 | 321.69 | 368.53 | 388.07 |
| | 副产品产值 | 元 | 24.33 | 6.22 | 14.21 | 20.22 | 19.72 | 34.91 |
| | 其它收入 | 元 | | | | | | |
| | 生产成本 | 元 | 272.96 | 207.14 | 185.10 | 226.50 | 265.05 | 263.19 |
| | 物质费用 | 元 | 144.26 | 160.94 | 119.10 | 127.50 | 128.65 | 156.49 |
| | 用工作价 | 元 | 128.70 | 46.20 | 66.00 | 99.00 | 136.40 | 106.70 |
| | 用工数量 | 日 | 11.70 | 4.20 | 6.00 | 9.00 | 12.40 | 9.70 |
| | 劳动日工价 | 元 | 11.00 | 11.00 | 11.00 | 11.00 | 11.00 | 11.00 |
| | 期间费用 | 元 | 7.71 | 17.75 | 5.93 | 3.18 | 18.67 | 8.65 |
| | 税金 | 元 | 23.04 | 12.90 | 20.14 | 25.77 | 20.83 | 22.23 |
| | 含税成本 | 元 | 303.71 | 237.79 | 211.17 | 255.45 | 304.55 | 294.07 |
| | 净产值 | 元 | 238.12 | 131.85 | 266.50 | 214.41 | 259.60 | 266.49 |
| | 减税纯收益 | 元 | 78.67 | 55.00 | 174.43 | 86.46 | 83.70 | 128.91 |
| | 成本纯收益率 | % | 25.90 | 23.13 | 82.60 | 33.85 | 27.48 | 43.84 |
| 每50公斤主产品 | 平均出售价格 | 元 | 45.60 | 48.75 | 47.52 | 47.64 | 43.32 | 41.93 |
| | 物质费用 | 元 | 17.20 | 26.80 | 14.68 | 17.77 | 14.35 | 15.51 |
| | 生产成本 | 元 | 32.55 | 34.49 | 22.81 | 31.56 | 29.57 | 26.09 |
| | 含税成本 | 元 | 36.22 | 39.59 | 26.02 | 35.59 | 33.98 | 29.15 |
| | 净产值 | 元 | 28.40 | 21.95 | 32.84 | 29.87 | 28.97 | 26.42 |
| | 减税纯收益 | 元 | 9.38 | 9.16 | 21.50 | 12.05 | 9.34 | 12.78 |
| 每一劳动日 | 主产品产量 | 公斤 | 33.60 | 70.00 | 65.10 | 37.50 | 34.30 | 47.70 |
| | 净产值 | 元 | 20.35 | 31.39 | 44.42 | 23.82 | 20.94 | 27.47 |
| 每亩主产品出售数量 | | 公斤 | 203.80 | 147.80 | 178.60 | 203.00 | 349.90 | 355.60 |
| 每亩主产品出售产值 | | 元 | 180.74 | 142.37 | 164.69 | 193.52 | 301.67 | 299.55 |
| 每亩成本外支出 | | 元 | 10.70 | 0.50 | 13.19 | | 25.41 | 12.85 |

# 2002年全国粮食成本收益(二)

品种：玉米　　　　按统一工价汇总

| 项目名称 | | 单位 | 辽宁 | 吉林 | 黑龙江 | 江苏 | 安徽 | 山东 |
|---|---|---|---|---|---|---|---|---|
| 调查县数 | | 个 | 33.00 | 15.00 | 34.00 | 10.00 | 7.00 | 44.00 |
| 调查户数 | | 户 | 187.00 | 164.00 | 299.00 | 96.00 | 119.00 | 435.00 |
| 调查面积 | | 亩 | 1733.00 | 2391.73 | 4059.17 | 177.49 | 235.10 | 1576.42 |
| 每亩 | 主产品产量 | 公斤 | 423.70 | 437.40 | 364.50 | 446.80 | 357.30 | 382.50 |
| | 产值合计 | 元 | 390.07 | 378.14 | 278.18 | 451.16 | 381.65 | 401.41 |
| | 主产品产值 | 元 | 370.46 | 365.83 | 263.66 | 431.87 | 336.66 | 379.28 |
| | 副产品产值 | 元 | 19.61 | 12.31 | 14.52 | 19.29 | 44.99 | 22.13 |
| | 其它收入 | 元 | | | | | | |
| | 生产成本 | 元 | 229.10 | 244.24 | 166.92 | 239.03 | 200.69 | 267.58 |
| | 物质费用 | 元 | 147.70 | 149.64 | 105.32 | 130.13 | 92.89 | 155.38 |
| | 用工作价 | 元 | 81.40 | 94.60 | 61.60 | 108.90 | 107.80 | 112.20 |
| | 用工数量 | 日 | 7.40 | 8.60 | 5.60 | 9.90 | 9.80 | 10.20 |
| | 劳动日工价 | 元 | 11.00 | 11.00 | 11.00 | 11.00 | 11.00 | 11.00 |
| | 期间费用 | 元 | 9.07 | 8.23 | 10.61 | 2.56 | 1.87 | 6.75 |
| | 税金 | 元 | 31.69 | 30.19 | 24.21 | 35.92 | 20.80 | 35.19 |
| | 含税成本 | 元 | 269.86 | 282.66 | 201.74 | 277.51 | 223.36 | 309.52 |
| | 净产值 | 元 | 242.37 | 228.50 | 172.86 | 321.03 | 288.76 | 246.03 |
| | 减税纯收益 | 元 | 120.21 | 95.48 | 76.44 | 173.65 | 158.29 | 91.89 |
| | 成本纯收益率 | % | 44.55 | 33.78 | 37.89 | 62.57 | 70.87 | 29.69 |
| 每50公斤主产品 | 平均出售价格 | 元 | 43.72 | 41.82 | 36.17 | 48.33 | 47.11 | 49.58 |
| | 物质费用 | 元 | 16.55 | 16.55 | 13.69 | 13.94 | 11.47 | 19.19 |
| | 生产成本 | 元 | 25.68 | 27.01 | 21.70 | 25.61 | 24.77 | 33.05 |
| | 含税成本 | 元 | 30.25 | 31.26 | 26.23 | 29.73 | 27.57 | 38.23 |
| | 净产值 | 元 | 27.17 | 25.27 | 22.48 | 34.39 | 35.64 | 30.39 |
| | 减税纯收益 | 元 | 13.47 | 10.56 | 9.94 | 18.60 | 19.54 | 11.35 |
| 每一劳动日 | 主产品产量 | 公斤 | 57.30 | 50.90 | 65.10 | 45.10 | 36.50 | 37.50 |
| | 净产值 | 元 | 32.75 | 26.57 | 30.87 | 32.43 | 29.47 | 24.12 |
| 每亩主产品出售数量 | | 公斤 | 316.10 | 367.90 | 233.20 | 242.30 | 143.20 | 198.40 |
| 每亩主产品出售产值 | | 元 | 278.30 | 296.10 | 168.30 | 236.26 | 135.79 | 197.59 |
| 每亩成本外支出 | | 元 | 13.00 | 8.77 | 5.49 | 37.15 | 7.85 | 13.12 |

# 2002年全国粮食成本收益(三)

品种：玉米　　　　按统一工价汇总

| 项目名称 | | 单位 | 河南 | 湖北 | 广西 | 四川 | 贵州 | 云南 |
|---|---|---|---|---|---|---|---|---|
| 调查县数 | | 个 | 33.00 | 15.00 | 4.00 | 26.00 | 12.00 | 37.00 |
| 调查户数 | | 户 | 181.00 | 175.00 | 43.00 | 277.00 | 125.00 | 336.00 |
| 调查面积 | | 亩 | 590.20 | 528.60 | 110.70 | 407.59 | 286.34 | 1174.70 |
| 每亩 | 主产品产量 | 公斤 | 383.40 | 340.90 | 277.70 | 409.60 | 294.30 | 344.00 |
| | 产值合计 | 元 | 391.54 | 340.94 | 320.60 | 401.29 | 365.31 | 368.83 |
| | 主产品产值 | 元 | 364.18 | 319.98 | 309.55 | 357.61 | 339.90 | 345.65 |
| | 副产品产值 | 元 | 27.36 | 20.96 | 11.05 | 43.68 | 25.41 | 23.18 |
| | 其它收入 | 元 | | | | | | |
| | 生产成本 | 元 | 238.70 | 288.94 | 302.35 | 350.23 | 341.46 | 351.31 |
| | 物质费用 | 元 | 115.50 | 145.94 | 173.65 | 115.93 | 164.36 | 154.41 |
| | 用工作价 | 元 | 123.20 | 143.00 | 128.70 | 234.30 | 177.10 | 196.90 |
| | 用工数量 | 日 | 11.20 | 13.00 | 11.70 | 21.30 | 16.10 | 17.90 |
| | 劳动日工价 | 元 | 11.00 | 11.00 | 11.00 | 11.00 | 11.00 | 11.00 |
| | 期间费用 | 元 | 3.75 | 7.84 | 3.09 | 7.55 | 5.52 | 8.49 |
| | 税金 | 元 | 28.19 | 28.92 | 12.83 | 24.68 | 14.65 | 11.94 |
| | 含税成本 | 元 | 270.64 | 325.70 | 318.27 | 382.46 | 361.63 | 371.74 |
| | 净产值 | 元 | 276.04 | 195.00 | 146.95 | 285.36 | 200.95 | 214.42 |
| | 减税纯收益 | 元 | 120.90 | 15.24 | 2.33 | 18.83 | 3.68 | -2.91 |
| | 成本纯收益率 | % | 44.67 | 4.68 | 0.73 | 4.92 | 1.02 | -0.78 |
| 每50公斤主产品 | 平均出售价格 | 元 | 47.49 | 46.93 | 55.73 | 43.65 | 57.75 | 50.24 |
| | 物质费用 | 元 | 14.01 | 20.09 | 30.19 | 12.61 | 25.98 | 21.03 |
| | 生产成本 | 元 | 28.95 | 39.77 | 52.56 | 38.10 | 53.98 | 47.85 |
| | 含税成本 | 元 | 32.83 | 44.83 | 55.32 | 41.60 | 57.17 | 50.64 |
| | 净产值 | 元 | 33.48 | 26.84 | 25.54 | 31.04 | 31.77 | 29.21 |
| | 减税纯收益 | 元 | 14.66 | 2.10 | 0.41 | 2.05 | 0.58 | -0.40 |
| 每一劳动日 | 主产品产量 | 公斤 | 34.20 | 26.20 | 23.70 | 19.20 | 18.30 | 19.20 |
| | 净产值 | 元 | 24.65 | 15.00 | 12.56 | 13.40 | 12.48 | 11.98 |
| 每亩主产品出售数量 | | 公斤 | 286.40 | 184.20 | 5.50 | 49.00 | 75.20 | 67.70 |
| 每亩主产品出售产值 | | 元 | 271.06 | 172.03 | 6.56 | 49.58 | 92.49 | 67.21 |
| 每亩成本外支出 | | 元 | 2.22 | 17.36 | 2.91 | 17.11 | | 12.74 |

# 2002 年全国粮食成本收益(四)

品种：玉米　　　　按统一工价汇总

| 项目名称 | | 单位 | 重庆 | 陕西 | 甘肃 | 宁夏 | 新疆 |
|---|---|---|---|---|---|---|---|
| 调查县数 | | 个 | 16.00 | 9.00 | 23.00 | 6.00 | 12.00 |
| 调查户数 | | 户 | 244.00 | 86.00 | 200.00 | 50.00 | 122.00 |
| 调查面积 | | 亩 | 343.94 | 309.40 | 556.71 | 153.63 | 703.20 |
| 每亩 | 主产品产量 | 公斤 | 345.80 | 319.80 | 495.50 | 491.20 | 611.60 |
| | 产值合计 | 元 | 396.59 | 292.18 | 517.77 | 408.49 | 496.74 |
| | 主产品产值 | 元 | 360.98 | 275.82 | 459.22 | 395.11 | 465.11 |
| | 副产品产值 | 元 | 35.61 | 16.36 | 58.55 | 13.38 | 31.63 |
| | 其它收入 | 元 | | | | | |
| | 生产成本 | 元 | 358.86 | 256.81 | 454.54 | 262.63 | 300.15 |
| | 物质费用 | 元 | 123.46 | 117.11 | 247.74 | 138.33 | 203.35 |
| | 用工作价 | 元 | 235.40 | 139.70 | 206.80 | 124.30 | 96.80 |
| | 用工数量 | 日 | 21.40 | 12.70 | 18.80 | 11.30 | 8.80 |
| | 劳动日工价 | 元 | 11.00 | 11.00 | 11.00 | 11.00 | 11.00 |
| | 期间费用 | 元 | 4.52 | 4.24 | 3.62 | 1.07 | 26.59 |
| | 税金 | 元 | 21.09 | 23.96 | 29.65 | 10.63 | 20.52 |
| | 含税成本 | 元 | 384.47 | 285.01 | 487.81 | 274.33 | 347.26 |
| | 净产值 | 元 | 273.13 | 175.07 | 270.03 | 270.16 | 293.39 |
| | 减税纯收益 | 元 | 12.12 | 7.17 | 29.96 | 134.16 | 149.48 |
| | 成本纯收益率 | % | 3.15 | 2.52 | 6.14 | 48.90 | 43.05 |
| 每50公斤主产品 | 平均出售价格 | 元 | 52.19 | 43.12 | 46.34 | 40.22 | 38.02 |
| | 物质费用 | 元 | 16.25 | 17.28 | 22.17 | 13.62 | 15.56 |
| | 生产成本 | 元 | 47.22 | 37.90 | 40.68 | 25.86 | 22.97 |
| | 含税成本 | 元 | 50.60 | 42.06 | 43.66 | 27.01 | 26.58 |
| | 净产值 | 元 | 35.94 | 25.84 | 24.17 | 26.60 | 22.46 |
| | 减税纯收益 | 元 | 1.59 | 1.06 | 2.68 | 13.21 | 11.44 |
| 每一劳动日 | 主产品产量 | 公斤 | 16.20 | 25.20 | 26.40 | 43.50 | 69.50 |
| | 净产值 | 元 | 12.76 | 13.79 | 14.36 | 23.91 | 33.34 |
| 每亩主产品出售数量 | | 公斤 | 45.30 | 149.80 | 122.20 | 331.00 | 430.60 |
| 每亩主产品出售产值 | | 元 | 44.81 | 128.12 | 124.51 | 279.29 | 326.49 |
| 每亩成本外支出 | | 元 | 1.01 | 4.34 | 12.41 | 6.01 | 21.83 |

# 2002年全国粮食成本收益(一)

品种：玉米　　　　按地区工价汇总

| 项目名称 | | 单位 | 平均 | 北京 | 天津 | 河北 | 山西 | 内蒙古 |
|---|---|---|---|---|---|---|---|---|
| 调查县数 | | 个 | 425.00 | 9.00 | 5.00 | 46.00 | 15.00 | 14.00 |
| 调查户数 | | 户 | 4007.00 | 56.00 | 42.00 | 425.00 | 215.00 | 130.00 |
| 调查面积 | | 亩 | 25561.97 | 6322.05 | 189.86 | 1551.80 | 962.14 | 1198.20 |
| 每亩 | 主产品产量 | 公斤 | 392.60 | 293.90 | 390.80 | 337.60 | 425.40 | 462.80 |
| | 产值合计 | 元 | 382.38 | 292.79 | 385.60 | 341.91 | 388.25 | 422.98 |
| | 主产品产值 | 元 | 358.05 | 286.57 | 371.39 | 321.69 | 368.53 | 388.07 |
| | 副产品产值 | 元 | 24.33 | 6.22 | 14.21 | 20.22 | 19.72 | 34.91 |
| | 其它收入 | 元 | | | | | | |
| | 生产成本 | 元 | 268.28 | 263.84 | 196.50 | 204.00 | 230.33 | 234.09 |
| | 物质费用 | 元 | 144.26 | 160.94 | 119.10 | 127.50 | 128.65 | 156.49 |
| | 用工作价 | 元 | 124.02 | 102.90 | 77.40 | 76.50 | 101.68 | 77.60 |
| | 用工数量 | 日 | 11.70 | 4.20 | 6.00 | 9.00 | 12.40 | 9.70 |
| | 劳动日工价 | 元 | 10.60 | 24.50 | 12.90 | 8.50 | 8.20 | 8.00 |
| | 期间费用 | 元 | 7.71 | 17.75 | 5.93 | 3.18 | 18.67 | 8.65 |
| | 税金 | 元 | 23.04 | 12.90 | 20.14 | 25.77 | 20.83 | 22.23 |
| | 含税成本 | 元 | 299.03 | 294.49 | 222.57 | 232.95 | 269.83 | 264.97 |
| | 净产值 | 元 | 238.12 | 131.85 | 266.50 | 214.41 | 259.60 | 266.49 |
| | 减税纯收益 | 元 | 83.35 | -1.70 | 163.03 | 108.96 | 118.42 | 158.01 |
| | 成本纯收益率 | % | 27.87 | -0.58 | 73.25 | 46.77 | 43.89 | 59.63 |
| 每50公斤主产品 | 平均出售价格 | 元 | 45.60 | 48.75 | 47.52 | 47.64 | 43.32 | 41.93 |
| | 物质费用 | 元 | 17.20 | 26.80 | 14.68 | 17.77 | 14.35 | 15.51 |
| | 生产成本 | 元 | 31.99 | 43.93 | 24.22 | 28.42 | 25.70 | 23.21 |
| | 含税成本 | 元 | 35.66 | 49.03 | 27.43 | 32.46 | 30.11 | 26.27 |
| | 净产值 | 元 | 28.40 | 21.95 | 32.84 | 29.87 | 28.97 | 26.42 |
| | 减税纯收益 | 元 | 9.94 | -0.28 | 20.09 | 15.18 | 13.21 | 15.66 |
| 每一劳动日 | 主产品产量 | 公斤 | 33.60 | 70.00 | 65.10 | 37.50 | 34.30 | 47.70 |
| | 净产值 | 元 | 20.35 | 31.39 | 44.42 | 23.82 | 20.94 | 27.47 |
| 每亩主产品出售数量 | | 公斤 | 203.80 | 147.80 | 178.60 | 203.00 | 349.90 | 355.60 |
| 每亩主产品出售产值 | | 元 | 180.74 | 142.37 | 164.69 | 193.52 | 301.67 | 299.55 |
| 每亩成本外支出 | | 元 | 10.70 | 0.50 | 13.19 | | 25.41 | 12.85 |

# 2002 年全国粮食成本收益(二)

品种：玉米　　　　按地区工价汇总

| 项目名称 | | 单位 | 辽 宁 | 吉 林 | 黑龙江 | 江 苏 | 安 徽 | 山 东 |
|---|---|---|---|---|---|---|---|---|
| 调查县数 | | 个 | 33.00 | 15.00 | 34.00 | 10.00 | 7.00 | 44.00 |
| 调查户数 | | 户 | 187.00 | 164.00 | 299.00 | 96.00 | 119.00 | 435.00 |
| 调查面积 | | 亩 | 1733.00 | 2391.73 | 4059.17 | 177.49 | 235.10 | 1576.42 |
| 每亩 | 主产品产量 | 公斤 | 423.70 | 437.40 | 364.50 | 446.80 | 357.30 | 382.50 |
| | 产值合计 | 元 | 390.07 | 378.14 | 278.18 | 451.16 | 381.65 | 401.41 |
| | 主产品产值 | 元 | 370.46 | 365.83 | 263.66 | 431.87 | 336.66 | 379.28 |
| | 副产品产值 | 元 | 19.61 | 12.31 | 14.52 | 19.29 | 44.99 | 22.13 |
| | 其它收入 | 元 | | | | | | |
| | 生产成本 | 元 | 218.00 | 244.24 | 158.52 | 258.83 | 190.89 | 270.64 |
| | 物质费用 | 元 | 147.70 | 149.64 | 105.32 | 130.13 | 92.89 | 155.38 |
| | 用工作价 | 元 | 70.30 | 94.60 | 53.20 | 128.70 | 98.00 | 115.26 |
| | 用工数量 | 日 | 7.40 | 8.60 | 5.60 | 9.90 | 9.80 | 10.20 |
| | 劳动日工价 | 元 | 9.50 | 11.00 | 9.50 | 13.00 | 10.00 | 11.30 |
| | 期间费用 | 元 | 9.07 | 8.23 | 10.61 | 2.56 | 1.87 | 6.75 |
| | 税金 | 元 | 31.69 | 30.19 | 24.21 | 35.92 | 20.80 | 35.19 |
| | 含税成本 | 元 | 258.76 | 282.66 | 193.34 | 297.31 | 213.56 | 312.58 |
| | 净产值 | 元 | 242.37 | 228.50 | 172.86 | 321.03 | 288.76 | 246.03 |
| | 减税纯收益 | 元 | 131.31 | 95.48 | 84.84 | 153.85 | 168.09 | 88.83 |
| | 成本纯收益率 | % | 50.75 | 33.78 | 43.88 | 51.75 | 78.71 | 28.42 |
| 每50公斤主产品 | 平均出售价格 | 元 | 43.72 | 41.82 | 36.17 | 48.33 | 47.11 | 49.58 |
| | 物质费用 | 元 | 16.55 | 16.55 | 13.69 | 13.94 | 11.47 | 19.19 |
| | 生产成本 | 元 | 24.43 | 27.01 | 20.61 | 27.73 | 23.56 | 33.43 |
| | 含税成本 | 元 | 29.00 | 31.26 | 25.14 | 31.85 | 26.36 | 38.61 |
| | 净产值 | 元 | 27.17 | 25.27 | 22.48 | 34.39 | 35.64 | 30.39 |
| | 减税纯收益 | 元 | 14.72 | 10.56 | 11.03 | 16.48 | 20.75 | 10.97 |
| 每一劳动日 | 主产品产量 | 公斤 | 57.30 | 50.90 | 65.10 | 45.10 | 36.50 | 37.50 |
| | 净产值 | 元 | 32.75 | 26.57 | 30.87 | 32.43 | 29.47 | 24.12 |
| 每亩主产品出售数量 | | 公斤 | 316.10 | 367.90 | 233.20 | 242.30 | 143.20 | 198.40 |
| 每亩主产品出售产值 | | 元 | 278.30 | 296.10 | 168.30 | 236.26 | 135.79 | 197.59 |
| 每亩成本外支出 | | 元 | 13.00 | 8.77 | 5.49 | 37.15 | 7.85 | 13.12 |

# 2002年全国粮食成本收益(三)

品种：玉米　　　　按地区工价汇总

| 项目名称 | | 单位 | 河南 | 湖北 | 广西 | 四川 | 贵州 | 云南 |
|---|---|---|---|---|---|---|---|---|
| 调查县数 | | 个 | 33.00 | 15.00 | 4.00 | 26.00 | 12.00 | 37.00 |
| 调查户数 | | 户 | 181.00 | 175.00 | 43.00 | 277.00 | 125.00 | 336.00 |
| 调查面积 | | 亩 | 590.20 | 528.60 | 110.70 | 407.59 | 286.34 | 1174.70 |
| 每亩 | 主产品产量 | 公斤 | 383.40 | 340.90 | 277.70 | 409.60 | 294.30 | 344.00 |
| | 产值合计 | 元 | 391.54 | 340.94 | 320.60 | 401.29 | 365.31 | 368.83 |
| | 主产品产值 | 元 | 364.18 | 319.98 | 309.55 | 357.61 | 339.90 | 345.65 |
| | 副产品产值 | 元 | 27.36 | 20.96 | 11.05 | 43.68 | 25.41 | 23.18 |
| | 其它收入 | 元 | | | | | | |
| | 生产成本 | 元 | 215.18 | 275.94 | 296.50 | 360.88 | 325.36 | 324.46 |
| | 物质费用 | 元 | 115.50 | 145.94 | 173.65 | 115.93 | 164.36 | 154.41 |
| | 用工作价 | 元 | 99.68 | 130.00 | 122.85 | 244.95 | 161.00 | 170.05 |
| | 用工数量 | 日 | 11.20 | 13.00 | 11.70 | 21.30 | 16.10 | 17.90 |
| | 劳动日工价 | 元 | 8.90 | 10.00 | 10.50 | 11.50 | 10.00 | 9.50 |
| | 期间费用 | 元 | 3.75 | 7.84 | 3.09 | 7.55 | 5.52 | 8.49 |
| | 税金 | 元 | 28.19 | 28.92 | 12.83 | 24.68 | 14.65 | 11.94 |
| | 含税成本 | 元 | 247.12 | 312.70 | 312.42 | 393.11 | 345.53 | 344.89 |
| | 净产值 | 元 | 276.04 | 195.00 | 146.95 | 285.36 | 200.95 | 214.42 |
| | 减税纯收益 | 元 | 144.42 | 28.24 | 8.18 | 8.18 | 19.78 | 23.94 |
| | 成本纯收益率 | % | 58.44 | 9.03 | 2.62 | 2.08 | 5.72 | 6.94 |
| 每50公斤主产品 | 平均出售价格 | 元 | 47.49 | 46.93 | 55.73 | 43.65 | 57.75 | 50.24 |
| | 物质费用 | 元 | 14.01 | 20.09 | 30.19 | 12.61 | 25.98 | 21.03 |
| | 生产成本 | 元 | 26.10 | 37.98 | 51.54 | 39.25 | 51.43 | 44.20 |
| | 含税成本 | 元 | 29.97 | 43.04 | 54.31 | 42.76 | 54.62 | 46.98 |
| | 净产值 | 元 | 33.48 | 26.84 | 25.54 | 31.04 | 31.77 | 29.21 |
| | 减税纯收益 | 元 | 17.52 | 3.89 | 1.42 | 0.89 | 3.13 | 3.26 |
| 每一劳动日 | 主产品产量 | 公斤 | 34.20 | 26.20 | 23.70 | 19.20 | 18.30 | 19.20 |
| | 净产值 | 元 | 24.65 | 15.00 | 12.56 | 13.40 | 12.48 | 11.98 |
| 每亩主产品出售数量 | | 公斤 | 286.40 | 184.20 | 5.50 | 49.00 | 75.20 | 67.70 |
| 每亩主产品出售产值 | | 元 | 271.06 | 172.03 | 6.56 | 49.58 | 92.49 | 67.21 |
| 每亩成本外支出 | | 元 | 2.22 | 17.36 | 2.91 | 17.11 | | 12.74 |

# 2002 年全国粮食成本收益(四)

品种：玉米　　　　按地区工价汇总

| 项 目 名 称 | | 单位 | 重 庆 | 陕 西 | 甘 肃 | 宁 夏 | 新 疆 |
|---|---|---|---|---|---|---|---|
| 调查县数 | | 个 | 16.00 | 9.00 | 23.00 | 6.00 | 12.00 |
| 调查户数 | | 户 | 244.00 | 86.00 | 200.00 | 50.00 | 122.00 |
| 调查面积 | | 亩 | 343.94 | 309.40 | 556.71 | 153.63 | 703.20 |
| 每亩 | 主产品产量 | 公斤 | 345.80 | 319.80 | 495.50 | 491.20 | 611.60 |
| | 产值合计 | 元 | 396.59 | 292.18 | 517.77 | 408.49 | 496.74 |
| | 主产品产值 | 元 | 360.98 | 275.82 | 459.22 | 395.11 | 465.11 |
| | 副产品产值 | 元 | 35.61 | 16.36 | 58.55 | 13.38 | 31.63 |
| | 其它收入 | 元 | | | | | |
| | 生产成本 | 元 | 343.88 | 240.30 | 388.74 | 243.42 | 284.31 |
| | 物质费用 | 元 | 123.46 | 117.11 | 247.74 | 138.33 | 203.35 |
| | 用工作价 | 元 | 220.42 | 123.19 | 141.00 | 105.09 | 80.96 |
| | 用工数量 | 日 | 21.40 | 12.70 | 18.80 | 11.30 | 8.80 |
| | 劳动日工价 | 元 | 10.30 | 9.70 | 7.50 | 9.30 | 9.20 |
| | 期间费用 | 元 | 4.52 | 4.24 | 3.62 | 1.07 | 26.59 |
| | 税金 | 元 | 21.09 | 23.96 | 29.65 | 10.63 | 20.52 |
| | 含税成本 | 元 | 369.49 | 268.50 | 422.01 | 255.12 | 331.42 |
| | 净产值 | 元 | 273.13 | 175.07 | 270.03 | 270.16 | 293.39 |
| | 减税纯收益 | 元 | 27.10 | 23.68 | 95.76 | 153.37 | 165.32 |
| | 成本纯收益率 | % | 7.33 | 8.82 | 22.69 | 60.12 | 49.88 |
| 每50公斤主产品 | 平均出售价格 | 元 | 52.19 | 43.12 | 46.34 | 40.22 | 38.02 |
| | 物质费用 | 元 | 16.25 | 17.28 | 22.17 | 13.62 | 15.56 |
| | 生产成本 | 元 | 45.25 | 35.46 | 34.79 | 23.97 | 21.76 |
| | 含税成本 | 元 | 48.62 | 39.63 | 37.77 | 25.12 | 25.37 |
| | 净产值 | 元 | 35.94 | 25.84 | 24.17 | 26.60 | 22.46 |
| | 减税纯收益 | 元 | 3.57 | 3.49 | 8.57 | 15.10 | 12.65 |
| 每一劳动日 | 主产品产量 | 公斤 | 16.20 | 25.20 | 26.40 | 43.50 | 69.50 |
| | 净产值 | 元 | 12.76 | 13.79 | 14.36 | 23.91 | 33.34 |
| 每亩主产品出售数量 | | 公斤 | 45.30 | 149.80 | 122.20 | 331.00 | 430.60 |
| 每亩主产品出售产值 | | 元 | 44.81 | 128.12 | 124.51 | 279.29 | 326.49 |
| 每亩成本外支出 | | 元 | 1.01 | 4.34 | 12.41 | 6.01 | 21.83 |

# 2002年全国粮食物质费用(一)

品种：玉米

| 项目名称 | 单位 | 平均 | 北京 | 天津 | 河北 | 山西 | 内蒙古 |
|---|---|---|---|---|---|---|---|
| 每亩物质费用 | 元 | 144.26 | 160.94 | 119.10 | 127.50 | 128.65 | 156.49 |
| 一、直接生产费用 | 元 | 134.87 | 143.25 | 114.66 | 117.33 | 122.77 | 142.69 |
| 1.种籽秧苗费 | 元 | 21.04 | 19.63 | 22.45 | 24.73 | 22.21 | 19.40 |
| 2.农家肥费 | 元 | 10.74 | 0.60 | 9.14 | 4.00 | 8.60 | 6.75 |
| 3.化肥费 | 元 | 58.77 | 50.13 | 51.44 | 41.94 | 47.18 | 50.71 |
| 4.农膜费 | 元 | 2.66 |  |  | 0.12 | 2.26 | 5.25 |
| 5.农药费 | 元 | 4.71 | 6.95 | 4.35 | 6.33 | 0.79 | 1.41 |
| 6.畜力费 | 元 | 10.44 | 0.14 | 1.52 | 5.16 | 10.33 | 11.01 |
| 7.机械作业费 | 元 | 15.25 | 56.82 | 18.20 | 14.91 | 14.34 | 17.79 |
| 8.排灌费 | 元 | 9.62 | 8.58 | 4.80 | 19.63 | 13.10 | 20.77 |
| 9.燃料动力费 | 元 | 0.17 |  |  | 0.05 | 3.63 |  |
| 10.棚架材料费 | 元 | 0.05 |  |  |  |  |  |
| 11.其它直接费用 | 元 | 1.42 | 0.40 | 2.76 | 0.46 | 0.33 | 9.60 |
| 二、间接生产费用 | 元 | 9.39 | 17.69 | 4.44 | 10.17 | 5.88 | 13.80 |
| 1.固定资产折旧 | 元 | 5.49 | 10.73 | 2.83 | 7.59 | 3.18 | 10.61 |
| 2.小农具购置修理费 | 元 | 2.87 | 3.95 | 1.61 | 2.46 | 2.26 | 2.81 |
| 3.其它间接费用 | 元 | 1.03 | 3.01 |  | 0.12 | 0.44 | 0.38 |
| 附记：1.每亩种籽用量 | 公斤 | 3.00 | 2.60 | 6.90 | 2.80 | 2.60 | 2.80 |
| 2.每亩化肥用量 | 公斤 | 20.90 | 18.60 | 20.60 | 14.90 | 18.90 | 17.00 |
| 3.每亩农膜用量 | 公斤 | 0.30 |  |  |  | 0.30 | 0.60 |
| 4.每度电价 | 元 | 0.60 | 0.53 | 0.43 | 0.57 | 0.49 | 0.62 |
| 5.每亩柴油费 | 元 | 9.72 | 12.59 | 14.27 | 9.46 | 5.75 | 6.24 |

# 2002年全国粮食物质费用(二)

品种：玉米

| 项目名称 | 单位 | 辽宁 | 吉林 | 黑龙江 | 江苏 | 安徽 | 山东 |
|---|---|---|---|---|---|---|---|
| 每亩物质费用 | 元 | 147.70 | 149.64 | 105.32 | 130.13 | 92.89 | 155.38 |
| 一、直接生产费用 | 元 | 142.54 | 140.00 | 95.58 | 124.41 | 84.33 | 145.71 |
| 1.种籽秧苗费 | 元 | 26.39 | 22.49 | 13.72 | 30.41 | 26.20 | 26.74 |
| 2.农家肥费 | 元 | 8.30 | 8.11 | 2.21 | 5.83 | 4.04 | 6.43 |
| 3.化肥费 | 元 | 61.65 | 62.63 | 42.27 | 64.36 | 39.15 | 62.56 |
| 4.农膜费 | 元 | | 0.27 | 0.06 | | | |
| 5.农药费 | 元 | 6.17 | 7.37 | 4.26 | 6.00 | 4.01 | 8.10 |
| 6.畜力费 | 元 | 27.08 | 14.38 | 2.86 | 0.83 | 0.50 | 3.30 |
| 7.机械作业费 | 元 | 9.72 | 21.89 | 28.46 | 14.61 | 7.83 | 11.78 |
| 8.排灌费 | 元 | 1.43 | 1.86 | | 2.14 | 2.35 | 26.06 |
| 9.燃料动力费 | 元 | | | | | | |
| 10.棚架材料费 | 元 | | | | | | |
| 11.其它直接费用 | 元 | 1.80 | 1.00 | 1.74 | 0.23 | 0.25 | 0.74 |
| 二、间接生产费用 | 元 | 5.16 | 9.64 | 9.74 | 5.72 | 8.56 | 9.67 |
| 1.固定资产折旧 | 元 | 2.82 | 6.33 | 7.30 | 1.83 | 5.55 | 7.05 |
| 2.小农具购置修理费 | 元 | 2.06 | 2.41 | 1.60 | 3.69 | 2.76 | 2.32 |
| 3.其它间接费用 | 元 | 0.28 | 0.90 | 0.84 | 0.20 | 0.25 | 0.30 |
| 附记：1.每亩种籽用量 | 公斤 | 3.40 | 3.40 | 2.20 | 2.80 | 2.70 | 3.10 |
| 2.每亩化肥用量 | 公斤 | 19.80 | 23.00 | 17.30 | 22.10 | 15.50 | 21.50 |
| 3.每亩农膜用量 | 公斤 | | | | | | |
| 4.每度电价 | 元 | 0.64 | 0.64 | 0.62 | 0.64 | 0.79 | 0.66 |
| 5.每亩柴油费 | 元 | | 21.28 | 7.64 | 3.75 | 3.67 | 12.93 |

# 2002年全国粮食物质费用(三)

品种: 玉米

| 项 目 名 称 | 单位 | 河 南 | 湖 北 | 广 西 | 四 川 | 贵 州 | 云 南 |
|---|---|---|---|---|---|---|---|
| 每亩物质费用 | 元 | 115.50 | 145.94 | 173.65 | 115.93 | 164.36 | 154.41 |
| 一、直接生产费用 | 元 | 103.88 | 135.23 | 168.21 | 101.17 | 153.02 | 146.17 |
| 1.种籽秧苗费 | 元 | 26.06 | 16.93 | 13.73 | 19.56 | 19.59 | 15.92 |
| 2.农家肥费 | 元 | 3.29 | 9.47 | 26.31 | 14.73 | 20.99 | 18.65 |
| 3.化肥费 | 元 | 38.14 | 70.70 | 70.72 | 52.23 | 79.13 | 75.12 |
| 4.农膜费 | 元 |  | 6.66 |  | 2.26 | 4.21 | 3.80 |
| 5.农药费 | 元 | 5.86 | 5.04 | 7.21 | 3.93 | 6.07 | 2.35 |
| 6.畜力费 | 元 | 2.06 | 19.16 | 41.80 | 4.32 | 17.47 | 23.20 |
| 7.机械作业费 | 元 | 12.44 | 4.13 | 7.13 | 0.85 | 3.52 | 3.53 |
| 8.排灌费 | 元 | 15.30 | 2.15 |  | 2.49 |  | 1.09 |
| 9.燃料动力费 | 元 |  |  |  |  |  |  |
| 10.棚架材料费 | 元 |  | 0.64 |  |  | 0.18 |  |
| 11.其它直接费用 | 元 | 0.73 | 0.35 | 1.31 | 0.80 | 1.86 | 2.51 |
| 二、间接生产费用 | 元 | 11.62 | 10.71 | 5.44 | 14.76 | 11.34 | 8.24 |
| 1.固定资产折旧 | 元 | 8.56 | 4.28 | 2.67 | 5.86 | 3.36 | 4.62 |
| 2.小农具购置修理费 | 元 | 2.79 | 3.13 | 2.77 | 3.30 | 6.27 | 2.97 |
| 3.其它间接费用 | 元 | 0.27 | 3.30 |  | 5.60 | 1.71 | 0.65 |
| 附记: 1.每亩种籽用量 | 公斤 | 2.90 | 2.20 | 2.00 | 2.90 | 2.40 | 3.50 |
| 2.每亩化肥用量 | 公斤 | 13.50 | 24.90 | 24.20 | 20.60 | 26.70 | 24.30 |
| 3.每亩农膜用量 | 公斤 |  | 0.80 |  | 0.20 | 0.50 | 0.40 |
| 4.每度电价 | 元 | 0.65 | 0.66 | 0.54 | 0.59 | 0.66 | 0.60 |
| 5.每亩柴油费 | 元 | 11.24 | 6.37 |  |  |  |  |

# 2002 年全国粮食物质费用(四)

品种：玉米

| 项 目 名 称 | 单位 | 重 庆 | 陕 西 | 甘 肃 | 宁 夏 | 新 疆 |
|---|---|---|---|---|---|---|
| 每亩物质费用 | 元 | 123.46 | 117.11 | 247.74 | 138.33 | 203.35 |
| 一、直接生产费用 | 元 | 115.80 | 111.87 | 235.67 | 129.30 | 193.44 |
| 1.种籽秧苗费 | 元 | 14.67 | 20.14 | 23.36 | 18.62 | 19.83 |
| 2.农家肥费 | 元 | 12.49 | 15.59 | 24.97 | 6.56 | 19.23 |
| 3.化肥费 | 元 | 71.03 | 41.48 | 81.30 | 68.10 | 71.00 |
| 4.农膜费 | 元 | 2.60 | 0.11 | 19.88 | 0.38 | 10.74 |
| 5.农药费 | 元 | 1.94 | 0.67 | 5.15 | 5.91 | 3.76 |
| 6.畜力费 | 元 | 10.88 | 9.32 | 17.53 | 2.05 | 4.77 |
| 7.机械作业费 | 元 | 1.05 | 12.96 | 24.79 | 16.34 | 32.50 |
| 8.排灌费 | 元 |  | 10.71 | 37.52 | 11.27 | 30.30 |
| 9.燃料动力费 | 元 |  |  |  |  |  |
| 10.棚架材料费 | 元 | 0.28 |  |  |  |  |
| 11.其它直接费用 | 元 | 0.86 | 0.89 | 1.17 | 0.07 | 1.31 |
| 二、间接生产费用 | 元 | 7.66 | 5.24 | 12.07 | 9.03 | 9.91 |
| 1.固定资产折旧 | 元 | 3.98 | 3.49 | 6.32 | 7.33 | 4.45 |
| 2.小农具购置修理费 | 元 | 3.38 | 1.42 | 4.91 | 1.56 | 2.66 |
| 3.其它间接费用 | 元 | 0.30 | 0.33 | 0.84 | 0.14 | 2.80 |
| 附记：1.每亩种籽用量 | 公斤 | 1.80 | 2.50 | 4.00 | 2.30 | 4.10 |
| 2.每亩化肥用量 | 公斤 | 22.10 | 16.80 | 27.70 | 24.70 | 23.30 |
| 3.每亩农膜用量 | 公斤 | 0.30 |  | 2.40 |  | 1.30 |
| 4.每度电价 | 元 | 0.64 | 0.50 | 0.52 | 0.46 | 0.70 |
| 5.每亩柴油费 | 元 |  | 8.40 | 19.28 | 5.82 | 6.82 |

# 2002年全国粮食期间费用(一)

品种：玉米

| 项 目 名 称 | 单位 | 平 均 | 北 京 | 天 津 | 河 北 | 山 西 | 内蒙古 |
|---|---|---|---|---|---|---|---|
| 一、每亩期间费用 | 元 | 7.71 | 17.75 | 5.93 | 3.18 | 18.67 | 8.65 |
| 1.土地承包费 | 元 | 3.59 | 16.05 | 1.95 | 2.20 | 9.35 | 2.94 |
| 2.管理费 | 元 | 1.27 | | 3.98 | | 4.56 | 0.64 |
| 3.销售费 | 元 | 2.58 | 0.96 | | 0.94 | 3.80 | 4.71 |
| 4.财务费 | 元 | 0.27 | 0.74 | | 0.04 | 0.96 | 0.36 |
| 二、每亩用工量 | 日 | 11.70 | 4.20 | 6.00 | 9.00 | 12.40 | 9.70 |
| 1.直接用工 | 日 | 10.40 | 3.90 | 5.20 | 8.30 | 10.20 | 8.40 |
| 2.间接用工 | 日 | 1.30 | 0.30 | 0.80 | 0.70 | 2.20 | 1.30 |
| 三、每亩成本外支出 | 元 | 10.70 | 0.50 | 13.19 | | 25.41 | 12.85 |
| 1.村提留费 | 元 | | | | | | |
| 2.乡统筹费 | 元 | | | | | | |
| 3.两工支出 | 元 | 7.98 | 0.50 | 9.04 | | 14.78 | 11.11 |
| 4.其它成本外支出 | 元 | 2.72 | | 4.15 | | 10.63 | 1.74 |
| 附记：1.人均耕地面积 | 元 | 2.80 | 9.50 | 1.80 | 1.70 | 2.90 | 4.90 |
| 2.人均成本外支出 | 元 | 44.60 | 177.20 | 42.90 | | 44.30 | 55.90 |
| 3.人均两工数量 | 日 | 4.70 | 9.00 | 6.40 | | 8.60 | 5.70 |
| 4.雇工天数 | 日 | 0.60 | 0.30 | | | 0.30 | 0.50 |
| 5.雇工工价 | 元 | 16.40 | 18.00 | 20.50 | 16.40 | 15.90 | 17.00 |

# 2002年全国粮食期间费用(二)

品种：玉米

| 项 目 名 称 | 单位 | 辽 宁 | 吉 林 | 黑龙江 | 江 苏 | 安 徽 | 山 东 |
|---|---|---|---|---|---|---|---|
| 一、每亩期间费用 | 元 | 9.07 | 8.23 | 10.61 | 2.56 | 1.87 | 6.75 |
| 1.土地承包费 | 元 | 3.36 | 1.18 | 5.11 | | | 3.21 |
| 2.管理费 | 元 | 2.12 | 1.86 | 0.94 | | | |
| 3.销售费 | 元 | 3.50 | 4.89 | 3.95 | 2.56 | 1.87 | 3.47 |
| 4.财务费 | 元 | 0.09 | 0.30 | 0.61 | | | 0.07 |
| 二、每亩用工量 | 日 | 7.40 | 8.60 | 5.60 | 9.90 | 9.80 | 10.20 |
| 1.直接用工 | 日 | 6.50 | 7.40 | 5.00 | 9.00 | 9.00 | 9.00 |
| 2.间接用工 | 日 | 0.90 | 1.20 | 0.60 | 0.90 | 0.80 | 1.20 |
| 三、每亩成本外支出 | 元 | 13.00 | 8.77 | 5.49 | 37.15 | 7.85 | 13.12 |
| 1.村提留费 | 元 | | | | | | |
| 2.乡统筹费 | 元 | | | | | | |
| 3.两工支出 | 元 | 12.33 | 8.77 | 5.01 | 24.68 | 6.73 | 10.02 |
| 4.其它成本外支出 | 元 | 0.67 | | 0.48 | 12.47 | 1.12 | 3.10 |
| 附记：1.人均耕地面积 | 元 | 2.40 | 3.70 | 8.30 | 1.70 | 1.70 | 1.60 |
| 2.人均成本外支出 | 元 | 74.80 | 45.00 | 45.20 | 95.40 | 16.40 | 49.70 |
| 3.人均两工数量 | 日 | 5.50 | 5.40 | 5.40 | 10.00 | 4.50 | 6.80 |
| 4.雇工天数 | 日 | 0.70 | 0.30 | 0.30 | | 0.30 | 0.10 |
| 5.雇工工价 | 元 | 17.40 | 20.60 | 18.50 | 18.80 | 14.50 | 16.40 |

# 2002年全国粮食期间费用(三)

品种：玉米

| 项 目 名 称 | 单位 | 河 南 | 湖 北 | 广 西 | 四 川 | 贵 州 | 云 南 |
|---|---|---|---|---|---|---|---|
| 一、每亩期间费用 | 元 | 3.75 | 7.84 | 3.09 | 7.55 | 5.52 | 8.49 |
| 1.土地承包费 | 元 |  | 3.32 | 1.30 | 3.06 | 1.48 | 4.35 |
| 2.管理费 | 元 |  | 0.06 | 1.79 | 3.89 | 0.77 | 1.63 |
| 3.销售费 | 元 | 3.75 | 4.39 |  | 0.50 | 3.26 | 2.50 |
| 4.财务费 | 元 |  | 0.07 |  | 0.10 | 0.01 | 0.01 |
| 二、每亩用工量 | 日 | 11.20 | 13.00 | 11.70 | 21.30 | 16.10 | 17.90 |
| 1.直接用工 | 日 | 10.20 | 11.10 | 11.00 | 19.90 | 14.00 | 15.50 |
| 2.间接用工 | 日 | 1.00 | 1.90 | 0.70 | 1.40 | 2.10 | 2.40 |
| 三、每亩成本外支出 | 元 | 2.22 | 17.36 | 2.91 | 17.11 |  | 12.74 |
| 1.村提留费 | 元 |  |  |  |  |  |  |
| 2.乡统筹费 | 元 |  |  |  |  |  |  |
| 3.两工支出 | 元 | 2.01 | 15.80 | 2.50 | 12.20 |  | 6.65 |
| 4.其它成本外支出 | 元 | 0.21 | 1.56 | 0.41 | 4.91 |  | 6.09 |
| 附记：1.人均耕地面积 | 元 | 1.40 | 2.00 | 1.90 | 1.10 | 1.10 | 1.60 |
| 2.人均成本外支出 | 元 | 6.00 | 43.50 | 23.30 | 26.70 | 22.40 | 34.40 |
| 3.人均两工数量 | 日 | 1.30 | 6.70 | 2.00 | 5.30 | 0.10 | 3.20 |
| 4.雇工天数 | 日 | 0.20 | 2.40 | 1.00 | 1.40 | 0.30 | 1.70 |
| 5.雇工工价 | 元 | 7.10 | 17.60 | 15.10 | 15.10 | 15.70 | 13.40 |

# 2002年全国粮食期间费用(四)

品种：玉米

| 项 目 名 称 | 单位 | 重 庆 | 陕 西 | 甘 肃 | 宁 夏 | 新 疆 |
|---|---|---|---|---|---|---|
| 一、每亩期间费用 | 元 | 4.52 | 4.24 | 3.62 | 1.07 | 26.59 |
| 1.土地承包费 | 元 | 1.59 | 3.20 | 0.52 | 0.11 | 14.66 |
| 2.管理费 | 元 | | | | | 5.62 |
| 3.销售费 | 元 | 2.89 | 1.04 | 1.64 | 0.92 | 5.17 |
| 4.财务费 | 元 | 0.04 | | 1.46 | 0.04 | 1.14 |
| 二、每亩用工量 | 日 | 21.40 | 12.70 | 18.80 | 11.30 | 8.80 |
| 1.直接用工 | 日 | 19.60 | 11.30 | 16.20 | 10.70 | 7.40 |
| 2.间接用工 | 日 | 1.80 | 1.40 | 2.60 | 0.60 | 1.40 |
| 三、每亩成本外支出 | 元 | 1.01 | 4.34 | 12.41 | 6.01 | 21.83 |
| 1.村提留费 | 元 | | | | | |
| 2.乡统筹费 | 元 | | | | | |
| 3.两工支出 | 元 | | 2.84 | 12.31 | 4.92 | 13.28 |
| 4.其它成本外支出 | 元 | 1.01 | 1.50 | 0.10 | 1.09 | 8.55 |
| 附记：1.人均耕地面积 | 元 | 1.20 | 1.50 | 2.60 | 2.40 | 4.60 |
| 2.人均成本外支出 | 元 | 14.00 | 18.80 | 54.50 | 35.70 | 54.20 |
| 3.人均两工数量 | 日 | | | 6.10 | 6.20 | 4.10 |
| 4.雇工天数 | 日 | 0.50 | 2.00 | 0.30 | | 0.50 |
| 5.雇工工价 | 元 | 21.60 | 14.50 | 13.30 | 15.00 | 19.10 |

# 2002年全国粮食成本收益

品种：高粱　　　　按统一工价汇总

| 项目名称 | | 单位 | 平均 | 山西 | 辽宁 | 吉林 | 黑龙江 |
|---|---|---|---|---|---|---|---|
| 调查县数 | | 个 | 30.00 | 7.00 | 12.00 | 6.00 | 5.00 |
| 调查户数 | | 户 | 182.00 | 87.00 | 34.00 | 34.00 | 27.00 |
| 调查面积 | | 亩 | 683.95 | 237.95 | 109.70 | 162.90 | 173.40 |
| 每亩 | 主产品产量 | 公斤 | 385.50 | 471.70 | 360.50 | 366.70 | 343.00 |
| | 产值合计 | 元 | 311.87 | 433.16 | 306.42 | 282.21 | 225.67 |
| | 主产品产值 | 元 | 291.80 | 409.67 | 290.74 | 257.48 | 209.30 |
| | 副产品产值 | 元 | 20.07 | 23.49 | 15.68 | 24.73 | 16.37 |
| | 其它收入 | 元 | | | | | |
| | 生产成本 | 元 | 206.99 | 293.17 | 191.45 | 198.75 | 144.51 |
| | 物质费用 | 元 | 115.69 | 142.47 | 107.85 | 119.55 | 92.81 |
| | 用工作价 | 元 | 91.30 | 150.70 | 83.60 | 79.20 | 51.70 |
| | 用工数量 | 日 | 8.30 | 13.70 | 7.60 | 7.20 | 4.70 |
| | 劳动日工价 | 元 | 11.00 | 11.00 | 11.00 | 11.00 | 11.00 |
| | 期间费用 | 元 | 16.21 | 46.08 | 5.75 | 5.03 | 7.93 |
| | 税金 | 元 | 26.75 | 25.08 | 33.03 | 25.18 | 23.71 |
| | 含税成本 | 元 | 249.95 | 364.33 | 230.23 | 228.96 | 176.15 |
| | 净产值 | 元 | 196.18 | 290.69 | 198.57 | 162.66 | 132.86 |
| | 减税纯收益 | 元 | 61.92 | 68.83 | 76.19 | 53.25 | 49.52 |
| | 成本纯收益率 | % | 24.77 | 18.89 | 33.09 | 23.26 | 28.11 |
| 每50公斤主产品 | 平均出售价格 | 元 | 37.85 | 43.42 | 40.32 | 35.11 | 30.51 |
| | 物质费用 | 元 | 14.04 | 14.28 | 14.19 | 14.87 | 12.55 |
| | 生产成本 | 元 | 25.12 | 29.39 | 25.19 | 24.73 | 19.54 |
| | 含税成本 | 元 | 30.34 | 36.52 | 30.29 | 28.49 | 23.82 |
| | 净产值 | 元 | 23.81 | 29.14 | 26.13 | 20.24 | 17.96 |
| | 减税纯收益 | 元 | 7.51 | 6.90 | 10.03 | 6.62 | 6.69 |
| 每一劳动日 | 主产品产量 | 公斤 | 46.40 | 34.40 | 47.40 | 50.90 | 73.00 |
| | 净产值 | 元 | 23.64 | 21.22 | 26.13 | 22.59 | 28.27 |
| 每亩主产品出售数量 | | 公斤 | 323.40 | 359.50 | 248.80 | 357.70 | 327.50 |
| 每亩主产品出售产值 | | 元 | 237.36 | 303.39 | 197.90 | 249.27 | 198.87 |
| 每亩成本外支出 | | 元 | 13.27 | 25.07 | 13.61 | 7.14 | 7.26 |

# 2002年全国粮食成本收益

品种：高粱　　　　按地区工价汇总

| 项目名称 | | 单位 | 平均 | 山西 | 辽宁 | 吉林 | 黑龙江 |
|---|---|---|---|---|---|---|---|
| 调查县数 | | 个 | 30.00 | 7.00 | 12.00 | 6.00 | 5.00 |
| 调查户数 | | 户 | 182.00 | 87.00 | 34.00 | 34.00 | 27.00 |
| 调查面积 | | 亩 | 683.95 | 237.95 | 109.70 | 162.90 | 173.40 |
| 每亩 | 主产品产量 | 公斤 | 385.50 | 471.70 | 360.50 | 366.70 | 343.00 |
| | 产值合计 | 元 | 311.87 | 433.16 | 306.42 | 282.21 | 225.67 |
| | 主产品产值 | 元 | 291.80 | 409.67 | 290.74 | 257.48 | 209.30 |
| | 副产品产值 | 元 | 20.07 | 23.49 | 15.68 | 24.73 | 16.37 |
| | 其它收入 | 元 | | | | | |
| | 生产成本 | 元 | 195.37 | 254.81 | 180.05 | 198.75 | 137.46 |
| | 物质费用 | 元 | 115.69 | 142.47 | 107.85 | 119.55 | 92.81 |
| | 用工作价 | 元 | 79.68 | 112.34 | 72.20 | 79.20 | 44.65 |
| | 用工数量 | 日 | 8.30 | 13.70 | 7.60 | 7.20 | 4.70 |
| | 劳动日工价 | 元 | 9.60 | 8.20 | 9.50 | 11.00 | 9.50 |
| | 期间费用 | 元 | 16.21 | 46.08 | 5.75 | 5.03 | 7.93 |
| | 税金 | 元 | 26.75 | 25.08 | 33.03 | 25.18 | 23.71 |
| | 含税成本 | 元 | 238.33 | 325.97 | 218.83 | 228.96 | 169.10 |
| | 净产值 | 元 | 196.18 | 290.69 | 198.57 | 162.66 | 132.86 |
| | 减税纯收益 | 元 | 73.54 | 107.19 | 87.59 | 53.25 | 56.57 |
| | 成本纯收益率 | % | 30.86 | 32.88 | 40.03 | 23.26 | 33.45 |
| 每50公斤主产品 | 平均出售价格 | 元 | 37.85 | 43.42 | 40.32 | 35.11 | 30.51 |
| | 物质费用 | 元 | 14.04 | 14.28 | 14.19 | 14.87 | 12.55 |
| | 生产成本 | 元 | 23.71 | 25.54 | 23.69 | 24.73 | 18.58 |
| | 含税成本 | 元 | 28.92 | 32.68 | 28.79 | 28.49 | 22.86 |
| | 净产值 | 元 | 23.81 | 29.14 | 26.13 | 20.24 | 17.96 |
| | 减税纯收益 | 元 | 8.93 | 10.74 | 11.53 | 6.62 | 7.65 |
| 每一劳动日 | 主产品产量 | 公斤 | 46.40 | 34.40 | 47.40 | 50.90 | 73.00 |
| | 净产值 | 元 | 23.64 | 21.22 | 26.13 | 22.59 | 28.27 |
| 每亩主产品出售数量 | | 公斤 | 323.40 | 359.50 | 248.80 | 357.70 | 327.50 |
| 每亩主产品出售产值 | | 元 | 237.36 | 303.39 | 197.90 | 249.27 | 198.87 |
| 每亩成本外支出 | | 元 | 13.27 | 25.07 | 13.61 | 7.14 | 7.26 |

# 2002年全国粮食物质费用

品种：高粱

| 项 目 名 称 | 单位 | 平 均 | 山 西 | 辽 宁 | 吉 林 | 黑龙江 |
|---|---|---|---|---|---|---|
| 每亩物质费用 | 元 | 115.69 | 142.47 | 107.85 | 119.55 | 92.81 |
| 一、直接生产费用 | 元 | 105.36 | 132.89 | 102.32 | 109.15 | 77.01 |
| 1.种籽秧苗费 | 元 | 13.39 | 10.78 | 13.76 | 20.53 | 8.49 |
| 2.农家肥费 | 元 | 7.75 | 10.03 | 5.11 | 12.92 | 2.94 |
| 3.化肥费 | 元 | 42.55 | 47.87 | 44.13 | 42.90 | 35.27 |
| 4.农膜费 | 元 | | | | | |
| 5.农药费 | 元 | 2.96 | 2.42 | 4.60 | 3.14 | 1.68 |
| 6.畜力费 | 元 | 9.71 | 7.26 | 21.55 | 9.92 | 0.12 |
| 7.机械作业费 | 元 | 17.70 | 20.94 | 11.64 | 12.80 | 25.40 |
| 8.排灌费 | 元 | 9.90 | 32.25 | | 5.96 | 1.37 |
| 9.燃料动力费 | 元 | | | | | |
| 10.棚架材料费 | 元 | | | | | |
| 11.其它直接费用 | 元 | 1.40 | 1.34 | 1.53 | 0.98 | 1.74 |
| 二、间接生产费用 | 元 | 10.33 | 9.58 | 5.53 | 10.40 | 15.80 |
| 1.固定资产折旧 | 元 | 6.56 | 3.86 | 1.93 | 8.61 | 11.85 |
| 2.小农具购置修理费 | 元 | 2.90 | 3.44 | 3.12 | 1.55 | 3.47 |
| 3.其它间接费用 | 元 | 0.87 | 2.28 | 0.48 | 0.24 | 0.48 |
| 附记：1.每亩种籽用量 | 公斤 | 2.60 | 3.00 | 2.40 | 3.20 | 1.70 |
| 2.每亩化肥用量 | 公斤 | 15.40 | 18.40 | 15.60 | 13.80 | 13.10 |
| 3.每亩农膜用量 | 公斤 | | | | | |
| 4.每度电价 | 元 | 0.61 | 0.49 | 0.62 | 0.66 | 0.65 |
| 5.每亩柴油费 | 元 | 9.60 | 7.22 | 10.00 | 12.25 | 8.94 |

# 2002年全国粮食期间费用

品种：高粱

| 项目名称 | 单位 | 平均 | 山西 | 辽宁 | 吉林 | 黑龙江 |
|---|---|---|---|---|---|---|
| 一、每亩期间费用 | 元 | 16.21 | 46.08 | 5.75 | 5.03 | 7.93 |
| 1.土地承包费 | 元 | 9.98 | 33.10 | | 3.16 | 3.64 |
| 2.管理费 | 元 | 2.37 | 6.48 | 2.34 | 0.17 | 0.48 |
| 3.销售费 | 元 | 3.09 | 4.37 | 3.24 | 1.62 | 3.13 |
| 4.财务费 | 元 | 0.77 | 2.13 | 0.17 | 0.08 | 0.68 |
| 二、每亩用工量 | 日 | 8.30 | 13.70 | 7.60 | 7.20 | 4.70 |
| 1.直接用工 | 日 | 6.80 | 10.60 | 7.00 | 5.90 | 3.80 |
| 2.间接用工 | 日 | 1.50 | 3.10 | 0.60 | 1.30 | 0.90 |
| 三、每亩成本外支出 | 元 | 13.27 | 25.07 | 13.61 | 7.14 | 7.26 |
| 1.村提留费 | 元 | | | | | |
| 2.乡统筹费 | 元 | | | | | |
| 3.两工支出 | 元 | 9.86 | 13.01 | 12.28 | 7.14 | 7.00 |
| 4.其它成本外支出 | 元 | 3.41 | 12.06 | 1.33 | | 0.26 |
| 附记：1.人均耕地面积 | 元 | 4.50 | 2.30 | 2.30 | 4.20 | 9.00 |
| 2.人均成本外支出 | 元 | 55.50 | 35.70 | 80.10 | 34.70 | 71.40 |
| 3.人均两工数量 | 日 | 6.00 | 7.30 | 6.00 | 4.30 | 6.20 |
| 4.雇工天数 | 日 | 0.20 | 0.40 | 0.30 | 0.10 | |
| 5.雇工工价 | 元 | 17.50 | 14.00 | 17.80 | 20.00 | 18.30 |

# 2002 年全国粮食成本收益

品种：谷子　　　　按统一工价汇总

| 项目名称 | | 单位 | 平均 | 河北 | 山西 | 河南 | 陕西 | 甘肃 |
|---|---|---|---|---|---|---|---|---|
| 调查县数 | | 个 | 29.00 | 13.00 | 10.00 | 2.00 | 3.00 | 1.00 |
| 调查户数 | | 户 | 245.00 | 86.00 | 118.00 | 5.00 | 27.00 | 9.00 |
| 调查面积 | | 亩 | 344.50 | 111.40 | 168.20 | 5.30 | 40.60 | 19.00 |
| 每亩 | 主产品产量 | 公斤 | 176.20 | 192.90 | 181.50 | 201.50 | 188.20 | 117.00 |
| | 产值合计 | 元 | 246.43 | 265.64 | 237.49 | 360.51 | 175.59 | 192.90 |
| | 主产品产值 | 元 | 217.26 | 244.39 | 208.36 | 325.19 | 156.25 | 152.10 |
| | 副产品产值 | 元 | 29.17 | 21.25 | 29.13 | 35.32 | 19.34 | 40.80 |
| | 其它收入 | 元 | | | | | | |
| | 生产成本 | 元 | 193.14 | 190.29 | 217.16 | 167.40 | 165.27 | 225.61 |
| | 物质费用 | 元 | 64.44 | 83.59 | 67.56 | 62.90 | 58.57 | 49.61 |
| | 用工作价 | 元 | 128.70 | 106.70 | 149.60 | 104.50 | 106.70 | 176.00 |
| | 用工数量 | 日 | 11.70 | 9.70 | 13.60 | 9.50 | 9.70 | 16.00 |
| | 劳动日工价 | 元 | 11.00 | 11.00 | 11.00 | 11.00 | 11.00 | 11.00 |
| | 期间费用 | 元 | 3.22 | 2.27 | 6.82 | 1.88 | 0.83 | 4.25 |
| | 税金 | 元 | 19.59 | 25.23 | 18.46 | 27.74 | 24.14 | 2.40 |
| | 含税成本 | 元 | 215.95 | 217.79 | 242.44 | 197.02 | 190.24 | 232.26 |
| | 净产值 | 元 | 181.99 | 182.05 | 169.93 | 297.61 | 117.02 | 143.29 |
| | 减税纯收益 | 元 | 30.48 | 47.85 | -4.95 | 163.49 | -14.65 | -39.36 |
| | 成本纯收益率 | % | 14.11 | 21.97 | -2.04 | 82.98 | -7.70 | -16.95 |
| 每50公斤主产品 | 平均出售价格 | 元 | 61.65 | 63.35 | 57.40 | 80.69 | 41.51 | 65.00 |
| | 物质费用 | 元 | 16.12 | 19.93 | 16.33 | 14.08 | 13.85 | 16.72 |
| | 生产成本 | 元 | 48.32 | 45.38 | 52.49 | 37.47 | 39.07 | 76.02 |
| | 含税成本 | 元 | 54.02 | 51.94 | 58.60 | 44.10 | 44.97 | 78.26 |
| | 净产值 | 元 | 45.53 | 43.42 | 41.07 | 66.61 | 27.66 | 48.28 |
| | 减税纯收益 | 元 | 7.63 | 11.41 | -1.20 | 36.59 | -3.46 | -13.26 |
| 每一劳动日 | 主产品产量 | 公斤 | 15.10 | 19.90 | 13.30 | 21.20 | 19.40 | 7.30 |
| | 净产值 | 元 | 15.55 | 18.77 | 12.49 | 31.33 | 12.06 | 8.96 |
| 每亩主产品出售数量 | | 公斤 | 83.90 | 92.80 | 65.40 | 174.50 | 41.90 | 45.00 |
| 每亩主产品出售产值 | | 元 | 118.99 | 123.06 | 76.32 | 271.23 | 65.84 | 58.50 |
| 每亩成本外支出 | | 元 | 10.03 | | 25.71 | 9.09 | 14.46 | 0.90 |

# 2002 年全国粮食成本收益

品种：谷子　　　　　　　　　　　　　　　　　　　　　　　　　按地区工价汇总

| 项目名称 | | 单位 | 平均 | 河北 | 山西 | 河南 | 陕西 | 甘肃 |
|---|---|---|---|---|---|---|---|---|
| 调查县数 | | 个 | 29.00 | 13.00 | 10.00 | 2.00 | 3.00 | 1.00 |
| 调查户数 | | 户 | 245.00 | 86.00 | 118.00 | 5.00 | 27.00 | 9.00 |
| 调查面积 | | 亩 | 344.50 | 111.40 | 168.20 | 5.30 | 40.60 | 19.00 |
| 每亩 | 主产品产量 | 公斤 | 176.20 | 192.90 | 181.50 | 201.50 | 188.20 | 117.00 |
| | 产值合计 | 元 | 246.43 | 265.64 | 237.49 | 360.51 | 175.59 | 192.90 |
| | 主产品产值 | 元 | 217.26 | 244.39 | 208.36 | 325.19 | 156.25 | 152.10 |
| | 副产品产值 | 元 | 29.17 | 21.25 | 29.13 | 35.32 | 19.34 | 40.80 |
| | 其它收入 | 元 | | | | | | |
| | 生产成本 | 元 | 165.06 | 166.04 | 179.08 | 147.45 | 152.66 | 169.61 |
| | 物质费用 | 元 | 64.44 | 83.59 | 67.56 | 62.90 | 58.57 | 49.61 |
| | 用工作价 | 元 | 100.62 | 82.45 | 111.52 | 84.55 | 94.09 | 120.00 |
| | 用工数量 | 日 | 11.70 | 9.70 | 13.60 | 9.50 | 9.70 | 16.00 |
| | 劳动日工价 | 元 | 8.60 | 8.50 | 8.20 | 8.90 | 9.70 | 7.50 |
| | 期间费用 | 元 | 3.22 | 2.27 | 6.82 | 1.88 | 0.83 | 4.25 |
| | 税金 | 元 | 19.59 | 25.23 | 18.46 | 27.74 | 24.14 | 2.40 |
| | 含税成本 | 元 | 187.87 | 193.54 | 204.36 | 177.07 | 177.63 | 176.26 |
| | 净产值 | 元 | 181.99 | 182.05 | 169.93 | 297.61 | 117.02 | 143.29 |
| | 减税纯收益 | 元 | 58.56 | 72.10 | 33.13 | 183.44 | -2.04 | 16.64 |
| | 成本纯收益率 | % | 31.17 | 37.25 | 16.21 | 103.60 | -1.15 | 9.44 |
| 每50公斤主产品 | 平均出售价格 | 元 | 61.65 | 63.35 | 57.40 | 80.69 | 41.51 | 65.00 |
| | 物质费用 | 元 | 16.12 | 19.93 | 16.33 | 14.08 | 13.85 | 16.72 |
| | 生产成本 | 元 | 41.29 | 39.60 | 43.28 | 33.00 | 36.09 | 57.15 |
| | 含税成本 | 元 | 47.00 | 46.16 | 49.39 | 39.63 | 41.99 | 59.39 |
| | 净产值 | 元 | 45.53 | 43.42 | 41.07 | 66.61 | 27.66 | 48.28 |
| | 减税纯收益 | 元 | 14.65 | 17.19 | 8.01 | 41.06 | -0.48 | 5.61 |
| 每一劳动日 | 主产品产量 | 公斤 | 15.10 | 19.90 | 13.30 | 21.20 | 19.40 | 7.30 |
| | 净产值 | 元 | 15.55 | 18.77 | 12.49 | 31.33 | 12.06 | 8.96 |
| 每亩主产品出售数量 | | 公斤 | 83.90 | 92.80 | 65.40 | 174.50 | 41.90 | 45.00 |
| 每亩主产品出售产值 | | 元 | 118.99 | 123.06 | 76.32 | 271.23 | 65.84 | 58.50 |
| 每亩成本外支出 | | 元 | 10.03 | | 25.71 | 9.09 | 14.46 | 0.90 |

# 2002年全国粮食物质费用

品种：谷子

| 项 目 名 称 | 单位 | 平 均 | 河 北 | 山 西 | 河 南 | 陕 西 | 甘 肃 |
|---|---|---|---|---|---|---|---|
| 每亩物质费用 | 元 | 64.44 | 83.59 | 67.56 | 62.90 | 58.57 | 49.61 |
| 一、直接生产费用 | 元 | 57.40 | 71.42 | 63.67 | 53.24 | 53.34 | 45.36 |
| 1.种籽秧苗费 | 元 | 3.24 | 3.46 | 3.14 | 3.55 | 1.96 | 4.10 |
| 2.农家肥费 | 元 | 7.21 | 3.42 | 8.44 | 7.47 | 4.64 | 12.10 |
| 3.化肥费 | 元 | 18.55 | 21.21 | 28.10 | 11.75 | 26.18 | 5.51 |
| 4.农膜费 | 元 | 1.16 | | | | | 5.80 |
| 5.农药费 | 元 | 1.42 | 4.88 | 0.46 | | 0.50 | 1.25 |
| 6.畜力费 | 元 | 12.16 | 8.23 | 17.06 | 8.60 | 13.33 | 13.60 |
| 7.机械作业费 | 元 | 6.78 | 14.63 | 6.31 | 7.55 | 5.43 | |
| 8.排灌费 | 元 | 6.55 | 15.59 | | 14.32 | 1.03 | 1.80 |
| 9.燃料动力费 | 元 | | | | | | |
| 10.棚架材料费 | 元 | | | | | | |
| 11.其它直接费用 | 元 | 0.33 | | 0.16 | | 0.27 | 1.20 |
| 二、间接生产费用 | 元 | 7.04 | 12.17 | 3.89 | 9.66 | 5.23 | 4.25 |
| 1.固定资产折旧 | 元 | 3.57 | 9.58 | 2.30 | 2.13 | 2.06 | 1.80 |
| 2.小农具购置修理费 | 元 | 1.79 | 2.58 | 1.44 | 0.88 | 2.10 | 1.95 |
| 3.其它间接费用 | 元 | 1.68 | 0.01 | 0.15 | 6.65 | 1.07 | 0.50 |
| 附记：1.每亩种籽用量 | 公斤 | 1.60 | 1.10 | 1.70 | 1.30 | 1.00 | 3.00 |
| 2.每亩化肥用量 | 公斤 | 7.20 | 8.40 | 11.80 | 4.50 | 9.50 | 1.80 |
| 3.每亩农膜用量 | 公斤 | 0.10 | | | | | 0.60 |
| 4.每度电价 | 元 | 0.53 | 0.53 | 0.53 | 0.63 | 0.40 | 0.55 |
| 5.每亩柴油费 | 元 | 5.70 | 12.00 | 3.33 | 13.17 | | |

# 2002年全国粮食期间费用

品种：谷子

| 项目名称 | 单位 | 平均 | 河北 | 山西 | 河南 | 陕西 | 甘肃 |
|---|---|---|---|---|---|---|---|
| 一、每亩期间费用 | 元 | 3.22 | 2.27 | 6.82 | 1.88 | 0.83 | 4.25 |
| 1.土地承包费 | 元 | 0.81 | 1.32 | 2.71 | | | |
| 2.管理费 | 元 | 0.52 | | 2.59 | | | |
| 3.销售费 | 元 | 1.48 | 0.95 | 0.93 | 1.88 | 0.83 | 2.80 |
| 4.财务费 | 元 | 0.41 | | 0.59 | | | 1.45 |
| 二、每亩用工量 | 日 | 11.70 | 9.70 | 13.60 | 9.50 | 9.70 | 16.00 |
| 1.直接用工 | 日 | 9.80 | 9.20 | 10.90 | 7.90 | 8.90 | 12.00 |
| 2.间接用工 | 日 | 1.90 | 0.50 | 2.70 | 1.60 | 0.80 | 4.00 |
| 三、每亩成本外支出 | 元 | 10.03 | | 25.71 | 9.09 | 14.46 | 0.90 |
| 1.村提留费 | 元 | | | | | | |
| 2.乡统筹费 | 元 | | | | | | |
| 3.两工支出 | 元 | 7.30 | | 17.81 | 6.54 | 12.16 | |
| 4.其它成本外支出 | 元 | 2.73 | | 7.90 | 2.55 | 2.30 | 0.90 |
| 附记：1.人均耕地面积 | 元 | 2.90 | 2.70 | 3.40 | 2.00 | 2.40 | 4.20 |
| 2.人均成本外支出 | 元 | 25.80 | | 43.90 | 25.50 | 55.10 | 4.70 |
| 3.人均两工数量 | 日 | 4.30 | | 8.40 | 3.10 | 9.00 | 1.00 |
| 4.雇工天数 | 日 | | | | | | |
| 5.雇工工价 | 元 | 13.20 | 10.00 | 13.90 | 12.40 | 16.40 | |

# 2002年全国粮食成本收益(一)

品种：大豆　　　　按统一工价汇总

| 项目名称 | | 单位 | 平均 | 河北 | 山西 | 内蒙古 | 辽宁 | 吉林 | 黑龙江 |
|---|---|---|---|---|---|---|---|---|---|
| 调查县数 | | 个 | 163.00 | 18.00 | 5.00 | 5.00 | 19.00 | 9.00 | 36.00 |
| 调查户数 | | 户 | 1418.00 | 140.00 | 57.00 | 50.00 | 72.00 | 73.00 | 313.00 |
| 调查面积 | | 亩 | 11824.62 | 152.30 | 68.20 | 499.30 | 267.30 | 605.30 | 9262.80 |
| 每亩 | 主产品产量 | 公斤 | 133.60 | 145.70 | 145.60 | 96.80 | 157.30 | 148.00 | 132.40 |
| | 产值合计 | 元 | 309.08 | 334.52 | 332.95 | 204.35 | 346.73 | 340.14 | 279.29 |
| | 主产品产值 | 元 | 295.12 | 324.74 | 328.88 | 195.69 | 331.16 | 327.50 | 269.55 |
| | 副产品产值 | 元 | 13.96 | 9.78 | 4.07 | 8.66 | 15.57 | 12.64 | 9.74 |
| | 其它收入 | 元 | | | | | | | |
| | 生产成本 | 元 | 154.46 | 161.67 | 168.15 | 137.24 | 159.83 | 167.34 | 128.90 |
| | 物质费用 | 元 | 75.26 | 83.57 | 66.95 | 77.84 | 96.03 | 94.74 | 91.50 |
| | 用工作价 | 元 | 79.20 | 78.10 | 101.20 | 59.40 | 63.80 | 72.60 | 37.40 |
| | 用工数量 | 日 | 7.20 | 7.10 | 9.20 | 5.40 | 5.80 | 6.60 | 3.40 |
| | 劳动日工价 | 元 | 11.00 | 11.00 | 11.00 | 11.00 | 11.00 | 11.00 | 11.00 |
| | 期间费用 | 元 | 6.68 | 3.46 | 12.21 | 5.53 | 8.03 | 4.40 | 23.08 |
| | 税金 | 元 | 25.98 | 29.24 | 16.45 | 17.47 | 30.75 | 26.06 | 22.62 |
| | 含税成本 | 元 | 187.12 | 194.37 | 196.81 | 160.24 | 198.61 | 197.80 | 174.60 |
| | 净产值 | 元 | 233.82 | 250.95 | 266.00 | 126.51 | 250.70 | 245.40 | 187.79 |
| | 减税纯收益 | 元 | 121.96 | 140.15 | 136.14 | 44.11 | 148.12 | 142.34 | 104.69 |
| | 成本纯收益率 | % | 65.18 | 72.10 | 69.17 | 27.53 | 74.58 | 71.96 | 59.96 |
| 每50公斤主产品 | 平均出售价格 | 元 | 110.45 | 111.44 | 112.94 | 101.08 | 105.26 | 110.64 | 101.79 |
| | 物质费用 | 元 | 26.89 | 27.84 | 22.71 | 38.50 | 29.15 | 30.82 | 33.35 |
| | 生产成本 | 元 | 55.20 | 53.86 | 57.04 | 67.88 | 48.52 | 54.43 | 46.98 |
| | 含税成本 | 元 | 66.87 | 64.75 | 66.76 | 79.26 | 60.29 | 64.34 | 63.63 |
| | 净产值 | 元 | 83.56 | 83.60 | 90.23 | 62.58 | 76.11 | 79.82 | 68.44 |
| | 减税纯收益 | 元 | 43.58 | 46.69 | 46.18 | 21.82 | 44.97 | 46.30 | 38.16 |
| 每一劳动日 | 主产品产量 | 公斤 | 18.60 | 20.50 | 15.80 | 17.90 | 27.10 | 22.40 | 38.90 |
| | 净产值 | 元 | 32.48 | 35.35 | 28.91 | 23.43 | 43.22 | 37.18 | 55.23 |
| 每亩主产品出售数量 | | 公斤 | 99.20 | 106.00 | 95.10 | 92.40 | 131.70 | 134.50 | 113.40 |
| 每亩主产品出售产值 | | 元 | 216.17 | 236.62 | 216.69 | 186.25 | 277.50 | 298.06 | 229.38 |
| 每亩成本外支出 | | 元 | 10.34 | | 13.42 | 10.64 | 12.18 | 7.49 | 7.29 |

# 2002年全国粮食成本收益(二)

品种：大豆　　　　按统一工价汇总

| 项目名称 | | 单位 | 江苏 | 安徽 | 山东 | 河南 | 湖北 | 重庆 | 陕西 |
|---|---|---|---|---|---|---|---|---|---|
| 调查县数 | | 个 | 10.00 | 7.00 | 20.00 | 15.00 | 5.00 | 8.00 | 6.00 |
| 调查户数 | | 户 | 79.00 | 120.00 | 194.00 | 90.00 | 64.00 | 106.00 | 60.00 |
| 调查面积 | | 亩 | 92.90 | 260.80 | 256.70 | 126.90 | 90.92 | 38.70 | 102.50 |
| 每亩 | 主产品产量 | 公斤 | 149.20 | 132.30 | 129.60 | 121.40 | 176.50 | 93.90 | 108.50 |
| | 产值合计 | 元 | 354.14 | 291.85 | 338.16 | 272.33 | 386.28 | 278.20 | 259.09 |
| | 主产品产值 | 元 | 340.26 | 270.57 | 320.93 | 253.21 | 362.83 | 262.05 | 249.19 |
| | 副产品产值 | 元 | 13.88 | 21.28 | 17.23 | 19.12 | 23.45 | 16.15 | 9.90 |
| | 其它收入 | 元 | | | | | | | |
| | 生产成本 | 元 | 160.58 | 124.30 | 166.36 | 139.56 | 185.16 | 174.51 | 131.21 |
| | 物质费用 | 元 | 70.38 | 47.30 | 81.66 | 58.16 | 103.76 | 44.71 | 61.91 |
| | 用工作价 | 元 | 90.20 | 77.00 | 84.70 | 81.40 | 81.40 | 129.80 | 69.30 |
| | 用工数量 | 日 | 8.20 | 7.00 | 7.70 | 7.40 | 7.40 | 11.80 | 6.30 |
| | 劳动日工价 | 元 | 11.00 | 11.00 | 11.00 | 11.00 | 11.00 | 11.00 | 11.00 |
| | 期间费用 | 元 | 2.23 | 0.91 | 14.87 | 2.13 | 8.47 | 0.88 | 0.52 |
| | 税金 | 元 | 32.29 | 23.36 | 31.03 | 28.13 | 41.61 | 17.73 | 21.02 |
| | 含税成本 | 元 | 195.10 | 148.57 | 212.26 | 169.82 | 235.24 | 193.12 | 152.75 |
| | 净产值 | 元 | 283.76 | 244.55 | 256.50 | 214.17 | 282.52 | 233.49 | 197.18 |
| | 减税纯收益 | 元 | 159.04 | 143.28 | 125.90 | 102.51 | 151.04 | 85.08 | 106.34 |
| | 成本纯收益率 | % | 81.52 | 96.44 | 59.31 | 60.36 | 64.21 | 44.06 | 69.62 |
| 每50公斤主产品 | 平均出售价格 | 元 | 114.03 | 102.26 | 123.82 | 104.29 | 102.78 | 139.54 | 114.83 |
| | 物质费用 | 元 | 22.66 | 16.57 | 29.90 | 22.27 | 27.61 | 22.43 | 27.44 |
| | 生产成本 | 元 | 51.71 | 43.55 | 60.91 | 53.45 | 49.27 | 87.53 | 58.15 |
| | 含税成本 | 元 | 62.82 | 52.06 | 77.72 | 65.03 | 62.59 | 96.87 | 67.70 |
| | 净产值 | 元 | 91.37 | 85.69 | 93.92 | 82.02 | 75.17 | 117.11 | 87.39 |
| | 减税纯收益 | 元 | 51.21 | 50.20 | 46.10 | 39.26 | 40.19 | 42.67 | 47.13 |
| 每一劳动日 | 主产品产量 | 公斤 | 18.20 | 18.90 | 16.80 | 16.40 | 23.90 | 8.00 | 17.20 |
| | 净产值 | 元 | 34.60 | 34.94 | 33.31 | 28.94 | 38.18 | 19.79 | 31.30 |
| 每亩主产品出售数量 | | 公斤 | 98.00 | 78.70 | 80.80 | 91.30 | 158.30 | 49.40 | 59.90 |
| 每亩主产品出售产值 | | 元 | 225.17 | 160.31 | 204.35 | 181.81 | 325.47 | 128.41 | 140.25 |
| 每亩成本外支出 | | 元 | 27.98 | 7.66 | 15.63 | 5.23 | 24.51 | 1.63 | 0.79 |

# 2002年全国粮食成本收益(一)

品种：大豆　　　　按地区工价汇总

| 项目名称 | | 单位 | 平均 | 河北 | 山西 | 内蒙古 | 辽宁 | 吉林 | 黑龙江 |
|---|---|---|---|---|---|---|---|---|---|
| 调查县数 | | 个 | 163.00 | 18.00 | 5.00 | 5.00 | 19.00 | 9.00 | 36.00 |
| 调查户数 | | 户 | 1418.00 | 140.00 | 57.00 | 50.00 | 72.00 | 73.00 | 313.00 |
| 调查面积 | | 亩 | 11824.62 | 152.30 | 68.20 | 499.30 | 267.30 | 605.30 | 9262.80 |
| 每亩 | 主产品产量 | 公斤 | 133.60 | 145.70 | 145.60 | 96.80 | 157.30 | 148.00 | 132.40 |
| | 产值合计 | 元 | 309.08 | 334.52 | 332.95 | 204.35 | 346.73 | 340.14 | 279.29 |
| | 主产品产值 | 元 | 295.12 | 324.74 | 328.88 | 195.69 | 331.16 | 327.50 | 269.55 |
| | 副产品产值 | 元 | 13.96 | 9.78 | 4.07 | 8.66 | 15.57 | 12.64 | 9.74 |
| | 其它收入 | 元 | | | | | | | |
| | 生产成本 | 元 | 145.82 | 143.92 | 142.39 | 121.04 | 151.13 | 167.34 | 123.80 |
| | 物质费用 | 元 | 75.26 | 83.57 | 66.95 | 77.84 | 96.03 | 94.74 | 91.50 |
| | 用工作价 | 元 | 70.56 | 60.35 | 75.44 | 43.20 | 55.10 | 72.60 | 32.30 |
| | 用工数量 | 日 | 7.20 | 7.10 | 9.20 | 5.40 | 5.80 | 6.60 | 3.40 |
| | 劳动日工价 | 元 | 9.80 | 8.50 | 8.20 | 8.00 | 9.50 | 11.00 | 9.50 |
| | 期间费用 | 元 | 6.68 | 3.46 | 12.21 | 5.53 | 8.03 | 4.40 | 23.08 |
| | 税金 | 元 | 25.98 | 29.24 | 16.45 | 17.47 | 30.75 | 26.06 | 22.62 |
| | 含税成本 | 元 | 178.48 | 176.62 | 171.05 | 144.04 | 189.91 | 197.80 | 169.50 |
| | 净产值 | 元 | 233.82 | 250.95 | 266.00 | 126.51 | 250.70 | 245.40 | 187.79 |
| | 减税纯收益 | 元 | 130.60 | 157.90 | 161.90 | 60.31 | 156.82 | 142.34 | 109.79 |
| | 成本纯收益率 | % | 73.17 | 89.40 | 94.65 | 41.87 | 82.58 | 71.96 | 64.77 |
| 每50公斤主产品 | 平均出售价格 | 元 | 110.45 | 111.44 | 112.94 | 101.08 | 105.26 | 110.64 | 101.79 |
| | 物质费用 | 元 | 26.89 | 27.84 | 22.71 | 38.50 | 29.15 | 30.82 | 33.35 |
| | 生产成本 | 元 | 52.11 | 47.94 | 48.30 | 59.87 | 45.88 | 54.43 | 45.12 |
| | 含税成本 | 元 | 63.78 | 58.84 | 58.02 | 71.25 | 57.65 | 64.34 | 61.78 |
| | 净产值 | 元 | 83.56 | 83.60 | 90.23 | 62.58 | 76.11 | 79.82 | 68.44 |
| | 减税纯收益 | 元 | 46.67 | 52.60 | 54.92 | 29.83 | 47.61 | 46.30 | 40.01 |
| 每一劳动日 | 主产品产量 | 公斤 | 18.60 | 20.50 | 15.80 | 17.90 | 27.10 | 22.40 | 38.90 |
| | 净产值 | 元 | 32.48 | 35.35 | 28.91 | 23.43 | 43.22 | 37.18 | 55.23 |
| 每亩主产品出售数量 | | 公斤 | 99.20 | 106.00 | 95.10 | 92.40 | 131.70 | 134.50 | 113.40 |
| 每亩主产品出售产值 | | 元 | 216.17 | 236.62 | 216.69 | 186.25 | 277.50 | 298.06 | 229.38 |
| 每亩成本外支出 | | 元 | 10.34 | | 13.42 | 10.64 | 12.18 | 7.49 | 7.29 |

# 2002 年全国粮食成本收益(二)

品种：大豆　　　　　　　　　　　　　　　　　　　　　　　　按地区工价汇总

| 项目名称 | | 单位 | 江苏 | 安徽 | 山东 | 河南 | 湖北 | 重庆 | 陕西 |
|---|---|---|---|---|---|---|---|---|---|
| 调查县数 | | 个 | 10.00 | 7.00 | 20.00 | 15.00 | 5.00 | 8.00 | 6.00 |
| 调查户数 | | 户 | 79.00 | 120.00 | 194.00 | 90.00 | 64.00 | 106.00 | 60.00 |
| 调查面积 | | 亩 | 92.90 | 260.80 | 256.70 | 126.90 | 90.92 | 38.70 | 102.50 |
| 每亩 | 主产品产量 | 公斤 | 149.20 | 132.30 | 129.60 | 121.40 | 176.50 | 93.90 | 108.50 |
| | 产值合计 | 元 | 354.14 | 291.85 | 338.16 | 272.33 | 386.28 | 278.20 | 259.09 |
| | 主产品产值 | 元 | 340.26 | 270.57 | 320.93 | 253.21 | 362.83 | 262.05 | 249.19 |
| | 副产品产值 | 元 | 13.88 | 21.28 | 17.23 | 19.12 | 23.45 | 16.15 | 9.90 |
| | 其它收入 | 元 | | | | | | | |
| | 生产成本 | 元 | 176.98 | 117.30 | 168.67 | 124.02 | 177.76 | 166.25 | 123.02 |
| | 物质费用 | 元 | 70.38 | 47.30 | 81.66 | 58.16 | 103.76 | 44.71 | 61.91 |
| | 用工作价 | 元 | 106.60 | 70.00 | 87.01 | 65.86 | 74.00 | 121.54 | 61.11 |
| | 用工数量 | 日 | 8.20 | 7.00 | 7.70 | 7.40 | 7.40 | 11.80 | 6.30 |
| | 劳动日工价 | 元 | 13.00 | 10.00 | 11.30 | 8.90 | 10.00 | 10.30 | 9.70 |
| | 期间费用 | 元 | 2.23 | 0.91 | 14.87 | 2.13 | 8.47 | 0.88 | 0.52 |
| | 税金 | 元 | 32.29 | 23.36 | 31.03 | 28.13 | 41.61 | 17.73 | 21.02 |
| | 含税成本 | 元 | 211.50 | 141.57 | 214.57 | 154.28 | 227.84 | 184.86 | 144.56 |
| | 净产值 | 元 | 283.76 | 244.55 | 256.50 | 214.17 | 282.52 | 233.49 | 197.18 |
| | 减税纯收益 | 元 | 142.64 | 150.28 | 123.59 | 118.05 | 158.44 | 93.34 | 114.53 |
| | 成本纯收益率 | % | 67.44 | 106.15 | 57.60 | 76.52 | 69.54 | 50.49 | 79.23 |
| 每50公斤主产品 | 平均出售价格 | 元 | 114.03 | 102.26 | 123.82 | 104.29 | 102.78 | 139.54 | 114.83 |
| | 物质费用 | 元 | 22.66 | 16.57 | 29.90 | 22.27 | 27.61 | 22.43 | 27.44 |
| | 生产成本 | 元 | 56.99 | 41.10 | 61.76 | 47.49 | 47.30 | 83.39 | 54.52 |
| | 含税成本 | 元 | 68.10 | 49.60 | 78.57 | 59.08 | 60.62 | 92.72 | 64.07 |
| | 净产值 | 元 | 91.37 | 85.69 | 93.92 | 82.02 | 75.17 | 117.11 | 87.39 |
| | 减税纯收益 | 元 | 45.93 | 52.66 | 45.25 | 45.21 | 42.16 | 46.82 | 50.76 |
| 每一劳动日 | 主产品产量 | 公斤 | 18.20 | 18.90 | 16.80 | 16.40 | 23.90 | 8.00 | 17.20 |
| | 净产值 | 元 | 34.60 | 34.94 | 33.31 | 28.94 | 38.18 | 19.79 | 31.30 |
| 每亩主产品出售数量 | | 公斤 | 98.00 | 78.70 | 80.80 | 91.30 | 158.30 | 49.40 | 59.90 |
| 每亩主产品出售产值 | | 元 | 225.17 | 160.31 | 204.35 | 181.81 | 325.47 | 128.41 | 140.25 |
| 每亩成本外支出 | | 元 | 27.98 | 7.66 | 15.63 | 5.23 | 24.51 | 1.63 | 0.79 |

# 2002年全国粮食物质费用(一)

品种：大豆

| 项 目 名 称 | 单位 | 平 均 | 河 北 | 山 西 | 内蒙古 | 辽 宁 | 吉 林 | 黑龙江 |
|---|---|---|---|---|---|---|---|---|
| 每亩物质费用 | 元 | 75.26 | 83.57 | 66.95 | 77.84 | 96.03 | 94.74 | 91.50 |
| 一、直接生产费用 | 元 | 67.27 | 72.20 | 63.60 | 59.56 | 91.13 | 86.14 | 82.37 |
| 1.种籽秧苗费 | 元 | 17.35 | 17.18 | 11.21 | 13.14 | 19.96 | 19.03 | 11.97 |
| 2.农家肥费 | 元 | 3.03 | 3.99 | 7.08 | 3.28 | 5.16 | 4.46 | 0.18 |
| 3.化肥费 | 元 | 18.22 | 18.15 | 22.99 | 21.05 | 27.90 | 23.91 | 25.37 |
| 4.农膜费 | 元 | | | | | | | |
| 5.农药费 | 元 | 5.13 | 5.17 | 0.58 | 7.76 | 4.94 | 7.23 | 7.42 |
| 6.畜力费 | 元 | 7.08 | 0.55 | 10.38 | 1.41 | 22.44 | 17.64 | 0.79 |
| 7.机械作业费 | 元 | 10.98 | 10.71 | 8.47 | 11.71 | 8.89 | 10.27 | 33.12 |
| 8.排灌费 | 元 | 4.56 | 16.40 | 2.53 | 1.21 | | 3.05 | |
| 9.燃料动力费 | 元 | | | | | | | |
| 10.棚架材料费 | 元 | | | | | | | |
| 11.其它直接费用 | 元 | 0.92 | 0.05 | 0.36 | | 1.84 | 0.55 | 3.52 |
| 二、间接生产费用 | 元 | 7.99 | 11.37 | 3.35 | 18.28 | 4.90 | 8.60 | 9.13 |
| 1.固定资产折旧 | 元 | 5.18 | 8.44 | 2.20 | 15.28 | 2.37 | 4.31 | 6.55 |
| 2.小农具购置修理费 | 元 | 2.48 | 2.93 | 1.15 | 3.00 | 2.47 | 4.03 | 2.18 |
| 3.其它间接费用 | 元 | 0.33 | | | | 0.06 | 0.26 | 0.40 |
| 附记：1.每亩种籽用量 | 公斤 | 6.10 | 6.70 | 4.20 | 5.80 | 5.00 | 3.00 | 5.20 |
| 2.每亩化肥用量 | 公斤 | 6.70 | 6.60 | 9.60 | 7.40 | 8.90 | 7.30 | 9.20 |
| 3.每亩农膜用量 | 公斤 | | | | | | | |
| 4.每度电价 | 元 | 0.65 | 0.60 | 0.58 | 0.66 | 0.66 | 0.65 | 0.68 |
| 5.每亩柴油费 | 元 | 4.79 | 4.89 | 3.33 | 6.71 | | 9.55 | 9.56 |

# 2002年全国粮食物质费用(二)

品种:大豆

| 项目名称 | 单位 | 江苏 | 安徽 | 山东 | 河南 | 湖北 | 重庆 | 陕西 |
|---|---|---|---|---|---|---|---|---|
| 每亩物质费用 | 元 | 70.38 | 47.30 | 81.66 | 58.16 | 103.76 | 44.71 | 61.91 |
| 一、直接生产费用 | 元 | 64.88 | 38.31 | 74.27 | 51.16 | 94.29 | 38.33 | 58.33 |
| 1.种籽秧苗费 | 元 | 23.95 | 17.81 | 16.69 | 14.99 | 32.12 | 14.72 | 12.81 |
| 2.农家肥费 | 元 | 1.95 | 0.61 | 2.44 | 1.66 | 1.76 | 5.59 | 1.25 |
| 3.化肥费 | 元 | 18.34 | 6.14 | 20.84 | 5.95 | 23.16 | 10.32 | 12.79 |
| 4.农膜费 | 元 | | | | | | | |
| 5.农药费 | 元 | 8.27 | 4.54 | 8.98 | 4.44 | 4.89 | 0.30 | 2.16 |
| 6.畜力费 | 元 | 0.35 | 0.56 | 2.44 | 4.82 | 20.13 | 6.62 | 3.93 |
| 7.机械作业费 | 元 | 7.60 | 8.42 | 12.03 | 11.96 | 3.07 | | 16.48 |
| 8.排灌费 | 元 | 4.33 | 0.19 | 9.86 | 5.63 | 7.45 | | 8.62 |
| 9.燃料动力费 | 元 | | | | | | | |
| 10.棚架材料费 | 元 | | | | | | | |
| 11.其它直接费用 | 元 | 0.09 | 0.04 | 0.99 | 1.71 | 1.71 | 0.78 | 0.29 |
| 二、间接生产费用 | 元 | 5.50 | 8.99 | 7.39 | 7.00 | 9.47 | 6.38 | 3.58 |
| 1.固定资产折旧 | 元 | 2.68 | 6.24 | 4.58 | 5.00 | 4.91 | 2.64 | 2.20 |
| 2.小农具购置修理费 | 元 | 2.65 | 2.59 | 2.40 | 1.90 | 2.63 | 2.97 | 1.32 |
| 3.其它间接费用 | 元 | 0.17 | 0.16 | 0.41 | 0.10 | 1.93 | 0.77 | 0.06 |
| 附记:1.每亩种籽用量 | 公斤 | 8.00 | 7.70 | 5.90 | 5.60 | 10.80 | 5.60 | 5.90 |
| 2.每亩化肥用量 | 公斤 | 6.30 | 3.40 | 6.60 | 1.90 | 11.00 | 3.50 | 4.90 |
| 3.每亩农膜用量 | 公斤 | | | | | | | |
| 4.每度电价 | 元 | 0.65 | 0.80 | 0.66 | 0.70 | 0.73 | 0.60 | 0.48 |
| 5.每亩柴油费 | 元 | 2.76 | 4.78 | 8.90 | 5.29 | 6.54 | | |

# 2002年全国粮食期间费用(一)

品种：大豆

| 项目名称 | 单位 | 平均 | 河北 | 山西 | 内蒙古 | 辽宁 | 吉林 | 黑龙江 |
|---|---|---|---|---|---|---|---|---|
| 一、每亩期间费用 | 元 | 6.68 | 3.46 | 12.21 | 5.53 | 8.03 | 4.40 | 23.08 |
| 1.土地承包费 | 元 | 3.57 | 2.76 | 7.59 | 4.71 | | 1.04 | 18.46 |
| 2.管理费 | 元 | 0.41 | | 1.86 | 0.07 | 2.60 | 0.34 | 0.40 |
| 3.销售费 | 元 | 2.42 | 0.62 | 2.76 | 0.61 | 5.17 | 2.06 | 2.63 |
| 4.财务费 | 元 | 0.28 | 0.08 | | 0.14 | 0.26 | 0.96 | 1.59 |
| 二、每亩用工量 | 日 | 7.20 | 7.10 | 9.20 | 5.40 | 5.80 | 6.60 | 3.40 |
| 1.直接用工 | 日 | 6.40 | 6.20 | 8.00 | 4.60 | 4.90 | 5.80 | 2.90 |
| 2.间接用工 | 日 | 0.80 | 0.90 | 1.20 | 0.80 | 0.90 | 0.80 | 0.50 |
| 三、每亩成本外支出 | 元 | 10.34 | | 13.42 | 10.64 | 12.18 | 7.49 | 7.29 |
| 1.村提留费 | 元 | | | | | | | |
| 2.乡统筹费 | 元 | | | | | | | |
| 3.两工支出 | 元 | 7.83 | | 6.37 | 10.40 | 11.38 | 7.49 | 6.50 |
| 4.其它成本外支出 | 元 | 2.51 | | 7.05 | 0.24 | 0.80 | | 0.79 |
| 附记：1.人均耕地面积 | 元 | 3.40 | 1.40 | 3.30 | 6.60 | 2.40 | 4.40 | 15.10 |
| 2.人均成本外支出 | 元 | 40.90 | | 44.00 | 66.80 | 77.00 | 47.20 | 63.10 |
| 3.人均两工数量 | 日 | 3.90 | | 4.40 | 4.50 | 6.50 | 4.00 | 7.10 |
| 4.雇工天数 | 日 | 0.30 | | | 0.90 | 1.60 | 0.30 | 0.30 |
| 5.雇工工价 | 元 | 17.10 | 17.50 | 13.10 | 19.70 | 17.60 | 18.90 | 21.40 |

# 2002年全国粮食期间费用(二)

品种：大豆

| 项目名称 | 单位 | 江苏 | 安徽 | 山东 | 河南 | 湖北 | 重庆 | 陕西 |
|---|---|---|---|---|---|---|---|---|
| 一、每亩期间费用 | 元 | 2.23 | 0.91 | 14.87 | 2.13 | 8.47 | 0.88 | 0.52 |
| 1.土地承包费 | 元 | | | 11.79 | | | | |
| 2.管理费 | 元 | | | | | 0.03 | | |
| 3.销售费 | 元 | 2.23 | 0.91 | 2.61 | 2.13 | 8.36 | 0.83 | 0.48 |
| 4.财务费 | 元 | | | 0.47 | | 0.08 | 0.05 | 0.04 |
| 二、每亩用工量 | 日 | 8.20 | 7.00 | 7.70 | 7.40 | 7.40 | 11.80 | 6.30 |
| 1.直接用工 | 日 | 7.20 | 6.30 | 6.80 | 6.60 | 7.10 | 11.00 | 5.80 |
| 2.间接用工 | 日 | 1.00 | 0.70 | 0.90 | 0.80 | 0.30 | 0.80 | 0.50 |
| 三、每亩成本外支出 | 元 | 27.98 | 7.66 | 15.63 | 5.23 | 24.51 | 1.63 | 0.79 |
| 1.村提留费 | 元 | | | | | | | |
| 2.乡统筹费 | 元 | | | | | | | |
| 3.两工支出 | 元 | 15.20 | 6.31 | 14.35 | 5.08 | 18.53 | | 0.23 |
| 4.其它成本外支出 | 元 | 12.78 | 1.35 | 1.28 | 0.15 | 5.98 | 1.63 | 0.56 |
| 附记：1.人均耕地面积 | 元 | 1.60 | 1.70 | 1.80 | 1.30 | 2.00 | 1.20 | 1.70 |
| 2.人均成本外支出 | 元 | 61.10 | 15.30 | 58.60 | 13.60 | 61.20 | 15.40 | 8.50 |
| 3.人均两工数量 | 日 | 7.40 | 3.90 | 8.00 | 1.60 | 3.60 | | 0.10 |
| 4.雇工天数 | 日 | | 0.20 | | 0.40 | | 0.80 | |
| 5.雇工工价 | 元 | 17.80 | 16.10 | 16.00 | 10.70 | 20.00 | 20.80 | 13.10 |

# 2002年全国油料成本收益(一)

品种：花生　　　　按统一工价汇总

| 项目名称 | | 单位 | 平均 | 河北 | 辽宁 | 江苏 | 安徽 | 福建 |
|---|---|---|---|---|---|---|---|---|
| 调查县数 | | 个 | 128.00 | 26.00 | 6.00 | 9.00 | 4.00 | 5.00 |
| 调查户数 | | 户 | 1033.00 | 203.00 | 16.00 | 72.00 | 43.00 | 37.00 |
| 调查面积 | | 亩 | 1704.94 | 246.40 | 156.00 | 102.10 | 54.70 | 40.61 |
| 每亩 | 主产品产量 | 公斤 | 195.80 | 191.80 | 253.20 | 239.60 | 204.80 | 230.30 |
| | 产值合计 | 元 | 528.03 | 490.18 | 569.04 | 603.75 | 477.45 | 859.79 |
| | 主产品产值 | 元 | 505.20 | 472.43 | 550.54 | 578.17 | 453.24 | 835.24 |
| | 副产品产值 | 元 | 22.83 | 17.75 | 18.50 | 25.58 | 24.21 | 24.55 |
| | 其它收入 | 元 | | | | | | |
| | 生产成本 | 元 | 300.13 | 308.01 | 325.08 | 303.08 | 237.47 | 385.42 |
| | 物质费用 | 元 | 149.43 | 169.41 | 206.28 | 149.08 | 117.57 | 198.42 |
| | 用工作价 | 元 | 150.70 | 138.60 | 118.80 | 154.00 | 119.90 | 187.00 |
| | 用工数量 | 日 | 13.70 | 12.60 | 10.80 | 14.00 | 10.90 | 17.00 |
| | 劳动日工价 | 元 | 11.00 | 11.00 | 11.00 | 11.00 | 11.00 | 11.00 |
| | 期间费用 | 元 | 7.85 | 2.62 | 14.28 | 3.27 | 0.76 | 2.04 |
| | 税金 | 元 | 27.52 | 36.98 | 33.03 | 31.76 | 19.41 | 43.17 |
| | 含税成本 | 元 | 335.50 | 347.61 | 372.39 | 338.11 | 257.64 | 430.63 |
| | 净产值 | 元 | 378.60 | 320.77 | 362.76 | 454.67 | 359.88 | 661.37 |
| | 减税纯收益 | 元 | 192.53 | 142.57 | 196.65 | 265.64 | 219.81 | 429.16 |
| | 成本纯收益率 | % | 57.39 | 41.01 | 52.81 | 78.57 | 85.32 | 99.66 |
| 每50公斤主产品 | 平均出售价格 | 元 | 129.01 | 123.16 | 108.72 | 120.65 | 110.65 | 181.34 |
| | 物质费用 | 元 | 36.51 | 42.57 | 39.41 | 29.79 | 27.25 | 41.85 |
| | 生产成本 | 元 | 73.33 | 77.39 | 62.11 | 60.57 | 55.03 | 81.29 |
| | 含税成本 | 元 | 81.97 | 87.34 | 71.15 | 67.57 | 59.71 | 90.83 |
| | 净产值 | 元 | 92.50 | 80.59 | 69.31 | 90.86 | 83.40 | 139.49 |
| | 减税纯收益 | 元 | 47.04 | 35.82 | 37.57 | 53.08 | 50.94 | 90.51 |
| 每一劳动日 | 主产品产量 | 公斤 | 14.30 | 15.20 | 23.40 | 17.10 | 18.80 | 13.50 |
| | 净产值 | 元 | 27.64 | 25.46 | 33.59 | 32.48 | 33.02 | 38.90 |
| 每亩主产品出售数量 | | 公斤 | 127.10 | 144.30 | 188.00 | 179.60 | 123.80 | 112.20 |
| 每亩主产品出售产值 | | 元 | 328.72 | 353.82 | 430.40 | 432.52 | 276.39 | 458.53 |
| 每亩成本外支出 | | 元 | 9.15 | | 14.27 | 35.60 | 5.77 | 13.77 |

# 2002年全国油料成本收益(二)

品种：花生　　　　按统一工价汇总

| 项目名称 | | 单位 | 山东 | 河南 | 湖北 | 广东 | 广西 |
|---|---|---|---|---|---|---|---|
| 调查县数 | | 个 | 25.00 | 14.00 | 4.00 | 10.00 | 5.00 |
| 调查户数 | | 户 | 242.00 | 60.00 | 31.00 | 89.00 | 37.00 |
| 调查面积 | | 亩 | 420.23 | 197.80 | 31.40 | 122.25 | 70.85 |
| 每亩 | 主产品产量 | 公斤 | 227.30 | 179.90 | 279.00 | 166.60 | 154.60 |
| | 产值合计 | 元 | 653.08 | 493.84 | 601.49 | 522.29 | 337.32 |
| | 主产品产值 | 元 | 627.80 | 475.46 | 576.07 | 498.10 | 316.36 |
| | 副产品产值 | 元 | 25.28 | 18.38 | 25.42 | 24.19 | 20.96 |
| | 其它收入 | 元 | | | | | |
| | 生产成本 | 元 | 387.07 | 279.94 | 262.03 | 323.16 | 278.10 |
| | 物质费用 | 元 | 216.57 | 133.64 | 141.03 | 162.56 | 138.40 |
| | 用工作价 | 元 | 170.50 | 146.30 | 121.00 | 160.60 | 139.70 |
| | 用工数量 | 日 | 15.50 | 13.30 | 11.00 | 14.60 | 12.70 |
| | 劳动日工价 | 元 | 11.00 | 11.00 | 11.00 | 11.00 | 11.00 |
| | 期间费用 | 元 | 24.62 | 1.82 | 6.20 | 9.21 | 3.55 |
| | 税金 | 元 | 54.17 | 28.89 | 39.35 | 10.70 | 19.58 |
| | 含税成本 | 元 | 465.86 | 310.65 | 307.58 | 343.07 | 301.23 |
| | 净产值 | 元 | 436.51 | 360.20 | 460.46 | 359.73 | 198.92 |
| | 减税纯收益 | 元 | 187.22 | 183.19 | 293.91 | 179.22 | 36.09 |
| | 成本纯收益率 | % | 40.19 | 58.97 | 95.56 | 52.24 | 11.98 |
| 每50公斤主产品 | 平均出售价格 | 元 | 138.10 | 132.15 | 103.24 | 149.49 | 102.32 |
| | 物质费用 | 元 | 45.80 | 35.76 | 24.21 | 46.53 | 41.98 |
| | 生产成本 | 元 | 81.85 | 74.91 | 44.97 | 92.49 | 84.36 |
| | 含税成本 | 元 | 98.51 | 83.13 | 52.79 | 98.19 | 91.37 |
| | 净产值 | 元 | 92.30 | 96.39 | 79.03 | 102.96 | 60.34 |
| | 减税纯收益 | 元 | 39.59 | 49.02 | 50.45 | 51.30 | 10.95 |
| 每一劳动日 | 主产品产量 | 公斤 | 14.70 | 13.50 | 25.40 | 11.40 | 12.20 |
| | 净产值 | 元 | 28.16 | 27.08 | 41.86 | 24.64 | 15.66 |
| 每亩主产品出售数量 | | 公斤 | 145.40 | 145.20 | 224.00 | 63.90 | 7.00 |
| 每亩主产品出售产值 | | 元 | 378.33 | 355.39 | 462.10 | 188.05 | 18.12 |
| 每亩成本外支出 | | 元 | 13.38 | 6.63 | 13.30 | 6.96 | 7.75 |

# 2002年全国油料成本收益(三)

品种：花生　　　　按统一工价汇总

| 项目名称 | | 单位 | 海南 | 四川 | 贵州 | 重庆 | 陕西 |
|---|---|---|---|---|---|---|---|
| 调查县数 | | 个 | 5.00 | 3.00 | 2.00 | 7.00 | 3.00 |
| 调查户数 | | 户 | 36.00 | 32.00 | 22.00 | 86.00 | 27.00 |
| 调查面积 | | 亩 | 86.00 | 21.00 | 30.80 | 30.60 | 94.20 |
| 每亩 | 主产品产量 | 公斤 | 207.10 | 129.70 | 117.00 | 127.70 | 228.70 |
| | 产值合计 | 元 | 571.11 | 408.69 | 439.84 | 340.60 | 552.07 |
| | 主产品产值 | 元 | 565.94 | 388.56 | 370.15 | 328.44 | 541.54 |
| | 副产品产值 | 元 | 5.17 | 20.13 | 69.69 | 12.16 | 10.53 |
| | 其它收入 | 元 | | | | | |
| | 生产成本 | 元 | 312.61 | 237.83 | 208.32 | 275.02 | 384.24 |
| | 物质费用 | 元 | 113.51 | 98.13 | 102.72 | 89.12 | 204.94 |
| | 用工作价 | 元 | 199.10 | 139.70 | 105.60 | 185.90 | 179.30 |
| | 用工数量 | 日 | 18.10 | 12.70 | 9.60 | 16.90 | 16.30 |
| | 劳动日工价 | 元 | 11.00 | 11.00 | 11.00 | 11.00 | 11.00 |
| | 期间费用 | 元 | 5.85 | 4.25 | 2.84 | 3.45 | 32.86 |
| | 税金 | 元 | 13.42 | 21.81 | 16.14 | 20.34 | 24.00 |
| | 含税成本 | 元 | 331.88 | 263.89 | 227.30 | 298.81 | 441.10 |
| | 净产值 | 元 | 457.60 | 310.56 | 337.12 | 251.48 | 347.13 |
| | 减税纯收益 | 元 | 239.23 | 144.80 | 212.54 | 41.79 | 110.97 |
| | 成本纯收益率 | % | 72.08 | 54.87 | 93.51 | 13.99 | 25.16 |
| 每50公斤主产品 | 平均出售价格 | 元 | 136.63 | 149.79 | 158.18 | 128.60 | 118.40 |
| | 物质费用 | 元 | 27.16 | 35.97 | 36.94 | 33.65 | 43.95 |
| | 生产成本 | 元 | 74.79 | 87.17 | 74.92 | 103.84 | 82.41 |
| | 含税成本 | 元 | 79.40 | 96.72 | 81.74 | 112.82 | 94.60 |
| | 净产值 | 元 | 109.47 | 113.82 | 121.24 | 94.95 | 74.45 |
| | 减税纯收益 | 元 | 57.23 | 53.07 | 76.44 | 15.78 | 23.80 |
| 每一劳动日 | 主产品产量 | 公斤 | 11.40 | 10.20 | 12.20 | 7.60 | 14.00 |
| | 净产值 | 元 | 25.28 | 24.45 | 35.12 | 14.88 | 21.30 |
| 每亩主产品出售数量 | | 公斤 | 147.90 | 84.10 | 76.80 | 67.70 | 196.90 |
| 每亩主产品出售产值 | | 元 | 398.44 | 297.59 | 243.34 | 170.65 | 467.18 |
| 每亩成本外支出 | | 元 | 2.33 | 15.73 | | 1.77 | |

# 2002 年全国油料成本收益(一)

品种：花生　　　　按地区工价汇总

| 项目名称 | | 单位 | 平均 | 河北 | 辽宁 | 江苏 | 安徽 | 福建 |
|---|---|---|---|---|---|---|---|---|
| 调查县数 | | 个 | 128.00 | 26.00 | 6.00 | 9.00 | 4.00 | 5.00 |
| 调查户数 | | 户 | 1033.00 | 203.00 | 16.00 | 72.00 | 43.00 | 37.00 |
| 调查面积 | | 亩 | 1704.94 | 246.40 | 156.00 | 102.10 | 54.70 | 40.61 |
| 每亩 | 主产品产量 | 公斤 | 195.80 | 191.80 | 253.20 | 239.60 | 204.80 | 230.30 |
| | 产值合计 | 元 | 528.03 | 490.18 | 569.04 | 603.75 | 477.45 | 859.79 |
| | 主产品产值 | 元 | 505.20 | 472.43 | 550.54 | 578.17 | 453.24 | 835.24 |
| | 副产品产值 | 元 | 22.83 | 17.75 | 18.50 | 25.58 | 24.21 | 24.55 |
| | 其它收入 | 元 | | | | | | |
| | 生产成本 | 元 | 305.61 | 276.51 | 308.88 | 331.08 | 226.57 | 460.22 |
| | 物质费用 | 元 | 149.43 | 169.41 | 206.28 | 149.08 | 117.57 | 198.42 |
| | 用工作价 | 元 | 156.18 | 107.10 | 102.60 | 182.00 | 109.00 | 261.80 |
| | 用工数量 | 日 | 13.70 | 12.60 | 10.80 | 14.00 | 10.90 | 17.00 |
| | 劳动日工价 | 元 | 11.40 | 8.50 | 9.50 | 13.00 | 10.00 | 15.40 |
| | 期间费用 | 元 | 7.85 | 2.62 | 14.28 | 3.27 | 0.76 | 2.04 |
| | 税金 | 元 | 27.52 | 36.98 | 33.03 | 31.76 | 19.41 | 43.17 |
| | 含税成本 | 元 | 340.98 | 316.11 | 356.19 | 366.11 | 246.74 | 505.43 |
| | 净产值 | 元 | 378.60 | 320.77 | 362.76 | 454.67 | 359.88 | 661.37 |
| | 减税纯收益 | 元 | 187.05 | 174.07 | 212.85 | 237.64 | 230.71 | 354.36 |
| | 成本纯收益率 | % | 54.86 | 55.07 | 59.76 | 64.91 | 93.50 | 70.11 |
| 每50公斤主产品 | 平均出售价格 | 元 | 129.01 | 123.16 | 108.72 | 120.65 | 110.65 | 181.34 |
| | 物质费用 | 元 | 36.51 | 42.57 | 39.41 | 29.79 | 27.25 | 41.85 |
| | 生产成本 | 元 | 74.67 | 69.47 | 59.01 | 66.16 | 52.51 | 97.07 |
| | 含税成本 | 元 | 83.31 | 79.42 | 68.05 | 73.16 | 57.18 | 106.60 |
| | 净产值 | 元 | 92.50 | 80.59 | 69.31 | 90.86 | 83.40 | 139.49 |
| | 减税纯收益 | 元 | 45.70 | 43.74 | 40.67 | 47.49 | 53.47 | 74.74 |
| 每一劳动日 | 主产品产量 | 公斤 | 14.30 | 15.20 | 23.40 | 17.10 | 18.80 | 13.50 |
| | 净产值 | 元 | 27.64 | 25.46 | 33.59 | 32.48 | 33.02 | 38.90 |
| 每亩主产品出售数量 | | 公斤 | 127.10 | 144.30 | 188.00 | 179.60 | 123.80 | 112.20 |
| 每亩主产品出售产值 | | 元 | 328.72 | 353.82 | 430.40 | 432.52 | 276.39 | 458.53 |
| 每亩成本外支出 | | 元 | 9.15 | | 14.27 | 35.60 | 5.77 | 13.77 |

# 2002年全国油料成本收益(二)

品种：花生　　　　按地区工价汇总

| 项目名称 | | 单位 | 山东 | 河南 | 湖北 | 广东 | 广西 |
|---|---|---|---|---|---|---|---|
| 调查县数 | | 个 | 25.00 | 14.00 | 4.00 | 10.00 | 5.00 |
| 调查户数 | | 户 | 242.00 | 60.00 | 31.00 | 89.00 | 37.00 |
| 调查面积 | | 亩 | 420.23 | 197.80 | 31.40 | 122.25 | 70.85 |
| 每亩 | 主产品产量 | 公斤 | 227.30 | 179.90 | 279.00 | 166.60 | 154.60 |
| | 产值合计 | 元 | 653.08 | 493.84 | 601.49 | 522.29 | 337.32 |
| | 主产品产值 | 元 | 627.80 | 475.46 | 576.07 | 498.10 | 316.36 |
| | 副产品产值 | 元 | 25.28 | 18.38 | 25.42 | 24.19 | 20.96 |
| | 其它收入 | 元 | | | | | |
| | 生产成本 | 元 | 391.72 | 252.01 | 251.03 | 418.06 | 271.75 |
| | 物质费用 | 元 | 216.57 | 133.64 | 141.03 | 162.56 | 138.40 |
| | 用工作价 | 元 | 175.15 | 118.37 | 110.00 | 255.50 | 133.35 |
| | 用工数量 | 日 | 15.50 | 13.30 | 11.00 | 14.60 | 12.70 |
| | 劳动日工价 | 元 | 11.30 | 8.90 | 10.00 | 17.50 | 10.50 |
| | 期间费用 | 元 | 24.62 | 1.82 | 6.20 | 9.21 | 3.55 |
| | 税金 | 元 | 54.17 | 28.89 | 39.35 | 10.70 | 19.58 |
| | 含税成本 | 元 | 470.51 | 282.72 | 296.58 | 437.97 | 294.88 |
| | 净产值 | 元 | 436.51 | 360.20 | 460.46 | 359.73 | 198.92 |
| | 减税纯收益 | 元 | 182.57 | 211.12 | 304.91 | 84.32 | 42.44 |
| | 成本纯收益率 | % | 38.80 | 74.67 | 102.81 | 19.25 | 14.39 |
| 每50公斤主产品 | 平均出售价格 | 元 | 138.10 | 132.15 | 103.24 | 149.49 | 102.32 |
| | 物质费用 | 元 | 45.80 | 35.76 | 24.21 | 46.53 | 41.98 |
| | 生产成本 | 元 | 82.83 | 67.44 | 43.09 | 119.66 | 82.43 |
| | 含税成本 | 元 | 99.49 | 75.65 | 50.91 | 125.36 | 89.45 |
| | 净产值 | 元 | 92.30 | 96.39 | 79.03 | 102.96 | 60.34 |
| | 减税纯收益 | 元 | 38.61 | 56.50 | 52.33 | 24.13 | 12.87 |
| 每一劳动日 | 主产品产量 | 公斤 | 14.70 | 13.50 | 25.40 | 11.40 | 12.20 |
| | 净产值 | 元 | 28.16 | 27.08 | 41.86 | 24.64 | 15.66 |
| 每亩主产品出售数量 | | 公斤 | 145.40 | 145.20 | 224.00 | 63.90 | 7.00 |
| 每亩主产品出售产值 | | 元 | 378.33 | 355.39 | 462.10 | 188.05 | 18.12 |
| 每亩成本外支出 | | 元 | 13.38 | 6.63 | 13.30 | 6.96 | 7.75 |

# 2002年全国油料成本收益(三)

品种：花生　　　　按地区工价汇总

| 项目名称 | | 单位 | 海南 | 四川 | 贵州 | 重庆 | 陕西 |
|---|---|---|---|---|---|---|---|
| 调查县数 | | 个 | 5.00 | 3.00 | 2.00 | 7.00 | 3.00 |
| 调查户数 | | 户 | 36.00 | 32.00 | 22.00 | 86.00 | 27.00 |
| 调查面积 | | 亩 | 86.00 | 21.00 | 30.80 | 30.60 | 94.20 |
| 每亩 | 主产品产量 | 公斤 | 207.10 | 129.70 | 117.00 | 127.70 | 228.70 |
| | 产值合计 | 元 | 571.11 | 408.69 | 439.84 | 340.60 | 552.07 |
| | 主产品产值 | 元 | 565.94 | 388.56 | 370.15 | 328.44 | 541.54 |
| | 副产品产值 | 元 | 5.17 | 20.13 | 69.69 | 12.16 | 10.53 |
| | 其它收入 | 元 | | | | | |
| | 生产成本 | 元 | 385.01 | 244.18 | 198.72 | 263.19 | 363.05 |
| | 物质费用 | 元 | 113.51 | 98.13 | 102.72 | 89.12 | 204.94 |
| | 用工作价 | 元 | 271.50 | 146.05 | 96.00 | 174.07 | 158.11 |
| | 用工数量 | 日 | 18.10 | 12.70 | 9.60 | 16.90 | 16.30 |
| | 劳动日工价 | 元 | 15.00 | 11.50 | 10.00 | 10.30 | 9.70 |
| | 期间费用 | 元 | 5.85 | 4.25 | 2.84 | 3.45 | 32.86 |
| | 税金 | 元 | 13.42 | 21.81 | 16.14 | 20.34 | 24.00 |
| | 含税成本 | 元 | 404.28 | 270.24 | 217.70 | 286.98 | 419.91 |
| | 净产值 | 元 | 457.60 | 310.56 | 337.12 | 251.48 | 347.13 |
| | 减税纯收益 | 元 | 166.83 | 138.45 | 222.14 | 53.62 | 132.16 |
| | 成本纯收益率 | % | 41.27 | 51.23 | 102.04 | 18.68 | 31.47 |
| 每50公斤主产品 | 平均出售价格 | 元 | 136.63 | 149.79 | 158.18 | 128.60 | 118.40 |
| | 物质费用 | 元 | 27.16 | 35.97 | 36.94 | 33.65 | 43.95 |
| | 生产成本 | 元 | 92.11 | 89.50 | 71.47 | 99.37 | 77.86 |
| | 含税成本 | 元 | 96.72 | 99.05 | 78.29 | 108.35 | 90.06 |
| | 净产值 | 元 | 109.47 | 113.82 | 121.24 | 94.95 | 74.45 |
| | 减税纯收益 | 元 | 39.91 | 50.74 | 79.89 | 20.25 | 28.34 |
| 每一劳动日 | 主产品产量 | 公斤 | 11.40 | 10.20 | 12.20 | 7.60 | 14.00 |
| | 净产值 | 元 | 25.28 | 24.45 | 35.12 | 14.88 | 21.30 |
| 每亩主产品出售数量 | | 公斤 | 147.90 | 84.10 | 76.80 | 67.70 | 196.90 |
| 每亩主产品出售产值 | | 元 | 398.44 | 297.59 | 243.34 | 170.65 | 467.18 |
| 每亩成本外支出 | | 元 | 2.33 | 15.73 | | 1.77 | |

# 2002年全国油料物质费用(一)

品种：花生

| 项目名称 | 单位 | 平均 | 河北 | 辽宁 | 江苏 | 安徽 | 福建 |
|---|---|---|---|---|---|---|---|
| 每亩物质费用 | 元 | 149.43 | 169.41 | 206.28 | 149.08 | 117.57 | 198.42 |
| 一、直接生产费用 | 元 | 141.11 | 158.42 | 203.16 | 139.67 | 106.45 | 185.75 |
| 1.种籽秧苗费 | 元 | 55.11 | 64.18 | 59.42 | 52.32 | 54.42 | 71.16 |
| 2.农家肥费 | 元 | 11.65 | 11.59 | 19.65 | 12.42 | 10.36 | 12.92 |
| 3.化肥费 | 元 | 35.86 | 39.70 | 51.20 | 40.59 | 21.63 | 41.26 |
| 4.农膜费 | 元 | 3.05 | 1.03 | 27.50 | 3.28 |  | 0.44 |
| 5.农药费 | 元 | 7.88 | 8.30 | 13.80 | 12.85 | 6.35 | 11.58 |
| 6.畜力费 | 元 | 10.37 | 6.41 | 19.59 | 0.42 |  | 23.59 |
| 7.机械作业费 | 元 | 6.14 | 10.52 | 9.17 | 13.21 | 13.69 | 4.07 |
| 8.排灌费 | 元 | 9.78 | 16.52 |  | 4.40 |  | 16.26 |
| 9.燃料动力费 | 元 |  |  |  |  |  |  |
| 10.棚架材料费 | 元 |  |  |  |  |  |  |
| 11.其它直接费用 | 元 | 1.27 | 0.17 | 2.83 | 0.18 |  | 4.47 |
| 二、间接生产费用 | 元 | 8.32 | 10.99 | 3.12 | 9.41 | 11.12 | 12.67 |
| 1.固定资产折旧 | 元 | 4.59 | 8.61 | 1.45 | 5.13 | 6.04 | 9.58 |
| 2.小农具购置修理费 | 元 | 3.24 | 2.38 | 1.67 | 4.06 | 5.08 | 2.86 |
| 3.其它间接费用 | 元 | 0.49 |  |  | 0.22 |  | 0.23 |
| 附记：1.每亩种籽用量 | 公斤 | 15.80 | 16.60 | 16.20 | 17.00 | 17.30 | 15.40 |
| 2.每亩化肥用量 | 公斤 | 12.40 | 14.90 | 16.50 | 13.90 | 7.80 | 13.50 |
| 3.每亩农膜用量 | 公斤 | 0.30 | 0.20 | 2.50 | 0.40 |  | 0.10 |
| 4.每度电价 | 元 | 0.61 | 0.57 | 0.60 | 0.64 | 0.78 | 0.60 |
| 5.每亩柴油费 | 元 | 3.36 | 8.39 | 5.00 | 7.02 | 5.52 |  |

# 2002年全国油料物质费用(二)

品种：花生

| 项目名称 | 单位 | 山东 | 河南 | 湖北 | 广东 | 广西 |
|---|---|---|---|---|---|---|
| 每亩物质费用 | 元 | 216.57 | 133.64 | 141.03 | 162.56 | 138.40 |
| 一、直接生产费用 | 元 | 206.46 | 126.18 | 134.11 | 152.33 | 133.56 |
| 1.种籽秧苗费 | 元 | 61.73 | 54.01 | 53.92 | 44.09 | 42.76 |
| 2.农家肥费 | 元 | 20.46 | 1.60 | 11.18 | 20.53 | 13.37 |
| 3.化肥费 | 元 | 58.60 | 30.54 | 35.88 | 49.87 | 38.63 |
| 4.农膜费 | 元 | 13.46 | | | | |
| 5.农药费 | 元 | 12.27 | 10.86 | 3.23 | 10.80 | 9.15 |
| 6.畜力费 | 元 | 1.25 | | 14.25 | 21.19 | 29.56 |
| 7.机械作业费 | 元 | 20.33 | 4.40 | 8.92 | 1.87 | |
| 8.排灌费 | 元 | 17.65 | 24.10 | 5.47 | 2.56 | 0.09 |
| 9.燃料动力费 | 元 | | | | | |
| 10.棚架材料费 | 元 | | | | | |
| 11.其它直接费用 | 元 | 0.71 | 0.67 | 1.26 | 1.42 | |
| 二、间接生产费用 | 元 | 10.11 | 7.46 | 6.92 | 10.23 | 4.84 |
| 1.固定资产折旧 | 元 | 6.64 | 5.05 | 3.58 | 5.64 | 2.60 |
| 2.小农具购置修理费 | 元 | 3.27 | 2.33 | 2.33 | 4.59 | 2.24 |
| 3.其它间接费用 | 元 | 0.20 | 0.08 | 1.01 | | |
| 附记：1.每亩种籽用量 | 公斤 | 16.90 | 15.70 | 14.60 | 12.40 | 11.00 |
| 2.每亩化肥用量 | 公斤 | 18.10 | 11.40 | 14.20 | 17.00 | 13.20 |
| 3.每亩农膜用量 | 公斤 | 1.80 | | | | |
| 4.每度电价 | 元 | 0.68 | 0.69 | 0.65 | 0.54 | 0.45 |
| 5.每亩柴油费 | 元 | 8.54 | 9.07 | 6.31 | | |

# 2002 年全国油料物质费用(三)

品种：花生

| 项 目 名 称 | 单位 | 海 南 | 四 川 | 贵 州 | 重 庆 | 陕 西 |
|---|---|---|---|---|---|---|
| 每亩物质费用 | 元 | 113.51 | 98.13 | 102.72 | 89.12 | 204.94 |
| 一、直接生产费用 | 元 | 101.16 | 91.01 | 96.18 | 80.31 | 201.86 |
| 1.种籽秧苗费 | 元 | 52.09 | 58.83 | 51.30 | 44.09 | 62.27 |
| 2.农家肥费 | 元 | 13.67 | 10.30 | 2.81 | 7.94 | 5.90 |
| 3.化肥费 | 元 | 17.03 | 19.23 | 16.74 | 26.71 | 50.43 |
| 4.农膜费 | 元 | | | | | |
| 5.农药费 | 元 | 2.94 | 1.36 | 9.36 | 1.00 | 4.29 |
| 6.畜力费 | 元 | 7.59 | | 14.42 | | 17.25 |
| 7.机械作业费 | 元 | 0.11 | | | | 5.87 |
| 8.排灌费 | 元 | 3.78 | | | | 55.85 |
| 9.燃料动力费 | 元 | | | | | |
| 10.棚架材料费 | 元 | | | | | |
| 11.其它直接费用 | 元 | 3.95 | 1.29 | 1.55 | 0.57 | |
| 二、间接生产费用 | 元 | 12.35 | 7.12 | 6.54 | 8.81 | 3.08 |
| 1.固定资产折旧 | 元 | 1.82 | 4.08 | 3.82 | 3.90 | 0.95 |
| 2.小农具购置修理费 | 元 | 7.50 | 1.59 | 2.72 | 3.80 | 2.13 |
| 3.其它间接费用 | 元 | 3.03 | 1.45 | | 1.11 | |
| 附记：1.每亩种籽用量 | 公斤 | 13.20 | 22.20 | 14.90 | 17.40 | 16.30 |
| 2.每亩化肥用量 | 公斤 | 4.10 | 7.90 | 7.50 | 7.20 | 18.90 |
| 3.每亩农膜用量 | 公斤 | | | | | |
| 4.每度电价 | 元 | 0.70 | 0.70 | 0.60 | 0.53 | 0.42 |
| 5.每亩柴油费 | 元 | 0.62 | | | | |

# 2002 年全国油料期间费用(一)

品种：花生

| 项目名称 | 单位 | 平均 | 河北 | 辽宁 | 江苏 | 安徽 | 福建 |
|---|---|---|---|---|---|---|---|
| 一、每亩期间费用 | 元 | 7.85 | 2.62 | 14.28 | 3.27 | 0.76 | 2.04 |
| 1.土地承包费 | 元 | 4.47 | 0.96 | 6.17 | | | |
| 2.管理费 | 元 | 0.36 | | 1.85 | | 0.09 | |
| 3.销售费 | 元 | 2.88 | 1.64 | 5.93 | 3.27 | 0.67 | 2.04 |
| 4.财务费 | 元 | 0.14 | 0.02 | 0.33 | | | |
| 二、每亩用工量 | 日 | 13.70 | 12.60 | 10.80 | 14.00 | 10.90 | 17.00 |
| 1.直接用工 | 日 | 12.40 | 11.80 | 9.80 | 12.90 | 9.70 | 15.50 |
| 2.间接用工 | 日 | 1.30 | 0.80 | 1.00 | 1.10 | 1.20 | 1.50 |
| 三、每亩成本外支出 | 元 | 9.15 | | 14.27 | 35.60 | 5.77 | 13.77 |
| 1.村提留费 | 元 | | | | | | |
| 2.乡统筹费 | 元 | | | | | | |
| 3.两工支出 | 元 | 5.37 | | 14.27 | 22.73 | 2.99 | 0.28 |
| 4.其它成本外支出 | 元 | 3.78 | | | 12.87 | 2.78 | 13.49 |
| 附记：1.人均耕地面积 | 元 | 1.60 | 1.50 | 2.80 | 1.50 | 1.80 | 0.70 |
| 2.人均成本外支出 | 元 | 31.30 | | 52.00 | 83.90 | 17.10 | 68.60 |
| 3.人均两工数量 | 日 | 3.30 | | 3.60 | 6.50 | 4.00 | 0.10 |
| 4.雇工天数 | 日 | 0.10 | | 0.50 | | | 0.10 |
| 5.雇工工价 | 元 | 16.70 | 15.90 | 20.80 | 17.00 | 16.90 | 16.80 |

# 2002年全国油料期间费用(二)

品种：花生

| 项 目 名 称 | 单位 | 山 东 | 河 南 | 湖 北 | 广 东 | 广 西 |
|---|---|---|---|---|---|---|
| 一、每亩期间费用 | 元 | 24.62 | 1.82 | 6.20 | 9.21 | 3.55 |
| 1.土地承包费 | 元 | 19.67 | | | 5.43 | 2.10 |
| 2.管理费 | 元 | | | | 2.16 | 1.20 |
| 3.销售费 | 元 | 4.52 | 1.82 | 5.19 | 1.62 | 0.25 |
| 4.财务费 | 元 | 0.43 | | 1.01 | | |
| 二、每亩用工量 | 日 | 15.50 | 13.30 | 11.00 | 14.60 | 12.70 |
| 1.直接用工 | 日 | 14.10 | 12.50 | 9.60 | 13.10 | 11.30 |
| 2.间接用工 | 日 | 1.40 | 0.80 | 1.40 | 1.50 | 1.40 |
| 三、每亩成本外支出 | 元 | 13.38 | 6.63 | 13.30 | 6.96 | 7.75 |
| 1.村提留费 | 元 | | | | | |
| 2.乡统筹费 | 元 | | | | | |
| 3.两工支出 | 元 | 11.24 | 6.63 | 12.48 | 1.40 | 2.29 |
| 4.其它成本外支出 | 元 | 2.14 | | 0.82 | 5.56 | 5.46 |
| 附记：1.人均耕地面积 | 元 | 1.50 | 2.00 | 2.00 | 1.40 | 1.40 |
| 2.人均成本外支出 | 元 | 42.20 | 33.00 | 33.90 | 21.50 | 23.10 |
| 3.人均两工数量 | 日 | 7.40 | 1.30 | 15.50 | 0.20 | 2.10 |
| 4.雇工天数 | 日 | 0.20 | | | 0.20 | |
| 5.雇工工价 | 元 | 16.50 | 12.00 | | 24.30 | 16.10 |

# 2002年全国油料期间费用(三)

品种：花生

| 项 目 名 称 | 单位 | 海 南 | 四 川 | 贵 州 | 重 庆 | 陕 西 |
|---|---|---|---|---|---|---|
| 一、每亩期间费用 | 元 | 5.85 | 4.25 | 2.84 | 3.45 | 32.86 |
| 1.土地承包费 | 元 | | 2.18 | | | 30.47 |
| 2.管理费 | 元 | 0.08 | | | | |
| 3.销售费 | 元 | 5.77 | 1.92 | 2.84 | 3.33 | 2.39 |
| 4.财务费 | 元 | | 0.15 | | 0.12 | |
| 二、每亩用工量 | 日 | 18.10 | 12.70 | 9.60 | 16.90 | 16.30 |
| 1.直接用工 | 日 | 16.30 | 11.10 | 9.30 | 15.30 | 14.40 |
| 2.间接用工 | 日 | 1.80 | 1.60 | 0.30 | 1.60 | 1.90 |
| 三、每亩成本外支出 | 元 | 2.33 | 15.73 | | 1.77 | |
| 1.村提留费 | 元 | | | | | |
| 2.乡统筹费 | 元 | | | | | |
| 3.两工支出 | 元 | 1.42 | 4.88 | | | |
| 4.其它成本外支出 | 元 | 0.91 | 10.85 | | 1.77 | |
| 附记：1.人均耕地面积 | 元 | 2.80 | 1.10 | 1.40 | 1.00 | 1.60 |
| 2.人均成本外支出 | 元 | 8.10 | 44.70 | 24.10 | 15.30 | 2.50 |
| 3.人均两工数量 | 日 | 2.20 | 6.30 | | | 0.30 |
| 4.雇工天数 | 日 | | 0.90 | | 0.10 | |
| 5.雇工工价 | 元 | 16.70 | 13.40 | 15.00 | 20.40 | 12.40 |

# 2002年全国油料成本收益(一)

品种:油菜籽　　　　按统一工价汇总

| 项目名称 | | 单位 | 平均 | 内蒙古 | 上海 | 江苏 | 浙江 | 安徽 |
|---|---|---|---|---|---|---|---|---|
| 调查县数 | | 个 | 192.00 | 2.00 | 7.00 | 17.00 | 10.00 | 14.00 |
| 调查户数 | | 户 | 2247.00 | 18.00 | 102.00 | 161.00 | 60.00 | 133.00 |
| 调查面积 | | 亩 | 4988.46 | 68.00 | 150.98 | 271.00 | 77.50 | 359.94 |
| 每亩 | 主产品产量 | 公斤 | 113.30 | 53.70 | 114.60 | 133.70 | 90.30 | 111.40 |
| | 产值合计 | 元 | 222.00 | 116.56 | 180.27 | 253.99 | 157.66 | 210.90 |
| | 主产品产值 | 元 | 209.11 | 108.26 | 180.27 | 243.97 | 149.61 | 198.37 |
| | 副产品产值 | 元 | 12.89 | 8.30 | | 10.02 | 8.05 | 12.53 |
| | 其它收入 | 元 | | | | | | |
| | 生产成本 | 元 | 215.69 | 84.36 | 169.18 | 210.42 | 187.32 | 201.10 |
| | 物质费用 | 元 | 89.19 | 40.36 | 78.98 | 104.82 | 99.32 | 94.40 |
| | 用工作价 | 元 | 126.50 | 44.00 | 90.20 | 105.60 | 88.00 | 106.70 |
| | 用工数量 | 日 | 11.50 | 4.00 | 8.20 | 9.60 | 8.00 | 9.70 |
| | 劳动日工价 | 元 | 11.00 | 11.00 | 11.00 | 11.00 | 11.00 | 11.00 |
| | 期间费用 | 元 | 5.44 | 3.80 | 2.92 | 3.52 | 5.80 | 5.08 |
| | 税金 | 元 | 21.24 | 11.44 | 17.23 | 23.48 | 34.27 | 25.64 |
| | 含税成本 | 元 | 242.37 | 99.60 | 189.33 | 237.42 | 227.39 | 231.82 |
| | 净产值 | 元 | 132.81 | 76.20 | 101.29 | 149.17 | 58.34 | 116.50 |
| | 减税纯收益 | 元 | -20.37 | 16.96 | -9.06 | 16.57 | -69.73 | -20.92 |
| | 成本纯收益率 | % | -8.40 | 17.03 | -4.79 | 6.98 | -30.67 | -9.02 |
| 每50公斤主产品 | 平均出售价格 | 元 | 92.28 | 100.80 | 78.65 | 91.24 | 82.84 | 89.04 |
| | 物质费用 | 元 | 37.07 | 34.90 | 34.46 | 37.65 | 52.19 | 39.85 |
| | 生产成本 | 元 | 89.66 | 72.95 | 73.81 | 75.59 | 98.42 | 84.90 |
| | 含税成本 | 元 | 100.75 | 86.13 | 82.60 | 85.29 | 119.48 | 97.87 |
| | 净产值 | 元 | 55.21 | 65.90 | 44.19 | 53.59 | 30.65 | 49.19 |
| | 减税纯收益 | 元 | -8.47 | 14.67 | -3.95 | 5.95 | -36.64 | -8.83 |
| 每一劳动日 | 主产品产量 | 公斤 | 9.90 | 13.40 | 14.00 | 13.90 | 11.30 | 11.50 |
| | 净产值 | 元 | 11.55 | 19.05 | 12.35 | 15.54 | 7.29 | 12.01 |
| 每亩主产品出售数量 | | 公斤 | 80.40 | 43.80 | 109.50 | 90.20 | 81.70 | 85.60 |
| 每亩主产品出售产值 | | 元 | 144.83 | 88.30 | 171.60 | 164.41 | 133.07 | 154.66 |
| 每亩成本外支出 | | 元 | 7.81 | 3.80 | | 14.33 | | 7.85 |

# 2002年全国油料成本收益(二)

品种：油菜籽　　　　按统一工价汇总

| 项目名称 | | 单位 | 江西 | 河南 | 湖北 | 湖南 | 四川 | 贵州 |
|---|---|---|---|---|---|---|---|---|
| 调查县数 | | 个 | 6.00 | 9.00 | 24.00 | 7.00 | 19.00 | 17.00 |
| 调查户数 | | 户 | 52.00 | 46.00 | 562.00 | 57.00 | 208.00 | 230.00 |
| 调查面积 | | 亩 | 140.20 | 31.20 | 1577.06 | 144.30 | 194.88 | 709.91 |
| 每亩 | 主产品产量 | 公斤 | 73.70 | 124.70 | 95.30 | 84.60 | 149.10 | 112.40 |
| | 产值合计 | 元 | 155.23 | 243.26 | 172.35 | 152.90 | 304.77 | 217.66 |
| | 主产品产值 | 元 | 140.24 | 220.77 | 162.21 | 148.38 | 283.98 | 207.09 |
| | 副产品产值 | 元 | 14.99 | 22.49 | 10.14 | 4.52 | 20.79 | 10.57 |
| | 其它收入 | 元 | | | | | | |
| | 生产成本 | 元 | 173.18 | 157.88 | 198.25 | 161.88 | 316.28 | 234.56 |
| | 物质费用 | 元 | 76.38 | 86.38 | 90.45 | 60.68 | 102.88 | 87.16 |
| | 用工作价 | 元 | 96.80 | 71.50 | 107.80 | 101.20 | 213.40 | 147.40 |
| | 用工数量 | 日 | 8.80 | 6.50 | 9.80 | 9.20 | 19.40 | 13.40 |
| | 劳动日工价 | 元 | 11.00 | 11.00 | 11.00 | 11.00 | 11.00 | 11.00 |
| | 期间费用 | 元 | 5.01 | 2.62 | 6.45 | 1.99 | 4.25 | 7.66 |
| | 税金 | 元 | 13.44 | 34.98 | 30.56 | 14.46 | 19.97 | 18.42 |
| | 含税成本 | 元 | 191.63 | 195.48 | 235.26 | 178.33 | 340.50 | 260.64 |
| | 净产值 | 元 | 78.85 | 156.88 | 81.90 | 92.22 | 201.89 | 130.50 |
| | 减税纯收益 | 元 | -36.40 | 47.78 | -62.91 | -25.43 | -35.73 | -42.98 |
| | 成本纯收益率 | % | -18.99 | 24.44 | -26.74 | -14.26 | -10.49 | -16.49 |
| 每50公斤主产品 | 平均出售价格 | 元 | 95.14 | 88.52 | 85.10 | 87.70 | 95.23 | 92.12 |
| | 物质费用 | 元 | 46.81 | 31.43 | 44.66 | 34.80 | 32.15 | 36.89 |
| | 生产成本 | 元 | 106.14 | 57.45 | 97.89 | 92.85 | 98.83 | 99.27 |
| | 含税成本 | 元 | 117.45 | 71.13 | 116.16 | 102.29 | 106.39 | 110.31 |
| | 净产值 | 元 | 48.33 | 57.09 | 40.44 | 52.90 | 63.08 | 55.23 |
| | 减税纯收益 | 元 | -22.31 | 17.39 | -31.06 | -14.59 | -11.16 | -18.19 |
| 每一劳动日 | 主产品产量 | 公斤 | 8.40 | 19.20 | 9.70 | 9.20 | 7.70 | 8.40 |
| | 净产值 | 元 | 8.96 | 24.14 | 8.36 | 10.02 | 10.41 | 9.74 |
| 每亩主产品出售数量 | | 公斤 | 44.90 | 112.00 | 79.00 | 60.80 | 65.10 | 100.90 |
| 每亩主产品出售产值 | | 元 | 80.38 | 197.78 | 134.91 | 105.10 | 122.94 | 186.22 |
| 每亩成本外支出 | | 元 | 14.17 | 4.27 | 14.71 | 7.47 | 15.87 | |

# 2002年全国油料成本收益(三)

品种：油菜籽　　　　按统一工价汇总

| 项目名称 | | 单位 | 云南 | 重庆 | 陕西 | 甘肃 | 青海 | 附：西藏 |
|---|---|---|---|---|---|---|---|---|
| 调查县数 | | 个 | 17.00 | 13.00 | 6.00 | 14.00 | 10.00 | 10.00 |
| 调查户数 | | 户 | 151.00 | 170.00 | 54.00 | 114.00 | 129.00 | 51.00 |
| 调查面积 | | 亩 | 248.24 | 96.15 | 85.90 | 214.70 | 618.50 | 115.20 |
| 每亩 | 主产品产量 | 公斤 | 157.90 | 95.70 | 146.20 | 146.00 | 124.10 | 121.90 |
| | 产值合计 | 元 | 317.81 | 193.60 | 296.89 | 299.34 | 278.69 | 383.63 |
| | 主产品产值 | 元 | 298.18 | 175.74 | 286.38 | 280.58 | 261.66 | 345.44 |
| | 副产品产值 | 元 | 19.63 | 17.86 | 10.51 | 18.76 | 17.03 | 38.19 |
| | 其它收入 | 元 | | | | | | |
| | 生产成本 | 元 | 294.52 | 289.49 | 265.01 | 268.78 | 250.82 | 375.09 |
| | 物质费用 | 元 | 126.22 | 68.39 | 85.71 | 110.38 | 114.42 | 85.79 |
| | 用工作价 | 元 | 168.30 | 221.10 | 179.30 | 158.40 | 136.40 | 289.30 |
| | 用工数量 | 日 | 15.30 | 20.10 | 16.30 | 14.40 | 12.40 | 26.25 |
| | 劳动日工价 | 元 | 11.00 | 11.00 | 11.00 | 11.00 | 11.00 | 11.00 |
| | 期间费用 | 元 | 8.39 | 2.35 | 2.09 | 4.46 | 20.65 | 0.78 |
| | 税金 | 元 | 10.83 | 22.60 | 27.50 | 21.69 | 13.34 | |
| | 含税成本 | 元 | 313.74 | 314.44 | 294.60 | 294.93 | 284.81 | 375.87 |
| | 净产值 | 元 | 191.59 | 125.21 | 211.18 | 188.96 | 164.27 | 297.84 |
| | 减税纯收益 | 元 | 4.07 | -120.84 | 2.29 | 4.41 | -6.12 | 7.76 |
| | 成本纯收益率 | % | 1.30 | -38.43 | 0.78 | 1.50 | -2.15 | 2.06 |
| 每50公斤主产品 | 平均出售价格 | 元 | 94.42 | 91.82 | 97.94 | 96.09 | 105.42 | 141.69 |
| | 物质费用 | 元 | 37.50 | 32.44 | 28.27 | 35.43 | 43.28 | 31.69 |
| | 生产成本 | 元 | 87.50 | 137.30 | 87.42 | 86.28 | 94.88 | 138.54 |
| | 含税成本 | 元 | 93.21 | 149.13 | 97.18 | 94.67 | 107.74 | 138.82 |
| | 净产值 | 元 | 56.92 | 59.38 | 69.67 | 60.66 | 62.14 | 110.00 |
| | 减税纯收益 | 元 | 1.21 | -57.31 | 0.76 | 1.42 | -2.32 | 2.87 |
| 每一劳动日 | 主产品产量 | 公斤 | 10.30 | 4.80 | 9.00 | 10.10 | 10.00 | 4.60 |
| | 净产值 | 元 | 12.52 | 6.23 | 12.96 | 13.12 | 13.25 | 11.32 |
| 每亩主产品出售数量 | | 公斤 | 109.00 | 65.30 | 102.30 | 58.40 | 78.40 | 51.67 |
| 每亩主产品出售产值 | | 元 | 200.37 | 111.04 | 204.02 | 106.46 | 156.03 | 144.67 |
| 每亩成本外支出 | | 元 | 11.06 | 1.39 | 12.60 | 11.35 | 6.11 | |

# 2002 年全国油料成本收益(一)

品种：油菜籽　　按地区工价汇总

| 项目名称 | | 单位 | 平均 | 内蒙古 | 上海 | 江苏 | 浙江 | 安徽 |
|---|---|---|---|---|---|---|---|---|
| 调查县数 | | 个 | 192.00 | 2.00 | 7.00 | 17.00 | 10.00 | 14.00 |
| 调查户数 | | 户 | 2247.00 | 18.00 | 102.00 | 161.00 | 60.00 | 133.00 |
| 调查面积 | | 亩 | 4988.46 | 68.00 | 150.98 | 271.00 | 77.50 | 359.94 |
| 每亩 | 主产品产量 | 公斤 | 113.30 | 53.70 | 114.60 | 133.70 | 90.30 | 111.40 |
| | 产值合计 | 元 | 222.00 | 116.56 | 180.27 | 253.99 | 157.66 | 210.90 |
| | 主产品产值 | 元 | 209.11 | 108.26 | 180.27 | 243.97 | 149.61 | 198.37 |
| | 副产品产值 | 元 | 12.89 | 8.30 | | 10.02 | 8.05 | 12.53 |
| | 其它收入 | 元 | | | | | | |
| | 生产成本 | 元 | 221.44 | 72.36 | 275.78 | 229.62 | 247.32 | 191.40 |
| | 物质费用 | 元 | 89.19 | 40.36 | 78.98 | 104.82 | 99.32 | 94.40 |
| | 用工作价 | 元 | 132.25 | 32.00 | 196.80 | 124.80 | 148.00 | 97.00 |
| | 用工数量 | 日 | 11.50 | 4.00 | 8.20 | 9.60 | 8.00 | 9.70 |
| | 劳动日工价 | 元 | 11.50 | 8.00 | 24.00 | 13.00 | 18.50 | 10.00 |
| | 期间费用 | 元 | 5.44 | 3.80 | 2.92 | 3.52 | 5.80 | 5.08 |
| | 税金 | 元 | 21.24 | 11.44 | 17.23 | 23.48 | 34.27 | 25.64 |
| | 含税成本 | 元 | 248.12 | 87.60 | 295.93 | 256.62 | 287.39 | 222.12 |
| | 净产值 | 元 | 132.81 | 76.20 | 101.29 | 149.17 | 58.34 | 116.50 |
| | 减税纯收益 | 元 | -26.12 | 28.96 | -115.66 | -2.63 | -129.73 | -11.22 |
| | 成本纯收益率 | % | -10.53 | 33.06 | -39.08 | -1.02 | -45.14 | -5.05 |
| 每50公斤主产品 | 平均出售价格 | 元 | 92.28 | 100.80 | 78.65 | 91.24 | 82.84 | 89.04 |
| | 物质费用 | 元 | 37.07 | 34.90 | 34.46 | 37.65 | 52.19 | 39.85 |
| | 生产成本 | 元 | 92.05 | 62.58 | 120.32 | 82.49 | 129.95 | 80.81 |
| | 含税成本 | 元 | 103.14 | 75.76 | 129.11 | 92.18 | 151.00 | 93.78 |
| | 净产值 | 元 | 55.21 | 65.90 | 44.19 | 53.59 | 30.65 | 49.19 |
| | 减税纯收益 | 元 | -10.86 | 25.04 | -50.46 | -0.94 | -68.16 | -4.74 |
| 每一劳动日 | 主产品产量 | 公斤 | 9.90 | 13.40 | 14.00 | 13.90 | 11.30 | 11.50 |
| | 净产值 | 元 | 11.55 | 19.05 | 12.35 | 15.54 | 7.29 | 12.01 |
| 每亩主产品出售数量 | | 公斤 | 80.40 | 43.80 | 109.50 | 90.20 | 81.70 | 85.60 |
| 每亩主产品出售产值 | | 元 | 144.83 | 88.30 | 171.60 | 164.41 | 133.07 | 154.66 |
| 每亩成本外支出 | | 元 | 7.81 | 3.80 | | 14.33 | | 7.85 |

# 2002年全国油料成本收益(二)

品种：油菜籽　　按地区工价汇总

| 项目名称 | | 单位 | 江西 | 河南 | 湖北 | 湖南 | 四川 | 贵州 |
|---|---|---|---|---|---|---|---|---|
| 调查县数 | | 个 | 6.00 | 9.00 | 24.00 | 7.00 | 19.00 | 17.00 |
| 调查户数 | | 户 | 52.00 | 46.00 | 562.00 | 57.00 | 208.00 | 230.00 |
| 调查面积 | | 亩 | 140.20 | 31.20 | 1577.06 | 144.30 | 194.88 | 709.91 |
| 每亩 | 主产品产量 | 公斤 | 73.70 | 124.70 | 95.30 | 84.60 | 149.10 | 112.40 |
| | 产值合计 | 元 | 155.23 | 243.26 | 172.35 | 152.90 | 304.77 | 217.66 |
| | 主产品产值 | 元 | 140.24 | 220.77 | 162.21 | 148.38 | 283.98 | 207.09 |
| | 副产品产值 | 元 | 14.99 | 22.49 | 10.14 | 4.52 | 20.79 | 10.57 |
| | 其它收入 | 元 | | | | | | |
| | 生产成本 | 元 | 166.14 | 144.23 | 188.45 | 191.32 | 325.98 | 221.16 |
| | 物质费用 | 元 | 76.38 | 86.38 | 90.45 | 60.68 | 102.88 | 87.16 |
| | 用工作价 | 元 | 89.76 | 57.85 | 98.00 | 130.64 | 223.10 | 134.00 |
| | 用工数量 | 日 | 8.80 | 6.50 | 9.80 | 9.20 | 19.40 | 13.40 |
| | 劳动日工价 | 元 | 10.20 | 8.90 | 10.00 | 14.20 | 11.50 | 10.00 |
| | 期间费用 | 元 | 5.01 | 2.62 | 6.45 | 1.99 | 4.25 | 7.66 |
| | 税金 | 元 | 13.44 | 34.98 | 30.56 | 14.46 | 19.97 | 18.42 |
| | 含税成本 | 元 | 184.59 | 181.83 | 225.46 | 207.77 | 350.20 | 247.24 |
| | 净产值 | 元 | 78.85 | 156.88 | 81.90 | 92.22 | 201.89 | 130.50 |
| | 减税纯收益 | 元 | −29.36 | 61.43 | −53.11 | −54.87 | −45.43 | −29.58 |
| | 成本纯收益率 | % | −15.91 | 33.78 | −23.56 | −26.41 | −12.97 | −11.96 |
| 每50公斤主产品 | 平均出售价格 | 元 | 95.14 | 88.52 | 85.10 | 87.70 | 95.23 | 92.12 |
| | 物质费用 | 元 | 46.81 | 31.43 | 44.66 | 34.80 | 32.15 | 36.89 |
| | 生产成本 | 元 | 101.83 | 52.48 | 93.05 | 109.74 | 101.86 | 93.60 |
| | 含税成本 | 元 | 113.13 | 66.17 | 111.32 | 119.17 | 109.43 | 104.64 |
| | 净产值 | 元 | 48.33 | 57.09 | 40.44 | 52.90 | 63.08 | 55.23 |
| | 减税纯收益 | 元 | −17.99 | 22.35 | −26.22 | −31.47 | −14.20 | −12.52 |
| 每一劳动日 | 主产品产量 | 公斤 | 8.40 | 19.20 | 9.70 | 9.20 | 7.70 | 8.40 |
| | 净产值 | 元 | 8.96 | 24.14 | 8.36 | 10.02 | 10.41 | 9.74 |
| 每亩主产品出售数量 | | 公斤 | 44.90 | 112.00 | 79.00 | 60.80 | 65.10 | 100.90 |
| 每亩主产品出售产值 | | 元 | 80.38 | 197.78 | 134.91 | 105.10 | 122.94 | 186.22 |
| 每亩成本外支出 | | 元 | 14.17 | 4.27 | 14.71 | 7.47 | 15.87 | |

# 2002 年全国油料成本收益(三)

品种:油菜籽　　　　按地区工价汇总

| 项目名称 | | 单位 | 云南 | 重庆 | 陕西 | 甘肃 | 青海 | 附:西藏 |
|---|---|---|---|---|---|---|---|---|
| 调查县数 | | 个 | 17.00 | 13.00 | 6.00 | 14.00 | 10.00 | 10.00 |
| 调查户数 | | 户 | 151.00 | 170.00 | 54.00 | 114.00 | 129.00 | 51.00 |
| 调查面积 | | 亩 | 248.24 | 96.15 | 85.90 | 214.70 | 618.50 | 115.20 |
| 每亩 | 主产品产量 | 公斤 | 157.90 | 95.70 | 146.20 | 146.00 | 124.10 | 121.90 |
| | 产值合计 | 元 | 317.81 | 193.60 | 296.89 | 299.34 | 278.69 | 383.63 |
| | 主产品产值 | 元 | 298.18 | 175.74 | 286.38 | 280.58 | 261.66 | 345.44 |
| | 副产品产值 | 元 | 19.63 | 17.86 | 10.51 | 18.76 | 17.03 | 38.19 |
| | 其它收入 | 元 | | | | | | |
| | 生产成本 | 元 | 271.57 | 275.42 | 243.82 | 218.38 | 226.02 | 269.89 |
| | 物质费用 | 元 | 126.22 | 68.39 | 85.71 | 110.38 | 114.42 | 85.79 |
| | 用工作价 | 元 | 145.35 | 207.03 | 158.11 | 108.00 | 111.60 | 184.10 |
| | 用工数量 | 日 | 15.30 | 20.10 | 16.30 | 14.40 | 12.40 | 26.30 |
| | 劳动日工价 | 元 | 9.50 | 10.30 | 9.70 | 7.50 | 9.00 | 7.00 |
| | 期间费用 | 元 | 8.39 | 2.35 | 2.09 | 4.46 | 20.65 | 0.78 |
| | 税金 | 元 | 10.83 | 22.60 | 27.50 | 21.69 | 13.34 | |
| | 含税成本 | 元 | 290.79 | 300.37 | 273.41 | 244.53 | 260.01 | 270.67 |
| | 净产值 | 元 | 191.59 | 125.21 | 211.18 | 188.96 | 164.27 | 297.84 |
| | 减税纯收益 | 元 | 27.02 | -106.77 | 23.48 | 54.81 | 18.68 | 112.96 |
| | 成本纯收益率 | % | 9.29 | -35.55 | 8.59 | 22.41 | 7.18 | 41.73 |
| 每50公斤主产品 | 平均出售价格 | 元 | 94.42 | 91.82 | 97.94 | 96.09 | 105.42 | 141.69 |
| | 物质费用 | 元 | 37.50 | 32.44 | 28.27 | 35.43 | 43.28 | 31.69 |
| | 生产成本 | 元 | 80.68 | 130.63 | 80.43 | 70.10 | 85.50 | 99.68 |
| | 含税成本 | 元 | 86.39 | 142.46 | 90.19 | 78.50 | 98.35 | 99.97 |
| | 净产值 | 元 | 56.92 | 59.38 | 69.67 | 60.66 | 62.14 | 110.00 |
| | 减税纯收益 | 元 | 8.03 | -50.64 | 7.75 | 17.59 | 7.07 | 41.72 |
| 每一劳动日 | 主产品产量 | 公斤 | 10.30 | 4.80 | 9.00 | 10.10 | 10.00 | 4.60 |
| | 净产值 | 元 | 12.52 | 6.23 | 12.96 | 13.12 | 13.25 | 11.32 |
| 每亩主产品出售数量 | | 公斤 | 109.00 | 65.30 | 102.30 | 58.40 | 78.40 | 51.67 |
| 每亩主产品出售产值 | | 元 | 200.37 | 111.04 | 204.02 | 106.46 | 156.03 | 144.67 |
| 每亩成本外支出 | | 元 | 11.06 | 1.39 | 12.60 | 11.35 | 6.11 | |

# 2002年全国油料物质费用(一)

品种：油菜籽

| 项 目 名 称 | 单位 | 平 均 | 内蒙古 | 上 海 | 江 苏 | 浙 江 | 安 徽 |
|---|---|---|---|---|---|---|---|
| 每亩物质费用 | 元 | 89.19 | 40.36 | 78.98 | 104.82 | 99.32 | 94.40 |
| 一、直接生产费用 | 元 | 82.34 | 33.57 | 75.56 | 97.39 | 93.48 | 86.97 |
| 1.种籽秧苗费 | 元 | 4.31 | 3.80 | 1.66 | 4.90 | 2.11 | 5.30 |
| 2.农家肥费 | 元 | 7.75 | 3.31 | 0.36 | 4.72 | 4.81 | 5.90 |
| 3.化肥费 | 元 | 42.26 | 10.16 | 63.18 | 61.00 | 68.62 | 46.33 |
| 4.农膜费 | 元 | 0.08 | | | | 1.29 | 0.03 |
| 5.农药费 | 元 | 5.41 | 2.44 | 9.58 | 7.99 | 9.08 | 5.75 |
| 6.畜力费 | 元 | 10.22 | 6.62 | | 2.34 | 1.35 | 4.19 |
| 7.机械作业费 | 元 | 7.90 | 5.92 | | 12.20 | 4.47 | 10.84 |
| 8.排灌费 | 元 | 3.48 | | | 3.31 | 1.75 | 7.32 |
| 9.燃料动力费 | 元 | | | | | | |
| 10.棚架材料费 | 元 | | | | | | |
| 11.其它直接费用 | 元 | 0.93 | 1.32 | 0.78 | 0.93 | | 1.31 |
| 二、间接生产费用 | 元 | 6.85 | 6.79 | 3.42 | 7.43 | 5.84 | 7.43 |
| 1.固定资产折旧 | 元 | 3.41 | 2.79 | | 3.17 | 3.65 | 3.94 |
| 2.小农具购置修理费 | 元 | 2.57 | 2.56 | 1.04 | 2.22 | 2.19 | 3.35 |
| 3.其它间接费用 | 元 | 0.87 | 1.44 | 2.38 | 2.04 | | 0.14 |
| 附记：1.每亩种籽用量 | 公斤 | 0.80 | 2.00 | 0.50 | 0.30 | 0.30 | 0.50 |
| 2.每亩化肥用量 | 公斤 | 16.00 | 3.80 | 21.90 | 20.50 | 28.50 | 19.70 |
| 3.每亩农膜用量 | 公斤 | | | | | 0.10 | |
| 4.每度电价 | 元 | 0.60 | 0.44 | 0.28 | 0.61 | 0.47 | 0.76 |
| 5.每亩柴油费 | 元 | 2.76 | | | 3.47 | | 4.99 |

# 2002年全国油料物质费用(二)

品种：油菜籽

| 项目名称 | 单位 | 江西 | 河南 | 湖北 | 湖南 | 四川 | 贵州 |
|---|---|---|---|---|---|---|---|
| 每亩物质费用 | 元 | 76.38 | 86.38 | 90.45 | 60.68 | 102.88 | 87.16 |
| 一、直接生产费用 | 元 | 69.57 | 78.76 | 82.08 | 57.37 | 93.59 | 80.41 |
| 1.种籽秧苗费 | 元 | 3.25 | 8.66 | 4.18 | 2.42 | 6.42 | 3.59 |
| 2.农家肥费 | 元 | 7.94 | 4.19 | 6.14 | 5.11 | 10.61 | 17.23 |
| 3.化肥费 | 元 | 31.46 | 33.63 | 38.13 | 37.45 | 39.37 | 34.34 |
| 4.农膜费 | 元 | | | | | | 0.05 |
| 5.农药费 | 元 | 5.30 | 1.27 | 5.12 | 3.44 | 6.68 | 4.22 |
| 6.畜力费 | 元 | 9.61 | 4.10 | 20.52 | 5.08 | 19.22 | 20.03 |
| 7.机械作业费 | 元 | 10.68 | 20.81 | 3.24 | 0.16 | 4.03 | |
| 8.排灌费 | 元 | | 2.87 | 4.01 | 3.71 | 6.86 | |
| 9.燃料动力费 | 元 | | | | | | |
| 10.棚架材料费 | 元 | | | | | | |
| 11.其它直接费用 | 元 | 1.33 | 3.23 | 0.74 | | 0.40 | 0.95 |
| 二、间接生产费用 | 元 | 6.81 | 7.62 | 8.37 | 3.31 | 9.29 | 6.75 |
| 1.固定资产折旧 | 元 | 2.60 | 4.38 | 4.76 | 1.69 | 4.64 | 2.19 |
| 2.小农具购置修理费 | 元 | 1.75 | 3.23 | 2.05 | 1.62 | 3.31 | 3.95 |
| 3.其它间接费用 | 元 | 2.46 | 0.01 | 1.56 | | 1.34 | 0.61 |
| 附记：1.每亩种籽用量 | 公斤 | 0.50 | 0.80 | 0.70 | 1.20 | 0.90 | 0.60 |
| 2.每亩化肥用量 | 公斤 | 11.30 | 13.60 | 15.20 | 15.60 | 21.10 | 12.90 |
| 3.每亩农膜用量 | 公斤 | | | | | | |
| 4.每度电价 | 元 | 1.02 | 0.68 | 0.67 | 0.79 | 0.62 | 0.62 |
| 5.每亩柴油费 | 元 | | 9.42 | 4.68 | | | |

# 2002年全国油料物质费用(三)

品种：油菜籽

| 项 目 名 称 | 单位 | 云 南 | 重 庆 | 陕 西 | 甘 肃 | 青 海 | 附：西藏 |
|---|---|---|---|---|---|---|---|
| 每亩物质费用 | 元 | 126.22 | 68.39 | 85.71 | 110.38 | 114.42 | 85.79 |
| 一、直接生产费用 | 元 | 118.79 | 61.74 | 82.80 | 102.63 | 102.65 | 75.57 |
| 1.种籽秧苗费 | 元 | 4.37 | 2.25 | 4.60 | 4.94 | 6.43 | 22.61 |
| 2.农家肥费 | 元 | 15.54 | 13.10 | 3.58 | 10.46 | 10.95 | 7.88 |
| 3.化肥费 | 元 | 60.70 | 34.38 | 42.22 | 35.93 | 39.24 | 17.26 |
| 4.农膜费 | 元 | | | | | | |
| 5.农药费 | 元 | 9.90 | 1.47 | 3.69 | 4.59 | 5.99 | 0.72 |
| 6.畜力费 | 元 | 17.01 | 7.83 | 11.93 | 14.64 | 19.05 | 11.55 |
| 7.机械作业费 | 元 | 7.97 | 1.36 | 6.90 | 21.17 | 16.66 | 8.32 |
| 8.排灌费 | 元 | 1.31 | 0.98 | 9.25 | 10.76 | 3.50 | 2.30 |
| 9.燃料动力费 | 元 | | | | | | 4.4 |
| 10.棚架材料费 | 元 | | | | | | |
| 11.其它直接费用 | 元 | 1.99 | 0.37 | 0.63 | 0.14 | 0.83 | 0.53 |
| 二、间接生产费用 | 元 | 7.43 | 6.65 | 2.91 | 7.75 | 11.77 | 10.22 |
| 1.固定资产折旧 | 元 | 3.75 | 3.43 | 1.19 | 3.82 | 8.48 | 6.24 |
| 2.小农具购置修理费 | 元 | 3.33 | 2.73 | 1.63 | 3.17 | 3.03 | 3.59 |
| 3.其它间接费用 | 元 | 0.35 | 0.49 | 0.09 | 0.76 | 0.26 | 0.39 |
| 附记：1.每亩种籽用量 | 公斤 | 1.20 | 0.40 | 0.30 | 1.00 | 1.30 | 8.02 |
| 2.每亩化肥用量 | 公斤 | 19.70 | 10.70 | 14.80 | 12.10 | 12.30 | 9.88 |
| 3.每亩农膜用量 | 公斤 | | | | | | |
| 4.每度电价 | 元 | 0.66 | 0.60 | 0.45 | 0.51 | 0.46 | |
| 5.每亩柴油费 | 元 | | | | 13.87 | 7.73 | |

# 2002 年全国油料期间费用(一)

品种：油菜籽

| 项目名称 | 单位 | 平均 | 内蒙古 | 上海 | 江苏 | 浙江 | 安徽 |
|---|---|---|---|---|---|---|---|
| 一、每亩期间费用 | 元 | 5.44 | 3.80 | 2.92 | 3.52 | 5.80 | 5.08 |
| 1.土地承包费 | 元 | 2.61 | 1.90 |  |  | 5.64 | 0.59 |
| 2.管理费 | 元 | 0.61 |  |  |  |  | 2.26 |
| 3.销售费 | 元 | 2.04 | 1.00 | 2.92 | 3.52 | 0.16 | 2.23 |
| 4.财务费 | 元 | 0.18 | 0.90 |  |  |  |  |
| 二、每亩用工量 | 日 | 11.50 | 4.00 | 8.20 | 9.60 | 8.00 | 9.70 |
| 1.直接用工 | 日 | 10.20 | 3.20 | 7.40 | 9.00 | 7.40 | 8.70 |
| 2.间接用工 | 日 | 1.30 | 0.80 | 0.80 | 0.60 | 0.60 | 1.00 |
| 三、每亩成本外支出 | 元 | 7.81 | 3.80 |  | 14.33 |  | 7.85 |
| 1.村提留费 | 元 |  |  |  |  |  |  |
| 2.乡统筹费 | 元 |  |  |  |  |  |  |
| 3.两工支出 | 元 | 6.29 | 3.00 |  | 11.60 |  | 6.18 |
| 4.其它成本外支出 | 元 | 1.52 | 0.80 |  | 2.73 |  | 1.67 |
| 附记：1.人均耕地面积 | 元 | 1.90 | 6.50 | 1.10 | 1.40 | 1.10 | 1.60 |
| 2.人均成本外支出 | 元 | 30.20 | 24.70 |  | 51.00 |  | 13.60 |
| 3.人均两工数量 | 日 | 3.60 | 4.00 |  | 6.00 |  | 4.90 |
| 4.雇工天数 | 日 | 0.50 |  |  | 0.20 | 0.40 | 0.40 |
| 5.雇工工价 | 元 | 18.20 |  |  | 22.10 | 27.50 | 20.00 |

# 2002年全国油料期间费用(二)

品种：油菜籽

| 项 目 名 称 | 单位 | 江 西 | 河 南 | 湖 北 | 湖 南 | 四 川 | 贵 州 |
|---|---|---|---|---|---|---|---|
| 一、每亩期间费用 | 元 | 5.01 | 2.62 | 6.45 | 1.99 | 4.25 | 7.66 |
| 1.土地承包费 | 元 | | | 0.25 | 1.29 | 2.03 | 3.45 |
| 2.管理费 | 元 | 1.85 | | 1.03 | | | 1.50 |
| 3.销售费 | 元 | 3.06 | 2.62 | 5.13 | 0.70 | 1.71 | 2.71 |
| 4.财务费 | 元 | 0.10 | | 0.04 | | 0.51 | |
| 二、每亩用工量 | 日 | 8.80 | 6.50 | 9.80 | 9.20 | 19.40 | 13.40 |
| 1.直接用工 | 日 | 7.90 | 4.90 | 8.50 | 8.20 | 17.70 | 11.60 |
| 2.间接用工 | 日 | 0.90 | 1.60 | 1.30 | 1.00 | 1.70 | 1.80 |
| 三、每亩成本外支出 | 元 | 14.17 | 4.27 | 14.71 | 7.47 | 15.87 | |
| 1.村提留费 | 元 | | | | | | |
| 2.乡统筹费 | 元 | | | | | | |
| 3.两工支出 | 元 | 12.59 | 3.87 | 9.84 | 6.66 | 13.30 | |
| 4.其它成本外支出 | 元 | 1.58 | 0.40 | 4.87 | 0.81 | 2.57 | |
| 附记：1.人均耕地面积 | 元 | 1.40 | 1.40 | 1.60 | 1.20 | 1.00 | 1.30 |
| 2.人均成本外支出 | 元 | 59.90 | 12.00 | 46.20 | 76.80 | 28.70 | 21.30 |
| 3.人均两工数量 | 日 | 4.50 | 0.60 | 7.40 | 8.30 | 4.90 | 0.20 |
| 4.雇工天数 | 日 | 0.10 | | | 0.30 | 1.70 | |
| 5.雇工工价 | 元 | 20.80 | | | 16.70 | 15.30 | 14.70 |

# 2002年全国油料期间费用(三)

品种:油菜籽

| 项 目 名 称 | 单位 | 云 南 | 重 庆 | 陕 西 | 甘 肃 | 青 海 |
|---|---|---|---|---|---|---|
| 一、每亩期间费用 | 元 | 8.39 | 2.35 | 2.09 | 4.46 | 20.65 |
| 1.土地承包费 | 元 | 5.33 | | 1.26 | 2.43 | 17.66 |
| 2.管理费 | 元 | 0.62 | | | | 2.54 |
| 3.销售费 | 元 | 2.44 | 2.30 | 0.83 | 0.82 | 0.45 |
| 4.财务费 | 元 | | 0.05 | | 1.21 | |
| 二、每亩用工量 | 日 | 15.30 | 20.10 | 16.30 | 14.40 | 12.40 |
| 1.直接用工 | 日 | 13.20 | 18.50 | 14.10 | 12.60 | 10.90 |
| 2.间接用工 | 日 | 2.10 | 1.60 | 2.20 | 1.80 | 1.50 |
| 三、每亩成本外支出 | 元 | 11.06 | 1.39 | 12.60 | 11.35 | 6.11 |
| 1.村提留费 | 元 | | | | | |
| 2.乡统筹费 | 元 | | | | | |
| 3.两工支出 | 元 | 5.18 | | 11.65 | 10.84 | 5.97 |
| 4.其它成本外支出 | 元 | 5.88 | 1.39 | 0.95 | 0.51 | 0.14 |
| 附记:1.人均耕地面积 | 元 | 1.50 | 1.10 | 1.40 | 2.20 | 4.20 |
| 2.人均成本外支出 | 元 | 38.90 | 14.00 | 18.60 | 50.50 | 27.30 |
| 3.人均两工数量 | 日 | 2.80 | | 4.20 | 5.20 | 3.90 |
| 4.雇工天数 | 日 | 3.80 | 0.50 | | 0.50 | 0.10 |
| 5.雇工工价 | 元 | 15.40 | 21.00 | 16.00 | 11.40 | 18.00 |

# 第三部分　棉、麻、烟、糖料

# 2002年全国棉花成本收益(一)

品种：棉花、长绒棉　　　　按统一工价汇总

| 项目名称 | | 单位 | 棉花平均 | 河北 | 辽宁 | 江苏 | 浙江 | 安徽 |
|---|---|---|---|---|---|---|---|---|
| 调查县数 | | 个 | 161.00 | 18.00 | 7.00 | 12.00 | 5.00 | 10.00 |
| 调查户数 | | 户 | 1568.00 | 150.00 | 27.00 | 107.00 | 46.00 | 76.00 |
| 调查面积 | | 亩 | 7580.83 | 503.30 | 41.30 | 355.50 | 156.70 | 184.00 |
| 每亩 | 主产品产量 | 公斤 | 81.90 | 69.60 | 64.10 | 88.10 | 79.00 | 82.50 |
| | 产值合计 | 元 | 889.26 | 877.66 | 690.18 | 1046.37 | 877.06 | 920.41 |
| | 主产品产值 | 元 | 783.66 | 718.56 | 567.70 | 887.12 | 807.86 | 865.32 |
| | 副产品产值 | 元 | 105.60 | 159.10 | 122.48 | 159.25 | 69.20 | 55.09 |
| | 其它收入 | 元 | 0.02 | | | | | |
| | 生产成本 | 元 | 543.54 | 459.63 | 466.25 | 541.17 | 457.21 | 483.84 |
| | 物质费用 | 元 | 222.34 | 219.83 | 201.15 | 175.97 | 206.41 | 186.84 |
| | 用工作价 | 元 | 321.20 | 239.80 | 265.10 | 365.20 | 250.80 | 297.00 |
| | 用工数量 | 日 | 29.20 | 21.80 | 24.10 | 33.20 | 22.80 | 27.00 |
| | 劳动日工价 | 元 | 11.00 | 11.00 | 11.00 | 11.00 | 11.00 | 11.00 |
| | 期间费用 | 元 | 17.96 | 4.11 | 9.14 | 6.59 | 52.04 | 2.60 |
| | 税金 | 元 | 40.22 | 40.25 | 36.60 | 47.36 | 21.22 | 33.69 |
| | 含税成本 | 元 | 601.72 | 503.99 | 511.99 | 595.12 | 530.47 | 520.13 |
| | 净产值 | 元 | 666.92 | 657.83 | 489.03 | 870.40 | 670.65 | 733.57 |
| | 减税纯收益 | 元 | 287.56 | 373.67 | 178.19 | 451.25 | 346.59 | 400.28 |
| | 成本纯收益率 | % | 47.79 | 74.14 | 34.80 | 75.83 | 65.34 | 76.96 |
| 每50公斤主产品 | 平均出售价格 | 元 | 478.42 | 516.21 | 442.82 | 503.47 | 511.30 | 524.44 |
| | 物质费用 | 元 | 119.62 | 129.30 | 129.06 | 84.67 | 120.33 | 106.46 |
| | 生产成本 | 元 | 292.42 | 270.34 | 299.15 | 260.39 | 266.54 | 275.69 |
| | 含税成本 | 元 | 323.72 | 296.43 | 328.49 | 286.35 | 309.25 | 296.36 |
| | 净产值 | 元 | 358.80 | 386.91 | 313.76 | 418.80 | 390.97 | 417.98 |
| | 减税纯收益 | 元 | 154.71 | 219.78 | 114.33 | 217.12 | 202.05 | 228.08 |
| 每一劳动日 | 主产品产量 | 公斤 | 2.80 | 3.20 | 2.70 | 2.70 | 3.50 | 3.10 |
| | 净产值 | 元 | 22.84 | 30.18 | 20.29 | 26.22 | 29.41 | 27.17 |
| 每亩主产品出售数量 | | 公斤 | 71.10 | 65.30 | 58.60 | 86.60 | 75.70 | 73.40 |
| 每亩主产品出售产值 | | 元 | 702.92 | 642.25 | 526.40 | 872.88 | 774.68 | 769.60 |
| 每亩成本外支出 | | 元 | 17.01 | | 12.49 | 29.63 | | 4.03 |

# 2002 年全国棉花成本收益(二)

品种：棉花、长绒棉　　　　　　　　　　　　　　　　　　　　　　按统一工价汇总

| 项目名称 | | 单位 | 江西 | 山东 | 河南 | 湖北 | 湖南 | 四川 |
|---|---|---|---|---|---|---|---|---|
| 调查县数 | | 个 | 9.00 | 25.00 | 13.00 | 21.00 | 8.00 | 2.00 |
| 调查户数 | | 户 | 81.00 | 227.00 | 69.00 | 384.00 | 61.00 | 13.00 |
| 调查面积 | | 亩 | 162.75 | 676.10 | 173.80 | 1035.75 | 236.35 | 2.80 |
| 每亩 | 主产品产量 | 公斤 | 88.20 | 78.90 | 63.60 | 94.60 | 93.00 | 73.00 |
| | 产值合计 | 元 | 972.61 | 997.90 | 761.28 | 838.39 | 922.31 | 713.92 |
| | 主产品产值 | 元 | 865.15 | 845.81 | 662.78 | 744.72 | 858.18 | 659.98 |
| | 副产品产值 | 元 | 107.46 | 152.09 | 98.50 | 93.67 | 64.13 | 53.94 |
| | 其它收入 | 元 | | | | | | |
| | 生产成本 | 元 | 700.71 | 573.16 | 456.97 | 580.50 | 513.76 | 739.26 |
| | 物质费用 | 元 | 237.61 | 251.96 | 144.57 | 218.60 | 195.86 | 199.16 |
| | 用工作价 | 元 | 463.10 | 321.20 | 312.40 | 361.90 | 317.90 | 540.10 |
| | 用工数量 | 日 | 42.10 | 29.20 | 28.40 | 32.90 | 28.90 | 49.10 |
| | 劳动日工价 | 元 | 11.00 | 11.00 | 11.00 | 11.00 | 11.00 | 11.00 |
| | 期间费用 | 元 | 7.78 | 19.82 | 8.33 | 12.68 | 7.15 | 43.44 |
| | 税金 | 元 | 53.96 | 62.82 | 30.34 | 52.88 | 60.46 | 23.82 |
| | 含税成本 | 元 | 762.45 | 655.80 | 495.64 | 646.06 | 581.37 | 806.52 |
| | 净产值 | 元 | 735.00 | 745.94 | 616.71 | 619.79 | 726.45 | 514.76 |
| | 减税纯收益 | 元 | 210.16 | 342.10 | 265.64 | 192.33 | 340.94 | -92.60 |
| | 成本纯收益率 | % | 27.56 | 52.17 | 53.60 | 29.77 | 58.64 | -11.48 |
| 每50公斤主产品 | 平均出售价格 | 元 | 490.45 | 536.00 | 521.05 | 393.62 | 461.39 | 452.04 |
| | 物质费用 | 元 | 119.82 | 135.33 | 98.95 | 102.63 | 97.98 | 126.10 |
| | 生产成本 | 元 | 353.34 | 307.86 | 312.77 | 272.54 | 257.01 | 468.08 |
| | 含税成本 | 元 | 384.47 | 352.25 | 339.24 | 303.32 | 290.83 | 510.67 |
| | 净产值 | 元 | 370.63 | 400.67 | 422.10 | 290.99 | 363.41 | 325.94 |
| | 减税纯收益 | 元 | 105.98 | 183.75 | 181.81 | 90.30 | 170.56 | -58.63 |
| 每一劳动日 | 主产品产量 | 公斤 | 2.10 | 2.70 | 2.20 | 2.90 | 3.20 | 1.50 |
| | 净产值 | 元 | 17.46 | 25.55 | 21.72 | 18.84 | 25.14 | 10.48 |
| 每亩主产品出售数量 | | 公斤 | 76.50 | 67.00 | 58.00 | 89.10 | 84.60 | 5.30 |
| 每亩主产品出售产值 | | 元 | 750.65 | 718.77 | 606.75 | 707.86 | 779.60 | 455.35 |
| 每亩成本外支出 | | 元 | 14.89 | 20.70 | 1.85 | 13.29 | 22.26 | 41.55 |

# 2002年全国棉花成本收益(三)

品种：棉花、长绒棉　　　　　　按统一工价汇总

| 项目名称 | | 单位 | 陕西 | 甘肃 | 新疆 | 长绒棉平均 | 新疆 |
|---|---|---|---|---|---|---|---|
| 调查县数 | | 个 | 3.00 | 5.00 | 23.00 | 3.00 | 3.00 |
| 调查户数 | | 户 | 24.00 | 45.00 | 258.00 | 33.00 | 33.00 |
| 调查面积 | | 亩 | 90.10 | 320.30 | 3642.08 | 318.00 | 318.00 |
| 每亩 | 主产品产量 | 公斤 | 79.60 | 95.50 | 97.20 | 84.10 | 84.10 |
| | 产值合计 | 元 | 912.78 | 1027.51 | 891.26 | 1068.25 | 1068.25 |
| | 主产品产值 | 元 | 820.60 | 892.16 | 775.30 | 943.42 | 943.42 |
| | 副产品产值 | 元 | 92.18 | 135.35 | 115.96 | 124.83 | 124.83 |
| | 其它收入 | 元 | | | 0.22 | | |
| | 生产成本 | 元 | 508.98 | 627.16 | 504.92 | 693.35 | 693.35 |
| | 物质费用 | 元 | 200.98 | 382.96 | 290.42 | 463.45 | 463.45 |
| | 用工作价 | 元 | 308.00 | 244.20 | 214.50 | 229.90 | 229.90 |
| | 用工数量 | 日 | 28.00 | 22.20 | 19.50 | 20.90 | 20.90 |
| | 劳动日工价 | 元 | 11.00 | 11.00 | 11.00 | 11.00 | 11.00 |
| | 期间费用 | 元 | 22.15 | 10.87 | 44.70 | 50.25 | 50.25 |
| | 税金 | 元 | 28.68 | 49.19 | 21.79 | 32.59 | 32.59 |
| | 含税成本 | 元 | 559.81 | 687.22 | 571.41 | 776.19 | 776.19 |
| | 净产值 | 元 | 711.80 | 644.55 | 600.84 | 604.80 | 604.80 |
| | 减税纯收益 | 元 | 352.97 | 340.29 | 320.07 | 292.06 | 292.06 |
| | 成本纯收益率 | % | 63.05 | 49.52 | 56.01 | 37.63 | 37.63 |
| 每50公斤主产品 | 平均出售价格 | 元 | 515.45 | 467.10 | 398.82 | 560.89 | 560.89 |
| | 物质费用 | 元 | 113.49 | 174.09 | 129.96 | 243.34 | 243.34 |
| | 生产成本 | 元 | 287.42 | 285.10 | 225.94 | 364.05 | 364.05 |
| | 含税成本 | 元 | 316.13 | 312.41 | 255.69 | 407.54 | 407.54 |
| | 净产值 | 元 | 401.96 | 293.01 | 268.86 | 317.55 | 317.55 |
| | 减税纯收益 | 元 | 199.32 | 154.69 | 143.24 | 153.35 | 153.35 |
| 每一劳动日 | 主产品产量 | 公斤 | 2.80 | 4.30 | 5.00 | 4.00 | 4.00 |
| | 净产值 | 元 | 25.42 | 29.03 | 30.81 | 28.94 | 28.94 |
| 每亩主产品出售数量 | | 公斤 | 62.10 | 95.50 | 97.10 | 84.10 | 84.10 |
| 每亩主产品出售产值 | | 元 | 580.30 | 892.16 | 763.68 | 943.42 | 943.42 |
| 每亩成本外支出 | | 元 | 1.45 | 40.72 | 35.27 | 39.78 | 39.78 |

# 2002年全国棉花成本收益(一)

品种：棉花、长绒棉　　　　按地区工价汇总

| 项目名称 | | 单位 | 棉花平均 | 河北 | 辽宁 | 江苏 | 浙江 | 安徽 |
|---|---|---|---|---|---|---|---|---|
| 调查县数 | | 个 | 161.00 | 18.00 | 7.00 | 12.00 | 5.00 | 10.00 |
| 调查户数 | | 户 | 1568.00 | 150.00 | 27.00 | 107.00 | 46.00 | 76.00 |
| 调查面积 | | 亩 | 7580.83 | 503.30 | 41.30 | 355.50 | 156.70 | 184.00 |
| 每亩 | 主产品产量 | 公斤 | 81.90 | 69.60 | 64.10 | 88.10 | 79.00 | 82.50 |
| | 产值合计 | 元 | 889.26 | 877.66 | 690.18 | 1046.37 | 877.06 | 920.41 |
| | 主产品产值 | 元 | 783.66 | 718.56 | 567.70 | 887.12 | 807.86 | 865.32 |
| | 副产品产值 | 元 | 105.60 | 159.10 | 122.48 | 159.25 | 69.20 | 55.09 |
| | 其它收入 | 元 | 0.02 | | | | | |
| | 生产成本 | 元 | 540.62 | 405.13 | 430.10 | 607.57 | 628.21 | 456.84 |
| | 物质费用 | 元 | 222.34 | 219.83 | 201.15 | 175.97 | 206.41 | 186.84 |
| | 用工作价 | 元 | 318.28 | 185.30 | 228.95 | 431.60 | 421.80 | 270.00 |
| | 用工数量 | 日 | 29.20 | 21.80 | 24.10 | 33.20 | 22.80 | 27.00 |
| | 劳动日工价 | 元 | 10.90 | 8.50 | 9.50 | 13.00 | 18.50 | 10.00 |
| | 期间费用 | 元 | 17.96 | 4.11 | 9.14 | 6.59 | 52.04 | 2.60 |
| | 税金 | 元 | 40.22 | 40.25 | 36.60 | 47.36 | 21.22 | 33.69 |
| | 含税成本 | 元 | 598.80 | 449.49 | 475.84 | 661.52 | 701.47 | 493.13 |
| | 净产值 | 元 | 666.92 | 657.83 | 489.03 | 870.40 | 670.65 | 733.57 |
| | 减税纯收益 | 元 | 290.48 | 428.17 | 214.34 | 384.85 | 175.59 | 427.28 |
| | 成本纯收益率 | % | 48.51 | 95.26 | 45.04 | 58.18 | 25.03 | 86.65 |
| 每50公斤主产品 | 平均出售价格 | 元 | 478.42 | 516.21 | 442.82 | 503.47 | 511.30 | 524.44 |
| | 物质费用 | 元 | 119.62 | 129.30 | 129.06 | 84.67 | 120.33 | 106.46 |
| | 生产成本 | 元 | 290.85 | 238.28 | 275.95 | 292.34 | 366.23 | 260.30 |
| | 含税成本 | 元 | 322.15 | 264.37 | 305.30 | 318.30 | 408.94 | 280.98 |
| | 净产值 | 元 | 358.80 | 386.91 | 313.76 | 418.80 | 390.97 | 417.98 |
| | 减税纯收益 | 元 | 156.28 | 251.84 | 137.52 | 185.17 | 102.36 | 243.46 |
| 每一劳动日 | 主产品产量 | 公斤 | 2.80 | 3.20 | 2.70 | 2.70 | 3.50 | 3.10 |
| | 净产值 | 元 | 22.84 | 30.18 | 20.29 | 26.22 | 29.41 | 27.17 |
| 每亩主产品出售数量 | | 公斤 | 71.10 | 65.30 | 58.60 | 86.60 | 75.70 | 73.40 |
| 每亩主产品出售产值 | | 元 | 702.92 | 642.25 | 526.40 | 872.88 | 774.68 | 769.60 |
| 每亩成本外支出 | | 元 | 17.01 | | 12.49 | 29.63 | | 4.03 |

# 2002年全国棉花成本收益(二)

品种：棉花、长绒棉　　　　按地区工价汇总

| 项目名称 | | 单位 | 江西 | 山东 | 河南 | 湖北 | 湖南 | 四川 |
|---|---|---|---|---|---|---|---|---|
| 调查县数 | | 个 | 9.00 | 25.00 | 13.00 | 21.00 | 8.00 | 2.00 |
| 调查户数 | | 户 | 81.00 | 227.00 | 69.00 | 384.00 | 61.00 | 13.00 |
| 调查面积 | | 亩 | 162.75 | 676.10 | 173.80 | 1035.75 | 236.35 | 2.80 |
| 每亩 | 主产品产量 | 公斤 | 88.20 | 78.90 | 63.60 | 94.60 | 93.00 | 73.00 |
| | 产值合计 | 元 | 972.61 | 997.90 | 761.28 | 838.39 | 922.31 | 713.92 |
| | 主产品产值 | 元 | 865.15 | 845.81 | 662.78 | 744.72 | 858.18 | 659.98 |
| | 副产品产值 | 元 | 107.46 | 152.09 | 98.50 | 93.67 | 64.13 | 53.94 |
| | 其它收入 | 元 | | | | | | |
| | 生产成本 | 元 | 667.03 | 581.92 | 397.33 | 547.60 | 606.24 | 763.81 |
| | 物质费用 | 元 | 237.61 | 251.96 | 144.57 | 218.60 | 195.86 | 199.16 |
| | 用工作价 | 元 | 429.42 | 329.96 | 252.76 | 329.00 | 410.38 | 564.65 |
| | 用工数量 | 日 | 42.10 | 29.20 | 28.40 | 32.90 | 28.90 | 49.10 |
| | 劳动日工价 | 元 | 10.20 | 11.30 | 8.90 | 10.00 | 14.20 | 11.50 |
| | 期间费用 | 元 | 7.78 | 19.82 | 8.33 | 12.68 | 7.15 | 43.44 |
| | 税金 | 元 | 53.96 | 62.82 | 30.34 | 52.88 | 60.46 | 23.82 |
| | 含税成本 | 元 | 728.77 | 664.56 | 436.00 | 613.16 | 673.85 | 831.07 |
| | 净产值 | 元 | 735.00 | 745.94 | 616.71 | 619.79 | 726.45 | 514.76 |
| | 减税纯收益 | 元 | 243.84 | 333.34 | 325.28 | 225.23 | 248.46 | -117.15 |
| | 成本纯收益率 | % | 33.46 | 50.16 | 74.61 | 36.73 | 36.87 | -14.10 |
| 每50公斤主产品 | 平均出售价格 | 元 | 490.45 | 536.00 | 521.05 | 393.62 | 461.39 | 452.04 |
| | 物质费用 | 元 | 119.82 | 135.33 | 98.95 | 102.63 | 97.98 | 126.10 |
| | 生产成本 | 元 | 336.36 | 312.57 | 271.95 | 257.10 | 303.27 | 483.63 |
| | 含税成本 | 元 | 367.49 | 356.95 | 298.42 | 287.88 | 337.10 | 526.22 |
| | 净产值 | 元 | 370.63 | 400.67 | 422.10 | 290.99 | 363.41 | 325.94 |
| | 减税纯收益 | 元 | 122.96 | 179.05 | 222.63 | 105.74 | 124.29 | -74.18 |
| 每一劳动日 | 主产品产量 | 公斤 | 2.10 | 2.70 | 2.20 | 2.90 | 3.20 | 1.50 |
| | 净产值 | 元 | 17.46 | 25.55 | 21.72 | 18.84 | 25.14 | 10.48 |
| 每亩主产品出售数量 | | 公斤 | 76.50 | 67.00 | 58.00 | 89.10 | 84.60 | 5.30 |
| 每亩主产品出售产值 | | 元 | 750.65 | 718.77 | 606.75 | 707.86 | 779.60 | 455.35 |
| 每亩成本外支出 | | 元 | 14.89 | 20.70 | 1.85 | 13.29 | 22.26 | 41.55 |

# 2002年全国棉花成本收益(三)

品种：棉花、长绒棉　　　　按地区工价汇总

| 项目名称 | | 单位 | 陕西 | 甘肃 | 新疆 | 长绒棉平均 | 新疆 |
|---|---|---|---|---|---|---|---|
| 调查县数 | | 个 | 3.00 | 5.00 | 23.00 | 3.00 | 3.00 |
| 调查户数 | | 户 | 24.00 | 45.00 | 258.00 | 33.00 | 33.00 |
| 调查面积 | | 亩 | 90.10 | 320.30 | 3642.08 | 318.00 | 318.00 |
| 每亩 | 主产品产量 | 公斤 | 79.60 | 95.50 | 97.20 | 84.10 | 84.10 |
| | 产值合计 | 元 | 912.78 | 1027.51 | 891.26 | 1068.25 | 1068.25 |
| | 主产品产值 | 元 | 820.60 | 892.16 | 775.30 | 943.42 | 943.42 |
| | 副产品产值 | 元 | 92.18 | 135.35 | 115.96 | 124.83 | 124.83 |
| | 其它收入 | 元 | | | 0.22 | | |
| | 生产成本 | 元 | 472.58 | 549.46 | 469.82 | 655.73 | 655.73 |
| | 物质费用 | 元 | 200.98 | 382.96 | 290.42 | 463.45 | 463.45 |
| | 用工作价 | 元 | 271.60 | 166.50 | 179.40 | 192.28 | 192.28 |
| | 用工数量 | 日 | 28.00 | 22.20 | 19.50 | 20.90 | 20.90 |
| | 劳动日工价 | 元 | 9.70 | 7.50 | 9.20 | 9.20 | 9.20 |
| | 期间费用 | 元 | 22.15 | 10.87 | 44.70 | 50.25 | 50.25 |
| | 税金 | 元 | 28.68 | 49.19 | 21.79 | 32.59 | 32.59 |
| | 含税成本 | 元 | 523.41 | 609.52 | 536.31 | 738.57 | 738.57 |
| | 净产值 | 元 | 711.80 | 644.55 | 600.84 | 604.80 | 604.80 |
| | 减税纯收益 | 元 | 389.37 | 417.99 | 355.17 | 329.68 | 329.68 |
| | 成本纯收益率 | % | 74.39 | 68.58 | 66.22 | 44.64 | 44.64 |
| 每50公斤主产品 | 平均出售价格 | 元 | 515.45 | 467.10 | 398.82 | 560.89 | 560.89 |
| | 物质费用 | 元 | 113.49 | 174.09 | 129.96 | 243.34 | 243.34 |
| | 生产成本 | 元 | 266.87 | 249.78 | 210.23 | 344.29 | 344.29 |
| | 含税成本 | 元 | 295.57 | 277.08 | 239.99 | 387.79 | 387.79 |
| | 净产值 | 元 | 401.96 | 293.01 | 268.86 | 317.55 | 317.55 |
| | 减税纯收益 | 元 | 219.88 | 190.02 | 158.94 | 173.10 | 173.10 |
| 每一劳动日 | 主产品产量 | 公斤 | 2.80 | 4.30 | 5.00 | 4.00 | 4.00 |
| | 净产值 | 元 | 25.42 | 29.03 | 30.81 | 28.94 | 28.94 |
| 每亩主产品出售数量 | | 公斤 | 62.10 | 95.50 | 97.10 | 84.10 | 84.10 |
| 每亩主产品出售产值 | | 元 | 580.30 | 892.16 | 763.68 | 943.42 | 943.42 |
| 每亩成本外支出 | | 元 | 1.45 | 40.72 | 35.27 | 39.78 | 39.78 |

# 2002年全国棉花物质费用(一)

品种：棉花、长绒棉

| 项目名称 | 单位 | 棉花平均 | 河北 | 辽宁 | 江苏 | 浙江 | 安徽 |
|---|---|---|---|---|---|---|---|
| 每亩物质费用 | 元 | 222.34 | 219.83 | 201.15 | 175.97 | 206.41 | 186.84 |
| 一、直接生产费用 | 元 | 211.89 | 199.50 | 195.16 | 169.28 | 194.52 | 179.13 |
| 1.种籽秧苗费 | 元 | 21.31 | 27.29 | 22.15 | 21.32 | 24.60 | 21.77 |
| 2.农家肥费 | 元 | 12.25 | 4.69 | 6.29 | 4.42 | 1.64 | 16.12 |
| 3.化肥费 | 元 | 80.87 | 55.13 | 70.82 | 73.35 | 77.02 | 79.87 |
| 4.农膜费 | 元 | 13.77 | 19.83 | 20.69 | 10.13 | 5.42 | 4.96 |
| 5.农药费 | 元 | 34.25 | 30.31 | 27.30 | 39.66 | 66.55 | 30.13 |
| 6.畜力费 | 元 | 6.31 | 2.16 | 23.38 | 0.73 | | 2.34 |
| 7.机械作业费 | 元 | 15.44 | 26.34 | 3.86 | 8.07 | 13.58 | 10.04 |
| 8.排灌费 | 元 | 21.61 | 32.78 | 7.68 | 9.41 | 1.40 | 11.92 |
| 9.燃料动力费 | 元 | | | | | | |
| 10.棚架材料费 | 元 | 0.22 | | | 0.64 | 0.19 | 0.24 |
| 11.其它直接费用 | 元 | 5.86 | 0.97 | 12.99 | 1.55 | 4.12 | 1.74 |
| 二、间接生产费用 | 元 | 10.45 | 20.33 | 5.99 | 6.69 | 11.89 | 7.71 |
| 1.固定资产折旧 | 元 | 6.16 | 14.83 | 3.38 | 2.77 | 4.52 | 4.75 |
| 2.小农具购置修理费 | 元 | 3.63 | 5.50 | 2.54 | 3.23 | 7.30 | 2.88 |
| 3.其它间接费用 | 元 | 0.66 | | 0.07 | 0.69 | 0.07 | 0.08 |
| 附记：1.每亩种籽用量 | 公斤 | 3.40 | 2.10 | 7.80 | 2.10 | 3.80 | 1.70 |
| 2.每亩化肥用量 | 公斤 | 29.00 | 19.90 | 21.60 | 24.60 | 25.30 | 27.80 |
| 3.每亩农膜用量 | 公斤 | 1.80 | 2.20 | 3.50 | 1.30 | 0.60 | 0.70 |
| 4.每度电价 | 元 | 0.66 | 0.58 | 0.65 | 0.66 | 0.44 | 0.79 |
| 5.每亩柴油费 | 元 | 5.76 | 11.02 | | 1.74 | | 6.58 |

# 2002 年全国棉花物质费用(二)

品种：棉花、长绒棉

| 项 目 名 称 | 单位 | 江 西 | 山 东 | 河 南 | 湖 北 | 湖 南 | 四 川 |
|---|---|---|---|---|---|---|---|
| 每亩物质费用 | 元 | 237.61 | 251.96 | 144.57 | 218.60 | 195.86 | 199.16 |
| 一、直接生产费用 | 元 | 225.73 | 239.51 | 128.53 | 207.12 | 184.64 | 192.95 |
| 1.种籽秧苗费 | 元 | 22.40 | 29.19 | 18.35 | 17.68 | 21.51 | 9.62 |
| 2.农家肥费 | 元 | 20.04 | 15.96 | 5.30 | 8.82 | 4.49 | 36.29 |
| 3.化肥费 | 元 | 104.85 | 86.70 | 44.49 | 82.98 | 90.77 | 96.16 |
| 4.农膜费 | 元 | 4.69 | 20.34 | 2.58 | 7.14 | 4.35 | 12.60 |
| 5.农药费 | 元 | 52.54 | 40.83 | 26.63 | 45.76 | 48.98 | 38.28 |
| 6.畜力费 | 元 | 8.03 | 6.97 | 0.92 | 25.43 | 1.76 | |
| 7.机械作业费 | 元 | | 15.89 | 12.73 | 8.49 | 1.73 | |
| 8.排灌费 | 元 | 11.04 | 23.18 | 16.69 | 7.56 | 9.98 | |
| 9.燃料动力费 | 元 | | | | | | |
| 10.棚架材料费 | 元 | 1.61 | | 0.06 | 0.30 | 0.08 | |
| 11.其它直接费用 | 元 | 0.53 | 0.45 | 0.78 | 2.96 | 0.99 | |
| 二、间接生产费用 | 元 | 11.88 | 12.45 | 16.04 | 11.48 | 11.22 | 6.21 |
| 1.固定资产折旧 | 元 | 6.68 | 8.43 | 12.12 | 5.12 | 7.13 | 2.96 |
| 2.小农具购置修理费 | 元 | 4.80 | 3.45 | 3.75 | 2.88 | 3.69 | 2.89 |
| 3.其它间接费用 | 元 | 0.40 | 0.57 | 0.17 | 3.48 | 0.40 | 0.36 |
| 附记：1.每亩种籽用量 | 公斤 | 1.30 | 3.50 | 3.30 | 2.20 | 0.70 | 1.90 |
| 2.每亩化肥用量 | 公斤 | 37.60 | 29.50 | 16.00 | 31.50 | 51.70 | 31.50 |
| 3.每亩农膜用量 | 公斤 | 0.70 | 2.60 | 0.40 | 1.00 | 0.90 | 2.70 |
| 4.每度电价 | 元 | 0.85 | 0.65 | 0.70 | 0.66 | 0.76 | 0.78 |
| 5.每亩柴油费 | 元 | 0.73 | 9.89 | 10.93 | 5.21 | 1.06 | |

# 2002年全国棉花物质费用(三)

品种：棉花、长绒棉

| 项目名称 | 单位 | 陕西 | 甘肃 | 新疆 | 长绒棉平均 | 新疆 |
|---|---|---|---|---|---|---|
| 每亩物质费用 | 元 | 200.98 | 382.96 | 290.42 | 463.45 | 463.45 |
| 一、直接生产费用 | 元 | 197.33 | 376.35 | 276.35 | 423.66 | 423.66 |
| 1.种籽秧苗费 | 元 | 15.68 | 25.78 | 20.93 | 20.77 | 20.77 |
| 2.农家肥费 | 元 | 14.14 | 20.19 | 13.05 | 40.91 | 40.91 |
| 3.化肥费 | 元 | 59.06 | 124.57 | 86.31 | 140.20 | 140.20 |
| 4.农膜费 | 元 | 14.74 | 36.39 | 28.83 | 32.70 | 32.70 |
| 5.农药费 | 元 | 12.26 | 8.25 | 12.06 | 13.72 | 13.72 |
| 6.畜力费 | 元 | 2.00 | 9.38 | 5.18 | 0.96 | 0.96 |
| 7.机械作业费 | 元 | 21.39 | 45.14 | 48.86 | 59.58 | 59.58 |
| 8.排灌费 | 元 | 58.06 | 67.57 | 45.21 | 58.70 | 58.70 |
| 9.燃料动力费 | 元 | | | | | |
| 10.棚架材料费 | 元 | | | | | |
| 11.其它直接费用 | 元 | | 39.08 | 15.92 | 56.12 | 56.12 |
| 二、间接生产费用 | 元 | 3.65 | 6.61 | 14.07 | 39.79 | 39.79 |
| 1.固定资产折旧 | 元 | 1.92 | 4.06 | 7.51 | 21.82 | 21.82 |
| 2.小农具购置修理费 | 元 | 1.29 | 2.08 | 4.54 | 5.52 | 5.52 |
| 3.其它间接费用 | 元 | 0.44 | 0.47 | 2.02 | 12.45 | 12.45 |
| 附记：1.每亩种籽用量 | 公斤 | 3.30 | 7.90 | 6.60 | 6.30 | 6.30 |
| 2.每亩化肥用量 | 公斤 | 21.50 | 39.20 | 27.90 | 40.70 | 40.70 |
| 3.每亩农膜用量 | 公斤 | 2.20 | 4.20 | 3.50 | 4.30 | 4.30 |
| 4.每度电价 | 元 | 0.54 | 0.52 | 0.67 | 0.67 | 0.67 |
| 5.每亩柴油费 | 元 | 1.31 | 22.59 | 9.62 | 11.43 | 11.43 |

# 2002 年全国棉花期间费用(一)

品种：棉花、长绒棉

| 项目名称 | 单位 | 棉花平均 | 河北 | 辽宁 | 江苏 | 浙江 | 安徽 |
|---|---|---|---|---|---|---|---|
| 一、每亩期间费用 | 元 | 17.96 | 4.11 | 9.14 | 6.59 | 52.04 | 2.60 |
| 1.土地承包费 | 元 | 11.38 | 1.19 | 2.84 | | 48.25 | 0.75 |
| 2.管理费 | 元 | 1.36 | | 1.33 | | 2.19 | 0.02 |
| 3.销售费 | 元 | 4.80 | 2.92 | 4.97 | 6.59 | 1.60 | 1.83 |
| 4.财务费 | 元 | 0.42 | | | | | |
| 二、每亩用工量 | 日 | 29.20 | 21.80 | 24.10 | 33.20 | 22.80 | 27.00 |
| 1.直接用工 | 日 | 26.90 | 20.30 | 23.00 | 31.60 | 21.30 | 24.60 |
| 2.间接用工 | 日 | 2.30 | 1.50 | 1.10 | 1.60 | 1.50 | 2.40 |
| 三、每亩成本外支出 | 元 | 17.01 | | 12.49 | 29.63 | | 4.03 |
| 1.村提留费 | 元 | | | | | | |
| 2.乡统筹费 | 元 | | | | | | |
| 3.两工支出 | 元 | 13.50 | | 12.20 | 22.28 | | 2.55 |
| 4.其它成本外支出 | 元 | 3.51 | | 0.29 | 7.35 | | 1.48 |
| 附记：1.人均耕地面积 | 元 | 1.90 | 1.80 | 2.20 | 1.50 | 0.90 | 1.40 |
| 2.人均成本外支出 | 元 | 44.00 | | 74.90 | 56.20 | | 20.50 |
| 3.人均两工数量 | 日 | 5.20 | | 7.80 | 10.20 | | 3.50 |
| 4.雇工天数 | 日 | 0.90 | | 0.40 | 0.40 | 2.80 | |
| 5.雇工工价 | 元 | 17.50 | 12.90 | 16.10 | 20.60 | 22.30 | 21.50 |

# 2002年全国棉花期间费用(二)

品种：棉花、长绒棉

| 项 目 名 称 | 单位 | 江 西 | 山 东 | 河 南 | 湖 北 | 湖 南 | 四 川 |
|---|---|---|---|---|---|---|---|
| 一、每亩期间费用 | 元 | 7.78 | 19.82 | 8.33 | 12.68 | 7.15 | 43.44 |
| 1.土地承包费 | 元 | | 11.14 | 4.79 | 1.59 | 5.20 | 37.55 |
| 2.管理费 | 元 | 4.03 | 0.29 | | 0.14 | | 5.00 |
| 3.销售费 | 元 | 3.28 | 7.21 | 3.54 | 10.75 | 1.95 | 0.89 |
| 4.财务费 | 元 | 0.47 | 1.18 | | 0.20 | | |
| 二、每亩用工量 | 日 | 42.10 | 29.20 | 28.40 | 32.90 | 28.90 | 49.10 |
| 1.直接用工 | 日 | 38.70 | 26.90 | 26.50 | 30.60 | 27.50 | 46.30 |
| 2.间接用工 | 日 | 3.40 | 2.30 | 1.90 | 2.30 | 1.40 | 2.80 |
| 三、每亩成本外支出 | 元 | 14.89 | 20.70 | 1.85 | 13.29 | 22.26 | 41.55 |
| 1.村提留费 | 元 | | | | | | |
| 2.乡统筹费 | 元 | | | | | | |
| 3.两工支出 | 元 | 11.49 | 12.51 | 1.49 | 7.96 | 22.26 | 35.30 |
| 4.其它成本外支出 | 元 | 3.40 | 8.19 | 0.36 | 5.33 | | 6.25 |
| 附记：1.人均耕地面积 | 元 | 1.30 | 1.90 | 1.30 | 1.50 | 2.10 | 1.10 |
| 2.人均成本外支出 | 元 | 35.50 | 60.10 | 6.40 | 58.40 | 80.00 | 44.20 |
| 3.人均两工数量 | 日 | 5.30 | 7.20 | 0.60 | 8.30 | 5.60 | 12.50 |
| 4.雇工天数 | 日 | | 0.50 | | | 2.40 | 1.00 |
| 5.雇工工价 | 元 | 21.00 | 15.20 | 15.40 | | 20.00 | 15.00 |

# 2002 年全国棉花期间费用(三)

品种：棉花、长绒棉

| 项 目 名 称 | 单位 | 陕 西 | 甘 肃 | 新 疆 | 长绒棉<br>平 均 | 新 疆 |
|---|---|---|---|---|---|---|
| 一、每亩期间费用 | 元 | 22.15 | 10.87 | 44.70 | 50.25 | 50.25 |
| 1.土地承包费 | 元 | 21.16 |  | 24.83 | 37.37 | 37.37 |
| 2.管理费 | 元 |  |  | 6.08 | 4.45 | 4.45 |
| 3.销售费 | 元 | 0.99 | 10.27 | 10.40 | 6.61 | 6.61 |
| 4.财务费 | 元 |  | 0.60 | 3.39 | 1.82 | 1.82 |
| 二、每亩用工量 | 日 | 28.00 | 22.20 | 19.50 | 20.90 | 20.90 |
| 1.直接用工 | 日 | 23.70 | 19.60 | 16.40 | 18.00 | 18.00 |
| 2.间接用工 | 日 | 4.30 | 2.60 | 3.10 | 2.90 | 2.90 |
| 三、每亩成本外支出 | 元 | 1.45 | 40.72 | 35.27 | 39.78 | 39.78 |
| 1.村提留费 | 元 |  |  |  |  |  |
| 2.乡统筹费 | 元 |  |  |  |  |  |
| 3.两工支出 | 元 |  | 35.70 | 25.28 | 15.81 | 15.81 |
| 4.其它成本外支出 | 元 | 1.45 | 5.02 | 9.99 | 23.97 | 23.97 |
| 附记：1.人均耕地面积 | 元 | 1.80 | 3.60 | 4.50 | 6.10 | 6.10 |
| 2.人均成本外支出 | 元 |  | 126.30 | 53.50 | 66.40 | 66.40 |
| 3.人均两工数量 | 日 |  | 7.70 | 3.90 | 4.40 | 4.40 |
| 4.雇工天数 | 日 |  | 2.50 | 3.10 | 0.10 | 0.10 |
| 5.雇工工价 | 元 | 12.40 | 16.00 | 18.50 | 19.70 | 19.70 |

# 2002年全国麻类产品成本收益

品种：熟红麻、苎麻　　　　按统一工价汇总

| 项目名称 | | 单位 | 熟红麻平均 | 湖北 | 四川 | 苎麻平均 | 湖北 | 四川 |
|---|---|---|---|---|---|---|---|---|
| 调查县数 | | 个 | 4.00 | 3.00 | 1.00 | 5.00 | 4.00 | 1.00 |
| 调查户数 | | 户 | 39.00 | 24.00 | 15.00 | 27.00 | 24.00 | 3.00 |
| 调查面积 | | 亩 | 44.40 | 40.40 | 4.00 | 31.70 | 30.90 | 0.80 |
| 每亩 | 主产品产量 | 公斤 | 167.20 | 189.30 | 145.00 | 122.50 | 117.70 | 127.30 |
| | 产值合计 | 元 | 431.21 | 450.41 | 412.00 | 651.99 | 621.62 | 682.35 |
| | 主产品产值 | 元 | 385.51 | 394.02 | 377.00 | 626.50 | 621.62 | 631.37 |
| | 副产品产值 | 元 | 45.70 | 56.39 | 35.00 | 25.49 | | 50.98 |
| | 其它收入 | 元 | | | | | | |
| | 生产成本 | 元 | 315.25 | 252.53 | 376.80 | 708.12 | 526.20 | 889.98 |
| | 物质费用 | 元 | 101.85 | 68.83 | 134.80 | 96.52 | 85.10 | 107.88 |
| | 用工作价 | 元 | 213.40 | 183.70 | 242.00 | 611.60 | 441.10 | 782.10 |
| | 用工数量 | 日 | 19.40 | 16.70 | 22.00 | 55.60 | 40.10 | 71.10 |
| | 劳动日工价 | 元 | 11.00 | 11.00 | 11.00 | 11.00 | 11.00 | 11.00 |
| | 期间费用 | 元 | 13.29 | 16.66 | 9.90 | 5.73 | 10.05 | 1.40 |
| | 税金 | 元 | 39.78 | 33.15 | 46.41 | 48.38 | 49.94 | 46.81 |
| | 含税成本 | 元 | 368.32 | 302.34 | 433.11 | 762.23 | 586.19 | 938.19 |
| | 净产值 | 元 | 329.36 | 381.58 | 277.20 | 555.47 | 536.52 | 574.47 |
| | 减税纯收益 | 元 | 62.89 | 148.07 | -21.11 | -110.24 | 35.43 | -255.84 |
| | 成本纯收益率 | % | 17.07 | 48.97 | -4.87 | -14.46 | 6.04 | -27.27 |
| 每50公斤主产品 | 平均出售价格 | 元 | 115.28 | 104.07 | 130.00 | 255.71 | 264.07 | 247.99 |
| | 物质费用 | 元 | 27.23 | 15.90 | 42.53 | 37.86 | 36.15 | 39.21 |
| | 生产成本 | 元 | 84.28 | 58.35 | 118.89 | 277.72 | 223.53 | 323.45 |
| | 含税成本 | 元 | 98.47 | 69.86 | 136.66 | 298.95 | 249.02 | 340.97 |
| | 净产值 | 元 | 88.05 | 88.17 | 87.47 | 217.85 | 227.92 | 208.78 |
| | 减税纯收益 | 元 | 16.81 | 34.21 | -6.66 | -43.24 | 15.05 | -92.98 |
| 每一劳动日 | 主产品产量 | 公斤 | 8.60 | 11.30 | 6.60 | 2.20 | 2.90 | 1.80 |
| | 净产值 | 元 | 16.98 | 22.85 | 12.60 | 9.99 | 13.38 | 8.08 |
| 每亩主产品出售数量 | | 公斤 | 167.20 | 189.30 | 145.00 | 119.70 | 112.10 | 127.30 |
| 每亩主产品出售产值 | | 元 | 385.51 | 394.02 | 377.00 | 612.38 | 593.39 | 631.37 |
| 每亩成本外支出 | | 元 | 24.18 | 10.85 | 37.50 | 20.08 | 15.19 | 24.96 |

# 2002 年全国麻类产品成本收益

品种：熟红麻、苎麻　　　　按地区工价汇总

| 项目名称 | | 单位 | 熟红麻平均 | 湖北 | 四川 | 苎麻平均 | 湖北 | 四川 |
|---|---|---|---|---|---|---|---|---|
| 调查县数 | | 个 | 4.00 | 3.00 | 1.00 | 5.00 | 4.00 | 1.00 |
| 调查户数 | | 户 | 39.00 | 24.00 | 15.00 | 27.00 | 24.00 | 3.00 |
| 调查面积 | | 亩 | 44.40 | 40.40 | 4.00 | 31.70 | 30.90 | 0.80 |
| 每亩 | 主产品产量 | 公斤 | 167.20 | 189.30 | 145.00 | 122.50 | 117.70 | 127.30 |
| | 产值合计 | 元 | 431.21 | 450.41 | 412.00 | 651.99 | 621.62 | 682.35 |
| | 主产品产值 | 元 | 385.51 | 394.02 | 377.00 | 626.50 | 621.62 | 631.37 |
| | 副产品产值 | 元 | 45.70 | 56.39 | 35.00 | 25.49 | | 50.98 |
| | 其它收入 | 元 | | | | | | |
| | 生产成本 | 元 | 311.37 | 235.83 | 387.80 | 697.00 | 486.10 | 925.53 |
| | 物质费用 | 元 | 101.85 | 68.83 | 134.80 | 96.52 | 85.10 | 107.88 |
| | 用工作价 | 元 | 209.52 | 167.00 | 253.00 | 600.48 | 401.00 | 817.65 |
| | 用工数量 | 日 | 19.40 | 16.70 | 22.00 | 55.60 | 40.10 | 71.10 |
| | 劳动日工价 | 元 | 10.80 | 10.00 | 11.50 | 10.80 | 10.00 | 11.50 |
| | 期间费用 | 元 | 13.29 | 16.66 | 9.90 | 5.73 | 10.05 | 1.40 |
| | 税金 | 元 | 39.78 | 33.15 | 46.41 | 48.38 | 49.94 | 46.81 |
| | 含税成本 | 元 | 364.44 | 285.64 | 444.11 | 751.11 | 546.09 | 973.74 |
| | 净产值 | 元 | 329.36 | 381.58 | 277.20 | 555.47 | 536.52 | 574.47 |
| | 减税纯收益 | 元 | 66.77 | 164.77 | -32.11 | -99.12 | 75.53 | -291.39 |
| | 成本纯收益率 | % | 18.32 | 57.68 | -7.23 | -13.20 | 13.83 | -29.92 |
| 每50公斤主产品 | 平均出售价格 | 元 | 115.28 | 104.07 | 130.00 | 255.71 | 264.07 | 247.99 |
| | 物质费用 | 元 | 27.23 | 15.90 | 42.53 | 37.86 | 36.15 | 39.21 |
| | 生产成本 | 元 | 83.24 | 54.49 | 122.36 | 273.36 | 206.50 | 336.37 |
| | 含税成本 | 元 | 97.43 | 66.00 | 140.13 | 294.58 | 231.98 | 353.89 |
| | 净产值 | 元 | 88.05 | 88.17 | 87.47 | 217.85 | 227.92 | 208.78 |
| | 减税纯收益 | 元 | 17.85 | 38.07 | -10.13 | -38.87 | 32.09 | -105.90 |
| 每一劳动日 | 主产品产量 | 公斤 | 8.60 | 11.30 | 6.60 | 2.20 | 2.90 | 1.80 |
| | 净产值 | 元 | 16.98 | 22.85 | 12.60 | 9.99 | 13.38 | 8.08 |
| 每亩主产品出售数量 | | 公斤 | 167.20 | 189.30 | 145.00 | 119.70 | 112.10 | 127.30 |
| 每亩主产品出售产值 | | 元 | 385.51 | 394.02 | 377.00 | 612.38 | 593.39 | 631.37 |
| 每亩成本外支出 | | 元 | 24.18 | 10.85 | 37.50 | 20.08 | 15.19 | 24.96 |

# 2002年全国麻类产品物质费用

品种：熟红麻、苎麻

| 项　目　名　称 | 单位 | 熟红麻平　均 | 湖　北 | 四　川 | 苎　麻平　均 | 湖　北 | 四　川 |
|---|---|---|---|---|---|---|---|
| 每亩物质费用 | 元 | 101.85 | 68.83 | 134.80 | 96.52 | 85.10 | 107.88 |
| 一、直接生产费用 | 元 | 92.06 | 53.27 | 130.80 | 90.06 | 76.54 | 103.55 |
| 1.种籽秧苗费 | 元 | 15.84 | 16.07 | 15.60 | 1.94 | 3.88 | |
| 2.农家肥费 | 元 | 12.11 | 4.21 | 20.00 | 36.48 | 20.51 | 52.44 |
| 3.化肥费 | 元 | 32.76 | 13.51 | 52.00 | 47.70 | 46.06 | 49.33 |
| 4.农膜费 | 元 | | | | | | |
| 5.农药费 | 元 | 3.96 | 0.41 | 7.50 | 2.69 | 3.59 | 1.78 |
| 6.畜力费 | 元 | 23.06 | 10.42 | 35.70 | | | |
| 7.机械作业费 | 元 | 4.21 | 8.42 | | | | |
| 8.排灌费 | 元 | 0.12 | 0.23 | | 1.11 | 2.22 | |
| 9.燃料动力费 | 元 | | | | | | |
| 10.棚架材料费 | 元 | | | | | | |
| 11.其它直接费用 | 元 | | | | 0.14 | 0.28 | |
| 二、间接生产费用 | 元 | 9.79 | 15.56 | 4.00 | 6.46 | 8.56 | 4.33 |
| 1.固定资产折旧 | 元 | 6.26 | 12.52 | | 1.54 | 1.40 | 1.67 |
| 2.小农具购置修理费 | 元 | 2.94 | 1.87 | 4.00 | 3.50 | 4.99 | 2.00 |
| 3.其它间接费用 | 元 | 0.59 | 1.17 | | 1.42 | 2.17 | 0.66 |
| 附记：1.每亩种籽用量 | 公斤 | 1.10 | 1.10 | | 0.30 | 0.30 | |
| 2.每亩化肥用量 | 公斤 | 14.60 | 9.90 | 19.20 | 17.70 | 17.90 | 17.50 |
| 3.每亩农膜用量 | 公斤 | | | | | | |
| 4.每度电价 | 元 | 0.69 | 0.68 | 0.70 | 0.76 | 0.76 | 0.75 |
| 5.每亩柴油费 | 元 | 1.90 | 3.80 | | | | |

# 2002 年全国麻类产品期间费用

品种：熟红麻、苎麻

| 项 目 名 称 | 单位 | 熟红麻平均 | 湖北 | 四川 | 苎麻平均 | 湖北 | 四川 |
|---|---|---|---|---|---|---|---|
| 一、每亩期间费用 | 元 | 13.29 | 16.66 | 9.90 | 5.73 | 10.05 | 1.40 |
| 1.土地承包费 | 元 | 7.53 | 15.05 | | | | |
| 2.管理费 | 元 | 0.06 | 0.12 | | 1.67 | 3.34 | |
| 3.销售费 | 元 | 5.19 | 0.48 | 9.90 | 4.06 | 6.71 | 1.40 |
| 4.财务费 | 元 | 0.51 | 1.01 | | | | |
| 二、每亩用工量 | 日 | 19.40 | 16.70 | 22.00 | 55.60 | 40.10 | 71.10 |
| 1.直接用工 | 日 | 17.30 | 14.60 | 20.00 | 51.50 | 35.80 | 67.20 |
| 2.间接用工 | 日 | 2.10 | 2.10 | 2.00 | 4.10 | 4.30 | 3.90 |
| 三、每亩成本外支出 | 元 | 24.18 | 10.85 | 37.50 | 20.08 | 15.19 | 24.96 |
| 1.村提留费 | 元 | | | | | | |
| 2.乡统筹费 | 元 | | | | | | |
| 3.两工支出 | 元 | 24.18 | 10.85 | 37.50 | 17.32 | 9.68 | 24.96 |
| 4.其它成本外支出 | 元 | | | | 2.76 | 5.51 | |
| 附记：1.人均耕地面积 | 元 | 2.00 | 2.80 | 1.10 | 1.20 | 1.40 | 0.90 |
| 2.人均成本外支出 | 元 | 29.30 | 21.50 | 37.00 | 31.20 | 22.60 | 39.70 |
| 3.人均两工数量 | 日 | 7.90 | 12.70 | 3.00 | 4.30 | 4.50 | 4.00 |
| 4.雇工天数 | 日 | 0.30 | | 0.50 | 1.00 | | 2.00 |
| 5.雇工工价 | 元 | 15.00 | | 15.00 | 15.00 | | 15.00 |

# 2002年全国烟叶成本收益(一)

品种：烤烟　　　　按统一工价汇总

| 项 目 名 称 | | 单位 | 平 均 | 辽 宁 | 吉 林 | 黑龙江 | 安 徽 | 福 建 | 江 西 |
|---|---|---|---|---|---|---|---|---|---|
| 调查县数 | | 个 | 132.00 | 5.00 | 4.00 | 9.00 | 3.00 | 10.00 | 6.00 |
| 调查户数 | | 户 | 1120.00 | 21.00 | 24.00 | 32.00 | 28.00 | 114.00 | 54.00 |
| 调查面积 | | 亩 | 5349.42 | 306.00 | 317.23 | 610.00 | 95.60 | 518.12 | 178.50 |
| 每亩 | 主产品产量 | 公斤 | 128.70 | 142.70 | 122.70 | 126.60 | 128.40 | 134.30 | 116.70 |
| | 产值合计 | 元 | 1053.75 | 1265.97 | 825.47 | 800.72 | 1073.21 | 1295.54 | 980.24 |
| | 主产品产值 | 元 | 1042.73 | 1259.19 | 825.47 | 792.99 | 1064.13 | 1291.35 | 965.45 |
| | 副产品产值 | 元 | 11.02 | 6.78 | | 7.73 | 9.08 | 4.19 | 14.79 |
| | 其它收入 | 元 | 22.97 | | | 5.96 | | 51.28 | 28.12 |
| | 生产成本 | 元 | 762.95 | 706.84 | 495.82 | 633.59 | 646.59 | 874.38 | 880.02 |
| | 物质费用 | 元 | 351.55 | 413.14 | 315.42 | 327.79 | 297.89 | 470.68 | 422.42 |
| | 用工作价 | 元 | 411.40 | 293.70 | 180.40 | 305.80 | 348.70 | 403.70 | 457.60 |
| | 用工数量 | 日 | 37.40 | 26.70 | 16.40 | 27.80 | 31.70 | 36.70 | 41.60 |
| | 劳动日工价 | 元 | 11.00 | 11.00 | 11.00 | 11.00 | 11.00 | 11.00 | 11.00 |
| | 期间费用 | 元 | 28.43 | 54.73 | 52.25 | 51.97 | 1.07 | 46.80 | 16.84 |
| | 税金 | 元 | 29.32 | 18.08 | 31.45 | 24.56 | 42.95 | 18.43 | 32.48 |
| | 含税成本 | 元 | 820.70 | 779.65 | 579.52 | 710.12 | 690.61 | 939.61 | 929.34 |
| | 净产值 | 元 | 702.20 | 852.83 | 510.05 | 472.93 | 775.32 | 824.86 | 557.82 |
| | 减税纯收益 | 元 | 256.02 | 486.32 | 245.95 | 96.56 | 382.60 | 407.21 | 79.02 |
| | 成本纯收益率 | % | 31.20 | 62.38 | 42.44 | 13.60 | 55.40 | 43.34 | 8.50 |
| 每50公斤主产品 | 平均出售价格 | 元 | 405.10 | 441.20 | 336.38 | 313.19 | 414.38 | 480.77 | 413.65 |
| | 物质费用 | 元 | 135.15 | 143.98 | 128.53 | 128.21 | 115.02 | 174.67 | 178.26 |
| | 生产成本 | 元 | 293.31 | 246.34 | 202.05 | 247.82 | 249.66 | 324.48 | 371.36 |
| | 含税成本 | 元 | 315.51 | 271.71 | 236.16 | 277.75 | 266.65 | 348.69 | 392.17 |
| | 净产值 | 元 | 269.95 | 297.22 | 207.85 | 184.98 | 299.36 | 306.10 | 235.39 |
| | 减税纯收益 | 元 | 98.51 | 169.49 | 100.22 | 37.79 | 147.73 | 151.17 | 33.53 |
| 每一劳动日 | 主产品产量 | 公斤 | 3.40 | 5.30 | 7.50 | 4.60 | 4.10 | 3.70 | 2.80 |
| | 净产值 | 元 | 18.78 | 31.94 | 31.10 | 17.01 | 24.46 | 22.48 | 13.41 |
| 每亩主产品出售数量 | | 公斤 | 126.40 | 142.70 | 122.70 | 126.60 | 128.40 | 131.10 | 110.70 |
| 每亩主产品出售产值 | | 元 | 1027.99 | 1259.00 | 825.47 | 792.99 | 1064.13 | 1265.36 | 913.41 |
| 每亩成本外支出 | | 元 | 8.80 | 11.97 | 18.01 | 11.52 | | 7.11 | 6.29 |

# 2002 年全国烟叶成本收益(二)

品种：烤烟　　　　按统一工价汇总

| 项目名称 | | 单位 | 山东 | 河南 | 湖北 | 湖南 | 广东 | 广西 |
|---|---|---|---|---|---|---|---|---|
| 调查县数 | | 个 | 8.00 | 12.00 | 11.00 | 10.00 | 4.00 | 3.00 |
| 调查户数 | | 户 | 85.00 | 45.00 | 125.00 | 93.00 | 36.00 | 26.00 |
| 调查面积 | | 亩 | 258.30 | 109.70 | 343.70 | 480.45 | 189.20 | 153.70 |
| 每亩 | 主产品产量 | 公斤 | 171.10 | 116.60 | 119.80 | 131.70 | 145.40 | 121.40 |
| | 产值合计 | 元 | 1508.31 | 858.73 | 932.71 | 1230.75 | 1420.07 | 1026.19 |
| | 主产品产值 | 元 | 1463.84 | 845.53 | 924.74 | 1222.58 | 1416.70 | 1017.56 |
| | 副产品产值 | 元 | 44.47 | 13.20 | 7.97 | 8.17 | 3.37 | 8.63 |
| | 其它收入 | 元 | 62.17 | | 14.44 | 35.41 | 57.63 | 76.62 |
| | 生产成本 | 元 | 956.43 | 644.02 | 804.97 | 929.07 | 967.32 | 808.94 |
| | 物质费用 | 元 | 493.33 | 200.72 | 327.57 | 417.57 | 426.12 | 407.44 |
| | 用工作价 | 元 | 463.10 | 443.30 | 477.40 | 511.50 | 541.20 | 401.50 |
| | 用工数量 | 日 | 42.10 | 40.30 | 43.40 | 46.50 | 49.20 | 36.50 |
| | 劳动日工价 | 元 | 11.00 | 11.00 | 11.00 | 11.00 | 11.00 | 11.00 |
| | 期间费用 | 元 | 86.87 | 13.55 | 14.14 | 16.97 | 24.14 | 2.94 |
| | 税金 | 元 | 63.61 | 23.29 | 46.10 | 35.71 | 24.59 | 31.68 |
| | 含税成本 | 元 | 1106.91 | 680.86 | 865.21 | 981.75 | 1016.05 | 843.56 |
| | 净产值 | 元 | 1014.98 | 658.01 | 605.14 | 813.18 | 993.95 | 618.75 |
| | 减税纯收益 | 元 | 463.57 | 177.87 | 81.94 | 284.41 | 461.65 | 259.25 |
| | 成本纯收益率 | % | 41.88 | 26.12 | 9.47 | 28.97 | 45.44 | 30.73 |
| 每50公斤主产品 | 平均出售价格 | 元 | 427.77 | 362.58 | 385.95 | 464.15 | 487.17 | 419.09 |
| | 物质费用 | 元 | 139.91 | 84.75 | 135.55 | 157.48 | 146.18 | 166.40 |
| | 生产成本 | 元 | 271.25 | 271.92 | 333.09 | 350.38 | 331.85 | 330.37 |
| | 含税成本 | 元 | 313.93 | 287.48 | 358.02 | 370.25 | 348.57 | 344.50 |
| | 净产值 | 元 | 287.86 | 277.83 | 250.40 | 306.67 | 340.99 | 252.69 |
| | 减税纯收益 | 元 | 132.01 | 75.10 | 33.96 | 107.34 | 158.42 | 106.15 |
| 每一劳动日 | 主产品产量 | 公斤 | 4.10 | 2.90 | 2.80 | 2.80 | 3.00 | 3.30 |
| | 净产值 | 元 | 24.11 | 16.33 | 13.94 | 17.49 | 20.20 | 16.95 |
| 每亩主产品出售数量 | | 公斤 | 171.10 | 106.20 | 116.90 | 131.70 | 141.90 | 121.40 |
| 每亩主产品出售产值 | | 元 | 1463.84 | 772.95 | 903.75 | 1222.30 | 1384.83 | 1017.56 |
| 每亩成本外支出 | | 元 | 28.77 | 2.50 | 7.58 | 0.43 | 10.46 | 1.74 |

# 2002 年全国烟叶成本收益(三)

品种：烤烟　　　　按统一工价汇总

| 项目名称 | | 单位 | 四川 | 贵州 | 云南 | 重庆 | 陕西 | 甘肃 |
|---|---|---|---|---|---|---|---|---|
| 调查县数 | | 个 | 4.00 | 10.00 | 23.00 | 3.00 | 4.00 | 3.00 |
| 调查户数 | | 户 | 31.00 | 122.00 | 191.00 | 24.00 | 36.00 | 33.00 |
| 调查面积 | | 亩 | 113.10 | 558.10 | 743.52 | 118.20 | 135.50 | 120.50 |
| 每亩 | 主产品产量 | 公斤 | 134.00 | 114.30 | 132.60 | 107.00 | 108.40 | 143.00 |
| | 产值合计 | 元 | 984.79 | 976.74 | 1214.52 | 827.66 | 771.51 | 974.38 |
| | 主产品产值 | 元 | 984.79 | 972.36 | 1201.10 | 822.24 | 760.71 | 938.35 |
| | 副产品产值 | 元 | | 4.38 | 13.42 | 5.42 | 10.80 | 36.03 |
| | 其它收入 | 元 | | 10.85 | 19.32 | 33.62 | 14.68 | 3.33 |
| | 生产成本 | 元 | 743.53 | 785.43 | 847.32 | 778.49 | 592.27 | 636.10 |
| | 物质费用 | 元 | 342.03 | 361.93 | 371.02 | 315.39 | 198.47 | 219.20 |
| | 用工作价 | 元 | 401.50 | 423.50 | 476.30 | 463.10 | 393.80 | 416.90 |
| | 用工数量 | 日 | 36.50 | 38.50 | 43.30 | 42.10 | 35.80 | 37.90 |
| | 劳动日工价 | 元 | 11.00 | 11.00 | 11.00 | 11.00 | 11.00 | 11.00 |
| | 期间费用 | 元 | 1.19 | 18.91 | 25.61 | 12.07 | 58.89 | 12.90 |
| | 税金 | 元 | 17.64 | 16.77 | 16.65 | 34.25 | 27.31 | 22.17 |
| | 含税成本 | 元 | 762.36 | 821.11 | 889.58 | 824.81 | 678.47 | 671.17 |
| | 净产值 | 元 | 642.76 | 614.81 | 843.50 | 512.27 | 573.04 | 755.18 |
| | 减税纯收益 | 元 | 222.43 | 166.48 | 344.26 | 36.47 | 107.72 | 306.54 |
| | 成本纯收益率 | % | 29.18 | 20.27 | 38.70 | 4.42 | 15.88 | 45.67 |
| 每50公斤主产品 | 平均出售价格 | 元 | 367.46 | 425.35 | 452.90 | 384.22 | 350.88 | 328.09 |
| | 物质费用 | 元 | 127.62 | 157.61 | 138.36 | 146.41 | 90.26 | 73.81 |
| | 生产成本 | 元 | 277.44 | 342.04 | 315.97 | 361.39 | 269.36 | 214.19 |
| | 含税成本 | 元 | 284.46 | 357.58 | 331.73 | 382.90 | 308.57 | 225.99 |
| | 净产值 | 元 | 239.84 | 267.74 | 314.54 | 237.81 | 260.62 | 254.28 |
| | 减税纯收益 | 元 | 83.00 | 72.52 | 128.46 | 17.03 | 49.08 | 103.26 |
| 每一劳动日 | 主产品产量 | 公斤 | 3.70 | 3.00 | 3.10 | 2.50 | 3.00 | 3.80 |
| | 净产值 | 元 | 17.61 | 15.97 | 19.48 | 12.17 | 16.01 | 19.93 |
| 每亩主产品出售数量 | | 公斤 | 134.00 | 114.00 | 129.60 | 107.00 | 95.80 | 143.00 |
| 每亩主产品出售产值 | | 元 | 984.79 | 970.06 | 1177.61 | 822.24 | 725.20 | 938.35 |
| 每亩成本外支出 | | 元 | 19.09 | | 16.63 | | 2.69 | 13.60 |

# 2002年全国烟叶成本收益(一)

品种：烤烟　　　　按地区工价汇总

| 项目名称 | | 单位 | 平均 | 辽宁 | 吉林 | 黑龙江 | 安徽 | 福建 | 江西 |
|---|---|---|---|---|---|---|---|---|---|
| 调查县数 | | 个 | 132.00 | 5.00 | 4.00 | 9.00 | 3.00 | 10.00 | 6.00 |
| 调查户数 | | 户 | 1120.00 | 21.00 | 24.00 | 32.00 | 28.00 | 114.00 | 54.00 |
| 调查面积 | | 亩 | 5349.42 | 306.00 | 317.23 | 610.00 | 95.60 | 518.12 | 178.50 |
| 每亩 | 主产品产量 | 公斤 | 128.70 | 142.70 | 122.70 | 126.60 | 128.40 | 134.30 | 116.70 |
| | 产值合计 | 元 | 1053.75 | 1265.97 | 825.47 | 800.72 | 1073.21 | 1295.54 | 980.24 |
| | 主产品产值 | 元 | 1042.73 | 1259.19 | 825.47 | 792.99 | 1064.13 | 1291.35 | 965.45 |
| | 副产品产值 | 元 | 11.02 | 6.78 | | 7.73 | 9.08 | 4.19 | 14.79 |
| | 其它收入 | 元 | 22.97 | | | 5.96 | | 51.28 | 28.12 |
| | 生产成本 | 元 | 759.21 | 666.79 | 495.82 | 591.89 | 614.89 | 1035.86 | 846.74 |
| | 物质费用 | 元 | 351.55 | 413.14 | 315.42 | 327.79 | 297.89 | 470.68 | 422.42 |
| | 用工作价 | 元 | 407.66 | 253.65 | 180.40 | 264.10 | 317.00 | 565.18 | 424.32 |
| | 用工数量 | 日 | 37.40 | 26.70 | 16.40 | 27.80 | 31.70 | 36.70 | 41.60 |
| | 劳动日工价 | 元 | 10.90 | 9.50 | 11.00 | 9.50 | 10.00 | 15.40 | 10.20 |
| | 期间费用 | 元 | 28.43 | 54.73 | 52.25 | 51.97 | 1.07 | 46.80 | 16.84 |
| | 税金 | 元 | 29.32 | 18.08 | 31.45 | 24.56 | 42.95 | 18.43 | 32.48 |
| | 含税成本 | 元 | 816.96 | 739.60 | 579.52 | 668.42 | 658.91 | 1101.09 | 896.06 |
| | 净产值 | 元 | 702.20 | 852.83 | 510.05 | 472.93 | 775.32 | 824.86 | 557.82 |
| | 减税纯收益 | 元 | 259.76 | 526.37 | 245.95 | 138.26 | 414.30 | 245.73 | 112.30 |
| | 成本纯收益率 | % | 31.80 | 71.17 | 42.44 | 20.68 | 62.88 | 22.32 | 12.53 |
| 每50公斤主产品 | 平均出售价格 | 元 | 405.10 | 441.20 | 336.38 | 313.19 | 414.38 | 480.77 | 413.65 |
| | 物质费用 | 元 | 135.15 | 143.98 | 128.53 | 128.21 | 115.02 | 174.67 | 178.26 |
| | 生产成本 | 元 | 291.87 | 232.38 | 202.05 | 231.51 | 237.42 | 384.40 | 357.31 |
| | 含税成本 | 元 | 314.07 | 257.76 | 236.16 | 261.44 | 254.41 | 408.61 | 378.13 |
| | 净产值 | 元 | 269.95 | 297.22 | 207.85 | 184.98 | 299.36 | 306.10 | 235.39 |
| | 减税纯收益 | 元 | 99.95 | 183.44 | 100.22 | 54.10 | 159.97 | 91.25 | 47.57 |
| 每一劳动日 | 主产品产量 | 公斤 | 3.40 | 5.30 | 7.50 | 4.60 | 4.10 | 3.70 | 2.80 |
| | 净产值 | 元 | 18.78 | 31.94 | 31.10 | 17.01 | 24.46 | 22.48 | 13.41 |
| 每亩主产品出售数量 | | 公斤 | 126.40 | 142.70 | 122.70 | 126.60 | 128.40 | 131.10 | 110.70 |
| 每亩主产品出售产值 | | 元 | 1027.99 | 1259.00 | 825.47 | 792.99 | 1064.13 | 1265.36 | 913.41 |
| 每亩成本外支出 | | 元 | 8.80 | 11.97 | 18.01 | 11.52 | | 7.11 | 6.29 |

# 2002年全国烟叶成本收益(二)

品种：烤烟　　　　按地区工价汇总

| 项目名称 | | 单位 | 山东 | 河南 | 湖北 | 湖南 | 广东 | 广西 |
|---|---|---|---|---|---|---|---|---|
| 调查县数 | | 个 | 8.00 | 12.00 | 11.00 | 10.00 | 4.00 | 3.00 |
| 调查户数 | | 户 | 85.00 | 45.00 | 125.00 | 93.00 | 36.00 | 26.00 |
| 调查面积 | | 亩 | 258.30 | 109.70 | 343.70 | 480.45 | 189.20 | 153.70 |
| 每亩 | 主产品产量 | 公斤 | 171.10 | 116.60 | 119.80 | 131.70 | 145.40 | 121.40 |
| | 产值合计 | 元 | 1508.31 | 858.73 | 932.71 | 1230.75 | 1420.07 | 1026.19 |
| | 主产品产值 | 元 | 1463.84 | 845.53 | 924.74 | 1222.58 | 1416.70 | 1017.56 |
| | 副产品产值 | 元 | 44.47 | 13.20 | 7.97 | 8.17 | 3.37 | 8.63 |
| | 其它收入 | 元 | 62.17 | | 14.44 | 35.41 | 57.63 | 76.62 |
| | 生产成本 | 元 | 969.06 | 559.39 | 761.57 | 1077.87 | 1287.12 | 790.69 |
| | 物质费用 | 元 | 493.33 | 200.72 | 327.57 | 417.57 | 426.12 | 407.44 |
| | 用工作价 | 元 | 475.73 | 358.67 | 434.00 | 660.30 | 861.00 | 383.25 |
| | 用工数量 | 日 | 42.10 | 40.30 | 43.40 | 46.50 | 49.20 | 36.50 |
| | 劳动日工价 | 元 | 11.30 | 8.90 | 10.00 | 14.20 | 17.50 | 10.50 |
| | 期间费用 | 元 | 86.87 | 13.55 | 14.14 | 16.97 | 24.14 | 2.94 |
| | 税金 | 元 | 63.61 | 23.29 | 46.10 | 35.71 | 24.59 | 31.68 |
| | 含税成本 | 元 | 1119.54 | 596.23 | 821.81 | 1130.55 | 1335.85 | 825.31 |
| | 净产值 | 元 | 1014.98 | 658.01 | 605.14 | 813.18 | 993.95 | 618.75 |
| | 减税纯收益 | 元 | 450.94 | 262.50 | 125.34 | 135.61 | 141.85 | 277.50 |
| | 成本纯收益率 | % | 40.28 | 44.03 | 15.25 | 12.00 | 10.62 | 33.62 |
| 每50公斤主产品 | 平均出售价格 | 元 | 427.77 | 362.58 | 385.95 | 464.15 | 487.17 | 419.09 |
| | 物质费用 | 元 | 139.91 | 84.75 | 135.55 | 157.48 | 146.18 | 166.40 |
| | 生产成本 | 元 | 274.83 | 236.19 | 315.13 | 406.49 | 441.56 | 322.91 |
| | 含税成本 | 元 | 317.51 | 251.75 | 340.06 | 426.36 | 458.28 | 337.05 |
| | 净产值 | 元 | 287.86 | 277.83 | 250.40 | 306.67 | 340.99 | 252.69 |
| | 减税纯收益 | 元 | 128.43 | 110.83 | 51.92 | 51.23 | 48.71 | 113.60 |
| 每一劳动日 | 主产品产量 | 公斤 | 4.10 | 2.90 | 2.80 | 2.80 | 3.00 | 3.30 |
| | 净产值 | 元 | 24.11 | 16.33 | 13.94 | 17.49 | 20.20 | 16.95 |
| 每亩主产品出售数量 | | 公斤 | 171.10 | 106.20 | 116.90 | 131.70 | 141.90 | 121.40 |
| 每亩主产品出售产值 | | 元 | 1463.84 | 772.95 | 903.75 | 1222.30 | 1384.83 | 1017.56 |
| 每亩成本外支出 | | 元 | 28.77 | 2.50 | 7.58 | 0.43 | 10.46 | 1.74 |

# 2002年全国烟叶成本收益(三)

品种：烤烟　　　　按地区工价汇总

| 项目名称 | | 单位 | 四川 | 贵州 | 云南 | 重庆 | 陕西 | 甘肃 |
|---|---|---|---|---|---|---|---|---|
| 调查县数 | | 个 | 4.00 | 10.00 | 23.00 | 3.00 | 4.00 | 3.00 |
| 调查户数 | | 户 | 31.00 | 122.00 | 191.00 | 24.00 | 36.00 | 33.00 |
| 调查面积 | | 亩 | 113.10 | 558.10 | 743.52 | 118.20 | 135.50 | 120.50 |
| 每亩 | 主产品产量 | 公斤 | 134.00 | 114.30 | 132.60 | 107.00 | 108.40 | 143.00 |
| | 产值合计 | 元 | 984.79 | 976.74 | 1214.52 | 827.66 | 771.51 | 974.38 |
| | 主产品产值 | 元 | 984.79 | 972.36 | 1201.10 | 822.24 | 760.71 | 938.35 |
| | 副产品产值 | 元 | | 4.38 | 13.42 | 5.42 | 10.80 | 36.03 |
| | 其它收入 | 元 | | 10.85 | 19.32 | 33.62 | 14.68 | 3.33 |
| | 生产成本 | 元 | 761.78 | 746.93 | 782.37 | 749.02 | 545.73 | 503.45 |
| | 物质费用 | 元 | 342.03 | 361.93 | 371.02 | 315.39 | 198.47 | 219.20 |
| | 用工作价 | 元 | 419.75 | 385.00 | 411.35 | 433.63 | 347.26 | 284.25 |
| | 用工数量 | 日 | 36.50 | 38.50 | 43.30 | 42.10 | 35.80 | 37.90 |
| | 劳动日工价 | 元 | 11.50 | 10.00 | 9.50 | 10.30 | 9.70 | 7.50 |
| | 期间费用 | 元 | 1.19 | 18.91 | 25.61 | 12.07 | 58.89 | 12.90 |
| | 税金 | 元 | 17.64 | 16.77 | 16.65 | 34.25 | 27.31 | 22.17 |
| | 含税成本 | 元 | 780.61 | 782.61 | 824.63 | 795.34 | 631.93 | 538.52 |
| | 净产值 | 元 | 642.76 | 614.81 | 843.50 | 512.27 | 573.04 | 755.18 |
| | 减税纯收益 | 元 | 204.18 | 204.98 | 409.21 | 65.94 | 154.26 | 439.19 |
| | 成本纯收益率 | % | 26.16 | 26.19 | 49.62 | 8.29 | 24.41 | 81.56 |
| 每50公斤主产品 | 平均出售价格 | 元 | 367.46 | 425.35 | 452.90 | 384.22 | 350.88 | 328.09 |
| | 物质费用 | 元 | 127.62 | 157.61 | 138.36 | 146.41 | 90.26 | 73.81 |
| | 生产成本 | 元 | 284.25 | 325.27 | 291.75 | 347.71 | 248.20 | 169.52 |
| | 含税成本 | 元 | 291.27 | 340.81 | 307.51 | 369.22 | 287.40 | 181.33 |
| | 净产值 | 元 | 239.84 | 267.74 | 314.54 | 237.81 | 260.62 | 254.28 |
| | 减税纯收益 | 元 | 76.19 | 89.29 | 152.68 | 30.71 | 70.25 | 147.92 |
| 每一劳动日 | 主产品产量 | 公斤 | 3.70 | 3.00 | 3.10 | 2.50 | 3.00 | 3.80 |
| | 净产值 | 元 | 17.61 | 15.97 | 19.48 | 12.17 | 16.01 | 19.93 |
| 每亩主产品出售数量 | | 公斤 | 134.00 | 114.00 | 129.60 | 107.00 | 95.80 | 143.00 |
| 每亩主产品出售产值 | | 元 | 984.79 | 970.06 | 1177.61 | 822.24 | 725.20 | 938.35 |
| 每亩成本外支出 | | 元 | 19.09 | | 16.63 | | 2.69 | 13.60 |

# 2002年全国烟叶物质费用(一)

品种：烤烟

| 项 目 名 称 | 单位 | 平 均 | 辽 宁 | 吉 林 | 黑龙江 | 安 徽 | 福 建 | 江 西 |
|---|---|---|---|---|---|---|---|---|
| 每亩物质费用 | 元 | 351.55 | 413.14 | 315.42 | 327.79 | 297.89 | 470.68 | 422.42 |
| 一、直接生产费用 | 元 | 323.15 | 380.19 | 254.23 | 292.87 | 275.12 | 445.31 | 386.65 |
| 1.种籽秧苗费 | 元 | 5.56 | 20.11 | 1.03 | 4.32 | 2.43 | 7.18 | 12.68 |
| 2.农家肥费 | 元 | 20.82 | 36.89 | 1.62 | 1.06 | 13.15 | 37.37 | 38.40 |
| 3.化肥费 | 元 | 121.47 | 107.46 | 80.82 | 74.27 | 90.00 | 154.86 | 138.24 |
| 4.农膜费 | 元 | 19.51 | 37.26 | 14.43 | 33.04 | 16.76 | 20.24 | 17.16 |
| 5.农药费 | 元 | 16.85 | 13.17 | 17.92 | 17.30 | 9.86 | 20.82 | 14.82 |
| 6.畜力费 | 元 | 17.42 | 40.77 | 19.38 | 3.27 | 20.30 | 13.06 | 23.65 |
| 7.机械作业费 | 元 | 12.08 | 16.35 | 32.39 | 47.40 | 3.56 | 16.08 | 7.12 |
| 8.排灌费 | 元 | 4.92 | 5.82 | 9.11 | 4.24 | 2.86 | 2.87 | 1.81 |
| 9.燃料动力费 | 元 | 95.90 | 88.33 | 67.61 | 78.31 | 113.36 | 161.12 | 120.69 |
| 10.棚架材料费 | 元 | 3.74 | 2.79 | 8.08 | 9.27 | 0.93 | 1.85 | 1.43 |
| 11.其它直接费用 | 元 | 4.88 | 11.24 | 1.84 | 20.39 | 1.91 | 9.86 | 10.65 |
| 二、间接生产费用 | 元 | 28.40 | 32.95 | 61.19 | 34.92 | 22.77 | 25.37 | 35.77 |
| 1.固定资产折旧 | 元 | 21.01 | 25.03 | 28.29 | 26.99 | 19.46 | 19.18 | 31.64 |
| 2.小农具购置修理费 | 元 | 4.16 | 3.07 | 2.42 | 4.98 | 3.31 | 6.14 | 4.13 |
| 3.其它间接费用 | 元 | 3.23 | 4.85 | 30.48 | 2.95 |  | 0.05 |  |
| 附记：1.每亩种籽用量 | 公斤 |  |  |  |  |  |  |  |
| 2.每亩化肥用量 | 公斤 | 33.90 | 26.30 | 19.20 | 24.10 | 28.00 | 43.00 | 33.70 |
| 3.每亩农膜用量 | 公斤 | 2.70 | 3.80 | 1.50 | 3.90 | 2.10 | 5.70 | 2.10 |
| 4.每度电价 | 元 | 0.67 | 0.77 | 0.65 | 0.62 | 0.83 | 0.55 | 0.88 |
| 5.每亩柴油费 | 元 | 5.51 | 15.21 | 29.63 | 9.11 |  |  |  |

# 2002 年全国烟叶物质费用(二)

品种：烤烟

| 项　目　名　称 | 单位 | 山　东 | 河　南 | 湖　北 | 湖　南 | 广　东 | 广　西 |
|---|---|---|---|---|---|---|---|
| 每亩物质费用 | 元 | 493.33 | 200.72 | 327.57 | 417.57 | 426.12 | 407.44 |
| 一、直接生产费用 | 元 | 473.30 | 186.37 | 295.39 | 368.18 | 409.62 | 394.59 |
| 1.种籽秧苗费 | 元 | 18.65 | 2.29 | 4.05 | 5.16 | 4.29 | 1.44 |
| 2.农家肥费 | 元 | 27.45 | 3.97 | 13.15 | 21.42 | 68.92 | 42.09 |
| 3.化肥费 | 元 | 116.06 | 55.87 | 146.48 | 178.86 | 129.04 | 170.54 |
| 4.农膜费 | 元 | 25.78 | 13.16 | 12.58 | 11.62 | 23.21 | 14.23 |
| 5.农药费 | 元 | 38.22 | 16.43 | 18.12 | 18.06 | 30.94 | 14.33 |
| 6.畜力费 | 元 | 1.64 | 3.23 | 24.76 | 15.05 | 23.17 | 25.32 |
| 7.机械作业费 | 元 | 20.66 | 15.35 | 3.73 | 5.95 |  | 22.79 |
| 8.排灌费 | 元 | 29.49 | 11.92 | 4.57 | 1.04 |  |  |
| 9.燃料动力费 | 元 | 186.83 | 58.06 | 58.74 | 105.49 | 125.25 | 103.47 |
| 10.棚架材料费 | 元 | 4.58 | 2.62 | 6.95 | 4.57 | 3.00 | 0.38 |
| 11.其它直接费用 | 元 | 3.94 | 3.47 | 2.26 | 0.96 | 1.80 |  |
| 二、间接生产费用 | 元 | 20.03 | 14.35 | 32.18 | 49.39 | 16.50 | 12.85 |
| 1.固定资产折旧 | 元 | 15.84 | 10.72 | 24.64 | 43.49 | 11.34 | 11.20 |
| 2.小农具购置修理费 | 元 | 4.19 | 3.14 | 6.69 | 5.37 | 4.72 | 1.65 |
| 3.其它间接费用 | 元 |  | 0.49 | 0.85 | 0.53 | 0.44 |  |
| 附记：1.每亩种籽用量 | 公斤 |  |  |  |  |  |  |
| 2.每亩化肥用量 | 公斤 | 33.50 | 17.60 | 53.20 | 42.80 | 34.30 | 54.80 |
| 3.每亩农膜用量 | 公斤 | 3.60 | 2.40 | 1.70 | 1.80 | 3.80 | 2.10 |
| 4.每度电价 | 元 | 0.69 | 0.66 | 0.72 | 0.73 | 0.48 | 0.58 |
| 5.每亩柴油费 | 元 | 13.85 | 10.94 | 13.97 | 6.53 |  |  |

# 2002年全国烟叶物质费用(三)

品种：烤烟

| 项目名称 | 单位 | 四川 | 贵州 | 云南 | 重庆 | 陕西 | 甘肃 |
|---|---|---|---|---|---|---|---|
| 每亩物质费用 | 元 | 342.03 | 361.93 | 371.02 | 315.39 | 198.47 | 219.20 |
| 一、直接生产费用 | 元 | 297.32 | 338.79 | 344.51 | 281.18 | 185.80 | 207.43 |
| 1.种籽秧苗费 | 元 | 4.50 | 1.44 | 5.04 | 1.98 | 1.45 | 2.00 |
| 2.农家肥费 | 元 | 15.37 | 19.53 | 25.08 | 5.63 | 1.93 | 1.67 |
| 3.化肥费 | 元 | 162.14 | 163.52 | 131.89 | 151.31 | 68.77 | 66.47 |
| 4.农膜费 | 元 | 12.27 | 16.30 | 18.08 | 8.14 | 23.29 | 33.67 |
| 5.农药费 | 元 | 12.32 | 10.84 | 23.93 | 11.93 | 11.23 | 3.14 |
| 6.畜力费 | 元 | 20.56 | 20.60 | 23.98 | 26.75 | 1.42 | 6.67 |
| 7.机械作业费 | 元 | | | 6.02 | | 11.95 | 8.00 |
| 8.排灌费 | 元 | 1.36 | | 3.46 | | 6.74 | 3.30 |
| 9.燃料动力费 | 元 | 62.21 | 102.05 | 100.11 | 65.31 | 52.17 | 77.00 |
| 10.棚架材料费 | 元 | 6.18 | 2.44 | 1.50 | 6.47 | 0.25 | 4.08 |
| 11.其它直接费用 | 元 | 0.41 | 2.07 | 5.42 | 3.66 | 6.60 | 1.43 |
| 二、间接生产费用 | 元 | 44.71 | 23.14 | 26.51 | 34.21 | 12.67 | 11.77 |
| 1.固定资产折旧 | 元 | 26.52 | 14.37 | 20.03 | 28.60 | 11.82 | 9.09 |
| 2.小农具购置修理费 | 元 | 6.11 | 8.07 | 4.96 | 2.77 | 0.74 | 2.41 |
| 3.其它间接费用 | 元 | 12.08 | 0.70 | 1.52 | 2.84 | 0.11 | 0.27 |
| 附记：1.每亩种籽用量 | 公斤 | | | | | | |
| 2.每亩化肥用量 | 公斤 | 39.40 | 44.50 | 35.40 | 29.60 | 29.20 | 20.40 |
| 3.每亩农膜用量 | 公斤 | 1.30 | 1.90 | 2.10 | 1.30 | 3.00 | 3.80 |
| 4.每度电价 | 元 | 0.64 | 0.65 | 0.66 | 0.78 | 0.56 | 0.55 |
| 5.每亩柴油费 | 元 | | | | | | |

# 2002年全国烟叶期间费用(一)

品种：烤烟

| 项 目 名 称 | 单位 | 平 均 | 辽 宁 | 吉 林 | 黑龙江 | 安 徽 | 福 建 | 江 西 |
|---|---|---|---|---|---|---|---|---|
| 一、每亩期间费用 | 元 | 28.43 | 54.73 | 52.25 | 51.97 | 1.07 | 46.80 | 16.84 |
| 1.土地承包费 | 元 | 18.58 | 45.18 | 37.74 | 43.62 | | 43.04 | 4.42 |
| 2.管理费 | 元 | 0.99 | 2.60 | 0.32 | 1.49 | | | 1.63 |
| 3.销售费 | 元 | 8.27 | 6.52 | 7.59 | 6.67 | 1.07 | 3.12 | 10.43 |
| 4.财务费 | 元 | 0.59 | 0.43 | 6.60 | 0.19 | | 0.64 | 0.36 |
| 二、每亩用工量 | 日 | 37.40 | 26.70 | 16.40 | 27.80 | 31.70 | 36.70 | 41.60 |
| 1.直接用工 | 日 | 34.60 | 24.00 | 16.10 | 26.20 | 29.10 | 34.40 | 38.90 |
| 2.间接用工 | 日 | 2.80 | 2.70 | 0.30 | 1.60 | 2.60 | 2.30 | 2.70 |
| 三、每亩成本外支出 | 元 | 8.80 | 11.97 | 18.01 | 11.52 | | 7.11 | 6.29 |
| 1.村提留费 | 元 | | | | | | | |
| 2.乡统筹费 | 元 | | | | | | | |
| 3.两工支出 | 元 | 6.95 | 11.29 | 18.01 | 11.52 | | | 6.29 |
| 4.其它成本外支出 | 元 | 1.85 | 0.68 | | | | 7.11 | |
| 附记：1.人均耕地面积 | 元 | 2.20 | 3.10 | 8.70 | 6.10 | 1.40 | 1.40 | 1.00 |
| 2.人均成本外支出 | 元 | 31.20 | 61.70 | 70.80 | 67.80 | | 34.20 | 27.00 |
| 3.人均两工数量 | 日 | 5.00 | 9.10 | 8.70 | 5.00 | 10.00 | | 3.70 |
| 4.雇工天数 | 日 | 3.10 | 7.40 | 4.50 | 4.20 | | 2.30 | 0.50 |
| 5.雇工工价 | 元 | 16.50 | 16.00 | 17.00 | 18.70 | 17.90 | 17.80 | 18.40 |

# 2002年全国烟叶期间费用(二)

品种：烤烟

| 项 目 名 称 | 单位 | 山 东 | 河 南 | 湖 北 | 湖 南 | 广 东 | 广 西 |
|---|---|---|---|---|---|---|---|
| 一、每亩期间费用 | 元 | 86.87 | 13.55 | 14.14 | 16.97 | 24.14 | 2.94 |
| 1.土地承包费 | 元 | 77.31 | 1.08 | 2.93 | 5.11 | 6.49 | |
| 2.管理费 | 元 | | | | | 4.59 | 0.43 |
| 3.销售费 | 元 | 9.56 | 12.47 | 11.16 | 10.87 | 13.06 | 2.51 |
| 4.财务费 | 元 | | | 0.05 | 0.99 | | |
| 二、每亩用工量 | 日 | 42.10 | 40.30 | 43.40 | 46.50 | 49.20 | 36.50 |
| 1.直接用工 | 日 | 40.40 | 36.90 | 37.60 | 43.20 | 46.00 | 34.90 |
| 2.间接用工 | 日 | 1.70 | 3.40 | 5.80 | 3.30 | 3.20 | 1.60 |
| 三、每亩成本外支出 | 元 | 28.77 | 2.50 | 7.58 | 0.43 | 10.46 | 1.74 |
| 1.村提留费 | 元 | | | | | | |
| 2.乡统筹费 | 元 | | | | | | |
| 3.两工支出 | 元 | 28.77 | 2.45 | 5.85 | 0.43 | 5.20 | 1.74 |
| 4.其它成本外支出 | 元 | | 0.05 | 1.73 | | 5.26 | |
| 附记：1.人均耕地面积 | 元 | 1.30 | 1.40 | 2.00 | 0.90 | 1.10 | 1.90 |
| 2.人均成本外支出 | 元 | 50.90 | 8.70 | 18.80 | 13.00 | 28.00 | 12.60 |
| 3.人均两工数量 | 日 | 9.00 | 0.90 | 5.10 | 4.00 | 0.80 | 1.10 |
| 4.雇工天数 | 日 | 2.90 | 0.20 | 4.90 | 0.30 | 1.30 | 1.10 |
| 5.雇工工价 | 元 | 14.90 | 11.40 | 18.10 | 23.40 | 17.00 | 17.20 |

# 2002年全国烟叶期间费用(三)

品种:烤烟

| 项 目 名 称 | 单位 | 四 川 | 贵 州 | 云 南 | 重 庆 | 陕 西 | 甘 肃 |
|---|---|---|---|---|---|---|---|
| 一、每亩期间费用 | 元 | 1.19 | 18.91 | 25.61 | 12.07 | 58.89 | 12.90 |
| 1.土地承包费 | 元 |  | 4.97 | 9.07 |  | 50.12 | 3.33 |
| 2.管理费 | 元 |  | 2.68 | 4.16 |  |  |  |
| 3.销售费 | 元 | 1.19 | 11.26 | 12.38 | 12.07 | 8.77 | 8.24 |
| 4.财务费 | 元 |  |  |  |  |  | 1.33 |
| 二、每亩用工量 | 日 | 36.50 | 38.50 | 43.30 | 42.10 | 35.80 | 37.90 |
| 1.直接用工 | 日 | 32.70 | 35.90 | 39.60 | 40.00 | 32.60 | 34.00 |
| 2.间接用工 | 日 | 3.80 | 2.60 | 3.70 | 2.10 | 3.20 | 3.90 |
| 三、每亩成本外支出 | 元 | 19.09 |  | 16.63 |  | 2.69 | 13.60 |
| 1.村提留费 | 元 |  |  |  |  |  |  |
| 2.乡统筹费 | 元 |  |  |  |  |  |  |
| 3.两工支出 | 元 | 9.12 |  | 8.42 |  | 2.69 | 13.30 |
| 4.其它成本外支出 | 元 | 9.97 |  | 8.21 |  |  | 0.30 |
| 附记:1.人均耕地面积 | 元 | 1.60 | 1.40 | 1.60 | 1.40 | 1.40 | 2.40 |
| 2.人均成本外支出 | 元 | 32.80 | 21.20 | 40.10 |  | 41.30 | 32.10 |
| 3.人均两工数量 | 日 | 18.00 | 0.10 | 3.40 |  | 6.70 | 4.60 |
| 4.雇工天数 | 日 | 10.40 | 0.40 | 11.50 | 0.30 |  | 3.40 |
| 5.雇工工价 | 元 | 16.50 | 15.30 | 14.80 | 22.20 | 11.80 | 9.30 |

# 2002年全国烟叶成本收益

品种：晾晒烟　　　　按统一工价汇总

| 项目名称 | | 单位 | 平均 | 吉林 | 浙江 | 四川 | 云南 | 重庆 | 新疆 |
|---|---|---|---|---|---|---|---|---|---|
| 调查县数 | | 个 | 12.00 | 3.00 | 4.00 | 1.00 | 2.00 | 1.00 | 1.00 |
| 调查户数 | | 户 | 74.00 | 15.00 | 19.00 | 3.00 | 18.00 | 9.00 | 10.00 |
| 调查面积 | | 亩 | 457.86 | 101.60 | 14.46 | 4.10 | 69.30 | 3.40 | 265.00 |
| 每亩 | 主产品产量 | 公斤 | 138.90 | 135.50 | 151.80 | 198.60 | 143.60 | 105.60 | 98.30 |
| | 产值合计 | 元 | 1062.81 | 845.76 | 1318.73 | 1072.44 | 1454.50 | 695.48 | 989.90 |
| | 主产品产值 | 元 | 1057.61 | 845.76 | 1300.46 | 1072.44 | 1443.28 | 693.79 | 989.90 |
| | 副产品产值 | 元 | 5.20 | | 18.27 | | 11.22 | 1.69 | |
| | 其它收入 | 元 | 13.65 | | 11.48 | | 70.42 | | |
| | 生产成本 | 元 | 651.24 | 499.43 | 983.68 | 310.10 | 941.19 | 451.14 | 722.78 |
| | 物质费用 | 元 | 292.64 | 239.83 | 419.38 | 191.30 | 449.49 | 138.74 | 316.88 |
| | 用工作价 | 元 | 358.60 | 259.60 | 564.30 | 118.80 | 491.70 | 312.40 | 405.90 |
| | 用工数量 | 日 | 32.60 | 23.60 | 51.30 | 10.80 | 44.70 | 28.40 | 36.90 |
| | 劳动日工价 | 元 | 11.00 | 11.00 | 11.00 | 11.00 | 11.00 | 11.00 | 11.00 |
| | 期间费用 | 元 | 28.62 | 14.91 | 30.57 | 7.80 | 34.30 | 22.45 | 61.70 |
| | 税金 | 元 | 28.22 | 13.79 | 33.74 | 39.20 | 23.54 | 21.95 | 37.10 |
| | 含税成本 | 元 | 708.08 | 528.13 | 1047.99 | 357.10 | 999.03 | 495.54 | 821.58 |
| | 净产值 | 元 | 770.17 | 605.93 | 899.35 | 881.14 | 1005.01 | 556.74 | 673.02 |
| | 减税纯收益 | 元 | 368.38 | 317.63 | 282.22 | 715.34 | 525.89 | 199.94 | 168.32 |
| | 成本纯收益率 | % | 52.03 | 60.14 | 26.93 | 200.32 | 52.64 | 40.35 | 20.49 |
| 每50公斤主产品 | 平均出售价格 | 元 | 380.71 | 312.09 | 428.35 | 270.00 | 502.53 | 328.50 | 503.51 |
| | 物质费用 | 元 | 104.83 | 88.50 | 136.22 | 48.16 | 155.30 | 65.53 | 161.18 |
| | 生产成本 | 元 | 233.28 | 184.29 | 319.52 | 78.07 | 325.18 | 213.09 | 367.64 |
| | 含税成本 | 元 | 253.64 | 194.88 | 340.41 | 89.90 | 345.17 | 234.06 | 417.89 |
| | 净产值 | 元 | 275.88 | 223.59 | 292.13 | 221.84 | 347.23 | 262.97 | 342.33 |
| | 减税纯收益 | 元 | 131.98 | 117.21 | 91.72 | 180.10 | 181.88 | 94.44 | 85.62 |
| 每一劳动日 | 主产品产量 | 公斤 | 4.30 | 5.70 | 3.00 | 18.40 | 3.20 | 3.70 | 2.70 |
| | 净产值 | 元 | 23.62 | 25.68 | 17.53 | 81.59 | 22.48 | 19.60 | 18.24 |
| 每亩主产品出售数量 | | 公斤 | 137.70 | 135.50 | 151.80 | 198.60 | 143.60 | 98.20 | 98.30 |
| 每亩主产品出售产值 | | 元 | 1040.67 | 845.76 | 1300.46 | 1072.44 | 1443.28 | 592.15 | 989.90 |
| 每亩成本外支出 | | 元 | 9.04 | | | 3.80 | 14.24 | 23.12 | 13.10 |

# 2002 年全国烟叶成本收益

品种：晾晒烟　　　　按地区工价汇总

| 项目名称 | | 单位 | 平均 | 吉林 | 浙江 | 四川 | 云南 | 重庆 | 新疆 |
|---|---|---|---|---|---|---|---|---|---|
| 调查县数 | | 个 | 12.00 | 3.00 | 4.00 | 1.00 | 2.00 | 1.00 | 1.00 |
| 调查户数 | | 户 | 74.00 | 15.00 | 19.00 | 3.00 | 18.00 | 9.00 | 10.00 |
| 调查面积 | | 亩 | 457.86 | 101.60 | 14.46 | 4.10 | 69.30 | 3.40 | 265.00 |
| 每亩 | 主产品产量 | 公斤 | 138.90 | 135.50 | 151.80 | 198.60 | 143.60 | 105.60 | 98.30 |
| | 产值合计 | 元 | 1062.81 | 845.76 | 1318.73 | 1072.44 | 1454.50 | 695.48 | 989.90 |
| | 主产品产值 | 元 | 1057.61 | 845.76 | 1300.46 | 1072.44 | 1443.28 | 693.79 | 989.90 |
| | 副产品产值 | 元 | 5.20 | | 18.27 | | 11.22 | 1.69 | |
| | 其它收入 | 元 | 13.65 | | 11.48 | | 70.42 | | |
| | 生产成本 | 元 | 674.06 | 499.43 | 1368.43 | 315.50 | 874.14 | 431.26 | 656.36 |
| | 物质费用 | 元 | 292.64 | 239.83 | 419.38 | 191.30 | 449.49 | 138.74 | 316.88 |
| | 用工作价 | 元 | 381.42 | 259.60 | 949.05 | 124.20 | 424.65 | 292.52 | 339.48 |
| | 用工数量 | 日 | 32.60 | 23.60 | 51.30 | 10.80 | 44.70 | 28.40 | 36.90 |
| | 劳动日工价 | 元 | 11.70 | 11.00 | 18.50 | 11.50 | 9.50 | 10.30 | 9.20 |
| | 期间费用 | 元 | 28.62 | 14.91 | 30.57 | 7.80 | 34.30 | 22.45 | 61.70 |
| | 税金 | 元 | 28.22 | 13.79 | 33.74 | 39.20 | 23.54 | 21.95 | 37.10 |
| | 含税成本 | 元 | 730.90 | 528.13 | 1432.74 | 362.50 | 931.98 | 475.66 | 755.16 |
| | 净产值 | 元 | 770.17 | 605.93 | 899.35 | 881.14 | 1005.01 | 556.74 | 673.02 |
| | 减税纯收益 | 元 | 345.56 | 317.63 | −102.53 | 709.94 | 592.94 | 219.82 | 234.74 |
| | 成本纯收益率 | % | 47.28 | 60.14 | −7.16 | 195.85 | 63.62 | 46.21 | 31.08 |
| 每50公斤主产品 | 平均出售价格 | 元 | 380.71 | 312.09 | 428.35 | 270.00 | 502.53 | 328.50 | 503.51 |
| | 物质费用 | 元 | 104.83 | 88.50 | 136.22 | 48.16 | 155.30 | 65.53 | 161.18 |
| | 生产成本 | 元 | 241.46 | 184.29 | 444.49 | 79.43 | 302.02 | 203.70 | 333.86 |
| | 含税成本 | 元 | 261.82 | 194.88 | 465.38 | 91.26 | 322.00 | 224.67 | 384.11 |
| | 净产值 | 元 | 275.88 | 223.59 | 292.13 | 221.84 | 347.23 | 262.97 | 342.33 |
| | 减税纯收益 | 元 | 123.80 | 117.21 | −33.25 | 178.74 | 205.05 | 103.83 | 119.40 |
| 每一劳动日 | 主产品产量 | 公斤 | 4.30 | 5.70 | 3.00 | 18.40 | 3.20 | 3.70 | 2.70 |
| | 净产值 | 元 | 23.62 | 25.68 | 17.53 | 81.59 | 22.48 | 19.60 | 18.24 |
| 每亩主产品出售数量 | | 公斤 | 137.70 | 135.50 | 151.80 | 198.60 | 143.60 | 98.20 | 98.30 |
| 每亩主产品出售产值 | | 元 | 1040.67 | 845.76 | 1300.46 | 1072.44 | 1443.28 | 592.15 | 989.90 |
| 每亩成本外支出 | | 元 | 9.04 | | | 3.80 | 14.24 | 23.12 | 13.10 |

# 2002年全国烟叶物质费用

品种：晾晒烟

| 项目名称 | 单位 | 平均 | 吉林 | 浙江 | 四川 | 云南 | 重庆 | 新疆 |
|---|---|---|---|---|---|---|---|---|
| 每亩物质费用 | 元 | 292.64 | 239.83 | 419.38 | 191.30 | 449.49 | 138.74 | 316.88 |
| 一、直接生产费用 | 元 | 264.26 | 219.51 | 377.00 | 185.50 | 369.51 | 135.33 | 298.49 |
| 1.种籽秧苗费 | 元 | 15.75 | 2.45 | 21.30 | 2.50 | 7.28 | 13.45 | 47.50 |
| 2.农家肥费 | 元 | 33.40 | 9.33 | 93.98 | 47.50 | 18.66 | 12.76 | 18.16 |
| 3.化肥费 | 元 | 101.03 | 81.07 | 159.78 | 86.20 | 161.32 | 78.96 | 38.72 |
| 4.农膜费 | 元 | 19.16 | 15.68 | 32.95 | 15.80 | 27.77 | 1.42 | 21.30 |
| 5.农药费 | 元 | 18.58 | 26.95 | 22.27 | 3.20 | 27.65 | 27.28 | 4.11 |
| 6.畜力费 | 元 | 18.79 | 47.78 | 11.58 | 14.70 | 38.70 | | |
| 7.机械作业费 | 元 | 7.95 | 3.36 | | 15.60 | 1.90 | | 26.83 |
| 8.排灌费 | 元 | 17.92 | | 4.98 | | 37.72 | | 64.81 |
| 9.燃料动力费 | 元 | 0.15 | | 0.91 | | | | |
| 10.棚架材料费 | 元 | 19.61 | 28.17 | 16.02 | | 34.92 | 1.46 | 37.06 |
| 11.其它直接费用 | 元 | 11.92 | 4.72 | 13.23 | | 13.59 | | 40.00 |
| 二、间接生产费用 | 元 | 28.38 | 20.32 | 42.38 | 5.80 | 79.98 | 3.41 | 18.39 |
| 1.固定资产折旧 | 元 | 22.05 | 18.95 | 24.66 | | 73.81 | 2.98 | 11.89 |
| 2.小农具购置修理费 | 元 | 6.05 | 1.37 | 17.72 | 5.80 | 4.49 | 0.43 | 6.50 |
| 3.其它间接费用 | 元 | 0.28 | | | | 1.68 | | |
| 附记：1.每亩种籽用量 | 公斤 | 0.30 | | 0.50 | 0.10 | 0.50 | | 0.10 |
| 2.每亩化肥用量 | 公斤 | 29.00 | 20.20 | 58.20 | 16.30 | 43.80 | 26.80 | 8.80 |
| 3.每亩农膜用量 | 公斤 | 2.90 | 3.10 | 3.90 | 5.40 | 2.20 | 0.20 | 2.50 |
| 4.每度电价 | 元 | 0.60 | 0.58 | 0.53 | 0.65 | 0.66 | 0.51 | 0.65 |
| 5.每亩柴油费 | 元 | 2.40 | 8.41 | | | | | 6.00 |

# 2002年全国烟叶期间费用

品种：晾晒烟

| 项 目 名 称 | 单位 | 平 均 | 吉 林 | 浙 江 | 四 川 | 云 南 | 重 庆 | 新 疆 |
|---|---|---|---|---|---|---|---|---|
| 一、每亩期间费用 | 元 | 28.62 | 14.91 | 30.57 | 7.80 | 34.30 | 22.45 | 61.70 |
| 1.土地承包费 | 元 | 16.55 | 12.25 | 4.84 |  | 20.52 |  | 61.70 |
| 2.管理费 | 元 | 1.66 |  | 5.46 |  | 4.49 |  |  |
| 3.销售费 | 元 | 9.97 |  | 20.27 | 7.80 | 9.29 | 22.45 |  |
| 4.财务费 | 元 | 0.44 | 2.66 |  |  |  |  |  |
| 二、每亩用工量 | 日 | 32.60 | 23.60 | 51.30 | 10.80 | 44.70 | 28.40 | 36.90 |
| 1.直接用工 | 日 | 30.30 | 23.60 | 46.80 | 10.00 | 41.30 | 25.20 | 35.00 |
| 2.间接用工 | 日 | 2.30 |  | 4.50 | 0.80 | 3.40 | 3.20 | 1.90 |
| 三、每亩成本外支出 | 元 | 9.04 |  |  | 3.80 | 14.24 | 23.12 | 13.10 |
| 1.村提留费 | 元 |  |  |  |  |  |  |  |
| 2.乡统筹费 | 元 |  |  |  |  |  |  |  |
| 3.两工支出 | 元 | 1.52 |  |  |  | 4.13 |  | 5.00 |
| 4.其它成本外支出 | 元 | 7.52 |  |  | 3.80 | 10.11 | 23.12 | 8.10 |
| 附记：1.人均耕地面积 | 元 | 2.40 | 5.20 | 0.80 | 1.00 | 1.00 | 1.10 | 5.50 |
| 2.人均成本外支出 | 元 | 29.80 |  |  | 78.50 | 55.30 |  | 45.00 |
| 3.人均两工数量 | 日 | 1.10 |  |  | 2.50 | 2.10 |  | 2.00 |
| 4.雇工天数 | 日 | 1.70 | 5.50 |  | 3.00 | 0.70 |  | 1.00 |
| 5.雇工工价 | 元 | 20.90 | 21.80 | 26.10 | 20.00 | 17.40 | 20.00 | 20.00 |

# 2002年全国糖料成本收益

品种：甘蔗　　　　按统一工价汇总

| 项目名称 | | 单位 | 平均 | 湖南 | 广东 | 广西 | 海南 | 四川 | 云南 |
|---|---|---|---|---|---|---|---|---|---|
| 调查县数 | | 个 | 45.00 | 1.00 | 5.00 | 15.00 | 5.00 | 3.00 | 16.00 |
| 调查户数 | | 户 | 405.00 | 5.00 | 45.00 | 132.00 | 36.00 | 28.00 | 159.00 |
| 调查面积 | | 亩 | 3359.14 | 66.30 | 436.08 | 1493.16 | 284.20 | 3.30 | 1076.10 |
| 每亩 | 主产品产量 | 公斤 | 4533.90 | 3177.00 | 5278.00 | 4582.20 | 4895.00 | 4536.70 | 4734.50 |
| | 产值合计 | 元 | 785.15 | 658.64 | 836.27 | 768.68 | 773.37 | 978.74 | 695.18 |
| | 主产品产值 | 元 | 756.83 | 638.64 | 805.73 | 739.61 | 746.72 | 944.42 | 665.87 |
| | 副产品产值 | 元 | 28.32 | 20.00 | 30.54 | 29.07 | 26.65 | 34.32 | 29.31 |
| | 其它收入 | 元 | 0.09 | | | 0.52 | | | |
| | 生产成本 | 元 | 641.61 | 673.82 | 639.72 | 621.98 | 520.81 | 928.60 | 460.24 |
| | 物质费用 | 元 | 345.71 | 415.32 | 492.32 | 394.28 | 266.71 | 306.00 | 199.54 |
| | 用工作价 | 元 | 295.90 | 258.50 | 147.40 | 227.70 | 254.10 | 622.60 | 260.70 |
| | 用工数量 | 日 | 26.90 | 23.50 | 13.40 | 20.70 | 23.10 | 56.60 | 23.70 |
| | 劳动日工价 | 元 | 11.00 | 11.00 | 11.00 | 11.00 | 11.00 | 11.00 | 11.00 |
| | 期间费用 | 元 | 70.48 | 191.40 | 148.68 | 17.74 | 18.92 | 23.11 | 23.02 |
| | 税金 | 元 | 21.11 | 20.00 | 23.05 | 23.63 | 13.25 | 33.76 | 12.98 |
| | 含税成本 | 元 | 733.20 | 885.22 | 811.45 | 663.35 | 552.98 | 985.47 | 496.24 |
| | 净产值 | 元 | 439.44 | 243.32 | 343.95 | 374.40 | 506.66 | 672.74 | 495.64 |
| | 减税纯收益 | 元 | 52.04 | -226.58 | 24.82 | 105.85 | 220.39 | -6.73 | 198.94 |
| | 成本纯收益率 | % | 7.10 | -25.60 | 3.06 | 15.96 | 39.85 | -0.68 | 40.09 |
| 每50公斤主产品 | 平均出售价格 | 元 | 8.35 | 10.05 | 7.63 | 8.07 | 7.63 | 10.41 | 7.03 |
| | 物质费用 | 元 | 3.68 | 6.34 | 4.49 | 4.14 | 2.63 | 3.25 | 2.02 |
| | 生产成本 | 元 | 6.82 | 10.28 | 5.84 | 6.53 | 5.14 | 9.88 | 4.65 |
| | 含税成本 | 元 | 7.80 | 13.51 | 7.40 | 6.96 | 5.46 | 10.48 | 5.02 |
| | 净产值 | 元 | 4.67 | 3.71 | 3.14 | 3.93 | 5.00 | 7.16 | 5.01 |
| | 减税纯收益 | 元 | 0.55 | -3.46 | 0.23 | 1.12 | 2.17 | -0.07 | 2.01 |
| 每一劳动日 | 主产品产量 | 公斤 | 168.50 | 135.20 | 393.90 | 221.40 | 211.90 | 80.20 | 199.80 |
| | 净产值 | 元 | 16.34 | 10.35 | 25.67 | 18.09 | 21.93 | 11.89 | 20.91 |
| 每亩主产品出售数量 | | 公斤 | 4122.30 | 2972.00 | 4954.60 | 4535.70 | 4881.60 | 2805.60 | 4584.00 |
| 每亩主产品出售产值 | | 元 | 678.36 | 597.20 | 749.81 | 731.65 | 746.72 | 591.80 | 652.96 |
| 每亩成本外支出 | | 元 | 7.75 | | 6.00 | 9.82 | 3.64 | 14.24 | 12.84 |

# 2002 年全国糖料成本收益

品种：甘蔗　　　　按地区工价汇总

| 项目名称 | | 单位 | 平均 | 湖南 | 广东 | 广西 | 海南 | 四川 | 云南 |
|---|---|---|---|---|---|---|---|---|---|
| 调查县数 | | 个 | 45.00 | 1.00 | 5.00 | 15.00 | 5.00 | 3.00 | 16.00 |
| 调查户数 | | 户 | 405.00 | 5.00 | 45.00 | 132.00 | 36.00 | 28.00 | 159.00 |
| 调查面积 | | 亩 | 3359.14 | 66.30 | 436.08 | 1493.16 | 284.20 | 3.30 | 1076.10 |
| 每亩 | 主产品产量 | 公斤 | 4533.90 | 3177.00 | 5278.00 | 4582.20 | 4895.00 | 4536.70 | 4734.50 |
| | 产值合计 | 元 | 785.15 | 658.64 | 836.27 | 768.68 | 773.37 | 978.74 | 695.18 |
| | 主产品产值 | 元 | 756.83 | 638.64 | 805.73 | 739.61 | 746.72 | 944.42 | 665.87 |
| | 副产品产值 | 元 | 28.32 | 20.00 | 30.54 | 29.07 | 26.65 | 34.32 | 29.31 |
| | 其它收入 | 元 | 0.09 | | | 0.52 | | | |
| | 生产成本 | 元 | 695.41 | 749.02 | 726.82 | 611.63 | 613.21 | 956.90 | 424.69 |
| | 物质费用 | 元 | 345.71 | 415.32 | 492.32 | 394.28 | 266.71 | 306.00 | 199.54 |
| | 用工作价 | 元 | 349.70 | 333.70 | 234.50 | 217.35 | 346.50 | 650.90 | 225.15 |
| | 用工数量 | 日 | 26.90 | 23.50 | 13.40 | 20.70 | 23.10 | 56.60 | 23.70 |
| | 劳动日工价 | 元 | 13.00 | 14.20 | 17.50 | 10.50 | 15.00 | 11.50 | 9.50 |
| | 期间费用 | 元 | 70.48 | 191.40 | 148.68 | 17.74 | 18.92 | 23.11 | 23.02 |
| | 税金 | 元 | 21.11 | 20.00 | 23.05 | 23.63 | 13.25 | 33.76 | 12.98 |
| | 含税成本 | 元 | 787.00 | 960.42 | 898.55 | 653.00 | 645.38 | 1013.77 | 460.69 |
| | 净产值 | 元 | 439.44 | 243.32 | 343.95 | 374.40 | 506.66 | 672.74 | 495.64 |
| | 减税纯收益 | 元 | −1.76 | −301.78 | −62.28 | 116.20 | 127.99 | −35.03 | 234.49 |
| | 成本纯收益率 | % | −0.22 | −31.42 | −6.93 | 17.79 | 19.83 | −3.46 | 50.90 |
| 每50公斤主产品 | 平均出售价格 | 元 | 8.35 | 10.05 | 7.63 | 8.07 | 7.63 | 10.41 | 7.03 |
| | 物质费用 | 元 | 3.68 | 6.34 | 4.49 | 4.14 | 2.63 | 3.25 | 2.02 |
| | 生产成本 | 元 | 7.40 | 11.43 | 6.63 | 6.42 | 6.05 | 10.18 | 4.29 |
| | 含税成本 | 元 | 8.37 | 14.65 | 8.20 | 6.86 | 6.37 | 10.78 | 4.66 |
| | 净产值 | 元 | 4.67 | 3.71 | 3.14 | 3.93 | 5.00 | 7.16 | 5.01 |
| | 减税纯收益 | 元 | −0.02 | −4.60 | −0.57 | 1.22 | 1.26 | −0.37 | 2.37 |
| 每一劳动日 | 主产品产量 | 公斤 | 168.50 | 135.20 | 393.90 | 221.40 | 211.90 | 80.20 | 199.80 |
| | 净产值 | 元 | 16.34 | 10.35 | 25.67 | 18.09 | 21.93 | 11.89 | 20.91 |
| 每亩主产品出售数量 | | 公斤 | 4122.30 | 2972.00 | 4954.60 | 4535.70 | 4881.60 | 2805.60 | 4584.00 |
| 每亩主产品出售产值 | | 元 | 678.36 | 597.20 | 749.81 | 731.65 | 746.72 | 591.80 | 652.96 |
| 每亩成本外支出 | | 元 | 7.75 | | 6.00 | 9.82 | 3.64 | 14.24 | 12.84 |

# 2002年全国糖料物质费用

品种：甘蔗

| 项目名称 | 单位 | 平均 | 湖南 | 广东 | 广西 | 海南 | 四川 | 云南 |
|---|---|---|---|---|---|---|---|---|
| 每亩物质费用 | 元 | 345.71 | 415.32 | 492.32 | 394.28 | 266.71 | 306.00 | 199.54 |
| 一、直接生产费用 | 元 | 321.60 | 406.12 | 395.73 | 379.26 | 255.55 | 303.71 | 189.15 |
| 1.种籽秧苗费 | 元 | 98.30 | 140.60 | 102.93 | 62.26 | 106.10 | 135.58 | 42.34 |
| 2.农家肥费 | 元 | 12.48 | | 5.48 | 10.79 | 9.22 | 41.37 | 8.01 |
| 3.化肥费 | 元 | 129.41 | 109.82 | 177.37 | 175.89 | 103.49 | 115.50 | 94.38 |
| 4.农膜费 | 元 | 7.59 | 37.70 | 4.44 | 0.82 | | 0.82 | 1.76 |
| 5.农药费 | 元 | 16.45 | 25.00 | 20.24 | 23.86 | 7.77 | 7.29 | 14.55 |
| 6.畜力费 | 元 | 13.38 | 12.00 | 19.13 | 29.37 | 5.63 | 2.42 | 11.72 |
| 7.机械作业费 | 元 | 20.68 | 46.00 | 49.70 | 19.73 | 3.26 | | 5.36 |
| 8.排灌费 | 元 | 8.69 | 35.00 | 10.45 | 1.00 | 1.60 | | 4.06 |
| 9.燃料动力费 | 元 | 0.01 | | 0.07 | | | | |
| 10.棚架材料费 | 元 | 0.51 | | 3.04 | | | | |
| 11.其它直接费用 | 元 | 14.10 | | 2.88 | 55.54 | 18.48 | 0.73 | 6.97 |
| 二、间接生产费用 | 元 | 24.11 | 9.20 | 96.59 | 15.02 | 11.16 | 2.29 | 10.39 |
| 1.固定资产折旧 | 元 | 4.81 | 6.80 | 6.59 | 6.66 | 4.22 | 0.98 | 3.63 |
| 2.小农具购置修理费 | 元 | 3.87 | 2.40 | 5.00 | 5.77 | 4.91 | 1.31 | 3.82 |
| 3.其它间接费用 | 元 | 15.43 | | 85.00 | 2.59 | 2.03 | | 2.94 |
| 附记：1.每亩种籽用量 | 公斤 | 444.20 | | 456.10 | 330.90 | 551.20 | 441.20 | 441.40 |
| 2.每亩化肥用量 | 公斤 | 44.40 | 35.80 | 61.10 | 65.20 | 31.10 | 45.60 | 27.70 |
| 3.每亩农膜用量 | 公斤 | 0.90 | 4.30 | 0.40 | 0.10 | | 0.10 | 0.30 |
| 4.每度电价 | 元 | 0.71 | 1.10 | 0.59 | 0.57 | 0.70 | 0.72 | 0.59 |
| 5.每亩柴油费 | 元 | 1.36 | | 0.56 | 7.50 | 0.12 | | |

# 2002年全国糖料物质费用

品种：甘蔗

| 项目名称 | 单位 | 平均 | 湖南 | 广东 | 广西 | 海南 | 四川 | 云南 |
|---|---|---|---|---|---|---|---|---|
| 一、每亩期间费用 | 元 | 70.48 | 191.40 | 148.68 | 17.74 | 18.92 | 23.11 | 23.02 |
| 1.土地承包费 | 元 | 45.86 | 177.00 | 92.88 |  | 1.07 |  | 4.18 |
| 2.管理费 | 元 | 2.45 |  | 5.13 | 1.06 |  | 6.22 | 2.30 |
| 3.销售费 | 元 | 21.85 | 14.40 | 50.67 | 14.96 | 17.85 | 16.89 | 16.32 |
| 4.财务费 | 元 | 0.32 |  |  | 1.72 |  |  | 0.22 |
| 二、每亩用工量 | 日 | 26.90 | 23.50 | 13.40 | 20.70 | 23.10 | 56.60 | 23.70 |
| 1.直接用工 | 日 | 24.60 | 22.50 | 12.00 | 19.20 | 21.00 | 52.20 | 20.60 |
| 2.间接用工 | 日 | 2.30 | 1.00 | 1.40 | 1.50 | 2.10 | 4.40 | 3.10 |
| 三、每亩成本外支出 | 元 | 7.75 |  | 6.00 | 9.82 | 3.64 | 14.24 | 12.84 |
| 1.村提留费 | 元 |  |  |  |  |  |  |  |
| 2.乡统筹费 | 元 |  |  |  |  |  |  |  |
| 3.两工支出 | 元 | 5.30 |  | 4.91 | 4.72 | 1.32 | 13.33 | 7.54 |
| 4.其它成本外支出 | 元 | 2.45 |  | 1.09 | 5.10 | 2.32 | 0.91 | 5.30 |
| 附记：1.人均耕地面积 | 元 | 2.20 | 1.30 | 3.30 | 2.80 | 2.80 | 1.10 | 1.60 |
| 2.人均成本外支出 | 元 | 22.50 |  | 36.40 | 27.70 | 6.40 | 43.50 | 21.00 |
| 3.人均两工数量 | 日 | 4.20 |  | 8.20 | 1.70 | 0.60 | 10.90 | 3.80 |
| 4.雇工天数 | 日 | 2.20 |  | 0.90 | 6.40 |  | 1.20 | 4.90 |
| 5.雇工工价 | 元 | 16.90 | 20.00 | 18.70 | 17.70 | 16.70 | 15.00 | 13.40 |

# 2002年全国糖料成本收益

品种：甜菜　　　　按统一工价汇总

| 项目名称 | | 单位 | 平均 | 山西 | 内蒙古 | 吉林 | 黑龙江 | 甘肃 | 新疆 |
|---|---|---|---|---|---|---|---|---|---|
| 调查县数 | | 个 | 34.00 | 3.00 | 9.00 | 3.00 | 7.00 | 3.00 | 9.00 |
| 调查户数 | | 户 | 242.00 | 21.00 | 66.00 | 9.00 | 24.00 | 27.00 | 95.00 |
| 调查面积 | | 亩 | 1741.69 | 102.12 | 415.40 | 162.00 | 159.50 | 68.27 | 834.40 |
| 每亩 | 主产品产量 | 公斤 | 2532.10 | 2366.20 | 2600.10 | 2002.50 | 1543.30 | 3396.20 | 3284.10 |
| | 产值合计 | 元 | 532.71 | 487.31 | 677.65 | 288.65 | 391.13 | 708.04 | 643.43 |
| | 主产品产值 | 元 | 510.75 | 465.47 | 638.32 | 283.01 | 370.46 | 679.21 | 628.01 |
| | 副产品产值 | 元 | 21.96 | 21.84 | 39.33 | 5.64 | 20.67 | 28.83 | 15.42 |
| | 其它收入 | 元 | | | | | | | |
| | 生产成本 | 元 | 361.38 | 379.53 | 387.58 | 216.37 | 222.72 | 607.88 | 353.13 |
| | 物质费用 | 元 | 201.88 | 166.13 | 209.38 | 136.07 | 128.12 | 327.38 | 244.23 |
| | 用工作价 | 元 | 159.50 | 213.40 | 178.20 | 80.30 | 94.60 | 280.50 | 108.90 |
| | 用工数量 | 日 | 14.50 | 19.40 | 16.20 | 7.30 | 8.60 | 25.50 | 9.90 |
| | 劳动日工价 | 元 | 11.00 | 11.00 | 11.00 | 11.00 | 11.00 | 11.00 | 11.00 |
| | 期间费用 | 元 | 38.52 | 28.23 | 22.57 | 12.02 | 30.30 | 63.73 | 74.25 |
| | 税金 | 元 | 25.64 | 12.51 | 22.21 | 21.03 | 24.03 | 52.02 | 22.05 |
| | 含税成本 | 元 | 425.54 | 420.27 | 432.36 | 249.42 | 277.05 | 723.63 | 449.43 |
| | 净产值 | 元 | 330.83 | 321.18 | 468.27 | 152.58 | 263.01 | 380.66 | 399.20 |
| | 减税纯收益 | 元 | 107.17 | 67.04 | 245.29 | 39.23 | 114.08 | −15.59 | 194.00 |
| | 成本纯收益率 | % | 25.18 | 15.95 | 56.73 | 15.73 | 41.18 | −2.15 | 43.17 |
| 每50公斤主产品 | 平均出售价格 | 元 | 10.09 | 9.84 | 12.27 | 7.07 | 12.00 | 10.00 | 9.56 |
| | 物质费用 | 元 | 3.82 | 3.35 | 3.79 | 3.33 | 3.93 | 4.62 | 3.63 |
| | 生产成本 | 元 | 6.84 | 7.66 | 7.02 | 5.30 | 6.83 | 8.59 | 5.25 |
| | 含税成本 | 元 | 8.06 | 8.49 | 7.83 | 6.11 | 8.50 | 10.22 | 6.68 |
| | 净产值 | 元 | 6.27 | 6.49 | 8.48 | 3.74 | 8.07 | 5.38 | 5.93 |
| | 减税纯收益 | 元 | 2.03 | 1.35 | 4.44 | 0.96 | 3.50 | −0.22 | 2.88 |
| 每一劳动日 | 主产品产量 | 公斤 | 174.60 | 122.00 | 160.50 | 274.30 | 179.50 | 133.20 | 331.70 |
| | 净产值 | 元 | 22.82 | 16.56 | 28.91 | 20.90 | 30.58 | 14.93 | 40.32 |
| 每亩主产品出售数量 | | 公斤 | 2529.30 | 2366.20 | 2583.30 | 2002.50 | 1543.30 | 3396.20 | 3284.10 |
| 每亩主产品出售产值 | | 元 | 510.25 | 465.47 | 635.34 | 283.01 | 370.46 | 679.21 | 628.01 |
| 每亩成本外支出 | | 元 | 13.10 | 11.10 | 7.80 | 10.85 | 9.64 | 17.27 | 21.91 |

# 2002 年全国糖料成本收益

品种：甜菜

按地区工价汇总

| 项目名称 | | 单位 | 平均 | 山西 | 内蒙古 | 吉林 | 黑龙江 | 甘肃 | 新疆 |
|---|---|---|---|---|---|---|---|---|---|
| 调查县数 | | 个 | 34.00 | 3.00 | 9.00 | 3.00 | 7.00 | 3.00 | 9.00 |
| 调查户数 | | 户 | 242.00 | 21.00 | 66.00 | 9.00 | 24.00 | 27.00 | 95.00 |
| 调查面积 | | 亩 | 1741.69 | 102.12 | 415.40 | 162.00 | 159.50 | 68.27 | 834.40 |
| 每亩 | 主产品产量 | 公斤 | 2532.10 | 2366.20 | 2600.10 | 2002.50 | 1543.30 | 3396.20 | 3284.10 |
| | 产值合计 | 元 | 532.71 | 487.31 | 677.65 | 288.65 | 391.13 | 708.04 | 643.43 |
| | 主产品产值 | 元 | 510.75 | 465.47 | 638.32 | 283.01 | 370.46 | 679.21 | 628.01 |
| | 副产品产值 | 元 | 21.96 | 21.84 | 39.33 | 5.64 | 20.67 | 28.83 | 15.42 |
| | 其它收入 | 元 | | | | | | | |
| | 生产成本 | 元 | 330.93 | 325.21 | 338.98 | 216.37 | 209.82 | 518.63 | 335.31 |
| | 物质费用 | 元 | 201.88 | 166.13 | 209.38 | 136.07 | 128.12 | 327.38 | 244.23 |
| | 用工作价 | 元 | 129.05 | 159.08 | 129.60 | 80.30 | 81.70 | 191.25 | 91.08 |
| | 用工数量 | 日 | 14.50 | 19.40 | 16.20 | 7.30 | 8.60 | 25.50 | 9.90 |
| | 劳动日工价 | 元 | 8.90 | 8.20 | 8.00 | 11.00 | 9.50 | 7.50 | 9.20 |
| | 期间费用 | 元 | 38.52 | 28.23 | 22.57 | 12.02 | 30.30 | 63.73 | 74.25 |
| | 税金 | 元 | 25.64 | 12.51 | 22.21 | 21.03 | 24.03 | 52.02 | 22.05 |
| | 含税成本 | 元 | 395.09 | 365.95 | 383.76 | 249.42 | 264.15 | 634.38 | 431.61 |
| | 净产值 | 元 | 330.83 | 321.18 | 468.27 | 152.58 | 263.01 | 380.66 | 399.20 |
| | 减税纯收益 | 元 | 137.62 | 121.36 | 293.89 | 39.23 | 126.98 | 73.66 | 211.82 |
| | 成本纯收益率 | % | 34.83 | 33.16 | 76.58 | 15.73 | 48.07 | 11.61 | 49.08 |
| 每50公斤主产品 | 平均出售价格 | 元 | 10.09 | 9.84 | 12.27 | 7.07 | 12.00 | 10.00 | 9.56 |
| | 物质费用 | 元 | 3.82 | 3.35 | 3.79 | 3.33 | 3.93 | 4.62 | 3.63 |
| | 生产成本 | 元 | 6.27 | 6.57 | 6.14 | 5.30 | 6.44 | 7.32 | 4.98 |
| | 含税成本 | 元 | 7.48 | 7.39 | 6.95 | 6.11 | 8.10 | 8.96 | 6.41 |
| | 净产值 | 元 | 6.27 | 6.49 | 8.48 | 3.74 | 8.07 | 5.38 | 5.93 |
| | 减税纯收益 | 元 | 2.61 | 2.45 | 5.32 | 0.96 | 3.90 | 1.04 | 3.15 |
| 每一劳动日 | 主产品产量 | 公斤 | 174.60 | 122.00 | 160.50 | 274.30 | 179.50 | 133.20 | 331.70 |
| | 净产值 | 元 | 22.82 | 16.56 | 28.91 | 20.90 | 30.58 | 14.93 | 40.32 |
| 每亩主产品出售数量 | | 公斤 | 2529.30 | 2366.20 | 2583.30 | 2002.50 | 1543.30 | 3396.20 | 3284.10 |
| 每亩主产品出售产值 | | 元 | 510.25 | 465.47 | 635.34 | 283.01 | 370.46 | 679.21 | 628.01 |
| 每亩成本外支出 | | 元 | 13.10 | 11.10 | 7.80 | 10.85 | 9.64 | 17.27 | 21.91 |

# 2002年全国糖料物质费用

品种：甜菜

| 项目名称 | 单位 | 平均 | 山西 | 内蒙古 | 吉林 | 黑龙江 | 甘肃 | 新疆 |
|---|---|---|---|---|---|---|---|---|
| 每亩物质费用 | 元 | 201.88 | 166.13 | 209.38 | 136.07 | 128.12 | 327.38 | 244.23 |
| 一、直接生产费用 | 元 | 190.32 | 162.98 | 202.48 | 119.08 | 115.18 | 305.26 | 236.97 |
| 1.种籽秧苗费 | 元 | 22.80 | 30.99 | 16.83 | 18.36 | 21.88 | 22.41 | 26.30 |
| 2.农家肥费 | 元 | 12.55 | 34.06 | 16.61 | | | 20.92 | 3.73 |
| 3.化肥费 | 元 | 73.70 | 49.41 | 60.25 | 68.06 | 47.37 | 129.25 | 87.86 |
| 4.农膜费 | 元 | 5.76 | | 8.69 | 1.41 | | | 24.44 |
| 5.农药费 | 元 | 6.17 | 3.07 | 4.77 | 9.04 | 5.87 | 6.99 | 7.30 |
| 6.畜力费 | 元 | 7.95 | 5.32 | 23.86 | 6.78 | | 11.76 | |
| 7.机械作业费 | 元 | 27.04 | 10.97 | 17.89 | 14.41 | 32.63 | 44.99 | 41.36 |
| 8.排灌费 | 元 | 30.44 | 29.16 | 38.38 | 1.02 | | 68.72 | 45.33 |
| 9.燃料动力费 | 元 | 0.02 | | 0.14 | | | | |
| 10.棚架材料费 | 元 | | | | | | | |
| 11.其它直接费用 | 元 | 3.89 | | 15.06 | | 7.43 | 0.22 | 0.65 |
| 二、间接生产费用 | 元 | 11.56 | 3.15 | 6.90 | 16.99 | 12.94 | 22.12 | 7.26 |
| 1.固定资产折旧 | 元 | 7.52 | 1.35 | 3.89 | 13.72 | 7.40 | 15.94 | 2.81 |
| 2.小农具购置修理费 | 元 | 3.21 | 1.47 | 2.33 | 3.27 | 3.30 | 4.58 | 4.31 |
| 3.其它间接费用 | 元 | 0.83 | 0.33 | 0.68 | | 2.24 | 1.60 | 0.14 |
| 附记：1.每亩种籽用量 | 公斤 | 1.70 | 2.40 | 1.30 | 1.90 | | 1.80 | 1.00 |
| 2.每亩化肥用量 | 公斤 | 24.70 | 14.50 | 23.90 | 23.90 | 14.90 | 44.70 | 25.30 |
| 3.每亩农膜用量 | 公斤 | 0.70 | | 0.90 | | | | 3.00 |
| 4.每度电价 | 元 | 0.58 | 0.52 | 0.54 | 0.64 | 0.64 | 0.42 | 0.69 |
| 5.每亩柴油费 | 元 | 5.27 | | 2.70 | 14.15 | 5.58 | | 9.19 |

# 2002年全国糖料期间费用

品种：甜菜

| 项目名称 | 单位 | 平均 | 山西 | 内蒙古 | 吉林 | 黑龙江 | 甘肃 | 新疆 |
|---|---|---|---|---|---|---|---|---|
| 一、每亩期间费用 | 元 | 38.52 | 28.23 | 22.57 | 12.02 | 30.30 | 63.73 | 74.25 |
| 1.土地承包费 | 元 | 7.06 | 12.82 | 2.02 | 3.96 | 7.81 | 0.15 | 15.57 |
| 2.管理费 | 元 | 2.04 | 4.44 | 0.58 | | 1.26 | | 5.98 |
| 3.销售费 | 元 | 29.01 | 10.38 | 19.44 | 8.06 | 20.70 | 62.79 | 52.70 |
| 4.财务费 | 元 | 0.41 | 0.59 | 0.53 | | 0.53 | 0.79 | |
| 二、每亩用工量 | 日 | 14.50 | 19.40 | 16.20 | 7.30 | 8.60 | 25.50 | 9.90 |
| 1.直接用工 | 日 | 12.70 | 17.40 | 14.10 | 6.40 | 7.70 | 22.00 | 8.60 |
| 2.间接用工 | 日 | 1.80 | 2.00 | 2.10 | 0.90 | 0.90 | 3.50 | 1.30 |
| 三、每亩成本外支出 | 元 | 13.10 | 11.10 | 7.80 | 10.85 | 9.64 | 17.27 | 21.91 |
| 1.村提留费 | 元 | | | | | | | |
| 2.乡统筹费 | 元 | | | | | | | |
| 3.两工支出 | 元 | 10.60 | 5.74 | 6.39 | 10.85 | 9.64 | 17.27 | 13.71 |
| 4.其它成本外支出 | 元 | 2.50 | 5.36 | 1.41 | | | | 8.20 |
| 附记：1.人均耕地面积 | 元 | 5.20 | 5.80 | 3.40 | 6.50 | 7.10 | 3.10 | 5.50 |
| 2.人均成本外支出 | 元 | 64.40 | 30.10 | 31.30 | 115.10 | 75.70 | 82.00 | 52.10 |
| 3.人均两工数量 | 日 | 6.90 | 8.80 | 4.90 | 6.70 | 9.70 | 7.60 | 3.50 |
| 4.雇工天数 | 日 | 0.70 | 1.20 | 0.20 | 0.50 | 0.70 | 1.70 | |
| 5.雇工工价 | 元 | 16.70 | 13.30 | 16.90 | 20.00 | 19.80 | 10.00 | 20.00 |

# 第四部分　蚕茧、茶叶、水果

# 2002年全国蚕茧成本收益(一)

品种：桑蚕茧　　　　按统一工价汇总

| 项目名称 | | 单位 | 平均 | 山西 | 江苏 | 浙江 | 安徽 | 山东 |
|---|---|---|---|---|---|---|---|---|
| 调查县数 | | 个 | 93.00 | 3.00 | 18.00 | 8.00 | 4.00 | 15.00 |
| 调查户数 | | 户 | 743.00 | 21.00 | 155.00 | 33.00 | 36.00 | 127.00 |
| 调查面积 | | 亩 | 1540.94 | 34.36 | 315.70 | 51.06 | 68.70 | 301.73 |
| 每亩 | 主产品产量 | 公斤 | 106.30 | 66.10 | 104.10 | 122.00 | 84.70 | 81.40 |
| | 产值合计 | 元 | 1268.11 | 630.39 | 1215.97 | 1383.45 | 921.38 | 1118.28 |
| | 主产品产值 | 元 | 1168.00 | 598.47 | 1163.66 | 1349.43 | 905.84 | 1074.54 |
| | 副产品产值 | 元 | 100.11 | 31.92 | 52.31 | 34.02 | 15.54 | 43.74 |
| | 其它收入 | 元 | 0.69 | | | 10.97 | | |
| | 生产成本 | 元 | 1090.71 | 668.07 | 1027.54 | 1236.64 | 689.08 | 944.03 |
| | 物质费用 | 元 | 355.91 | 127.97 | 403.84 | 530.44 | 218.28 | 370.93 |
| | 用工作价 | 元 | 734.80 | 540.10 | 623.70 | 706.20 | 470.80 | 573.10 |
| | 用工数量 | 日 | 66.80 | 49.10 | 56.70 | 64.20 | 42.80 | 52.10 |
| | 劳动日工价 | 元 | 11.00 | 11.00 | 11.00 | 11.00 | 11.00 | 11.00 |
| | 期间费用 | 元 | 20.53 | 12.14 | 23.72 | 25.40 | 4.83 | 52.18 |
| | 税金 | 元 | 44.65 | 53.75 | 72.54 | 86.22 | 46.58 | 68.20 |
| | 含税成本 | 元 | 1155.89 | 733.96 | 1123.80 | 1348.26 | 740.49 | 1064.41 |
| | 净产值 | 元 | 912.20 | 502.42 | 812.13 | 853.01 | 703.10 | 747.35 |
| | 减税纯收益 | 元 | 112.91 | -103.57 | 92.17 | 46.16 | 180.89 | 53.87 |
| | 成本纯收益率 | % | 9.77 | -14.11 | 8.20 | 3.42 | 24.43 | 5.06 |
| 每50公斤主产品 | 平均出售价格 | 元 | 549.39 | 452.70 | 558.91 | 553.05 | 534.73 | 660.04 |
| | 物质费用 | 元 | 154.19 | 91.90 | 185.62 | 212.05 | 126.68 | 218.93 |
| | 生产成本 | 元 | 472.53 | 479.76 | 472.30 | 494.36 | 399.91 | 557.19 |
| | 含税成本 | 元 | 500.77 | 527.08 | 516.54 | 538.98 | 429.75 | 628.24 |
| | 净产值 | 元 | 395.20 | 360.80 | 373.29 | 341.00 | 408.05 | 441.11 |
| | 减税纯收益 | 元 | 48.94 | -74.38 | 42.37 | 18.57 | 104.98 | 31.80 |
| 每一劳动日 | 主产品产量 | 公斤 | 1.60 | 1.30 | 1.80 | 1.90 | 2.00 | 1.60 |
| | 净产值 | 元 | 13.66 | 10.23 | 14.32 | 13.29 | 16.43 | 14.34 |
| 每亩主产品出售数量 | | 公斤 | 105.90 | 66.10 | 104.10 | 122.00 | 84.70 | 81.40 |
| 每亩主产品出售产值 | | 元 | 1148.79 | 598.47 | 1163.56 | 1264.69 | 905.84 | 1067.60 |
| 每亩成本外支出 | | 元 | 17.51 | 49.32 | 37.32 | | 12.76 | 16.33 |

# 2002 年全国蚕茧成本收益(二)

品种：桑蚕茧　　　　按统一工价汇总

| 项 目 名 称 | | 单位 | 河 南 | 湖 北 | 广 东 | 广 西 | 四 川 | 贵 州 |
|---|---|---|---|---|---|---|---|---|
| 调查县数 | | 个 | 4.00 | 4.00 | 5.00 | 5.00 | 6.00 | 3.00 |
| 调查户数 | | 户 | 18.00 | 18.00 | 45.00 | 44.00 | 45.00 | 33.00 |
| 调查面积 | | 亩 | 29.90 | 36.30 | 139.00 | 182.60 | 64.88 | 77.30 |
| 每亩 | 主产品产量 | 公斤 | 68.90 | 101.60 | 236.90 | 167.80 | 110.00 | 78.60 |
| | 产值合计 | 元 | 730.76 | 1113.45 | 2467.00 | 1751.00 | 1204.41 | 1167.43 |
| | 主产品产值 | 元 | 730.76 | 1068.81 | 2363.83 | 1638.69 | 1110.79 | 1087.50 |
| | 副产品产值 | 元 | | 44.64 | 103.17 | 112.31 | 93.62 | 79.93 |
| | 其它收入 | 元 | | | | | | |
| | 生产成本 | 元 | 523.27 | 1188.51 | 1676.81 | 1795.28 | 1195.77 | 588.49 |
| | 物质费用 | 元 | 161.37 | 274.41 | 700.01 | 693.08 | 337.77 | 211.19 |
| | 用工作价 | 元 | 361.90 | 914.10 | 976.80 | 1102.20 | 858.00 | 377.30 |
| | 用工数量 | 日 | 32.90 | 83.10 | 88.80 | 100.20 | 78.00 | 34.30 |
| | 劳动日工价 | 元 | 11.00 | 11.00 | 11.00 | 11.00 | 11.00 | 11.00 |
| | 期间费用 | 元 | 21.31 | 42.23 | 32.77 | 25.74 | 6.22 | 5.81 |
| | 税金 | 元 | 32.64 | 67.43 | 33.43 | 24.92 | 25.59 | 14.10 |
| | 含税成本 | 元 | 577.22 | 1298.17 | 1743.01 | 1845.94 | 1227.58 | 608.40 |
| | 净产值 | 元 | 569.39 | 839.04 | 1766.99 | 1057.92 | 866.64 | 956.24 |
| | 减税纯收益 | 元 | 153.54 | -184.72 | 723.99 | -94.94 | -23.17 | 559.03 |
| | 成本纯收益率 | % | 26.60 | -14.23 | 41.54 | -5.14 | -1.89 | 91.89 |
| 每 50 公斤主产品 | 平均出售价格 | 元 | 530.30 | 525.99 | 498.91 | 488.29 | 504.90 | 691.79 |
| | 物质费用 | 元 | 117.10 | 129.63 | 141.57 | 193.27 | 141.60 | 125.15 |
| | 生产成本 | 元 | 379.73 | 561.45 | 339.11 | 500.64 | 501.28 | 348.72 |
| | 含税成本 | 元 | 418.88 | 613.25 | 352.49 | 514.77 | 514.61 | 360.52 |
| | 净产值 | 元 | 413.20 | 396.36 | 357.34 | 295.02 | 363.30 | 566.64 |
| | 减税纯收益 | 元 | 111.42 | -87.26 | 146.42 | -26.48 | -9.71 | 331.27 |
| 每一劳动日 | 主产品产量 | 公斤 | 2.10 | 1.20 | 2.70 | 1.70 | 1.40 | 2.30 |
| | 净产值 | 元 | 17.31 | 10.10 | 19.90 | 10.56 | 11.11 | 27.88 |
| 每亩主产品出售数量 | | 公斤 | 68.90 | 100.60 | 236.90 | 167.80 | 108.00 | 78.60 |
| 每亩主产品出售产值 | | 元 | 730.76 | 930.89 | 2349.37 | 1638.69 | 1074.24 | 1087.50 |
| 每亩成本外支出 | | 元 | 8.26 | 76.25 | 10.45 | 22.83 | 10.02 | |

# 2002年全国蚕茧成本收益(三)

品种：桑蚕茧　　　　按统一工价汇总

| 项目名称 | | 单位 | 云南 | 重庆 | 陕西 | 甘肃 | 宁夏 |
|---|---|---|---|---|---|---|---|
| 调查县数 | | 个 | 6.00 | 6.00 | 3.00 | 1.00 | 2.00 |
| 调查户数 | | 户 | 54.00 | 84.00 | 21.00 | 3.00 | 6.00 |
| 调查面积 | | 亩 | 127.30 | 50.68 | 38.90 | 1.40 | 21.13 |
| 每亩 | 主产品产量 | 公斤 | 81.60 | 123.50 | 52.40 | 147.30 | 73.90 |
| | 产值合计 | 元 | 1126.50 | 1180.11 | 532.97 | 2663.00 | 1083.54 |
| | 主产品产值 | 元 | 1044.73 | 1081.86 | 528.78 | 1863.00 | 1077.23 |
| | 副产品产值 | 元 | 81.77 | 98.25 | 4.19 | 800.00 | 6.31 |
| | 其它收入 | 元 | | | | | |
| | 生产成本 | 元 | 824.23 | 1056.59 | 752.11 | 2322.10 | 955.26 |
| | 物质费用 | 元 | 295.13 | 179.89 | 172.41 | 767.80 | 250.16 |
| | 用工作价 | 元 | 529.10 | 876.70 | 579.70 | 1554.30 | 705.10 |
| | 用工数量 | 日 | 48.10 | 79.70 | 52.70 | 141.30 | 64.10 |
| | 劳动日工价 | 元 | 11.00 | 11.00 | 11.00 | 11.00 | 11.00 |
| | 期间费用 | 元 | 42.75 | 25.04 | 2.08 | | 6.12 |
| | 税金 | 元 | 27.78 | 36.16 | 34.30 | 64.80 | 26.02 |
| | 含税成本 | 元 | 894.76 | 1117.79 | 788.49 | 2386.90 | 987.40 |
| | 净产值 | 元 | 831.37 | 1000.22 | 360.56 | 1895.20 | 833.38 |
| | 减税纯收益 | 元 | 231.74 | 62.32 | -255.52 | 276.10 | 96.14 |
| | 成本纯收益率 | % | 25.90 | 5.58 | -32.41 | 11.57 | 9.74 |
| 每50公斤主产品 | 平均出售价格 | 元 | 640.15 | 438.00 | 504.56 | 632.38 | 728.84 |
| | 物质费用 | 元 | 167.71 | 66.77 | 163.22 | 182.33 | 168.27 |
| | 生产成本 | 元 | 468.38 | 392.16 | 712.02 | 551.43 | 642.55 |
| | 含税成本 | 元 | 508.46 | 414.87 | 746.46 | 566.81 | 664.17 |
| | 净产值 | 元 | 472.44 | 371.23 | 341.34 | 450.05 | 560.57 |
| | 减税纯收益 | 元 | 131.69 | 23.13 | -241.90 | 65.57 | 64.67 |
| 每一劳动日 | 主产品产量 | 公斤 | 1.70 | 1.50 | 1.00 | 1.00 | 1.20 |
| | 净产值 | 元 | 17.28 | 12.55 | 6.84 | 13.41 | 13.00 |
| 每亩主产品出售数量 | | 公斤 | 80.00 | 122.30 | 52.40 | 147.30 | 73.90 |
| 每亩主产品出售产值 | | 元 | 1018.52 | 1081.58 | 528.78 | 1863.00 | 1077.21 |
| 每亩成本外支出 | | 元 | 22.17 | 2.38 | 1.71 | | 10.37 |

# 2002 年全国蚕茧成本收益(一)

品种：桑蚕茧　　　　按地区工价汇总

| 项目名称 | | 单位 | 平均 | 山西 | 江苏 | 浙江 | 安徽 | 山东 |
|---|---|---|---|---|---|---|---|---|
| 调查县数 | | 个 | 93.00 | 3.00 | 18.00 | 8.00 | 4.00 | 15.00 |
| 调查户数 | | 户 | 743.00 | 21.00 | 155.00 | 33.00 | 36.00 | 127.00 |
| 调查面积 | | 亩 | 1540.94 | 34.36 | 315.70 | 51.06 | 68.70 | 301.73 |
| 每亩 | 主产品产量 | 公斤 | 106.30 | 66.10 | 104.10 | 122.00 | 84.70 | 81.40 |
| | 产值合计 | 元 | 1268.11 | 630.39 | 1215.97 | 1383.45 | 921.38 | 1118.28 |
| | 主产品产值 | 元 | 1168.00 | 598.47 | 1163.66 | 1349.43 | 905.84 | 1074.54 |
| | 副产品产值 | 元 | 100.11 | 31.92 | 52.31 | 34.02 | 15.54 | 43.74 |
| | 其它收入 | 元 | 0.69 | | | 10.97 | | |
| | 生产成本 | 元 | 1090.71 | 530.59 | 1140.94 | 1718.14 | 646.28 | 959.66 |
| | 物质费用 | 元 | 355.91 | 127.97 | 403.84 | 530.44 | 218.28 | 370.93 |
| | 用工作价 | 元 | 734.80 | 402.62 | 737.10 | 1187.70 | 428.00 | 588.73 |
| | 用工数量 | 日 | 66.80 | 49.10 | 56.70 | 64.20 | 42.80 | 52.10 |
| | 劳动日工价 | 元 | 11.00 | 8.20 | 13.00 | 18.50 | 10.00 | 11.30 |
| | 期间费用 | 元 | 20.53 | 12.14 | 23.72 | 25.40 | 4.83 | 52.18 |
| | 税金 | 元 | 44.65 | 53.75 | 72.54 | 86.22 | 46.58 | 68.20 |
| | 含税成本 | 元 | 1155.89 | 596.48 | 1237.20 | 1829.76 | 697.69 | 1080.04 |
| | 净产值 | 元 | 912.20 | 502.42 | 812.13 | 853.01 | 703.10 | 747.35 |
| | 减税纯收益 | 元 | 112.91 | 33.91 | -21.23 | -435.34 | 223.69 | 38.24 |
| | 成本纯收益率 | % | 9.77 | 5.69 | -1.72 | -23.79 | 32.06 | 3.54 |
| 每50公斤主产品 | 平均出售价格 | 元 | 549.39 | 452.70 | 558.91 | 553.05 | 534.73 | 660.04 |
| | 物质费用 | 元 | 154.19 | 91.90 | 185.62 | 212.05 | 126.68 | 218.93 |
| | 生产成本 | 元 | 472.53 | 381.03 | 524.42 | 686.85 | 375.07 | 566.42 |
| | 含税成本 | 元 | 500.77 | 428.35 | 568.67 | 731.47 | 404.91 | 637.47 |
| | 净产值 | 元 | 395.20 | 360.80 | 373.29 | 341.00 | 408.05 | 441.11 |
| | 减税纯收益 | 元 | 48.94 | 24.35 | -9.76 | -173.92 | 129.82 | 22.57 |
| 每一劳动日 | 主产品产量 | 公斤 | 1.60 | 1.30 | 1.80 | 1.90 | 2.00 | 1.60 |
| | 净产值 | 元 | 13.66 | 10.23 | 14.32 | 13.29 | 16.43 | 14.34 |
| 每亩主产品出售数量 | | 公斤 | 105.90 | 66.10 | 104.10 | 122.00 | 84.70 | 81.40 |
| 每亩主产品出售产值 | | 元 | 1148.79 | 598.47 | 1163.56 | 1264.69 | 905.84 | 1067.60 |
| 每亩成本外支出 | | 元 | 17.51 | 49.32 | 37.32 | | 12.76 | 16.33 |

# 2002 年全国蚕茧成本收益(二)

品种：桑蚕茧　　　　　　　　　　　　　　　　　　按地区工价汇总

| 项目名称 | | 单位 | 河南 | 湖北 | 广东 | 广西 | 四川 | 贵州 |
|---|---|---|---|---|---|---|---|---|
| 调查县数 | | 个 | 4.00 | 4.00 | 5.00 | 5.00 | 6.00 | 3.00 |
| 调查户数 | | 户 | 18.00 | 18.00 | 45.00 | 44.00 | 45.00 | 33.00 |
| 调查面积 | | 亩 | 29.90 | 36.30 | 139.00 | 182.60 | 64.88 | 77.30 |
| 每亩 | 主产品产量 | 公斤 | 68.90 | 101.60 | 236.90 | 167.80 | 110.00 | 78.60 |
| | 产值合计 | 元 | 730.76 | 1113.45 | 2467.00 | 1751.00 | 1204.41 | 1167.43 |
| | 主产品产值 | 元 | 730.76 | 1068.81 | 2363.83 | 1638.69 | 1110.79 | 1087.50 |
| | 副产品产值 | 元 | | 44.64 | 103.17 | 112.31 | 93.62 | 79.93 |
| | 其它收入 | 元 | | | | | | |
| | 生产成本 | 元 | 454.18 | 1105.41 | 2254.01 | 1745.18 | 1234.77 | 554.19 |
| | 物质费用 | 元 | 161.37 | 274.41 | 700.01 | 693.08 | 337.77 | 211.19 |
| | 用工作价 | 元 | 292.81 | 831.00 | 1554.00 | 1052.10 | 897.00 | 343.00 |
| | 用工数量 | 日 | 32.90 | 83.10 | 88.80 | 100.20 | 78.00 | 34.30 |
| | 劳动日工价 | 元 | 8.90 | 10.00 | 17.50 | 10.50 | 11.50 | 10.00 |
| | 期间费用 | 元 | 21.31 | 42.23 | 32.77 | 25.74 | 6.22 | 5.81 |
| | 税金 | 元 | 32.64 | 67.43 | 33.43 | 24.92 | 25.59 | 14.10 |
| | 含税成本 | 元 | 508.13 | 1215.07 | 2320.21 | 1795.84 | 1266.58 | 574.10 |
| | 净产值 | 元 | 569.39 | 839.04 | 1766.99 | 1057.92 | 866.64 | 956.24 |
| | 减税纯收益 | 元 | 222.63 | -101.62 | 146.79 | -44.84 | -62.17 | 593.33 |
| | 成本纯收益率 | % | 43.81 | -8.36 | 6.33 | -2.50 | -4.91 | 103.35 |
| 每50公斤主产品 | 平均出售价格 | 元 | 530.30 | 525.99 | 498.91 | 488.29 | 504.90 | 691.79 |
| | 物质费用 | 元 | 117.10 | 129.63 | 141.57 | 193.27 | 141.60 | 125.15 |
| | 生产成本 | 元 | 329.59 | 522.19 | 455.84 | 486.67 | 517.63 | 328.40 |
| | 含税成本 | 元 | 368.74 | 573.99 | 469.22 | 500.79 | 530.96 | 340.20 |
| | 净产值 | 元 | 413.20 | 396.36 | 357.34 | 295.02 | 363.30 | 566.64 |
| | 减税纯收益 | 元 | 161.56 | -48.00 | 29.69 | -12.50 | -26.06 | 351.59 |
| 每一劳动日 | 主产品产量 | 公斤 | 2.10 | 1.20 | 2.70 | 1.70 | 1.40 | 2.30 |
| | 净产值 | 元 | 17.31 | 10.10 | 19.90 | 10.56 | 11.11 | 27.88 |
| 每亩主产品出售数量 | | 公斤 | 68.90 | 100.60 | 236.90 | 167.80 | 108.00 | 78.60 |
| 每亩主产品出售产值 | | 元 | 730.76 | 930.89 | 2349.37 | 1638.69 | 1074.24 | 1087.50 |
| 每亩成本外支出 | | 元 | 8.26 | 76.25 | 10.45 | 22.83 | 10.02 | |

# 2002 年全国蚕茧成本收益(三)

品种：桑蚕茧　　　　按地区工价汇总

| 项目名称 | | 单位 | 云南 | 重庆 | 陕西 | 甘肃 | 宁夏 |
|---|---|---|---|---|---|---|---|
| 调查县数 | | 个 | 6.00 | 6.00 | 3.00 | 1.00 | 2.00 |
| 调查户数 | | 户 | 54.00 | 84.00 | 21.00 | 3.00 | 6.00 |
| 调查面积 | | 亩 | 127.30 | 50.68 | 38.90 | 1.40 | 21.13 |
| 每亩 | 主产品产量 | 公斤 | 81.60 | 123.50 | 52.40 | 147.30 | 73.90 |
| | 产值合计 | 元 | 1126.50 | 1180.11 | 532.97 | 2663.00 | 1083.54 |
| | 主产品产值 | 元 | 1044.73 | 1081.86 | 528.78 | 1863.00 | 1077.23 |
| | 副产品产值 | 元 | 81.77 | 98.25 | 4.19 | 800.00 | 6.31 |
| | 其它收入 | 元 | | | | | |
| | 生产成本 | 元 | 752.08 | 1000.80 | 683.60 | 1827.55 | 846.29 |
| | 物质费用 | 元 | 295.13 | 179.89 | 172.41 | 767.80 | 250.16 |
| | 用工作价 | 元 | 456.95 | 820.91 | 511.19 | 1059.75 | 596.13 |
| | 用工数量 | 日 | 48.10 | 79.70 | 52.70 | 141.30 | 64.10 |
| | 劳动日工价 | 元 | 9.50 | 10.30 | 9.70 | 7.50 | 9.30 |
| | 期间费用 | 元 | 42.75 | 25.04 | 2.08 | | 6.12 |
| | 税金 | 元 | 27.78 | 36.16 | 34.30 | 64.80 | 26.02 |
| | 含税成本 | 元 | 822.61 | 1062.00 | 719.98 | 1892.35 | 878.43 |
| | 净产值 | 元 | 831.37 | 1000.22 | 360.56 | 1895.20 | 833.38 |
| | 减税纯收益 | 元 | 303.89 | 118.11 | -187.01 | 770.65 | 205.11 |
| | 成本纯收益率 | % | 36.94 | 11.12 | -25.97 | 40.72 | 23.35 |
| 每50公斤主产品 | 平均出售价格 | 元 | 640.15 | 438.00 | 504.56 | 632.38 | 728.84 |
| | 物质费用 | 元 | 167.71 | 66.77 | 163.22 | 182.33 | 168.27 |
| | 生产成本 | 元 | 427.38 | 371.45 | 647.16 | 433.99 | 569.25 |
| | 含税成本 | 元 | 467.46 | 394.16 | 681.60 | 449.37 | 590.87 |
| | 净产值 | 元 | 472.44 | 371.23 | 341.34 | 450.05 | 560.57 |
| | 减税纯收益 | 元 | 172.69 | 43.84 | -177.04 | 183.01 | 137.97 |
| 每一劳动日 | 主产品产量 | 公斤 | 1.70 | 1.50 | 1.00 | 1.00 | 1.20 |
| | 净产值 | 元 | 17.28 | 12.55 | 6.84 | 13.41 | 13.00 |
| 每亩主产品出售数量 | | 公斤 | 80.00 | 122.30 | 52.40 | 147.30 | 73.90 |
| 每亩主产品出售产值 | | 元 | 1018.52 | 1081.58 | 528.78 | 1863.00 | 1077.21 |
| 每亩成本外支出 | | 元 | 22.17 | 2.38 | 1.71 | | 10.37 |

# 2002年全国蚕茧物质费用(一)

品种：桑蚕茧

| 项目名称 | 单位 | 平均 | 山西 | 江苏 | 浙江 | 安徽 | 山东 |
|---|---|---|---|---|---|---|---|
| 每亩物质费用 | 元 | 355.91 | 127.97 | 403.84 | 530.44 | 218.28 | 370.93 |
| 一、直接生产费用 | 元 | 301.35 | 114.27 | 341.19 | 421.26 | 193.75 | 324.30 |
| 1.种籽秧苗费 | 元 | 86.94 | 46.25 | 113.89 | 128.89 | 73.30 | 88.54 |
| 2.农家肥费 | 元 | 18.45 | 3.67 | 18.34 | 43.47 | 17.45 | 23.25 |
| 3.化肥费 | 元 | 116.23 | 30.96 | 112.22 | 146.88 | 61.21 | 92.53 |
| 4.农膜费 | 元 | 1.43 | 1.86 | 3.33 | 2.01 |  | 4.96 |
| 5.农药费 | 元 | 34.53 | 14.67 | 48.39 | 39.02 | 20.31 | 50.12 |
| 6.畜力费 | 元 | 3.45 | 1.43 | 0.86 |  |  | 0.18 |
| 7.机械作业费 | 元 | 0.62 | 2.15 | 0.97 |  |  | 1.03 |
| 8.排灌费 | 元 | 6.36 |  | 8.55 | 1.05 | 1.49 | 31.66 |
| 9.燃料动力费 | 元 | 10.56 | 2.35 | 8.03 | 22.99 | 3.35 | 7.25 |
| 10.棚架材料费 | 元 | 6.90 | 1.31 | 14.07 | 5.45 | 0.69 | 16.30 |
| 11.其它直接费用 | 元 | 15.88 | 9.62 | 12.54 | 31.50 | 15.95 | 8.48 |
| 二、间接生产费用 | 元 | 54.56 | 13.70 | 62.65 | 109.18 | 24.53 | 46.63 |
| 1.固定资产折旧 | 元 | 42.22 | 5.83 | 52.43 | 93.46 | 15.42 | 37.44 |
| 2.小农具购置修理费 | 元 | 9.76 | 6.01 | 9.14 | 9.14 | 8.42 | 8.47 |
| 3.其它间接费用 | 元 | 2.58 | 1.86 | 1.08 | 6.58 | 0.69 | 0.72 |
| 附记：1.每亩种籽用量 | 公斤 | 2.60 |  | 2.90 |  | 2.50 | 2.80 |
| 2.每亩化肥用量 | 公斤 | 42.50 | 12.70 | 38.70 | 50.10 | 23.90 | 35.30 |
| 3.每亩农膜用量 | 公斤 | 0.30 | 0.10 | 0.40 | 0.30 |  | 1.70 |
| 4.每度电价 | 元 | 0.63 | 0.53 | 0.63 | 0.51 | 0.78 | 0.67 |
| 5.每亩柴油费 | 元 | 0.80 |  | 2.47 |  | 0.23 | 6.97 |

# 2002年全国蚕茧物质费用(二)

品种:桑蚕茧

| 项 目 名 称 | 单位 | 河 南 | 湖 北 | 广 东 | 广 西 | 四 川 | 贵 州 |
|---|---|---|---|---|---|---|---|
| 每亩物质费用 | 元 | 161.37 | 274.41 | 700.01 | 693.08 | 337.77 | 211.19 |
| 一、直接生产费用 | 元 | 134.28 | 241.66 | 584.05 | 629.93 | 297.25 | 189.46 |
| 1.种籽秧苗费 | 元 | 69.94 | 91.34 | 144.21 | 101.07 | 101.46 | 53.57 |
| 2.农家肥费 | 元 |  | 33.15 | 15.14 | 64.59 | 13.61 | 26.09 |
| 3.化肥费 | 元 | 41.27 | 77.72 | 294.80 | 279.43 | 121.48 | 64.30 |
| 4.农膜费 | 元 | 2.06 | 4.69 |  | 2.87 | 0.54 |  |
| 5.农药费 | 元 | 12.60 | 25.90 | 73.26 | 85.11 | 49.49 | 15.19 |
| 6.畜力费 | 元 |  | 3.44 | 11.76 | 31.47 |  |  |
| 7.机械作业费 | 元 | 2.26 |  |  | 3.54 |  |  |
| 8.排灌费 | 元 |  | 2.89 | 11.59 | 2.45 |  |  |
| 9.燃料动力费 | 元 | 2.26 |  |  |  | 3.14 | 24.64 |
| 10.棚架材料费 | 元 | 2.18 | 2.53 | 10.72 | 7.57 | 1.51 | 4.28 |
| 11.其它直接费用 | 元 | 1.71 |  | 22.57 | 51.83 | 6.02 | 1.39 |
| 二、间接生产费用 | 元 | 27.09 | 32.75 | 115.96 | 63.15 | 40.52 | 21.73 |
| 1.固定资产折旧 | 元 | 21.49 | 16.91 | 76.37 | 45.65 | 36.40 | 15.94 |
| 2.小农具购置修理费 | 元 | 4.85 | 12.75 | 35.61 | 14.10 | 2.09 | 5.29 |
| 3.其它间接费用 | 元 | 0.75 | 3.09 | 3.98 | 3.40 | 2.03 | 0.50 |
| 附记:1.每亩种籽用量 | 公斤 |  | 2.90 | 2.80 | 4.10 | 3.70 |  |
| 2.每亩化肥用量 | 公斤 | 28.90 | 31.20 | 98.10 | 96.90 | 46.60 | 22.70 |
| 3.每亩农膜用量 | 公斤 | 0.20 | 0.70 |  | 0.50 | 0.10 |  |
| 4.每度电价 | 元 | 0.67 | 0.82 | 0.68 | 0.54 | 0.65 | 0.61 |
| 5.每亩柴油费 | 元 |  |  |  | 3.10 |  |  |

# 2002 年全国蚕茧物质费用(三)

**品种：桑蚕茧**

| 项 目 名 称 | 单位 | 云 南 | 重 庆 | 陕 西 | 甘 肃 | 宁 夏 |
|---|---|---|---|---|---|---|
| 每亩物质费用 | 元 | 295.13 | 179.89 | 172.41 | 767.80 | 250.16 |
| 一、直接生产费用 | 元 | 266.29 | 166.12 | 134.67 | 571.60 | 211.66 |
| 1.种籽秧苗费 | 元 | 90.61 | 79.06 | 42.30 | 84.20 | 82.38 |
| 2.农家肥费 | 元 | 21.99 | 10.37 | 0.96 | | 3.15 |
| 3.化肥费 | 元 | 93.06 | 33.32 | 43.85 | 309.40 | 57.20 |
| 4.农膜费 | 元 | | | 0.60 | | |
| 5.农药费 | 元 | 20.20 | 20.94 | 31.68 | 41.00 | 4.57 |
| 6.畜力费 | 元 | | | 2.40 | | 3.72 |
| 7.机械作业费 | 元 | | | | | |
| 8.排灌费 | 元 | 9.18 | | 5.27 | | 27.65 |
| 9.燃料动力费 | 元 | | | | 95.00 | |
| 10.棚架材料费 | 元 | 19.00 | 13.24 | 2.81 | | 8.73 |
| 11.其它直接费用 | 元 | 12.25 | 9.19 | 4.80 | 42.00 | 24.26 |
| 二、间接生产费用 | 元 | 28.84 | 13.77 | 37.74 | 196.20 | 38.50 |
| 1.固定资产折旧 | 元 | 18.34 | 9.03 | 15.01 | 181.00 | 34.82 |
| 2.小农具购置修理费 | 元 | 7.53 | 3.17 | 10.70 | 15.20 | 3.68 |
| 3.其它间接费用 | 元 | 2.97 | 1.57 | 12.03 | | |
| 附记：1.每亩种籽用量 | 公斤 | 2.40 | | 1.00 | 3.60 | 0.10 |
| 2.每亩化肥用量 | 公斤 | 31.80 | 10.90 | 16.70 | 106.70 | 26.30 |
| 3.每亩农膜用量 | 公斤 | | | 0.10 | | |
| 4.每度电价 | 元 | 0.74 | 0.55 | 0.71 | 0.60 | 0.45 |
| 5.每亩柴油费 | 元 | | | | | |

# 2002年全国蚕茧期间费用(一)

品种：桑蚕茧

| 项 目 名 称 | 单位 | 平 均 | 山 西 | 江 苏 | 浙 江 | 安 徽 | 山 东 |
|---|---|---|---|---|---|---|---|
| 一、每亩期间费用 | 元 | 20.53 | 12.14 | 23.72 | 25.40 | 4.83 | 52.18 |
| 1.土地承包费 | 元 | 11.37 | | 5.08 | 21.66 | | 40.86 |
| 2.管理费 | 元 | 1.32 | 3.08 | | 0.16 | 1.37 | |
| 3.销售费 | 元 | 7.68 | 6.94 | 18.64 | 3.58 | 3.46 | 10.92 |
| 4.财务费 | 元 | 0.16 | 2.12 | | | | 0.40 |
| 二、每亩用工量 | 日 | 66.80 | 49.10 | 56.70 | 64.20 | 42.80 | 52.10 |
| 1.直接用工 | 日 | 61.00 | 46.20 | 53.50 | 60.90 | 38.90 | 47.50 |
| 2.间接用工 | 日 | 5.80 | 2.90 | 3.20 | 3.30 | 3.90 | 4.60 |
| 三、每亩成本外支出 | 元 | 17.51 | 49.32 | 37.32 | | 12.76 | 16.33 |
| 1.村提留费 | 元 | | | | | | |
| 2.乡统筹费 | 元 | | | | | | |
| 3.两工支出 | 元 | 13.05 | 26.28 | 26.83 | | 12.76 | 14.96 |
| 4.其它成本外支出 | 元 | 4.46 | 23.04 | 10.49 | | | 1.37 |
| 附记：1.人均耕地面积 | 元 | 1.30 | 1.90 | 1.30 | 1.00 | 1.10 | 1.40 |
| 2.人均成本外支出 | 元 | 26.00 | 39.80 | 63.30 | | 18.70 | 56.60 |
| 3.人均两工数量 | 日 | 2.60 | 8.70 | 6.70 | | 1.50 | 7.40 |
| 4.雇工天数 | 日 | 0.30 | | 0.20 | | | 0.10 |
| 5.雇工工价 | 元 | 17.60 | | 22.00 | 26.40 | 18.30 | 15.90 |

# 2002年全国蚕茧期间费用(二)

品种：桑蚕茧

| 项目名称 | 单位 | 河南 | 湖北 | 广东 | 广西 | 四川 | 贵州 |
|---|---|---|---|---|---|---|---|
| 一、每亩期间费用 | 元 | 21.31 | 42.23 | 32.77 | 25.74 | 6.22 | 5.81 |
| 1.土地承包费 | 元 | 9.03 | 28.93 | 22.63 | 14.20 | 4.38 | |
| 2.管理费 | 元 | | | 9.63 | 3.92 | 0.06 | 2.08 |
| 3.销售费 | 元 | 12.28 | 13.30 | 0.51 | 7.62 | 1.77 | 3.73 |
| 4.财务费 | 元 | | | | | 0.01 | |
| 二、每亩用工量 | 日 | 32.90 | 83.10 | 88.80 | 100.20 | 78.00 | 34.30 |
| 1.直接用工 | 日 | 26.30 | 78.50 | 82.30 | 97.20 | 72.60 | 31.50 |
| 2.间接用工 | 日 | 6.60 | 4.60 | 6.50 | 3.00 | 5.40 | 2.80 |
| 三、每亩成本外支出 | 元 | 8.26 | 76.25 | 10.45 | 22.83 | 10.02 | |
| 1.村提留费 | 元 | | | | | | |
| 2.乡统筹费 | 元 | | | | | | |
| 3.两工支出 | 元 | 7.56 | 74.67 | 1.04 | 15.78 | 9.18 | |
| 4.其它成本外支出 | 元 | 0.70 | 1.58 | 9.41 | 7.05 | 0.84 | |
| 附记：1.人均耕地面积 | 元 | 1.10 | 1.10 | 0.70 | 2.00 | 1.10 | 1.20 |
| 2.人均成本外支出 | 元 | 18.80 | 36.40 | 17.70 | 31.10 | 19.40 | 22.10 |
| 3.人均两工数量 | 日 | 1.80 | 2.60 | 0.10 | 2.70 | 3.40 | |
| 4.雇工天数 | 日 | | | 0.20 | 0.30 | 1.30 | |
| 5.雇工工价 | 元 | 10.50 | | 18.80 | 17.20 | 14.50 | 15.00 |

# 2002年全国蚕茧期间费用(三)

品种：桑蚕茧

| 项目名称 | 单位 | 云南 | 重庆 | 陕西 | 甘肃 | 宁夏 |
|---|---|---|---|---|---|---|
| 一、每亩期间费用 | 元 | 42.75 | 25.04 | 2.08 | | 6.12 |
| 1.土地承包费 | 元 | 34.58 | | | | 0.51 |
| 2.管理费 | 元 | 0.63 | 0.22 | | | |
| 3.销售费 | 元 | 7.54 | 24.82 | 2.08 | | 5.61 |
| 4.财务费 | 元 | | | | | |
| 二、每亩用工量 | 日 | 48.10 | 79.70 | 52.70 | 141.30 | 64.10 |
| 1.直接用工 | 日 | 43.30 | 71.20 | 49.50 | 119.30 | 56.60 |
| 2.间接用工 | 日 | 4.80 | 8.50 | 3.20 | 22.00 | 7.50 |
| 三、每亩成本外支出 | 元 | 22.17 | 2.38 | 1.71 | | 10.37 |
| 1.村提留费 | 元 | | | | | |
| 2.乡统筹费 | 元 | | | | | |
| 3.两工支出 | 元 | 9.53 | | 0.99 | | 9.18 |
| 4.其它成本外支出 | 元 | 12.64 | 2.38 | 0.72 | | 1.19 |
| 附记：1.人均耕地面积 | 元 | 1.30 | 0.90 | 1.40 | 0.70 | 3.00 |
| 2.人均成本外支出 | 元 | 57.20 | 14.00 | | | 20.30 |
| 3.人均两工数量 | 日 | 2.70 | | | | 3.20 |
| 4.雇工天数 | 日 | 1.50 | 1.00 | | | |
| 5.雇工工价 | 元 | 14.10 | 21.80 | 16.70 | | |

# 2002年全国茶叶成本收益(一)

品种：红毛茶、绿毛茶 按统一工价汇总

| 项目名称 | | 单位 | 红毛茶平均 | 安徽 | 湖北 | 绿毛茶平均 | 江苏 | 浙江 |
|---|---|---|---|---|---|---|---|---|
| 调查县数 | | 个 | 4.00 | 1.00 | 3.00 | 37.00 | 6.00 | 6.00 |
| 调查户数 | | 户 | 55.00 | 9.00 | 46.00 | 319.00 | 21.00 | 15.00 |
| 调查面积 | | 亩 | 151.99 | 24.49 | 127.50 | 13993.34 | 1048.30 | 1601.08 |
| 每亩 | 主产品产量 | 公斤 | 65.10 | 44.40 | 85.70 | 61.20 | 40.80 | 82.00 |
| | 产值合计 | 元 | 725.51 | 727.92 | 723.10 | 1333.49 | 2328.95 | 1107.56 |
| | 主产品产值 | 元 | 686.00 | 727.92 | 644.08 | 1322.33 | 2327.83 | 1106.62 |
| | 副产品产值 | 元 | 39.51 | | 79.02 | 11.16 | 1.12 | 0.94 |
| | 其它收入 | 元 | | | | | | |
| | 生产成本 | 元 | 493.66 | 389.87 | 595.18 | 687.10 | 904.73 | 815.94 |
| | 物质费用 | 元 | 100.96 | 23.57 | 178.28 | 354.90 | 487.83 | 520.04 |
| | 用工作价 | 元 | 392.70 | 366.30 | 416.90 | 332.20 | 416.90 | 295.90 |
| | 用工数量 | 日 | 35.70 | 33.30 | 37.90 | 30.20 | 37.90 | 26.90 |
| | 劳动日工价 | 元 | 11.00 | 11.00 | 11.00 | 11.00 | 11.00 | 11.00 |
| | 期间费用 | 元 | 7.53 | | 15.05 | 141.12 | 468.93 | 191.75 |
| | 税金 | 元 | 59.91 | 52.36 | 67.45 | 59.72 | 108.89 | 12.72 |
| | 含税成本 | 元 | 561.10 | 442.23 | 677.68 | 887.94 | 1482.55 | 1020.41 |
| | 净产值 | 元 | 624.55 | 704.35 | 544.82 | 978.59 | 1841.12 | 587.52 |
| | 减税纯收益 | 元 | 164.41 | 285.69 | 45.42 | 445.55 | 846.40 | 87.15 |
| | 成本纯收益率 | % | 29.30 | 64.60 | 6.70 | 50.18 | 57.09 | 8.54 |
| 每50公斤主产品 | 平均出售价格 | 元 | 526.88 | 819.73 | 375.78 | 1080.33 | 2852.73 | 674.77 |
| | 物质费用 | 元 | 73.32 | 26.54 | 92.65 | 287.52 | 597.54 | 316.83 |
| | 生产成本 | 元 | 358.51 | 439.04 | 309.30 | 556.66 | 1108.20 | 497.10 |
| | 含税成本 | 元 | 407.48 | 498.01 | 352.18 | 719.37 | 1815.97 | 621.67 |
| | 净产值 | 元 | 453.56 | 793.19 | 283.13 | 792.81 | 2255.19 | 357.94 |
| | 减税纯收益 | 元 | 119.40 | 321.72 | 23.60 | 360.96 | 1036.76 | 53.10 |
| 每一劳动日 | 主产品产量 | 公斤 | 1.80 | 1.30 | 2.30 | 2.00 | 1.10 | 3.00 |
| | 净产值 | 元 | 17.49 | 21.15 | 14.38 | 32.40 | 48.58 | 21.84 |
| 每亩主产品出售数量 | | 公斤 | 52.00 | 22.20 | 81.70 | 60.00 | 40.40 | 82.00 |
| 每亩主产品出售产值 | | 元 | 677.58 | 727.92 | 627.23 | 1271.94 | 2288.75 | 1106.16 |
| 每亩成本外支出 | | 元 | 18.82 | | 37.64 | 8.72 | 1.28 | |

# 2002年全国茶叶成本收益(二)

品种：红毛茶、绿毛茶　　　　按统一工价汇总

| 项目名称 | | 单位 | 福建 | 湖北 | 湖南 | 四川 | 贵州 | 陕西 |
|---|---|---|---|---|---|---|---|---|
| 调查县数 | | 个 | 4.00 | 12.00 | 2.00 | 2.00 | 2.00 | 3.00 |
| 调查户数 | | 户 | 15.00 | 67.00 | 11.00 | 159.00 | 10.00 | 21.00 |
| 调查面积 | | 亩 | 880.20 | 4299.50 | 1041.56 | 1881.00 | 3137.00 | 104.70 |
| 每亩 | 主产品产量 | 公斤 | 120.20 | 56.90 | 61.10 | 51.70 | 49.80 | 26.90 |
| | 产值合计 | 元 | 1738.01 | 1672.42 | 1196.60 | 1139.85 | 796.61 | 687.91 |
| | 主产品产值 | 元 | 1720.51 | 1669.85 | 1196.60 | 1121.48 | 747.84 | 687.91 |
| | 副产品产值 | 元 | 17.50 | 2.57 | | 18.37 | 48.77 | |
| | 其它收入 | 元 | | | | | | |
| | 生产成本 | 元 | 951.25 | 717.61 | 888.02 | 377.27 | 392.57 | 448.23 |
| | 物质费用 | 元 | 375.95 | 266.61 | 626.22 | 138.57 | 200.07 | 223.83 |
| | 用工作价 | 元 | 575.30 | 451.00 | 261.80 | 238.70 | 192.50 | 224.40 |
| | 用工数量 | 日 | 52.30 | 41.00 | 23.80 | 21.70 | 17.50 | 20.40 |
| | 劳动日工价 | 元 | 11.00 | 11.00 | 11.00 | 11.00 | 11.00 | 11.00 |
| | 期间费用 | 元 | 99.55 | 180.47 | 70.59 | 0.98 | 96.76 | 19.94 |
| | 税金 | 元 | 81.63 | 153.45 | 38.83 | 28.68 | 18.14 | 35.41 |
| | 含税成本 | 元 | 1132.43 | 1051.53 | 997.44 | 406.93 | 507.47 | 503.58 |
| | 净产值 | 元 | 1362.06 | 1405.81 | 570.38 | 1001.28 | 596.54 | 464.08 |
| | 减税纯收益 | 元 | 605.58 | 620.89 | 199.16 | 732.92 | 289.14 | 184.33 |
| | 成本纯收益率 | % | 53.48 | 59.05 | 19.97 | 180.11 | 56.98 | 36.60 |
| 每50公斤主产品 | 平均出售价格 | 元 | 715.69 | 1467.36 | 979.21 | 1084.60 | 750.84 | 1278.64 |
| | 物质费用 | 元 | 154.81 | 233.92 | 512.45 | 131.85 | 188.57 | 416.04 |
| | 生产成本 | 元 | 391.71 | 629.62 | 726.69 | 358.98 | 370.01 | 833.14 |
| | 含税成本 | 元 | 466.32 | 922.60 | 816.23 | 387.21 | 478.31 | 936.02 |
| | 净产值 | 元 | 560.88 | 1233.44 | 466.76 | 952.75 | 562.27 | 862.60 |
| | 减税纯收益 | 元 | 249.37 | 544.76 | 162.98 | 697.39 | 272.53 | 342.62 |
| 每一劳动日 | 主产品产量 | 公斤 | 2.30 | 1.40 | 2.60 | 2.40 | 2.80 | 1.30 |
| | 净产值 | 元 | 26.04 | 34.29 | 23.97 | 46.14 | 34.09 | 22.75 |
| 每亩主产品出售数量 | | 公斤 | 120.20 | 55.90 | 61.00 | 45.90 | 49.80 | 24.60 |
| 每亩主产品出售产值 | | 元 | 1720.50 | 1598.96 | 1190.00 | 1004.55 | 747.84 | 518.75 |
| 每亩成本外支出 | | 元 | 33.99 | 21.35 | | 0.61 | 11.95 | 0.52 |

# 2002年全国茶叶成本收益(一)

品种：红毛茶、绿毛茶　　　　按地区工价汇总

| 项目名称 | | 单位 | 红毛茶平均 | 安徽 | 湖北 | 绿毛茶平均 | 江苏 | 浙江 |
|---|---|---|---|---|---|---|---|---|
| 调查县数 | | 个 | 4.00 | 1.00 | 3.00 | 37.00 | 6.00 | 6.00 |
| 调查户数 | | 户 | 55.00 | 9.00 | 46.00 | 319.00 | 21.00 | 15.00 |
| 调查面积 | | 亩 | 151.99 | 24.49 | 127.50 | 13993.34 | 1048.30 | 1601.08 |
| 每亩 | 主产品产量 | 公斤 | 65.10 | 44.40 | 85.70 | 61.20 | 40.80 | 82.00 |
| | 产值合计 | 元 | 725.51 | 727.92 | 723.10 | 1333.49 | 2328.95 | 1107.56 |
| | 主产品产值 | 元 | 686.00 | 727.92 | 644.08 | 1322.33 | 2327.83 | 1106.62 |
| | 副产品产值 | 元 | 39.51 | | 79.02 | 11.16 | 1.12 | 0.94 |
| | 其它收入 | 元 | | | | | | |
| | 生产成本 | 元 | 457.96 | 356.57 | 557.28 | 741.46 | 980.53 | 1017.69 |
| | 物质费用 | 元 | 100.96 | 23.57 | 178.28 | 354.90 | 487.83 | 520.04 |
| | 用工作价 | 元 | 357.00 | 333.00 | 379.00 | 386.56 | 492.70 | 497.65 |
| | 用工数量 | 日 | 35.70 | 33.30 | 37.90 | 30.20 | 37.90 | 26.90 |
| | 劳动日工价 | 元 | 10.00 | 10.00 | 10.00 | 12.80 | 13.00 | 18.50 |
| | 期间费用 | 元 | 7.53 | | 15.05 | 141.12 | 468.93 | 191.75 |
| | 税金 | 元 | 59.91 | 52.36 | 67.45 | 59.72 | 108.89 | 12.72 |
| | 含税成本 | 元 | 525.40 | 408.93 | 639.78 | 942.30 | 1558.35 | 1222.16 |
| | 净产值 | 元 | 624.55 | 704.35 | 544.82 | 978.59 | 1841.12 | 587.52 |
| | 减税纯收益 | 元 | 200.11 | 318.99 | 83.32 | 391.19 | 770.60 | -114.60 |
| | 成本纯收益率 | % | 38.09 | 78.01 | 13.02 | 41.51 | 49.45 | -9.38 |
| 每50公斤主产品 | 平均出售价格 | 元 | 526.88 | 819.73 | 375.78 | 1080.33 | 2852.73 | 674.77 |
| | 物质费用 | 元 | 73.32 | 26.54 | 92.65 | 287.52 | 597.54 | 316.83 |
| | 生产成本 | 元 | 332.58 | 401.54 | 289.61 | 600.70 | 1201.05 | 620.02 |
| | 含税成本 | 元 | 381.56 | 460.51 | 332.48 | 763.41 | 1908.82 | 744.59 |
| | 净产值 | 元 | 453.56 | 793.19 | 283.13 | 792.81 | 2255.19 | 357.94 |
| | 减税纯收益 | 元 | 145.32 | 359.22 | 43.30 | 316.92 | 943.91 | -69.82 |
| 每一劳动日 | 主产品产量 | 公斤 | 1.80 | 1.30 | 2.30 | 2.00 | 1.10 | 3.00 |
| | 净产值 | 元 | 17.49 | 21.15 | 14.38 | 32.40 | 48.58 | 21.84 |
| 每亩主产品出售数量 | | 公斤 | 52.00 | 22.20 | 81.70 | 60.00 | 40.40 | 82.00 |
| 每亩主产品出售产值 | | 元 | 677.58 | 727.92 | 627.23 | 1271.94 | 2288.75 | 1106.16 |
| 每亩成本外支出 | | 元 | 18.82 | | 37.64 | 8.72 | 1.28 | |

# 2002年全国茶叶成本收益(二)

品种：红毛茶、绿毛茶　　　　按地区工价汇总

| 项目名称 | | 单位 | 福建 | 湖北 | 湖南 | 四川 | 贵州 | 陕西 |
|---|---|---|---|---|---|---|---|---|
| 调查县数 | | 个 | 4.00 | 12.00 | 2.00 | 2.00 | 2.00 | 3.00 |
| 调查户数 | | 户 | 15.00 | 67.00 | 11.00 | 159.00 | 10.00 | 21.00 |
| 调查面积 | | 亩 | 880.20 | 4299.50 | 1041.56 | 1881.00 | 3137.00 | 104.70 |
| 每亩 | 主产品产量 | 公斤 | 120.20 | 56.90 | 61.10 | 51.70 | 49.80 | 26.90 |
| | 产值合计 | 元 | 1738.01 | 1672.42 | 1196.60 | 1139.85 | 796.61 | 687.91 |
| | 主产品产值 | 元 | 1720.51 | 1669.85 | 1196.60 | 1121.48 | 747.84 | 687.91 |
| | 副产品产值 | 元 | 17.50 | 2.57 | | 18.37 | 48.77 | |
| | 其它收入 | 元 | | | | | | |
| | 生产成本 | 元 | 1181.37 | 676.61 | 964.18 | 388.12 | 375.07 | 421.71 |
| | 物质费用 | 元 | 375.95 | 266.61 | 626.22 | 138.57 | 200.07 | 223.83 |
| | 用工作价 | 元 | 805.42 | 410.00 | 337.96 | 249.55 | 175.00 | 197.88 |
| | 用工数量 | 日 | 52.30 | 41.00 | 23.80 | 21.70 | 17.50 | 20.40 |
| | 劳动日工价 | 元 | 15.40 | 10.00 | 14.20 | 11.50 | 10.00 | 9.70 |
| | 期间费用 | 元 | 99.55 | 180.47 | 70.59 | 0.98 | 96.76 | 19.94 |
| | 税金 | 元 | 81.63 | 153.45 | 38.83 | 28.68 | 18.14 | 35.41 |
| | 含税成本 | 元 | 1362.55 | 1010.53 | 1073.60 | 417.78 | 489.97 | 477.06 |
| | 净产值 | 元 | 1362.06 | 1405.81 | 570.38 | 1001.28 | 596.54 | 464.08 |
| | 减税纯收益 | 元 | 375.46 | 661.89 | 123.00 | 722.07 | 306.64 | 210.85 |
| | 成本纯收益率 | % | 27.56 | 65.50 | 11.46 | 172.83 | 62.58 | 44.20 |
| 每50公斤主产品 | 平均出售价格 | 元 | 715.69 | 1467.36 | 979.21 | 1084.60 | 750.84 | 1278.64 |
| | 物质费用 | 元 | 154.81 | 233.92 | 512.45 | 131.85 | 188.57 | 416.04 |
| | 生产成本 | 元 | 486.47 | 593.65 | 789.01 | 369.31 | 353.52 | 783.85 |
| | 含税成本 | 元 | 561.08 | 886.63 | 878.56 | 397.53 | 461.82 | 886.73 |
| | 净产值 | 元 | 560.88 | 1233.44 | 466.76 | 952.75 | 562.27 | 862.60 |
| | 减税纯收益 | 元 | 154.61 | 580.73 | 100.65 | 687.07 | 289.02 | 391.91 |
| 每一劳动日 | 主产品产量 | 公斤 | 2.30 | 1.40 | 2.60 | 2.40 | 2.80 | 1.30 |
| | 净产值 | 元 | 26.04 | 34.29 | 23.97 | 46.14 | 34.09 | 22.75 |
| 每亩主产品出售数量 | | 公斤 | 120.20 | 55.90 | 61.00 | 45.90 | 49.80 | 24.60 |
| 每亩主产品出售产值 | | 元 | 1720.50 | 1598.96 | 1190.00 | 1004.55 | 747.84 | 518.75 |
| 每亩成本外支出 | | 元 | 33.99 | 21.35 | | 0.61 | 11.95 | 0.52 |

# 2002年全国茶叶物质费用(一)

品种：红毛茶、绿毛茶

| 项目名称 | 单位 | 红毛茶平均 | 安徽 | 湖北 | 绿毛茶平均 | 江苏 | 浙江 |
|---|---|---|---|---|---|---|---|
| 每亩物质费用 | 元 | 100.96 | 23.57 | 178.28 | 354.90 | 487.83 | 520.04 |
| 一、直接生产费用 | 元 | 83.67 | 23.57 | 143.71 | 287.85 | 342.89 | 489.94 |
| 1.种籽秧苗费 | 元 | 9.31 | | 18.61 | 6.62 | | 1.37 |
| 2.农家肥费 | 元 | 9.56 | | 19.11 | 53.89 | 92.13 | 9.47 |
| 3.化肥费 | 元 | 36.58 | 23.57 | 49.58 | 57.91 | 32.07 | 62.48 |
| 4.农膜费 | 元 | 1.59 | | 3.17 | 0.13 | | |
| 5.农药费 | 元 | 6.23 | | 12.45 | 16.42 | 26.84 | 6.17 |
| 6.畜力费 | 元 | 6.08 | | 12.16 | 1.44 | | |
| 7.机械作业费 | 元 | | | | 12.07 | 5.53 | 15.26 |
| 8.排灌费 | 元 | | | | 1.91 | 1.92 | |
| 9.燃料动力费 | 元 | 12.16 | | 24.31 | 79.29 | 105.23 | 125.82 |
| 10.棚架材料费 | 元 | | | | 1.06 | | |
| 11.其它直接费用 | 元 | 2.16 | | 4.32 | 57.11 | 79.17 | 269.37 |
| 二、间接生产费用 | 元 | 17.29 | | 34.57 | 67.05 | 144.94 | 30.10 |
| 1.固定资产折旧 | 元 | 6.48 | | 12.95 | 31.52 | 56.15 | 4.70 |
| 2.小农具购置修理费 | 元 | 3.51 | | 7.02 | 15.96 | 30.89 | 15.90 |
| 3.其它间接费用 | 元 | 7.30 | | 14.60 | 19.57 | 57.90 | 9.50 |
| 附记：1.每亩种籽用量 | 公斤 | 74.70 | | 74.70 | 3.70 | | |
| 2.每亩化肥用量 | 公斤 | 13.30 | 8.20 | 18.10 | 19.50 | 10.00 | 21.60 |
| 3.每亩农膜用量 | 公斤 | 0.20 | | 0.40 | | | |
| 4.每度电价 | 元 | 0.74 | 0.75 | 0.73 | 0.62 | 0.58 | 0.72 |
| 5.每亩柴油费 | 元 | | | | 4.10 | | 0.39 |

# 2002年全国茶叶物质费用(二)

品种：红毛茶、绿毛茶

| 项目名称 | 单位 | 福建 | 湖北 | 湖南 | 四川 | 贵州 | 陕西 |
|---|---|---|---|---|---|---|---|
| 每亩物质费用 | 元 | 375.95 | 266.61 | 626.22 | 138.57 | 200.07 | 223.83 |
| 一、直接生产费用 | 元 | 327.84 | 206.40 | 464.01 | 99.36 | 176.18 | 196.09 |
| 1.种籽秧苗费 | 元 | | 28.04 | | 23.54 | | |
| 2.农家肥费 | 元 | 4.26 | 8.12 | 306.05 | | 2.87 | 8.22 |
| 3.化肥费 | 元 | 153.34 | 66.89 | 31.83 | 38.23 | 58.07 | 20.35 |
| 4.农膜费 | 元 | | 1.04 | | | | |
| 5.农药费 | 元 | 31.00 | 16.24 | 19.74 | 9.50 | 8.43 | 13.43 |
| 6.畜力费 | 元 | 0.96 | 10.53 | | | | |
| 7.机械作业费 | 元 | 49.87 | 13.24 | | | | 12.66 |
| 8.排灌费 | 元 | 3.27 | 9.77 | 0.33 | | | |
| 9.燃料动力费 | 元 | 53.32 | 48.72 | 92.02 | 27.46 | 79.55 | 102.19 |
| 10.棚架材料费 | 元 | | 0.33 | | | | 8.12 |
| 11.其它直接费用 | 元 | 31.82 | 3.48 | 14.04 | 0.63 | 27.26 | 31.12 |
| 二、间接生产费用 | 元 | 48.11 | 60.21 | 162.21 | 39.21 | 23.89 | 27.74 |
| 1.固定资产折旧 | 元 | 28.95 | 41.01 | 77.20 | 17.66 | 12.26 | 14.22 |
| 2.小农具购置修理费 | 元 | 18.20 | 9.94 | 15.42 | 16.17 | 11.63 | 9.53 |
| 3.其它间接费用 | 元 | 0.96 | 9.26 | 69.59 | 5.38 | | 3.99 |
| 附记：1.每亩种籽用量 | 公斤 | 2.80 | 5.40 | | 2.90 | | |
| 2.每亩化肥用量 | 公斤 | 54.80 | 18.80 | 9.80 | 15.30 | 17.40 | 7.80 |
| 3.每亩农膜用量 | 公斤 | | 0.10 | | | | |
| 4.每度电价 | 元 | 0.55 | 0.80 | 0.66 | 0.53 | 0.60 | 0.49 |
| 5.每亩柴油费 | 元 | | 32.40 | | | | |

# 2002年全国茶叶期间费用(一)

品种：红毛茶、绿毛茶

| 项 目 名 称 | 单位 | 红毛茶平 均 | 安 徽 | 湖 北 | 绿毛茶平 均 | 江 苏 | 浙 江 |
|---|---|---|---|---|---|---|---|
| 一、每亩期间费用 | 元 | 7.53 | | 15.05 | 141.12 | 468.93 | 191.75 |
| 1.土地承包费 | 元 | | | | 55.00 | 212.42 | 110.58 |
| 2.管理费 | 元 | 0.10 | | 0.20 | 36.77 | 120.86 | 17.59 |
| 3.销售费 | 元 | 7.43 | | 14.85 | 32.97 | 135.65 | 18.87 |
| 4.财务费 | 元 | | | | 16.38 | | 44.71 |
| 二、每亩用工量 | 日 | 35.70 | 33.30 | 37.90 | 30.20 | 37.90 | 26.90 |
| 1.直接用工 | 日 | 32.00 | 33.30 | 30.60 | 26.90 | 35.20 | 24.90 |
| 2.间接用工 | 日 | 3.70 | | 7.30 | 3.30 | 2.70 | 2.00 |
| 三、每亩成本外支出 | 元 | 18.82 | | 37.64 | 8.72 | 1.28 | |
| 1.村提留费 | 元 | | | | | | |
| 2.乡统筹费 | 元 | | | | | | |
| 3.两工支出 | 元 | 18.82 | | 37.64 | 1.61 | | |
| 4.其它成本外支出 | 元 | | | | 7.11 | 1.28 | |
| 附记：1.人均耕地面积 | 元 | 1.10 | 0.60 | 1.60 | 1.10 | 0.90 | 0.50 |
| 2.人均成本外支出 | 元 | 39.10 | | 78.20 | 10.90 | 27.20 | |
| 3.人均两工数量 | 日 | 4.20 | | 8.40 | 1.50 | 4.40 | |
| 4.雇工天数 | 日 | 1.20 | | 2.40 | 10.40 | 34.10 | 7.30 |
| 5.雇工工价 | 元 | 15.00 | | 15.00 | 17.40 | 24.30 | 20.60 |

# 2002年全国茶叶期间费用(二)

品种：红毛茶、绿毛茶

| 项目名称 | 单位 | 福建 | 湖北 | 湖南 | 四川 | 贵州 | 陕西 |
|---|---|---|---|---|---|---|---|
| 一、每亩期间费用 | 元 | 99.55 | 180.47 | 70.59 | 0.98 | 96.76 | 19.94 |
| 1.土地承包费 | 元 | 48.05 | 66.73 | 0.22 | 0.25 | 1.76 | |
| 2.管理费 | 元 | 2.66 | 24.34 | 56.35 | | 72.39 | |
| 3.销售费 | 元 | 18.34 | 48.25 | 14.02 | 0.73 | 13.05 | 14.81 |
| 4.财务费 | 元 | 30.50 | 41.15 | | | 9.56 | 5.13 |
| 二、每亩用工量 | 日 | 52.30 | 41.00 | 23.80 | 21.70 | 17.50 | 20.40 |
| 1.直接用工 | 日 | 49.30 | 34.90 | 18.70 | 20.50 | 13.60 | 18.10 |
| 2.间接用工 | 日 | 3.00 | 6.10 | 5.10 | 1.20 | 3.90 | 2.30 |
| 三、每亩成本外支出 | 元 | 33.99 | 21.35 | | 0.61 | 11.95 | 0.52 |
| 1.村提留费 | 元 | | | | | | |
| 2.乡统筹费 | 元 | | | | | | |
| 3.两工支出 | 元 | | 12.37 | | 0.23 | | 0.25 |
| 4.其它成本外支出 | 元 | 33.99 | 8.98 | | 0.38 | 11.95 | 0.27 |
| 附记：1.人均耕地面积 | 元 | 0.70 | 1.40 | 1.00 | 1.00 | 1.80 | 1.40 |
| 2.人均成本外支出 | 元 | 1.90 | 18.70 | | 17.60 | 21.70 | |
| 3.人均两工数量 | 日 | | 4.50 | | 3.10 | | |
| 4.雇工天数 | 日 | 30.80 | 0.80 | 0.10 | 7.00 | 3.00 | |
| 5.雇工工价 | 元 | 19.30 | 15.40 | 15.00 | 15.10 | 15.00 | 14.80 |

# 2002年全国茶叶成本收益

品种：乌龙茶、紧压茶　　按统一工价汇总

| 项目名称 | | 单位 | 乌龙茶平均 | 福建 | 广东 | 紧压茶平均 | 湖北 | 四川 |
|---|---|---|---|---|---|---|---|---|
| 调查县数 | | 个 | 9.00 | 3.00 | 6.00 | 3.00 | 2.00 | 1.00 |
| 调查户数 | | 户 | 32.00 | 13.00 | 19.00 | 18.00 | 10.00 | 8.00 |
| 调查面积 | | 亩 | 522.13 | 92.90 | 429.23 | 1181.54 | 1120.30 | 61.24 |
| 每亩 | 主产品产量 | 公斤 | 117.20 | 132.40 | 101.90 | 202.60 | 153.00 | 252.20 |
| | 产值合计 | 元 | 3397.87 | 2569.32 | 4226.42 | 116.82 | 152.95 | 80.69 |
| | 主产品产值 | 元 | 3397.87 | 2569.32 | 4226.42 | 116.82 | 152.95 | 80.69 |
| | 副产品产值 | 元 | | | | | | |
| | 其它收入 | 元 | | | | | | |
| | 生产成本 | 元 | 1597.21 | 1350.50 | 1843.87 | 104.41 | 139.88 | 66.69 |
| | 物质费用 | 元 | 1140.71 | 1074.40 | 1206.97 | 29.61 | 46.38 | 12.79 |
| | 用工作价 | 元 | 456.50 | 276.10 | 636.90 | 74.80 | 93.50 | 53.90 |
| | 用工数量 | 日 | 41.50 | 25.10 | 57.90 | 6.80 | 8.50 | 4.90 |
| | 劳动日工价 | 元 | 11.00 | 11.00 | 11.00 | 11.00 | 11.00 | 11.00 |
| | 期间费用 | 元 | 502.58 | 43.68 | 961.44 | 48.36 | 96.72 | |
| | 税金 | 元 | 50.65 | 59.05 | 42.24 | 33.54 | 18.49 | 48.59 |
| | 含税成本 | 元 | 2150.44 | 1453.23 | 2847.55 | 186.31 | 255.09 | 115.28 |
| | 净产值 | 元 | 2257.16 | 1494.92 | 3019.45 | 87.21 | 106.57 | 67.90 |
| | 减税纯收益 | 元 | 1247.43 | 1116.09 | 1378.87 | -69.49 | -102.14 | -34.59 |
| | 成本纯收益率 | % | 58.01 | 76.80 | 48.42 | -37.30 | -40.04 | -30.01 |
| 每50公斤主产品 | 平均出售价格 | 元 | 1449.60 | 970.29 | 2073.81 | 28.83 | 49.98 | 16.00 |
| | 物质费用 | 元 | 486.65 | 405.74 | 592.23 | 7.31 | 15.16 | 2.54 |
| | 生产成本 | 元 | 681.40 | 510.01 | 904.75 | 25.77 | 45.71 | 13.22 |
| | 含税成本 | 元 | 917.42 | 548.80 | 1397.23 | 45.98 | 83.36 | 22.86 |
| | 净产值 | 元 | 962.95 | 564.55 | 1481.58 | 21.52 | 34.82 | 13.46 |
| | 减税纯收益 | 元 | 532.18 | 421.49 | 676.58 | -17.15 | -33.38 | -6.86 |
| 每一劳动日 | 主产品产量 | 公斤 | 2.80 | 5.30 | 1.80 | 29.80 | 18.00 | 51.50 |
| | 净产值 | 元 | 54.39 | 59.56 | 52.15 | 12.83 | 12.54 | 13.86 |
| 每亩主产品出售数量 | | 公斤 | 115.50 | 130.40 | 100.50 | 202.60 | 153.00 | 252.20 |
| 每亩主产品出售产值 | | 元 | 3337.47 | 2470.81 | 4204.12 | 116.82 | 152.95 | 80.69 |
| 每亩成本外支出 | | 元 | 9.27 | 18.25 | 0.28 | 2.43 | | 4.85 |

# 2002 年全国茶叶成本收益

品种：乌龙茶、紧压茶 　　　　按地区工价汇总

| 项目名称 | | 单位 | 乌龙茶平均 | 福建 | 广东 | 紧压茶平均 | 湖北 | 四川 |
|---|---|---|---|---|---|---|---|---|
| 调查县数 | | 个 | 9.00 | 3.00 | 6.00 | 3.00 | 2.00 | 1.00 |
| 调查户数 | | 户 | 32.00 | 13.00 | 19.00 | 18.00 | 10.00 | 8.00 |
| 调查面积 | | 亩 | 522.13 | 92.90 | 429.23 | 1181.54 | 1120.30 | 61.24 |
| 每亩 | 主产品产量 | 公斤 | 117.20 | 132.40 | 101.90 | 202.60 | 153.00 | 252.20 |
| | 产值合计 | 元 | 3397.87 | 2569.32 | 4226.42 | 116.82 | 152.95 | 80.69 |
| | 主产品产值 | 元 | 3397.87 | 2569.32 | 4226.42 | 116.82 | 152.95 | 80.69 |
| | 副产品产值 | 元 | | | | | | |
| | 其它收入 | 元 | | | | | | |
| | 生产成本 | 元 | 1825.46 | 1460.94 | 2220.22 | 103.05 | 131.38 | 69.14 |
| | 物质费用 | 元 | 1140.71 | 1074.40 | 1206.97 | 29.61 | 46.38 | 12.79 |
| | 用工作价 | 元 | 684.75 | 386.54 | 1013.25 | 73.44 | 85.00 | 56.35 |
| | 用工数量 | 日 | 41.50 | 25.10 | 57.90 | 6.80 | 8.50 | 4.90 |
| | 劳动日工价 | 元 | 16.50 | 15.40 | 17.50 | 10.80 | 10.00 | 11.50 |
| | 期间费用 | 元 | 502.58 | 43.68 | 961.44 | 48.36 | 96.72 | |
| | 税金 | 元 | 50.65 | 59.05 | 42.24 | 33.54 | 18.49 | 48.59 |
| | 含税成本 | 元 | 2378.69 | 1563.67 | 3223.90 | 184.95 | 246.59 | 117.73 |
| | 净产值 | 元 | 2257.16 | 1494.92 | 3019.45 | 87.21 | 106.57 | 67.90 |
| | 减税纯收益 | 元 | 1019.18 | 1005.65 | 1002.52 | −68.13 | −93.64 | −37.04 |
| | 成本纯收益率 | % | 42.85 | 64.31 | 31.10 | −36.84 | −37.97 | −31.46 |
| 每50公斤主产品 | 平均出售价格 | 元 | 1449.60 | 970.29 | 2073.81 | 28.83 | 49.98 | 16.00 |
| | 物质费用 | 元 | 486.65 | 405.74 | 592.23 | 7.31 | 15.16 | 2.54 |
| | 生产成本 | 元 | 778.78 | 551.72 | 1089.41 | 25.43 | 42.93 | 13.71 |
| | 含税成本 | 元 | 1014.80 | 590.51 | 1581.90 | 45.64 | 80.58 | 23.34 |
| | 净产值 | 元 | 962.95 | 564.55 | 1481.58 | 21.52 | 34.82 | 13.46 |
| | 减税纯收益 | 元 | 434.80 | 379.78 | 491.91 | −16.81 | −30.60 | −7.34 |
| 每一劳动日 | 主产品产量 | 公斤 | 2.80 | 5.30 | 1.80 | 29.80 | 18.00 | 51.50 |
| | 净产值 | 元 | 54.39 | 59.56 | 52.15 | 12.83 | 12.54 | 13.86 |
| 每亩主产品出售数量 | | 公斤 | 115.50 | 130.40 | 100.50 | 202.60 | 153.00 | 252.20 |
| 每亩主产品出售产值 | | 元 | 3337.47 | 2470.81 | 4204.12 | 116.82 | 152.95 | 80.69 |
| 每亩成本外支出 | | 元 | 9.27 | 18.25 | 0.28 | 2.43 | | 4.85 |

# 2002年全国茶叶物质费用

品种：乌龙茶、紧压茶

| 项 目 名 称 | 单位 | 乌龙茶平均 | 福 建 | 广 东 | 紧压茶平均 | 湖 北 | 四 川 |
|---|---|---|---|---|---|---|---|
| 每亩物质费用 | 元 | 1140.71 | 1074.40 | 1206.97 | 29.61 | 46.38 | 12.79 |
| 一、直接生产费用 | 元 | 937.18 | 973.65 | 900.67 | 27.00 | 42.06 | 11.91 |
| 1.种籽秧苗费 | 元 | 18.13 | | 36.26 | | | |
| 2.农家肥费 | 元 | 177.69 | 66.85 | 288.53 | 0.03 | 0.05 | |
| 3.化肥费 | 元 | 98.62 | 155.27 | 41.95 | 10.79 | 11.78 | 9.78 |
| 4.农膜费 | 元 | | | | | | |
| 5.农药费 | 元 | 37.13 | 42.51 | 31.74 | 1.98 | 3.09 | 0.87 |
| 6.畜力费 | 元 | | | | 9.23 | 18.46 | |
| 7.机械作业费 | 元 | | | | | | |
| 8.排灌费 | 元 | 14.21 | 0.45 | 27.97 | | | |
| 9.燃料动力费 | 元 | 277.39 | 88.04 | 466.73 | 4.34 | 8.68 | |
| 10.棚架材料费 | 元 | | | | | | |
| 11.其它直接费用 | 元 | 314.01 | 620.53 | 7.49 | 0.63 | | 1.26 |
| 二、间接生产费用 | 元 | 203.53 | 100.75 | 306.30 | 2.61 | 4.32 | 0.88 |
| 1.固定资产折旧 | 元 | 162.16 | 91.00 | 233.31 | 1.02 | 1.82 | 0.22 |
| 2.小农具购置修理费 | 元 | 38.20 | 4.89 | 71.51 | 1.38 | 2.49 | 0.26 |
| 3.其它间接费用 | 元 | 3.17 | 4.86 | 1.48 | 0.21 | 0.01 | 0.40 |
| 附记：1.每亩种籽用量 | 公斤 | | | | | | |
| 2.每亩化肥用量 | 公斤 | 36.90 | 58.40 | 15.20 | 3.70 | 4.60 | 2.70 |
| 3.每亩农膜用量 | 公斤 | | | | | | |
| 4.每度电价 | 元 | 0.71 | 0.59 | 0.83 | 0.62 | 0.78 | 0.45 |
| 5.每亩柴油费 | 元 | 30.06 | 56.41 | 3.70 | | | |

# 2002 年全国茶叶期间费用

品种：乌龙茶、紧压茶

| 项目名称 | 单位 | 乌龙茶平均 | 福建 | 广东 | 紧压茶平均 | 湖北 | 四川 |
|---|---|---|---|---|---|---|---|
| 一、每亩期间费用 | 元 | 502.58 | 43.68 | 961.44 | 48.36 | 96.72 | |
| 1.土地承包费 | 元 | 138.51 | 34.06 | 242.95 | 32.11 | 64.22 | |
| 2.管理费 | 元 | 354.13 | 0.62 | 707.63 | 14.32 | 28.64 | |
| 3.销售费 | 元 | 6.20 | 9.00 | 3.39 | 1.25 | 2.50 | |
| 4.财务费 | 元 | 3.74 | | 7.47 | 0.68 | 1.36 | |
| 二、每亩用工量 | 日 | 41.50 | 25.10 | 57.90 | 6.80 | 8.50 | 4.90 |
| 1.直接用工 | 日 | 39.40 | 24.30 | 54.50 | 6.10 | 8.00 | 4.10 |
| 2.间接用工 | 日 | 2.10 | 0.80 | 3.40 | 0.70 | 0.50 | 0.80 |
| 三、每亩成本外支出 | 元 | 9.27 | 18.25 | 0.28 | 2.43 | | 4.85 |
| 1.村提留费 | 元 | | | | | | |
| 2.乡统筹费 | 元 | | | | | | |
| 3.两工支出 | 元 | 0.22 | 0.44 | | 1.88 | | 3.75 |
| 4.其它成本外支出 | 元 | 9.05 | 17.81 | 0.28 | 0.55 | | 1.10 |
| 附记：1.人均耕地面积 | 元 | 0.70 | 0.50 | 0.80 | 1.90 | 1.50 | 2.20 |
| 2.人均成本外支出 | 元 | 28.10 | 53.40 | 2.80 | 5.20 | | 10.40 |
| 3.人均两工数量 | 日 | | | | 1.00 | | 2.00 |
| 4.雇工天数 | 日 | 17.50 | 9.70 | 25.20 | | | |
| 5.雇工工价 | 元 | 22.70 | 24.00 | 21.40 | 15.00 | | 15.00 |

# 2002年全国水果成本收益(一)

品种：苹果　　　　按统一工价汇总

| 项目名称 | | 单位 | 平均 | 天津 | 河北 | 山西 | 辽宁 |
|---|---|---|---|---|---|---|---|
| 调查县数 | | 个 | 56.00 | 1.00 | 23.00 | 8.00 | 10.00 |
| 调查户数 | | 户 | 255.00 | 2.00 | 68.00 | 69.00 | 20.00 |
| 调查面积 | | 亩 | 1074.39 | 3.79 | 156.50 | 282.30 | 243.70 |
| 每亩 | 主产品产量 | 公斤 | 1328.50 | 1111.00 | 1380.30 | 1443.70 | 1296.80 |
| | 产值合计 | 元 | 1292.05 | 1247.87 | 1501.40 | 1283.96 | 1624.47 |
| | 主产品产值 | 元 | 1280.59 | 1247.87 | 1485.46 | 1279.23 | 1624.47 |
| | 副产品产值 | 元 | 11.46 | | 15.94 | 4.73 | |
| | 其它收入 | 元 | | | | | |
| | 生产成本 | 元 | 726.97 | 537.00 | 726.06 | 776.51 | 786.16 |
| | 物质费用 | 元 | 345.27 | 218.00 | 323.46 | 361.81 | 482.56 |
| | 用工作价 | 元 | 381.70 | 319.00 | 402.60 | 414.70 | 303.60 |
| | 用工数量 | 日 | 34.70 | 29.00 | 36.60 | 37.70 | 27.60 |
| | 劳动日工价 | 元 | 11.00 | 11.00 | 11.00 | 11.00 | 11.00 |
| | 期间费用 | 元 | 30.39 | 54.00 | 40.54 | 19.57 | 20.97 |
| | 税金 | 元 | 58.26 | 26.35 | 46.08 | 36.61 | 74.52 |
| | 含税成本 | 元 | 815.62 | 617.35 | 812.68 | 832.69 | 881.65 |
| | 净产值 | 元 | 946.78 | 1029.87 | 1177.94 | 922.15 | 1141.91 |
| | 减税纯收益 | 元 | 476.43 | 630.52 | 688.72 | 451.27 | 742.82 |
| | 成本纯收益率 | % | 58.41 | 102.13 | 84.75 | 54.19 | 84.25 |
| 每50公斤主产品 | 平均出售价格 | 元 | 48.20 | 56.16 | 53.81 | 44.30 | 62.63 |
| | 物质费用 | 元 | 12.88 | 9.81 | 11.59 | 12.48 | 18.60 |
| | 生产成本 | 元 | 27.12 | 24.17 | 26.02 | 26.79 | 30.31 |
| | 含税成本 | 元 | 30.43 | 27.78 | 29.13 | 28.73 | 33.99 |
| | 净产值 | 元 | 35.32 | 46.35 | 42.22 | 31.82 | 44.03 |
| | 减税纯收益 | 元 | 17.77 | 28.38 | 24.68 | 15.57 | 28.64 |
| 每一劳动日 | 主产品产量 | 公斤 | 38.30 | 38.30 | 37.70 | 38.30 | 47.00 |
| | 净产值 | 元 | 27.28 | 35.51 | 32.18 | 24.46 | 41.37 |
| 每亩主产品出售数量 | | 公斤 | 1215.70 | 1111.00 | 1112.30 | 1324.90 | 1051.20 |
| 每亩主产品出售产值 | | 元 | 1135.62 | 1247.87 | 1195.69 | 892.75 | 1352.20 |
| 每亩成本外支出 | | 元 | 11.50 | 32.27 | | 18.15 | 11.85 |

# 2002 年全国水果成本收益(二)

品种：苹果　　　　按统一工价汇总

| 项目名称 | | 单位 | 河南 | 湖北 | 陕西 | 甘肃 | 宁夏 |
|---|---|---|---|---|---|---|---|
| 调查县数 | | 个 | 4.00 | 1.00 | 2.00 | 3.00 | 4.00 |
| 调查户数 | | 户 | 20.00 | 20.00 | 15.00 | 25.00 | 16.00 |
| 调查面积 | | 亩 | 48.90 | 40.00 | 136.50 | 39.60 | 123.10 |
| 每亩 | 主产品产量 | 公斤 | 1383.20 | 1724.00 | 1593.30 | 705.40 | 1318.80 |
| | 产值合计 | 元 | 1106.46 | 1196.50 | 1827.36 | 702.50 | 1137.92 |
| | 主产品产值 | 元 | 1081.99 | 1196.50 | 1811.37 | 660.50 | 1137.92 |
| | 副产品产值 | 元 | 24.47 | | 15.99 | 42.00 | |
| | 其它收入 | 元 | | | | | |
| | 生产成本 | 元 | 795.46 | 699.40 | 807.95 | 853.16 | 562.17 |
| | 物质费用 | 元 | 297.16 | 292.40 | 486.75 | 366.96 | 278.37 |
| | 用工作价 | 元 | 498.30 | 407.00 | 321.20 | 486.20 | 283.80 |
| | 用工数量 | 日 | 45.30 | 37.00 | 29.20 | 44.20 | 25.80 |
| | 劳动日工价 | 元 | 11.00 | 11.00 | 11.00 | 11.00 | 11.00 |
| | 期间费用 | 元 | 19.38 | 14.00 | 41.12 | 42.77 | 21.15 |
| | 税金 | 元 | 21.32 | 36.00 | 204.24 | 47.50 | 31.73 |
| | 含税成本 | 元 | 836.16 | 749.40 | 1053.31 | 943.43 | 615.05 |
| | 净产值 | 元 | 809.30 | 904.10 | 1340.61 | 335.54 | 859.55 |
| | 减税纯收益 | 元 | 270.30 | 447.10 | 774.05 | －240.93 | 522.87 |
| | 成本纯收益率 | % | 32.33 | 59.66 | 73.49 | －25.54 | 85.01 |
| 每50公斤主产品 | 平均出售价格 | 元 | 39.11 | 34.70 | 56.84 | 46.82 | 43.14 |
| | 物质费用 | 元 | 10.50 | 8.48 | 15.14 | 24.46 | 10.55 |
| | 生产成本 | 元 | 28.12 | 20.28 | 25.13 | 56.86 | 21.31 |
| | 含税成本 | 元 | 29.56 | 21.73 | 32.76 | 62.88 | 23.32 |
| | 净产值 | 元 | 28.61 | 26.22 | 41.70 | 22.36 | 32.59 |
| | 减税纯收益 | 元 | 9.55 | 12.97 | 24.08 | －16.06 | 19.82 |
| 每一劳动日 | 主产品产量 | 公斤 | 30.50 | 46.60 | 54.60 | 16.00 | 51.10 |
| | 净产值 | 元 | 17.87 | 24.44 | 45.91 | 7.59 | 33.32 |
| 每亩主产品出售数量 | | 公斤 | 1320.70 | 1724.00 | 1514.70 | 515.10 | 1267.20 |
| 每亩主产品出售产值 | | 元 | 1026.18 | 1196.50 | 1719.79 | 495.98 | 1093.61 |
| 每亩成本外支出 | | 元 | 8.36 | 12.25 | | 2.38 | 18.24 |

# 2002年全国水果成本收益(一)

品种：苹果　　　　按地区工价汇总

| 项目名称 | | 单位 | 平均 | 天津 | 河北 | 山西 | 辽宁 |
|---|---|---|---|---|---|---|---|
| 调查县数 | | 个 | 56.00 | 1.00 | 23.00 | 8.00 | 10.00 |
| 调查户数 | | 户 | 255.00 | 2.00 | 68.00 | 69.00 | 20.00 |
| 调查面积 | | 亩 | 1074.39 | 3.79 | 156.50 | 282.30 | 243.70 |
| 每亩 | 主产品产量 | 公斤 | 1328.50 | 1111.00 | 1380.30 | 1443.70 | 1296.80 |
| | 产值合计 | 元 | 1292.05 | 1247.87 | 1501.40 | 1283.96 | 1624.47 |
| | 主产品产值 | 元 | 1280.59 | 1247.87 | 1485.46 | 1279.23 | 1624.47 |
| | 副产品产值 | 元 | 11.46 | | 15.94 | 4.73 | |
| | 其它收入 | 元 | | | | | |
| | 生产成本 | 元 | 671.45 | 592.10 | 634.56 | 670.95 | 744.76 |
| | 物质费用 | 元 | 345.27 | 218.00 | 323.46 | 361.81 | 482.56 |
| | 用工作价 | 元 | 326.18 | 374.10 | 311.10 | 309.14 | 262.20 |
| | 用工数量 | 日 | 34.70 | 29.00 | 36.60 | 37.70 | 27.60 |
| | 劳动日工价 | 元 | 9.40 | 12.90 | 8.50 | 8.20 | 9.50 |
| | 期间费用 | 元 | 30.39 | 54.00 | 40.54 | 19.57 | 20.97 |
| | 税金 | 元 | 58.26 | 26.35 | 46.08 | 36.61 | 74.52 |
| | 含税成本 | 元 | 760.10 | 672.45 | 721.18 | 727.13 | 840.25 |
| | 净产值 | 元 | 946.78 | 1029.87 | 1177.94 | 922.15 | 1141.91 |
| | 减税纯收益 | 元 | 531.95 | 575.42 | 780.22 | 556.83 | 784.22 |
| | 成本纯收益率 | % | 69.98 | 85.57 | 108.19 | 76.58 | 93.33 |
| 每50公斤主产品 | 平均出售价格 | 元 | 48.20 | 56.16 | 53.81 | 44.30 | 62.63 |
| | 物质费用 | 元 | 12.88 | 9.81 | 11.59 | 12.48 | 18.60 |
| | 生产成本 | 元 | 25.05 | 26.65 | 22.74 | 23.15 | 28.71 |
| | 含税成本 | 元 | 28.36 | 30.26 | 25.85 | 25.09 | 32.40 |
| | 净产值 | 元 | 35.32 | 46.35 | 42.22 | 31.82 | 44.03 |
| | 减税纯收益 | 元 | 19.84 | 25.90 | 27.96 | 19.21 | 30.23 |
| 每一劳动日 | 主产品产量 | 公斤 | 38.30 | 38.30 | 37.70 | 38.30 | 47.00 |
| | 净产值 | 元 | 27.28 | 35.51 | 32.18 | 24.46 | 41.37 |
| 每亩主产品出售数量 | | 公斤 | 1215.70 | 1111.00 | 1112.30 | 1324.90 | 1051.20 |
| 每亩主产品出售产值 | | 元 | 1135.62 | 1247.87 | 1195.69 | 892.75 | 1352.20 |
| 每亩成本外支出 | | 元 | 11.50 | 32.27 | | 18.15 | 11.85 |

# 2002 年全国水果成本收益(二)

品种：苹果　　　　按地区工价汇总

| 项目名称 | | 单位 | 河南 | 湖北 | 陕西 | 甘肃 | 宁夏 |
|---|---|---|---|---|---|---|---|
| 调查县数 | | 个 | 4.00 | 1.00 | 2.00 | 3.00 | 4.00 |
| 调查户数 | | 户 | 20.00 | 20.00 | 15.00 | 25.00 | 16.00 |
| 调查面积 | | 亩 | 48.90 | 40.00 | 136.50 | 39.60 | 123.10 |
| 每亩 | 主产品产量 | 公斤 | 1383.20 | 1724.00 | 1593.30 | 705.40 | 1318.80 |
| | 产值合计 | 元 | 1106.46 | 1196.50 | 1827.36 | 702.50 | 1137.92 |
| | 主产品产值 | 元 | 1081.99 | 1196.50 | 1811.37 | 660.50 | 1137.92 |
| | 副产品产值 | 元 | 24.47 | | 15.99 | 42.00 | |
| | 其它收入 | 元 | | | | | |
| | 生产成本 | 元 | 700.33 | 662.40 | 769.99 | 698.46 | 518.31 |
| | 物质费用 | 元 | 297.16 | 292.40 | 486.75 | 366.96 | 278.37 |
| | 用工作价 | 元 | 403.17 | 370.00 | 283.24 | 331.50 | 239.94 |
| | 用工数量 | 日 | 45.30 | 37.00 | 29.20 | 44.20 | 25.80 |
| | 劳动日工价 | 元 | 8.90 | 10.00 | 9.70 | 7.50 | 9.30 |
| | 期间费用 | 元 | 19.38 | 14.00 | 41.12 | 42.77 | 21.15 |
| | 税金 | 元 | 21.32 | 36.00 | 204.24 | 47.50 | 31.73 |
| | 含税成本 | 元 | 741.03 | 712.40 | 1015.35 | 788.73 | 571.19 |
| | 净产值 | 元 | 809.30 | 904.10 | 1340.61 | 335.54 | 859.55 |
| | 减税纯收益 | 元 | 365.43 | 484.10 | 812.01 | -86.23 | 566.73 |
| | 成本纯收益率 | % | 49.31 | 67.95 | 79.97 | -10.93 | 99.22 |
| 每50公斤主产品 | 平均出售价格 | 元 | 39.11 | 34.70 | 56.84 | 46.82 | 43.14 |
| | 物质费用 | 元 | 10.50 | 8.48 | 15.14 | 24.46 | 10.55 |
| | 生产成本 | 元 | 24.75 | 19.21 | 23.95 | 46.55 | 19.65 |
| | 含税成本 | 元 | 26.19 | 20.66 | 31.58 | 52.57 | 21.65 |
| | 净产值 | 元 | 28.61 | 26.22 | 41.70 | 22.36 | 32.59 |
| | 减税纯收益 | 元 | 12.92 | 14.04 | 25.26 | -5.75 | 21.49 |
| 每一劳动日 | 主产品产量 | 公斤 | 30.50 | 46.60 | 54.60 | 16.00 | 51.10 |
| | 净产值 | 元 | 17.87 | 24.44 | 45.91 | 7.59 | 33.32 |
| 每亩主产品出售数量 | | 公斤 | 1320.70 | 1724.00 | 1514.70 | 515.10 | 1267.20 |
| 每亩主产品出售产值 | | 元 | 1026.18 | 1196.50 | 1719.79 | 495.98 | 1093.61 |
| 每亩成本外支出 | | 元 | 8.36 | 12.25 | | 2.38 | 18.24 |

# 2002年全国水果物质费用(一)

品种：苹果

| 项目名称 | 单位 | 平均 | 天津 | 河北 | 山西 | 辽宁 |
|---|---|---|---|---|---|---|
| 每亩物质费用 | 元 | 345.27 | 218.00 | 323.46 | 361.81 | 482.56 |
| 一、直接生产费用 | 元 | 322.26 | 191.00 | 305.01 | 328.80 | 467.66 |
| 1.种籽秧苗费 | 元 | 4.01 | | | 2.09 | |
| 2.农家肥费 | 元 | 44.03 | 58.00 | 45.15 | 32.80 | 125.17 |
| 3.化肥费 | 元 | 100.15 | | 117.71 | 99.54 | 122.46 |
| 4.农膜费 | 元 | | | | | |
| 5.农药费 | 元 | 85.98 | 80.00 | 88.79 | 69.99 | 111.94 |
| 6.畜力费 | 元 | 4.60 | | 2.69 | | 4.00 |
| 7.机械作业费 | 元 | 18.73 | 53.00 | 4.43 | 19.43 | 16.87 |
| 8.排灌费 | 元 | 28.66 | | 36.26 | 69.21 | 60.93 |
| 9.燃料动力费 | 元 | | | | | |
| 10.棚架材料费 | 元 | 0.18 | | 1.65 | | |
| 11.其它直接费用 | 元 | 35.92 | | 8.33 | 35.74 | 26.29 |
| 二、间接生产费用 | 元 | 23.01 | 27.00 | 18.45 | 33.01 | 14.90 |
| 1.固定资产折旧 | 元 | 15.42 | 15.00 | 12.41 | 26.72 | 8.00 |
| 2.小农具购置修理费 | 元 | 6.84 | 12.00 | 4.65 | 2.89 | 6.90 |
| 3.其它间接费用 | 元 | 0.75 | | 1.39 | 3.40 | |
| 附记：1.每亩种籽用量 | 公斤 | 21.30 | | | 21.30 | |
| 2.每亩化肥用量 | 公斤 | 33.20 | | 42.20 | 35.30 | 38.30 |
| 3.每亩农膜用量 | 公斤 | | | | | |
| 4.每度电价 | 元 | 0.55 | 0.50 | 0.54 | 0.45 | 0.61 |
| 5.每亩柴油费 | 元 | 10.93 | | | | |

# 2002 年全国水果物质费用(二)

品种:苹果

| 项 目 名 称 | 单位 | 河 南 | 湖 北 | 陕 西 | 甘 肃 | 宁 夏 |
|---|---|---|---|---|---|---|
| 每亩物质费用 | 元 | 297.16 | 292.40 | 486.75 | 366.96 | 278.37 |
| 一、直接生产费用 | 元 | 278.33 | 276.70 | 477.42 | 324.66 | 250.78 |
| 1.种籽秧苗费 | 元 |  | 34.00 |  |  |  |
| 2.农家肥费 | 元 | 12.72 | 20.00 | 18.60 | 40.33 | 43.51 |
| 3.化肥费 | 元 | 99.32 | 108.20 | 127.42 | 115.29 | 111.35 |
| 4.农膜费 | 元 |  |  |  |  |  |
| 5.农药费 | 元 | 100.84 | 75.00 | 99.15 | 112.17 | 35.97 |
| 6.畜力费 | 元 | 6.13 | 27.00 | 1.54 |  |  |
| 7.机械作业费 | 元 | 29.99 |  | 2.95 | 20.87 | 21.05 |
| 8.排灌费 | 元 | 18.58 |  | 5.94 | 36.00 | 31.02 |
| 9.燃料动力费 | 元 |  |  |  |  |  |
| 10.棚架材料费 | 元 |  |  |  |  |  |
| 11.其它直接费用 | 元 | 10.75 | 12.50 | 221.82 |  | 7.88 |
| 二、间接生产费用 | 元 | 18.83 | 15.70 | 9.33 | 42.30 | 27.59 |
| 1.固定资产折旧 | 元 | 5.75 | 12.50 | 2.19 | 33.01 | 23.22 |
| 2.小农具购置修理费 | 元 | 13.02 | 2.20 | 6.54 | 9.29 | 4.05 |
| 3.其它间接费用 | 元 | 0.06 | 1.00 | 0.60 |  | 0.32 |
| 附记:1.每亩种籽用量 | 公斤 |  |  |  |  |  |
| 2.每亩化肥用量 | 公斤 | 42.40 | 29.20 | 34.10 | 38.10 | 39.70 |
| 3.每亩农膜用量 | 公斤 |  |  |  |  |  |
| 4.每度电价 | 元 | 0.68 | 0.70 | 0.49 | 0.56 | 0.46 |
| 5.每亩柴油费 | 元 | 30.00 |  | 5.78 | 62.62 |  |

# 2002年全国水果期间费用(一)

品种：苹果

| 项目名称 | 单位 | 平均 | 天津 | 河北 | 山西 | 辽宁 |
|---|---|---|---|---|---|---|
| 一、每亩期间费用 | 元 | 30.39 | 54.00 | 40.54 | 19.57 | 20.97 |
| 1.土地承包费 | 元 | 10.63 | 18.00 | 24.10 | 9.64 | |
| 2.管理费 | 元 | 1.57 | | | 4.11 | 4.35 |
| 3.销售费 | 元 | 18.07 | 36.00 | 16.44 | 5.00 | 16.62 |
| 4.财务费 | 元 | 0.12 | | | 0.82 | |
| 二、每亩用工量 | 日 | 34.70 | 29.00 | 36.60 | 37.70 | 27.60 |
| 1.直接用工 | 日 | 31.60 | 28.50 | 33.70 | 34.00 | 24.90 |
| 2.间接用工 | 日 | 3.10 | 0.50 | 2.90 | 3.70 | 2.70 |
| 三、每亩成本外支出 | 元 | 11.50 | 32.27 | | 18.15 | 11.85 |
| 1.村提留费 | 元 | | | | | |
| 2.乡统筹费 | 元 | | | | | |
| 3.两工支出 | 元 | 9.16 | 27.50 | | 5.53 | 11.85 |
| 4.其它成本外支出 | 元 | 2.34 | 4.77 | | 12.62 | |
| 附记：1.人均耕地面积 | 元 | 1.70 | 1.00 | 1.30 | 2.00 | 1.70 |
| 2.人均成本外支出 | 元 | 28.80 | 48.60 | | 51.20 | 52.10 |
| 3.人均两工数量 | 日 | 4.30 | 5.50 | | 3.20 | 3.90 |
| 4.雇工天数 | 日 | 0.90 | | | 4.50 | 1.80 |
| 5.雇工工价 | 元 | 17.80 | 25.00 | 15.60 | 15.90 | 19.10 |

# 2002 年全国水果期间费用(二)

品种：苹果

| 项 目 名 称 | 单位 | 河 南 | 湖 北 | 陕 西 | 甘 肃 | 宁 夏 |
|---|---|---|---|---|---|---|
| 一、每亩期间费用 | 元 | 19.38 | 14.00 | 41.12 | 42.77 | 21.15 |
| 1.土地承包费 | 元 | 7.07 | | 32.97 | | 3.90 |
| 2.管理费 | 元 | | | | | 5.65 |
| 3.销售费 | 元 | 12.21 | 14.00 | 8.15 | 42.77 | 11.47 |
| 4.财务费 | 元 | 0.10 | | | | 0.13 |
| 二、每亩用工量 | 日 | 45.30 | 37.00 | 29.20 | 44.20 | 25.80 |
| 1.直接用工 | 日 | 40.50 | 35.00 | 27.20 | 38.20 | 22.80 |
| 2.间接用工 | 日 | 4.80 | 2.00 | 2.00 | 6.00 | 3.00 |
| 三、每亩成本外支出 | 元 | 8.36 | 12.25 | | 2.38 | 18.24 |
| 1.村提留费 | 元 | | | | | |
| 2.乡统筹费 | 元 | | | | | |
| 3.两工支出 | 元 | 7.22 | 12.25 | | 2.38 | 15.70 |
| 4.其它成本外支出 | 元 | 1.14 | | | | 2.54 |
| 附记：1.人均耕地面积 | 元 | 1.20 | 2.80 | 1.50 | 2.30 | 1.90 |
| 2.人均成本外支出 | 元 | 16.00 | 24.50 | | 11.70 | 55.50 |
| 3.人均两工数量 | 日 | 1.90 | 15.00 | | 2.70 | 6.90 |
| 4.雇工天数 | 日 | | | | | 1.40 |
| 5.雇工工价 | 元 | | | 13.70 | 15.00 | 20.50 |

# 2002年全国水果成本收益

品种：柑　　　　按统一工价汇总

| 项目名称 | | 单位 | 平均 | 福建 | 湖北 | 广东 |
|---|---|---|---|---|---|---|
| 调查县数 | | 个 | 11.00 | 4.00 | 3.00 | 4.00 |
| 调查户数 | | 户 | 31.00 | 11.00 | 8.00 | 12.00 |
| 调查面积 | | 亩 | 275.80 | 218.20 | 26.90 | 30.70 |
| 每亩 | 主产品产量 | 公斤 | 1600.90 | 1131.20 | 1840.90 | 1830.70 |
| | 产值合计 | 元 | 3774.92 | 4268.66 | 3308.51 | 3747.57 |
| | 主产品产值 | 元 | 3675.36 | 4268.66 | 3009.84 | 3747.57 |
| | 副产品产值 | 元 | 99.56 | | 298.67 | |
| | 其它收入 | 元 | | | | |
| | 生产成本 | 元 | 1687.81 | 1794.24 | 1390.95 | 1877.13 |
| | 物质费用 | 元 | 1019.01 | 1260.74 | 586.85 | 1209.43 |
| | 用工作价 | 元 | 668.80 | 533.50 | 804.10 | 667.70 |
| | 用工数量 | 日 | 60.80 | 48.50 | 73.10 | 60.70 |
| | 劳动日工价 | 元 | 11.00 | 11.00 | 11.00 | 11.00 |
| | 期间费用 | 元 | 148.03 | 236.10 | 36.03 | 171.98 |
| | 税金 | 元 | 53.58 | 23.64 | 50.90 | 86.19 |
| | 含税成本 | 元 | 1889.42 | 2053.98 | 1477.88 | 2135.30 |
| | 净产值 | 元 | 2755.91 | 3007.92 | 2721.66 | 2538.14 |
| | 减税纯收益 | 元 | 1885.50 | 2214.68 | 1830.63 | 1612.27 |
| | 成本纯收益率 | % | 99.79 | 107.82 | 123.87 | 75.51 |
| 每50公斤主产品 | 平均出售价格 | 元 | 114.79 | 188.68 | 81.75 | 102.35 |
| | 物质费用 | 元 | 30.99 | 55.73 | 14.50 | 33.03 |
| | 生产成本 | 元 | 51.32 | 79.31 | 34.37 | 51.27 |
| | 含税成本 | 元 | 57.45 | 90.79 | 36.52 | 58.32 |
| | 净产值 | 元 | 83.80 | 132.95 | 67.25 | 69.32 |
| | 减税纯收益 | 元 | 57.34 | 97.89 | 45.23 | 44.03 |
| 每一劳动日 | 主产品产量 | 公斤 | 26.30 | 23.30 | 25.20 | 30.20 |
| | 净产值 | 元 | 45.33 | 62.02 | 37.23 | 41.81 |
| 每亩主产品出售数量 | | 公斤 | 1551.80 | 1131.20 | 1786.80 | 1737.40 |
| 每亩主产品出售产值 | | 元 | 3556.59 | 4268.64 | 2862.47 | 3538.65 |
| 每亩成本外支出 | | 元 | 6.88 | | 20.64 | |

# 2002 年全国水果成本收益

品种：柑　　　　按地区工价汇总

| 项目名称 | | 单位 | 平均 | 福建 | 湖北 | 广东 |
|---|---|---|---|---|---|---|
| 调查县数 | | 个 | 11.00 | 4.00 | 3.00 | 4.00 |
| 调查户数 | | 户 | 31.00 | 11.00 | 8.00 | 12.00 |
| 调查面积 | | 亩 | 275.80 | 218.20 | 26.90 | 30.70 |
| 每亩 | 主产品产量 | 公斤 | 1600.90 | 1131.20 | 1840.90 | 1830.70 |
| | 产值合计 | 元 | 3774.92 | 4268.66 | 3308.51 | 3747.57 |
| | 主产品产值 | 元 | 3675.36 | 4268.66 | 3009.84 | 3747.57 |
| | 副产品产值 | 元 | 99.56 | | 298.67 | |
| | 其它收入 | 元 | | | | |
| | 生产成本 | 元 | 1888.45 | 2007.64 | 1317.85 | 2271.68 |
| | 物质费用 | 元 | 1019.01 | 1260.74 | 586.85 | 1209.43 |
| | 用工作价 | 元 | 869.44 | 746.90 | 731.00 | 1062.25 |
| | 用工数量 | 日 | 60.80 | 48.50 | 73.10 | 60.70 |
| | 劳动日工价 | 元 | 14.30 | 15.40 | 10.00 | 17.50 |
| | 期间费用 | 元 | 148.03 | 236.10 | 36.03 | 171.98 |
| | 税金 | 元 | 53.58 | 23.64 | 50.90 | 86.19 |
| | 含税成本 | 元 | 2090.06 | 2267.38 | 1404.78 | 2529.85 |
| | 净产值 | 元 | 2755.91 | 3007.92 | 2721.66 | 2538.14 |
| | 减税纯收益 | 元 | 1684.86 | 2001.28 | 1903.73 | 1217.72 |
| | 成本纯收益率 | % | 80.61 | 88.26 | 135.52 | 48.13 |
| 每50公斤主产品 | 平均出售价格 | 元 | 114.79 | 188.68 | 81.75 | 102.35 |
| | 物质费用 | 元 | 30.99 | 55.73 | 14.50 | 33.03 |
| | 生产成本 | 元 | 57.43 | 88.74 | 32.56 | 62.04 |
| | 含税成本 | 元 | 63.56 | 100.22 | 34.71 | 69.09 |
| | 净产值 | 元 | 83.80 | 132.95 | 67.25 | 69.32 |
| | 减税纯收益 | 元 | 51.23 | 88.46 | 47.04 | 33.26 |
| 每一劳动日 | 主产品产量 | 公斤 | 26.30 | 23.30 | 25.20 | 30.20 |
| | 净产值 | 元 | 45.33 | 62.02 | 37.23 | 41.81 |
| 每亩主产品出售数量 | | 公斤 | 1551.80 | 1131.20 | 1786.80 | 1737.40 |
| 每亩主产品出售产值 | | 元 | 3556.59 | 4268.64 | 2862.47 | 3538.65 |
| 每亩成本外支出 | | 元 | 6.88 | | 20.64 | |

# 2002年全国水果物质费用

品种：柑

| 项目名称 | 单位 | 平均 | 福建 | 湖北 | 广东 |
| --- | --- | --- | --- | --- | --- |
| 每亩物质费用 | 元 | 1019.01 | 1260.74 | 586.85 | 1209.43 |
| 一、直接生产费用 | 元 | 919.23 | 1124.42 | 494.40 | 1138.87 |
| 1.种籽秧苗费 | 元 | 2.64 | 7.92 | | |
| 2.农家肥费 | 元 | 214.03 | 385.33 | 155.96 | 100.79 |
| 3.化肥费 | 元 | 374.51 | 351.17 | 274.40 | 497.97 |
| 4.农膜费 | 元 | 6.02 | | 4.37 | 13.68 |
| 5.农药费 | 元 | 268.92 | 282.76 | 55.60 | 468.40 |
| 6.畜力费 | 元 | | | | |
| 7.机械作业费 | 元 | 1.59 | 4.77 | | |
| 8.排灌费 | 元 | 10.87 | | 2.89 | 29.72 |
| 9.燃料动力费 | 元 | | | | |
| 10.棚架材料费 | 元 | | | | |
| 11.其它直接费用 | 元 | 40.65 | 92.47 | 1.18 | 28.31 |
| 二、间接生产费用 | 元 | 99.78 | 136.32 | 92.45 | 70.56 |
| 1.固定资产折旧 | 元 | 53.85 | 84.58 | 34.88 | 42.08 |
| 2.小农具购置修理费 | 元 | 36.15 | 51.74 | 28.24 | 28.48 |
| 3.其它间接费用 | 元 | 9.78 | | 29.33 | |
| 附记：1.每亩种籽用量 | 公斤 | 18.40 | 18.40 | | |
| 2.每亩化肥用量 | 公斤 | 130.00 | 95.40 | 87.70 | 207.00 |
| 3.每亩农膜用量 | 公斤 | 0.70 | | 0.60 | 1.60 |
| 4.每度电价 | 元 | 0.61 | 0.51 | 0.63 | 0.70 |
| 5.每亩柴油费 | 元 | | | | |

# 2002 年全国水果期间费用

品种：柑

| 项 目 名 称 | 单位 | 平 均 | 福 建 | 湖 北 | 广 东 |
|---|---|---|---|---|---|
| 一、每亩期间费用 | 元 | 148.03 | 236.10 | 36.03 | 171.98 |
| 1.土地承包费 | 元 | 83.70 | 87.99 | | 163.12 |
| 2.管理费 | 元 | | | | |
| 3.销售费 | 元 | 64.29 | 148.11 | 35.91 | 8.86 |
| 4.财务费 | 元 | 0.04 | | 0.12 | |
| 二、每亩用工量 | 日 | 60.80 | 48.50 | 73.10 | 60.70 |
| 1.直接用工 | 日 | 53.60 | 48.10 | 56.00 | 56.70 |
| 2.间接用工 | 日 | 7.20 | 0.40 | 17.10 | 4.00 |
| 三、每亩成本外支出 | 元 | 6.88 | | 20.64 | |
| 1.村提留费 | 元 | | | | |
| 2.乡统筹费 | 元 | | | | |
| 3.两工支出 | 元 | 5.38 | | 16.15 | |
| 4.其它成本外支出 | 元 | 1.50 | | 4.49 | |
| 附记：1.人均耕地面积 | 元 | 0.80 | 0.80 | 1.30 | 0.30 |
| 2.人均成本外支出 | 元 | 18.70 | | 45.50 | 10.50 |
| 3.人均两工数量 | 日 | 1.10 | | 3.30 | |
| 4.雇工天数 | 日 | 12.50 | 27.00 | 10.50 | |
| 5.雇工工价 | 元 | 23.70 | 25.10 | 18.00 | 27.90 |

# 2002年全国水果成本收益

品种：桔　　　　按统一工价汇总

| 项目名称 | | 单位 | 平均 | 浙江 | 福建 | 湖北 | 湖南 | 广东 |
|---|---|---|---|---|---|---|---|---|
| 调查县数 | | 个 | 13.00 | 2.00 | 4.00 | 3.00 | 3.00 | 1.00 |
| 调查户数 | | 户 | 60.00 | 5.00 | 18.00 | 10.00 | 21.00 | 6.00 |
| 调查面积 | | 亩 | 684.84 | 15.43 | 399.70 | 110.21 | 138.50 | 21.00 |
| 每亩 | 主产品产量 | 公斤 | 1521.00 | 2002.60 | 2095.30 | 1035.80 | 2027.40 | 443.90 |
| | 产值合计 | 元 | 2276.95 | 2021.45 | 3510.58 | 971.11 | 2641.17 | 2240.43 |
| | 主产品产值 | 元 | 2264.73 | 1960.34 | 3510.58 | 971.11 | 2641.17 | 2240.43 |
| | 副产品产值 | 元 | 12.22 | 61.11 | | | | |
| | 其它收入 | 元 | | | | | | |
| | 生产成本 | 元 | 1092.17 | 854.51 | 2314.55 | 356.75 | 909.01 | 1021.57 |
| | 物质费用 | 元 | 642.27 | 588.31 | 1344.35 | 232.45 | 451.41 | 594.77 |
| | 用工作价 | 元 | 449.90 | 266.20 | 970.20 | 124.30 | 457.60 | 426.80 |
| | 用工数量 | 日 | 40.90 | 24.20 | 88.20 | 11.30 | 41.60 | 38.80 |
| | 劳动日工价 | 元 | 11.00 | 11.00 | 11.00 | 11.00 | 11.00 | 11.00 |
| | 期间费用 | 元 | 83.80 | 21.94 | 127.02 | 137.79 | 53.01 | 79.21 |
| | 税金 | 元 | 95.84 | 36.08 | 335.11 | 45.86 | 57.39 | 4.78 |
| | 含税成本 | 元 | 1271.81 | 912.53 | 2776.68 | 540.40 | 1019.41 | 1105.56 |
| | 净产值 | 元 | 1634.68 | 1433.14 | 2166.23 | 738.66 | 2189.76 | 1645.66 |
| | 减税纯收益 | 元 | 1005.14 | 1108.92 | 733.90 | 430.71 | 1621.76 | 1134.87 |
| | 成本纯收益率 | % | 79.03 | 121.52 | 26.43 | 79.70 | 159.09 | 102.65 |
| 每50公斤主产品 | 平均出售价格 | 元 | 74.45 | 48.94 | 83.77 | 46.88 | 65.14 | 252.36 |
| | 物质费用 | 元 | 21.00 | 14.24 | 32.08 | 11.22 | 11.13 | 66.99 |
| | 生产成本 | 元 | 35.71 | 20.69 | 55.23 | 17.22 | 22.42 | 115.07 |
| | 含税成本 | 元 | 41.58 | 22.09 | 66.26 | 26.09 | 25.14 | 124.53 |
| | 净产值 | 元 | 53.45 | 34.70 | 51.69 | 35.66 | 54.01 | 185.37 |
| | 减税纯收益 | 元 | 32.87 | 26.85 | 17.51 | 20.79 | 40.00 | 127.83 |
| 每一劳动日 | 主产品产量 | 公斤 | 37.20 | 82.80 | 23.80 | 91.70 | 48.70 | 11.40 |
| | 净产值 | 元 | 39.97 | 59.22 | 24.56 | 65.37 | 52.64 | 42.41 |
| 每亩主产品出售数量 | | 公斤 | 1456.40 | 1731.90 | 2092.90 | 1035.80 | 2010.80 | 410.70 |
| 每亩主产品出售产值 | | 元 | 2163.50 | 1644.01 | 3507.34 | 971.11 | 2619.60 | 2075.45 |
| 每亩成本外支出 | | 元 | 6.66 | | 15.11 | 16.56 | 1.64 | |

# 2002 年全国水果成本收益

品种：桔　　　　按地区工价汇总

| 项目名称 | | 单位 | 平均 | 浙江 | 福建 | 湖北 | 湖南 | 广东 |
|---|---|---|---|---|---|---|---|---|
| 调查县数 | | 个 | 13.00 | 2.00 | 4.00 | 3.00 | 3.00 | 1.00 |
| 调查户数 | | 户 | 60.00 | 5.00 | 18.00 | 10.00 | 21.00 | 6.00 |
| 调查面积 | | 亩 | 684.84 | 15.43 | 399.70 | 110.21 | 138.50 | 21.00 |
| 每亩 | 主产品产量 | 公斤 | 1521.00 | 2002.60 | 2095.30 | 1035.80 | 2027.40 | 443.90 |
| | 产值合计 | 元 | 2276.95 | 2021.45 | 3510.58 | 971.11 | 2641.17 | 2240.43 |
| | 主产品产值 | 元 | 2264.73 | 1960.34 | 3510.58 | 971.11 | 2641.17 | 2240.43 |
| | 副产品产值 | 元 | 12.22 | 61.11 | | | | |
| | 其它收入 | 元 | | | | | | |
| | 生产成本 | 元 | 1259.86 | 1036.01 | 2702.63 | 345.45 | 1042.13 | 1273.77 |
| | 物质费用 | 元 | 642.27 | 588.31 | 1344.35 | 232.45 | 451.41 | 594.77 |
| | 用工作价 | 元 | 617.59 | 447.70 | 1358.28 | 113.00 | 590.72 | 679.00 |
| | 用工数量 | 日 | 40.90 | 24.20 | 88.20 | 11.30 | 41.60 | 38.80 |
| | 劳动日工价 | 元 | 15.10 | 18.50 | 15.40 | 10.00 | 14.20 | 17.50 |
| | 期间费用 | 元 | 83.80 | 21.94 | 127.02 | 137.79 | 53.01 | 79.21 |
| | 税金 | 元 | 95.84 | 36.08 | 335.11 | 45.86 | 57.39 | 4.78 |
| | 含税成本 | 元 | 1439.50 | 1094.03 | 3164.76 | 529.10 | 1152.53 | 1357.76 |
| | 净产值 | 元 | 1634.68 | 1433.14 | 2166.23 | 738.66 | 2189.76 | 1645.66 |
| | 减税纯收益 | 元 | 837.45 | 927.42 | 345.82 | 442.01 | 1488.64 | 882.67 |
| | 成本纯收益率 | % | 58.18 | 84.77 | 10.93 | 83.54 | 129.16 | 65.01 |
| 每50公斤主产品 | 平均出售价格 | 元 | 74.45 | 48.94 | 83.77 | 46.88 | 65.14 | 252.36 |
| | 物质费用 | 元 | 21.00 | 14.24 | 32.08 | 11.22 | 11.13 | 66.99 |
| | 生产成本 | 元 | 41.19 | 25.08 | 64.49 | 16.68 | 25.70 | 143.48 |
| | 含税成本 | 元 | 47.07 | 26.49 | 75.52 | 25.54 | 28.43 | 152.94 |
| | 净产值 | 元 | 53.45 | 34.70 | 51.69 | 35.66 | 54.01 | 185.37 |
| | 减税纯收益 | 元 | 27.38 | 22.45 | 8.25 | 21.34 | 36.71 | 99.42 |
| 每一劳动日 | 主产品产量 | 公斤 | 37.20 | 82.80 | 23.80 | 91.70 | 48.70 | 11.40 |
| | 净产值 | 元 | 39.97 | 59.22 | 24.56 | 65.37 | 52.64 | 42.41 |
| 每亩主产品出售数量 | | 公斤 | 1456.40 | 1731.90 | 2092.90 | 1035.80 | 2010.80 | 410.70 |
| 每亩主产品出售产值 | | 元 | 2163.50 | 1644.01 | 3507.34 | 971.11 | 2619.60 | 2075.45 |
| 每亩成本外支出 | | 元 | 6.66 | | 15.11 | 16.56 | 1.64 | |

# 2002年全国水果物质费用

品种：桔

| 项 目 名 称 | 单位 | 平 均 | 浙 江 | 福 建 | 湖 北 | 湖 南 | 广 东 |
|---|---|---|---|---|---|---|---|
| 每亩物质费用 | 元 | 642.27 | 588.31 | 1344.35 | 232.45 | 451.41 | 594.77 |
| 一、直接生产费用 | 元 | 596.05 | 587.01 | 1172.09 | 220.10 | 415.13 | 585.90 |
| 1.种籽秧苗费 | 元 | 4.01 | | 0.69 | | | 19.34 |
| 2.农家肥费 | 元 | 100.35 | | 340.65 | 18.26 | 66.57 | 76.27 |
| 3.化肥费 | 元 | 239.09 | 271.75 | 415.54 | 137.54 | 151.72 | 218.89 |
| 4.农膜费 | 元 | 0.02 | | 0.12 | | | |
| 5.农药费 | 元 | 229.77 | 315.26 | 339.55 | 39.23 | 183.43 | 271.40 |
| 6.畜力费 | 元 | 0.20 | | | 0.98 | | |
| 7.机械作业费 | 元 | 10.76 | | 42.31 | 11.50 | | |
| 8.排灌费 | 元 | 2.36 | | | 11.80 | | |
| 9.燃料动力费 | 元 | | | | | | |
| 10.棚架材料费 | 元 | | | | | | |
| 11.其它直接费用 | 元 | 9.49 | | 33.23 | 0.79 | 13.41 | |
| 二、间接生产费用 | 元 | 46.22 | 1.30 | 172.26 | 12.35 | 36.28 | 8.87 |
| 1.固定资产折旧 | 元 | 29.89 | | 115.95 | 6.01 | 21.20 | 6.27 |
| 2.小农具购置修理费 | 元 | 11.69 | 1.30 | 38.23 | 4.36 | 11.96 | 2.60 |
| 3.其它间接费用 | 元 | 4.64 | | 18.08 | 1.98 | 3.12 | |
| 附记：1.每亩种籽用量 | 公斤 | 62.20 | | | | | 62.20 |
| 2.每亩化肥用量 | 公斤 | 85.80 | 111.50 | 149.50 | 57.70 | 43.80 | 65.90 |
| 3.每亩农膜用量 | 公斤 | | | | | | |
| 4.每度电价 | 元 | 0.65 | 0.53 | 0.47 | 0.75 | 0.87 | 0.65 |
| 5.每亩柴油费 | 元 | 10.24 | | 51.21 | | | |

# 2002年全国水果期间费用

品种：桔

| 项目名称 | 单位 | 平均 | 浙江 | 福建 | 湖北 | 湖南 | 广东 |
|---|---|---|---|---|---|---|---|
| 一、每亩期间费用 | 元 | 83.80 | 21.94 | 127.02 | 137.79 | 53.01 | 79.21 |
| 1.土地承包费 | 元 | 60.25 | | 103.07 | 102.62 | 28.40 | 67.14 |
| 2.管理费 | 元 | 2.42 | | 2.83 | 9.26 | | |
| 3.销售费 | 元 | 20.30 | 21.94 | 21.12 | 25.91 | 20.48 | 12.07 |
| 4.财务费 | 元 | 0.83 | | | | 4.13 | |
| 二、每亩用工量 | 日 | 40.90 | 24.20 | 88.20 | 11.30 | 41.60 | 38.80 |
| 1.直接用工 | 日 | 31.00 | 18.80 | 58.30 | 9.50 | 38.10 | 30.10 |
| 2.间接用工 | 日 | 9.90 | 5.40 | 29.90 | 1.80 | 3.50 | 8.70 |
| 三、每亩成本外支出 | 元 | 6.66 | | 15.11 | 16.56 | 1.64 | |
| 1.村提留费 | 元 | | | | | | |
| 2.乡统筹费 | 元 | | | | | | |
| 3.两工支出 | 元 | 3.37 | | | 15.23 | 1.64 | |
| 4.其它成本外支出 | 元 | 3.29 | | 15.11 | 1.33 | | |
| 附记：1.人均耕地面积 | 元 | 2.30 | 1.20 | 6.10 | 1.50 | 1.40 | 1.10 |
| 2.人均成本外支出 | 元 | 30.20 | | 67.10 | 56.40 | 27.40 | |
| 3.人均两工数量 | 日 | 1.50 | | | 4.60 | 2.80 | |
| 4.雇工天数 | 日 | 7.80 | 3.00 | 34.40 | | 1.40 | |
| 5.雇工工价 | 元 | 19.50 | 22.40 | 18.00 | | 17.60 | 20.00 |

# 第五部分　肉、禽、蛋、奶

# （一）省、自治区、直辖市

# 2002年全国肉类产品成本收益(一)

品种：农户散养生猪　　　　按统一工价汇总

| 项目名称 | | 单位 | 平均 | 河北 | 山西 | 辽宁 | 黑龙江 | 江苏 | 浙江 |
|---|---|---|---|---|---|---|---|---|---|
| 调查县数 | | 个 | 332.00 | 36.00 | 5.00 | 8.00 | 12.00 | 17.00 | 5.00 |
| 调查户数 | | 户 | 2603.00 | 244.00 | 70.00 | 21.00 | 35.00 | 140.00 | 18.00 |
| 调查数量 | | 头 | 11888.00 | 673.00 | 139.00 | 164.00 | 513.00 | 468.00 | 105.00 |
| 平均饲养天数 | | 天 | 184.00 | 154.00 | 215.00 | 164.00 | 172.00 | 123.00 | 141.00 |
| 每头 | 主产品产量 | 公斤 | 105.50 | 107.20 | 111.90 | 110.20 | 107.20 | 96.60 | 102.30 |
| | 产值合计 | 元 | 629.41 | 638.35 | 605.51 | 653.87 | 651.19 | 529.80 | 632.56 |
| | 主产品产值 | 元 | 606.82 | 597.62 | 574.92 | 635.45 | 638.89 | 510.82 | 619.73 |
| | 副产品产值 | 元 | 22.59 | 40.73 | 30.59 | 18.42 | 12.30 | 18.98 | 12.83 |
| | 其他收入 | 元 | | | | | | | |
| | 生产成本 | 元 | 590.96 | 574.72 | 654.75 | 556.34 | 553.31 | 529.72 | 510.85 |
| | 物质费用 | 元 | 463.36 | 464.72 | 465.55 | 496.94 | 469.71 | 425.22 | 470.15 |
| | 用工作价 | 元 | 127.60 | 110.00 | 189.20 | 59.40 | 83.60 | 104.50 | 40.70 |
| | 用工数量 | 日 | 11.60 | 10.00 | 17.20 | 5.40 | 7.60 | 9.50 | 3.70 |
| | 劳动日工价 | 元 | 11.00 | 11.00 | 11.00 | 11.00 | 11.00 | 11.00 | 11.00 |
| | 期间费用 | 元 | 3.37 | 2.47 | 4.85 | 5.96 | 3.10 | 2.39 | 1.71 |
| | 税金 | 元 | 0.74 | | | 0.40 | | | |
| | 含税成本 | 元 | 595.07 | 577.19 | 659.60 | 562.70 | 556.41 | 532.11 | 512.56 |
| | 净产值 | 元 | 166.05 | 173.63 | 139.96 | 156.93 | 181.48 | 104.58 | 162.41 |
| | 减税纯收益 | 元 | 34.34 | 61.16 | -54.09 | 91.17 | 94.78 | -2.31 | 120.00 |
| | 成本纯收益率 | % | 5.77 | 10.60 | -8.20 | 16.20 | 17.03 | -0.43 | 23.41 |
| | 耗粮数量 | 公斤 | 171.90 | 196.40 | 214.40 | 240.80 | 238.80 | 133.00 | 153.10 |
| 每50公斤主产品 | 平均出售价格 | 元 | 287.59 | 278.74 | 256.89 | 288.32 | 297.99 | 264.40 | 302.90 |
| | 物质费用 | 元 | 211.72 | 202.92 | 197.51 | 219.12 | 214.94 | 212.21 | 225.13 |
| | 生产成本 | 元 | 270.02 | 250.96 | 277.78 | 245.31 | 253.20 | 264.36 | 244.62 |
| | 含税成本 | 元 | 271.90 | 252.03 | 279.84 | 248.12 | 254.62 | 265.55 | 245.44 |
| | 净产值 | 元 | 75.87 | 75.82 | 59.38 | 69.20 | 83.05 | 52.19 | 77.77 |
| | 减税纯收益 | 元 | 15.69 | 26.71 | -22.95 | 40.20 | 43.37 | -1.15 | 57.46 |
| | 耗粮数量 | 公斤 | 81.50 | 91.60 | 95.80 | 109.30 | 111.40 | 68.80 | 74.80 |
| 每一劳动日 | 主产品产量 | 公斤 | 9.10 | 10.70 | 6.50 | 20.40 | 14.10 | 10.20 | 27.60 |
| | 净产值 | 元 | 14.31 | 17.36 | 8.14 | 29.06 | 23.88 | 11.01 | 43.89 |
| 每核算单位成本外支出 | | 元 | 0.74 | | 0.30 | 2.71 | 1.24 | 0.12 | |

# 2002年全国肉类产品成本收益(二)

品种：农户散养生猪　　　　按统一工价汇总

| 项目名称 | | 单位 | 安徽 | 福建 | 江西 | 山东 | 河南 | 湖北 | 湖南 |
|---|---|---|---|---|---|---|---|---|---|
| 调查县数 | | 个 | 8.00 | 5.00 | 31.00 | 26.00 | 16.00 | 18.00 | 29.00 |
| 调查户数 | | 户 | 90.00 | 48.00 | 243.00 | 237.00 | 32.00 | 224.00 | 230.00 |
| 调查数量 | | 头 | 189.00 | 322.00 | 667.00 | 1021.00 | 151.00 | 1510.00 | 1310.00 |
| 平均饲养天数 | | 天 | 223.00 | 126.00 | 192.00 | 130.00 | 164.00 | 194.00 | 134.00 |
| 每头 | 主产品产量 | 公斤 | 108.80 | 100.50 | 109.20 | 105.40 | 98.10 | 101.10 | 99.40 |
| | 产值合计 | 元 | 632.51 | 605.93 | 701.89 | 600.30 | 566.65 | 563.04 | 572.34 |
| | 主产品产值 | 元 | 597.75 | 596.06 | 673.41 | 570.52 | 547.45 | 532.22 | 559.79 |
| | 副产品产值 | 元 | 34.76 | 9.87 | 28.48 | 29.78 | 19.20 | 30.82 | 12.55 |
| | 其他收入 | 元 | | | | | | | |
| | 生产成本 | 元 | 589.52 | 580.38 | 653.01 | 547.00 | 512.21 | 550.12 | 522.63 |
| | 物质费用 | 元 | 471.82 | 496.78 | 516.61 | 465.60 | 422.01 | 400.52 | 435.73 |
| | 用工作价 | 元 | 117.70 | 83.60 | 136.40 | 81.40 | 90.20 | 149.60 | 86.90 |
| | 用工数量 | 日 | 10.70 | 7.60 | 12.40 | 7.40 | 8.20 | 13.60 | 7.90 |
| | 劳动日工价 | 元 | 11.00 | 11.00 | 11.00 | 11.00 | 11.00 | 11.00 | 11.00 |
| | 期间费用 | 元 | 1.05 | 1.22 | 4.79 | 3.18 | 4.33 | 6.85 | 1.25 |
| | 税金 | 元 | | | | 0.41 | | | 3.23 |
| | 含税成本 | 元 | 590.57 | 581.60 | 657.80 | 550.59 | 516.54 | 556.97 | 527.11 |
| | 净产值 | 元 | 160.69 | 109.15 | 185.28 | 134.70 | 144.64 | 162.52 | 136.61 |
| | 减税纯收益 | 元 | 41.94 | 24.33 | 44.09 | 49.71 | 50.11 | 6.07 | 45.23 |
| | 成本纯收益率 | % | 7.10 | 4.18 | 6.70 | 9.03 | 9.70 | 1.09 | 8.58 |
| | 耗粮数量 | 公斤 | 193.90 | 131.10 | 136.00 | 202.50 | 119.40 | 132.40 | 147.50 |
| 每50公斤主产品 | 平均出售价格 | 元 | 274.70 | 296.55 | 308.34 | 270.65 | 279.03 | 263.21 | 281.58 |
| | 物质费用 | 元 | 204.91 | 243.13 | 226.95 | 209.92 | 207.81 | 187.24 | 214.37 |
| | 生产成本 | 元 | 256.03 | 284.05 | 286.87 | 246.62 | 252.22 | 257.17 | 257.12 |
| | 含税成本 | 元 | 256.49 | 284.64 | 288.97 | 248.24 | 254.35 | 260.37 | 259.33 |
| | 净产值 | 元 | 69.79 | 53.42 | 81.39 | 60.73 | 71.22 | 75.97 | 67.21 |
| | 减税纯收益 | 元 | 18.21 | 11.91 | 19.37 | 22.41 | 24.68 | 2.84 | 22.25 |
| | 耗粮数量 | 公斤 | 89.10 | 65.20 | 62.30 | 96.10 | 60.90 | 65.50 | 74.20 |
| 每一劳动日 | 主产品产量 | 公斤 | 10.20 | 13.20 | 8.80 | 14.20 | 12.00 | 7.40 | 12.60 |
| | 净产值 | 元 | 15.02 | 14.36 | 14.94 | 18.20 | 17.64 | 11.95 | 17.29 |
| 每核算单位成本外支出 | | 元 | | | 0.54 | 0.63 | | 1.70 | 0.64 |

# 2002年全国肉类产品成本收益(三)

品种：农户散养生猪　　　　　　　　　　　　　　　　　　　　按统一工价汇总

| 项目名称 | | 单位 | 广东 | 广西 | 海南 | 四川 | 贵州 | 云南 |
|---|---|---|---|---|---|---|---|---|
| 调查县数 | | 个 | 10.00 | 11.00 | 4.00 | 14.00 | 9.00 | 25.00 |
| 调查户数 | | 户 | 90.00 | 62.00 | 21.00 | 98.00 | 133.00 | 224.00 |
| 调查数量 | | 头 | 1031.00 | 357.00 | 107.00 | 253.00 | 427.00 | 987.00 |
| 平均饲养天数 | | 天 | 158.00 | 167.00 | 188.00 | 165.00 | 230.00 | 212.00 |
| 每头 | 主产品产量 | 公斤 | 96.90 | 98.30 | 99.60 | 100.50 | 122.00 | 110.30 |
| | 产值合计 | 元 | 692.88 | 586.74 | 684.43 | 526.72 | 777.39 | 640.07 |
| | 主产品产值 | 元 | 674.02 | 564.20 | 674.33 | 510.00 | 750.70 | 615.15 |
| | 副产品产值 | 元 | 18.86 | 22.54 | 10.10 | 16.72 | 26.69 | 24.92 |
| | 其他收入 | 元 | | | | | | |
| | 生产成本 | 元 | 641.52 | 610.44 | 587.99 | 571.11 | 603.12 | 632.21 |
| | 物质费用 | 元 | 561.22 | 483.94 | 451.59 | 439.11 | 454.62 | 458.41 |
| | 用工作价 | 元 | 80.30 | 126.50 | 136.40 | 132.00 | 148.50 | 173.80 |
| | 用工数量 | 日 | 7.30 | 11.50 | 12.40 | 12.00 | 13.50 | 15.80 |
| | 劳动日工价 | 元 | 11.00 | 11.00 | 11.00 | 11.00 | 11.00 | 11.00 |
| | 期间费用 | 元 | 3.64 | 1.54 | 1.87 | 3.59 | 7.65 | 5.94 |
| | 税金 | 元 | 3.98 | 1.56 | | 2.77 | | 4.02 |
| | 含税成本 | 元 | 649.14 | 613.54 | 589.86 | 577.47 | 610.77 | 642.17 |
| | 净产值 | 元 | 131.66 | 102.80 | 232.84 | 87.61 | 322.77 | 181.66 |
| | 减税纯收益 | 元 | 43.74 | -26.80 | 94.57 | -50.75 | 166.62 | -2.10 |
| | 成本纯收益率 | % | 6.74 | -4.37 | 16.03 | -8.79 | 27.28 | -0.33 |
| | 耗粮数量 | 公斤 | 125.90 | 139.80 | 91.00 | 166.00 | 132.80 | 183.90 |
| 每50公斤主产品 | 平均出售价格 | 元 | 347.79 | 286.98 | 338.52 | 253.73 | 307.66 | 278.85 |
| | 物质费用 | 元 | 281.70 | 236.70 | 223.36 | 211.53 | 179.92 | 199.71 |
| | 生产成本 | 元 | 322.01 | 298.57 | 290.82 | 275.11 | 238.69 | 275.43 |
| | 含税成本 | 元 | 325.83 | 300.09 | 291.75 | 278.18 | 241.72 | 279.76 |
| | 净产值 | 元 | 66.09 | 50.28 | 115.16 | 42.20 | 127.74 | 79.14 |
| | 减税纯收益 | 元 | 21.96 | -13.11 | 46.77 | -24.45 | 65.94 | -0.91 |
| | 耗粮数量 | 公斤 | 65.00 | 71.10 | 45.70 | 82.60 | 54.40 | 83.40 |
| 每一劳动日 | 主产品产量 | 公斤 | 13.30 | 8.50 | 8.00 | 8.40 | 9.00 | 7.00 |
| | 净产值 | 元 | 18.04 | 8.94 | 18.78 | 7.30 | 23.91 | 11.50 |
| 每核算单位成本外支出 | | 元 | 0.83 | 5.40 | | | 3.14 | 1.21 |

# 2002 年全国肉类产品成本收益(四)

品种：农户散养生猪　　　　　　　　　　　　　　　　　　　　按统一工价汇总

| 项 目 名 称 | | 单位 | 重 庆 | 陕 西 | 甘 肃 | 青 海 | 宁 夏 | 新 疆 |
|---|---|---|---|---|---|---|---|---|
| 调查县数 | | 个 | 11.00 | 9.00 | 11.00 | 6.00 | 5.00 | 1.00 |
| 调查户数 | | 户 | 150.00 | 78.00 | 77.00 | 18.00 | 17.00 | 3.00 |
| 调查数量 | | 头 | 394.00 | 462.00 | 156.00 | 161.00 | 310.00 | 11.00 |
| 平均饲养天数 | | 天 | 252.00 | 210.00 | 280.00 | 278.00 | 159.00 | 160.00 |
| 每头 | 主产品产量 | 公斤 | 122.30 | 115.40 | 116.70 | 101.80 | 96.80 | 99.00 |
| | 产值合计 | 元 | 686.44 | 668.13 | 737.56 | 693.83 | 530.76 | 556.45 |
| | 主产品产值 | 元 | 658.82 | 649.27 | 700.29 | 667.92 | 506.20 | 545.00 |
| | 副产品产值 | 元 | 27.62 | 18.86 | 37.27 | 25.91 | 24.56 | 11.45 |
| | 其他收入 | 元 | | | | | | |
| | 生产成本 | 元 | 895.96 | 576.02 | 731.04 | 626.81 | 463.07 | 511.44 |
| | 物质费用 | 元 | 567.06 | 382.42 | 503.34 | 456.31 | 373.97 | 450.94 |
| | 用工作价 | 元 | 328.90 | 193.60 | 227.70 | 170.50 | 89.10 | 60.50 |
| | 用工数量 | 日 | 29.90 | 17.60 | 20.70 | 15.50 | 8.10 | 5.50 |
| | 劳动日工价 | 元 | 11.00 | 11.00 | 11.00 | 11.00 | 11.00 | 11.00 |
| | 期间费用 | 元 | 4.80 | 4.18 | 2.37 | 2.02 | 1.37 | 2.02 |
| | 税金 | 元 | 1.57 | | 0.54 | | | |
| | 含税成本 | 元 | 902.33 | 580.20 | 733.95 | 628.83 | 464.44 | 513.46 |
| | 净产值 | 元 | 119.38 | 285.71 | 234.22 | 237.52 | 156.79 | 105.51 |
| | 减税纯收益 | 元 | -215.89 | 87.93 | 3.61 | 65.00 | 66.32 | 42.99 |
| | 成本纯收益率 | % | -23.93 | 15.16 | 0.49 | 10.34 | 14.28 | 8.37 |
| | 耗粮数量 | 公斤 | 201.80 | 206.90 | 257.30 | 181.30 | 157.40 | 215.00 |
| 每50公斤主产品 | 平均出售价格 | 元 | 269.35 | 281.31 | 300.04 | 328.06 | 261.47 | 275.25 |
| | 物质费用 | 元 | 222.51 | 161.01 | 204.76 | 215.75 | 184.23 | 223.06 |
| | 生产成本 | 元 | 351.56 | 242.53 | 297.39 | 296.37 | 228.12 | 252.99 |
| | 含税成本 | 元 | 354.06 | 244.29 | 298.57 | 297.33 | 228.80 | 253.98 |
| | 净产值 | 元 | 46.84 | 120.30 | 95.28 | 112.31 | 77.24 | 52.19 |
| | 减税纯收益 | 元 | -84.71 | 37.02 | 1.47 | 30.73 | 32.67 | 21.27 |
| | 耗粮数量 | 公斤 | 82.50 | 89.60 | 110.20 | 89.00 | 81.30 | 108.60 |
| 每一劳动日 | 主产品产量 | 公斤 | 4.10 | 6.60 | 5.60 | 6.60 | 12.00 | 18.00 |
| | 净产值 | 元 | 3.99 | 16.23 | 11.31 | 15.32 | 19.36 | 19.18 |
| 每核算单位成本外支出 | | 元 | | | | | | |

# 2002年全国肉类产品成本收益(一)

品种：农户散养生猪　　　　按地区工价汇总

| 项目名称 | | 单位 | 平均 | 河北 | 山西 | 辽宁 | 黑龙江 | 江苏 | 浙江 |
|---|---|---|---|---|---|---|---|---|---|
| 调查县数 | | 个 | 332.00 | 36.00 | 5.00 | 8.00 | 12.00 | 17.00 | 5.00 |
| 调查户数 | | 户 | 2603.00 | 244.00 | 70.00 | 21.00 | 35.00 | 140.00 | 18.00 |
| 调查数量 | | 头 | 11888.00 | 673.00 | 139.00 | 164.00 | 513.00 | 468.00 | 105.00 |
| 平均饲养天数 | | 天 | 184.00 | 154.00 | 215.00 | 164.00 | 172.00 | 123.00 | 141.00 |
| 每头 | 主产品产量 | 公斤 | 105.50 | 107.20 | 111.90 | 110.20 | 107.20 | 96.60 | 102.30 |
| | 产值合计 | 元 | 629.41 | 638.35 | 605.51 | 653.87 | 651.19 | 529.80 | 632.56 |
| | 主产品产值 | 元 | 606.82 | 597.62 | 574.92 | 635.45 | 638.89 | 510.82 | 619.73 |
| | 副产品产值 | 元 | 22.59 | 40.73 | 30.59 | 18.42 | 12.30 | 18.98 | 12.83 |
| | 其他收入 | 元 | | | | | | | |
| | 生产成本 | 元 | 590.96 | 549.72 | 606.59 | 548.24 | 541.91 | 548.72 | 538.60 |
| | 物质费用 | 元 | 463.36 | 464.72 | 465.55 | 496.94 | 469.71 | 425.22 | 470.15 |
| | 用工作价 | 元 | 127.60 | 85.00 | 141.04 | 51.30 | 72.20 | 123.50 | 68.45 |
| | 用工数量 | 日 | 11.60 | 10.00 | 17.20 | 5.40 | 7.60 | 9.50 | 3.70 |
| | 劳动日工价 | 元 | 11.00 | 8.50 | 8.20 | 9.50 | 9.50 | 13.00 | 18.50 |
| | 期间费用 | 元 | 3.37 | 2.47 | 4.85 | 5.96 | 3.10 | 2.39 | 1.71 |
| | 税金 | 元 | 0.74 | | | 0.40 | | | |
| | 含税成本 | 元 | 595.07 | 552.19 | 611.44 | 554.60 | 545.01 | 551.11 | 540.31 |
| | 净产值 | 元 | 166.05 | 173.63 | 139.96 | 156.93 | 181.48 | 104.58 | 162.41 |
| | 减税纯收益 | 元 | 34.34 | 86.16 | −5.93 | 99.27 | 106.18 | −21.31 | 92.25 |
| | 成本纯收益率 | % | 5.77 | 15.60 | −0.97 | 17.90 | 19.48 | −3.87 | 17.07 |
| | 耗粮数量 | 公斤 | 171.90 | 196.40 | 214.40 | 240.80 | 238.80 | 133.00 | 153.10 |
| 每50公斤主产品 | 平均出售价格 | 元 | 287.59 | 278.74 | 256.89 | 288.32 | 297.99 | 264.40 | 302.90 |
| | 物质费用 | 元 | 211.72 | 202.92 | 197.51 | 219.12 | 214.94 | 212.21 | 225.13 |
| | 生产成本 | 元 | 270.02 | 240.04 | 257.35 | 241.74 | 247.98 | 273.84 | 257.91 |
| | 含税成本 | 元 | 271.90 | 241.12 | 259.41 | 244.55 | 249.40 | 275.03 | 258.73 |
| | 净产值 | 元 | 75.87 | 75.82 | 59.38 | 69.20 | 83.05 | 52.19 | 77.77 |
| | 减税纯收益 | 元 | 15.69 | 37.62 | −2.52 | 43.77 | 48.59 | −10.63 | 44.17 |
| | 耗粮数量 | 公斤 | 81.50 | 91.60 | 95.80 | 109.30 | 111.40 | 68.80 | 74.80 |
| 每一劳动日 | 主产品产量 | 公斤 | 9.10 | 10.70 | 6.50 | 20.40 | 14.10 | 10.20 | 27.60 |
| | 净产值 | 元 | 14.31 | 17.36 | 8.14 | 29.06 | 23.88 | 11.01 | 43.89 |
| 每核算单位成本外支出 | | 元 | 0.74 | | 0.30 | 2.71 | 1.24 | 0.12 | |

# 2002年全国肉类产品成本收益(二)

品种：农户散养生猪　　　　按地区工价汇总

| 项目名称 | | 单位 | 安徽 | 福建 | 江西 | 山东 | 河南 | 湖北 | 湖南 |
|---|---|---|---|---|---|---|---|---|---|
| 调查县数 | | 个 | 8.00 | 5.00 | 31.00 | 26.00 | 16.00 | 18.00 | 29.00 |
| 调查户数 | | 户 | 90.00 | 48.00 | 243.00 | 237.00 | 32.00 | 224.00 | 230.00 |
| 调查数量 | | 头 | 189.00 | 322.00 | 667.00 | 1021.00 | 151.00 | 1510.00 | 1310.00 |
| 平均饲养天数 | | 天 | 223.00 | 126.00 | 192.00 | 130.00 | 164.00 | 194.00 | 134.00 |
| 每头 | 主产品产量 | 公斤 | 108.80 | 100.50 | 109.20 | 105.40 | 98.10 | 101.10 | 99.40 |
| | 产值合计 | 元 | 632.51 | 605.93 | 701.89 | 600.30 | 566.65 | 563.04 | 572.34 |
| | 主产品产值 | 元 | 597.75 | 596.06 | 673.41 | 570.52 | 547.45 | 532.22 | 559.79 |
| | 副产品产值 | 元 | 34.76 | 9.87 | 28.48 | 29.78 | 19.20 | 30.82 | 12.55 |
| | 其他收入 | 元 | | | | | | | |
| | 生产成本 | 元 | 578.82 | 613.82 | 643.09 | 549.22 | 494.99 | 536.52 | 547.91 |
| | 物质费用 | 元 | 471.82 | 496.78 | 516.61 | 465.60 | 422.01 | 400.52 | 435.73 |
| | 用工作价 | 元 | 107.00 | 117.04 | 126.48 | 83.62 | 72.98 | 136.00 | 112.18 |
| | 用工数量 | 日 | 10.70 | 7.60 | 12.40 | 7.40 | 8.20 | 13.60 | 7.90 |
| | 劳动日工价 | 元 | 10.00 | 15.40 | 10.20 | 11.30 | 8.90 | 10.00 | 14.20 |
| | 期间费用 | 元 | 1.05 | 1.22 | 4.79 | 3.18 | 4.33 | 6.85 | 1.25 |
| | 税金 | 元 | | | | 0.41 | | | 3.23 |
| | 含税成本 | 元 | 579.87 | 615.04 | 647.88 | 552.81 | 499.32 | 543.37 | 552.39 |
| | 净产值 | 元 | 160.69 | 109.15 | 185.28 | 134.70 | 144.64 | 162.52 | 136.61 |
| | 减税纯收益 | 元 | 52.64 | -9.11 | 54.01 | 47.49 | 67.33 | 19.67 | 19.95 |
| | 成本纯收益率 | % | 9.08 | -1.48 | 8.34 | 8.59 | 13.48 | 3.62 | 3.61 |
| | 耗粮数量 | 公斤 | 193.90 | 131.10 | 136.00 | 202.50 | 119.40 | 132.40 | 147.50 |
| 每50公斤主产品 | 平均出售价格 | 元 | 274.70 | 296.55 | 308.34 | 270.65 | 279.03 | 263.21 | 281.58 |
| | 物质费用 | 元 | 204.91 | 243.13 | 226.95 | 209.92 | 207.81 | 187.24 | 214.37 |
| | 生产成本 | 元 | 251.38 | 300.41 | 282.51 | 247.62 | 243.74 | 250.81 | 269.56 |
| | 含税成本 | 元 | 251.84 | 301.01 | 284.61 | 249.24 | 245.88 | 254.01 | 271.76 |
| | 净产值 | 元 | 69.79 | 53.42 | 81.39 | 60.73 | 71.22 | 75.97 | 67.21 |
| | 减税纯收益 | 元 | 22.86 | -4.46 | 23.73 | 21.41 | 33.15 | 9.20 | 9.82 |
| | 耗粮数量 | 公斤 | 89.10 | 65.20 | 62.30 | 96.10 | 60.90 | 65.50 | 74.20 |
| 每一劳动日 | 主产品产量 | 公斤 | 10.20 | 13.20 | 8.80 | 14.20 | 12.00 | 7.40 | 12.60 |
| | 净产值 | 元 | 15.02 | 14.36 | 14.94 | 18.20 | 17.64 | 11.95 | 17.29 |
| 每核算单位成本外支出 | | 元 | | | 0.54 | 0.63 | | 1.70 | 0.64 |

# 2002年全国肉类产品成本收益(三)

品种：农户散养生猪　　　　按地区工价汇总

| 项目名称 | | 单位 | 广东 | 广西 | 海南 | 四川 | 贵州 | 云南 |
|---|---|---|---|---|---|---|---|---|
| 调查县数 | | 个 | 10.00 | 11.00 | 4.00 | 14.00 | 9.00 | 25.00 |
| 调查户数 | | 户 | 90.00 | 62.00 | 21.00 | 98.00 | 133.00 | 224.00 |
| 调查数量 | | 头 | 1031.00 | 357.00 | 107.00 | 253.00 | 427.00 | 987.00 |
| 平均饲养天数 | | 天 | 158.00 | 167.00 | 188.00 | 165.00 | 230.00 | 212.00 |
| 每头 | 主产品产量 | 公斤 | 96.90 | 98.30 | 99.60 | 100.50 | 122.00 | 110.30 |
| | 产值合计 | 元 | 692.88 | 586.74 | 684.43 | 526.72 | 777.39 | 640.07 |
| | 主产品产值 | 元 | 674.02 | 564.20 | 674.33 | 510.00 | 750.70 | 615.15 |
| | 副产品产值 | 元 | 18.86 | 22.54 | 10.10 | 16.72 | 26.69 | 24.92 |
| | 其他收入 | 元 | | | | | | |
| | 生产成本 | 元 | 688.97 | 604.69 | 637.59 | 577.11 | 589.62 | 608.51 |
| | 物质费用 | 元 | 561.22 | 483.94 | 451.59 | 439.11 | 454.62 | 458.41 |
| | 用工作价 | 元 | 127.75 | 120.75 | 186.00 | 138.00 | 135.00 | 150.10 |
| | 用工数量 | 日 | 7.30 | 11.50 | 12.40 | 12.00 | 13.50 | 15.80 |
| | 劳动日工价 | 元 | 17.50 | 10.50 | 15.00 | 11.50 | 10.00 | 9.50 |
| | 期间费用 | 元 | 3.64 | 1.54 | 1.87 | 3.59 | 7.65 | 5.94 |
| | 税金 | 元 | 3.98 | 1.56 | | 2.77 | | 4.02 |
| | 含税成本 | 元 | 696.59 | 607.79 | 639.46 | 583.47 | 597.27 | 618.47 |
| | 净产值 | 元 | 131.66 | 102.80 | 232.84 | 87.61 | 322.77 | 181.66 |
| | 减税纯收益 | 元 | -3.71 | -21.05 | 44.97 | -56.75 | 180.12 | 21.60 |
| | 成本纯收益率 | % | -0.53 | -3.46 | 7.03 | -9.73 | 30.16 | 3.49 |
| | 耗粮数量 | 公斤 | 125.90 | 139.80 | 91.00 | 166.00 | 132.80 | 183.90 |
| 每50公斤主产品 | 平均出售价格 | 元 | 347.79 | 286.98 | 338.52 | 253.73 | 307.66 | 278.85 |
| | 物质费用 | 元 | 281.70 | 236.70 | 223.36 | 211.53 | 179.92 | 199.71 |
| | 生产成本 | 元 | 345.83 | 295.76 | 315.35 | 278.00 | 233.35 | 265.10 |
| | 含税成本 | 元 | 349.65 | 297.28 | 316.28 | 281.07 | 236.38 | 269.44 |
| | 净产值 | 元 | 66.09 | 50.28 | 115.16 | 42.20 | 127.74 | 79.14 |
| | 减税纯收益 | 元 | -1.86 | -10.30 | 22.24 | -27.34 | 71.28 | 9.41 |
| | 耗粮数量 | 公斤 | 65.00 | 71.10 | 45.70 | 82.60 | 54.40 | 83.40 |
| 每一劳动日 | 主产品产量 | 公斤 | 13.30 | 8.50 | 8.00 | 8.40 | 9.00 | 7.00 |
| | 净产值 | 元 | 18.04 | 8.94 | 18.78 | 7.30 | 23.91 | 11.50 |
| 每核算单位成本外支出 | | 元 | 0.83 | 5.40 | | | 3.14 | 1.21 |

# 2002 年全国肉类产品成本收益(四)

品种：农户散养生猪 按地区工价汇总

| 项 目 名 称 | | 单位 | 重 庆 | 陕 西 | 甘 肃 | 青 海 | 宁 夏 | 新 疆 |
|---|---|---|---|---|---|---|---|---|
| 调查县数 | | 个 | 11.00 | 9.00 | 11.00 | 6.00 | 5.00 | 1.00 |
| 调查户数 | | 户 | 150.00 | 78.00 | 77.00 | 18.00 | 17.00 | 3.00 |
| 调查数量 | | 头 | 394.00 | 462.00 | 156.00 | 161.00 | 310.00 | 11.00 |
| 平均饲养天数 | | 天 | 252.00 | 210.00 | 280.00 | 278.00 | 159.00 | 160.00 |
| 每头 | 主产品产量 | 公斤 | 122.30 | 115.40 | 116.70 | 101.80 | 96.80 | 99.00 |
| | 产值合计 | 元 | 686.44 | 668.13 | 737.56 | 693.83 | 530.76 | 556.45 |
| | 主产品产值 | 元 | 658.82 | 649.27 | 700.29 | 667.92 | 506.20 | 545.00 |
| | 副产品产值 | 元 | 27.62 | 18.86 | 37.27 | 25.91 | 24.56 | 11.45 |
| | 其他收入 | 元 | | | | | | |
| | 生产成本 | 元 | 875.03 | 553.14 | 658.59 | 595.81 | 449.30 | 501.54 |
| | 物质费用 | 元 | 567.06 | 382.42 | 503.34 | 456.31 | 373.97 | 450.94 |
| | 用工作价 | 元 | 307.97 | 170.72 | 155.25 | 139.50 | 75.33 | 50.60 |
| | 用工数量 | 日 | 29.90 | 17.60 | 20.70 | 15.50 | 8.10 | 5.50 |
| | 劳动日工价 | 元 | 10.30 | 9.70 | 7.50 | 9.00 | 9.30 | 9.20 |
| | 期间费用 | 元 | 4.80 | 4.18 | 2.37 | 2.02 | 1.37 | 2.02 |
| | 税金 | 元 | 1.57 | | 0.54 | | | |
| | 含税成本 | 元 | 881.40 | 557.32 | 661.50 | 597.83 | 450.67 | 503.56 |
| | 净产值 | 元 | 119.38 | 285.71 | 234.22 | 237.52 | 156.79 | 105.51 |
| | 减税纯收益 | 元 | -194.96 | 110.81 | 76.06 | 96.00 | 80.09 | 52.89 |
| | 成本纯收益率 | % | -22.12 | 19.88 | 11.50 | 16.06 | 17.77 | 10.50 |
| | 耗粮数量 | 公斤 | 201.80 | 206.90 | 257.30 | 181.30 | 157.40 | 215.00 |
| 每50公斤主产品 | 平均出售价格 | 元 | 269.35 | 281.31 | 300.04 | 328.06 | 261.47 | 275.25 |
| | 物质费用 | 元 | 222.51 | 161.01 | 204.76 | 215.75 | 184.23 | 223.06 |
| | 生产成本 | 元 | 343.35 | 232.89 | 267.91 | 281.71 | 221.34 | 248.09 |
| | 含税成本 | 元 | 345.85 | 234.65 | 269.10 | 282.67 | 222.02 | 249.09 |
| | 净产值 | 元 | 46.84 | 120.30 | 95.28 | 112.31 | 77.24 | 52.19 |
| | 减税纯收益 | 元 | -76.50 | 46.66 | 30.94 | 45.39 | 39.45 | 26.16 |
| | 耗粮数量 | 公斤 | 82.50 | 89.60 | 110.20 | 89.00 | 81.30 | 108.60 |
| 每一劳动日 | 主产品产量 | 公斤 | 4.10 | 6.60 | 5.60 | 6.60 | 12.00 | 18.00 |
| | 净产值 | 元 | 3.99 | 16.23 | 11.31 | 15.32 | 19.36 | 19.18 |
| 每核算单位成本外支出 | | 元 | | | | | | |

# 2002年全国肉类产品物质费用和期间费用(一)

**品种：农户散养生猪**

| 项目名称 | 单位 | 平均 | 河北 | 山西 | 辽宁 | 黑龙江 | 江苏 | 浙江 |
|---|---|---|---|---|---|---|---|---|
| 一、物质费用 | 元 | 463.36 | 464.72 | 465.55 | 496.94 | 469.71 | 425.22 | 470.15 |
| (一)直接生产费用 | 元 | 453.18 | 458.82 | 459.32 | 489.55 | 458.49 | 417.90 | 463.68 |
| 1.仔畜进价 | 元 | 125.11 | 137.50 | 95.30 | 110.50 | 142.80 | 157.71 | 166.47 |
| 2.精饲料费 | 元 | 252.99 | 282.20 | 270.91 | 330.09 | 269.59 | 202.73 | 241.88 |
| 3.青粗饲料费 | 元 | 43.98 | 16.58 | 58.28 | 20.24 | 13.54 | 33.66 | 32.41 |
| 4.饲料加工费 | 元 | 6.48 | 8.49 | 10.62 | 9.41 | 6.69 | 6.89 | 4.10 |
| 5.水费 | 元 | 1.69 | 0.46 | 3.03 | 1.17 | 2.79 | 0.87 | 1.47 |
| 6.电费 | 元 | 1.53 | 1.52 | 0.75 | 1.02 | 1.46 | 0.44 | 1.36 |
| 7.煤费 | 元 | 6.14 | 1.09 | 2.16 | 2.65 | 3.08 | 1.42 | 2.04 |
| 8.医疗防疫费 | 元 | 7.83 | 6.11 | 8.93 | 4.88 | 7.71 | 8.86 | 7.55 |
| 9.死亡损失费 | 元 | 2.86 | 1.91 | 1.58 | 5.92 | 6.84 | 3.44 | 3.47 |
| 10.工具材料费 | 元 | 2.35 | 2.66 | 3.05 | 3.09 | 2.15 | 1.35 | 1.74 |
| 11.其他直接费用 | 元 | 2.22 | 0.30 | 4.71 | 0.58 | 1.84 | 0.53 | 1.19 |
| (二)间接生产费用 | 元 | 10.18 | 5.90 | 6.23 | 7.39 | 11.22 | 7.32 | 6.47 |
| 1.固定资产折旧费 | 元 | 8.04 | 4.75 | 3.35 | 6.02 | 8.57 | 5.99 | 5.35 |
| 2.修理费 | 元 | 1.64 | 0.99 | 2.18 | 1.36 | 1.97 | 1.15 | 0.93 |
| 3.其它间接费用 | 元 | 0.50 | 0.16 | 0.70 | 0.01 | 0.68 | 0.18 | 0.19 |
| 二、期间费用 | 元 | 3.37 | 2.47 | 4.85 | 5.96 | 3.10 | 2.39 | 1.71 |
| 1.承包费 | 元 | 0.19 | | | | | | |
| 2.管理费 | 元 | 0.72 | 0.81 | 2.08 | 3.14 | 0.30 | | |
| 3.销售费 | 元 | 2.32 | 1.66 | 2.50 | 2.60 | 2.60 | 2.39 | 1.71 |
| 4.财务费 | 元 | 0.14 | | 0.27 | 0.22 | 0.20 | | |
| 附记：1.仔畜重量 | 公斤 | 17.10 | 21.10 | 9.50 | 14.60 | 14.30 | 29.60 | 27.00 |
| 2.精饲料数量 | 公斤 | 242.10 | 267.40 | 249.60 | 290.30 | 283.30 | 194.70 | 192.80 |
| 3.青粗饲料量 | 公斤 | 341.90 | 133.40 | 278.00 | 115.20 | 115.70 | 196.70 | 145.60 |

# 2002 年全国肉类产品物质费用和期间费用(二)

品种：农户散养生猪

| 项 目 名 称 | 单位 | 安 徽 | 福 建 | 江 西 | 山 东 | 河 南 | 湖 北 | 湖 南 |
|---|---|---|---|---|---|---|---|---|
| 一、物质费用 | 元 | 471.82 | 496.78 | 516.61 | 465.60 | 422.01 | 400.52 | 435.73 |
| (一)直接生产费用 | 元 | 460.84 | 485.16 | 507.50 | 456.50 | 415.59 | 392.08 | 429.44 |
| 1.仔畜进价 | 元 | 110.92 | 159.45 | 132.94 | 127.64 | 109.57 | 62.42 | 130.77 |
| 2.精饲料费 | 元 | 249.44 | 284.47 | 260.98 | 289.61 | 275.53 | 229.17 | 247.49 |
| 3.青粗饲料费 | 元 | 62.77 | 21.94 | 82.10 | 14.60 | 12.09 | 71.23 | 28.71 |
| 4.饲料加工费 | 元 | 10.14 |  | 1.34 | 7.60 | 5.23 | 5.47 | 5.61 |
| 5.水费 | 元 | 0.67 | 1.99 | 0.15 | 0.94 | 1.80 | 1.43 | 0.07 |
| 6.电费 | 元 | 0.29 | 3.41 | 2.07 | 0.99 | 1.46 | 1.62 | 0.98 |
| 7.煤费 | 元 | 4.60 | 3.84 | 12.67 | 3.74 | 0.43 | 2.45 | 6.92 |
| 8.医疗防疫费 | 元 | 7.23 | 7.11 | 6.17 | 6.30 | 5.21 | 9.39 | 4.97 |
| 9.死亡损失费 | 元 | 2.83 | 0.15 | 3.66 | 2.44 | 1.89 | 6.40 | 2.24 |
| 10.工具材料费 | 元 | 4.28 | 2.39 | 3.93 | 2.32 | 1.80 | 2.13 | 1.25 |
| 11.其他直接费用 | 元 | 7.67 | 0.41 | 1.49 | 0.32 | 0.58 | 0.37 | 0.43 |
| (二)间接生产费用 | 元 | 10.98 | 11.62 | 9.11 | 9.10 | 6.42 | 8.44 | 6.29 |
| 1.固定资产折旧费 | 元 | 8.86 | 8.26 | 7.44 | 7.12 | 4.60 | 5.87 | 5.68 |
| 2.修理费 | 元 | 1.30 | 3.36 | 1.62 | 1.74 | 1.45 | 1.86 | 0.51 |
| 3.其它间接费用 | 元 | 0.82 |  | 0.05 | 0.24 | 0.37 | 0.71 | 0.10 |
| 二、期间费用 | 元 | 1.05 | 1.22 | 4.79 | 3.18 | 4.33 | 6.85 | 1.25 |
| 1.承包费 | 元 |  |  | 0.45 |  | 0.06 | 3.48 |  |
| 2.管理费 | 元 |  | 0.13 | 1.33 | 0.17 | 1.56 | 2.23 | 0.15 |
| 3.销售费 | 元 | 1.05 | 0.28 | 2.95 | 2.90 | 2.70 | 1.14 | 1.10 |
| 4.财务费 | 元 |  | 0.81 | 0.06 | 0.11 | 0.01 |  |  |
| 附记：1.仔畜重量 | 公斤 | 18.20 | 22.00 | 19.40 | 23.40 | 13.80 | 10.70 | 16.20 |
| 2.精饲料数量 | 公斤 | 258.00 | 197.30 | 243.80 | 259.00 | 238.20 | 204.50 | 203.00 |
| 3.青粗饲料量 | 公斤 | 676.20 | 253.20 | 406.60 | 86.90 | 99.90 | 451.40 | 202.00 |

# 2002年全国肉类产品物质费用和期间费用(三)

品种：农户散养生猪

| 项目名称 | 单位 | 广东 | 广西 | 海南 | 四川 | 贵州 | 云南 |
|---|---|---|---|---|---|---|---|
| 一、物质费用 | 元 | 561.22 | 483.94 | 451.59 | 439.11 | 454.62 | 458.41 |
| (一)直接生产费用 | 元 | 555.03 | 478.87 | 447.99 | 433.55 | 437.54 | 448.86 |
| 1.仔畜进价 | 元 | 171.15 | 145.68 | 168.26 | 128.07 | 106.61 | 125.01 |
| 2.精饲料费 | 元 | 290.74 | 264.19 | 204.68 | 196.52 | 163.00 | 221.97 |
| 3.青粗饲料费 | 元 | 52.15 | 40.55 | 45.93 | 54.00 | 118.64 | 67.12 |
| 4.饲料加工费 | 元 | 1.68 | 6.28 | 8.46 | 4.77 | 7.05 | 7.97 |
| 5.水费 | 元 | 1.03 | 1.12 | 3.10 | 1.82 | 3.84 | 1.91 |
| 6.电费 | 元 | 2.09 | 1.19 | 2.39 | 1.68 | 1.41 | 2.11 |
| 7.煤费 | 元 | 13.62 | 2.79 | | 7.88 | 18.94 | 9.80 |
| 8.医疗防疫费 | 元 | 6.48 | 5.97 | 9.78 | 30.49 | 8.31 | 5.23 |
| 9.死亡损失费 | 元 | 1.00 | 2.52 | 2.55 | 0.78 | 3.96 | 5.11 |
| 10.工具材料费 | 元 | 2.45 | 1.89 | 2.14 | 1.25 | 4.69 | 1.90 |
| 11.其他直接费用 | 元 | 12.64 | 6.69 | 0.70 | 6.29 | 1.09 | 0.73 |
| (二)间接生产费用 | 元 | 6.19 | 5.07 | 3.60 | 5.56 | 17.08 | 9.55 |
| 1.固定资产折旧费 | 元 | 4.52 | 3.92 | 2.34 | 4.18 | 11.71 | 7.88 |
| 2.修理费 | 元 | 1.10 | 0.97 | 0.43 | 1.37 | 4.06 | 1.42 |
| 3.其它间接费用 | 元 | 0.57 | 0.18 | 0.83 | 0.01 | 1.31 | 0.25 |
| 二、期间费用 | 元 | 3.64 | 1.54 | 1.87 | 3.59 | 7.65 | 5.94 |
| 1.承包费 | 元 | | 0.12 | | | | |
| 2.管理费 | 元 | 0.30 | 0.39 | | 0.07 | 1.64 | 1.44 |
| 3.销售费 | 元 | 2.34 | 0.91 | 1.87 | 3.41 | 6.01 | 4.50 |
| 4.财务费 | 元 | 1.00 | 0.12 | | 0.11 | | |
| 附记：1.仔畜重量 | 公斤 | 20.10 | 22.40 | 23.00 | 23.70 | 13.70 | 18.10 |
| 2.精饲料数量 | 公斤 | 214.50 | 210.70 | 189.90 | 207.30 | 190.00 | 204.60 |
| 3.青粗饲料量 | 公斤 | 188.20 | 222.50 | 145.60 | 658.40 | 1180.50 | 550.20 |

# 2002年全国肉类产品物质费用和期间费用(四)

品种：农户散养生猪

| 项 目 名 称 | 单位 | 重 庆 | 陕 西 | 甘 肃 | 青 海 | 宁 夏 | 新 疆 |
|---|---|---|---|---|---|---|---|
| 一、物质费用 | 元 | 567.06 | 382.42 | 503.34 | 456.31 | 373.97 | 450.94 |
| (一)直接生产费用 | 元 | 551.84 | 376.00 | 493.85 | 450.27 | 365.71 | 395.32 |
| 1.仔畜进价 | 元 | 150.79 | 102.93 | 93.09 | 110.45 | 90.66 | 91.00 |
| 2.精饲料费 | 元 | 261.25 | 201.76 | 313.78 | 274.71 | 227.86 | 270.18 |
| 3.青粗饲料费 | 元 | 77.06 | 39.45 | 58.56 | 46.36 | 31.64 | |
| 4.饲料加工费 | 元 | 8.16 | 11.09 | 12.84 | 7.00 | 4.99 | |
| 5.水费 | 元 | 1.54 | 1.51 | 1.81 | 0.11 | 1.04 | 6.55 |
| 6.电费 | 元 | 4.44 | 1.59 | 0.47 | 0.35 | 0.38 | 2.73 |
| 7.煤费 | 元 | 33.53 | 5.12 | 3.50 | 2.20 | 0.17 | 8.95 |
| 8.医疗防疫费 | 元 | 4.73 | 7.80 | 4.57 | 4.37 | 4.35 | 13.36 |
| 9.死亡损失费 | 元 | 3.88 | 1.95 | 1.29 | 3.30 | 2.42 | |
| 10.工具材料费 | 元 | 3.46 | 2.09 | 2.04 | 0.70 | 1.50 | 2.55 |
| 11.其他直接费用 | 元 | 3.00 | 0.71 | 1.90 | 0.72 | 0.70 | |
| (二)间接生产费用 | 元 | 15.22 | 6.42 | 9.49 | 6.04 | 8.26 | 55.62 |
| 1.固定资产折旧费 | 元 | 9.81 | 5.00 | 7.68 | 5.41 | 6.01 | 50.73 |
| 2.修理费 | 元 | 4.17 | 1.11 | 1.59 | 0.23 | 2.20 | 2.00 |
| 3.其它间接费用 | 元 | 1.24 | 0.31 | 0.22 | 0.40 | 0.05 | 2.89 |
| 二、期间费用 | 元 | 4.80 | 4.18 | 2.37 | 2.02 | 1.37 | 2.02 |
| 1.承包费 | 元 | | | | 0.54 | | |
| 2.管理费 | 元 | 0.29 | 0.39 | 0.52 | 0.45 | 0.68 | |
| 3.销售费 | 元 | 4.51 | 3.79 | 1.76 | 0.64 | 0.69 | 2.02 |
| 4.财务费 | 元 | | | 0.09 | 0.39 | | |
| 附记：1.仔畜重量 | 公斤 | 22.00 | 11.00 | 11.40 | 7.40 | 9.10 | 6.20 |
| 2.精饲料数量 | 公斤 | 275.90 | 267.70 | 351.70 | 320.00 | 225.60 | 312.70 |
| 3.青粗饲料量 | 公斤 | 806.10 | 463.30 | 302.90 | 368.50 | 158.90 | |

# 2002年全国肉类产品成本收益(一)

品种：规模生猪　　　　按统一工价汇总

| 项　目　名　称 | | 单位 | 平　均 | 北　京 | 天　津 | 河　北 | 山　西 | 内蒙古 |
|---|---|---|---|---|---|---|---|---|
| 调查县数 | | 个 | 541.00 | 7.00 | 14.00 | 44.00 | 11.00 | 12.00 |
| 调查户数 | | 户 | 1192.00 | 21.00 | 27.00 | 89.00 | 39.00 | 38.00 |
| 调查数量 | | 头 | 1308479.00 | 39045.00 | 48755.00 | 28627.00 | 8769.00 | 21968.00 |
| 平均饲养天数 | | 天 | 141.00 | 163.00 | 137.00 | 132.00 | 161.00 | 176.00 |
| 每头 | 主产品产量 | 公斤 | 96.30 | 93.20 | 102.50 | 99.50 | 93.00 | 102.30 |
| | 产值合计 | 元 | 591.15 | 583.46 | 618.68 | 600.37 | 533.84 | 709.12 |
| | 主产品产值 | 元 | 578.19 | 580.18 | 613.79 | 567.07 | 526.64 | 680.60 |
| | 副产品产值 | 元 | 12.96 | 3.28 | 4.89 | 33.30 | 7.20 | 28.52 |
| | 其他收入 | 元 | 0.10 | | | | | |
| | 生产成本 | 元 | 528.55 | 554.65 | 557.54 | 504.48 | 482.50 | 613.12 |
| | 物质费用 | 元 | 495.55 | 537.05 | 543.24 | 464.88 | 438.50 | 564.72 |
| | 用工作价 | 元 | 33.00 | 17.60 | 14.30 | 39.60 | 44.00 | 48.40 |
| | 用工数量 | 日 | 3.00 | 1.60 | 1.30 | 3.60 | 4.00 | 4.40 |
| | 劳动日工价 | 元 | 11.00 | 11.00 | 11.00 | 11.00 | 11.00 | 11.00 |
| | 期间费用 | 元 | 11.62 | 12.59 | 6.21 | 8.89 | 4.59 | 23.70 |
| | 税金 | 元 | 0.64 | | | | | |
| | 含税成本 | 元 | 540.81 | 567.24 | 563.75 | 513.37 | 487.09 | 636.82 |
| | 净产值 | 元 | 95.60 | 46.41 | 75.44 | 135.49 | 95.34 | 144.40 |
| | 减税纯收益 | 元 | 50.44 | 16.22 | 54.93 | 87.00 | 46.75 | 72.30 |
| | 成本纯收益率 | % | 9.33 | 2.86 | 9.74 | 16.95 | 9.60 | 11.35 |
| | 耗粮数量 | 公斤 | 184.40 | 184.00 | 194.80 | 181.80 | 216.70 | 221.30 |
| 每50公斤主产品 | 平均出售价格 | 元 | 300.20 | 311.26 | 299.41 | 284.96 | 283.14 | 332.65 |
| | 物质费用 | 元 | 251.65 | 286.50 | 262.90 | 220.65 | 232.57 | 264.91 |
| | 生产成本 | 元 | 268.41 | 295.89 | 269.82 | 239.45 | 255.91 | 287.62 |
| | 含税成本 | 元 | 274.64 | 302.61 | 272.83 | 243.67 | 258.34 | 298.73 |
| | 净产值 | 元 | 48.55 | 24.76 | 36.51 | 64.31 | 50.57 | 67.74 |
| | 减税纯收益 | 元 | 25.61 | 8.65 | 26.58 | 41.29 | 24.80 | 33.92 |
| | 耗粮数量 | 公斤 | 95.70 | 98.70 | 95.00 | 91.40 | 116.50 | 108.20 |
| 每一劳动日 | 主产品产量 | 公斤 | 32.10 | 58.30 | 78.80 | 27.60 | 23.30 | 23.30 |
| | 净产值 | 元 | 31.87 | 29.01 | 58.03 | 37.64 | 23.84 | 32.82 |
| 每核算单位成本外支出 | | 元 | 1.09 | | | | | |

# 2002年全国肉类产品成本收益(二)

品种：规模生猪　　　　按统一工价汇总

| 项目名称 | | 单位 | 辽宁 | 吉林 | 黑龙江 | 上海 | 江苏 | 浙江 |
|---|---|---|---|---|---|---|---|---|
| 调查县数 | | 个 | 39.00 | 40.00 | 20.00 | 8.00 | 23.00 | 13.00 |
| 调查户数 | | 户 | 76.00 | 87.00 | 39.00 | 24.00 | 42.00 | 25.00 |
| 调查数量 | | 头 | 56188.00 | 29731.00 | 28530.00 | 131800.00 | 39512.00 | 49543.00 |
| 平均饲养天数 | | 天 | 137.00 | 133.00 | 151.00 | 99.00 | 127.00 | 123.00 |
| 每头 | 主产品产量 | 公斤 | 106.40 | 110.60 | 98.90 | 86.90 | 90.60 | 101.40 |
| | 产值合计 | 元 | 637.57 | 676.34 | 581.27 | 561.03 | 508.10 | 647.81 |
| | 主产品产值 | 元 | 620.37 | 665.81 | 570.03 | 561.03 | 493.27 | 639.55 |
| | 副产品产值 | 元 | 17.20 | 10.53 | 11.24 | | 14.83 | 8.26 |
| | 其他收入 | 元 | | | 0.08 | 1.94 | | |
| | 生产成本 | 元 | 542.20 | 569.63 | 520.70 | 532.14 | 483.83 | 576.55 |
| | 物质费用 | 元 | 509.20 | 533.33 | 462.40 | 526.64 | 454.13 | 560.05 |
| | 用工作价 | 元 | 33.00 | 36.30 | 58.30 | 5.50 | 29.70 | 16.50 |
| | 用工数量 | 日 | 3.00 | 3.30 | 5.30 | 0.50 | 2.70 | 1.50 |
| | 劳动日工价 | 元 | 11.00 | 11.00 | 11.00 | 11.00 | 11.00 | 11.00 |
| | 期间费用 | 元 | 10.60 | 4.31 | 3.53 | 14.20 | 9.99 | 17.96 |
| | 税金 | 元 | | | | | | |
| | 含税成本 | 元 | 552.80 | 573.94 | 524.23 | 546.34 | 493.82 | 594.51 |
| | 净产值 | 元 | 128.37 | 143.01 | 118.87 | 34.39 | 53.97 | 87.76 |
| | 减税纯收益 | 元 | 84.77 | 102.40 | 57.12 | 16.63 | 14.28 | 53.30 |
| | 成本纯收益率 | % | 15.33 | 17.84 | 10.90 | 3.04 | 2.89 | 8.97 |
| | 耗粮数量 | 公斤 | 199.80 | 220.10 | 259.60 | 162.30 | 150.40 | 209.20 |
| 每50公斤主产品 | 平均出售价格 | 元 | 291.53 | 301.00 | 288.19 | 322.80 | 272.22 | 315.36 |
| | 物质费用 | 元 | 232.83 | 237.35 | 229.26 | 303.01 | 243.31 | 272.64 |
| | 生产成本 | 元 | 247.92 | 253.51 | 258.16 | 306.18 | 259.22 | 280.67 |
| | 含税成本 | 元 | 252.77 | 255.43 | 259.91 | 314.35 | 264.57 | 289.41 |
| | 净产值 | 元 | 58.70 | 63.65 | 58.93 | 19.79 | 28.91 | 42.72 |
| | 减税纯收益 | 元 | 38.76 | 45.57 | 28.32 | 9.57 | 7.65 | 25.95 |
| | 耗粮数量 | 公斤 | 93.90 | 99.50 | 131.20 | 93.40 | 83.00 | 103.20 |
| 每一劳动日 | 主产品产量 | 公斤 | 35.50 | 33.50 | 18.70 | 173.80 | 33.60 | 67.60 |
| | 净产值 | 元 | 42.79 | 43.34 | 22.43 | 68.78 | 19.99 | 58.51 |
| 每核算单位成本外支出 | | 元 | 1.03 | | 3.33 | | 1.19 | |

# 2002年全国肉类产品成本收益(三)

**品种：规模生猪** 按统一工价汇总

| 项目名称 | | 单位 | 安徽 | 福建 | 山东 | 河南 | 湖北 | 湖南 |
|---|---|---|---|---|---|---|---|---|
| 调查县数 | | 个 | 25.00 | 16.00 | 19.00 | 59.00 | 27.00 | 11.00 |
| 调查户数 | | 户 | 42.00 | 39.00 | 54.00 | 98.00 | 93.00 | 74.00 |
| 调查数量 | | 头 | 49955.00 | 204257.00 | 30747.00 | 84096.00 | 73646.00 | 30292.00 |
| 平均饲养天数 | | 天 | 125.00 | 115.00 | 120.00 | 141.00 | 150.00 | 120.00 |
| 每头 | 主产品产量 | 公斤 | 96.00 | 100.50 | 102.60 | 95.00 | 98.70 | 101.20 |
| | 产值合计 | 元 | 567.08 | 653.45 | 591.02 | 566.05 | 611.07 | 656.01 |
| | 主产品产值 | 元 | 557.39 | 650.32 | 574.41 | 556.00 | 601.24 | 651.64 |
| | 副产品产值 | 元 | 9.69 | 3.13 | 16.61 | 10.05 | 9.83 | 4.37 |
| | 其他收入 | 元 | | 0.04 | | | 0.05 | |
| | 生产成本 | 元 | 533.44 | 624.38 | 502.90 | 511.22 | 583.40 | 590.73 |
| | 物质费用 | 元 | 490.54 | 612.28 | 476.50 | 465.02 | 539.40 | 584.13 |
| | 用工作价 | 元 | 42.90 | 12.10 | 26.40 | 46.20 | 44.00 | 6.60 |
| | 用工数量 | 日 | 3.90 | 1.10 | 2.40 | 4.20 | 4.00 | 0.60 |
| | 劳动日工价 | 元 | 11.00 | 11.00 | 11.00 | 11.00 | 11.00 | 11.00 |
| | 期间费用 | 元 | 15.14 | 14.96 | 8.77 | 15.35 | 19.60 | 7.43 |
| | 税金 | 元 | 0.10 | | 0.15 | | 4.62 | 0.81 |
| | 含税成本 | 元 | 548.68 | 639.34 | 511.82 | 526.57 | 607.62 | 598.97 |
| | 净产值 | 元 | 76.54 | 41.17 | 114.52 | 101.03 | 71.67 | 71.88 |
| | 减税纯收益 | 元 | 18.40 | 14.15 | 79.20 | 39.48 | 3.50 | 57.04 |
| | 成本纯收益率 | % | 3.35 | 2.21 | 15.47 | 7.50 | 0.58 | 9.52 |
| | 耗粮数量 | 公斤 | 177.60 | 142.80 | 178.10 | 135.70 | 179.50 | 195.60 |
| 每50公斤主产品 | 平均出售价格 | 元 | 290.31 | 323.54 | 279.93 | 292.63 | 304.58 | 321.96 |
| | 物质费用 | 元 | 251.13 | 303.16 | 225.69 | 240.40 | 268.86 | 286.68 |
| | 生产成本 | 元 | 273.09 | 309.15 | 238.19 | 264.28 | 290.79 | 289.92 |
| | 含税成本 | 元 | 280.89 | 316.55 | 242.42 | 272.22 | 302.86 | 293.97 |
| | 净产值 | 元 | 39.18 | 20.38 | 54.24 | 52.23 | 35.72 | 35.28 |
| | 减税纯收益 | 元 | 9.42 | 7.01 | 37.51 | 20.41 | 1.75 | 27.99 |
| | 耗粮数量 | 公斤 | 92.50 | 71.00 | 86.80 | 71.40 | 90.90 | 96.60 |
| 每一劳动日 | 主产品产量 | 公斤 | 24.60 | 91.40 | 42.80 | 22.60 | 24.70 | 168.70 |
| | 净产值 | 元 | 19.63 | 37.43 | 47.72 | 24.05 | 17.92 | 119.80 |
| 每核算单位成本外支出 | | 元 | | 0.05 | 0.55 | | 1.91 | 0.07 |

# 2002 年全国肉类产品成本收益(四)

品种：规模生猪　　　　按统一工价汇总

| 项目名称 | | 单位 | 广东 | 广西 | 海南 | 四川 | 贵州 | 云南 |
|---|---|---|---|---|---|---|---|---|
| 调查县数 | | 个 | 34.00 | 29.00 | 14.00 | 4.00 | 1.00 | 14.00 |
| 调查户数 | | 户 | 53.00 | 29.00 | 21.00 | 11.00 | 3.00 | 27.00 |
| 调查数量 | | 头 | 143288.00 | 11742.00 | 76844.00 | 7767.00 | 530.00 | 16438.00 |
| 平均饲养天数 | | 天 | 144.00 | 111.00 | 106.00 | 242.00 | 147.00 | 172.00 |
| 每头 | 主产品产量 | 公斤 | 96.10 | 93.00 | 71.10 | 100.20 | 116.30 | 107.70 |
| | 产值合计 | 元 | 684.02 | 590.33 | 502.31 | 552.79 | 629.25 | 631.84 |
| | 主产品产值 | 元 | 674.21 | 579.18 | 495.79 | 509.14 | 622.25 | 619.08 |
| | 副产品产值 | 元 | 9.81 | 11.15 | 6.52 | 43.65 | 7.00 | 12.76 |
| | 其他收入 | 元 | | | | 0.70 | | |
| | 生产成本 | 元 | 614.95 | 589.84 | 463.03 | 486.18 | 505.66 | 562.39 |
| | 物质费用 | 元 | 588.55 | 537.04 | 445.43 | 414.68 | 466.06 | 534.89 |
| | 用工作价 | 元 | 26.40 | 52.80 | 17.60 | 71.50 | 39.60 | 27.50 |
| | 用工数量 | 日 | 2.40 | 4.80 | 1.60 | 6.50 | 3.60 | 2.50 |
| | 劳动日工价 | 元 | 11.00 | 11.00 | 11.00 | 11.00 | 11.00 | 11.00 |
| | 期间费用 | 元 | 16.94 | 13.27 | 12.74 | 7.94 | 11.38 | 20.88 |
| | 税金 | 元 | 4.43 | | 0.98 | 3.70 | | 1.92 |
| | 含税成本 | 元 | 636.32 | 603.11 | 476.75 | 497.82 | 517.04 | 585.19 |
| | 净产值 | 元 | 95.47 | 53.29 | 56.88 | 138.11 | 163.19 | 96.95 |
| | 减税纯收益 | 元 | 47.70 | -12.78 | 25.56 | 55.67 | 112.21 | 46.65 |
| | 成本纯收益率 | % | 7.50 | -2.12 | 5.36 | 11.18 | 21.70 | 7.97 |
| | 耗粮数量 | 公斤 | 141.10 | 90.60 | 112.80 | 216.00 | 230.80 | 207.00 |
| 每50公斤主产品 | 平均出售价格 | 元 | 350.79 | 311.39 | 348.66 | 254.06 | 267.52 | 287.41 |
| | 物质费用 | 元 | 301.83 | 283.28 | 309.18 | 190.59 | 198.14 | 243.31 |
| | 生产成本 | 元 | 315.37 | 311.13 | 321.40 | 223.45 | 214.98 | 255.82 |
| | 含税成本 | 元 | 326.33 | 318.13 | 330.92 | 228.80 | 219.81 | 266.19 |
| | 净产值 | 元 | 48.96 | 28.11 | 39.48 | 63.47 | 69.38 | 44.10 |
| | 减税纯收益 | 元 | 24.46 | -6.74 | 17.74 | 25.61 | 47.71 | 21.22 |
| | 耗粮数量 | 公斤 | 73.40 | 48.70 | 79.30 | 107.80 | 99.20 | 96.10 |
| 每一劳动日 | 主产品产量 | 公斤 | 40.00 | 19.40 | 44.40 | 15.40 | 32.30 | 43.10 |
| | 净产值 | 元 | 39.78 | 11.10 | 35.55 | 21.25 | 45.33 | 38.78 |
| 每核算单位成本外支出 | | 元 | 0.41 | 1.73 | | | | |

# 2002年全国肉类产品成本收益(五)

品种：规模生猪　　　　按统一工价汇总

| 项目名称 | | 单位 | 陕西 | 甘肃 | 青海 | 宁夏 | 新疆 |
|---|---|---|---|---|---|---|---|
| 调查县数 | | 个 | 4.00 | 26.00 | 11.00 | 11.00 | 5.00 |
| 调查户数 | | 户 | 29.00 | 38.00 | 16.00 | 36.00 | 22.00 |
| 调查数量 | | 头 | 4872.00 | 10976.00 | 66620.00 | 3514.00 | 10427.00 |
| 平均饲养天数 | | 天 | 149.00 | 107.00 | 152.00 | 149.00 | 163.00 |
| 每头 | 主产品产量 | 公斤 | 97.20 | 60.20 | 97.60 | 94.00 | 83.40 |
| | 产值合计 | 元 | 513.04 | 365.82 | 633.27 | 551.38 | 595.62 |
| | 主产品产值 | 元 | 502.99 | 354.47 | 620.67 | 524.72 | 577.35 |
| | 副产品产值 | 元 | 10.05 | 11.35 | 12.60 | 26.66 | 18.27 |
| | 其他收入 | 元 | | | | | |
| | 生产成本 | 元 | 482.34 | 310.86 | 512.72 | 442.49 | 550.76 |
| | 物质费用 | 元 | 442.74 | 286.66 | 484.12 | 399.59 | 513.36 |
| | 用工作价 | 元 | 39.60 | 24.20 | 28.60 | 42.90 | 37.40 |
| | 用工数量 | 日 | 3.60 | 2.20 | 2.60 | 3.90 | 3.40 |
| | 劳动日工价 | 元 | 11.00 | 11.00 | 11.00 | 11.00 | 11.00 |
| | 期间费用 | 元 | 6.01 | 7.56 | 5.73 | 2.58 | 22.58 |
| | 税金 | 元 | | 0.13 | | | 1.14 |
| | 含税成本 | 元 | 488.35 | 318.55 | 518.45 | 445.07 | 574.48 |
| | 净产值 | 元 | 70.30 | 79.16 | 149.15 | 151.79 | 82.26 |
| | 减税纯收益 | 元 | 24.69 | 47.27 | 114.82 | 106.31 | 21.14 |
| | 成本纯收益率 | % | 5.06 | 14.84 | 22.15 | 23.89 | 3.68 |
| | 耗粮数量 | 公斤 | 234.30 | 170.30 | 141.60 | 182.80 | 226.50 |
| 每50公斤主产品 | 平均出售价格 | 元 | 258.74 | 294.41 | 317.97 | 279.11 | 346.13 |
| | 物质费用 | 元 | 223.29 | 230.70 | 243.08 | 202.27 | 298.33 |
| | 生产成本 | 元 | 243.26 | 250.18 | 257.44 | 223.99 | 320.06 |
| | 含税成本 | 元 | 246.29 | 256.37 | 260.32 | 225.30 | 333.85 |
| | 净产值 | 元 | 35.45 | 63.71 | 74.89 | 76.84 | 47.80 |
| | 减税纯收益 | 元 | 12.45 | 38.04 | 57.65 | 53.81 | 12.28 |
| | 耗粮数量 | 公斤 | 120.50 | 141.40 | 72.50 | 97.20 | 135.80 |
| 每一劳动日 | 主产品产量 | 公斤 | 27.00 | 27.40 | 37.50 | 24.10 | 24.50 |
| | 净产值 | 元 | 19.53 | 35.98 | 57.37 | 38.92 | 24.19 |
| 每核算单位成本外支出 | | 元 | 18.87 | 1.50 | | | |

# 2002年全国肉类产品成本收益(一)

品种：规模生猪　　　　按地区工价汇总

| 项目名称 | | 单位 | 平均 | 北京 | 天津 | 河北 | 山西 | 内蒙古 |
|---|---|---|---|---|---|---|---|---|
| 调查县数 | | 个 | 541.00 | 7.00 | 14.00 | 44.00 | 11.00 | 12.00 |
| 调查户数 | | 户 | 1192.00 | 21.00 | 27.00 | 89.00 | 39.00 | 38.00 |
| 调查数量 | | 头 | 1308479.00 | 39045.00 | 48755.00 | 28627.00 | 8769.00 | 21968.00 |
| 平均饲养天数 | | 天 | 141.00 | 163.00 | 137.00 | 132.00 | 161.00 | 176.00 |
| 每头 | 主产品产量 | 公斤 | 96.30 | 93.20 | 102.50 | 99.50 | 93.00 | 102.30 |
| | 产值合计 | 元 | 591.15 | 583.46 | 618.68 | 600.37 | 533.84 | 709.12 |
| | 主产品产值 | 元 | 578.19 | 580.18 | 613.79 | 567.07 | 526.64 | 680.60 |
| | 副产品产值 | 元 | 12.96 | 3.28 | 4.89 | 33.30 | 7.20 | 28.52 |
| | 其他收入 | 元 | 0.10 | | | | | |
| | 生产成本 | 元 | 531.55 | 576.25 | 560.01 | 495.48 | 471.30 | 599.92 |
| | 物质费用 | 元 | 495.55 | 537.05 | 543.24 | 464.88 | 438.50 | 564.72 |
| | 用工作价 | 元 | 36.00 | 39.20 | 16.77 | 30.60 | 32.80 | 35.20 |
| | 用工数量 | 日 | 3.00 | 1.60 | 1.30 | 3.60 | 4.00 | 4.40 |
| | 劳动日工价 | 元 | 12.00 | 24.50 | 12.90 | 8.50 | 8.20 | 8.00 |
| | 期间费用 | 元 | 11.62 | 12.59 | 6.21 | 8.89 | 4.59 | 23.70 |
| | 税金 | 元 | 0.64 | | | | | |
| | 含税成本 | 元 | 543.81 | 588.84 | 566.22 | 504.37 | 475.89 | 623.62 |
| | 净产值 | 元 | 95.60 | 46.41 | 75.44 | 135.49 | 95.34 | 144.40 |
| | 减税纯收益 | 元 | 47.44 | -5.38 | 52.46 | 96.00 | 57.95 | 85.50 |
| | 成本纯收益率 | % | 8.72 | -0.91 | 9.26 | 19.03 | 12.18 | 13.71 |
| | 耗粮数量 | 公斤 | 184.40 | 184.00 | 194.80 | 181.80 | 216.70 | 221.30 |
| 每50公斤主产品 | 平均出售价格 | 元 | 300.20 | 311.26 | 299.41 | 284.96 | 283.14 | 332.65 |
| | 物质费用 | 元 | 251.65 | 286.50 | 262.90 | 220.65 | 232.57 | 264.91 |
| | 生产成本 | 元 | 269.93 | 307.41 | 271.02 | 235.17 | 249.97 | 281.42 |
| | 含税成本 | 元 | 276.16 | 314.13 | 274.02 | 239.39 | 252.40 | 292.54 |
| | 净产值 | 元 | 48.55 | 24.76 | 36.51 | 64.31 | 50.57 | 67.74 |
| | 减税纯收益 | 元 | 24.09 | -2.87 | 25.39 | 45.57 | 30.74 | 40.11 |
| | 耗粮数量 | 公斤 | 95.70 | 98.70 | 95.00 | 91.40 | 116.50 | 108.20 |
| 每一劳动日 | 主产品产量 | 公斤 | 32.10 | 58.30 | 78.80 | 27.60 | 23.30 | 23.30 |
| | 净产值 | 元 | 31.87 | 29.01 | 58.03 | 37.64 | 23.84 | 32.82 |
| 每核算单位成本外支出 | | 元 | 1.09 | | | | | |

# 2002 年全国肉类产品成本收益(二)

品种：规模生猪　　　　按地区工价汇总

| 项目名称 | | 单位 | 辽宁 | 吉林 | 黑龙江 | 上海 | 江苏 | 浙江 |
|---|---|---|---|---|---|---|---|---|
| 调查县数 | | 个 | 39.00 | 40.00 | 20.00 | 8.00 | 23.00 | 13.00 |
| 调查户数 | | 户 | 76.00 | 87.00 | 39.00 | 24.00 | 42.00 | 25.00 |
| 调查数量 | | 头 | 56188.00 | 29731.00 | 28530.00 | 131800.00 | 39512.00 | 49543.00 |
| 平均饲养天数 | | 天 | 137.00 | 133.00 | 151.00 | 99.00 | 127.00 | 123.00 |
| 每头 | 主产品产量 | 公斤 | 106.40 | 110.60 | 98.90 | 86.90 | 90.60 | 101.40 |
| | 产值合计 | 元 | 637.57 | 676.34 | 581.27 | 561.03 | 508.10 | 647.81 |
| | 主产品产值 | 元 | 620.37 | 665.81 | 570.03 | 561.03 | 493.27 | 639.55 |
| | 副产品产值 | 元 | 17.20 | 10.53 | 11.24 | | 14.83 | 8.26 |
| | 其他收入 | 元 | | | 0.08 | 1.94 | | |
| | 生产成本 | 元 | 537.70 | 569.63 | 512.75 | 538.64 | 489.23 | 587.80 |
| | 物质费用 | 元 | 509.20 | 533.33 | 462.40 | 526.64 | 454.13 | 560.05 |
| | 用工作价 | 元 | 28.50 | 36.30 | 50.35 | 12.00 | 35.10 | 27.75 |
| | 用工数量 | 日 | 3.00 | 3.30 | 5.30 | 0.50 | 2.70 | 1.50 |
| | 劳动日工价 | 元 | 9.50 | 11.00 | 9.50 | 24.00 | 13.00 | 18.50 |
| | 期间费用 | 元 | 10.60 | 4.31 | 3.53 | 14.20 | 9.99 | 17.96 |
| | 税金 | 元 | | | | | | |
| | 含税成本 | 元 | 548.30 | 573.94 | 516.28 | 552.84 | 499.22 | 605.76 |
| | 净产值 | 元 | 128.37 | 143.01 | 118.87 | 34.39 | 53.97 | 87.76 |
| | 减税纯收益 | 元 | 89.27 | 102.40 | 65.07 | 10.13 | 8.88 | 42.05 |
| | 成本纯收益率 | % | 16.28 | 17.84 | 12.60 | 1.83 | 1.78 | 6.94 |
| | 耗粮数量 | 公斤 | 199.80 | 220.10 | 259.60 | 162.30 | 150.40 | 209.20 |
| 每50公斤主产品 | 平均出售价格 | 元 | 291.53 | 301.00 | 288.19 | 322.80 | 272.22 | 315.36 |
| | 物质费用 | 元 | 232.83 | 237.35 | 229.26 | 303.01 | 243.31 | 272.64 |
| | 生产成本 | 元 | 245.86 | 253.51 | 254.22 | 309.92 | 262.11 | 286.15 |
| | 含税成本 | 元 | 250.71 | 255.43 | 255.97 | 318.09 | 267.46 | 294.89 |
| | 净产值 | 元 | 58.70 | 63.65 | 58.93 | 19.79 | 28.91 | 42.72 |
| | 减税纯收益 | 元 | 40.82 | 45.57 | 32.26 | 5.83 | 4.76 | 20.47 |
| | 耗粮数量 | 公斤 | 93.90 | 99.50 | 131.20 | 93.40 | 83.00 | 103.20 |
| 每一劳动日 | 主产品产量 | 公斤 | 35.50 | 33.50 | 18.70 | 173.80 | 33.60 | 67.60 |
| | 净产值 | 元 | 42.79 | 43.34 | 22.43 | 68.78 | 19.99 | 58.51 |
| 每核算单位成本外支出 | | 元 | 1.03 | | 3.33 | | 1.19 | |

# 2002年全国肉类产品成本收益(三)

品种：规模生猪

按地区工价汇总

| 项目名称 | | 单位 | 安徽 | 福建 | 山东 | 河南 | 湖北 | 湖南 |
|---|---|---|---|---|---|---|---|---|
| 调查县数 | | 个 | 25.00 | 16.00 | 19.00 | 59.00 | 27.00 | 11.00 |
| 调查户数 | | 户 | 42.00 | 39.00 | 54.00 | 98.00 | 93.00 | 74.00 |
| 调查数量 | | 头 | 49955.00 | 204257.00 | 30747.00 | 84096.00 | 73646.00 | 30292.00 |
| 平均饲养天数 | | 天 | 125.00 | 115.00 | 120.00 | 141.00 | 150.00 | 120.00 |
| 每头 | 主产品产量 | 公斤 | 96.00 | 100.50 | 102.60 | 95.00 | 98.70 | 101.20 |
| | 产值合计 | 元 | 567.08 | 653.45 | 591.02 | 566.05 | 611.07 | 656.01 |
| | 主产品产值 | 元 | 557.39 | 650.32 | 574.41 | 556.00 | 601.24 | 651.64 |
| | 副产品产值 | 元 | 9.69 | 3.13 | 16.61 | 10.05 | 9.83 | 4.37 |
| | 其他收入 | 元 | | 0.04 | | | 0.05 | |
| | 生产成本 | 元 | 529.54 | 629.22 | 503.62 | 502.40 | 579.40 | 592.65 |
| | 物质费用 | 元 | 490.54 | 612.28 | 476.50 | 465.02 | 539.40 | 584.13 |
| | 用工作价 | 元 | 39.00 | 16.94 | 27.12 | 37.38 | 40.00 | 8.52 |
| | 用工数量 | 日 | 3.90 | 1.10 | 2.40 | 4.20 | 4.00 | 0.60 |
| | 劳动日工价 | 元 | 10.00 | 15.40 | 11.30 | 8.90 | 10.00 | 14.20 |
| | 期间费用 | 元 | 15.14 | 14.96 | 8.77 | 15.35 | 19.60 | 7.43 |
| | 税金 | 元 | 0.10 | | 0.15 | | 4.62 | 0.81 |
| | 含税成本 | 元 | 544.78 | 644.18 | 512.54 | 517.75 | 603.62 | 600.89 |
| | 净产值 | 元 | 76.54 | 41.17 | 114.52 | 101.03 | 71.67 | 71.88 |
| | 减税纯收益 | 元 | 22.30 | 9.31 | 78.48 | 48.30 | 7.50 | 55.12 |
| | 成本纯收益率 | % | 4.09 | 1.45 | 15.31 | 9.33 | 1.24 | 9.17 |
| | 耗粮数量 | 公斤 | 177.60 | 142.80 | 178.10 | 135.70 | 179.50 | 195.60 |
| 每50公斤主产品 | 平均出售价格 | 元 | 290.31 | 323.54 | 279.93 | 292.63 | 304.58 | 321.96 |
| | 物质费用 | 元 | 251.13 | 303.16 | 225.69 | 240.40 | 268.86 | 286.68 |
| | 生产成本 | 元 | 271.09 | 311.54 | 238.53 | 259.72 | 288.79 | 290.86 |
| | 含税成本 | 元 | 278.89 | 318.95 | 242.76 | 267.66 | 300.87 | 294.91 |
| | 净产值 | 元 | 39.18 | 20.38 | 54.24 | 52.23 | 35.72 | 35.28 |
| | 减税纯收益 | 元 | 11.42 | 4.61 | 37.17 | 24.97 | 3.74 | 27.05 |
| | 耗粮数量 | 公斤 | 92.50 | 71.00 | 86.80 | 71.40 | 90.90 | 96.60 |
| 每一劳动日 | 主产品产量 | 公斤 | 24.60 | 91.40 | 42.80 | 22.60 | 24.70 | 168.70 |
| | 净产值 | 元 | 19.63 | 37.43 | 47.72 | 24.05 | 17.92 | 119.80 |
| 每核算单位成本外支出 | | 元 | | 0.05 | 0.55 | | 1.91 | 0.07 |

# 2002年全国肉类产品成本收益(四)

品种：规模生猪　　　　按地区工价汇总

| 项目名称 | | 单位 | 广东 | 广西 | 海南 | 四川 | 贵州 | 云南 |
|---|---|---|---|---|---|---|---|---|
| 调查县数 | | 个 | 34.00 | 29.00 | 14.00 | 4.00 | 1.00 | 14.00 |
| 调查户数 | | 户 | 53.00 | 29.00 | 21.00 | 11.00 | 3.00 | 27.00 |
| 调查数量 | | 头 | 143288.00 | 11742.00 | 76844.00 | 7767.00 | 530.00 | 16438.00 |
| 平均饲养天数 | | 天 | 144.00 | 111.00 | 106.00 | 242.00 | 147.00 | 172.00 |
| 每头 | 主产品产量 | 公斤 | 96.10 | 93.00 | 71.10 | 100.20 | 116.30 | 107.70 |
| | 产值合计 | 元 | 684.02 | 590.33 | 502.31 | 552.79 | 629.25 | 631.84 |
| | 主产品产值 | 元 | 674.21 | 579.18 | 495.79 | 509.14 | 622.25 | 619.08 |
| | 副产品产值 | 元 | 9.81 | 11.15 | 6.52 | 43.65 | 7.00 | 12.76 |
| | 其他收入 | 元 | | | | 0.70 | | |
| | 生产成本 | 元 | 630.55 | 587.44 | 469.43 | 489.43 | 502.06 | 558.64 |
| | 物质费用 | 元 | 588.55 | 537.04 | 445.43 | 414.68 | 466.06 | 534.89 |
| | 用工作价 | 元 | 42.00 | 50.40 | 24.00 | 74.75 | 36.00 | 23.75 |
| | 用工数量 | 日 | 2.40 | 4.80 | 1.60 | 6.50 | 3.60 | 2.50 |
| | 劳动日工价 | 元 | 17.50 | 10.50 | 15.00 | 11.50 | 10.00 | 9.50 |
| | 期间费用 | 元 | 16.94 | 13.27 | 12.74 | 7.94 | 11.38 | 20.88 |
| | 税金 | 元 | 4.43 | | 0.98 | 3.70 | | 1.92 |
| | 含税成本 | 元 | 651.92 | 600.71 | 483.15 | 501.07 | 513.44 | 581.44 |
| | 净产值 | 元 | 95.47 | 53.29 | 56.88 | 138.11 | 163.19 | 96.95 |
| | 减税纯收益 | 元 | 32.10 | -10.38 | 19.16 | 52.42 | 115.81 | 50.40 |
| | 成本纯收益率 | % | 4.92 | -1.73 | 3.97 | 10.46 | 22.56 | 8.67 |
| | 耗粮数量 | 公斤 | 141.10 | 90.60 | 112.80 | 216.00 | 230.80 | 207.00 |
| 每50公斤主产品 | 平均出售价格 | 元 | 350.79 | 311.39 | 348.66 | 254.06 | 267.52 | 287.41 |
| | 物质费用 | 元 | 301.83 | 283.28 | 309.18 | 190.59 | 198.14 | 243.31 |
| | 生产成本 | 元 | 323.37 | 309.87 | 325.84 | 224.94 | 213.45 | 254.11 |
| | 含税成本 | 元 | 334.33 | 316.87 | 335.36 | 230.29 | 218.28 | 264.48 |
| | 净产值 | 元 | 48.96 | 28.11 | 39.48 | 63.47 | 69.38 | 44.10 |
| | 减税纯收益 | 元 | 16.46 | -5.48 | 13.30 | 24.12 | 49.24 | 22.93 |
| | 耗粮数量 | 公斤 | 73.40 | 48.70 | 79.30 | 107.80 | 99.20 | 96.10 |
| 每一劳动日 | 主产品产量 | 公斤 | 40.00 | 19.40 | 44.40 | 15.40 | 32.30 | 43.10 |
| | 净产值 | 元 | 39.78 | 11.10 | 35.55 | 21.25 | 45.33 | 38.78 |
| 每核算单位成本外支出 | | 元 | 0.41 | 1.73 | | | | |

# 2002 年全国肉类产品成本收益(五)

品种：规模生猪

按地区工价汇总

| 项 目 名 称 | | 单位 | 陕 西 | 甘 肃 | 青 海 | 宁 夏 | 新 疆 |
|---|---|---|---|---|---|---|---|
| 调查县数 | | 个 | 4.00 | 26.00 | 11.00 | 11.00 | 5.00 |
| 调查户数 | | 户 | 29.00 | 38.00 | 16.00 | 36.00 | 22.00 |
| 调查数量 | | 头 | 4872.00 | 10976.00 | 66620.00 | 3514.00 | 10427.00 |
| 平均饲养天数 | | 天 | 149.00 | 107.00 | 152.00 | 149.00 | 163.00 |
| 每头 | 主产品产量 | 公斤 | 97.20 | 60.20 | 97.60 | 94.00 | 83.40 |
| | 产值合计 | 元 | 513.04 | 365.82 | 633.27 | 551.38 | 595.62 |
| | 主产品产值 | 元 | 502.99 | 354.47 | 620.67 | 524.72 | 577.35 |
| | 副产品产值 | 元 | 10.05 | 11.35 | 12.60 | 26.66 | 18.27 |
| | 其他收入 | 元 | | | | | |
| | 生产成本 | 元 | 477.66 | 303.16 | 507.52 | 435.86 | 544.64 |
| | 物质费用 | 元 | 442.74 | 286.66 | 484.12 | 399.59 | 513.36 |
| | 用工作价 | 元 | 34.92 | 16.50 | 23.40 | 36.27 | 31.28 |
| | 用工数量 | 日 | 3.60 | 2.20 | 2.60 | 3.90 | 3.40 |
| | 劳动日工价 | 元 | 9.70 | 7.50 | 9.00 | 9.30 | 9.20 |
| | 期间费用 | 元 | 6.01 | 7.56 | 5.73 | 2.58 | 22.58 |
| | 税金 | 元 | | 0.13 | | | 1.14 |
| | 含税成本 | 元 | 483.67 | 310.85 | 513.25 | 438.44 | 568.36 |
| | 净产值 | 元 | 70.30 | 79.16 | 149.15 | 151.79 | 82.26 |
| | 减税纯收益 | 元 | 29.37 | 54.97 | 120.02 | 112.94 | 27.26 |
| | 成本纯收益率 | % | 6.07 | 17.68 | 23.38 | 25.76 | 4.80 |
| | 耗粮数量 | 公斤 | 234.30 | 170.30 | 141.60 | 182.80 | 226.50 |
| 每 50 公斤主产品 | 平均出售价格 | 元 | 258.74 | 294.41 | 317.97 | 279.11 | 346.13 |
| | 物质费用 | 元 | 223.29 | 230.70 | 243.08 | 202.27 | 298.33 |
| | 生产成本 | 元 | 240.90 | 243.98 | 254.83 | 220.63 | 316.50 |
| | 含税成本 | 元 | 243.93 | 250.17 | 257.71 | 221.94 | 330.29 |
| | 净产值 | 元 | 35.45 | 63.71 | 74.89 | 76.84 | 47.80 |
| | 减税纯收益 | 元 | 14.81 | 44.24 | 60.26 | 57.17 | 15.84 |
| | 耗粮数量 | 公斤 | 120.50 | 141.40 | 72.50 | 97.20 | 135.80 |
| 每一劳动日 | 主产品产量 | 公斤 | 27.00 | 27.40 | 37.50 | 24.10 | 24.50 |
| | 净产值 | 元 | 19.53 | 35.98 | 57.37 | 38.92 | 24.19 |
| 每核算单位成本外支出 | | 元 | 18.87 | 1.50 | | | |

# 2002年全国肉类产品物质费用和期间费用(一)

品种:规模生猪

| 项目名称 | 单位 | 平均 | 北京 | 天津 | 河北 | 山西 | 内蒙古 |
|---|---|---|---|---|---|---|---|
| 一、物质费用 | 元 | 495.55 | 537.05 | 543.24 | 464.88 | 438.50 | 564.72 |
| (一)直接生产费用 | 元 | 483.00 | 521.00 | 532.66 | 454.27 | 424.18 | 546.00 |
| 1.仔畜进价 | 元 | 138.22 | 137.30 | 173.12 | 134.65 | 87.90 | 120.48 |
| 2.精饲料费 | 元 | 305.99 | 350.94 | 341.37 | 293.48 | 306.15 | 354.38 |
| 3.青粗饲料费 | 元 | 11.66 | 0.18 | 1.73 | 2.43 | 4.14 | 22.54 |
| 4.饲料加工费 | 元 | 3.90 | 0.39 | 1.33 | 5.09 | 2.49 | 9.26 |
| 5.水费 | 元 | 1.76 | 1.06 | 1.34 | 1.42 | 1.62 | 4.00 |
| 6.电费 | 元 | 2.81 | 7.54 | 2.45 | 2.71 | 2.12 | 4.10 |
| 7.煤费 | 元 | 1.63 | 3.26 | 0.61 | 0.69 | 1.90 | 6.17 |
| 8.医疗防疫费 | 元 | 7.55 | 13.31 | 5.28 | 7.99 | 8.01 | 8.28 |
| 9.死亡损失费 | 元 | 4.63 | 5.91 | 2.87 | 4.43 | 7.04 | 11.84 |
| 10.工具材料费 | 元 | 1.96 | 0.48 | 1.45 | 0.96 | 1.74 | 2.60 |
| 11.其他直接费用 | 元 | 2.89 | 0.63 | 1.11 | 0.42 | 1.07 | 2.35 |
| (二)间接生产费用 | 元 | 12.55 | 16.05 | 10.58 | 10.61 | 14.32 | 18.72 |
| 1.固定资产折旧费 | 元 | 10.06 | 13.67 | 7.30 | 9.03 | 13.44 | 13.56 |
| 2.修理费 | 元 | 1.77 | 2.00 | 1.75 | 1.43 | 0.70 | 4.32 |
| 3.其它间接费用 | 元 | 0.72 | 0.38 | 1.53 | 0.15 | 0.18 | 0.84 |
| 二、期间费用 | 元 | 11.62 | 12.59 | 6.21 | 8.89 | 4.59 | 23.70 |
| 1.承包费 | 元 | 1.76 | 3.22 | 2.03 | 3.04 | 0.38 | 0.36 |
| 2.管理费 | 元 | 4.89 | 5.73 | 1.51 | 1.83 | 2.02 | 17.77 |
| 3.销售费 | 元 | 2.04 | 0.70 | 0.21 | 0.68 | 1.39 | 4.02 |
| 4.财务费 | 元 | 2.93 | 2.94 | 2.46 | 3.34 | 0.80 | 1.55 |
| 附记:1.仔畜重量 | 公斤 | 17.20 | 17.00 | 20.00 | 18.50 | 10.30 | 11.10 |
| 2.精饲料数量 | 公斤 | 253.90 | 282.40 | 278.30 | 248.20 | 272.00 | 299.40 |
| 3.青粗饲料量 | 公斤 | 124.40 | 3.90 | 100.00 | 31.80 | 67.40 | 275.40 |

# 2002年全国肉类产品物质费用和期间费用(二)

品种：规模生猪

| 项目名称 | 单位 | 辽宁 | 吉林 | 黑龙江 | 上海 | 江苏 | 浙江 |
|---|---|---|---|---|---|---|---|
| 一、物质费用 | 元 | 509.20 | 533.33 | 462.40 | 526.64 | 454.13 | 560.05 |
| (一)直接生产费用 | 元 | 497.11 | 522.87 | 451.32 | 512.86 | 443.36 | 547.50 |
| 1.仔畜进价 | 元 | 122.90 | 144.70 | 127.81 | 196.13 | 147.10 | 177.19 |
| 2.精饲料费 | 元 | 341.52 | 336.96 | 279.88 | 295.88 | 263.05 | 333.90 |
| 3.青粗饲料费 | 元 | 9.43 | 9.53 | 9.99 | | 13.66 | 9.18 |
| 4.饲料加工费 | 元 | 3.12 | 5.59 | 8.37 | | 3.71 | 7.45 |
| 5.水费 | 元 | 0.76 | 0.93 | 3.03 | 2.28 | 0.98 | 1.46 |
| 6.电费 | 元 | 2.80 | 2.41 | 1.91 | 2.62 | 1.49 | 1.04 |
| 7.煤费 | 元 | 0.68 | 2.88 | 2.83 | | 0.52 | |
| 8.医疗防疫费 | 元 | 6.18 | 9.68 | 7.48 | 8.43 | 7.67 | 8.46 |
| 9.死亡损失费 | 元 | 7.15 | 8.27 | 6.24 | 3.24 | 2.63 | 4.69 |
| 10.工具材料费 | 元 | 1.35 | 1.37 | 1.36 | 1.18 | 1.01 | 1.61 |
| 11.其他直接费用 | 元 | 1.22 | 0.55 | 2.42 | 3.10 | 1.54 | 2.52 |
| (二)间接生产费用 | 元 | 12.09 | 10.46 | 11.08 | 13.78 | 10.77 | 12.55 |
| 1.固定资产折旧费 | 元 | 10.47 | 7.96 | 8.66 | 10.06 | 8.61 | 10.31 |
| 2.修理费 | 元 | 1.57 | 1.35 | 1.73 | 1.42 | 1.19 | 1.75 |
| 3.其它间接费用 | 元 | 0.05 | 1.15 | 0.69 | 2.30 | 0.97 | 0.49 |
| 二、期间费用 | 元 | 10.60 | 4.31 | 3.53 | 14.20 | 9.99 | 17.96 |
| 1.承包费 | 元 | | 0.18 | 0.39 | 0.96 | 1.39 | 1.67 |
| 2.管理费 | 元 | 3.72 | 1.33 | 0.25 | 7.42 | 1.64 | 9.57 |
| 3.销售费 | 元 | 2.90 | 1.12 | 1.59 | 2.00 | 2.72 | 2.52 |
| 4.财务费 | 元 | 3.98 | 1.68 | 1.30 | 3.82 | 4.24 | 4.20 |
| 附记：1.仔畜重量 | 公斤 | 14.00 | 17.40 | 15.00 | 24.00 | 27.50 | 25.70 |
| 2.精饲料数量 | 公斤 | 281.70 | 281.90 | 285.20 | 199.50 | 227.80 | 260.60 |
| 3.青粗饲料量 | 公斤 | 56.00 | 78.70 | 56.30 | | 129.20 | 98.80 |

# 2002年全国肉类产品物质费用和期间费用(三)

品种：规模生猪

| 项 目 名 称 | 单位 | 安 徽 | 福 建 | 山 东 | 河 南 | 湖 北 | 湖 南 |
|---|---|---|---|---|---|---|---|
| 一、物质费用 | 元 | 490.54 | 612.28 | 476.50 | 465.02 | 539.40 | 584.13 |
| (一)直接生产费用 | 元 | 475.38 | 601.79 | 463.61 | 449.77 | 526.24 | 577.75 |
| 1.仔畜进价 | 元 | 143.65 | 198.83 | 154.00 | 109.77 | 116.25 | 157.73 |
| 2.精饲料费 | 元 | 277.40 | 387.97 | 270.18 | 304.89 | 363.36 | 401.48 |
| 3.青粗饲料费 | 元 | 32.67 | 0.13 | 9.57 | 3.85 | 17.52 | |
| 4.饲料加工费 | 元 | 3.24 | 0.74 | 3.00 | 3.81 | 2.31 | 3.41 |
| 5.水费 | 元 | 0.78 | 1.56 | 1.56 | 2.88 | 1.50 | 1.11 |
| 6.电费 | 元 | 3.18 | 1.46 | 2.64 | 4.83 | 3.74 | 0.56 |
| 7.煤费 | 元 | 0.65 | 0.03 | 1.50 | 1.93 | 0.23 | 0.05 |
| 8.医疗防疫费 | 元 | 6.41 | 7.15 | 10.91 | 9.91 | 9.94 | 5.27 |
| 9.死亡损失费 | 元 | 5.29 | 1.89 | 7.49 | 4.46 | 6.85 | 6.40 |
| 10.工具材料费 | 元 | 1.96 | 1.01 | 1.79 | 2.98 | 1.90 | 0.49 |
| 11.其他直接费用 | 元 | 0.15 | 1.02 | 0.97 | 0.46 | 2.64 | 1.25 |
| (二)间接生产费用 | 元 | 15.16 | 10.49 | 12.89 | 15.25 | 13.16 | 6.38 |
| 1.固定资产折旧费 | 元 | 13.56 | 9.36 | 10.35 | 13.27 | 10.72 | 4.99 |
| 2.修理费 | 元 | 1.23 | 0.81 | 2.26 | 1.71 | 1.72 | 0.92 |
| 3.其它间接费用 | 元 | 0.37 | 0.32 | 0.28 | 0.27 | 0.72 | 0.47 |
| 二、期间费用 | 元 | 15.14 | 14.96 | 8.77 | 15.35 | 19.60 | 7.43 |
| 1.承包费 | 元 | 1.38 | 2.07 | 0.90 | 1.52 | 2.07 | 0.24 |
| 2.管理费 | 元 | 7.82 | 3.40 | 3.38 | 6.82 | 8.40 | 1.36 |
| 3.销售费 | 元 | 0.89 | 1.14 | 1.46 | 3.25 | 3.80 | 1.10 |
| 4.财务费 | 元 | 5.05 | 8.35 | 3.03 | 3.76 | 5.33 | 4.73 |
| 附记：1.仔畜重量 | 公斤 | 20.50 | 17.60 | 25.40 | 12.90 | 13.40 | 15.00 |
| 2.精饲料数量 | 公斤 | 248.20 | 245.20 | 241.10 | 248.50 | 266.90 | 268.80 |
| 3.青粗饲料量 | 公斤 | 221.30 | 3.70 | 82.50 | 59.40 | 126.70 | |

# 2002 年全国肉类产品物质费用和期间费用(四)

品种: 规模生猪

| 项 目 名 称 | 单位 | 广 东 | 广 西 | 海 南 | 四 川 | 贵 州 | 云 南 |
|---|---|---|---|---|---|---|---|
| 一、物质费用 | 元 | 588.55 | 537.04 | 445.43 | 414.68 | 466.06 | 534.89 |
| (一)直接生产费用 | 元 | 568.97 | 519.38 | 436.61 | 397.68 | 452.78 | 521.68 |
| 1. 仔畜进价 | 元 | 163.02 | 178.36 | 163.93 | 91.12 | 112.03 | 158.79 |
| 2. 精饲料费 | 元 | 338.55 | 319.56 | 228.89 | 231.41 | 253.79 | 303.99 |
| 3. 青粗饲料费 | 元 | 20.23 | 3.66 | 6.05 | 42.08 | 47.08 | 25.95 |
| 4. 饲料加工费 | 元 | 3.23 | 3.73 | 4.40 | 8.83 | 5.17 | 6.17 |
| 5. 水费 | 元 | 1.79 | 1.72 | 1.40 | 5.52 | 0.25 | 3.08 |
| 6. 电费 | 元 | 5.74 | 0.98 | 2.44 | 2.58 | 3.82 | 3.11 |
| 7. 煤费 | 元 | 1.79 | | | 6.79 | 1.13 | 3.05 |
| 8. 医疗防疫费 | 元 | 8.48 | 6.03 | 8.88 | 4.35 | 10.88 | 6.10 |
| 9. 死亡损失费 | 元 | 2.13 | 2.32 | 1.62 | 0.61 | 3.33 | 4.59 |
| 10. 工具材料费 | 元 | 3.22 | 2.37 | 1.31 | 2.75 | 12.80 | 1.13 |
| 11. 其他直接费用 | 元 | 20.79 | 0.65 | 17.69 | 1.64 | 2.50 | 5.72 |
| (二)间接生产费用 | 元 | 19.58 | 17.66 | 8.82 | 17.00 | 13.28 | 13.21 |
| 1. 固定资产折旧费 | 元 | 15.28 | 13.66 | 6.79 | 14.95 | 10.60 | 7.08 |
| 2. 修理费 | 元 | 2.65 | 2.52 | 1.39 | 1.82 | 2.68 | 3.01 |
| 3. 其它间接费用 | 元 | 1.65 | 1.48 | 0.64 | 0.23 | | 3.12 |
| 二、期间费用 | 元 | 16.94 | 13.27 | 12.74 | 7.94 | 11.38 | 20.88 |
| 1. 承包费 | 元 | 5.31 | 4.57 | 0.62 | 0.13 | | 7.25 |
| 2. 管理费 | 元 | 7.57 | 5.39 | 11.20 | 2.06 | 10.88 | 3.62 |
| 3. 销售费 | 元 | 1.85 | | 0.92 | 0.87 | 0.50 | 6.49 |
| 4. 财务费 | 元 | 2.21 | 3.31 | | 4.88 | | 3.52 |
| 附记: 1. 仔畜重量 | 公斤 | 19.70 | 20.60 | 26.40 | 17.60 | 15.40 | 20.00 |
| 2. 精饲料数量 | 公斤 | 219.20 | 180.90 | 158.90 | 343.40 | 282.90 | 254.90 |
| 3. 青粗饲料量 | 公斤 | 225.30 | 178.80 | 40.90 | 386.00 | 311.80 | 238.30 |

# 2002年全国肉类产品物质费用和期间费用(五)

品种:规模生猪

| 项目名称 | 单位 | 陕西 | 甘肃 | 青海 | 宁夏 | 新疆 |
|---|---|---|---|---|---|---|
| 一、物质费用 | 元 | 442.74 | 286.66 | 484.12 | 399.59 | 513.36 |
| (一)直接生产费用 | 元 | 435.01 | 279.88 | 475.19 | 388.72 | 500.19 |
| 1.仔畜进价 | 元 | 124.81 | 77.63 | 155.25 | 94.90 | 100.73 |
| 2.精饲料费 | 元 | 296.49 | 181.32 | 294.75 | 259.80 | 356.41 |
| 3.青粗饲料费 | 元 |  | 3.34 | 6.01 | 18.57 | 6.94 |
| 4.饲料加工费 | 元 | 1.48 | 2.95 | 2.49 | 3.34 | 4.04 |
| 5.水费 | 元 | 0.68 | 0.68 | 1.18 | 1.20 | 3.46 |
| 6.电费 | 元 | 1.14 | 2.89 | 1.72 | 1.29 | 5.40 |
| 7.煤费 | 元 | 0.44 | 1.50 | 1.40 | 0.02 | 5.70 |
| 8.医疗防疫费 | 元 | 4.96 | 3.92 | 6.51 | 4.17 | 6.71 |
| 9.死亡损失费 | 元 | 3.05 | 3.79 | 3.69 | 2.19 | 5.54 |
| 10.工具材料费 | 元 | 1.08 | 0.51 | 1.03 | 1.59 | 1.79 |
| 11.其他直接费用 | 元 | 0.88 | 1.35 | 1.16 | 1.65 | 3.47 |
| (二)间接生产费用 | 元 | 7.73 | 6.78 | 8.93 | 10.87 | 13.17 |
| 1.固定资产折旧费 | 元 | 6.41 | 5.73 | 7.10 | 9.35 | 9.36 |
| 2.修理费 | 元 | 1.04 | 0.42 | 1.22 | 1.40 | 3.44 |
| 3.其它间接费用 | 元 | 0.28 | 0.63 | 0.61 | 0.12 | 0.37 |
| 二、期间费用 | 元 | 6.01 | 7.56 | 5.73 | 2.58 | 22.58 |
| 1.承包费 | 元 | 0.73 | 0.86 | 1.32 | 0.50 | 6.09 |
| 2.管理费 | 元 |  | 1.98 | 1.92 | 0.17 | 8.23 |
| 3.销售费 | 元 | 2.87 | 2.37 | 1.53 | 1.81 | 6.49 |
| 4.财务费 | 元 | 2.41 | 2.35 | 0.96 | 0.10 | 1.77 |
| 附记:1.仔畜重量 | 公斤 | 11.10 | 9.50 | 13.40 | 9.70 | 13.40 |
| 2.精饲料数量 | 公斤 | 276.40 | 147.90 | 233.50 | 257.40 | 317.50 |
| 3.青粗饲料量 | 公斤 |  | 44.20 | 150.70 | 101.70 | 40.70 |

# 2002年全国肉类产品成本收益(一)

品种：小规模生猪　　　　按统一工价汇总

| 项目名称 | | 单位 | 平均 | 河北 | 山西 | 内蒙古 | 辽宁 | 吉林 |
|---|---|---|---|---|---|---|---|---|
| 调查县数 | | 个 | 183.00 | 22.00 | 4.00 | 5.00 | 13.00 | 15.00 |
| 调查户数 | | 户 | 467.00 | 59.00 | 10.00 | 18.00 | 28.00 | 37.00 |
| 调查数量 | | 头 | 32666.00 | 3584.00 | 432.00 | 1212.00 | 1759.00 | 1979.00 |
| 平均饲养天数 | | 天 | 148.00 | 153.00 | 174.00 | 197.00 | 144.00 | 137.00 |
| 每头 | 主产品产量 | 公斤 | 95.80 | 102.80 | 95.40 | 96.10 | 110.10 | 111.80 |
| | 产值合计 | 元 | 580.80 | 594.48 | 589.59 | 749.20 | 662.83 | 683.71 |
| | 主产品产值 | 元 | 564.51 | 557.93 | 576.32 | 707.87 | 644.23 | 674.41 |
| | 副产品产值 | 元 | 16.29 | 36.55 | 13.27 | 41.33 | 18.60 | 9.30 |
| | 其他收入 | 元 | | | | | | |
| | 生产成本 | 元 | 511.00 | 507.73 | 510.94 | 637.12 | 559.44 | 566.63 |
| | 物质费用 | 元 | 461.50 | 450.53 | 429.54 | 581.02 | 509.94 | 532.53 |
| | 用工作价 | 元 | 49.50 | 57.20 | 81.40 | 56.10 | 49.50 | 34.10 |
| | 用工数量 | 日 | 4.50 | 5.20 | 7.40 | 5.10 | 4.50 | 3.10 |
| | 劳动日工价 | 元 | 11.00 | 11.00 | 11.00 | 11.00 | 11.00 | 11.00 |
| | 期间费用 | 元 | 7.31 | 4.95 | 2.02 | 11.60 | 7.63 | 4.15 |
| | 税金 | 元 | 0.74 | | | | | |
| | 含税成本 | 元 | 519.05 | 512.68 | 512.96 | 648.72 | 567.07 | 570.78 |
| | 净产值 | 元 | 119.30 | 143.95 | 160.05 | 168.18 | 152.89 | 151.18 |
| | 减税纯收益 | 元 | 61.75 | 81.80 | 76.63 | 100.48 | 95.76 | 112.93 |
| | 成本纯收益率 | % | 11.90 | 15.96 | 14.94 | 15.49 | 16.89 | 19.79 |
| | 耗粮数量 | 公斤 | 181.80 | 201.10 | 227.70 | 231.90 | 211.90 | 244.70 |
| 每50公斤主产品 | 平均出售价格 | 元 | 294.63 | 271.37 | 302.05 | 368.30 | 292.57 | 301.61 |
| | 物质费用 | 元 | 234.11 | 205.66 | 220.06 | 285.62 | 225.09 | 234.92 |
| | 生产成本 | 元 | 259.22 | 231.77 | 261.76 | 313.20 | 246.93 | 249.96 |
| | 含税成本 | 元 | 263.31 | 234.03 | 262.79 | 318.90 | 250.30 | 251.79 |
| | 净产值 | 元 | 60.52 | 65.71 | 81.99 | 82.68 | 67.48 | 66.69 |
| | 减税纯收益 | 元 | 31.32 | 37.34 | 39.26 | 49.40 | 42.27 | 49.82 |
| | 耗粮数量 | 公斤 | 94.90 | 97.80 | 119.30 | 120.70 | 96.20 | 109.40 |
| 每一劳动日 | 主产品产量 | 公斤 | 21.30 | 19.80 | 12.90 | 18.80 | 24.50 | 36.10 |
| | 净产值 | 元 | 26.51 | 27.68 | 21.63 | 32.98 | 33.98 | 48.77 |
| 每核算单位成本外支出 | | 元 | 2.90 | | | | 1.66 | |

# 2002年全国肉类产品成本收益(二)

品种：小规模生猪　　　　按统一工价汇总

| 项目名称 | | 单位 | 黑龙江 | 江苏 | 安徽 | 福建 | 山东 | 河南 |
|---|---|---|---|---|---|---|---|---|
| 调查县数 | | 个 | 8.00 | 12.00 | 8.00 | 2.00 | 4.00 | 24.00 |
| 调查户数 | | 户 | 17.00 | 28.00 | 19.00 | 9.00 | 13.00 | 45.00 |
| 调查数量 | | 头 | 1867.00 | 2004.00 | 2246.00 | 1161.00 | 580.00 | 2935.00 |
| 平均饲养天数 | | 天 | 165.00 | 120.00 | 146.00 | 126.00 | 131.00 | 152.00 |
| 每头 | 主产品产量 | 公斤 | 102.50 | 88.70 | 103.00 | 105.70 | 99.90 | 99.20 |
| | 产值合计 | 元 | 590.56 | 473.33 | 611.34 | 662.06 | 535.80 | 566.18 |
| | 主产品产值 | 元 | 578.65 | 458.05 | 595.55 | 654.58 | 526.17 | 554.84 |
| | 副产品产值 | 元 | 11.91 | 15.28 | 15.79 | 7.48 | 9.63 | 11.34 |
| | 其他收入 | 元 | | | | | | |
| | 生产成本 | 元 | 538.36 | 467.82 | 529.51 | 645.99 | 478.70 | 504.56 |
| | 物质费用 | 元 | 455.86 | 416.12 | 487.71 | 629.49 | 446.80 | 444.06 |
| | 用工作价 | 元 | 82.50 | 51.70 | 41.80 | 16.50 | 31.90 | 60.50 |
| | 用工数量 | 日 | 7.50 | 4.70 | 3.80 | 1.50 | 2.90 | 5.50 |
| | 劳动日工价 | 元 | 11.00 | 11.00 | 11.00 | 11.00 | 11.00 | 11.00 |
| | 期间费用 | 元 | 1.75 | 3.59 | 13.16 | 0.60 | 4.92 | 8.46 |
| | 税金 | 元 | | | | | 0.05 | |
| | 含税成本 | 元 | 540.11 | 471.41 | 542.67 | 646.59 | 483.67 | 513.02 |
| | 净产值 | 元 | 134.70 | 57.21 | 123.63 | 32.57 | 89.00 | 122.12 |
| | 减税纯收益 | 元 | 50.45 | 1.92 | 68.67 | 15.47 | 52.13 | 53.16 |
| | 成本纯收益率 | % | 9.34 | 0.41 | 12.65 | 2.39 | 10.78 | 10.36 |
| | 耗粮数量 | 公斤 | 254.10 | 163.70 | 170.60 | 127.70 | 173.40 | 127.60 |
| 每50公斤主产品 | 平均出售价格 | 元 | 282.27 | 258.20 | 289.10 | 309.64 | 263.35 | 279.66 |
| | 物质费用 | 元 | 217.89 | 226.99 | 230.64 | 294.41 | 219.61 | 219.34 |
| | 生产成本 | 元 | 257.32 | 255.19 | 250.40 | 302.12 | 235.28 | 249.22 |
| | 含税成本 | 元 | 258.16 | 257.15 | 256.63 | 302.40 | 237.73 | 253.40 |
| | 净产值 | 元 | 64.38 | 31.21 | 58.46 | 15.23 | 43.74 | 60.32 |
| | 减税纯收益 | 元 | 24.11 | 1.05 | 32.47 | 7.24 | 25.62 | 26.26 |
| | 耗粮数量 | 公斤 | 124.00 | 92.30 | 82.80 | 60.40 | 86.80 | 64.30 |
| 每一劳动日 | 主产品产量 | 公斤 | 13.70 | 18.90 | 27.10 | 70.50 | 34.40 | 18.00 |
| | 净产值 | 元 | 17.96 | 12.17 | 32.53 | 21.71 | 30.69 | 22.20 |
| 每核算单位成本外支出 | | 元 | 2.43 | 0.12 | | | 0.15 | |

# 2002年全国肉类产品成本收益(三)

品种：小规模生猪　　　　按统一工价汇总

| 项目名称 | | 单位 | 湖北 | 广东 | 广西 | 海南 | 四川 | 贵州 |
|---|---|---|---|---|---|---|---|---|
| 调查县数 | | 个 | 8.00 | 12.00 | 10.00 | 5.00 | 2.00 | 1.00 |
| 调查户数 | | 户 | 43.00 | 21.00 | 10.00 | 9.00 | 8.00 | 3.00 |
| 调查数量 | | 头 | 2062.00 | 2363.00 | 1768.00 | 386.00 | 480.00 | 530.00 |
| 平均饲养天数 | | 天 | 173.00 | 149.00 | 116.00 | 80.00 | 149.00 | 147.00 |
| 每头 | 主产品产量 | 公斤 | 107.90 | 96.60 | 94.30 | 60.80 | 98.20 | 116.30 |
| | 产值合计 | 元 | 621.10 | 684.77 | 589.03 | 425.34 | 523.70 | 629.25 |
| | 主产品产值 | 元 | 606.00 | 671.65 | 578.16 | 418.15 | 504.90 | 622.25 |
| | 副产品产值 | 元 | 15.10 | 13.12 | 10.87 | 7.19 | 18.80 | 7.00 |
| | 其他收入 | 元 | | | | | | |
| | 生产成本 | 元 | 603.43 | 558.92 | 576.36 | 378.46 | 442.86 | 505.66 |
| | 物质费用 | 元 | 525.33 | 520.42 | 521.36 | 352.06 | 383.46 | 466.06 |
| | 用工作价 | 元 | 78.10 | 38.50 | 55.00 | 26.40 | 59.40 | 39.60 |
| | 用工数量 | 日 | 7.10 | 3.50 | 5.00 | 2.40 | 5.40 | 3.60 |
| | 劳动日工价 | 元 | 11.00 | 11.00 | 11.00 | 11.00 | 11.00 | 11.00 |
| | 期间费用 | 元 | 8.30 | 6.03 | 13.89 | 2.06 | 2.26 | 11.38 |
| | 税金 | 元 | 4.12 | 5.14 | | 1.72 | 1.90 | |
| | 含税成本 | 元 | 615.85 | 570.09 | 590.25 | 382.24 | 447.02 | 517.04 |
| | 净产值 | 元 | 95.77 | 164.35 | 67.67 | 73.28 | 140.24 | 163.19 |
| | 减税纯收益 | 元 | 5.25 | 114.68 | -1.22 | 43.10 | 76.68 | 112.21 |
| | 成本纯收益率 | % | 0.85 | 20.12 | -0.21 | 11.28 | 17.15 | 21.70 |
| | 耗粮数量 | 公斤 | 198.80 | 127.10 | 90.10 | 136.90 | 99.00 | 230.80 |
| 每50公斤主产品 | 平均出售价格 | 元 | 280.82 | 347.64 | 306.55 | 343.87 | 257.08 | 267.52 |
| | 物质费用 | 元 | 237.52 | 264.20 | 271.33 | 284.63 | 188.24 | 198.14 |
| | 生产成本 | 元 | 272.83 | 283.75 | 299.96 | 305.97 | 217.40 | 214.98 |
| | 含税成本 | 元 | 278.45 | 289.42 | 307.18 | 309.03 | 219.44 | 219.81 |
| | 净产值 | 元 | 43.30 | 83.44 | 35.22 | 59.24 | 68.84 | 69.38 |
| | 减税纯收益 | 元 | 2.37 | 58.22 | -0.63 | 34.84 | 37.64 | 47.71 |
| | 耗粮数量 | 公斤 | 92.10 | 65.80 | 47.80 | 112.60 | 50.40 | 99.20 |
| 每一劳动日 | 主产品产量 | 公斤 | 15.20 | 27.60 | 18.90 | 25.30 | 18.20 | 32.30 |
| | 净产值 | 元 | 13.49 | 46.96 | 13.53 | 30.53 | 25.97 | 45.33 |
| 每核算单位成本外支出 | | 元 | 1.15 | 0.48 | 1.74 | | | |

# 2002年全国肉类产品成本收益(四)

品种：小规模生猪　　　　按统一工价汇总

| 项目名称 | | 单位 | 云南 | 陕西 | 甘肃 | 青海 | 宁夏 | 新疆 |
|---|---|---|---|---|---|---|---|---|
| 调查县数 | | 个 | 5.00 | 2.00 | 7.00 | 4.00 | 7.00 | 3.00 |
| 调查户数 | | 户 | 15.00 | 18.00 | 10.00 | 8.00 | 22.00 | 17.00 |
| 调查数量 | | 头 | 1103.00 | 457.00 | 323.00 | 430.00 | 1362.00 | 1643.00 |
| 平均饲养天数 | | 天 | 196.00 | 143.00 | 108.00 | 175.00 | 154.00 | 174.00 |
| 每头 | 主产品产量 | 公斤 | 106.60 | 94.20 | 58.60 | 87.30 | 93.60 | 73.50 |
| | 产值合计 | 元 | 654.99 | 495.66 | 348.80 | 550.06 | 537.43 | 579.07 |
| | 主产品产值 | 元 | 630.23 | 479.76 | 338.33 | 534.50 | 511.32 | 559.83 |
| | 副产品产值 | 元 | 24.76 | 15.90 | 10.47 | 15.56 | 26.11 | 19.24 |
| | 其他收入 | 元 | | | | | | |
| | 生产成本 | 元 | 500.97 | 464.30 | 277.44 | 510.78 | 440.86 | 534.05 |
| | 物质费用 | 元 | 462.47 | 392.80 | 252.14 | 465.68 | 391.36 | 497.75 |
| | 用工作价 | 元 | 38.50 | 71.50 | 25.30 | 45.10 | 49.50 | 36.30 |
| | 用工数量 | 日 | 3.50 | 6.50 | 2.30 | 4.10 | 4.50 | 3.30 |
| | 劳动日工价 | 元 | 11.00 | 11.00 | 11.00 | 11.00 | 11.00 | 11.00 |
| | 期间费用 | 元 | 22.03 | 1.99 | 2.49 | 4.01 | 3.36 | 27.59 |
| | 税金 | 元 | 1.87 | | | | | 2.28 |
| | 含税成本 | 元 | 524.87 | 466.29 | 279.93 | 514.79 | 444.22 | 563.92 |
| | 净产值 | 元 | 192.52 | 102.86 | 96.66 | 84.38 | 146.07 | 81.32 |
| | 减税纯收益 | 元 | 130.12 | 29.37 | 68.87 | 35.27 | 93.21 | 15.15 |
| | 成本纯收益率 | % | 24.79 | 6.30 | 24.60 | 6.85 | 20.98 | 2.69 |
| | 耗粮数量 | 公斤 | 171.60 | 227.10 | 181.30 | 145.10 | 195.60 | 244.70 |
| 每50公斤主产品 | 平均出售价格 | 元 | 295.61 | 254.65 | 288.68 | 306.13 | 273.14 | 380.84 |
| | 物质费用 | 元 | 208.72 | 201.80 | 208.68 | 259.17 | 198.90 | 327.36 |
| | 生产成本 | 元 | 226.10 | 238.54 | 229.62 | 284.27 | 224.06 | 351.23 |
| | 含税成本 | 元 | 236.88 | 239.56 | 231.68 | 286.50 | 225.77 | 370.88 |
| | 净产值 | 元 | 86.89 | 52.85 | 80.00 | 46.96 | 74.24 | 53.48 |
| | 减税纯收益 | 元 | 58.73 | 15.09 | 57.00 | 19.63 | 47.37 | 9.96 |
| | 耗粮数量 | 公斤 | 80.50 | 120.50 | 154.70 | 83.10 | 104.50 | 166.50 |
| 每一劳动日 | 主产品产量 | 公斤 | 30.50 | 14.50 | 25.50 | 21.30 | 20.80 | 22.30 |
| | 净产值 | 元 | 55.01 | 15.82 | 42.03 | 20.58 | 32.46 | 24.64 |
| 每核算单位成本外支出 | | 元 | | 56.61 | 2.45 | | | |

# 2002年全国肉类产品成本收益(一)

品种：小规模生猪　　　　按地区工价汇总

| 项目名称 | | 单位 | 平均 | 河北 | 山西 | 内蒙古 | 辽宁 | 吉林 |
|---|---|---|---|---|---|---|---|---|
| 调查县数 | | 个 | 183.00 | 22.00 | 4.00 | 5.00 | 13.00 | 15.00 |
| 调查户数 | | 户 | 467.00 | 59.00 | 10.00 | 18.00 | 28.00 | 37.00 |
| 调查数量 | | 头 | 32666.00 | 3584.00 | 432.00 | 1212.00 | 1759.00 | 1979.00 |
| 平均饲养天数 | | 天 | 148.00 | 153.00 | 174.00 | 197.00 | 144.00 | 137.00 |
| 每头 | 主产品产量 | 公斤 | 95.80 | 102.80 | 95.40 | 96.10 | 110.10 | 111.80 |
| | 产值合计 | 元 | 580.80 | 594.48 | 589.59 | 749.20 | 662.83 | 683.71 |
| | 主产品产值 | 元 | 564.51 | 557.93 | 576.32 | 707.87 | 644.23 | 674.41 |
| | 副产品产值 | 元 | 16.29 | 36.55 | 13.27 | 41.33 | 18.60 | 9.30 |
| | 其他收入 | 元 | | | | | | |
| | 生产成本 | 元 | 508.75 | 494.73 | 490.22 | 621.82 | 552.69 | 566.63 |
| | 物质费用 | 元 | 461.50 | 450.53 | 429.54 | 581.02 | 509.94 | 532.53 |
| | 用工作价 | 元 | 47.25 | 44.20 | 60.68 | 40.80 | 42.75 | 34.10 |
| | 用工数量 | 日 | 4.50 | 5.20 | 7.40 | 5.10 | 4.50 | 3.10 |
| | 劳动日工价 | 元 | 10.50 | 8.50 | 8.20 | 8.00 | 9.50 | 11.00 |
| | 期间费用 | 元 | 7.31 | 4.95 | 2.02 | 11.60 | 7.63 | 4.15 |
| | 税金 | 元 | 0.74 | | | | | |
| | 含税成本 | 元 | 516.80 | 499.68 | 492.24 | 633.42 | 560.32 | 570.78 |
| | 净产值 | 元 | 119.30 | 143.95 | 160.05 | 168.18 | 152.89 | 151.18 |
| | 减税纯收益 | 元 | 64.00 | 94.80 | 97.35 | 115.78 | 102.51 | 112.93 |
| | 成本纯收益率 | % | 12.38 | 18.97 | 19.78 | 18.28 | 18.29 | 19.79 |
| | 耗粮数量 | 公斤 | 181.80 | 201.10 | 227.70 | 231.90 | 211.90 | 244.70 |
| 每50公斤主产品 | 平均出售价格 | 元 | 294.63 | 271.37 | 302.05 | 368.30 | 292.57 | 301.61 |
| | 物质费用 | 元 | 234.11 | 205.66 | 220.06 | 285.62 | 225.09 | 234.92 |
| | 生产成本 | 元 | 258.08 | 225.84 | 251.14 | 305.68 | 243.95 | 249.96 |
| | 含税成本 | 元 | 262.16 | 228.10 | 252.18 | 311.38 | 247.32 | 251.79 |
| | 净产值 | 元 | 60.52 | 65.71 | 81.99 | 82.68 | 67.48 | 66.69 |
| | 减税纯收益 | 元 | 32.47 | 43.27 | 49.87 | 56.92 | 45.25 | 49.82 |
| | 耗粮数量 | 公斤 | 94.90 | 97.80 | 119.30 | 120.70 | 96.20 | 109.40 |
| 每一劳动日 | 主产品产量 | 公斤 | 21.30 | 19.80 | 12.90 | 18.80 | 24.50 | 36.10 |
| | 净产值 | 元 | 26.51 | 27.68 | 21.63 | 32.98 | 33.98 | 48.77 |
| 每核算单位成本外支出 | | 元 | 2.90 | | | | 1.66 | |

# 2002年全国肉类产品成本收益(二)

**品种：小规模生猪**　　　　按地区工价汇总

| 项目名称 | | 单位 | 黑龙江 | 江苏 | 安徽 | 福建 | 山东 | 河南 |
|---|---|---|---|---|---|---|---|---|
| 调查县数 | | 个 | 8.00 | 12.00 | 8.00 | 2.00 | 4.00 | 24.00 |
| 调查户数 | | 户 | 17.00 | 28.00 | 19.00 | 9.00 | 13.00 | 45.00 |
| 调查数量 | | 头 | 1867.00 | 2004.00 | 2246.00 | 1161.00 | 580.00 | 2935.00 |
| 平均饲养天数 | | 天 | 165.00 | 120.00 | 146.00 | 126.00 | 131.00 | 152.00 |
| 每头 | 主产品产量 | 公斤 | 102.50 | 88.70 | 103.00 | 105.70 | 99.90 | 99.20 |
| | 产值合计 | 元 | 590.56 | 473.33 | 611.34 | 662.06 | 535.80 | 566.18 |
| | 主产品产值 | 元 | 578.65 | 458.05 | 595.55 | 654.58 | 526.17 | 554.84 |
| | 副产品产值 | 元 | 11.91 | 15.28 | 15.79 | 7.48 | 9.63 | 11.34 |
| | 其他收入 | 元 | | | | | | |
| | 生产成本 | 元 | 527.11 | 477.22 | 525.71 | 652.59 | 479.57 | 493.01 |
| | 物质费用 | 元 | 455.86 | 416.12 | 487.71 | 629.49 | 446.80 | 444.06 |
| | 用工作价 | 元 | 71.25 | 61.10 | 38.00 | 23.10 | 32.77 | 48.95 |
| | 用工数量 | 日 | 7.50 | 4.70 | 3.80 | 1.50 | 2.90 | 5.50 |
| | 劳动日工价 | 元 | 9.50 | 13.00 | 10.00 | 15.40 | 11.30 | 8.90 |
| | 期间费用 | 元 | 1.75 | 3.59 | 13.16 | 0.60 | 4.92 | 8.46 |
| | 税金 | 元 | | | | | 0.05 | |
| | 含税成本 | 元 | 528.86 | 480.81 | 538.87 | 653.19 | 484.54 | 501.47 |
| | 净产值 | 元 | 134.70 | 57.21 | 123.63 | 32.57 | 89.00 | 122.12 |
| | 减税纯收益 | 元 | 61.70 | -7.48 | 72.47 | 8.87 | 51.26 | 64.71 |
| | 成本纯收益率 | % | 11.67 | -1.56 | 13.45 | 1.36 | 10.58 | 12.90 |
| | 耗粮数量 | 公斤 | 254.10 | 163.70 | 170.60 | 127.70 | 173.40 | 127.60 |
| 每50公斤主产品 | 平均出售价格 | 元 | 282.27 | 258.20 | 289.10 | 309.64 | 263.35 | 279.66 |
| | 物质费用 | 元 | 217.89 | 226.99 | 230.64 | 294.41 | 219.61 | 219.34 |
| | 生产成本 | 元 | 251.94 | 260.32 | 248.61 | 305.21 | 235.71 | 243.52 |
| | 含税成本 | 元 | 252.78 | 262.28 | 254.83 | 305.49 | 238.16 | 247.70 |
| | 净产值 | 元 | 64.38 | 31.21 | 58.46 | 15.23 | 43.74 | 60.32 |
| | 减税纯收益 | 元 | 29.49 | -4.08 | 34.27 | 4.15 | 25.19 | 31.96 |
| | 耗粮数量 | 公斤 | 124.00 | 92.30 | 82.80 | 60.40 | 86.80 | 64.30 |
| 每一劳动日 | 主产品产量 | 公斤 | 13.70 | 18.90 | 27.10 | 70.50 | 34.40 | 18.00 |
| | 净产值 | 元 | 17.96 | 12.17 | 32.53 | 21.71 | 30.69 | 22.20 |
| 每核算单位成本外支出 | | 元 | 2.43 | 0.12 | | | 0.15 | |

# 2002年全国肉类产品成本收益(三)

品种：小规模生猪　　　　按地区工价汇总

| 项目名称 | | 单位 | 湖北 | 广东 | 广西 | 海南 | 四川 | 贵州 |
|---|---|---|---|---|---|---|---|---|
| 调查县数 | | 个 | 8.00 | 12.00 | 10.00 | 5.00 | 2.00 | 1.00 |
| 调查户数 | | 户 | 43.00 | 21.00 | 10.00 | 9.00 | 8.00 | 3.00 |
| 调查数量 | | 头 | 2062.00 | 2363.00 | 1768.00 | 386.00 | 480.00 | 530.00 |
| 平均饲养天数 | | 天 | 173.00 | 149.00 | 116.00 | 80.00 | 149.00 | 147.00 |
| 每头 | 主产品产量 | 公斤 | 107.90 | 96.60 | 94.30 | 60.80 | 98.20 | 116.30 |
| | 产值合计 | 元 | 621.10 | 684.77 | 589.03 | 425.34 | 523.70 | 629.25 |
| | 主产品产值 | 元 | 606.00 | 671.65 | 578.16 | 418.15 | 504.90 | 622.25 |
| | 副产品产值 | 元 | 15.10 | 13.12 | 10.87 | 7.19 | 18.80 | 7.00 |
| | 其他收入 | 元 | | | | | | |
| | 生产成本 | 元 | 596.33 | 581.67 | 573.86 | 388.06 | 445.56 | 502.06 |
| | 物质费用 | 元 | 525.33 | 520.42 | 521.36 | 352.06 | 383.46 | 466.06 |
| | 用工作价 | 元 | 71.00 | 61.25 | 52.50 | 36.00 | 62.10 | 36.00 |
| | 用工数量 | 日 | 7.10 | 3.50 | 5.00 | 2.40 | 5.40 | 3.60 |
| | 劳动日工价 | 元 | 10.00 | 17.50 | 10.50 | 15.00 | 11.50 | 10.00 |
| | 期间费用 | 元 | 8.30 | 6.03 | 13.89 | 2.06 | 2.26 | 11.38 |
| | 税金 | 元 | 4.12 | 5.14 | | 1.72 | 1.90 | |
| | 含税成本 | 元 | 608.75 | 592.84 | 587.75 | 391.84 | 449.72 | 513.44 |
| | 净产值 | 元 | 95.77 | 164.35 | 67.67 | 73.28 | 140.24 | 163.19 |
| | 减税纯收益 | 元 | 12.35 | 91.93 | 1.28 | 33.50 | 73.98 | 115.81 |
| | 成本纯收益率 | % | 2.03 | 15.51 | 0.22 | 8.55 | 16.45 | 22.56 |
| | 耗粮数量 | 公斤 | 198.80 | 127.10 | 90.10 | 136.90 | 99.00 | 230.80 |
| 每50公斤主产品 | 平均出售价格 | 元 | 280.82 | 347.64 | 306.55 | 343.87 | 257.08 | 267.52 |
| | 物质费用 | 元 | 237.52 | 264.20 | 271.33 | 284.63 | 188.24 | 198.14 |
| | 生产成本 | 元 | 269.62 | 295.30 | 298.66 | 313.73 | 218.72 | 213.45 |
| | 含税成本 | 元 | 275.24 | 300.97 | 305.88 | 316.79 | 220.76 | 218.28 |
| | 净产值 | 元 | 43.30 | 83.44 | 35.22 | 59.24 | 68.84 | 69.38 |
| | 减税纯收益 | 元 | 5.58 | 46.67 | 0.67 | 27.08 | 36.32 | 49.24 |
| | 耗粮数量 | 公斤 | 92.10 | 65.80 | 47.80 | 112.60 | 50.40 | 99.20 |
| 每一劳动日 | 主产品产量 | 公斤 | 15.20 | 27.60 | 18.90 | 25.30 | 18.20 | 32.30 |
| | 净产值 | 元 | 13.49 | 46.96 | 13.53 | 30.53 | 25.97 | 45.33 |
| 每核算单位成本外支出 | | 元 | 1.15 | 0.48 | 1.74 | | | |

# 2002年全国肉类产品成本收益(四)

**品种：小规模生猪** 按地区工价汇总

| 项目名称 | | 单位 | 云南 | 陕西 | 甘肃 | 青海 | 宁夏 | 新疆 |
|---|---|---|---|---|---|---|---|---|
| 调查县数 | | 个 | 5.00 | 2.00 | 7.00 | 4.00 | 7.00 | 3.00 |
| 调查户数 | | 户 | 15.00 | 18.00 | 10.00 | 8.00 | 22.00 | 17.00 |
| 调查数量 | | 头 | 1103.00 | 457.00 | 323.00 | 430.00 | 1362.00 | 1643.00 |
| 平均饲养天数 | | 天 | 196.00 | 143.00 | 108.00 | 175.00 | 154.00 | 174.00 |
| 每头 | 主产品产量 | 公斤 | 106.60 | 94.20 | 58.60 | 87.30 | 93.60 | 73.50 |
| | 产值合计 | 元 | 654.99 | 495.66 | 348.80 | 550.06 | 537.43 | 579.07 |
| | 主产品产值 | 元 | 630.23 | 479.76 | 338.33 | 534.50 | 511.32 | 559.83 |
| | 副产品产值 | 元 | 24.76 | 15.90 | 10.47 | 15.56 | 26.11 | 19.24 |
| | 其他收入 | 元 | | | | | | |
| | 生产成本 | 元 | 495.72 | 455.85 | 269.39 | 502.58 | 433.21 | 528.11 |
| | 物质费用 | 元 | 462.47 | 392.80 | 252.14 | 465.68 | 391.36 | 497.75 |
| | 用工作价 | 元 | 33.25 | 63.05 | 17.25 | 36.90 | 41.85 | 30.36 |
| | 用工数量 | 日 | 3.50 | 6.50 | 2.30 | 4.10 | 4.50 | 3.30 |
| | 劳动日工价 | 元 | 9.50 | 9.70 | 7.50 | 9.00 | 9.30 | 9.20 |
| | 期间费用 | 元 | 22.03 | 1.99 | 2.49 | 4.01 | 3.36 | 27.59 |
| | 税金 | 元 | 1.87 | | | | | 2.28 |
| | 含税成本 | 元 | 519.62 | 457.84 | 271.88 | 506.59 | 436.57 | 557.98 |
| | 净产值 | 元 | 192.52 | 102.86 | 96.66 | 84.38 | 146.07 | 81.32 |
| | 减税纯收益 | 元 | 135.37 | 37.82 | 76.92 | 43.47 | 100.86 | 21.09 |
| | 成本纯收益率 | % | 26.05 | 8.26 | 28.29 | 8.58 | 23.10 | 3.78 |
| | 耗粮数量 | 公斤 | 171.60 | 227.10 | 181.30 | 145.10 | 195.60 | 244.70 |
| 每50公斤主产品 | 平均出售价格 | 元 | 295.61 | 254.65 | 288.68 | 306.13 | 273.14 | 380.84 |
| | 物质费用 | 元 | 208.72 | 201.80 | 208.68 | 259.17 | 198.90 | 327.36 |
| | 生产成本 | 元 | 223.73 | 234.20 | 222.96 | 279.71 | 220.17 | 347.32 |
| | 含税成本 | 元 | 234.51 | 235.22 | 225.02 | 281.94 | 221.88 | 366.97 |
| | 净产值 | 元 | 86.89 | 52.85 | 80.00 | 46.96 | 74.24 | 53.48 |
| | 减税纯收益 | 元 | 61.10 | 19.43 | 63.66 | 24.19 | 51.26 | 13.87 |
| | 耗粮数量 | 公斤 | 80.50 | 120.50 | 154.70 | 83.10 | 104.50 | 166.50 |
| 每一劳动日 | 主产品产量 | 公斤 | 30.50 | 14.50 | 25.50 | 21.30 | 20.80 | 22.30 |
| | 净产值 | 元 | 55.01 | 15.82 | 42.03 | 20.58 | 32.46 | 24.64 |
| 每核算单位成本外支出 | | 元 | | 56.61 | 2.45 | | | |

# 2002 年全国肉类产品物质费用和期间费用(一)

品种：小规模生猪

| 项目名称 | 单位 | 平均 | 河北 | 山西 | 内蒙古 | 辽宁 | 吉林 |
|---|---|---|---|---|---|---|---|
| 一、物质费用 | 元 | 461.50 | 450.53 | 429.54 | 581.02 | 509.94 | 532.53 |
| (一)直接生产费用 | 元 | 451.35 | 440.83 | 423.75 | 561.29 | 497.36 | 523.66 |
| 1.仔畜进价 | 元 | 125.40 | 116.58 | 81.55 | 104.20 | 115.79 | 143.16 |
| 2.精饲料费 | 元 | 276.48 | 290.53 | 311.57 | 332.07 | 347.03 | 346.73 |
| 3.青粗饲料费 | 元 | 22.67 | 7.28 | 0.38 | 62.58 | 11.16 | 8.24 |
| 4.饲料加工费 | 元 | 5.19 | 7.61 | 3.07 | 13.22 | 4.63 | 4.05 |
| 5.水费 | 元 | 1.60 | 1.07 | 2.26 | 3.37 | 0.71 | 1.04 |
| 6.电费 | 元 | 2.68 | 3.61 | 0.57 | 5.80 | 2.24 | 2.47 |
| 7.煤费 | 元 | 1.62 | 0.76 | 0.22 | 8.20 | 0.42 | 1.00 |
| 8.医疗防疫费 | 元 | 7.00 | 9.24 | 6.95 | 8.62 | 6.61 | 8.57 |
| 9.死亡损失费 | 元 | 5.21 | 2.17 | 14.13 | 19.01 | 6.28 | 5.78 |
| 10.工具材料费 | 元 | 2.21 | 1.55 | 3.05 | 3.03 | 1.30 | 1.60 |
| 11.其他直接费用 | 元 | 1.29 | 0.43 |  | 1.19 | 1.19 | 1.02 |
| (二)间接生产费用 | 元 | 10.15 | 9.70 | 5.79 | 19.73 | 12.58 | 8.87 |
| 1.固定资产折旧费 | 元 | 7.73 | 7.76 | 4.05 | 12.27 | 10.28 | 6.14 |
| 2.修理费 | 元 | 1.87 | 1.62 | 1.74 | 6.50 | 2.20 | 1.40 |
| 3.其它间接费用 | 元 | 0.55 | 0.32 |  | 0.96 | 0.10 | 1.33 |
| 二、期间费用 | 元 | 7.31 | 4.95 | 2.02 | 11.60 | 7.63 | 4.15 |
| 1.承包费 | 元 | 1.56 | 1.69 |  |  |  | 0.47 |
| 2.管理费 | 元 | 3.24 | 1.22 | 0.89 | 8.17 | 3.21 | 1.73 |
| 3.销售费 | 元 | 1.88 | 0.87 | 1.13 | 3.15 | 4.28 | 0.99 |
| 4.财务费 | 元 | 0.63 | 1.17 |  | 0.28 | 0.14 | 0.96 |
| 附记：1.仔畜重量 | 公斤 | 15.80 | 16.70 | 7.90 | 8.20 | 12.50 | 17.00 |
| 2.精饲料数量 | 公斤 | 245.80 | 258.00 | 282.60 | 272.60 | 290.20 | 294.20 |
| 3.青粗饲料量 | 公斤 | 202.90 | 95.30 | 118.50 | 759.00 | 70.50 | 94.30 |

# 2002年全国肉类产品物质费用和期间费用(二)

品种：小规模生猪

| 项 目 名 称 | 单位 | 黑龙江 | 江 苏 | 安 徽 | 福 建 | 山 东 | 河 南 |
|---|---|---|---|---|---|---|---|
| 一、物质费用 | 元 | 455.86 | 416.12 | 487.71 | 629.49 | 446.80 | 444.06 |
| (一)直接生产费用 | 元 | 446.35 | 410.51 | 465.59 | 624.65 | 431.11 | 431.80 |
| 1.仔畜进价 | 元 | 126.62 | 139.62 | 129.03 | 176.40 | 131.70 | 102.70 |
| 2.精饲料费 | 元 | 272.63 | 230.38 | 245.53 | 436.47 | 265.55 | 292.16 |
| 3.青粗饲料费 | 元 | 13.47 | 15.42 | 66.17 |  | 5.24 | 9.40 |
| 4.饲料加工费 | 元 | 7.64 | 5.95 | 5.08 | 1.06 | 3.85 | 4.27 |
| 5.水费 | 元 | 3.59 | 0.71 | 0.61 | 0.35 | 1.12 | 2.26 |
| 6.电费 | 元 | 2.39 | 1.42 | 1.88 | 1.80 | 3.18 | 3.36 |
| 7.煤费 | 元 | 3.39 | 0.61 | 0.05 |  | 0.29 | 1.37 |
| 8.医疗防疫费 | 元 | 7.52 | 10.81 | 5.22 | 7.06 | 9.28 | 9.42 |
| 9.死亡损失费 | 元 | 6.02 | 3.87 | 9.96 | 0.41 | 7.12 | 3.85 |
| 10.工具材料费 | 元 | 1.21 | 1.33 | 1.88 | 1.10 | 2.14 | 2.23 |
| 11.其他直接费用 | 元 | 1.87 | 0.39 | 0.18 |  | 1.64 | 0.78 |
| (二)间接生产费用 | 元 | 9.51 | 5.61 | 22.12 | 4.84 | 15.69 | 12.26 |
| 1.固定资产折旧费 | 元 | 7.13 | 4.26 | 20.43 | 3.19 | 11.73 | 10.23 |
| 2.修理费 | 元 | 1.68 | 1.25 | 1.08 | 0.99 | 3.54 | 1.58 |
| 3.其它间接费用 | 元 | 0.70 | 0.10 | 0.61 | 0.66 | 0.42 | 0.45 |
| 二、期间费用 | 元 | 1.75 | 3.59 | 13.16 | 0.60 | 4.92 | 8.46 |
| 1.承包费 | 元 |  | 1.70 | 0.60 |  | 0.17 | 2.74 |
| 2.管理费 | 元 | 0.27 | 0.10 | 11.08 |  | 1.61 | 2.56 |
| 3.销售费 | 元 | 1.33 | 1.33 | 0.37 | 0.23 | 0.94 | 2.18 |
| 4.财务费 | 元 | 0.15 | 0.46 | 1.11 | 0.37 | 2.20 | 0.98 |
| 附记：1.仔畜重量 | 公斤 | 15.00 | 27.60 | 20.00 | 11.60 | 21.40 | 12.70 |
| 2.精饲料数量 | 公斤 | 283.70 | 217.20 | 238.70 | 260.50 | 224.90 | 246.30 |
| 3.青粗饲料量 | 公斤 | 75.40 | 128.50 | 486.30 |  | 25.40 | 118.80 |

# 2002年全国肉类产品物质费用和期间费用(三)

品种：小规模生猪

| 项目名称 | 单位 | 湖北 | 广东 | 广西 | 海南 | 四川 | 贵州 |
|---|---|---|---|---|---|---|---|
| 一、物质费用 | 元 | 525.33 | 520.42 | 521.36 | 352.06 | 383.46 | 466.06 |
| (一)直接生产费用 | 元 | 515.93 | 514.73 | 503.05 | 347.98 | 376.00 | 452.78 |
| 1.仔畜进价 | 元 | 86.76 | 147.02 | 179.69 | 139.61 | 153.17 | 112.03 |
| 2.精饲料费 | 元 | 364.22 | 306.90 | 300.80 | 179.13 | 117.15 | 253.79 |
| 3.青粗饲料费 | 元 | 27.74 | 34.18 | 3.45 | 10.79 | 85.94 | 47.08 |
| 4.饲料加工费 | 元 | 1.99 | 2.88 | 4.74 | 8.58 | 3.75 | 5.17 |
| 5.水费 | 元 | 1.22 | 1.98 | 1.73 | 0.91 | 2.64 | 0.25 |
| 6.电费 | 元 | 5.82 | 3.66 | 0.98 | 1.35 | 1.75 | 3.82 |
| 7.煤费 | 元 | 0.28 | 3.85 | | | 6.65 | 1.13 |
| 8.医疗防疫费 | 元 | 11.30 | 5.94 | 5.58 | 4.32 | 2.38 | 10.88 |
| 9.死亡损失费 | 元 | 8.60 | 2.61 | 2.35 | 1.84 | | 3.33 |
| 10.工具材料费 | 元 | 2.88 | 1.20 | 2.80 | 1.01 | 2.13 | 12.80 |
| 11.其他直接费用 | 元 | 5.12 | 4.51 | 0.93 | 0.44 | 0.44 | 2.50 |
| (二)间接生产费用 | 元 | 9.40 | 5.69 | 18.31 | 4.08 | 7.46 | 13.28 |
| 1.固定资产折旧费 | 元 | 5.73 | 4.56 | 13.62 | 2.51 | 4.40 | 10.60 |
| 2.修理费 | 元 | 1.91 | 0.82 | 2.57 | 1.57 | 3.06 | 2.68 |
| 3.其它间接费用 | 元 | 1.76 | 0.31 | 2.12 | | | |
| 二、期间费用 | 元 | 8.30 | 6.03 | 13.89 | 2.06 | 2.26 | 11.38 |
| 1.承包费 | 元 | 0.25 | 1.06 | 4.81 | 1.20 | 0.38 | |
| 2.管理费 | 元 | 6.33 | 3.29 | 5.61 | 0.06 | 1.00 | 10.88 |
| 3.销售费 | 元 | 1.72 | 1.68 | | 0.80 | 0.88 | 0.50 |
| 4.财务费 | 元 | | | 3.47 | | | |
| 附记：1.仔畜重量 | 公斤 | 12.10 | 18.80 | 20.50 | 29.50 | 26.20 | 15.40 |
| 2.精饲料数量 | 公斤 | 298.50 | 218.70 | 179.80 | 161.50 | 175.30 | 282.90 |
| 3.青粗饲料量 | 公斤 | 155.30 | 400.60 | 164.30 | 63.50 | 391.10 | 311.80 |

# 2002年全国肉类产品物质费用和期间费用(四)

品种：小规模生猪

| 项目名称 | 单位 | 云南 | 陕西 | 甘肃 | 青海 | 宁夏 | 新疆 |
|---|---|---|---|---|---|---|---|
| 一、物质费用 | 元 | 462.47 | 392.80 | 252.14 | 465.68 | 391.36 | 497.75 |
| (一)直接生产费用 | 元 | 453.38 | 389.32 | 246.69 | 455.01 | 379.71 | 489.58 |
| 1.仔畜进价 | 元 | 130.19 | 193.24 | 75.16 | 127.67 | 87.98 | 84.38 |
| 2.精饲料费 | 元 | 220.48 | 181.02 | 155.96 | 296.62 | 257.68 | 354.70 |
| 3.青粗饲料费 | 元 | 67.99 |  | 3.29 | 10.90 | 16.88 | 13.88 |
| 4.饲料加工费 | 元 | 11.82 | 3.01 | 2.19 | 3.19 | 4.60 | 7.07 |
| 5.水费 | 元 | 2.62 |  | 0.78 | 1.76 | 1.54 | 4.28 |
| 6.电费 | 元 | 5.45 |  | 1.11 | 1.04 | 1.15 | 6.77 |
| 7.煤费 | 元 | 2.25 |  | 0.36 | 1.80 | 0.03 | 4.49 |
| 8.医疗防疫费 | 元 | 3.95 | 6.93 | 3.67 | 5.59 | 4.40 | 6.67 |
| 9.死亡损失费 | 元 | 5.22 | 3.54 | 3.73 | 4.67 | 2.24 | 3.21 |
| 10.工具材料费 | 元 | 1.04 | 1.58 | 0.28 | 0.99 | 1.35 | 2.30 |
| 11.其他直接费用 | 元 | 2.37 |  | 0.16 | 0.78 | 1.86 | 1.83 |
| (二)间接生产费用 | 元 | 9.09 | 3.48 | 5.45 | 10.67 | 11.65 | 8.17 |
| 1.固定资产折旧费 | 元 | 7.95 | 3.48 | 4.46 | 8.29 | 9.57 | 5.18 |
| 2.修理费 | 元 | 0.79 |  | 0.13 | 1.48 | 2.08 | 2.26 |
| 3.其它间接费用 | 元 | 0.35 |  | 0.86 | 0.90 |  | 0.73 |
| 二、期间费用 | 元 | 22.03 | 1.99 | 2.49 | 4.01 | 3.36 | 27.59 |
| 1.承包费 | 元 | 5.82 |  | 1.08 | 0.76 | 1.00 | 12.17 |
| 2.管理费 | 元 | 7.14 |  | 0.07 | 0.75 | 0.33 | 8.16 |
| 3.销售费 | 元 | 7.03 | 1.99 | 0.77 | 1.96 | 1.90 | 7.26 |
| 4.财务费 | 元 | 2.04 |  | 0.57 | 0.54 | 0.13 |  |
| 附记：1.仔畜重量 | 公斤 | 19.40 | 13.50 | 8.50 | 10.00 | 8.80 | 10.60 |
| 2.精饲料数量 | 公斤 | 186.80 | 250.90 | 157.50 | 261.90 | 271.80 | 338.70 |
| 3.青粗饲料量 | 公斤 | 495.90 |  | 32.70 | 92.40 | 100.70 | 81.40 |

# 2002 年全国肉类产品成本收益(一)

品种：中等规模生猪　　　　按统一工价汇总

| 项目名称 | | 单位 | 平均 | 北京 | 天津 | 河北 | 山西 | 内蒙古 | 辽宁 |
|---|---|---|---|---|---|---|---|---|---|
| 调查县数 | | 个 | 212.00 | 2.00 | 6.00 | 16.00 | 6.00 | 2.00 | 15.00 |
| 调查户数 | | 户 | 502.00 | 6.00 | 14.00 | 24.00 | 28.00 | 12.00 | 34.00 |
| 调查数量 | | 头 | 175186.00 | 2020.00 | 5939.00 | 7645.00 | 6477.00 | 4345.00 | 9998.00 |
| 平均饲养天数 | | 天 | 140.00 | 162.00 | 151.00 | 132.00 | 159.00 | 168.00 | 133.00 |
| 每头 | 主产品产量 | 公斤 | 97.20 | 97.30 | 105.90 | 99.90 | 93.70 | 106.30 | 105.10 |
| | 产值合计 | 元 | 591.32 | 596.92 | 637.92 | 610.35 | 495.34 | 692.36 | 628.56 |
| | 主产品产值 | 元 | 574.35 | 592.59 | 633.92 | 570.27 | 487.02 | 665.06 | 608.22 |
| | 副产品产值 | 元 | 16.97 | 4.33 | 4.00 | 40.08 | 8.32 | 27.30 | 20.34 |
| | 其他收入 | 元 | | | | | | | |
| | 生产成本 | 元 | 527.41 | 569.00 | 563.32 | 504.01 | 459.99 | 568.90 | 538.22 |
| | 物质费用 | 元 | 490.01 | 550.30 | 549.02 | 465.51 | 430.29 | 504.00 | 508.52 |
| | 用工作价 | 元 | 37.40 | 18.70 | 14.30 | 38.50 | 29.70 | 64.90 | 29.70 |
| | 用工数量 | 日 | 3.40 | 1.70 | 1.30 | 3.50 | 2.70 | 5.90 | 2.70 |
| | 劳动日工价 | 元 | 11.00 | 11.00 | 11.00 | 11.00 | 11.00 | 11.00 | 11.00 |
| | 期间费用 | 元 | 8.37 | 2.85 | 2.24 | 4.16 | 6.45 | 11.65 | 8.63 |
| | 税金 | 元 | 0.85 | | | | | | |
| | 含税成本 | 元 | 536.63 | 571.85 | 565.56 | 508.17 | 466.44 | 580.55 | 546.85 |
| | 净产值 | 元 | 101.31 | 46.62 | 88.90 | 144.84 | 65.05 | 188.36 | 120.04 |
| | 减税纯收益 | 元 | 54.69 | 25.07 | 72.36 | 102.18 | 28.90 | 111.81 | 81.71 |
| | 成本纯收益率 | % | 10.19 | 4.38 | 12.79 | 20.11 | 6.20 | 19.26 | 14.94 |
| | 耗粮数量 | 公斤 | 186.60 | 199.70 | 198.70 | 180.20 | 212.50 | 161.40 | 205.50 |
| 每50公斤主产品 | 平均出售价格 | 元 | 295.45 | 304.52 | 299.30 | 285.42 | 259.88 | 312.82 | 289.35 |
| | 物质费用 | 元 | 244.83 | 280.74 | 257.59 | 217.69 | 225.75 | 227.72 | 234.09 |
| | 生产成本 | 元 | 263.52 | 290.28 | 264.30 | 235.69 | 241.33 | 257.04 | 247.76 |
| | 含税成本 | 元 | 268.12 | 291.73 | 265.35 | 237.64 | 244.72 | 262.30 | 251.74 |
| | 净产值 | 元 | 50.62 | 23.78 | 41.71 | 67.73 | 34.13 | 85.10 | 55.26 |
| | 减税纯收益 | 元 | 27.33 | 12.79 | 33.95 | 47.78 | 15.16 | 50.52 | 37.61 |
| | 耗粮数量 | 公斤 | 96.00 | 102.60 | 93.80 | 90.20 | 113.40 | 75.90 | 97.80 |
| 每一劳动日 | 主产品产量 | 公斤 | 28.60 | 57.20 | 81.50 | 28.50 | 34.70 | 18.00 | 38.90 |
| | 净产值 | 元 | 29.80 | 27.42 | 68.38 | 41.38 | 24.09 | 31.93 | 44.46 |
| 每核算单位成本外支出 | | 元 | 0.52 | | | | | | 0.96 |

# 2002年全国肉类产品成本收益(二)

品种：中等规模生猪　　按统一工价汇总

| 项目名称 | | 单位 | 吉林 | 黑龙江 | 江苏 | 浙江 | 安徽 | 福建 | 山东 |
|---|---|---|---|---|---|---|---|---|---|
| 调查县数 | | 个 | 16.00 | 8.00 | 5.00 | 6.00 | 8.00 | 5.00 | 10.00 |
| 调查户数 | | 户 | 37.00 | 16.00 | 8.00 | 15.00 | 14.00 | 8.00 | 30.00 |
| 调查数量 | | 头 | 8731.00 | 5231.00 | 3796.00 | 2892.00 | 5945.00 | 7921.00 | 8557.00 |
| 平均饲养天数 | | 天 | 132.00 | 152.00 | 129.00 | 128.00 | 115.00 | 103.00 | 116.00 |
| 每头 | 主产品产量 | 公斤 | 111.80 | 98.60 | 91.30 | 103.30 | 95.40 | 98.60 | 111.00 |
| | 产值合计 | 元 | 680.19 | 576.90 | 503.71 | 641.58 | 532.25 | 638.28 | 642.46 |
| | 主产品产值 | 元 | 669.47 | 565.16 | 486.97 | 633.29 | 521.31 | 637.15 | 627.05 |
| | 副产品产值 | 元 | 10.72 | 11.74 | 16.74 | 8.29 | 10.94 | 1.13 | 15.41 |
| | 其他收入 | 元 | | | | | | | |
| | 生产成本 | 元 | 589.04 | 509.83 | 498.60 | 557.20 | 517.04 | 614.08 | 517.39 |
| | 物质费用 | 元 | 554.94 | 451.53 | 472.20 | 537.40 | 446.64 | 600.88 | 493.19 |
| | 用工作价 | 元 | 34.10 | 58.30 | 26.40 | 19.80 | 70.40 | 13.20 | 24.20 |
| | 用工数量 | 日 | 3.10 | 5.30 | 2.40 | 1.80 | 6.40 | 1.20 | 2.20 |
| | 劳动日工价 | 元 | 11.00 | 11.00 | 11.00 | 11.00 | 11.00 | 11.00 | 11.00 |
| | 期间费用 | 元 | 2.29 | 3.30 | 3.79 | 12.44 | 10.72 | 20.41 | 4.66 |
| | 税金 | 元 | | | | | 0.30 | | 0.40 |
| | 含税成本 | 元 | 591.33 | 513.13 | 502.39 | 569.64 | 528.06 | 634.49 | 522.45 |
| | 净产值 | 元 | 125.25 | 125.37 | 31.51 | 104.18 | 85.61 | 37.40 | 149.27 |
| | 减税纯收益 | 元 | 88.86 | 63.77 | 1.32 | 71.94 | 4.19 | 3.79 | 120.01 |
| | 成本纯收益率 | % | 15.03 | 12.43 | 0.26 | 12.63 | 0.79 | 0.60 | 22.97 |
| | 耗粮数量 | 公斤 | 234.20 | 262.90 | 148.00 | 206.40 | 171.20 | 153.70 | 179.20 |
| 每50公斤主产品 | 平均出售价格 | 元 | 299.41 | 286.59 | 266.69 | 306.53 | 273.22 | 323.10 | 282.45 |
| | 物质费用 | 元 | 244.28 | 224.31 | 250.01 | 256.76 | 229.27 | 304.17 | 216.83 |
| | 生产成本 | 元 | 259.29 | 253.27 | 263.98 | 266.22 | 265.41 | 310.85 | 227.46 |
| | 含税成本 | 元 | 260.30 | 254.91 | 265.99 | 272.16 | 271.07 | 321.18 | 229.69 |
| | 净产值 | 元 | 55.13 | 62.28 | 16.68 | 49.77 | 43.95 | 18.93 | 65.62 |
| | 减税纯收益 | 元 | 39.11 | 31.68 | 0.70 | 34.37 | 2.15 | 1.92 | 52.76 |
| | 耗粮数量 | 公斤 | 104.70 | 133.30 | 81.10 | 99.90 | 89.70 | 77.90 | 80.70 |
| 每一劳动日 | 主产品产量 | 公斤 | 36.10 | 18.60 | 38.00 | 57.40 | 14.90 | 82.20 | 50.50 |
| | 净产值 | 元 | 40.40 | 23.65 | 13.13 | 57.88 | 13.38 | 31.17 | 67.85 |
| 每核算单位成本外支出 | | 元 | | 2.24 | 3.38 | | | | 1.49 |

# 2002年全国肉类产品成本收益(三)

品种：中等规模生猪　　　　按统一工价汇总

| 项目名称 | | 单位 | 河南 | 湖北 | 湖南 | 广东 | 广西 | 海南 | 四川 |
|---|---|---|---|---|---|---|---|---|---|
| 调查县数 | | 个 | 25.00 | 12.00 | 10.00 | 12.00 | 10.00 | 5.00 | 1.00 |
| 调查户数 | | 户 | 40.00 | 39.00 | 73.00 | 20.00 | 10.00 | 7.00 | 2.00 |
| 调查数量 | | 头 | 19346.00 | 12140.00 | 27692.00 | 13063.00 | 2021.00 | 1880.00 | 287.00 |
| 平均饲养天数 | | 天 | 140.00 | 141.00 | 129.00 | 137.00 | 118.00 | 84.00 | 213.00 |
| 每头 | 主产品产量 | 公斤 | 94.30 | 98.70 | 102.40 | 96.10 | 93.80 | 67.80 | 98.00 |
| | 产值合计 | 元 | 560.26 | 600.33 | 660.02 | 658.85 | 583.85 | 479.08 | 589.23 |
| | 主产品产值 | 元 | 550.02 | 591.40 | 653.28 | 647.40 | 572.98 | 473.89 | 478.73 |
| | 副产品产值 | 元 | 10.24 | 8.93 | 6.74 | 11.45 | 10.87 | 5.19 | 110.50 |
| | 其他收入 | 元 | | | | | | | |
| | 生产成本 | 元 | 514.79 | 588.55 | 601.80 | 590.18 | 572.57 | 408.24 | 509.25 |
| | 物质费用 | 元 | 472.99 | 547.85 | 594.10 | 560.48 | 515.37 | 386.24 | 366.25 |
| | 用工作价 | 元 | 41.80 | 40.70 | 7.70 | 29.70 | 57.20 | 22.00 | 143.00 |
| | 用工数量 | 日 | 3.80 | 3.70 | 0.70 | 2.70 | 5.20 | 2.00 | 13.00 |
| | 劳动日工价 | 元 | 11.00 | 11.00 | 11.00 | 11.00 | 11.00 | 11.00 | 11.00 |
| | 期间费用 | 元 | 14.00 | 14.00 | 8.23 | 4.92 | 12.87 | 3.33 | 4.30 |
| | 税金 | 元 | | 4.35 | 1.61 | 0.87 | | 1.22 | 9.20 |
| | 含税成本 | 元 | 528.79 | 606.90 | 611.64 | 595.97 | 585.44 | 412.79 | 522.75 |
| | 净产值 | 元 | 87.27 | 52.48 | 65.92 | 98.37 | 68.48 | 92.84 | 222.98 |
| | 减税纯收益 | 元 | 31.47 | -6.57 | 48.38 | 62.88 | -1.59 | 66.29 | 66.48 |
| | 成本纯收益率 | % | 5.95 | -1.08 | 7.91 | 10.55 | -0.27 | 16.06 | 12.72 |
| | 耗粮数量 | 公斤 | 141.40 | 195.00 | 202.10 | 103.30 | 88.30 | 116.20 | 347.00 |
| 每50公斤主产品 | 平均出售价格 | 元 | 291.63 | 299.59 | 318.98 | 336.84 | 305.43 | 349.48 | 244.25 |
| | 物质费用 | 元 | 246.20 | 273.40 | 287.12 | 286.55 | 269.61 | 281.75 | 151.82 |
| | 生产成本 | 元 | 267.96 | 293.71 | 290.84 | 301.73 | 299.53 | 297.80 | 211.10 |
| | 含税成本 | 元 | 275.25 | 302.87 | 295.60 | 304.69 | 306.26 | 301.12 | 216.69 |
| | 净产值 | 元 | 45.43 | 26.19 | 31.86 | 50.29 | 35.82 | 67.73 | 92.43 |
| | 减税纯收益 | 元 | 16.38 | -3.28 | 23.38 | 32.15 | -0.83 | 48.36 | 27.56 |
| | 耗粮数量 | 公斤 | 75.00 | 98.80 | 98.70 | 53.70 | 47.10 | 85.70 | 177.00 |
| 每一劳动日 | 主产品产量 | 公斤 | 24.80 | 26.70 | 146.30 | 35.60 | 18.00 | 33.90 | 7.50 |
| | 净产值 | 元 | 22.97 | 14.18 | 94.17 | 36.43 | 13.17 | 46.42 | 17.15 |
| 每核算单位成本外支出 | | 元 | | 1.73 | 0.13 | 0.17 | 1.67 | | |

# 2002年全国肉类产品成本收益(四)

品种：中等规模生猪　　　　按统一工价汇总

| 项目名称 | | 单位 | 云南 | 陕西 | 甘肃 | 青海 | 宁夏 | 新疆 |
|---|---|---|---|---|---|---|---|---|
| 调查县数 | | 个 | 6.00 | 1.00 | 14.00 | 5.00 | 4.00 | 2.00 |
| 调查户数 | | 户 | 8.00 | 9.00 | 23.00 | 6.00 | 14.00 | 5.00 |
| 调查数量 | | 头 | 1841.00 | 850.00 | 3465.00 | 2168.00 | 2152.00 | 8784.00 |
| 平均饲养天数 | | 天 | 176.00 | 155.00 | 121.00 | 160.00 | 143.00 | 151.00 |
| 每头 | 主产品产量 | 公斤 | 109.70 | 95.60 | 67.50 | 96.20 | 94.40 | 93.20 |
| | 产值合计 | 元 | 626.95 | 507.37 | 423.75 | 630.42 | 565.33 | 612.16 |
| | 主产品产值 | 元 | 614.84 | 495.67 | 412.90 | 611.55 | 538.12 | 594.86 |
| | 副产品产值 | 元 | 12.11 | 11.70 | 10.85 | 18.87 | 27.21 | 17.30 |
| | 其他收入 | 元 | | | | | | |
| | 生产成本 | 元 | 543.90 | 478.28 | 350.10 | 530.15 | 444.06 | 567.37 |
| | 物质费用 | 元 | 520.80 | 451.88 | 325.90 | 497.15 | 407.76 | 528.87 |
| | 用工作价 | 元 | 23.10 | 26.40 | 24.20 | 33.00 | 36.30 | 38.50 |
| | 用工数量 | 日 | 2.10 | 2.40 | 2.20 | 3.00 | 3.30 | 3.50 |
| | 劳动日工价 | 元 | 11.00 | 11.00 | 11.00 | 11.00 | 11.00 | 11.00 |
| | 期间费用 | 元 | 25.44 | 1.88 | 7.55 | 8.46 | 1.79 | 17.53 |
| | 税金 | 元 | 3.89 | | 0.22 | | | |
| | 含税成本 | 元 | 573.23 | 480.16 | 357.87 | 538.61 | 445.85 | 584.90 |
| | 净产值 | 元 | 106.15 | 55.49 | 97.85 | 133.27 | 157.57 | 83.29 |
| | 减税纯收益 | 元 | 53.72 | 27.21 | 65.88 | 91.81 | 119.48 | 27.26 |
| | 成本纯收益率 | % | 9.37 | 5.67 | 18.41 | 17.05 | 26.80 | 4.66 |
| | 耗粮数量 | 公斤 | 207.60 | 211.40 | 196.00 | 152.30 | 170.00 | 208.20 |
| 每50公斤主产品 | 平均出售价格 | 元 | 280.24 | 259.24 | 305.85 | 317.85 | 285.02 | 319.13 |
| | 物质费用 | 元 | 232.79 | 230.89 | 235.22 | 250.66 | 205.58 | 275.71 |
| | 生产成本 | 元 | 243.12 | 244.38 | 252.69 | 267.30 | 223.88 | 295.78 |
| | 含税成本 | 元 | 256.23 | 245.34 | 258.30 | 271.56 | 224.78 | 304.92 |
| | 净产值 | 元 | 47.45 | 28.35 | 70.63 | 67.19 | 79.44 | 43.42 |
| | 减税纯收益 | 元 | 24.01 | 13.90 | 47.55 | 46.29 | 60.24 | 14.21 |
| | 耗粮数量 | 公斤 | 94.60 | 110.60 | 145.20 | 79.20 | 90.00 | 111.70 |
| 每一劳动日 | 主产品产量 | 公斤 | 52.20 | 39.80 | 30.70 | 32.10 | 28.60 | 26.60 |
| | 净产值 | 元 | 50.55 | 23.12 | 44.48 | 44.42 | 47.75 | 23.80 |
| 每核算单位成本外支出 | | 元 | | | 1.67 | | | |

# 2002年全国肉类产品成本收益(一)

品种：中等规模生猪　　　　按地区工价汇总

| 项目名称 | | 单位 | 平均 | 北京 | 天津 | 河北 | 山西 | 内蒙古 | 辽宁 |
|---|---|---|---|---|---|---|---|---|---|
| 调查县数 | | 个 | 212.00 | 2.00 | 6.00 | 16.00 | 6.00 | 2.00 | 15.00 |
| 调查户数 | | 户 | 502.00 | 6.00 | 14.00 | 24.00 | 28.00 | 12.00 | 34.00 |
| 调查数量 | | 头 | 175186.00 | 2020.00 | 5939.00 | 7645.00 | 6477.00 | 4345.00 | 9998.00 |
| 平均饲养天数 | | 天 | 140.00 | 162.00 | 151.00 | 132.00 | 159.00 | 168.00 | 133.00 |
| 每头 | 主产品产量 | 公斤 | 97.20 | 97.30 | 105.90 | 99.90 | 93.70 | 106.30 | 105.10 |
| | 产值合计 | 元 | 591.32 | 596.92 | 637.92 | 610.35 | 495.34 | 692.36 | 628.56 |
| | 主产品产值 | 元 | 574.35 | 592.59 | 633.92 | 570.27 | 487.02 | 665.06 | 608.22 |
| | 副产品产值 | 元 | 16.97 | 4.33 | 4.00 | 40.08 | 8.32 | 27.30 | 20.34 |
| | 其他收入 | 元 | | | | | | | |
| | 生产成本 | 元 | 529.45 | 591.95 | 565.79 | 495.26 | 452.43 | 551.20 | 534.17 |
| | 物质费用 | 元 | 490.01 | 550.30 | 549.02 | 465.51 | 430.29 | 504.00 | 508.52 |
| | 用工作价 | 元 | 39.44 | 41.65 | 16.77 | 29.75 | 22.14 | 47.20 | 25.65 |
| | 用工数量 | 日 | 3.40 | 1.70 | 1.30 | 3.50 | 2.70 | 5.90 | 2.70 |
| | 劳动日工价 | 元 | 11.60 | 24.50 | 12.90 | 8.50 | 8.20 | 8.00 | 9.50 |
| | 期间费用 | 元 | 8.37 | 2.85 | 2.24 | 4.16 | 6.45 | 11.65 | 8.63 |
| | 税金 | 元 | 0.85 | | | | | | |
| | 含税成本 | 元 | 538.67 | 594.80 | 568.03 | 499.42 | 458.88 | 562.85 | 542.80 |
| | 净产值 | 元 | 101.31 | 46.62 | 88.90 | 144.84 | 65.05 | 188.36 | 120.04 |
| | 减税纯收益 | 元 | 52.65 | 2.12 | 69.89 | 110.93 | 36.46 | 129.51 | 85.76 |
| | 成本纯收益率 | % | 9.77 | 0.36 | 12.30 | 22.21 | 7.95 | 23.01 | 15.80 |
| | 耗粮数量 | 公斤 | 186.60 | 199.70 | 198.70 | 180.20 | 212.50 | 161.40 | 205.50 |
| 每50公斤主产品 | 平均出售价格 | 元 | 295.45 | 304.52 | 299.30 | 285.42 | 259.88 | 312.82 | 289.35 |
| | 物质费用 | 元 | 244.83 | 280.74 | 257.59 | 217.69 | 225.75 | 227.72 | 234.09 |
| | 生产成本 | 元 | 264.54 | 301.98 | 265.46 | 231.60 | 237.37 | 249.04 | 245.90 |
| | 含税成本 | 元 | 269.14 | 303.44 | 266.51 | 233.55 | 240.75 | 254.31 | 249.87 |
| | 净产值 | 元 | 50.62 | 23.78 | 41.71 | 67.73 | 34.13 | 85.10 | 55.26 |
| | 减税纯收益 | 元 | 26.31 | 1.08 | 32.79 | 51.87 | 19.13 | 58.51 | 39.48 |
| | 耗粮数量 | 公斤 | 96.00 | 102.60 | 93.80 | 90.20 | 113.40 | 75.90 | 97.80 |
| 每一劳动日 | 主产品产量 | 公斤 | 28.60 | 57.20 | 81.50 | 28.50 | 34.70 | 18.00 | 38.90 |
| | 净产值 | 元 | 29.80 | 27.42 | 68.38 | 41.38 | 24.09 | 31.93 | 44.46 |
| 每核算单位成本外支出 | | 元 | 0.52 | | | | | | 0.96 |

# 2002年全国肉类产品成本收益(二)

品种：中等规模生猪　　　　按地区工价汇总

| 项目名称 | | 单位 | 吉林 | 黑龙江 | 江苏 | 浙江 | 安徽 | 福建 | 山东 |
|---|---|---|---|---|---|---|---|---|---|
| 调查县数 | | 个 | 16.00 | 8.00 | 5.00 | 6.00 | 8.00 | 5.00 | 10.00 |
| 调查户数 | | 户 | 37.00 | 16.00 | 8.00 | 15.00 | 14.00 | 8.00 | 30.00 |
| 调查数量 | | 头 | 8731.00 | 5231.00 | 3796.00 | 2892.00 | 5945.00 | 7921.00 | 8557.00 |
| 平均饲养天数 | | 天 | 132.00 | 152.00 | 129.00 | 128.00 | 115.00 | 103.00 | 116.00 |
| 每头 | 主产品产量 | 公斤 | 111.80 | 98.60 | 91.30 | 103.30 | 95.40 | 98.60 | 111.00 |
| | 产值合计 | 元 | 680.19 | 576.90 | 503.71 | 641.58 | 532.25 | 638.28 | 642.46 |
| | 主产品产值 | 元 | 669.47 | 565.16 | 486.97 | 633.29 | 521.31 | 637.15 | 627.05 |
| | 副产品产值 | 元 | 10.72 | 11.74 | 16.74 | 8.29 | 10.94 | 1.13 | 15.41 |
| | 其他收入 | 元 | | | | | | | |
| | 生产成本 | 元 | 589.04 | 501.88 | 503.40 | 570.70 | 510.64 | 619.36 | 518.05 |
| | 物质费用 | 元 | 554.94 | 451.53 | 472.20 | 537.40 | 446.64 | 600.88 | 493.19 |
| | 用工作价 | 元 | 34.10 | 50.35 | 31.20 | 33.30 | 64.00 | 18.48 | 24.86 |
| | 用工数量 | 日 | 3.10 | 5.30 | 2.40 | 1.80 | 6.40 | 1.20 | 2.20 |
| | 劳动日工价 | 元 | 11.00 | 9.50 | 13.00 | 18.50 | 10.00 | 15.40 | 11.30 |
| | 期间费用 | 元 | 2.29 | 3.30 | 3.79 | 12.44 | 10.72 | 20.41 | 4.66 |
| | 税金 | 元 | | | | | 0.30 | | 0.40 |
| | 含税成本 | 元 | 591.33 | 505.18 | 507.19 | 583.14 | 521.66 | 639.77 | 523.11 |
| | 净产值 | 元 | 125.25 | 125.37 | 31.51 | 104.18 | 85.61 | 37.40 | 149.27 |
| | 减税纯收益 | 元 | 88.86 | 71.72 | -3.48 | 58.44 | 10.59 | -1.49 | 119.35 |
| | 成本纯收益率 | % | 15.03 | 14.20 | -0.69 | 10.02 | 2.03 | -0.23 | 22.82 |
| | 耗粮数量 | 公斤 | 234.20 | 262.90 | 148.00 | 206.40 | 171.20 | 153.70 | 179.20 |
| 每50公斤主产品 | 平均出售价格 | 元 | 299.41 | 286.59 | 266.69 | 306.53 | 273.22 | 323.10 | 282.45 |
| | 物质费用 | 元 | 244.28 | 224.31 | 250.01 | 256.76 | 229.27 | 304.17 | 216.83 |
| | 生产成本 | 元 | 259.29 | 249.32 | 266.53 | 272.67 | 262.13 | 313.52 | 227.75 |
| | 含税成本 | 元 | 260.30 | 250.96 | 268.53 | 278.61 | 267.78 | 323.85 | 229.98 |
| | 净产值 | 元 | 55.13 | 62.28 | 16.68 | 49.77 | 43.95 | 18.93 | 65.62 |
| | 减税纯收益 | 元 | 39.11 | 35.63 | -1.84 | 27.92 | 5.44 | -0.75 | 52.47 |
| | 耗粮数量 | 公斤 | 104.70 | 133.30 | 81.10 | 99.90 | 89.70 | 77.90 | 80.70 |
| 每一劳动日 | 主产品产量 | 公斤 | 36.10 | 18.60 | 38.00 | 57.40 | 14.90 | 82.20 | 50.50 |
| | 净产值 | 元 | 40.40 | 23.65 | 13.13 | 57.88 | 13.38 | 31.17 | 67.85 |
| 每核算单位成本外支出 | | 元 | | 2.24 | 3.38 | | | | 1.49 |

# 2002年全国肉类产品成本收益(三)

品种：中等规模生猪　　　　按地区工价汇总

| 项目名称 | | 单位 | 河南 | 湖北 | 湖南 | 广东 | 广西 | 海南 | 四川 |
|---|---|---|---|---|---|---|---|---|---|
| 调查县数 | | 个 | 25.00 | 12.00 | 10.00 | 12.00 | 10.00 | 5.00 | 1.00 |
| 调查户数 | | 户 | 40.00 | 39.00 | 73.00 | 20.00 | 10.00 | 7.00 | 2.00 |
| 调查数量 | | 头 | 19346.00 | 12140.00 | 27692.00 | 13063.00 | 2021.00 | 1880.00 | 287.00 |
| 平均饲养天数 | | 天 | 140.00 | 141.00 | 129.00 | 137.00 | 118.00 | 84.00 | 213.00 |
| 每头 | 主产品产量 | 公斤 | 94.30 | 98.70 | 102.40 | 96.10 | 93.80 | 67.80 | 98.00 |
| | 产值合计 | 元 | 560.26 | 600.33 | 660.02 | 658.85 | 583.85 | 479.08 | 589.23 |
| | 主产品产值 | 元 | 550.02 | 591.40 | 653.28 | 647.40 | 572.98 | 473.89 | 478.73 |
| | 副产品产值 | 元 | 10.24 | 8.93 | 6.74 | 11.45 | 10.87 | 5.19 | 110.50 |
| | 其他收入 | 元 | | | | | | | |
| | 生产成本 | 元 | 506.81 | 584.85 | 604.04 | 607.73 | 569.97 | 416.24 | 515.75 |
| | 物质费用 | 元 | 472.99 | 547.85 | 594.10 | 560.48 | 515.37 | 386.24 | 366.25 |
| | 用工作价 | 元 | 33.82 | 37.00 | 9.94 | 47.25 | 54.60 | 30.00 | 149.50 |
| | 用工数量 | 日 | 3.80 | 3.70 | 0.70 | 2.70 | 5.20 | 2.00 | 13.00 |
| | 劳动日工价 | 元 | 8.90 | 10.00 | 14.20 | 17.50 | 10.50 | 15.00 | 11.50 |
| | 期间费用 | 元 | 14.00 | 14.00 | 8.23 | 4.92 | 12.87 | 3.33 | 4.30 |
| | 税金 | 元 | | 4.35 | 1.61 | 0.87 | | 1.22 | 9.20 |
| | 含税成本 | 元 | 520.81 | 603.20 | 613.88 | 613.52 | 582.84 | 420.79 | 529.25 |
| | 净产值 | 元 | 87.27 | 52.48 | 65.92 | 98.37 | 68.48 | 92.84 | 222.98 |
| | 减税纯收益 | 元 | 39.45 | −2.87 | 46.14 | 45.33 | 1.01 | 58.29 | 59.98 |
| | 成本纯收益率 | % | 7.57 | −0.48 | 7.52 | 7.39 | 0.17 | 13.85 | 11.33 |
| | 耗粮数量 | 公斤 | 141.40 | 195.00 | 202.10 | 103.30 | 88.30 | 116.20 | 347.00 |
| 每50公斤主产品 | 平均出售价格 | 元 | 291.63 | 299.59 | 318.98 | 336.84 | 305.43 | 349.48 | 244.25 |
| | 物质费用 | 元 | 246.20 | 273.40 | 287.12 | 286.55 | 269.61 | 281.75 | 151.82 |
| | 生产成本 | 元 | 263.81 | 291.86 | 291.93 | 310.70 | 298.17 | 303.64 | 213.79 |
| | 含税成本 | 元 | 271.10 | 301.02 | 296.68 | 313.66 | 304.90 | 306.96 | 219.39 |
| | 净产值 | 元 | 45.43 | 26.19 | 31.86 | 50.29 | 35.82 | 67.73 | 92.43 |
| | 减税纯收益 | 元 | 20.53 | −1.43 | 22.30 | 23.18 | 0.53 | 42.52 | 24.86 |
| | 耗粮数量 | 公斤 | 75.00 | 98.80 | 98.70 | 53.70 | 47.10 | 85.70 | 177.00 |
| 每一劳动日 | 主产品产量 | 公斤 | 24.80 | 26.70 | 146.30 | 35.60 | 18.00 | 33.90 | 7.50 |
| | 净产值 | 元 | 22.97 | 14.18 | 94.17 | 36.43 | 13.17 | 46.42 | 17.15 |
| 每核算单位成本外支出 | | 元 | | 1.73 | 0.13 | 0.17 | 1.67 | | |

# 2002年全国肉类产品成本收益(四)

品种：中等规模生猪　　　　按地区工价汇总

| 项目名称 | | 单位 | 云南 | 陕西 | 甘肃 | 青海 | 宁夏 | 新疆 |
|---|---|---|---|---|---|---|---|---|
| 调查县数 | | 个 | 6.00 | 1.00 | 14.00 | 5.00 | 4.00 | 2.00 |
| 调查户数 | | 户 | 8.00 | 9.00 | 23.00 | 6.00 | 14.00 | 5.00 |
| 调查数量 | | 头 | 1841.00 | 850.00 | 3465.00 | 2168.00 | 2152.00 | 8784.00 |
| 平均饲养天数 | | 天 | 176.00 | 155.00 | 121.00 | 160.00 | 143.00 | 151.00 |
| 每头 | 主产品产量 | 公斤 | 109.70 | 95.60 | 67.50 | 96.20 | 94.40 | 93.20 |
| | 产值合计 | 元 | 626.95 | 507.37 | 423.75 | 630.42 | 565.33 | 612.16 |
| | 主产品产值 | 元 | 614.84 | 495.67 | 412.90 | 611.55 | 538.12 | 594.86 |
| | 副产品产值 | 元 | 12.11 | 11.70 | 10.85 | 18.87 | 27.21 | 17.30 |
| | 其他收入 | 元 | | | | | | |
| | 生产成本 | 元 | 540.75 | 475.16 | 342.40 | 524.15 | 438.45 | 561.07 |
| | 物质费用 | 元 | 520.80 | 451.88 | 325.90 | 497.15 | 407.76 | 528.87 |
| | 用工作价 | 元 | 19.95 | 23.28 | 16.50 | 27.00 | 30.69 | 32.20 |
| | 用工数量 | 日 | 2.10 | 2.40 | 2.20 | 3.00 | 3.30 | 3.50 |
| | 劳动日工价 | 元 | 9.50 | 9.70 | 7.50 | 9.00 | 9.30 | 9.20 |
| | 期间费用 | 元 | 25.44 | 1.88 | 7.55 | 8.46 | 1.79 | 17.53 |
| | 税金 | 元 | 3.89 | | 0.22 | | | |
| | 含税成本 | 元 | 570.08 | 477.04 | 350.17 | 532.61 | 440.24 | 578.60 |
| | 净产值 | 元 | 106..15 | 55.49 | 97.85 | 133.27 | 157.57 | 83.29 |
| | 减税纯收益 | 元 | 56.87 | 30.33 | 73.58 | 97.81 | 125.09 | 33.56 |
| | 成本纯收益率 | % | 9.98 | 6.36 | 21.01 | 18.36 | 28.41 | 5.80 |
| | 耗粮数量 | 公斤 | 207.60 | 211.40 | 196.00 | 152.30 | 170.00 | 208.20 |
| 每50公斤主产品 | 平均出售价格 | 元 | 280.24 | 259.24 | 305.85 | 317.85 | 285.02 | 319.13 |
| | 物质费用 | 元 | 232.79 | 230.89 | 235.22 | 250.66 | 205.58 | 275.71 |
| | 生产成本 | 元 | 241.71 | 242.78 | 247.13 | 264.27 | 221.05 | 292.50 |
| | 含税成本 | 元 | 254.82 | 243.74 | 252.74 | 268.54 | 221.95 | 301.63 |
| | 净产值 | 元 | 47.45 | 28.35 | 70.63 | 67.19 | 79.44 | 43.42 |
| | 减税纯收益 | 元 | 25.42 | 15.50 | 53.11 | 49.31 | 63.07 | 17.50 |
| | 耗粮数量 | 公斤 | 94.60 | 110.60 | 145.20 | 79.20 | 90.00 | 111.70 |
| 每一劳动日 | 主产品产量 | 公斤 | 52.20 | 39.80 | 30.70 | 32.10 | 28.60 | 26.60 |
| | 净产值 | 元 | 50.55 | 23.12 | 44.48 | 44.42 | 47.75 | 23.80 |
| 每核算单位成本外支出 | | 元 | | | 1.67 | | | |

# 2002 年全国肉类产品物质费用和期间费用(一)

品种：中等规模生猪

| 项　目　名　称 | 单位 | 平　均 | 北　京 | 天　津 | 河　北 | 山　西 | 内蒙古 | 辽　宁 |
|---|---|---|---|---|---|---|---|---|
| 一、物质费用 | 元 | 490.01 | 550.30 | 549.02 | 465.51 | 430.29 | 504.00 | 508.52 |
| (一)直接生产费用 | 元 | 478.86 | 533.09 | 540.95 | 457.66 | 422.31 | 490.70 | 498.87 |
| 1.仔畜进价 | 元 | 135.73 | 150.86 | 165.97 | 136.89 | 85.16 | 107.08 | 129.85 |
| 2.精饲料费 | 元 | 307.89 | 362.71 | 355.78 | 299.44 | 314.10 | 352.82 | 336.83 |
| 3.青粗饲料费 | 元 | 9.18 | | 3.45 | | 0.11 | | 9.40 |
| 4.饲料加工费 | 元 | 3.80 | | 1.27 | 6.20 | 4.39 | 5.24 | 3.23 |
| 5.水费 | 元 | 1.79 | 1.60 | 0.88 | 1.43 | 1.40 | 2.76 | 1.04 |
| 6.电费 | 元 | 2.42 | 3.62 | 2.41 | 2.32 | 1.99 | 3.55 | 2.67 |
| 7.煤费 | 元 | 1.50 | 2.04 | 0.88 | 0.46 | 0.21 | 3.49 | 0.92 |
| 8.医疗防疫费 | 元 | 7.28 | 12.07 | 6.35 | 6.78 | 6.49 | 3.70 | 5.52 |
| 9.死亡损失费 | 元 | 4.64 | | 2.16 | 3.01 | 7.00 | 7.73 | 5.92 |
| 10.工具材料费 | 元 | 1.40 | 0.19 | 1.37 | 1.08 | 0.96 | 1.94 | 1.62 |
| 11.其他直接费用 | 元 | 3.23 | | 0.43 | 0.05 | 0.50 | 2.39 | 1.87 |
| (二)间接生产费用 | 元 | 11.15 | 17.21 | 8.07 | 7.85 | 7.98 | 13.30 | 9.65 |
| 1.固定资产折旧费 | 元 | 8.98 | 16.98 | 5.92 | 6.82 | 7.10 | 10.56 | 8.29 |
| 2.修理费 | 元 | 1.67 | | 1.20 | 0.89 | 0.35 | 2.74 | 1.33 |
| 3.其它间接费用 | 元 | 0.50 | 0.23 | 0.95 | 0.14 | 0.53 | | 0.03 |
| 二、期间费用 | 元 | 8.37 | 2.85 | 2.24 | 4.16 | 6.45 | 11.65 | 8.63 |
| 1.承包费 | 元 | 1.68 | 0.47 | 1.93 | 1.92 | 1.15 | 0.97 | |
| 2.管理费 | 元 | 2.72 | 1.62 | 0.29 | 1.39 | 1.28 | 9.52 | 2.76 |
| 3.销售费 | 元 | 1.99 | 0.76 | | 0.53 | 1.63 | 1.16 | 2.26 |
| 4.财务费 | 元 | 1.98 | | 0.02 | 0.32 | 2.39 | | 3.61 |
| 附记：1.仔畜重量 | 公斤 | 17.70 | 19.70 | 18.40 | 19.60 | 13.10 | 10.50 | 14.20 |
| 2.精饲料数量 | 公斤 | 266.90 | 308.00 | 283.90 | 257.30 | 277.30 | 299.60 | 266.80 |
| 3.青粗饲料量 | 公斤 | 156.90 | | 200.00 | | 27.50 | | 41.10 |

# 2002年全国肉类产品物质费用和期间费用(二)

**品种：中等规模生猪**

| 项目名称 | 单位 | 吉林 | 黑龙江 | 江苏 | 浙江 | 安徽 | 福建 | 山东 |
|---|---|---|---|---|---|---|---|---|
| 一、物质费用 | 元 | 554.94 | 451.53 | 472.20 | 537.40 | 446.64 | 600.88 | 493.19 |
| (一)直接生产费用 | 元 | 546.16 | 439.67 | 460.83 | 527.78 | 433.07 | 593.12 | 484.79 |
| 1.仔畜进价 | 元 | 148.52 | 114.53 | 158.71 | 181.71 | 120.17 | 217.84 | 174.74 |
| 2.精饲料费 | 元 | 364.62 | 276.75 | 265.23 | 311.56 | 249.57 | 362.70 | 271.48 |
| 3.青粗饲料费 | 元 | 4.53 | 13.03 | 18.83 | 11.24 | 31.84 |  | 7.97 |
| 4.饲料加工费 | 元 | 5.89 | 8.50 | 2.13 | 5.39 | 3.47 |  | 2.91 |
| 5.水费 | 元 | 1.02 | 2.95 | 0.50 | 1.28 | 1.64 | 1.92 | 1.18 |
| 6.电费 | 元 | 2.09 | 2.06 | 2.17 | 1.00 | 4.68 | 0.84 | 1.37 |
| 7.煤费 | 元 | 1.29 | 3.06 | 0.32 |  | 1.51 |  | 1.08 |
| 8.医疗防疫费 | 元 | 9.31 | 8.09 | 7.22 | 8.05 | 11.88 | 6.92 | 11.14 |
| 9.死亡损失费 | 元 | 6.92 | 6.67 | 1.82 | 4.14 | 5.00 | 0.90 | 10.96 |
| 10.工具材料费 | 元 | 1.49 | 1.62 | 0.58 | 1.65 | 3.04 | 0.41 | 1.45 |
| 11.其他直接费用 | 元 | 0.48 | 2.41 | 3.32 | 1.76 | 0.27 | 1.59 | 0.51 |
| (二)间接生产费用 | 元 | 8.78 | 11.86 | 11.37 | 9.62 | 13.57 | 7.76 | 8.40 |
| 1.固定资产折旧费 | 元 | 6.78 | 9.39 | 7.96 | 7.98 | 11.41 | 7.47 | 6.76 |
| 2.修理费 | 元 | 1.33 | 1.73 | 1.11 | 1.26 | 2.14 | 0.29 | 1.50 |
| 3.其它间接费用 | 元 | 0.67 | 0.74 | 2.30 | 0.38 | 0.02 |  | 0.14 |
| 二、期间费用 | 元 | 2.29 | 3.30 | 3.79 | 12.44 | 10.72 | 20.41 | 4.66 |
| 1.承包费 | 元 | 0.07 | 0.57 | 0.73 | 2.93 | 2.29 | 2.58 | 1.09 |
| 2.管理费 | 元 | 1.23 | 0.26 |  | 2.37 | 6.77 | 3.13 | 0.77 |
| 3.销售费 | 元 | 0.38 | 1.81 | 2.92 | 2.56 | 0.52 | 0.42 | 2.37 |
| 4.财务费 | 元 | 0.61 | 0.66 | 0.14 | 4.58 | 1.14 | 14.28 | 0.43 |
| 附记：1.仔畜重量 | 公斤 | 17.20 | 14.70 | 32.10 | 28.30 | 19.60 | 23.10 | 29.70 |
| 2.精饲料数量 | 公斤 | 302.60 | 287.50 | 240.10 | 257.70 | 236.10 | 243.60 | 276.30 |
| 3.青粗饲料量 | 公斤 | 48.20 | 71.20 | 153.80 | 150.10 | 177.70 |  | 145.80 |

# 2002 年全国肉类产品物质费用和期间费用(三)

品种：中等规模生猪

| 项目名称 | 单位 | 河南 | 湖北 | 湖南 | 广东 | 广西 | 海南 | 四川 |
|---|---|---|---|---|---|---|---|---|
| 一、物质费用 | 元 | 472.99 | 547.85 | 594.10 | 560.48 | 515.37 | 386.24 | 366.25 |
| (一)直接生产费用 | 元 | 458.85 | 535.11 | 583.86 | 544.10 | 498.16 | 382.91 | 357.48 |
| 1.仔畜进价 | 元 | 111.82 | 132.18 | 135.46 | 184.94 | 175.99 | 163.94 | 71.52 |
| 2.精饲料费 | 元 | 315.56 | 355.36 | 422.95 | 267.02 | 298.12 | 199.51 | 209.24 |
| 3.青粗饲料费 | 元 | 2.15 | 18.45 |  | 26.52 | 6.03 | 4.03 | 40.30 |
| 4.饲料加工费 | 元 | 4.16 | 2.44 | 4.82 | 1.72 | 4.26 | 4.63 | 10.20 |
| 5.水费 | 元 | 1.96 | 0.90 | 0.71 | 1.34 | 1.67 | 1.16 | 6.60 |
| 6.电费 | 元 | 4.95 | 2.74 | 1.02 | 2.45 | 0.96 | 1.49 | 4.10 |
| 7.煤费 | 元 | 1.80 | 0.08 | 0.10 | 1.25 |  |  | 8.50 |
| 8.医疗防疫费 | 元 | 10.61 | 10.13 | 6.54 | 6.86 | 5.20 | 4.51 | 4.40 |
| 9.死亡损失费 | 元 | 3.41 | 10.62 | 8.79 | 2.19 | 2.31 | 2.55 | 1.72 |
| 10.工具材料费 | 元 | 1.84 | 1.47 | 0.98 | 1.92 | 2.80 | 1.09 | 0.90 |
| 11.其他直接费用 | 元 | 0.59 | 0.74 | 2.49 | 47.89 | 0.82 |  |  |
| (二)间接生产费用 | 元 | 14.14 | 12.74 | 10.24 | 16.38 | 17.21 | 3.33 | 8.77 |
| 1.固定资产折旧费 | 元 | 12.04 | 11.37 | 7.98 | 12.39 | 12.86 | 2.23 | 5.97 |
| 2.修理费 | 元 | 1.74 | 1.26 | 1.33 | 3.05 | 2.49 | 1.08 | 2.20 |
| 3.其它间接费用 | 元 | 0.36 | 0.11 | 0.93 | 0.94 | 1.86 | 0.02 | 0.60 |
| 二、期间费用 | 元 | 14.00 | 14.00 | 8.23 | 4.92 | 12.87 | 3.33 | 4.30 |
| 1.承包费 | 元 | 1.22 | 0.67 | 0.17 | 2.94 | 4.08 | 0.66 |  |
| 2.管理费 | 元 | 7.04 | 4.35 | 1.72 | 0.74 | 5.44 | 1.35 | 3.10 |
| 3.销售费 | 元 | 3.24 | 3.10 | 2.19 | 0.77 |  | 1.32 | 1.20 |
| 4.财务费 | 元 | 2.50 | 5.88 | 4.15 | 0.47 | 3.35 |  |  |
| 附记：1.仔畜重量 | 公斤 | 13.80 | 15.20 | 12.40 | 20.70 | 21.10 | 29.10 | 11.00 |
| 2.精饲料数量 | 公斤 | 259.00 | 270.50 | 267.60 | 168.40 | 176.40 | 153.60 | 552.00 |
| 3.青粗饲料量 | 公斤 | 59.50 | 168.30 |  | 275.30 | 176.60 | 36.30 | 767.00 |

# 2002年全国肉类产品物质费用和期间费用(四)

品种：中等规模生猪

| 项目名称 | 单位 | 云南 | 陕西 | 甘肃 | 青海 | 宁夏 | 新疆 |
|---|---|---|---|---|---|---|---|
| 一、物质费用 | 元 | 520.80 | 451.88 | 325.90 | 497.15 | 407.76 | 528.87 |
| (一)直接生产费用 | 元 | 506.60 | 447.02 | 315.47 | 483.12 | 397.69 | 510.73 |
| 1.仔畜进价 | 元 | 147.76 | 77.09 | 80.48 | 136.77 | 101.82 | 117.07 |
| 2.精饲料费 | 元 | 313.68 | 355.94 | 205.95 | 318.15 | 261.92 | 358.11 |
| 3.青粗饲料费 | 元 | 7.75 |  | 6.72 | 6.17 | 20.25 |  |
| 4.饲料加工费 | 元 | 5.18 | 1.44 | 4.87 | 3.40 | 2.08 | 1.01 |
| 5.水费 | 元 | 4.82 | 2.03 | 1.04 | 1.15 | 0.86 | 2.63 |
| 6.电费 | 元 | 2.37 | 1.34 | 1.96 | 3.31 | 1.42 | 4.02 |
| 7.煤费 | 元 | 2.47 |  | 0.85 | 1.84 |  | 6.91 |
| 8.医疗防疫费 | 元 | 10.35 | 5.16 | 5.09 | 6.11 | 3.94 | 6.74 |
| 9.死亡损失费 | 元 | 4.75 | 2.31 | 5.43 | 4.35 | 2.14 | 7.87 |
| 10.工具材料费 | 元 | 1.84 | 0.85 | 0.56 | 1.60 | 1.83 | 1.27 |
| 11.其他直接费用 | 元 | 5.63 | 0.86 | 2.52 | 0.27 | 1.43 | 5.10 |
| (二)间接生产费用 | 元 | 14.20 | 4.86 | 10.43 | 14.03 | 10.07 | 18.14 |
| 1.固定资产折旧费 | 元 | 8.27 | 4.07 | 8.51 | 11.75 | 9.12 | 13.53 |
| 2.修理费 | 元 | 5.47 | 0.79 | 0.90 | 2.04 | 0.71 | 4.61 |
| 3.其它间接费用 | 元 | 0.46 |  | 1.02 | 0.24 | 0.24 |  |
| 二、期间费用 | 元 | 25.44 | 1.88 | 7.55 | 8.46 | 1.79 | 17.53 |
| 1.承包费 | 元 | 12.83 |  | 1.30 | 3.16 |  |  |
| 2.管理费 | 元 | 1.43 |  | 2.97 | 2.98 |  | 8.29 |
| 3.销售费 | 元 | 10.15 | 1.83 | 1.65 | 1.58 | 1.72 | 5.71 |
| 4.财务费 | 元 | 1.03 | 0.05 | 1.63 | 0.74 | 0.07 | 3.53 |
| 附记：1.仔畜重量 | 公斤 | 20.50 | 8.40 | 9.50 | 12.10 | 10.60 | 16.20 |
| 2.精饲料数量 | 公斤 | 290.30 | 282.00 | 187.00 | 256.80 | 242.90 | 296.30 |
| 3.青粗饲料量 | 公斤 | 138.10 |  | 99.80 | 142.70 | 102.60 |  |

# 2002年全国肉类产品成本收益(一)

品种：大规模生猪

按统一工价汇总

| 项目名称 | | 单位 | 平均 | 北京 | 天津 | 河北 | 山西 | 内蒙古 | 辽宁 |
|---|---|---|---|---|---|---|---|---|---|
| 调查县数 | | 个 | 146.00 | 5.00 | 8.00 | 6.00 | 1.00 | 5.00 | 11.00 |
| 调查户数 | | 户 | 223.00 | 15.00 | 13.00 | 6.00 | 1.00 | 8.00 | 14.00 |
| 调查数量 | | 头 | 1100627.00 | 37025.00 | 42816.00 | 17398.00 | 1860.00 | 16411.00 | 44431.00 |
| 平均饲养天数 | | 天 | 138.00 | 163.00 | 123.00 | 110.00 | 150.00 | 164.00 | 133.00 |
| 每头 | 主产品产量 | 公斤 | 95.10 | 89.10 | 99.00 | 95.90 | 90.00 | 104.40 | 104.00 |
| | 产值合计 | 元 | 595.59 | 569.99 | 599.43 | 596.28 | 516.58 | 685.80 | 621.33 |
| | 主产品产值 | 元 | 587.88 | 567.76 | 593.66 | 573.00 | 516.58 | 668.87 | 608.66 |
| | 副产品产值 | 元 | 7.71 | 2.23 | 5.77 | 23.28 | | 16.93 | 12.67 |
| | 其他收入 | 元 | 0.18 | | | | | | |
| | 生产成本 | 元 | 544.62 | 540.24 | 551.70 | 500.63 | 475.44 | 634.42 | 527.82 |
| | 物质费用 | 元 | 525.92 | 523.74 | 537.40 | 478.63 | 455.64 | 609.12 | 509.12 |
| | 用工作价 | 元 | 18.70 | 16.50 | 14.30 | 22.00 | 19.80 | 25.30 | 18.70 |
| | 用工数量 | 日 | 1.70 | 1.50 | 1.30 | 2.00 | 1.80 | 2.30 | 1.70 |
| | 劳动日工价 | 元 | 11.00 | 11.00 | 11.00 | 11.00 | 11.00 | 11.00 | 11.00 |
| | 期间费用 | 元 | 18.79 | 22.32 | 10.16 | 17.52 | 5.30 | 47.88 | 15.53 |
| | 税金 | 元 | 0.51 | | | | | | |
| | 含税成本 | 元 | 563.92 | 562.56 | 561.86 | 518.15 | 480.74 | 682.30 | 543.35 |
| | 净产值 | 元 | 69.67 | 46.25 | 62.03 | 117.65 | 60.94 | 76.68 | 112.21 |
| | 减税纯收益 | 元 | 31.85 | 7.43 | 37.57 | 78.13 | 35.84 | 3.50 | 77.98 |
| | 成本纯收益率 | % | 5.65 | 1.32 | 6.69 | 15.08 | 7.46 | 0.51 | 14.35 |
| | 耗粮数量 | 公斤 | 179.00 | 168.20 | 190.90 | 164.00 | 209.80 | 270.50 | 181.90 |
| 每50公斤主产品 | 平均出售价格 | 元 | 309.09 | 318.61 | 299.83 | 298.75 | 286.99 | 320.34 | 292.63 |
| | 物质费用 | 元 | 272.93 | 292.76 | 268.80 | 239.80 | 253.13 | 284.52 | 239.78 |
| | 生产成本 | 元 | 282.64 | 301.98 | 275.96 | 250.83 | 264.13 | 296.34 | 248.59 |
| | 含税成本 | 元 | 292.65 | 314.46 | 281.04 | 259.61 | 267.08 | 318.71 | 255.90 |
| | 净产值 | 元 | 36.16 | 25.85 | 31.03 | 58.95 | 33.86 | 35.82 | 52.85 |
| | 减税纯收益 | 元 | 16.53 | 4.15 | 18.79 | 39.14 | 19.91 | 1.63 | 36.73 |
| | 耗粮数量 | 公斤 | 94.10 | 94.40 | 96.40 | 85.50 | 116.60 | 129.50 | 87.50 |
| 每一劳动日 | 主产品产量 | 公斤 | 55.90 | 59.40 | 76.20 | 48.00 | 50.00 | 45.40 | 61.20 |
| | 净产值 | 元 | 40.98 | 30.83 | 47.72 | 58.83 | 33.86 | 33.34 | 66.01 |
| 每核算单位成本外支出 | | 元 | 0.46 | | | | | | 0.46 |

# 2002年全国肉类产品成本收益(二)

品种：大规模生猪　　　　按统一工价汇总

| 项目名称 | | 单位 | 吉林 | 黑龙江 | 上海 | 江苏 | 浙江 | 安徽 | 福建 |
|---|---|---|---|---|---|---|---|---|---|
| 调查县数 | | 个 | 9.00 | 4.00 | 8.00 | 6.00 | 7.00 | 9.00 | 9.00 |
| 调查户数 | | 户 | 13.00 | 6.00 | 24.00 | 6.00 | 10.00 | 9.00 | 22.00 |
| 调查数量 | | 头 | 19021.00 | 21432.00 | 131800.00 | 33712.00 | 46651.00 | 41764.00 | 195175.00 |
| 平均饲养天数 | | 天 | 129.00 | 136.00 | 99.00 | 132.00 | 118.00 | 115.00 | 117.00 |
| 每头 | 主产品产量 | 公斤 | 108.30 | 95.50 | 86.90 | 91.90 | 99.50 | 89.70 | 97.30 |
| | 产值合计 | 元 | 665.12 | 576.35 | 561.03 | 547.26 | 654.03 | 557.64 | 660.00 |
| | 主产品产值 | 元 | 653.55 | 566.28 | 561.03 | 534.79 | 645.81 | 555.30 | 659.22 |
| | 副产品产值 | 元 | 11.57 | 10.07 | | 12.47 | 8.22 | 2.34 | 0.78 |
| | 其他收入 | 元 | | 0.24 | 1.94 | | | | 0.11 |
| | 生产成本 | 元 | 552.14 | 512.80 | 532.14 | 485.09 | 594.75 | 552.70 | 613.05 |
| | 物质费用 | 元 | 512.54 | 479.80 | 526.64 | 474.09 | 582.65 | 537.30 | 606.45 |
| | 用工作价 | 元 | 39.60 | 33.00 | 5.50 | 11.00 | 12.10 | 15.40 | 6.60 |
| | 用工数量 | 日 | 3.60 | 3.00 | 0.50 | 1.00 | 1.10 | 1.40 | 0.60 |
| | 劳动日工价 | 元 | 11.00 | 11.00 | 11.00 | 11.00 | 11.00 | 11.00 | 11.00 |
| | 期间费用 | 元 | 6.49 | 5.55 | 14.20 | 22.58 | 23.46 | 21.53 | 23.86 |
| | 税金 | 元 | | | | | | | |
| | 含税成本 | 元 | 558.63 | 518.35 | 546.34 | 507.67 | 618.21 | 574.23 | 636.91 |
| | 净产值 | 元 | 152.58 | 96.55 | 34.39 | 73.17 | 71.38 | 20.34 | 53.55 |
| | 减税纯收益 | 元 | 106.49 | 58.24 | 16.63 | 39.59 | 35.82 | -16.59 | 23.20 |
| | 成本纯收益率 | % | 19.06 | 11.24 | 3.04 | 7.80 | 5.79 | -2.89 | 3.64 |
| | 耗粮数量 | 公斤 | 181.50 | 261.70 | 162.30 | 139.60 | 212.00 | 190.90 | 147.00 |
| 每50公斤主产品 | 平均出售价格 | 元 | 301.73 | 296.48 | 322.80 | 290.96 | 324.53 | 309.53 | 338.76 |
| | 物质费用 | 元 | 232.51 | 246.81 | 303.01 | 252.06 | 289.11 | 298.24 | 311.27 |
| | 生产成本 | 元 | 250.48 | 263.79 | 306.18 | 257.91 | 295.12 | 306.79 | 314.66 |
| | 含税成本 | 元 | 253.42 | 266.64 | 314.35 | 269.91 | 306.76 | 318.74 | 326.91 |
| | 净产值 | 元 | 69.22 | 49.67 | 19.79 | 38.90 | 35.42 | 11.29 | 27.49 |
| | 减税纯收益 | 元 | 48.31 | 29.97 | 9.57 | 21.05 | 17.77 | -9.21 | 11.91 |
| | 耗粮数量 | 公斤 | 83.80 | 137.00 | 93.40 | 76.00 | 106.50 | 106.40 | 75.50 |
| 每一劳动日 | 主产品产量 | 公斤 | 30.10 | 31.80 | 173.80 | 91.90 | 90.50 | 64.10 | 162.20 |
| | 净产值 | 元 | 42.38 | 32.18 | 68.78 | 73.17 | 64.89 | 14.53 | 89.25 |
| 每核算单位成本外支出 | | 元 | | 5.33 | | 0.06 | | | 0.14 |

# 2002年全国肉类产品成本收益(三)

品种：大规模生猪　　　　按统一工价汇总

| 项 目 名 称 | | 单位 | 山 东 | 河 南 | 湖 北 | 湖 南 | 广 东 | 广 西 |
|---|---|---|---|---|---|---|---|---|
| 调查县数 | | 个 | 5.00 | 10.00 | 7.00 | 1.00 | 10.00 | 9.00 |
| 调查户数 | | 户 | 11.00 | 13.00 | 11.00 | 1.00 | 12.00 | 9.00 |
| 调查数量 | | 头 | 21610.00 | 61815.00 | 59444.00 | 2600.00 | 127862.00 | 7953.00 |
| 平均饲养天数 | | 天 | 114.00 | 132.00 | 136.00 | 110.00 | 147.00 | 98.00 |
| 每头 | 主产品产量 | 公斤 | 96.90 | 91.50 | 89.50 | 100.00 | 95.60 | 91.00 |
| | 产值合计 | 元 | 594.80 | 571.72 | 611.78 | 652.00 | 708.44 | 598.11 |
| | 主产品产值 | 元 | 570.02 | 563.14 | 606.33 | 650.00 | 703.58 | 586.40 |
| | 副产品产值 | 元 | 24.78 | 8.58 | 5.45 | 2.00 | 4.86 | 11.71 |
| | 其他收入 | 元 | | | 0.16 | | | |
| | 生产成本 | 元 | 512.63 | 515.40 | 558.29 | 579.60 | 696.83 | 619.55 |
| | 物质费用 | 元 | 489.53 | 478.00 | 545.09 | 574.10 | 684.73 | 574.45 |
| | 用工作价 | 元 | 23.10 | 37.40 | 13.20 | 5.50 | 12.10 | 45.10 |
| | 用工数量 | 日 | 2.10 | 3.40 | 1.20 | 0.50 | 1.10 | 4.10 |
| | 劳动日工价 | 元 | 11.00 | 11.00 | 11.00 | 11.00 | 11.00 | 11.00 |
| | 期间费用 | 元 | 16.73 | 23.57 | 36.49 | 6.60 | 39.87 | 13.03 |
| | 税金 | 元 | | | 5.38 | | 7.27 | |
| | 含税成本 | 元 | 529.36 | 538.97 | 600.16 | 586.20 | 743.97 | 632.58 |
| | 净产值 | 元 | 105.27 | 93.72 | 66.69 | 77.90 | 23.71 | 23.66 |
| | 减税纯收益 | 元 | 65.44 | 32.75 | 11.78 | 65.80 | -35.53 | -34.47 |
| | 成本纯收益率 | % | 12.36 | 6.08 | 1.96 | 11.22 | -4.78 | -5.45 |
| | 耗粮数量 | 公斤 | 181.70 | 138.20 | 144.70 | 189.00 | 192.90 | 93.30 |
| 每50公斤主产品 | 平均出售价格 | 元 | 294.13 | 307.73 | 338.73 | 325.00 | 367.98 | 322.20 |
| | 物质费用 | 元 | 242.07 | 257.28 | 301.81 | 286.17 | 355.66 | 309.45 |
| | 生产成本 | 元 | 253.50 | 277.42 | 309.11 | 288.91 | 361.95 | 333.75 |
| | 含税成本 | 元 | 261.77 | 290.10 | 332.30 | 292.20 | 386.44 | 340.77 |
| | 净产值 | 元 | 52.06 | 50.45 | 36.92 | 38.83 | 12.32 | 12.75 |
| | 减税纯收益 | 元 | 32.36 | 17.63 | 6.52 | 32.80 | -18.46 | -18.57 |
| | 耗粮数量 | 公斤 | 93.80 | 75.50 | 80.80 | 94.50 | 100.90 | 51.30 |
| 每一劳动日 | 主产品产量 | 公斤 | 46.10 | 26.90 | 74.60 | 200.00 | 86.90 | 22.20 |
| | 净产值 | 元 | 50.13 | 27.56 | 55.58 | 155.80 | 21.55 | 5.77 |
| 每核算单位成本外支出 | | 元 | | | 2.84 | | 0.59 | 1.77 |

# 2002年全国肉类产品成本收益(四)

品种：大规模生猪　　　　按统一工价汇总

| 项目名称 | | 单位 | 海南 | 四川 | 云南 | 陕西 | 甘肃 | 青海 |
|---|---|---|---|---|---|---|---|---|
| 调查县数 | | 个 | 4.00 | 1.00 | 3.00 | 1.00 | 5.00 | 2.00 |
| 调查户数 | | 户 | 5.00 | 1.00 | 4.00 | 2.00 | 5.00 | 2.00 |
| 调查数量 | | 头 | 74578.00 | 7000.00 | 13494.00 | 3565.00 | 7188.00 | 64022.00 |
| 平均饲养天数 | | 天 | 153.00 | 365.00 | 145.00 | 149.00 | 91.00 | 121.00 |
| 每头 | 主产品产量 | 公斤 | 84.80 | 104.50 | 106.90 | 101.80 | 54.40 | 109.40 |
| | 产值合计 | 元 | 602.53 | 545.45 | 613.60 | 536.09 | 324.90 | 719.33 |
| | 主产品产值 | 元 | 595.34 | 543.80 | 612.18 | 533.53 | 312.17 | 715.95 |
| | 副产品产值 | 元 | 7.19 | 1.65 | 1.42 | 2.56 | 12.73 | 3.38 |
| | 其他收入 | 元 | | 2.10 | | | | |
| | 生产成本 | 元 | 603.49 | 505.37 | 641.22 | 505.56 | 303.88 | 497.22 |
| | 物质费用 | 元 | 597.99 | 494.37 | 621.42 | 483.56 | 281.88 | 489.52 |
| | 用工作价 | 元 | 5.50 | 11.00 | 19.80 | 22.00 | 22.00 | 7.70 |
| | 用工数量 | 日 | 0.50 | 1.00 | 1.80 | 2.00 | 2.00 | 0.70 |
| | 劳动日工价 | 元 | 11.00 | 11.00 | 11.00 | 11.00 | 11.00 | 11.00 |
| | 期间费用 | 元 | 32.82 | 17.24 | 15.16 | 14.17 | 12.66 | 4.72 |
| | 税金 | 元 | | | | | 0.18 | |
| | 含税成本 | 元 | 636.31 | 522.61 | 656.38 | 519.73 | 316.72 | 501.94 |
| | 净产值 | 元 | 4.54 | 51.08 | -7.82 | 52.53 | 43.02 | 229.81 |
| | 减税纯收益 | 元 | -33.78 | 24.94 | -42.78 | 16.36 | 8.18 | 217.39 |
| | 成本纯收益率 | % | -5.31 | 4.77 | -6.52 | 3.15 | 2.58 | 43.31 |
| | 耗粮数量 | 公斤 | 85.30 | 202.00 | 241.80 | 264.40 | 133.60 | 127.30 |
| 每50公斤主产品 | 平均出售价格 | 元 | 351.03 | 260.19 | 286.33 | 262.05 | 286.92 | 327.22 |
| | 物质费用 | 元 | 348.39 | 235.82 | 289.98 | 236.37 | 248.93 | 222.68 |
| | 生产成本 | 元 | 351.59 | 241.07 | 299.22 | 247.13 | 268.36 | 226.18 |
| | 含税成本 | 元 | 370.71 | 249.29 | 306.29 | 254.05 | 279.70 | 228.33 |
| | 净产值 | 元 | 2.64 | 24.37 | -3.65 | 25.68 | 37.99 | 104.54 |
| | 减税纯收益 | 元 | -19.68 | 11.90 | -19.96 | 8.00 | 7.22 | 98.89 |
| | 耗粮数量 | 公斤 | 50.30 | 96.70 | 113.10 | 129.90 | 122.80 | 58.20 |
| 每一劳动日 | 主产品产量 | 公斤 | 169.60 | 104.50 | 59.40 | 50.90 | 27.20 | 156.30 |
| | 净产值 | 元 | 9.08 | 51.08 | -4.34 | 26.27 | 21.51 | 328.30 |
| 每核算单位成本外支出 | | 元 | | | | | 0.38 | |

# 2002 年全国肉类产品成本收益(一)

品种：大规模生猪　　　　按地区工价汇总

| 项目名称 | | 单位 | 平均 | 北京 | 天津 | 河北 | 山西 | 内蒙古 | 辽宁 |
|---|---|---|---|---|---|---|---|---|---|
| 调查县数 | | 个 | 146.00 | 5.00 | 8.00 | 6.00 | 1.00 | 5.00 | 11.00 |
| 调查户数 | | 户 | 223.00 | 15.00 | 13.00 | 6.00 | 1.00 | 8.00 | 14.00 |
| 调查数量 | | 头 | 1100627.00 | 37025.00 | 42816.00 | 17398.00 | 1860.00 | 16411.00 | 44431.00 |
| 平均饲养天数 | | 天 | 138.00 | 163.00 | 123.00 | 110.00 | 150.00 | 164.00 | 133.00 |
| 每头 | 主产品产量 | 公斤 | 95.10 | 89.10 | 99.00 | 95.90 | 90.00 | 104.40 | 104.00 |
| | 产值合计 | 元 | 595.59 | 569.99 | 599.43 | 596.28 | 516.58 | 685.80 | 621.33 |
| | 主产品产值 | 元 | 587.88 | 567.76 | 593.66 | 573.00 | 516.58 | 668.87 | 608.66 |
| | 副产品产值 | 元 | 7.71 | 2.23 | 5.77 | 23.28 | | 16.93 | 12.67 |
| | 其他收入 | 元 | 0.18 | | | | | | |
| | 生产成本 | 元 | 546.83 | 560.49 | 554.17 | 495.63 | 470.40 | 627.52 | 525.27 |
| | 物质费用 | 元 | 525.92 | 523.74 | 537.40 | 478.63 | 455.64 | 609.12 | 509.12 |
| | 用工作价 | 元 | 20.91 | 36.75 | 16.77 | 17.00 | 14.76 | 18.40 | 16.15 |
| | 用工数量 | 日 | 1.70 | 1.50 | 1.30 | 2.00 | 1.80 | 2.30 | 1.70 |
| | 劳动日工价 | 元 | 12.30 | 24.50 | 12.90 | 8.50 | 8.20 | 8.00 | 9.50 |
| | 期间费用 | 元 | 18.79 | 22.32 | 10.16 | 17.52 | 5.30 | 47.88 | 15.53 |
| | 税金 | 元 | 0.51 | | | | | | |
| | 含税成本 | 元 | 566.13 | 582.81 | 564.33 | 513.15 | 475.70 | 675.40 | 540.80 |
| | 净产值 | 元 | 69.67 | 46.25 | 62.03 | 117.65 | 60.94 | 76.68 | 112.21 |
| | 减税纯收益 | 元 | 29.64 | −12.82 | 35.10 | 83.13 | 40.88 | 10.40 | 80.53 |
| | 成本纯收益率 | % | 5.24 | −2.20 | 6.22 | 16.20 | 8.59 | 1.54 | 14.89 |
| | 耗粮数量 | 公斤 | 179.00 | 168.20 | 190.90 | 164.00 | 209.80 | 270.50 | 181.90 |
| 每50公斤主产品 | 平均出售价格 | 元 | 309.09 | 318.61 | 299.83 | 298.75 | 286.99 | 320.34 | 292.63 |
| | 物质费用 | 元 | 272.93 | 292.76 | 268.80 | 239.80 | 253.13 | 284.52 | 239.78 |
| | 生产成本 | 元 | 283.79 | 313.30 | 277.19 | 248.32 | 261.33 | 293.12 | 247.39 |
| | 含税成本 | 元 | 293.80 | 325.78 | 282.27 | 257.10 | 264.28 | 315.48 | 254.70 |
| | 净产值 | 元 | 36.16 | 25.85 | 31.03 | 58.95 | 33.86 | 35.82 | 52.85 |
| | 减税纯收益 | 元 | 15.38 | −7.17 | 17.56 | 41.65 | 22.71 | 4.86 | 37.93 |
| | 耗粮数量 | 公斤 | 94.10 | 94.40 | 96.40 | 85.50 | 116.60 | 129.50 | 87.50 |
| 每一劳动日 | 主产品产量 | 公斤 | 55.90 | 59.40 | 76.20 | 48.00 | 50.00 | 45.40 | 61.20 |
| | 净产值 | 元 | 40.98 | 30.83 | 47.72 | 58.83 | 33.86 | 33.34 | 66.01 |
| 每核算单位成本外支出 | | 元 | 0.46 | | | | | | 0.46 |

# 2002年全国肉类产品成本收益(二)

品种：大规模生猪　　　　按地区工价汇总

| 项目名称 | | 单位 | 吉林 | 黑龙江 | 上海 | 江苏 | 浙江 | 安徽 | 福建 |
|---|---|---|---|---|---|---|---|---|---|
| 调查县数 | | 个 | 9.00 | 4.00 | 8.00 | 6.00 | 7.00 | 9.00 | 9.00 |
| 调查户数 | | 户 | 13.00 | 6.00 | 24.00 | 6.00 | 10.00 | 9.00 | 22.00 |
| 调查数量 | | 头 | 19021.00 | 21432.00 | 131800.00 | 33712.00 | 46651.00 | 41764.00 | 195175.00 |
| 平均饲养天数 | | 天 | 129.00 | 136.00 | 99.00 | 132.00 | 118.00 | 115.00 | 117.00 |
| 每头 | 主产品产量 | 公斤 | 108.30 | 95.50 | 86.90 | 91.90 | 99.50 | 89.70 | 97.30 |
| | 产值合计 | 元 | 665.12 | 576.35 | 561.03 | 547.26 | 654.03 | 557.64 | 660.00 |
| | 主产品产值 | 元 | 653.55 | 566.28 | 561.03 | 534.79 | 645.81 | 555.30 | 659.22 |
| | 副产品产值 | 元 | 11.57 | 10.07 | | 12.47 | 8.22 | 2.34 | 0.78 |
| | 其他收入 | 元 | | 0.24 | 1.94 | | | | 0.11 |
| | 生产成本 | 元 | 552.14 | 508.30 | 538.64 | 487.09 | 603.00 | 551.30 | 615.69 |
| | 物质费用 | 元 | 512.54 | 479.80 | 526.64 | 474.09 | 582.65 | 537.30 | 606.45 |
| | 用工作价 | 元 | 39.60 | 28.50 | 12.00 | 13.00 | 20.35 | 14.00 | 9.24 |
| | 用工数量 | 日 | 3.60 | 3.00 | 0.50 | 1.00 | 1.10 | 1.40 | 0.60 |
| | 劳动日工价 | 元 | 11.00 | 9.50 | 24.00 | 13.00 | 18.50 | 10.00 | 15.40 |
| | 期间费用 | 元 | 6.49 | 5.55 | 14.20 | 22.58 | 23.46 | 21.53 | 23.86 |
| | 税金 | 元 | | | | | | | |
| | 含税成本 | 元 | 558.63 | 513.85 | 552.84 | 509.67 | 626.46 | 572.83 | 639.55 |
| | 净产值 | 元 | 152.58 | 96.55 | 34.39 | 73.17 | 71.38 | 20.34 | 53.55 |
| | 减税纯收益 | 元 | 106.49 | 62.74 | 10.13 | 37.59 | 27.57 | -15.19 | 20.56 |
| | 成本纯收益率 | % | 19.06 | 12.21 | 1.83 | 7.38 | 4.40 | -2.65 | 3.21 |
| | 耗粮数量 | 公斤 | 181.50 | 261.70 | 162.30 | 139.60 | 212.00 | 190.90 | 147.00 |
| 每50公斤主产品 | 平均出售价格 | 元 | 301.73 | 296.48 | 322.80 | 290.96 | 324.53 | 309.53 | 338.76 |
| | 物质费用 | 元 | 232.51 | 246.81 | 303.01 | 252.06 | 289.11 | 298.24 | 311.27 |
| | 生产成本 | 元 | 250.48 | 261.47 | 309.92 | 258.97 | 299.21 | 306.01 | 316.02 |
| | 含税成本 | 元 | 253.42 | 264.33 | 318.09 | 270.97 | 310.85 | 317.96 | 328.26 |
| | 净产值 | 元 | 69.22 | 49.67 | 19.79 | 38.90 | 35.42 | 11.29 | 27.49 |
| | 减税纯收益 | 元 | 48.31 | 32.28 | 5.83 | 19.99 | 13.68 | -8.43 | 10.56 |
| | 耗粮数量 | 公斤 | 83.80 | 137.00 | 93.40 | 76.00 | 106.50 | 106.40 | 75.50 |
| 每一劳动日 | 主产品产量 | 公斤 | 30.10 | 31.80 | 173.80 | 91.90 | 90.50 | 64.10 | 162.20 |
| | 净产值 | 元 | 42.38 | 32.18 | 68.78 | 73.17 | 64.89 | 14.53 | 89.25 |
| 每核算单位成本外支出 | | 元 | | 5.33 | | 0.06 | | | 0.14 |

# 2002 年全国肉类产品成本收益(三)

品种：大规模生猪　　　　按地区工价汇总

| 项 目 名 称 | | 单位 | 山 东 | 河 南 | 湖 北 | 湖 南 | 广 东 | 广 西 |
|---|---|---|---|---|---|---|---|---|
| 调查县数 | | 个 | 5.00 | 10.00 | 7.00 | 1.00 | 10.00 | 9.00 |
| 调查户数 | | 户 | 11.00 | 13.00 | 11.00 | 1.00 | 12.00 | 9.00 |
| 调查数量 | | 头 | 21610.00 | 61815.00 | 59444.00 | 2600.00 | 127862.00 | 7953.00 |
| 平均饲养天数 | | 天 | 114.00 | 132.00 | 136.00 | 110.00 | 147.00 | 98.00 |
| 每头 | 主产品产量 | 公斤 | 96.90 | 91.50 | 89.50 | 100.00 | 95.60 | 91.00 |
| | 产值合计 | 元 | 594.80 | 571.72 | 611.78 | 652.00 | 708.44 | 598.11 |
| | 主产品产值 | 元 | 570.02 | 563.14 | 606.33 | 650.00 | 703.58 | 586.40 |
| | 副产品产值 | 元 | 24.78 | 8.58 | 5.45 | 2.00 | 4.86 | 11.71 |
| | 其他收入 | 元 | | | 0.16 | | | |
| | 生产成本 | 元 | 513.26 | 508.26 | 557.09 | 581.20 | 703.98 | 617.50 |
| | 物质费用 | 元 | 489.53 | 478.00 | 545.09 | 574.10 | 684.73 | 574.45 |
| | 用工作价 | 元 | 23.73 | 30.26 | 12.00 | 7.10 | 19.25 | 43.05 |
| | 用工数量 | 日 | 2.10 | 3.40 | 1.20 | 0.50 | 1.10 | 4.10 |
| | 劳动日工价 | 元 | 11.30 | 8.90 | 10.00 | 14.20 | 17.50 | 10.50 |
| | 期间费用 | 元 | 16.73 | 23.57 | 36.49 | 6.60 | 39.87 | 13.03 |
| | 税金 | 元 | | | 5.38 | | 7.27 | |
| | 含税成本 | 元 | 529.99 | 531.83 | 598.96 | 587.80 | 751.12 | 630.53 |
| | 净产值 | 元 | 105.27 | 93.72 | 66.69 | 77.90 | 23.71 | 23.66 |
| | 减税纯收益 | 元 | 64.81 | 39.89 | 12.98 | 64.20 | -42.68 | -32.42 |
| | 成本纯收益率 | % | 12.23 | 7.50 | 2.17 | 10.92 | -5.68 | -5.14 |
| | 耗粮数量 | 公斤 | 181.70 | 138.20 | 144.70 | 189.00 | 192.90 | 93.30 |
| 每 50 公斤主产品 | 平均出售价格 | 元 | 294.13 | 307.73 | 338.73 | 325.00 | 367.98 | 322.20 |
| | 物质费用 | 元 | 242.07 | 257.28 | 301.81 | 286.17 | 355.66 | 309.45 |
| | 生产成本 | 元 | 253.81 | 273.57 | 308.45 | 289.71 | 365.66 | 332.65 |
| | 含税成本 | 元 | 262.08 | 286.26 | 331.63 | 293.00 | 390.15 | 339.66 |
| | 净产值 | 元 | 52.06 | 50.45 | 36.92 | 38.83 | 12.32 | 12.75 |
| | 减税纯收益 | 元 | 32.05 | 21.47 | 7.19 | 32.00 | -22.17 | -17.46 |
| | 耗粮数量 | 公斤 | 93.80 | 75.50 | 80.80 | 94.50 | 100.90 | 51.30 |
| 每一劳动日 | 主产品产量 | 公斤 | 46.10 | 26.90 | 74.60 | 200.00 | 86.90 | 22.20 |
| | 净产值 | 元 | 50.13 | 27.56 | 55.58 | 155.80 | 21.55 | 5.77 |
| 每核算单位成本外支出 | | 元 | | | 2.84 | | 0.59 | 1.77 |

# 2002年全国肉类产品成本收益(四)

品种：大规模生猪　　　　按地区工价汇总

| 项目名称 | | 单位 | 海南 | 四川 | 云南 | 陕西 | 甘肃 | 青海 |
|---|---|---|---|---|---|---|---|---|
| 调查县数 | | 个 | 4.00 | 1.00 | 3.00 | 1.00 | 5.00 | 2.00 |
| 调查户数 | | 户 | 5.00 | 1.00 | 4.00 | 2.00 | 5.00 | 2.00 |
| 调查数量 | | 头 | 74578.00 | 7000.00 | 13494.00 | 3565.00 | 7188.00 | 64022.00 |
| 平均饲养天数 | | 天 | 153.00 | 365.00 | 145.00 | 149.00 | 91.00 | 121.00 |
| 每头 | 主产品产量 | 公斤 | 84.80 | 104.50 | 106.90 | 101.80 | 54.40 | 109.40 |
| | 产值合计 | 元 | 602.53 | 545.45 | 613.60 | 536.09 | 324.90 | 719.33 |
| | 主产品产值 | 元 | 595.34 | 543.80 | 612.18 | 533.53 | 312.17 | 715.95 |
| | 副产品产值 | 元 | 7.19 | 1.65 | 1.42 | 2.56 | 12.73 | 3.38 |
| | 其他收入 | 元 | | 2.10 | | | | |
| | 生产成本 | 元 | 605.49 | 505.87 | 638.52 | 502.96 | 296.88 | 495.82 |
| | 物质费用 | 元 | 597.99 | 494.37 | 621.42 | 483.56 | 281.88 | 489.52 |
| | 用工作价 | 元 | 7.50 | 11.50 | 17.10 | 19.40 | 15.00 | 6.30 |
| | 用工数量 | 日 | 0.50 | 1.00 | 1.80 | 2.00 | 2.00 | 0.70 |
| | 劳动日工价 | 元 | 15.00 | 11.50 | 9.50 | 9.70 | 7.50 | 9.00 |
| | 期间费用 | 元 | 32.82 | 17.24 | 15.16 | 14.17 | 12.66 | 4.72 |
| | 税金 | 元 | | | | | 0.18 | |
| | 含税成本 | 元 | 638.31 | 523.11 | 653.68 | 517.13 | 309.72 | 500.54 |
| | 净产值 | 元 | 4.54 | 51.08 | −7.82 | 52.53 | 43.02 | 229.81 |
| | 减税纯收益 | 元 | −35.78 | 24.44 | −40.08 | 18.96 | 15.18 | 218.79 |
| | 成本纯收益率 | % | −5.61 | 4.67 | −6.13 | 3.67 | 4.90 | 43.71 |
| | 耗粮数量 | 公斤 | 85.30 | 202.00 | 241.80 | 264.40 | 133.60 | 127.30 |
| 每50公斤主产品 | 平均出售价格 | 元 | 351.03 | 260.19 | 286.33 | 262.05 | 286.92 | 327.22 |
| | 物质费用 | 元 | 348.39 | 235.82 | 289.98 | 236.37 | 248.93 | 222.68 |
| | 生产成本 | 元 | 352.75 | 241.31 | 297.96 | 245.86 | 262.18 | 225.55 |
| | 含税成本 | 元 | 371.88 | 249.53 | 305.03 | 252.78 | 273.51 | 227.69 |
| | 净产值 | 元 | 2.64 | 24.37 | −3.65 | 25.68 | 37.99 | 104.54 |
| | 减税纯收益 | 元 | −20.85 | 11.66 | −18.70 | 9.27 | 13.41 | 99.53 |
| | 耗粮数量 | 公斤 | 50.30 | 96.70 | 113.10 | 129.90 | 122.80 | 58.20 |
| 每一劳动日 | 主产品产量 | 公斤 | 169.60 | 104.50 | 59.40 | 50.90 | 27.20 | 156.30 |
| | 净产值 | 元 | 9.08 | 51.08 | −4.34 | 26.27 | 21.51 | 328.30 |
| 每核算单位成本外支出 | | 元 | | | | | 0.38 | |

# 2002 年全国肉类产品物质费用和期间费用(一)

品种：大规模生猪

| 项 目 名 称 | 单位 | 平 均 | 北 京 | 天 津 | 河 北 | 山 西 | 内蒙古 | 辽 宁 |
|---|---|---|---|---|---|---|---|---|
| 一、物质费用 | 元 | 525.92 | 523.74 | 537.40 | 478.63 | 455.64 | 609.12 | 509.12 |
| (一)直接生产费用 | 元 | 509.64 | 508.87 | 524.31 | 464.34 | 426.46 | 585.99 | 495.10 |
| 1.仔畜进价 | 元 | 149.59 | 123.74 | 180.26 | 150.49 | 96.99 | 150.17 | 123.06 |
| 2.精饲料费 | 元 | 327.83 | 339.16 | 326.96 | 290.47 | 292.77 | 378.24 | 340.69 |
| 3.青粗饲料费 | 元 | 3.53 | 0.35 |  |  | 11.92 | 5.03 | 7.73 |
| 4.饲料加工费 | 元 | 3.16 | 0.78 | 1.38 | 1.47 |  | 9.32 | 1.50 |
| 5.水费 | 元 | 1.99 | 0.52 | 1.79 | 1.77 | 1.20 | 5.87 | 0.52 |
| 6.电费 | 元 | 3.22 | 11.46 | 2.49 | 2.19 | 3.81 | 2.95 | 3.49 |
| 7.煤费 | 元 | 1.96 | 4.48 | 0.33 | 0.85 | 5.26 | 6.82 | 0.71 |
| 8.医疗防疫费 | 元 | 8.09 | 14.55 | 4.20 | 7.96 | 10.60 | 12.51 | 6.40 |
| 9.死亡损失费 | 元 | 4.29 | 11.81 | 3.58 | 8.10 |  | 8.77 | 9.26 |
| 10.工具材料费 | 元 | 1.68 | 0.77 | 1.53 | 0.25 | 1.20 | 2.83 | 1.13 |
| 11.其他直接费用 | 元 | 4.30 | 1.25 | 1.79 | 0.79 | 2.71 | 3.48 | 0.61 |
| (二)间接生产费用 | 元 | 16.28 | 14.87 | 13.09 | 14.29 | 29.18 | 23.13 | 14.02 |
| 1.固定资产折旧费 | 元 | 13.49 | 10.36 | 8.68 | 12.51 | 29.18 | 17.84 | 12.83 |
| 2.修理费 | 元 | 1.70 | 3.99 | 2.30 | 1.78 |  | 3.73 | 1.17 |
| 3.其它间接费用 | 元 | 1.09 | 0.52 | 2.11 |  |  | 1.56 | 0.02 |
| 二、期间费用 | 元 | 18.79 | 22.32 | 10.16 | 17.52 | 5.30 | 47.88 | 15.53 |
| 1.承包费 | 元 | 2.09 | 5.97 | 2.13 | 5.50 |  | 0.11 |  |
| 2.管理费 | 元 | 8.10 | 9.84 | 2.72 | 2.87 | 3.90 | 35.63 | 5.19 |
| 3.销售费 | 元 | 2.35 | 0.64 | 0.41 | 0.63 | 1.40 | 7.76 | 2.16 |
| 4.财务费 | 元 | 6.25 | 5.87 | 4.90 | 8.52 |  | 4.38 | 8.18 |
| 附记：1.仔畜重量 | 公斤 | 17.70 | 14.30 | 21.60 | 19.30 | 10.00 | 14.50 | 15.40 |
| 2.精饲料数量 | 公斤 | 244.10 | 256.80 | 272.70 | 229.30 | 256.00 | 325.90 | 288.20 |
| 3.青粗饲料量 | 公斤 | 74.40 | 7.80 |  |  | 56.10 | 67.30 | 56.40 |

# 2002年全国肉类产品物质费用和期间费用(二)

**品种：大规模生猪**

| 项目名称 | 单位 | 吉林 | 黑龙江 | 上海 | 江苏 | 浙江 | 安徽 | 福建 |
|---|---|---|---|---|---|---|---|---|
| 一、物质费用 | 元 | 512.54 | 479.80 | 526.64 | 474.09 | 582.65 | 537.30 | 606.45 |
| (一)直接生产费用 | 元 | 498.81 | 467.91 | 512.86 | 458.74 | 567.19 | 527.50 | 587.59 |
| 1.仔畜进价 | 元 | 142.43 | 142.27 | 196.13 | 142.97 | 172.67 | 181.76 | 202.24 |
| 2.精饲料费 | 元 | 299.54 | 290.25 | 295.88 | 293.54 | 356.24 | 337.10 | 364.75 |
| 3.青粗饲料费 | 元 | 15.81 | 3.47 | | 6.73 | 7.11 | | 0.40 |
| 4.饲料加工费 | 元 | 6.84 | 8.97 | | 3.05 | 9.50 | 1.16 | 1.16 |
| 5.水费 | 元 | 0.72 | 2.56 | 2.28 | 1.72 | 1.64 | 0.10 | 2.41 |
| 6.电费 | 元 | 2.68 | 1.27 | 2.62 | 0.89 | 1.08 | 2.99 | 1.73 |
| 7.煤费 | 元 | 6.35 | 2.04 | | 0.62 | | 0.38 | 0.09 |
| 8.医疗防疫费 | 元 | 11.15 | 6.83 | 8.43 | 4.99 | 8.87 | 2.14 | 7.46 |
| 9.死亡损失费 | 元 | 12.11 | 6.02 | 3.24 | 2.21 | 5.23 | 0.90 | 4.36 |
| 10.工具材料费 | 元 | 1.03 | 1.24 | 1.18 | 1.12 | 1.57 | 0.97 | 1.51 |
| 11.其他直接费用 | 元 | 0.15 | 2.99 | 3.10 | 0.90 | 3.28 | | 1.48 |
| (二)间接生产费用 | 元 | 13.73 | 11.89 | 13.78 | 15.35 | 15.46 | 9.80 | 18.86 |
| 1.固定资产折旧费 | 元 | 10.96 | 9.46 | 10.06 | 13.62 | 12.63 | 8.84 | 17.42 |
| 2.修理费 | 元 | 1.31 | 1.79 | 1.42 | 1.22 | 2.24 | 0.47 | 1.14 |
| 3.其它间接费用 | 元 | 1.46 | 0.64 | 2.30 | 0.51 | 0.59 | 0.49 | 0.30 |
| 二、期间费用 | 元 | 6.49 | 5.55 | 14.20 | 22.58 | 23.46 | 21.53 | 23.86 |
| 1.承包费 | 元 | | 0.61 | 0.96 | 1.74 | 0.41 | 1.24 | 3.63 |
| 2.管理费 | 元 | 1.02 | 0.21 | 7.42 | 4.81 | 16.77 | 5.60 | 7.07 |
| 3.销售费 | 元 | 2.00 | 1.64 | 2.00 | 3.90 | 2.47 | 1.79 | 2.76 |
| 4.财务费 | 元 | 3.47 | 3.09 | 3.82 | 12.13 | 3.81 | 12.90 | 10.40 |
| 附记：1.仔畜重量 | 公斤 | 18.10 | 15.40 | 24.00 | 22.90 | 23.00 | 21.80 | 18.20 |
| 2.精饲料数量 | 公斤 | 248.90 | 284.30 | 199.50 | 226.10 | 263.40 | 269.90 | 231.40 |
| 3.青粗饲料量 | 公斤 | 93.60 | 22.30 | | 105.40 | 47.40 | | 11.00 |

# 2002年全国肉类产品成本收益(一)

品种：农户菜牛　　　　按统一工价汇总

| 项目名称 | | 单位 | 平均 | 吉林 | 黑龙江 | 山东 | 河南 |
|---|---|---|---|---|---|---|---|
| 调查县数 | | 个 | 27.00 | 2.00 | 6.00 | 4.00 | 6.00 |
| 调查户数 | | 户 | 124.00 | 9.00 | 18.00 | 36.00 | 12.00 |
| 调查数量 | | 头 | 1731.00 | 303.00 | 824.00 | 86.00 | 42.00 |
| 平均饲养天数 | | 天 | 250.00 | 480.00 | 228.00 | 245.00 | 312.00 |
| 每头 | 主产品产量 | 公斤 | 350.80 | 368.80 | 441.90 | 341.80 | 449.40 |
| | 产值合计 | 元 | 2417.73 | 1831.25 | 2962.93 | 2408.45 | 2645.41 |
| | 主产品产值 | 元 | 2289.36 | 1791.25 | 2827.35 | 2248.18 | 2584.70 |
| | 副产品产值 | 元 | 128.37 | 40.00 | 135.58 | 160.27 | 60.71 |
| | 其他收入 | 元 | | | | | |
| | 生产成本 | 元 | 1765.22 | 960.49 | 2441.66 | 1757.30 | 2028.62 |
| | 物质费用 | 元 | 1491.32 | 718.49 | 2211.76 | 1411.90 | 1423.62 |
| | 用工作价 | 元 | 273.90 | 242.00 | 229.90 | 345.40 | 605.00 |
| | 用工数量 | 日 | 24.90 | 22.00 | 20.90 | 31.40 | 55.00 |
| | 劳动日工价 | 元 | 11.00 | 11.00 | 11.00 | 11.00 | 11.00 |
| | 期间费用 | 元 | 10.58 | 5.67 | 24.88 | 16.44 | 10.06 |
| | 税金 | 元 | 4.32 | 16.10 | | 1.52 | |
| | 含税成本 | 元 | 1780.12 | 982.26 | 2466.54 | 1775.26 | 2038.68 |
| | 净产值 | 元 | 926.41 | 1112.76 | 751.17 | 996.55 | 1221.79 |
| | 减税纯收益 | 元 | 637.61 | 848.99 | 496.39 | 633.19 | 606.73 |
| | 成本纯收益率 | % | 35.82 | 86.43 | 20.12 | 35.67 | 29.76 |
| | 耗粮数量 | 公斤 | 185.00 | 39.10 | 371.20 | 157.30 | 181.40 |
| 每50公斤主产品 | 平均出售价格 | 元 | 326.31 | 242.85 | 319.91 | 328.87 | 287.57 |
| | 物质费用 | 元 | 201.28 | 95.28 | 238.81 | 192.79 | 154.75 |
| | 生产成本 | 元 | 238.24 | 127.37 | 263.63 | 239.96 | 220.52 |
| | 含税成本 | 元 | 240.25 | 130.26 | 266.31 | 242.41 | 221.62 |
| | 净产值 | 元 | 125.03 | 147.57 | 81.10 | 136.08 | 132.82 |
| | 减税纯收益 | 元 | 86.06 | 112.59 | 53.60 | 86.46 | 65.95 |
| | 耗粮数量 | 公斤 | 26.40 | 5.30 | 42.00 | 23.00 | 20.20 |
| 每一劳动日 | 主产品产量 | 公斤 | 14.10 | 16.80 | 21.10 | 10.90 | 8.20 |
| | 净产值 | 元 | 37.21 | 50.58 | 35.94 | 31.74 | 22.21 |
| 每核算单位成本外支出 | | 元 | 1.02 | | 5.11 | 1.77 | |

# 2002年全国肉类产品成本收益(二)

品种：农户菜牛　　　　按统一工价汇总

| 项目名称 | | 单位 | 云南 | 陕西 | 青海 | 宁夏 |
|---|---|---|---|---|---|---|
| 调查县数 | | 个 | 3.00 | 1.00 | 3.00 | 2.00 |
| 调查户数 | | 户 | 27.00 | 9.00 | 6.00 | 7.00 |
| 调查数量 | | 头 | 45.00 | 43.00 | 94.00 | 294.00 |
| 平均饲养天数 | | 天 | 169.00 | 254.00 | 111.00 | 202.00 |
| 每头 | 主产品产量 | 公斤 | 249.80 | 314.70 | 351.10 | 288.90 |
| | 产值合计 | 元 | 2482.07 | 1976.26 | 2143.91 | 2891.54 |
| | 主产品产值 | 元 | 2340.62 | 1888.02 | 2038.71 | 2596.07 |
| | 副产品产值 | 元 | 141.45 | 88.24 | 105.20 | 295.47 |
| | 其他收入 | 元 | | | | |
| | 生产成本 | 元 | 2190.71 | 1456.96 | 1656.75 | 1629.25 |
| | 物质费用 | 元 | 1895.91 | 1093.96 | 1609.45 | 1565.45 |
| | 用工作价 | 元 | 294.80 | 363.00 | 47.30 | 63.80 |
| | 用工数量 | 日 | 26.80 | 33.00 | 4.30 | 5.80 |
| | 劳动日工价 | 元 | 11.00 | 11.00 | 11.00 | 11.00 |
| | 期间费用 | 元 | 10.34 | | 10.45 | 6.71 |
| | 税金 | 元 | 6.11 | | 10.80 | |
| | 含税成本 | 元 | 2207.16 | 1456.96 | 1678.00 | 1635.96 |
| | 净产值 | 元 | 586.16 | 882.30 | 534.46 | 1326.09 |
| | 减税纯收益 | 元 | 274.91 | 519.30 | 465.91 | 1255.58 |
| | 成本纯收益率 | % | 12.46 | 35.64 | 27.77 | 76.75 |
| | 耗粮数量 | 公斤 | 100.60 | 170.40 | 304.70 | 155.40 |
| 每50公斤主产品 | 平均出售价格 | 元 | 468.50 | 299.97 | 290.33 | 449.30 |
| | 物质费用 | 元 | 357.86 | 166.05 | 217.95 | 243.25 |
| | 生产成本 | 元 | 413.50 | 221.15 | 224.36 | 253.16 |
| | 含税成本 | 元 | 416.61 | 221.15 | 227.24 | 254.20 |
| | 净产值 | 元 | 110.64 | 133.92 | 72.38 | 206.05 |
| | 减税纯收益 | 元 | 51.89 | 78.82 | 63.09 | 195.10 |
| | 耗粮数量 | 公斤 | 20.10 | 27.10 | 43.40 | 26.90 |
| 每一劳动日 | 主产品产量 | 公斤 | 9.30 | 9.50 | 81.70 | 49.80 |
| | 净产值 | 元 | 21.87 | 26.74 | 124.29 | 228.64 |
| 每核算单位成本外支出 | | 元 | 1.24 | | | |

# 2002 年全国肉类产品成本收益(一)

品种：农户菜牛 按地区工价汇总

| 项 目 名 称 | | 单位 | 平 均 | 吉 林 | 黑龙江 | 山 东 | 河 南 |
|---|---|---|---|---|---|---|---|
| 调查县数 | | 个 | 27.00 | 2.00 | 6.00 | 4.00 | 6.00 |
| 调查户数 | | 户 | 124.00 | 9.00 | 18.00 | 36.00 | 12.00 |
| 调查数量 | | 头 | 1731.00 | 303.00 | 824.00 | 86.00 | 42.00 |
| 平均饲养天数 | | 天 | 250.00 | 480.00 | 228.00 | 245.00 | 312.00 |
| 每头 | 主产品产量 | 公斤 | 350.80 | 368.80 | 441.90 | 341.80 | 449.40 |
| | 产值合计 | 元 | 2417.73 | 1831.25 | 2962.93 | 2408.45 | 2645.41 |
| | 主产品产值 | 元 | 2289.36 | 1791.25 | 2827.35 | 2248.18 | 2584.70 |
| | 副产品产值 | 元 | 128.37 | 40.00 | 135.58 | 160.27 | 60.71 |
| | 其他收入 | 元 | | | | | |
| | 生产成本 | 元 | 1735.34 | 960.49 | 2410.31 | 1766.72 | 1913.12 |
| | 物质费用 | 元 | 1491.32 | 718.49 | 2211.76 | 1411.90 | 1423.62 |
| | 用工作价 | 元 | 244.02 | 242.00 | 198.55 | 354.82 | 489.50 |
| | 用工数量 | 日 | 24.90 | 22.00 | 20.90 | 31.40 | 55.00 |
| | 劳动日工价 | 元 | 9.80 | 11.00 | 9.50 | 11.30 | 8.90 |
| | 期间费用 | 元 | 10.58 | 5.67 | 24.88 | 16.44 | 10.06 |
| | 税金 | 元 | 4.32 | 16.10 | | 1.52 | |
| | 含税成本 | 元 | 1750.24 | 982.26 | 2435.19 | 1784.68 | 1923.18 |
| | 净产值 | 元 | 926.41 | 1112.76 | 751.17 | 996.55 | 1221.79 |
| | 减税纯收益 | 元 | 667.49 | 848.99 | 527.74 | 623.77 | 722.23 |
| | 成本纯收益率 | % | 38.14 | 86.43 | 21.67 | 34.95 | 37.55 |
| | 耗粮数量 | 公斤 | 185.00 | 39.10 | 371.20 | 157.30 | 181.40 |
| 每50公斤主产品 | 平均出售价格 | 元 | 326.31 | 242.85 | 319.91 | 328.87 | 287.57 |
| | 物质费用 | 元 | 201.28 | 95.28 | 238.81 | 192.79 | 154.75 |
| | 生产成本 | 元 | 234.21 | 127.37 | 260.24 | 241.24 | 207.97 |
| | 含税成本 | 元 | 236.22 | 130.26 | 262.93 | 243.70 | 209.06 |
| | 净产值 | 元 | 125.03 | 147.57 | 81.10 | 136.08 | 132.82 |
| | 减税纯收益 | 元 | 90.09 | 112.59 | 56.98 | 85.17 | 78.51 |
| | 耗粮数量 | 公斤 | 26.40 | 5.30 | 42.00 | 23.00 | 20.20 |
| 每一劳动日 | 主产品产量 | 公斤 | 14.10 | 16.80 | 21.10 | 10.90 | 8.20 |
| | 净产值 | 元 | 37.21 | 50.58 | 35.94 | 31.74 | 22.21 |
| 每核算单位成本外支出 | | 元 | 1.02 | | 5.11 | 1.77 | |

# 2002年全国肉类产品成本收益(二)

品种：农户菜牛　　　　按地区工价汇总

| 项目名称 | | 单位 | 云南 | 陕西 | 青海 | 宁夏 |
|---|---|---|---|---|---|---|
| 调查县数 | | 个 | 3.00 | 1.00 | 3.00 | 2.00 |
| 调查户数 | | 户 | 27.00 | 9.00 | 6.00 | 7.00 |
| 调查数量 | | 头 | 45.00 | 43.00 | 94.00 | 294.00 |
| 平均饲养天数 | | 天 | 169.00 | 254.00 | 111.00 | 202.00 |
| 每头 | 主产品产量 | 公斤 | 249.80 | 314.70 | 351.10 | 288.90 |
| | 产值合计 | 元 | 2482.07 | 1976.26 | 2143.91 | 2891.54 |
| | 主产品产值 | 元 | 2340.62 | 1888.02 | 2038.71 | 2596.07 |
| | 副产品产值 | 元 | 141.45 | 88.24 | 105.20 | 295.47 |
| | 其他收入 | 元 | | | | |
| | 生产成本 | 元 | 2150.51 | 1414.06 | 1648.15 | 1619.39 |
| | 物质费用 | 元 | 1895.91 | 1093.96 | 1609.45 | 1565.45 |
| | 用工作价 | 元 | 254.60 | 320.10 | 38.70 | 53.94 |
| | 用工数量 | 日 | 26.80 | 33.00 | 4.30 | 5.80 |
| | 劳动日工价 | 元 | 9.50 | 9.70 | 9.00 | 9.30 |
| | 期间费用 | 元 | 10.34 | | 10.45 | 6.71 |
| | 税金 | 元 | 6.11 | | 10.80 | |
| | 含税成本 | 元 | 2166.96 | 1414.06 | 1669.40 | 1626.10 |
| | 净产值 | 元 | 586.16 | 882.30 | 534.46 | 1326.09 |
| | 减税纯收益 | 元 | 315.11 | 562.20 | 474.51 | 1265.44 |
| | 成本纯收益率 | % | 14.54 | 39.76 | 28.42 | 77.82 |
| | 耗粮数量 | 公斤 | 100.60 | 170.40 | 304.70 | 155.40 |
| 每50公斤主产品 | 平均出售价格 | 元 | 468.50 | 299.97 | 290.33 | 449.30 |
| | 物质费用 | 元 | 357.86 | 166.05 | 217.95 | 243.25 |
| | 生产成本 | 元 | 405.92 | 214.64 | 223.19 | 251.63 |
| | 含税成本 | 元 | 409.02 | 214.64 | 226.07 | 252.67 |
| | 净产值 | 元 | 110.64 | 133.92 | 72.38 | 206.05 |
| | 减税纯收益 | 元 | 59.48 | 85.33 | 64.26 | 196.63 |
| | 耗粮数量 | 公斤 | 20.10 | 27.10 | 43.40 | 26.90 |
| 每一劳动日 | 主产品产量 | 公斤 | 9.30 | 9.50 | 81.70 | 49.80 |
| | 净产值 | 元 | 21.87 | 26.74 | 124.29 | 228.64 |
| 每核算单位成本外支出 | | 元 | 1.24 | | | |

# 2002 年全国肉类产品物质费用和期间费用(一)

品种：农户菜牛

| 项目名称 | 单位 | 平均 | 吉林 | 黑龙江 | 山东 | 河南 |
|---|---|---|---|---|---|---|
| 一、物质费用 | 元 | 1491.32 | 718.49 | 2211.76 | 1411.90 | 1423.62 |
| (一)直接生产费用 | 元 | 1466.53 | 704.25 | 2191.87 | 1386.99 | 1383.99 |
| 1.仔畜进价 | 元 | 1030.60 | 435.00 | 1331.33 | 921.40 | 802.12 |
| 2.精饲料费 | 元 | 256.07 | 80.77 | 409.20 | 246.10 | 346.70 |
| 3.青粗饲料费 | 元 | 130.75 | 159.00 | 310.79 | 167.55 | 170.26 |
| 4.饲料加工费 | 元 | 11.81 | 14.28 | 13.78 | 20.60 | 18.28 |
| 5.水费 | 元 | 3.97 | | 16.18 | 5.35 | 6.02 |
| 6.电费 | 元 | 3.34 | | 7.86 | 4.08 | 3.49 |
| 7.煤费 | 元 | 3.04 | | 1.76 | 1.54 | 2.70 |
| 8.医疗防疫费 | 元 | 11.31 | 11.40 | 35.99 | 10.99 | 24.09 |
| 9.死亡损失费 | 元 | 6.54 | | 32.36 | | 4.98 |
| 10.工具材料费 | 元 | 4.33 | 3.80 | 4.13 | 8.83 | 4.98 |
| 11.其他直接费用 | 元 | 4.77 | | 28.49 | 0.55 | 0.37 |
| (二)间接生产费用 | 元 | 24.79 | 14.24 | 19.89 | 24.91 | 39.63 |
| 1.固定资产折旧费 | 元 | 20.11 | 8.31 | 12.48 | 21.89 | 32.21 |
| 2.修理费 | 元 | 3.97 | 5.93 | 4.41 | 3.02 | 7.29 |
| 3.其它间接费用 | 元 | 0.71 | | 3.00 | | 0.13 |
| 二、期间费用 | 元 | 10.58 | 5.67 | 24.88 | 16.44 | 10.06 |
| 1.承包费 | 元 | 0.92 | | | | |
| 2.管理费 | 元 | 2.56 | 1.60 | 1.32 | 9.42 | 3.94 |
| 3.销售费 | 元 | 5.80 | 4.07 | 20.63 | 6.25 | 6.12 |
| 4.财务费 | 元 | 1.30 | | 2.93 | 0.77 | |
| 附记：1.仔畜重量 | 公斤 | 153.50 | 75.00 | 204.00 | 128.60 | 162.40 |
| 2.精饲料数量 | 公斤 | 253.90 | 39.10 | 426.40 | 262.70 | 362.80 |
| 3.青粗饲料量 | 公斤 | 1055.40 | 847.50 | 1595.10 | 1937.80 | 1670.60 |

# 2002年全国肉类产品物质费用和期间费用(二)

品种：农户菜牛

| 项目名称 | 单位 | 云南 | 陕西 | 青海 | 宁夏 |
|---|---|---|---|---|---|
| 一、物质费用 | 元 | 1895.91 | 1093.96 | 1609.45 | 1565.45 |
| (一)直接生产费用 | 元 | 1858.49 | 1073.68 | 1594.08 | 1538.81 |
| 1.仔畜进价 | 元 | 1526.45 | 800.00 | 1194.22 | 1234.31 |
| 2.精饲料费 | 元 | 173.82 | 267.22 | 340.21 | 184.50 |
| 3.青粗饲料费 | 元 | 97.63 | | 41.35 | 99.38 |
| 4.饲料加工费 | 元 | 19.48 | | 6.21 | 1.81 |
| 5.水费 | 元 | 3.81 | | 0.40 | |
| 6.电费 | 元 | 3.42 | | 2.10 | 5.77 |
| 7.煤费 | 元 | 15.43 | | 2.89 | |
| 8.医疗防疫费 | 元 | 2.11 | | 3.20 | 2.66 |
| 9.死亡损失费 | 元 | 9.34 | | 1.66 | 3.99 |
| 10.工具材料费 | 元 | 4.03 | 6.46 | 1.78 | 0.64 |
| 11.其他直接费用 | 元 | 2.97 | | 0.06 | 5.75 |
| (二)间接生产费用 | 元 | 37.42 | 20.28 | 15.37 | 26.64 |
| 1.固定资产折旧费 | 元 | 27.08 | 17.54 | 14.74 | 26.64 |
| 2.修理费 | 元 | 7.82 | 2.74 | 0.58 | |
| 3.其它间接费用 | 元 | 2.52 | | 0.05 | |
| 二、期间费用 | 元 | 10.34 | | 10.45 | 6.71 |
| 1.承包费 | 元 | | | 0.62 | 6.71 |
| 2.管理费 | 元 | 4.10 | | 0.07 | |
| 3.销售费 | 元 | 4.39 | | 4.90 | |
| 4.财务费 | 元 | 1.85 | | 4.86 | |
| 附记：1.仔畜重量 | 公斤 | 139.90 | 164.70 | 199.80 | 153.60 |
| 2.精饲料数量 | 公斤 | 105.70 | 284.30 | 341.50 | 209.00 |
| 3.青粗饲料量 | 公斤 | 485.90 | | 251.50 | 599.30 |

# 2002 年全国肉类产品成本收益(一)

品种：农户菜羊　　　　　　　　　　　　　　按统一工价汇总

| 项　目　名　称 | | 单位 | 平　均 | 吉　林 | 黑龙江 | 山　东 |
|---|---|---|---|---|---|---|
| 调查县数 | | 个 | 32.00 | 4.00 | 6.00 | 3.00 |
| 调查户数 | | 户 | 131.00 | 15.00 | 19.00 | 27.00 |
| 调查数量 | | 头 | 5343.00 | 1779.00 | 1313.00 | 196.00 |
| 平均饲养天数 | | 天 | 278.00 | 366.00 | 285.00 | 230.00 |
| 每头 | 主产品产量 | 公斤 | 40.30 | 43.70 | 44.90 | 33.20 |
| | 产值合计 | 元 | 307.85 | 261.12 | 333.98 | 272.18 |
| | 主产品产值 | 元 | 267.01 | 235.92 | 271.69 | 255.88 |
| | 副产品产值 | 元 | 40.84 | 25.20 | 62.29 | 16.30 |
| | 其他收入 | 元 | | | | |
| | 生产成本 | 元 | 207.64 | 153.82 | 160.86 | 186.34 |
| | 物质费用 | 元 | 118.54 | 99.92 | 124.56 | 98.34 |
| | 用工作价 | 元 | 89.10 | 53.90 | 36.30 | 88.00 |
| | 用工数量 | 日 | 8.10 | 4.90 | 3.30 | 8.00 |
| | 劳动日工价 | 元 | 11.00 | 11.00 | 11.00 | 11.00 |
| | 期间费用 | 元 | 2.60 | 1.92 | 2.51 | 2.35 |
| | 税金 | 元 | 1.91 | 5.63 | 3.57 | |
| | 含税成本 | 元 | 212.15 | 161.37 | 166.94 | 188.69 |
| | 净产值 | 元 | 189.31 | 161.20 | 209.42 | 173.84 |
| | 减税纯收益 | 元 | 95.70 | 99.75 | 167.04 | 83.49 |
| | 成本纯收益率 | % | 45.11 | 61.81 | 100.06 | 44.25 |
| | 耗粮数量 | 公斤 | 22.60 | 22.30 | 25.60 | 17.30 |
| 每50公斤主产品 | 平均出售价格 | 元 | 331.28 | 269.93 | 302.55 | 385.36 |
| | 物质费用 | 元 | 127.56 | 103.29 | 112.84 | 139.23 |
| | 生产成本 | 元 | 223.44 | 159.01 | 145.72 | 263.83 |
| | 含税成本 | 元 | 228.30 | 166.81 | 151.23 | 267.15 |
| | 净产值 | 元 | 203.72 | 166.64 | 189.71 | 246.13 |
| | 减税纯收益 | 元 | 102.98 | 103.12 | 151.32 | 118.21 |
| | 耗粮数量 | 公斤 | 28.00 | 25.50 | 28.50 | 26.10 |
| 每一劳动日 | 主产品产量 | 公斤 | 5.00 | 8.90 | 13.60 | 4.20 |
| | 净产值 | 元 | 23.37 | 32.90 | 63.46 | 21.73 |
| 每核算单位成本外支出 | | 元 | 0.69 | | | 1.93 |

# 2002年全国肉类产品成本收益(二)

品种：农户菜羊　　　　按统一工价汇总

| 项目名称 | | 单位 | 河南 | 贵州 | 陕西 | 青海 |
|---|---|---|---|---|---|---|
| 调查县数 | | 个 | 10.00 | 2.00 | 2.00 | 5.00 |
| 调查户数 | | 户 | 26.00 | 18.00 | 18.00 | 8.00 |
| 调查数量 | | 头 | 376.00 | 343.00 | 254.00 | 1082.00 |
| 平均饲养天数 | | 天 | 324.00 | 347.00 | 254.00 | 137.00 |
| 每头 | 主产品产量 | 公斤 | 38.40 | 31.40 | 46.80 | 43.50 |
| | 产值合计 | 元 | 289.80 | 289.50 | 386.45 | 321.94 |
| | 主产品产值 | 元 | 265.13 | 263.81 | 310.10 | 266.55 |
| | 副产品产值 | 元 | 24.67 | 25.69 | 76.35 | 55.39 |
| | 其他收入 | 元 | | | | |
| | 生产成本 | 元 | 217.06 | 230.52 | 243.61 | 261.20 |
| | 物质费用 | 元 | 82.86 | 99.62 | 81.91 | 242.50 |
| | 用工作价 | 元 | 134.20 | 130.90 | 161.70 | 18.70 |
| | 用工数量 | 日 | 12.20 | 11.90 | 14.70 | 1.70 |
| | 劳动日工价 | 元 | 11.00 | 11.00 | 11.00 | 11.00 |
| | 期间费用 | 元 | 2.68 | 1.53 | 3.26 | 4.02 |
| | 税金 | 元 | | | | 4.20 |
| | 含税成本 | 元 | 219.74 | 232.05 | 246.87 | 269.42 |
| | 净产值 | 元 | 206.94 | 189.88 | 304.54 | 79.44 |
| | 减税纯收益 | 元 | 70.06 | 57.45 | 139.58 | 52.52 |
| | 成本纯收益率 | % | 31.88 | 24.76 | 56.54 | 19.49 |
| | 耗粮数量 | 公斤 | 10.30 | 9.10 | 46.10 | 27.20 |
| 每50公斤主产品 | 平均出售价格 | 元 | 345.22 | 420.08 | 331.30 | 306.38 |
| | 物质费用 | 元 | 98.71 | 144.55 | 70.22 | 230.78 |
| | 生产成本 | 元 | 258.57 | 334.50 | 208.84 | 248.58 |
| | 含税成本 | 元 | 261.76 | 336.72 | 211.64 | 256.40 |
| | 净产值 | 元 | 246.51 | 275.53 | 261.08 | 75.60 |
| | 减税纯收益 | 元 | 83.46 | 83.36 | 119.66 | 49.98 |
| | 耗粮数量 | 公斤 | 13.40 | 14.50 | 49.30 | 31.30 |
| 每一劳动日 | 主产品产量 | 公斤 | 3.10 | 2.60 | 3.20 | 25.60 |
| | 净产值 | 元 | 16.96 | 15.96 | 20.72 | 46.73 |
| 每核算单位成本外支出 | | 元 | | 2.83 | | 0.05 |

# 2002 年全国肉类产品成本收益(一)

品种：农户菜羊　　　　按地区工价汇总

| 项目名称 | | 单位 | 平均 | 吉林 | 黑龙江 | 山东 |
|---|---|---|---|---|---|---|
| 调查县数 | | 个 | 32.00 | 4.00 | 6.00 | 3.00 |
| 调查户数 | | 户 | 131.00 | 15.00 | 19.00 | 27.00 |
| 调查数量 | | 头 | 5343.00 | 1779.00 | 1313.00 | 196.00 |
| 平均饲养天数 | | 天 | 278.00 | 366.00 | 285.00 | 230.00 |
| 每头 | 主产品产量 | 公斤 | 40.30 | 43.70 | 44.90 | 33.20 |
| | 产值合计 | 元 | 307.85 | 261.12 | 333.98 | 272.18 |
| | 主产品产值 | 元 | 267.01 | 235.92 | 271.69 | 255.88 |
| | 副产品产值 | 元 | 40.84 | 25.20 | 62.29 | 16.30 |
| | 其他收入 | 元 | | | | |
| | 生产成本 | 元 | 198.73 | 153.82 | 155.91 | 188.74 |
| | 物质费用 | 元 | 118.54 | 99.92 | 124.56 | 98.34 |
| | 用工作价 | 元 | 80.19 | 53.90 | 31.35 | 90.40 |
| | 用工数量 | 日 | 8.10 | 4.90 | 3.30 | 8.00 |
| | 劳动日工价 | 元 | 9.90 | 11.00 | 9.50 | 11.30 |
| | 期间费用 | 元 | 2.60 | 1.92 | 2.51 | 2.35 |
| | 税金 | 元 | 1.91 | 5.63 | 3.57 | |
| | 含税成本 | 元 | 203.24 | 161.37 | 161.99 | 191.09 |
| | 净产值 | 元 | 189.31 | 161.20 | 209.42 | 173.84 |
| | 减税纯收益 | 元 | 104.61 | 99.75 | 171.99 | 81.09 |
| | 成本纯收益率 | % | 51.47 | 61.81 | 106.17 | 42.44 |
| | 耗粮数量 | 公斤 | 22.60 | 22.30 | 25.60 | 17.30 |
| 每50公斤主产品 | 平均出售价格 | 元 | 331.28 | 269.93 | 302.55 | 385.36 |
| | 物质费用 | 元 | 127.56 | 103.29 | 112.84 | 139.23 |
| | 生产成本 | 元 | 213.86 | 159.01 | 141.24 | 267.22 |
| | 含税成本 | 元 | 218.71 | 166.81 | 146.75 | 270.55 |
| | 净产值 | 元 | 203.72 | 166.64 | 189.71 | 246.13 |
| | 减税纯收益 | 元 | 112.57 | 103.12 | 155.80 | 114.81 |
| | 耗粮数量 | 公斤 | 28.00 | 25.50 | 28.50 | 26.10 |
| 每一劳动日 | 主产品产量 | 公斤 | 5.00 | 8.90 | 13.60 | 4.20 |
| | 净产值 | 元 | 23.37 | 32.90 | 63.46 | 21.73 |
| 每核算单位成本外支出 | | 元 | 0.69 | | | 1.93 |

# 2002年全国肉类产品成本收益(二)

**品种：农户菜羊** 按地区工价汇总

| 项目名称 | | 单位 | 河南 | 贵州 | 陕西 | 青海 |
|---|---|---|---|---|---|---|
| 调查县数 | | 个 | 10.00 | 2.00 | 2.00 | 5.00 |
| 调查户数 | | 户 | 26.00 | 18.00 | 18.00 | 8.00 |
| 调查数量 | | 头 | 376.00 | 343.00 | 254.00 | 1082.00 |
| 平均饲养天数 | | 天 | 324.00 | 347.00 | 254.00 | 137.00 |
| 每头 | 主产品产量 | 公斤 | 38.40 | 31.40 | 46.80 | 43.50 |
| | 产值合计 | 元 | 289.80 | 289.50 | 386.45 | 321.94 |
| | 主产品产值 | 元 | 265.13 | 263.81 | 310.10 | 266.55 |
| | 副产品产值 | 元 | 24.67 | 25.69 | 76.35 | 55.39 |
| | 其他收入 | 元 | | | | |
| | 生产成本 | 元 | 191.44 | 218.62 | 224.50 | 257.80 |
| | 物质费用 | 元 | 82.86 | 99.62 | 81.91 | 242.50 |
| | 用工作价 | 元 | 108.58 | 119.00 | 142.59 | 15.30 |
| | 用工数量 | 日 | 12.20 | 11.90 | 14.70 | 1.70 |
| | 劳动日工价 | 元 | 8.90 | 10.00 | 9.70 | 9.00 |
| | 期间费用 | 元 | 2.68 | 1.53 | 3.26 | 4.02 |
| | 税金 | 元 | | | | 4.20 |
| | 含税成本 | 元 | 194.12 | 220.15 | 227.76 | 266.02 |
| | 净产值 | 元 | 206.94 | 189.88 | 304.54 | 79.44 |
| | 减税纯收益 | 元 | 95.68 | 69.35 | 158.69 | 55.92 |
| | 成本纯收益率 | % | 49.29 | 31.50 | 69.67 | 21.02 |
| | 耗粮数量 | 公斤 | 10.30 | 9.10 | 46.10 | 27.20 |
| 每50公斤主产品 | 平均出售价格 | 元 | 345.22 | 420.08 | 331.30 | 306.38 |
| | 物质费用 | 元 | 98.71 | 144.55 | 70.22 | 230.78 |
| | 生产成本 | 元 | 228.05 | 317.23 | 192.46 | 245.34 |
| | 含税成本 | 元 | 231.24 | 319.45 | 195.26 | 253.16 |
| | 净产值 | 元 | 246.51 | 275.53 | 261.08 | 75.60 |
| | 减税纯收益 | 元 | 113.98 | 100.63 | 136.04 | 53.22 |
| | 耗粮数量 | 公斤 | 13.40 | 14.50 | 49.30 | 31.30 |
| 每一劳动日 | 主产品产量 | 公斤 | 3.10 | 2.60 | 3.20 | 25.60 |
| | 净产值 | 元 | 16.96 | 15.96 | 20.72 | 46.73 |
| 每核算单位成本外支出 | | 元 | | 2.83 | | 0.05 |

# 2002 年全国肉类产品物质费用和期间费用(一)

品种：农户菜羊

| 项目名称 | 单位 | 平均 | 吉林 | 黑龙江 | 山东 |
|---|---|---|---|---|---|
| 一、物质费用 | 元 | 118.54 | 99.92 | 124.56 | 98.34 |
| (一)直接生产费用 | 元 | 113.59 | 93.97 | 117.84 | 94.88 |
| 1.仔畜进价 | 元 | 64.45 | 54.21 | 39.10 | 55.78 |
| 2.精饲料费 | 元 | 23.55 | 15.98 | 26.57 | 20.48 |
| 3.青粗饲料费 | 元 | 15.91 | 11.79 | 32.72 | 9.89 |
| 4.饲料加工费 | 元 | 0.95 | 0.83 | 1.14 | 2.46 |
| 5.水费 | 元 | 0.41 | | 1.55 | |
| 6.电费 | 元 | 0.44 | | 1.55 | 0.44 |
| 7.煤费 | 元 | 0.36 | 0.27 | 1.31 | 0.30 |
| 8.医疗防疫费 | 元 | 3.02 | 5.66 | 4.33 | 2.33 |
| 9.死亡损失费 | 元 | 1.87 | 2.94 | 2.57 | 1.76 |
| 10.工具材料费 | 元 | 1.27 | 1.06 | 1.15 | 1.29 |
| 11.其他直接费用 | 元 | 1.36 | 1.23 | 5.85 | 0.15 |
| (二)间接生产费用 | 元 | 4.95 | 5.95 | 6.72 | 3.46 |
| 1.固定资产折旧费 | 元 | 3.11 | 3.36 | 4.55 | 1.97 |
| 2.修理费 | 元 | 1.52 | 1.81 | 0.93 | 1.49 |
| 3.其它间接费用 | 元 | 0.32 | 0.78 | 1.24 | |
| 二、期间费用 | 元 | 2.60 | 1.92 | 2.51 | 2.35 |
| 1.承包费 | 元 | | | | |
| 2.管理费 | 元 | 0.71 | 0.70 | 0.50 | |
| 3.销售费 | 元 | 1.84 | 1.22 | 1.98 | 2.12 |
| 4.财务费 | 元 | 0.05 | | 0.03 | 0.23 |
| 附记：1.仔畜重量 | 公斤 | 11.00 | 8.30 | 8.40 | 7.70 |
| 2.精饲料数量 | 公斤 | 28.70 | 23.70 | 30.50 | 24.00 |
| 3.青粗饲料量 | 公斤 | 199.30 | 398.50 | 244.00 | 96.20 |

# 2002年全国肉类产品物质费用和期间费用(二)

品种：农户菜羊

| 项目名称 | 单位 | 河南 | 贵州 | 陕西 | 青海 |
|---|---|---|---|---|---|
| 一、物质费用 | 元 | 82.86 | 99.62 | 81.91 | 242.50 |
| (一)直接生产费用 | 元 | 78.78 | 91.42 | 77.83 | 240.37 |
| 1.仔畜进价 | 元 | 36.38 | 60.73 | 12.08 | 192.86 |
| 2.精饲料费 | 元 | 17.85 | 12.80 | 34.18 | 37.00 |
| 3.青粗饲料费 | 元 | 13.15 | 12.56 | 24.58 | 6.71 |
| 4.饲料加工费 | 元 | 0.84 | 0.50 | 0.39 | 0.47 |
| 5.水费 | 元 | 0.79 | | 0.51 | 0.04 |
| 6.电费 | 元 | 0.64 | | 0.42 | 0.01 |
| 7.煤费 | 元 | 0.53 | | | 0.08 |
| 8.医疗防疫费 | 元 | 3.26 | 1.39 | 2.47 | 1.73 |
| 9.死亡损失费 | 元 | 2.37 | 0.54 | 1.94 | 0.94 |
| 10.工具材料费 | 元 | 1.58 | 2.90 | 0.66 | 0.26 |
| 11.其他直接费用 | 元 | 1.39 | | 0.60 | 0.27 |
| (二)间接生产费用 | 元 | 4.08 | 8.20 | 4.08 | 2.13 |
| 1.固定资产折旧费 | 元 | 2.56 | 4.45 | 3.33 | 1.52 |
| 2.修理费 | 元 | 1.52 | 3.75 | 0.75 | 0.40 |
| 3.其它间接费用 | 元 | | | | 0.21 |
| 二、期间费用 | 元 | 2.68 | 1.53 | 3.26 | 4.02 |
| 1.承包费 | 元 | | | | |
| 2.管理费 | 元 | 1.60 | 0.21 | | 1.98 |
| 3.销售费 | 元 | 1.08 | 1.32 | 3.26 | 1.93 |
| 4.财务费 | 元 | | | | 0.11 |
| 附记：1.仔畜重量 | 公斤 | 7.00 | 6.10 | 11.20 | 28.40 |
| 2.精饲料数量 | 公斤 | 19.40 | 12.10 | 50.30 | 40.80 |
| 3.青粗饲料量 | 公斤 | 145.60 | 102.20 | 351.20 | 57.40 |

# 2002年全国禽类产品成本收益(一)

品种：专业户肉鸡　　　　按统一工价汇总

| 项目名称 | | 单位 | 平均 | 天津 | 河北 | 山西 | 内蒙古 | 吉林 |
|---|---|---|---|---|---|---|---|---|
| 调查县数 | | 个 | 59.00 | 8.00 | 1.00 | 1.00 | 4.00 | 3.00 |
| 调查户数 | | 户 | 140.00 | 19.00 | 2.00 | 3.00 | 14.00 | 3.00 |
| 调查数量 | | 只 | 2014544.00 | 502870.00 | 5000.00 | 2200.00 | 31400.00 | 18550.00 |
| 平均饲养天数 | | 天 | 65.00 | 44.00 | 60.00 | 45.00 | 45.00 | 57.00 |
| 每百只 | 主产品产量 | 公斤 | 203.90 | 217.40 | 235.00 | 222.00 | 226.80 | 316.20 |
| | 产值合计 | 元 | 1399.86 | 1557.55 | 1557.00 | 1448.80 | 1362.38 | 1528.40 |
| | 主产品产值 | 元 | 1377.15 | 1547.25 | 1457.00 | 1420.80 | 1352.34 | 1518.40 |
| | 副产品产值 | 元 | 22.71 | 10.30 | 100.00 | 28.00 | 10.04 | 10.00 |
| | 其他收入 | 元 | | | | | | |
| | 生产成本 | 元 | 1217.27 | 1420.78 | 1293.00 | 1336.80 | 1168.88 | 1509.30 |
| | 物质费用 | 元 | 1157.87 | 1377.88 | 1191.80 | 1262.00 | 1141.38 | 1411.40 |
| | 用工作价 | 元 | 59.40 | 42.90 | 101.20 | 74.80 | 27.50 | 97.90 |
| | 用工数量 | 日 | 5.40 | 3.90 | 9.20 | 6.80 | 2.50 | 8.90 |
| | 劳动日工价 | 元 | 11.00 | 11.00 | 11.00 | 11.00 | 11.00 | 11.00 |
| | 期间费用 | 元 | 16.90 | 2.05 | 12.20 | 8.00 | 10.48 | |
| | 税金 | 元 | | | | | | |
| | 含税成本 | 元 | 1234.17 | 1422.83 | 1305.20 | 1344.80 | 1179.36 | 1509.30 |
| | 净产值 | 元 | 241.99 | 179.67 | 365.20 | 186.80 | 221.00 | 117.00 |
| | 减税纯收益 | 元 | 165.69 | 134.72 | 251.80 | 104.00 | 183.02 | 19.10 |
| | 成本纯收益率 | % | 13.43 | 9.47 | 19.29 | 7.73 | 15.52 | 1.27 |
| | 耗粮数量 | 公斤 | 353.70 | 307.00 | 335.00 | 252.00 | 234.60 | 541.80 |
| 每50公斤主产品 | 平均出售价格 | 元 | 337.70 | 355.85 | 310.00 | 320.00 | 298.13 | 240.10 |
| | 物质费用 | 元 | 279.32 | 314.80 | 237.29 | 278.74 | 249.77 | 221.72 |
| | 生产成本 | 元 | 293.65 | 324.60 | 257.44 | 295.26 | 255.79 | 237.10 |
| | 含税成本 | 元 | 297.73 | 325.07 | 259.87 | 297.03 | 258.08 | 237.10 |
| | 净产值 | 元 | 58.38 | 41.05 | 72.71 | 41.26 | 48.36 | 18.38 |
| | 减税纯收益 | 元 | 39.97 | 30.78 | 50.13 | 22.97 | 40.05 | 3.00 |
| | 耗粮数量 | 公斤 | 86.70 | 70.60 | 71.30 | 56.80 | 51.70 | 85.70 |
| 每一劳动日 | 主产品产量 | 公斤 | 37.80 | 55.70 | 25.50 | 32.60 | 90.70 | 35.50 |
| | 净产值 | 元 | 44.81 | 46.07 | 39.70 | 27.47 | 88.40 | 13.15 |
| 每核算单位成本外支出 | | 元 | 3.64 | | | | 62.58 | |

# 2002年全国禽类产品成本收益(二)

品种：专业户肉鸡　　　　按统一工价汇总

| 项目名称 | | 单位 | 黑龙江 | 上海 | 江苏 | 浙江 | 安徽 | 山东 |
|---|---|---|---|---|---|---|---|---|
| 调查县数 | | 个 | 2.00 | 4.00 | 2.00 | 3.00 | 2.00 | 3.00 |
| 调查户数 | | 户 | 6.00 | 10.00 | 7.00 | 8.00 | 3.00 | 15.00 |
| 调查数量 | | 只 | 22263.00 | 740248.00 | 62300.00 | 43935.00 | 45000.00 | 58380.00 |
| 平均饲养天数 | | 天 | 61.00 | 64.00 | 39.00 | 100.00 | 46.00 | 52.00 |
| 每百只 | 主产品产量 | 公斤 | 271.80 | 184.60 | 147.00 | 148.00 | 110.00 | 237.20 |
| | 产值合计 | 元 | 1453.37 | 1205.42 | 760.24 | 1487.13 | 638.49 | 1249.26 |
| | 主产品产值 | 元 | 1437.07 | 1201.92 | 743.70 | 1468.78 | 631.78 | 1225.80 |
| | 副产品产值 | 元 | 16.30 | 3.50 | 16.54 | 18.35 | 6.71 | 23.46 |
| | 其他收入 | 元 | | | | | | |
| | 生产成本 | 元 | 1328.56 | 1046.70 | 689.25 | 1121.34 | 573.69 | 1256.19 |
| | 物质费用 | 元 | 1249.36 | 1029.10 | 643.05 | 1101.54 | 556.09 | 1183.59 |
| | 用工作价 | 元 | 79.20 | 17.60 | 46.20 | 19.80 | 17.60 | 72.60 |
| | 用工数量 | 日 | 7.20 | 1.60 | 4.20 | 1.80 | 1.60 | 6.60 |
| | 劳动日工价 | 元 | 11.00 | 11.00 | 11.00 | 11.00 | 11.00 | 11.00 |
| | 期间费用 | 元 | 7.75 | 14.15 | 25.34 | 17.85 | 2.85 | 9.49 |
| | 税金 | 元 | | | | | | |
| | 含税成本 | 元 | 1336.31 | 1060.85 | 714.59 | 1139.19 | 576.54 | 1265.68 |
| | 净产值 | 元 | 204.01 | 176.32 | 117.19 | 385.59 | 82.40 | 65.67 |
| | 减税纯收益 | 元 | 117.06 | 144.57 | 45.65 | 347.94 | 61.95 | -16.42 |
| | 成本纯收益率 | % | 8.76 | 13.63 | 6.39 | 30.54 | 10.75 | -1.30 |
| | 耗粮数量 | 公斤 | 490.20 | 348.90 | 144.10 | 420.30 | 780.00 | 392.30 |
| 每50公斤主产品 | 平均出售价格 | 元 | 264.36 | 325.55 | 252.96 | 496.21 | 287.17 | 258.39 |
| | 物质费用 | 元 | 227.25 | 277.93 | 213.97 | 367.55 | 250.11 | 244.81 |
| | 生产成本 | 元 | 241.66 | 282.68 | 229.34 | 374.16 | 258.03 | 259.82 |
| | 含税成本 | 元 | 243.07 | 286.51 | 237.77 | 380.11 | 259.31 | 261.79 |
| | 净产值 | 元 | 37.11 | 47.62 | 38.99 | 128.66 | 37.06 | 13.58 |
| | 减税纯收益 | 元 | 21.29 | 39.04 | 15.19 | 116.10 | 27.86 | -3.40 |
| | 耗粮数量 | 公斤 | 90.20 | 94.50 | 49.00 | 142.00 | 354.50 | 82.70 |
| 每一劳动日 | 主产品产量 | 公斤 | 37.80 | 115.40 | 35.00 | 82.20 | 68.80 | 35.90 |
| | 净产值 | 元 | 28.33 | 110.20 | 27.90 | 214.22 | 51.50 | 9.95 |
| 每核算单位成本外支出 | | 元 | 11.21 | | | | | 1.61 |

# 2002年全国禽类产品成本收益(三)

品种：专业户肉鸡　　　　按统一工价汇总

| 项目名称 | | 单位 | 河南 | 湖北 | 湖南 | 广东 | 广西 |
|---|---|---|---|---|---|---|---|
| 调查县数 | | 个 | 7.00 | 1.00 | 2.00 | 5.00 | 4.00 |
| 调查户数 | | 户 | 13.00 | 2.00 | 2.00 | 7.00 | 9.00 |
| 调查数量 | | 只 | 24900.00 | 1200.00 | 8000.00 | 206221.00 | 97904.00 |
| 平均饲养天数 | | 天 | 53.00 | 45.00 | 52.00 | 69.00 | 88.00 |
| 每百只 | 主产品产量 | 公斤 | 223.40 | 240.00 | 158.90 | 115.70 | 174.40 |
| | 产值合计 | 元 | 1239.42 | 1610.00 | 1148.75 | 937.67 | 1408.50 |
| | 主产品产值 | 元 | 1205.21 | 1580.00 | 1133.44 | 918.98 | 1380.38 |
| | 副产品产值 | 元 | 34.21 | 30.00 | 15.31 | 18.69 | 28.12 |
| | 其他收入 | 元 | | | | | |
| | 生产成本 | 元 | 1039.14 | 1283.10 | 1028.53 | 959.85 | 1297.55 |
| | 物质费用 | 元 | 975.34 | 1222.60 | 991.13 | 921.35 | 1237.05 |
| | 用工作价 | 元 | 63.80 | 60.50 | 37.40 | 38.50 | 60.50 |
| | 用工数量 | 日 | 5.80 | 5.50 | 3.40 | 3.50 | 5.50 |
| | 劳动日工价 | 元 | 11.00 | 11.00 | 11.00 | 11.00 | 11.00 |
| | 期间费用 | 元 | 11.13 | | 6.06 | 21.79 | 42.72 |
| | 税金 | 元 | | | | | |
| | 含税成本 | 元 | 1050.27 | 1283.10 | 1034.59 | 981.64 | 1340.27 |
| | 净产值 | 元 | 264.08 | 387.40 | 157.62 | 16.32 | 171.45 |
| | 减税纯收益 | 元 | 189.15 | 326.90 | 114.16 | -43.97 | 68.23 |
| | 成本纯收益率 | % | 18.01 | 25.48 | 11.03 | -4.48 | 5.09 |
| | 耗粮数量 | 公斤 | 260.40 | 230.00 | 258.80 | 205.00 | 259.90 |
| 每50公斤主产品 | 平均出售价格 | 元 | 269.74 | 329.17 | 356.65 | 397.14 | 395.75 |
| | 物质费用 | 元 | 212.27 | 249.96 | 307.71 | 390.23 | 347.58 |
| | 生产成本 | 元 | 226.15 | 262.33 | 319.33 | 406.53 | 364.58 |
| | 含税成本 | 元 | 228.57 | 262.33 | 321.21 | 415.76 | 376.58 |
| | 净产值 | 元 | 57.47 | 79.21 | 48.94 | 6.91 | 48.17 |
| | 减税纯收益 | 元 | 41.17 | 66.84 | 35.44 | -18.62 | 19.17 |
| | 耗粮数量 | 公斤 | 58.30 | 47.90 | 81.40 | 88.60 | 74.50 |
| 每一劳动日 | 主产品产量 | 公斤 | 38.50 | 43.60 | 46.70 | 33.10 | 31.70 |
| | 净产值 | 元 | 45.53 | 70.44 | 46.36 | 4.66 | 31.17 |
| 每核算单位成本外支出 | | 元 | | | | | 0.95 |

# 2002年全国禽类产品成本收益(四)

品种：专业户肉鸡　　　　按统一工价汇总

| 项目名称 | | 单位 | 海南 | 贵州 | 云南 | 甘肃 | 宁夏 |
|---|---|---|---|---|---|---|---|
| 调查县数 | | 个 | 2.00 | 1.00 | 1.00 | 2.00 | 1.00 |
| 调查户数 | | 户 | 6.00 | 3.00 | 2.00 | 4.00 | 2.00 |
| 调查数量 | | 只 | 62800.00 | 5540.00 | 17333.00 | 54000.00 | 4500.00 |
| 平均饲养天数 | | 天 | 126.00 | 135.00 | 65.00 | 70.00 | 50.00 |
| 每百只 | 主产品产量 | 公斤 | 148.70 | 230.00 | 234.00 | 198.70 | 242.80 |
| | 产值合计 | 元 | 1968.18 | 2058.00 | 1547.13 | 1526.83 | 1704.62 |
| | 主产品产值 | 元 | 1943.50 | 2048.00 | 1525.68 | 1518.85 | 1661.29 |
| | 副产品产值 | 元 | 24.68 | 10.00 | 21.45 | 7.98 | 43.33 |
| | 其他收入 | 元 | | | | | |
| | 生产成本 | 元 | 1560.19 | 1803.20 | 1096.39 | 1183.17 | 1573.69 |
| | 物质费用 | 元 | 1449.09 | 1757.00 | 979.79 | 1085.27 | 1549.49 |
| | 用工作价 | 元 | 111.10 | 46.20 | 116.60 | 97.90 | 24.20 |
| | 用工数量 | 日 | 10.10 | 4.20 | 10.60 | 8.90 | 2.20 |
| | 劳动日工价 | 元 | 11.00 | 11.00 | 11.00 | 11.00 | 11.00 |
| | 期间费用 | 元 | 29.92 | 10.00 | 35.13 | 63.75 | 24.44 |
| | 税金 | 元 | | | | | |
| | 含税成本 | 元 | 1590.11 | 1813.20 | 1131.52 | 1246.92 | 1598.13 |
| | 净产值 | 元 | 519.09 | 301.00 | 567.34 | 441.56 | 155.13 |
| | 减税纯收益 | 元 | 378.07 | 244.80 | 415.61 | 279.91 | 106.49 |
| | 成本纯收益率 | % | 23.78 | 13.50 | 36.73 | 22.45 | 6.66 |
| | 耗粮数量 | 公斤 | 282.30 | 770.00 | 307.20 | 237.80 | 370.40 |
| 每50公斤主产品 | 平均出售价格 | 元 | 653.50 | 445.22 | 326.00 | 382.20 | 342.11 |
| | 物质费用 | 元 | 481.15 | 380.10 | 206.45 | 271.67 | 310.98 |
| | 生产成本 | 元 | 518.03 | 390.10 | 231.02 | 296.17 | 315.83 |
| | 含税成本 | 元 | 527.97 | 392.26 | 238.43 | 312.13 | 320.74 |
| | 净产值 | 元 | 172.35 | 65.12 | 119.55 | 110.53 | 31.13 |
| | 减税纯收益 | 元 | 125.53 | 52.96 | 87.57 | 70.07 | 21.37 |
| | 耗粮数量 | 公斤 | 94.90 | 167.40 | 65.60 | 59.80 | 76.30 |
| 每一劳动日 | 主产品产量 | 公斤 | 14.70 | 54.80 | 22.10 | 22.30 | 110.40 |
| | 净产值 | 元 | 51.40 | 71.67 | 53.52 | 49.61 | 70.51 |
| 每核算单位成本外支出 | | 元 | | | | | |

# 2002年全国禽类产品成本收益(一)

品种：专业户肉鸡　　　　按地区工价汇总

| 项目名称 | | 单位 | 平均 | 天津 | 河北 | 山西 | 内蒙古 | 吉林 |
|---|---|---|---|---|---|---|---|---|
| 调查县数 | | 个 | 59.00 | 8.00 | 1.00 | 1.00 | 4.00 | 3.00 |
| 调查户数 | | 户 | 140.00 | 19.00 | 2.00 | 3.00 | 14.00 | 3.00 |
| 调查数量 | | 只 | 2014544.00 | 502870.00 | 5000.00 | 2200.00 | 31400.00 | 18550.00 |
| 平均饲养天数 | | 天 | 65.00 | 44.00 | 60.00 | 45.00 | 45.00 | 57.00 |
| 每百只 | 主产品产量 | 公斤 | 203.90 | 217.40 | 235.00 | 222.00 | 226.80 | 316.20 |
| | 产值合计 | 元 | 1399.86 | 1557.55 | 1557.00 | 1448.80 | 1362.38 | 1528.40 |
| | 主产品产值 | 元 | 1377.15 | 1547.25 | 1457.00 | 1420.80 | 1352.34 | 1518.40 |
| | 副产品产值 | 元 | 22.71 | 10.30 | 100.00 | 28.00 | 10.04 | 10.00 |
| | 其他收入 | 元 | | | | | | |
| | 生产成本 | 元 | 1221.59 | 1428.19 | 1270.00 | 1317.76 | 1161.38 | 1509.30 |
| | 物质费用 | 元 | 1157.87 | 1377.88 | 1191.80 | 1262.00 | 1141.38 | 1411.40 |
| | 用工作价 | 元 | 63.72 | 50.31 | 78.20 | 55.76 | 20.00 | 97.90 |
| | 用工数量 | 日 | 5.40 | 3.90 | 9.20 | 6.80 | 2.50 | 8.90 |
| | 劳动日工价 | 元 | 11.80 | 12.90 | 8.50 | 8.20 | 8.00 | 11.00 |
| | 期间费用 | 元 | 16.90 | 2.05 | 12.20 | 8.00 | 10.48 | |
| | 税金 | 元 | | | | | | |
| | 含税成本 | 元 | 1238.49 | 1430.24 | 1282.20 | 1325.76 | 1171.86 | 1509.30 |
| | 净产值 | 元 | 241.99 | 179.67 | 365.20 | 186.80 | 221.00 | 117.00 |
| | 减税纯收益 | 元 | 161.37 | 127.31 | 274.80 | 123.04 | 190.52 | 19.10 |
| | 成本纯收益率 | % | 13.03 | 8.90 | 21.43 | 9.28 | 16.26 | 1.27 |
| | 耗粮数量 | 公斤 | 353.70 | 307.00 | 335.00 | 252.00 | 234.60 | 541.80 |
| 每50公斤主产品 | 平均出售价格 | 元 | 337.70 | 355.85 | 310.00 | 320.00 | 298.13 | 240.10 |
| | 物质费用 | 元 | 279.32 | 314.80 | 237.29 | 278.74 | 249.77 | 221.72 |
| | 生产成本 | 元 | 294.69 | 326.30 | 252.86 | 291.06 | 254.15 | 237.10 |
| | 含税成本 | 元 | 298.77 | 326.76 | 255.29 | 292.82 | 256.44 | 237.10 |
| | 净产值 | 元 | 58.38 | 41.05 | 72.71 | 41.26 | 48.36 | 18.38 |
| | 减税纯收益 | 元 | 38.93 | 29.09 | 54.71 | 27.18 | 41.69 | 3.00 |
| | 耗粮数量 | 公斤 | 86.70 | 70.60 | 71.30 | 56.80 | 51.70 | 85.70 |
| 每一劳动日 | 主产品产量 | 公斤 | 37.80 | 55.70 | 25.50 | 32.60 | 90.70 | 35.50 |
| | 净产值 | 元 | 44.81 | 46.07 | 39.70 | 27.47 | 88.40 | 13.15 |
| 每核算单位成本外支出 | | 元 | 3.64 | | | | 62.58 | |

# 2002年全国禽类产品成本收益(二)

品种：专业户肉鸡　　　　按地区工价汇总

| 项目名称 | | 单位 | 黑龙江 | 上海 | 江苏 | 浙江 | 安徽 | 山东 |
|---|---|---|---|---|---|---|---|---|
| 调查县数 | | 个 | 2.00 | 4.00 | 2.00 | 3.00 | 2.00 | 3.00 |
| 调查户数 | | 户 | 6.00 | 10.00 | 7.00 | 8.00 | 3.00 | 15.00 |
| 调查数量 | | 只 | 22263.00 | 740248.00 | 62300.00 | 43935.00 | 45000.00 | 58380.00 |
| 平均饲养天数 | | 天 | 61.00 | 64.00 | 39.00 | 100.00 | 46.00 | 52.00 |
| 每百只 | 主产品产量 | 公斤 | 271.80 | 184.60 | 147.00 | 148.00 | 110.00 | 237.20 |
| | 产值合计 | 元 | 1453.37 | 1205.42 | 760.24 | 1487.13 | 638.49 | 1249.26 |
| | 主产品产值 | 元 | 1437.07 | 1201.92 | 743.70 | 1468.78 | 631.78 | 1225.80 |
| | 副产品产值 | 元 | 16.30 | 3.50 | 16.54 | 18.35 | 6.71 | 23.46 |
| | 其他收入 | 元 | | | | | | |
| | 生产成本 | 元 | 1317.76 | 1067.50 | 697.65 | 1134.84 | 572.09 | 1258.17 |
| | 物质费用 | 元 | 1249.36 | 1029.10 | 643.05 | 1101.54 | 556.09 | 1183.59 |
| | 用工作价 | 元 | 68.40 | 38.40 | 54.60 | 33.30 | 16.00 | 74.58 |
| | 用工数量 | 日 | 7.20 | 1.60 | 4.20 | 1.80 | 1.60 | 6.60 |
| | 劳动日工价 | 元 | 9.50 | 24.00 | 13.00 | 18.50 | 10.00 | 11.30 |
| | 期间费用 | 元 | 7.75 | 14.15 | 25.34 | 17.85 | 2.85 | 9.49 |
| | 税金 | 元 | | | | | | |
| | 含税成本 | 元 | 1325.51 | 1081.65 | 722.99 | 1152.69 | 574.94 | 1267.66 |
| | 净产值 | 元 | 204.01 | 176.32 | 117.19 | 385.59 | 82.40 | 65.67 |
| | 减税纯收益 | 元 | 127.86 | 123.77 | 37.25 | 334.44 | 63.55 | -18.40 |
| | 成本纯收益率 | % | 9.65 | 11.44 | 5.15 | 29.01 | 11.05 | -1.45 |
| | 耗粮数量 | 公斤 | 490.20 | 348.90 | 144.10 | 420.30 | 780.00 | 392.30 |
| 每50公斤主产品 | 平均出售价格 | 元 | 264.36 | 325.55 | 252.96 | 496.21 | 287.17 | 258.39 |
| | 物质费用 | 元 | 227.25 | 277.93 | 213.97 | 367.55 | 250.11 | 244.81 |
| | 生产成本 | 元 | 239.69 | 288.30 | 232.13 | 378.66 | 257.31 | 260.23 |
| | 含税成本 | 元 | 241.10 | 292.12 | 240.57 | 384.62 | 258.59 | 262.20 |
| | 净产值 | 元 | 37.11 | 47.62 | 38.99 | 128.66 | 37.06 | 13.58 |
| | 减税纯收益 | 元 | 23.26 | 33.43 | 12.39 | 111.59 | 28.58 | -3.81 |
| | 耗粮数量 | 公斤 | 90.20 | 94.50 | 49.00 | 142.00 | 354.50 | 82.70 |
| 每一劳动日 | 主产品产量 | 公斤 | 37.80 | 115.40 | 35.00 | 82.20 | 68.80 | 35.90 |
| | 净产值 | 元 | 28.33 | 110.20 | 27.90 | 214.22 | 51.50 | 9.95 |
| 每核算单位成本外支出 | | 元 | 11.21 | | | | | 1.61 |

# 2002年全国禽类产品成本收益(三)

品种：专业户肉鸡　　　　按地区工价汇总

| 项目名称 | | 单位 | 河南 | 湖北 | 湖南 | 广东 | 广西 |
|---|---|---|---|---|---|---|---|
| 调查县数 | | 个 | 7.00 | 1.00 | 2.00 | 5.00 | 4.00 |
| 调查户数 | | 户 | 13.00 | 2.00 | 2.00 | 7.00 | 9.00 |
| 调查数量 | | 只 | 24900.00 | 1200.00 | 8000.00 | 206221.00 | 97904.00 |
| 平均饲养天数 | | 天 | 53.00 | 45.00 | 52.00 | 69.00 | 88.00 |
| 每百只 | 主产品产量 | 公斤 | 223.40 | 240.00 | 158.90 | 115.70 | 174.40 |
| | 产值合计 | 元 | 1239.42 | 1610.00 | 1148.75 | 937.67 | 1408.50 |
| | 主产品产值 | 元 | 1205.21 | 1580.00 | 1133.44 | 918.98 | 1380.38 |
| | 副产品产值 | 元 | 34.21 | 30.00 | 15.31 | 18.69 | 28.12 |
| | 其他收入 | 元 | | | | | |
| | 生产成本 | 元 | 1026.96 | 1277.60 | 1039.41 | 982.60 | 1294.80 |
| | 物质费用 | 元 | 975.34 | 1222.60 | 991.13 | 921.35 | 1237.05 |
| | 用工作价 | 元 | 51.62 | 55.00 | 48.28 | 61.25 | 57.75 |
| | 用工数量 | 日 | 5.80 | 5.50 | 3.40 | 3.50 | 5.50 |
| | 劳动日工价 | 元 | 8.90 | 10.00 | 14.20 | 17.50 | 10.50 |
| | 期间费用 | 元 | 11.13 | | 6.06 | 21.79 | 42.72 |
| | 税金 | 元 | | | | | |
| | 含税成本 | 元 | 1038.09 | 1277.60 | 1045.47 | 1004.39 | 1337.52 |
| | 净产值 | 元 | 264.08 | 387.40 | 157.62 | 16.32 | 171.45 |
| | 减税纯收益 | 元 | 201.33 | 332.40 | 103.28 | -66.72 | 70.98 |
| | 成本纯收益率 | % | 19.39 | 26.02 | 9.88 | -6.64 | 5.31 |
| | 耗粮数量 | 公斤 | 260.40 | 230.00 | 258.80 | 205.00 | 259.90 |
| 每50公斤主产品 | 平均出售价格 | 元 | 269.74 | 329.17 | 356.65 | 397.14 | 395.75 |
| | 物质费用 | 元 | 212.27 | 249.96 | 307.71 | 390.23 | 347.58 |
| | 生产成本 | 元 | 223.50 | 261.21 | 322.70 | 416.17 | 363.80 |
| | 含税成本 | 元 | 225.92 | 261.21 | 324.58 | 425.40 | 375.81 |
| | 净产值 | 元 | 57.47 | 79.21 | 48.94 | 6.91 | 48.17 |
| | 减税纯收益 | 元 | 43.82 | 67.96 | 32.07 | -28.26 | 19.94 |
| | 耗粮数量 | 公斤 | 58.30 | 47.90 | 81.40 | 88.60 | 74.50 |
| 每一劳动日 | 主产品产量 | 公斤 | 38.50 | 43.60 | 46.70 | 33.10 | 31.70 |
| | 净产值 | 元 | 45.53 | 70.44 | 46.36 | 4.66 | 31.17 |
| 每核算单位成本外支出 | | 元 | | | | | 0.95 |

# 2002 年全国禽类产品成本收益(四)

**品种：专业户肉鸡** 按地区工价汇总

| 项目名称 | | 单位 | 海南 | 贵州 | 云南 | 甘肃 | 宁夏 |
|---|---|---|---|---|---|---|---|
| 调查县数 | | 个 | 2.00 | 1.00 | 1.00 | 2.00 | 1.00 |
| 调查户数 | | 户 | 6.00 | 3.00 | 2.00 | 4.00 | 2.00 |
| 调查数量 | | 只 | 62800.00 | 5540.00 | 17333.00 | 54000.00 | 4500.00 |
| 平均饲养天数 | | 天 | 126.00 | 135.00 | 65.00 | 70.00 | 50.00 |
| 每百只 | 主产品产量 | 公斤 | 148.70 | 230.00 | 234.00 | 198.70 | 242.80 |
| | 产值合计 | 元 | 1968.18 | 2058.00 | 1547.13 | 1526.83 | 1704.62 |
| | 主产品产值 | 元 | 1943.50 | 2048.00 | 1525.68 | 1518.85 | 1661.29 |
| | 副产品产值 | 元 | 24.68 | 10.00 | 21.45 | 7.98 | 43.33 |
| | 其他收入 | 元 | | | | | |
| | 生产成本 | 元 | 1600.59 | 1799.00 | 1080.49 | 1152.02 | 1569.95 |
| | 物质费用 | 元 | 1449.09 | 1757.00 | 979.79 | 1085.27 | 1549.49 |
| | 用工作价 | 元 | 151.50 | 42.00 | 100.70 | 66.75 | 20.46 |
| | 用工数量 | 日 | 10.10 | 4.20 | 10.60 | 8.90 | 2.20 |
| | 劳动日工价 | 元 | 15.00 | 10.00 | 9.50 | 7.50 | 9.30 |
| | 期间费用 | 元 | 29.92 | 10.00 | 35.13 | 63.75 | 24.44 |
| | 税金 | 元 | | | | | |
| | 含税成本 | 元 | 1630.51 | 1809.00 | 1115.62 | 1215.77 | 1594.39 |
| | 净产值 | 元 | 519.09 | 301.00 | 567.34 | 441.56 | 155.13 |
| | 减税纯收益 | 元 | 337.67 | 249.00 | 431.51 | 311.06 | 110.23 |
| | 成本纯收益率 | % | 20.71 | 13.76 | 38.68 | 25.59 | 6.91 |
| | 耗粮数量 | 公斤 | 282.30 | 770.00 | 307.20 | 237.80 | 370.40 |
| 每50公斤主产品 | 平均出售价格 | 元 | 653.50 | 445.22 | 326.00 | 382.20 | 342.11 |
| | 物质费用 | 元 | 481.15 | 380.10 | 206.45 | 271.67 | 310.98 |
| | 生产成本 | 元 | 531.45 | 389.19 | 227.67 | 288.38 | 315.08 |
| | 含税成本 | 元 | 541.38 | 391.35 | 235.08 | 304.33 | 319.99 |
| | 净产值 | 元 | 172.35 | 65.12 | 119.55 | 110.53 | 31.13 |
| | 减税纯收益 | 元 | 112.12 | 53.87 | 90.92 | 77.87 | 22.12 |
| | 耗粮数量 | 公斤 | 94.90 | 167.40 | 65.60 | 59.80 | 76.30 |
| 每一劳动日 | 主产品产量 | 公斤 | 14.70 | 54.80 | 22.10 | 22.30 | 110.40 |
| | 净产值 | 元 | 51.40 | 71.67 | 53.52 | 49.61 | 70.51 |
| 每核算单位成本外支出 | | 元 | | | | | |

# 2002 年全国禽类产品物质费用和期间费用(一)

品种：专业户肉鸡

| 项 目 名 称 | 单位 | 平 均 | 天 津 | 河 北 | 山 西 | 内蒙古 | 吉 林 |
|---|---|---|---|---|---|---|---|
| 一、物质费用 | 元 | 1157.87 | 1377.88 | 1191.80 | 1262.00 | 1141.38 | 1411.40 |
| (一)直接生产费用 | 元 | 1130.39 | 1358.30 | 1159.30 | 1241.00 | 1126.58 | 1389.66 |
| 1.仔畜进价 | 元 | 181.45 | 329.19 | 195.00 | 227.00 | 245.99 | 176.68 |
| 2.精饲料费 | 元 | 848.47 | 969.89 | 804.00 | 950.00 | 778.24 | 1066.56 |
| 3.青粗饲料费 | 元 | 0.48 | | | 10.00 | | |
| 4.饲料加工费 | 元 | 3.04 | | | | 7.93 | 16.67 |
| 5.水费 | 元 | 4.13 | 2.94 | 5.50 | 5.00 | 1.67 | |
| 6.电费 | 元 | 8.33 | 3.46 | 19.80 | 5.00 | 3.89 | 11.67 |
| 7.煤费 | 元 | 10.53 | 15.44 | | 10.00 | 17.17 | 18.29 |
| 8.医疗防疫费 | 元 | 42.63 | 22.41 | 78.00 | 20.00 | 32.68 | 63.44 |
| 9.死亡损失费 | 元 | 23.15 | 11.01 | 50.00 | 10.00 | 17.04 | 33.00 |
| 10.工具材料费 | 元 | 6.39 | 1.35 | 7.00 | 2.00 | 18.91 | |
| 11.其他直接费用 | 元 | 1.79 | 2.61 | | 2.00 | 3.06 | 3.35 |
| (二)间接生产费用 | 元 | 27.48 | 19.58 | 32.50 | 21.00 | 14.80 | 21.74 |
| 1.固定资产折旧费 | 元 | 22.09 | 15.01 | 21.00 | 15.00 | 5.41 | 16.77 |
| 2.修理费 | 元 | 4.42 | 3.73 | 11.50 | 5.00 | 2.99 | |
| 3.其它间接费用 | 元 | 0.97 | 0.84 | | 1.00 | 6.40 | 4.97 |
| 二、期间费用 | 元 | 16.90 | 2.05 | 12.20 | 8.00 | 10.48 | |
| 1.承包费 | 元 | 4.31 | 0.64 | | | 0.09 | |
| 2.管理费 | 元 | 4.25 | 0.10 | 6.20 | 2.00 | 3.32 | |
| 3.销售费 | 元 | 7.52 | 1.23 | 6.00 | 5.00 | 2.68 | |
| 4.财务费 | 元 | 0.82 | 0.08 | | 1.00 | 4.39 | |
| 附记：1.仔畜重量 | 公斤 | 5.00 | | 5.00 | 0.30 | 6.20 | |
| 2.精饲料数量 | 公斤 | 532.50 | 436.00 | 670.00 | 560.00 | 454.50 | 773.60 |
| 3.青粗饲料量 | 公斤 | | | | | | |

# 2002年全国禽类产品物质费用和期间费用(二)

品种：专业户肉鸡

| 项目名称 | 单位 | 黑龙江 | 上海 | 江苏 | 浙江 | 安徽 | 山东 |
|---|---|---|---|---|---|---|---|
| 一、物质费用 | 元 | 1249.36 | 1029.10 | 643.05 | 1101.54 | 556.09 | 1183.59 |
| (一)直接生产费用 | 元 | 1215.59 | 1015.94 | 635.94 | 1093.03 | 551.26 | 1157.36 |
| 1.仔畜进价 | 元 | 167.32 | 154.07 | 95.33 | 182.52 | 101.78 | 166.13 |
| 2.精饲料费 | 元 | 927.41 | 812.32 | 427.56 | 848.20 | 413.33 | 829.61 |
| 3.青粗饲料费 | 元 | | | | | | |
| 4.饲料加工费 | 元 | 6.99 | | 1.15 | 0.33 | | 1.06 |
| 5.水费 | 元 | 2.78 | 1.67 | 1.73 | 2.24 | 1.96 | 1.97 |
| 6.电费 | 元 | 6.56 | 4.72 | 5.38 | 4.77 | 2.22 | 9.16 |
| 7.煤费 | 元 | 9.96 | 0.10 | 5.15 | | 3.91 | 26.36 |
| 8.医疗防疫费 | 元 | 46.83 | 25.89 | 46.99 | 40.37 | 24.53 | 74.09 |
| 9.死亡损失费 | 元 | 25.06 | 14.78 | 35.38 | 6.14 | 1.42 | 15.10 |
| 10.工具材料费 | 元 | 13.75 | 2.39 | 7.69 | 3.95 | 2.11 | 3.40 |
| 11.其他直接费用 | 元 | 8.93 | | 9.58 | 4.51 | | 0.48 |
| (二)间接生产费用 | 元 | 33.77 | 13.16 | 7.11 | 8.51 | 4.83 | 26.23 |
| 1.固定资产折旧费 | 元 | 27.96 | 11.20 | 1.61 | 8.03 | 4.08 | 24.81 |
| 2.修理费 | 元 | 3.17 | 1.92 | 4.47 | 0.24 | 0.75 | 1.17 |
| 3.其它间接费用 | 元 | 2.64 | 0.04 | 1.03 | 0.24 | | 0.25 |
| 二、期间费用 | 元 | 7.75 | 14.15 | 25.34 | 17.85 | 2.85 | 9.49 |
| 1.承包费 | 元 | | 5.81 | 21.33 | 1.80 | | 5.84 |
| 2.管理费 | 元 | 0.82 | 2.94 | | 2.45 | | 1.26 |
| 3.销售费 | 元 | 6.93 | 3.08 | 4.01 | 12.55 | 2.85 | 2.00 |
| 4.财务费 | 元 | | 2.32 | | 1.05 | | 0.39 |
| 附记：1.仔畜重量 | 公斤 | | 4.70 | | | 5.10 | 7.60 |
| 2.精饲料数量 | 公斤 | 663.10 | 436.20 | 299.00 | 532.80 | 233.60 | 523.00 |
| 3.青粗饲料量 | 公斤 | | | | | | |

# 2002 年全国禽类产品物质费用和期间费用(三)

品种：专业户肉鸡

| 项 目 名 称 | 单位 | 河 南 | 湖 北 | 湖 南 | 广 东 | 广 西 |
|---|---|---|---|---|---|---|
| 一、物质费用 | 元 | 975.34 | 1222.60 | 991.13 | 921.35 | 1237.05 |
| (一)直接生产费用 | 元 | 955.38 | 1217.60 | 917.32 | 901.49 | 1203.15 |
| 1.仔畜进价 | 元 | 178.12 | 220.00 | 103.75 | 138.18 | 169.98 |
| 2.精饲料费 | 元 | 675.59 | 900.00 | 757.33 | 702.61 | 934.88 |
| 3.青粗饲料费 | 元 | | | | | |
| 4.饲料加工费 | 元 | 6.36 | | | | 6.89 |
| 5.水费 | 元 | 3.06 | 5.00 | 0.31 | 1.42 | 7.39 |
| 6.电费 | 元 | 6.52 | 9.60 | 7.59 | 6.04 | 10.11 |
| 7.煤费 | 元 | 10.05 | 14.00 | 7.31 | 3.77 | 0.10 |
| 8.医疗防疫费 | 元 | 54.10 | 41.00 | 34.06 | 32.19 | 36.77 |
| 9.死亡损失费 | 元 | 14.87 | 24.00 | 0.75 | 9.57 | 26.30 |
| 10.工具材料费 | 元 | 6.23 | 4.00 | 6.22 | 7.71 | 8.18 |
| 11.其他直接费用 | 元 | 0.48 | | | | 2.55 |
| (二)间接生产费用 | 元 | 19.96 | 5.00 | 73.81 | 19.86 | 33.90 |
| 1.固定资产折旧费 | 元 | 17.13 | 5.00 | 73.75 | 12.29 | 19.54 |
| 2.修理费 | 元 | 2.35 | | 0.06 | 7.57 | 11.81 |
| 3.其它间接费用 | 元 | 0.48 | | | | 2.55 |
| 二、期间费用 | 元 | 11.13 | | 6.06 | 21.79 | 42.72 |
| 1.承包费 | 元 | 0.80 | | | 4.25 | 15.58 |
| 2.管理费 | 元 | 6.22 | | 1.25 | 4.83 | 16.52 |
| 3.销售费 | 元 | 3.99 | | 4.81 | 12.71 | 2.66 |
| 4.财务费 | 元 | 0.12 | | | | 7.96 |
| 附记：1.仔畜重量 | 公斤 | 5.00 | 7.50 | 5.00 | | |
| 2.精饲料数量 | 公斤 | 507.30 | 500.00 | 413.40 | 367.60 | 479.30 |
| 3.青粗饲料量 | 公斤 | | | | | |

# 2002年全国禽类产品物质费用和期间费用(四)

品种：专业户肉鸡

| 项目名称 | 单位 | 海南 | 贵州 | 云南 | 甘肃 | 宁夏 |
|---|---|---|---|---|---|---|
| 一、物质费用 | 元 | 1449.09 | 1757.00 | 979.79 | 1085.27 | 1549.49 |
| (一)直接生产费用 | 元 | 1372.68 | 1724.00 | 961.79 | 1017.94 | 1522.83 |
| 1.仔畜进价 | 元 | 199.58 | 204.00 | 197.00 | 208.89 | 150.00 |
| 2.精饲料费 | 元 | 1053.21 | 1465.00 | 586.00 | 655.85 | 1260.18 |
| 3.青粗饲料费 | 元 | | | | | |
| 4.饲料加工费 | 元 | 3.32 | 5.00 | 1.00 | 7.11 | |
| 5.水费 | 元 | 6.51 | | 22.63 | 2.48 | 10.44 |
| 6.电费 | 元 | 3.81 | 10.00 | 23.71 | 7.69 | 13.33 |
| 7.煤费 | 元 | | | 18.10 | 35.85 | 25.55 |
| 8.医疗防疫费 | 元 | 87.90 | 10.00 | 61.46 | 22.17 | 40.44 |
| 9.死亡损失费 | 元 | 8.48 | 8.00 | 48.64 | 75.94 | 20.67 |
| 10.工具材料费 | 元 | 9.87 | 22.00 | 3.25 | 1.96 | 2.22 |
| 11.其他直接费用 | 元 | | | | | |
| (二)间接生产费用 | 元 | 76.41 | 33.00 | 18.00 | 67.33 | 26.66 |
| 1.固定资产折旧费 | 元 | 70.26 | 23.00 | 18.00 | 49.55 | 24.44 |
| 2.修理费 | 元 | 6.15 | 10.00 | | 17.78 | 2.22 |
| 3.其它间接费用 | 元 | | | | | |
| 二、期间费用 | 元 | 29.92 | 10.00 | 35.13 | 63.75 | 24.44 |
| 1.承包费 | 元 | 5.31 | | 15.63 | 13.52 | |
| 2.管理费 | 元 | | | | 16.89 | 24.44 |
| 3.销售费 | 元 | 24.61 | 10.00 | 19.50 | 33.34 | |
| 4.财务费 | 元 | | | | | |
| 附记：1.仔畜重量 | 公斤 | 5.60 | 2.50 | | | 5.00 |
| 2.精饲料数量 | 公斤 | 627.30 | 880.00 | 682.70 | 365.50 | 776.70 |
| 3.青粗饲料量 | 公斤 | | | | | |

# 2002年全国蛋类产品成本收益(一)

品种：专业户蛋鸡　　　　按统一工价汇总

| 项目名称 | | 单位 | 平均 | 天津 | 河北 | 山西 | 内蒙古 | 辽宁 | 吉林 |
|---|---|---|---|---|---|---|---|---|---|
| 调查县数 | | 个 | 152.00 | 8.00 | 22.00 | 5.00 | 6.00 | 19.00 | 13.00 |
| 调查户数 | | 户 | 446.00 | 22.00 | 45.00 | 39.00 | 30.00 | 45.00 | 26.00 |
| 调查数量 | | 只 | 2538276.00 | 109635.00 | 135249.00 | 210600.00 | 152600.00 | 257175.00 | 151340.00 |
| 平均饲养天数 | | 天 | 352.00 | 366.00 | 365.00 | 374.00 | 365.00 | 325.00 | 434.00 |
| 每百只 | 主产品产量 | 公斤 | 1570.00 | 1672.90 | 1622.80 | 1666.80 | 1625.30 | 1617.10 | 1887.30 |
| | 产值合计 | 元 | 7703.76 | 8088.45 | 7368.69 | 7528.59 | 8056.78 | 7102.91 | 8186.39 |
| | 主产品产值 | 元 | 6645.21 | 7068.24 | 6473.77 | 6631.37 | 6853.06 | 6317.07 | 7157.49 |
| | 副产品产值 | 元 | 1058.55 | 1020.21 | 894.92 | 897.22 | 1203.72 | 785.84 | 1028.90 |
| | 其他收入 | 元 | | | | | | | |
| | 生产成本 | 元 | 6792.01 | 7066.66 | 6152.87 | 6947.43 | 6974.83 | 6595.06 | 7627.69 |
| | 物质费用 | 元 | 6540.11 | 6933.56 | 5776.67 | 6576.73 | 6730.63 | 6422.36 | 7303.19 |
| | 用工作价 | 元 | 251.90 | 133.10 | 376.20 | 370.70 | 244.20 | 172.70 | 324.50 |
| | 用工数量 | 日 | 22.90 | 12.10 | 34.20 | 33.70 | 22.20 | 15.70 | 29.50 |
| | 劳动日工价 | 元 | 11.00 | 11.00 | 11.00 | 11.00 | 11.00 | 11.00 | 11.00 |
| | 期间费用 | 元 | 131.13 | 23.18 | 105.67 | 68.34 | 48.72 | 22.21 | 22.92 |
| | 税金 | 元 | | | | | | | |
| | 含税成本 | 元 | 6923.14 | 7089.84 | 6258.54 | 7015.77 | 7023.55 | 6617.27 | 7650.61 |
| | 净产值 | 元 | 1163.65 | 1154.89 | 1592.02 | 951.86 | 1326.15 | 680.55 | 883.20 |
| | 减税纯收益 | 元 | 780.62 | 998.61 | 1110.15 | 512.82 | 1033.23 | 485.64 | 535.78 |
| | 成本纯收益率 | % | 11.28 | 14.09 | 17.74 | 7.31 | 14.71 | 7.34 | 7.00 |
| | 耗粮数量 | 公斤 | 2722.70 | 2865.80 | 2593.80 | 2600.30 | 3033.30 | 2850.20 | 2915.60 |
| 每50公斤主产品 | 平均出售价格 | 元 | 211.63 | 211.26 | 199.46 | 198.93 | 210.82 | 195.32 | 189.62 |
| | 物质费用 | 元 | 179.66 | 181.10 | 156.37 | 173.78 | 176.12 | 176.61 | 169.16 |
| | 生产成本 | 元 | 186.58 | 184.57 | 166.55 | 183.57 | 182.51 | 181.35 | 176.68 |
| | 含税成本 | 元 | 190.19 | 185.18 | 169.41 | 185.38 | 183.78 | 181.97 | 177.21 |
| | 净产值 | 元 | 31.97 | 30.16 | 43.09 | 25.15 | 34.70 | 18.71 | 20.46 |
| | 减税纯收益 | 元 | 21.44 | 26.08 | 30.05 | 13.55 | 27.04 | 13.35 | 12.41 |
| | 耗粮数量 | 公斤 | 86.70 | 85.70 | 79.90 | 78.00 | 93.30 | 88.10 | 77.20 |
| 每一劳动日 | 主产品产量 | 公斤 | 68.60 | 138.30 | 47.50 | 49.50 | 73.20 | 103.00 | 64.00 |
| | 净产值 | 元 | 50.81 | 95.45 | 46.55 | 28.25 | 59.74 | 43.35 | 29.94 |
| 每核算单位成本外支出 | | 元 | 1.21 | | | 0.07 | 12.40 | 0.59 | |

# 2002年全国蛋类产品成本收益(二)

品种：专业户蛋鸡　　　　按统一工价汇总

| 项目名称 | | 单位 | 黑龙江 | 上海 | 江苏 | 浙江 | 安徽 | 福建 |
|---|---|---|---|---|---|---|---|---|
| 调查县数 | | 个 | 6.00 | 2.00 | 4.00 | 2.00 | 2.00 | 2.00 |
| 调查户数 | | 户 | 17.00 | 6.00 | 12.00 | 6.00 | 2.00 | 4.00 |
| 调查数量 | | 只 | 39770.00 | 147400.00 | 42800.00 | 39100.00 | 25200.00 | 218000.00 |
| 平均饲养天数 | | 天 | 367.00 | 365.00 | 398.00 | 360.00 | 460.00 | 365.00 |
| 每百只 | 主产品产量 | 公斤 | 1695.60 | 1572.70 | 1434.90 | 1457.40 | 1938.50 | 1640.40 |
| | 产值合计 | 元 | 7481.69 | 7752.52 | 7133.30 | 7570.97 | 8803.46 | 8542.88 |
| | 主产品产值 | 元 | 6403.61 | 6813.31 | 5989.17 | 6475.13 | 7788.25 | 7081.91 |
| | 副产品产值 | 元 | 1078.08 | 939.21 | 1144.13 | 1095.84 | 1015.21 | 1460.97 |
| | 其他收入 | 元 | | | | | | |
| | 生产成本 | 元 | 6585.94 | 7559.41 | 6465.62 | 6245.30 | 8052.23 | 9560.60 |
| | 物质费用 | 元 | 6159.14 | 7437.31 | 6324.82 | 6113.30 | 7611.13 | 9434.10 |
| | 用工作价 | 元 | 426.80 | 122.10 | 140.80 | 132.00 | 441.10 | 126.50 |
| | 用工数量 | 日 | 38.80 | 11.10 | 12.80 | 12.00 | 40.10 | 11.50 |
| | 劳动日工价 | 元 | 11.00 | 11.00 | 11.00 | 11.00 | 11.00 | 11.00 |
| | 期间费用 | 元 | 25.41 | 129.78 | 158.02 | 275.78 | 317.47 | 171.94 |
| | 税金 | 元 | | | | | | |
| | 含税成本 | 元 | 6611.35 | 7689.19 | 6623.64 | 6521.08 | 8369.70 | 9732.54 |
| | 净产值 | 元 | 1322.55 | 315.21 | 808.48 | 1457.67 | 1192.33 | -891.22 |
| | 减税纯收益 | 元 | 870.34 | 63.33 | 509.66 | 1049.89 | 433.76 | -1189.66 |
| | 成本纯收益率 | % | 13.16 | 0.82 | 7.69 | 16.10 | 5.18 | -12.22 |
| | 耗粮数量 | 公斤 | 4136.90 | 3101.00 | 2678.60 | 2490.70 | 5235.40 | 2371.40 |
| 每50公斤主产品 | 平均出售价格 | 元 | 188.83 | 216.61 | 208.70 | 222.15 | 200.88 | 215.86 |
| | 物质费用 | 元 | 155.45 | 207.80 | 185.05 | 179.38 | 173.67 | 238.38 |
| | 生产成本 | 元 | 166.22 | 211.21 | 189.17 | 183.25 | 183.74 | 241.58 |
| | 含税成本 | 元 | 166.86 | 214.84 | 193.79 | 191.34 | 190.98 | 245.92 |
| | 净产值 | 元 | 33.38 | 8.81 | 23.65 | 42.77 | 27.21 | -22.52 |
| | 减税纯收益 | 元 | 21.97 | 1.77 | 14.91 | 30.81 | 9.90 | -30.06 |
| | 耗粮数量 | 公斤 | 122.00 | 98.60 | 93.30 | 85.50 | 135.00 | 72.30 |
| 每一劳动日 | 主产品产量 | 公斤 | 43.70 | 141.70 | 112.10 | 121.50 | 48.30 | 142.60 |
| | 净产值 | 元 | 34.09 | 28.40 | 63.16 | 121.47 | 29.73 | -77.50 |
| 每核算单位成本外支出 | | 元 | 13.21 | | | | | |

# 2002年全国蛋类产品成本收益(三)

品种：专业户蛋鸡　　　　　　　　　　　　　　　　　　　　按统一工价汇总

| 项目名称 | | 单位 | 山东 | 河南 | 湖北 | 广东 | 四川 | 贵州 |
|---|---|---|---|---|---|---|---|---|
| 调查县数 | | 个 | 17.00 | 20.00 | 3.00 | 4.00 | 2.00 | 1.00 |
| 调查户数 | | 户 | 77.00 | 29.00 | 9.00 | 4.00 | 2.00 | 1.00 |
| 调查数量 | | 只 | 386099.00 | 69299.00 | 61023.00 | 250000.00 | 14000.00 | 60000.00 |
| 平均饲养天数 | | 天 | 351.00 | 340.00 | 365.00 | 340.00 | 365.00 | 360.00 |
| 每百只 | 主产品产量 | 公斤 | 1489.80 | 1633.90 | 1497.80 | 1307.40 | 1685.40 | 1887.60 |
| | 产值合计 | 元 | 6719.89 | 7430.63 | 7103.48 | 7373.38 | 8715.10 | 10218.50 |
| | 主产品产值 | 元 | 5954.15 | 6770.42 | 6096.74 | 6628.15 | 7442.24 | 8631.50 |
| | 副产品产值 | 元 | 765.74 | 660.21 | 1006.74 | 745.23 | 1272.86 | 1587.00 |
| | 其他收入 | 元 | | | | | | |
| | 生产成本 | 元 | 6230.46 | 5927.13 | 6128.04 | 7144.27 | 6898.42 | 7144.67 |
| | 物质费用 | 元 | 6061.06 | 5619.13 | 6013.64 | 7019.97 | 6700.42 | 6825.67 |
| | 用工作价 | 元 | 169.40 | 308.00 | 114.40 | 124.30 | 198.00 | 319.00 |
| | 用工数量 | 日 | 15.40 | 28.00 | 10.40 | 11.30 | 18.00 | 29.00 |
| | 劳动日工价 | 元 | 11.00 | 11.00 | 11.00 | 11.00 | 11.00 | 11.00 |
| | 期间费用 | 元 | 102.57 | 42.28 | 228.85 | 359.57 | 47.00 | 301.10 |
| | 税金 | 元 | | | | | | |
| | 含税成本 | 元 | 6333.03 | 5969.41 | 6356.89 | 7503.84 | 6945.42 | 7445.77 |
| | 净产值 | 元 | 658.83 | 1811.50 | 1089.84 | 353.41 | 2014.68 | 3392.83 |
| | 减税纯收益 | 元 | 386.86 | 1461.22 | 746.59 | -130.46 | 1769.68 | 2772.73 |
| | 成本纯收益率 | % | 6.11 | 24.48 | 11.74 | -1.74 | 25.48 | 37.24 |
| | 耗粮数量 | 公斤 | 2912.90 | 1757.40 | 2125.00 | 1810.00 | 2815.20 | 3483.90 |
| 每50公斤主产品 | 平均出售价格 | 元 | 199.83 | 207.19 | 203.52 | 253.49 | 220.79 | 228.64 |
| | 物质费用 | 元 | 180.24 | 156.68 | 172.30 | 241.34 | 169.75 | 152.73 |
| | 生产成本 | 元 | 185.28 | 165.27 | 175.57 | 245.61 | 174.77 | 159.86 |
| | 含税成本 | 元 | 188.33 | 166.45 | 182.13 | 257.98 | 175.96 | 166.60 |
| | 净产值 | 元 | 19.59 | 50.51 | 31.22 | 12.15 | 51.04 | 75.91 |
| | 减税纯收益 | 元 | 11.50 | 40.74 | 21.39 | -4.49 | 44.83 | 62.04 |
| | 耗粮数量 | 公斤 | 97.80 | 53.80 | 70.90 | 69.20 | 83.50 | 92.30 |
| 每一劳动日 | 主产品产量 | 公斤 | 96.70 | 58.40 | 144.00 | 115.70 | 93.60 | 65.10 |
| | 净产值 | 元 | 42.78 | 64.70 | 104.79 | 31.28 | 111.93 | 116.99 |
| 每核算单位成本外支出 | | 元 | 0.31 | | | 2.37 | | |

# 2002年全国蛋类产品成本收益(四)

品种：专业户蛋鸡 按统一工价汇总

| 项目名称 | | 单位 | 云南 | 重庆 | 陕西 | 甘肃 | 宁夏 | 新疆 |
|---|---|---|---|---|---|---|---|---|
| 调查县数 | | 个 | 1.00 | 2.00 | 7.00 | 2.00 | 1.00 | 1.00 |
| 调查户数 | | 户 | 3.00 | 2.00 | 57.00 | 2.00 | 3.00 | 3.00 |
| 调查数量 | | 只 | 1432.00 | 90000.00 | 32270.00 | 2084.00 | 9200.00 | 34000.00 |
| 平均饲养天数 | | 天 | 90.00 | 365.00 | 290.00 | 319.00 | 365.00 | 365.00 |
| 每百只 | 主产品产量 | 公斤 | 1101.70 | 1325.80 | 1172.90 | 1491.40 | 1623.00 | 1632.40 |
| | 产值合计 | 元 | 6946.20 | 7034.29 | 5936.67 | 7828.17 | 7620.11 | 8347.06 |
| | 主产品产值 | 元 | 6100.20 | 6025.40 | 5099.66 | 6413.02 | 6415.22 | 6855.88 |
| | 副产品产值 | 元 | 846.00 | 1008.89 | 837.01 | 1415.15 | 1204.89 | 1491.18 |
| | 其他收入 | 元 | | | | | | |
| | 生产成本 | 元 | 5077.70 | 6261.45 | 5413.35 | 7188.64 | 6849.99 | 6917.75 |
| | 物质费用 | 元 | 4956.70 | 6108.55 | 4677.45 | 6915.84 | 6719.09 | 6521.75 |
| | 用工作价 | 元 | 121.00 | 152.90 | 735.90 | 272.80 | 130.90 | 396.00 |
| | 用工数量 | 日 | 11.00 | 13.90 | 66.90 | 24.80 | 11.90 | 36.00 |
| | 劳动日工价 | 元 | 11.00 | 11.00 | 11.00 | 11.00 | 11.00 | 11.00 |
| | 期间费用 | 元 | 6.00 | 209.48 | 23.22 | 191.92 | 170.98 | 94.71 |
| | 税金 | 元 | | | | | | |
| | 含税成本 | 元 | 5083.70 | 6470.93 | 5436.57 | 7380.56 | 7020.97 | 7012.46 |
| | 净产值 | 元 | 1989.50 | 925.74 | 1259.22 | 912.33 | 901.02 | 1825.31 |
| | 减税纯收益 | 元 | 1862.50 | 563.36 | 500.10 | 447.61 | 599.14 | 1334.60 |
| | 成本纯收益率 | % | 36.64 | 8.71 | 9.20 | 6.06 | 8.53 | 19.03 |
| | 耗粮数量 | 公斤 | 2524.00 | 1849.90 | 2468.40 | 2247.80 | 2021.20 | 2456.50 |
| 每50公斤主产品 | 平均出售价格 | 元 | 276.85 | 227.24 | 217.40 | 215.00 | 197.63 | 209.99 |
| | 物质费用 | 元 | 197.56 | 197.33 | 171.29 | 189.94 | 174.26 | 164.07 |
| | 生产成本 | 元 | 202.38 | 202.27 | 198.24 | 197.44 | 177.66 | 174.03 |
| | 含税成本 | 元 | 202.62 | 209.04 | 199.09 | 202.71 | 182.09 | 176.41 |
| | 净产值 | 元 | 79.29 | 29.91 | 46.11 | 25.06 | 23.37 | 45.92 |
| | 减税纯收益 | 元 | 74.23 | 18.20 | 18.31 | 12.29 | 15.54 | 33.58 |
| | 耗粮数量 | 公斤 | 114.60 | 69.80 | 105.20 | 75.40 | 62.30 | 75.20 |
| 每一劳动日 | 主产品产量 | 公斤 | 100.20 | 95.40 | 17.50 | 60.10 | 136.40 | 45.30 |
| | 净产值 | 元 | 180.86 | 66.60 | 18.82 | 36.79 | 75.72 | 50.70 |
| 每核算单位成本外支出 | | 元 | | | | | | |

# 2002 年全国蛋类产品成本收益(一)

品种：专业户蛋鸡　　　　按地区工价汇总

| 项目名称 | | 单位 | 平均 | 天津 | 河北 | 山西 | 内蒙古 | 辽宁 | 吉林 |
|---|---|---|---|---|---|---|---|---|---|
| 调查县数 | | 个 | 152.00 | 8.00 | 22.00 | 5.00 | 6.00 | 19.00 | 13.00 |
| 调查户数 | | 户 | 446.00 | 22.00 | 45.00 | 39.00 | 30.00 | 45.00 | 26.00 |
| 调查数量 | | 只 | 2538276.00 | 109635.00 | 135249.00 | 210600.00 | 152600.00 | 257175.00 | 151340.00 |
| 平均饲养天数 | | 天 | 352.00 | 366.00 | 365.00 | 374.00 | 365.00 | 325.00 | 434.00 |
| 每百只 | 主产品产量 | 公斤 | 1570.00 | 1672.90 | 1622.80 | 1666.80 | 1625.30 | 1617.10 | 1887.30 |
| | 产值合计 | 元 | 7703.76 | 8088.45 | 7368.69 | 7528.59 | 8056.78 | 7102.91 | 8186.39 |
| | 主产品产值 | 元 | 6645.21 | 7068.24 | 6473.77 | 6631.37 | 6853.06 | 6317.07 | 7157.49 |
| | 副产品产值 | 元 | 1058.55 | 1020.21 | 894.92 | 897.22 | 1203.72 | 785.84 | 1028.90 |
| | 其他收入 | 元 | | | | | | | |
| | 生产成本 | 元 | 6801.17 | 7089.65 | 6067.37 | 6853.07 | 6908.23 | 6571.51 | 7627.69 |
| | 物质费用 | 元 | 6540.11 | 6933.56 | 5776.67 | 6576.73 | 6730.63 | 6422.36 | 7303.19 |
| | 用工作价 | 元 | 261.06 | 156.09 | 290.70 | 276.34 | 177.60 | 149.15 | 324.50 |
| | 用工数量 | 日 | 22.90 | 12.10 | 34.20 | 33.70 | 22.20 | 15.70 | 29.50 |
| | 劳动日工价 | 元 | 11.40 | 12.90 | 8.50 | 8.20 | 8.00 | 9.50 | 11.00 |
| | 期间费用 | 元 | 131.13 | 23.18 | 105.67 | 68.34 | 48.72 | 22.21 | 22.92 |
| | 税金 | 元 | | | | | | | |
| | 含税成本 | 元 | 6932.30 | 7112.83 | 6173.04 | 6921.41 | 6956.95 | 6593.72 | 7650.61 |
| | 净产值 | 元 | 1163.65 | 1154.89 | 1592.02 | 951.86 | 1326.15 | 680.55 | 883.20 |
| | 减税纯收益 | 元 | 771.46 | 975.62 | 1195.65 | 607.18 | 1099.83 | 509.19 | 535.78 |
| | 成本纯收益率 | % | 11.13 | 13.72 | 19.37 | 8.77 | 15.81 | 7.72 | 7.00 |
| | 耗粮数量 | 公斤 | 2722.70 | 2865.80 | 2593.80 | 2600.30 | 3033.30 | 2850.20 | 2915.60 |
| 每50公斤主产品 | 平均出售价格 | 元 | 211.63 | 211.26 | 199.46 | 198.93 | 210.82 | 195.32 | 189.62 |
| | 物质费用 | 元 | 179.66 | 181.10 | 156.37 | 173.78 | 176.12 | 176.61 | 169.16 |
| | 生产成本 | 元 | 186.83 | 185.17 | 164.24 | 181.08 | 180.77 | 180.71 | 176.68 |
| | 含税成本 | 元 | 190.44 | 185.78 | 167.10 | 182.89 | 182.04 | 181.32 | 177.21 |
| | 净产值 | 元 | 31.97 | 30.16 | 43.09 | 25.15 | 34.70 | 18.71 | 20.46 |
| | 减税纯收益 | 元 | 21.19 | 25.48 | 32.36 | 16.04 | 28.78 | 14.00 | 12.41 |
| | 耗粮数量 | 公斤 | 86.70 | 85.70 | 79.90 | 78.00 | 93.30 | 88.10 | 77.20 |
| 每一劳动日 | 主产品产量 | 公斤 | 68.60 | 138.30 | 47.50 | 49.50 | 73.20 | 103.00 | 64.00 |
| | 净产值 | 元 | 50.81 | 95.45 | 46.55 | 28.25 | 59.74 | 43.35 | 29.94 |
| 每核算单位成本外支出 | | 元 | 1.21 | | | 0.07 | 12.40 | 0.59 | |

# 2002年全国蛋类产品成本收益(二)

品种：专业户蛋鸡　　　　按地区工价汇总

| 项 目 名 称 | | 单位 | 黑龙江 | 上 海 | 江 苏 | 浙 江 | 安 徽 | 福 建 |
|---|---|---|---|---|---|---|---|---|
| 调查县数 | | 个 | 6.00 | 2.00 | 4.00 | 2.00 | 2.00 | 2.00 |
| 调查户数 | | 户 | 17.00 | 6.00 | 12.00 | 6.00 | 2.00 | 4.00 |
| 调查数量 | | 只 | 39770.00 | 147400.00 | 42800.00 | 39100.00 | 25200.00 | 218000.00 |
| 平均饲养天数 | | 天 | 367.00 | 365.00 | 398.00 | 360.00 | 460.00 | 365.00 |
| 每百只 | 主产品产量 | 公斤 | 1695.60 | 1572.70 | 1434.90 | 1457.40 | 1938.50 | 1640.40 |
| | 产值合计 | 元 | 7481.69 | 7752.52 | 7133.30 | 7570.97 | 8803.46 | 8542.88 |
| | 主产品产值 | 元 | 6403.61 | 6813.31 | 5989.17 | 6475.13 | 7788.25 | 7081.91 |
| | 副产品产值 | 元 | 1078.08 | 939.21 | 1144.13 | 1095.84 | 1015.21 | 1460.97 |
| | 其他收入 | 元 | | | | | | |
| | 生产成本 | 元 | 6527.74 | 7703.71 | 6491.22 | 6335.30 | 8012.13 | 9611.20 |
| | 物质费用 | 元 | 6159.14 | 7437.31 | 6324.82 | 6113.30 | 7611.13 | 9434.10 |
| | 用工作价 | 元 | 368.60 | 266.40 | 166.40 | 222.00 | 401.00 | 177.10 |
| | 用工数量 | 日 | 38.80 | 11.10 | 12.80 | 12.00 | 40.10 | 11.50 |
| | 劳动日工价 | 元 | 9.50 | 24.00 | 13.00 | 18.50 | 10.00 | 15.40 |
| | 期间费用 | 元 | 25.41 | 129.78 | 158.02 | 275.78 | 317.47 | 171.94 |
| | 税金 | 元 | | | | | | |
| | 含税成本 | 元 | 6553.15 | 7833.49 | 6649.24 | 6611.08 | 8329.60 | 9783.14 |
| | 净产值 | 元 | 1322.55 | 315.21 | 808.48 | 1457.67 | 1192.33 | -891.22 |
| | 减税纯收益 | 元 | 928.54 | -80.97 | 484.06 | 959.89 | 473.86 | -1240.26 |
| | 成本纯收益率 | % | 14.17 | -1.03 | 7.28 | 14.52 | 5.69 | -12.68 |
| | 耗粮数量 | 公斤 | 4136.90 | 3101.00 | 2678.60 | 2490.70 | 5235.40 | 2371.40 |
| 每50公斤主产品 | 平均出售价格 | 元 | 188.83 | 216.61 | 208.70 | 222.15 | 200.88 | 215.86 |
| | 物质费用 | 元 | 155.45 | 207.80 | 185.05 | 179.38 | 173.67 | 238.38 |
| | 生产成本 | 元 | 164.75 | 215.25 | 189.91 | 185.89 | 182.82 | 242.85 |
| | 含税成本 | 元 | 165.39 | 218.87 | 194.54 | 193.98 | 190.07 | 247.20 |
| | 净产值 | 元 | 33.38 | 8.81 | 23.65 | 42.77 | 27.21 | -22.52 |
| | 减税纯收益 | 元 | 23.44 | -2.26 | 14.16 | 28.17 | 10.81 | -31.34 |
| | 耗粮数量 | 公斤 | 122.00 | 98.60 | 93.30 | 85.50 | 135.00 | 72.30 |
| 每一劳动日 | 主产品产量 | 公斤 | 43.70 | 141.70 | 112.10 | 121.50 | 48.30 | 142.60 |
| | 净产值 | 元 | 34.09 | 28.40 | 63.16 | 121.47 | 29.73 | -77.50 |
| 每核算单位成本外支出 | | 元 | 13.21 | | | | | |

# 2002年全国蛋类产品成本收益(三)

品种:专业户蛋鸡　　　　按地区工价汇总

| 项目名称 | | 单位 | 山东 | 河南 | 湖北 | 广东 | 四川 | 贵州 |
|---|---|---|---|---|---|---|---|---|
| 调查县数 | | 个 | 17.00 | 20.00 | 3.00 | 4.00 | 2.00 | 1.00 |
| 调查户数 | | 户 | 77.00 | 29.00 | 9.00 | 4.00 | 2.00 | 1.00 |
| 调查数量 | | 只 | 386099.00 | 69299.00 | 61023.00 | 250000.00 | 14000.00 | 60000.00 |
| 平均饲养天数 | | 天 | 351.00 | 340.00 | 365.00 | 340.00 | 365.00 | 360.00 |
| 每百只 | 主产品产量 | 公斤 | 1489.80 | 1633.90 | 1497.80 | 1307.40 | 1685.40 | 1887.60 |
| | 产值合计 | 元 | 6719.89 | 7430.63 | 7103.48 | 7373.38 | 8715.10 | 10218.50 |
| | 主产品产值 | 元 | 5954.15 | 6770.42 | 6096.74 | 6628.15 | 7442.24 | 8631.50 |
| | 副产品产值 | 元 | 765.74 | 660.21 | 1006.74 | 745.23 | 1272.86 | 1587.00 |
| | 其他收入 | 元 | | | | | | |
| | 生产成本 | 元 | 6235.08 | 5868.33 | 6117.64 | 7217.72 | 6907.42 | 7115.67 |
| | 物质费用 | 元 | 6061.06 | 5619.13 | 6013.64 | 7019.97 | 6700.42 | 6825.67 |
| | 用工作价 | 元 | 174.02 | 249.20 | 104.00 | 197.75 | 207.00 | 290.00 |
| | 用工数量 | 日 | 15.40 | 28.00 | 10.40 | 11.30 | 18.00 | 29.00 |
| | 劳动日工价 | 元 | 11.30 | 8.90 | 10.00 | 17.50 | 11.50 | 10.00 |
| | 期间费用 | 元 | 102.57 | 42.28 | 228.85 | 359.57 | 47.00 | 301.10 |
| | 税金 | 元 | | | | | | |
| | 含税成本 | 元 | 6337.65 | 5910.61 | 6346.49 | 7577.29 | 6954.42 | 7416.77 |
| | 净产值 | 元 | 658.83 | 1811.50 | 1089.84 | 353.41 | 2014.68 | 3392.83 |
| | 减税纯收益 | 元 | 382.24 | 1520.02 | 756.99 | -203.91 | 1760.68 | 2801.73 |
| | 成本纯收益率 | % | 6.03 | 25.72 | 11.93 | -2.69 | 25.32 | 37.78 |
| | 耗粮数量 | 公斤 | 2912.90 | 1757.40 | 2125.00 | 1810.00 | 2815.20 | 3483.90 |
| 每50公斤主产品 | 平均出售价格 | 元 | 199.83 | 207.19 | 203.52 | 253.49 | 220.79 | 228.64 |
| | 物质费用 | 元 | 180.24 | 156.68 | 172.30 | 241.34 | 169.75 | 152.73 |
| | 生产成本 | 元 | 185.41 | 163.63 | 175.27 | 248.14 | 174.99 | 159.21 |
| | 含税成本 | 元 | 188.46 | 164.81 | 181.83 | 260.50 | 176.18 | 165.95 |
| | 净产值 | 元 | 19.59 | 50.51 | 31.22 | 12.15 | 51.04 | 75.91 |
| | 减税纯收益 | 元 | 11.37 | 42.38 | 21.69 | -7.01 | 44.61 | 62.69 |
| | 耗粮数量 | 公斤 | 97.80 | 53.80 | 70.90 | 69.20 | 83.50 | 92.30 |
| 每一劳动日 | 主产品产量 | 公斤 | 96.70 | 58.40 | 144.00 | 115.70 | 93.60 | 65.10 |
| | 净产值 | 元 | 42.78 | 64.70 | 104.79 | 31.28 | 111.93 | 116.99 |
| 每核算单位成本外支出 | | 元 | 0.31 | | | 2.37 | | |

# 2002年全国蛋类产品成本收益(四)

品种：专业户蛋鸡　　　　按地区工价汇总

| 项目名称 | | 单位 | 云南 | 重庆 | 陕西 | 甘肃 | 宁夏 | 新疆 |
|---|---|---|---|---|---|---|---|---|
| 调查县数 | | 个 | 1.00 | 2.00 | 7.00 | 2.00 | 1.00 | 1.00 |
| 调查户数 | | 户 | 3.00 | 2.00 | 57.00 | 2.00 | 3.00 | 3.00 |
| 调查数量 | | 只 | 1432.00 | 90000.00 | 32270.00 | 2084.00 | 9200.00 | 34000.00 |
| 平均饲养天数 | | 天 | 90.00 | 365.00 | 290.00 | 319.00 | 365.00 | 365.00 |
| 每百只 | 主产品产量 | 公斤 | 1101.70 | 1325.80 | 1172.90 | 1491.40 | 1623.00 | 1632.40 |
| | 产值合计 | 元 | 6946.20 | 7034.29 | 5936.67 | 7828.17 | 7620.11 | 8347.06 |
| | 主产品产值 | 元 | 6100.20 | 6025.40 | 5099.66 | 6413.02 | 6415.22 | 6855.88 |
| | 副产品产值 | 元 | 846.00 | 1008.89 | 837.01 | 1415.15 | 1204.89 | 1491.18 |
| | 其他收入 | 元 | | | | | | |
| | 生产成本 | 元 | 5061.20 | 6251.72 | 5326.38 | 7101.84 | 6829.76 | 6852.95 |
| | 物质费用 | 元 | 4956.70 | 6108.55 | 4677.45 | 6915.84 | 6719.09 | 6521.75 |
| | 用工作价 | 元 | 104.50 | 143.17 | 648.93 | 186.00 | 110.67 | 331.20 |
| | 用工数量 | 日 | 11.00 | 13.90 | 66.90 | 24.80 | 11.90 | 36.00 |
| | 劳动日工价 | 元 | 9.50 | 10.30 | 9.70 | 7.50 | 9.30 | 9.20 |
| | 期间费用 | 元 | 6.00 | 209.48 | 23.22 | 191.92 | 170.98 | 94.71 |
| | 税金 | 元 | | | | | | |
| | 含税成本 | 元 | 5067.20 | 6461.20 | 5349.60 | 7293.76 | 7000.74 | 6947.66 |
| | 净产值 | 元 | 1989.50 | 925.74 | 1259.22 | 912.33 | 901.02 | 1825.31 |
| | 减税纯收益 | 元 | 1879.00 | 573.09 | 587.07 | 534.41 | 619.37 | 1399.40 |
| | 成本纯收益率 | % | 37.08 | 8.87 | 10.97 | 7.33 | 8.85 | 20.14 |
| | 耗粮数量 | 公斤 | 2524.00 | 1849.90 | 2468.40 | 2247.80 | 2021.20 | 2456.50 |
| 每50公斤主产品 | 平均出售价格 | 元 | 276.85 | 227.24 | 217.40 | 215.00 | 197.63 | 209.99 |
| | 物质费用 | 元 | 197.56 | 197.33 | 171.29 | 189.94 | 174.26 | 164.07 |
| | 生产成本 | 元 | 201.72 | 201.96 | 195.05 | 195.05 | 177.13 | 172.40 |
| | 含税成本 | 元 | 201.96 | 208.73 | 195.90 | 200.32 | 181.57 | 174.78 |
| | 净产值 | 元 | 79.29 | 29.91 | 46.11 | 25.06 | 23.37 | 45.92 |
| | 减税纯收益 | 元 | 74.89 | 18.51 | 21.50 | 14.68 | 16.06 | 35.21 |
| | 耗粮数量 | 公斤 | 114.60 | 69.80 | 105.20 | 75.40 | 62.30 | 75.20 |
| 每一劳动日 | 主产品产量 | 公斤 | 100.20 | 95.40 | 17.50 | 60.10 | 136.40 | 45.30 |
| | 净产值 | 元 | 180.86 | 66.60 | 18.82 | 36.79 | 75.72 | 50.70 |
| 每核算单位成本外支出 | | 元 | | | | | | |

# 2002年全国蛋类产品物质费用和期间费用(一)

品种：专业户蛋鸡

| 项 目 名 称 | 单位 | 平 均 | 天 津 | 河 北 | 山 西 | 内蒙古 | 辽 宁 | 吉 林 |
|---|---|---|---|---|---|---|---|---|
| 一、物质费用 | 元 | 6540.11 | 6933.56 | 5776.67 | 6576.73 | 6730.63 | 6422.36 | 7303.19 |
| (一)直接生产费用 | 元 | 6402.58 | 6871.35 | 5630.09 | 6512.06 | 6580.96 | 6313.47 | 7223.30 |
| 1.仔畜进价 | 元 | 1279.22 | 1599.42 | 965.45 | 1195.38 | 491.86 | 1447.49 | 1466.17 |
| 2.精饲料费 | 元 | 4820.24 | 5122.09 | 4443.69 | 5145.96 | 5683.44 | 4642.29 | 5578.22 |
| 3.青粗饲料费 | 元 | 3.67 | | | 0.74 | | 7.94 | 1.76 |
| 4.饲料加工费 | 元 | 37.38 | 14.85 | 37.67 | 6.43 | 25.03 | 3.84 | 6.99 |
| 5.水费 | 元 | 22.04 | 11.36 | 7.66 | 10.12 | 47.83 | 8.50 | 6.50 |
| 6.电费 | 元 | 52.15 | 27.56 | 27.08 | 39.44 | 114.51 | 26.05 | 32.71 |
| 7.煤费 | 元 | 13.79 | 11.42 | 12.58 | 19.95 | 12.72 | 8.26 | 9.69 |
| 8.医疗防疫费 | 元 | 98.19 | 58.00 | 82.60 | 50.17 | 137.32 | 60.34 | 75.04 |
| 9.死亡损失费 | 元 | 56.58 | 18.83 | 39.31 | 30.92 | 46.46 | 66.90 | 24.08 |
| 10.工具材料费 | 元 | 12.09 | 6.99 | 13.80 | 12.88 | 21.11 | 31.35 | 13.50 |
| 11.其他直接费用 | 元 | 7.23 | 0.83 | 0.25 | 0.07 | 0.68 | 10.51 | 8.64 |
| (二)间接生产费用 | 元 | 137.53 | 62.21 | 146.58 | 64.67 | 149.67 | 108.89 | 79.89 |
| 1.固定资产折旧费 | 元 | 109.39 | 52.59 | 84.92 | 51.55 | 132.27 | 83.93 | 67.26 |
| 2.修理费 | 元 | 18.45 | 6.37 | 22.13 | 11.61 | 16.30 | 19.37 | 8.68 |
| 3.其它间接费用 | 元 | 9.69 | 3.25 | 39.53 | 1.51 | 1.10 | 5.59 | 3.95 |
| 二、期间费用 | 元 | 131.13 | 23.18 | 105.67 | 68.34 | 48.72 | 22.21 | 22.92 |
| 1.承包费 | 元 | 35.88 | 3.27 | 55.82 | 12.07 | 13.43 | | |
| 2.管理费 | 元 | 34.71 | 4.94 | 31.09 | 24.37 | 33.44 | 7.23 | 3.96 |
| 3.销售费 | 元 | 42.01 | 14.97 | 14.32 | 3.63 | 0.85 | 14.24 | 17.40 |
| 4.财务费 | 元 | 18.53 | | 4.44 | 28.27 | 1.00 | 0.74 | 1.56 |
| 附记：1.仔畜重量 | 公斤 | | | | | | | |
| 2.精饲料数量 | 公斤 | 3936.10 | 4094.00 | 3682.90 | 4371.70 | 4436.20 | 4244.10 | 4709.50 |
| 3.青粗饲料量 | 公斤 | 246.30 | | | | | 277.60 | 95.00 |

# 2002年全国蛋类产品物质费用和期间费用(二)

品种：专业户蛋鸡

| 项目名称 | 单位 | 黑龙江 | 上海 | 江苏 | 浙江 | 安徽 | 福建 |
|---|---|---|---|---|---|---|---|
| 一、物质费用 | 元 | 6159.14 | 7437.31 | 6324.82 | 6113.30 | 7611.13 | 9434.10 |
| (一)直接生产费用 | 元 | 6062.41 | 7286.51 | 6258.37 | 6021.04 | 7296.56 | 9064.24 |
| 1.仔畜进价 | 元 | 1571.22 | 1686.68 | 1335.90 | 857.70 | 1521.59 | 2083.30 |
| 2.精饲料费 | 元 | 4286.41 | 5257.35 | 4548.89 | 4794.02 | 5447.38 | 6565.13 |
| 3.青粗饲料费 | 元 |  |  |  |  |  |  |
| 4.饲料加工费 | 元 | 4.14 |  | 13.81 |  |  | 19.03 |
| 5.水费 | 元 | 13.71 | 29.50 | 21.24 | 25.19 | 142.86 | 38.46 |
| 6.电费 | 元 | 25.45 | 100.02 | 68.41 | 82.97 | 31.75 | 93.18 |
| 7.煤费 | 元 | 14.69 |  | 14.36 | 3.47 |  | 2.69 |
| 8.医疗防疫费 | 元 | 63.36 | 110.22 | 146.17 | 133.89 | 91.27 | 114.37 |
| 9.死亡损失费 | 元 | 64.38 | 98.50 | 91.40 | 56.91 | 32.74 | 145.65 |
| 10.工具材料费 | 元 | 8.20 |  | 10.42 | 19.26 | 28.97 | 2.43 |
| 11.其他直接费用 | 元 | 10.85 | 4.24 | 7.77 | 47.63 |  |  |
| (二)间接生产费用 | 元 | 96.73 | 150.80 | 66.45 | 92.26 | 314.57 | 369.86 |
| 1.固定资产折旧费 | 元 | 75.99 | 121.21 | 44.76 | 49.99 | 297.62 | 211.33 |
| 2.修理费 | 元 | 12.73 | 20.33 | 12.37 | 37.09 | 16.95 | 101.17 |
| 3.其它间接费用 | 元 | 8.01 | 9.26 | 9.32 | 5.18 |  | 57.36 |
| 二、期间费用 | 元 | 25.41 | 129.78 | 158.02 | 275.78 | 317.47 | 171.94 |
| 1.承包费 | 元 |  |  | 93.36 | 133.20 |  | 9.15 |
| 2.管理费 | 元 | 2.86 | 44.47 | 10.53 | 27.54 |  | 53.72 |
| 3.销售费 | 元 | 21.62 | 32.11 | 32.78 | 91.11 | 238.10 | 66.34 |
| 4.财务费 | 元 | 0.93 | 53.20 | 21.35 | 23.93 | 79.37 | 42.73 |
| 附记：1.仔畜重量 | 公斤 |  |  |  |  |  |  |
| 2.精饲料数量 | 公斤 | 4483.80 | 3646.20 | 3437.80 | 3660.20 | 6195.10 | 4611.00 |
| 3.青粗饲料量 | 公斤 |  |  |  |  |  |  |

# 2002 年全国蛋类产品物质费用和期间费用(三)

品种：专业户蛋鸡

| 项目名称 | 单位 | 山东 | 河南 | 湖北 | 广东 | 四川 | 贵州 |
|---|---|---|---|---|---|---|---|
| 一、物质费用 | 元 | 6061.06 | 5619.13 | 6013.64 | 7019.97 | 6700.42 | 6825.67 |
| (一)直接生产费用 | 元 | 5702.63 | 5528.47 | 5995.92 | 6774.44 | 6546.56 | 6695.04 |
| 1.仔畜进价 | 元 | 1315.60 | 1198.65 | 1272.22 | 1651.79 | 285.26 | 1086.00 |
| 2.精饲料费 | 元 | 4034.95 | 4104.59 | 4218.85 | 4740.95 | 6080.91 | 5408.00 |
| 3.青粗饲料费 | 元 | 0.85 | 19.01 | 36.71 | | | |
| 4.饲料加工费 | 元 | 40.03 | 29.58 | 146.28 | 10.88 | | |
| 5.水费 | 元 | 5.53 | 9.02 | 20.16 | 50.60 | | 0.50 |
| 6.电费 | 元 | 79.19 | 36.20 | 39.43 | 50.89 | 14.86 | 120.50 |
| 7.煤费 | 元 | 14.72 | 5.30 | 0.33 | | 9.79 | |
| 8.医疗防疫费 | 元 | 130.40 | 80.65 | 230.61 | 93.65 | 82.14 | 45.00 |
| 9.死亡损失费 | 元 | 74.77 | 30.80 | 9.66 | 133.37 | 69.31 | 10.00 |
| 10.工具材料费 | 元 | 5.57 | 11.11 | 1.66 | 35.67 | 4.29 | 5.79 |
| 11.其他直接费用 | 元 | 1.02 | 3.56 | 20.01 | 6.64 | | 19.25 |
| (二)间接生产费用 | 元 | 358.43 | 90.66 | 17.72 | 245.53 | 153.86 | 130.63 |
| 1.固定资产折旧费 | 元 | 304.96 | 81.20 | 16.39 | 170.80 | 139.57 | 90.53 |
| 2.修理费 | 元 | 44.76 | 8.93 | | 34.49 | 14.29 | 7.50 |
| 3.其它间接费用 | 元 | 8.71 | 0.53 | 1.33 | 40.24 | | 32.60 |
| 二、期间费用 | 元 | 102.57 | 42.28 | 228.85 | 359.57 | 47.00 | 301.10 |
| 1.承包费 | 元 | 22.37 | 9.21 | 82.59 | 29.33 | 18.57 | 58.00 |
| 2.管理费 | 元 | 27.71 | 12.23 | | 147.47 | | 129.70 |
| 3.销售费 | 元 | 33.59 | 14.95 | 1.64 | 175.13 | 28.43 | 113.40 |
| 4.财务费 | 元 | 18.90 | 5.89 | 144.62 | 7.64 | | |
| 附记：1.仔畜重量 | 公斤 | | | | | | |
| 2.精饲料数量 | 公斤 | 3599.50 | 3662.60 | 3235.70 | 2595.40 | 4222.90 | 4197.50 |
| 3.青粗饲料量 | 公斤 | 276.90 | 198.40 | 560.00 | | | |

# 2002年全国蛋类产品物质费用和期间费用(四)

品种：专业户蛋鸡

| 项 目 名 称 | 单位 | 云 南 | 重 庆 | 陕 西 | 甘 肃 | 宁 夏 | 新 疆 |
|---|---|---|---|---|---|---|---|
| 一、物质费用 | 元 | 4956.70 | 6108.55 | 4677.45 | 6915.84 | 6719.09 | 6521.75 |
| (一)直接生产费用 | 元 | 4947.40 | 6059.76 | 4614.21 | 6787.76 | 6590.83 | 6298.22 |
| 1.仔畜进价 | 元 | 987.00 | 1535.00 | 267.11 | 2400.00 | 1360.43 | 1120.00 |
| 2.精饲料费 | 元 | 3658.70 | 4248.00 | 4143.87 | 3989.47 | 5043.74 | 4498.82 |
| 3.青粗饲料费 | 元 | 21.00 | | | | | |
| 4.饲料加工费 | 元 | | 39.11 | 30.11 | 214.05 | | 255.29 |
| 5.水费 | 元 | 2.00 | 53.73 | 3.96 | | 10.87 | 9.59 |
| 6.电费 | 元 | 20.00 | 53.80 | 56.56 | 34.52 | 15.22 | 61.29 |
| 7.煤费 | 元 | | | 3.85 | 47.98 | 19.07 | 120.00 |
| 8.医疗防疫费 | 元 | 191.70 | 99.89 | 87.10 | 5.77 | 50.98 | 135.88 |
| 9.死亡损失费 | 元 | 47.00 | 15.42 | 14.28 | 92.49 | 81.83 | 62.94 |
| 10.工具材料费 | 元 | 20.00 | 7.61 | 7.37 | 3.48 | 8.69 | 10.00 |
| 11.其他直接费用 | 元 | | 7.20 | | | | 24.41 |
| (二)间接生产费用 | 元 | 9.30 | 48.79 | 63.24 | 128.08 | 128.26 | 223.53 |
| 1.固定资产折旧费 | 元 | 7.30 | 38.00 | 55.93 | 128.08 | 118.48 | 200.59 |
| 2.修理费 | 元 | 2.00 | 5.59 | 7.31 | | 9.78 | 22.94 |
| 3.其它间接费用 | 元 | | 5.20 | | | | |
| 二、期间费用 | 元 | 6.00 | 209.48 | 23.22 | 191.92 | 170.98 | 94.71 |
| 1.承包费 | 元 | | 128.78 | | 191.92 | | |
| 2.管理费 | 元 | | 60.64 | 0.36 | | 160.87 | 50.00 |
| 3.销售费 | 元 | 6.00 | 20.06 | 22.86 | | | 44.71 |
| 4.财务费 | 元 | | | | | 10.11 | |
| 附记：1.仔畜重量 | 公斤 | | | | | | |
| 2.精饲料数量 | 公斤 | 2712.10 | 3773.30 | 3319.10 | 3439.20 | 4042.40 | 4094.10 |
| 3.青粗饲料量 | 公斤 | 70.00 | | | | | |

# 2002年全国蛋类产品成本收益(一)

品种：国营集体蛋鸡　　　　按统一工价汇总

| 项目名称 | | 单位 | 平均 | 北京 | 天津 | 辽宁 | 吉林 | 江苏 | 安徽 |
|---|---|---|---|---|---|---|---|---|---|
| 调查县数 | | 个 | 34.00 | 5.00 | 3.00 | 3.00 | 1.00 | 1.00 | 2.00 |
| 调查户数 | | 户 | 52.00 | 13.00 | 3.00 | 3.00 | 1.00 | 2.00 | 2.00 |
| 调查数量 | | 只 | 2229602.00 | 286326.00 | 23331.00 | 92000.00 | 9600.00 | 128841.00 | 266643.00 |
| 平均饲养天数 | | 天 | 363.00 | 365.00 | 362.00 | 362.00 | 365.00 | 300.00 | 365.00 |
| 每百只 | 主产品产量 | 公斤 | 1580.90 | 1607.40 | 1612.10 | 1661.10 | 1647.00 | 1557.60 | 1841.30 |
| | 产值合计 | 元 | 7603.00 | 7398.75 | 7346.18 | 7862.91 | 6599.80 | 7392.97 | 8462.24 |
| | 主产品产值 | 元 | 6860.44 | 6647.49 | 6461.50 | 7295.30 | 5599.80 | 6477.11 | 7830.09 |
| | 副产品产值 | 元 | 742.56 | 751.26 | 884.68 | 567.61 | 1000.00 | 915.86 | 632.15 |
| | 其他收入 | 元 | 5.79 | 75.21 | | | | | |
| | 生产成本 | 元 | 7298.13 | 6705.54 | 6953.55 | 7206.99 | 6567.40 | 8594.22 | 7264.78 |
| | 物质费用 | 元 | 7146.33 | 6504.24 | 6817.15 | 7192.69 | 6373.80 | 8381.92 | 7098.68 |
| | 用工作价 | 元 | 151.80 | 201.30 | 136.40 | 14.30 | 193.60 | 212.30 | 166.10 |
| | 用工数量 | 日 | 13.80 | 18.30 | 12.40 | 1.30 | 17.60 | 19.30 | 15.10 |
| | 劳动日工价 | 元 | 11.00 | 11.00 | 11.00 | 11.00 | 11.00 | 11.00 | 11.00 |
| | 期间费用 | 元 | 386.96 | 297.73 | 120.74 | 37.35 | | 44.37 | 861.61 |
| | 税金 | 元 | | | | | | | |
| | 含税成本 | 元 | 7685.09 | 7003.27 | 7074.29 | 7244.34 | 6567.40 | 8638.59 | 8126.39 |
| | 净产值 | 元 | 456.67 | 894.51 | 529.03 | 670.22 | 226.00 | -988.95 | 1363.56 |
| | 减税纯收益 | 元 | -76.30 | 470.69 | 271.89 | 618.57 | 32.40 | -1245.62 | 335.85 |
| | 成本纯收益率 | % | -0.99 | 6.72 | 3.84 | 8.54 | 0.49 | -14.42 | 4.13 |
| | 耗粮数量 | 公斤 | 2564.30 | 2444.20 | 2827.10 | 2895.90 | 3006.00 | 3527.50 | 2834.00 |
| 每50公斤主产品 | 平均出售价格 | 元 | 216.98 | 206.78 | 200.41 | 219.59 | 170.00 | 207.92 | 212.62 |
| | 物质费用 | 元 | 203.95 | 181.78 | 185.98 | 200.87 | 164.18 | 235.73 | 178.36 |
| | 生产成本 | 元 | 208.28 | 187.41 | 189.70 | 201.27 | 169.17 | 241.70 | 182.53 |
| | 含税成本 | 元 | 219.32 | 195.73 | 192.99 | 202.32 | 169.17 | 242.95 | 204.18 |
| | 净产值 | 元 | 13.03 | 25.00 | 14.43 | 18.72 | 5.82 | -27.81 | 34.26 |
| | 减税纯收益 | 元 | -2.16 | 13.39 | 7.42 | 17.27 | 0.83 | -35.03 | 8.44 |
| | 耗粮数量 | 公斤 | 81.10 | 76.00 | 87.70 | 87.20 | 91.30 | 113.20 | 77.00 |
| 每一劳动日 | 主产品产量 | 公斤 | 114.60 | 87.80 | 130.00 | 1277.80 | 93.60 | 80.70 | 121.90 |
| | 净产值 | 元 | 33.09 | 48.88 | 42.66 | 515.55 | 12.84 | -51.24 | 90.30 |
| 每核算单位成本外支出 | | 元 | 4.57 | | | | | 49.92 | |

# 2002年全国蛋类产品成本收益(二)

品种: 国营集体蛋鸡　　按统一工价汇总

| 项目名称 | | 单位 | 福建 | 山东 | 河南 | 湖北 | 广东 | 海南 | 甘肃 |
|---|---|---|---|---|---|---|---|---|---|
| 调查县数 | | 个 | 1.00 | 2.00 | 6.00 | 2.00 | 2.00 | 2.00 | 4.00 |
| 调查户数 | | 户 | 1.00 | 6.00 | 7.00 | 2.00 | 2.00 | 6.00 | 4.00 |
| 调查数量 | | 只 | 40900.00 | 32100.00 | 72200.00 | 180000.00 | 423199.00 | 602102.00 | 72360.00 |
| 平均饲养天数 | | 天 | 365.00 | 369.00 | 355.00 | 365.00 | 385.00 | 420.00 | 345.00 |
| 每百只 | 主产品产量 | 公斤 | 1630.00 | 1642.10 | 1586.90 | 1800.00 | 1535.80 | 942.10 | 1487.80 |
| | 产值合计 | 元 | 8135.00 | 7079.93 | 6881.71 | 8100.00 | 9373.26 | 6539.13 | 7667.13 |
| | 主产品产值 | 元 | 7890.00 | 6547.00 | 6667.04 | 7200.00 | 8651.90 | 5360.32 | 6558.22 |
| | 副产品产值 | 元 | 245.00 | 532.93 | 214.67 | 900.00 | 721.36 | 1178.81 | 1108.91 |
| | 其他收入 | 元 | | | | | | | |
| | 生产成本 | 元 | 8180.40 | 7027.10 | 5812.80 | 7174.80 | 8240.90 | 7061.57 | 8080.02 |
| | 物质费用 | 元 | 7982.40 | 6892.90 | 5552.10 | 7089.00 | 8160.60 | 6964.77 | 7891.92 |
| | 用工作价 | 元 | 198.00 | 134.20 | 260.70 | 85.80 | 80.30 | 96.80 | 188.10 |
| | 用工数量 | 日 | 18.00 | 12.20 | 23.70 | 7.80 | 7.30 | 8.80 | 17.10 |
| | 劳动日工价 | 元 | 11.00 | 11.00 | 11.00 | 11.00 | 11.00 | 11.00 | 11.00 |
| | 期间费用 | 元 | 249.10 | 47.77 | 22.41 | 120.00 | 1986.34 | 248.31 | 994.87 |
| | 税金 | 元 | | | | | | | |
| | 含税成本 | 元 | 8429.50 | 7074.87 | 5835.21 | 7294.80 | 10227.24 | 7309.88 | 9074.89 |
| | 净产值 | 元 | 152.60 | 187.03 | 1329.61 | 1011.00 | 1212.66 | −425.64 | −224.79 |
| | 减税纯收益 | 元 | −294.50 | 5.06 | 1046.50 | 805.20 | −853.98 | −770.75 | −1407.76 |
| | 成本纯收益率 | % | −3.49 | 0.07 | 17.93 | 11.04 | −8.35 | −10.54 | −15.51 |
| | 耗粮数量 | 公斤 | 2647.10 | 2712.50 | 2035.60 | 2545.00 | 2424.40 | 1016.30 | 2419.70 |
| 每50公斤主产品 | 平均出售价格 | 元 | 242.02 | 199.35 | 210.06 | 200.00 | 281.67 | 284.49 | 220.40 |
| | 物质费用 | 元 | 237.48 | 194.08 | 169.47 | 175.04 | 245.23 | 303.01 | 226.86 |
| | 生产成本 | 元 | 243.37 | 197.86 | 177.43 | 177.16 | 247.64 | 307.22 | 232.27 |
| | 含税成本 | 元 | 250.78 | 199.21 | 178.12 | 180.12 | 307.33 | 318.02 | 260.87 |
| | 净产值 | 元 | 4.54 | 5.27 | 40.59 | 24.96 | 36.44 | −18.52 | −6.46 |
| | 减税纯收益 | 元 | −8.76 | 0.14 | 31.94 | 19.88 | −25.66 | −33.53 | −40.47 |
| | 耗粮数量 | 公斤 | 81.20 | 82.60 | 64.10 | 70.70 | 78.90 | 53.90 | 81.30 |
| 每一劳动日 | 主产品产量 | 公斤 | 90.60 | 134.60 | 67.00 | 230.80 | 210.40 | 107.10 | 87.00 |
| | 净产值 | 元 | 8.48 | 15.33 | 56.10 | 129.62 | 166.12 | −48.37 | −13.15 |
| 每核算单位成本外支出 | | 元 | | 9.50 | | | | | |

# 2002 年全国蛋类产品成本收益(一)

品种：国营集体蛋鸡　　　　按地区工价汇总

| 项目名称 | | 单位 | 平均 | 北京 | 天津 | 辽宁 | 吉林 | 江苏 | 安徽 |
|---|---|---|---|---|---|---|---|---|---|
| 调查县数 | | 个 | 34.00 | 5.00 | 3.00 | 3.00 | 1.00 | 1.00 | 2.00 |
| 调查户数 | | 户 | 52.00 | 13.00 | 3.00 | 3.00 | 1.00 | 2.00 | 2.00 |
| 调查数量 | | 只 | 2229602.00 | 286326.00 | 23331.00 | 92000.00 | 9600.00 | 128841.00 | 266643.00 |
| 平均饲养天数 | | 天 | 363.00 | 365.00 | 362.00 | 362.00 | 365.00 | 300.00 | 365.00 |
| 每百只 | 主产品产量 | 公斤 | 1580.90 | 1607.40 | 1612.10 | 1661.10 | 1647.00 | 1557.60 | 1841.30 |
| | 产值合计 | 元 | 7603.00 | 7398.75 | 7346.18 | 7862.91 | 6599.80 | 7392.97 | 8462.24 |
| | 主产品产值 | 元 | 6860.44 | 6647.49 | 6461.50 | 7295.30 | 5599.80 | 6477.11 | 7830.09 |
| | 副产品产值 | 元 | 742.56 | 751.26 | 884.68 | 567.61 | 1000.00 | 915.86 | 632.15 |
| | 其他收入 | 元 | 5.79 | 75.21 | | | | | |
| | 生产成本 | 元 | 7322.97 | 6952.59 | 6977.11 | 7205.04 | 6567.40 | 8632.82 | 7249.68 |
| | 物质费用 | 元 | 7146.33 | 6504.24 | 6817.15 | 7192.69 | 6373.80 | 8381.92 | 7098.68 |
| | 用工作价 | 元 | 176.64 | 448.35 | 159.96 | 12.35 | 193.60 | 250.90 | 151.00 |
| | 用工数量 | 日 | 13.80 | 18.30 | 12.40 | 1.30 | 17.60 | 19.30 | 15.10 |
| | 劳动日工价 | 元 | 12.80 | 24.50 | 12.90 | 9.50 | 11.00 | 13.00 | 10.00 |
| | 期间费用 | 元 | 386.96 | 297.73 | 120.74 | 37.35 | | 44.37 | 861.61 |
| | 税金 | 元 | | | | | | | |
| | 含税成本 | 元 | 7709.93 | 7250.32 | 7097.85 | 7242.39 | 6567.40 | 8677.19 | 8111.29 |
| | 净产值 | 元 | 456.67 | 894.51 | 529.03 | 670.22 | 226.00 | -988.95 | 1363.56 |
| | 减税纯收益 | 元 | -101.14 | 223.64 | 248.33 | 620.52 | 32.40 | -1284.22 | 350.95 |
| | 成本纯收益率 | % | -1.31 | 3.08 | 3.50 | 8.57 | 0.49 | -14.80 | 4.33 |
| | 耗粮数量 | 公斤 | 2564.30 | 2444.20 | 2827.10 | 2895.90 | 3006.00 | 3527.50 | 2834.00 |
| 每50公斤主产品 | 平均出售价格 | 元 | 216.98 | 206.78 | 200.41 | 219.59 | 170.00 | 207.92 | 212.62 |
| | 物质费用 | 元 | 203.95 | 181.78 | 185.98 | 200.87 | 164.18 | 235.73 | 178.36 |
| | 生产成本 | 元 | 208.99 | 194.31 | 190.34 | 201.22 | 169.17 | 242.79 | 182.15 |
| | 含税成本 | 元 | 220.03 | 202.63 | 193.64 | 202.26 | 169.17 | 244.04 | 203.80 |
| | 净产值 | 元 | 13.03 | 25.00 | 14.43 | 18.72 | 5.82 | -27.81 | 34.26 |
| | 减税纯收益 | 元 | -2.87 | 6.49 | 6.77 | 17.33 | 0.83 | -36.12 | 8.82 |
| | 耗粮数量 | 公斤 | 81.10 | 76.00 | 87.70 | 87.20 | 91.30 | 113.20 | 77.00 |
| 每一劳动日 | 主产品产量 | 公斤 | 114.60 | 87.80 | 130.00 | 1277.80 | 93.60 | 80.70 | 121.90 |
| | 净产值 | 元 | 33.09 | 48.88 | 42.66 | 515.55 | 12.84 | -51.24 | 90.30 |
| 每核算单位成本外支出 | | 元 | 4.57 | | | | | 49.92 | |

# 2002 年全国蛋类产品成本收益(二)

品种：国营集体蛋鸡　　　　按地区工价汇总

| 项目名称 | | 单位 | 福建 | 山东 | 河南 | 湖北 | 广东 | 海南 | 甘肃 |
|---|---|---|---|---|---|---|---|---|---|
| 调查县数 | | 个 | 1.00 | 2.00 | 6.00 | 2.00 | 2.00 | 2.00 | 4.00 |
| 调查户数 | | 户 | 1.00 | 6.00 | 7.00 | 2.00 | 2.00 | 6.00 | 4.00 |
| 调查数量 | | 只 | 40900.00 | 32100.00 | 72200.00 | 180000.00 | 423199.00 | 602102.00 | 72360.00 |
| 平均饲养天数 | | 天 | 365.00 | 369.00 | 355.00 | 365.00 | 385.00 | 420.00 | 345.00 |
| 每百只 | 主产品产量 | 公斤 | 1630.00 | 1642.10 | 1586.90 | 1800.00 | 1535.80 | 942.10 | 1487.80 |
| | 产值合计 | 元 | 8135.00 | 7079.93 | 6881.71 | 8100.00 | 9373.26 | 6539.13 | 7667.13 |
| | 主产品产值 | 元 | 7890.00 | 6547.00 | 6667.04 | 7200.00 | 8651.90 | 5360.32 | 6558.22 |
| | 副产品产值 | 元 | 245.00 | 532.93 | 214.67 | 900.00 | 721.36 | 1178.81 | 1108.91 |
| | 其他收入 | 元 | | | | | | | |
| | 生产成本 | 元 | 8259.60 | 7030.76 | 5763.03 | 7167.00 | 8288.35 | 7096.77 | 8020.17 |
| | 物质费用 | 元 | 7982.40 | 6892.90 | 5552.10 | 7089.00 | 8160.60 | 6964.77 | 7891.92 |
| | 用工作价 | 元 | 277.20 | 137.86 | 210.93 | 78.00 | 127.75 | 132.00 | 128.25 |
| | 用工数量 | 日 | 18.00 | 12.20 | 23.70 | 7.80 | 7.30 | 8.80 | 17.10 |
| | 劳动日工价 | 元 | 15.40 | 11.30 | 8.90 | 10.00 | 17.50 | 15.00 | 7.50 |
| | 期间费用 | 元 | 249.10 | 47.77 | 22.41 | 120.00 | 1986.34 | 248.31 | 994.87 |
| | 税金 | 元 | | | | | | | |
| | 含税成本 | 元 | 8508.70 | 7078.53 | 5785.44 | 7287.00 | 10274.69 | 7345.08 | 9015.04 |
| | 净产值 | 元 | 152.60 | 187.03 | 1329.61 | 1011.00 | 1212.66 | −425.64 | −224.79 |
| | 减税纯收益 | 元 | −373.70 | 1.40 | 1096.27 | 813.00 | −901.43 | −805.95 | −1347.91 |
| | 成本纯收益率 | % | −4.39 | 0.02 | 18.95 | 11.16 | −8.77 | −10.97 | −14.95 |
| | 耗粮数量 | 公斤 | 2647.10 | 2712.50 | 2035.60 | 2545.00 | 2424.40 | 1016.30 | 2419.70 |
| 每50公斤主产品 | 平均出售价格 | 元 | 242.02 | 199.35 | 210.06 | 200.00 | 281.67 | 284.49 | 220.40 |
| | 物质费用 | 元 | 237.48 | 194.08 | 169.47 | 175.04 | 245.23 | 303.01 | 226.86 |
| | 生产成本 | 元 | 245.73 | 197.97 | 175.91 | 176.96 | 249.07 | 308.75 | 230.55 |
| | 含税成本 | 元 | 253.14 | 199.31 | 176.60 | 179.93 | 308.76 | 319.55 | 259.15 |
| | 净产值 | 元 | 4.54 | 5.27 | 40.59 | 24.96 | 36.44 | −18.52 | −6.46 |
| | 减税纯收益 | 元 | −11.12 | 0.04 | 33.46 | 20.07 | −27.09 | −35.06 | −38.75 |
| | 耗粮数量 | 公斤 | 81.20 | 82.60 | 64.10 | 70.70 | 78.90 | 53.90 | 81.30 |
| 每一劳动日 | 主产品产量 | 公斤 | 90.60 | 134.60 | 67.00 | 230.80 | 210.40 | 107.10 | 87.00 |
| | 净产值 | 元 | 8.48 | 15.33 | 56.10 | 129.62 | 166.12 | −48.37 | −13.15 |
| 每核算单位成本外支出 | | 元 | | 9.50 | | | | | |

# 2002 年全国蛋类产品物质费用和期间费用(一)

品种：国营集体蛋鸡

| 项 目 名 称 | 单位 | 平 均 | 北 京 | 天 津 | 辽 宁 | 吉 林 | 江 苏 | 安 徽 |
|---|---|---|---|---|---|---|---|---|
| 一、物质费用 | 元 | 7146.33 | 6504.24 | 6817.15 | 7192.69 | 6373.80 | 8381.92 | 7098.68 |
| (一)直接生产费用 | 元 | 6901.72 | 6355.33 | 6748.41 | 7125.77 | 6297.80 | 7951.67 | 6920.46 |
| 1.仔畜进价 | 元 | 1276.71 | 1164.75 | 1473.19 | 1702.17 | 1240.00 | 2083.00 | 1287.15 |
| 2.精饲料费 | 元 | 5288.81 | 4557.91 | 5035.26 | 5267.52 | 4862.00 | 5411.67 | 5099.57 |
| 3.青粗饲料费 | 元 | 7.40 | | | | | | |
| 4.饲料加工费 | 元 | 46.87 | 55.58 | 20.57 | 6.96 | | 139.62 | 241.23 |
| 5.水费 | 元 | 16.20 | 35.87 | 28.48 | 7.79 | | 21.29 | 3.53 |
| 6.电费 | 元 | 83.33 | 117.29 | 30.78 | 35.42 | 35.80 | 92.07 | 64.10 |
| 7.煤费 | 元 | 14.40 | 27.46 | | 25.54 | | | 10.47 |
| 8.医疗防疫费 | 元 | 63.33 | 69.05 | 98.83 | 30.30 | 90.00 | 86.69 | 125.84 |
| 9.死亡损失费 | 元 | 74.05 | 307.65 | 34.86 | 45.01 | 70.00 | 95.00 | 72.96 |
| 10.工具材料费 | 元 | 19.78 | 16.92 | 14.27 | 2.52 | | 22.33 | 5.20 |
| 11.其他直接费用 | 元 | 10.84 | 2.85 | 12.17 | 2.54 | | | 10.41 |
| (二)间接生产费用 | 元 | 244.61 | 148.91 | 68.74 | 66.92 | 76.00 | 430.25 | 178.22 |
| 1.固定资产折旧费 | 元 | 191.67 | 119.53 | 37.50 | 63.07 | 70.00 | 399.07 | 170.95 |
| 2.修理费 | 元 | 37.26 | 25.23 | 16.46 | 3.85 | | 21.98 | 4.44 |
| 3.其它间接费用 | 元 | 15.68 | 4.15 | 14.78 | | 6.00 | 9.20 | 2.83 |
| 二、期间费用 | 元 | 386.96 | 297.73 | 120.74 | 37.35 | | 44.37 | 861.61 |
| 1.承包费 | 元 | 44.36 | 70.17 | 82.96 | | | | 387.00 |
| 2.管理费 | 元 | 158.22 | 178.52 | 31.39 | 14.57 | | 6.03 | 176.42 |
| 3.销售费 | 元 | 97.75 | 14.06 | | 18.32 | | 38.34 | 69.15 |
| 4.财务费 | 元 | 86.63 | 34.98 | 6.39 | 4.46 | | | 229.04 |
| 附记：1.仔畜重量 | 公斤 | 108.30 | | | | | | |
| 2.精饲料数量 | 公斤 | 3889.70 | 4048.60 | 4038.70 | 4136.90 | 4420.00 | 4150.10 | 3986.70 |
| 3.青粗饲料量 | 公斤 | 1069.00 | | | | | | |

# 2002年全国蛋类产品物质费用和期间费用(二)

**品种：国营集体蛋鸡**

| 项目名称 | 单位 | 福建 | 山东 | 河南 | 湖北 | 广东 | 海南 | 甘肃 |
|---|---|---|---|---|---|---|---|---|
| 一、物质费用 | 元 | 7982.40 | 6892.90 | 5552.10 | 7089.00 | 8160.60 | 6964.77 | 7891.92 |
| (一)直接生产费用 | 元 | 7628.40 | 6881.86 | 5518.16 | 6986.00 | 7693.01 | 6445.64 | 7169.74 |
| 1.仔畜进价 | 元 | 896.50 | 1201.62 | 1526.07 | 1342.00 | 903.66 | 338.00 | 1439.11 |
| 2.精饲料费 | 元 | 6601.50 | 5500.14 | 3869.93 | 5344.00 | 6298.87 | 5644.19 | 5261.91 |
| 3.青粗饲料费 | 元 |  |  |  |  |  | 96.20 |  |
| 4.饲料加工费 | 元 |  | 14.66 | 10.94 |  |  |  | 119.69 |
| 5.水费 | 元 | 17.50 | 3.74 | 4.88 | 50.00 |  | 6.64 | 30.89 |
| 6.电费 | 元 | 64.00 | 18.48 | 34.73 | 150.00 | 65.15 | 185.50 | 189.93 |
| 7.煤费 | 元 |  | 7.13 | 1.92 |  | 114.69 |  |  |
| 8.医疗防疫费 | 元 | 32.60 | 40.18 | 41.44 | 100.00 | 28.72 | 61.01 | 18.65 |
| 9.死亡损失费 | 元 |  | 86.04 | 21.24 |  | 34.01 | 100.98 | 94.94 |
| 10.工具材料费 | 元 | 16.30 | 6.89 | 4.66 |  | 140.33 | 13.12 | 14.62 |
| 11.其他直接费用 | 元 |  | 2.98 | 2.35 |  | 107.58 |  |  |
| (二)间接生产费用 | 元 | 354.00 | 11.04 | 33.94 | 103.00 | 467.59 | 519.13 | 722.18 |
| 1.固定资产折旧费 | 元 | 288.80 | 5.30 | 29.14 | 100.00 | 324.75 | 411.84 | 471.81 |
| 2.修理费 | 元 | 65.20 | 3.72 | 3.83 | 2.00 | 37.39 | 49.88 | 250.37 |
| 3.其它间接费用 | 元 |  | 2.02 | 0.97 | 1.00 | 105.45 | 57.41 |  |
| 二、期间费用 | 元 | 249.10 | 47.77 | 22.41 | 120.00 | 1986.34 | 248.31 | 994.87 |
| 1.承包费 | 元 |  | 27.54 | 9.06 |  |  |  |  |
| 2.管理费 | 元 | 135.00 | 13.16 | 4.99 | 3.00 | 812.06 | 234.81 | 446.94 |
| 3.销售费 | 元 | 48.90 | 7.07 | 7.15 | 5.00 | 501.34 | 13.50 | 547.93 |
| 4.财务费 | 元 | 65.20 |  | 1.21 | 112.00 | 672.94 |  |  |
| 附记：1.仔畜重量 | 公斤 |  | 150.00 |  | 165.00 |  | 10.00 |  |
| 2.精饲料数量 | 公斤 | 3781.60 | 4232.30 | 4051.60 | 4241.00 | 3685.60 | 2139.00 | 3654.00 |
| 3.青粗饲料量 | 公斤 |  |  |  |  |  | 1069.00 |  |

# 2002 年全国奶类产品成本收益(一)

品种：专业户奶牛 　　　　按统一工价汇总

| 项目名称 | | 单位 | 平均 | 天津 | 河北 | 山西 | 内蒙古 | 黑龙江 |
|---|---|---|---|---|---|---|---|---|
| 调查县数 | | 个 | 64.00 | 5.00 | 12.00 | 1.00 | 5.00 | 13.00 |
| 调查户数 | | 户 | 156.00 | 9.00 | 25.00 | 3.00 | 24.00 | 36.00 |
| 调查数量 | | 头 | 3453.00 | 1236.00 | 249.00 | 10.00 | 250.00 | 545.00 |
| 平均饲养天数 | | 天 | 365.00 | 365.00 | 365.00 | 365.00 | 365.00 | 365.00 |
| 每头 | 主产品产量 | 公斤 | 5225.70 | 5596.00 | 5304.10 | 5890.00 | 5736.60 | 5404.40 |
| | 产值合计 | 元 | 9975.25 | 10109.35 | 9488.04 | 9979.60 | 11870.16 | 8495.01 |
| | 主产品产值 | 元 | 9354.77 | 9624.40 | 8433.97 | 9659.60 | 10709.07 | 7906.87 |
| | 副产品产值 | 元 | 620.48 | 484.95 | 1054.07 | 320.00 | 1161.09 | 588.14 |
| | 其他收入 | 元 | | | | | | |
| | 生产成本 | 元 | 7089.61 | 6946.95 | 5986.08 | 7158.30 | 6665.97 | 5807.61 |
| | 物质费用 | 元 | 6249.21 | 6483.85 | 5345.88 | 6176.00 | 5529.67 | 4935.31 |
| | 用工作价 | 元 | 840.40 | 463.10 | 640.20 | 982.30 | 1136.30 | 872.30 |
| | 用工数量 | 日 | 76.40 | 42.10 | 58.20 | 89.30 | 103.30 | 79.30 |
| | 劳动日工价 | 元 | 11.00 | 11.00 | 11.00 | 11.00 | 11.00 | 11.00 |
| | 期间费用 | 元 | 221.52 | 997.86 | 176.98 | 145.00 | 61.63 | 52.25 |
| | 税金 | 元 | | | | | | |
| | 含税成本 | 元 | 7311.13 | 7944.81 | 6163.06 | 7303.30 | 6727.60 | 5859.86 |
| | 净产值 | 元 | 3726.04 | 3625.50 | 4142.16 | 3803.60 | 6340.49 | 3559.70 |
| | 减税纯收益 | 元 | 2664.12 | 2164.54 | 3324.98 | 2676.30 | 5142.56 | 2635.15 |
| | 成本纯收益率 | % | 36.44 | 27.24 | 53.95 | 36.65 | 76.44 | 44.97 |
| | 耗粮数量 | 公斤 | 2082.30 | 2262.20 | 2175.30 | 1642.50 | 2350.80 | 2397.00 |
| 每50公斤主产品 | 平均出售价格 | 元 | 89.51 | 85.99 | 79.50 | 82.00 | 93.34 | 73.15 |
| | 物质费用 | 元 | 56.08 | 55.15 | 44.79 | 50.75 | 43.48 | 42.50 |
| | 生产成本 | 元 | 63.62 | 59.09 | 50.16 | 58.82 | 52.42 | 50.01 |
| | 含税成本 | 元 | 65.60 | 67.58 | 51.64 | 60.01 | 52.90 | 50.46 |
| | 净产值 | 元 | 33.43 | 30.84 | 34.71 | 31.25 | 49.86 | 30.65 |
| | 减税纯收益 | 元 | 23.91 | 18.41 | 27.86 | 21.99 | 40.44 | 22.69 |
| | 耗粮数量 | 公斤 | 19.90 | 20.20 | 20.50 | 13.90 | 20.50 | 22.20 |
| 每一劳动日 | 主产品产量 | 公斤 | 68.40 | 132.90 | 91.10 | 66.00 | 55.50 | 68.20 |
| | 净产值 | 元 | 48.77 | 86.12 | 71.17 | 42.59 | 61.38 | 44.89 |
| 每核算单位成本外支出 | | 元 | 1.79 | | | | | 20.43 |

# 2002年全国奶类产品成本收益(二)

品种：专业户奶牛　　　　按统一工价汇总

| 项 目 名 称 | | 单位 | 安 徽 | 福 建 | 山 东 | 河 南 | 湖 南 | 广 西 |
|---|---|---|---|---|---|---|---|---|
| 调查县数 | | 个 | 1.00 | 1.00 | 3.00 | 7.00 | 2.00 | 1.00 |
| 调查户数 | | 户 | 1.00 | 3.00 | 7.00 | 11.00 | 2.00 | 2.00 |
| 调查数量 | | 头 | 30.00 | 148.00 | 34.00 | 80.00 | 67.00 | 619.00 |
| 平均饲养天数 | | 天 | 365.00 | 365.00 | 365.00 | 365.00 | 365.00 | 365.00 |
| 每头 | 主产品产量 | 公斤 | 5030.00 | 5350.40 | 6071.30 | 5081.90 | 3967.90 | 4765.50 |
| | 产值合计 | 元 | 8907.67 | 12139.95 | 12483.56 | 10133.10 | 10010.68 | 12426.83 |
| | 主产品产值 | 元 | 8551.00 | 11342.85 | 11716.35 | 9862.13 | 9266.72 | 12280.06 |
| | 副产品产值 | 元 | 356.67 | 797.10 | 767.21 | 270.97 | 743.96 | 146.77 |
| | 其他收入 | 元 | | | | | | |
| | 生产成本 | 元 | 7355.33 | 7314.75 | 7297.43 | 6224.01 | 6967.16 | 13233.19 |
| | 物质费用 | 元 | 7025.33 | 6642.65 | 6530.73 | 5257.11 | 6395.16 | 11930.79 |
| | 用工作价 | 元 | 330.00 | 672.10 | 766.70 | 966.90 | 572.00 | 1302.40 |
| | 用工数量 | 日 | 30.00 | 61.10 | 69.70 | 87.90 | 52.00 | 118.40 |
| | 劳动日工价 | 元 | 11.00 | 11.00 | 11.00 | 11.00 | 11.00 | 11.00 |
| | 期间费用 | 元 | 150.90 | 237.39 | 315.69 | 145.34 | 118.14 | 450.81 |
| | 税金 | 元 | | | | | | |
| | 含税成本 | 元 | 7506.23 | 7552.14 | 7613.12 | 6369.35 | 7085.30 | 13684.00 |
| | 净产值 | 元 | 1882.34 | 5497.30 | 5952.83 | 4875.99 | 3615.52 | 496.04 |
| | 减税纯收益 | 元 | 1401.44 | 4587.81 | 4870.44 | 3763.75 | 2925.38 | －1257.17 |
| | 成本纯收益率 | % | 18.67 | 60.75 | 63.97 | 59.09 | 41.29 | －9.19 |
| | 耗粮数量 | 公斤 | 2250.00 | 1587.80 | 2130.60 | 1592.90 | 1820.30 | 1735.90 |
| 每50公斤主产品 | 平均出售价格 | 元 | 85.00 | 106.00 | 96.49 | 97.03 | 116.77 | 128.84 |
| | 物质费用 | 元 | 67.04 | 58.00 | 50.48 | 50.34 | 74.60 | 123.70 |
| | 生产成本 | 元 | 70.19 | 63.87 | 56.40 | 59.60 | 81.27 | 137.20 |
| | 含税成本 | 元 | 71.63 | 65.94 | 58.84 | 60.99 | 82.65 | 141.87 |
| | 净产值 | 元 | 17.96 | 48.00 | 46.01 | 46.69 | 42.17 | 5.14 |
| | 减税纯收益 | 元 | 13.37 | 40.06 | 37.65 | 36.04 | 34.12 | －13.03 |
| | 耗粮数量 | 公斤 | 22.40 | 14.80 | 17.50 | 15.70 | 22.90 | 18.20 |
| 每一劳动日 | 主产品产量 | 公斤 | 167.70 | 87.60 | 87.10 | 57.80 | 76.30 | 40.20 |
| | 净产值 | 元 | 62.74 | 89.97 | 85.41 | 55.47 | 69.53 | 4.19 |
| 每核算单位成本外支出 | | 元 | | | 4.92 | | | 3.26 |

# 2002年全国奶类产品成本收益(三)

品种：专业户奶牛　　　　按统一工价汇总

| 项目名称 | | 单位 | 四川 | 云南 | 重庆 | 陕西 | 宁夏 |
|---|---|---|---|---|---|---|---|
| 调查县数 | | 个 | 5.00 | 2.00 | 2.00 | 1.00 | 3.00 |
| 调查户数 | | 户 | 6.00 | 12.00 | 2.00 | 9.00 | 4.00 |
| 调查数量 | | 头 | 37.00 | 33.00 | 10.00 | 16.00 | 89.00 |
| 平均饲养天数 | | 天 | 365.00 | 365.00 | 365.00 | 365.00 | 365.00 |
| 每头 | 主产品产量 | 公斤 | 6571.80 | 4264.50 | 4689.30 | 4970.80 | 4916.10 |
| | 产值合计 | 元 | 14380.58 | 6412.36 | 8976.96 | 6770.96 | 7019.24 |
| | 主产品产值 | 元 | 13270.59 | 5428.98 | 8873.52 | 5964.96 | 6785.31 |
| | 副产品产值 | 元 | 1109.99 | 983.38 | 103.44 | 806.00 | 233.93 |
| | 其他收入 | 元 | | | | | |
| | 生产成本 | 元 | 9020.51 | 4652.71 | 7960.60 | 4953.00 | 5897.91 |
| | 物质费用 | 元 | 8052.51 | 3451.51 | 6797.90 | 3699.00 | 5734.01 |
| | 用工作价 | 元 | 968.00 | 1201.20 | 1162.70 | 1254.00 | 163.90 |
| | 用工数量 | 日 | 88.00 | 109.20 | 105.70 | 114.00 | 14.90 |
| | 劳动日工价 | 元 | 11.00 | 11.00 | 11.00 | 11.00 | 11.00 |
| | 期间费用 | 元 | 326.20 | 22.47 | 129.00 | | 214.67 |
| | 税金 | 元 | | | | | |
| | 含税成本 | 元 | 9346.71 | 4675.18 | 8089.60 | 4953.00 | 6112.58 |
| | 净产值 | 元 | 6328.07 | 2960.85 | 2179.06 | 3071.96 | 1285.23 |
| | 减税纯收益 | 元 | 5033.87 | 1737.18 | 887.36 | 1817.96 | 906.66 |
| | 成本纯收益率 | % | 53.86 | 37.16 | 10.97 | 36.70 | 14.83 |
| | 耗粮数量 | 公斤 | 1736.80 | 1739.90 | 2686.00 | 2197.60 | 3011.20 |
| 每50公斤主产品 | 平均出售价格 | 元 | 100.97 | 63.65 | 94.61 | 60.00 | 69.01 |
| | 物质费用 | 元 | 56.54 | 34.26 | 71.64 | 32.78 | 56.37 |
| | 生产成本 | 元 | 63.34 | 46.18 | 83.90 | 43.89 | 57.99 |
| | 含税成本 | 元 | 65.63 | 46.41 | 85.26 | 43.89 | 60.10 |
| | 净产值 | 元 | 44.43 | 29.39 | 22.97 | 27.22 | 12.64 |
| | 减税纯收益 | 元 | 35.34 | 17.24 | 9.35 | 16.11 | 8.91 |
| | 耗粮数量 | 公斤 | 13.20 | 20.40 | 28.60 | 22.10 | 30.60 |
| 每一劳动日 | 主产品产量 | 公斤 | 74.70 | 39.10 | 44.40 | 43.60 | 329.90 |
| | 净产值 | 元 | 71.91 | 27.11 | 20.62 | 26.95 | 86.26 |
| 每核算单位成本外支出 | | 元 | | | | | |

# 2002年全国奶类产品成本收益(一)

品种:专业户奶牛　　　　按地区工价汇总

| 项目名称 | | 单位 | 平均 | 天津 | 河北 | 山西 | 内蒙古 | 黑龙江 |
|---|---|---|---|---|---|---|---|---|
| 调查县数 | | 个 | 64.00 | 5.00 | 12.00 | 1.00 | 5.00 | 13.00 |
| 调查户数 | | 户 | 156.00 | 9.00 | 25.00 | 3.00 | 24.00 | 36.00 |
| 调查数量 | | 头 | 3453.00 | 1236.00 | 249.00 | 10.00 | 250.00 | 545.00 |
| 平均饲养天数 | | 天 | 365.00 | 365.00 | 365.00 | 365.00 | 365.00 | 365.00 |
| 每头 | 主产品产量 | 公斤 | 5225.70 | 5596.00 | 5304.10 | 5890.00 | 5736.60 | 5404.40 |
| | 产值合计 | 元 | 9975.25 | 10109.35 | 9488.04 | 9979.60 | 11870.16 | 8495.01 |
| | 主产品产值 | 元 | 9354.77 | 9624.40 | 8433.97 | 9659.60 | 10709.07 | 7906.87 |
| | 副产品产值 | 元 | 620.48 | 484.95 | 1054.07 | 320.00 | 1161.09 | 588.14 |
| | 其他收入 | 元 | | | | | | |
| | 生产成本 | 元 | 7051.41 | 7026.94 | 5840.58 | 6908.26 | 6356.07 | 5688.66 |
| | 物质费用 | 元 | 6249.21 | 6483.85 | 5345.88 | 6176.00 | 5529.67 | 4935.31 |
| | 用工作价 | 元 | 802.20 | 543.09 | 494.70 | 732.26 | 826.40 | 753.35 |
| | 用工数量 | 日 | 76.40 | 42.10 | 58.20 | 89.30 | 103.30 | 79.30 |
| | 劳动日工价 | 元 | 10.50 | 12.90 | 8.50 | 8.20 | 8.00 | 9.50 |
| | 期间费用 | 元 | 221.52 | 997.86 | 176.98 | 145.00 | 61.63 | 52.25 |
| | 税金 | 元 | | | | | | |
| | 含税成本 | 元 | 7272.93 | 8024.80 | 6017.56 | 7053.26 | 6417.70 | 5740.91 |
| | 净产值 | 元 | 3726.04 | 3625.50 | 4142.16 | 3803.60 | 6340.49 | 3559.70 |
| | 减税纯收益 | 元 | 2702.32 | 2084.55 | 3470.48 | 2926.34 | 5452.46 | 2754.10 |
| | 成本纯收益率 | % | 37.16 | 25.98 | 57.67 | 41.49 | 84.96 | 47.97 |
| | 耗粮数量 | 公斤 | 2082.30 | 2262.20 | 2175.30 | 1642.50 | 2350.80 | 2397.00 |
| 每50公斤主产品 | 平均出售价格 | 元 | 89.51 | 85.99 | 79.50 | 82.00 | 93.34 | 73.15 |
| | 物质费用 | 元 | 56.08 | 55.15 | 44.79 | 50.75 | 43.48 | 42.50 |
| | 生产成本 | 元 | 63.27 | 59.77 | 48.94 | 56.76 | 49.98 | 48.98 |
| | 含税成本 | 元 | 65.26 | 68.26 | 50.42 | 57.95 | 50.47 | 49.43 |
| | 净产值 | 元 | 33.43 | 30.84 | 34.71 | 31.25 | 49.86 | 30.65 |
| | 减税纯收益 | 元 | 24.25 | 17.73 | 29.08 | 24.05 | 42.87 | 23.72 |
| | 耗粮数量 | 公斤 | 19.90 | 20.20 | 20.50 | 13.90 | 20.50 | 22.20 |
| 每一劳动日 | 主产品产量 | 公斤 | 68.40 | 132.90 | 91.10 | 66.00 | 55.50 | 68.20 |
| | 净产值 | 元 | 48.77 | 86.12 | 71.17 | 42.59 | 61.38 | 44.89 |
| 每核算单位成本外支出 | | 元 | 1.79 | | | | | 20.43 |

# 2002 年全国奶类产品成本收益(二)

品种：专业户奶牛　　　　　　　　　　　　　　　　　　　　按地区工价汇总

| 项目名称 | | 单位 | 安徽 | 福建 | 山东 | 河南 | 湖南 | 广西 |
|---|---|---|---|---|---|---|---|---|
| 调查县数 | | 个 | 1.00 | 1.00 | 3.00 | 7.00 | 2.00 | 1.00 |
| 调查户数 | | 户 | 1.00 | 3.00 | 7.00 | 11.00 | 2.00 | 2.00 |
| 调查数量 | | 头 | 30.00 | 148.00 | 34.00 | 80.00 | 67.00 | 619.00 |
| 平均饲养天数 | | 天 | 365.00 | 365.00 | 365.00 | 365.00 | 365.00 | 365.00 |
| 每头 | 主产品产量 | 公斤 | 5030.00 | 5350.40 | 6071.30 | 5081.90 | 3967.90 | 4765.50 |
| | 产值合计 | 元 | 8907.67 | 12139.95 | 12483.56 | 10133.10 | 10010.68 | 12426.83 |
| | 主产品产值 | 元 | 8551.00 | 11342.85 | 11716.35 | 9862.13 | 9266.72 | 12280.06 |
| | 副产品产值 | 元 | 356.67 | 797.10 | 767.21 | 270.97 | 743.96 | 146.77 |
| | 其他收入 | 元 | | | | | | |
| | 生产成本 | 元 | 7325.33 | 7583.59 | 7318.34 | 6039.42 | 7133.56 | 13173.99 |
| | 物质费用 | 元 | 7025.33 | 6642.65 | 6530.73 | 5257.11 | 6395.16 | 11930.79 |
| | 用工作价 | 元 | 300.00 | 940.94 | 787.61 | 782.31 | 738.40 | 1243.20 |
| | 用工数量 | 日 | 30.00 | 61.10 | 69.70 | 87.90 | 52.00 | 118.40 |
| | 劳动日工价 | 元 | 10.00 | 15.40 | 11.30 | 8.90 | 14.20 | 10.50 |
| | 期间费用 | 元 | 150.90 | 237.39 | 315.69 | 145.34 | 118.14 | 450.81 |
| | 税金 | 元 | | | | | | |
| | 含税成本 | 元 | 7476.23 | 7820.98 | 7634.03 | 6184.76 | 7251.70 | 13624.80 |
| | 净产值 | 元 | 1882.34 | 5497.30 | 5952.83 | 4875.99 | 3615.52 | 496.04 |
| | 减税纯收益 | 元 | 1431.44 | 4318.97 | 4849.53 | 3948.34 | 2758.98 | -1197.97 |
| | 成本纯收益率 | % | 19.15 | 55.22 | 63.53 | 63.84 | 38.05 | -8.79 |
| | 耗粮数量 | 公斤 | 2250.00 | 1587.80 | 2130.60 | 1592.90 | 1820.30 | 1735.90 |
| 每50公斤主产品 | 平均出售价格 | 元 | 85.00 | 106.00 | 96.49 | 97.03 | 116.77 | 128.84 |
| | 物质费用 | 元 | 67.04 | 58.00 | 50.48 | 50.34 | 74.60 | 123.70 |
| | 生产成本 | 元 | 69.90 | 66.22 | 56.57 | 57.83 | 83.21 | 136.59 |
| | 含税成本 | 元 | 71.34 | 68.29 | 59.01 | 59.22 | 84.59 | 141.26 |
| | 净产值 | 元 | 17.96 | 48.00 | 46.01 | 46.69 | 42.17 | 5.14 |
| | 减税纯收益 | 元 | 13.66 | 37.71 | 37.48 | 37.81 | 32.18 | -12.42 |
| | 耗粮数量 | 公斤 | 22.40 | 14.80 | 17.50 | 15.70 | 22.90 | 18.20 |
| 每一劳动日 | 主产品产量 | 公斤 | 167.70 | 87.60 | 87.10 | 57.80 | 76.30 | 40.20 |
| | 净产值 | 元 | 62.74 | 89.97 | 85.41 | 55.47 | 69.53 | 4.19 |
| 每核算单位成本外支出 | | 元 | | | 4.92 | | | 3.26 |

# 2002 年全国奶类产品成本收益(三)

品种：专业户奶牛　　　　按地区工价汇总

| 项目名称 | | 单位 | 四川 | 云南 | 重庆 | 陕西 | 宁夏 |
|---|---|---|---|---|---|---|---|
| 调查县数 | | 个 | 5.00 | 2.00 | 2.00 | 1.00 | 3.00 |
| 调查户数 | | 户 | 6.00 | 12.00 | 2.00 | 9.00 | 4.00 |
| 调查数量 | | 头 | 37.00 | 33.00 | 10.00 | 16.00 | 89.00 |
| 平均饲养天数 | | 天 | 365.00 | 365.00 | 365.00 | 365.00 | 365.00 |
| 每头 | 主产品产量 | 公斤 | 6571.80 | 4264.50 | 4689.30 | 4970.80 | 4916.10 |
| | 产值合计 | 元 | 14380.58 | 6412.36 | 8976.96 | 6770.96 | 7019.24 |
| | 主产品产值 | 元 | 13270.59 | 5428.98 | 8873.52 | 5964.96 | 6785.31 |
| | 副产品产值 | 元 | 1109.99 | 983.38 | 103.44 | 806.00 | 233.93 |
| | 其他收入 | 元 | | | | | |
| | 生产成本 | 元 | 9064.51 | 4488.91 | 7886.61 | 4804.80 | 5872.58 |
| | 物质费用 | 元 | 8052.51 | 3451.51 | 6797.90 | 3699.00 | 5734.01 |
| | 用工作价 | 元 | 1012.00 | 1037.40 | 1088.71 | 1105.80 | 138.57 |
| | 用工数量 | 日 | 88.00 | 109.20 | 105.70 | 114.00 | 14.90 |
| | 劳动日工价 | 元 | 11.50 | 9.50 | 10.30 | 9.70 | 9.30 |
| | 期间费用 | 元 | 326.20 | 22.47 | 129.00 | | 214.67 |
| | 税金 | 元 | | | | | |
| | 含税成本 | 元 | 9390.71 | 4511.38 | 8015.61 | 4804.80 | 6087.25 |
| | 净产值 | 元 | 6328.07 | 2960.85 | 2179.06 | 3071.96 | 1285.23 |
| | 减税纯收益 | 元 | 4989.87 | 1900.98 | 961.35 | 1966.16 | 931.99 |
| | 成本纯收益率 | % | 53.14 | 42.14 | 11.99 | 40.92 | 15.31 |
| | 耗粮数量 | 公斤 | 1736.80 | 1739.90 | 2686.00 | 2197.60 | 3011.20 |
| 每50公斤主产品 | 平均出售价格 | 元 | 100.97 | 63.65 | 94.61 | 60.00 | 69.01 |
| | 物质费用 | 元 | 56.54 | 34.26 | 71.64 | 32.78 | 56.37 |
| | 生产成本 | 元 | 63.64 | 44.56 | 83.12 | 42.58 | 57.74 |
| | 含税成本 | 元 | 65.93 | 44.78 | 84.48 | 42.58 | 59.85 |
| | 净产值 | 元 | 44.43 | 29.39 | 22.97 | 27.22 | 12.64 |
| | 减税纯收益 | 元 | 35.04 | 18.87 | 10.13 | 17.42 | 9.16 |
| | 耗粮数量 | 公斤 | 13.20 | 20.40 | 28.60 | 22.10 | 30.60 |
| 每一劳动日 | 主产品产量 | 公斤 | 74.70 | 39.10 | 44.40 | 43.60 | 329.90 |
| | 净产值 | 元 | 71.91 | 27.11 | 20.62 | 26.95 | 86.26 |
| 每核算单位成本外支出 | | 元 | | | | | |

# 2002年全国蛋类产品物质费用和期间费用(一)

品种: 专业户奶牛

| 项 目 名 称 | 单位 | 平 均 | 天 津 | 河 北 | 山 西 | 内蒙古 | 黑龙江 |
|---|---|---|---|---|---|---|---|
| 一、物质费用 | 元 | 6249.21 | 6483.85 | 5345.88 | 6176.00 | 5529.67 | 4935.31 |
| (一)直接生产费用 | 元 | 5930.29 | 6295.72 | 5215.59 | 6013.00 | 5338.01 | 4436.41 |
| 1.仔畜进价 | 元 | 682.39 | 412.78 | 538.16 | 1050.00 | 578.19 | 519.72 |
| 2.精饲料费 | 元 | 3667.71 | 3923.10 | 3569.29 | 3650.00 | 3723.40 | 2717.87 |
| 3.青粗饲料费 | 元 | 1043.61 | 1459.47 | 842.43 | 657.00 | 631.30 | 906.29 |
| 4.饲料加工费 | 元 | 32.60 | 26.44 | 30.08 | 87.00 | 47.60 | 29.83 |
| 5.水费 | 元 | 32.93 | 35.83 | 29.15 | 30.00 | 17.68 | 19.84 |
| 6.电费 | 元 | 72.87 | 192.24 | 80.42 | 36.00 | 39.86 | 21.53 |
| 7.煤费 | 元 | 47.83 | 35.52 | 17.32 | 83.00 | 20.04 | 10.97 |
| 8.医疗防疫费 | 元 | 163.52 | 92.26 | 61.31 | 150.00 | 166.42 | 70.04 |
| 9.死亡损失费 | 元 | 124.23 | 32.27 | 18.14 | 210.00 | 68.24 | 76.91 |
| 10.工具材料费 | 元 | 28.19 | 54.69 | 15.14 | 50.00 | 14.56 | 15.62 |
| 11.其他直接费用 | 元 | 34.41 | 31.12 | 14.15 | 10.00 | 30.72 | 47.79 |
| (二)间接生产费用 | 元 | 318.92 | 188.13 | 130.29 | 163.00 | 191.66 | 498.90 |
| 1.固定资产折旧费 | 元 | 289.50 | 149.40 | 94.85 | 110.00 | 168.27 | 465.63 |
| 2.修理费 | 元 | 19.76 | 24.68 | 26.72 | 43.00 | 21.35 | 20.98 |
| 3.其它间接费用 | 元 | 9.66 | 14.05 | 8.72 | 10.00 | 2.04 | 12.29 |
| 二、期间费用 | 元 | 221.52 | 997.86 | 176.98 | 145.00 | 61.63 | 52.25 |
| 1.承包费 | 元 | 39.61 | 163.49 | 20.26 | | | |
| 2.管理费 | 元 | 51.84 | 403.94 | 27.36 | 5.00 | 29.99 | 4.55 |
| 3.销售费 | 元 | 104.73 | 226.18 | 101.95 | 135.00 | 25.73 | 47.70 |
| 4.财务费 | 元 | 25.34 | 204.25 | 27.41 | 5.00 | 5.91 | |
| 附记: 1.仔畜重量 | 公斤 | 171.50 | | | | 60.00 | |
| 2.精饲料数量 | 公斤 | 3135.50 | 3121.80 | 3755.20 | 3650.00 | 3002.50 | 2656.50 |
| 3.青粗饲料量 | 公斤 | 7113.60 | 7028.60 | 5451.80 | | 7442.70 | 4764.20 |

# 2002年全国蛋类产品物质费用和期间费用(二)

**品种：专业户奶牛**

| 项 目 名 称 | 单位 | 安 徽 | 福 建 | 山 东 | 河 南 | 湖 南 | 广 西 |
|---|---|---|---|---|---|---|---|
| 一、物质费用 | 元 | 7025.33 | 6642.65 | 6530.73 | 5257.11 | 6395.16 | 11930.79 |
| (一)直接生产费用 | 元 | 6825.33 | 5812.28 | 6296.64 | 4951.97 | 6026.86 | 10748.02 |
| 1.仔畜进价 | 元 | 1500.00 | 444.02 | 879.82 | 329.95 | 622.39 | 1159.45 |
| 2.精饲料费 | 元 | 4340.00 | 3376.25 | 3813.12 | 3422.48 | 4048.36 | 6155.49 |
| 3.青粗饲料费 | 元 | 600.00 | 1584.91 | 954.15 | 819.83 | 930.58 | 2773.49 |
| 4.饲料加工费 | 元 | | | 47.82 | 33.74 | 27.24 | |
| 5.水费 | 元 | | 73.60 | 34.83 | 32.65 | 13.66 | 96.00 |
| 6.电费 | 元 | 83.33 | 116.50 | 99.05 | 60.99 | 21.88 | 66.13 |
| 7.煤费 | 元 | 33.33 | | 112.53 | 35.56 | 13.66 | |
| 8.医疗防疫费 | 元 | 166.67 | 217.00 | 222.20 | 147.67 | 61.00 | 166.13 |
| 9.死亡损失费 | 元 | 85.30 | | 55.89 | 25.02 | 272.39 | 203.36 |
| 10.工具材料费 | 元 | 16.70 | | 43.74 | 31.62 | 6.95 | |
| 11.其他直接费用 | 元 | | | 33.49 | 12.46 | 8.75 | 127.97 |
| (二)间接生产费用 | 元 | 200.00 | 830.37 | 234.09 | 305.14 | 368.30 | 1182.77 |
| 1.固定资产折旧费 | 元 | 200.00 | 830.37 | 195.12 | 278.18 | 362.07 | 1100.00 |
| 2.修理费 | 元 | | | 37.30 | 23.48 | 3.47 | 27.66 |
| 3.其它间接费用 | 元 | | | 1.67 | 3.48 | 2.76 | 55.11 |
| 二、期间费用 | 元 | 150.90 | 237.39 | 315.69 | 145.34 | 118.14 | 450.81 |
| 1.承包费 | 元 | | 5.25 | 8.88 | 26.23 | 27.24 | 368.95 |
| 2.管理费 | 元 | 150.90 | | 26.44 | 43.42 | 27.24 | 81.86 |
| 3.销售费 | 元 | | 232.14 | 280.37 | 75.69 | 60.90 | |
| 4.财务费 | 元 | | | | | 2.76 | |
| 附记：1.仔畜重量 | 公斤 | | | 248.00 | | 359.40 | 150.00 |
| 2.精饲料数量 | 公斤 | 3500.00 | 2646.30 | 2899.80 | 3185.80 | 2275.40 | 3471.30 |
| 3.青粗饲料量 | 公斤 | 5000.00 | | 7950.10 | 7260.80 | 14253.70 | 8589.00 |

# 2002年全国蛋类产品物质费用和期间费用(三)

品种：专业户奶牛

| 项目名称 | 单位 | 四川 | 云南 | 重庆 | 陕西 | 宁夏 |
|---|---|---|---|---|---|---|
| 一、物质费用 | 元 | 8052.51 | 3451.51 | 6797.90 | 3699.00 | 5734.01 |
| (一)直接生产费用 | 元 | 7803.23 | 3377.30 | 6583.10 | 3549.60 | 5611.56 |
| 1.仔畜进价 | 元 | 1086.49 | 147.30 | 280.60 | 432.30 | 937.08 |
| 2.精饲料费 | 元 | 4023.15 | 1913.60 | 3667.67 | 2363.40 | 3976.16 |
| 3.青粗饲料费 | 元 | 1167.10 | 808.25 | 1889.90 | 258.40 | 414.67 |
| 4.饲料加工费 | 元 |  | 55.28 |  | 117.60 | 18.92 |
| 5.水费 | 元 | 44.99 | 37.14 | 38.05 |  | 23.40 |
| 6.电费 | 元 | 78.83 | 69.37 | 99.48 | 38.40 | 61.91 |
| 7.煤费 | 元 | 77.71 | 4.29 | 96.70 | 224.70 |  |
| 8.医疗防疫费 | 元 | 407.57 | 169.22 | 336.50 | 87.20 | 95.14 |
| 9.死亡损失费 | 元 | 835.13 |  | 105.00 |  |  |
| 10.工具材料费 | 元 | 29.47 | 73.53 | 24.80 | 27.60 | 46.66 |
| 11.其他直接费用 | 元 | 52.79 | 99.32 | 44.40 |  | 37.62 |
| (二)间接生产费用 | 元 | 249.28 | 74.21 | 214.80 | 149.40 | 122.45 |
| 1.固定资产折旧费 | 元 | 224.43 | 58.00 | 136.80 | 149.40 | 109.53 |
| 2.修理费 | 元 | 24.85 | 16.21 | 33.60 |  | 12.92 |
| 3.其它间接费用 | 元 |  |  | 44.40 |  |  |
| 二、期间费用 | 元 | 326.20 | 22.47 | 129.00 |  | 214.67 |
| 1.承包费 | 元 |  |  |  |  | 13.48 |
| 2.管理费 | 元 |  | 5.63 |  |  | 23.03 |
| 3.销售费 | 元 | 326.20 | 16.84 | 129.00 |  | 17.98 |
| 4.财务费 | 元 |  |  |  |  | 160.18 |
| 附记：1.仔畜重量 | 公斤 |  |  |  |  | 40.30 |
| 2.精饲料数量 | 公斤 | 3843.30 | 1766.80 | 4046.40 | 2441.80 | 3904.30 |
| 3.青粗饲料量 | 公斤 | 1787.40 | 2223.80 | 20810.00 | 1892.20 | 5136.00 |

# 2002年全国奶类产品成本收益(一)

品种：国营集体奶牛　　　　按统一工价汇总

| 项目名称 | | 单位 | 平均 | 北京 | 天津 | 河北 | 吉林 | 上海 |
|---|---|---|---|---|---|---|---|---|
| 调查县数 | | 个 | 56.00 | 6.00 | 4.00 | 2.00 | 2.00 | 5.00 |
| 调查户数 | | 户 | 81.00 | 12.00 | 4.00 | 2.00 | 2.00 | 15.00 |
| 调查数量 | | 头 | 42451.00 | 5854.00 | 5240.00 | 246.00 | 783.00 | 3112.00 |
| 平均饲养天数 | | 天 | 365.00 | 365.00 | 365.00 | 365.00 | 365.00 | 365.00 |
| 每头 | 主产品产量 | 公斤 | 6031.60 | 8508.00 | 7353.00 | 6225.00 | 6748.20 | 7612.00 |
| | 产值合计 | 元 | 13967.77 | 16436.71 | 14274.64 | 12136.65 | 16369.40 | 16778.95 |
| | 主产品产值 | 元 | 13564.55 | 16348.81 | 14026.49 | 11993.98 | 16175.50 | 16471.90 |
| | 副产品产值 | 元 | 403.22 | 87.90 | 248.15 | 142.67 | 193.90 | 307.05 |
| | 其他收入 | 元 | 12.88 | | | | | 92.52 |
| | 生产成本 | 元 | 9948.26 | 10642.57 | 9993.54 | 7927.82 | 9024.49 | 13247.78 |
| | 物质费用 | 元 | 9239.86 | 10283.97 | 9219.14 | 7100.62 | 7994.89 | 12536.08 |
| | 用工作价 | 元 | 708.40 | 358.60 | 774.40 | 827.20 | 1029.60 | 711.70 |
| | 用工数量 | 日 | 64.40 | 32.60 | 70.40 | 75.20 | 93.60 | 64.70 |
| | 劳动日工价 | 元 | 11.00 | 11.00 | 11.00 | 11.00 | 11.00 | 11.00 |
| | 期间费用 | 元 | 1827.18 | 1825.36 | 2791.51 | 960.70 | 7895.03 | 922.29 |
| | 税金 | 元 | 3.01 | | | | | |
| | 含税成本 | 元 | 11778.45 | 12467.93 | 12785.05 | 8888.52 | 16919.52 | 14170.07 |
| | 净产值 | 元 | 4727.91 | 6152.74 | 5055.50 | 5036.03 | 8374.51 | 4242.87 |
| | 减税纯收益 | 元 | 2202.20 | 3968.78 | 1489.59 | 3248.13 | -550.12 | 2701.40 |
| | 成本纯收益率 | % | 18.70 | 31.83 | 11.65 | 36.54 | -3.25 | 19.06 |
| | 耗粮数量 | 公斤 | 2126.50 | 2467.90 | 2782.80 | 1801.50 | 2490.30 | 2754.50 |
| 每50公斤主产品 | 平均出售价格 | 元 | 112.45 | 96.08 | 95.38 | 96.34 | 119.85 | 108.20 |
| | 物质费用 | 元 | 74.39 | 60.11 | 61.60 | 56.36 | 58.54 | 80.84 |
| | 生产成本 | 元 | 80.09 | 62.21 | 66.77 | 62.93 | 66.07 | 85.43 |
| | 含税成本 | 元 | 94.82 | 72.88 | 85.43 | 70.56 | 123.88 | 91.38 |
| | 净产值 | 元 | 38.06 | 35.97 | 33.78 | 39.98 | 61.31 | 27.36 |
| | 减税纯收益 | 元 | 17.74 | 23.20 | 9.95 | 25.78 | -4.03 | 17.43 |
| | 耗粮数量 | 公斤 | 17.60 | 14.50 | 18.90 | 14.50 | 18.50 | 18.10 |
| 每一劳动日 | 主产品产量 | 公斤 | 93.70 | 261.00 | 104.40 | 82.80 | 72.10 | 117.70 |
| | 净产值 | 元 | 73.41 | 188.73 | 71.81 | 66.97 | 89.47 | 65.58 |
| 每核算单位成本外支出 | | 元 | 82.07 | | | | | |

# 2002 年全国奶类产品成本收益(二)

品种：国营集体奶牛　　　　按统一工价汇总

| 项目名称 | | 单位 | 江苏 | 浙江 | 安徽 | 福建 | 山东 | 河南 |
|---|---|---|---|---|---|---|---|---|
| 调查县数 | | 个 | 3.00 | 3.00 | 4.00 | 1.00 | 1.00 | 4.00 |
| 调查户数 | | 户 | 3.00 | 4.00 | 4.00 | 3.00 | 2.00 | 5.00 |
| 调查数量 | | 头 | 2136.00 | 2557.00 | 3415.00 | 148.00 | 1774.00 | 1189.00 |
| 平均饲养天数 | | 天 | 365.00 | 365.00 | 365.00 | 365.00 | 365.00 | 365.00 |
| 每头 | 主产品产量 | 公斤 | 6859.70 | 6695.10 | 5360.40 | 5350.40 | 6395.20 | 3731.90 |
| | 产值合计 | 元 | 16730.82 | 15485.77 | 11740.35 | 12139.95 | 13042.83 | 6831.57 |
| | 主产品产值 | 元 | 16512.34 | 15220.68 | 11386.47 | 11342.85 | 12150.88 | 6610.95 |
| | 副产品产值 | 元 | 218.48 | 265.09 | 353.88 | 797.10 | 891.95 | 220.62 |
| | 其他收入 | 元 | 2.32 | 151.28 | 35.73 | | | 1.46 |
| | 生产成本 | 元 | 12195.02 | 11149.69 | 8620.33 | 7314.75 | 10793.67 | 5004.61 |
| | 物质费用 | 元 | 10825.52 | 10453.39 | 7897.63 | 6642.65 | 10769.47 | 4357.81 |
| | 用工作价 | 元 | 1369.50 | 696.30 | 722.70 | 672.10 | 24.20 | 646.80 |
| | 用工数量 | 日 | 124.50 | 63.30 | 65.70 | 61.10 | 2.20 | 58.80 |
| | 劳动日工价 | 元 | 11.00 | 11.00 | 11.00 | 11.00 | 11.00 | 11.00 |
| | 期间费用 | 元 | 1486.46 | 1053.27 | 929.99 | 237.39 | 1743.19 | 394.34 |
| | 税金 | 元 | | | | | | |
| | 含税成本 | 元 | 13681.48 | 12202.96 | 9550.32 | 7552.14 | 12536.86 | 5398.95 |
| | 净产值 | 元 | 5905.30 | 5032.38 | 3842.72 | 5497.30 | 2273.36 | 2473.76 |
| | 减税纯收益 | 元 | 3051.66 | 3434.09 | 2225.76 | 4587.81 | 505.97 | 1434.08 |
| | 成本纯收益率 | % | 22.31 | 28.14 | 23.31 | 60.75 | 4.04 | 26.56 |
| | 耗粮数量 | 公斤 | 2194.80 | 2847.10 | 1500.30 | 1587.80 | 3867.00 | 1256.20 |
| 每50公斤主产品 | 平均出售价格 | 元 | 120.36 | 113.67 | 106.21 | 106.00 | 95.00 | 88.57 |
| | 物质费用 | 元 | 77.88 | 76.73 | 71.45 | 58.00 | 78.44 | 56.50 |
| | 生产成本 | 元 | 87.73 | 81.84 | 77.98 | 63.87 | 78.62 | 64.88 |
| | 含税成本 | 元 | 98.42 | 89.57 | 86.40 | 65.94 | 91.31 | 70.00 |
| | 净产值 | 元 | 42.48 | 36.94 | 34.76 | 48.00 | 16.56 | 32.07 |
| | 减税纯收益 | 元 | 21.96 | 25.23 | 20.14 | 40.06 | 3.69 | 18.59 |
| | 耗粮数量 | 公斤 | 16.00 | 21.30 | 14.00 | 14.80 | 30.20 | 16.80 |
| 每一劳动日 | 主产品产量 | 公斤 | 55.10 | 105.80 | 81.60 | 87.60 | 2906.90 | 63.50 |
| | 净产值 | 元 | 47.43 | 79.50 | 58.49 | 89.97 | 1033.35 | 42.07 |
| 每核算单位成本外支出 | | 元 | 498.89 | | | | 15.27 | |

# 2002年全国奶类产品成本收益(三)

品种：国营集体奶牛　　　　按统一工价汇总

| 项目名称 | | 单位 | 湖北 | 广东 | 广西 | 海南 | 贵州 | 重庆 |
|---|---|---|---|---|---|---|---|---|
| 调查县数 | | 个 | 1.00 | 1.00 | 1.00 | 1.00 | 1.00 | 1.00 |
| 调查户数 | | 户 | 1.00 | 1.00 | 1.00 | 3.00 | 1.00 | 1.00 |
| 调查数量 | | 头 | 3500.00 | 874.00 | 190.00 | 108.00 | 3375.00 | 254.00 |
| 平均饲养天数 | | 天 | 365.00 | 365.00 | 365.00 | 365.00 | 365.00 | 365.00 |
| 每头 | 主产品产量 | 公斤 | 6500.00 | 4431.00 | 3170.00 | 2492.00 | 5300.00 | 5110.00 |
| | 产值合计 | 元 | 14465.00 | 14855.17 | 13634.00 | 11994.25 | 25580.00 | 11242.00 |
| | 主产品产值 | 元 | 14365.00 | 14811.91 | 13314.00 | 11712.69 | 24380.00 | 11242.00 |
| | 副产品产值 | 元 | 100.00 | 43.26 | 320.00 | 281.56 | 1200.00 | |
| | 其他收入 | 元 | | | | | | |
| | 生产成本 | 元 | 11505.00 | 12650.36 | 9698.00 | 6821.28 | 14996.00 | 9513.73 |
| | 物质费用 | 元 | 10801.00 | 12221.36 | 8928.00 | 5930.28 | 14061.00 | 8309.23 |
| | 用工作价 | 元 | 704.00 | 429.00 | 770.00 | 891.00 | 935.00 | 1204.50 |
| | 用工数量 | 日 | 64.00 | 39.00 | 70.00 | 81.00 | 85.00 | 109.50 |
| | 劳动日工价 | 元 | 11.00 | 11.00 | 11.00 | 11.00 | 11.00 | 11.00 |
| | 期间费用 | 元 | 1047.00 | 2261.89 | 4166.00 | 5340.00 | 1750.00 | 541.15 |
| | 税金 | 元 | 29.00 | 32.06 | | | | |
| | 含税成本 | 元 | 12581.00 | 14944.31 | 13864.00 | 12161.28 | 16746.00 | 10054.88 |
| | 净产值 | 元 | 3664.00 | 2633.81 | 4706.00 | 6063.97 | 11519.00 | 2932.77 |
| | 减税纯收益 | 元 | 1884.00 | −89.14 | −230.00 | −167.03 | 8834.00 | 1187.12 |
| | 成本纯收益率 | % | 14.97 | −0.60 | −1.66 | −1.37 | 52.75 | 11.81 |
| | 耗粮数量 | 公斤 | 2360.00 | 999.00 | 1265.60 | 1106.10 | 2996.00 | 1565.70 |
| 每50公斤主产品 | 平均出售价格 | 元 | 110.50 | 167.14 | 210.00 | 235.01 | 230.00 | 110.00 |
| | 物质费用 | 元 | 82.51 | 137.51 | 137.52 | 116.20 | 126.43 | 81.30 |
| | 生产成本 | 元 | 87.89 | 142.33 | 149.38 | 133.65 | 134.84 | 93.09 |
| | 含税成本 | 元 | 96.11 | 168.14 | 213.54 | 238.28 | 150.57 | 98.38 |
| | 净产值 | 元 | 27.99 | 29.63 | 72.48 | 118.81 | 103.57 | 28.70 |
| | 减税纯收益 | 元 | 14.39 | −1.00 | −3.54 | −3.27 | 79.43 | 11.62 |
| | 耗粮数量 | 公斤 | 18.20 | 11.30 | 20.00 | 22.20 | 28.30 | 15.30 |
| 每一劳动日 | 主产品产量 | 公斤 | 101.60 | 113.60 | 45.30 | 30.80 | 62.40 | 46.70 |
| | 净产值 | 元 | 57.25 | 67.53 | 67.23 | 74.86 | 135.52 | 26.78 |
| 每核算单位成本外支出 | | 元 | 88.00 | 753.45 | | | 450.00 | |

# 2002 年全国奶类产品成本收益(四)

品种：国营集体奶牛　　　　按统一工价汇总

| 项 目 名 称 | | 单位 | 陕 西 | 甘 肃 | 青 海 | 宁 夏 | 新 疆 |
|---|---|---|---|---|---|---|---|
| 调查县数 | | 个 | 10.00 | 2.00 | 1.00 | 1.00 | 1.00 |
| 调查户数 | | 户 | 10.00 | 4.00 | 1.00 | 1.00 | 1.00 |
| 调查数量 | | 头 | 3944.00 | 1252.00 | 549.00 | 900.00 | 1051.00 |
| 平均饲养天数 | | 天 | 365.00 | 365.00 | 365.00 | 365.00 | 365.00 |
| 每头 | 主产品产量 | 公斤 | 8029.30 | 5676.60 | 6497.00 | 6840.00 | 7811.30 |
| | 产值合计 | 元 | 14301.66 | 12362.19 | 9947.96 | 10300.00 | 16641.08 |
| | 主产品产值 | 元 | 14282.54 | 10442.97 | 9745.50 | 10260.00 | 15622.60 |
| | 副产品产值 | 元 | 19.12 | 1919.22 | 202.46 | 40.00 | 1018.48 |
| | 其他收入 | 元 | | | | | |
| | 生产成本 | 元 | 11541.75 | 6957.30 | 9282.12 | 5936.76 | 14048.87 |
| | 物质费用 | 元 | 11097.35 | 6677.90 | 8624.32 | 5606.76 | 12937.87 |
| | 用工作价 | 元 | 444.40 | 279.40 | 657.80 | 330.00 | 1111.00 |
| | 用工数量 | 日 | 40.40 | 25.40 | 59.80 | 30.00 | 101.00 |
| | 劳动日工价 | 元 | 11.00 | 11.00 | 11.00 | 11.00 | 11.00 |
| | 期间费用 | 元 | 745.04 | 2454.01 | 1123.27 | | 529.79 |
| | 税金 | 元 | 5.09 | | | | |
| | 含税成本 | 元 | 12291.88 | 9411.31 | 10405.39 | 5936.76 | 14578.66 |
| | 净产值 | 元 | 3204.31 | 5684.29 | 1323.64 | 4693.24 | 3703.21 |
| | 减税纯收益 | 元 | 2009.78 | 2950.88 | −457.43 | 4363.24 | 2062.42 |
| | 成本纯收益率 | % | 16.35 | 31.35 | −4.40 | 73.50 | 14.15 |
| | 耗粮数量 | 公斤 | 3169.60 | 2118.10 | 1863.00 | 1460.00 | 2329.20 |
| 每50公斤主产品 | 平均出售价格 | 元 | 88.94 | 91.98 | 75.00 | 75.00 | 100.00 |
| | 物质费用 | 元 | 69.01 | 49.69 | 65.02 | 40.83 | 77.75 |
| | 生产成本 | 元 | 71.78 | 51.77 | 69.98 | 43.23 | 84.42 |
| | 含税成本 | 元 | 76.44 | 70.02 | 78.45 | 43.23 | 87.61 |
| | 净产值 | 元 | 19.93 | 42.29 | 9.98 | 34.17 | 22.25 |
| | 减税纯收益 | 元 | 12.50 | 21.96 | −3.45 | 31.77 | 12.39 |
| | 耗粮数量 | 公斤 | 19.70 | 18.70 | 14.30 | 10.70 | 14.90 |
| 每一劳动日 | 主产品产量 | 公斤 | 198.70 | 223.50 | 108.60 | 228.00 | 77.30 |
| | 净产值 | 元 | 79.31 | 223.79 | 22.13 | 156.44 | 36.67 |
| 每核算单位成本外支出 | | 元 | | | | | |

# 2002年全国奶类产品成本收益(一)

**品种：国营集体奶牛** 按地区工价汇总

| 项目名称 | | 单位 | 平均 | 北京 | 天津 | 河北 | 吉林 | 上海 |
|---|---|---|---|---|---|---|---|---|
| 调查县数 | | 个 | 56.00 | 6.00 | 4.00 | 2.00 | 2.00 | 5.00 |
| 调查户数 | | 户 | 81.00 | 12.00 | 4.00 | 2.00 | 2.00 | 15.00 |
| 调查数量 | | 头 | 42451.00 | 5854.00 | 5240.00 | 246.00 | 783.00 | 3112.00 |
| 平均饲养天数 | | 天 | 365.00 | 365.00 | 365.00 | 365.00 | 365.00 | 365.00 |
| 每头 | 主产品产量 | 公斤 | 6031.60 | 8508.00 | 7353.00 | 6225.00 | 6748.20 | 7612.00 |
| | 产值合计 | 元 | 13967.77 | 16436.71 | 14274.64 | 12136.65 | 16369.40 | 16778.95 |
| | 主产品产值 | 元 | 13564.55 | 16348.81 | 14026.49 | 11993.98 | 16175.50 | 16471.90 |
| | 副产品产值 | 元 | 403.22 | 87.90 | 248.15 | 142.67 | 193.90 | 307.05 |
| | 其他收入 | 元 | 12.88 | | | | | 92.52 |
| | 生产成本 | 元 | 10044.86 | 11082.67 | 10127.30 | 7739.82 | 9024.49 | 14088.88 |
| | 物质费用 | 元 | 9239.86 | 10283.97 | 9219.14 | 7100.62 | 7994.89 | 12536.08 |
| | 用工作价 | 元 | 805.00 | 798.70 | 908.16 | 639.20 | 1029.60 | 1552.80 |
| | 用工数量 | 日 | 64.40 | 32.60 | 70.40 | 75.20 | 93.60 | 64.70 |
| | 劳动日工价 | 元 | 12.50 | 24.50 | 12.90 | 8.50 | 11.00 | 24.00 |
| | 期间费用 | 元 | 1827.18 | 1825.36 | 2791.51 | 960.70 | 7895.03 | 922.29 |
| | 税金 | 元 | 3.01 | | | | | |
| | 含税成本 | 元 | 11875.05 | 12908.03 | 12918.81 | 8700.52 | 16919.52 | 15011.17 |
| | 净产值 | 元 | 4727.91 | 6152.74 | 5055.50 | 5036.03 | 8374.51 | 4242.87 |
| | 减税纯收益 | 元 | 2105.60 | 3528.68 | 1355.83 | 3436.13 | −550.12 | 1860.30 |
| | 成本纯收益率 | % | 17.73 | 27.34 | 10.50 | 39.49 | −3.25 | 12.39 |
| | 耗粮数量 | 公斤 | 2126.50 | 2467.90 | 2782.80 | 1801.50 | 2490.30 | 2754.50 |
| 每50公斤主产品 | 平均出售价格 | 元 | 112.45 | 96.08 | 95.38 | 96.34 | 119.85 | 108.20 |
| | 物质费用 | 元 | 74.39 | 60.11 | 61.60 | 56.36 | 58.54 | 80.84 |
| | 生产成本 | 元 | 80.87 | 64.78 | 67.67 | 61.44 | 66.07 | 90.85 |
| | 含税成本 | 元 | 95.60 | 75.45 | 86.32 | 69.06 | 123.88 | 96.80 |
| | 净产值 | 元 | 38.06 | 35.97 | 33.78 | 39.98 | 61.31 | 27.36 |
| | 减税纯收益 | 元 | 16.96 | 20.63 | 9.06 | 27.28 | −4.03 | 12.01 |
| | 耗粮数量 | 公斤 | 17.60 | 14.50 | 18.90 | 14.50 | 18.50 | 18.10 |
| 每一劳动日 | 主产品产量 | 公斤 | 93.70 | 261.00 | 104.40 | 82.80 | 72.10 | 117.70 |
| | 净产值 | 元 | 73.41 | 188.73 | 71.81 | 66.97 | 89.47 | 65.58 |
| 每核算单位成本外支出 | | 元 | 82.07 | | | | | |

# 2002 年全国奶类产品成本收益(二)

品种：国营集体奶牛　　　　按地区工价汇总

| 项目名称 | | 单位 | 江苏 | 浙江 | 安徽 | 福建 | 山东 | 河南 |
|---|---|---|---|---|---|---|---|---|
| 调查县数 | | 个 | 3.00 | 3.00 | 4.00 | 1.00 | 1.00 | 4.00 |
| 调查户数 | | 户 | 3.00 | 4.00 | 4.00 | 3.00 | 2.00 | 5.00 |
| 调查数量 | | 头 | 2136.00 | 2557.00 | 3415.00 | 148.00 | 1774.00 | 1189.00 |
| 平均饲养天数 | | 天 | 365.00 | 365.00 | 365.00 | 365.00 | 365.00 | 365.00 |
| 每头 | 主产品产量 | 公斤 | 6859.70 | 6695.10 | 5360.40 | 5350.40 | 6395.20 | 3731.90 |
| | 产值合计 | 元 | 16730.82 | 15485.77 | 11740.35 | 12139.95 | 13042.83 | 6831.57 |
| | 主产品产值 | 元 | 16512.34 | 15220.68 | 11386.47 | 11342.85 | 12150.88 | 6610.95 |
| | 副产品产值 | 元 | 218.48 | 265.09 | 353.88 | 797.10 | 891.95 | 220.62 |
| | 其他收入 | 元 | 2.32 | 151.28 | 35.73 | | | 1.46 |
| | 生产成本 | 元 | 12444.02 | 11624.44 | 8554.63 | 7583.59 | 10794.33 | 4881.13 |
| | 物质费用 | 元 | 10825.52 | 10453.39 | 7897.63 | 6642.65 | 10769.47 | 4357.81 |
| | 用工作价 | 元 | 1618.50 | 1171.05 | 657.00 | 940.94 | 24.86 | 523.32 |
| | 用工数量 | 日 | 124.50 | 63.30 | 65.70 | 61.10 | 2.20 | 58.80 |
| | 劳动日工价 | 元 | 13.00 | 18.50 | 10.00 | 15.40 | 11.30 | 8.90 |
| | 期间费用 | 元 | 1486.46 | 1053.27 | 929.99 | 237.39 | 1743.19 | 394.34 |
| | 税金 | 元 | | | | | | |
| | 含税成本 | 元 | 13930.48 | 12677.71 | 9484.62 | 7820.98 | 12537.52 | 5275.47 |
| | 净产值 | 元 | 5905.30 | 5032.38 | 3842.72 | 5497.30 | 2273.36 | 2473.76 |
| | 减税纯收益 | 元 | 2802.66 | 2959.34 | 2291.46 | 4318.97 | 505.31 | 1557.56 |
| | 成本纯收益率 | % | 20.12 | 23.34 | 24.16 | 55.22 | 4.03 | 29.52 |
| | 耗粮数量 | 公斤 | 2194.80 | 2847.10 | 1500.30 | 1587.80 | 3867.00 | 1256.20 |
| 每50公斤主产品 | 平均出售价格 | 元 | 120.36 | 113.67 | 106.21 | 106.00 | 95.00 | 88.57 |
| | 物质费用 | 元 | 77.88 | 76.73 | 71.45 | 58.00 | 78.44 | 56.50 |
| | 生产成本 | 元 | 89.52 | 85.33 | 77.39 | 66.22 | 78.62 | 63.28 |
| | 含税成本 | 元 | 100.21 | 93.06 | 85.80 | 68.29 | 91.32 | 68.40 |
| | 净产值 | 元 | 42.48 | 36.94 | 34.76 | 48.00 | 16.56 | 32.07 |
| | 减税纯收益 | 元 | 20.17 | 21.74 | 20.74 | 37.71 | 3.68 | 20.19 |
| | 耗粮数量 | 公斤 | 16.00 | 21.30 | 14.00 | 14.80 | 30.20 | 16.80 |
| 每一劳动日 | 主产品产量 | 公斤 | 55.10 | 105.80 | 81.60 | 87.60 | 2906.90 | 63.50 |
| | 净产值 | 元 | 47.43 | 79.50 | 58.49 | 89.97 | 1033.35 | 42.07 |
| 每核算单位成本外支出 | | 元 | 498.89 | | | | 15.27 | |

# 2002年全国奶类产品成本收益(三)

品种：国营集体奶牛　　　　按地区工价汇总

| 项目名称 | | 单位 | 湖北 | 广东 | 广西 | 海南 | 贵州 | 重庆 |
|---|---|---|---|---|---|---|---|---|
| 调查县数 | | 个 | 1.00 | 1.00 | 1.00 | 1.00 | 1.00 | 1.00 |
| 调查户数 | | 户 | 1.00 | 1.00 | 1.00 | 3.00 | 1.00 | 1.00 |
| 调查数量 | | 头 | 3500.00 | 874.00 | 190.00 | 108.00 | 3375.00 | 254.00 |
| 平均饲养天数 | | 天 | 365.00 | 365.00 | 365.00 | 365.00 | 365.00 | 365.00 |
| 每头 | 主产品产量 | 公斤 | 6500.00 | 4431.00 | 3170.00 | 2492.00 | 5300.00 | 5110.00 |
| | 产值合计 | 元 | 14465.00 | 14855.17 | 13634.00 | 11994.25 | 25580.00 | 11242.00 |
| | 主产品产值 | 元 | 14365.00 | 14811.91 | 13314.00 | 11712.69 | 24380.00 | 11242.00 |
| | 副产品产值 | 元 | 100.00 | 43.26 | 320.00 | 281.56 | 1200.00 | |
| | 其他收入 | 元 | | | | | | |
| | 生产成本 | 元 | 11441.00 | 12903.86 | 9663.00 | 7145.28 | 14911.00 | 9437.08 |
| | 物质费用 | 元 | 10801.00 | 12221.36 | 8928.00 | 5930.28 | 14061.00 | 8309.23 |
| | 用工作价 | 元 | 640.00 | 682.50 | 735.00 | 1215.00 | 850.00 | 1127.85 |
| | 用工数量 | 日 | 64.00 | 39.00 | 70.00 | 81.00 | 85.00 | 109.50 |
| | 劳动日工价 | 元 | 10.00 | 17.50 | 10.50 | 15.00 | 10.00 | 10.30 |
| | 期间费用 | 元 | 1047.00 | 2261.89 | 4166.00 | 5340.00 | 1750.00 | 541.15 |
| | 税金 | 元 | 29.00 | 32.06 | | | | |
| | 含税成本 | 元 | 12517.00 | 15197.81 | 13829.00 | 12485.28 | 16661.00 | 9978.23 |
| | 净产值 | 元 | 3664.00 | 2633.81 | 4706.00 | 6063.97 | 11519.00 | 2932.77 |
| | 减税纯收益 | 元 | 1948.00 | -342.64 | -195.00 | -491.03 | 8919.00 | 1263.77 |
| | 成本纯收益率 | % | 15.56 | -2.25 | -1.41 | -3.93 | 53.53 | 12.67 |
| | 耗粮数量 | 公斤 | 2360.00 | 999.00 | 1265.60 | 1106.10 | 2996.00 | 1565.70 |
| 每50公斤主产品 | 平均出售价格 | 元 | 110.50 | 167.14 | 210.00 | 235.01 | 230.00 | 110.00 |
| | 物质费用 | 元 | 82.51 | 137.51 | 137.52 | 116.20 | 126.43 | 81.30 |
| | 生产成本 | 元 | 87.40 | 145.19 | 148.84 | 140.00 | 134.07 | 92.34 |
| | 含税成本 | 元 | 95.62 | 171.00 | 213.00 | 244.63 | 149.81 | 97.63 |
| | 净产值 | 元 | 27.99 | 29.63 | 72.48 | 118.81 | 103.57 | 28.70 |
| | 减税纯收益 | 元 | 14.88 | -3.86 | -3.00 | -9.62 | 80.19 | 12.37 |
| | 耗粮数量 | 公斤 | 18.20 | 11.30 | 20.00 | 22.20 | 28.30 | 15.30 |
| 每一劳动日 | 主产品产量 | 公斤 | 101.60 | 113.60 | 45.30 | 30.80 | 62.40 | 46.70 |
| | 净产值 | 元 | 57.25 | 67.53 | 67.23 | 74.86 | 135.52 | 26.78 |
| 每核算单位成本外支出 | | 元 | 88.00 | 753.45 | | | 450.00 | |

# 2002 年全国奶类产品成本收益(四)

品种：国营集体奶牛　　　　按地区工价汇总

| 项　目　名　称 | | 单位 | 陕　西 | 甘　肃 | 青　海 | 宁　夏 | 新　疆 |
|---|---|---|---|---|---|---|---|
| 调查县数 | | 个 | 10.00 | 2.00 | 1.00 | 1.00 | 1.00 |
| 调查户数 | | 户 | 10.00 | 4.00 | 1.00 | 1.00 | 1.00 |
| 调查数量 | | 头 | 3944.00 | 1252.00 | 549.00 | 900.00 | 1051.00 |
| 平均饲养天数 | | 天 | 365.00 | 365.00 | 365.00 | 365.00 | 365.00 |
| 每头 | 主产品产量 | 公斤 | 8029.30 | 5676.60 | 6497.00 | 6840.00 | 7811.30 |
| | 产值合计 | 元 | 14301.66 | 12362.19 | 9947.96 | 10300.00 | 16641.08 |
| | 主产品产值 | 元 | 14282.54 | 10442.97 | 9745.50 | 10260.00 | 15622.60 |
| | 副产品产值 | 元 | 19.12 | 1919.22 | 202.46 | 40.00 | 1018.48 |
| | 其他收入 | 元 | | | | | |
| | 生产成本 | 元 | 11489.23 | 6868.40 | 9162.52 | 5885.76 | 13867.07 |
| | 物质费用 | 元 | 11097.35 | 6677.90 | 8624.32 | 5606.76 | 12937.87 |
| | 用工作价 | 元 | 391.88 | 190.50 | 538.20 | 279.00 | 929.20 |
| | 用工数量 | 日 | 40.40 | 25.40 | 59.80 | 30.00 | 101.00 |
| | 劳动日工价 | 元 | 9.70 | 7.50 | 9.00 | 9.30 | 9.20 |
| | 期间费用 | 元 | 745.04 | 2454.01 | 1123.27 | | 529.79 |
| | 税金 | 元 | 5.09 | | | | |
| | 含税成本 | 元 | 12239.36 | 9322.41 | 10285.79 | 5885.76 | 14396.86 |
| | 净产值 | 元 | 3204.31 | 5684.29 | 1323.64 | 4693.24 | 3703.21 |
| | 减税纯收益 | 元 | 2062.30 | 3039.78 | -337.83 | 4414.24 | 2244.22 |
| | 成本纯收益率 | % | 16.85 | 32.61 | -3.28 | 75.00 | 15.59 |
| | 耗粮数量 | 公斤 | 3169.60 | 2118.10 | 1863.00 | 1460.00 | 2329.20 |
| 每50公斤主产品 | 平均出售价格 | 元 | 88.94 | 91.98 | 75.00 | 75.00 | 100.00 |
| | 物质费用 | 元 | 69.01 | 49.69 | 65.02 | 40.83 | 77.75 |
| | 生产成本 | 元 | 71.45 | 51.10 | 69.08 | 42.86 | 83.33 |
| | 含税成本 | 元 | 76.11 | 69.36 | 77.55 | 42.86 | 86.51 |
| | 净产值 | 元 | 19.93 | 42.29 | 9.98 | 34.17 | 22.25 |
| | 减税纯收益 | 元 | 12.83 | 22.62 | -2.55 | 32.14 | 13.49 |
| | 耗粮数量 | 公斤 | 19.70 | 18.70 | 14.30 | 10.70 | 14.90 |
| 每一劳动日 | 主产品产量 | 公斤 | 198.70 | 223.50 | 108.60 | 228.00 | 77.30 |
| | 净产值 | 元 | 79.31 | 223.79 | 22.13 | 156.44 | 36.67 |
| 每核算单位成本外支出 | | 元 | | | | | |

# 2002年全国奶类产品物质费用和期间费用(一)

品种：国营集体奶牛

| 项 目 名 称 | 单位 | 平 均 | 北 京 | 天 津 | 河 北 | 吉 林 | 上 海 |
|---|---|---|---|---|---|---|---|
| 一、物质费用 | 元 | 9239.86 | 10283.97 | 9219.14 | 7100.62 | 7994.89 | 12536.08 |
| (一)直接生产费用 | 元 | 7929.39 | 8786.67 | 8393.16 | 6110.41 | 7438.61 | 11503.21 |
| 1.仔畜进价 | 元 | 682.01 | 393.15 | 331.44 | 350.81 | 869.05 | 688.31 |
| 2.精饲料费 | 元 | 3826.39 | 5249.95 | 4006.45 | 3396.63 | 3838.90 | 5855.43 |
| 3.青粗饲料费 | 元 | 2281.83 | 1802.23 | 2385.78 | 1788.82 | 2211.14 | 3456.71 |
| 4.饲料加工费 | 元 | 72.42 | | 723.84 | | | |
| 5.水费 | 元 | 59.34 | 74.87 | 75.41 | 78.74 | | 126.16 |
| 6.电费 | 元 | 214.53 | 324.48 | 237.95 | 218.44 | 116.61 | 366.33 |
| 7.煤费 | 元 | 37.39 | 185.81 | 96.89 | 41.46 | 27.64 | 15.21 |
| 8.医疗防疫费 | 元 | 194.01 | 210.68 | 211.63 | 68.67 | 59.02 | 330.70 |
| 9.死亡损失费 | 元 | 190.21 | | 19.67 | 2.76 | | 158.56 |
| 10.工具材料费 | 元 | 76.53 | 19.24 | 53.96 | 57.14 | 63.65 | 105.88 |
| 11.其他直接费用 | 元 | 294.73 | 526.26 | 250.14 | 106.94 | 252.60 | 399.92 |
| (二)间接生产费用 | 元 | 1310.47 | 1497.30 | 825.98 | 990.21 | 556.28 | 1032.87 |
| 1.固定资产折旧费 | 元 | 963.39 | 1417.09 | 222.19 | 824.84 | 223.74 | 588.22 |
| 2.修理费 | 元 | 113.68 | 80.21 | 111.88 | 104.57 | 79.66 | 210.03 |
| 3.其它间接费用 | 元 | 233.40 | | 491.91 | 60.80 | 252.88 | 234.62 |
| 二、期间费用 | 元 | 1827.18 | 1825.36 | 2791.51 | 960.70 | 7895.03 | 922.29 |
| 1.承包费 | 元 | 1.02 | | | | | |
| 2.管理费 | 元 | 1293.31 | 1487.84 | 1847.03 | 832.18 | 4726.90 | 533.14 |
| 3.销售费 | 元 | 262.32 | | 380.56 | 50.11 | | 143.42 |
| 4.财务费 | 元 | 270.53 | 337.52 | 563.92 | 78.41 | 3168.13 | 245.73 |
| 附记：1.仔畜重量 | 公斤 | 132.10 | | | | | 186.20 |
| 2.精饲料数量 | 公斤 | 3196.10 | 4339.40 | 3426.50 | 2863.40 | 3035.10 | 3976.40 |
| 3.青粗饲料量 | 公斤 | 12827.10 | 7269.10 | 18125.90 | 6189.00 | 10174.30 | 16892.70 |

# 2002 年全国奶类产品物质费用和期间费用(二)

品种：国营集体奶牛

| 项目名称 | 单位 | 江苏 | 浙江 | 安徽 | 福建 | 山东 | 河南 |
|---|---|---|---|---|---|---|---|
| 一、物质费用 | 元 | 10825.52 | 10453.39 | 7897.63 | 6642.65 | 10769.47 | 4357.81 |
| (一)直接生产费用 | 元 | 9192.93 | 9652.89 | 6723.12 | 5812.28 | 8403.93 | 4067.62 |
| 1.仔畜进价 | 元 | 443.34 | 571.10 | 1100.49 | 444.02 | 780.00 | 643.07 |
| 2.精饲料费 | 元 | 3628.43 | 5257.44 | 3233.88 | 3376.25 | 4006.02 | 2116.40 |
| 3.青粗饲料费 | 元 | 3888.54 | 2622.07 | 1851.76 | 1584.91 | 2818.35 | 937.84 |
| 4.饲料加工费 | 元 |  |  |  |  |  | 16.45 |
| 5.水费 | 元 | 95.09 | 91.09 | 13.91 | 73.60 | 13.48 | 31.71 |
| 6.电费 | 元 | 326.98 | 403.69 | 110.52 | 116.50 | 379.10 | 96.64 |
| 7.煤费 | 元 | 7.90 | 33.95 | 15.75 |  | 1.53 | 24.11 |
| 8.医疗防疫费 | 元 | 273.30 | 254.88 | 119.58 | 217.00 | 206.35 | 102.94 |
| 9.死亡损失费 | 元 | 22.73 | 94.46 | 161.51 |  |  | 60.67 |
| 10.工具材料费 | 元 | 315.65 | 58.83 | 61.97 |  | 58.60 | 34.77 |
| 11.其他直接费用 | 元 | 190.97 | 265.38 | 53.75 |  | 140.50 | 3.02 |
| (二)间接生产费用 | 元 | 1632.59 | 800.50 | 1174.51 | 830.37 | 2365.54 | 290.19 |
| 1.固定资产折旧费 | 元 | 1506.17 | 585.75 | 744.42 | 830.37 | 2168.55 | 254.22 |
| 2.修理费 | 元 | 46.51 | 111.79 | 25.12 |  | 118.59 | 35.97 |
| 3.其它间接费用 | 元 | 79.91 | 102.96 | 404.97 |  | 78.40 |  |
| 二、期间费用 | 元 | 1486.46 | 1053.27 | 929.99 | 237.39 | 1743.19 | 394.34 |
| 1.承包费 | 元 |  |  | 6.85 | 5.25 |  | 10.25 |
| 2.管理费 | 元 | 1486.46 | 918.18 | 499.68 |  | 1388.82 | 276.37 |
| 3.销售费 | 元 |  | 55.70 | 294.97 | 232.14 | 121.67 | 92.73 |
| 4.财务费 | 元 |  | 79.39 | 128.49 |  | 232.70 | 14.99 |
| 附记：1.仔畜重量 | 公斤 |  |  | 216.20 |  |  |  |
| 2.精饲料数量 | 公斤 | 3135.70 | 3756.90 | 2212.50 | 2646.30 | 4549.40 | 2512.30 |
| 3.青粗饲料量 | 公斤 | 16786.10 | 14686.90 | 13725.70 |  | 12670.00 | 9151.60 |

# 2002年全国奶类产品物质费用和期间费用(三)

品种：国营集体奶牛

| 项 目 名 称 | 单位 | 湖 北 | 广 东 | 广 西 | 海 南 | 贵 州 | 重 庆 |
|---|---|---|---|---|---|---|---|
| 一、物质费用 | 元 | 10801.00 | 12221.36 | 8928.00 | 5930.28 | 14061.00 | 8309.23 |
| (一)直接生产费用 | 元 | 9662.00 | 9296.23 | 7296.00 | 5494.67 | 12253.00 | 7437.87 |
| 1.仔畜进价 | 元 | 640.00 | 286.00 | 1540.00 | 525.43 | 250.00 | 311.27 |
| 2.精饲料费 | 元 | 4428.00 | 3729.74 | 2702.00 | 3382.60 | 4649.00 | 3445.46 |
| 3.青粗饲料费 | 元 | 3456.00 | 2990.74 | 936.00 | 894.21 | 3561.00 | 2399.86 |
| 4.饲料加工费 | 元 | 108.00 |  | 210.00 |  | 500.00 |  |
| 5.水费 | 元 | 91.00 |  | 35.00 | 12.26 | 41.00 | 349.23 |
| 6.电费 | 元 | 398.00 | 289.72 | 115.00 | 273.15 | 130.00 | 190.31 |
| 7.煤费 | 元 | 22.00 |  |  |  | 120.00 | 63.50 |
| 8.医疗防疫费 | 元 | 186.00 | 150.68 | 105.00 | 184.72 | 592.00 | 330.28 |
| 9.死亡损失费 | 元 | 119.00 | 376.73 | 1276.00 | 29.59 | 1525.00 | 111.03 |
| 10.工具材料费 | 元 | 105.00 | 56.86 | 143.00 | 192.71 | 66.00 | 169.75 |
| 11.其他直接费用 | 元 | 109.00 | 1415.76 | 234.00 |  | 819.00 | 67.18 |
| (二)间接生产费用 | 元 | 1139.00 | 2925.13 | 1632.00 | 435.61 | 1808.00 | 871.36 |
| 1.固定资产折旧费 | 元 | 898.00 | 1736.14 | 1056.00 | 359.65 | 1536.00 | 340.23 |
| 2.修理费 | 元 | 150.00 | 86.59 | 401.00 | 34.68 | 122.00 | 203.98 |
| 3.其它间接费用 | 元 | 91.00 | 1102.40 | 175.00 | 41.28 | 150.00 | 327.15 |
| 二、期间费用 | 元 | 1047.00 | 2261.89 | 4166.00 | 5340.00 | 1750.00 | 541.15 |
| 1.承包费 | 元 |  |  |  |  |  |  |
| 2.管理费 | 元 | 652.00 | 2204.60 | 3465.00 | 3598.15 | 800.00 | 313.20 |
| 3.销售费 | 元 | 360.00 |  | 661.00 | 1737.04 | 700.00 | 227.95 |
| 4.财务费 | 元 | 35.00 | 57.29 | 40.00 | 4.81 | 250.00 |  |
| 附记：1.仔畜重量 | 公斤 |  | 32.00 | 175.00 | 150.00 | 100.00 | 37.50 |
| 2.精饲料数量 | 公斤 | 3380.00 | 2729.50 | 2260.00 | 2458.00 | 3061.00 | 2553.10 |
| 3.青粗饲料量 | 公斤 | 12590.00 | 15946.00 | 9337.00 | 4786.00 | 15987.00 | 18330.80 |

# 2002年全国奶类产品物质费用和期间费用(四)

品种：国营集体奶牛

| 项 目 名 称 | 单位 | 陕 西 | 甘 肃 | 青 海 | 宁 夏 | 新 疆 |
|---|---|---|---|---|---|---|
| 一、物质费用 | 元 | 11097.35 | 6677.90 | 8624.32 | 5606.76 | 12937.87 |
| (一)直接生产费用 | 元 | 9404.83 | 5671.49 | 7996.06 | 4756.76 | 9092.39 |
| 1.仔畜进价 | 元 | 463.59 | 660.32 | 812.50 | 1200.00 | 1700.28 |
| 2.精饲料费 | 元 | 4891.91 | 2870.38 | 3726.15 | 1752.00 | 4637.52 |
| 3.青粗饲料费 | 元 | 2579.85 | 1669.99 | 2904.57 | 1303.05 | 2156.81 |
| 4.饲料加工费 | 元 | | | | 35.04 | |
| 5.水费 | 元 | | 35.85 | | 15.00 | 52.00 |
| 6.电费 | 元 | 263.31 | 149.42 | 152.92 | | 60.53 |
| 7.煤费 | 元 | 74.52 | 16.20 | | | 76.00 |
| 8.医疗防疫费 | 元 | 321.11 | 57.12 | 28.72 | 66.67 | 191.08 |
| 9.死亡损失费 | 元 | 18.50 | 55.20 | 153.20 | | |
| 10.工具材料费 | 元 | 23.30 | 50.10 | 27.29 | 20.00 | |
| 11.其他直接费用 | 元 | 768.74 | 106.91 | 190.71 | 365.00 | 218.17 |
| (二)间接生产费用 | 元 | 1692.52 | 1006.41 | 628.26 | 850.00 | 3845.48 |
| 1.固定资产折旧费 | 元 | 704.35 | 871.49 | 566.09 | 800.00 | 2961.01 |
| 2.修理费 | 元 | 569.51 | 8.76 | | | |
| 3.其它间接费用 | 元 | 418.66 | 126.16 | 62.17 | 50.00 | 884.47 |
| 二、期间费用 | 元 | 745.04 | 2454.01 | 1123.27 | | 529.79 |
| 1.承包费 | 元 | | | | | |
| 2.管理费 | 元 | 701.70 | 1841.39 | 880.13 | | |
| 3.销售费 | 元 | 19.00 | 544.07 | 150.61 | | |
| 4.财务费 | 元 | 24.34 | 68.55 | 92.53 | | 529.79 |
| 附记：1.仔畜重量 | 公斤 | | 240.00 | | 52.00 | |
| 2.精饲料数量 | 公斤 | 3551.20 | 3339.20 | 3726.00 | 2920.00 | 3882.10 |
| 3.青粗饲料量 | 公斤 | 17750.70 | 9382.20 | 24204.00 | 5110.00 | 10274.30 |

# （二）大中城市

# 2002年大中城市肉类产品成本收益(一)

品种：农户散养生猪　　　　按统一工价汇总

| 项目名称 | | 单位 | 平均 | 石家庄 | 哈尔滨 | 南京 | 杭州 | 南昌 | 济南 |
|---|---|---|---|---|---|---|---|---|---|
| 调查县数 | | 个 | 60.00 | 5.00 | 4.00 | 1.00 | 3.00 | 2.00 | 5.00 |
| 调查户数 | | 户 | 498.00 | 35.00 | 11.00 | 9.00 | 8.00 | 18.00 | 45.00 |
| 调查数量 | | 头 | 2026.00 | 58.00 | 198.00 | 21.00 | 23.00 | 38.00 | 204.00 |
| 平均饲养天数 | | 天 | 181.00 | 225.00 | 151.00 | 206.00 | 152.00 | 163.00 | 126.00 |
| 每头 | 主产品产量 | 公斤 | 104.60 | 112.20 | 96.90 | 104.60 | 108.60 | 111.70 | 101.90 |
| | 产值合计 | 元 | 637.26 | 676.01 | 586.40 | 625.00 | 699.66 | 659.13 | 556.96 |
| | 主产品产值 | 元 | 614.17 | 629.00 | 574.72 | 592.04 | 688.03 | 649.12 | 535.21 |
| | 副产品产值 | 元 | 23.09 | 47.01 | 11.68 | 32.96 | 11.63 | 10.01 | 21.75 |
| | 其他收入 | 元 | | | | | | | |
| | 生产成本 | 元 | 595.21 | 539.97 | 553.18 | 487.57 | 469.61 | 644.51 | 520.00 |
| | 物质费用 | 元 | 477.51 | 459.67 | 470.68 | 367.67 | 417.91 | 525.71 | 461.70 |
| | 用工作价 | 元 | 117.70 | 80.30 | 82.50 | 119.90 | 51.70 | 118.80 | 58.30 |
| | 用工数量 | 日 | 10.70 | 7.30 | 7.50 | 10.90 | 4.70 | 10.80 | 5.30 |
| | 劳动日工价 | 元 | 11.00 | 11.00 | 11.00 | 11.00 | 11.00 | 11.00 | 11.00 |
| | 期间费用 | 元 | 2.65 | 2.64 | 3.27 | 2.96 | 5.22 | 0.91 | 1.93 |
| | 税金 | 元 | | | | | | | |
| | 含税成本 | 元 | 597.86 | 542.61 | 556.45 | 490.53 | 474.83 | 645.42 | 521.93 |
| | 净产值 | 元 | 159.75 | 216.34 | 115.72 | 257.33 | 281.75 | 133.42 | 95.26 |
| | 减税纯收益 | 元 | 39.40 | 133.40 | 29.95 | 134.47 | 224.83 | 13.71 | 35.03 |
| | 成本纯收益率 | % | 6.59 | 24.58 | 5.38 | 27.41 | 47.35 | 2.12 | 6.71 |
| | 耗粮数量 | 公斤 | 171.70 | 150.00 | 247.10 | 122.80 | 96.30 | 154.20 | 213.10 |
| 每50公斤主产品 | 平均出售价格 | 元 | 293.58 | 280.30 | 296.55 | 283.00 | 316.77 | 290.56 | 262.62 |
| | 物质费用 | 元 | 219.98 | 190.60 | 238.03 | 166.48 | 189.21 | 231.75 | 217.70 |
| | 生产成本 | 元 | 274.21 | 223.89 | 279.75 | 220.77 | 212.62 | 284.12 | 245.19 |
| | 含税成本 | 元 | 275.43 | 224.99 | 281.40 | 222.11 | 214.98 | 284.52 | 246.10 |
| | 净产值 | 元 | 73.60 | 89.70 | 58.52 | 116.52 | 127.56 | 58.81 | 44.92 |
| | 减税纯收益 | 元 | 18.15 | 55.31 | 15.15 | 60.89 | 101.79 | 6.04 | 16.52 |
| | 耗粮数量 | 公斤 | 82.10 | 66.80 | 127.50 | 58.70 | 44.30 | 69.00 | 104.60 |
| 每一劳动日 | 主产品产量 | 公斤 | 9.80 | 15.40 | 12.90 | 9.60 | 23.10 | 10.30 | 19.20 |
| | 净产值 | 元 | 14.93 | 29.64 | 15.43 | 23.61 | 59.95 | 12.35 | 17.97 |
| 每核算单位成本外支出 | | 元 | 0.52 | | 3.20 | | | | |

# 2002 年大中城市肉类产品成本收益(二)

品种：农户散养生猪　　　　按统一工价汇总

| 项目名称 | | 单位 | 宁波 | 青岛 | 郑州 | 武汉 | 长沙 | 广州 | 南宁 |
|---|---|---|---|---|---|---|---|---|---|
| 调查县数 | | 个 | 1.00 | 1.00 | 1.00 | 1.00 | 4.00 | 1.00 | 2.00 |
| 调查户数 | | 户 | 3.00 | 15.00 | 2.00 | 15.00 | 36.00 | 9.00 | 2.00 |
| 调查数量 | | 头 | 25.00 | 33.00 | 4.00 | 19.00 | 128.00 | 185.00 | 6.00 |
| 平均饲养天数 | | 天 | 140.00 | 94.00 | 130.00 | 232.00 | 136.00 | 175.00 | 133.00 |
| 每头 | 主产品产量 | 公斤 | 98.00 | 87.20 | 94.70 | 113.00 | 90.10 | 103.60 | 93.10 |
| | 产值合计 | 元 | 637.20 | 488.50 | 494.60 | 724.00 | 490.55 | 662.93 | 567.00 |
| | 主产品产值 | 元 | 627.20 | 456.85 | 457.10 | 678.00 | 481.87 | 629.60 | 558.33 |
| | 副产品产值 | 元 | 10.00 | 31.65 | 37.50 | 46.00 | 8.68 | 33.33 | 8.67 |
| | 其他收入 | 元 | | | | | | | |
| | 生产成本 | 元 | 554.30 | 468.34 | 404.21 | 736.65 | 499.38 | 671.55 | 616.26 |
| | 物质费用 | 元 | 508.10 | 419.94 | 355.81 | 527.65 | 439.98 | 595.65 | 478.76 |
| | 用工作价 | 元 | 46.20 | 48.40 | 48.40 | 209.00 | 59.40 | 75.90 | 137.50 |
| | 用工数量 | 日 | 4.20 | 4.40 | 4.40 | 19.00 | 5.40 | 6.90 | 12.50 |
| | 劳动日工价 | 元 | 11.00 | 11.00 | 11.00 | 11.00 | 11.00 | 11.00 | 11.00 |
| | 期间费用 | 元 | | 6.16 | 3.07 | | 3.06 | | 1.60 |
| | 税金 | 元 | | | | | | | |
| | 含税成本 | 元 | 554.30 | 474.50 | 407.28 | 736.65 | 502.44 | 671.55 | 617.86 |
| | 净产值 | 元 | 129.10 | 68.56 | 138.79 | 196.35 | 50.57 | 67.28 | 88.24 |
| | 减税纯收益 | 元 | 82.90 | 14.00 | 87.32 | -12.65 | -11.89 | -8.62 | -50.86 |
| | 成本纯收益率 | % | 14.96 | 2.95 | 21.44 | -1.72 | -2.37 | -1.28 | -8.23 |
| | 耗粮数量 | 公斤 | 161.00 | 148.90 | 113.50 | 188.00 | 146.90 | 151.60 | 133.70 |
| 每50公斤主产品 | 平均出售价格 | 元 | 320.00 | 261.96 | 241.34 | 300.00 | 267.41 | 303.86 | 299.85 |
| | 物质费用 | 元 | 255.17 | 225.19 | 173.62 | 218.64 | 239.84 | 273.02 | 253.19 |
| | 生产成本 | 元 | 278.37 | 251.15 | 197.23 | 305.24 | 272.22 | 307.81 | 325.90 |
| | 含税成本 | 元 | 278.37 | 254.45 | 198.73 | 305.24 | 273.89 | 307.81 | 326.75 |
| | 净产值 | 元 | 64.83 | 36.77 | 67.72 | 81.36 | 27.57 | 30.84 | 46.66 |
| | 减税纯收益 | 元 | 41.63 | 7.51 | 42.61 | -5.24 | -6.48 | -3.95 | -26.90 |
| | 耗粮数量 | 公斤 | 82.10 | 85.40 | 59.90 | 83.20 | 81.50 | 73.20 | 71.80 |
| 每一劳动日 | 主产品产量 | 公斤 | 23.30 | 19.80 | 21.50 | 5.90 | 16.70 | 15.00 | 7.40 |
| | 净产值 | 元 | 30.74 | 15.58 | 31.54 | 10.33 | 9.36 | 9.75 | 7.06 |
| 每核算单位成本外支出 | | 元 | | | | | 6.06 | | 1.17 |

# 2002年大中城市肉类产品成本收益(三)

品种：农户散养生猪　　　　按统一工价汇总

| 项目名称 | | 单位 | 成都 | 贵阳 | 昆明 | 重庆 | 西安 | 兰州 | 西宁 |
|---|---|---|---|---|---|---|---|---|---|
| 调查县数 | | 个 | 4.00 | 4.00 | 5.00 | 11.00 | 2.00 | 1.00 | 2.00 |
| 调查户数 | | 户 | 26.00 | 53.00 | 34.00 | 150.00 | 15.00 | 6.00 | 6.00 |
| 调查数量 | | 头 | 64.00 | 178.00 | 243.00 | 394.00 | 118.00 | 8.00 | 79.00 |
| 平均饲养天数 | | 天 | 128.00 | 244.00 | 160.00 | 252.00 | 184.00 | 330.00 | 257.00 |
| 每头 | 主产品产量 | 公斤 | 86.80 | 122.90 | 109.50 | 122.30 | 110.00 | 127.00 | 98.10 |
| | 产值合计 | 元 | 521.24 | 781.70 | 638.39 | 686.44 | 671.15 | 901.25 | 677.10 |
| | 主产品产值 | 元 | 507.64 | 760.59 | 619.64 | 658.82 | 663.39 | 866.25 | 650.04 |
| | 副产品产值 | 元 | 13.60 | 21.11 | 18.75 | 27.62 | 7.76 | 35.00 | 27.06 |
| | 其他收入 | 元 | | | | | | | |
| | 生产成本 | 元 | 543.67 | 624.60 | 571.74 | 895.96 | 472.53 | 996.41 | 640.30 |
| | 物质费用 | 元 | 445.77 | 489.30 | 485.94 | 567.06 | 360.33 | 702.71 | 469.80 |
| | 用工作价 | 元 | 97.90 | 135.30 | 85.80 | 328.90 | 112.20 | 293.70 | 170.50 |
| | 用工数量 | 日 | 8.90 | 12.30 | 7.80 | 29.90 | 10.20 | 26.70 | 15.50 |
| | 劳动日工价 | 元 | 11.00 | 11.00 | 11.00 | 11.00 | 11.00 | 11.00 | 11.00 |
| | 期间费用 | 元 | | 7.84 | 5.25 | 4.80 | 1.54 | | 2.54 |
| | 税金 | 元 | | | | | | | |
| | 含税成本 | 元 | 543.67 | 632.44 | 576.99 | 900.76 | 474.07 | 996.41 | 642.84 |
| | 净产值 | 元 | 75.47 | 292.40 | 152.45 | 119.38 | 310.82 | 198.54 | 207.30 |
| | 减税纯收益 | 元 | −22.43 | 149.26 | 61.40 | −214.32 | 197.08 | −95.16 | 34.26 |
| | 成本纯收益率 | % | −4.13 | 23.60 | 10.64 | −23.79 | 41.57 | −9.55 | 5.33 |
| | 耗粮数量 | 公斤 | 100.60 | 113.00 | 159.00 | 201.80 | 256.00 | 352.90 | 222.80 |
| 每50公斤主产品 | 平均出售价格 | 元 | 292.42 | 309.43 | 282.94 | 269.35 | 301.54 | 341.04 | 331.31 |
| | 物质费用 | 元 | 250.08 | 193.69 | 215.37 | 222.51 | 161.89 | 265.91 | 229.88 |
| | 生产成本 | 元 | 305.00 | 247.24 | 253.40 | 351.56 | 212.30 | 377.05 | 313.30 |
| | 含税成本 | 元 | 305.00 | 250.35 | 255.73 | 353.45 | 212.99 | 377.05 | 314.55 |
| | 净产值 | 元 | 42.34 | 115.74 | 67.57 | 46.84 | 139.65 | 75.13 | 101.43 |
| | 减税纯收益 | 元 | −12.58 | 59.08 | 27.21 | −84.10 | 88.55 | −36.01 | 16.76 |
| | 耗粮数量 | 公斤 | 57.90 | 46.00 | 72.60 | 82.50 | 116.40 | 138.90 | 113.60 |
| 每一劳动日 | 主产品产量 | 公斤 | 9.80 | 10.00 | 14.00 | 4.10 | 10.80 | 4.80 | 6.30 |
| | 净产值 | 元 | 8.48 | 23.77 | 19.54 | 3.99 | 30.47 | 7.44 | 13.37 |
| 每核算单位成本外支出 | | 元 | | | | | | | |

# 2002 年大中城市肉类产品成本收益(一)

品种：农户散养生猪 按地区工价汇总

| 项目名称 | | 单位 | 平均 | 石家庄 | 哈尔滨 | 南京 | 杭州 | 南昌 | 济南 |
|---|---|---|---|---|---|---|---|---|---|
| 调查县数 | | 个 | 60.00 | 5.00 | 4.00 | 1.00 | 3.00 | 2.00 | 5.00 |
| 调查户数 | | 户 | 498.00 | 35.00 | 11.00 | 9.00 | 8.00 | 18.00 | 45.00 |
| 调查数量 | | 头 | 2026.00 | 58.00 | 198.00 | 21.00 | 23.00 | 38.00 | 204.00 |
| 平均饲养天数 | | 天 | 181.00 | 225.00 | 151.00 | 206.00 | 152.00 | 163.00 | 126.00 |
| 每头 | 主产品产量 | 公斤 | 104.60 | 112.20 | 96.90 | 104.60 | 108.60 | 111.70 | 101.90 |
| | 产值合计 | 元 | 637.26 | 676.01 | 586.40 | 625.00 | 699.66 | 659.13 | 556.96 |
| | 主产品产值 | 元 | 614.17 | 629.00 | 574.72 | 592.04 | 688.03 | 649.12 | 535.21 |
| | 副产品产值 | 元 | 23.09 | 47.01 | 11.68 | 32.96 | 11.63 | 10.01 | 21.75 |
| | 其他收入 | 元 | | | | | | | |
| | 生产成本 | 元 | 631.59 | 540.70 | 571.93 | 537.71 | 504.86 | 644.51 | 528.48 |
| | 物质费用 | 元 | 477.51 | 459.67 | 470.68 | 367.67 | 417.91 | 525.71 | 461.70 |
| | 用工作价 | 元 | 154.08 | 81.03 | 101.25 | 170.04 | 86.95 | 118.80 | 66.78 |
| | 用工数量 | 日 | 10.70 | 7.30 | 7.50 | 10.90 | 4.70 | 10.80 | 5.30 |
| | 劳动日工价 | 元 | 14.40 | 11.10 | 13.50 | 15.60 | 18.50 | 11.00 | 12.60 |
| | 期间费用 | 元 | 2.65 | 2.64 | 3.27 | 2.96 | 5.22 | 0.91 | 1.93 |
| | 税金 | 元 | | | | | | | |
| | 含税成本 | 元 | 634.24 | 543.34 | 575.20 | 540.67 | 510.08 | 645.42 | 530.41 |
| | 净产值 | 元 | 159.75 | 216.34 | 115.72 | 257.33 | 281.75 | 133.42 | 95.26 |
| | 减税纯收益 | 元 | 3.02 | 132.67 | 11.20 | 84.33 | 189.58 | 13.71 | 26.55 |
| | 成本纯收益率 | % | 0.48 | 24.42 | 1.95 | 15.60 | 37.17 | 2.12 | 5.01 |
| | 耗粮数量 | 公斤 | 171.70 | 150.00 | 247.10 | 122.80 | 96.30 | 154.20 | 213.10 |
| 每50公斤主产品 | 平均出售价格 | 元 | 293.58 | 280.30 | 296.55 | 283.00 | 316.77 | 290.56 | 262.62 |
| | 物质费用 | 元 | 219.98 | 190.60 | 238.03 | 166.48 | 189.21 | 231.75 | 217.70 |
| | 生产成本 | 元 | 290.97 | 224.20 | 289.23 | 243.48 | 228.57 | 284.12 | 249.19 |
| | 含税成本 | 元 | 292.19 | 225.29 | 290.89 | 244.82 | 230.94 | 284.52 | 250.10 |
| | 净产值 | 元 | 73.60 | 89.70 | 58.52 | 116.52 | 127.56 | 58.81 | 44.92 |
| | 减税纯收益 | 元 | 1.39 | 55.01 | 5.66 | 38.18 | 85.83 | 6.04 | 12.52 |
| | 耗粮数量 | 公斤 | 82.10 | 66.80 | 127.50 | 58.70 | 44.30 | 69.00 | 104.60 |
| 每一劳动日 | 主产品产量 | 公斤 | 9.80 | 15.40 | 12.90 | 9.60 | 23.10 | 10.30 | 19.20 |
| | 净产值 | 元 | 14.93 | 29.64 | 15.43 | 23.61 | 59.95 | 12.35 | 17.97 |
| 每核算单位成本外支出 | | 元 | 0.52 | | 3.20 | | | | |

# 2002年大中城市肉类产品成本收益(二)

品种：农户散养生猪　　　　按地区工价汇总

| 项目名称 | | 单位 | 宁波 | 青岛 | 郑州 | 武汉 | 长沙 | 广州 | 南宁 |
|---|---|---|---|---|---|---|---|---|---|
| 调查县数 | | 个 | 1.00 | 1.00 | 1.00 | 1.00 | 4.00 | 1.00 | 2.00 |
| 调查户数 | | 户 | 3.00 | 15.00 | 2.00 | 15.00 | 36.00 | 9.00 | 2.00 |
| 调查数量 | | 头 | 25.00 | 33.00 | 4.00 | 19.00 | 128.00 | 185.00 | 6.00 |
| 平均饲养天数 | | 天 | 140.00 | 94.00 | 130.00 | 232.00 | 136.00 | 175.00 | 133.00 |
| 每头 | 主产品产量 | 公斤 | 98.00 | 87.20 | 94.70 | 113.00 | 90.10 | 103.60 | 93.10 |
| | 产值合计 | 元 | 637.20 | 488.50 | 494.60 | 724.00 | 490.55 | 662.93 | 567.00 |
| | 主产品产值 | 元 | 627.20 | 456.85 | 457.10 | 678.00 | 481.87 | 629.60 | 558.33 |
| | 副产品产值 | 元 | 10.00 | 31.65 | 37.50 | 46.00 | 8.68 | 33.33 | 8.67 |
| | 其他收入 | 元 | | | | | | | |
| | 生产成本 | 元 | 608.90 | 512.34 | 418.73 | 717.65 | 513.96 | 800.58 | 641.26 |
| | 物质费用 | 元 | 508.10 | 419.94 | 355.81 | 527.65 | 439.98 | 595.65 | 478.76 |
| | 用工作价 | 元 | 100.80 | 92.40 | 62.92 | 190.00 | 73.98 | 204.93 | 162.50 |
| | 用工数量 | 日 | 4.20 | 4.40 | 4.40 | 19.00 | 5.40 | 6.90 | 12.50 |
| | 劳动日工价 | 元 | 24.00 | 21.00 | 14.30 | 10.00 | 13.70 | 29.70 | 13.00 |
| | 期间费用 | 元 | | 6.16 | 3.07 | | 3.06 | | 1.60 |
| | 税金 | 元 | | | | | | | |
| | 含税成本 | 元 | 608.90 | 518.50 | 421.80 | 717.65 | 517.02 | 800.58 | 642.86 |
| | 净产值 | 元 | 129.10 | 68.56 | 138.79 | 196.35 | 50.57 | 67.28 | 88.24 |
| | 减税纯收益 | 元 | 28.30 | −30.00 | 72.80 | 6.35 | −26.47 | −137.65 | −75.86 |
| | 成本纯收益率 | % | 4.65 | −5.79 | 17.26 | 0.88 | −5.12 | −17.19 | −11.80 |
| | 耗粮数量 | 公斤 | 161.00 | 148.90 | 113.50 | 188.00 | 146.90 | 151.60 | 133.70 |
| 每50公斤主产品 | 平均出售价格 | 元 | 320.00 | 261.96 | 241.34 | 300.00 | 267.41 | 303.86 | 299.85 |
| | 物质费用 | 元 | 255.17 | 225.19 | 173.62 | 218.64 | 239.84 | 273.02 | 253.19 |
| | 生产成本 | 元 | 305.79 | 274.74 | 204.32 | 297.37 | 280.17 | 366.95 | 339.12 |
| | 含税成本 | 元 | 305.79 | 278.05 | 205.82 | 297.37 | 281.84 | 366.95 | 339.97 |
| | 净产值 | 元 | 64.83 | 36.77 | 67.72 | 81.36 | 27.57 | 30.84 | 46.66 |
| | 减税纯收益 | 元 | 14.21 | −16.09 | 35.52 | 2.63 | −14.43 | −63.09 | −40.12 |
| | 耗粮数量 | 公斤 | 82.10 | 85.40 | 59.90 | 83.20 | 81.50 | 73.20 | 71.80 |
| 每一劳动日 | 主产品产量 | 公斤 | 23.30 | 19.80 | 21.50 | 5.90 | 16.70 | 15.00 | 7.40 |
| | 净产值 | 元 | 30.74 | 15.58 | 31.54 | 10.33 | 9.36 | 9.75 | 7.06 |
| 每核算单位成本外支出 | | 元 | | | | | 6.06 | | 1.17 |

# 2002年大中城市肉类产品成本收益(三)

品种：农户散养生猪　　　　按地区工价汇总

| 项目名称 | | 单位 | 成都 | 贵阳 | 昆明 | 重庆 | 西安 | 兰州 | 西宁 |
|---|---|---|---|---|---|---|---|---|---|
| 调查县数 | | 个 | 4.00 | 4.00 | 5.00 | 11.00 | 2.00 | 1.00 | 2.00 |
| 调查户数 | | 户 | 26.00 | 53.00 | 34.00 | 150.00 | 15.00 | 6.00 | 6.00 |
| 调查数量 | | 头 | 64.00 | 178.00 | 243.00 | 394.00 | 118.00 | 8.00 | 79.00 |
| 平均饲养天数 | | 天 | 128.00 | 244.00 | 160.00 | 252.00 | 184.00 | 330.00 | 257.00 |
| 每头 | 主产品产量 | 公斤 | 86.80 | 122.90 | 109.50 | 122.30 | 110.00 | 127.00 | 98.10 |
| | 产值合计 | 元 | 521.24 | 781.70 | 638.39 | 686.44 | 671.15 | 901.25 | 677.10 |
| | 主产品产值 | 元 | 507.64 | 760.59 | 619.64 | 658.82 | 663.39 | 866.25 | 650.04 |
| | 副产品产值 | 元 | 13.60 | 21.11 | 18.75 | 27.62 | 7.76 | 35.00 | 27.06 |
| | 其他收入 | 元 | | | | | | | |
| | 生产成本 | 元 | 589.95 | 612.30 | 574.86 | 875.03 | 459.27 | 1044.47 | 629.45 |
| | 物质费用 | 元 | 445.77 | 489.30 | 485.94 | 567.06 | 360.33 | 702.71 | 469.80 |
| | 用工作价 | 元 | 144.18 | 123.00 | 88.92 | 307.97 | 98.94 | 341.76 | 159.65 |
| | 用工数量 | 日 | 8.90 | 12.30 | 7.80 | 29.90 | 10.20 | 26.70 | 15.50 |
| | 劳动日工价 | 元 | 16.20 | 10.00 | 11.40 | 10.30 | 9.70 | 12.80 | 10.30 |
| | 期间费用 | 元 | | 7.84 | 5.25 | 4.80 | 1.54 | | 2.54 |
| | 税金 | 元 | | | | | | | |
| | 含税成本 | 元 | 589.95 | 620.14 | 580.11 | 879.83 | 460.81 | 1044.47 | 631.99 |
| | 净产值 | 元 | 75.47 | 292.40 | 152.45 | 119.38 | 310.82 | 198.54 | 207.30 |
| | 减税纯收益 | 元 | -68.71 | 161.56 | 58.28 | -193.39 | 210.34 | -143.22 | 45.11 |
| | 成本纯收益率 | % | -11.65 | 26.05 | 10.05 | -21.98 | 45.65 | -13.71 | 7.14 |
| | 耗粮数量 | 公斤 | 100.60 | 113.00 | 159.00 | 201.80 | 256.00 | 352.90 | 222.80 |
| 每50公斤主产品 | 平均出售价格 | 元 | 292.42 | 309.43 | 282.94 | 269.35 | 301.54 | 341.04 | 331.31 |
| | 物质费用 | 元 | 250.08 | 193.69 | 215.37 | 222.51 | 161.89 | 265.91 | 229.88 |
| | 生产成本 | 元 | 330.97 | 242.37 | 254.78 | 343.35 | 206.34 | 395.24 | 307.99 |
| | 含税成本 | 元 | 330.97 | 245.48 | 257.11 | 345.23 | 207.04 | 395.24 | 309.24 |
| | 净产值 | 元 | 42.34 | 115.74 | 67.57 | 46.84 | 139.65 | 75.13 | 101.43 |
| | 减税纯收益 | 元 | -38.55 | 63.95 | 25.83 | -75.88 | 94.50 | -54.20 | 22.07 |
| | 耗粮数量 | 公斤 | 57.90 | 46.00 | 72.60 | 82.50 | 116.40 | 138.90 | 113.60 |
| 每一劳动日 | 主产品产量 | 公斤 | 9.80 | 10.00 | 14.00 | 4.10 | 10.80 | 4.80 | 6.30 |
| | 净产值 | 元 | 8.48 | 23.77 | 19.54 | 3.99 | 30.47 | 7.44 | 13.37 |
| 每核算单位成本外支出 | | 元 | | | | | | | |

# 2002年大中城市肉类产品物质费用和期间费用(一)

品种：农户散养生猪

| 项目名称 | 单位 | 平均 | 石家庄 | 哈尔滨 | 南京 | 杭州 | 南昌 | 济南 |
|---|---|---|---|---|---|---|---|---|
| 一、物质费用 | 元 | 477.51 | 459.67 | 470.68 | 367.67 | 417.91 | 525.71 | 461.70 |
| (一)直接生产费用 | 元 | 468.15 | 455.32 | 460.51 | 342.55 | 411.54 | 521.43 | 448.04 |
| 1.仔畜进价 | 元 | 134.74 | 118.05 | 145.29 | 94.32 | 160.56 | 165.54 | 111.81 |
| 2.精饲料费 | 元 | 259.37 | 313.39 | 272.20 | 175.56 | 148.48 | 272.81 | 309.91 |
| 3.青粗饲料费 | 元 | 43.65 | 5.26 | 6.56 | 55.30 | 85.31 | 73.26 | 5.58 |
| 4.饲料加工费 | 元 | 4.48 | 6.34 | 7.51 | | | | 4.40 |
| 5.水费 | 元 | 1.59 | 1.00 | 3.30 | 1.48 | 2.09 | | 1.59 |
| 6.电费 | 元 | 1.13 | 1.48 | 1.73 | 0.12 | 1.28 | | 1.44 |
| 7.煤费 | 元 | 7.08 | | 4.33 | | 0.87 | | 3.22 |
| 8.医疗防疫费 | 元 | 6.45 | 7.16 | 7.17 | 8.20 | 6.54 | 8.02 | 7.44 |
| 9.死亡损失费 | 元 | 2.71 | 2.52 | 8.47 | 5.91 | 0.24 | | |
| 10.工具材料费 | 元 | 2.04 | 0.12 | 1.72 | 1.36 | 2.22 | 1.80 | 2.33 |
| 11.其他直接费用 | 元 | 4.91 | | 2.23 | 0.30 | 3.95 | | 0.32 |
| (二)间接生产费用 | 元 | 9.36 | 4.35 | 10.17 | 25.12 | 6.37 | 4.28 | 13.66 |
| 1.固定资产折旧费 | 元 | 7.91 | 3.62 | 7.92 | 22.10 | 5.52 | 4.28 | 12.28 |
| 2.修理费 | 元 | 1.16 | 0.73 | 1.43 | 3.02 | | | 1.19 |
| 3.其它间接费用 | 元 | 0.29 | | 0.82 | | 0.85 | | 0.19 |
| 二、期间费用 | 元 | 2.65 | 2.64 | 3.27 | 2.96 | 5.22 | 0.91 | 1.93 |
| 1.承包费 | 元 | 0.06 | | | | | | |
| 2.管理费 | 元 | 0.59 | 1.26 | 0.29 | | | 0.85 | |
| 3.销售费 | 元 | 1.96 | 1.38 | 2.98 | 2.96 | 5.22 | 0.06 | 1.93 |
| 4.财务费 | 元 | 0.04 | | | | | | |
| 附记：1.仔畜重量 | 公斤 | 18.20 | 19.30 | 14.20 | 8.00 | 24.00 | 19.90 | 19.10 |
| 2.精饲料数量 | 公斤 | 265.90 | 300.00 | 279.60 | 155.10 | 122.30 | 222.20 | 279.20 |
| 3.青粗饲料量 | 公斤 | 302.90 | 31.70 | 150.00 | 208.60 | 331.10 | 179.00 | 48.10 |

# 2002年大中城市肉类产品物质费用和期间费用(二)

品种：农户散养生猪

| 项目名称 | 单位 | 宁波 | 青岛 | 郑州 | 武汉 | 长沙 | 广州 | 南宁 |
|---|---|---|---|---|---|---|---|---|
| 一、物质费用 | 元 | 508.10 | 419.94 | 355.81 | 527.65 | 439.98 | 595.65 | 478.76 |
| (一)直接生产费用 | 元 | 502.40 | 415.74 | 351.88 | 513.40 | 433.68 | 581.99 | 475.19 |
| 1.仔畜进价 | 元 | 192.00 | 151.79 | 125.50 | 98.90 | 109.65 | 147.57 | 165.00 |
| 2.精饲料费 | 元 | 256.30 | 244.86 | 219.12 | 329.00 | 267.50 | 290.11 | 241.00 |
| 3.青粗饲料费 | 元 | 41.00 | 9.59 |  | 69.00 | 27.45 | 28.54 | 56.00 |
| 4.饲料加工费 | 元 |  | 4.88 | 2.17 |  | 5.97 |  | 0.60 |
| 5.水费 | 元 | 2.00 |  | 2.59 |  |  | 0.70 | 1.00 |
| 6.电费 | 元 | 0.75 |  |  |  |  | 1.72 | 1.53 |
| 7.煤费 | 元 |  |  |  |  | 9.20 | 28.48 |  |
| 8.医疗防疫费 | 元 | 6.00 | 3.12 | 2.50 | 14.00 | 4.40 | 13.26 | 6.33 |
| 9.死亡损失费 | 元 | 1.50 | 0.42 |  |  | 7.51 | 2.67 | 2.23 |
| 10.工具材料费 | 元 | 1.50 | 1.08 |  | 2.50 | 2.00 | 7.71 | 1.50 |
| 11.其他直接费用 | 元 | 1.35 |  |  |  |  | 61.23 |  |
| (二)间接生产费用 | 元 | 5.70 | 4.20 | 3.93 | 14.25 | 6.30 | 13.66 | 3.57 |
| 1.固定资产折旧费 | 元 | 5.00 | 3.33 | 3.93 | 12.25 | 6.30 | 13.10 | 2.70 |
| 2.修理费 | 元 | 0.70 | 0.87 |  | 2.00 |  | 0.56 | 0.87 |
| 3.其它间接费用 | 元 |  |  |  |  |  |  |  |
| 二、期间费用 | 元 |  | 6.16 | 3.07 |  | 3.06 |  | 1.60 |
| 1.承包费 | 元 |  |  |  |  |  |  |  |
| 2.管理费 | 元 |  |  |  |  | 1.07 |  | 1.60 |
| 3.销售费 | 元 |  | 6.16 | 3.07 |  | 1.99 |  |  |
| 4.财务费 | 元 |  |  |  |  |  |  |  |
| 附记：1.仔畜重量 | 公斤 | 24.00 | 30.00 | 20.80 | 11.50 | 14.90 | 18.20 | 30.50 |
| 2.精饲料数量 | 公斤 | 201.00 | 212.70 | 208.40 | 470.00 | 189.90 | 250.00 | 194.00 |
| 3.青粗饲料量 | 公斤 | 205.00 | 42.80 |  | 363.00 | 198.90 | 118.90 | 498.30 |

# 2002年大中城市肉类产品物质费用和期间费用(三)

**品种：农户散养生猪**

| 项目名称 | 单位 | 成都 | 贵阳 | 昆明 | 重庆 | 西安 | 兰州 | 西宁 |
|---|---|---|---|---|---|---|---|---|
| 一、物质费用 | 元 | 445.77 | 489.30 | 485.94 | 567.06 | 360.33 | 702.71 | 469.80 |
| (一)直接生产费用 | 元 | 443.50 | 465.98 | 475.11 | 551.84 | 358.29 | 688.97 | 465.54 |
| 1.仔畜进价 | 元 | 158.32 | 111.30 | 143.43 | 150.79 | 96.57 | 119.38 | 128.99 |
| 2.精饲料费 | 元 | 233.45 | 162.85 | 253.98 | 261.25 | 224.27 | 423.32 | 288.12 |
| 3.青粗饲料费 | 元 | 22.30 | 131.00 | 45.03 | 77.06 | 21.19 | 82.35 | 31.23 |
| 4.饲料加工费 | 元 | 4.84 | 7.06 | 5.38 | 8.16 | 7.13 | 16.64 | 8.46 |
| 5.水费 | 元 | 2.32 | 6.29 | 2.52 | 1.54 | 0.97 | 2.48 | |
| 6.电费 | 元 | 1.93 | 2.67 | 2.06 | 4.44 | 1.24 | | 0.17 |
| 7.煤费 | 元 | 12.16 | 22.48 | 7.04 | 33.53 | 1.71 | 17.50 | 1.01 |
| 8.医疗防疫费 | 元 | 4.65 | 9.33 | 4.92 | 4.73 | 4.04 | 4.38 | 2.71 |
| 9.死亡损失费 | 元 | 1.43 | 5.69 | 7.55 | 3.88 | | | 4.24 |
| 10.工具材料费 | 元 | 1.15 | 5.22 | 2.35 | 3.46 | 1.17 | 1.42 | 0.14 |
| 11.其他直接费用 | 元 | 0.95 | 2.09 | 0.85 | 3.00 | | 21.50 | 0.47 |
| (二)间接生产费用 | 元 | 2.27 | 23.32 | 10.83 | 15.22 | 2.04 | 13.74 | 4.26 |
| 1.固定资产折旧费 | 元 | 1.94 | 15.61 | 8.95 | 9.81 | 1.64 | 13.74 | 4.17 |
| 2.修理费 | 元 | 0.33 | 5.08 | 1.81 | 4.17 | 0.40 | | 0.09 |
| 3.其它间接费用 | 元 | | 2.63 | 0.07 | 1.24 | | | |
| 二、期间费用 | 元 | | 7.84 | 5.25 | 4.80 | 1.54 | | 2.54 |
| 1.承包费 | 元 | | | | | | | 1.10 |
| 2.管理费 | 元 | | 2.92 | 1.84 | 0.29 | 1.54 | | 0.15 |
| 3.销售费 | 元 | | 4.92 | 3.41 | 4.51 | | | 0.53 |
| 4.财务费 | 元 | | | | | | | 0.76 |
| 附记：1.仔畜重量 | 公斤 | 29.10 | 15.00 | 19.20 | 22.00 | 9.90 | 6.80 | 7.90 |
| 2.精饲料数量 | 公斤 | 220.70 | 167.20 | 177.50 | 275.90 | 311.10 | 731.90 | 349.70 |
| 3.青粗饲料量 | 公斤 | 422.50 | 1214.40 | 152.30 | 806.10 | 282.30 | 239.80 | 261.80 |

# 2002 年大中城市肉类产品成本收益(一)

品种：规模生猪　　　　　　　　　　　　　　　　　　　　　　　　　　　　　　按统一工价汇总

| 项目名称 | | 单位 | 平均 | 北京 | 天津 | 石家庄 | 太原 | 呼和浩特 | 沈阳 |
|---|---|---|---|---|---|---|---|---|---|
| 调查县数 | | 个 | 162.00 | 7.00 | 14.00 | 13.00 | 1.00 | 4.00 | 6.00 |
| 调查户数 | | 户 | 270.00 | 21.00 | 27.00 | 21.00 | 2.00 | 10.00 | 6.00 |
| 调查数量 | | 头 | 591294.00 | 39045.00 | 48755.00 | 6098.00 | 399.00 | 6916.00 | 6164.00 |
| 平均饲养天数 | | 天 | 145.00 | 163.00 | 137.00 | 133.00 | 156.00 | 195.00 | 153.00 |
| 每头 | 主产品产量 | 公斤 | 96.40 | 93.20 | 102.50 | 98.90 | 90.80 | 92.30 | 103.30 |
| | 产值合计 | 元 | 595.93 | 583.46 | 618.68 | 602.36 | 510.74 | 738.26 | 649.73 |
| | 主产品产值 | 元 | 583.65 | 580.18 | 613.79 | 560.14 | 503.01 | 701.56 | 624.69 |
| | 副产品产值 | 元 | 12.28 | 3.28 | 4.89 | 42.22 | 7.73 | 36.70 | 25.04 |
| | 其他收入 | 元 | 0.28 | | | | | | |
| | 生产成本 | 元 | 535.73 | 554.65 | 557.54 | 481.56 | 420.06 | 634.00 | 561.15 |
| | 物质费用 | 元 | 510.43 | 537.05 | 543.24 | 423.26 | 398.06 | 604.30 | 525.95 |
| | 用工作价 | 元 | 25.30 | 17.60 | 14.30 | 58.30 | 22.00 | 29.70 | 35.20 |
| | 用工数量 | 日 | 2.30 | 1.60 | 1.30 | 5.30 | 2.00 | 2.70 | 3.20 |
| | 劳动日工价 | 元 | 11.00 | 11.00 | 11.00 | 11.00 | 11.00 | 11.00 | 11.00 |
| | 期间费用 | 元 | 14.64 | 12.59 | 6.21 | 9.48 | 2.85 | 54.69 | 7.41 |
| | 税金 | 元 | | | | | | | |
| | 含税成本 | 元 | 550.37 | 567.24 | 563.75 | 491.04 | 422.91 | 688.69 | 568.56 |
| | 净产值 | 元 | 85.50 | 46.41 | 75.44 | 179.10 | 112.68 | 133.96 | 123.78 |
| | 减税纯收益 | 元 | 45.84 | 16.22 | 54.93 | 111.32 | 87.83 | 49.57 | 81.17 |
| | 成本纯收益率 | % | 8.33 | 2.86 | 9.74 | 22.67 | 20.77 | 7.20 | 14.28 |
| | 耗粮数量 | 公斤 | 185.40 | 184.00 | 194.80 | 118.60 | 157.50 | 299.40 | 201.40 |
| 每50公斤主产品 | 平均出售价格 | 元 | 302.72 | 311.26 | 299.41 | 283.19 | 276.99 | 380.04 | 302.37 |
| | 物质费用 | 元 | 259.29 | 286.50 | 262.90 | 198.99 | 215.88 | 311.08 | 244.77 |
| | 生产成本 | 元 | 272.14 | 295.89 | 269.82 | 226.40 | 227.81 | 326.37 | 261.15 |
| | 含税成本 | 元 | 279.58 | 302.61 | 272.83 | 230.85 | 229.36 | 354.52 | 264.60 |
| | 净产值 | 元 | 43.43 | 24.76 | 36.51 | 84.20 | 61.11 | 68.96 | 57.60 |
| | 减税纯收益 | 元 | 23.29 | 8.65 | 26.58 | 52.34 | 47.63 | 25.52 | 37.77 |
| | 耗粮数量 | 公斤 | 96.20 | 98.70 | 95.00 | 60.00 | 86.70 | 162.20 | 97.50 |
| 每一劳动日 | 主产品产量 | 公斤 | 41.90 | 58.30 | 78.80 | 18.70 | 45.40 | 34.20 | 32.30 |
| | 净产值 | 元 | 37.17 | 29.01 | 58.03 | 33.79 | 56.34 | 49.61 | 38.68 |
| 每核算单位成本外支出 | | 元 | 0.23 | | | | | | 0.87 |

# 2002年大中城市肉类产品成本收益(二)

品种：规模生猪　　　　按统一工价汇总

| 项目名称 | | 单位 | 长春 | 哈尔滨 | 大连 | 上海 | 南京 | 杭州 |
|---|---|---|---|---|---|---|---|---|
| 调查县数 | | 个 | 6.00 | 6.00 | 4.00 | 8.00 | 2.00 | 8.00 |
| 调查户数 | | 户 | 8.00 | 11.00 | 8.00 | 24.00 | 2.00 | 18.00 |
| 调查数量 | | 头 | 1112.00 | 4596.00 | 10641.00 | 131800.00 | 21074.00 | 12374.00 |
| 平均饲养天数 | | 天 | 146.00 | 148.00 | 120.00 | 99.00 | 146.00 | 124.00 |
| 每头 | 主产品产量 | 公斤 | 116.20 | 98.40 | 101.10 | 86.90 | 93.40 | 99.50 |
| | 产值合计 | 元 | 700.14 | 583.14 | 645.62 | 561.03 | 555.20 | 631.20 |
| | 主产品产值 | 元 | 688.14 | 572.27 | 620.18 | 561.03 | 537.13 | 622.45 |
| | 副产品产值 | 元 | 12.00 | 10.87 | 25.44 | | 18.07 | 8.75 |
| | 其他收入 | 元 | | | | 1.94 | | 4.29 |
| | 生产成本 | 元 | 628.26 | 522.25 | 559.22 | 532.14 | 447.75 | 555.89 |
| | 物质费用 | 元 | 607.36 | 463.95 | 537.22 | 526.64 | 431.25 | 539.39 |
| | 用工作价 | 元 | 20.90 | 58.30 | 22.00 | 5.50 | 16.50 | 16.50 |
| | 用工数量 | 日 | 1.90 | 5.30 | 2.00 | 0.50 | 1.50 | 1.50 |
| | 劳动日工价 | 元 | 11.00 | 11.00 | 11.00 | 11.00 | 11.00 | 11.00 |
| | 期间费用 | 元 | | 4.84 | 14.44 | 14.20 | 17.05 | 12.95 |
| | 税金 | 元 | | | | | | |
| | 含税成本 | 元 | 628.26 | 527.09 | 573.66 | 546.34 | 464.80 | 568.84 |
| | 净产值 | 元 | 92.78 | 119.19 | 108.40 | 34.39 | 123.95 | 91.81 |
| | 减税纯收益 | 元 | 71.88 | 56.05 | 71.96 | 16.63 | 90.40 | 66.65 |
| | 成本纯收益率 | % | 11.44 | 10.63 | 12.54 | 3.04 | 19.45 | 11.72 |
| | 耗粮数量 | 公斤 | 243.30 | 265.30 | 145.90 | 162.30 | 160.10 | 185.30 |
| 每50公斤主产品 | 平均出售价格 | 元 | 296.10 | 290.79 | 306.72 | 322.80 | 287.54 | 312.79 |
| | 物质费用 | 元 | 256.86 | 231.35 | 255.22 | 303.01 | 223.35 | 267.29 |
| | 生产成本 | 元 | 265.70 | 260.43 | 265.67 | 306.18 | 231.89 | 275.47 |
| | 含税成本 | 元 | 265.70 | 262.84 | 272.53 | 314.35 | 240.72 | 281.89 |
| | 净产值 | 元 | 39.24 | 59.44 | 51.50 | 19.79 | 64.19 | 45.50 |
| | 减税纯收益 | 元 | 30.40 | 27.95 | 34.19 | 9.57 | 46.82 | 33.06 |
| | 耗粮数量 | 公斤 | 104.70 | 134.80 | 72.20 | 93.40 | 85.70 | 93.10 |
| 每一劳动日 | 主产品产量 | 公斤 | 61.20 | 18.60 | 50.60 | 173.80 | 62.30 | 66.30 |
| | 净产值 | 元 | 48.83 | 22.49 | 54.20 | 68.78 | 82.63 | 61.21 |
| 每核算单位成本外支出 | | 元 | | 3.70 | 0.52 | | | |

# 2002年大中城市肉类产品成本收益(三)

品种：规模生猪　　　　按统一工价汇总

| 项目名称 | | 单位 | 合肥 | 福州 | 济南 | 宁波 | 厦门 | 青岛 |
|---|---|---|---|---|---|---|---|---|
| 调查县数 | | 个 | 3.00 | 3.00 | 5.00 | 4.00 | 2.00 | 2.00 |
| 调查户数 | | 户 | 3.00 | 5.00 | 10.00 | 6.00 | 6.00 | 4.00 |
| 调查数量 | | 头 | 8268.00 | 33383.00 | 2234.00 | 32151.00 | 14474.00 | 5685.00 |
| 平均饲养天数 | | 天 | 102.00 | 108.00 | 130.00 | 114.00 | 133.00 | 99.00 |
| 每头 | 主产品产量 | 公斤 | 92.60 | 98.90 | 94.20 | 99.70 | 96.70 | 99.50 |
| | 产值合计 | 元 | 536.84 | 664.58 | 536.77 | 641.60 | 639.39 | 596.86 |
| | 主产品产值 | 元 | 533.45 | 664.23 | 524.58 | 634.00 | 630.03 | 582.61 |
| | 副产品产值 | 元 | 3.39 | 0.35 | 12.19 | 7.60 | 9.36 | 14.25 |
| | 其他收入 | 元 | | | | | | |
| | 生产成本 | 元 | 475.03 | 617.88 | 497.96 | 585.00 | 584.27 | 541.51 |
| | 物质费用 | 元 | 461.83 | 613.48 | 473.76 | 568.50 | 567.77 | 521.71 |
| | 用工作价 | 元 | 13.20 | 4.40 | 24.20 | 16.50 | 16.50 | 19.80 |
| | 用工数量 | 日 | 1.20 | 0.40 | 2.20 | 1.50 | 1.50 | 1.80 |
| | 劳动日工价 | 元 | 11.00 | 11.00 | 11.00 | 11.00 | 11.00 | 11.00 |
| | 期间费用 | 元 | 22.26 | 22.43 | 19.49 | 20.60 | 19.59 | 12.33 |
| | 税金 | 元 | | | | | | |
| | 含税成本 | 元 | 497.29 | 640.31 | 517.45 | 605.60 | 603.86 | 553.84 |
| | 净产值 | 元 | 75.01 | 51.10 | 63.01 | 73.10 | 71.62 | 75.15 |
| | 减税纯收益 | 元 | 39.55 | 24.27 | 19.32 | 36.00 | 35.53 | 43.02 |
| | 成本纯收益率 | % | 7.95 | 3.79 | 3.73 | 5.94 | 5.88 | 7.77 |
| | 耗粮数量 | 公斤 | 161.50 | 147.50 | 191.40 | 213.60 | 201.50 | 163.00 |
| 每50公斤主产品 | 平均出售价格 | 元 | 288.04 | 335.81 | 278.44 | 317.95 | 325.77 | 292.77 |
| | 物质费用 | 元 | 247.79 | 309.99 | 245.75 | 281.72 | 289.28 | 255.91 |
| | 生产成本 | 元 | 254.88 | 312.21 | 258.31 | 289.90 | 297.69 | 265.62 |
| | 含税成本 | 元 | 266.82 | 323.55 | 268.42 | 300.11 | 307.67 | 271.67 |
| | 净产值 | 元 | 40.25 | 25.82 | 32.69 | 36.23 | 36.49 | 36.86 |
| | 减税纯收益 | 元 | 21.22 | 12.26 | 10.02 | 17.84 | 18.10 | 21.10 |
| | 耗粮数量 | 公斤 | 87.20 | 74.60 | 101.60 | 107.10 | 104.20 | 81.90 |
| 每一劳动日 | 主产品产量 | 公斤 | 77.20 | 247.30 | 42.80 | 66.50 | 64.50 | 55.30 |
| | 净产值 | 元 | 62.51 | 127.75 | 28.64 | 48.73 | 47.75 | 41.75 |
| 每核算单位成本外支出 | | 元 | | | | | | 0.32 |

# 2002年大中城市肉类产品成本收益(四)

品种：规模生猪　　　　按统一工价汇总

| 项目名称 | | 单位 | 郑州 | 武汉 | 广州 | 南宁 | 海口 | 成都 |
|---|---|---|---|---|---|---|---|---|
| 调查县数 | | 个 | 5.00 | 4.00 | 3.00 | 28.00 | 3.00 | 1.00 |
| 调查户数 | | 户 | 5.00 | 6.00 | 5.00 | 28.00 | 3.00 | 1.00 |
| 调查数量 | | 头 | 19918.00 | 11893.00 | 22070.00 | 10242.00 | 52708.00 | 7000.00 |
| 平均饲养天数 | | 天 | 139.00 | 122.00 | 159.00 | 113.00 | 171.00 | 365.00 |
| 每头 | 主产品产量 | 公斤 | 97.50 | 72.80 | 96.60 | 91.70 | 93.70 | 104.50 |
| | 产值合计 | 元 | 608.58 | 476.89 | 674.03 | 567.99 | 663.85 | 545.45 |
| | 主产品产值 | 元 | 595.71 | 471.07 | 664.43 | 557.09 | 657.06 | 543.80 |
| | 副产品产值 | 元 | 12.87 | 5.82 | 9.60 | 10.90 | 6.79 | 1.65 |
| | 其他收入 | 元 | | | | | | 2.10 |
| | 生产成本 | 元 | 528.10 | 450.98 | 676.86 | 575.18 | 663.75 | 505.37 |
| | 物质费用 | 元 | 487.40 | 430.08 | 660.36 | 517.98 | 658.25 | 494.37 |
| | 用工作价 | 元 | 40.70 | 20.90 | 16.50 | 57.20 | 5.50 | 11.00 |
| | 用工数量 | 日 | 3.70 | 1.90 | 1.50 | 5.20 | 0.50 | 1.00 |
| | 劳动日工价 | 元 | 11.00 | 11.00 | 11.00 | 11.00 | 11.00 | 11.00 |
| | 期间费用 | 元 | 24.73 | 4.08 | 6.81 | 10.25 | 38.21 | 17.24 |
| | 税金 | 元 | | | | | | |
| | 含税成本 | 元 | 552.83 | 455.06 | 683.67 | 585.43 | 701.96 | 522.61 |
| | 净产值 | 元 | 121.18 | 46.81 | 13.67 | 50.01 | 5.60 | 51.08 |
| | 减税纯收益 | 元 | 55.75 | 21.83 | −9.64 | −17.44 | −38.11 | 24.94 |
| | 成本纯收益率 | % | 10.08 | 4.80 | −1.41 | −2.98 | −5.43 | 4.77 |
| | 耗粮数量 | 公斤 | 188.00 | 155.10 | 174.90 | 90.80 | 72.30 | 202.00 |
| 每50公斤主产品 | 平均出售价格 | 元 | 305.49 | 323.54 | 343.91 | 303.76 | 350.62 | 260.19 |
| | 物质费用 | 元 | 244.66 | 291.78 | 336.94 | 277.01 | 347.66 | 235.82 |
| | 生产成本 | 元 | 265.09 | 305.96 | 345.35 | 307.61 | 350.57 | 241.07 |
| | 含税成本 | 元 | 277.51 | 308.73 | 348.83 | 313.09 | 370.75 | 249.29 |
| | 净产值 | 元 | 60.83 | 31.76 | 6.97 | 26.75 | 2.96 | 24.37 |
| | 减税纯收益 | 元 | 27.98 | 14.81 | −4.92 | −9.33 | −20.13 | 11.90 |
| | 耗粮数量 | 公斤 | 96.40 | 106.50 | 90.50 | 49.50 | 38.60 | 96.70 |
| 每一劳动日 | 主产品产量 | 公斤 | 26.40 | 38.30 | 64.40 | 17.60 | 187.40 | 104.50 |
| | 净产值 | 元 | 32.75 | 24.64 | 9.11 | 9.62 | 11.20 | 51.08 |
| 每核算单位成本外支出 | | 元 | | | | 1.61 | | |

# 2002 年大中城市肉类产品成本收益(五)

品种：规模生猪　　　　按统一工价汇总

| 项目名称 | | 单位 | 贵阳 | 昆明 | 兰州 | 西宁 | 银川 | 乌鲁木齐 |
|---|---|---|---|---|---|---|---|---|
| 调查县数 | | 个 | 1.00 | 5.00 | 5.00 | 7.00 | 1.00 | 1.00 |
| 调查户数 | | 户 | 3.00 | 6.00 | 5.00 | 10.00 | 2.00 | 4.00 |
| 调查数量 | | 头 | 530.00 | 12652.00 | 1170.00 | 63332.00 | 110.00 | 4500.00 |
| 平均饲养天数 | | 天 | 147.00 | 170.00 | 93.00 | 148.00 | 150.00 | 180.00 |
| 每头 | 主产品产量 | 公斤 | 116.30 | 103.20 | 60.10 | 96.30 | 100.00 | 100.00 |
| | 产值合计 | 元 | 629.25 | 588.88 | 401.51 | 618.13 | 462.72 | 645.00 |
| | 主产品产值 | 元 | 622.25 | 580.96 | 384.74 | 607.93 | 447.27 | 623.80 |
| | 副产品产值 | 元 | 7.00 | 7.92 | 16.77 | 10.20 | 15.45 | 21.20 |
| | 其他收入 | 元 | | | | | | |
| | 生产成本 | 元 | 505.66 | 557.78 | 368.22 | 490.80 | 373.70 | 602.60 |
| | 物质费用 | 元 | 466.06 | 536.88 | 346.22 | 463.30 | 340.70 | 566.30 |
| | 用工作价 | 元 | 39.60 | 20.90 | 22.00 | 27.50 | 33.00 | 36.30 |
| | 用工数量 | 日 | 3.60 | 1.90 | 2.00 | 2.50 | 3.00 | 3.30 |
| | 劳动日工价 | 元 | 11.00 | 11.00 | 11.00 | 11.00 | 11.00 | 11.00 |
| | 期间费用 | 元 | 11.38 | 14.55 | 15.95 | 5.25 | 6.36 | 10.70 |
| | 税金 | 元 | | | | | | |
| | 含税成本 | 元 | 517.04 | 572.33 | 384.17 | 496.05 | 380.06 | 613.30 |
| | 净产值 | 元 | 163.19 | 52.00 | 55.29 | 154.83 | 122.02 | 78.70 |
| | 减税纯收益 | 元 | 112.21 | 16.55 | 17.34 | 122.08 | 82.66 | 31.70 |
| | 成本纯收益率 | % | 21.70 | 2.89 | 4.51 | 24.61 | 21.75 | 5.17 |
| | 耗粮数量 | 公斤 | 230.80 | 209.30 | 200.90 | 143.90 | 267.30 | 230.00 |
| 每50公斤主产品 | 平均出售价格 | 元 | 267.52 | 281.47 | 320.08 | 315.64 | 223.64 | 311.90 |
| | 物质费用 | 元 | 198.14 | 256.62 | 276.00 | 236.58 | 164.67 | 273.84 |
| | 生产成本 | 元 | 214.98 | 266.60 | 293.54 | 250.62 | 180.62 | 291.40 |
| | 含税成本 | 元 | 219.81 | 273.56 | 306.26 | 253.30 | 183.69 | 296.57 |
| | 净产值 | 元 | 69.38 | 24.85 | 44.08 | 79.06 | 58.97 | 38.06 |
| | 减税纯收益 | 元 | 47.71 | 7.91 | 13.82 | 62.34 | 39.95 | 15.33 |
| | 耗粮数量 | 公斤 | 99.20 | 101.40 | 167.10 | 74.70 | 133.70 | 115.00 |
| 每一劳动日 | 主产品产量 | 公斤 | 32.30 | 54.30 | 30.10 | 38.50 | 33.30 | 30.30 |
| | 净产值 | 元 | 45.33 | 27.37 | 27.65 | 61.93 | 40.67 | 23.85 |
| 每核算单位成本外支出 | | 元 | | | | | | |

# 2002年大中城市肉类产品成本收益(一)

品种：规模生猪　　　　按地区工价汇总

| 项目名称 | | 单位 | 平均 | 北京 | 天津 | 石家庄 | 太原 | 呼和浩特 | 沈阳 |
|---|---|---|---|---|---|---|---|---|---|
| 调查县数 | | 个 | 162.00 | 7.00 | 14.00 | 13.00 | 1.00 | 4.00 | 6.00 |
| 调查户数 | | 户 | 270.00 | 21.00 | 27.00 | 21.00 | 2.00 | 10.00 | 6.00 |
| 调查数量 | | 头 | 591294.00 | 39045.00 | 48755.00 | 6098.00 | 399.00 | 6916.00 | 6164.00 |
| 平均饲养天数 | | 天 | 145.00 | 163.00 | 137.00 | 133.00 | 156.00 | 195.00 | 153.00 |
| 每头 | 主产品产量 | 公斤 | 96.40 | 93.20 | 102.50 | 98.90 | 90.80 | 92.30 | 103.30 |
| | 产值合计 | 元 | 595.93 | 583.46 | 618.68 | 602.36 | 510.74 | 738.26 | 649.73 |
| | 主产品产值 | 元 | 583.65 | 580.18 | 613.79 | 560.14 | 503.01 | 701.56 | 624.69 |
| | 副产品产值 | 元 | 12.28 | 3.28 | 4.89 | 42.22 | 7.73 | 36.70 | 25.04 |
| | 其他收入 | 元 | 0.28 | | | | | | |
| | 生产成本 | 元 | 546.31 | 576.25 | 560.01 | 482.09 | 432.06 | 629.41 | 560.51 |
| | 物质费用 | 元 | 510.43 | 537.05 | 543.24 | 423.26 | 398.06 | 604.30 | 525.95 |
| | 用工作价 | 元 | 35.88 | 39.20 | 16.77 | 58.83 | 34.00 | 25.11 | 34.56 |
| | 用工数量 | 日 | 2.30 | 1.60 | 1.30 | 5.30 | 2.00 | 2.70 | 3.20 |
| | 劳动日工价 | 元 | 15.60 | 24.50 | 12.90 | 11.10 | 17.00 | 9.30 | 10.80 |
| | 期间费用 | 元 | 14.64 | 12.59 | 6.21 | 9.48 | 2.85 | 54.69 | 7.41 |
| | 税金 | 元 | | | | | | | |
| | 含税成本 | 元 | 560.95 | 588.84 | 566.22 | 491.57 | 434.91 | 684.10 | 567.92 |
| | 净产值 | 元 | 85.50 | 46.41 | 75.44 | 179.10 | 112.68 | 133.96 | 123.78 |
| | 减税纯收益 | 元 | 35.26 | −5.38 | 52.46 | 110.79 | 75.83 | 54.16 | 81.81 |
| | 成本纯收益率 | % | 6.29 | −0.91 | 9.26 | 22.54 | 17.44 | 7.92 | 14.41 |
| | 耗粮数量 | 公斤 | 185.40 | 184.00 | 194.80 | 118.60 | 157.50 | 299.40 | 201.40 |
| 每50公斤主产品 | 平均出售价格 | 元 | 302.72 | 311.26 | 299.41 | 283.19 | 276.99 | 380.04 | 302.37 |
| | 物质费用 | 元 | 259.29 | 286.50 | 262.90 | 198.99 | 215.88 | 311.08 | 244.77 |
| | 生产成本 | 元 | 277.51 | 307.41 | 271.02 | 226.65 | 234.32 | 324.01 | 260.85 |
| | 含税成本 | 元 | 284.95 | 314.13 | 274.02 | 231.10 | 235.87 | 352.16 | 264.30 |
| | 净产值 | 元 | 43.43 | 24.76 | 36.51 | 84.20 | 61.11 | 68.96 | 57.60 |
| | 减税纯收益 | 元 | 17.92 | −2.87 | 25.39 | 52.09 | 41.12 | 27.88 | 38.07 |
| | 耗粮数量 | 公斤 | 96.20 | 98.70 | 95.00 | 60.00 | 86.70 | 162.20 | 97.50 |
| 每一劳动日 | 主产品产量 | 公斤 | 41.90 | 58.30 | 78.80 | 18.70 | 45.40 | 34.20 | 32.30 |
| | 净产值 | 元 | 37.17 | 29.01 | 58.03 | 33.79 | 56.34 | 49.61 | 38.68 |
| 每核算单位成本外支出 | | 元 | 0.23 | | | | | | 0.87 |

# 2002年大中城市肉类产品成本收益(二)

品种：规模生猪　　　　按地区工价汇总

| 项目名称 | | 单位 | 长春 | 哈尔滨 | 大连 | 上海 | 南京 | 杭州 |
|---|---|---|---|---|---|---|---|---|
| 调查县数 | | 个 | 6.00 | 6.00 | 4.00 | 8.00 | 2.00 | 8.00 |
| 调查户数 | | 户 | 8.00 | 11.00 | 8.00 | 24.00 | 2.00 | 18.00 |
| 调查数量 | | 头 | 1112.00 | 4596.00 | 10641.00 | 131800.00 | 21074.00 | 12374.00 |
| 平均饲养天数 | | 天 | 146.00 | 148.00 | 120.00 | 99.00 | 146.00 | 124.00 |
| 每头 | 主产品产量 | 公斤 | 116.20 | 98.40 | 101.10 | 86.90 | 93.40 | 99.50 |
| | 产值合计 | 元 | 700.14 | 583.14 | 645.62 | 561.03 | 555.20 | 631.20 |
| | 主产品产值 | 元 | 688.14 | 572.27 | 620.18 | 561.03 | 537.13 | 622.45 |
| | 副产品产值 | 元 | 12.00 | 10.87 | 25.44 | | 18.07 | 8.75 |
| | 其他收入 | 元 | | | | 1.94 | | 4.29 |
| | 生产成本 | 元 | 628.26 | 535.50 | 567.22 | 538.64 | 454.65 | 567.14 |
| | 物质费用 | 元 | 607.36 | 463.95 | 537.22 | 526.64 | 431.25 | 539.39 |
| | 用工作价 | 元 | 20.90 | 71.55 | 30.00 | 12.00 | 23.40 | 27.75 |
| | 用工数量 | 日 | 1.90 | 5.30 | 2.00 | 0.50 | 1.50 | 1.50 |
| | 劳动日工价 | 元 | 11.00 | 13.50 | 15.00 | 24.00 | 15.60 | 18.50 |
| | 期间费用 | 元 | | 4.84 | 14.44 | 14.20 | 17.05 | 12.95 |
| | 税金 | 元 | | | | | | |
| | 含税成本 | 元 | 628.26 | 540.34 | 581.66 | 552.84 | 471.70 | 580.09 |
| | 净产值 | 元 | 92.78 | 119.19 | 108.40 | 34.39 | 123.95 | 91.81 |
| | 减税纯收益 | 元 | 71.88 | 42.80 | 63.96 | 10.13 | 83.50 | 55.40 |
| | 成本纯收益率 | % | 11.44 | 7.92 | 11.00 | 1.83 | 17.70 | 9.55 |
| | 耗粮数量 | 公斤 | 243.30 | 265.30 | 145.90 | 162.30 | 160.10 | 185.30 |
| 每50公斤主产品 | 平均出售价格 | 元 | 296.10 | 290.79 | 306.72 | 322.80 | 287.54 | 312.79 |
| | 物质费用 | 元 | 256.86 | 231.35 | 255.22 | 303.01 | 223.35 | 267.29 |
| | 生产成本 | 元 | 265.70 | 267.03 | 269.47 | 309.92 | 235.46 | 281.05 |
| | 含税成本 | 元 | 265.70 | 269.45 | 276.33 | 318.09 | 244.30 | 287.46 |
| | 净产值 | 元 | 39.24 | 59.44 | 51.50 | 19.79 | 64.19 | 45.50 |
| | 减税纯收益 | 元 | 30.40 | 21.34 | 30.39 | 5.83 | 43.24 | 27.49 |
| | 耗粮数量 | 公斤 | 104.70 | 134.80 | 72.20 | 93.40 | 85.70 | 93.10 |
| 每一劳动日 | 主产品产量 | 公斤 | 61.20 | 18.60 | 50.60 | 173.80 | 62.30 | 66.30 |
| | 净产值 | 元 | 48.83 | 22.49 | 54.20 | 68.78 | 82.63 | 61.21 |
| 每核算单位成本外支出 | | 元 | | 3.70 | 0.52 | | | |

# 2002年大中城市肉类产品成本收益(三)

品种：规模生猪　　　　按地区工价汇总

| 项目名称 | | 单位 | 合肥 | 福州 | 济南 | 宁波 | 厦门 | 青岛 |
|---|---|---|---|---|---|---|---|---|
| 调查县数 | | 个 | 3.00 | 3.00 | 5.00 | 4.00 | 2.00 | 2.00 |
| 调查户数 | | 户 | 3.00 | 5.00 | 10.00 | 6.00 | 6.00 | 4.00 |
| 调查数量 | | 头 | 8268.00 | 33383.00 | 2234.00 | 32151.00 | 14474.00 | 5685.00 |
| 平均饲养天数 | | 天 | 102.00 | 108.00 | 130.00 | 114.00 | 133.00 | 99.00 |
| 每头 | 主产品产量 | 公斤 | 92.60 | 98.90 | 94.20 | 99.70 | 96.70 | 99.50 |
| | 产值合计 | 元 | 536.84 | 664.58 | 536.77 | 641.60 | 639.39 | 596.86 |
| | 主产品产值 | 元 | 533.45 | 664.23 | 524.58 | 634.00 | 630.03 | 582.61 |
| | 副产品产值 | 元 | 3.39 | 0.35 | 12.19 | 7.60 | 9.36 | 14.25 |
| | 其他收入 | 元 | | | | | | |
| | 生产成本 | 元 | 475.75 | 619.64 | 501.48 | 604.50 | 597.32 | 559.51 |
| | 物质费用 | 元 | 461.83 | 613.48 | 473.76 | 568.50 | 567.77 | 521.71 |
| | 用工作价 | 元 | 13.92 | 6.16 | 27.72 | 36.00 | 29.55 | 37.80 |
| | 用工数量 | 日 | 1.20 | 0.40 | 2.20 | 1.50 | 1.50 | 1.80 |
| | 劳动日工价 | 元 | 11.60 | 15.40 | 12.60 | 24.00 | 19.70 | 21.00 |
| | 期间费用 | 元 | 22.26 | 22.43 | 19.49 | 20.60 | 19.59 | 12.33 |
| | 税金 | 元 | | | | | | |
| | 含税成本 | 元 | 498.01 | 642.07 | 520.97 | 625.10 | 616.91 | 571.84 |
| | 净产值 | 元 | 75.01 | 51.10 | 63.01 | 73.10 | 71.62 | 75.15 |
| | 减税纯收益 | 元 | 38.83 | 22.51 | 15.80 | 16.50 | 22.48 | 25.02 |
| | 成本纯收益率 | % | 7.80 | 3.51 | 3.03 | 2.64 | 3.64 | 4.38 |
| | 耗粮数量 | 公斤 | 161.50 | 147.50 | 191.40 | 213.60 | 201.50 | 163.00 |
| 每50公斤主产品 | 平均出售价格 | 元 | 288.04 | 335.81 | 278.44 | 317.95 | 325.77 | 292.77 |
| | 物质费用 | 元 | 247.79 | 309.99 | 245.75 | 281.72 | 289.28 | 255.91 |
| | 生产成本 | 元 | 255.26 | 313.10 | 260.13 | 299.56 | 304.34 | 274.45 |
| | 含税成本 | 元 | 267.21 | 324.44 | 270.24 | 309.77 | 314.32 | 280.50 |
| | 净产值 | 元 | 40.25 | 25.82 | 32.69 | 36.23 | 36.49 | 36.86 |
| | 减税纯收益 | 元 | 20.83 | 11.37 | 8.20 | 8.18 | 11.45 | 12.27 |
| | 耗粮数量 | 公斤 | 87.20 | 74.60 | 101.60 | 107.10 | 104.20 | 81.90 |
| 每一劳动日 | 主产品产量 | 公斤 | 77.20 | 247.30 | 42.80 | 66.50 | 64.50 | 55.30 |
| | 净产值 | 元 | 62.51 | 127.75 | 28.64 | 48.73 | 47.75 | 41.75 |
| 每核算单位成本外支出 | | 元 | | | | | | 0.32 |

# 2002年大中城市肉类产品成本收益(四)

品种:规模生猪　　　　按地区工价汇总

| 项目名称 | | 单位 | 郑州 | 武汉 | 广州 | 南宁 | 海口 | 成都 |
|---|---|---|---|---|---|---|---|---|
| 调查县数 | | 个 | 5.00 | 4.00 | 3.00 | 28.00 | 3.00 | 1.00 |
| 调查户数 | | 户 | 5.00 | 6.00 | 5.00 | 28.00 | 3.00 | 1.00 |
| 调查数量 | | 头 | 19918.00 | 11893.00 | 22070.00 | 10242.00 | 52708.00 | 7000.00 |
| 平均饲养天数 | | 天 | 139.00 | 122.00 | 159.00 | 113.00 | 171.00 | 365.00 |
| 每头 | 主产品产量 | 公斤 | 97.50 | 72.80 | 96.60 | 91.70 | 93.70 | 104.50 |
| | 产值合计 | 元 | 608.58 | 476.89 | 674.03 | 567.99 | 663.85 | 545.45 |
| | 主产品产值 | 元 | 595.71 | 471.07 | 664.43 | 557.09 | 657.06 | 543.80 |
| | 副产品产值 | 元 | 12.87 | 5.82 | 9.60 | 10.90 | 6.79 | 1.65 |
| | 其他收入 | 元 | | | | | | 2.10 |
| | 生产成本 | 元 | 540.31 | 449.08 | 704.91 | 585.58 | 671.25 | 510.57 |
| | 物质费用 | 元 | 487.40 | 430.08 | 660.36 | 517.98 | 658.25 | 494.37 |
| | 用工作价 | 元 | 52.91 | 19.00 | 44.55 | 67.60 | 13.00 | 16.20 |
| | 用工数量 | 日 | 3.70 | 1.90 | 1.50 | 5.20 | 0.50 | 1.00 |
| | 劳动日工价 | 元 | 14.30 | 10.00 | 29.70 | 13.00 | 26.00 | 16.20 |
| | 期间费用 | 元 | 24.73 | 4.08 | 6.81 | 10.25 | 38.21 | 17.24 |
| | 税金 | 元 | | | | | | |
| | 含税成本 | 元 | 565.04 | 453.16 | 711.72 | 595.83 | 709.46 | 527.81 |
| | 净产值 | 元 | 121.18 | 46.81 | 13.67 | 50.01 | 5.60 | 51.08 |
| | 减税纯收益 | 元 | 43.54 | 23.73 | −37.69 | −27.84 | −45.61 | 19.74 |
| | 成本纯收益率 | % | 7.71 | 5.24 | −5.30 | −4.67 | −6.43 | 3.74 |
| | 耗粮数量 | 公斤 | 188.00 | 155.10 | 174.90 | 90.80 | 72.30 | 202.00 |
| 每50公斤主产品 | 平均出售价格 | 元 | 305.49 | 323.54 | 343.91 | 303.76 | 350.62 | 260.19 |
| | 物质费用 | 元 | 244.66 | 291.78 | 336.94 | 277.01 | 347.66 | 235.82 |
| | 生产成本 | 元 | 271.22 | 304.67 | 359.67 | 313.17 | 354.53 | 243.55 |
| | 含税成本 | 元 | 283.63 | 307.44 | 363.14 | 318.65 | 374.71 | 251.78 |
| | 净产值 | 元 | 60.83 | 31.76 | 6.97 | 26.75 | 2.96 | 24.37 |
| | 减税纯收益 | 元 | 21.86 | 16.10 | −19.23 | −14.89 | −24.09 | 9.41 |
| | 耗粮数量 | 公斤 | 96.40 | 106.50 | 90.50 | 49.50 | 38.60 | 96.70 |
| 每一劳动日 | 主产品产量 | 公斤 | 26.40 | 38.30 | 64.40 | 17.60 | 187.40 | 104.50 |
| | 净产值 | 元 | 32.75 | 24.64 | 9.11 | 9.62 | 11.20 | 51.08 |
| 每核算单位成本外支出 | | 元 | | | | 1.61 | | |

# 2002年大中城市肉类产品成本收益(五)

品种：规模生猪　　　　按地区工价汇总

| 项 目 名 称 | | 单位 | 贵 阳 | 昆 明 | 兰 州 | 西 宁 | 银 川 | 乌鲁木齐 |
|---|---|---|---|---|---|---|---|---|
| 调查县数 | | 个 | 1.00 | 5.00 | 5.00 | 7.00 | 1.00 | 1.00 |
| 调查户数 | | 户 | 3.00 | 6.00 | 5.00 | 10.00 | 2.00 | 4.00 |
| 调查数量 | | 头 | 530.00 | 12652.00 | 1170.00 | 63332.00 | 110.00 | 4500.00 |
| 平均饲养天数 | | 天 | 147.00 | 170.00 | 93.00 | 148.00 | 150.00 | 180.00 |
| 每头 | 主产品产量 | 公斤 | 116.30 | 103.20 | 60.10 | 96.30 | 100.00 | 100.00 |
| | 产值合计 | 元 | 629.25 | 588.88 | 401.51 | 618.13 | 462.72 | 645.00 |
| | 主产品产值 | 元 | 622.25 | 580.96 | 384.74 | 607.93 | 447.27 | 623.80 |
| | 副产品产值 | 元 | 7.00 | 7.92 | 16.77 | 10.20 | 15.45 | 21.20 |
| | 其他收入 | 元 | | | | | | |
| | 生产成本 | 元 | 502.06 | 558.54 | 371.82 | 489.05 | 374.00 | 622.73 |
| | 物质费用 | 元 | 466.06 | 536.88 | 346.22 | 463.30 | 340.70 | 566.30 |
| | 用工作价 | 元 | 36.00 | 21.66 | 25.60 | 25.75 | 33.30 | 56.43 |
| | 用工数量 | 日 | 3.60 | 1.90 | 2.00 | 2.50 | 3.00 | 3.30 |
| | 劳动日工价 | 元 | 10.00 | 11.40 | 12.80 | 10.30 | 11.10 | 17.10 |
| | 期间费用 | 元 | 11.38 | 14.55 | 15.95 | 5.25 | 6.36 | 10.70 |
| | 税金 | 元 | | | | | | |
| | 含税成本 | 元 | 513.44 | 573.09 | 387.77 | 494.30 | 380.36 | 633.43 |
| | 净产值 | 元 | 163.19 | 52.00 | 55.29 | 154.83 | 122.02 | 78.70 |
| | 减税纯收益 | 元 | 115.81 | 15.79 | 13.74 | 123.83 | 82.36 | 11.57 |
| | 成本纯收益率 | % | 22.56 | 2.76 | 3.54 | 25.05 | 21.65 | 1.83 |
| | 耗粮数量 | 公斤 | 230.80 | 209.30 | 200.90 | 143.90 | 267.30 | 230.00 |
| 每50公斤主产品 | 平均出售价格 | 元 | 267.52 | 281.47 | 320.08 | 315.64 | 223.64 | 311.90 |
| | 物质费用 | 元 | 198.14 | 256.62 | 276.00 | 236.58 | 164.67 | 273.84 |
| | 生产成本 | 元 | 213.45 | 266.97 | 296.41 | 249.73 | 180.76 | 301.13 |
| | 含税成本 | 元 | 218.28 | 273.92 | 309.13 | 252.41 | 183.83 | 306.31 |
| | 净产值 | 元 | 69.38 | 24.85 | 44.08 | 79.06 | 58.97 | 38.06 |
| | 减税纯收益 | 元 | 49.24 | 7.55 | 10.95 | 63.23 | 39.81 | 5.59 |
| | 耗粮数量 | 公斤 | 99.20 | 101.40 | 167.10 | 74.70 | 133.70 | 115.00 |
| 每一劳动日 | 主产品产量 | 公斤 | 32.30 | 54.30 | 30.10 | 38.50 | 33.30 | 30.30 |
| | 净产值 | 元 | 45.33 | 27.37 | 27.65 | 61.93 | 40.67 | 23.85 |
| 每核算单位成本外支出 | | 元 | | | | | | |

# 2002 年大中城市肉类产品物质费用和期间费用(一)

品种：规模生猪

| 项目名称 | 单位 | 平均 | 北京 | 天津 | 石家庄 | 太原 | 呼和浩特 | 沈阳 |
|---|---|---|---|---|---|---|---|---|
| 一、物质费用 | 元 | 510.43 | 537.05 | 543.24 | 423.26 | 398.06 | 604.30 | 525.95 |
| (一)直接生产费用 | 元 | 494.31 | 521.00 | 532.66 | 413.77 | 394.93 | 571.25 | 506.98 |
| 1.仔畜进价 | 元 | 139.35 | 137.30 | 173.12 | 112.85 | 120.00 | 82.50 | 115.33 |
| 2.精饲料费 | 元 | 315.12 | 350.94 | 341.37 | 280.16 | 246.24 | 362.50 | 367.28 |
| 3.青粗饲料费 | 元 | 7.89 | 0.18 | 1.73 |  |  | 50.69 |  |
| 4.饲料加工费 | 元 | 4.21 | 0.39 | 1.33 | 4.18 | 6.29 | 19.30 | 2.75 |
| 5.水费 | 元 | 1.87 | 1.06 | 1.34 | 1.22 | 0.62 | 2.82 | 0.74 |
| 6.电费 | 元 | 3.16 | 7.54 | 2.45 | 1.99 | 0.19 | 6.31 | 2.70 |
| 7.煤费 | 元 | 1.59 | 3.26 | 0.61 | 0.40 | 1.44 | 9.40 | 0.17 |
| 8.医疗防疫费 | 元 | 7.90 | 13.31 | 5.28 | 9.01 | 6.76 | 12.99 | 4.40 |
| 9.死亡损失费 | 元 | 5.02 | 5.91 | 2.87 | 3.36 | 13.08 | 17.25 | 8.16 |
| 10.工具材料费 | 元 | 2.05 | 0.48 | 1.45 | 0.60 | 0.31 | 3.84 | 1.06 |
| 11.其他直接费用 | 元 | 6.15 | 0.63 | 1.11 |  |  | 3.65 | 4.39 |
| (二)间接生产费用 | 元 | 16.12 | 16.05 | 10.58 | 9.49 | 3.13 | 33.05 | 18.97 |
| 1.固定资产折旧费 | 元 | 13.60 | 13.67 | 7.30 | 7.87 | 2.75 | 22.24 | 17.28 |
| 2.修理费 | 元 | 1.83 | 2.00 | 1.75 | 1.55 | 0.38 | 7.90 | 1.69 |
| 3.其它间接费用 | 元 | 0.69 | 0.38 | 1.53 | 0.07 |  | 2.91 |  |
| 二、期间费用 | 元 | 14.64 | 12.59 | 6.21 | 9.48 | 2.85 | 54.69 | 7.41 |
| 1.承包费 | 元 | 2.28 | 3.22 | 2.03 | 6.92 |  |  |  |
| 2.管理费 | 元 | 6.91 | 5.73 | 1.51 | 1.54 | 1.35 | 46.31 | 3.32 |
| 3.销售费 | 元 | 1.88 | 0.70 | 0.21 | 1.02 | 1.50 | 7.43 | 2.98 |
| 4.财务费 | 元 | 3.57 | 2.94 | 2.46 |  |  | 0.95 | 1.11 |
| 附记：1.仔畜重量 | 公斤 | 17.20 | 17.00 | 20.00 | 18.60 | 10.00 | 9.10 | 13.10 |
| 2.精饲料数量 | 公斤 | 252.40 | 282.40 | 278.30 | 237.80 | 233.80 | 305.90 | 319.90 |
| 3.青粗饲料量 | 公斤 | 99.60 | 3.90 | 100.00 |  |  | 275.90 |  |

# 2002年大中城市肉类产品物质费用和期间费用(二)

**品种：规模生猪**

| 项 目 名 称 | 单位 | 长 春 | 哈尔滨 | 大 连 | 上 海 | 南 京 | 杭 州 |
|---|---|---|---|---|---|---|---|
| 一、物质费用 | 元 | 607.36 | 463.95 | 537.22 | 526.64 | 431.25 | 539.39 |
| (一)直接生产费用 | 元 | 599.55 | 453.84 | 520.84 | 512.86 | 419.11 | 527.09 |
| 1.仔畜进价 | 元 | 181.61 | 136.25 | 152.96 | 196.13 | 115.83 | 175.07 |
| 2.精饲料费 | 元 | 386.35 | 291.30 | 341.73 | 295.88 | 279.82 | 323.48 |
| 3.青粗饲料费 | 元 | 5.84 | | 3.53 | | 10.75 | 6.80 |
| 4.饲料加工费 | 元 | 5.10 | 5.56 | 2.20 | | 2.29 | 1.40 |
| 5.水费 | 元 | | 2.40 | 2.07 | 2.28 | 0.83 | 3.28 |
| 6.电费 | 元 | 1.82 | 1.58 | 3.18 | 2.62 | 0.47 | 2.91 |
| 7.煤费 | 元 | | 2.41 | 1.81 | | | |
| 8.医疗防疫费 | 元 | 11.15 | 5.93 | 4.98 | 8.43 | 5.02 | 8.22 |
| 9.死亡损失费 | 元 | 6.68 | 5.03 | 5.52 | 3.24 | 3.77 | 2.69 |
| 10.工具材料费 | 元 | 1.00 | 1.47 | 1.48 | 1.18 | 0.33 | 1.84 |
| 11.其他直接费用 | 元 | | 1.91 | 1.38 | 3.10 | | 1.40 |
| (二)间接生产费用 | 元 | 7.81 | 10.11 | 16.38 | 13.78 | 12.14 | 12.30 |
| 1.固定资产折旧费 | 元 | 6.93 | 7.97 | 15.55 | 10.06 | 11.88 | 10.81 |
| 2.修理费 | 元 | | 1.39 | 0.83 | 1.42 | 0.26 | 0.84 |
| 3.其它间接费用 | 元 | 0.88 | 0.75 | | 2.30 | | 0.65 |
| 二、期间费用 | 元 | | 4.84 | 14.44 | 14.20 | 17.05 | 12.95 |
| 1.承包费 | 元 | | 2.39 | | 0.96 | 2.05 | 1.95 |
| 2.管理费 | 元 | | 0.30 | 5.62 | 7.42 | 3.25 | 1.59 |
| 3.销售费 | 元 | | 1.77 | 1.55 | 2.00 | 2.75 | 2.32 |
| 4.财务费 | 元 | | 0.38 | 7.27 | 3.82 | 9.00 | 7.09 |
| 附记：1.仔畜重量 | 公斤 | 20.80 | 14.90 | 17.50 | 24.00 | 19.00 | 26.70 |
| 2.精饲料数量 | 公斤 | 336.50 | 291.30 | 269.40 | 199.50 | 241.00 | 242.40 |
| 3.青粗饲料量 | 公斤 | 75.00 | | 10.40 | | 108.90 | 151.80 |

# 2002年大中城市肉类产品物质费用和期间费用(三)

品种：规模生猪

| 项目名称 | 单位 | 合肥 | 福州 | 济南 | 宁波 | 厦门 | 青岛 |
|---|---|---|---|---|---|---|---|
| 一、物质费用 | 元 | 461.83 | 613.48 | 473.76 | 568.50 | 567.77 | 521.71 |
| (一)直接生产费用 | 元 | 455.91 | 595.37 | 447.39 | 555.04 | 554.17 | 513.80 |
| 1.仔畜进价 | 元 | 157.52 | 222.24 | 108.56 | 183.75 | 155.40 | 183.76 |
| 2.精饲料费 | 元 | 290.38 | 360.16 | 301.43 | 330.63 | 381.04 | 307.23 |
| 3.青粗饲料费 | 元 | | | 3.49 | 7.14 | | |
| 4.饲料加工费 | 元 | 2.92 | | 2.35 | 12.18 | 6.80 | 1.11 |
| 5.水费 | 元 | | 2.20 | 3.14 | 1.50 | 0.08 | 1.44 |
| 6.电费 | 元 | 1.42 | 1.52 | 5.50 | 0.60 | 1.13 | 3.03 |
| 7.煤费 | 元 | | | 1.35 | | 0.20 | 1.61 |
| 8.医疗防疫费 | 元 | 2.60 | 5.73 | 8.66 | 8.51 | 4.85 | 8.86 |
| 9.死亡损失费 | 元 | | 2.23 | 8.13 | 6.02 | 3.88 | 3.98 |
| 10.工具材料费 | 元 | 1.07 | 0.18 | 2.00 | 1.54 | 0.79 | 1.88 |
| 11.其他直接费用 | 元 | | 1.11 | 2.78 | 3.17 | | 0.90 |
| (二)间接生产费用 | 元 | 5.92 | 18.11 | 26.37 | 13.46 | 13.60 | 7.91 |
| 1.固定资产折旧费 | 元 | 4.69 | 18.02 | 21.39 | 10.58 | 12.93 | 6.51 |
| 2.修理费 | 元 | | 0.09 | 4.60 | 2.73 | 0.67 | 1.07 |
| 3.其它间接费用 | 元 | 1.23 | | 0.38 | 0.15 | | 0.33 |
| 二、期间费用 | 元 | 22.26 | 22.43 | 19.49 | 20.60 | 19.59 | 12.33 |
| 1.承包费 | 元 | 3.13 | 0.95 | 8.70 | 2.50 | 15.00 | 0.73 |
| 2.管理费 | 元 | 2.23 | 2.12 | 7.30 | 11.45 | 3.88 | 8.24 |
| 3.销售费 | 元 | | 1.79 | 1.38 | 3.20 | | 1.70 |
| 4.财务费 | 元 | 16.90 | 17.57 | 2.11 | 3.45 | 0.71 | 1.66 |
| 附记：1.仔畜重量 | 公斤 | 19.50 | 20.00 | 15.60 | 23.30 | 16.20 | 26.80 |
| 2.精饲料数量 | 公斤 | 230.70 | 246.00 | 244.10 | 260.00 | 252.10 | 234.20 |
| 3.青粗饲料量 | 公斤 | | | 14.90 | 28.70 | | |

# 2002年大中城市肉类产品物质费用和期间费用(四)

品种：规模生猪

| 项目名称 | 单位 | 郑州 | 武汉 | 广州 | 南宁 | 海口 | 成都 |
|---|---|---|---|---|---|---|---|
| 一、物质费用 | 元 | 487.40 | 430.08 | 660.36 | 517.98 | 658.25 | 494.37 |
| (一)直接生产费用 | 元 | 470.03 | 420.64 | 611.98 | 504.03 | 639.08 | 459.57 |
| 1.仔畜进价 | 元 | 105.47 | 119.62 | 145.92 | 168.46 | 202.82 | 48.67 |
| 2.精饲料费 | 元 | 310.68 | 276.77 | 292.73 | 309.85 | 342.06 | 367.84 |
| 3.青粗饲料费 | 元 | 17.10 | 2.38 | 47.77 | 10.10 | 3.57 | |
| 4.饲料加工费 | 元 | 4.57 | | 13.38 | 3.26 | | 12.54 |
| 5.水费 | 元 | 3.61 | 2.03 | 2.85 | 1.60 | 2.42 | 7.32 |
| 6.电费 | 元 | 7.62 | 2.06 | 10.81 | 0.94 | 5.13 | 1.88 |
| 7.煤费 | 元 | 1.73 | | 2.78 | | | 5.23 |
| 8.医疗防疫费 | 元 | 9.89 | 8.14 | 12.39 | 5.25 | 20.99 | 6.27 |
| 9.死亡损失费 | 元 | 5.64 | 5.64 | | 2.23 | | 0.10 |
| 10.工具材料费 | 元 | 3.72 | 1.45 | 6.60 | 2.00 | 2.25 | 5.23 |
| 11.其他直接费用 | 元 | | 2.55 | 76.75 | 0.34 | 59.84 | 4.49 |
| (二)间接生产费用 | 元 | 17.37 | 9.44 | 48.38 | 13.95 | 19.17 | 34.80 |
| 1.固定资产折旧费 | 元 | 16.01 | 8.24 | 41.85 | 11.08 | 17.64 | 34.49 |
| 2.修理费 | 元 | 1.36 | 1.20 | 2.13 | 2.09 | 1.53 | 0.21 |
| 3.其它间接费用 | 元 | | | 4.40 | 0.78 | | 0.10 |
| 二、期间费用 | 元 | 24.73 | 4.08 | 6.81 | 10.25 | 38.21 | 17.24 |
| 1.承包费 | 元 | 0.52 | 0.15 | 2.12 | 3.27 | | |
| 2.管理费 | 元 | 14.22 | 3.00 | 4.64 | 4.66 | 37.63 | 2.09 |
| 3.销售费 | 元 | 5.50 | 0.72 | | | 0.58 | 0.52 |
| 4.财务费 | 元 | 4.49 | 0.21 | 0.05 | 2.32 | | 14.63 |
| 附记：1.仔畜重量 | 公斤 | 11.80 | 16.10 | 23.60 | 21.50 | 19.60 | 15.60 |
| 2.精饲料数量 | 公斤 | 251.90 | 202.30 | 210.20 | 180.60 | 161.00 | 303.00 |
| 3.青粗饲料量 | 公斤 | 103.30 | 45.90 | 113.40 | 178.80 | 26.30 | |

# 2002年大中城市肉类产品物质费用和期间费用(五)

品种：规模生猪

| 项目名称 | 单位 | 贵阳 | 昆明 | 兰州 | 西宁 | 银川 | 乌鲁木齐 |
|---|---|---|---|---|---|---|---|
| 一、物质费用 | 元 | 466.06 | 536.88 | 346.22 | 463.30 | 340.70 | 566.30 |
| (一)直接生产费用 | 元 | 452.78 | 528.13 | 331.48 | 453.70 | 313.89 | 548.30 |
| 1.仔畜进价 | 元 | 112.03 | 137.27 | 80.48 | 169.45 | 80.00 | 100.00 |
| 2.精饲料费 | 元 | 253.79 | 353.84 | 225.45 | 254.70 | 212.80 | 415.20 |
| 3.青粗饲料费 | 元 | 47.08 | 8.20 | 0.92 | 9.43 | | |
| 4.饲料加工费 | 元 | 5.17 | 3.54 | 5.16 | 2.56 | | |
| 5.水费 | 元 | 0.25 | 1.99 | 1.00 | 1.41 | 2.73 | 2.00 |
| 6.电费 | 元 | 3.82 | 3.40 | 1.32 | 2.16 | 5.45 | 3.20 |
| 7.煤费 | 元 | 1.13 | 4.46 | 1.40 | 1.99 | | 6.30 |
| 8.医疗防疫费 | 元 | 10.88 | 5.60 | 3.13 | 6.50 | 3.64 | 9.60 |
| 9.死亡损失费 | 元 | 3.33 | 3.59 | 11.68 | 3.71 | 2.91 | 10.00 |
| 10.工具材料费 | 元 | 12.80 | 1.12 | 0.90 | 0.87 | | 2.00 |
| 11.其他直接费用 | 元 | 2.50 | 5.12 | 0.04 | 0.92 | 6.36 | |
| (二)间接生产费用 | 元 | 13.28 | 8.75 | 14.74 | 9.60 | 26.81 | 18.00 |
| 1.固定资产折旧费 | 元 | 10.60 | 1.85 | 14.28 | 7.44 | 23.18 | 13.00 |
| 2.修理费 | 元 | 2.68 | 3.93 | 0.37 | 1.49 | 3.63 | 5.00 |
| 3.其它间接费用 | 元 | | 2.97 | 0.09 | 0.67 | | |
| 二、期间费用 | 元 | 11.38 | 14.55 | 15.95 | 5.25 | 6.36 | 10.70 |
| 1.承包费 | 元 | | 8.66 | 1.12 | 1.88 | | |
| 2.管理费 | 元 | 10.88 | 0.74 | 6.24 | 1.62 | 4.09 | 4.30 |
| 3.销售费 | 元 | 0.50 | 2.36 | 4.53 | 0.61 | 2.27 | 6.40 |
| 4.财务费 | 元 | | 2.79 | 4.06 | 1.14 | | |
| 附记：1.仔畜重量 | 公斤 | 15.40 | 15.50 | 8.10 | 15.20 | 7.50 | 15.00 |
| 2.精饲料数量 | 公斤 | 282.90 | 258.90 | 182.80 | 215.00 | 288.40 | 330.00 |
| 3.青粗饲料量 | 公斤 | 311.80 | 57.80 | 12.70 | 172.50 | | |

# 2002 年大中城市肉类产品成本收益(一)

品种：小规模生猪　　　　按统一工价汇总

| 项目名称 | | 单位 | 平均 | 石家庄 | 呼和浩特 | 沈阳 | 长春 | 哈尔滨 |
|---|---|---|---|---|---|---|---|---|
| 调查县数 | | 个 | 36.00 | 4.00 | 3.00 | 2.00 | 3.00 | 3.00 |
| 调查户数 | | 户 | 61.00 | 9.00 | 9.00 | 2.00 | 3.00 | 5.00 |
| 调查数量 | | 头 | 3774.00 | 418.00 | 686.00 | 89.00 | 185.00 | 550.00 |
| 平均饲养天数 | | 天 | 152.00 | 137.00 | 217.00 | 160.00 | 148.00 | 157.00 |
| 每头 | 主产品产量 | 公斤 | 96.30 | 98.10 | 93.50 | 102.40 | 116.70 | 98.10 |
| | 产值合计 | 元 | 578.97 | 600.32 | 756.99 | 652.23 | 697.63 | 570.67 |
| | 主产品产值 | 元 | 559.36 | 557.53 | 710.60 | 614.42 | 685.63 | 560.60 |
| | 副产品产值 | 元 | 19.61 | 42.79 | 46.39 | 37.81 | 12.00 | 10.07 |
| | 其他收入 | 元 | | | | | | |
| | 生产成本 | 元 | 502.64 | 485.32 | 649.10 | 540.72 | 629.20 | 533.61 |
| | 物质费用 | 元 | 461.94 | 423.72 | 613.90 | 496.72 | 608.30 | 456.61 |
| | 用工作价 | 元 | 40.70 | 61.60 | 35.20 | 44.00 | 20.90 | 77.00 |
| | 用工数量 | 日 | 3.70 | 5.60 | 3.20 | 4.00 | 1.90 | 7.00 |
| | 劳动日工价 | 元 | 11.00 | 11.00 | 11.00 | 11.00 | 11.00 | 11.00 |
| | 期间费用 | 元 | 5.60 | 2.26 | 16.43 | 7.16 | | 1.90 |
| | 税金 | 元 | | | | | | |
| | 含税成本 | 元 | 508.24 | 487.58 | 665.53 | 547.88 | 629.20 | 535.51 |
| | 净产值 | 元 | 117.03 | 176.60 | 143.09 | 155.51 | 89.33 | 114.06 |
| | 减税纯收益 | 元 | 70.73 | 112.74 | 91.46 | 104.35 | 68.43 | 35.16 |
| | 成本纯收益率 | % | 13.92 | 23.12 | 13.74 | 19.05 | 10.88 | 6.57 |
| | 耗粮数量 | 公斤 | 198.00 | 121.20 | 251.30 | 203.80 | 237.40 | 255.10 |
| 每50公斤主产品 | 平均出售价格 | 元 | 290.43 | 284.16 | 380.00 | 300.01 | 293.76 | 285.73 |
| | 物质费用 | 元 | 231.72 | 200.57 | 308.17 | 228.48 | 256.14 | 228.62 |
| | 生产成本 | 元 | 252.14 | 229.73 | 325.84 | 248.72 | 264.95 | 267.17 |
| | 含税成本 | 元 | 254.95 | 230.79 | 334.09 | 252.01 | 264.95 | 268.13 |
| | 净产值 | 元 | 58.71 | 83.59 | 71.83 | 71.53 | 37.62 | 57.11 |
| | 减税纯收益 | 元 | 35.48 | 53.37 | 45.91 | 48.00 | 28.81 | 17.60 |
| | 耗粮数量 | 公斤 | 102.80 | 61.80 | 134.40 | 99.50 | 101.70 | 130.00 |
| 每一劳动日 | 主产品产量 | 公斤 | 26.00 | 17.50 | 29.20 | 25.60 | 61.40 | 14.00 |
| | 净产值 | 元 | 31.63 | 31.54 | 44.72 | 38.88 | 47.02 | 16.29 |
| 每核算单位成本外支出 | | 元 | 0.37 | | | 1.30 | | 2.85 |

# 2002年大中城市肉类产品成本收益(二)

品种：小规模生猪　　　　按统一工价汇总

| 项目名称 | | 单位 | 南京 | 济南 | 厦门 | 郑州 | 南宁 |
|---|---|---|---|---|---|---|---|
| 调查县数 | | 个 | 1.00 | 2.00 | 1.00 | 1.00 | 9.00 |
| 调查户数 | | 户 | 1.00 | 7.00 | 3.00 | 1.00 | 9.00 |
| 调查数量 | | 头 | 61.00 | 198.00 | 184.00 | 130.00 | 268.00 |
| 平均饲养天数 | | 天 | 159.00 | 151.00 | 142.00 | 145.00 | 122.00 |
| 每头 | 主产品产量 | 公斤 | 96.20 | 100.30 | 102.00 | 102.60 | 90.30 |
| | 产值合计 | 元 | 542.37 | 562.91 | 653.01 | 639.50 | 522.00 |
| | 主产品产值 | 元 | 522.20 | 544.93 | 635.82 | 618.80 | 511.88 |
| | 副产品产值 | 元 | 20.17 | 17.98 | 17.19 | 20.70 | 10.12 |
| | 其他收入 | 元 | | | | | |
| | 生产成本 | 元 | 400.18 | 502.08 | 604.24 | 530.35 | 532.31 |
| | 物质费用 | 元 | 374.88 | 467.98 | 581.14 | 479.75 | 464.11 |
| | 用工作价 | 元 | 25.30 | 34.10 | 23.10 | 50.60 | 68.20 |
| | 用工数量 | 日 | 2.30 | 3.10 | 2.10 | 4.60 | 6.20 |
| | 劳动日工价 | 元 | 11.00 | 11.00 | 11.00 | 11.00 | 11.00 |
| | 期间费用 | 元 | 3.83 | 11.95 | 0.22 | 5.31 | 4.85 |
| | 税金 | 元 | | | | | |
| | 含税成本 | 元 | 404.01 | 514.03 | 604.46 | 535.66 | 537.16 |
| | 净产值 | 元 | 167.49 | 94.93 | 71.87 | 159.75 | 57.89 |
| | 减税纯收益 | 元 | 138.36 | 48.88 | 48.55 | 103.84 | -15.16 |
| | 成本纯收益率 | % | 34.25 | 9.51 | 8.03 | 19.39 | -2.82 |
| | 耗粮数量 | 公斤 | 189.80 | 180.30 | 223.20 | 208.70 | 90.80 |
| 每50公斤主产品 | 平均出售价格 | 元 | 271.41 | 271.65 | 311.68 | 301.56 | 283.43 |
| | 物质费用 | 元 | 187.60 | 225.84 | 277.38 | 226.23 | 252.00 |
| | 生产成本 | 元 | 200.26 | 242.29 | 288.40 | 250.09 | 289.03 |
| | 含税成本 | 元 | 202.17 | 248.06 | 288.51 | 252.59 | 291.66 |
| | 净产值 | 元 | 83.81 | 45.81 | 34.30 | 75.33 | 31.43 |
| | 减税纯收益 | 元 | 69.24 | 23.59 | 23.17 | 48.97 | -8.23 |
| | 耗粮数量 | 公斤 | 98.60 | 89.90 | 109.40 | 101.70 | 50.30 |
| 每一劳动日 | 主产品产量 | 公斤 | 41.80 | 32.40 | 48.60 | 22.30 | 14.60 |
| | 净产值 | 元 | 72.82 | 30.62 | 34.22 | 34.73 | 9.34 |
| 每核算单位成本外支出 | | 元 | | | | | 1.38 |

# 2002年大中城市肉类产品成本收益(三)

品种：小规模生猪　　　　按统一工价汇总

| 项目名称 | | 单位 | 贵阳 | 昆明 | 兰州 | 西宁 | 银川 |
|---|---|---|---|---|---|---|---|
| 调查县数 | | 个 | 1.00 | 1.00 | 2.00 | 2.00 | 1.00 |
| 调查户数 | | 户 | 3.00 | 1.00 | 2.00 | 4.00 | 2.00 |
| 调查数量 | | 头 | 530.00 | 79.00 | 73.00 | 213.00 | 110.00 |
| 平均饲养天数 | | 天 | 147.00 | 180.00 | 86.00 | 173.00 | 150.00 |
| 每头 | 主产品产量 | 公斤 | 116.30 | 89.60 | 54.30 | 84.40 | 100.00 |
| | 产值合计 | 元 | 629.25 | 489.61 | 366.03 | 539.29 | 462.72 |
| | 主产品产值 | 元 | 622.25 | 481.07 | 352.40 | 524.97 | 447.27 |
| | 副产品产值 | 元 | 7.00 | 8.54 | 13.63 | 14.32 | 15.45 |
| | 其他收入 | 元 | | | | | |
| | 生产成本 | 元 | 505.66 | 443.22 | 314.53 | 497.27 | 373.70 |
| | 物质费用 | 元 | 466.06 | 413.52 | 292.53 | 448.87 | 340.70 |
| | 用工作价 | 元 | 39.60 | 29.70 | 22.00 | 48.40 | 33.00 |
| | 用工数量 | 日 | 3.60 | 2.70 | 2.00 | 4.40 | 3.00 |
| | 劳动日工价 | 元 | 11.00 | 11.00 | 11.00 | 11.00 | 11.00 |
| | 期间费用 | 元 | 11.38 | 2.00 | 7.06 | 3.28 | 6.36 |
| | 税金 | 元 | | | | | |
| | 含税成本 | 元 | 517.04 | 445.22 | 321.59 | 500.55 | 380.06 |
| | 净产值 | 元 | 163.19 | 76.09 | 73.50 | 90.42 | 122.02 |
| | 减税纯收益 | 元 | 112.21 | 44.39 | 44.44 | 38.74 | 82.66 |
| | 成本纯收益率 | % | 21.70 | 9.97 | 13.82 | 7.74 | 21.75 |
| | 耗粮数量 | 公斤 | 230.80 | 160.10 | 202.00 | 148.10 | 267.30 |
| 每50公斤主产品 | 平均出售价格 | 元 | 267.52 | 268.45 | 324.49 | 311.00 | 223.64 |
| | 物质费用 | 元 | 198.14 | 226.73 | 259.33 | 258.86 | 164.67 |
| | 生产成本 | 元 | 214.98 | 243.01 | 278.83 | 286.77 | 180.62 |
| | 含税成本 | 元 | 219.81 | 244.11 | 285.09 | 288.66 | 183.69 |
| | 净产值 | 元 | 69.38 | 41.72 | 65.16 | 52.14 | 58.97 |
| | 减税纯收益 | 元 | 47.71 | 24.34 | 39.40 | 22.34 | 39.95 |
| | 耗粮数量 | 公斤 | 99.20 | 89.30 | 186.00 | 87.70 | 133.70 |
| 每一劳动日 | 主产品产量 | 公斤 | 32.30 | 33.20 | 27.20 | 19.20 | 33.30 |
| | 净产值 | 元 | 45.33 | 28.18 | 36.75 | 20.55 | 40.67 |
| 每核算单位成本外支出 | | 元 | | | | | |

# 2002年大中城市肉类产品成本收益(一)

品种：小规模生猪　　　　按地区工价汇总

| 项目名称 | | 单位 | 平均 | 石家庄 | 呼和浩特 | 沈阳 | 长春 | 哈尔滨 |
|---|---|---|---|---|---|---|---|---|
| 调查县数 | | 个 | 36.00 | 4.00 | 3.00 | 2.00 | 3.00 | 3.00 |
| 调查户数 | | 户 | 61.00 | 9.00 | 9.00 | 2.00 | 3.00 | 5.00 |
| 调查数量 | | 头 | 3774.00 | 418.00 | 686.00 | 89.00 | 185.00 | 550.00 |
| 平均饲养天数 | | 天 | 152.00 | 137.00 | 217.00 | 160.00 | 148.00 | 157.00 |
| 每头 | 主产品产量 | 公斤 | 96.30 | 98.10 | 93.50 | 102.40 | 116.70 | 98.10 |
| | 产值合计 | 元 | 578.97 | 600.32 | 756.99 | 652.23 | 697.63 | 570.67 |
| | 主产品产值 | 元 | 559.36 | 557.53 | 710.60 | 614.42 | 685.63 | 560.60 |
| | 副产品产值 | 元 | 19.61 | 42.79 | 46.39 | 37.81 | 12.00 | 10.07 |
| | 其他收入 | 元 | | | | | | |
| | 生产成本 | 元 | 507.82 | 485.88 | 643.66 | 539.92 | 629.20 | 551.11 |
| | 物质费用 | 元 | 461.94 | 423.72 | 613.90 | 496.72 | 608.30 | 456.61 |
| | 用工作价 | 元 | 45.88 | 62.16 | 29.76 | 43.20 | 20.90 | 94.50 |
| | 用工数量 | 日 | 3.70 | 5.60 | 3.20 | 4.00 | 1.90 | 7.00 |
| | 劳动日工价 | 元 | 12.40 | 11.10 | 9.30 | 10.80 | 11.00 | 13.50 |
| | 期间费用 | 元 | 5.60 | 2.26 | 16.43 | 7.16 | | 1.90 |
| | 税金 | 元 | | | | | | |
| | 含税成本 | 元 | 513.42 | 488.14 | 660.09 | 547.08 | 629.20 | 553.01 |
| | 净产值 | 元 | 117.03 | 176.60 | 143.09 | 155.51 | 89.33 | 114.06 |
| | 减税纯收益 | 元 | 65.55 | 112.18 | 96.90 | 105.15 | 68.43 | 17.66 |
| | 成本纯收益率 | % | 12.77 | 22.98 | 14.68 | 19.22 | 10.88 | 3.19 |
| | 耗粮数量 | 公斤 | 198.00 | 121.20 | 251.30 | 203.80 | 237.40 | 255.10 |
| 每50公斤主产品 | 平均出售价格 | 元 | 290.43 | 284.16 | 380.00 | 300.01 | 293.76 | 285.73 |
| | 物质费用 | 元 | 231.72 | 200.57 | 308.17 | 228.48 | 256.14 | 228.62 |
| | 生产成本 | 元 | 254.74 | 229.99 | 323.11 | 248.35 | 264.95 | 275.94 |
| | 含税成本 | 元 | 257.55 | 231.06 | 331.36 | 251.64 | 264.95 | 276.89 |
| | 净产值 | 元 | 58.71 | 83.59 | 71.83 | 71.53 | 37.62 | 57.11 |
| | 减税纯收益 | 元 | 32.88 | 53.10 | 48.64 | 48.37 | 28.81 | 8.84 |
| | 耗粮数量 | 公斤 | 102.80 | 61.80 | 134.40 | 99.50 | 101.70 | 130.00 |
| 每一劳动日 | 主产品产量 | 公斤 | 26.00 | 17.50 | 29.20 | 25.60 | 61.40 | 14.00 |
| | 净产值 | 元 | 31.63 | 31.54 | 44.72 | 38.88 | 47.02 | 16.29 |
| 每核算单位成本外支出 | | 元 | 0.37 | | | 1.30 | | 2.85 |

# 2002年大中城市肉类产品成本收益(二)

品种：小规模生猪　　　　按地区工价汇总

| 项目名称 | | 单位 | 南京 | 济南 | 厦门 | 郑州 | 南宁 |
|---|---|---|---|---|---|---|---|
| 调查县数 | | 个 | 1.00 | 2.00 | 1.00 | 1.00 | 9.00 |
| 调查户数 | | 户 | 1.00 | 7.00 | 3.00 | 1.00 | 9.00 |
| 调查数量 | | 头 | 61.00 | 198.00 | 184.00 | 130.00 | 268.00 |
| 平均饲养天数 | | 天 | 159.00 | 151.00 | 142.00 | 145.00 | 122.00 |
| 每头 | 主产品产量 | 公斤 | 96.20 | 100.30 | 102.00 | 102.60 | 90.30 |
| | 产值合计 | 元 | 542.37 | 562.91 | 653.01 | 639.50 | 522.00 |
| | 主产品产值 | 元 | 522.20 | 544.93 | 635.82 | 618.80 | 511.88 |
| | 副产品产值 | 元 | 20.17 | 17.98 | 17.19 | 20.70 | 10.12 |
| | 其他收入 | 元 | | | | | |
| | 生产成本 | 元 | 410.76 | 507.04 | 622.51 | 545.53 | 544.71 |
| | 物质费用 | 元 | 374.88 | 467.98 | 581.14 | 479.75 | 464.11 |
| | 用工作价 | 元 | 35.88 | 39.06 | 41.37 | 65.78 | 80.60 |
| | 用工数量 | 日 | 2.30 | 3.10 | 2.10 | 4.60 | 6.20 |
| | 劳动日工价 | 元 | 15.60 | 12.60 | 19.70 | 14.30 | 13.00 |
| | 期间费用 | 元 | 3.83 | 11.95 | 0.22 | 5.31 | 4.85 |
| | 税金 | 元 | | | | | |
| | 含税成本 | 元 | 414.59 | 518.99 | 622.73 | 550.84 | 549.56 |
| | 净产值 | 元 | 167.49 | 94.93 | 71.87 | 159.75 | 57.89 |
| | 减税纯收益 | 元 | 127.78 | 43.92 | 30.28 | 88.66 | -27.56 |
| | 成本纯收益率 | % | 30.82 | 8.46 | 4.86 | 16.10 | -5.01 |
| | 耗粮数量 | 公斤 | 189.80 | 180.30 | 223.20 | 208.70 | 90.80 |
| 每50公斤主产品 | 平均出售价格 | 元 | 271.41 | 271.65 | 311.68 | 301.56 | 283.43 |
| | 物质费用 | 元 | 187.60 | 225.84 | 277.38 | 226.23 | 252.00 |
| | 生产成本 | 元 | 205.55 | 244.69 | 297.12 | 257.25 | 295.76 |
| | 含税成本 | 元 | 207.47 | 250.46 | 297.23 | 259.75 | 298.39 |
| | 净产值 | 元 | 83.81 | 45.81 | 34.30 | 75.33 | 31.43 |
| | 减税纯收益 | 元 | 63.94 | 21.19 | 14.45 | 41.81 | -14.96 |
| | 耗粮数量 | 公斤 | 98.60 | 89.90 | 109.40 | 101.70 | 50.30 |
| 每一劳动日 | 主产品产量 | 公斤 | 41.80 | 32.40 | 48.60 | 22.30 | 14.60 |
| | 净产值 | 元 | 72.82 | 30.62 | 34.22 | 34.73 | 9.34 |
| 每核算单位成本外支出 | | 元 | | | | | 1.38 |

# 2002年大中城市肉类产品成本收益(三)

品种:小规模生猪　　　　按地区工价汇总

| 项目名称 | | 单位 | 贵阳 | 昆明 | 兰州 | 西宁 | 银川 |
|---|---|---|---|---|---|---|---|
| 调查县数 | | 个 | 1.00 | 1.00 | 2.00 | 2.00 | 1.00 |
| 调查户数 | | 户 | 3.00 | 1.00 | 2.00 | 4.00 | 2.00 |
| 调查数量 | | 头 | 530.00 | 79.00 | 73.00 | 213.00 | 110.00 |
| 平均饲养天数 | | 天 | 147.00 | 180.00 | 86.00 | 173.00 | 150.00 |
| 每头 | 主产品产量 | 公斤 | 116.30 | 89.60 | 54.30 | 84.40 | 100.00 |
| | 产值合计 | 元 | 629.25 | 489.61 | 366.03 | 539.29 | 462.72 |
| | 主产品产值 | 元 | 622.25 | 481.07 | 352.40 | 524.97 | 447.27 |
| | 副产品产值 | 元 | 7.00 | 8.54 | 13.63 | 14.32 | 15.45 |
| | 其他收入 | 元 | | | | | |
| | 生产成本 | 元 | 502.06 | 444.30 | 318.13 | 494.19 | 374.00 |
| | 物质费用 | 元 | 466.06 | 413.52 | 292.53 | 448.87 | 340.70 |
| | 用工作价 | 元 | 36.00 | 30.78 | 25.60 | 45.32 | 33.30 |
| | 用工数量 | 日 | 3.60 | 2.70 | 2.00 | 4.40 | 3.00 |
| | 劳动日工价 | 元 | 10.00 | 11.40 | 12.80 | 10.30 | 11.10 |
| | 期间费用 | 元 | 11.38 | 2.00 | 7.06 | 3.28 | 6.36 |
| | 税金 | 元 | | | | | |
| | 含税成本 | 元 | 513.44 | 446.30 | 325.19 | 497.47 | 380.36 |
| | 净产值 | 元 | 163.19 | 76.09 | 73.50 | 90.42 | 122.02 |
| | 减税纯收益 | 元 | 115.81 | 43.31 | 40.84 | 41.82 | 82.36 |
| | 成本纯收益率 | % | 22.56 | 9.70 | 12.56 | 8.41 | 21.65 |
| | 耗粮数量 | 公斤 | 230.80 | 160.10 | 202.00 | 148.10 | 267.30 |
| 每50公斤主产品 | 平均出售价格 | 元 | 267.52 | 268.45 | 324.49 | 311.00 | 223.64 |
| | 物质费用 | 元 | 198.14 | 226.73 | 259.33 | 258.86 | 164.67 |
| | 生产成本 | 元 | 213.45 | 243.61 | 282.03 | 284.99 | 180.76 |
| | 含税成本 | 元 | 218.28 | 244.70 | 288.28 | 286.88 | 183.83 |
| | 净产值 | 元 | 69.38 | 41.72 | 65.16 | 52.14 | 58.97 |
| | 减税纯收益 | 元 | 49.24 | 23.75 | 36.21 | 24.12 | 39.81 |
| | 耗粮数量 | 公斤 | 99.20 | 89.30 | 186.00 | 87.70 | 133.70 |
| 每一劳动日 | 主产品产量 | 公斤 | 32.30 | 33.20 | 27.20 | 19.20 | 33.30 |
| | 净产值 | 元 | 45.33 | 28.18 | 36.75 | 20.55 | 40.67 |
| 每核算单位成本外支出 | | 元 | | | | | |

# 2002年大中城市肉类产品物质费用和期间费用(一)

品种：小规模生猪

| 项目名称 | 单位 | 平均 | 石家庄 | 呼和浩特 | 沈阳 | 长春 | 哈尔滨 |
|---|---|---|---|---|---|---|---|
| 一、物质费用 | 元 | 461.94 | 423.72 | 613.90 | 496.72 | 608.30 | 456.61 |
| (一)直接生产费用 | 元 | 448.92 | 415.76 | 587.24 | 477.01 | 602.64 | 446.01 |
| 1.仔畜进价 | 元 | 110.72 | 115.17 | 85.00 | 108.03 | 186.24 | 135.36 |
| 2.精饲料费 | 元 | 290.67 | 281.67 | 320.44 | 350.15 | 382.08 | 284.36 |
| 3.青粗饲料费 | 元 | 19.52 | | 92.37 | | 11.68 | |
| 4.饲料加工费 | 元 | 5.35 | 4.06 | 19.48 | 3.26 | 4.66 | 5.67 |
| 5.水费 | 元 | 1.47 | 1.27 | 4.04 | 0.65 | | 2.60 |
| 6.电费 | 元 | 3.00 | 1.79 | 8.52 | 1.65 | 1.66 | 1.66 |
| 7.煤费 | 元 | 1.83 | | 12.55 | 0.52 | | 3.13 |
| 8.医疗防疫费 | 元 | 6.57 | 8.54 | 11.17 | 4.37 | 8.72 | 6.02 |
| 9.死亡损失费 | 元 | 6.71 | 2.70 | 28.09 | 7.44 | 6.60 | 4.87 |
| 10.工具材料费 | 元 | 2.04 | 0.56 | 4.28 | 0.94 | 1.00 | 1.08 |
| 11.其他直接费用 | 元 | 1.04 | | 1.30 | | | 1.26 |
| (二)间接生产费用 | 元 | 13.02 | 7.96 | 26.66 | 19.71 | 5.66 | 10.60 |
| 1.固定资产折旧费 | 元 | 10.04 | 5.21 | 14.56 | 17.67 | 4.66 | 7.78 |
| 2.修理费 | 元 | 2.59 | 2.53 | 10.40 | 2.04 | | 1.93 |
| 3.其它间接费用 | 元 | 0.39 | 0.22 | 1.70 | | 1.00 | 0.89 |
| 二、期间费用 | 元 | 5.60 | 2.26 | 16.43 | 7.16 | | 1.90 |
| 1.承包费 | 元 | 0.50 | | | | | |
| 2.管理费 | 元 | 2.87 | 1.26 | 14.43 | 1.00 | | 0.43 |
| 3.销售费 | 元 | 1.33 | 1.00 | 1.50 | 3.35 | | 1.34 |
| 4.财务费 | 元 | 0.90 | | 0.50 | 2.81 | | 0.13 |
| 附记：1.仔畜重量 | 公斤 | 13.90 | 18.30 | 8.60 | 12.30 | 20.00 | 14.60 |
| 2.精饲料数量 | 公斤 | 252.40 | 244.50 | 255.80 | 316.10 | 320.60 | 290.10 |
| 3.青粗饲料量 | 公斤 | 189.90 | | 476.80 | | 150.00 | |

# 2002 年大中城市肉类产品物质费用和期间费用(二)

品种：小规模生猪

| 项 目 名 称 | 单位 | 南 京 | 济 南 | 厦 门 | 郑 州 | 南 宁 |
|---|---|---|---|---|---|---|
| 一、物质费用 | 元 | 374.88 | 467.98 | 581.14 | 479.75 | 464.11 |
| (一)直接生产费用 | 元 | 366.80 | 433.43 | 573.95 | 473.32 | 456.94 |
| 1.仔畜进价 | 元 | 103.85 | 72.64 | 131.17 | 90.30 | 149.99 |
| 2.精饲料费 | 元 | 223.28 | 303.36 | 426.58 | 302.40 | 271.67 |
| 3.青粗饲料费 | 元 | 21.49 | 10.47 |  | 51.30 | 22.78 |
| 4.饲料加工费 | 元 | 2.33 | 5.69 | 6.72 | 8.20 | 3.32 |
| 5.水费 | 元 | 0.05 | 2.64 |  | 1.80 | 1.35 |
| 6.电费 | 元 | 0.42 | 6.62 | 1.03 | 3.30 | 0.86 |
| 7.煤费 | 元 |  | 0.76 | 0.39 | 2.10 |  |
| 8.医疗防疫费 | 元 | 8.27 | 10.55 | 4.75 | 8.32 | 3.22 |
| 9.死亡损失费 | 元 | 6.96 | 11.26 | 2.52 | 4.50 | 2.07 |
| 10.工具材料费 | 元 | 0.15 | 5.26 | 0.79 | 1.10 | 1.68 |
| 11.其他直接费用 | 元 |  | 4.18 |  |  |  |
| (二)间接生产费用 | 元 | 8.08 | 34.55 | 7.19 | 6.43 | 7.17 |
| 1.固定资产折旧费 | 元 | 7.86 | 23.53 | 5.86 | 5.40 | 5.89 |
| 2.修理费 | 元 | 0.22 | 10.08 | 1.33 | 1.03 | 1.28 |
| 3.其它间接费用 | 元 |  | 0.94 |  |  |  |
| 二、期间费用 | 元 | 3.83 | 11.95 | 0.22 | 5.31 | 4.85 |
| 1.承包费 | 元 | 2.83 |  |  | 1.55 | 0.93 |
| 2.管理费 | 元 |  | 4.31 |  | 2.16 | 3.42 |
| 3.销售费 | 元 | 1.00 | 1.82 |  | 1.60 |  |
| 4.财务费 | 元 |  | 5.82 | 0.22 |  | 0.50 |
| 附记：1.仔畜重量 | 公斤 | 18.50 | 11.60 | 15.80 | 12.30 | 23.20 |
| 2.精饲料数量 | 公斤 | 235.60 | 239.20 | 279.50 | 268.40 | 178.90 |
| 3.青粗饲料量 | 公斤 | 217.80 | 44.80 |  | 310.00 | 164.30 |

# 2002年大中城市肉类产品物质费用和期间费用(三)

品种:小规模生猪

| 项 目 名 称 | 单位 | 贵 阳 | 昆 明 | 兰 州 | 西 宁 | 银 川 |
|---|---|---|---|---|---|---|
| 一、物质费用 | 元 | 466.06 | 413.52 | 292.53 | 448.87 | 340.70 |
| (一)直接生产费用 | 元 | 452.78 | 413.03 | 283.42 | 437.37 | 313.89 |
| 1.仔畜进价 | 元 | 112.03 | 73.00 | 64.95 | 153.06 | 80.00 |
| 2.精饲料费 | 元 | 253.79 | 302.79 | 194.86 | 249.86 | 212.80 |
| 3.青粗饲料费 | 元 | 47.08 | 16.96 | 2.40 | 16.26 | |
| 4.饲料加工费 | 元 | 5.17 | 5.40 | 5.48 | 0.75 | |
| 5.水费 | 元 | 0.25 | 1.00 | 0.97 | 2.68 | 2.73 |
| 6.电费 | 元 | 3.82 | 6.00 | 0.55 | 1.65 | 5.45 |
| 7.煤费 | 元 | 1.13 | 3.00 | 1.00 | 2.87 | |
| 8.医疗防疫费 | 元 | 10.88 | 3.11 | 2.09 | 4.84 | 3.64 |
| 9.死亡损失费 | 元 | 3.33 | 1.57 | 10.99 | 4.80 | 2.91 |
| 10.工具材料费 | 元 | 12.80 | 0.20 | 0.13 | 0.60 | |
| 11.其他直接费用 | 元 | 2.50 | | | | 6.36 |
| (二)间接生产费用 | 元 | 13.28 | 0.49 | 9.11 | 11.50 | 26.81 |
| 1.固定资产折旧费 | 元 | 10.60 | 0.49 | 8.83 | 9.03 | 23.18 |
| 2.修理费 | 元 | 2.68 | | 0.28 | 1.43 | 3.63 |
| 3.其它间接费用 | 元 | | | | 1.04 | |
| 二、期间费用 | 元 | 11.38 | 2.00 | 7.06 | 3.28 | 6.36 |
| 1.承包费 | 元 | | | 0.70 | 1.52 | |
| 2.管理费 | 元 | 10.88 | | 0.18 | 0.82 | 4.09 |
| 3.销售费 | 元 | 0.50 | 2.00 | 3.61 | | 2.27 |
| 4.财务费 | 元 | | | 2.57 | 0.94 | |
| 附记:1.仔畜重量 | 公斤 | 15.40 | 9.30 | 7.20 | 13.30 | 7.50 |
| 2.精饲料数量 | 公斤 | 282.90 | 189.40 | 156.90 | 239.90 | 288.40 |
| 3.青粗饲料量 | 公斤 | 311.80 | 41.10 | 25.00 | 157.80 | |

# 2002 年大中城市肉类产品成本收益(一)

品种：中等规模生猪　　　　按统一工价汇总

| 项目名称 | | 单位 | 平均 | 北京 | 天津 | 石家庄 | 太原 | 沈阳 |
|---|---|---|---|---|---|---|---|---|
| 调查县数 | | 个 | 59.00 | 2.00 | 6.00 | 6.00 | 1.00 | 1.00 |
| 调查户数 | | 户 | 103.00 | 6.00 | 14.00 | 9.00 | 2.00 | 1.00 |
| 调查数量 | | 头 | 35759.00 | 2020.00 | 5939.00 | 2580.00 | 399.00 | 140.00 |
| 平均饲养天数 | | 天 | 140.00 | 162.00 | 151.00 | 137.00 | 156.00 | 150.00 |
| 每头 | 主产品产量 | 公斤 | 99.60 | 97.30 | 105.90 | 99.30 | 90.80 | 100.00 |
| | 产值合计 | 元 | 609.49 | 596.92 | 637.92 | 601.51 | 510.74 | 650.00 |
| | 主产品产值 | 元 | 595.51 | 592.59 | 633.92 | 560.06 | 503.01 | 620.00 |
| | 副产品产值 | 元 | 13.98 | 4.33 | 4.00 | 41.45 | 7.73 | 30.00 |
| | 其他收入 | 元 | 0.34 | | | | | |
| | 生产成本 | 元 | 544.99 | 569.00 | 563.32 | 486.63 | 420.06 | 563.00 |
| | 物质费用 | 元 | 516.39 | 550.30 | 549.02 | 429.43 | 398.06 | 530.00 |
| | 用工作价 | 元 | 28.60 | 18.70 | 14.30 | 57.20 | 22.00 | 33.00 |
| | 用工数量 | 日 | 2.60 | 1.70 | 1.30 | 5.20 | 2.00 | 3.00 |
| | 劳动日工价 | 元 | 11.00 | 11.00 | 11.00 | 11.00 | 11.00 | 11.00 |
| | 期间费用 | 元 | 9.78 | 2.85 | 2.24 | 5.21 | 2.85 | 5.00 |
| | 税金 | 元 | | | | | | |
| | 含税成本 | 元 | 554.77 | 571.85 | 565.56 | 491.84 | 422.91 | 568.00 |
| | 净产值 | 元 | 93.10 | 46.62 | 88.90 | 172.08 | 112.68 | 120.00 |
| | 减税纯收益 | 元 | 55.06 | 25.07 | 72.36 | 109.67 | 87.83 | 82.00 |
| | 成本纯收益率 | % | 9.92 | 4.38 | 12.79 | 22.30 | 20.77 | 14.44 |
| | 耗粮数量 | 公斤 | 181.30 | 199.70 | 198.70 | 119.20 | 157.50 | 200.00 |
| 每50公斤主产品 | 平均出售价格 | 元 | 298.95 | 304.52 | 299.30 | 282.00 | 276.99 | 310.00 |
| | 物质费用 | 元 | 253.29 | 280.74 | 257.59 | 201.33 | 215.88 | 252.77 |
| | 生产成本 | 元 | 267.31 | 290.28 | 264.30 | 228.14 | 227.81 | 268.51 |
| | 含税成本 | 元 | 272.11 | 291.73 | 265.35 | 230.58 | 229.36 | 270.89 |
| | 净产值 | 元 | 45.66 | 23.78 | 41.71 | 80.67 | 61.11 | 57.23 |
| | 减税纯收益 | 元 | 27.01 | 12.79 | 33.95 | 51.42 | 47.63 | 39.11 |
| | 耗粮数量 | 公斤 | 91.00 | 102.60 | 93.80 | 60.00 | 86.70 | 100.00 |
| 每一劳动日 | 主产品产量 | 公斤 | 38.30 | 57.20 | 81.50 | 19.10 | 45.40 | 33.30 |
| | 净产值 | 元 | 35.81 | 27.42 | 68.38 | 33.09 | 56.34 | 40.00 |
| 每核算单位成本外支出 | | 元 | 0.34 | | | | | 0.97 |

# 2002年大中城市肉类产品成本收益(二)

品种：中等规模生猪　　　　按统一工价汇总

| 项目名称 | | 单位 | 长春 | 哈尔滨 | 大连 | 杭州 | 福州 | 济南 |
|---|---|---|---|---|---|---|---|---|
| 调查县数 | | 个 | 3.00 | 2.00 | 2.00 | 5.00 | 2.00 | 2.00 |
| 调查户数 | | 户 | 5.00 | 5.00 | 5.00 | 12.00 | 3.00 | 2.00 |
| 调查数量 | | 头 | 927.00 | 1082.00 | 1292.00 | 2042.00 | 3227.00 | 936.00 |
| 平均饲养天数 | | 天 | 143.00 | 149.00 | 123.00 | 133.00 | 103.00 | 120.00 |
| 每头 | 主产品产量 | 公斤 | 115.70 | 99.80 | 106.40 | 105.50 | 99.80 | 95.60 |
| | 产值合计 | 元 | 702.64 | 600.71 | 641.49 | 644.03 | 657.76 | 528.71 |
| | 主产品产值 | 元 | 690.64 | 588.92 | 613.12 | 639.90 | 657.76 | 512.11 |
| | 副产品产值 | 元 | 12.00 | 11.79 | 28.37 | 4.13 | | 16.60 |
| | 其他收入 | 元 | | | | 7.21 | | |
| | 生产成本 | 元 | 626.17 | 527.54 | 560.67 | 552.31 | 622.86 | 457.18 |
| | 物质费用 | 元 | 606.37 | 461.54 | 528.77 | 533.61 | 618.46 | 440.68 |
| | 用工作价 | 元 | 19.80 | 66.00 | 31.90 | 18.70 | 4.40 | 16.50 |
| | 用工数量 | 日 | 1.80 | 6.00 | 2.90 | 1.70 | 0.40 | 1.50 |
| | 劳动日工价 | 元 | 11.00 | 11.00 | 11.00 | 11.00 | 11.00 | 11.00 |
| | 期间费用 | 元 | | 5.72 | 7.38 | 10.27 | 21.25 | 8.00 |
| | 税金 | 元 | | | | | | |
| | 含税成本 | 元 | 626.17 | 533.26 | 568.05 | 562.58 | 644.11 | 465.18 |
| | 净产值 | 元 | 96.27 | 139.17 | 112.72 | 110.42 | 39.30 | 88.03 |
| | 减税纯收益 | 元 | 76.47 | 67.45 | 73.44 | 88.66 | 13.65 | 63.53 |
| | 成本纯收益率 | % | 12.21 | 12.65 | 12.93 | 15.76 | 2.12 | 13.66 |
| | 耗粮数量 | 公斤 | 249.20 | 277.60 | 176.90 | 210.70 | 151.00 | 160.50 |
| 每50公斤主产品 | 平均出售价格 | 元 | 298.46 | 295.05 | 288.12 | 303.27 | 329.54 | 267.84 |
| | 物质费用 | 元 | 257.57 | 226.69 | 237.49 | 251.27 | 309.85 | 223.24 |
| | 生产成本 | 元 | 265.98 | 259.11 | 251.82 | 260.08 | 312.05 | 231.60 |
| | 含税成本 | 元 | 265.98 | 261.92 | 255.14 | 264.92 | 322.70 | 235.66 |
| | 净产值 | 元 | 40.89 | 68.36 | 50.63 | 52.00 | 19.69 | 44.60 |
| | 减税纯收益 | 元 | 32.48 | 33.13 | 32.98 | 41.77 | 6.84 | 32.18 |
| | 耗粮数量 | 公斤 | 107.70 | 139.10 | 83.10 | 99.90 | 75.70 | 83.90 |
| 每一劳动日 | 主产品产量 | 公斤 | 64.30 | 16.60 | 36.70 | 62.10 | 249.50 | 63.70 |
| | 净产值 | 元 | 53.48 | 23.20 | 38.87 | 64.95 | 98.25 | 58.69 |
| 每核算单位成本外支出 | | 元 | | 3.12 | 0.72 | | | |

# 2002 年大中城市肉类产品成本收益(三)

品种：中等规模生猪　　　　按统一工价汇总

| 项目名称 | | 单位 | 宁波 | 青岛 | 郑州 | 武汉 | 广州 |
|---|---|---|---|---|---|---|---|
| 调查县数 | | 个 | 1.00 | 1.00 | 2.00 | 3.00 | 2.00 |
| 调查户数 | | 户 | 3.00 | 3.00 | 2.00 | 5.00 | 4.00 |
| 调查数量 | | 头 | 850.00 | 185.00 | 1358.00 | 1833.00 | 2086.00 |
| 平均饲养天数 | | 天 | 115.00 | 103.00 | 139.00 | 153.00 | 167.00 |
| 每头 | 主产品产量 | 公斤 | 98.00 | 104.90 | 97.90 | 105.50 | 102.90 |
| | 产值合计 | 元 | 625.40 | 593.46 | 602.72 | 634.77 | 677.62 |
| | 主产品产值 | 元 | 617.40 | 579.97 | 591.90 | 625.13 | 661.99 |
| | 副产品产值 | 元 | 8.00 | 13.49 | 10.82 | 9.64 | 15.63 |
| | 其他收入 | 元 | | | | | |
| | 生产成本 | 元 | 568.10 | 556.29 | 532.44 | 628.27 | 574.36 |
| | 物质费用 | 元 | 546.10 | 527.69 | 496.14 | 604.07 | 549.06 |
| | 用工作价 | 元 | 22.00 | 28.60 | 36.30 | 24.20 | 25.30 |
| | 用工数量 | 日 | 2.00 | 2.60 | 3.30 | 2.20 | 2.30 |
| | 劳动日工价 | 元 | 11.00 | 11.00 | 11.00 | 11.00 | 11.00 |
| | 期间费用 | 元 | 13.50 | 4.27 | 35.72 | 2.14 | 5.50 |
| | 税金 | 元 | | | | | |
| | 含税成本 | 元 | 581.60 | 560.56 | 568.16 | 630.41 | 579.86 |
| | 净产值 | 元 | 79.30 | 65.77 | 106.58 | 30.70 | 128.56 |
| | 减税纯收益 | 元 | 43.80 | 32.90 | 34.56 | 4.36 | 97.76 |
| | 成本纯收益率 | % | 7.53 | 5.87 | 6.08 | 0.69 | 16.86 |
| | 耗粮数量 | 公斤 | 196.00 | 151.00 | 186.40 | 237.10 | 51.20 |
| 每50公斤主产品 | 平均出售价格 | 元 | 315.00 | 276.44 | 302.30 | 296.27 | 321.67 |
| | 物质费用 | 元 | 275.06 | 245.80 | 248.84 | 281.94 | 260.64 |
| | 生产成本 | 元 | 286.14 | 259.13 | 267.05 | 293.24 | 272.65 |
| | 含税成本 | 元 | 292.94 | 261.11 | 284.97 | 294.24 | 275.26 |
| | 净产值 | 元 | 39.94 | 30.64 | 53.46 | 14.33 | 61.03 |
| | 减税纯收益 | 元 | 22.06 | 15.33 | 17.33 | 2.03 | 46.41 |
| | 耗粮数量 | 公斤 | 100.00 | 72.00 | 95.20 | 112.40 | 24.90 |
| 每一劳动日 | 主产品产量 | 公斤 | 49.00 | 40.30 | 29.70 | 48.00 | 44.70 |
| | 净产值 | 元 | 39.65 | 25.30 | 32.30 | 13.95 | 55.90 |
| 每核算单位成本外支出 | | 元 | | 0.64 | | | |

# 2002年大中城市肉类产品成本收益(四)

品种：中等规模生猪　　　　按统一工价汇总

| 项目名称 | | 单位 | 南宁 | 昆明 | 兰州 | 西宁 | 乌鲁木齐 |
|---|---|---|---|---|---|---|---|
| 调查县数 | | 个 | 10.00 | 2.00 | 2.00 | 3.00 | 1.00 |
| 调查户数 | | 户 | 10.00 | 2.00 | 2.00 | 4.00 | 4.00 |
| 调查数量 | | 头 | 2021.00 | 799.00 | 430.00 | 1113.00 | 4500.00 |
| 平均饲养天数 | | 天 | 118.00 | 192.00 | 103.00 | 152.00 | 180.00 |
| 每头 | 主产品产量 | 公斤 | 93.80 | 114.30 | 63.00 | 94.40 | 100.00 |
| | 产值合计 | 元 | 583.85 | 673.01 | 398.97 | 592.14 | 645.00 |
| | 主产品产值 | 元 | 572.98 | 659.33 | 382.30 | 578.86 | 623.80 |
| | 副产品产值 | 元 | 10.87 | 13.68 | 16.67 | 13.28 | 21.20 |
| | 其他收入 | 元 | | | | | |
| | 生产成本 | 元 | 572.57 | 585.91 | 391.08 | 480.97 | 602.60 |
| | 物质费用 | 元 | 515.37 | 573.81 | 365.78 | 453.47 | 566.30 |
| | 用工作价 | 元 | 57.20 | 12.10 | 25.30 | 27.50 | 36.30 |
| | 用工数量 | 日 | 5.20 | 1.10 | 2.30 | 2.50 | 3.30 |
| | 劳动日工价 | 元 | 11.00 | 11.00 | 11.00 | 11.00 | 11.00 |
| | 期间费用 | 元 | 12.87 | 26.35 | 15.67 | 7.89 | 10.70 |
| | 税金 | 元 | | | | | |
| | 含税成本 | 元 | 585.44 | 612.26 | 406.75 | 488.86 | 613.30 |
| | 净产值 | 元 | 68.48 | 99.20 | 33.19 | 138.67 | 78.70 |
| | 减税纯收益 | 元 | -1.59 | 60.75 | -7.78 | 103.28 | 31.70 |
| | 成本纯收益率 | % | -0.27 | 9.92 | -1.91 | 21.13 | 5.17 |
| | 耗粮数量 | 公斤 | 88.30 | 227.40 | 181.60 | 157.50 | 230.00 |
| 每50公斤主产品 | 平均出售价格 | 元 | 305.43 | 288.42 | 303.41 | 306.60 | 311.90 |
| | 物质费用 | 元 | 269.61 | 245.91 | 278.17 | 234.80 | 273.84 |
| | 生产成本 | 元 | 299.53 | 251.09 | 297.41 | 249.04 | 291.40 |
| | 含税成本 | 元 | 306.26 | 262.39 | 309.33 | 253.12 | 296.57 |
| | 净产值 | 元 | 35.82 | 42.51 | 25.24 | 71.80 | 38.06 |
| | 减税纯收益 | 元 | -0.83 | 26.03 | -5.92 | 53.48 | 15.33 |
| | 耗粮数量 | 公斤 | 47.10 | 99.50 | 144.10 | 83.40 | 115.00 |
| 每一劳动日 | 主产品产量 | 公斤 | 18.00 | 103.90 | 27.40 | 37.80 | 30.30 |
| | 净产值 | 元 | 13.17 | 90.18 | 14.43 | 55.47 | 23.85 |
| 每核算单位成本外支出 | | 元 | 1.67 | | | | |

# 2002 年大中城市肉类产品成本收益(一)

品种：中等规模生猪　　　　按地区工价汇总

| 项目名称 | | 单位 | 平均 | 北京 | 天津 | 石家庄 | 太原 | 沈阳 |
|---|---|---|---|---|---|---|---|---|
| 调查县数 | | 个 | 59.00 | 2.00 | 6.00 | 6.00 | 1.00 | 1.00 |
| 调查户数 | | 户 | 103.00 | 6.00 | 14.00 | 9.00 | 2.00 | 1.00 |
| 调查数量 | | 头 | 35759.00 | 2020.00 | 5939.00 | 2580.00 | 399.00 | 140.00 |
| 平均饲养天数 | | 天 | 140.00 | 162.00 | 151.00 | 137.00 | 156.00 | 150.00 |
| 每头 | 主产品产量 | 公斤 | 99.60 | 97.30 | 105.90 | 99.30 | 90.80 | 100.00 |
| | 产值合计 | 元 | 609.49 | 596.92 | 637.92 | 601.51 | 510.74 | 650.00 |
| | 主产品产值 | 元 | 595.51 | 592.59 | 633.92 | 560.06 | 503.01 | 620.00 |
| | 副产品产值 | 元 | 13.98 | 4.33 | 4.00 | 41.45 | 7.73 | 30.00 |
| | 其他收入 | 元 | 0.34 | | | | | |
| | 生产成本 | 元 | 556.69 | 591.95 | 565.79 | 487.15 | 432.06 | 562.40 |
| | 物质费用 | 元 | 516.39 | 550.30 | 549.02 | 429.43 | 398.06 | 530.00 |
| | 用工作价 | 元 | 40.30 | 41.65 | 16.77 | 57.72 | 34.00 | 32.40 |
| | 用工数量 | 日 | 2.60 | 1.70 | 1.30 | 5.20 | 2.00 | 3.00 |
| | 劳动日工价 | 元 | 15.50 | 24.50 | 12.90 | 11.10 | 17.00 | 10.80 |
| | 期间费用 | 元 | 9.78 | 2.85 | 2.24 | 5.21 | 2.85 | 5.00 |
| | 税金 | 元 | | | | | | |
| | 含税成本 | 元 | 566.47 | 594.80 | 568.03 | 492.36 | 434.91 | 567.40 |
| | 净产值 | 元 | 93.10 | 46.62 | 88.90 | 172.08 | 112.68 | 120.00 |
| | 减税纯收益 | 元 | 43.36 | 2.12 | 69.89 | 109.15 | 75.83 | 82.60 |
| | 成本纯收益率 | % | 7.65 | 0.36 | 12.30 | 22.17 | 17.44 | 14.56 |
| | 耗粮数量 | 公斤 | 181.30 | 199.70 | 198.70 | 119.20 | 157.50 | 200.00 |
| 每50公斤主产品 | 平均出售价格 | 元 | 298.95 | 304.52 | 299.30 | 282.00 | 276.99 | 310.00 |
| | 物质费用 | 元 | 253.29 | 280.74 | 257.59 | 201.33 | 215.88 | 252.77 |
| | 生产成本 | 元 | 273.05 | 301.98 | 265.46 | 228.39 | 234.32 | 268.22 |
| | 含税成本 | 元 | 277.85 | 303.44 | 266.51 | 230.83 | 235.87 | 270.61 |
| | 净产值 | 元 | 45.66 | 23.78 | 41.71 | 80.67 | 61.11 | 57.23 |
| | 减税纯收益 | 元 | 21.27 | 1.08 | 32.79 | 51.17 | 41.12 | 39.39 |
| | 耗粮数量 | 公斤 | 91.00 | 102.60 | 93.80 | 60.00 | 86.70 | 100.00 |
| 每一劳动日 | 主产品产量 | 公斤 | 38.30 | 57.20 | 81.50 | 19.10 | 45.40 | 33.30 |
| | 净产值 | 元 | 35.81 | 27.42 | 68.38 | 33.09 | 56.34 | 40.00 |
| 每核算单位成本外支出 | | 元 | 0.34 | | | | | 0.97 |

# 2002 年大中城市肉类产品成本收益(二)

品种：中等规模生猪　　　　按地区工价汇总

| 项目名称 | | 单位 | 长春 | 哈尔滨 | 大连 | 杭州 | 福州 | 济南 |
|---|---|---|---|---|---|---|---|---|
| 调查县数 | | 个 | 3.00 | 2.00 | 2.00 | 5.00 | 2.00 | 2.00 |
| 调查户数 | | 户 | 5.00 | 5.00 | 5.00 | 12.00 | 3.00 | 2.00 |
| 调查数量 | | 头 | 927.00 | 1082.00 | 1292.00 | 2042.00 | 3227.00 | 936.00 |
| 平均饲养天数 | | 天 | 143.00 | 149.00 | 123.00 | 133.00 | 103.00 | 120.00 |
| 每头 | 主产品产量 | 公斤 | 115.70 | 99.80 | 106.40 | 105.50 | 99.80 | 95.60 |
| | 产值合计 | 元 | 702.64 | 600.71 | 641.49 | 644.03 | 657.76 | 528.71 |
| | 主产品产值 | 元 | 690.64 | 588.92 | 613.12 | 639.90 | 657.76 | 512.11 |
| | 副产品产值 | 元 | 12.00 | 11.79 | 28.37 | 4.13 | | 16.60 |
| | 其他收入 | 元 | | | | 7.21 | | |
| | 生产成本 | 元 | 626.17 | 542.54 | 572.27 | 565.06 | 624.62 | 459.58 |
| | 物质费用 | 元 | 606.37 | 461.54 | 528.77 | 533.61 | 618.46 | 440.68 |
| | 用工作价 | 元 | 19.80 | 81.00 | 43.50 | 31.45 | 6.16 | 18.90 |
| | 用工数量 | 日 | 1.80 | 6.00 | 2.90 | 1.70 | 0.40 | 1.50 |
| | 劳动日工价 | 元 | 11.00 | 13.50 | 15.00 | 18.50 | 15.40 | 12.60 |
| | 期间费用 | 元 | | 5.72 | 7.38 | 10.27 | 21.25 | 8.00 |
| | 税金 | 元 | | | | | | |
| | 含税成本 | 元 | 626.17 | 548.26 | 579.65 | 575.33 | 645.87 | 467.58 |
| | 净产值 | 元 | 96.27 | 139.17 | 112.72 | 110.42 | 39.30 | 88.03 |
| | 减税纯收益 | 元 | 76.47 | 52.45 | 61.84 | 75.91 | 11.89 | 61.13 |
| | 成本纯收益率 | % | 12.21 | 9.57 | 10.67 | 13.19 | 1.84 | 13.07 |
| | 耗粮数量 | 公斤 | 249.20 | 277.60 | 176.90 | 210.70 | 151.00 | 160.50 |
| 每50公斤主产品 | 平均出售价格 | 元 | 298.46 | 295.05 | 288.12 | 303.27 | 329.54 | 267.84 |
| | 物质费用 | 元 | 257.57 | 226.69 | 237.49 | 251.27 | 309.85 | 223.24 |
| | 生产成本 | 元 | 265.98 | 266.48 | 257.03 | 266.08 | 312.94 | 232.82 |
| | 含税成本 | 元 | 265.98 | 269.29 | 260.35 | 270.92 | 323.58 | 236.87 |
| | 净产值 | 元 | 40.89 | 68.36 | 50.63 | 52.00 | 19.69 | 44.60 |
| | 减税纯收益 | 元 | 32.48 | 25.76 | 27.77 | 35.77 | 5.96 | 30.97 |
| | 耗粮数量 | 公斤 | 107.70 | 139.10 | 83.10 | 99.90 | 75.70 | 83.90 |
| 每一劳动日 | 主产品产量 | 公斤 | 64.30 | 16.60 | 36.70 | 62.10 | 249.50 | 63.70 |
| | 净产值 | 元 | 53.48 | 23.20 | 38.87 | 64.95 | 98.25 | 58.69 |
| 每核算单位成本外支出 | | 元 | | 3.12 | 0.72 | | | |

# 2002年大中城市肉类产品成本收益(三)

品种：中等规模生猪　　　　按地区工价汇总

| 项目名称 | | 单位 | 宁波 | 青岛 | 郑州 | 武汉 | 广州 |
|---|---|---|---|---|---|---|---|
| 调查县数 | | 个 | 1.00 | 1.00 | 2.00 | 3.00 | 2.00 |
| 调查户数 | | 户 | 3.00 | 3.00 | 2.00 | 5.00 | 4.00 |
| 调查数量 | | 头 | 850.00 | 185.00 | 1358.00 | 1833.00 | 2086.00 |
| 平均饲养天数 | | 天 | 115.00 | 103.00 | 139.00 | 153.00 | 167.00 |
| 每头 | 主产品产量 | 公斤 | 98.00 | 104.90 | 97.90 | 105.50 | 102.90 |
| | 产值合计 | 元 | 625.40 | 593.46 | 602.72 | 634.77 | 677.62 |
| | 主产品产值 | 元 | 617.40 | 579.97 | 591.90 | 625.13 | 661.99 |
| | 副产品产值 | 元 | 8.00 | 13.49 | 10.82 | 9.64 | 15.63 |
| | 其他收入 | 元 | | | | | |
| | 生产成本 | 元 | 594.10 | 582.29 | 543.33 | 626.07 | 617.37 |
| | 物质费用 | 元 | 546.10 | 527.69 | 496.14 | 604.07 | 549.06 |
| | 用工作价 | 元 | 48.00 | 54.60 | 47.19 | 22.00 | 68.31 |
| | 用工数量 | 日 | 2.00 | 2.60 | 3.30 | 2.20 | 2.30 |
| | 劳动日工价 | 元 | 24.00 | 21.00 | 14.30 | 10.00 | 29.70 |
| | 期间费用 | 元 | 13.50 | 4.27 | 35.72 | 2.14 | 5.50 |
| | 税金 | 元 | | | | | |
| | 含税成本 | 元 | 607.60 | 586.56 | 579.05 | 628.21 | 622.87 |
| | 净产值 | 元 | 79.30 | 65.77 | 106.58 | 30.70 | 128.56 |
| | 减税纯收益 | 元 | 17.80 | 6.90 | 23.67 | 6.56 | 54.75 |
| | 成本纯收益率 | % | 2.93 | 1.18 | 4.09 | 1.04 | 8.79 |
| | 耗粮数量 | 公斤 | 196.00 | 151.00 | 186.40 | 237.10 | 51.20 |
| 每50公斤主产品 | 平均出售价格 | 元 | 315.00 | 276.44 | 302.30 | 296.27 | 321.67 |
| | 物质费用 | 元 | 275.06 | 245.80 | 248.84 | 281.94 | 260.64 |
| | 生产成本 | 元 | 299.23 | 271.24 | 272.51 | 292.21 | 293.07 |
| | 含税成本 | 元 | 306.03 | 273.23 | 290.43 | 293.21 | 295.68 |
| | 净产值 | 元 | 39.94 | 30.64 | 53.46 | 14.33 | 61.03 |
| | 减税纯收益 | 元 | 8.97 | 3.21 | 11.87 | 3.06 | 25.99 |
| | 耗粮数量 | 公斤 | 100.00 | 72.00 | 95.20 | 112.40 | 24.90 |
| 每一劳动日 | 主产品产量 | 公斤 | 49.00 | 40.30 | 29.70 | 48.00 | 44.70 |
| | 净产值 | 元 | 39.65 | 25.30 | 32.30 | 13.95 | 55.90 |
| 每核算单位成本外支出 | | 元 | | 0.64 | | | |

# 2002年大中城市肉类产品成本收益(四)

品种：中等规模生猪　　　　按地区工价汇总

| 项目名称 | | 单位 | 南宁 | 昆明 | 兰州 | 西宁 | 乌鲁木齐 |
|---|---|---|---|---|---|---|---|
| 调查县数 | | 个 | 10.00 | 2.00 | 2.00 | 3.00 | 1.00 |
| 调查户数 | | 户 | 10.00 | 2.00 | 2.00 | 4.00 | 4.00 |
| 调查数量 | | 头 | 2021.00 | 799.00 | 430.00 | 1113.00 | 4500.00 |
| 平均饲养天数 | | 天 | 118.00 | 192.00 | 103.00 | 152.00 | 180.00 |
| 每头 | 主产品产量 | 公斤 | 93.80 | 114.30 | 63.00 | 94.40 | 100.00 |
| | 产值合计 | 元 | 583.85 | 673.01 | 398.97 | 592.14 | 645.00 |
| | 主产品产值 | 元 | 572.98 | 659.33 | 382.30 | 578.86 | 623.80 |
| | 副产品产值 | 元 | 10.87 | 13.68 | 16.67 | 13.28 | 21.20 |
| | 其他收入 | 元 | | | | | |
| | 生产成本 | 元 | 582.97 | 586.35 | 395.22 | 479.22 | 622.73 |
| | 物质费用 | 元 | 515.37 | 573.81 | 365.78 | 453.47 | 566.30 |
| | 用工作价 | 元 | 67.60 | 12.54 | 29.44 | 25.75 | 56.43 |
| | 用工数量 | 日 | 5.20 | 1.10 | 2.30 | 2.50 | 3.30 |
| | 劳动日工价 | 元 | 13.00 | 11.40 | 12.80 | 10.30 | 17.10 |
| | 期间费用 | 元 | 12.87 | 26.35 | 15.67 | 7.89 | 10.70 |
| | 税金 | 元 | | | | | |
| | 含税成本 | 元 | 595.84 | 612.70 | 410.89 | 487.11 | 633.43 |
| | 净产值 | 元 | 68.48 | 99.20 | 33.19 | 138.67 | 78.70 |
| | 减税纯收益 | 元 | -11.99 | 60.31 | -11.92 | 105.03 | 11.57 |
| | 成本纯收益率 | % | -2.01 | 9.84 | -2.90 | 21.56 | 1.83 |
| | 耗粮数量 | 公斤 | 88.30 | 227.40 | 181.60 | 157.50 | 230.00 |
| 每50公斤主产品 | 平均出售价格 | 元 | 305.43 | 288.42 | 303.41 | 306.60 | 311.90 |
| | 物质费用 | 元 | 269.61 | 245.91 | 278.17 | 234.80 | 273.84 |
| | 生产成本 | 元 | 304.97 | 251.28 | 300.56 | 248.13 | 301.13 |
| | 含税成本 | 元 | 311.70 | 262.57 | 312.47 | 252.22 | 306.31 |
| | 净产值 | 元 | 35.82 | 42.51 | 25.24 | 71.80 | 38.06 |
| | 减税纯收益 | 元 | -6.27 | 25.85 | -9.06 | 54.38 | 5.59 |
| | 耗粮数量 | 公斤 | 47.10 | 99.50 | 144.10 | 83.40 | 115.00 |
| 每一劳动日 | 主产品产量 | 公斤 | 18.00 | 103.90 | 27.40 | 37.80 | 30.30 |
| | 净产值 | 元 | 13.17 | 90.18 | 14.43 | 55.47 | 23.85 |
| 每核算单位成本外支出 | | 元 | 1.67 | | | | |

# 2002年大中城市肉类产品物质费用和期间费用(一)

品种：中等规模生猪

| 项目名称 | 单位 | 平均 | 北京 | 天津 | 石家庄 | 太原 | 沈阳 |
|---|---|---|---|---|---|---|---|
| 一、物质费用 | 元 | 516.39 | 550.30 | 549.02 | 429.43 | 398.06 | 530.00 |
| (一)直接生产费用 | 元 | 504.08 | 533.09 | 540.95 | 418.87 | 394.93 | 508.00 |
| 1.仔畜进价 | 元 | 150.22 | 150.86 | 165.97 | 121.04 | 120.00 | 115.00 |
| 2.精饲料费 | 元 | 315.36 | 362.71 | 355.78 | 275.94 | 246.24 | 360.50 |
| 3.青粗饲料费 | 元 | 7.43 | | 3.45 | | | |
| 4.饲料加工费 | 元 | 3.24 | | 1.27 | 4.40 | 6.29 | 5.00 |
| 5.水费 | 元 | 1.75 | 1.60 | 0.88 | 1.58 | 0.62 | 1.00 |
| 6.电费 | 元 | 2.57 | 3.62 | 2.41 | 2.04 | 0.19 | 2.00 |
| 7.煤费 | 元 | 1.54 | 2.04 | 0.88 | 0.19 | 1.44 | |
| 8.医疗防疫费 | 元 | 7.81 | 12.07 | 6.35 | 9.70 | 6.76 | 5.00 |
| 9.死亡损失费 | 元 | 5.13 | | 2.16 | 3.14 | 13.08 | 9.00 |
| 10.工具材料费 | 元 | 1.41 | 0.19 | 1.37 | 0.84 | 0.31 | |
| 11.其他直接费用 | 元 | 7.62 | | 0.43 | | | 10.50 |
| (二)间接生产费用 | 元 | 12.31 | 17.21 | 8.07 | 10.56 | 3.13 | 22.00 |
| 1.固定资产折旧费 | 元 | 10.38 | 16.98 | 5.92 | 9.28 | 2.75 | 20.00 |
| 2.修理费 | 元 | 1.64 | | 1.20 | 1.28 | 0.38 | 2.00 |
| 3.其它间接费用 | 元 | 0.29 | 0.23 | 0.95 | | | |
| 二、期间费用 | 元 | 9.78 | 2.85 | 2.24 | 5.21 | 2.85 | 5.00 |
| 1.承包费 | 元 | 2.89 | 0.47 | 1.93 | 2.71 | | |
| 2.管理费 | 元 | 2.77 | 1.62 | 0.29 | 1.35 | 1.35 | 1.00 |
| 3.销售费 | 元 | 2.20 | 0.76 | | 1.15 | 1.50 | 4.00 |
| 4.财务费 | 元 | 1.92 | | 0.02 | | | |
| 附记：1.仔畜重量 | 公斤 | 18.40 | 19.70 | 18.40 | 19.70 | 10.00 | 12.00 |
| 2.精饲料数量 | 公斤 | 259.40 | 308.00 | 283.90 | 238.40 | 233.80 | 300.00 |
| 3.青粗饲料量 | 公斤 | 133.60 | | 200.00 | | | |

# 2002年大中城市肉类产品物质费用和期间费用(二)

品种：中等规模生猪

| 项目名称 | 单位 | 长春 | 哈尔滨 | 大连 | 杭州 | 福州 | 济南 |
|---|---|---|---|---|---|---|---|
| 一、物质费用 | 元 | 606.37 | 461.54 | 528.77 | 533.61 | 618.46 | 440.68 |
| (一)直接生产费用 | 元 | 596.42 | 450.31 | 521.82 | 524.57 | 609.06 | 425.11 |
| 1.仔畜进价 | 元 | 176.97 | 122.54 | 142.15 | 177.43 | 222.97 | 147.96 |
| 2.精饲料费 | 元 | 390.61 | 298.60 | 347.27 | 313.87 | 372.16 | 260.66 |
| 3.青粗饲料费 | 元 | | | 7.06 | 13.59 | | |
| 4.饲料加工费 | 元 | 5.54 | 3.40 | 4.40 | 2.47 | | 1.36 |
| 5.水费 | 元 | | 2.49 | 3.14 | 1.10 | 2.20 | 1.79 |
| 6.电费 | 元 | 1.97 | 2.37 | 2.92 | 1.61 | 0.87 | 2.87 |
| 7.煤费 | 元 | | 2.54 | 2.37 | | | |
| 8.医疗防疫费 | 元 | 13.58 | 6.65 | 5.71 | 8.08 | 7.99 | 6.33 |
| 9.死亡损失费 | 元 | 6.75 | 5.97 | 3.29 | 3.05 | 0.86 | 2.63 |
| 10.工具材料费 | 元 | 1.00 | 2.51 | 1.84 | 1.71 | | 0.34 |
| 11.其他直接费用 | 元 | | 3.24 | 1.67 | 1.66 | 2.01 | 1.17 |
| (二)间接生产费用 | 元 | 9.95 | 11.23 | 6.95 | 9.04 | 9.40 | 15.57 |
| 1.固定资产折旧费 | 元 | 9.20 | 8.45 | 6.62 | 7.77 | 9.23 | 14.84 |
| 2.修理费 | 元 | | 1.83 | 0.33 | 0.74 | 0.17 | 0.52 |
| 3.其它间接费用 | 元 | 0.75 | 0.95 | | 0.53 | | 0.21 |
| 二、期间费用 | 元 | | 5.72 | 7.38 | 10.27 | 21.25 | 8.00 |
| 1.承包费 | 元 | | 2.77 | | 2.07 | 1.89 | 5.11 |
| 2.管理费 | 元 | | 0.33 | 3.13 | 1.63 | 2.99 | 1.58 |
| 3.销售费 | 元 | | 2.29 | 1.84 | 1.96 | 0.27 | 1.31 |
| 4.财务费 | 元 | | 0.33 | 2.41 | 4.61 | 16.10 | |
| 附记：1.仔畜重量 | 公斤 | 21.60 | 14.90 | 15.20 | 30.10 | 21.60 | 21.10 |
| 2.精饲料数量 | 公斤 | 352.30 | 297.50 | 290.80 | 265.10 | 252.10 | 218.70 |
| 3.青粗饲料量 | 公斤 | | | 20.80 | 303.50 | | |

# 2002年大中城市肉类产品物质费用和期间费用(三)

品种:中等规模生猪

| 项目名称 | 单位 | 宁波 | 青岛 | 郑州 | 武汉 | 广州 |
|---|---|---|---|---|---|---|
| 一、物质费用 | 元 | 546.10 | 527.69 | 496.14 | 604.07 | 549.06 |
| (一)直接生产费用 | 元 | 535.10 | 521.49 | 474.52 | 598.21 | 537.77 |
| 1.仔畜进价 | 元 | 192.00 | 190.88 | 114.67 | 164.23 | 171.84 |
| 2.精饲料费 | 元 | 306.00 | 322.25 | 324.67 | 399.53 | 117.23 |
| 3.青粗饲料费 | 元 | 5.60 | | | 4.76 | 95.54 |
| 4.饲料加工费 | 元 | 12.40 | | 2.24 | | 0.42 |
| 5.水费 | 元 | 1.50 | 0.37 | 2.95 | 1.05 | 5.69 |
| 6.电费 | 元 | 0.60 | 1.16 | 11.55 | 3.11 | 1.50 |
| 7.煤费 | 元 | | | 0.92 | | 5.41 |
| 8.医疗防疫费 | 元 | 8.00 | 4.28 | 9.42 | 11.28 | 7.04 |
| 9.死亡损失费 | 元 | 5.50 | 1.95 | 5.32 | 11.27 | |
| 10.工具材料费 | 元 | 1.50 | 0.60 | 2.78 | 1.89 | 3.16 |
| 11.其他直接费用 | 元 | 2.00 | | | 1.09 | 129.94 |
| (二)间接生产费用 | 元 | 11.00 | 6.20 | 21.62 | 5.86 | 11.29 |
| 1.固定资产折旧费 | 元 | 8.50 | 5.56 | 20.02 | 5.47 | 11.17 |
| 2.修理费 | 元 | 2.50 | 0.64 | 1.60 | 0.39 | 0.12 |
| 3.其它间接费用 | 元 | | | | | |
| 二、期间费用 | 元 | 13.50 | 4.27 | 35.72 | 2.14 | 5.50 |
| 1.承包费 | 元 | 5.00 | 1.45 | | 0.29 | 4.23 |
| 2.管理费 | 元 | | | 24.26 | | 1.17 |
| 3.销售费 | 元 | 4.00 | 2.82 | 9.39 | 1.43 | |
| 4.财务费 | 元 | 4.50 | | 2.07 | 0.42 | 0.10 |
| 附记:1.仔畜重量 | 公斤 | 24.00 | 30.00 | 11.20 | 17.10 | 22.10 |
| 2.精饲料数量 | 公斤 | 240.00 | 249.50 | 250.90 | 307.60 | 118.80 |
| 3.青粗饲料量 | 公斤 | 28.00 | | | 91.70 | 226.70 |

# 2002年大中城市肉类产品物质费用和期间费用(四)

品种：中等规模生猪

| 项目名称 | 单位 | 南宁 | 昆明 | 兰州 | 西宁 | 乌鲁木齐 |
|---|---|---|---|---|---|---|
| 一、物质费用 | 元 | 515.37 | 573.81 | 365.78 | 453.47 | 566.30 |
| (一)直接生产费用 | 元 | 498.16 | 564.09 | 346.82 | 438.00 | 548.30 |
| 1.仔畜进价 | 元 | 175.99 | 136.99 | 89.83 | 155.27 | 100.00 |
| 2.精饲料费 | 元 | 298.12 | 379.93 | 231.14 | 244.25 | 415.20 |
| 3.青粗饲料费 | 元 | 6.03 | 7.63 | 0.36 | 12.03 | |
| 4.饲料加工费 | 元 | 4.26 | 4.08 | 4.48 | 6.08 | |
| 5.水费 | 元 | 1.67 | 3.22 | 0.88 | 0.94 | 2.00 |
| 6.电费 | 元 | 0.96 | 2.82 | 2.06 | 4.04 | 3.20 |
| 7.煤费 | 元 | | 5.50 | 2.04 | 2.61 | 6.30 |
| 8.医疗防疫费 | 元 | 5.20 | 10.44 | 3.96 | 6.67 | 9.60 |
| 9.死亡损失费 | 元 | 2.31 | 5.59 | 11.47 | 4.34 | 10.00 |
| 10.工具材料费 | 元 | 2.80 | 2.73 | 0.48 | 1.50 | 2.00 |
| 11.其他直接费用 | 元 | 0.82 | 5.16 | 0.12 | 0.27 | |
| (二)间接生产费用 | 元 | 17.21 | 9.72 | 18.96 | 15.47 | 18.00 |
| 1.固定资产折旧费 | 元 | 12.86 | 0.34 | 17.84 | 12.28 | 13.00 |
| 2.修理费 | 元 | 2.49 | 9.38 | 0.84 | 2.93 | 5.00 |
| 3.其它间接费用 | 元 | 1.86 | | 0.28 | 0.26 | |
| 二、期间费用 | 元 | 12.87 | 26.35 | 15.67 | 7.89 | 10.70 |
| 1.承包费 | 元 | 4.08 | 23.48 | 1.05 | 4.13 | |
| 2.管理费 | 元 | 5.44 | | 5.77 | 2.05 | 4.30 |
| 3.销售费 | 元 | | 2.87 | 3.31 | 0.83 | 6.40 |
| 4.财务费 | 元 | 3.35 | | 5.54 | 0.88 | |
| 附记：1.仔畜重量 | 公斤 | 21.10 | 17.30 | 9.40 | 14.20 | 15.00 |
| 2.精饲料数量 | 公斤 | 176.40 | 314.70 | 194.70 | 225.10 | 330.00 |
| 3.青粗饲料量 | 公斤 | 176.60 | 132.40 | 13.10 | 142.70 | |

# 2002 年大中城市肉类产品成本收益(一)

品种：大规模生猪

按统一工价汇总

| 项目名称 | | 单位 | 平均 | 北京 | 天津 | 石家庄 | 呼和浩特 | 沈阳 | 哈尔滨 |
|---|---|---|---|---|---|---|---|---|---|
| 调查县数 | | 个 | 67.00 | 5.00 | 8.00 | 3.00 | 1.00 | 3.00 | 1.00 |
| 调查户数 | | 户 | 106.00 | 15.00 | 13.00 | 3.00 | 1.00 | 3.00 | 1.00 |
| 调查数量 | | 头 | 551761.00 | 37025.00 | 42816.00 | 3100.00 | 6230.00 | 5935.00 | 2964.00 |
| 平均饲养天数 | | 天 | 134.00 | 163.00 | 123.00 | 124.00 | 173.00 | 148.00 | 138.00 |
| 每头 | 主产品产量 | 公斤 | 92.20 | 89.10 | 99.00 | 99.40 | 91.10 | 107.40 | 97.40 |
| | 产值合计 | 元 | 594.96 | 569.99 | 599.43 | 605.27 | 719.51 | 646.96 | 578.03 |
| | 主产品产值 | 元 | 585.58 | 567.76 | 593.66 | 562.84 | 692.51 | 639.66 | 567.28 |
| | 副产品产值 | 元 | 9.38 | 2.23 | 5.77 | 42.43 | 27.00 | 7.30 | 10.75 |
| | 其他收入 | 元 | 0.22 | | | | | | |
| | 生产成本 | 元 | 544.74 | 540.24 | 551.70 | 471.60 | 617.76 | 580.84 | 504.50 |
| | 物质费用 | 元 | 527.14 | 523.74 | 537.40 | 416.60 | 594.66 | 551.14 | 473.70 |
| | 用工作价 | 元 | 17.60 | 16.50 | 14.30 | 55.00 | 23.10 | 29.70 | 30.80 |
| | 用工数量 | 日 | 1.60 | 1.50 | 1.30 | 5.00 | 2.10 | 2.70 | 2.80 |
| | 劳动日工价 | 元 | 11.00 | 11.00 | 11.00 | 11.00 | 11.00 | 11.00 | 11.00 |
| | 期间费用 | 元 | 23.09 | 22.32 | 10.16 | 20.96 | 92.94 | 10.08 | 6.91 |
| | 税金 | 元 | | | | | | | |
| | 含税成本 | 元 | 567.83 | 562.56 | 561.86 | 492.56 | 710.70 | 590.92 | 511.41 |
| | 净产值 | 元 | 67.82 | 46.25 | 62.03 | 188.67 | 124.85 | 95.82 | 104.33 |
| | 减税纯收益 | 元 | 27.35 | 7.43 | 37.57 | 112.71 | 8.81 | 56.04 | 66.62 |
| | 成本纯收益率 | % | 4.82 | 1.32 | 6.69 | 22.88 | 1.24 | 9.48 | 13.03 |
| | 耗粮数量 | 公斤 | 178.80 | 168.20 | 190.90 | 115.30 | 347.50 | 200.30 | 263.20 |
| 每50公斤主产品 | 平均出售价格 | 元 | 317.56 | 318.61 | 299.83 | 283.12 | 380.08 | 297.79 | 291.21 |
| | 物质费用 | 元 | 281.36 | 292.76 | 268.80 | 194.87 | 314.13 | 253.68 | 238.65 |
| | 生产成本 | 元 | 290.76 | 301.98 | 275.96 | 220.59 | 326.33 | 267.36 | 254.17 |
| | 含税成本 | 元 | 303.08 | 314.46 | 281.04 | 230.40 | 375.43 | 272.00 | 257.65 |
| | 净产值 | 元 | 36.20 | 25.85 | 31.03 | 88.25 | 65.95 | 44.11 | 52.56 |
| | 减税纯收益 | 元 | 14.60 | 4.15 | 18.79 | 52.72 | 4.65 | 25.79 | 33.56 |
| | 耗粮数量 | 公斤 | 97.00 | 94.40 | 96.40 | 58.00 | 190.70 | 93.20 | 135.10 |
| 每一劳动日 | 主产品产量 | 公斤 | 57.60 | 59.40 | 76.20 | 19.90 | 43.40 | 39.80 | 34.80 |
| | 净产值 | 元 | 42.39 | 30.83 | 47.72 | 37.73 | 59.45 | 35.49 | 37.26 |
| 每核算单位成本外支出 | | 元 | 0.30 | | | | | 0.35 | 5.12 |

# 2002年大中城市肉类产品成本收益(二)

品种：大规模生猪　　　　按统一工价汇总

| 项目名称 | | 单位 | 大连 | 上海 | 南京 | 杭州 | 合肥 | 福州 | 济南 |
|---|---|---|---|---|---|---|---|---|---|
| 调查县数 | | 个 | 2.00 | 8.00 | 1.00 | 3.00 | 3.00 | 1.00 | 1.00 |
| 调查户数 | | 户 | 3.00 | 24.00 | 1.00 | 6.00 | 3.00 | 2.00 | 1.00 |
| 调查数量 | | 头 | 9349.00 | 131800.00 | 21013.00 | 10332.00 | 8268.00 | 30156.00 | 1100.00 |
| 平均饲养天数 | | 天 | 117.00 | 99.00 | 133.00 | 115.00 | 102.00 | 113.00 | 120.00 |
| 每头 | 主产品产量 | 公斤 | 95.80 | 86.90 | 90.50 | 93.40 | 92.60 | 97.90 | 86.70 |
| | 产值合计 | 元 | 649.74 | 561.03 | 568.01 | 618.37 | 536.84 | 671.40 | 518.70 |
| | 主产品产值 | 元 | 627.24 | 561.03 | 552.05 | 605.00 | 533.45 | 670.70 | 516.70 |
| | 副产品产值 | 元 | 22.50 | | 15.96 | 13.37 | 3.39 | 0.70 | 2.00 |
| | 其他收入 | 元 | | 1.94 | | 1.36 | | | |
| | 生产成本 | 元 | 557.73 | 532.14 | 495.26 | 559.42 | 475.03 | 612.82 | 534.64 |
| | 物质费用 | 元 | 545.63 | 526.64 | 487.56 | 545.12 | 461.83 | 608.42 | 512.64 |
| | 用工作价 | 元 | 12.10 | 5.50 | 7.70 | 14.30 | 13.20 | 4.40 | 22.00 |
| | 用工数量 | 日 | 1.10 | 0.50 | 0.70 | 1.30 | 1.20 | 0.40 | 2.00 |
| | 劳动日工价 | 元 | 11.00 | 11.00 | 11.00 | 11.00 | 11.00 | 11.00 | 11.00 |
| | 期间费用 | 元 | 21.48 | 14.20 | 30.27 | 15.63 | 22.26 | 23.59 | 38.50 |
| | 税金 | 元 | | | | | | | |
| | 含税成本 | 元 | 579.21 | 546.34 | 525.53 | 575.05 | 497.29 | 636.41 | 573.14 |
| | 净产值 | 元 | 104.11 | 34.39 | 80.45 | 73.25 | 75.01 | 62.98 | 6.06 |
| | 减税纯收益 | 元 | 70.53 | 16.63 | 42.48 | 44.68 | 39.55 | 34.99 | -54.44 |
| | 成本纯收益率 | % | 12.18 | 3.04 | 8.08 | 7.77 | 7.95 | 5.50 | -9.50 |
| | 耗粮数量 | 公斤 | 114.80 | 162.30 | 130.40 | 159.90 | 161.50 | 143.90 | 233.30 |
| 每50公斤主产品 | 平均出售价格 | 元 | 327.37 | 322.80 | 305.00 | 323.88 | 288.04 | 342.54 | 297.98 |
| | 物质费用 | 元 | 274.91 | 303.01 | 261.80 | 285.51 | 247.79 | 310.41 | 294.50 |
| | 生产成本 | 元 | 281.01 | 306.18 | 265.94 | 293.00 | 254.88 | 312.65 | 307.14 |
| | 含税成本 | 元 | 291.83 | 314.35 | 282.19 | 301.19 | 266.82 | 324.69 | 329.25 |
| | 净产值 | 元 | 52.46 | 19.79 | 43.20 | 38.37 | 40.25 | 32.13 | 3.48 |
| | 减税纯收益 | 元 | 35.54 | 9.57 | 22.81 | 23.42 | 21.22 | 17.85 | -31.27 |
| | 耗粮数量 | 公斤 | 59.90 | 93.40 | 72.00 | 85.60 | 87.20 | 73.50 | 134.50 |
| 每一劳动日 | 主产品产量 | 公斤 | 87.10 | 173.80 | 129.30 | 71.80 | 77.20 | 244.80 | 43.40 |
| | 净产值 | 元 | 94.65 | 68.78 | 114.93 | 56.35 | 62.51 | 157.45 | 3.03 |
| 每核算单位成本外支出 | | 元 | 0.32 | | | | | | |

# 2002 年大中城市肉类产品成本收益(三)

品种：大规模生猪　　　　按统一工价汇总

| 项目名称 | | 单位 | 宁波 | 厦门 | 青岛 | 郑州 | 武汉 | 广州 |
|---|---|---|---|---|---|---|---|---|
| 调查县数 | | 个 | 3.00 | 1.00 | 1.00 | 2.00 | 1.00 | 1.00 |
| 调查户数 | | 户 | 3.00 | 3.00 | 1.00 | 2.00 | 1.00 | 1.00 |
| 调查数量 | | 头 | 31301.00 | 14290.00 | 5500.00 | 18430.00 | 10060.00 | 19984.00 |
| 平均饲养天数 | | 天 | 113.00 | 124.00 | 95.00 | 132.00 | 90.00 | 150.00 |
| 每头 | 主产品产量 | 公斤 | 101.40 | 91.40 | 94.00 | 91.90 | 40.00 | 90.30 |
| | 产值合计 | 元 | 657.79 | 625.76 | 600.25 | 583.52 | 319.00 | 670.44 |
| | 主产品产值 | 元 | 650.60 | 624.23 | 585.25 | 576.44 | 317.00 | 666.87 |
| | 副产品产值 | 元 | 7.19 | 1.53 | 15.00 | 7.08 | 2.00 | 3.57 |
| | 其他收入 | 元 | | | | | | |
| | 生产成本 | 元 | 600.73 | 563.17 | 526.63 | 521.47 | 272.50 | 779.29 |
| | 物质费用 | 元 | 590.83 | 554.37 | 515.63 | 486.27 | 256.00 | 771.59 |
| | 用工作价 | 元 | 9.90 | 8.80 | 11.00 | 35.20 | 16.50 | 7.70 |
| | 用工数量 | 日 | 0.90 | 0.80 | 1.00 | 3.20 | 1.50 | 0.70 |
| | 劳动日工价 | 元 | 11.00 | 11.00 | 11.00 | 11.00 | 11.00 | 11.00 |
| | 期间费用 | 元 | 27.68 | 38.95 | 20.37 | 33.13 | 6.00 | 8.10 |
| | 税金 | 元 | | | | | | |
| | 含税成本 | 元 | 628.41 | 602.12 | 547.00 | 554.60 | 278.50 | 787.39 |
| | 净产值 | 元 | 66.96 | 71.39 | 84.62 | 97.25 | 63.00 | －101.15 |
| | 减税纯收益 | 元 | 29.38 | 23.64 | 53.25 | 28.92 | 40.50 | －116.95 |
| | 成本纯收益率 | % | 4.68 | 3.93 | 9.73 | 5.21 | 14.54 | －14.85 |
| | 耗粮数量 | 公斤 | 231.10 | 179.70 | 175.00 | 168.80 | 73.00 | 298.60 |
| 每50公斤主产品 | 平均出售价格 | 元 | 320.81 | 341.48 | 311.30 | 313.62 | 396.25 | 369.25 |
| | 物质费用 | 元 | 288.15 | 302.52 | 267.41 | 261.35 | 317.99 | 424.96 |
| | 生产成本 | 元 | 292.98 | 307.32 | 273.12 | 280.27 | 338.49 | 429.20 |
| | 含税成本 | 元 | 306.48 | 328.58 | 283.68 | 298.08 | 345.94 | 433.66 |
| | 净产值 | 元 | 32.66 | 38.96 | 43.89 | 52.27 | 78.26 | －55.71 |
| | 减税纯收益 | 元 | 14.33 | 12.90 | 27.62 | 15.54 | 50.31 | －64.41 |
| | 耗粮数量 | 公斤 | 114.00 | 98.30 | 93.10 | 91.80 | 91.30 | 165.30 |
| 每一劳动日 | 主产品产量 | 公斤 | 112.70 | 114.30 | 94.00 | 28.70 | 26.70 | 129.00 |
| | 净产值 | 元 | 74.40 | 89.24 | 84.62 | 30.39 | 42.00 | －144.50 |
| 每核算单位成本外支出 | | 元 | | | | | | |

# 2002年大中城市肉类产品成本收益(四)

品种：大规模生猪　　　　按统一工价汇总

| 项目名称 | | 单位 | 南宁 | 海口 | 成都 | 昆明 | 兰州 | 西宁 |
|---|---|---|---|---|---|---|---|---|
| 调查县数 | | 个 | 9.00 | 3.00 | 1.00 | 2.00 | 1.00 | 2.00 |
| 调查户数 | | 户 | 9.00 | 3.00 | 1.00 | 3.00 | 1.00 | 2.00 |
| 调查数量 | | 头 | 7953.00 | 52708.00 | 7000.00 | 11774.00 | 667.00 | 62006.00 |
| 平均饲养天数 | | 天 | 98.00 | 171.00 | 365.00 | 139.00 | 91.00 | 120.00 |
| 每头 | 主产品产量 | 公斤 | 91.00 | 93.70 | 104.50 | 105.70 | 63.10 | 110.00 |
| | 产值合计 | 元 | 598.11 | 663.85 | 545.45 | 604.03 | 439.51 | 722.96 |
| | 主产品产值 | 元 | 586.40 | 657.06 | 543.80 | 602.49 | 419.51 | 719.96 |
| | 副产品产值 | 元 | 11.71 | 6.79 | 1.65 | 1.54 | 20.00 | 3.00 |
| | 其他收入 | 元 | | | 2.10 | | | |
| | 生产成本 | 元 | 619.55 | 663.75 | 505.37 | 645.29 | 399.10 | 495.26 |
| | 物质费用 | 元 | 574.45 | 658.25 | 494.37 | 623.29 | 380.40 | 487.56 |
| | 用工作价 | 元 | 45.10 | 5.50 | 11.00 | 22.00 | 18.70 | 7.70 |
| | 用工数量 | 日 | 4.10 | 0.50 | 1.00 | 2.00 | 1.70 | 0.70 |
| | 劳动日工价 | 元 | 11.00 | 11.00 | 11.00 | 11.00 | 11.00 | 11.00 |
| | 期间费用 | 元 | 13.03 | 38.21 | 17.24 | 15.28 | 25.14 | 4.60 |
| | 税金 | 元 | | | | | | |
| | 含税成本 | 元 | 632.58 | 701.96 | 522.61 | 660.57 | 424.24 | 499.86 |
| | 净产值 | 元 | 23.66 | 5.60 | 51.08 | −19.26 | 59.11 | 235.40 |
| | 减税纯收益 | 元 | −34.47 | −38.11 | 24.94 | −56.54 | 15.27 | 223.10 |
| | 成本纯收益率 | % | −5.45 | −5.43 | 4.77 | −8.56 | 3.60 | 44.63 |
| | 耗粮数量 | 公斤 | 93.30 | 72.30 | 202.00 | 240.40 | 219.10 | 126.00 |
| 每50公斤主产品 | 平均出售价格 | 元 | 322.20 | 350.62 | 260.19 | 285.00 | 332.42 | 327.25 |
| | 物质费用 | 元 | 309.45 | 347.66 | 235.82 | 294.09 | 287.71 | 220.70 |
| | 生产成本 | 元 | 333.75 | 350.57 | 241.07 | 304.47 | 301.86 | 224.18 |
| | 含税成本 | 元 | 340.77 | 370.75 | 249.29 | 311.68 | 320.87 | 226.26 |
| | 净产值 | 元 | 12.75 | 2.96 | 24.37 | −9.09 | 44.71 | 106.55 |
| | 减税纯收益 | 元 | −18.57 | −20.13 | 11.90 | −26.68 | 11.55 | 100.99 |
| | 耗粮数量 | 公斤 | 51.30 | 38.60 | 96.70 | 113.70 | 173.60 | 57.30 |
| 每一劳动日 | 主产品产量 | 公斤 | 22.20 | 187.40 | 104.50 | 52.90 | 37.10 | 157.10 |
| | 净产值 | 元 | 5.77 | 11.20 | 51.08 | −9.63 | 34.77 | 336.29 |
| 每核算单位成本外支出 | | 元 | 1.77 | | | | | |

# 2002年大中城市肉类产品成本收益(一)

品种：大规模生猪

按地区工价汇总

| 项目名称 | | 单位 | 平均 | 北京 | 天津 | 石家庄 | 呼和浩特 | 沈阳 | 哈尔滨 |
|---|---|---|---|---|---|---|---|---|---|
| 调查县数 | | 个 | 67.00 | 5.00 | 8.00 | 3.00 | 1.00 | 3.00 | 1.00 |
| 调查户数 | | 户 | 106.00 | 15.00 | 13.00 | 3.00 | 1.00 | 3.00 | 1.00 |
| 调查数量 | | 头 | 551761.00 | 37025.00 | 42816.00 | 3100.00 | 6230.00 | 5935.00 | 2964.00 |
| 平均饲养天数 | | 天 | 134.00 | 163.00 | 123.00 | 124.00 | 173.00 | 148.00 | 138.00 |
| 每头 | 主产品产量 | 公斤 | 92.20 | 89.10 | 99.00 | 99.40 | 91.10 | 107.40 | 97.40 |
| | 产值合计 | 元 | 594.96 | 569.99 | 599.43 | 605.27 | 719.51 | 646.96 | 578.03 |
| | 主产品产值 | 元 | 585.58 | 567.76 | 593.66 | 562.84 | 692.51 | 639.66 | 567.28 |
| | 副产品产值 | 元 | 9.38 | 2.23 | 5.77 | 42.43 | 27.00 | 7.30 | 10.75 |
| | 其他收入 | 元 | 0.22 | | | | | | |
| | 生产成本 | 元 | 552.90 | 560.49 | 554.17 | 472.10 | 614.19 | 580.30 | 511.50 |
| | 物质费用 | 元 | 527.14 | 523.74 | 537.40 | 416.60 | 594.66 | 551.14 | 473.70 |
| | 用工作价 | 元 | 25.76 | 36.75 | 16.77 | 55.50 | 19.53 | 29.16 | 37.80 |
| | 用工数量 | 日 | 1.60 | 1.50 | 1.30 | 5.00 | 2.10 | 2.70 | 2.80 |
| | 劳动日工价 | 元 | 16.10 | 24.50 | 12.90 | 11.10 | 9.30 | 10.80 | 13.50 |
| | 期间费用 | 元 | 23.09 | 22.32 | 10.16 | 20.96 | 92.94 | 10.08 | 6.91 |
| | 税金 | 元 | | | | | | | |
| | 含税成本 | 元 | 575.99 | 582.81 | 564.33 | 493.06 | 707.13 | 590.38 | 518.41 |
| | 净产值 | 元 | 67.82 | 46.25 | 62.03 | 188.67 | 124.85 | 95.82 | 104.33 |
| | 减税纯收益 | 元 | 19.19 | −12.82 | 35.10 | 112.21 | 12.38 | 56.58 | 59.62 |
| | 成本纯收益率 | % | 3.33 | −2.20 | 6.22 | 22.76 | 1.75 | 9.58 | 11.50 |
| | 耗粮数量 | 公斤 | 178.80 | 168.20 | 190.90 | 115.30 | 347.50 | 200.30 | 263.20 |
| 每50公斤主产品 | 平均出售价格 | 元 | 317.56 | 318.61 | 299.83 | 283.12 | 380.08 | 297.79 | 291.21 |
| | 物质费用 | 元 | 281.36 | 292.76 | 268.80 | 194.87 | 314.13 | 253.68 | 238.65 |
| | 生产成本 | 元 | 295.11 | 313.30 | 277.19 | 220.83 | 324.44 | 267.11 | 257.69 |
| | 含税成本 | 元 | 307.43 | 325.78 | 282.27 | 230.63 | 373.54 | 271.75 | 261.17 |
| | 净产值 | 元 | 36.20 | 25.85 | 31.03 | 88.25 | 65.95 | 44.11 | 52.56 |
| | 减税纯收益 | 元 | 10.25 | −7.17 | 17.56 | 52.49 | 6.54 | 26.04 | 30.04 |
| | 耗粮数量 | 公斤 | 97.00 | 94.40 | 96.40 | 58.00 | 190.70 | 93.20 | 135.10 |
| 每一劳动日 | 主产品产量 | 公斤 | 57.60 | 59.40 | 76.20 | 19.90 | 43.40 | 39.80 | 34.80 |
| | 净产值 | 元 | 42.39 | 30.83 | 47.72 | 37.73 | 59.45 | 35.49 | 37.26 |
| 每核算单位成本外支出 | | 元 | 0.30 | | | | | 0.35 | 5.12 |

# 2002年大中城市肉类产品成本收益(二)

品种：大规模生猪

按地区工价汇总

| 项目名称 | | 单位 | 大连 | 上海 | 南京 | 杭州 | 合肥 | 福州 | 济南 |
|---|---|---|---|---|---|---|---|---|---|
| 调查县数 | | 个 | 2.00 | 8.00 | 1.00 | 3.00 | 3.00 | 1.00 | 1.00 |
| 调查户数 | | 户 | 3.00 | 24.00 | 1.00 | 6.00 | 3.00 | 2.00 | 1.00 |
| 调查数量 | | 头 | 9349.00 | 131800.00 | 21013.00 | 10332.00 | 8268.00 | 30156.00 | 1100.00 |
| 平均饲养天数 | | 天 | 117.00 | 99.00 | 133.00 | 115.00 | 102.00 | 113.00 | 120.00 |
| 每头 | 主产品产量 | 公斤 | 95.80 | 86.90 | 90.50 | 93.40 | 92.60 | 97.90 | 86.70 |
| | 产值合计 | 元 | 649.74 | 561.03 | 568.01 | 618.37 | 536.84 | 671.40 | 518.70 |
| | 主产品产值 | 元 | 627.24 | 561.03 | 552.05 | 605.00 | 533.45 | 670.70 | 516.70 |
| | 副产品产值 | 元 | 22.50 | | 15.96 | 13.37 | 3.39 | 0.70 | 2.00 |
| | 其他收入 | 元 | | 1.94 | | 1.36 | | | |
| | 生产成本 | 元 | 562.13 | 538.64 | 498.48 | 569.17 | 475.75 | 614.58 | 537.84 |
| | 物质费用 | 元 | 545.63 | 526.64 | 487.56 | 545.12 | 461.83 | 608.42 | 512.64 |
| | 用工作价 | 元 | 16.50 | 12.00 | 10.92 | 24.05 | 13.92 | 6.16 | 25.20 |
| | 用工数量 | 日 | 1.10 | 0.50 | 0.70 | 1.30 | 1.20 | 0.40 | 2.00 |
| | 劳动日工价 | 元 | 15.00 | 24.00 | 15.60 | 18.50 | 11.60 | 15.40 | 12.60 |
| | 期间费用 | 元 | 21.48 | 14.20 | 30.27 | 15.63 | 22.26 | 23.59 | 38.50 |
| | 税金 | 元 | | | | | | | |
| | 含税成本 | 元 | 583.61 | 552.84 | 528.75 | 584.80 | 498.01 | 638.17 | 576.34 |
| | 净产值 | 元 | 104.11 | 34.39 | 80.45 | 73.25 | 75.01 | 62.98 | 6.06 |
| | 减税纯收益 | 元 | 66.13 | 10.13 | 39.26 | 34.93 | 38.83 | 33.23 | -57.64 |
| | 成本纯收益率 | % | 11.33 | 1.83 | 7.43 | 5.97 | 7.80 | 5.21 | -10.00 |
| | 耗粮数量 | 公斤 | 114.80 | 162.30 | 130.40 | 159.90 | 161.50 | 143.90 | 233.30 |
| 每50公斤主产品 | 平均出售价格 | 元 | 327.37 | 322.80 | 305.00 | 323.88 | 288.04 | 342.54 | 297.98 |
| | 物质费用 | 元 | 274.91 | 303.01 | 261.80 | 285.51 | 247.79 | 310.41 | 294.50 |
| | 生产成本 | 元 | 283.23 | 309.92 | 267.67 | 298.11 | 255.26 | 313.55 | 308.98 |
| | 含税成本 | 元 | 294.05 | 318.09 | 283.92 | 306.30 | 267.21 | 325.59 | 331.09 |
| | 净产值 | 元 | 52.46 | 19.79 | 43.20 | 38.37 | 40.25 | 32.13 | 3.48 |
| | 减税纯收益 | 元 | 33.32 | 5.83 | 21.08 | 18.31 | 20.83 | 16.95 | -33.11 |
| | 耗粮数量 | 公斤 | 59.90 | 93.40 | 72.00 | 85.60 | 87.20 | 73.50 | 134.50 |
| 每一劳动日 | 主产品产量 | 公斤 | 87.10 | 173.80 | 129.30 | 71.80 | 77.20 | 244.80 | 43.40 |
| | 净产值 | 元 | 94.65 | 68.78 | 114.93 | 56.35 | 62.51 | 157.45 | 3.03 |
| 每核算单位成本外支出 | | 元 | 0.32 | | | | | | |

# 2002 年大中城市肉类产品成本收益(三)

品种：大规模生猪

按地区工价汇总

| 项 目 名 称 | | 单位 | 宁 波 | 厦 门 | 青 岛 | 郑 州 | 武 汉 | 广 州 |
|---|---|---|---|---|---|---|---|---|
| 调查县数 | | 个 | 3.00 | 1.00 | 1.00 | 2.00 | 1.00 | 1.00 |
| 调查户数 | | 户 | 3.00 | 3.00 | 1.00 | 2.00 | 1.00 | 1.00 |
| 调查数量 | | 头 | 31301.00 | 14290.00 | 5500.00 | 18430.00 | 10060.00 | 19984.00 |
| 平均饲养天数 | | 天 | 113.00 | 124.00 | 95.00 | 132.00 | 90.00 | 150.00 |
| 每头 | 主产品产量 | 公斤 | 101.40 | 91.40 | 94.00 | 91.90 | 40.00 | 90.30 |
| | 产值合计 | 元 | 657.79 | 625.76 | 600.25 | 583.52 | 319.00 | 670.44 |
| | 主产品产值 | 元 | 650.60 | 624.23 | 585.25 | 576.44 | 317.00 | 666.87 |
| | 副产品产值 | 元 | 7.19 | 1.53 | 15.00 | 7.08 | 2.00 | 3.57 |
| | 其他收入 | 元 | | | | | | |
| | 生产成本 | 元 | 612.43 | 570.13 | 536.63 | 532.03 | 271.00 | 792.38 |
| | 物质费用 | 元 | 590.83 | 554.37 | 515.63 | 486.27 | 256.00 | 771.59 |
| | 用工作价 | 元 | 21.60 | 15.76 | 21.00 | 45.76 | 15.00 | 20.79 |
| | 用工数量 | 日 | 0.90 | 0.80 | 1.00 | 3.20 | 1.50 | 0.70 |
| | 劳动日工价 | 元 | 24.00 | 19.70 | 21.00 | 14.30 | 10.00 | 29.70 |
| | 期间费用 | 元 | 27.68 | 38.95 | 20.37 | 33.13 | 6.00 | 8.10 |
| | 税金 | 元 | | | | | | |
| | 含税成本 | 元 | 640.11 | 609.08 | 557.00 | 565.16 | 277.00 | 800.48 |
| | 净产值 | 元 | 66.96 | 71.39 | 84.62 | 97.25 | 63.00 | -101.15 |
| | 减税纯收益 | 元 | 17.68 | 16.68 | 43.25 | 18.36 | 42.00 | -130.04 |
| | 成本纯收益率 | % | 2.76 | 2.74 | 7.76 | 3.25 | 15.16 | -16.25 |
| | 耗粮数量 | 公斤 | 231.10 | 179.70 | 175.00 | 168.80 | 73.00 | 298.60 |
| 每50公斤主产品 | 平均出售价格 | 元 | 320.81 | 341.48 | 311.30 | 313.62 | 396.25 | 369.25 |
| | 物质费用 | 元 | 288.15 | 302.52 | 267.41 | 261.35 | 317.99 | 424.96 |
| | 生产成本 | 元 | 298.69 | 311.12 | 278.31 | 285.95 | 336.63 | 436.41 |
| | 含税成本 | 元 | 312.19 | 332.38 | 288.87 | 303.75 | 344.08 | 440.87 |
| | 净产值 | 元 | 32.66 | 38.96 | 43.89 | 52.27 | 78.26 | -55.71 |
| | 减税纯收益 | 元 | 8.62 | 9.10 | 22.43 | 9.87 | 52.17 | -71.62 |
| | 耗粮数量 | 公斤 | 114.00 | 98.30 | 93.10 | 91.80 | 91.30 | 165.30 |
| 每一劳动日 | 主产品产量 | 公斤 | 112.70 | 114.30 | 94.00 | 28.70 | 26.70 | 129.00 |
| | 净产值 | 元 | 74.40 | 89.24 | 84.62 | 30.39 | 42.00 | -144.50 |
| 每核算单位成本外支出 | | 元 | | | | | | |

# 2002年大中城市肉类产品成本收益(四)

品种：大规模生猪　　　　按地区工价汇总

| 项目名称 | | 单位 | 南宁 | 海口 | 成都 | 昆明 | 兰州 | 西宁 |
|---|---|---|---|---|---|---|---|---|
| 调查县数 | | 个 | 9.00 | 3.00 | 1.00 | 2.00 | 1.00 | 2.00 |
| 调查户数 | | 户 | 9.00 | 3.00 | 1.00 | 3.00 | 1.00 | 2.00 |
| 调查数量 | | 头 | 7953.00 | 52708.00 | 7000.00 | 11774.00 | 667.00 | 62006.00 |
| 平均饲养天数 | | 天 | 98.00 | 171.00 | 365.00 | 139.00 | 91.00 | 120.00 |
| 每头 | 主产品产量 | 公斤 | 91.00 | 93.70 | 104.50 | 105.70 | 63.10 | 110.00 |
| | 产值合计 | 元 | 598.11 | 663.85 | 545.45 | 604.03 | 439.51 | 722.96 |
| | 主产品产值 | 元 | 586.40 | 657.06 | 543.80 | 602.49 | 419.51 | 719.96 |
| | 副产品产值 | 元 | 11.71 | 6.79 | 1.65 | 1.54 | 20.00 | 3.00 |
| | 其他收入 | 元 | | | 2.10 | | | |
| | 生产成本 | 元 | 627.75 | 671.25 | 510.57 | 646.09 | 402.16 | 494.77 |
| | 物质费用 | 元 | 574.45 | 658.25 | 494.37 | 623.29 | 380.40 | 487.56 |
| | 用工作价 | 元 | 53.30 | 13.00 | 16.20 | 22.80 | 21.76 | 7.21 |
| | 用工数量 | 日 | 4.10 | 0.50 | 1.00 | 2.00 | 1.70 | 0.70 |
| | 劳动日工价 | 元 | 13.00 | 26.00 | 16.20 | 11.40 | 12.80 | 10.30 |
| | 期间费用 | 元 | 13.03 | 38.21 | 17.24 | 15.28 | 25.14 | 4.60 |
| | 税金 | 元 | | | | | | |
| | 含税成本 | 元 | 640.78 | 709.46 | 527.81 | 661.37 | 427.30 | 499.37 |
| | 净产值 | 元 | 23.66 | 5.60 | 51.08 | -19.26 | 59.11 | 235.40 |
| | 减税纯收益 | 元 | -42.67 | -45.61 | 19.74 | -57.34 | 12.21 | 223.59 |
| | 成本纯收益率 | % | -6.66 | -6.43 | 3.74 | -8.67 | 2.86 | 44.77 |
| | 耗粮数量 | 公斤 | 93.30 | 72.30 | 202.00 | 240.40 | 219.10 | 126.00 |
| 每50公斤主产品 | 平均出售价格 | 元 | 322.20 | 350.62 | 260.19 | 285.00 | 332.42 | 327.25 |
| | 物质费用 | 元 | 309.45 | 347.66 | 235.82 | 294.09 | 287.71 | 220.70 |
| | 生产成本 | 元 | 338.17 | 354.53 | 243.55 | 304.85 | 304.17 | 223.96 |
| | 含税成本 | 元 | 345.19 | 374.71 | 251.78 | 312.05 | 323.19 | 226.04 |
| | 净产值 | 元 | 12.75 | 2.96 | 24.37 | -9.09 | 44.71 | 106.55 |
| | 减税纯收益 | 元 | -22.99 | -24.09 | 9.41 | -27.05 | 9.23 | 101.21 |
| | 耗粮数量 | 公斤 | 51.30 | 38.60 | 96.70 | 113.70 | 173.60 | 57.30 |
| 每一劳动日 | 主产品产量 | 公斤 | 22.20 | 187.40 | 104.50 | 52.90 | 37.10 | 157.10 |
| | 净产值 | 元 | 5.77 | 11.20 | 51.08 | -9.63 | 34.77 | 336.29 |
| 每核算单位成本外支出 | | 元 | 1.77 | | | | | |

# 2002年大中城市肉类产品物质费用和期间费用(一)

品种：大规模生猪

| 项目名称 | 单位 | 平均 | 北京 | 天津 | 石家庄 | 呼和浩特 | 沈阳 | 哈尔滨 |
|---|---|---|---|---|---|---|---|---|
| 一、物质费用 | 元 | 527.14 | 523.74 | 537.40 | 416.60 | 594.66 | 551.14 | 473.70 |
| (一)直接生产费用 | 元 | 506.83 | 508.87 | 524.31 | 406.65 | 555.22 | 535.94 | 465.21 |
| 1.仔畜进价 | 元 | 146.49 | 123.74 | 180.26 | 102.35 | 80.00 | 122.97 | 150.85 |
| 2.精饲料费 | 元 | 327.80 | 339.16 | 326.96 | 282.87 | 404.55 | 391.19 | 290.95 |
| 3.青粗饲料费 | 元 | 0.92 | 0.35 | | | 9.00 | | |
| 4.饲料加工费 | 元 | 4.46 | 0.78 | 1.38 | 4.08 | 19.12 | | 7.62 |
| 5.水费 | 元 | 2.13 | 0.52 | 1.79 | 0.82 | 1.60 | 0.56 | 2.11 |
| 6.电费 | 元 | 3.76 | 11.46 | 2.49 | 2.13 | 4.09 | 4.44 | 0.72 |
| 7.煤费 | 元 | 1.42 | 4.48 | 0.33 | 1.00 | 6.25 | | 1.57 |
| 8.医疗防疫费 | 元 | 8.02 | 14.55 | 4.20 | 8.78 | 14.81 | 3.82 | 5.11 |
| 9.死亡损失费 | 元 | 4.47 | 11.81 | 3.58 | 4.23 | 6.40 | 8.04 | 4.24 |
| 10.工具材料费 | 元 | 2.06 | 0.77 | 1.53 | 0.39 | 3.40 | 2.25 | 0.82 |
| 11.其他直接费用 | 元 | 5.30 | 1.25 | 1.79 | | 6.00 | 2.67 | 1.22 |
| (二)间接生产费用 | 元 | 20.31 | 14.87 | 13.09 | 9.95 | 39.44 | 15.20 | 8.49 |
| 1.固定资产折旧费 | 元 | 17.45 | 10.36 | 8.68 | 9.11 | 29.92 | 14.16 | 7.67 |
| 2.修理费 | 元 | 1.60 | 3.99 | 2.30 | 0.84 | 5.40 | 1.04 | 0.40 |
| 3.其它间接费用 | 元 | 1.26 | 0.52 | 2.11 | | 4.12 | | 0.42 |
| 二、期间费用 | 元 | 23.09 | 22.32 | 10.16 | 20.96 | 92.94 | 10.08 | 6.91 |
| 1.承包费 | 元 | 3.91 | 5.97 | 2.13 | 18.06 | | | 4.39 |
| 2.管理费 | 元 | 11.33 | 9.84 | 2.72 | 2.00 | 78.18 | 7.97 | 0.15 |
| 3.销售费 | 元 | 2.11 | 0.64 | 0.41 | 0.90 | 13.36 | 1.59 | 1.69 |
| 4.财务费 | 元 | 5.74 | 5.87 | 4.90 | | 1.40 | 0.52 | 0.68 |
| 附记：1.仔畜重量 | 公斤 | 17.90 | 14.30 | 21.60 | 17.90 | 9.50 | 15.00 | 15.30 |
| 2.精饲料数量 | 公斤 | 242.50 | 256.80 | 272.70 | 230.50 | 355.90 | 343.70 | 286.30 |
| 3.青粗饲料量 | 公斤 | 91.80 | 7.80 | | | 75.00 | | |

# 2002年大中城市肉类产品物质费用和期间费用(二)

**品种：大规模生猪**

| 项目名称 | 单位 | 大连 | 上海 | 南京 | 杭州 | 合肥 | 福州 | 济南 |
|---|---|---|---|---|---|---|---|---|
| 一、物质费用 | 元 | 545.63 | 526.64 | 487.56 | 545.12 | 461.83 | 608.42 | 512.64 |
| (一)直接生产费用 | 元 | 519.84 | 512.86 | 471.36 | 529.57 | 455.91 | 581.62 | 483.64 |
| 1.仔畜进价 | 元 | 163.76 | 196.13 | 127.80 | 172.71 | 157.52 | 221.50 | 105.08 |
| 2.精饲料费 | 元 | 336.19 | 295.88 | 336.36 | 333.09 | 290.38 | 348.15 | 340.26 |
| 3.青粗饲料费 | 元 | | | | | | | |
| 4.饲料加工费 | 元 | | | 2.25 | 0.33 | 2.92 | | |
| 5.水费 | 元 | 1.00 | 2.28 | 1.60 | 5.45 | | 2.20 | 5.00 |
| 6.电费 | 元 | 3.43 | 2.62 | 0.51 | 4.20 | 1.42 | 2.16 | 7.00 |
| 7.煤费 | 元 | 1.25 | | | | | | 3.30 |
| 8.医疗防疫费 | 元 | 4.25 | 8.43 | 1.77 | 8.36 | 2.60 | 3.46 | 9.10 |
| 9.死亡损失费 | 元 | 7.75 | 3.24 | 0.57 | 2.32 | | 3.60 | 10.50 |
| 10.工具材料费 | 元 | 1.12 | 1.18 | 0.50 | 1.97 | 1.07 | 0.35 | 0.40 |
| 11.其他直接费用 | 元 | 1.09 | 3.10 | | 1.14 | | 0.20 | 3.00 |
| (二)间接生产费用 | 元 | 25.79 | 13.78 | 16.20 | 15.55 | 5.92 | 26.80 | 29.00 |
| 1.固定资产折旧费 | 元 | 24.47 | 10.06 | 15.90 | 13.85 | 4.69 | 26.80 | 25.80 |
| 2.修理费 | 元 | 1.32 | 1.42 | 0.30 | 0.93 | | | 3.20 |
| 3.其它间接费用 | 元 | | 2.30 | | 0.77 | 1.23 | | |
| 二、期间费用 | 元 | 21.48 | 14.20 | 30.27 | 15.63 | 22.26 | 23.59 | 38.50 |
| 1.承包费 | 元 | | 0.96 | 1.27 | 1.83 | 3.13 | | 21.00 |
| 2.管理费 | 元 | 8.10 | 7.42 | 6.50 | 1.55 | 2.23 | 1.25 | 16.00 |
| 3.销售费 | 元 | 1.25 | 2.00 | 4.50 | 2.68 | | 3.30 | 1.00 |
| 4.财务费 | 元 | 12.13 | 3.82 | 18.00 | 9.57 | 16.90 | 19.04 | 0.50 |
| 附记：1.仔畜重量 | 公斤 | 19.70 | 24.00 | 19.40 | 23.20 | 19.50 | 18.40 | 14.20 |
| 2.精饲料数量 | 公斤 | 248.00 | 199.50 | 246.40 | 219.60 | 230.70 | 239.80 | 274.40 |
| 3.青粗饲料量 | 公斤 | | | | | | | |

# 2002年大中城市肉类产品物质费用和期间费用(三)

品种：大规模生猪

| 项目名称 | 单位 | 宁波 | 厦门 | 青岛 | 郑州 | 武汉 | 广州 |
|---|---|---|---|---|---|---|---|
| 一、物质费用 | 元 | 590.83 | 554.37 | 515.63 | 486.27 | 256.00 | 771.59 |
| (一)直接生产费用 | 元 | 574.93 | 534.37 | 506.03 | 462.22 | 243.00 | 686.15 |
| 1.仔畜进价 | 元 | 175.49 | 179.63 | 176.63 | 111.44 | 75.00 | 120.00 |
| 2.精饲料费 | 元 | 355.26 | 335.50 | 292.20 | 304.96 | 154.00 | 468.22 |
| 3.青粗饲料费 | 元 | 8.67 | | | | | |
| 4.饲料加工费 | 元 | 11.96 | 6.88 | 2.21 | 3.26 | | 26.34 |
| 5.水费 | 元 | 1.49 | 0.16 | 2.50 | 6.07 | 3.00 | |
| 6.电费 | 元 | 0.59 | 1.23 | 4.89 | 8.02 | 1.00 | 20.11 |
| 7.煤费 | 元 | | | 3.22 | 2.17 | | 0.15 |
| 8.医疗防疫费 | 元 | 9.02 | 4.95 | 13.43 | 11.92 | 5.00 | 17.74 |
| 9.死亡损失费 | 元 | 6.54 | 5.24 | 6.00 | 7.09 | | |
| 10.工具材料费 | 元 | 1.58 | 0.78 | 3.15 | 7.29 | 1.00 | 10.03 |
| 11.其他直接费用 | 元 | 4.33 | | 1.80 | | 4.00 | 23.56 |
| (二)间接生产费用 | 元 | 15.90 | 20.00 | 9.60 | 24.05 | 13.00 | 85.44 |
| 1.固定资产折旧费 | 元 | 12.65 | 20.00 | 7.45 | 22.60 | 11.00 | 72.52 |
| 2.修理费 | 元 | 2.95 | | 1.50 | 1.45 | 2.00 | 4.13 |
| 3.其它间接费用 | 元 | 0.30 | | 0.65 | | | 8.79 |
| 二、期间费用 | 元 | 27.68 | 38.95 | 20.37 | 33.13 | 6.00 | 8.10 |
| 1.承包费 | 元 | | 30.00 | | | | |
| 2.管理费 | 元 | 22.89 | 7.76 | 16.47 | 16.24 | 6.00 | 8.10 |
| 3.销售费 | 元 | 2.40 | | 0.58 | 5.50 | | |
| 4.财务费 | 元 | 2.39 | 1.19 | 3.32 | 11.39 | | |
| 附记：1.仔畜重量 | 公斤 | 22.60 | 16.50 | 23.50 | 11.80 | 15.00 | 25.00 |
| 2.精饲料数量 | 公斤 | 280.00 | 224.70 | 218.80 | 236.40 | 97.00 | 301.60 |
| 3.青粗饲料量 | 公斤 | 29.30 | | | | | |

# 2002年大中城市肉类产品物质费用和期间费用(四)

品种：大规模生猪

| 项目名称 | 单位 | 南宁 | 海口 | 成都 | 昆明 | 兰州 | 西宁 |
|---|---|---|---|---|---|---|---|
| 一、物质费用 | 元 | 574.45 | 658.25 | 494.37 | 623.29 | 380.40 | 487.56 |
| (一)直接生产费用 | 元 | 556.99 | 639.08 | 459.57 | 607.26 | 364.22 | 485.76 |
| 1.仔畜进价 | 元 | 179.40 | 202.82 | 48.67 | 201.83 | 86.67 | 200.01 |
| 2.精饲料费 | 元 | 359.77 | 342.06 | 367.84 | 378.80 | 250.36 | 269.99 |
| 3.青粗饲料费 | 元 | 1.50 | 3.57 | | | | 0.01 |
| 4.饲料加工费 | 元 | 2.20 | | 12.54 | 1.13 | 5.53 | 0.85 |
| 5.水费 | 元 | 1.77 | 2.42 | 7.32 | 1.74 | 1.15 | 0.60 |
| 6.电费 | 元 | 0.99 | 5.13 | 1.88 | 1.37 | 1.34 | 0.80 |
| 7.煤费 | 元 | | | 5.23 | 4.89 | 1.17 | 0.50 |
| 8.医疗防疫费 | 元 | 7.32 | 20.99 | 6.27 | 3.26 | 3.33 | 8.00 |
| 9.死亡损失费 | 元 | 2.31 | | 0.10 | 3.62 | 12.58 | 2.00 |
| 10.工具材料费 | 元 | 1.52 | 2.25 | 5.23 | 0.42 | 2.09 | 0.50 |
| 11.其他直接费用 | 元 | 0.21 | 59.84 | 4.49 | 10.20 | | 2.50 |
| (二)间接生产费用 | 元 | 17.46 | 19.17 | 34.80 | 16.03 | 16.18 | 1.80 |
| 1.固定资产折旧费 | 元 | 14.49 | 17.64 | 34.49 | 4.72 | 16.18 | 1.00 |
| 2.修理费 | 元 | 2.50 | 1.53 | 0.21 | 2.40 | | 0.10 |
| 3.其它间接费用 | 元 | 0.47 | | 0.10 | 8.91 | | 0.70 |
| 二、期间费用 | 元 | 13.03 | 38.21 | 17.24 | 15.28 | 25.14 | 4.60 |
| 1.承包费 | 元 | 4.81 | | | 2.51 | 1.62 | |
| 2.管理费 | 元 | 5.12 | 37.63 | 2.09 | 2.21 | 12.78 | 2.00 |
| 3.销售费 | 元 | | 0.58 | 0.52 | 2.20 | 6.67 | 1.00 |
| 4.财务费 | 元 | 3.10 | | 14.63 | 8.36 | 4.07 | 1.60 |
| 附记：1.仔畜重量 | 公斤 | 20.30 | 19.60 | 15.60 | 20.00 | 7.80 | 18.00 |
| 2.精饲料数量 | 公斤 | 186.50 | 161.00 | 303.00 | 272.70 | 196.70 | 180.00 |
| 3.青粗饲料量 | 公斤 | 195.40 | 26.30 | | | | 217.00 |

# 2002年大中城市禽类产品成本收益(一)

品种：专业户肉鸡　　　　按统一工价汇总

| 项目名称 | | 单位 | 平均 | 天津 | 石家庄 | 太原 | 呼和浩特 | 长春 | 哈尔滨 |
|---|---|---|---|---|---|---|---|---|---|
| 调查县数 | | 个 | 37.00 | 8.00 | 1.00 | 1.00 | 3.00 | 3.00 | 2.00 |
| 调查户数 | | 户 | 91.00 | 19.00 | 2.00 | 3.00 | 9.00 | 3.00 | 6.00 |
| 调查数量 | | 只 | 1599619.00 | 502870.00 | 5000.00 | 2200.00 | 30000.00 | 18550.00 | 22263.00 |
| 平均饲养天数 | | 天 | 66.00 | 44.00 | 60.00 | 45.00 | 45.00 | 57.00 | 61.00 |
| 每百只 | 主产品产量 | 公斤 | 221.90 | 217.40 | 235.00 | 222.00 | 226.00 | 316.20 | 271.80 |
| | 产值合计 | 元 | 1509.85 | 1557.55 | 1557.00 | 1448.80 | 1366.00 | 1528.40 | 1453.37 |
| | 主产品产值 | 元 | 1488.19 | 1547.25 | 1457.00 | 1420.80 | 1356.00 | 1518.40 | 1437.07 |
| | 副产品产值 | 元 | 21.66 | 10.30 | 100.00 | 28.00 | 10.00 | 10.00 | 16.30 |
| | 其他收入 | 元 | | | | | | | |
| | 生产成本 | 元 | 1328.74 | 1420.78 | 1293.00 | 1336.80 | 1162.58 | 1509.30 | 1328.56 |
| | 物质费用 | 元 | 1269.34 | 1377.88 | 1191.80 | 1262.00 | 1137.28 | 1411.40 | 1249.36 |
| | 用工作价 | 元 | 59.40 | 42.90 | 101.20 | 74.80 | 25.30 | 97.90 | 79.20 |
| | 用工数量 | 日 | 5.40 | 3.90 | 9.20 | 6.80 | 2.30 | 8.90 | 7.20 |
| | 劳动日工价 | 元 | 11.00 | 11.00 | 11.00 | 11.00 | 11.00 | 11.00 | 11.00 |
| | 期间费用 | 元 | 14.58 | 2.05 | 12.20 | 8.00 | 10.60 | | 7.75 |
| | 税金 | 元 | | | | | | | |
| | 含税成本 | 元 | 1343.32 | 1422.83 | 1305.20 | 1344.80 | 1173.18 | 1509.30 | 1336.31 |
| | 净产值 | 元 | 240.51 | 179.67 | 365.20 | 186.80 | 228.72 | 117.00 | 204.01 |
| | 减税纯收益 | 元 | 166.53 | 134.72 | 251.80 | 104.00 | 192.82 | 19.10 | 117.06 |
| | 成本纯收益率 | % | 12.40 | 9.47 | 19.29 | 7.73 | 16.44 | 1.27 | 8.76 |
| | 耗粮数量 | 公斤 | 405.60 | 307.00 | 335.00 | 252.00 | 225.00 | 541.80 | 490.20 |
| 每50公斤主产品 | 平均出售价格 | 元 | 335.33 | 355.85 | 310.00 | 320.00 | 300.00 | 240.10 | 264.36 |
| | 物质费用 | 元 | 281.91 | 314.80 | 237.29 | 278.74 | 249.77 | 221.72 | 227.25 |
| | 生产成本 | 元 | 295.11 | 324.60 | 257.44 | 295.26 | 255.33 | 237.10 | 241.66 |
| | 含税成本 | 元 | 298.34 | 325.07 | 259.87 | 297.03 | 257.65 | 237.10 | 243.07 |
| | 净产值 | 元 | 53.42 | 41.05 | 72.71 | 41.26 | 50.23 | 18.38 | 37.11 |
| | 减税纯收益 | 元 | 36.99 | 30.78 | 50.13 | 22.97 | 42.35 | 3.00 | 21.29 |
| | 耗粮数量 | 公斤 | 91.40 | 70.60 | 71.30 | 56.80 | 49.80 | 85.70 | 90.20 |
| 每一劳动日 | 主产品产量 | 公斤 | 41.10 | 55.70 | 25.50 | 32.60 | 98.30 | 35.50 | 37.80 |
| | 净产值 | 元 | 44.54 | 46.07 | 39.70 | 27.47 | 99.44 | 13.15 | 28.33 |
| 每核算单位成本外支出 | | 元 | 4.57 | | | | 65.50 | | 11.21 |

# 2002年大中城市禽类产品成本收益(二)

品种：专业户肉鸡　　　　按统一工价汇总

| 项目名称 | | 单位 | 大连 | 上海 | 杭州 | 济南 | 宁波 | 青岛 | 郑州 |
|---|---|---|---|---|---|---|---|---|---|
| 调查县数 | | 个 | 1.00 | 4.00 | 2.00 | 2.00 | 1.00 | 1.00 | 1.00 |
| 调查户数 | | 户 | 1.00 | 10.00 | 5.00 | 6.00 | 3.00 | 9.00 | 2.00 |
| 调查数量 | | 只 | 5000.00 | 740248.00 | 39735.00 | 37920.00 | 4200.00 | 20460.00 | 3100.00 |
| 平均饲养天数 | | 天 | 51.00 | 64.00 | 95.00 | 51.00 | 150.00 | 53.00 | 58.00 |
| 每百只 | 主产品产量 | 公斤 | 283.00 | 184.60 | 134.00 | 240.00 | 280.00 | 232.00 | 181.70 |
| | 产值合计 | 元 | 1565.50 | 1205.42 | 1317.70 | 1235.99 | 3080.00 | 1273.88 | 1071.43 |
| | 主产品产值 | 元 | 1556.50 | 1201.92 | 1298.47 | 1218.75 | 3080.00 | 1238.88 | 1033.10 |
| | 副产品产值 | 元 | 9.00 | 3.50 | 19.23 | 17.24 | | 35.00 | 38.33 |
| | 其他收入 | 元 | | | | | | | |
| | 生产成本 | 元 | 1295.00 | 1046.70 | 956.56 | 1292.97 | 2672.00 | 1188.79 | 880.78 |
| | 物质费用 | 元 | 1273.00 | 1029.10 | 937.86 | 1210.47 | 2650.00 | 1133.79 | 826.88 |
| | 用工作价 | 元 | 22.00 | 17.60 | 18.70 | 82.50 | 22.00 | 55.00 | 53.90 |
| | 用工数量 | 日 | 2.00 | 1.60 | 1.70 | 7.50 | 2.00 | 5.00 | 4.90 |
| | 劳动日工价 | 元 | 11.00 | 11.00 | 11.00 | 11.00 | 11.00 | 11.00 | 11.00 |
| | 期间费用 | 元 | 2.00 | 14.15 | 4.69 | 5.71 | 41.00 | 16.50 | 3.63 |
| | 税金 | 元 | | | 0.08 | | | | |
| | 含税成本 | 元 | 1297.00 | 1060.85 | 961.33 | 1298.68 | 2713.00 | 1205.29 | 884.41 |
| | 净产值 | 元 | 292.50 | 176.32 | 379.84 | 25.52 | 430.00 | 140.09 | 244.55 |
| | 减税纯收益 | 元 | 268.50 | 144.57 | 356.37 | -62.69 | 367.00 | 68.59 | 187.02 |
| | 成本纯收益率 | % | 20.70 | 13.63 | 37.07 | -4.83 | 13.53 | 5.69 | 21.15 |
| | 耗粮数量 | 公斤 | 468.00 | 348.90 | 308.30 | 413.90 | 1480.00 | 352.20 | 275.00 |
| 每50公斤主产品 | 平均出售价格 | 元 | 275.00 | 325.55 | 484.50 | 253.91 | 550.00 | 267.00 | 284.29 |
| | 物质费用 | 元 | 223.62 | 277.93 | 344.84 | 248.67 | 473.21 | 237.64 | 219.40 |
| | 生产成本 | 元 | 227.48 | 282.68 | 351.71 | 265.62 | 477.14 | 249.17 | 233.70 |
| | 含税成本 | 元 | 227.83 | 286.51 | 353.47 | 266.79 | 484.46 | 252.62 | 234.67 |
| | 净产值 | 元 | 51.38 | 47.62 | 139.66 | 5.24 | 76.79 | 29.36 | 64.89 |
| | 减税纯收益 | 元 | 47.17 | 39.04 | 131.03 | -12.88 | 65.54 | 14.38 | 49.62 |
| | 耗粮数量 | 公斤 | 82.70 | 94.50 | 115.00 | 86.20 | 264.30 | 75.90 | 75.70 |
| 每一劳动日 | 主产品产量 | 公斤 | 141.50 | 115.40 | 78.80 | 32.00 | 140.00 | 46.40 | 37.10 |
| | 净产值 | 元 | 146.25 | 110.20 | 223.44 | 3.40 | 215.00 | 28.02 | 49.91 |
| 每核算单位成本外支出 | | 元 | 10.00 | | | | | 4.60 | |

# 2002年大中城市禽类产品成本收益(三)

品种：专业户肉鸡　　　　按统一工价汇总

| 项目名称 | | 单位 | 武汉 | 长沙 | 广州 | 贵阳 | 昆明 | 兰州 | 银川 |
|---|---|---|---|---|---|---|---|---|---|
| 调查县数 | | 个 | 1.00 | 1.00 | 1.00 | 1.00 | 1.00 | 1.00 | 1.00 |
| 调查户数 | | 户 | 2.00 | 1.00 | 1.00 | 3.00 | 2.00 | 2.00 | 2.00 |
| 调查数量 | | 只 | 1200.00 | 7500.00 | 105000.00 | 5540.00 | 17333.00 | 27000.00 | 4500.00 |
| 平均饲养天数 | | 天 | 45.00 | 52.00 | 75.00 | 135.00 | 65.00 | 70.00 | 50.00 |
| 每百只 | 主产品产量 | 公斤 | 240.00 | 160.00 | 109.30 | 230.00 | 234.00 | 198.70 | 242.80 |
| | 产值合计 | 元 | 1610.00 | 1168.00 | 917.77 | 2058.00 | 1547.13 | 1530.33 | 1704.62 |
| | 主产品产值 | 元 | 1580.00 | 1152.00 | 913.80 | 2048.00 | 1525.68 | 1518.85 | 1661.29 |
| | 副产品产值 | 元 | 30.00 | 16.00 | 3.97 | 10.00 | 21.45 | 11.48 | 43.33 |
| | 其他收入 | 元 | | | | | | | |
| | 生产成本 | 元 | 1283.10 | 1033.22 | 1132.00 | 1803.20 | 1096.39 | 1264.04 | 1573.69 |
| | 物质费用 | 元 | 1222.60 | 994.72 | 1081.40 | 1757.00 | 979.79 | 1111.14 | 1549.49 |
| | 用工作价 | 元 | 60.50 | 38.50 | 50.60 | 46.20 | 116.60 | 152.90 | 24.20 |
| | 用工数量 | 日 | 5.50 | 3.50 | 4.60 | 4.20 | 10.60 | 13.90 | 2.20 |
| | 劳动日工价 | 元 | 11.00 | 11.00 | 11.00 | 11.00 | 11.00 | 11.00 | 11.00 |
| | 期间费用 | 元 | | 3.80 | 6.34 | 10.00 | 35.13 | 83.48 | 24.44 |
| | 税金 | 元 | | | | | | | |
| | 含税成本 | 元 | 1283.10 | 1037.02 | 1138.34 | 1813.20 | 1131.52 | 1347.52 | 1598.13 |
| | 净产值 | 元 | 387.40 | 173.28 | -163.63 | 301.00 | 567.34 | 419.19 | 155.13 |
| | 减税纯收益 | 元 | 326.90 | 130.98 | -220.57 | 244.80 | 415.61 | 182.81 | 106.49 |
| | 成本纯收益率 | % | 25.48 | 12.63 | -19.38 | 13.50 | 36.73 | 13.57 | 6.66 |
| | 耗粮数量 | 公斤 | 230.00 | 230.40 | 168.70 | 770.00 | 307.20 | 237.80 | 370.40 |
| 每50公斤主产品 | 平均出售价格 | 元 | 329.17 | 360.00 | 418.02 | 445.22 | 326.00 | 382.20 | 342.11 |
| | 物质费用 | 元 | 249.96 | 306.59 | 492.55 | 380.10 | 206.45 | 277.51 | 310.98 |
| | 生产成本 | 元 | 262.33 | 318.46 | 515.60 | 390.10 | 231.02 | 315.69 | 315.83 |
| | 含税成本 | 元 | 262.33 | 319.63 | 518.48 | 392.26 | 238.43 | 336.54 | 320.74 |
| | 净产值 | 元 | 79.21 | 53.41 | -74.53 | 65.12 | 119.55 | 104.69 | 31.13 |
| | 减税纯收益 | 元 | 66.84 | 40.37 | -100.46 | 52.96 | 87.57 | 45.66 | 21.37 |
| | 耗粮数量 | 公斤 | 47.90 | 72.00 | 77.20 | 167.40 | 65.60 | 59.80 | 76.30 |
| 每一劳动日 | 主产品产量 | 公斤 | 43.60 | 45.70 | 23.80 | 54.80 | 22.10 | 14.30 | 110.40 |
| | 净产值 | 元 | 70.44 | 49.51 | -35.57 | 71.67 | 53.52 | 30.16 | 70.51 |
| 每核算单位成本外支出 | | 元 | | | | | | | |

# 2002年大中城市禽类产品成本收益(一)

品种：专业户肉鸡　　　　按地区工价汇总

| 项目名称 | | 单位 | 平均 | 天津 | 石家庄 | 太原 | 呼和浩特 | 长春 | 哈尔滨 |
|---|---|---|---|---|---|---|---|---|---|
| 调查县数 | | 个 | 37.00 | 8.00 | 1.00 | 1.00 | 3.00 | 3.00 | 2.00 |
| 调查户数 | | 户 | 91.00 | 19.00 | 2.00 | 3.00 | 9.00 | 3.00 | 6.00 |
| 调查数量 | | 只 | 1599619.00 | 502870.00 | 5000.00 | 2200.00 | 30000.00 | 18550.00 | 22263.00 |
| 平均饲养天数 | | 天 | 66.00 | 44.00 | 60.00 | 45.00 | 45.00 | 57.00 | 61.00 |
| 每百只 | 主产品产量 | 公斤 | 221.90 | 217.40 | 235.00 | 222.00 | 226.00 | 316.20 | 271.80 |
| | 产值合计 | 元 | 1509.85 | 1557.55 | 1557.00 | 1448.80 | 1366.00 | 1528.40 | 1453.37 |
| | 主产品产值 | 元 | 1488.19 | 1547.25 | 1457.00 | 1420.80 | 1356.00 | 1518.40 | 1437.07 |
| | 副产品产值 | 元 | 21.66 | 10.30 | 100.00 | 28.00 | 10.00 | 10.00 | 16.30 |
| | 其他收入 | 元 | | | | | | | |
| | 生产成本 | 元 | 1350.88 | 1428.19 | 1293.92 | 1377.60 | 1158.67 | 1509.30 | 1346.56 |
| | 物质费用 | 元 | 1269.34 | 1377.88 | 1191.80 | 1262.00 | 1137.28 | 1411.40 | 1249.36 |
| | 用工作价 | 元 | 81.54 | 50.31 | 102.12 | 115.60 | 21.39 | 97.90 | 97.20 |
| | 用工数量 | 日 | 5.40 | 3.90 | 9.20 | 6.80 | 2.30 | 8.90 | 7.20 |
| | 劳动日工价 | 元 | 15.10 | 12.90 | 11.10 | 17.00 | 9.30 | 11.00 | 13.50 |
| | 期间费用 | 元 | 14.58 | 2.05 | 12.20 | 8.00 | 10.60 | | 7.75 |
| | 税金 | 元 | | | | | | | |
| | 含税成本 | 元 | 1365.46 | 1430.24 | 1306.12 | 1385.60 | 1169.27 | 1509.30 | 1354.31 |
| | 净产值 | 元 | 240.51 | 179.67 | 365.20 | 186.80 | 228.72 | 117.00 | 204.01 |
| | 减税纯收益 | 元 | 144.39 | 127.31 | 250.88 | 63.20 | 196.73 | 19.10 | 99.06 |
| | 成本纯收益率 | % | 10.57 | 8.90 | 19.21 | 4.56 | 16.83 | 1.27 | 7.31 |
| | 耗粮数量 | 公斤 | 405.60 | 307.00 | 335.00 | 252.00 | 225.00 | 541.80 | 490.20 |
| 每50公斤主产品 | 平均出售价格 | 元 | 335.33 | 355.85 | 310.00 | 320.00 | 300.00 | 240.10 | 264.36 |
| | 物质费用 | 元 | 281.91 | 314.80 | 237.29 | 278.74 | 249.77 | 221.72 | 227.25 |
| | 生产成本 | 元 | 300.02 | 326.30 | 257.62 | 304.27 | 254.47 | 237.10 | 244.93 |
| | 含税成本 | 元 | 303.26 | 326.76 | 260.05 | 306.04 | 256.79 | 237.10 | 246.34 |
| | 净产值 | 元 | 53.42 | 41.05 | 72.71 | 41.26 | 50.23 | 18.38 | 37.11 |
| | 减税纯收益 | 元 | 32.07 | 29.09 | 49.95 | 13.96 | 43.21 | 3.00 | 18.02 |
| | 耗粮数量 | 公斤 | 91.40 | 70.60 | 71.30 | 56.80 | 49.80 | 85.70 | 90.20 |
| 每一劳动日 | 主产品产量 | 公斤 | 41.10 | 55.70 | 25.50 | 32.60 | 98.30 | 35.50 | 37.80 |
| | 净产值 | 元 | 44.54 | 46.07 | 39.70 | 27.47 | 99.44 | 13.15 | 28.33 |
| 每核算单位成本外支出 | | 元 | 4.57 | | | | 65.50 | | 11.21 |

# 2002 年大中城市禽类产品成本收益(二)

品种：专业户肉鸡

按地区工价汇总

| 项目名称 | | 单位 | 大连 | 上海 | 杭州 | 济南 | 宁波 | 青岛 | 郑州 |
|---|---|---|---|---|---|---|---|---|---|
| 调查县数 | | 个 | 1.00 | 4.00 | 2.00 | 2.00 | 1.00 | 1.00 | 1.00 |
| 调查户数 | | 户 | 1.00 | 10.00 | 5.00 | 6.00 | 3.00 | 9.00 | 2.00 |
| 调查数量 | | 只 | 5000.00 | 740248.00 | 39735.00 | 37920.00 | 4200.00 | 20460.00 | 3100.00 |
| 平均饲养天数 | | 天 | 51.00 | 64.00 | 95.00 | 51.00 | 150.00 | 53.00 | 58.00 |
| 每百只 | 主产品产量 | 公斤 | 283.00 | 184.60 | 134.00 | 240.00 | 280.00 | 232.00 | 181.70 |
| | 产值合计 | 元 | 1565.50 | 1205.42 | 1317.70 | 1235.99 | 3080.00 | 1273.88 | 1071.43 |
| | 主产品产值 | 元 | 1556.50 | 1201.92 | 1298.47 | 1218.75 | 3080.00 | 1238.88 | 1033.10 |
| | 副产品产值 | 元 | 9.00 | 3.50 | 19.23 | 17.24 | | 35.00 | 38.33 |
| | 其他收入 | 元 | | | | | | | |
| | 生产成本 | 元 | 1303.00 | 1067.50 | 969.31 | 1304.97 | 2698.00 | 1238.79 | 896.95 |
| | 物质费用 | 元 | 1273.00 | 1029.10 | 937.86 | 1210.47 | 2650.00 | 1133.79 | 826.88 |
| | 用工作价 | 元 | 30.00 | 38.40 | 31.45 | 94.50 | 48.00 | 105.00 | 70.07 |
| | 用工数量 | 日 | 2.00 | 1.60 | 1.70 | 7.50 | 2.00 | 5.00 | 4.90 |
| | 劳动日工价 | 元 | 15.00 | 24.00 | 18.50 | 12.60 | 24.00 | 21.00 | 14.30 |
| | 期间费用 | 元 | 2.00 | 14.15 | 4.69 | 5.71 | 41.00 | 16.50 | 3.63 |
| | 税金 | 元 | | | 0.08 | | | | |
| | 含税成本 | 元 | 1305.00 | 1081.65 | 974.08 | 1310.68 | 2739.00 | 1255.29 | 900.58 |
| | 净产值 | 元 | 292.50 | 176.32 | 379.84 | 25.52 | 430.00 | 140.09 | 244.55 |
| | 减税纯收益 | 元 | 260.50 | 123.77 | 343.62 | -74.69 | 341.00 | 18.59 | 170.85 |
| | 成本纯收益率 | % | 19.96 | 11.44 | 35.28 | -5.70 | 12.45 | 1.48 | 18.97 |
| | 耗粮数量 | 公斤 | 468.00 | 348.90 | 308.30 | 413.90 | 1480.00 | 352.20 | 275.00 |
| 每50公斤主产品 | 平均出售价格 | 元 | 275.00 | 325.55 | 484.50 | 253.91 | 550.00 | 267.00 | 284.29 |
| | 物质费用 | 元 | 223.62 | 277.93 | 344.84 | 248.67 | 473.21 | 237.64 | 219.40 |
| | 生产成本 | 元 | 228.89 | 288.30 | 356.40 | 268.08 | 481.79 | 259.65 | 237.99 |
| | 含税成本 | 元 | 229.24 | 292.12 | 358.16 | 269.25 | 489.11 | 263.10 | 238.96 |
| | 净产值 | 元 | 51.38 | 47.62 | 139.66 | 5.24 | 76.79 | 29.36 | 64.89 |
| | 减税纯收益 | 元 | 45.76 | 33.43 | 126.34 | -15.34 | 60.89 | 3.90 | 45.33 |
| | 耗粮数量 | 公斤 | 82.70 | 94.50 | 115.00 | 86.20 | 264.30 | 75.90 | 75.70 |
| 每一劳动日 | 主产品产量 | 公斤 | 141.50 | 115.40 | 78.80 | 32.00 | 140.00 | 46.40 | 37.10 |
| | 净产值 | 元 | 146.25 | 110.20 | 223.44 | 3.40 | 215.00 | 28.02 | 49.91 |
| 每核算单位成本外支出 | | 元 | 10.00 | | | | | 4.60 | |

# 2002年大中城市禽类产品成本收益(三)

品种：专业户肉鸡　　　　按地区工价汇总

| 项目名称 | | 单位 | 武汉 | 长沙 | 广州 | 贵阳 | 昆明 | 兰州 | 银川 |
|---|---|---|---|---|---|---|---|---|---|
| 调查县数 | | 个 | 1.00 | 1.00 | 1.00 | 1.00 | 1.00 | 1.00 | 1.00 |
| 调查户数 | | 户 | 2.00 | 1.00 | 1.00 | 3.00 | 2.00 | 2.00 | 2.00 |
| 调查数量 | | 只 | 1200.00 | 7500.00 | 105000.00 | 5540.00 | 17333.00 | 27000.00 | 4500.00 |
| 平均饲养天数 | | 天 | 45.00 | 52.00 | 75.00 | 135.00 | 65.00 | 70.00 | 50.00 |
| 每百只 | 主产品产量 | 公斤 | 240.00 | 160.00 | 109.30 | 230.00 | 234.00 | 198.70 | 242.80 |
| | 产值合计 | 元 | 1610.00 | 1168.00 | 917.77 | 2058.00 | 1547.13 | 1530.33 | 1704.62 |
| | 主产品产值 | 元 | 1580.00 | 1152.00 | 913.80 | 2048.00 | 1525.68 | 1518.85 | 1661.29 |
| | 副产品产值 | 元 | 30.00 | 16.00 | 3.97 | 10.00 | 21.45 | 11.48 | 43.33 |
| | 其他收入 | 元 | | | | | | | |
| | 生产成本 | 元 | 1277.60 | 1042.67 | 1218.02 | 1799.00 | 1100.63 | 1289.06 | 1573.91 |
| | 物质费用 | 元 | 1222.60 | 994.72 | 1081.40 | 1757.00 | 979.79 | 1111.14 | 1549.49 |
| | 用工作价 | 元 | 55.00 | 47.95 | 136.62 | 42.00 | 120.84 | 177.92 | 24.42 |
| | 用工数量 | 日 | 5.50 | 3.50 | 4.60 | 4.20 | 10.60 | 13.90 | 2.20 |
| | 劳动日工价 | 元 | 10.00 | 13.70 | 29.70 | 10.00 | 11.40 | 12.80 | 11.10 |
| | 期间费用 | 元 | | 3.80 | 6.34 | 10.00 | 35.13 | 83.48 | 24.44 |
| | 税金 | 元 | | | | | | | |
| | 含税成本 | 元 | 1277.60 | 1046.47 | 1224.36 | 1809.00 | 1135.76 | 1372.54 | 1598.35 |
| | 净产值 | 元 | 387.40 | 173.28 | -163.63 | 301.00 | 567.34 | 419.19 | 155.13 |
| | 减税纯收益 | 元 | 332.40 | 121.53 | -306.59 | 249.00 | 411.37 | 157.79 | 106.27 |
| | 成本纯收益率 | % | 26.02 | 11.61 | -25.04 | 13.76 | 36.22 | 11.50 | 6.65 |
| | 耗粮数量 | 公斤 | 230.00 | 230.40 | 168.70 | 770.00 | 307.20 | 237.80 | 370.40 |
| 每50公斤主产品 | 平均出售价格 | 元 | 329.17 | 360.00 | 418.02 | 445.22 | 326.00 | 382.20 | 342.11 |
| | 物质费用 | 元 | 249.96 | 306.59 | 492.55 | 380.10 | 206.45 | 277.51 | 310.98 |
| | 生产成本 | 元 | 261.21 | 321.37 | 554.78 | 389.19 | 231.92 | 321.94 | 315.88 |
| | 含税成本 | 元 | 261.21 | 322.54 | 557.66 | 391.35 | 239.32 | 342.79 | 320.78 |
| | 净产值 | 元 | 79.21 | 53.41 | -74.53 | 65.12 | 119.55 | 104.69 | 31.13 |
| | 减税纯收益 | 元 | 67.96 | 37.46 | -139.64 | 53.87 | 86.68 | 39.41 | 21.33 |
| | 耗粮数量 | 公斤 | 47.90 | 72.00 | 77.20 | 167.40 | 65.60 | 59.80 | 76.30 |
| 每一劳动日 | 主产品产量 | 公斤 | 43.60 | 45.70 | 23.80 | 54.80 | 22.10 | 14.30 | 110.40 |
| | 净产值 | 元 | 70.44 | 49.51 | -35.57 | 71.67 | 53.52 | 30.16 | 70.51 |
| 每核算单位成本外支出 | | 元 | | | | | | | |

# 2002年大中城市禽类产品物质费用和期间费用(一)

品种：专业户肉鸡

| 项 目 名 称 | 单位 | 平 均 | 天 津 | 石家庄 | 太 原 | 呼和浩特 | 长 春 | 哈尔滨 |
|---|---|---|---|---|---|---|---|---|
| 一、物质费用 | 元 | 1269.34 | 1377.88 | 1191.80 | 1262.00 | 1137.28 | 1411.40 | 1249.36 |
| (一)直接生产费用 | 元 | 1241.55 | 1358.30 | 1159.30 | 1241.00 | 1123.28 | 1389.66 | 1215.59 |
| 1.仔畜进价 | 元 | 188.34 | 329.19 | 195.00 | 227.00 | 250.00 | 176.68 | 167.32 |
| 2.精饲料费 | 元 | 944.86 | 969.89 | 804.00 | 950.00 | 774.00 | 1066.56 | 927.41 |
| 3.青粗饲料费 | 元 | 0.50 | | | 10.00 | | | |
| 4.饲料加工费 | 元 | 2.97 | | | | 8.30 | 16.67 | 6.99 |
| 5.水费 | 元 | 4.10 | 2.94 | 5.50 | 5.00 | 1.70 | | 2.78 |
| 6.电费 | 元 | 10.34 | 3.46 | 19.80 | 5.00 | 3.98 | 11.67 | 6.56 |
| 7.煤费 | 元 | 11.64 | 15.44 | | 10.00 | 17.60 | 18.29 | 9.96 |
| 8.医疗防疫费 | 元 | 47.68 | 22.41 | 78.00 | 20.00 | 28.60 | 63.44 | 46.83 |
| 9.死亡损失费 | 元 | 23.64 | 11.01 | 50.00 | 10.00 | 16.20 | 33.00 | 25.06 |
| 10.工具材料费 | 元 | 5.98 | 1.35 | 7.00 | 2.00 | 19.70 | | 13.75 |
| 11.其他直接费用 | 元 | 1.50 | 2.61 | | 2.00 | 3.20 | 3.35 | 8.93 |
| (二)间接生产费用 | 元 | 27.79 | 19.58 | 32.50 | 21.00 | 14.00 | 21.74 | 33.77 |
| 1.固定资产折旧费 | 元 | 22.86 | 15.01 | 21.00 | 15.00 | 4.50 | 16.77 | 27.96 |
| 2.修理费 | 元 | 3.98 | 3.73 | 11.50 | 5.00 | 2.80 | | 3.17 |
| 3.其它间接费用 | 元 | 0.95 | 0.84 | | 1.00 | 6.70 | 4.97 | 2.64 |
| 二、期间费用 | 元 | 14.58 | 2.05 | 12.20 | 8.00 | 10.60 | | 7.75 |
| 1.承包费 | 元 | 3.21 | 0.64 | | | | | |
| 2.管理费 | 元 | 2.98 | 0.10 | 6.20 | 2.00 | 3.20 | | 0.82 |
| 3.销售费 | 元 | 7.38 | 1.23 | 6.00 | 5.00 | 2.80 | | 6.93 |
| 4.财务费 | 元 | 1.01 | 0.08 | | 1.00 | 4.60 | | |
| 附记：1.仔畜重量 | 公斤 | | | | | | | |
| 2.精饲料数量 | 公斤 | 618.80 | 436.00 | 670.00 | 560.00 | 450.00 | 773.60 | 663.10 |
| 3.青粗饲料量 | 公斤 | | | | | | | |

# 2002年大中城市禽类产品物质费用和期间费用(二)

品种：专业户肉鸡

| 项目名称 | 单位 | 大连 | 上海 | 杭州 | 济南 | 宁波 | 青岛 | 郑州 |
|---|---|---|---|---|---|---|---|---|
| 一、物质费用 | 元 | 1273.00 | 1029.10 | 937.86 | 1210.47 | 2650.00 | 1133.79 | 826.88 |
| (一)直接生产费用 | 元 | 1218.00 | 1015.94 | 930.82 | 1181.52 | 2627.50 | 1112.59 | 815.97 |
| 1.仔畜进价 | 元 | 156.00 | 154.07 | 178.55 | 137.06 | 220.00 | 220.00 | 117.63 |
| 2.精饲料费 | 元 | 863.00 | 812.32 | 693.42 | 842.11 | 2312.50 | 806.43 | 610.17 |
| 3.青粗饲料费 | 元 | | | | | | | |
| 4.饲料加工费 | 元 | | | | 1.64 | 3.50 | | 4.71 |
| 5.水费 | 元 | 2.00 | 1.67 | 1.52 | 1.95 | 9.00 | 2.00 | 3.92 |
| 6.电费 | 元 | 25.00 | 4.72 | 2.63 | 11.41 | 25.00 | 5.00 | 4.31 |
| 7.煤费 | 元 | 10.00 | 0.10 | | 38.42 | | 4.00 | 7.71 |
| 8.医疗防疫费 | 元 | 140.00 | 25.89 | 40.41 | 87.85 | 40.00 | 48.60 | 51.92 |
| 9.死亡损失费 | 元 | 20.00 | 14.78 | 5.73 | 57.67 | 10.00 | 21.80 | 12.00 |
| 10.工具材料费 | 元 | | 2.39 | 3.84 | 2.67 | 5.00 | 4.76 | 3.60 |
| 11.其他直接费用 | 元 | 2.00 | | 4.72 | 0.74 | 2.50 | | |
| (二)间接生产费用 | 元 | 55.00 | 13.16 | 7.04 | 28.95 | 22.50 | 21.20 | 10.91 |
| 1.固定资产折旧费 | 元 | 50.00 | 11.20 | 6.77 | 27.08 | 20.00 | 20.60 | 9.26 |
| 2.修理费 | 元 | 5.00 | 1.92 | 0.27 | 1.48 | | 0.60 | 1.65 |
| 3.其它间接费用 | 元 | | 0.04 | | 0.39 | 2.50 | | |
| 二、期间费用 | 元 | 2.00 | 14.15 | 4.69 | 5.71 | 41.00 | 16.50 | 3.63 |
| 1.承包费 | 元 | | 5.81 | 1.99 | 1.55 | | 13.80 | |
| 2.管理费 | 元 | 1.00 | 2.94 | 0.03 | 1.94 | | | |
| 3.销售费 | 元 | 1.00 | 3.08 | 2.67 | 2.22 | 30.00 | 1.60 | 3.63 |
| 4.财务费 | 元 | | 2.32 | | | 11.00 | 1.10 | |
| 附记：1.仔畜重量 | 公斤 | | | | | | | |
| 2.精饲料数量 | 公斤 | 650.00 | 436.20 | 393.60 | 529.80 | 1850.00 | 510.40 | 441.60 |
| 3.青粗饲料量 | 公斤 | | | | | | | |

# 2002 年大中城市禽类产品物质费用和期间费用(三)

品种：专业户肉鸡

| 项 目 名 称 | 单位 | 武 汉 | 长 沙 | 广 州 | 贵 阳 | 昆 明 | 兰 州 | 银 川 |
|---|---|---|---|---|---|---|---|---|
| 一、物质费用 | 元 | 1222.60 | 994.72 | 1081.40 | 1757.00 | 979.79 | 1111.14 | 1549.49 |
| (一)直接生产费用 | 元 | 1217.60 | 916.72 | 1054.83 | 1724.00 | 961.79 | 1043.81 | 1522.83 |
| 1.仔畜进价 | 元 | 220.00 | 100.00 | 158.33 | 204.00 | 197.00 | 208.89 | 150.00 |
| 2.精饲料费 | 元 | 900.00 | 760.32 | 838.11 | 1465.00 | 586.00 | 655.85 | 1260.18 |
| 3.青粗饲料费 | 元 | | | | | | | |
| 4.饲料加工费 | 元 | | | | 5.00 | 1.00 | 11.61 | |
| 5.水费 | 元 | 5.00 | | | | 22.63 | 3.98 | 10.44 |
| 6.电费 | 元 | 9.60 | 7.10 | 6.88 | 10.00 | 23.71 | 7.69 | 13.33 |
| 7.煤费 | 元 | 14.00 | 7.80 | | | 18.10 | 35.85 | 25.55 |
| 8.医疗防疫费 | 元 | 41.00 | 35.00 | 31.00 | 10.00 | 61.46 | 40.67 | 40.44 |
| 9.死亡损失费 | 元 | 24.00 | | 8.31 | 8.00 | 48.64 | 75.94 | 20.67 |
| 10.工具材料费 | 元 | 4.00 | 6.50 | 12.20 | 22.00 | 3.25 | 3.33 | 2.22 |
| 11.其他直接费用 | 元 | | | | | | | |
| (二)间接生产费用 | 元 | 5.00 | 78.00 | 26.57 | 33.00 | 18.00 | 67.33 | 26.66 |
| 1.固定资产折旧费 | 元 | 5.00 | 78.00 | 14.00 | 23.00 | 18.00 | 49.55 | 24.44 |
| 2.修理费 | 元 | | | 12.57 | 10.00 | | 17.78 | 2.22 |
| 3.其它间接费用 | 元 | | | | | | | |
| 二、期间费用 | 元 | | 3.80 | 6.34 | 10.00 | 35.13 | 83.48 | 24.44 |
| 1.承包费 | 元 | | | 6.34 | | 15.63 | 18.52 | |
| 2.管理费 | 元 | | | | | | 16.89 | 24.44 |
| 3.销售费 | 元 | | 3.80 | | 10.00 | 19.50 | 48.07 | |
| 4.财务费 | 元 | | | | | | | |
| 附记：1.仔畜重量 | 公斤 | | | | | | | |
| 2.精饲料数量 | 公斤 | 500.00 | 384.00 | 421.90 | 880.00 | 682.70 | 365.50 | 776.70 |
| 3.青粗饲料量 | 公斤 | | | | | | | |

# 2002年大中城市蛋类产品成本收益(一)

品种：专业户蛋鸡　　　　按统一工价汇总

| 项目名称 | | 单位 | 平均 | 天津 | 石家庄 | 太原 | 呼和浩特 | 沈阳 | 长春 |
|---|---|---|---|---|---|---|---|---|---|
| 调查县数 | | 个 | 57.00 | 8.00 | 5.00 | 1.00 | 3.00 | 3.00 | 3.00 |
| 调查户数 | | 户 | 161.00 | 22.00 | 14.00 | 3.00 | 9.00 | 3.00 | 3.00 |
| 调查数量 | | 只 | 992961.00 | 109635.00 | 28500.00 | 3100.00 | 28900.00 | 12585.00 | 15870.00 |
| 平均饲养天数 | | 天 | 344.00 | 366.00 | 365.00 | 365.00 | 365.00 | 365.00 | 365.00 |
| 每百只 | 主产品产量 | 公斤 | 1574.90 | 1672.90 | 1670.70 | 1468.00 | 1990.00 | 1693.80 | 1800.10 |
| | 产值合计 | 元 | 7665.42 | 8088.45 | 7739.30 | 7322.20 | 9233.00 | 7406.53 | 7012.31 |
| | 主产品产值 | 元 | 6637.83 | 7068.24 | 6909.99 | 6459.20 | 8358.00 | 6605.48 | 6236.86 |
| | 副产品产值 | 元 | 1027.59 | 1020.21 | 829.31 | 863.00 | 875.00 | 801.05 | 775.45 |
| | 其他收入 | 元 | | | | | | | |
| | 生产成本 | 元 | 6798.25 | 7066.66 | 6290.78 | 6515.80 | 6734.90 | 7190.62 | 6790.34 |
| | 物质费用 | 元 | 6535.35 | 6933.56 | 5868.38 | 6177.00 | 6514.90 | 7039.92 | 6573.64 |
| | 用工作价 | 元 | 262.90 | 133.10 | 422.40 | 338.80 | 220.00 | 150.70 | 216.70 |
| | 用工数量 | 日 | 23.90 | 12.10 | 38.40 | 30.80 | 20.00 | 13.70 | 19.70 |
| | 劳动日工价 | 元 | 11.00 | 11.00 | 11.00 | 11.00 | 11.00 | 11.00 | 11.00 |
| | 期间费用 | 元 | 113.23 | 23.18 | 27.98 | 13.10 | 20.80 | 9.28 | |
| | 税金 | 元 | | | | | | | |
| | 含税成本 | 元 | 6911.48 | 7089.84 | 6318.76 | 6528.90 | 6755.70 | 7199.90 | 6790.34 |
| | 净产值 | 元 | 1130.07 | 1154.89 | 1870.92 | 1145.20 | 2718.10 | 366.61 | 438.67 |
| | 减税纯收益 | 元 | 753.94 | 998.61 | 1420.54 | 793.30 | 2477.30 | 206.63 | 221.97 |
| | 成本纯收益率 | % | 10.91 | 14.09 | 22.48 | 12.15 | 36.67 | 2.87 | 3.27 |
| | 耗粮数量 | 公斤 | 2663.20 | 2865.80 | 1927.40 | 2025.00 | 2310.00 | 2652.10 | 3074.30 |
| 每50公斤主产品 | 平均出售价格 | 元 | 210.74 | 211.26 | 206.80 | 220.00 | 210.00 | 194.99 | 173.24 |
| | 物质费用 | 元 | 179.67 | 181.10 | 156.81 | 185.59 | 148.18 | 185.34 | 162.40 |
| | 生产成本 | 元 | 186.90 | 184.57 | 168.09 | 195.77 | 153.18 | 189.31 | 167.76 |
| | 含税成本 | 元 | 190.01 | 185.18 | 168.84 | 196.16 | 153.66 | 189.55 | 167.76 |
| | 净产值 | 元 | 31.07 | 30.16 | 49.99 | 34.41 | 61.82 | 9.65 | 10.84 |
| | 减税纯收益 | 元 | 20.73 | 26.08 | 37.96 | 23.84 | 56.34 | 5.44 | 5.48 |
| | 耗粮数量 | 公斤 | 84.60 | 85.70 | 57.70 | 69.00 | 58.00 | 78.30 | 85.40 |
| 每一劳动日 | 主产品产量 | 公斤 | 65.90 | 138.30 | 43.50 | 47.70 | 99.50 | 123.60 | 91.40 |
| | 净产值 | 元 | 47.28 | 95.45 | 48.72 | 37.18 | 135.91 | 26.76 | 22.27 |
| 每核算单位成本外支出 | | 元 | 3.58 | | | 5.00 | 65.50 | 0.97 | |

# 2002年大中城市蛋类产品成本收益(二)

品种：专业户蛋鸡　　　　按统一工价汇总

| 项目名称 | | 单位 | 哈尔滨 | 上海 | 南京 | 杭州 | 福州 | 济南 |
|---|---|---|---|---|---|---|---|---|
| 调查县数 | | 个 | 2.00 | 2.00 | 1.00 | 1.00 | 2.00 | 6.00 |
| 调查户数 | | 户 | 4.00 | 6.00 | 2.00 | 3.00 | 4.00 | 18.00 |
| 调查数量 | | 只 | 2970.00 | 147400.00 | 13200.00 | 18100.00 | 218000.00 | 23264.00 |
| 平均饲养天数 | | 天 | 345.00 | 365.00 | 344.00 | 360.00 | 365.00 | 359.00 |
| 每百只 | 主产品产量 | 公斤 | 1653.70 | 1572.70 | 1608.40 | 1350.00 | 1640.40 | 1543.20 |
| | 产值合计 | 元 | 7139.02 | 7752.52 | 7830.34 | 7050.00 | 8542.88 | 7511.71 |
| | 主产品产值 | 元 | 6128.90 | 6813.31 | 6594.44 | 6075.00 | 7081.91 | 6525.24 |
| | 副产品产值 | 元 | 1010.12 | 939.21 | 1235.90 | 975.00 | 1460.97 | 986.47 |
| | 其他收入 | 元 | | | | | | |
| | 生产成本 | 元 | 6727.66 | 7559.41 | 7320.90 | 5247.30 | 9560.60 | 6658.58 |
| | 物质费用 | 元 | 6228.26 | 7437.31 | 7206.50 | 5115.30 | 9434.10 | 6412.18 |
| | 用工作价 | 元 | 499.40 | 122.10 | 114.40 | 132.00 | 126.50 | 246.40 |
| | 用工数量 | 日 | 45.40 | 11.10 | 10.40 | 12.00 | 11.50 | 22.40 |
| | 劳动日工价 | 元 | 11.00 | 11.00 | 11.00 | 11.00 | 11.00 | 11.00 |
| | 期间费用 | 元 | 32.97 | 129.78 | 301.30 | 197.80 | 171.94 | 49.90 |
| | 税金 | 元 | | | | | | |
| | 含税成本 | 元 | 6760.63 | 7689.19 | 7622.20 | 5445.10 | 9732.54 | 6708.48 |
| | 净产值 | 元 | 910.76 | 315.21 | 623.84 | 1934.70 | －891.22 | 1099.53 |
| | 减税纯收益 | 元 | 378.39 | 63.33 | 208.14 | 1604.90 | －1189.66 | 803.23 |
| | 成本纯收益率 | % | 5.60 | 0.82 | 2.73 | 29.47 | －12.22 | 11.97 |
| | 耗粮数量 | 公斤 | 4067.40 | 3101.00 | 3879.20 | 1575.00 | 2371.40 | 3344.80 |
| 每50公斤主产品 | 平均出售价格 | 元 | 185.31 | 216.61 | 205.00 | 225.00 | 215.86 | 211.42 |
| | 物质费用 | 元 | 161.67 | 207.80 | 188.67 | 163.25 | 238.38 | 180.47 |
| | 生产成本 | 元 | 174.63 | 211.21 | 191.66 | 167.47 | 241.58 | 187.41 |
| | 含税成本 | 元 | 175.49 | 214.84 | 199.55 | 173.78 | 245.92 | 188.81 |
| | 净产值 | 元 | 23.64 | 8.81 | 16.33 | 61.75 | －22.52 | 30.95 |
| | 减税纯收益 | 元 | 9.82 | 1.77 | 5.45 | 51.22 | －30.06 | 22.61 |
| | 耗粮数量 | 公斤 | 123.00 | 98.60 | 120.60 | 58.30 | 72.30 | 108.40 |
| 每一劳动日 | 主产品产量 | 公斤 | 36.40 | 141.70 | 154.70 | 112.50 | 142.60 | 68.90 |
| | 净产值 | 元 | 20.06 | 28.40 | 59.98 | 161.23 | －77.50 | 49.09 |
| 每核算单位成本外支出 | | 元 | 12.64 | | | | | |

# 2002年大中城市蛋类产品成本收益(三)

**品种：专业户蛋鸡**　　　　按统一工价汇总

| 项目名称 | | 单位 | 宁波 | 青岛 | 郑州 | 武汉 | 成都 | 贵阳 |
|---|---|---|---|---|---|---|---|---|
| 调查县数 | | 个 | 1.00 | 3.00 | 2.00 | 3.00 | 2.00 | 1.00 |
| 调查户数 | | 户 | 3.00 | 26.00 | 2.00 | 9.00 | 2.00 | 1.00 |
| 调查数量 | | 只 | 21000.00 | 63600.00 | 12000.00 | 61023.00 | 14000.00 | 60000.00 |
| 平均饲养天数 | | 天 | 360.00 | 307.00 | 301.00 | 365.00 | 365.00 | 360.00 |
| 每百只 | 主产品产量 | 公斤 | 1550.00 | 1690.80 | 1554.30 | 1497.80 | 1685.40 | 1887.60 |
| | 产值合计 | 元 | 8020.00 | 7565.66 | 7289.00 | 7103.48 | 8715.10 | 10218.50 |
| | 主产品产值 | 元 | 6820.00 | 6774.47 | 6700.78 | 6096.74 | 7442.24 | 8631.50 |
| | 副产品产值 | 元 | 1200.00 | 791.19 | 588.22 | 1006.74 | 1272.86 | 1587.00 |
| | 其他收入 | 元 | | | | | | |
| | 生产成本 | 元 | 7105.50 | 7388.95 | 6038.18 | 6128.04 | 6898.42 | 7144.67 |
| | 物质费用 | 元 | 6973.50 | 7150.25 | 5663.08 | 6013.64 | 6700.42 | 6825.67 |
| | 用工作价 | 元 | 132.00 | 238.70 | 375.10 | 114.40 | 198.00 | 319.00 |
| | 用工数量 | 日 | 12.00 | 21.70 | 34.10 | 10.40 | 18.00 | 29.00 |
| | 劳动日工价 | 元 | 11.00 | 11.00 | 11.00 | 11.00 | 11.00 | 11.00 |
| | 期间费用 | 元 | 343.00 | 128.84 | 14.94 | 228.85 | 47.00 | 301.10 |
| | 税金 | 元 | | | | | | |
| | 含税成本 | 元 | 7448.50 | 7517.79 | 6053.12 | 6356.89 | 6945.42 | 7445.77 |
| | 净产值 | 元 | 1046.50 | 415.41 | 1625.92 | 1089.84 | 2014.68 | 3392.83 |
| | 减税纯收益 | 元 | 571.50 | 47.87 | 1235.88 | 746.59 | 1769.68 | 2772.73 |
| | 成本纯收益率 | % | 7.67 | 0.64 | 20.42 | 11.74 | 25.48 | 37.24 |
| | 耗粮数量 | 公斤 | 3280.00 | 2663.80 | 2019.70 | 2125.00 | 2815.20 | 3483.90 |
| 每50公斤主产品 | 平均出售价格 | 元 | 220.00 | 200.33 | 215.56 | 203.52 | 220.79 | 228.64 |
| | 物质费用 | 元 | 191.29 | 189.33 | 167.48 | 172.30 | 169.75 | 152.73 |
| | 生产成本 | 元 | 194.91 | 195.65 | 178.57 | 175.57 | 174.77 | 159.86 |
| | 含税成本 | 元 | 204.32 | 199.06 | 179.01 | 182.13 | 175.96 | 166.60 |
| | 净产值 | 元 | 28.71 | 11.00 | 48.08 | 31.22 | 51.04 | 75.91 |
| | 减税纯收益 | 元 | 15.68 | 1.27 | 36.55 | 21.39 | 44.83 | 62.04 |
| | 耗粮数量 | 公斤 | 105.80 | 78.80 | 65.00 | 70.90 | 83.50 | 92.30 |
| 每一劳动日 | 主产品产量 | 公斤 | 129.20 | 77.90 | 45.60 | 144.00 | 93.60 | 65.10 |
| | 净产值 | 元 | 87.21 | 19.14 | 47.68 | 104.79 | 111.93 | 116.99 |
| 每核算单位成本外支出 | | 元 | | 1.87 | | | | |

# 2002年大中城市蛋类产品成本收益(四)

品种：专业户蛋鸡　　　　按统一工价汇总

| 项目名称 | | 单位 | 昆明 | 重庆 | 西安 | 兰州 | 银川 | 乌鲁木齐 |
|---|---|---|---|---|---|---|---|---|
| 调查县数 | | 个 | 1.00 | 2.00 | 2.00 | 1.00 | 1.00 | 1.00 |
| 调查户数 | | 户 | 3.00 | 2.00 | 15.00 | 1.00 | 3.00 | 3.00 |
| 调查数量 | | 只 | 1432.00 | 90000.00 | 4140.00 | 1042.00 | 9200.00 | 34000.00 |
| 平均饲养天数 | | 天 | 90.00 | 365.00 | 365.00 | 319.00 | 365.00 | 365.00 |
| 每百只 | 主产品产量 | 公斤 | 1101.70 | 1325.80 | 1094.00 | 1491.40 | 1623.00 | 1632.40 |
| | 产值合计 | 元 | 6946.20 | 7034.29 | 4654.15 | 7828.17 | 7620.11 | 8347.06 |
| | 主产品产值 | 元 | 6100.20 | 6025.40 | 4175.88 | 6413.02 | 6415.22 | 6855.88 |
| | 副产品产值 | 元 | 846.00 | 1008.89 | 478.27 | 1415.15 | 1204.89 | 1491.18 |
| | 其他收入 | 元 | | | | | | |
| | 生产成本 | 元 | 5077.70 | 6261.45 | 6286.71 | 7390.74 | 6849.99 | 6917.75 |
| | 物质费用 | 元 | 4956.70 | 6108.55 | 5157.01 | 7117.94 | 6719.09 | 6521.75 |
| | 用工作价 | 元 | 121.00 | 152.90 | 1129.70 | 272.80 | 130.90 | 396.00 |
| | 用工数量 | 日 | 11.00 | 13.90 | 102.70 | 24.80 | 11.90 | 36.00 |
| | 劳动日工价 | 元 | 11.00 | 11.00 | 11.00 | 11.00 | 11.00 | 11.00 |
| | 期间费用 | 元 | 6.00 | 209.48 | 2.79 | 191.92 | 170.98 | 94.71 |
| | 税金 | 元 | | | | | | |
| | 含税成本 | 元 | 5083.70 | 6470.93 | 6289.50 | 7582.66 | 7020.97 | 7012.46 |
| | 净产值 | 元 | 1989.50 | 925.74 | −502.86 | 710.23 | 901.02 | 1825.31 |
| | 减税纯收益 | 元 | 1862.50 | 563.36 | −1635.35 | 245.51 | 599.14 | 1334.60 |
| | 成本纯收益率 | % | 36.64 | 8.71 | −26.00 | 3.24 | 8.53 | 19.03 |
| | 耗粮数量 | 公斤 | 2524.00 | 1849.90 | 3236.20 | 2247.80 | 2021.20 | 2456.50 |
| 每50公斤主产品 | 平均出售价格 | 元 | 276.85 | 227.24 | 190.85 | 215.00 | 197.63 | 209.99 |
| | 物质费用 | 元 | 197.56 | 197.33 | 211.47 | 195.49 | 174.26 | 164.07 |
| | 生产成本 | 元 | 202.38 | 202.27 | 257.80 | 202.99 | 177.66 | 174.03 |
| | 含税成本 | 元 | 202.62 | 209.04 | 257.91 | 208.26 | 182.09 | 176.41 |
| | 净产值 | 元 | 79.29 | 29.91 | −20.62 | 19.51 | 23.37 | 45.92 |
| | 减税纯收益 | 元 | 74.23 | 18.20 | −67.06 | 6.74 | 15.54 | 33.58 |
| | 耗粮数量 | 公斤 | 114.60 | 69.80 | 147.90 | 75.40 | 62.30 | 75.20 |
| 每一劳动日 | 主产品产量 | 公斤 | 100.20 | 95.40 | 10.70 | 60.10 | 136.40 | 45.30 |
| | 净产值 | 元 | 180.86 | 66.60 | −4.90 | 28.64 | 75.72 | 50.70 |
| 每核算单位成本外支出 | | 元 | | | | | | |

# 2002 年大中城市蛋类产品成本收益(一)

品种：专业户蛋鸡　　　　按地区工价汇总

| 项目名称 | | 单位 | 平均 | 天津 | 石家庄 | 太原 | 呼和浩特 | 沈阳 | 长春 |
|---|---|---|---|---|---|---|---|---|---|
| 调查县数 | | 个 | 57.00 | 8.00 | 5.00 | 1.00 | 3.00 | 3.00 | 3.00 |
| 调查户数 | | 户 | 161.00 | 22.00 | 14.00 | 3.00 | 9.00 | 3.00 | 3.00 |
| 调查数量 | | 只 | 992961.00 | 109635.00 | 28500.00 | 3100.00 | 28900.00 | 12585.00 | 15870.00 |
| 平均饲养天数 | | 天 | 344.00 | 366.00 | 365.00 | 365.00 | 365.00 | 365.00 | 365.00 |
| 每百只 | 主产品产量 | 公斤 | 1574.90 | 1672.90 | 1670.70 | 1468.00 | 1990.00 | 1693.80 | 1800.10 |
| | 产值合计 | 元 | 7665.42 | 8088.45 | 7739.30 | 7322.20 | 9233.00 | 7406.53 | 7012.31 |
| | 主产品产值 | 元 | 6637.83 | 7068.24 | 6909.99 | 6459.20 | 8358.00 | 6605.48 | 6236.86 |
| | 副产品产值 | 元 | 1027.59 | 1020.21 | 829.31 | 863.00 | 875.00 | 801.05 | 775.45 |
| | 其他收入 | 元 | | | | | | | |
| | 生产成本 | 元 | 6874.73 | 7089.65 | 6294.62 | 6700.60 | 6700.90 | 7187.88 | 6790.34 |
| | 物质费用 | 元 | 6535.35 | 6933.56 | 5868.38 | 6177.00 | 6514.90 | 7039.92 | 6573.64 |
| | 用工作价 | 元 | 339.38 | 156.09 | 426.24 | 523.60 | 186.00 | 147.96 | 216.70 |
| | 用工数量 | 日 | 23.90 | 12.10 | 38.40 | 30.80 | 20.00 | 13.70 | 19.70 |
| | 劳动日工价 | 元 | 14.20 | 12.90 | 11.10 | 17.00 | 9.30 | 10.80 | 11.00 |
| | 期间费用 | 元 | 113.23 | 23.18 | 27.98 | 13.10 | 20.80 | 9.28 | |
| | 税金 | 元 | | | | | | | |
| | 含税成本 | 元 | 6987.96 | 7112.83 | 6322.60 | 6713.70 | 6721.70 | 7197.16 | 6790.34 |
| | 净产值 | 元 | 1130.07 | 1154.89 | 1870.92 | 1145.20 | 2718.10 | 366.61 | 438.67 |
| | 减税纯收益 | 元 | 677.46 | 975.62 | 1416.70 | 608.50 | 2511.30 | 209.37 | 221.97 |
| | 成本纯收益率 | % | 9.69 | 13.72 | 22.41 | 9.06 | 37.36 | 2.91 | 3.27 |
| | 耗粮数量 | 公斤 | 2663.20 | 2865.80 | 1927.40 | 2025.00 | 2310.00 | 2652.10 | 3074.30 |
| 每50公斤主产品 | 平均出售价格 | 元 | 210.74 | 211.26 | 206.80 | 220.00 | 210.00 | 194.99 | 173.24 |
| | 物质费用 | 元 | 179.67 | 181.10 | 156.81 | 185.59 | 148.18 | 185.34 | 162.40 |
| | 生产成本 | 元 | 189.00 | 185.17 | 168.20 | 201.32 | 152.41 | 189.23 | 167.76 |
| | 含税成本 | 元 | 192.12 | 185.78 | 168.94 | 201.72 | 152.88 | 189.48 | 167.76 |
| | 净产值 | 元 | 31.07 | 30.16 | 49.99 | 34.41 | 61.82 | 9.65 | 10.84 |
| | 减税纯收益 | 元 | 18.62 | 25.48 | 37.86 | 18.28 | 57.12 | 5.51 | 5.48 |
| | 耗粮数量 | 公斤 | 84.60 | 85.70 | 57.70 | 69.00 | 58.00 | 78.30 | 85.40 |
| 每一劳动日 | 主产品产量 | 公斤 | 65.90 | 138.30 | 43.50 | 47.70 | 99.50 | 123.60 | 91.40 |
| | 净产值 | 元 | 47.28 | 95.45 | 48.72 | 37.18 | 135.91 | 26.76 | 22.27 |
| 每核算单位成本外支出 | | 元 | 3.58 | | | 5.00 | 65.50 | 0.97 | |

# 2002年大中城市蛋类产品成本收益(二)

品种：专业户蛋鸡　　　　按地区工价汇总

| 项目名称 | | 单位 | 哈尔滨 | 上海 | 南京 | 杭州 | 福州 | 济南 |
|---|---|---|---|---|---|---|---|---|
| 调查县数 | | 个 | 2.00 | 2.00 | 1.00 | 1.00 | 2.00 | 6.00 |
| 调查户数 | | 户 | 4.00 | 6.00 | 2.00 | 3.00 | 4.00 | 18.00 |
| 调查数量 | | 只 | 2970.00 | 147400.00 | 13200.00 | 18100.00 | 218000.00 | 23264.00 |
| 平均饲养天数 | | 天 | 345.00 | 365.00 | 344.00 | 360.00 | 365.00 | 359.00 |
| 每百只 | 主产品产量 | 公斤 | 1653.70 | 1572.70 | 1608.40 | 1350.00 | 1640.40 | 1543.20 |
| | 产值合计 | 元 | 7139.02 | 7752.52 | 7830.34 | 7050.00 | 8542.88 | 7511.71 |
| | 主产品产值 | 元 | 6128.90 | 6813.31 | 6594.44 | 6075.00 | 7081.91 | 6525.24 |
| | 副产品产值 | 元 | 1010.12 | 939.21 | 1235.90 | 975.00 | 1460.97 | 986.47 |
| | 其他收入 | 元 | | | | | | |
| | 生产成本 | 元 | 6841.16 | 7703.71 | 7368.74 | 5337.30 | 9611.20 | 6694.42 |
| | 物质费用 | 元 | 6228.26 | 7437.31 | 7206.50 | 5115.30 | 9434.10 | 6412.18 |
| | 用工作价 | 元 | 612.90 | 266.40 | 162.24 | 222.00 | 177.10 | 282.24 |
| | 用工数量 | 日 | 45.40 | 11.10 | 10.40 | 12.00 | 11.50 | 22.40 |
| | 劳动日工价 | 元 | 13.50 | 24.00 | 15.60 | 18.50 | 15.40 | 12.60 |
| | 期间费用 | 元 | 32.97 | 129.78 | 301.30 | 197.80 | 171.94 | 49.90 |
| | 税金 | 元 | | | | | | |
| | 含税成本 | 元 | 6874.13 | 7833.49 | 7670.04 | 5535.10 | 9783.14 | 6744.32 |
| | 净产值 | 元 | 910.76 | 315.21 | 623.84 | 1934.70 | -891.22 | 1099.53 |
| | 减税纯收益 | 元 | 264.89 | -80.97 | 160.30 | 1514.90 | -1240.26 | 767.39 |
| | 成本纯收益率 | % | 3.85 | -1.03 | 2.09 | 27.37 | -12.68 | 11.38 |
| | 耗粮数量 | 公斤 | 4067.40 | 3101.00 | 3879.20 | 1575.00 | 2371.40 | 3344.80 |
| 每50公斤主产品 | 平均出售价格 | 元 | 185.31 | 216.61 | 205.00 | 225.00 | 215.86 | 211.42 |
| | 物质费用 | 元 | 161.67 | 207.80 | 188.67 | 163.25 | 238.38 | 180.47 |
| | 生产成本 | 元 | 177.58 | 215.25 | 192.92 | 170.34 | 242.85 | 188.42 |
| | 含税成本 | 元 | 178.43 | 218.87 | 200.80 | 176.65 | 247.20 | 189.82 |
| | 净产值 | 元 | 23.64 | 8.81 | 16.33 | 61.75 | -22.52 | 30.95 |
| | 减税纯收益 | 元 | 6.88 | -2.26 | 4.20 | 48.35 | -31.34 | 21.60 |
| | 耗粮数量 | 公斤 | 123.00 | 98.60 | 120.60 | 58.30 | 72.30 | 108.40 |
| 每一劳动日 | 主产品产量 | 公斤 | 36.40 | 141.70 | 154.70 | 112.50 | 142.60 | 68.90 |
| | 净产值 | 元 | 20.06 | 28.40 | 59.98 | 161.23 | -77.50 | 49.09 |
| 每核算单位成本外支出 | | 元 | 12.64 | | | | | |

# 2002年大中城市蛋类产品成本收益(三)

品种：专业户蛋鸡　　　　按地区工价汇总

| 项目名称 | | 单位 | 宁波 | 青岛 | 郑州 | 武汉 | 成都 | 贵阳 |
|---|---|---|---|---|---|---|---|---|
| 调查县数 | | 个 | 1.00 | 3.00 | 2.00 | 3.00 | 2.00 | 1.00 |
| 调查户数 | | 户 | 3.00 | 26.00 | 2.00 | 9.00 | 2.00 | 1.00 |
| 调查数量 | | 只 | 21000.00 | 63600.00 | 12000.00 | 61023.00 | 14000.00 | 60000.00 |
| 平均饲养天数 | | 天 | 360.00 | 307.00 | 301.00 | 365.00 | 365.00 | 360.00 |
| 每百只 | 主产品产量 | 公斤 | 1550.00 | 1690.80 | 1554.30 | 1497.80 | 1685.40 | 1887.60 |
| | 产值合计 | 元 | 8020.00 | 7565.66 | 7289.00 | 7103.48 | 8715.10 | 10218.50 |
| | 主产品产值 | 元 | 6820.00 | 6774.47 | 6700.78 | 6096.74 | 7442.24 | 8631.50 |
| | 副产品产值 | 元 | 1200.00 | 791.19 | 588.22 | 1006.74 | 1272.86 | 1587.00 |
| | 其他收入 | 元 | | | | | | |
| | 生产成本 | 元 | 7261.50 | 7605.95 | 6150.71 | 6117.64 | 6992.02 | 7115.67 |
| | 物质费用 | 元 | 6973.50 | 7150.25 | 5663.08 | 6013.64 | 6700.42 | 6825.67 |
| | 用工作价 | 元 | 288.00 | 455.70 | 487.63 | 104.00 | 291.60 | 290.00 |
| | 用工数量 | 日 | 12.00 | 21.70 | 34.10 | 10.40 | 18.00 | 29.00 |
| | 劳动日工价 | 元 | 24.00 | 21.00 | 14.30 | 10.00 | 16.20 | 10.00 |
| | 期间费用 | 元 | 343.00 | 128.84 | 14.94 | 228.85 | 47.00 | 301.10 |
| | 税金 | 元 | | | | | | |
| | 含税成本 | 元 | 7604.50 | 7734.79 | 6165.65 | 6346.49 | 7039.02 | 7416.77 |
| | 净产值 | 元 | 1046.50 | 415.41 | 1625.92 | 1089.84 | 2014.68 | 3392.83 |
| | 减税纯收益 | 元 | 415.50 | -169.13 | 1123.35 | 756.99 | 1676.08 | 2801.73 |
| | 成本纯收益率 | % | 5.46 | -2.19 | 18.22 | 11.93 | 23.81 | 37.78 |
| | 耗粮数量 | 公斤 | 3280.00 | 2663.80 | 2019.70 | 2125.00 | 2815.20 | 3483.90 |
| 每50公斤主产品 | 平均出售价格 | 元 | 220.00 | 200.33 | 215.56 | 203.52 | 220.79 | 228.64 |
| | 物质费用 | 元 | 191.29 | 189.33 | 167.48 | 172.30 | 169.75 | 152.73 |
| | 生产成本 | 元 | 199.19 | 201.40 | 181.90 | 175.27 | 177.14 | 159.21 |
| | 含税成本 | 元 | 208.60 | 204.81 | 182.34 | 181.83 | 178.33 | 165.95 |
| | 净产值 | 元 | 28.71 | 11.00 | 48.08 | 31.22 | 51.04 | 75.91 |
| | 减税纯收益 | 元 | 11.40 | -4.48 | 33.22 | 21.69 | 42.46 | 62.69 |
| | 耗粮数量 | 公斤 | 105.80 | 78.80 | 65.00 | 70.90 | 83.50 | 92.30 |
| 每一劳动日 | 主产品产量 | 公斤 | 129.20 | 77.90 | 45.60 | 144.00 | 93.60 | 65.10 |
| | 净产值 | 元 | 87.21 | 19.14 | 47.68 | 104.79 | 111.93 | 116.99 |
| 每核算单位成本外支出 | | 元 | | 1.87 | | | | |

# 2002 年大中城市蛋类产品成本收益(四)

品种：专业户蛋鸡　　　　按地区工价汇总

| 项目名称 | | 单位 | 昆明 | 重庆 | 西安 | 兰州 | 银川 | 乌鲁木齐 |
|---|---|---|---|---|---|---|---|---|
| 调查县数 | | 个 | 1.00 | 2.00 | 2.00 | 1.00 | 1.00 | 1.00 |
| 调查户数 | | 户 | 3.00 | 2.00 | 15.00 | 1.00 | 3.00 | 3.00 |
| 调查数量 | | 只 | 1432.00 | 90000.00 | 4140.00 | 1042.00 | 9200.00 | 34000.00 |
| 平均饲养天数 | | 天 | 90.00 | 365.00 | 365.00 | 319.00 | 365.00 | 365.00 |
| 每百只 | 主产品产量 | 公斤 | 1101.70 | 1325.80 | 1094.00 | 1491.40 | 1623.00 | 1632.40 |
| | 产值合计 | 元 | 6946.20 | 7034.29 | 4654.15 | 7828.17 | 7620.11 | 8347.06 |
| | 主产品产值 | 元 | 6100.20 | 6025.40 | 4175.88 | 6413.02 | 6415.22 | 6855.88 |
| | 副产品产值 | 元 | 846.00 | 1008.89 | 478.27 | 1415.15 | 1204.89 | 1491.18 |
| | 其他收入 | 元 | | | | | | |
| | 生产成本 | 元 | 5082.10 | 6251.72 | 6153.20 | 7435.38 | 6851.18 | 7137.35 |
| | 物质费用 | 元 | 4956.70 | 6108.55 | 5157.01 | 7117.94 | 6719.09 | 6521.75 |
| | 用工作价 | 元 | 125.40 | 143.17 | 996.19 | 317.44 | 132.09 | 615.60 |
| | 用工数量 | 日 | 11.00 | 13.90 | 102.70 | 24.80 | 11.90 | 36.00 |
| | 劳动日工价 | 元 | 11.40 | 10.30 | 9.70 | 12.80 | 11.10 | 17.10 |
| | 期间费用 | 元 | 6.00 | 209.48 | 2.79 | 191.92 | 170.98 | 94.71 |
| | 税金 | 元 | | | | | | |
| | 含税成本 | 元 | 5088.10 | 6461.20 | 6155.99 | 7627.30 | 7022.16 | 7232.06 |
| | 净产值 | 元 | 1989.50 | 925.74 | −502.86 | 710.23 | 901.02 | 1825.31 |
| | 减税纯收益 | 元 | 1858.10 | 573.09 | −1501.84 | 200.87 | 597.95 | 1115.00 |
| | 成本纯收益率 | % | 36.52 | 8.87 | −24.40 | 2.63 | 8.52 | 15.42 |
| | 耗粮数量 | 公斤 | 2524.00 | 1849.90 | 3236.20 | 2247.80 | 2021.20 | 2456.50 |
| 每50公斤主产品 | 平均出售价格 | 元 | 276.85 | 227.24 | 190.85 | 215.00 | 197.63 | 209.99 |
| | 物质费用 | 元 | 197.56 | 197.33 | 211.47 | 195.49 | 174.26 | 164.07 |
| | 生产成本 | 元 | 202.55 | 201.96 | 252.32 | 204.21 | 177.69 | 179.56 |
| | 含税成本 | 元 | 202.79 | 208.73 | 252.44 | 209.48 | 182.12 | 181.94 |
| | 净产值 | 元 | 79.29 | 29.91 | −20.62 | 19.51 | 23.37 | 45.92 |
| | 减税纯收益 | 元 | 74.06 | 18.51 | −61.59 | 5.52 | 15.51 | 28.05 |
| | 耗粮数量 | 公斤 | 114.60 | 69.80 | 147.90 | 75.40 | 62.30 | 75.20 |
| 每一劳动日 | 主产品产量 | 公斤 | 100.20 | 95.40 | 10.70 | 60.10 | 136.40 | 45.30 |
| | 净产值 | 元 | 180.86 | 66.60 | −4.90 | 28.64 | 75.72 | 50.70 |
| 每核算单位成本外支出 | | 元 | | | | | | |

# 2002年大中城市蛋类产品物质费用和期间费用(一)

品种：专业户蛋鸡

| 项 目 名 称 | 单位 | 平 均 | 天 津 | 石家庄 | 太 原 | 呼和浩特 | 沈 阳 | 长 春 |
|---|---|---|---|---|---|---|---|---|
| 一、物质费用 | 元 | 6535.35 | 6933.56 | 5868.38 | 6177.00 | 6514.90 | 7039.92 | 6573.64 |
| (一)直接生产费用 | 元 | 6425.89 | 6871.35 | 5735.44 | 6098.00 | 6499.60 | 6932.24 | 6507.93 |
| 1.仔畜进价 | 元 | 1255.13 | 1599.42 | 1066.07 | 1042.34 | 230.00 | 1774.90 | 1346.78 |
| 2.精饲料费 | 元 | 4864.94 | 5122.09 | 4491.15 | 4726.66 | 5821.20 | 5060.39 | 5022.77 |
| 3.青粗饲料费 | 元 | 6.43 | | | 50.00 | | | |
| 4.饲料加工费 | 元 | 43.17 | 14.85 | | | 9.80 | | |
| 5.水费 | 元 | 14.22 | 11.36 | 13.20 | 10.00 | 7.80 | | |
| 6.电费 | 元 | 50.82 | 27.56 | 31.97 | 40.00 | 66.10 | 20.76 | 29.30 |
| 7.煤费 | 元 | 11.86 | 11.42 | | 23.00 | 25.10 | | |
| 8.医疗防疫费 | 元 | 99.90 | 58.00 | 92.30 | 90.00 | 210.00 | 28.00 | 65.84 |
| 9.死亡损失费 | 元 | 58.45 | 18.83 | 36.97 | 91.00 | 35.00 | 42.41 | 35.77 |
| 10.工具材料费 | 元 | 11.73 | 6.99 | 3.78 | 20.00 | 91.00 | 5.78 | |
| 11.其他直接费用 | 元 | 9.24 | 0.83 | | 5.00 | 3.60 | | 7.47 |
| (二)间接生产费用 | 元 | 109.46 | 62.21 | 132.94 | 79.00 | 15.30 | 107.68 | 65.71 |
| 1.固定资产折旧费 | 元 | 85.09 | 52.59 | 109.84 | 50.00 | 5.00 | 102.65 | 60.09 |
| 2.修理费 | 元 | 16.25 | 6.37 | 23.10 | 24.00 | 4.50 | 5.03 | |
| 3.其它间接费用 | 元 | 8.12 | 3.25 | | 5.00 | 5.80 | | 5.62 |
| 二、期间费用 | 元 | 113.23 | 23.18 | 27.98 | 13.10 | 20.80 | 9.28 | |
| 1.承包费 | 元 | 43.02 | 3.27 | 11.62 | | | | |
| 2.管理费 | 元 | 25.71 | 4.94 | 5.95 | 2.10 | 11.00 | 4.26 | |
| 3.销售费 | 元 | 28.84 | 14.97 | 10.41 | 6.00 | 4.50 | 4.88 | |
| 4.财务费 | 元 | 15.66 | | | 5.00 | 5.30 | 0.14 | |
| 附记：1.仔畜重量 | 公斤 | | | | | | | |
| 2.精饲料数量 | 公斤 | 3972.80 | 4094.00 | 4015.80 | 4500.00 | 4620.00 | 4491.00 | 4518.90 |
| 3.青粗饲料量 | 公斤 | 239.00 | | | | | | |

# 2002年大中城市蛋类产品物质费用和期间费用(二)

品种：专业户蛋鸡

| 项 目 名 称 | 单位 | 哈尔滨 | 上 海 | 南 京 | 杭 州 | 福 州 | 济 南 |
|---|---|---|---|---|---|---|---|
| 一、物质费用 | 元 | 6228.26 | 7437.31 | 7206.50 | 5115.30 | 9434.10 | 6412.18 |
| (一)直接生产费用 | 元 | 6114.26 | 7286.51 | 7175.50 | 4970.50 | 9064.24 | 6209.88 |
| 1.仔畜进价 | 元 | 1519.75 | 1686.68 | 1653.40 | 112.50 | 2083.30 | 1272.08 |
| 2.精饲料费 | 元 | 4370.98 | 5257.35 | 5140.60 | 4410.00 | 6565.13 | 4767.54 |
| 3.青粗饲料费 | 元 |  |  |  |  |  | 0.10 |
| 4.饲料加工费 | 元 |  |  | 34.20 |  | 19.03 | 45.98 |
| 5.水费 | 元 | 17.90 | 29.50 | 23.40 | 8.00 | 38.46 | 7.96 |
| 6.电费 | 元 | 21.15 | 100.02 | 43.60 | 40.00 | 93.18 | 29.71 |
| 7.煤费 | 元 | 9.97 |  |  | 7.50 | 2.69 | 1.00 |
| 8.医疗防疫费 | 元 | 72.02 | 110.22 | 185.30 | 150.00 | 114.37 | 28.96 |
| 9.死亡损失费 | 元 | 63.10 | 98.50 | 95.00 | 112.50 | 145.65 | 49.26 |
| 10.工具材料费 | 元 | 18.26 |  |  | 30.00 | 2.43 | 7.25 |
| 11.其他直接费用 | 元 | 21.13 | 4.24 |  | 100.00 |  | 0.04 |
| (二)间接生产费用 | 元 | 114.00 | 150.80 | 31.00 | 144.80 | 369.86 | 202.30 |
| 1.固定资产折旧费 | 元 | 85.55 | 121.21 | 13.80 | 108.00 | 211.33 | 195.91 |
| 2.修理费 | 元 | 19.73 | 20.33 | 17.20 | 25.60 | 101.17 | 6.31 |
| 3.其它间接费用 | 元 | 8.72 | 9.26 |  | 11.20 | 57.36 | 0.08 |
| 二、期间费用 | 元 | 32.97 | 129.78 | 301.30 | 197.80 | 171.94 | 49.90 |
| 1.承包费 | 元 |  |  | 180.00 |  | 9.15 | 13.47 |
| 2.管理费 | 元 | 3.08 | 44.47 | 7.50 | 59.50 | 53.72 | 4.11 |
| 3.销售费 | 元 | 29.89 | 32.11 | 73.80 | 86.60 | 66.34 | 32.32 |
| 4.财务费 | 元 |  | 53.20 | 40.00 | 51.70 | 42.73 |  |
| 附记：1.仔畜重量 | 公斤 |  |  |  |  |  |  |
| 2.精饲料数量 | 公斤 | 4237.60 | 3646.20 | 3879.20 | 3150.00 | 4611.00 | 4059.70 |
| 3.青粗饲料量 | 公斤 |  |  |  |  |  | 100.00 |

# 2002年大中城市蛋类产品物质费用和期间费用(三)

品种：专业户蛋鸡

| 项 目 名 称 | 单位 | 宁 波 | 青 岛 | 郑 州 | 武 汉 | 成 都 | 贵 阳 |
|---|---|---|---|---|---|---|---|
| 一、物质费用 | 元 | 6973.50 | 7150.25 | 5663.08 | 6013.64 | 6700.42 | 6825.67 |
| (一)直接生产费用 | 元 | 6926.50 | 7038.35 | 5580.29 | 5995.92 | 6546.56 | 6695.04 |
| 1.仔畜进价 | 元 | 1500.00 | 1777.96 | 1085.87 | 1272.22 | 285.26 | 1086.00 |
| 2.精饲料费 | 元 | 5125.00 | 4959.60 | 4264.17 | 4218.85 | 6080.91 | 5408.00 |
| 3.青粗饲料费 | 元 | | | 46.55 | 36.71 | | |
| 4.饲料加工费 | 元 | | 50.99 | 38.62 | 146.28 | | |
| 5.水费 | 元 | 40.00 | 23.34 | 9.45 | 20.16 | | 0.50 |
| 6.电费 | 元 | 120.00 | 85.19 | 30.04 | 39.43 | 14.86 | 120.50 |
| 7.煤费 | 元 | | 6.88 | | 0.33 | 9.79 | |
| 8.医疗防疫费 | 元 | 120.00 | 70.89 | 67.60 | 230.61 | 82.14 | 45.00 |
| 9.死亡损失费 | 元 | 9.00 | 41.69 | 29.20 | 9.66 | 69.31 | 10.00 |
| 10.工具材料费 | 元 | 10.00 | 15.66 | 8.79 | 1.66 | 4.29 | 5.79 |
| 11.其他直接费用 | 元 | 2.50 | 6.15 | | 20.01 | | 19.25 |
| (二)间接生产费用 | 元 | 47.00 | 111.90 | 82.79 | 17.72 | 153.86 | 130.63 |
| 1.固定资产折旧费 | 元 | | 43.87 | 73.71 | 16.39 | 139.57 | 90.53 |
| 2.修理费 | 元 | 47.00 | 18.49 | 9.08 | | 14.29 | 7.50 |
| 3.其它间接费用 | 元 | | 49.54 | | 1.33 | | 32.60 |
| 二、期间费用 | 元 | 343.00 | 128.84 | 14.94 | 228.85 | 47.00 | 301.10 |
| 1.承包费 | 元 | 248.00 | 82.38 | 4.78 | 82.59 | 18.57 | 58.00 |
| 2.管理费 | 元 | | 5.30 | 7.13 | | | 129.70 |
| 3.销售费 | 元 | 95.00 | 18.14 | 3.03 | 1.64 | 28.43 | 113.40 |
| 4.财务费 | 元 | | 23.02 | | 144.62 | | |
| 附记：1.仔畜重量 | 公斤 | | | | | | |
| 2.精饲料数量 | 公斤 | 4100.00 | 3767.30 | 3810.00 | 3235.70 | 4222.90 | 4197.50 |
| 3.青粗饲料量 | 公斤 | | | 226.00 | 560.00 | | |

# 2002年大中城市蛋类产品物质费用和期间费用(四)

品种：专业户蛋鸡

| 项目名称 | 单位 | 昆明 | 重庆 | 西安 | 兰州 | 银川 | 乌鲁木齐 |
|---|---|---|---|---|---|---|---|
| 一、物质费用 | 元 | 4956.70 | 6108.55 | 5157.01 | 7117.94 | 6719.09 | 6521.75 |
| (一)直接生产费用 | 元 | 4947.40 | 6059.76 | 5087.40 | 6989.86 | 6590.83 | 6298.22 |
| 1.仔畜进价 | 元 | 987.00 | 1535.00 | 326.11 | 2400.00 | 1360.43 | 1120.00 |
| 2.精饲料费 | 元 | 3658.70 | 4248.00 | 4507.46 | 3989.47 | 5043.74 | 4498.82 |
| 3.青粗饲料费 | 元 | 21.00 | | | | | |
| 4.饲料加工费 | 元 | | 39.11 | 67.79 | 314.05 | | 255.29 |
| 5.水费 | 元 | 2.00 | 53.73 | 4.05 | | 10.87 | 9.59 |
| 6.电费 | 元 | 20.00 | 53.80 | 65.93 | 50.14 | 15.22 | 61.29 |
| 7.煤费 | 元 | | | | 47.98 | 19.07 | 120.00 |
| 8.医疗防疫费 | 元 | 191.70 | 99.89 | 92.23 | 5.77 | 50.98 | 135.88 |
| 9.死亡损失费 | 元 | 47.00 | 15.42 | 23.83 | 178.97 | 81.83 | 62.94 |
| 10.工具材料费 | 元 | 20.00 | 7.61 | | 3.48 | 8.69 | 10.00 |
| 11.其他直接费用 | 元 | | 7.20 | | | | 24.41 |
| (二)间接生产费用 | 元 | 9.30 | 48.79 | 69.61 | 128.08 | 128.26 | 223.53 |
| 1.固定资产折旧费 | 元 | 7.30 | 38.00 | 69.61 | 128.08 | 118.48 | 200.59 |
| 2.修理费 | 元 | 2.00 | 5.59 | | | 9.78 | 22.94 |
| 3.其它间接费用 | 元 | | 5.20 | | | | |
| 二、期间费用 | 元 | 6.00 | 209.48 | 2.79 | 191.92 | 170.98 | 94.71 |
| 1.承包费 | 元 | | 128.78 | | 191.92 | | |
| 2.管理费 | 元 | | 60.64 | 2.79 | | 160.87 | 50.00 |
| 3.销售费 | 元 | 6.00 | 20.06 | | | | 44.71 |
| 4.财务费 | 元 | | | | | 10.11 | |
| 附记：1.仔畜重量 | 公斤 | | | | | | |
| 2.精饲料数量 | 公斤 | 2712.10 | 3773.30 | 4128.10 | 3439.20 | 4042.40 | 4094.10 |
| 3.青粗饲料量 | 公斤 | 70.00 | | | | | |

# 2002年大中城市蛋类产品成本收益(一)

品种：国营集体蛋鸡　　　　按统一工价汇总

| 项目名称 | | 单位 | 平均 | 北京 | 天津 | 长春 | 大连 | 南京 | 济南 |
|---|---|---|---|---|---|---|---|---|---|
| 调查县数 | | 个 | 22.00 | 5.00 | 3.00 | 1.00 | 3.00 | 1.00 | 1.00 |
| 调查户数 | | 户 | 35.00 | 13.00 | 3.00 | 1.00 | 3.00 | 2.00 | 3.00 |
| 调查数量 | | 只 | 1434228.00 | 286326.00 | 23331.00 | 9600.00 | 92000.00 | 128841.00 | 6100.00 |
| 平均饲养天数 | | 天 | 349.00 | 365.00 | 362.00 | 365.00 | 362.00 | 300.00 | 365.00 |
| 每百只 | 主产品产量 | 公斤 | 1557.00 | 1607.40 | 1612.10 | 1647.00 | 1661.10 | 1557.60 | 1502.00 |
| | 产值合计 | 元 | 7653.08 | 7398.75 | 7346.18 | 6599.80 | 7862.91 | 7392.97 | 7358.80 |
| | 主产品产值 | 元 | 6780.82 | 6647.49 | 6461.50 | 5599.80 | 7295.30 | 6477.11 | 6608.80 |
| | 副产品产值 | 元 | 872.26 | 751.26 | 884.68 | 1000.00 | 567.61 | 915.86 | 750.00 |
| | 其他收入 | 元 | 8.33 | | | | | | |
| | 生产成本 | 元 | 7369.58 | 6705.54 | 6953.55 | 6567.40 | 7206.99 | 8594.22 | 6495.70 |
| | 物质费用 | 元 | 7216.68 | 6504.24 | 6817.15 | 6373.80 | 7192.69 | 8381.92 | 6419.80 |
| | 用工作价 | 元 | 152.90 | 201.30 | 136.40 | 193.60 | 14.30 | 212.30 | 75.90 |
| | 用工数量 | 日 | 13.90 | 18.30 | 12.40 | 17.60 | 1.30 | 19.30 | 6.90 |
| | 劳动日工价 | 元 | 11.00 | 11.00 | 11.00 | 11.00 | 11.00 | 11.00 | 11.00 |
| | 期间费用 | 元 | 359.97 | 297.73 | 120.74 | | 37.35 | 44.37 | 86.00 |
| | 税金 | 元 | | | | | | | |
| | 含税成本 | 元 | 7729.55 | 7003.27 | 7074.29 | 6567.40 | 7244.34 | 8638.59 | 6581.70 |
| | 净产值 | 元 | 436.40 | 894.51 | 529.03 | 226.00 | 670.22 | -988.95 | 939.00 |
| | 减税纯收益 | 元 | -68.14 | 395.48 | 271.89 | 32.40 | 618.57 | -1245.62 | 777.10 |
| | 成本纯收益率 | % | -0.88 | 5.65 | 3.84 | 0.49 | 8.54 | -14.42 | 11.81 |
| | 耗粮数量 | 公斤 | 2663.60 | 2444.20 | 2827.10 | 3006.00 | 2895.90 | 4150.10 | 3098.30 |
| 每50公斤主产品 | 平均出售价格 | 元 | 217.75 | 206.78 | 200.41 | 170.00 | 219.59 | 207.92 | 220.00 |
| | 物质费用 | 元 | 205.33 | 181.78 | 185.98 | 164.18 | 200.87 | 235.73 | 191.93 |
| | 生产成本 | 元 | 209.68 | 187.41 | 189.70 | 169.17 | 201.27 | 241.70 | 194.20 |
| | 含税成本 | 元 | 219.93 | 195.73 | 192.99 | 169.17 | 202.32 | 242.95 | 196.77 |
| | 净产值 | 元 | 12.42 | 25.00 | 14.43 | 5.82 | 18.72 | -27.81 | 28.07 |
| | 减税纯收益 | 元 | -1.91 | 11.05 | 7.42 | 0.83 | 17.27 | -35.03 | 23.23 |
| | 耗粮数量 | 公斤 | 85.50 | 76.00 | 87.70 | 91.30 | 87.20 | 133.20 | 103.10 |
| 每一劳动日 | 主产品产量 | 公斤 | 112.00 | 87.80 | 130.00 | 93.60 | 1277.80 | 80.70 | 217.70 |
| | 净产值 | 元 | 31.40 | 48.88 | 42.66 | 12.84 | 515.55 | -51.24 | 136.09 |
| 每核算单位成本外支出 | | 元 | 8.33 | | | | | 49.92 | 50.00 |

# 2002 年大中城市蛋类产品成本收益(二)

品种：国营集体蛋鸡　　　　按统一工价汇总

| 项目名称 | | 单位 | 厦门 | 郑州 | 武汉 | 广州 | 海口 | 兰州 |
|---|---|---|---|---|---|---|---|---|
| 调查县数 | | 个 | 1.00 | 1.00 | 2.00 | 1.00 | 1.00 | 2.00 |
| 调查户数 | | 户 | 1.00 | 1.00 | 2.00 | 1.00 | 3.00 | 2.00 |
| 调查数量 | | 只 | 5000.00 | 7600.00 | 180000.00 | 358199.00 | 301051.00 | 36180.00 |
| 平均饲养天数 | | 天 | 365.00 | 320.00 | 365.00 | 360.00 | 294.00 | 365.00 |
| 每百只 | 主产品产量 | 公斤 | 1780.00 | 1483.20 | 1800.00 | 1511.50 | 942.10 | 1579.50 |
| | 产值合计 | 元 | 9111.50 | 6824.90 | 8100.00 | 9191.67 | 6539.13 | 8110.37 |
| | 主产品产值 | 元 | 8010.00 | 6183.20 | 7200.00 | 8524.86 | 5360.32 | 7001.46 |
| | 副产品产值 | 元 | 1101.50 | 641.70 | 900.00 | 666.81 | 1178.81 | 1108.91 |
| | 其他收入 | 元 | | | 100.00 | | | |
| | 生产成本 | 元 | 9095.12 | 6218.69 | 7174.80 | 8054.04 | 6940.07 | 8424.43 |
| | 物质费用 | 元 | 8831.12 | 5893.09 | 7089.00 | 8004.54 | 6868.57 | 8224.23 |
| | 用工作价 | 元 | 264.00 | 325.60 | 85.80 | 49.50 | 71.50 | 200.20 |
| | 用工数量 | 日 | 24.00 | 29.60 | 7.80 | 4.50 | 6.50 | 18.20 |
| | 劳动日工价 | 元 | 11.00 | 11.00 | 11.00 | 11.00 | 11.00 | 11.00 |
| | 期间费用 | 元 | 129.20 | 30.50 | 120.00 | 2210.50 | 248.31 | 994.87 |
| | 税金 | 元 | | | | | | |
| | 含税成本 | 元 | 9224.32 | 6249.19 | 7294.80 | 10264.54 | 7188.38 | 9419.30 |
| | 净产值 | 元 | 280.38 | 931.81 | 1011.00 | 1187.13 | −329.44 | −113.86 |
| | 减税纯收益 | 元 | −112.82 | 575.71 | 905.20 | −1072.87 | −649.25 | −1308.93 |
| | 成本纯收益率 | % | −1.22 | 9.21 | 12.41 | −10.45 | −9.03 | −13.90 |
| | 耗粮数量 | 公斤 | 2990.00 | 1911.60 | 2545.00 | 2488.00 | 1070.00 | 2536.50 |
| 每50公斤主产品 | 平均出售价格 | 元 | 225.00 | 208.44 | 200.00 | 282.00 | 284.49 | 221.64 |
| | 物质费用 | 元 | 218.08 | 179.98 | 175.04 | 245.58 | 298.82 | 224.75 |
| | 生产成本 | 元 | 224.60 | 189.93 | 177.16 | 247.10 | 301.93 | 230.22 |
| | 含税成本 | 元 | 227.79 | 190.86 | 180.12 | 314.92 | 312.74 | 257.41 |
| | 净产值 | 元 | 6.92 | 28.46 | 24.96 | 36.42 | −14.33 | −3.11 |
| | 减税纯收益 | 元 | −2.79 | 17.58 | 22.66 | −32.92 | −28.25 | −35.77 |
| | 耗粮数量 | 公斤 | 84.00 | 64.40 | 70.70 | 82.30 | 56.80 | 80.30 |
| 每一劳动日 | 主产品产量 | 公斤 | 74.20 | 50.10 | 230.80 | 335.90 | 144.90 | 86.80 |
| | 净产值 | 元 | 11.68 | 31.48 | 129.62 | 263.81 | −50.68 | −6.26 |
| 每核算单位成本外支出 | | 元 | | | | | | |

# 2002年大中城市蛋类产品成本收益(一)

**品种：国营集体蛋鸡** 按地区工价汇总

| 项目名称 | | 单位 | 平均 | 北京 | 天津 | 长春 | 大连 | 南京 | 济南 |
|---|---|---|---|---|---|---|---|---|---|
| 调查县数 | | 个 | 22.00 | 5.00 | 3.00 | 1.00 | 3.00 | 1.00 | 1.00 |
| 调查户数 | | 户 | 35.00 | 13.00 | 3.00 | 1.00 | 3.00 | 2.00 | 3.00 |
| 调查数量 | | 只 | 1434228.00 | 286326.00 | 23331.00 | 9600.00 | 92000.00 | 128841.00 | 6100.00 |
| 平均饲养天数 | | 天 | 349.00 | 365.00 | 362.00 | 365.00 | 362.00 | 300.00 | 365.00 |
| 每百只 | 主产品产量 | 公斤 | 1557.00 | 1607.40 | 1612.10 | 1647.00 | 1661.10 | 1557.60 | 1502.00 |
| | 产值合计 | 元 | 7653.08 | 7398.75 | 7346.18 | 6599.80 | 7862.91 | 7392.97 | 7358.80 |
| | 主产品产值 | 元 | 6780.82 | 6647.49 | 6461.50 | 5599.80 | 7295.30 | 6477.11 | 6608.80 |
| | 副产品产值 | 元 | 872.26 | 751.26 | 884.68 | 1000.00 | 567.61 | 915.86 | 750.00 |
| | 其他收入 | 元 | 8.33 | | | | | | |
| | 生产成本 | 元 | 7452.98 | 6952.59 | 6977.11 | 6567.40 | 7212.19 | 8683.00 | 6506.74 |
| | 物质费用 | 元 | 7216.68 | 6504.24 | 6817.15 | 6373.80 | 7192.69 | 8381.92 | 6419.80 |
| | 用工作价 | 元 | 236.30 | 448.35 | 159.96 | 193.60 | 19.50 | 301.08 | 86.94 |
| | 用工数量 | 日 | 13.90 | 18.30 | 12.40 | 17.60 | 1.30 | 19.30 | 6.90 |
| | 劳动日工价 | 元 | 17.00 | 24.50 | 12.90 | 11.00 | 15.00 | 15.60 | 12.60 |
| | 期间费用 | 元 | 359.97 | 297.73 | 120.74 | | 37.35 | 44.37 | 86.00 |
| | 税金 | 元 | | | | | | | |
| | 含税成本 | 元 | 7812.95 | 7250.32 | 7097.85 | 6567.40 | 7249.54 | 8727.37 | 6592.74 |
| | 净产值 | 元 | 436.40 | 894.51 | 529.03 | 226.00 | 670.22 | -988.95 | 939.00 |
| | 减税纯收益 | 元 | -151.54 | 148.43 | 248.33 | 32.40 | 613.37 | -1334.40 | 766.06 |
| | 成本纯收益率 | % | -1.94 | 2.05 | 3.50 | 0.49 | 8.46 | -15.29 | 11.62 |
| | 耗粮数量 | 公斤 | 2663.60 | 2444.20 | 2827.10 | 3006.00 | 2895.90 | 4150.10 | 3098.30 |
| 每50公斤主产品 | 平均出售价格 | 元 | 217.75 | 206.78 | 200.41 | 170.00 | 219.59 | 207.92 | 220.00 |
| | 物质费用 | 元 | 205.33 | 181.78 | 185.98 | 164.18 | 200.87 | 235.73 | 191.93 |
| | 生产成本 | 元 | 212.06 | 194.31 | 190.34 | 169.17 | 201.42 | 244.20 | 194.53 |
| | 含税成本 | 元 | 222.30 | 202.63 | 193.64 | 169.17 | 202.46 | 245.45 | 197.10 |
| | 净产值 | 元 | 12.42 | 25.00 | 14.43 | 5.82 | 18.72 | -27.81 | 28.07 |
| | 减税纯收益 | 元 | -4.28 | 4.15 | 6.77 | 0.83 | 17.13 | -37.53 | 22.90 |
| | 耗粮数量 | 公斤 | 85.50 | 76.00 | 87.70 | 91.30 | 87.20 | 133.20 | 103.10 |
| 每一劳动日 | 主产品产量 | 公斤 | 112.00 | 87.80 | 130.00 | 93.60 | 1277.80 | 80.70 | 217.70 |
| | 净产值 | 元 | 31.40 | 48.88 | 42.66 | 12.84 | 515.55 | -51.24 | 136.09 |
| 每核算单位成本外支出 | | 元 | 8.33 | | | | | 49.92 | 50.00 |

# 2002年大中城市蛋类产品成本收益(二)

品种:国营集体蛋鸡　　　　按地区工价汇总

| 项目名称 | | 单位 | 厦门 | 郑州 | 武汉 | 广州 | 海口 | 兰州 |
|---|---|---|---|---|---|---|---|---|
| 调查县数 | | 个 | 1.00 | 1.00 | 2.00 | 1.00 | 1.00 | 2.00 |
| 调查户数 | | 户 | 1.00 | 1.00 | 2.00 | 1.00 | 3.00 | 2.00 |
| 调查数量 | | 只 | 5000.00 | 7600.00 | 180000.00 | 358199.00 | 301051.00 | 36180.00 |
| 平均饲养天数 | | 天 | 365.00 | 320.00 | 365.00 | 360.00 | 294.00 | 365.00 |
| 每百只 | 主产品产量 | 公斤 | 1780.00 | 1483.20 | 1800.00 | 1511.50 | 942.10 | 1579.50 |
| | 产值合计 | 元 | 9111.50 | 6824.90 | 8100.00 | 9191.67 | 6539.13 | 8110.37 |
| | 主产品产值 | 元 | 8010.00 | 6183.20 | 7200.00 | 8524.86 | 5360.32 | 7001.46 |
| | 副产品产值 | 元 | 1101.50 | 641.70 | 900.00 | 666.81 | 1178.81 | 1108.91 |
| | 其他收入 | 元 | | | 100.00 | | | |
| | 生产成本 | 元 | 9303.92 | 6316.37 | 7167.00 | 8138.19 | 7037.57 | 8457.19 |
| | 物质费用 | 元 | 8831.12 | 5893.09 | 7089.00 | 8004.54 | 6868.57 | 8224.23 |
| | 用工作价 | 元 | 472.80 | 423.28 | 78.00 | 133.65 | 169.00 | 232.96 |
| | 用工数量 | 日 | 24.00 | 29.60 | 7.80 | 4.50 | 6.50 | 18.20 |
| | 劳动日工价 | 元 | 19.70 | 14.30 | 10.00 | 29.70 | 26.00 | 12.80 |
| | 期间费用 | 元 | 129.20 | 30.50 | 120.00 | 2210.50 | 248.31 | 994.87 |
| | 税金 | 元 | | | | | | |
| | 含税成本 | 元 | 9433.12 | 6346.87 | 7287.00 | 10348.69 | 7285.88 | 9452.06 |
| | 净产值 | 元 | 280.38 | 931.81 | 1011.00 | 1187.13 | -329.44 | -113.86 |
| | 减税纯收益 | 元 | -321.62 | 478.03 | 913.00 | -1157.02 | -746.75 | -1341.69 |
| | 成本纯收益率 | % | -3.41 | 7.53 | 12.53 | -11.18 | -10.25 | -14.19 |
| | 耗粮数量 | 公斤 | 2990.00 | 1911.60 | 2545.00 | 2488.00 | 1070.00 | 2536.50 |
| 每50公斤主产品 | 平均出售价格 | 元 | 225.00 | 208.44 | 200.00 | 282.00 | 284.49 | 221.64 |
| | 物质费用 | 元 | 218.08 | 179.98 | 175.04 | 245.58 | 298.82 | 224.75 |
| | 生产成本 | 元 | 229.75 | 192.91 | 176.96 | 249.68 | 306.18 | 231.12 |
| | 含税成本 | 元 | 232.94 | 193.84 | 179.93 | 317.50 | 316.98 | 258.31 |
| | 净产值 | 元 | 6.92 | 28.46 | 24.96 | 36.42 | -14.33 | -3.11 |
| | 减税纯收益 | 元 | -7.94 | 14.60 | 22.85 | -35.50 | -32.49 | -36.67 |
| | 耗粮数量 | 公斤 | 84.00 | 64.40 | 70.70 | 82.30 | 56.80 | 80.30 |
| 每一劳动日 | 主产品产量 | 公斤 | 74.20 | 50.10 | 230.80 | 335.90 | 144.90 | 86.80 |
| | 净产值 | 元 | 11.68 | 31.48 | 129.62 | 263.81 | -50.68 | -6.26 |
| 每核算单位成本外支出 | | 元 | | | | | | |

# 2002年大中城市蛋类产品物质费用和期间费用(一)

品种：国营集体蛋鸡

| 项目名称 | 单位 | 平均 | 北京 | 天津 | 长春 | 大连 | 南京 | 济南 |
|---|---|---|---|---|---|---|---|---|
| 一、物质费用 | 元 | 7216.68 | 6504.24 | 6817.15 | 6373.80 | 7192.69 | 8381.92 | 6419.80 |
| (一)直接生产费用 | 元 | 6974.53 | 6355.33 | 6748.41 | 6297.80 | 7125.77 | 7951.67 | 6401.30 |
| 1.仔畜进价 | 元 | 1206.19 | 1164.75 | 1473.19 | 1240.00 | 1702.17 | 2083.00 | 1208.50 |
| 2.精饲料费 | 元 | 5438.40 | 4557.91 | 5035.26 | 4862.00 | 5267.52 | 5411.67 | 5101.80 |
| 3.青粗饲料费 | 元 | | | | | | | |
| 4.饲料加工费 | 元 | 30.32 | 55.58 | 20.57 | | 6.96 | 139.62 | |
| 5.水费 | 元 | 21.49 | 35.87 | 28.48 | | 7.79 | 21.29 | 15.00 |
| 6.电费 | 元 | 84.06 | 117.29 | 30.78 | 35.80 | 35.42 | 92.07 | 23.50 |
| 7.煤费 | 元 | 16.18 | 27.46 | | | 25.54 | | |
| 8.医疗防疫费 | 元 | 69.09 | 69.05 | 98.83 | 90.00 | 30.30 | 86.69 | 14.50 |
| 9.死亡损失费 | 元 | 81.21 | 307.65 | 34.86 | 70.00 | 45.01 | 95.00 | 18.00 |
| 10.工具材料费 | 元 | 24.06 | 16.92 | 14.27 | | 2.52 | 22.33 | 9.00 |
| 11.其他直接费用 | 元 | 3.53 | 2.85 | 12.17 | | 2.54 | | 11.00 |
| (二)间接生产费用 | 元 | 242.15 | 148.91 | 68.74 | 76.00 | 66.92 | 430.25 | 18.50 |
| 1.固定资产折旧费 | 元 | 190.39 | 119.53 | 37.50 | 70.00 | 63.07 | 399.07 | 10.00 |
| 2.修理费 | 元 | 33.67 | 25.23 | 16.46 | | 3.85 | 21.98 | 8.50 |
| 3.其它间接费用 | 元 | 18.09 | 4.15 | 14.78 | 6.00 | | 9.20 | |
| 二、期间费用 | 元 | 359.97 | 297.73 | 120.74 | | 37.35 | 44.37 | 86.00 |
| 1.承包费 | 元 | 13.11 | 70.17 | 82.96 | | | | |
| 2.管理费 | 元 | 164.27 | 178.52 | 31.39 | | 14.57 | 6.03 | 65.00 |
| 3.销售费 | 元 | 111.94 | 14.06 | | | 18.32 | 38.34 | 21.00 |
| 4.财务费 | 元 | 70.65 | 34.98 | 6.39 | | 4.46 | | |
| 附记：1.仔畜重量 | 公斤 | | | | | | | |
| 2.精饲料数量 | 公斤 | 3895.20 | 4048.60 | 4038.70 | 4420.00 | 4136.90 | 4150.10 | 3645.50 |
| 3.青粗饲料量 | 公斤 | 1069.00 | | | | | | |

# 2002 年大中城市蛋类产品物质费用和期间费用(二)

品种：国营集体蛋鸡

| 项 目 名 称 | 单位 | 厦 门 | 郑 州 | 武 汉 | 广 州 | 海 口 | 兰 州 |
|---|---|---|---|---|---|---|---|
| 一、物质费用 | 元 | 8831.12 | 5893.09 | 7089.00 | 8004.54 | 6868.57 | 8224.23 |
| (一)直接生产费用 | 元 | 8581.12 | 5812.99 | 6986.00 | 7560.24 | 6349.44 | 7524.20 |
| 1.仔畜进价 | 元 | 250.00 | 1213.14 | 1342.00 | 1020.46 | 338.00 | 1439.11 |
| 2.精饲料费 | 元 | 7974.00 | 4417.35 | 5344.00 | 6145.46 | 5644.19 | 5499.64 |
| 3.青粗饲料费 | 元 | | | | | | |
| 4.饲料加工费 | 元 | | 21.40 | | | | 119.69 |
| 5.水费 | 元 | 34.50 | 7.10 | 50.00 | | 6.64 | 51.21 |
| 6.电费 | 元 | 81.02 | 28.30 | 150.00 | 39.08 | 185.50 | 189.93 |
| 7.煤费 | 元 | | 5.60 | | 135.50 | | |
| 8.医疗防疫费 | 元 | 165.00 | 82.60 | 100.00 | | 61.01 | 31.15 |
| 9.死亡损失费 | 元 | 52.00 | 32.00 | | 40.18 | 100.98 | 178.85 |
| 10.工具材料费 | 元 | 24.60 | 5.50 | | 165.80 | 13.12 | 14.62 |
| 11.其他直接费用 | 元 | | | | 13.76 | | |
| (二)间接生产费用 | 元 | 250.00 | 80.10 | 103.00 | 444.30 | 519.13 | 700.03 |
| 1.固定资产折旧费 | 元 | 250.00 | 77.30 | 100.00 | 296.76 | 411.84 | 449.66 |
| 2.修理费 | 元 | | 2.80 | 2.00 | 22.96 | 49.88 | 250.37 |
| 3.其它间接费用 | 元 | | | 1.00 | 124.58 | 57.41 | |
| 二、期间费用 | 元 | 129.20 | 30.50 | 120.00 | 2210.50 | 248.31 | 994.87 |
| 1.承包费 | 元 | | 4.20 | | | | |
| 2.管理费 | 元 | | 18.00 | 3.00 | 959.42 | 248.31 | 446.94 |
| 3.销售费 | 元 | 98.00 | 8.30 | 5.00 | 592.31 | | 547.93 |
| 4.财务费 | 元 | 31.20 | | 112.00 | 658.77 | | |
| 附记：1.仔畜重量 | 公斤 | | | | | | |
| 2.精饲料数量 | 公斤 | 4984.00 | 3579.80 | 4241.00 | 3518.00 | 2139.00 | 3841.20 |
| 3.青粗饲料量 | 公斤 | | | | | 1069.00 | |

# 2002年大中城市奶类产品成本收益(一)

品种：专业户奶牛　　　　按统一工价汇总

| 项目名称 | | 单位 | 平均 | 天津 | 太原 | 呼和浩特 | 哈尔滨 |
|---|---|---|---|---|---|---|---|
| 调查县数 | | 个 | 27.00 | 5.00 | 1.00 | 3.00 | 4.00 |
| 调查户数 | | 户 | 68.00 | 9.00 | 3.00 | 9.00 | 9.00 |
| 调查数量 | | 头 | 1743.00 | 1236.00 | 10.00 | 96.00 | 82.00 |
| 平均饲养天数 | | 天 | 365.00 | 365.00 | 365.00 | 365.00 | 365.00 |
| 每百只 | 主产品产量 | 公斤 | 5528.20 | 5596.00 | 5890.00 | 6615.00 | 5822.90 |
| | 产值合计 | 元 | 10836.20 | 10109.35 | 9979.60 | 13290.05 | 9584.32 |
| | 主产品产值 | 元 | 10119.13 | 9624.40 | 9659.60 | 11443.95 | 9207.39 |
| | 副产品产值 | 元 | 717.07 | 484.95 | 320.00 | 1846.10 | 376.93 |
| | 其他收入 | 元 | | | | | |
| | 生产成本 | 元 | 6961.24 | 6946.95 | 7158.30 | 7548.06 | 6413.90 |
| | 物质费用 | 元 | 6181.34 | 6483.85 | 6176.00 | 7009.06 | 5574.60 |
| | 用工作价 | 元 | 779.90 | 463.10 | 982.30 | 539.00 | 839.30 |
| | 用工数量 | 日 | 70.90 | 42.10 | 89.30 | 49.00 | 76.30 |
| | 劳动日工价 | 元 | 11.00 | 11.00 | 11.00 | 11.00 | 11.00 |
| | 期间费用 | 元 | 256.88 | 997.86 | 145.00 | 103.50 | 51.59 |
| | 税金 | 元 | | | | | |
| | 含税成本 | 元 | 7218.12 | 7944.81 | 7303.30 | 7651.56 | 6465.49 |
| | 净产值 | 元 | 4654.86 | 3625.50 | 3803.60 | 6280.99 | 4009.72 |
| | 减税纯收益 | 元 | 3618.08 | 2164.54 | 2676.30 | 5638.49 | 3118.83 |
| | 成本纯收益率 | % | 50.12 | 27.24 | 36.65 | 73.69 | 48.24 |
| | 耗粮数量 | 公斤 | 2328.30 | 2262.20 | 1642.50 | 2783.00 | 2831.70 |
| 每50公斤主产品 | 平均出售价格 | 元 | 91.52 | 85.99 | 82.00 | 86.50 | 79.06 |
| | 物质费用 | 元 | 52.21 | 55.15 | 50.75 | 45.62 | 45.98 |
| | 生产成本 | 元 | 58.79 | 59.09 | 58.82 | 49.13 | 52.91 |
| | 含税成本 | 元 | 60.96 | 67.58 | 60.01 | 49.80 | 53.33 |
| | 净产值 | 元 | 39.31 | 30.84 | 31.25 | 40.88 | 33.08 |
| | 减税纯收益 | 元 | 30.56 | 18.41 | 21.99 | 36.70 | 25.73 |
| | 耗粮数量 | 公斤 | 21.10 | 20.20 | 13.90 | 21.00 | 24.30 |
| 每一劳动日 | 主产品产量 | 公斤 | 78.00 | 132.90 | 66.00 | 135.00 | 76.30 |
| | 净产值 | 元 | 65.65 | 86.12 | 42.59 | 128.18 | 52.55 |
| 每核算单位成本外支出 | | 元 | 3.09 | | | | 24.65 |

# 2002 年大中城市奶类产品成本收益(二)

品种：专业户奶牛　　　　　　　　　　　　　　　　　　按统一工价汇总

| 项目名称 | | 单位 | 福州 | 济南 | 青岛 | 郑州 | 长沙 |
|---|---|---|---|---|---|---|---|
| 调查县数 | | 个 | 1.00 | 2.00 | 1.00 | 1.00 | 1.00 |
| 调查户数 | | 户 | 3.00 | 4.00 | 3.00 | 1.00 | 1.00 |
| 调查数量 | | 头 | 148.00 | 25.00 | 9.00 | 8.00 | 17.00 |
| 平均饲养天数 | | 天 | 365.00 | 365.00 | 365.00 | 365.00 | 365.00 |
| 每百只 | 主产品产量 | 公斤 | 5350.40 | 6459.80 | 4992.20 | 5442.30 | 5050.00 |
| | 产值合计 | 元 | 12139.95 | 12623.25 | 12095.55 | 9427.50 | 11395.00 |
| | 主产品产值 | 元 | 11342.85 | 12091.76 | 10673.55 | 9055.80 | 11110.00 |
| | 副产品产值 | 元 | 797.10 | 531.49 | 1422.00 | 371.70 | 285.00 |
| | 其他收入 | 元 | | | | | |
| | 生产成本 | 元 | 7314.75 | 7839.98 | 5788.10 | 6091.03 | 8120.67 |
| | 物质费用 | 元 | 6642.65 | 7083.18 | 4996.10 | 5285.83 | 7449.67 |
| | 用工作价 | 元 | 672.10 | 756.80 | 792.00 | 805.20 | 671.00 |
| | 用工数量 | 日 | 61.10 | 68.80 | 72.00 | 73.20 | 61.00 |
| | 劳动日工价 | 元 | 11.00 | 11.00 | 11.00 | 11.00 | 11.00 |
| | 期间费用 | 元 | 237.39 | 270.14 | 442.20 | 154.00 | 154.12 |
| | 税金 | 元 | | | | | |
| | 含税成本 | 元 | 7552.14 | 8110.12 | 6230.30 | 6245.03 | 8274.79 |
| | 净产值 | 元 | 5497.30 | 5540.07 | 7099.45 | 4141.67 | 3945.33 |
| | 减税纯收益 | 元 | 4587.81 | 4513.13 | 5865.25 | 3182.47 | 3120.21 |
| | 成本纯收益率 | % | 60.75 | 55.65 | 94.14 | 50.96 | 37.71 |
| | 耗粮数量 | 公斤 | 1587.80 | 2409.70 | 1355.10 | 1199.70 | 2880.00 |
| 每50公斤主产品 | 平均出售价 | 元 | 106.00 | 93.59 | 106.90 | 83.20 | 110.00 |
| | 物质费用 | 元 | 58.00 | 52.52 | 44.16 | 46.65 | 71.91 |
| | 生产成本 | 元 | 63.87 | 58.13 | 51.16 | 53.75 | 78.39 |
| | 含税成本 | 元 | 65.94 | 60.13 | 55.06 | 55.11 | 79.88 |
| | 净产值 | 元 | 48.00 | 41.07 | 62.74 | 36.55 | 38.09 |
| | 减税纯收益 | 元 | 40.06 | 33.46 | 51.84 | 28.09 | 30.12 |
| | 耗粮数量 | 公斤 | 14.80 | 18.70 | 13.60 | 11.00 | 28.50 |
| 每一劳动日 | 主产品产量 | 公斤 | 87.60 | 93.90 | 69.30 | 74.30 | 82.80 |
| | 净产值 | 元 | 89.97 | 80.52 | 98.60 | 56.58 | 64.68 |
| 每核算单位成本外支出 | | 元 | | | 18.60 | | |

# 2002年大中城市奶类产品成本收益(三)

品种：专业户奶牛　　　　按统一工价汇总

| 项目名称 | | 单位 | 成都 | 昆明 | 重庆 | 西安 | 银川 |
|---|---|---|---|---|---|---|---|
| 调查县数 | | 个 | 2.00 | 2.00 | 2.00 | 1.00 | 1.00 |
| 调查户数 | | 户 | 2.00 | 12.00 | 2.00 | 9.00 | 1.00 |
| 调查数量 | | 头 | 13.00 | 33.00 | 10.00 | 16.00 | 40.00 |
| 平均饲养天数 | | 天 | 365.00 | 365.00 | 365.00 | 365.00 | 365.00 |
| 每百只 | 主产品产量 | 公斤 | 7376.90 | 4264.50 | 4689.30 | 4970.80 | 4874.80 |
| | 产值合计 | 元 | 21572.15 | 6412.36 | 8976.96 | 6770.96 | 7329.88 |
| | 主产品产值 | 元 | 20325.99 | 5428.98 | 8873.52 | 5964.96 | 6865.13 |
| | 副产品产值 | 元 | 1246.16 | 983.38 | 103.44 | 806.00 | 464.75 |
| | 其他收入 | 元 | | | | | |
| | 生产成本 | 元 | 10778.50 | 4652.71 | 7960.60 | 4953.00 | 5896.14 |
| | 物质费用 | 元 | 10093.20 | 3451.51 | 6797.90 | 3699.00 | 5796.04 |
| | 用工作价 | 元 | 685.30 | 1201.20 | 1162.70 | 1254.00 | 100.10 |
| | 用工数量 | 日 | 62.30 | 109.20 | 105.70 | 114.00 | 9.10 |
| | 劳动日工价 | 元 | 11.00 | 11.00 | 11.00 | 11.00 | 11.00 |
| | 期间费用 | 元 | 624.53 | 22.47 | 129.00 | | 264.45 |
| | 税金 | 元 | | | | | |
| | 含税成本 | 元 | 11403.03 | 4675.18 | 8089.60 | 4953.00 | 6160.59 |
| | 净产值 | 元 | 11478.95 | 2960.85 | 2179.06 | 3071.96 | 1533.84 |
| | 减税纯收益 | 元 | 10169.12 | 1737.18 | 887.36 | 1817.96 | 1169.29 |
| | 成本纯收益率 | % | 89.18 | 37.16 | 10.97 | 36.70 | 18.98 |
| | 耗粮数量 | 公斤 | 3963.50 | 1739.90 | 2686.00 | 2197.60 | 3058.00 |
| 每50公斤主产品 | 平均出售价格 | 元 | 137.77 | 63.65 | 94.61 | 60.00 | 70.41 |
| | 物质费用 | 元 | 64.46 | 34.26 | 71.64 | 32.78 | 55.68 |
| | 生产成本 | 元 | 68.84 | 46.18 | 83.90 | 43.89 | 56.64 |
| | 含税成本 | 元 | 72.83 | 46.41 | 85.26 | 43.89 | 59.18 |
| | 净产值 | 元 | 73.31 | 29.39 | 22.97 | 27.22 | 14.73 |
| | 减税纯收益 | 元 | 64.94 | 17.24 | 9.35 | 16.11 | 11.23 |
| | 耗粮数量 | 公斤 | 26.90 | 20.40 | 28.60 | 22.10 | 31.40 |
| 每一劳动日 | 主产品产量 | 公斤 | 118.40 | 39.10 | 44.40 | 43.60 | 535.70 |
| | 净产值 | 元 | 184.25 | 27.11 | 20.62 | 26.95 | 168.55 |
| 每核算单位成本外支出 | | 元 | | | | | |

# 2002年大中城市奶类产品成本收益(一)

品种：专业户奶牛　　　　按地区工价汇总

| 项目名称 | | 单位 | 平均 | 天津 | 太原 | 呼和浩特 | 哈尔滨 |
|---|---|---|---|---|---|---|---|
| 调查县数 | | 个 | 27.00 | 5.00 | 1.00 | 3.00 | 4.00 |
| 调查户数 | | 户 | 68.00 | 9.00 | 3.00 | 9.00 | 9.00 |
| 调查数量 | | 头 | 1743.00 | 1236.00 | 10.00 | 96.00 | 82.00 |
| 平均饲养天数 | | 天 | 365.00 | 365.00 | 365.00 | 365.00 | 365.00 |
| 每百只 | 主产品产量 | 公斤 | 5528.20 | 5596.00 | 5890.00 | 6615.00 | 5822.90 |
| | 产值合计 | 元 | 10836.20 | 10109.35 | 9979.60 | 13290.05 | 9584.32 |
| | 主产品产值 | 元 | 10119.13 | 9624.40 | 9659.60 | 11443.95 | 9207.39 |
| | 副产品产值 | 元 | 717.07 | 484.95 | 320.00 | 1846.10 | 376.93 |
| | 其他收入 | 元 | | | | | |
| | 生产成本 | 元 | 7138.49 | 7026.94 | 7694.10 | 7464.76 | 6604.65 |
| | 物质费用 | 元 | 6181.34 | 6483.85 | 6176.00 | 7009.06 | 5574.60 |
| | 用工作价 | 元 | 957.15 | 543.09 | 1518.10 | 455.70 | 1030.05 |
| | 用工数量 | 日 | 70.90 | 42.10 | 89.30 | 49.00 | 76.30 |
| | 劳动日工价 | 元 | 13.50 | 12.90 | 17.00 | 9.30 | 13.50 |
| | 期间费用 | 元 | 256.88 | 997.86 | 145.00 | 103.50 | 51.59 |
| | 税金 | 元 | | | | | |
| | 含税成本 | 元 | 7395.37 | 8024.80 | 7839.10 | 7568.26 | 6656.24 |
| | 净产值 | 元 | 4654.86 | 3625.50 | 3803.60 | 6280.99 | 4009.72 |
| | 减税纯收益 | 元 | 3440.83 | 2084.55 | 2140.50 | 5721.79 | 2928.08 |
| | 成本纯收益率 | % | 46.53 | 25.98 | 27.31 | 75.60 | 43.99 |
| | 耗粮数量 | 公斤 | 2328.30 | 2262.20 | 1642.50 | 2783.00 | 2831.70 |
| 每50公斤主产品 | 平均出售价格 | 元 | 91.52 | 85.99 | 82.00 | 86.50 | 79.06 |
| | 物质费用 | 元 | 52.21 | 55.15 | 50.75 | 45.62 | 45.98 |
| | 生产成本 | 元 | 60.29 | 59.77 | 63.22 | 48.59 | 54.48 |
| | 含税成本 | 元 | 62.46 | 68.26 | 64.41 | 49.26 | 54.91 |
| | 净产值 | 元 | 39.31 | 30.84 | 31.25 | 40.88 | 33.08 |
| | 减税纯收益 | 元 | 29.06 | 17.73 | 17.59 | 37.24 | 24.15 |
| | 耗粮数量 | 公斤 | 21.10 | 20.20 | 13.90 | 21.00 | 24.30 |
| 每一劳动日 | 主产品产量 | 公斤 | 78.00 | 132.90 | 66.00 | 135.00 | 76.30 |
| | 净产值 | 元 | 65.65 | 86.12 | 42.59 | 128.18 | 52.55 |
| 每核算单位成本外支出 | | 元 | 3.09 | | | | 24.65 |

# 2002年大中城市奶类产品成本收益(二)

品种：专业户奶牛　　　　按地区工价汇总

| 项目名称 | | 单位 | 福州 | 济南 | 青岛 | 郑州 | 长沙 |
|---|---|---|---|---|---|---|---|
| 调查县数 | | 个 | 1.00 | 2.00 | 1.00 | 1.00 | 1.00 |
| 调查户数 | | 户 | 3.00 | 4.00 | 3.00 | 1.00 | 1.00 |
| 调查数量 | | 头 | 148.00 | 25.00 | 9.00 | 8.00 | 17.00 |
| 平均饲养天数 | | 天 | 365.00 | 365.00 | 365.00 | 365.00 | 365.00 |
| 每百只 | 主产品产量 | 公斤 | 5350.40 | 6459.80 | 4992.20 | 5442.30 | 5050.00 |
| | 产值合计 | 元 | 12139.95 | 12623.25 | 12095.55 | 9427.50 | 11395.00 |
| | 主产品产值 | 元 | 11342.85 | 12091.76 | 10673.55 | 9055.80 | 11110.00 |
| | 副产品产值 | 元 | 797.10 | 531.49 | 1422.00 | 371.70 | 285.00 |
| | 其他收入 | 元 | | | | | |
| | 生产成本 | 元 | 7583.59 | 7950.06 | 6508.10 | 6332.59 | 8285.37 |
| | 物质费用 | 元 | 6642.65 | 7083.18 | 4996.10 | 5285.83 | 7449.67 |
| | 用工作价 | 元 | 940.94 | 866.88 | 1512.00 | 1046.76 | 835.70 |
| | 用工数量 | 日 | 61.10 | 68.80 | 72.00 | 73.20 | 61.00 |
| | 劳动日工价 | 元 | 15.40 | 12.60 | 21.00 | 14.30 | 13.70 |
| | 期间费用 | 元 | 237.39 | 270.14 | 442.20 | 154.00 | 154.12 |
| | 税金 | 元 | | | | | |
| | 含税成本 | 元 | 7820.98 | 8220.20 | 6950.30 | 6486.59 | 8439.49 |
| | 净产值 | 元 | 5497.30 | 5540.07 | 7099.45 | 4141.67 | 3945.33 |
| | 减税纯收益 | 元 | 4318.97 | 4403.05 | 5145.25 | 2940.91 | 2955.51 |
| | 成本纯收益率 | % | 55.22 | 53.56 | 74.03 | 45.34 | 35.02 |
| | 耗粮数量 | 公斤 | 1587.80 | 2409.70 | 1355.10 | 1199.70 | 2880.00 |
| 每50公斤主产品 | 平均出售价格 | 元 | 106.00 | 93.59 | 106.90 | 83.20 | 110.00 |
| | 物质费用 | 元 | 58.00 | 52.52 | 44.16 | 46.65 | 71.91 |
| | 生产成本 | 元 | 66.22 | 58.94 | 57.52 | 55.89 | 79.98 |
| | 含税成本 | 元 | 68.29 | 60.95 | 61.43 | 57.25 | 81.47 |
| | 净产值 | 元 | 48.00 | 41.07 | 62.74 | 36.55 | 38.09 |
| | 减税纯收益 | 元 | 37.71 | 32.64 | 45.47 | 25.95 | 28.53 |
| | 耗粮数量 | 公斤 | 14.80 | 18.70 | 13.60 | 11.00 | 28.50 |
| 每一劳动日 | 主产品产量 | 公斤 | 87.60 | 93.90 | 69.30 | 74.30 | 82.80 |
| | 净产值 | 元 | 89.97 | 80.52 | 98.60 | 56.58 | 64.68 |
| 每核算单位成本外支出 | | 元 | | | 18.60 | | |

# 2002年大中城市奶类产品成本收益(三)

品种：专业户奶牛　　　　按地区工价汇总

| 项目名称 | | 单位 | 成都 | 昆明 | 重庆 | 西安 | 银川 |
|---|---|---|---|---|---|---|---|
| 调查县数 | | 个 | 2.00 | 2.00 | 2.00 | 1.00 | 1.00 |
| 调查户数 | | 户 | 2.00 | 12.00 | 2.00 | 9.00 | 1.00 |
| 调查数量 | | 头 | 13.00 | 33.00 | 10.00 | 16.00 | 40.00 |
| 平均饲养天数 | | 天 | 365.00 | 365.00 | 365.00 | 365.00 | 365.00 |
| 每百只 | 主产品产量 | 公斤 | 7376.90 | 4264.50 | 4689.30 | 4970.80 | 4874.80 |
| | 产值合计 | 元 | 21572.15 | 6412.36 | 8976.96 | 6770.96 | 7329.88 |
| | 主产品产值 | 元 | 20325.99 | 5428.98 | 8873.52 | 5964.96 | 6865.13 |
| | 副产品产值 | 元 | 1246.16 | 983.38 | 103.44 | 806.00 | 464.75 |
| | 其他收入 | 元 | | | | | |
| | 生产成本 | 元 | 11102.46 | 4696.39 | 7886.61 | 4804.80 | 5897.05 |
| | 物质费用 | 元 | 10093.20 | 3451.51 | 6797.90 | 3699.00 | 5796.04 |
| | 用工作价 | 元 | 1009.26 | 1244.88 | 1088.71 | 1105.80 | 101.01 |
| | 用工数量 | 日 | 62.30 | 109.20 | 105.70 | 114.00 | 9.10 |
| | 劳动日工价 | 元 | 16.20 | 11.40 | 10.30 | 9.70 | 11.10 |
| | 期间费用 | 元 | 624.53 | 22.47 | 129.00 | | 264.45 |
| | 税金 | 元 | | | | | |
| | 含税成本 | 元 | 11726.99 | 4718.86 | 8015.61 | 4804.80 | 6161.50 |
| | 净产值 | 元 | 11478.95 | 2960.85 | 2179.06 | 3071.96 | 1533.84 |
| | 减税纯收益 | 元 | 9845.16 | 1693.50 | 961.35 | 1966.16 | 1168.38 |
| | 成本纯收益率 | % | 83.95 | 35.89 | 11.99 | 40.92 | 18.96 |
| | 耗粮数量 | 公斤 | 3963.50 | 1739.90 | 2686.00 | 2197.60 | 3058.00 |
| 每50公斤主产品 | 平均出售价格 | 元 | 137.77 | 63.65 | 94.61 | 60.00 | 70.41 |
| | 物质费用 | 元 | 64.46 | 34.26 | 71.64 | 32.78 | 55.68 |
| | 生产成本 | 元 | 70.91 | 46.62 | 83.12 | 42.58 | 56.65 |
| | 含税成本 | 元 | 74.89 | 46.84 | 84.48 | 42.58 | 59.19 |
| | 净产值 | 元 | 73.31 | 29.39 | 22.97 | 27.22 | 14.73 |
| | 减税纯收益 | 元 | 62.88 | 16.81 | 10.13 | 17.42 | 11.22 |
| | 耗粮数量 | 公斤 | 26.90 | 20.40 | 28.60 | 22.10 | 31.40 |
| 每一劳动日 | 主产品产量 | 公斤 | 118.40 | 39.10 | 44.40 | 43.60 | 535.70 |
| | 净产值 | 元 | 184.25 | 27.11 | 20.62 | 26.95 | 168.55 |
| 每核算单位成本外支出 | | 元 | | | | | |

# 2002年大中城市奶类产品物质费用和期间(一)

品种：专业户奶牛

| 项 目 名 称 | 单位 | 平 均 | 天 津 | 太 原 | 呼和浩特 | 哈尔滨 |
|---|---|---|---|---|---|---|
| 一、物质费用 | 元 | 6181.34 | 6483.85 | 6176.00 | 7009.06 | 5574.60 |
| (一)直接生产费用 | 元 | 5812.00 | 6295.72 | 6013.00 | 6673.36 | 5021.92 |
| 1.仔畜进价 | 元 | 615.11 | 412.78 | 1050.00 | 483.10 | 711.16 |
| 2.精饲料费 | 元 | 3672.70 | 3923.10 | 3650.00 | 4599.00 | 3360.06 |
| 3.青粗饲料费 | 元 | 882.76 | 1459.47 | 657.00 | 1150.00 | 568.15 |
| 4.饲料加工费 | 元 | 39.25 | 26.44 | 87.00 | 32.85 | 71.73 |
| 5.水费 | 元 | 27.99 | 35.83 | 30.00 | 23.00 | 22.16 |
| 6.电费 | 元 | 69.74 | 192.24 | 36.00 | 38.00 | 26.72 |
| 7.煤费 | 元 | 51.77 | 35.52 | 83.00 | 16.00 | 33.54 |
| 8.医疗防疫费 | 元 | 188.34 | 92.26 | 150.00 | 212.40 | 100.86 |
| 9.死亡损失费 | 元 | 197.95 | 32.27 | 210.00 | 31.10 | 79.62 |
| 10.工具材料费 | 元 | 35.53 | 54.69 | 50.00 | 17.91 | 19.55 |
| 11.其他直接费用 | 元 | 30.86 | 31.12 | 10.00 | 70.00 | 28.37 |
| (二)间接生产费用 | 元 | 369.34 | 188.13 | 163.00 | 335.70 | 552.68 |
| 1.固定资产折旧费 | 元 | 339.07 | 149.40 | 110.00 | 317.00 | 522.19 |
| 2.修理费 | 元 | 24.06 | 24.68 | 43.00 | 13.40 | 19.54 |
| 3.其它间接费用 | 元 | 6.21 | 14.05 | 10.00 | 5.30 | 10.95 |
| 二、期间费用 | 元 | 256.88 | 997.86 | 145.00 | 103.50 | 51.59 |
| 1.承包费 | 元 | 17.84 | 163.49 | | | |
| 2.管理费 | 元 | 43.93 | 403.94 | 5.00 | 46.10 | 5.17 |
| 3.销售费 | 元 | 166.33 | 226.18 | 135.00 | 42.00 | 46.42 |
| 4.财务费 | 元 | 28.78 | 204.25 | 5.00 | 15.40 | |
| 附记：1.仔畜重量 | 公斤 | | | | | |
| 2.精饲料数量 | 公斤 | 3232.20 | 3121.80 | 3650.00 | 3285.00 | 3383.50 |
| 3.青粗饲料量 | 公斤 | 6574.70 | 7028.60 | | 9264.00 | 3148.00 |

# 2002年大中城市奶类产品物质费用和期间(二)

品种：专业户奶牛

| 项目名称 | 单位 | 福州 | 济南 | 青岛 | 郑州 | 长沙 |
| --- | --- | --- | --- | --- | --- | --- |
| 一、物质费用 | 元 | 6642.65 | 7083.18 | 4996.10 | 5285.83 | 7449.67 |
| (一)直接生产费用 | 元 | 5812.28 | 6840.49 | 4785.90 | 4942.68 | 6015.50 |
| 1.仔畜进价 | 元 | 444.02 | 935.20 | 726.00 | 343.70 | 100.00 |
| 2.精饲料费 | 元 | 3376.25 | 3997.48 | 3301.00 | 2768.46 | 5220.00 |
| 3.青粗饲料费 | 元 | 1584.91 | 1179.57 | 328.00 | 1407.22 | 447.00 |
| 4.饲料加工费 | 元 |  | 49.91 | 42.00 | 54.18 |  |
| 5.水费 | 元 | 73.60 | 44.27 | 8.60 | 38.20 |  |
| 6.电费 | 元 | 116.50 | 121.75 | 36.00 | 46.60 | 32.40 |
| 7.煤费 | 元 |  | 153.03 |  | 28.40 |  |
| 8.医疗防疫费 | 元 | 217.00 | 227.92 | 206.30 | 182.54 | 176.00 |
| 9.死亡损失费 | 元 |  | 76.00 |  | 45.00 |  |
| 10.工具材料费 | 元 |  | 45.81 | 38.00 | 28.38 | 16.50 |
| 11.其他直接费用 | 元 |  | 9.55 | 100.00 |  | 23.60 |
| (二)间接生产费用 | 元 | 830.37 | 242.69 | 210.20 | 343.15 | 1434.17 |
| 1.固定资产折旧费 | 元 | 830.37 | 196.24 | 192.00 | 316.15 | 1421.67 |
| 2.修理费 | 元 |  | 44.18 | 18.20 | 27.00 | 12.50 |
| 3.其它间接费用 | 元 |  | 2.27 |  |  |  |
| 二、期间费用 | 元 | 237.39 | 270.14 | 442.20 | 154.00 | 154.12 |
| 1.承包费 | 元 | 5.25 | 12.07 |  | 54.00 |  |
| 2.管理费 | 元 |  | 35.95 |  | 62.00 |  |
| 3.销售费 | 元 | 232.14 | 222.12 | 442.20 | 38.00 | 154.12 |
| 4.财务费 | 元 |  |  |  |  |  |
| 附记：1.仔畜重量 | 公斤 |  |  |  |  |  |
| 2.精饲料数量 | 公斤 | 2646.30 | 3056.70 | 2463.80 | 2197.20 | 3600.00 |
| 3.青粗饲料量 | 公斤 |  | 9629.60 | 3285.00 | 12000.00 | 2500.00 |

# 2002年大中城市奶类产品物质费用和期间(三)

品种：专业户奶牛

| 项目名称 | 单位 | 成都 | 昆明 | 重庆 | 西安 | 银川 |
| --- | --- | --- | --- | --- | --- | --- |
| 一、物质费用 | 元 | 10093.20 | 3451.51 | 6797.90 | 3699.00 | 5796.04 |
| (一)直接生产费用 | 元 | 9782.18 | 3377.30 | 6583.10 | 3549.60 | 5674.79 |
| 1.仔畜进价 | 元 | 1615.38 | 147.30 | 280.60 | 432.30 | 930.00 |
| 2.精饲料费 | 元 | 5215.57 | 1913.60 | 3667.67 | 2363.40 | 4062.16 |
| 3.青粗饲料费 | 元 | 200.00 | 808.25 | 1889.90 | 258.40 | 420.82 |
| 4.饲料加工费 | 元 |  | 55.28 |  | 117.60 | 12.50 |
| 5.水费 | 元 | 16.62 | 37.14 | 38.05 |  | 24.34 |
| 6.电费 | 元 | 54.00 | 69.37 | 99.48 | 38.40 | 68.88 |
| 7.煤费 | 元 | 49.56 | 4.29 | 96.70 | 224.70 |  |
| 8.医疗防疫费 | 元 | 386.46 | 169.22 | 336.50 | 87.20 | 92.09 |
| 9.死亡损失费 | 元 | 2192.29 |  | 105.00 |  |  |
| 10.工具材料费 | 元 | 52.30 | 73.53 | 24.80 | 27.60 | 48.37 |
| 11.其他直接费用 | 元 |  | 99.32 | 44.40 |  | 15.63 |
| (二)间接生产费用 | 元 | 311.02 | 74.21 | 214.80 | 149.40 | 121.25 |
| 1.固定资产折旧费 | 元 | 240.28 | 58.00 | 136.80 | 149.40 | 107.50 |
| 2.修理费 | 元 | 70.74 | 16.21 | 33.60 |  | 13.75 |
| 3.其它间接费用 | 元 |  |  | 44.40 |  |  |
| 二、期间费用 | 元 | 624.53 | 22.47 | 129.00 |  | 264.45 |
| 1.承包费 | 元 |  |  |  |  | 15.00 |
| 2.管理费 | 元 |  | 5.63 |  |  | 51.25 |
| 3.销售费 | 元 | 624.53 | 16.84 | 129.00 |  | 20.00 |
| 4.财务费 | 元 |  |  |  |  | 178.20 |
| 附记：1.仔畜重量 | 公斤 |  |  |  |  |  |
| 2.精饲料数量 | 公斤 | 5604.20 | 1766.80 | 4046.40 | 2441.80 | 3987.60 |
| 3.青粗饲料量 | 公斤 | 1787.40 | 2223.80 | 20810.00 | 1892.20 | 5328.20 |

# 2002年大中城市奶类产品成本收益(一)

品种：国营集体奶牛　　　　按统一工价汇总

| 项目名称 | | 单位 | 平均 | 北京 | 天津 | 石家庄 | 长春 | 大连 | 上海 |
|---|---|---|---|---|---|---|---|---|---|
| 调查县数 | | 个 | 40.00 | 6.00 | 4.00 | 1.00 | 2.00 | 1.00 | 5.00 |
| 调查户数 | | 户 | 60.00 | 12.00 | 4.00 | 1.00 | 2.00 | 1.00 | 15.00 |
| 调查数量 | | 头 | 34332.00 | 5854.00 | 5240.00 | 136.00 | 783.00 | 1110.00 | 3112.00 |
| 平均饲养天数 | | 天 | 365.00 | 365.00 | 365.00 | 365.00 | 365.00 | 365.00 | 365.00 |
| 每百只 | 主产品产量 | 公斤 | 6273.30 | 8508.00 | 7353.00 | 7135.00 | 6748.20 | 6150.00 | 7612.00 |
| | 产值合计 | 元 | 14439.41 | 16436.71 | 14274.64 | 14438.00 | 16369.40 | 12485.00 | 16778.95 |
| | 主产品产值 | 元 | 14038.06 | 16348.81 | 14026.49 | 14270.00 | 16175.50 | 12300.00 | 16471.90 |
| | 副产品产值 | 元 | 401.35 | 87.90 | 248.15 | 168.00 | 193.90 | 185.00 | 307.05 |
| | 其他收入 | 元 | 5.85 | | | | | | 92.52 |
| | 生产成本 | 元 | 10546.84 | 10642.57 | 9993.54 | 9256.90 | 9024.49 | 10172.95 | 13247.78 |
| | 物质费用 | 元 | 9849.44 | 10283.97 | 9219.14 | 8438.50 | 7994.89 | 9358.95 | 12536.08 |
| | 用工作价 | 元 | 697.40 | 358.60 | 774.40 | 818.40 | 1029.60 | 814.00 | 711.70 |
| | 用工数量 | 日 | 63.40 | 32.60 | 70.40 | 74.40 | 93.60 | 74.00 | 64.70 |
| | 劳动日工价 | 元 | 11.00 | 11.00 | 11.00 | 11.00 | 11.00 | 11.00 | 11.00 |
| | 期间费用 | 元 | 1878.36 | 1825.36 | 2791.51 | 1547.00 | 7895.03 | 1583.00 | 922.29 |
| | 税金 | 元 | | | | | | | |
| | 含税成本 | 元 | 12425.20 | 12467.93 | 12785.05 | 10803.90 | 16919.52 | 11755.95 | 14170.07 |
| | 净产值 | 元 | 4589.97 | 6152.74 | 5055.50 | 5999.50 | 8374.51 | 3126.05 | 4242.87 |
| | 减税纯收益 | 元 | 2020.06 | 3968.78 | 1489.59 | 3634.10 | -550.12 | 729.05 | 2701.40 |
| | 成本纯收益率 | % | 16.26 | 31.83 | 11.65 | 33.64 | -3.25 | 6.20 | 19.06 |
| | 耗粮数量 | 公斤 | 2302.10 | 2467.90 | 2782.80 | 1475.00 | 2490.30 | 2214.00 | 2754.50 |
| 每50公斤主产品 | 平均出售价格 | 元 | 111.89 | 96.08 | 95.38 | 100.00 | 119.85 | 100.00 | 108.20 |
| | 物质费用 | 元 | 76.32 | 60.11 | 61.60 | 58.45 | 58.54 | 74.96 | 80.84 |
| | 生产成本 | 元 | 81.73 | 62.21 | 66.77 | 64.11 | 66.07 | 81.48 | 85.43 |
| | 含税成本 | 元 | 96.28 | 72.88 | 85.43 | 74.83 | 123.88 | 94.16 | 91.38 |
| | 净产值 | 元 | 35.57 | 35.97 | 33.78 | 41.55 | 61.31 | 25.04 | 27.36 |
| | 减税纯收益 | 元 | 15.66 | 23.20 | 9.95 | 25.17 | -4.03 | 5.84 | 17.43 |
| | 耗粮数量 | 公斤 | 18.30 | 14.50 | 18.90 | 10.30 | 18.50 | 18.00 | 18.10 |
| 每一劳动日 | 主产品产量 | 公斤 | 98.90 | 261.00 | 104.40 | 95.90 | 72.10 | 83.10 | 117.70 |
| | 净产值 | 元 | 72.40 | 188.73 | 71.81 | 80.64 | 89.47 | 42.24 | 65.58 |
| 每核算单位成本外支出 | | 元 | 91.28 | | | | | 20.00 | |

# 2002年大中城市奶类产品成本收益(二)

**品种：国营集体奶牛** 按统一工价汇总

| 项目名称 | | 单位 | 南京 | 杭州 | 济南 | 宁波 | 郑州 | 武汉 | 广州 |
|---|---|---|---|---|---|---|---|---|---|
| 调查县数 | | 个 | 3.00 | 2.00 | 1.00 | 1.00 | 1.00 | 1.00 | 1.00 |
| 调查户数 | | 户 | 3.00 | 3.00 | 1.00 | 1.00 | 1.00 | 1.00 | 1.00 |
| 调查数量 | | 头 | 2136.00 | 1946.00 | 887.00 | 611.00 | 208.00 | 3500.00 | 874.00 |
| 平均饲养天数 | | 天 | 365.00 | 365.00 | 365.00 | 365.00 | 365.00 | 365.00 | 365.00 |
| 每百只 | 主产品产量 | 公斤 | 6859.70 | 7000.70 | 6395.20 | 5721.70 | 4110.70 | 6500.00 | 4431.00 |
| | 产值合计 | 元 | 16730.82 | 16146.47 | 13042.83 | 13381.49 | 7371.60 | 14465.00 | 14855.17 |
| | 主产品产值 | 元 | 16512.34 | 15930.60 | 12150.88 | 12959.62 | 7070.40 | 14365.00 | 14811.91 |
| | 副产品产值 | 元 | 218.48 | 215.87 | 891.95 | 421.87 | 301.20 | 100.00 | 43.26 |
| | 其他收入 | 元 | 2.32 | | | 22.22 | | | |
| | 生产成本 | 元 | 12195.02 | 11059.50 | 10793.68 | 11437.20 | 6473.93 | 11505.00 | 12650.36 |
| | 物质费用 | 元 | 10825.52 | 10260.90 | 10769.48 | 11066.50 | 5862.33 | 10801.00 | 12221.36 |
| | 用工作价 | 元 | 1369.50 | 798.60 | 24.20 | 370.70 | 611.60 | 704.00 | 429.00 |
| | 用工数量 | 日 | 124.50 | 72.60 | 2.20 | 33.70 | 55.60 | 64.00 | 39.00 |
| | 劳动日工价 | 元 | 11.00 | 11.00 | 11.00 | 11.00 | 11.00 | 11.00 | 11.00 |
| | 期间费用 | 元 | 1486.46 | 1338.04 | 1743.19 | 146.30 | 522.45 | 1047.00 | 2261.89 |
| | 税金 | 元 | | | | | | | |
| | 含税成本 | 元 | 13681.48 | 12397.54 | 12536.87 | 11583.50 | 6996.38 | 12552.00 | 14912.25 |
| | 净产值 | 元 | 5905.30 | 5885.57 | 2273.35 | 2314.99 | 1509.27 | 3664.00 | 2633.81 |
| | 减税纯收益 | 元 | 3051.66 | 3748.93 | 505.96 | 1820.21 | 375.22 | 1913.00 | －57.08 |
| | 成本纯收益率 | % | 22.31 | 30.24 | 4.04 | 15.71 | 5.36 | 15.24 | －0.38 |
| | 耗粮数量 | 公斤 | 2194.80 | 2870.00 | 3867.00 | 2773.90 | 1584.70 | 2360.00 | 999.00 |
| 每50公斤主产品 | 平均出售价格 | 元 | 120.36 | 113.78 | 95.00 | 113.25 | 86.00 | 110.50 | 167.14 |
| | 物质费用 | 元 | 77.88 | 72.31 | 78.44 | 93.66 | 68.39 | 82.51 | 137.51 |
| | 生产成本 | 元 | 87.73 | 77.93 | 78.62 | 96.80 | 75.53 | 87.89 | 142.33 |
| | 含税成本 | 元 | 98.42 | 87.36 | 91.31 | 98.03 | 81.62 | 95.89 | 167.78 |
| | 净产值 | 元 | 42.48 | 41.47 | 16.56 | 19.59 | 17.61 | 27.99 | 29.63 |
| | 减税纯收益 | 元 | 21.96 | 26.42 | 3.69 | 15.41 | 4.38 | 14.61 | －0.64 |
| | 耗粮数量 | 公斤 | 16.00 | 20.50 | 30.20 | 24.20 | 19.30 | 18.20 | 11.30 |
| 每一劳动日 | 主产品产量 | 公斤 | 55.10 | 96.40 | 2906.90 | 169.80 | 73.90 | 101.60 | 113.60 |
| | 净产值 | 元 | 47.43 | 81.07 | 1033.34 | 68.69 | 27.15 | 57.25 | 67.53 |
| 每核算单位成本外支出 | | 元 | 498.89 | | 15.27 | | | 88.00 | 753.45 |

# 2002 年大中城市奶类产品成本收益(三)

品种：国营集体奶牛　　　　按统一工价汇总

| 项目名称 | | 单位 | 海口 | 贵阳 | 重庆 | 西安 | 兰州 | 西宁 | 乌鲁木齐 |
|---|---|---|---|---|---|---|---|---|---|
| 调查县数 | | 个 | 1.00 | 1.00 | 1.00 | 5.00 | 1.00 | 1.00 | 1.00 |
| 调查户数 | | 户 | 3.00 | 1.00 | 1.00 | 5.00 | 2.00 | 1.00 | 1.00 |
| 调查数量 | | 头 | 108.00 | 3375.00 | 254.00 | 1972.00 | 626.00 | 549.00 | 1051.00 |
| 平均饲养天数 | | 天 | 365.00 | 365.00 | 365.00 | 365.00 | 365.00 | 365.00 | 365.00 |
| 每百只 | 主产品产量 | 公斤 | 2492.00 | 5300.00 | 5110.00 | 8054.40 | 5676.60 | 6497.00 | 7811.30 |
| | 产值合计 | 元 | 11994.25 | 25580.00 | 11242.00 | 14244.56 | 12362.19 | 9947.96 | 16641.08 |
| | 主产品产值 | 元 | 11712.69 | 24380.00 | 11242.00 | 14221.99 | 10442.97 | 9745.50 | 15622.60 |
| | 副产品产值 | 元 | 281.56 | 1200.00 | | 22.57 | 1919.22 | 202.46 | 1018.48 |
| | 其他收入 | 元 | | | | | | | |
| | 生产成本 | 元 | 6441.78 | 14996.00 | 9513.73 | 11674.17 | 6521.87 | 9282.12 | 14048.87 |
| | 物质费用 | 元 | 5930.28 | 14061.00 | 8309.23 | 11245.17 | 6242.47 | 8624.32 | 12937.87 |
| | 用工作价 | 元 | 511.50 | 935.00 | 1204.50 | 429.00 | 279.40 | 657.80 | 1111.00 |
| | 用工数量 | 日 | 46.50 | 85.00 | 109.50 | 39.00 | 25.40 | 59.80 | 101.00 |
| | 劳动日工价 | 元 | 11.00 | 11.00 | 11.00 | 11.00 | 11.00 | 11.00 | 11.00 |
| | 期间费用 | 元 | 5340.00 | 1750.00 | 541.15 | 719.52 | 2454.01 | 1123.27 | 529.79 |
| | 税金 | 元 | | | | | | | |
| | 含税成本 | 元 | 11781.78 | 16746.00 | 10054.88 | 12393.69 | 8975.88 | 10405.39 | 14578.66 |
| | 净产值 | 元 | 6063.97 | 11519.00 | 2932.77 | 2999.39 | 6119.72 | 1323.64 | 3703.21 |
| | 减税纯收益 | 元 | 212.47 | 8834.00 | 1187.12 | 1850.87 | 3386.31 | −457.43 | 2062.42 |
| | 成本纯收益率 | % | 1.80 | 52.75 | 11.81 | 14.93 | 37.73 | −4.40 | 14.15 |
| | 耗粮数量 | 公斤 | 1229.00 | 2996.00 | 1565.70 | 3208.30 | 2016.10 | 1863.00 | 2329.20 |
| 每50公斤主产品 | 平均出售价格 | 元 | 235.01 | 230.00 | 110.00 | 88.29 | 91.98 | 75.00 | 100.00 |
| | 物质费用 | 元 | 116.20 | 126.43 | 81.30 | 69.70 | 46.45 | 65.02 | 77.75 |
| | 生产成本 | 元 | 126.22 | 134.84 | 93.09 | 72.36 | 48.53 | 69.98 | 84.42 |
| | 含税成本 | 元 | 230.85 | 150.57 | 98.38 | 76.82 | 66.78 | 78.45 | 87.61 |
| | 净产值 | 元 | 118.81 | 103.57 | 28.70 | 18.59 | 45.53 | 9.98 | 22.25 |
| | 减税纯收益 | 元 | 4.16 | 79.43 | 11.62 | 11.47 | 25.20 | −3.45 | 12.39 |
| | 耗粮数量 | 公斤 | 24.70 | 28.30 | 15.30 | 19.90 | 17.80 | 14.30 | 14.90 |
| 每一劳动日 | 主产品产量 | 公斤 | 53.60 | 62.40 | 46.70 | 206.50 | 223.50 | 108.60 | 77.30 |
| | 净产值 | 元 | 130.41 | 135.52 | 26.78 | 76.91 | 240.93 | 22.13 | 36.67 |
| 每核算单位成本外支出 | | 元 | | 450.00 | | | | | |

# 2002年大中城市奶类产品成本收益(一)

品种：国营集体奶牛　　　　按地区工价汇总

| 项目名称 | | 单位 | 平均 | 北京 | 天津 | 石家庄 | 长春 | 大连 | 上海 |
|---|---|---|---|---|---|---|---|---|---|
| 调查县数 | | 个 | 40.00 | 6.00 | 4.00 | 1.00 | 2.00 | 1.00 | 5.00 |
| 调查户数 | | 户 | 60.00 | 12.00 | 4.00 | 1.00 | 2.00 | 1.00 | 15.00 |
| 调查数量 | | 头 | 34332.00 | 5854.00 | 5240.00 | 136.00 | 783.00 | 1110.00 | 3112.00 |
| 平均饲养天数 | | 天 | 365.00 | 365.00 | 365.00 | 365.00 | 365.00 | 365.00 | 365.00 |
| 每百只 | 主产品产量 | 公斤 | 6273.30 | 8508.00 | 7353.00 | 7135.00 | 6748.20 | 6150.00 | 7612.00 |
| | 产值合计 | 元 | 14439.41 | 16436.71 | 14274.64 | 14438.00 | 16369.40 | 12485.00 | 16778.95 |
| | 主产品产值 | 元 | 14038.06 | 16348.81 | 14026.49 | 14270.00 | 16175.50 | 12300.00 | 16471.90 |
| | 副产品产值 | 元 | 401.35 | 87.90 | 248.15 | 168.00 | 193.90 | 185.00 | 307.05 |
| | 其他收入 | 元 | 5.85 | | | | | | 92.52 |
| | 生产成本 | 元 | 10863.84 | 11082.67 | 10127.30 | 9264.34 | 9024.49 | 10468.95 | 14088.88 |
| | 物质费用 | 元 | 9849.44 | 10283.97 | 9219.14 | 8438.50 | 7994.89 | 9358.95 | 12536.08 |
| | 用工作价 | 元 | 1014.40 | 798.70 | 908.16 | 825.84 | 1029.60 | 1110.00 | 1552.80 |
| | 用工数量 | 日 | 63.40 | 32.60 | 70.40 | 74.40 | 93.60 | 74.00 | 64.70 |
| | 劳动日工价 | 元 | 16.00 | 24.50 | 12.90 | 11.10 | 11.00 | 15.00 | 24.00 |
| | 期间费用 | 元 | 1878.36 | 1825.36 | 2791.51 | 1547.00 | 7895.03 | 1583.00 | 922.29 |
| | 税金 | 元 | | | | | | | |
| | 含税成本 | 元 | 12742.20 | 12908.03 | 12918.81 | 10811.34 | 16919.52 | 12051.95 | 15011.17 |
| | 净产值 | 元 | 4589.97 | 6152.74 | 5055.50 | 5999.50 | 8374.51 | 3126.05 | 4242.87 |
| | 减税纯收益 | 元 | 1703.06 | 3528.68 | 1355.83 | 3626.66 | −550.12 | 433.05 | 1860.30 |
| | 成本纯收益率 | % | 13.37 | 27.34 | 10.50 | 33.54 | −3.25 | 3.59 | 12.39 |
| | 耗粮数量 | 公斤 | 2302.10 | 2467.90 | 2782.80 | 1475.00 | 2490.30 | 2214.00 | 2754.50 |
| 每50公斤主产品 | 平均出售价格 | 元 | 111.89 | 96.08 | 95.38 | 100.00 | 119.85 | 100.00 | 108.20 |
| | 物质费用 | 元 | 76.32 | 60.11 | 61.60 | 58.45 | 58.54 | 74.96 | 80.84 |
| | 生产成本 | 元 | 84.18 | 64.78 | 67.67 | 64.17 | 66.07 | 83.85 | 90.85 |
| | 含税成本 | 元 | 98.74 | 75.45 | 86.32 | 74.88 | 123.88 | 96.53 | 96.80 |
| | 净产值 | 元 | 35.57 | 35.97 | 33.78 | 41.55 | 61.31 | 25.04 | 27.36 |
| | 减税纯收益 | 元 | 13.20 | 20.63 | 9.06 | 25.12 | −4.03 | 3.47 | 12.01 |
| | 耗粮数量 | 公斤 | 18.30 | 14.50 | 18.90 | 10.30 | 18.50 | 18.00 | 18.10 |
| 每一劳动日 | 主产品产量 | 公斤 | 98.90 | 261.00 | 104.40 | 95.90 | 72.10 | 83.10 | 117.70 |
| | 净产值 | 元 | 72.40 | 188.73 | 71.81 | 80.64 | 89.47 | 42.24 | 65.58 |
| 每核算单位成本外支出 | | 元 | 91.28 | | | | | 20.00 | |

# 2002年大中城市奶类产品成本收益(二)

品种：国营集体奶牛　　　　按地区工价汇总

| 项目名称 | | 单位 | 南京 | 杭州 | 济南 | 宁波 | 郑州 | 武汉 | 广州 |
|---|---|---|---|---|---|---|---|---|---|
| 调查县数 | | 个 | 3.00 | 2.00 | 1.00 | 1.00 | 1.00 | 1.00 | 1.00 |
| 调查户数 | | 户 | 3.00 | 3.00 | 1.00 | 1.00 | 1.00 | 1.00 | 1.00 |
| 调查数量 | | 头 | 2136.00 | 1946.00 | 887.00 | 611.00 | 208.00 | 3500.00 | 874.00 |
| 平均饲养天数 | | 天 | 365.00 | 365.00 | 365.00 | 365.00 | 365.00 | 365.00 | 365.00 |
| 每百只 | 主产品产量 | 公斤 | 6859.70 | 7000.70 | 6395.20 | 5721.70 | 4110.70 | 6500.00 | 4431.00 |
| | 产值合计 | 元 | 16730.82 | 16146.47 | 13042.83 | 13381.49 | 7371.60 | 14465.00 | 14855.17 |
| | 主产品产值 | 元 | 16512.34 | 15930.60 | 12150.88 | 12959.62 | 7070.40 | 14365.00 | 14811.91 |
| | 副产品产值 | 元 | 218.48 | 215.87 | 891.95 | 421.87 | 301.20 | 100.00 | 43.26 |
| | 其他收入 | 元 | 2.32 | | | 22.22 | | | |
| | 生产成本 | 元 | 12767.72 | 11604.00 | 10797.20 | 11875.30 | 6657.41 | 11441.00 | 13379.66 |
| | 物质费用 | 元 | 10825.52 | 10260.90 | 10769.48 | 11066.50 | 5862.33 | 10801.00 | 12221.36 |
| | 用工作价 | 元 | 1942.20 | 1343.10 | 27.72 | 808.80 | 795.08 | 640.00 | 1158.30 |
| | 用工数量 | 日 | 124.50 | 72.60 | 2.20 | 33.70 | 55.60 | 64.00 | 39.00 |
| | 劳动日工价 | 元 | 15.60 | 18.50 | 12.60 | 24.00 | 14.30 | 10.00 | 29.70 |
| | 期间费用 | 元 | 1486.46 | 1338.04 | 1743.19 | 146.30 | 522.45 | 1047.00 | 2261.89 |
| | 税金 | 元 | | | | | | | |
| | 含税成本 | 元 | 14254.18 | 12942.04 | 12540.39 | 12021.60 | 7179.86 | 12488.00 | 15641.55 |
| | 净产值 | 元 | 5905.30 | 5885.57 | 2273.35 | 2314.99 | 1509.27 | 3664.00 | 2633.81 |
| | 减税纯收益 | 元 | 2478.96 | 3204.43 | 502.44 | 1382.11 | 191.74 | 1977.00 | −786.38 |
| | 成本纯收益率 | % | 17.39 | 24.76 | 4.01 | 11.50 | 2.67 | 15.83 | −5.03 |
| | 耗粮数量 | 公斤 | 2194.80 | 2870.00 | 3867.00 | 2773.90 | 1584.70 | 2360.00 | 999.00 |
| 每50公斤主产品 | 平均出售价格 | 元 | 120.36 | 113.78 | 95.00 | 113.25 | 86.00 | 110.50 | 167.14 |
| | 物质费用 | 元 | 77.88 | 72.31 | 78.44 | 93.66 | 68.39 | 82.51 | 137.51 |
| | 生产成本 | 元 | 91.85 | 81.77 | 78.64 | 100.50 | 77.67 | 87.40 | 150.54 |
| | 含税成本 | 元 | 102.54 | 91.20 | 91.34 | 101.74 | 83.76 | 95.40 | 175.99 |
| | 净产值 | 元 | 42.48 | 41.47 | 16.56 | 19.59 | 17.61 | 27.99 | 29.63 |
| | 减税纯收益 | 元 | 17.84 | 22.58 | 3.66 | 11.70 | 2.24 | 15.10 | −8.85 |
| | 耗粮数量 | 公斤 | 16.00 | 20.50 | 30.20 | 24.20 | 19.30 | 18.20 | 11.30 |
| 每一劳动日 | 主产品产量 | 公斤 | 55.10 | 96.40 | 2906.90 | 169.80 | 73.90 | 101.60 | 113.60 |
| | 净产值 | 元 | 47.43 | 81.07 | 1033.34 | 68.69 | 27.15 | 57.25 | 67.53 |
| 每核算单位成本外支出 | | 元 | 498.89 | | 15.27 | | | 88.00 | 753.45 |

# 2002年大中城市奶类产品成本收益(三)

品种：国营集体奶牛　　　　按地区工价汇总

| 项目名称 | | 单位 | 海口 | 贵阳 | 重庆 | 西安 | 兰州 | 西宁 | 乌鲁木齐 |
|---|---|---|---|---|---|---|---|---|---|
| 调查县数 | | 个 | 1.00 | 1.00 | 1.00 | 5.00 | 1.00 | 1.00 | 1.00 |
| 调查户数 | | 户 | 3.00 | 1.00 | 1.00 | 5.00 | 2.00 | 1.00 | 1.00 |
| 调查数量 | | 头 | 108.00 | 3375.00 | 254.00 | 1972.00 | 626.00 | 549.00 | 1051.00 |
| 平均饲养天数 | | 天 | 365.00 | 365.00 | 365.00 | 365.00 | 365.00 | 365.00 | 365.00 |
| 每百只 | 主产品产量 | 公斤 | 2492.00 | 5300.00 | 5110.00 | 8054.40 | 5676.60 | 6497.00 | 7811.30 |
| | 产值合计 | 元 | 11994.25 | 25580.00 | 11242.00 | 14244.56 | 12362.19 | 9947.96 | 16641.08 |
| | 主产品产值 | 元 | 11712.69 | 24380.00 | 11242.00 | 14221.99 | 10442.97 | 9745.50 | 15622.60 |
| | 副产品产值 | 元 | 281.56 | 1200.00 | | 22.57 | 1919.22 | 202.46 | 1018.48 |
| | 其他收入 | 元 | | | | | | | |
| | 生产成本 | 元 | 7139.28 | 14911.00 | 9437.08 | 11623.47 | 6567.59 | 9240.26 | 14664.97 |
| | 物质费用 | 元 | 5930.28 | 14061.00 | 8309.23 | 11245.17 | 6242.47 | 8624.32 | 12937.87 |
| | 用工作价 | 元 | 1209.00 | 850.00 | 1127.85 | 378.30 | 325.12 | 615.94 | 1727.10 |
| | 用工数量 | 日 | 46.50 | 85.00 | 109.50 | 39.00 | 25.40 | 59.80 | 101.00 |
| | 劳动日工价 | 元 | 26.00 | 10.00 | 10.30 | 9.70 | 12.80 | 10.30 | 17.10 |
| | 期间费用 | 元 | 5340.00 | 1750.00 | 541.15 | 719.52 | 2454.01 | 1123.27 | 529.79 |
| | 税金 | 元 | | | | | | | |
| | 含税成本 | 元 | 12479.28 | 16661.00 | 9978.23 | 12342.99 | 9021.60 | 10363.53 | 15194.76 |
| | 净产值 | 元 | 6063.97 | 11519.00 | 2932.77 | 2999.39 | 6119.72 | 1323.64 | 3703.21 |
| | 减税纯收益 | 元 | -485.03 | 8919.00 | 1263.77 | 1901.57 | 3340.59 | -415.57 | 1446.32 |
| | 成本纯收益率 | % | -3.89 | 53.53 | 12.67 | 15.41 | 37.03 | -4.01 | 9.52 |
| | 耗粮数量 | 公斤 | 1229.00 | 2996.00 | 1565.70 | 3208.30 | 2016.10 | 1863.00 | 2329.20 |
| 每50公斤主产品 | 平均出售价格 | 元 | 235.01 | 230.00 | 110.00 | 88.29 | 91.98 | 75.00 | 100.00 |
| | 物质费用 | 元 | 116.20 | 126.43 | 81.30 | 69.70 | 46.45 | 65.02 | 77.75 |
| | 生产成本 | 元 | 139.88 | 134.07 | 92.34 | 72.04 | 48.87 | 69.66 | 88.13 |
| | 含税成本 | 元 | 244.51 | 149.81 | 97.63 | 76.50 | 67.12 | 78.13 | 91.31 |
| | 净产值 | 元 | 118.81 | 103.57 | 28.70 | 18.59 | 45.53 | 9.98 | 22.25 |
| | 减税纯收益 | 元 | -9.50 | 80.19 | 12.37 | 11.79 | 24.86 | -3.13 | 8.69 |
| | 耗粮数量 | 公斤 | 24.70 | 28.30 | 15.30 | 19.90 | 17.80 | 14.30 | 14.90 |
| 每一劳动日 | 主产品产量 | 公斤 | 53.60 | 62.40 | 46.70 | 206.50 | 223.50 | 108.60 | 77.30 |
| | 净产值 | 元 | 130.41 | 135.52 | 26.78 | 76.91 | 240.93 | 22.13 | 36.67 |
| 每核算单位成本外支出 | | 元 | | 450.00 | | | | | |

# 2002年大中城市奶类产品物质费用和期间(一)

品种：国营集体奶牛

| 项 目 名 称 | 单位 | 平 均 | 北 京 | 天 津 | 石家庄 | 长 春 | 大 连 | 上 海 |
|---|---|---|---|---|---|---|---|---|
| 一、物质费用 | 元 | 9849.44 | 10283.97 | 9219.14 | 8438.50 | 7994.89 | 9358.95 | 12536.08 |
| (一)直接生产费用 | 元 | 8518.51 | 8786.67 | 8393.16 | 6786.50 | 7438.61 | 9079.15 | 11503.21 |
| 1.仔畜进价 | 元 | 605.81 | 393.15 | 331.44 | 240.00 | 869.05 | 1240.00 | 688.31 |
| 2.精饲料费 | 元 | 4185.79 | 5249.95 | 4006.45 | 3557.70 | 3838.90 | 4980.00 | 5855.43 |
| 3.青粗饲料费 | 元 | 2537.95 | 1802.23 | 2385.78 | 2147.80 | 2211.14 | 2194.00 | 3456.71 |
| 4.饲料加工费 | 元 | 74.83 | | 723.84 | | | 146.00 | |
| 5.水费 | 元 | 69.07 | 74.87 | 75.41 | 89.00 | | | 126.16 |
| 6.电费 | 元 | 261.00 | 324.48 | 237.95 | 366.00 | 116.61 | 182.00 | 366.33 |
| 7.煤费 | 元 | 45.90 | 185.81 | 96.89 | 75.00 | 27.64 | 40.00 | 15.21 |
| 8.医疗防疫费 | 元 | 213.51 | 210.68 | 211.63 | 82.00 | 59.02 | 174.00 | 330.70 |
| 9.死亡损失费 | 元 | 148.07 | | 19.67 | 5.00 | | 120.00 | 158.56 |
| 10.工具材料费 | 元 | 78.63 | 19.24 | 53.96 | 71.00 | 63.65 | 2.00 | 105.88 |
| 11.其他直接费用 | 元 | 297.95 | 526.26 | 250.14 | 153.00 | 252.60 | 1.15 | 399.92 |
| (二)间接生产费用 | 元 | 1330.93 | 1497.30 | 825.98 | 1652.00 | 556.28 | 279.80 | 1032.87 |
| 1.固定资产折旧费 | 元 | 978.68 | 1417.09 | 222.19 | 1420.00 | 223.74 | 262.80 | 588.22 |
| 2.修理费 | 元 | 117.97 | 80.21 | 111.88 | 139.00 | 79.66 | 6.50 | 210.03 |
| 3.其它间接费用 | 元 | 234.28 | | 491.91 | 93.00 | 252.88 | 10.50 | 234.62 |
| 二、期间费用 | 元 | 1878.36 | 1825.36 | 2791.51 | 1547.00 | 7895.03 | 1583.00 | 922.29 |
| 1.承包费 | 元 | | | | | | | |
| 2.管理费 | 元 | 1332.60 | 1487.84 | 1847.03 | 1400.00 | 4726.90 | 980.00 | 533.14 |
| 3.销售费 | 元 | 243.88 | | 380.56 | 62.00 | | 360.00 | 143.42 |
| 4.财务费 | 元 | 301.88 | 337.52 | 563.92 | 85.00 | 3168.13 | 243.00 | 245.73 |
| 附记：1.仔畜重量 | 公斤 | | | | | | | |
| 2.精饲料数量 | 公斤 | 3384.40 | 4339.40 | 3426.50 | 2950.00 | 3035.10 | 3690.00 | 3976.40 |
| 3.青粗饲料量 | 公斤 | 14126.50 | 7269.10 | 18125.90 | 10107.00 | 10174.30 | 13626.00 | 16892.70 |

# 2002 年大中城市奶类产品物质费用和期间(二)

品种：国营集体奶牛

| 项 目 名 称 | 单位 | 南 京 | 杭 州 | 济 南 | 宁 波 | 郑 州 | 武 汉 | 广 州 |
|---|---|---|---|---|---|---|---|---|
| 一、物质费用 | 元 | 10825.52 | 10260.90 | 10769.48 | 11066.50 | 5862.33 | 10801.00 | 12221.36 |
| (一)直接生产费用 | 元 | 9192.93 | 9648.58 | 8403.94 | 9666.67 | 5503.31 | 9662.00 | 9296.23 |
| 1.仔畜进价 | 元 | 443.34 | 611.16 | 780.00 | 443.52 | 420.30 | 640.00 | 286.00 |
| 2.精饲料费 | 元 | 3628.43 | 5471.09 | 4006.02 | 4577.00 | 2888.72 | 4428.00 | 3729.74 |
| 3.青粗饲料费 | 元 | 3888.54 | 2361.11 | 2818.35 | 3453.22 | 1663.06 | 3456.00 | 2990.74 |
| 4.饲料加工费 | 元 | | | | | 18.80 | 108.00 | |
| 5.水费 | 元 | 95.09 | 57.55 | 13.49 | 197.92 | 70.60 | 91.00 | |
| 6.电费 | 元 | 326.98 | 364.42 | 379.10 | 528.77 | 127.33 | 398.00 | 289.72 |
| 7.煤费 | 元 | 7.90 | 37.20 | 1.53 | 23.58 | 27.50 | 22.00 | |
| 8.医疗防疫费 | 元 | 273.30 | 232.36 | 206.35 | 326.63 | 124.30 | 186.00 | 150.68 |
| 9.死亡损失费 | 元 | 22.73 | 112.38 | | 37.37 | 100.00 | 119.00 | 376.73 |
| 10.工具材料费 | 元 | 315.65 | 52.61 | 58.60 | 78.66 | 62.70 | 105.00 | 56.86 |
| 11.其他直接费用 | 元 | 190.97 | 348.70 | 140.50 | | | 109.00 | 1415.76 |
| (二)间接生产费用 | 元 | 1632.59 | 612.32 | 2365.54 | 1399.83 | 359.02 | 1139.00 | 2925.13 |
| 1.固定资产折旧费 | 元 | 1506.17 | 467.71 | 2168.55 | 961.69 | 333.72 | 898.00 | 1736.14 |
| 2.修理费 | 元 | 46.51 | 68.88 | 118.59 | 248.47 | 25.30 | 150.00 | 86.59 |
| 3.其它间接费用 | 元 | 79.91 | 75.73 | 78.40 | 189.67 | | 91.00 | 1102.40 |
| 二、期间费用 | 元 | 1486.46 | 1338.04 | 1743.19 | 146.30 | 522.45 | 1047.00 | 2261.89 |
| 1.承包费 | 元 | | | | | | | |
| 2.管理费 | 元 | 1486.46 | 1160.53 | 1388.82 | 146.30 | 505.31 | 652.00 | 2204.60 |
| 3.销售费 | 元 | | 73.19 | 121.67 | | 17.14 | 360.00 | |
| 4.财务费 | 元 | | 104.32 | 232.70 | | | 35.00 | 57.29 |
| 附记：1.仔畜重量 | 公斤 | | | | | | | |
| 2.精饲料数量 | 公斤 | 3135.70 | 3847.80 | 4549.40 | 3467.40 | 2722.80 | 3380.00 | 2729.50 |
| 3.青粗饲料量 | 公斤 | 16786.10 | 13877.10 | 12670.00 | 17266.00 | 16000.00 | 12590.00 | 15946.00 |

# 2002 年大中城市奶类产品物质费用和期间(三)

品种：国营集体奶牛

| 项目名称 | 单位 | 海口 | 贵阳 | 重庆 | 西安 | 兰州 | 西宁 | 乌鲁木齐 |
|---|---|---|---|---|---|---|---|---|
| 一、物质费用 | 元 | 5930.28 | 14061.00 | 8309.23 | 11245.17 | 6242.47 | 8624.32 | 12937.87 |
| (一)直接生产费用 | 元 | 5494.67 | 12253.00 | 7437.87 | 9499.38 | 5236.06 | 7996.06 | 9092.39 |
| 1.仔畜进价 | 元 | 525.43 | 250.00 | 311.27 | 470.18 | 660.32 | 812.50 | 1700.28 |
| 2.精饲料费 | 元 | 3382.60 | 4649.00 | 3445.46 | 4933.90 | 2723.83 | 3726.15 | 4637.52 |
| 3.青粗饲料费 | 元 | 894.21 | 3561.00 | 2399.86 | 2632.84 | 1381.11 | 2904.57 | 2156.81 |
| 4.饲料加工费 | 元 |  | 500.00 |  |  |  |  |  |
| 5.水费 | 元 | 12.26 | 41.00 | 349.23 |  | 35.85 |  | 52.00 |
| 6.电费 | 元 | 273.15 | 130.00 | 190.31 | 255.94 | 149.42 | 152.92 | 60.53 |
| 7.煤费 | 元 |  | 120.00 | 63.50 | 81.97 | 16.20 |  | 76.00 |
| 8.医疗防疫费 | 元 | 184.72 | 592.00 | 330.28 | 318.62 | 57.12 | 28.72 | 191.08 |
| 9.死亡损失费 | 元 | 29.59 | 1525.00 | 111.03 | 15.88 | 55.20 | 153.20 |  |
| 10.工具材料费 | 元 | 192.71 | 66.00 | 169.75 | 20.95 | 50.10 | 27.29 |  |
| 11.其他直接费用 | 元 |  | 819.00 | 67.18 | 769.10 | 106.91 | 190.71 | 218.17 |
| (二)间接生产费用 | 元 | 435.61 | 1808.00 | 871.36 | 1745.79 | 1006.41 | 628.26 | 3845.48 |
| 1.固定资产折旧费 | 元 | 359.65 | 1536.00 | 340.23 | 733.08 | 871.49 | 566.09 | 2961.01 |
| 2.修理费 | 元 | 34.68 | 122.00 | 203.98 | 618.40 | 8.76 |  |  |
| 3.其它间接费用 | 元 | 41.28 | 150.00 | 327.15 | 394.31 | 126.16 | 62.17 | 884.47 |
| 二、期间费用 | 元 | 5340.00 | 1750.00 | 541.15 | 719.52 | 2454.01 | 1123.27 | 529.79 |
| 1.承包费 | 元 |  |  |  |  |  |  |  |
| 2.管理费 | 元 | 3598.15 | 800.00 | 313.20 | 700.18 | 1841.39 | 880.13 |  |
| 3.销售费 | 元 | 1737.04 | 700.00 | 227.95 |  | 544.07 | 150.61 |  |
| 4.财务费 | 元 | 4.81 | 250.00 |  | 19.34 | 68.55 | 92.53 | 529.79 |
| 附记：1.仔畜重量 | 公斤 |  |  |  |  |  |  |  |
| 2.精饲料数量 | 公斤 | 2458.00 | 3061.00 | 2553.10 | 3590.70 | 3166.30 | 3726.00 | 3882.10 |
| 3.青粗饲料量 | 公斤 | 4786.00 | 15987.00 | 18330.80 | 17815.90 | 9802.70 | 24204.00 | 10274.30 |

# 第六部分　水 产 品

# （一）省、自治区、直辖市

# 2002年全国水产品成本收益(一)

品种：淡水鱼农户精养　　　　按统一工价汇总

| 项目名称 | | 单位 | 平均 | 北京 | 天津 | 河北 | 黑龙江 | 上海 |
|---|---|---|---|---|---|---|---|---|
| 调查县数 | | 个 | 64.00 | 3.00 | 5.00 | 4.00 | 9.00 | 5.00 |
| 调查户数 | | 户 | 272.00 | 6.00 | 12.00 | 14.00 | 27.00 | 15.00 |
| 调查数量 | | 亩 | 29856.00 | 311.00 | 4378.00 | 102.00 | 939.00 | 1994.00 |
| 平均饲养天数 | | 天 | 260.00 | 255.00 | 192.00 | 143.00 | 178.00 | 306.00 |
| 每亩 | 主产品产量 | 公斤 | 775.90 | 1197.00 | 1020.10 | 503.30 | 473.50 | 642.40 |
| | 产值合计 | 元 | 4076.76 | 6865.17 | 4593.74 | 2887.10 | 3084.00 | 4705.55 |
| | 主产品产值 | 元 | 3903.99 | 6865.17 | 4593.74 | 2887.10 | 3030.33 | 3204.46 |
| | 副产品产值 | 元 | 172.77 | | | | 53.67 | 1501.09 |
| | 其他收入 | 元 | | | | | | |
| | 生产成本 | 元 | 3376.85 | 5659.53 | 3549.01 | 2222.35 | 2680.47 | 4377.49 |
| | 物质费用 | 元 | 3031.89 | 5413.13 | 3391.93 | 1866.61 | 2406.35 | 4107.99 |
| | 用工作价 | 元 | 344.96 | 246.40 | 157.08 | 355.74 | 274.12 | 269.50 |
| | 用工数量 | 日 | 22.40 | 16.00 | 10.20 | 23.10 | 17.80 | 17.50 |
| | 劳动日工价 | 元 | 15.40 | 15.40 | 15.40 | 15.40 | 15.40 | 15.40 |
| | 期间费用 | 元 | 305.25 | 187.82 | 198.64 | 52.37 | 63.21 | 356.60 |
| | 税金 | 元 | 28.76 | 32.31 | 36.29 | | 36.64 | 54.78 |
| | 含税成本 | 元 | 3710.86 | 5879.66 | 3783.94 | 2274.72 | 2780.32 | 4788.87 |
| | 净产值 | 元 | 1044.87 | 1452.04 | 1201.81 | 1020.49 | 677.65 | 597.56 |
| | 减税纯收益 | 元 | 365.90 | 985.51 | 809.80 | 612.38 | 303.68 | -83.32 |
| | 成本纯收益率 | % | 9.86 | 16.76 | 21.40 | 26.92 | 10.92 | -1.74 |
| | 耗粮数量 | 公斤 | 731.40 | 1375.60 | 880.10 | 276.80 | 719.10 | 196.60 |
| 每50公斤主产品 | 平均出售价格 | 元 | 251.58 | 286.77 | 225.16 | 286.82 | 319.99 | 249.41 |
| | 物质费用 | 元 | 187.10 | 226.12 | 166.25 | 185.44 | 249.68 | 217.74 |
| | 生产成本 | 元 | 208.39 | 236.41 | 173.95 | 220.78 | 278.12 | 232.02 |
| | 含税成本 | 元 | 229.00 | 245.60 | 185.47 | 225.98 | 288.48 | 253.83 |
| | 净产值 | 元 | 64.48 | 60.65 | 58.91 | 101.38 | 70.31 | 31.67 |
| | 减税纯收益 | 元 | 22.58 | 41.17 | 39.69 | 60.84 | 31.51 | -4.42 |
| | 耗粮数量 | 公斤 | 47.10 | 57.50 | 43.10 | 27.50 | 75.90 | 15.30 |
| 每一劳动日 | 主产品产量 | 公斤 | 34.60 | 74.80 | 100.00 | 21.80 | 26.60 | 36.70 |
| | 净产值 | 元 | 46.65 | 90.75 | 117.82 | 44.18 | 38.07 | 34.15 |
| 每核算单位成本外支出 | | 元 | 1.88 | | | | 15.88 | |

# 2002 年全国水产品成本收益(二)

品种：淡水鱼农户精养　　　　按统一工价汇总

| 项目名称 | | 单位 | 江苏 | 浙江 | 安徽 | 福建 | 江西 |
|---|---|---|---|---|---|---|---|
| 调查县数 | | 个 | 2.00 | 4.00 | 5.00 | 3.00 | 1.00 |
| 调查户数 | | 户 | 5.00 | 12.00 | 17.00 | 21.00 | 6.00 |
| 调查数量 | | 亩 | 19190.00 | 209.00 | 478.00 | 69.00 | 75.00 |
| 平均饲养天数 | | 天 | 330.00 | 272.00 | 280.00 | 271.00 | 318.00 |
| 每亩 | 主产品产量 | 公斤 | 626.20 | 493.60 | 474.30 | 420.40 | 621.80 |
| | 产值合计 | 元 | 2173.54 | 3084.15 | 3018.90 | 1914.92 | 3395.88 |
| | 主产品产值 | 元 | 2142.70 | 2143.45 | 3010.17 | 1908.65 | 3395.88 |
| | 副产品产值 | 元 | 30.84 | 940.70 | 8.73 | 6.27 | |
| | 其他收入 | 元 | | | | | |
| | 生产成本 | 元 | 1589.55 | 2555.07 | 2243.43 | 1338.34 | 3415.17 |
| | 物质费用 | 元 | 1312.35 | 2357.95 | 1756.79 | 731.58 | 3124.11 |
| | 用工作价 | 元 | 277.20 | 197.12 | 486.64 | 606.76 | 291.06 |
| | 用工数量 | 日 | 18.00 | 12.80 | 31.60 | 39.40 | 18.90 |
| | 劳动日工价 | 元 | 15.40 | 15.40 | 15.40 | 15.40 | 15.40 |
| | 期间费用 | 元 | 251.15 | 342.50 | 312.10 | 310.60 | 350.04 |
| | 税金 | 元 | 40.03 | 28.10 | 1.67 | | 11.78 |
| | 含税成本 | 元 | 1880.73 | 2925.67 | 2557.20 | 1648.94 | 3776.99 |
| | 净产值 | 元 | 861.19 | 726.20 | 1262.11 | 1183.34 | 271.77 |
| | 减税纯收益 | 元 | 292.81 | 158.48 | 461.70 | 265.98 | -381.11 |
| | 成本纯收益率 | % | 15.57 | 5.42 | 18.05 | 16.13 | -10.09 |
| | 耗粮数量 | 公斤 | 475.90 | 919.10 | 367.40 | 124.90 | 537.80 |
| 每50公斤主产品 | 平均出售价格 | 元 | 171.09 | 217.12 | 317.33 | 227.00 | 273.07 |
| | 物质费用 | 元 | 103.30 | 166.00 | 184.66 | 86.72 | 251.22 |
| | 生产成本 | 元 | 125.12 | 179.87 | 235.82 | 158.65 | 274.62 |
| | 含税成本 | 元 | 148.04 | 205.96 | 268.80 | 195.47 | 303.72 |
| | 净产值 | 元 | 67.79 | 51.12 | 132.67 | 140.28 | 21.85 |
| | 减税纯收益 | 元 | 23.05 | 11.16 | 48.53 | 31.53 | -30.65 |
| | 耗粮数量 | 公斤 | 38.00 | 93.10 | 38.70 | 14.90 | 43.20 |
| 每一劳动日 | 主产品产量 | 公斤 | 34.80 | 38.60 | 15.00 | 10.70 | 32.90 |
| | 净产值 | 元 | 47.84 | 56.73 | 39.94 | 30.03 | 14.38 |
| 每核算单位成本外支出 | | 元 | 0.05 | | | | |

# 2002年全国水产品成本收益(三)

品种：淡水鱼农户精养　　　　按统一工价汇总

| 项目名称 | | 单位 | 河南 | 湖北 | 广东 | 四川 | 陕西 |
|---|---|---|---|---|---|---|---|
| 调查县数 | | 个 | 2.00 | 10.00 | 6.00 | 3.00 | 2.00 |
| 调查户数 | | 户 | 2.00 | 61.00 | 54.00 | 4.00 | 16.00 |
| 调查数量 | | 亩 | 46.00 | 1224.00 | 678.00 | 30.00 | 133.00 |
| 平均饲养天数 | | 天 | 300.00 | 227.00 | 247.00 | 365.00 | 213.00 |
| 每亩 | 主产品产量 | 公斤 | 1689.40 | 569.40 | 760.70 | 898.30 | 1247.60 |
| | 产值合计 | 元 | 9380.70 | 2465.93 | 4135.55 | 2365.58 | 7080.72 |
| | 主产品产值 | 元 | 9341.36 | 2465.93 | 4124.67 | 2365.58 | 7080.72 |
| | 副产品产值 | 元 | 39.34 | | 10.88 | | |
| | 其他收入 | 元 | | | | | |
| | 生产成本 | 元 | 8681.61 | 1616.13 | 2937.40 | 2228.12 | 5549.63 |
| | 物质费用 | 元 | 8233.47 | 1397.45 | 2621.70 | 2063.34 | 4693.39 |
| | 用工作价 | 元 | 448.14 | 218.68 | 315.70 | 164.78 | 856.24 |
| | 用工数量 | 日 | 29.10 | 14.20 | 20.50 | 10.70 | 55.60 |
| | 劳动日工价 | 元 | 15.40 | 15.40 | 15.40 | 15.40 | 15.40 |
| | 期间费用 | 元 | 403.22 | 607.73 | 434.77 | 440.74 | 267.23 |
| | 税金 | 元 | 68.68 | 33.96 | 34.28 | | 52.89 |
| | 含税成本 | 元 | 9153.51 | 2257.82 | 3406.45 | 2668.86 | 5869.75 |
| | 净产值 | 元 | 1147.23 | 1068.48 | 1513.85 | 302.24 | 2387.33 |
| | 减税纯收益 | 元 | 227.19 | 208.11 | 729.10 | -303.28 | 1210.97 |
| | 成本纯收益率 | % | 2.48 | 9.22 | 21.40 | -11.36 | 20.63 |
| | 耗粮数量 | 公斤 | 1796.60 | 186.80 | 631.50 | 378.90 | 2104.10 |
| 每50公斤主产品 | 平均出售价格 | 元 | 276.47 | 216.54 | 271.11 | 131.67 | 283.77 |
| | 物质费用 | 元 | 242.66 | 122.71 | 171.87 | 114.85 | 188.09 |
| | 生产成本 | 元 | 255.87 | 141.92 | 192.56 | 124.02 | 222.41 |
| | 含税成本 | 元 | 269.77 | 198.27 | 223.31 | 148.55 | 235.24 |
| | 净产值 | 元 | 33.81 | 93.83 | 99.24 | 16.82 | 95.68 |
| | 减税纯收益 | 元 | 6.70 | 18.27 | 47.80 | -16.88 | 48.53 |
| | 耗粮数量 | 公斤 | 53.20 | 16.40 | 41.50 | 21.10 | 84.30 |
| 每一劳动日 | 主产品产量 | 公斤 | 58.10 | 40.10 | 37.10 | 84.00 | 22.40 |
| | 净产值 | 元 | 39.42 | 75.25 | 73.85 | 28.25 | 42.94 |
| 每核算单位成本外支出 | | 元 | | 12.25 | | | |

# 2002 年全国水产品成本收益(一)

品种：淡水鱼农户精养　　　　按地区工价汇总

| 项目名称 | | 单位 | 平均 | 北京 | 天津 | 河北 | 黑龙江 | 上海 |
|---|---|---|---|---|---|---|---|---|
| 调查县数 | | 个 | 64.00 | 3.00 | 5.00 | 4.00 | 9.00 | 5.00 |
| 调查户数 | | 户 | 272.00 | 6.00 | 12.00 | 14.00 | 27.00 | 15.00 |
| 调查数量 | | 亩 | 29856.00 | 311.00 | 4378.00 | 102.00 | 939.00 | 1994.00 |
| 平均饲养天数 | | 天 | 260.00 | 255.00 | 192.00 | 143.00 | 178.00 | 306.00 |
| 每亩 | 主产品产量 | 公斤 | 775.90 | 1197.00 | 1020.10 | 503.30 | 473.50 | 642.40 |
| | 产值合计 | 元 | 4076.76 | 6865.17 | 4593.74 | 2887.10 | 3084.00 | 4705.55 |
| | 主产品产值 | 元 | 3903.99 | 6865.17 | 4593.74 | 2887.10 | 3030.33 | 3204.46 |
| | 副产品产值 | 元 | 172.77 | | | | 53.67 | 1501.09 |
| | 其他收入 | 元 | | | | | | |
| | 生产成本 | 元 | 3459.73 | 5961.93 | 3576.55 | 2141.50 | 2643.09 | 4695.99 |
| | 物质费用 | 元 | 3031.89 | 5413.13 | 3391.93 | 1866.61 | 2406.35 | 4107.99 |
| | 用工作价 | 元 | 427.84 | 548.80 | 184.62 | 274.89 | 236.74 | 588.00 |
| | 用工数量 | 日 | 22.40 | 16.00 | 10.20 | 23.10 | 17.80 | 17.50 |
| | 劳动日工价 | 元 | 19.10 | 34.30 | 18.10 | 11.90 | 13.30 | 33.60 |
| | 期间费用 | 元 | 305.25 | 187.82 | 198.64 | 52.37 | 63.21 | 356.60 |
| | 税金 | 元 | 28.76 | 32.31 | 36.29 | | 36.64 | 54.78 |
| | 含税成本 | 元 | 3793.74 | 6182.06 | 3811.48 | 2193.87 | 2742.94 | 5107.37 |
| | 净产值 | 元 | 1044.87 | 1452.04 | 1201.81 | 1020.49 | 677.65 | 597.56 |
| | 减税纯收益 | 元 | 283.02 | 683.11 | 782.26 | 693.23 | 341.06 | -401.82 |
| | 成本纯收益率 | % | 7.46 | 11.05 | 20.52 | 31.60 | 12.43 | -7.87 |
| | 耗粮数量 | 公斤 | 731.40 | 1375.60 | 880.10 | 276.80 | 719.10 | 196.60 |
| 每50公斤主产品 | 平均出售价格 | 元 | 251.58 | 286.77 | 225.16 | 286.82 | 319.99 | 249.41 |
| | 物质费用 | 元 | 187.10 | 226.12 | 166.25 | 185.44 | 249.68 | 217.74 |
| | 生产成本 | 元 | 213.50 | 249.04 | 175.30 | 212.75 | 274.24 | 248.90 |
| | 含税成本 | 元 | 234.11 | 258.24 | 186.82 | 217.95 | 284.60 | 270.71 |
| | 净产值 | 元 | 64.48 | 60.65 | 58.91 | 101.38 | 70.31 | 31.67 |
| | 减税纯收益 | 元 | 17.47 | 28.53 | 38.34 | 68.87 | 35.39 | -21.30 |
| | 耗粮数量 | 公斤 | 47.10 | 57.50 | 43.10 | 27.50 | 75.90 | 15.30 |
| 每一劳动日 | 主产品产量 | 公斤 | 34.60 | 74.80 | 100.00 | 21.80 | 26.60 | 36.70 |
| | 净产值 | 元 | 46.65 | 90.75 | 117.82 | 44.18 | 38.07 | 34.15 |
| 每核算单位成本外支出 | | 元 | 1.88 | | | | 15.88 | |

# 2002年全国水产品成本收益(二)

品种：淡水鱼农户精养　　　　按地区工价汇总

| 项目名称 | | 单位 | 江苏 | 浙江 | 安徽 | 福建 | 江西 |
|---|---|---|---|---|---|---|---|
| 调查县数 | | 个 | 2.00 | 4.00 | 5.00 | 3.00 | 1.00 |
| 调查户数 | | 户 | 5.00 | 12.00 | 17.00 | 21.00 | 6.00 |
| 调查数量 | | 亩 | 19190.00 | 209.00 | 478.00 | 69.00 | 75.00 |
| 平均饲养天数 | | 天 | 330.00 | 272.00 | 280.00 | 271.00 | 318.00 |
| 每亩 | 主产品产量 | 公斤 | 626.20 | 493.60 | 474.30 | 420.40 | 621.80 |
| | 产值合计 | 元 | 2173.54 | 3084.15 | 3018.90 | 1914.92 | 3395.88 |
| | 主产品产值 | 元 | 2142.70 | 2143.45 | 3010.17 | 1908.65 | 3395.88 |
| | 副产品产值 | 元 | 30.84 | 940.70 | 8.73 | 6.27 | |
| | 其他收入 | 元 | | | | | |
| | 生产成本 | 元 | 1639.95 | 2689.47 | 2199.19 | 1582.62 | 3394.38 |
| | 物质费用 | 元 | 1312.35 | 2357.95 | 1756.79 | 731.58 | 3124.11 |
| | 用工作价 | 元 | 327.60 | 331.52 | 442.40 | 851.04 | 270.27 |
| | 用工数量 | 日 | 18.00 | 12.80 | 31.60 | 39.40 | 18.90 |
| | 劳动日工价 | 元 | 18.20 | 25.90 | 14.00 | 21.60 | 14.30 |
| | 期间费用 | 元 | 251.15 | 342.50 | 312.10 | 310.60 | 350.04 |
| | 税金 | 元 | 40.03 | 28.10 | 1.67 | | 11.78 |
| | 含税成本 | 元 | 1931.13 | 3060.07 | 2512.96 | 1893.22 | 3756.20 |
| | 净产值 | 元 | 861.19 | 726.20 | 1262.11 | 1183.34 | 271.77 |
| | 减税纯收益 | 元 | 242.41 | 24.08 | 505.94 | 21.70 | -360.32 |
| | 成本纯收益率 | % | 12.55 | 0.79 | 20.13 | 1.15 | -9.59 |
| | 耗粮数量 | 公斤 | 475.90 | 919.10 | 367.40 | 124.90 | 537.80 |
| 每50公斤主产品 | 平均出售价格 | 元 | 171.09 | 217.12 | 317.33 | 227.00 | 273.07 |
| | 物质费用 | 元 | 103.30 | 166.00 | 184.66 | 86.72 | 251.22 |
| | 生产成本 | 元 | 129.09 | 189.34 | 231.17 | 187.61 | 272.95 |
| | 含税成本 | 元 | 152.01 | 215.42 | 264.15 | 224.43 | 302.04 |
| | 净产值 | 元 | 67.79 | 51.12 | 132.67 | 140.28 | 21.85 |
| | 减税纯收益 | 元 | 19.08 | 1.70 | 53.18 | 2.57 | -28.97 |
| | 耗粮数量 | 公斤 | 38.00 | 93.10 | 38.70 | 14.90 | 43.20 |
| 每一劳动日 | 主产品产量 | 公斤 | 34.80 | 38.60 | 15.00 | 10.70 | 32.90 |
| | 净产值 | 元 | 47.84 | 56.73 | 39.94 | 30.03 | 14.38 |
| 每核算单位成本外支出 | | 元 | 0.05 | | | | |

# 2002 年全国水产品成本收益(三)

品种：淡水鱼农户精养　　　　按地区工价汇总

| 项　目　名　称 | | 单位 | 河　南 | 湖　北 | 广　东 | 四　川 | 陕　西 |
|---|---|---|---|---|---|---|---|
| 调查县数 | | 个 | 2.00 | 10.00 | 6.00 | 3.00 | 2.00 |
| 调查户数 | | 户 | 2.00 | 61.00 | 54.00 | 4.00 | 16.00 |
| 调查数量 | | 亩 | 46.00 | 1224.00 | 678.00 | 30.00 | 133.00 |
| 平均饲养天数 | | 天 | 300.00 | 227.00 | 247.00 | 365.00 | 213.00 |
| 每亩 | 主产品产量 | 公斤 | 1689.40 | 569.40 | 760.70 | 898.30 | 1247.60 |
| | 产值合计 | 元 | 9380.70 | 2465.93 | 4135.55 | 2365.58 | 7080.72 |
| | 主产品产值 | 元 | 9341.36 | 2465.93 | 4124.67 | 2365.58 | 7080.72 |
| | 副产品产值 | 元 | 39.34 | | 10.88 | | |
| | 其他收入 | 元 | | | | | |
| | 生产成本 | 元 | 8597.22 | 1596.25 | 3123.95 | 2235.61 | 5449.55 |
| | 物质费用 | 元 | 8233.47 | 1397.45 | 2621.70 | 2063.34 | 4693.39 |
| | 用工作价 | 元 | 363.75 | 198.80 | 502.25 | 172.27 | 756.16 |
| | 用工数量 | 日 | 29.10 | 14.20 | 20.50 | 10.70 | 55.60 |
| | 劳动日工价 | 元 | 12.50 | 14.00 | 24.50 | 16.10 | 13.60 |
| | 期间费用 | 元 | 403.22 | 607.73 | 434.77 | 440.74 | 267.23 |
| | 税金 | 元 | 68.68 | 33.96 | 34.28 | | 52.89 |
| | 含税成本 | 元 | 9069.12 | 2237.94 | 3593.00 | 2676.35 | 5769.67 |
| | 净产值 | 元 | 1147.23 | 1068.48 | 1513.85 | 302.24 | 2387.33 |
| | 减税纯收益 | 元 | 311.58 | 227.99 | 542.55 | -310.77 | 1311.05 |
| | 成本纯收益率 | % | 3.44 | 10.19 | 15.10 | -11.61 | 22.72 |
| | 耗粮数量 | 公斤 | 1796.60 | 186.80 | 631.50 | 378.90 | 2104.10 |
| 每50公斤主产品 | 平均出售价格 | 元 | 276.47 | 216.54 | 271.11 | 131.67 | 283.77 |
| | 物质费用 | 元 | 242.66 | 122.71 | 171.87 | 114.85 | 188.09 |
| | 生产成本 | 元 | 253.38 | 140.17 | 204.79 | 124.44 | 218.40 |
| | 含税成本 | 元 | 267.29 | 196.52 | 235.54 | 148.97 | 231.23 |
| | 净产值 | 元 | 33.81 | 93.83 | 99.24 | 16.82 | 95.68 |
| | 减税纯收益 | 元 | 9.18 | 20.02 | 35.57 | -17.30 | 52.54 |
| | 耗粮数量 | 公斤 | 53.20 | 16.40 | 41.50 | 21.10 | 84.30 |
| 每一劳动日 | 主产品产量 | 公斤 | 58.10 | 40.10 | 37.10 | 84.00 | 22.40 |
| | 净产值 | 元 | 39.42 | 75.25 | 73.85 | 28.25 | 42.94 |
| 每核算单位成本外支出 | | 元 | | 12.25 | | | |

# 2002年全国水产品物质费用和期间费用(一)

品种：淡水鱼农户精养

| 项 目 名 称 | 单位 | 平 均 | 北 京 | 天 津 | 河 北 | 黑龙江 | 上 海 |
|---|---|---|---|---|---|---|---|
| 一、物质费用 | 元 | 3031.89 | 5413.13 | 3391.93 | 1866.61 | 2406.35 | 4107.99 |
| (一)直接生产费用 | 元 | 2955.97 | 5360.34 | 3330.53 | 1704.91 | 2345.07 | 4048.39 |
| 1.仔畜进价 | 元 | 722.05 | 713.74 | 556.69 | 482.57 | 719.05 | 1451.06 |
| 2.精饲料费 | 元 | 1843.79 | 3765.10 | 2289.29 | 1047.63 | 1376.52 | 2169.16 |
| 3.青粗饲料费 | 元 | 86.88 | | 11.16 | 10.90 | 12.17 | 112.91 |
| 4.饲料加工费 | 元 | 9.07 | | 76.97 | 28.40 | 7.75 | |
| 5.水费 | 元 | 25.45 | 242.74 | 54.57 | 1.52 | 15.57 | |
| 6.电费 | 元 | 104.48 | 165.91 | 224.55 | 46.26 | 71.47 | 130.70 |
| 7.煤费 | 元 | 1.28 | | | 1.98 | 16.03 | |
| 8.医疗防疫费 | 元 | 76.87 | 319.30 | 93.08 | 9.33 | 57.94 | 112.19 |
| 9.死亡损失费 | 元 | 45.12 | 83.88 | 8.87 | 48.67 | 34.50 | 35.34 |
| 10.工具材料费 | 元 | 21.60 | 67.42 | 9.39 | 27.06 | 14.81 | 21.02 |
| 11.其他直接费用 | 元 | 19.38 | 2.25 | 5.96 | 0.59 | 19.26 | 16.01 |
| (二)间接生产费用 | 元 | 75.92 | 52.79 | 61.40 | 161.70 | 61.28 | 59.60 |
| 1.固定资产折旧费 | 元 | 49.30 | 41.97 | 45.79 | 130.51 | 41.64 | 22.42 |
| 2.修理费 | 元 | 16.38 | 10.82 | 14.25 | 30.99 | 14.89 | 26.26 |
| 3.其它间接费用 | 元 | 10.24 | | 1.36 | 0.20 | 4.75 | 10.92 |
| 二、期间费用 | 元 | 305.25 | 187.82 | 198.64 | 52.37 | 63.21 | 356.60 |
| 1.承包费 | 元 | 233.11 | 142.53 | 171.11 | 36.43 | 41.37 | 264.57 |
| 2.管理费 | 元 | 44.95 | 13.46 | 2.19 | 2.01 | 1.79 | 47.64 |
| 3.销售费 | 元 | 19.72 | 31.83 | 8.81 | 13.93 | 12.15 | 34.65 |
| 4.财务费 | 元 | 7.47 | | 16.53 | | 7.90 | 9.74 |
| 附记：1.仔畜重量 | 公斤 | 183.30 | 140.00 | 122.60 | | | 315.40 |
| 2.精饲料数量 | 公斤 | 1240.30 | 2071.90 | 1257.30 | 600.80 | 935.30 | 1965.50 |
| 3.青粗饲料量 | 公斤 | 1085.10 | 1532.30 | 124.50 | 197.80 | 64.10 | 2611.10 |

# 2002年全国水产品物质费用和期间费用(二)

品种：淡水鱼农户精养

| 项目名称 | 单位 | 江苏 | 浙江 | 安徽 | 福建 | 江西 |
|---|---|---|---|---|---|---|
| 一、物质费用 | 元 | 1312.35 | 2357.95 | 1756.79 | 731.58 | 3124.11 |
| (一)直接生产费用 | 元 | 1250.76 | 2334.51 | 1705.63 | 688.35 | 3058.85 |
| 1.仔畜进价 | 元 | 486.99 | 909.95 | 457.86 | 242.03 | 1735.02 |
| 2.精饲料费 | 元 | 628.56 | 1235.20 | 623.61 | 229.41 | 925.22 |
| 3.青粗饲料费 | 元 | 30.07 | 1.68 | 371.31 | 145.19 | 165.91 |
| 4.饲料加工费 | 元 | 0.05 | | 22.85 | | |
| 5.水费 | 元 | 7.96 | | | | |
| 6.电费 | 元 | 19.05 | 98.74 | 77.90 | 13.04 | 67.70 |
| 7.煤费 | 元 | | | 1.26 | | |
| 8.医疗防疫费 | 元 | 17.54 | 15.84 | 31.55 | 21.80 | 116.88 |
| 9.死亡损失费 | 元 | 30.65 | 40.49 | 46.85 | 8.97 | 22.84 |
| 10.工具材料费 | 元 | 22.07 | 9.12 | 64.44 | 10.42 | 14.83 |
| 11.其他直接费用 | 元 | 7.82 | 23.49 | 8.00 | 17.49 | 10.45 |
| (二)间接生产费用 | 元 | 61.59 | 23.44 | 51.16 | 43.23 | 65.26 |
| 1.固定资产折旧费 | 元 | 32.25 | 4.71 | 33.54 | 22.66 | 43.06 |
| 2.修理费 | 元 | 10.94 | 17.87 | 7.01 | 20.57 | 22.20 |
| 3.其它间接费用 | 元 | 18.40 | 0.86 | 10.61 | | |
| 二、期间费用 | 元 | 251.15 | 342.50 | 312.10 | 310.60 | 350.04 |
| 1.承包费 | 元 | 231.57 | 252.90 | 230.96 | 294.43 | 293.92 |
| 2.管理费 | 元 | | 8.01 | 53.35 | | 56.12 |
| 3.销售费 | 元 | 19.58 | 35.70 | 21.04 | 16.17 | |
| 4.财务费 | 元 | | 45.89 | 6.75 | | |
| 附记：1.仔畜重量 | 公斤 | | 186.80 | 77.30 | 338.70 | 287.20 |
| 2.精饲料数量 | 公斤 | 721.10 | 1239.70 | 634.30 | 180.60 | 553.70 |
| 3.青粗饲料量 | 公斤 | 1797.40 | 120.00 | 668.20 | 2973.10 | 376.00 |

# 2002年全国水产品物质费用和期间费用(三)

品种：淡水鱼农户精养

| 项目名称 | 单位 | 河南 | 湖北 | 广东 | 四川 | 陕西 |
|---|---|---|---|---|---|---|
| 一、物质费用 | 元 | 8233.47 | 1397.45 | 2621.70 | 2063.34 | 4693.39 |
| (一)直接生产费用 | 元 | 8026.27 | 1388.78 | 2566.47 | 1935.62 | 4594.91 |
| 1.仔畜进价 | 元 | 993.62 | 712.50 | 878.11 | 156.28 | 335.28 |
| 2.精饲料费 | 元 | 6488.78 | 337.81 | 1247.36 | 1433.78 | 3859.35 |
| 3.青粗饲料费 | 元 |  | 175.77 | 250.46 |  | 15.60 |
| 4.饲料加工费 | 元 |  |  |  |  |  |
| 5.水费 | 元 | 26.83 | 8.51 | 0.75 |  | 23.30 |
| 6.电费 | 元 | 289.57 | 15.24 | 79.82 | 43.79 | 223.44 |
| 7.煤费 | 元 |  |  |  |  |  |
| 8.医疗防疫费 | 元 | 115.62 | 52.93 | 36.63 | 93.74 | 58.63 |
| 9.死亡损失费 | 元 | 86.00 | 75.89 | 9.62 | 127.73 | 16.44 |
| 10.工具材料费 | 元 | 25.85 | 2.76 | 21.62 |  | 13.22 |
| 11.其他直接费用 | 元 |  | 7.37 | 42.10 | 80.30 | 49.65 |
| (二)间接生产费用 | 元 | 207.20 | 8.67 | 55.23 | 127.72 | 98.48 |
| 1.固定资产折旧费 | 元 | 153.91 | 5.64 | 36.59 | 28.30 | 96.49 |
| 2.修理费 | 元 | 53.29 | 1.30 | 13.35 |  | 1.99 |
| 3.其它间接费用 | 元 |  | 1.73 | 5.29 | 99.42 |  |
| 二、期间费用 | 元 | 403.22 | 607.73 | 434.77 | 440.74 | 267.23 |
| 1.承包费 | 元 | 180.00 | 471.77 | 380.81 | 261.97 | 242.33 |
| 2.管理费 | 元 | 166.02 | 90.89 | 53.96 | 178.77 |  |
| 3.销售费 | 元 | 57.20 | 42.60 |  |  | 2.19 |
| 4.财务费 | 元 |  | 2.47 |  |  | 22.71 |
| 附记：1.仔畜重量 | 公斤 |  | 246.10 |  | 41.70 | 76.90 |
| 2.精饲料数量 | 公斤 | 2887.00 | 287.10 | 978.20 | 664.40 | 3627.20 |
| 3.青粗饲料量 | 公斤 |  | 819.30 | 2687.90 | 1134.70 | 85.20 |

# （二）大中城市

# 2002年大中城市水产品成本收益(一)

品种：淡水鱼农户精养　　　　按统一工价汇总

| 项目名称 | | 单位 | 平均 | 北京 | 天津 | 石家庄 | 哈尔滨 | 上海 |
|---|---|---|---|---|---|---|---|---|
| 调查县数 | | 个 | 39.00 | 3.00 | 5.00 | 2.00 | 3.00 | 5.00 |
| 调查户数 | | 户 | 152.00 | 6.00 | 12.00 | 11.00 | 8.00 | 15.00 |
| 调查数量 | | 亩 | 8738.00 | 311.00 | 4378.00 | 31.00 | 184.00 | 1994.00 |
| 平均饲养天数 | | 天 | 265.00 | 255.00 | 192.00 | 152.00 | 177.00 | 306.00 |
| 每亩 | 主产品产量 | 公斤 | 798.20 | 1197.00 | 1020.10 | 588.30 | 423.80 | 642.40 |
| | 产值合计 | 元 | 4183.05 | 6865.17 | 4593.74 | 3487.71 | 2984.48 | 4705.55 |
| | 主产品产值 | 元 | 4007.49 | 6865.17 | 4593.74 | 3487.71 | 2954.06 | 3204.46 |
| | 副产品产值 | 元 | 175.56 | | | | 30.42 | 1501.09 |
| | 其他收入 | 元 | | | | | | |
| | 生产成本 | 元 | 3493.48 | 5659.53 | 3549.01 | 2473.78 | 2744.78 | 4377.49 |
| | 物质费用 | 元 | 3160.84 | 5413.13 | 3391.93 | 1571.34 | 2479.90 | 4107.99 |
| | 用工作价 | 元 | 332.64 | 246.40 | 157.08 | 902.44 | 264.88 | 269.50 |
| | 用工数量 | 日 | 21.60 | 16.00 | 10.20 | 58.60 | 17.20 | 17.50 |
| | 劳动日工价 | 元 | 15.40 | 15.40 | 15.40 | 15.40 | 15.40 | 15.40 |
| | 期间费用 | 元 | 315.64 | 187.82 | 198.64 | 67.49 | 45.47 | 356.60 |
| | 税金 | 元 | 27.76 | 32.31 | 36.29 | | 30.45 | 54.78 |
| | 含税成本 | 元 | 3836.88 | 5879.66 | 3783.94 | 2541.27 | 2820.70 | 4788.87 |
| | 净产值 | 元 | 1022.21 | 1452.04 | 1201.81 | 1916.37 | 504.58 | 597.56 |
| | 减税纯收益 | 元 | 346.17 | 985.51 | 809.80 | 946.44 | 163.78 | -83.32 |
| | 成本纯收益率 | % | 9.02 | 16.76 | 21.40 | 37.24 | 5.81 | -1.74 |
| | 耗粮数量 | 公斤 | 711.20 | 1375.60 | 880.10 | 121.50 | 525.80 | 196.60 |
| 每50公斤主产品 | 平均出售价格 | 元 | 251.03 | 286.77 | 225.16 | 296.42 | 348.52 | 249.41 |
| | 物质费用 | 元 | 189.69 | 226.12 | 166.25 | 133.55 | 289.60 | 217.74 |
| | 生产成本 | 元 | 209.65 | 236.41 | 173.95 | 210.25 | 320.53 | 232.02 |
| | 含税成本 | 元 | 230.26 | 245.60 | 185.47 | 215.98 | 329.39 | 253.83 |
| | 净产值 | 元 | 61.34 | 60.65 | 58.91 | 162.87 | 58.92 | 31.67 |
| | 减税纯收益 | 元 | 20.77 | 41.17 | 39.69 | 80.44 | 19.13 | -4.42 |
| | 耗粮数量 | 公斤 | 44.60 | 57.50 | 43.10 | 10.30 | 62.00 | 15.30 |
| 每一劳动日 | 主产品产量 | 公斤 | 37.00 | 74.80 | 100.00 | 10.00 | 24.60 | 36.70 |
| | 净产值 | 元 | 47.32 | 90.75 | 117.82 | 32.70 | 29.34 | 34.15 |
| 每核算单位成本外支出 | | 元 | 2.23 | | | | 12.49 | |

# 2002年大中城市水产品成本收益(二)

品种：淡水鱼农户精养　　　　按统一工价汇总

| 项目名称 | | 单位 | 南京 | 杭州 | 福州 | 南昌 | 宁波 | 厦门 |
|---|---|---|---|---|---|---|---|---|
| 调查县数 | | 个 | 1.00 | 3.00 | 1.00 | 1.00 | 1.00 | 1.00 |
| 调查户数 | | 户 | 2.00 | 9.00 | 2.00 | 6.00 | 3.00 | 2.00 |
| 调查数量 | | 亩 | 100.00 | 191.00 | 20.00 | 75.00 | 18.00 | 12.00 |
| 平均饲养天数 | | 天 | 360.00 | 263.00 | 326.00 | 318.00 | 365.00 | 295.00 |
| 每亩 | 主产品产量 | 公斤 | 470.00 | 488.80 | 523.70 | 621.80 | 544.70 | 848.50 |
| | 产值合计 | 元 | 1828.96 | 3127.13 | 1980.60 | 3395.88 | 2628.05 | 3658.20 |
| | 主产品产值 | 元 | 1828.96 | 2119.51 | 1980.60 | 3395.88 | 2397.50 | 3658.20 |
| | 副产品产值 | 元 | | 1007.62 | | | 230.55 | |
| | 其他收入 | 元 | | | | | | |
| | 生产成本 | 元 | 2442.04 | 2555.65 | 1021.68 | 3415.17 | 2539.18 | 2641.42 |
| | 物质费用 | 元 | 2134.04 | 2372.39 | 841.50 | 3124.11 | 2205.00 | 2296.46 |
| | 用工作价 | 元 | 308.00 | 183.26 | 180.18 | 291.06 | 334.18 | 344.96 |
| | 用工数量 | 日 | 20.00 | 11.90 | 11.70 | 18.90 | 21.70 | 22.40 |
| | 劳动日工价 | 元 | 15.40 | 15.40 | 15.40 | 15.40 | 15.40 | 15.40 |
| | 期间费用 | 元 | 185.00 | 360.36 | 460.00 | 350.04 | 153.00 | 634.50 |
| | 税金 | 元 | 46.00 | 30.74 | | 11.78 | | |
| | 含税成本 | 元 | 2673.04 | 2946.75 | 1481.68 | 3776.99 | 2692.18 | 3275.92 |
| | 净产值 | 元 | −305.08 | 754.74 | 1139.10 | 271.77 | 423.05 | 1361.74 |
| | 减税纯收益 | 元 | −844.08 | 180.38 | 498.92 | −381.11 | −64.13 | 382.28 |
| | 成本纯收益率 | % | −31.58 | 6.12 | 33.67 | −10.09 | −2.38 | 11.67 |
| | 耗粮数量 | 公斤 | 462.50 | 999.00 | 146.60 | 537.80 | 71.00 | 417.50 |
| 每50公斤主产品 | 平均出售价格 | 元 | 194.57 | 216.81 | 189.10 | 273.07 | 220.08 | 215.57 |
| | 物质费用 | 元 | 227.03 | 164.48 | 80.34 | 251.22 | 184.65 | 135.33 |
| | 生产成本 | 元 | 259.79 | 177.19 | 97.55 | 274.62 | 212.64 | 155.65 |
| | 含税成本 | 元 | 284.37 | 204.30 | 141.47 | 303.72 | 225.45 | 193.04 |
| | 净产值 | 元 | −32.46 | 52.33 | 108.76 | 21.85 | 35.43 | 80.24 |
| | 减税纯收益 | 元 | −89.80 | 12.51 | 47.63 | −30.65 | −5.37 | 22.53 |
| | 耗粮数量 | 公斤 | 49.20 | 102.20 | 14.00 | 43.20 | 6.50 | 24.60 |
| 每一劳动日 | 主产品产量 | 公斤 | 23.50 | 41.10 | 44.80 | 32.90 | 25.10 | 37.90 |
| | 净产值 | 元 | −15.25 | 63.42 | 97.36 | 14.38 | 19.50 | 60.79 |
| 每核算单位成本外支出 | | 元 | 10.00 | | | | | |

# 2002年大中城市水产品成本收益(三)

品种：淡水鱼农户精养　　　　按统一工价汇总

| 项目名称 | | 单位 | 郑州 | 武汉 | 广州 | 成都 | 西安 |
|---|---|---|---|---|---|---|---|
| 调查县数 | | 个 | 2.00 | 7.00 | 1.00 | 2.00 | 1.00 |
| 调查户数 | | 户 | 2.00 | 56.00 | 9.00 | 2.00 | 7.00 |
| 调查数量 | | 亩 | 46.00 | 1133.00 | 162.00 | 15.00 | 68.00 |
| 平均饲养天数 | | 天 | 300.00 | 225.00 | 131.00 | 365.00 | 215.00 |
| 每亩 | 主产品产量 | 公斤 | 1689.40 | 566.20 | 754.90 | 881.50 | 1510.00 |
| | 产值合计 | 元 | 9380.70 | 2468.80 | 3871.71 | 2412.14 | 9540.00 |
| | 主产品产值 | 元 | 9341.36 | 2468.80 | 3871.71 | 2412.14 | 9540.00 |
| | 副产品产值 | 元 | 39.34 | | | | |
| | 其他收入 | 元 | | | | | |
| | 生产成本 | 元 | 8681.61 | 1624.87 | 2766.62 | 2164.61 | 7230.20 |
| | 物质费用 | 元 | 8233.47 | 1424.67 | 2563.34 | 1999.83 | 6414.00 |
| | 用工作价 | 元 | 448.14 | 200.20 | 203.28 | 164.78 | 816.20 |
| | 用工数量 | 日 | 29.10 | 13.00 | 13.20 | 10.70 | 53.00 |
| | 劳动日工价 | 元 | 15.40 | 15.40 | 15.40 | 15.40 | 15.40 |
| | 期间费用 | 元 | 403.22 | 623.61 | 350.62 | 418.93 | 255.00 |
| | 税金 | 元 | 68.68 | 35.75 | 47.45 | | 50.00 |
| | 含税成本 | 元 | 9153.51 | 2284.23 | 3164.69 | 2583.54 | 7535.20 |
| | 净产值 | 元 | 1147.23 | 1044.13 | 1308.37 | 412.31 | 3126.00 |
| | 减税纯收益 | 元 | 227.19 | 184.57 | 707.02 | -171.40 | 2004.80 |
| | 成本纯收益率 | % | 2.48 | 8.08 | 22.34 | -6.63 | 26.61 |
| | 耗粮数量 | 公斤 | 1796.60 | 183.40 | 1076.90 | 218.80 | 2370.00 |
| 每50公斤主产品 | 平均出售价格 | 元 | 276.47 | 218.01 | 256.44 | 136.82 | 315.89 |
| | 物质费用 | 元 | 242.66 | 125.81 | 169.78 | 113.43 | 212.38 |
| | 生产成本 | 元 | 255.87 | 143.49 | 183.25 | 122.78 | 239.41 |
| | 含税成本 | 元 | 269.77 | 201.71 | 209.61 | 146.54 | 249.51 |
| | 净产值 | 元 | 33.81 | 92.20 | 86.66 | 23.39 | 103.51 |
| | 减税纯收益 | 元 | 6.70 | 16.30 | 46.83 | -9.72 | 66.38 |
| | 耗粮数量 | 公斤 | 53.20 | 16.20 | 71.30 | 12.40 | 78.50 |
| 每一劳动日 | 主产品产量 | 公斤 | 58.10 | 43.60 | 57.20 | 82.40 | 28.50 |
| | 净产值 | 元 | 39.42 | 80.32 | 99.12 | 38.53 | 58.98 |
| 每核算单位成本外支出 | | 元 | | 13.24 | | | |

# 2002 年大中城市水产品成本收益(一)

品种：淡水鱼农户精养　　　　按地区工价汇总

| 项目名称 | | 单位 | 平均 | 北京 | 天津 | 石家庄 | 哈尔滨 | 上海 |
|---|---|---|---|---|---|---|---|---|
| 调查县数 | | 个 | 39.00 | 3.00 | 5.00 | 2.00 | 3.00 | 5.00 |
| 调查户数 | | 户 | 152.00 | 6.00 | 12.00 | 11.00 | 8.00 | 15.00 |
| 调查数量 | | 亩 | 8738.00 | 311.00 | 4378.00 | 31.00 | 184.00 | 1994.00 |
| 平均饲养天数 | | 天 | 265.00 | 255.00 | 192.00 | 152.00 | 177.00 | 306.00 |
| 每亩 | 主产品产量 | 公斤 | 798.20 | 1197.00 | 1020.10 | 588.30 | 423.80 | 642.40 |
| | 产值合计 | 元 | 4183.05 | 6865.17 | 4593.74 | 3487.71 | 2984.48 | 4705.55 |
| | 主产品产值 | 元 | 4007.49 | 6865.17 | 4593.74 | 3487.71 | 2954.06 | 3204.46 |
| | 副产品产值 | 元 | 175.56 | | | | 30.42 | 1501.09 |
| | 其他收入 | 元 | | | | | | |
| | 生产成本 | 元 | 3670.60 | 5961.93 | 3576.55 | 2479.64 | 2804.98 | 4695.99 |
| | 物质费用 | 元 | 3160.84 | 5413.13 | 3391.93 | 1571.34 | 2479.90 | 4107.99 |
| | 用工作价 | 元 | 509.76 | 548.80 | 184.62 | 908.30 | 325.08 | 588.00 |
| | 用工数量 | 日 | 21.60 | 16.00 | 10.20 | 58.60 | 17.20 | 17.50 |
| | 劳动日工价 | 元 | 23.60 | 34.30 | 18.10 | 15.50 | 18.90 | 33.60 |
| | 期间费用 | 元 | 315.64 | 187.82 | 198.64 | 67.49 | 45.47 | 356.60 |
| | 税金 | 元 | 27.76 | 32.31 | 36.29 | | 30.45 | 54.78 |
| | 含税成本 | 元 | 4014.00 | 6182.06 | 3811.48 | 2547.13 | 2880.90 | 5107.37 |
| | 净产值 | 元 | 1022.21 | 1452.04 | 1201.81 | 1916.37 | 504.58 | 597.56 |
| | 减税纯收益 | 元 | 169.05 | 683.11 | 782.26 | 940.58 | 103.58 | -401.82 |
| | 成本纯收益率 | % | 4.21 | 11.05 | 20.52 | 36.93 | 3.60 | -7.87 |
| | 耗粮数量 | 公斤 | 711.20 | 1375.60 | 880.10 | 121.50 | 525.80 | 196.60 |
| 每50公斤主产品 | 平均出售价格 | 元 | 251.03 | 286.77 | 225.16 | 296.42 | 348.52 | 249.41 |
| | 物质费用 | 元 | 189.69 | 226.12 | 166.25 | 133.55 | 289.60 | 217.74 |
| | 生产成本 | 元 | 220.28 | 249.04 | 175.30 | 210.74 | 327.56 | 248.90 |
| | 含税成本 | 元 | 240.89 | 258.24 | 186.82 | 216.48 | 336.42 | 270.71 |
| | 净产值 | 元 | 61.34 | 60.65 | 58.91 | 162.87 | 58.92 | 31.67 |
| | 减税纯收益 | 元 | 10.14 | 28.53 | 38.34 | 79.94 | 12.10 | -21.30 |
| | 耗粮数量 | 公斤 | 44.60 | 57.50 | 43.10 | 10.30 | 62.00 | 15.30 |
| 每一劳动日 | 主产品产量 | 公斤 | 37.00 | 74.80 | 100.00 | 10.00 | 24.60 | 36.70 |
| | 净产值 | 元 | 47.32 | 90.75 | 117.82 | 32.70 | 29.34 | 34.15 |
| 每核算单位成本外支出 | | 元 | 2.23 | | | | 12.49 | |

# 2002 年大中城市水产品成本收益(二)

品种：淡水鱼农户精养　　　　按地区工价汇总

| 项目名称 | | 单位 | 南京 | 杭州 | 福州 | 南昌 | 宁波 | 厦门 |
|---|---|---|---|---|---|---|---|---|
| 调查县数 | | 个 | 1.00 | 3.00 | 1.00 | 1.00 | 1.00 | 1.00 |
| 调查户数 | | 户 | 2.00 | 9.00 | 2.00 | 6.00 | 3.00 | 2.00 |
| 调查数量 | | 亩 | 100.00 | 191.00 | 20.00 | 75.00 | 18.00 | 12.00 |
| 平均饲养天数 | | 天 | 360.00 | 263.00 | 326.00 | 318.00 | 365.00 | 295.00 |
| 每亩 | 主产品产量 | 公斤 | 470.00 | 488.80 | 523.70 | 621.80 | 544.70 | 848.50 |
| | 产值合计 | 元 | 1828.96 | 3127.13 | 1980.60 | 3395.88 | 2628.05 | 3658.20 |
| | 主产品产值 | 元 | 1828.96 | 2119.51 | 1980.60 | 3395.88 | 2397.50 | 3658.20 |
| | 副产品产值 | 元 | | 1007.62 | | | 230.55 | |
| | 其他收入 | 元 | | | | | | |
| | 生产成本 | 元 | 2570.04 | 2680.60 | 1094.22 | 3415.17 | 2934.12 | 2914.70 |
| | 物质费用 | 元 | 2134.04 | 2372.39 | 841.50 | 3124.11 | 2205.00 | 2296.46 |
| | 用工作价 | 元 | 436.00 | 308.21 | 252.72 | 291.06 | 729.12 | 618.24 |
| | 用工数量 | 日 | 20.00 | 11.90 | 11.70 | 18.90 | 21.70 | 22.40 |
| | 劳动日工价 | 元 | 21.80 | 25.90 | 21.60 | 15.40 | 33.60 | 27.60 |
| | 期间费用 | 元 | 185.00 | 360.36 | 460.00 | 350.04 | 153.00 | 634.50 |
| | 税金 | 元 | 46.00 | 30.74 | | 11.78 | | |
| | 含税成本 | 元 | 2801.04 | 3071.70 | 1554.22 | 3776.99 | 3087.12 | 3549.20 |
| | 净产值 | 元 | -305.08 | 754.74 | 1139.10 | 271.77 | 423.05 | 1361.74 |
| | 减税纯收益 | 元 | -972.08 | 55.43 | 426.38 | -381.11 | -459.07 | 109.00 |
| | 成本纯收益率 | % | -34.70 | 1.80 | 27.43 | -10.09 | -14.87 | 3.07 |
| | 耗粮数量 | 公斤 | 462.50 | 999.00 | 146.60 | 537.80 | 71.00 | 417.50 |
| 每50公斤主产品 | 平均出售价格 | 元 | 194.57 | 216.81 | 189.10 | 273.07 | 220.08 | 215.57 |
| | 物质费用 | 元 | 227.03 | 164.48 | 80.34 | 251.22 | 184.65 | 135.33 |
| | 生产成本 | 元 | 273.41 | 185.85 | 104.47 | 274.62 | 245.71 | 171.76 |
| | 含税成本 | 元 | 297.98 | 212.97 | 148.39 | 303.72 | 258.52 | 209.15 |
| | 净产值 | 元 | -32.46 | 52.33 | 108.76 | 21.85 | 35.43 | 80.24 |
| | 减税纯收益 | 元 | -103.41 | 3.84 | 40.71 | -30.65 | -38.44 | 6.42 |
| | 耗粮数量 | 公斤 | 49.20 | 102.20 | 14.00 | 43.20 | 6.50 | 24.60 |
| 每一劳动日 | 主产品产量 | 公斤 | 23.50 | 41.10 | 44.80 | 32.90 | 25.10 | 37.90 |
| | 净产值 | 元 | -15.25 | 63.42 | 97.36 | 14.38 | 19.50 | 60.79 |
| 每核算单位成本外支出 | | 元 | 10.00 | | | | | |

# 2002 年大中城市水产品成本收益(三)

品种：淡水鱼农户精养　　　　按地区工价汇总

| 项目名称 | | 单位 | 郑州 | 武汉 | 广州 | 成都 | 西安 |
|---|---|---|---|---|---|---|---|
| 调查县数 | | 个 | 2.00 | 7.00 | 1.00 | 2.00 | 1.00 |
| 调查户数 | | 户 | 2.00 | 56.00 | 9.00 | 2.00 | 7.00 |
| 调查数量 | | 亩 | 46.00 | 1133.00 | 162.00 | 15.00 | 68.00 |
| 平均饲养天数 | | 天 | 300.00 | 225.00 | 131.00 | 365.00 | 215.00 |
| 每亩 | 主产品产量 | 公斤 | 1689.40 | 566.20 | 754.90 | 881.50 | 1510.00 |
| | 产值合计 | 元 | 9380.70 | 2468.80 | 3871.71 | 2412.14 | 9540.00 |
| | 主产品产值 | 元 | 9341.36 | 2468.80 | 3871.71 | 2412.14 | 9540.00 |
| | 副产品产值 | 元 | 39.34 | | | | |
| | 其他收入 | 元 | | | | | |
| | 生产成本 | 元 | 8815.47 | 1606.67 | 3112.46 | 2242.72 | 7134.80 |
| | 物质费用 | 元 | 8233.47 | 1424.67 | 2563.34 | 1999.83 | 6414.00 |
| | 用工作价 | 元 | 582.00 | 182.00 | 549.12 | 242.89 | 720.80 |
| | 用工数量 | 日 | 29.10 | 13.00 | 13.20 | 10.70 | 53.00 |
| | 劳动日工价 | 元 | 20.00 | 14.00 | 41.60 | 22.70 | 13.60 |
| | 期间费用 | 元 | 403.22 | 623.61 | 350.62 | 418.93 | 255.00 |
| | 税金 | 元 | 68.68 | 35.75 | 47.45 | | 50.00 |
| | 含税成本 | 元 | 9287.37 | 2266.03 | 3510.53 | 2661.65 | 7439.80 |
| | 净产值 | 元 | 1147.23 | 1044.13 | 1308.37 | 412.31 | 3126.00 |
| | 减税纯收益 | 元 | 93.33 | 202.77 | 361.18 | -249.51 | 2100.20 |
| | 成本纯收益率 | % | 1.00 | 8.95 | 10.29 | -9.37 | 28.23 |
| | 耗粮数量 | 公斤 | 1796.60 | 183.40 | 1076.90 | 218.80 | 2370.00 |
| 每50公斤主产品 | 平均出售价格 | 元 | 276.47 | 218.01 | 256.44 | 136.82 | 315.89 |
| | 物质费用 | 元 | 242.66 | 125.81 | 169.78 | 113.43 | 212.38 |
| | 生产成本 | 元 | 259.81 | 141.88 | 206.15 | 127.21 | 236.25 |
| | 含税成本 | 元 | 273.72 | 200.10 | 232.52 | 150.97 | 246.35 |
| | 净产值 | 元 | 33.81 | 92.20 | 86.66 | 23.39 | 103.51 |
| | 减税纯收益 | 元 | 2.75 | 17.91 | 23.92 | -14.15 | 69.54 |
| | 耗粮数量 | 公斤 | 53.20 | 16.20 | 71.30 | 12.40 | 78.50 |
| 每一劳动日 | 主产品产量 | 公斤 | 58.10 | 43.60 | 57.20 | 82.40 | 28.50 |
| | 净产值 | 元 | 39.42 | 80.32 | 99.12 | 38.53 | 58.98 |
| 每核算单位成本外支出 | | 元 | | 13.24 | | | |

# 2002年大中城市水产品物质费用和期间费用(一)

品种：淡水鱼农户精养

| 项目名称 | 单位 | 平均 | 北京 | 天津 | 石家庄 | 哈尔滨 | 上海 |
|---|---|---|---|---|---|---|---|
| 一、物质费用 | 元 | 3160.84 | 5413.13 | 3391.93 | 1571.34 | 2479.90 | 4107.99 |
| (一)直接生产费用 | 元 | 3054.65 | 5360.34 | 3330.53 | 1256.50 | 2421.76 | 4048.39 |
| 1.仔畜进价 | 元 | 754.38 | 713.74 | 556.69 | 786.19 | 836.79 | 1451.06 |
| 2.精饲料费 | 元 | 1935.90 | 3765.10 | 2289.29 | 292.84 | 1305.39 | 2169.16 |
| 3.青粗饲料费 | 元 | 56.98 | | 11.16 | 22.97 | 21.08 | 112.91 |
| 4.饲料加工费 | 元 | 11.61 | | 76.97 | 88.61 | 10.18 | |
| 5.水费 | 元 | 22.95 | 242.74 | 54.57 | 5.00 | 16.79 | |
| 6.电费 | 元 | 110.08 | 165.91 | 224.55 | 16.86 | 55.90 | 130.70 |
| 7.煤费 | 元 | 3.62 | | | 6.51 | 42.20 | |
| 8.医疗防疫费 | 元 | 81.13 | 319.30 | 93.08 | 4.99 | 78.59 | 112.19 |
| 9.死亡损失费 | 元 | 37.83 | 83.88 | 8.87 | 25.01 | 31.30 | 35.34 |
| 10.工具材料费 | 元 | 14.90 | 67.42 | 9.39 | 5.57 | 11.16 | 21.02 |
| 11.其他直接费用 | 元 | 25.27 | 2.25 | 5.96 | 1.95 | 12.38 | 16.01 |
| (二)间接生产费用 | 元 | 106.19 | 52.79 | 61.40 | 314.84 | 58.14 | 59.60 |
| 1.固定资产折旧费 | 元 | 63.17 | 41.97 | 45.79 | 250.97 | 34.21 | 22.42 |
| 2.修理费 | 元 | 17.38 | 10.82 | 14.25 | 63.87 | 19.06 | 26.26 |
| 3.其它间接费用 | 元 | 25.64 | | 1.36 | | 4.87 | 10.92 |
| 二、期间费用 | 元 | 315.64 | 187.82 | 198.64 | 67.49 | 45.47 | 356.60 |
| 1.承包费 | 元 | 247.77 | 142.53 | 171.11 | 21.65 | 21.04 | 264.57 |
| 2.管理费 | 元 | 35.50 | 13.46 | 2.19 | 6.61 | 1.55 | 47.64 |
| 3.销售费 | 元 | 24.03 | 31.83 | 8.81 | 39.23 | 22.88 | 34.65 |
| 4.财务费 | 元 | 8.34 | | 16.53 | | | 9.74 |
| 附记：1.仔畜重量 | 公斤 | 153.70 | 140.00 | 122.60 | | | 315.40 |
| 2.精饲料数量 | 公斤 | 1302.90 | 2071.90 | 1257.30 | 243.10 | 693.20 | 1965.50 |
| 3.青粗饲料量 | 公斤 | 997.10 | 1532.30 | 124.50 | 51.90 | 54.00 | 2611.10 |

# 2002年大中城市水产品物质费用和期间费用(二)

品种：淡水鱼农户精养

| 项 目 名 称 | 单位 | 南 京 | 杭 州 | 福 州 | 南 昌 | 宁 波 | 厦 门 |
|---|---|---|---|---|---|---|---|
| 一、物质费用 | 元 | 2134.04 | 2372.39 | 841.50 | 3124.11 | 2205.00 | 2296.46 |
| (一)直接生产费用 | 元 | 1768.90 | 2351.44 | 794.00 | 3058.85 | 2155.00 | 2215.96 |
| 1.仔畜进价 | 元 | 485.00 | 934.94 | 366.50 | 1735.02 | 644.78 | 771.79 |
| 2.精饲料费 | 元 | 1040.00 | 1229.06 | 325.00 | 925.22 | 1300.39 | 1230.22 |
| 3.青粗饲料费 | 元 | 43.90 | 1.84 | 45.00 | 165.91 | | |
| 4.饲料加工费 | 元 | 10.00 | | | | | |
| 5.水费 | 元 | | | | | | 12.00 |
| 6.电费 | 元 | 20.00 | 100.26 | 45.00 | 67.70 | 82.61 | 100.90 |
| 7.煤费 | 元 | | | | | | 9.20 |
| 8.医疗防疫费 | 元 | 45.00 | 12.57 | 12.50 | 116.88 | 50.55 | 59.85 |
| 9.死亡损失费 | 元 | 40.00 | 44.31 | | 22.84 | | |
| 10.工具材料费 | 元 | 35.00 | 9.98 | | 14.83 | | 32.00 |
| 11.其他直接费用 | 元 | 50.00 | 18.48 | | 10.45 | 76.67 | |
| (二)间接生产费用 | 元 | 365.14 | 20.95 | 47.50 | 65.26 | 50.00 | 80.50 |
| 1.固定资产折旧费 | 元 | 80.14 | 5.16 | 47.50 | 43.06 | | 68.00 |
| 2.修理费 | 元 | | 15.79 | | 22.20 | 40.00 | 12.50 |
| 3.其它间接费用 | 元 | 285.00 | | | | 10.00 | |
| 二、期间费用 | 元 | 185.00 | 360.36 | 460.00 | 350.04 | 153.00 | 634.50 |
| 1.承包费 | 元 | 150.00 | 262.31 | 425.00 | 293.92 | 153.00 | 562.50 |
| 2.管理费 | 元 | | 8.76 | | 56.12 | | |
| 3.销售费 | 元 | 35.00 | 39.07 | 35.00 | | | 35.00 |
| 4.财务费 | 元 | | 50.22 | | | | 37.00 |
| 附记：1.仔畜重量 | 公斤 | 79.00 | 191.70 | 93.70 | 287.20 | 134.50 | |
| 2.精饲料数量 | 公斤 | 925.00 | 1249.70 | 244.30 | 553.70 | 1133.30 | 695.70 |
| 3.青粗饲料量 | 公斤 | 1300.00 | 120.00 | | 376.00 | | |

# 2002年大中城市水产品物质费用和期间费用(三)

品种：淡水鱼农户精养

| 项 目 名 称 | 单位 | 郑 州 | 武 汉 | 广 州 | 成 都 | 西 安 |
|---|---|---|---|---|---|---|
| 一、物质费用 | 元 | 8233.47 | 1424.67 | 2563.34 | 1999.83 | 6414.00 |
| (一)直接生产费用 | 元 | 8026.27 | 1421.12 | 2543.17 | 1872.84 | 6249.00 |
| 1.仔畜进价 | 元 | 993.62 | 742.69 | 750.36 | 147.91 | 153.00 |
| 2.精饲料费 | 元 | 6488.78 | 336.84 | 1364.78 | 1392.28 | 5520.00 |
| 3.青粗饲料费 | 元 | | 180.04 | 286.81 | | 20.00 |
| 4.饲料加工费 | 元 | | | | | |
| 5.水费 | 元 | 26.83 | 9.20 | | | |
| 6.电费 | 元 | 289.57 | 12.89 | 42.00 | 36.43 | 370.00 |
| 7.煤费 | 元 | | | | | |
| 8.医疗防疫费 | 元 | 115.62 | 55.20 | 40.45 | 90.24 | 91.00 |
| 9.死亡损失费 | 元 | 86.00 | 81.99 | | 125.72 | 20.00 |
| 10.工具材料费 | 元 | 25.85 | 1.81 | 4.38 | | |
| 11.其他直接费用 | 元 | | 0.46 | 54.39 | 80.26 | 75.00 |
| (二)间接生产费用 | 元 | 207.20 | 3.55 | 20.17 | 126.99 | 165.00 |
| 1.固定资产折旧费 | 元 | 153.91 | 3.55 | 20.17 | 28.86 | 165.00 |
| 2.修理费 | 元 | 53.29 | | | | |
| 3.其它间接费用 | 元 | | | | 98.13 | |
| 二、期间费用 | 元 | 403.22 | 623.61 | 350.62 | 418.93 | 255.00 |
| 1.承包费 | 元 | 180.00 | 489.51 | 350.62 | 241.51 | 235.00 |
| 2.管理费 | 元 | 166.02 | 88.26 | | 177.42 | |
| 3.销售费 | 元 | 57.20 | 45.82 | | | |
| 4.财务费 | 元 | | 0.02 | | | 20.00 |
| 附记：1.仔畜重量 | 公斤 | | 258.40 | | 26.60 | 42.00 |
| 2.精饲料数量 | 公斤 | 2887.00 | 279.00 | 1272.40 | 645.50 | 4730.00 |
| 3.青粗饲料量 | 公斤 | | 711.70 | 3986.70 | | 100.00 |

# 第七部分　蔬　　菜

# 2002年大中城市蔬菜成本收益(一)

品种：陆地西红柿　　　　按统一工价汇总

| 项目名称 | | 单位 | 平均 | 北京 | 天津 | 石家庄 | 太原 | 呼和浩特 | 沈阳 |
|---|---|---|---|---|---|---|---|---|---|
| 调查县数 | | 个 | 45.00 | 4.00 | 1.00 | 1.00 | 1.00 | 3.00 | 2.00 |
| 调查户数 | | 户 | 161.00 | 9.00 | 1.00 | 3.00 | 3.00 | 10.00 | 4.00 |
| 调查面积 | | 亩 | 161.94 | 7.90 | 0.60 | 6.20 | 4.50 | 10.00 | 5.50 |
| 每亩 | 主产品产量 | 公斤 | 4086.70 | 3430.90 | 3369.00 | 4680.00 | 4790.00 | 6034.00 | 3131.50 |
| | 产值合计 | 元 | 3243.06 | 2907.54 | 2695.20 | 4650.40 | 2682.40 | 3017.00 | 1829.55 |
| | 主产品产值 | 元 | 3241.60 | 2907.54 | 2695.20 | 4650.40 | 2682.40 | 3017.00 | 1829.55 |
| | 副产品产值 | 元 | 1.46 | | | | | | |
| | 其它收入 | 元 | | | | | | | |
| | 生产成本 | 元 | 1262.08 | 990.60 | 893.50 | 1140.97 | 1369.33 | 1031.30 | 935.50 |
| | 物质费用 | 元 | 630.68 | 520.90 | 233.50 | 412.77 | 632.33 | 701.30 | 702.30 |
| | 用工作价 | 元 | 631.40 | 469.70 | 660.00 | 728.20 | 737.00 | 330.00 | 233.20 |
| | 用工数量 | 日 | 57.40 | 42.70 | 60.00 | 66.20 | 67.00 | 30.00 | 21.20 |
| | 劳动日工价 | 元 | 11.00 | 11.00 | 11.00 | 11.00 | 11.00 | 11.00 | 11.00 |
| | 期间费用 | 元 | 151.60 | 106.91 | 46.90 | 71.20 | 102.97 | 170.00 | 91.75 |
| | 税金 | 元 | 32.73 | 24.13 | 21.40 | 38.10 | 27.80 | 46.62 | 79.84 |
| | 含税成本 | 元 | 1446.41 | 1121.64 | 961.80 | 1250.27 | 1500.10 | 1247.92 | 1107.09 |
| | 净产值 | 元 | 2612.38 | 2386.64 | 2461.70 | 4237.63 | 2050.07 | 2315.70 | 1127.25 |
| | 减税纯收益 | 元 | 1796.65 | 1785.90 | 1733.40 | 3400.13 | 1182.30 | 1769.08 | 722.46 |
| | 成本纯收益率 | % | 124.21 | 159.22 | 180.22 | 271.95 | 78.81 | 141.76 | 65.26 |
| 每50公斤主产品 | 平均出售价格 | 元 | 39.66 | 42.37 | 40.00 | 49.68 | 28.00 | 25.00 | 29.21 |
| | 物质费用 | 元 | 7.71 | 7.59 | 3.47 | 4.41 | 6.60 | 5.81 | 11.21 |
| | 生产成本 | 元 | 15.43 | 14.44 | 13.26 | 12.19 | 14.29 | 8.55 | 14.94 |
| | 含税成本 | 元 | 17.69 | 16.35 | 14.27 | 13.36 | 15.66 | 10.34 | 17.68 |
| | 净产值 | 元 | 31.95 | 34.78 | 36.53 | 45.27 | 21.40 | 19.19 | 18.00 |
| | 减税纯收益 | 元 | 21.97 | 26.02 | 25.73 | 36.32 | 12.34 | 14.66 | 11.53 |
| 每一劳动日 | 主产品产量 | 公斤 | 71.20 | 80.30 | 56.20 | 70.70 | 71.50 | 201.10 | 147.70 |
| | 净产值 | 元 | 45.51 | 55.89 | 41.03 | 64.01 | 30.60 | 77.19 | 53.17 |
| 每亩主产品出售数量 | | 公斤 | 3961.40 | 3430.90 | 3369.00 | 4415.00 | 4000.00 | 6034.00 | 3131.50 |
| 每亩主产品出售产值 | | 元 | 3112.09 | 2907.54 | 2695.20 | 3599.70 | 2400.40 | 3017.00 | 1829.60 |
| 每亩成本外支出 | | 元 | 9.90 | 14.16 | 7.40 | | 16.91 | 19.98 | 31.48 |

# 2002 年大中城市蔬菜成本收益(二)

品种：陆地西红柿　　　　按统一工价汇总

| 项目名称 | | 单位 | 长春 | 哈尔滨 | 大连 | 合肥 | 福州 | 南昌 | 济南 |
|---|---|---|---|---|---|---|---|---|---|
| 调查县数 | | 个 | 1.00 | 1.00 | 1.00 | 1.00 | 1.00 | 1.00 | 4.00 |
| 调查户数 | | 户 | 1.00 | 3.00 | 3.00 | 4.00 | 3.00 | 3.00 | 12.00 |
| 调查面积 | | 亩 | 0.50 | 9.00 | 3.80 | 1.40 | 8.90 | 1.30 | 8.00 |
| 每亩 | 主产品产量 | 公斤 | 1600.00 | 3528.80 | 3905.00 | 4671.40 | 6127.20 | 6803.70 | 5224.80 |
| | 产值合计 | 元 | 1280.00 | 2791.28 | 2733.50 | 4653.15 | 4786.09 | 5380.65 | 3641.11 |
| | 主产品产值 | 元 | 1280.00 | 2791.28 | 2733.50 | 4618.86 | 4786.09 | 5380.65 | 3641.11 |
| | 副产品产值 | 元 | | | | 34.29 | | | |
| | 其它收入 | 元 | | | | | | | |
| | 生产成本 | 元 | 1003.28 | 818.44 | 570.50 | 1717.07 | 1648.00 | 2113.85 | 1520.11 |
| | 物质费用 | 元 | 475.28 | 507.14 | 306.50 | 933.87 | 702.00 | 1097.45 | 719.31 |
| | 用工作价 | 元 | 528.00 | 311.30 | 264.00 | 783.20 | 946.00 | 1016.40 | 800.80 |
| | 用工数量 | 日 | 48.00 | 28.30 | 24.00 | 71.20 | 86.00 | 92.40 | 72.80 |
| | 劳动日工价 | 元 | 11.00 | 11.00 | 11.00 | 11.00 | 11.00 | 11.00 | 11.00 |
| | 期间费用 | 元 | 80.00 | 59.39 | 120.00 | 63.57 | 899.22 | 103.70 | 56.76 |
| | 税金 | 元 | 46.92 | 31.39 | 65.80 | 60.12 | 11.75 | 19.43 | 32.47 |
| | 含税成本 | 元 | 1130.20 | 909.22 | 756.30 | 1840.76 | 2558.97 | 2236.98 | 1609.34 |
| | 净产值 | 元 | 804.72 | 2284.14 | 2427.00 | 3719.28 | 4084.09 | 4283.20 | 2921.80 |
| | 减税纯收益 | 元 | 149.80 | 1882.06 | 1977.20 | 2812.39 | 2227.12 | 3143.67 | 2031.77 |
| | 成本纯收益率 | % | 13.25 | 207.00 | 261.43 | 152.78 | 87.03 | 140.53 | 126.25 |
| 每50公斤主产品 | 平均出售价格 | 元 | 40.00 | 39.55 | 35.00 | 49.44 | 39.06 | 39.54 | 34.84 |
| | 物质费用 | 元 | 14.85 | 7.19 | 3.92 | 9.92 | 5.73 | 8.06 | 6.88 |
| | 生产成本 | 元 | 31.35 | 11.60 | 7.30 | 18.24 | 13.45 | 15.53 | 14.55 |
| | 含税成本 | 元 | 35.32 | 12.88 | 9.68 | 19.56 | 20.88 | 16.44 | 15.40 |
| | 净产值 | 元 | 25.15 | 32.36 | 31.08 | 39.52 | 33.33 | 31.48 | 27.96 |
| | 减税纯收益 | 元 | 4.68 | 26.67 | 25.32 | 29.88 | 18.18 | 23.10 | 19.44 |
| 每一劳动日 | 主产品产量 | 公斤 | 33.30 | 124.70 | 162.70 | 65.60 | 71.20 | 73.60 | 71.80 |
| | 净产值 | 元 | 16.77 | 80.71 | 101.13 | 52.24 | 47.49 | 46.35 | 40.13 |
| 每亩主产品出售数量 | | 公斤 | 1550.00 | 3528.80 | 3905.00 | 4671.40 | 6127.20 | 6783.70 | 5107.90 |
| 每亩主产品出售产值 | | 元 | 1240.00 | 2791.30 | 2733.50 | 4618.86 | 4786.10 | 5364.90 | 3562.37 |
| 每亩成本外支出 | | 元 | | 10.32 | 44.20 | | | | 10.67 |

# 2002年大中城市蔬菜成本收益(三)

品种：陆地西红柿　　　　按统一工价汇总

| 项目名称 | | 单位 | 厦门 | 青岛 | 郑州 | 武汉 | 广州 | 南宁 | 海口 |
|---|---|---|---|---|---|---|---|---|---|
| 调查县数 | | 个 | 1.00 | 1.00 | 4.00 | 3.00 | 1.00 | 1.00 | 1.00 |
| 调查户数 | | 户 | 3.00 | 12.00 | 4.00 | 7.00 | 3.00 | 4.00 | 4.00 |
| 调查面积 | | 亩 | 17.00 | 12.00 | 2.10 | 4.90 | 4.20 | 2.44 | 2.90 |
| 每亩 | 主产品产量 | 公斤 | 3600.00 | 4500.00 | 4269.20 | 2541.00 | 3309.80 | 3093.50 | 3120.00 |
| | 产值合计 | 元 | 5040.00 | 4725.00 | 3513.89 | 2236.80 | 2104.51 | 1217.11 | 4446.49 |
| | 主产品产值 | 元 | 5040.00 | 4725.00 | 3513.89 | 2236.80 | 2104.51 | 1217.11 | 4446.49 |
| | 副产品产值 | 元 | | | | | | | |
| | 其它收入 | 元 | | | | | | | |
| | 生产成本 | 元 | 1152.00 | 1628.00 | 1472.75 | 770.10 | 1290.59 | 917.46 | 1674.93 |
| | 物质费用 | 元 | 519.50 | 517.00 | 642.25 | 551.20 | 614.09 | 430.16 | 860.93 |
| | 用工作价 | 元 | 632.50 | 1111.00 | 830.50 | 218.90 | 676.50 | 487.30 | 814.00 |
| | 用工数量 | 日 | 57.50 | 101.00 | 75.50 | 19.90 | 61.50 | 44.30 | 74.00 |
| | 劳动日工价 | 元 | 11.00 | 11.00 | 11.00 | 11.00 | 11.00 | 11.00 | 11.00 |
| | 期间费用 | 元 | 904.37 | 120.00 | 108.43 | 75.07 | 11.56 | 86.35 | 130.83 |
| | 税金 | 元 | 41.74 | 40.00 | 13.46 | 33.29 | 23.37 | 11.49 | 19.45 |
| | 含税成本 | 元 | 2098.11 | 1788.00 | 1594.64 | 878.46 | 1325.52 | 1015.30 | 1825.21 |
| | 净产值 | 元 | 4520.50 | 4208.00 | 2871.64 | 1685.60 | 1490.42 | 786.95 | 3585.56 |
| | 减税纯收益 | 元 | 2941.89 | 2937.00 | 1919.25 | 1358.34 | 778.99 | 201.81 | 2621.28 |
| | 成本纯收益率 | % | 140.22 | 164.26 | 120.36 | 154.63 | 58.77 | 19.88 | 143.62 |
| 每50公斤主产品 | 平均出售价格 | 元 | 70.00 | 52.50 | 41.15 | 44.01 | 31.79 | 19.67 | 71.26 |
| | 物质费用 | 元 | 7.22 | 5.74 | 7.52 | 10.85 | 9.28 | 6.95 | 13.80 |
| | 生产成本 | 元 | 16.00 | 18.09 | 17.25 | 15.15 | 19.50 | 14.83 | 26.84 |
| | 含税成本 | 元 | 29.14 | 19.87 | 18.67 | 17.28 | 20.02 | 16.41 | 29.25 |
| | 净产值 | 元 | 62.78 | 46.76 | 33.63 | 33.16 | 22.51 | 12.72 | 57.46 |
| | 减税纯收益 | 元 | 40.86 | 32.63 | 22.48 | 26.73 | 11.77 | 3.26 | 42.01 |
| 每一劳动日 | 主产品产量 | 公斤 | 62.60 | 44.60 | 56.50 | 127.70 | 53.80 | 69.80 | 42.20 |
| | 净产值 | 元 | 78.62 | 41.66 | 38.03 | 84.70 | 24.23 | 17.76 | 48.45 |
| 每亩主产品出售数量 | | 公斤 | 3600.00 | 4200.00 | 4236.70 | 2524.20 | 3309.80 | 3063.20 | 3099.70 |
| 每亩主产品出售产值 | | 元 | 5040.00 | 4410.00 | 3487.00 | 2222.00 | 2104.51 | 1207.25 | 4412.86 |
| 每亩成本外支出 | | 元 | 17.89 | | | 23.30 | | 8.19 | 8.34 |

# 2002年大中城市蔬菜成本收益(四)

品种：陆地西红柿　　　　按统一工价汇总

| 项目名称 | | 单位 | 贵阳 | 昆明 | 重庆 | 西安 | 银川 | 乌鲁木齐 |
|---|---|---|---|---|---|---|---|---|
| 调查县数 | | 个 | 1.00 | 2.00 | 3.00 | 3.00 | 1.00 | 1.00 |
| 调查户数 | | 户 | 15.00 | 14.00 | 12.00 | 19.00 | 2.00 | 3.00 |
| 调查面积 | | 亩 | 10.00 | 6.65 | 8.30 | 9.10 | 1.25 | 13.50 |
| 每亩 | 主产品产量 | 公斤 | 1326.00 | 5149.20 | 2984.60 | 4221.80 | 5779.00 | 5063.00 |
| | 产值合计 | 元 | 1259.70 | 2662.86 | 4359.51 | 3775.27 | 3386.93 | 2543.71 |
| | 主产品产值 | 元 | 1259.70 | 2659.11 | 4359.51 | 3775.27 | 3386.93 | 2543.71 |
| | 副产品产值 | 元 | | 3.75 | | | | |
| | 其它收入 | 元 | | | | | | |
| | 生产成本 | 元 | 687.10 | 1992.39 | 1163.18 | 2006.95 | 990.78 | 1316.31 |
| | 物质费用 | 元 | 269.10 | 956.19 | 535.08 | 930.05 | 743.28 | 884.01 |
| | 用工作价 | 元 | 418.00 | 1036.20 | 628.10 | 1076.90 | 247.50 | 432.30 |
| | 用工数量 | 日 | 38.00 | 94.20 | 57.10 | 97.90 | 22.50 | 39.30 |
| | 劳动日工价 | 元 | 11.00 | 11.00 | 11.00 | 11.00 | 11.00 | 11.00 |
| | 期间费用 | 元 | 25.00 | 59.47 | 151.52 | 85.00 | 73.60 | 138.07 |
| | 税金 | 元 | 16.20 | 22.68 | 22.67 | 31.79 | 35.30 | 33.69 |
| | 含税成本 | 元 | 728.30 | 2074.54 | 1337.37 | 2123.74 | 1099.68 | 1488.07 |
| | 净产值 | 元 | 990.60 | 1706.67 | 3824.43 | 2845.22 | 2643.65 | 1659.70 |
| | 减税纯收益 | 元 | 531.40 | 588.32 | 3022.14 | 1651.53 | 2287.25 | 1055.64 |
| | 成本纯收益率 | % | 72.96 | 28.36 | 225.98 | 77.77 | 207.99 | 70.94 |
| 每50公斤主产品 | 平均出售价格 | 元 | 47.50 | 25.82 | 73.03 | 44.71 | 29.30 | 25.12 |
| | 物质费用 | 元 | 10.15 | 9.27 | 8.96 | 11.01 | 6.43 | 8.73 |
| | 生产成本 | 元 | 25.91 | 19.32 | 19.49 | 23.77 | 8.57 | 13.00 |
| | 含税成本 | 元 | 27.46 | 20.12 | 22.40 | 25.15 | 9.51 | 14.70 |
| | 净产值 | 元 | 37.35 | 16.55 | 64.07 | 33.70 | 22.87 | 16.39 |
| | 减税纯收益 | 元 | 20.04 | 5.70 | 50.63 | 19.56 | 19.79 | 10.42 |
| 每一劳动日 | 主产品产量 | 公斤 | 34.90 | 54.70 | 52.30 | 43.10 | 256.80 | 128.80 |
| | 净产值 | 元 | 26.07 | 18.12 | 66.98 | 29.06 | 117.50 | 42.23 |
| 每亩主产品出售数量 | | 公斤 | | 5122.40 | 2949.40 | 4069.00 | 5779.00 | 4988.90 |
| 每亩主产品出售产值 | | 元 | | 2637.71 | 4305.11 | 3638.90 | 3386.90 | 2515.60 |
| 每亩成本外支出 | | 元 | | 13.41 | | | 10.25 | 20.76 |

# 2002年大中城市蔬菜成本收益(一)

品种：陆地西红柿　　　　按地区工价汇总

| 项目名称 | | 单位 | 平均 | 北京 | 天津 | 石家庄 | 太原 | 呼和浩特 | 沈阳 |
|---|---|---|---|---|---|---|---|---|---|
| 调查县数 | | 个 | 45.00 | 4.00 | 1.00 | 1.00 | 1.00 | 3.00 | 2.00 |
| 调查户数 | | 户 | 161.00 | 9.00 | 1.00 | 3.00 | 3.00 | 10.00 | 4.00 |
| 调查面积 | | 亩 | 161.94 | 7.90 | 0.60 | 6.20 | 4.50 | 10.00 | 5.50 |
| 每亩 | 主产品产量 | 公斤 | 4086.70 | 3430.90 | 3369.00 | 4680.00 | 4790.00 | 6034.00 | 3131.50 |
| | 产值合计 | 元 | 3243.06 | 2907.54 | 2695.20 | 4650.40 | 2682.40 | 3017.00 | 1829.55 |
| | 主产品产值 | 元 | 3241.60 | 2907.54 | 2695.20 | 4650.40 | 2682.40 | 3017.00 | 1829.55 |
| | 副产品产值 | 元 | 1.46 | | | | | | |
| | 其它收入 | 元 | | | | | | | |
| | 生产成本 | 元 | 1514.64 | 1567.05 | 1007.50 | 1147.59 | 1771.33 | 980.30 | 931.26 |
| | 物质费用 | 元 | 630.68 | 520.90 | 233.50 | 412.77 | 632.33 | 701.30 | 702.30 |
| | 用工作价 | 元 | 883.96 | 1046.15 | 774.00 | 734.82 | 1139.00 | 279.00 | 228.96 |
| | 用工数量 | 日 | 57.40 | 42.70 | 60.00 | 66.20 | 67.00 | 30.00 | 21.20 |
| | 劳动日工价 | 元 | 15.40 | 24.50 | 12.90 | 11.10 | 17.00 | 9.30 | 10.80 |
| | 期间费用 | 元 | 151.60 | 106.91 | 46.90 | 71.20 | 102.97 | 170.00 | 91.75 |
| | 税金 | 元 | 32.73 | 24.13 | 21.40 | 38.10 | 27.80 | 46.62 | 79.84 |
| | 含税成本 | 元 | 1698.97 | 1698.09 | 1075.80 | 1256.89 | 1902.10 | 1196.92 | 1102.85 |
| | 净产值 | 元 | 2612.38 | 2386.64 | 2461.70 | 4237.63 | 2050.07 | 2315.70 | 1127.25 |
| | 减税纯收益 | 元 | 1544.09 | 1209.45 | 1619.40 | 3393.51 | 780.30 | 1820.08 | 726.70 |
| | 成本纯收益率 | % | 90.88 | 71.22 | 150.53 | 269.99 | 41.02 | 152.06 | 65.89 |
| 每50公斤主产品 | 平均出售价格 | 元 | 39.66 | 42.37 | 40.00 | 49.68 | 28.00 | 25.00 | 29.21 |
| | 物质费用 | 元 | 7.71 | 7.59 | 3.47 | 4.41 | 6.60 | 5.81 | 11.21 |
| | 生产成本 | 元 | 18.52 | 22.84 | 14.95 | 12.26 | 18.49 | 8.12 | 14.87 |
| | 含税成本 | 元 | 20.78 | 24.75 | 15.97 | 13.43 | 19.85 | 9.92 | 17.61 |
| | 净产值 | 元 | 31.95 | 34.78 | 36.53 | 45.27 | 21.40 | 19.19 | 18.00 |
| | 减税纯收益 | 元 | 18.88 | 17.62 | 24.03 | 36.25 | 8.15 | 15.08 | 11.60 |
| 每一劳动日 | 主产品产量 | 公斤 | 71.20 | 80.30 | 56.20 | 70.70 | 71.50 | 201.10 | 147.70 |
| | 净产值 | 元 | 45.51 | 55.89 | 41.03 | 64.01 | 30.60 | 77.19 | 53.17 |
| 每亩主产品出售数量 | | 公斤 | 3961.40 | 3430.90 | 3369.00 | 4415.00 | 4000.00 | 6034.00 | 3131.50 |
| 每亩主产品出售产值 | | 元 | 3112.09 | 2907.54 | 2695.20 | 3599.70 | 2400.40 | 3017.00 | 1829.60 |
| 每亩成本外支出 | | 元 | 9.90 | 14.16 | 7.40 | | 16.91 | 19.98 | 31.48 |

# 2002年大中城市蔬菜成本收益(二)

品种：陆地西红柿　　　　按地区工价汇总

| 项目名称 | | 单位 | 长春 | 哈尔滨 | 大连 | 合肥 | 福州 | 南昌 | 济南 |
|---|---|---|---|---|---|---|---|---|---|
| 调查县数 | | 个 | 1.00 | 1.00 | 1.00 | 1.00 | 1.00 | 1.00 | 4.00 |
| 调查户数 | | 户 | 1.00 | 3.00 | 3.00 | 4.00 | 3.00 | 3.00 | 12.00 |
| 调查面积 | | 亩 | 0.50 | 9.00 | 3.80 | 1.40 | 8.90 | 1.30 | 8.00 |
| 每亩 | 主产品产量 | 公斤 | 1600.00 | 3528.80 | 3905.00 | 4671.40 | 6127.20 | 6803.70 | 5224.80 |
| | 产值合计 | 元 | 1280.00 | 2791.28 | 2733.50 | 4653.15 | 4786.09 | 5380.65 | 3641.11 |
| | 主产品产值 | 元 | 1280.00 | 2791.28 | 2733.50 | 4618.86 | 4786.09 | 5380.65 | 3641.11 |
| | 副产品产值 | 元 | | | | 34.29 | | | |
| | 其它收入 | 元 | | | | | | | |
| | 生产成本 | 元 | 1017.68 | 889.19 | 666.50 | 1759.79 | 2723.00 | 2113.85 | 1636.59 |
| | 物质费用 | 元 | 475.28 | 507.14 | 306.50 | 933.87 | 702.00 | 1097.45 | 719.31 |
| | 用工作价 | 元 | 542.40 | 382.05 | 360.00 | 825.92 | 2021.00 | 1016.40 | 917.28 |
| | 用工数量 | 日 | 48.00 | 28.30 | 24.00 | 71.20 | 86.00 | 92.40 | 72.80 |
| | 劳动日工价 | 元 | 11.30 | 13.50 | 15.00 | 11.60 | 23.50 | 11.00 | 12.60 |
| | 期间费用 | 元 | 80.00 | 59.39 | 120.00 | 63.57 | 899.22 | 103.70 | 56.76 |
| | 税金 | 元 | 46.92 | 31.39 | 65.80 | 60.12 | 11.75 | 19.43 | 32.47 |
| | 含税成本 | 元 | 1144.60 | 979.97 | 852.30 | 1883.48 | 3633.97 | 2236.98 | 1725.82 |
| | 净产值 | 元 | 804.72 | 2284.14 | 2427.00 | 3719.28 | 4084.09 | 4283.20 | 2921.80 |
| | 减税纯收益 | 元 | 135.40 | 1811.31 | 1881.20 | 2769.67 | 1152.12 | 3143.67 | 1915.29 |
| | 成本纯收益率 | % | 11.83 | 184.83 | 220.72 | 147.05 | 31.70 | 140.53 | 110.98 |
| 每50公斤主产品 | 平均出售价格 | 元 | 40.00 | 39.55 | 35.00 | 49.44 | 39.06 | 39.54 | 34.84 |
| | 物质费用 | 元 | 14.85 | 7.19 | 3.92 | 9.92 | 5.73 | 8.06 | 6.88 |
| | 生产成本 | 元 | 31.80 | 12.60 | 8.53 | 18.70 | 22.22 | 15.53 | 15.66 |
| | 含税成本 | 元 | 35.77 | 13.89 | 10.91 | 20.01 | 29.66 | 16.44 | 16.51 |
| | 净产值 | 元 | 25.15 | 32.36 | 31.08 | 39.52 | 33.33 | 31.48 | 27.96 |
| | 减税纯收益 | 元 | 4.23 | 25.66 | 24.09 | 29.43 | 9.40 | 23.10 | 18.33 |
| 每一劳动日 | 主产品产量 | 公斤 | 33.30 | 124.70 | 162.70 | 65.60 | 71.20 | 73.60 | 71.80 |
| | 净产值 | 元 | 16.77 | 80.71 | 101.13 | 52.24 | 47.49 | 46.35 | 40.13 |
| 每亩主产品出售数量 | | 公斤 | 1550.00 | 3528.80 | 3905.00 | 4671.40 | 6127.20 | 6783.70 | 5107.90 |
| 每亩主产品出售产值 | | 元 | 1240.00 | 2791.30 | 2733.50 | 4618.86 | 4786.10 | 5364.90 | 3562.37 |
| 每亩成本外支出 | | 元 | | 10.32 | 44.20 | | | | 10.67 |

# 2002年大中城市蔬菜成本收益(三)

品种：陆地西红柿　　　　按地区工价汇总

| 项目名称 | | 单位 | 厦门 | 青岛 | 郑州 | 武汉 | 广州 | 南宁 | 海口 |
|---|---|---|---|---|---|---|---|---|---|
| 调查县数 | | 个 | 1.00 | 1.00 | 4.00 | 3.00 | 1.00 | 1.00 | 1.00 |
| 调查户数 | | 户 | 3.00 | 12.00 | 4.00 | 7.00 | 3.00 | 4.00 | 4.00 |
| 调查面积 | | 亩 | 17.00 | 12.00 | 2.10 | 4.90 | 4.20 | 2.44 | 2.90 |
| 每亩 | 主产品产量 | 公斤 | 3600.00 | 4500.00 | 4269.20 | 2541.00 | 3309.80 | 3093.50 | 3120.00 |
| | 产值合计 | 元 | 5040.00 | 4725.00 | 3513.89 | 2236.80 | 2104.51 | 1217.11 | 4446.49 |
| | 主产品产值 | 元 | 5040.00 | 4725.00 | 3513.89 | 2236.80 | 2104.51 | 1217.11 | 4446.49 |
| | 副产品产值 | 元 | | | | | | | |
| | 其它收入 | 元 | | | | | | | |
| | 生产成本 | 元 | 1652.25 | 2638.00 | 1721.90 | 923.33 | 2440.64 | 1006.06 | 2784.93 |
| | 物质费用 | 元 | 519.50 | 517.00 | 642.25 | 551.20 | 614.09 | 430.16 | 860.93 |
| | 用工作价 | 元 | 1132.75 | 2121.00 | 1079.65 | 372.13 | 1826.55 | 575.90 | 1924.00 |
| | 用工数量 | 日 | 57.50 | 101.00 | 75.50 | 19.90 | 61.50 | 44.30 | 74.00 |
| | 劳动日工价 | 元 | 19.70 | 21.00 | 14.30 | 18.70 | 29.70 | 13.00 | 26.00 |
| | 期间费用 | 元 | 904.37 | 120.00 | 108.43 | 75.07 | 11.56 | 86.35 | 130.83 |
| | 税金 | 元 | 41.74 | 40.00 | 13.46 | 33.29 | 23.37 | 11.49 | 19.45 |
| | 含税成本 | 元 | 2598.36 | 2798.00 | 1843.79 | 1031.69 | 2475.57 | 1103.90 | 2935.21 |
| | 净产值 | 元 | 4520.50 | 4208.00 | 2871.64 | 1685.60 | 1490.42 | 786.95 | 3585.56 |
| | 减税纯收益 | 元 | 2441.64 | 1927.00 | 1670.10 | 1205.11 | -371.06 | 113.21 | 1511.28 |
| | 成本纯收益率 | % | 93.97 | 68.87 | 90.58 | 116.81 | -14.99 | 10.26 | 51.49 |
| 每50公斤主产品 | 平均出售价格 | 元 | 70.00 | 52.50 | 41.15 | 44.01 | 31.79 | 19.67 | 71.26 |
| | 物质费用 | 元 | 7.22 | 5.74 | 7.52 | 10.85 | 9.28 | 6.95 | 13.80 |
| | 生产成本 | 元 | 22.95 | 29.31 | 20.16 | 18.17 | 36.87 | 16.26 | 44.63 |
| | 含税成本 | 元 | 36.09 | 31.09 | 21.59 | 20.30 | 37.40 | 17.84 | 47.04 |
| | 净产值 | 元 | 62.78 | 46.76 | 33.63 | 33.16 | 22.51 | 12.72 | 57.46 |
| | 减税纯收益 | 元 | 33.91 | 21.41 | 19.56 | 23.71 | -5.61 | 1.83 | 24.22 |
| 每一劳动日 | 主产品产量 | 公斤 | 62.60 | 44.60 | 56.50 | 127.70 | 53.80 | 69.80 | 42.20 |
| | 净产值 | 元 | 78.62 | 41.66 | 38.03 | 84.70 | 24.23 | 17.76 | 48.45 |
| 每亩主产品出售数量 | | 公斤 | 3600.00 | 4200.00 | 4236.70 | 2524.20 | 3309.80 | 3063.20 | 3099.70 |
| 每亩主产品出售产值 | | 元 | 5040.00 | 4410.00 | 3487.00 | 2222.00 | 2104.51 | 1207.25 | 4412.86 |
| 每亩成本外支出 | | 元 | 17.89 | | | 23.30 | | 8.19 | 8.34 |

# 2002年大中城市蔬菜成本收益(四)

品种：陆地西红柿 按地区工价汇总

| 项 目 名 称 | | 单位 | 贵 阳 | 昆 明 | 重 庆 | 西 安 | 银 川 | 乌鲁木齐 |
|---|---|---|---|---|---|---|---|---|
| 调查县数 | | 个 | 1.00 | 2.00 | 3.00 | 3.00 | 1.00 | 1.00 |
| 调查户数 | | 户 | 15.00 | 14.00 | 12.00 | 19.00 | 2.00 | 3.00 |
| 调查面积 | | 亩 | 10.00 | 6.65 | 8.30 | 9.10 | 1.25 | 13.50 |
| 每亩 | 主产品产量 | 公斤 | 1326.00 | 5149.20 | 2984.60 | 4221.80 | 5779.00 | 5063.00 |
| | 产值合计 | 元 | 1259.70 | 2662.86 | 4359.51 | 3775.27 | 3386.93 | 2543.71 |
| | 主产品产值 | 元 | 1259.70 | 2659.11 | 4359.51 | 3775.27 | 3386.93 | 2543.71 |
| | 副产品产值 | 元 | | 3.75 | | | | |
| | 其它收入 | 元 | | | | | | |
| | 生产成本 | 元 | 706.10 | 2030.07 | 1123.21 | 2075.48 | 993.03 | 1556.04 |
| | 物质费用 | 元 | 269.10 | 956.19 | 535.08 | 930.05 | 743.28 | 884.01 |
| | 用工作价 | 元 | 437.00 | 1073.88 | 588.13 | 1145.43 | 249.75 | 672.03 |
| | 用工数量 | 日 | 38.00 | 94.20 | 57.10 | 97.90 | 22.50 | 39.30 |
| | 劳动日工价 | 元 | 11.50 | 11.40 | 10.30 | 11.70 | 11.10 | 17.10 |
| | 期间费用 | 元 | 25.00 | 59.47 | 151.52 | 85.00 | 73.60 | 138.07 |
| | 税金 | 元 | 16.20 | 22.68 | 22.67 | 31.79 | 35.30 | 33.69 |
| | 含税成本 | 元 | 747.30 | 2112.22 | 1297.40 | 2192.27 | 1101.93 | 1727.80 |
| | 净产值 | 元 | 990.60 | 1706.67 | 3824.43 | 2845.22 | 2643.65 | 1659.70 |
| | 减税纯收益 | 元 | 512.40 | 550.64 | 3062.11 | 1583.00 | 2285.00 | 815.91 |
| | 成本纯收益率 | % | 68.57 | 26.07 | 236.02 | 72.21 | 207.36 | 47.22 |
| 每50公斤主产品 | 平均出售价格 | 元 | 47.50 | 25.82 | 73.03 | 44.71 | 29.30 | 25.12 |
| | 物质费用 | 元 | 10.15 | 9.27 | 8.96 | 11.01 | 6.43 | 8.73 |
| | 生产成本 | 元 | 26.63 | 19.68 | 18.82 | 24.58 | 8.59 | 15.37 |
| | 含税成本 | 元 | 28.18 | 20.48 | 21.73 | 25.96 | 9.53 | 17.06 |
| | 净产值 | 元 | 37.35 | 16.55 | 64.07 | 33.70 | 22.87 | 16.39 |
| | 减税纯收益 | 元 | 19.32 | 5.34 | 51.30 | 18.75 | 19.77 | 8.06 |
| 每一劳动日 | 主产品产量 | 公斤 | 34.90 | 54.70 | 52.30 | 43.10 | 256.80 | 128.80 |
| | 净产值 | 元 | 26.07 | 18.12 | 66.98 | 29.06 | 117.50 | 42.23 |
| 每亩主产品出售数量 | | 公斤 | | 5122.40 | 2949.40 | 4069.00 | 5779.00 | 4988.90 |
| 每亩主产品出售产值 | | 元 | | 2637.71 | 4305.11 | 3638.90 | 3386.90 | 2515.60 |
| 每亩成本外支出 | | 元 | | 13.41 | | | 10.25 | 20.76 |

# 2002年大中城市蔬菜物质费用(一)

品种：陆地西红柿

| 项目名称 | 单位 | 平均 | 北京 | 天津 | 石家庄 | 太原 | 呼和浩特 | 沈阳 |
|---|---|---|---|---|---|---|---|---|
| 每亩物质费用 | 元 | 630.68 | 520.90 | 233.50 | 412.77 | 632.33 | 701.30 | 702.30 |
| 一、直接生产费用 | 元 | 595.54 | 505.98 | 229.00 | 397.59 | 602.33 | 686.30 | 698.30 |
| 1.种籽秧苗费 | 元 | 67.93 | 38.05 | 12.00 | 34.50 | 66.00 | 89.00 | 308.00 |
| 2.农家肥费 | 元 | 104.85 | 158.30 | 60.00 | 40.00 | 153.33 | 250.00 | 85.00 |
| 3.化肥费 | 元 | 136.26 | 81.83 | 90.00 | 116.00 | 125.00 | 68.20 | 60.44 |
| 4.农膜费 | 元 | 39.88 | 56.72 | | 45.37 | 32.00 | 31.50 | 41.90 |
| 5.农药费 | 元 | 81.23 | 43.25 | 32.00 | 39.85 | 30.00 | 110.60 | 21.77 |
| 6.畜力费 | 元 | 10.70 | | | | | | 36.25 |
| 7.机械作业费 | 元 | 17.85 | 7.82 | | 30.00 | 15.00 | 20.00 | 19.00 |
| 8.排灌费 | 元 | 32.67 | 45.62 | 35.00 | 50.00 | 61.00 | 44.00 | 25.00 |
| 9.燃料动力费 | 元 | | | | | | | |
| 10.棚架材料费 | 元 | 95.56 | 74.39 | | 41.87 | 115.00 | 57.00 | 100.94 |
| 11.其它直接费用 | 元 | 8.61 | | | | 5.00 | 16.00 | |
| 二、间接生产费用 | 元 | 35.14 | 14.92 | 4.50 | 15.18 | 30.00 | 15.00 | 4.00 |
| 1.固定资产折旧 | 元 | 22.53 | 11.19 | | 11.58 | 15.00 | | |
| 2.小农具购置修理费 | 元 | 10.45 | 3.73 | 4.50 | 3.60 | 10.00 | 9.00 | 4.00 |
| 3.其它间接费用 | 元 | 2.16 | | | | 5.00 | 6.00 | |
| 附记：1.每亩种籽用量 | 公斤 | 0.70 | 0.20 | 0.30 | 0.30 | 0.30 | 0.20 | |
| 2.每亩化肥用量 | 公斤 | 41.50 | 28.90 | 33.00 | 40.50 | 41.70 | 19.80 | 18.40 |
| 3.每亩农膜用量 | 公斤 | 5.00 | 6.80 | | 5.10 | 4.00 | 3.50 | 5.00 |
| 4.每度电价 | 元 | 0.56 | 0.49 | 0.43 | 0.56 | 0.50 | 0.45 | 0.52 |
| 5.每亩柴油费 | 元 | 3.71 | 0.68 | 10.50 | 4.20 | 6.00 | 26.00 | |

# 2002年大中城市蔬菜物质费用(二)

品种：陆地西红柿

| 项目名称 | 单位 | 长春 | 哈尔滨 | 大连 | 合肥 | 福州 | 南昌 | 济南 |
|---|---|---|---|---|---|---|---|---|
| 每亩物质费用 | 元 | 475.28 | 507.14 | 306.50 | 933.87 | 702.00 | 1097.45 | 719.31 |
| 一、直接生产费用 | 元 | 443.02 | 490.20 | 303.00 | 817.01 | 537.92 | 1083.84 | 664.54 |
| 1.种籽秧苗费 | 元 | 40.00 | 30.10 | 22.00 | 47.64 | 7.47 | 183.90 | 41.68 |
| 2.农家肥费 | 元 | 155.04 | 57.78 | 79.00 | 118.57 | 37.62 | 138.80 | 134.75 |
| 3.化肥费 | 元 | | | 31.00 | 162.65 | 137.40 | 204.38 | 258.80 |
| 4.农膜费 | 元 | 38.00 | 43.33 | 94.00 | 58.29 | 27.24 | 50.30 | 30.17 |
| 5.农药费 | 元 | 36.00 | 43.89 | 10.00 | 61.29 | 166.66 | 135.40 | 61.70 |
| 6.畜力费 | 元 | 99.00 | 7.10 | | | 35.00 | | |
| 7.机械作业费 | 元 | | 55.01 | | 68.57 | | | 9.54 |
| 8.排灌费 | 元 | 10.87 | 79.50 | 37.00 | 38.57 | | 18.36 | 56.83 |
| 9.燃料动力费 | 元 | | | | | | | |
| 10.棚架材料费 | 元 | | 160.16 | 30.00 | 247.14 | 126.53 | 352.70 | 68.91 |
| 11.其它直接费用 | 元 | 64.11 | 13.33 | | 14.29 | | | 2.16 |
| 二、间接生产费用 | 元 | 32.26 | 16.94 | 3.50 | 116.86 | 164.08 | 13.61 | 54.77 |
| 1.固定资产折旧 | 元 | 23.45 | 13.33 | 2.00 | 55.07 | 139.33 | 7.29 | 47.22 |
| 2.小农具购置修理费 | 元 | 8.81 | 3.10 | 1.50 | 31.79 | 24.75 | 6.32 | 7.50 |
| 3.其它间接费用 | 元 | | 0.51 | | 30.00 | | | 0.05 |
| 附记：1.每亩种籽用量 | 公斤 | 0.10 | 0.10 | 0.20 | 0.10 | | 7.90 | |
| 2.每亩化肥用量 | 公斤 | | | 7.30 | 55.00 | 43.00 | 43.40 | 87.50 |
| 3.每亩农膜用量 | 公斤 | 4.30 | 5.00 | 9.10 | 7.30 | 3.20 | 5.90 | 3.30 |
| 4.每度电价 | 元 | 0.60 | 0.57 | 0.53 | 0.79 | 0.70 | 0.80 | 0.70 |
| 5.每亩柴油费 | 元 | | 10.10 | | 15.49 | | | 1.21 |

# 2002 年大中城市蔬菜物质费用(三)

品种：陆地西红柿

| 项 目 名 称 | 单位 | 厦 门 | 青 岛 | 郑 州 | 武 汉 | 广 州 | 南 宁 | 海 口 |
|---|---|---|---|---|---|---|---|---|
| 每亩物质费用 | 元 | 519.50 | 517.00 | 642.25 | 551.20 | 614.09 | 430.16 | 860.93 |
| 一、直接生产费用 | 元 | 519.50 | 497.00 | 629.20 | 511.66 | 605.92 | 422.72 | 795.07 |
| 1.种籽秧苗费 | 元 | 68.00 | 40.00 | 34.28 | 86.96 | 32.82 | 17.66 | 30.34 |
| 2.农家肥费 | 元 | 30.00 | 120.00 | 119.97 | 18.73 | 133.33 | 51.65 | 89.66 |
| 3.化肥费 | 元 | 216.50 | 180.00 | 119.53 | 224.64 | 146.08 | 97.99 | 277.11 |
| 4.农膜费 | 元 |  | 25.00 | 107.80 | 39.43 |  |  |  |
| 5.农药费 | 元 | 150.00 | 40.00 | 64.05 | 72.44 | 73.89 | 118.86 | 241.55 |
| 6.畜力费 | 元 | 25.00 |  |  | 7.14 |  | 40.01 | 13.79 |
| 7.机械作业费 | 元 | 30.00 |  | 25.24 | 0.44 | 50.34 |  | 6.90 |
| 8.排灌费 | 元 |  | 12.00 | 46.43 | 5.92 | 12.26 | 9.30 | 10.20 |
| 9.燃料动力费 | 元 |  |  |  |  |  |  |  |
| 10.棚架材料费 | 元 |  | 60.00 | 111.90 | 55.96 | 157.20 | 87.25 | 125.52 |
| 11.其它直接费用 | 元 |  | 20.00 |  |  |  |  |  |
| 二、间接生产费用 | 元 |  | 20.00 | 13.05 | 39.54 | 8.17 | 7.44 | 65.86 |
| 1.固定资产折旧 | 元 |  |  | 7.76 | 34.22 |  | 4.98 | 37.93 |
| 2.小农具购置修理费 | 元 |  | 10.00 | 5.29 | 5.32 | 8.17 | 2.46 | 27.93 |
| 3.其它间接费用 | 元 |  | 10.00 |  |  |  |  |  |
| 附记：1.每亩种籽用量 | 公斤 |  | 0.30 |  | 0.10 |  |  | 0.10 |
| 2.每亩化肥用量 | 公斤 | 65.50 | 30.00 | 42.10 | 45.90 | 46.80 | 41.70 | 64.30 |
| 3.每亩农膜用量 | 公斤 |  | 10.00 | 13.50 | 6.40 |  |  |  |
| 4.每度电价 | 元 | 0.53 | 0.67 | 0.55 | 0.47 | 0.37 | 0.50 | 0.60 |
| 5.每亩柴油费 | 元 |  |  |  |  | 7.00 |  | 0.15 |

# 2002 年大中城市蔬菜物质费用(四)

品种:陆地西红柿

| 项目名称 | 单位 | 贵阳 | 昆明 | 重庆 | 西安 | 银川 | 乌鲁木齐 |
|---|---|---|---|---|---|---|---|
| 每亩物质费用 | 元 | 269.10 | 956.19 | 535.08 | 930.05 | 743.28 | 884.01 |
| 一、直接生产费用 | 元 | 248.10 | 923.43 | 510.86 | 845.56 | 717.68 | 797.89 |
| 1.种籽秧苗费 | 元 | 17.80 | 61.54 | 30.01 | 153.90 | 222.40 | 50.00 |
| 2.农家肥费 | 元 | 80.00 | 211.97 | 72.52 | 103.76 | 84.00 | 142.23 |
| 3.化肥费 | 元 | 68.50 | 263.88 | 104.41 | 141.90 | 202.40 | 163.86 |
| 4.农膜费 | 元 | 6.30 | 22.95 | 74.69 | 112.58 | 75.20 | 24.30 |
| 5.农药费 | 元 | 8.50 | 236.24 | 148.98 | 69.34 | 22.80 | 72.97 |
| 6.畜力费 | 元 | 15.00 | | | | | |
| 7.机械作业费 | 元 | | 27.73 | | 42.86 | 10.88 | 44.67 |
| 8.排灌费 | 元 | | 9.72 | | 64.95 | 40.00 | 136.89 |
| 9.燃料动力费 | 元 | | | | | | |
| 10.棚架材料费 | 元 | 52.00 | 89.40 | 76.27 | 134.29 | 60.00 | 100.00 |
| 11.其它直接费用 | 元 | | | 3.98 | 21.98 | | 62.97 |
| 二、间接生产费用 | 元 | 21.00 | 32.76 | 24.22 | 84.49 | 25.60 | 86.12 |
| 1.固定资产折旧 | 元 | 6.50 | 17.21 | 6.94 | 54.29 | 20.80 | 69.78 |
| 2.小农具购置修理费 | 元 | 9.80 | 15.55 | 17.28 | 30.20 | 4.80 | 16.34 |
| 3.其它间接费用 | 元 | 4.70 | | | | | |
| 附记:1.每亩种籽用量 | 公斤 | 0.40 | 0.20 | | | | 0.20 |
| 2.每亩化肥用量 | 公斤 | 16.70 | 87.20 | 38.50 | 49.90 | 76.00 | 57.60 |
| 3.每亩农膜用量 | 公斤 | 0.70 | 2.90 | 10.50 | 12.70 | 9.40 | 2.70 |
| 4.每度电价 | 元 | 0.55 | 0.55 | 0.59 | 0.44 | 0.45 | 0.61 |
| 5.每亩柴油费 | 元 | | | | 15.00 | | |

# 2002年大中城市蔬菜期间费用(一)

品种：陆地西红柿

| 项目名称 | 单位 | 平均 | 北京 | 天津 | 石家庄 | 太原 | 呼和浩特 | 沈阳 |
|---|---|---|---|---|---|---|---|---|
| 一、每亩期间费用 | 元 | 151.60 | 106.91 | 46.90 | 71.20 | 102.97 | 170.00 | 91.75 |
| 1.土地承包费 | 元 | 22.93 | 10.00 | 17.50 | | 22.30 | | |
| 2.管理费 | 元 | 0.80 | | | | 20.00 | | |
| 3.销售费 | 元 | 127.75 | 96.91 | 29.40 | 71.20 | 57.67 | 170.00 | 91.75 |
| 4.财务费 | 元 | 0.12 | | | | 3.00 | | |
| 二、每亩用工量 | 日 | 57.40 | 42.70 | 60.00 | 66.20 | 67.00 | 30.00 | 21.20 |
| 1.直接用工 | 日 | 51.80 | 40.40 | 55.00 | 57.40 | 63.00 | 29.00 | 19.90 |
| 2.间接用工 | 日 | 5.60 | 2.30 | 5.00 | 8.80 | 4.00 | 1.00 | 1.30 |
| 三、每亩成本外支出 | 元 | 9.90 | 14.16 | 7.40 | | 16.91 | 19.98 | 31.48 |
| 1.村提留费 | 元 | | | | | | | |
| 2.乡统筹费 | 元 | | | | | | | |
| 3.两工支出 | 元 | 2.87 | 3.28 | 1.83 | | 5.00 | | 11.51 |
| 4.其它成本外支出 | 元 | 7.03 | 10.88 | 5.57 | | 11.91 | 19.98 | 19.97 |
| 附记：1.人均耕地面积 | 元 | 1.70 | 6.10 | 2.60 | 1.10 | 1.70 | 1.10 | 2.20 |
| 2.人均成本外支出 | 元 | 28.80 | 86.40 | 41.00 | | 56.00 | 22.00 | 111.80 |
| 3.人均两工数量 | 日 | 1.30 | 1.20 | 1.30 | | 3.00 | | 7.00 |
| 4.雇工天数 | 日 | 1.40 | 6.50 | | | 3.00 | | |
| 5.雇工工价 | 元 | 19.70 | 13.00 | 25.00 | | 20.00 | 15.00 | 20.00 |

# 2002年大中城市蔬菜期间费用(二)

品种：陆地西红柿

| 项 目 名 称 | 单位 | 长 春 | 哈尔滨 | 大 连 | 合 肥 | 福 州 | 南 昌 | 济 南 |
|---|---|---|---|---|---|---|---|---|
| 一、每亩期间费用 | 元 | 80.00 | 59.39 | 120.00 | 63.57 | 899.22 | 103.70 | 56.76 |
| 1.土地承包费 | 元 | | | 100.00 | 27.14 | 32.40 | | |
| 2.管理费 | 元 | | 0.50 | | | | | |
| 3.销售费 | 元 | 80.00 | 58.89 | 20.00 | 36.43 | 866.82 | 103.70 | 56.76 |
| 4.财务费 | 元 | | | | | | | |
| 二、每亩用工量 | 日 | 48.00 | 28.30 | 24.00 | 71.20 | 86.00 | 92.40 | 72.80 |
| 1.直接用工 | 日 | 43.00 | 26.70 | 23.00 | 66.50 | 85.50 | 92.40 | 69.30 |
| 2.间接用工 | 日 | 5.00 | 1.60 | 1.00 | 4.70 | 0.50 | | 3.50 |
| 三、每亩成本外支出 | 元 | | 10.32 | 44.20 | | | | 10.67 |
| 1.村提留费 | 元 | | | | | | | |
| 2.乡统筹费 | 元 | | | | | | | |
| 3.两工支出 | 元 | | 10.32 | 16.00 | | | | 3.09 |
| 4.其它成本外支出 | 元 | | | 28.20 | | | | 7.58 |
| 附记：1.人均耕地面积 | 元 | 2.90 | 2.80 | 3.60 | 0.80 | 0.90 | 0.10 | 1.10 |
| 2.人均成本外支出 | 元 | | 48.80 | 180.00 | | 15.50 | | 24.70 |
| 3.人均两工数量 | 日 | | 2.10 | 4.00 | | | | 1.30 |
| 4.雇工天数 | 日 | | | | | | | 0.30 |
| 5.雇工工价 | 元 | | 20.50 | 20.00 | 15.00 | 30.00 | | 15.50 |

# 2002年大中城市蔬菜期间费用(三)

品种:陆地西红柿

| 项目名称 | 单位 | 厦门 | 青岛 | 郑州 | 武汉 | 广州 | 南宁 | 海口 |
|---|---|---|---|---|---|---|---|---|
| 一、每亩期间费用 | 元 | 904.37 | 120.00 | 108.43 | 75.07 | 11.56 | 86.35 | 130.83 |
| 1.土地承包费 | 元 | 340.37 | | | | | 1.36 | |
| 2.管理费 | 元 | | | | | | 0.28 | |
| 3.销售费 | 元 | 564.00 | 120.00 | 108.43 | 75.07 | 11.56 | 84.71 | 130.83 |
| 4.财务费 | 元 | | | | | | | |
| 二、每亩用工量 | 日 | 57.50 | 101.00 | 75.50 | 19.90 | 61.50 | 44.30 | 74.00 |
| 1.直接用工 | 日 | 55.50 | 71.00 | 72.80 | 19.50 | 53.50 | 39.00 | 57.00 |
| 2.间接用工 | 日 | 2.00 | 30.00 | 2.70 | 0.40 | 8.00 | 5.30 | 17.00 |
| 三、每亩成本外支出 | 元 | 17.89 | | | 23.30 | | 8.19 | 8.34 |
| 1.村提留费 | 元 | | | | | | | |
| 2.乡统筹费 | 元 | | | | | | | |
| 3.两工支出 | 元 | | | | | | 3.26 | |
| 4.其它成本外支出 | 元 | 17.89 | | | 23.30 | | 4.93 | 8.34 |
| 附记:1.人均耕地面积 | 元 | 0.70 | 0.40 | 0.30 | 1.60 | 0.70 | 0.60 | 0.90 |
| 2.人均成本外支出 | 元 | 40.60 | | | 26.70 | | 37.00 | 1.70 |
| 3.人均两工数量 | 日 | | | | 2.50 | | 2.50 | |
| 4.雇工天数 | 日 | 12.50 | | | | | | |
| 5.雇工工价 | 元 | 15.00 | 25.00 | | | 30.00 | 18.00 | 20.00 |

# 2002年大中城市蔬菜期间费用(四)

品种：陆地西红柿

| 项目名称 | 单位 | 贵阳 | 昆明 | 重庆 | 西安 | 银川 | 乌鲁木齐 |
|---|---|---|---|---|---|---|---|
| 一、每亩期间费用 | 元 | 25.00 | 59.47 | 151.52 | 85.00 | 73.60 | 138.07 |
| 1.土地承包费 | 元 | | 24.56 | | | | 20.66 |
| 2.管理费 | 元 | | | | | | |
| 3.销售费 | 元 | 25.00 | 34.91 | 151.52 | 85.00 | 73.60 | 117.41 |
| 4.财务费 | 元 | | | | | | |
| 二、每亩用工量 | 日 | 38.00 | 94.20 | 57.10 | 97.90 | 22.50 | 39.30 |
| 1.直接用工 | 日 | 33.00 | 83.00 | 50.50 | 92.30 | 13.50 | 34.30 |
| 2.间接用工 | 日 | 5.00 | 11.20 | 6.60 | 5.60 | 9.00 | 5.00 |
| 三、每亩成本外支出 | 元 | | 13.41 | | | 10.25 | 20.76 |
| 1.村提留费 | 元 | | | | | | |
| 2.乡统筹费 | 元 | | | | | | |
| 3.两工支出 | 元 | | 3.69 | | | 10.25 | 6.32 |
| 4.其它成本外支出 | 元 | | 9.72 | | | | 14.44 |
| 附记：1.人均耕地面积 | 元 | 1.20 | 1.20 | 0.90 | 0.60 | 2.30 | 5.30 |
| 2.人均成本外支出 | 元 | | 17.30 | | | 1.80 | 37.00 |
| 3.人均两工数量 | 日 | | 4.20 | | | 0.50 | 3.60 |
| 4.雇工天数 | 日 | | | | | | 15.00 |
| 5.雇工工价 | 元 | 20.00 | 17.00 | 24.20 | 10.00 | | 20.00 |

# 2002 年大中城市蔬菜成本收益(一)

**品种：大棚西红柿** 按统一工价汇总

| 项目名称 | | 单位 | 平均 | 北京 | 天津 | 石家庄 | 太原 | 呼和浩特 |
|---|---|---|---|---|---|---|---|---|
| 调查县数 | | 个 | 50.00 | 5.00 | 4.00 | 2.00 | 1.00 | 3.00 |
| 调查户数 | | 户 | 180.00 | 14.00 | 19.00 | 2.00 | 3.00 | 10.00 |
| 调查面积 | | 亩 | 170.22 | 18.10 | 12.30 | 2.00 | 3.50 | 9.80 |
| 每亩 | 主产品产量 | 公斤 | 4796.10 | 4050.10 | 3785.00 | 6032.50 | 4870.00 | 6190.00 |
| | 产值合计 | 元 | 5413.79 | 4034.66 | 3824.91 | 6635.75 | 7792.00 | 4516.00 |
| | 主产品产值 | 元 | 5412.34 | 4034.66 | 3824.91 | 6635.75 | 7792.00 | 4516.00 |
| | 副产品产值 | 元 | 1.45 | | | | | |
| | 其它收入 | 元 | | | | | | |
| | 生产成本 | 元 | 2477.82 | 1787.06 | 1526.47 | 2887.84 | 4959.00 | 2008.00 |
| | 物质费用 | 元 | 1536.22 | 1307.46 | 702.57 | 1765.84 | 3474.00 | 1667.00 |
| | 用工作价 | 元 | 941.60 | 479.60 | 823.90 | 1122.00 | 1485.00 | 341.00 |
| | 用工数量 | 日 | 85.60 | 43.60 | 74.90 | 102.00 | 135.00 | 31.00 |
| | 劳动日工价 | 元 | 11.00 | 11.00 | 11.00 | 11.00 | 11.00 | 11.00 |
| | 期间费用 | 元 | 123.55 | 109.98 | 131.27 | 278.23 | 99.30 | 186.00 |
| | 税金 | 元 | 42.06 | 43.20 | 29.75 | 77.50 | 27.80 | 65.52 |
| | 含税成本 | 元 | 2643.43 | 1940.24 | 1687.49 | 3243.57 | 5086.10 | 2259.52 |
| | 净产值 | 元 | 3877.57 | 2727.20 | 3122.34 | 4869.91 | 4318.00 | 2849.00 |
| | 减税纯收益 | 元 | 2770.36 | 2094.42 | 2137.42 | 3392.18 | 2705.90 | 2256.48 |
| | 成本纯收益率 | % | 104.80 | 107.95 | 126.66 | 104.58 | 53.20 | 99.87 |
| 每50公斤主产品 | 平均出售价格 | 元 | 56.42 | 49.81 | 50.53 | 55.00 | 80.00 | 36.48 |
| | 物质费用 | 元 | 16.01 | 16.14 | 9.28 | 14.64 | 35.67 | 13.47 |
| | 生产成本 | 元 | 25.82 | 22.06 | 20.17 | 23.94 | 50.91 | 16.22 |
| | 含税成本 | 元 | 27.55 | 23.95 | 22.29 | 26.88 | 52.22 | 18.25 |
| | 净产值 | 元 | 40.41 | 33.67 | 41.25 | 40.36 | 44.33 | 23.01 |
| | 减税纯收益 | 元 | 28.87 | 25.86 | 28.24 | 28.12 | 27.78 | 18.23 |
| 每一劳动日 | 主产品产量 | 公斤 | 56.00 | 92.90 | 50.50 | 59.10 | 36.10 | 199.70 |
| | 净产值 | 元 | 45.30 | 62.55 | 41.69 | 47.74 | 31.99 | 91.90 |
| 每亩主产品出售数量 | | 公斤 | 4721.40 | 4049.50 | 3785.00 | 6003.00 | 4400.00 | 6190.00 |
| 每亩主产品出售产值 | | 元 | 5329.80 | 4034.66 | 3824.91 | 6603.30 | 7040.00 | 4516.00 |
| 每亩成本外支出 | | 元 | 12.59 | 18.45 | 26.80 | | 16.91 | 28.08 |

# 2002年大中城市蔬菜成本收益(二)

品种:大棚西红柿　　　　按统一工价汇总

| 项目名称 | | 单位 | 沈阳 | 长春 | 哈尔滨 | 大连 | 上海 | 南京 |
|---|---|---|---|---|---|---|---|---|
| 调查县数 | | 个 | 2.00 | 4.00 | 2.00 | 2.00 | 1.00 | 1.00 |
| 调查户数 | | 户 | 4.00 | 7.00 | 4.00 | 4.00 | 15.00 | 3.00 |
| 调查面积 | | 亩 | 5.00 | 9.20 | 4.00 | 18.00 | 14.00 | 3.20 |
| 每亩 | 主产品产量 | 公斤 | 3970.30 | 4166.70 | 5646.80 | 4552.30 | 3048.00 | 4181.30 |
| | 产值合计 | 元 | 5890.80 | 3330.49 | 7226.89 | 6052.67 | 3612.48 | 6177.49 |
| | 主产品产值 | 元 | 5890.80 | 3330.49 | 7226.89 | 6052.67 | 3612.48 | 6177.49 |
| | 副产品产值 | 元 | | | | | | |
| | 其它收入 | 元 | | | | | | |
| | 生产成本 | 元 | 2922.95 | 2283.73 | 2783.47 | 1895.79 | 1503.85 | 3980.49 |
| | 物质费用 | 元 | 2509.35 | 1089.13 | 2123.47 | 1130.19 | 689.85 | 2495.49 |
| | 用工作价 | 元 | 413.60 | 1194.60 | 660.00 | 765.60 | 814.00 | 1485.00 |
| | 用工数量 | 日 | 37.60 | 108.60 | 60.00 | 69.60 | 74.00 | 135.00 |
| | 劳动日工价 | 元 | 11.00 | 11.00 | 11.00 | 11.00 | 11.00 | 11.00 |
| | 期间费用 | 元 | 95.00 | 125.08 | 148.66 | 265.53 | 101.00 | 71.38 |
| | 税金 | 元 | 98.09 | 35.94 | 35.75 | 43.21 | 10.50 | 37.30 |
| | 含税成本 | 元 | 3116.04 | 2444.75 | 2967.88 | 2204.53 | 1615.35 | 4089.17 |
| | 净产值 | 元 | 3381.45 | 2241.36 | 5103.42 | 4922.48 | 2922.63 | 3682.00 |
| | 减税纯收益 | 元 | 2774.76 | 885.74 | 4259.01 | 3848.14 | 1997.13 | 2088.32 |
| | 成本纯收益率 | % | 89.05 | 36.23 | 143.50 | 174.56 | 123.63 | 51.07 |
| 每50公斤主产品 | 平均出售价格 | 元 | 74.19 | 39.97 | 63.99 | 66.48 | 59.26 | 73.87 |
| | 物质费用 | 元 | 31.60 | 13.07 | 18.80 | 12.41 | 11.32 | 29.84 |
| | 生产成本 | 元 | 36.81 | 27.41 | 24.65 | 20.82 | 24.67 | 47.60 |
| | 含税成本 | 元 | 39.24 | 29.34 | 26.28 | 24.21 | 26.50 | 48.90 |
| | 净产值 | 元 | 42.59 | 26.90 | 45.19 | 54.07 | 47.94 | 44.03 |
| | 减税纯收益 | 元 | 34.95 | 10.63 | 37.71 | 42.27 | 32.76 | 24.97 |
| 每一劳动日 | 主产品产量 | 公斤 | 105.60 | 38.40 | 94.10 | 65.40 | 41.20 | 31.00 |
| | 净产值 | 元 | 89.93 | 20.64 | 85.06 | 70.73 | 39.50 | 27.27 |
| 每亩主产品出售数量 | | 公斤 | 3970.30 | 4138.00 | 5639.80 | 4552.30 | 3048.00 | 4181.30 |
| 每亩主产品出售产值 | | 元 | 5890.80 | 3308.07 | 7217.20 | 6052.70 | 3612.50 | 6177.49 |
| 每亩成本外支出 | | 元 | 31.48 | | 5.74 | 35.74 | | 36.13 |

# 2002年大中城市蔬菜成本收益(三)

品种：大棚西红柿　　　　按统一工价汇总

| 项目名称 | | 单位 | 杭州 | 合肥 | 济南 | 宁波 | 青岛 | 武汉 |
|---|---|---|---|---|---|---|---|---|
| 调查县数 | | 个 | 2.00 | 1.00 | 4.00 | 1.00 | 1.00 | 3.00 |
| 调查户数 | | 户 | 6.00 | 4.00 | 12.00 | 3.00 | 12.00 | 6.00 |
| 调查面积 | | 亩 | 8.60 | 3.00 | 6.40 | 2.50 | 12.00 | 6.20 |
| 每亩 | 主产品产量 | 公斤 | 3454.20 | 5500.00 | 5777.60 | 2700.00 | 4500.00 | 2924.50 |
| | 产值合计 | 元 | 5150.09 | 8828.33 | 7203.06 | 3510.00 | 6187.50 | 3096.20 |
| | 主产品产值 | 元 | 5150.09 | 8800.00 | 7203.06 | 3510.00 | 6187.50 | 3096.20 |
| | 副产品产值 | 元 | | 28.33 | | | | |
| | 其它收入 | 元 | | | | | | |
| | 生产成本 | 元 | 1458.59 | 2585.17 | 2112.43 | 1235.00 | 2296.70 | 1595.80 |
| | 物质费用 | 元 | 692.99 | 1585.27 | 1334.73 | 465.00 | 1585.00 | 1203.10 |
| | 用工作价 | 元 | 765.60 | 999.90 | 777.70 | 770.00 | 711.70 | 392.70 |
| | 用工数量 | 日 | 69.60 | 90.90 | 70.70 | 70.00 | 64.70 | 35.70 |
| | 劳动日工价 | 元 | 11.00 | 11.00 | 11.00 | 11.00 | 11.00 | 11.00 |
| | 期间费用 | 元 | 62.08 | 117.50 | 58.33 | 60.30 | 125.00 | 22.26 |
| | 税金 | 元 | 28.42 | 60.12 | 68.42 | 51.10 | 40.00 | 35.42 |
| | 含税成本 | 元 | 1549.09 | 2762.79 | 2239.18 | 1346.40 | 2461.70 | 1653.48 |
| | 净产值 | 元 | 4457.10 | 7243.06 | 5868.33 | 3045.00 | 4602.50 | 1893.10 |
| | 减税纯收益 | 元 | 3601.00 | 6065.54 | 4963.88 | 2163.60 | 3725.80 | 1442.72 |
| | 成本纯收益率 | % | 232.46 | 219.54 | 221.68 | 160.70 | 151.35 | 87.25 |
| 每50公斤主产品 | 平均出售价格 | 元 | 74.55 | 80.00 | 62.34 | 65.00 | 68.75 | 52.94 |
| | 物质费用 | 元 | 10.03 | 14.37 | 11.55 | 8.61 | 17.61 | 20.57 |
| | 生产成本 | 元 | 21.11 | 23.43 | 18.28 | 22.87 | 25.52 | 27.29 |
| | 含税成本 | 元 | 22.42 | 25.04 | 19.38 | 24.93 | 27.35 | 28.27 |
| | 净产值 | 元 | 64.52 | 65.63 | 50.79 | 56.39 | 51.14 | 32.37 |
| | 减税纯收益 | 元 | 52.13 | 54.96 | 42.96 | 40.07 | 41.40 | 24.67 |
| 每一劳动日 | 主产品产量 | 公斤 | 49.60 | 60.50 | 81.70 | 38.60 | 69.60 | 81.90 |
| | 净产值 | 元 | 64.04 | 79.68 | 83.00 | 43.50 | 71.14 | 53.03 |
| 每亩主产品出售数量 | | 公斤 | 3454.20 | 5500.00 | 5612.40 | 2700.00 | 4430.00 | 2899.00 |
| 每亩主产品出售产值 | | 元 | 5150.09 | 8800.00 | 7033.30 | 3510.00 | 6091.30 | 3069.20 |
| 每亩成本外支出 | | 元 | | | 10.94 | | | 24.63 |

# 2002年大中城市蔬菜成本收益(四)

品种：大棚西红柿　　　　按统一工价汇总

| 项目名称 | | 单位 | 昆明 | 西安 | 兰州 | 西宁 | 银川 | 乌鲁木齐 |
|---|---|---|---|---|---|---|---|---|
| 调查县数 | | 个 | 1.00 | 3.00 | 3.00 | 2.00 | 1.00 | 1.00 |
| 调查户数 | | 户 | 7.00 | 20.00 | 9.00 | 8.00 | 5.00 | 3.00 |
| 调查面积 | | 亩 | 2.50 | 16.10 | 3.45 | 4.50 | 2.87 | 3.00 |
| 每亩 | 主产品产量 | 公斤 | 6765.00 | 5117.50 | 6621.70 | 4951.40 | 4773.00 | 6732.00 |
| | 产值合计 | 元 | 3455.15 | 5785.08 | 4614.64 | 8449.36 | 4203.83 | 4939.72 |
| | 主产品产值 | 元 | 3450.15 | 5785.08 | 4614.64 | 8449.36 | 4203.83 | 4939.72 |
| | 副产品产值 | 元 | 5.00 | | | | | |
| | 其它收入 | 元 | | | | | | |
| | 生产成本 | 元 | 2768.58 | 2756.61 | 2749.09 | 2242.60 | 3607.31 | 3047.05 |
| | 物质费用 | 元 | 1272.58 | 1306.81 | 1316.89 | 1064.50 | 2576.61 | 1975.65 |
| | 用工作价 | 元 | 1496.00 | 1449.80 | 1432.20 | 1178.10 | 1030.70 | 1071.40 |
| | 用工数量 | 日 | 136.00 | 131.80 | 130.20 | 107.10 | 93.70 | 97.40 |
| | 劳动日工价 | 元 | 11.00 | 11.00 | 11.00 | 11.00 | 11.00 | 11.00 |
| | 期间费用 | 元 | 60.00 | 89.83 | 374.69 | 79.93 | 102.09 | 78.00 |
| | 税金 | 元 | 39.90 | 32.37 | 26.89 | 13.24 | 35.30 | 31.75 |
| | 含税成本 | 元 | 2868.48 | 2878.81 | 3150.67 | 2335.77 | 3744.70 | 3156.80 |
| | 净产值 | 元 | 2182.57 | 4478.27 | 3297.75 | 7384.86 | 1627.22 | 2964.07 |
| | 减税纯收益 | 元 | 586.67 | 2906.27 | 1463.97 | 6113.59 | 459.13 | 1782.92 |
| | 成本纯收益率 | % | 20.45 | 100.95 | 46.47 | 261.74 | 12.26 | 56.48 |
| 每50公斤主产品 | 平均出售价格 | 元 | 25.50 | 56.52 | 34.84 | 85.32 | 44.04 | 36.69 |
| | 物质费用 | 元 | 9.39 | 12.77 | 9.94 | 10.75 | 26.99 | 14.67 |
| | 生产成本 | 元 | 20.43 | 26.93 | 20.76 | 22.65 | 37.79 | 22.63 |
| | 含税成本 | 元 | 21.17 | 28.13 | 23.79 | 23.59 | 39.23 | 23.45 |
| | 净产值 | 元 | 16.11 | 43.75 | 24.90 | 74.57 | 17.05 | 22.02 |
| | 减税纯收益 | 元 | 4.33 | 28.39 | 11.05 | 61.73 | 4.81 | 13.24 |
| 每一劳动日 | 主产品产量 | 公斤 | 49.70 | 38.80 | 50.90 | 46.20 | 50.90 | 69.10 |
| | 净产值 | 元 | 16.05 | 33.98 | 25.33 | 68.95 | 17.37 | 30.43 |
| 每亩主产品出售数量 | | 公斤 | 6765.00 | 4881.50 | 6435.90 | 4951.40 | 4773.00 | 6232.00 |
| 每亩主产品出售产值 | | 元 | 3450.15 | 5530.55 | 4480.27 | 8449.36 | 4203.80 | 4539.70 |
| 每亩成本外支出 | | 元 | 21.10 | | | | 12.75 | 20.81 |

# 2002年大中城市蔬菜成本收益(一)

**品种：大棚西红柿**　　　　按地区工价汇总

| 项 目 名 称 | | 单位 | 平 均 | 北 京 | 天 津 | 石家庄 | 太 原 | 呼和浩特 |
|---|---|---|---|---|---|---|---|---|
| 调查县数 | | 个 | 50.00 | 5.00 | 4.00 | 2.00 | 1.00 | 3.00 |
| 调查户数 | | 户 | 180.00 | 14.00 | 19.00 | 2.00 | 3.00 | 10.00 |
| 调查面积 | | 亩 | 170.22 | 18.10 | 12.30 | 2.00 | 3.50 | 9.80 |
| 每亩 | 主产品产量 | 公斤 | 4796.10 | 4050.10 | 3785.00 | 6032.50 | 4870.00 | 6190.00 |
| | 产值合计 | 元 | 5413.79 | 4034.66 | 3824.91 | 6635.75 | 7792.00 | 4516.00 |
| | 主产品产值 | 元 | 5412.34 | 4034.66 | 3824.91 | 6635.75 | 7792.00 | 4516.00 |
| | 副产品产值 | 元 | 1.45 | | | | | |
| | 其它收入 | 元 | | | | | | |
| | 生产成本 | 元 | 2820.22 | 2375.66 | 1668.78 | 2898.04 | 5769.00 | 1955.30 |
| | 物质费用 | 元 | 1536.22 | 1307.46 | 702.57 | 1765.84 | 3474.00 | 1667.00 |
| | 用工作价 | 元 | 1284.00 | 1068.20 | 966.21 | 1132.20 | 2295.00 | 288.30 |
| | 用工数量 | 日 | 85.60 | 43.60 | 74.90 | 102.00 | 135.00 | 31.00 |
| | 劳动日工价 | 元 | 15.00 | 24.50 | 12.90 | 11.10 | 17.00 | 9.30 |
| | 期间费用 | 元 | 123.55 | 109.98 | 131.27 | 278.23 | 99.30 | 186.00 |
| | 税金 | 元 | 42.06 | 43.20 | 29.75 | 77.50 | 27.80 | 65.52 |
| | 含税成本 | 元 | 2985.83 | 2528.84 | 1829.80 | 3253.77 | 5896.10 | 2206.82 |
| | 净产值 | 元 | 3877.57 | 2727.20 | 3122.34 | 4869.91 | 4318.00 | 2849.00 |
| | 减税纯收益 | 元 | 2427.96 | 1505.82 | 1995.11 | 3381.98 | 1895.90 | 2309.18 |
| | 成本纯收益率 | % | 81.32 | 59.55 | 109.03 | 103.94 | 32.16 | 104.64 |
| 每50公斤主产品 | 平均出售价格 | 元 | 56.42 | 49.81 | 50.53 | 55.00 | 80.00 | 36.48 |
| | 物质费用 | 元 | 16.01 | 16.14 | 9.28 | 14.64 | 35.67 | 13.47 |
| | 生产成本 | 元 | 29.39 | 29.33 | 22.05 | 24.02 | 59.23 | 15.79 |
| | 含税成本 | 元 | 31.12 | 31.22 | 24.17 | 26.97 | 60.53 | 17.83 |
| | 净产值 | 元 | 40.41 | 33.67 | 41.25 | 40.36 | 44.33 | 23.01 |
| | 减税纯收益 | 元 | 25.30 | 18.59 | 26.36 | 28.03 | 19.47 | 18.65 |
| 每一劳动日 | 主产品产量 | 公斤 | 56.00 | 92.90 | 50.50 | 59.10 | 36.10 | 199.70 |
| | 净产值 | 元 | 45.30 | 62.55 | 41.69 | 47.74 | 31.99 | 91.90 |
| 每亩主产品出售数量 | | 公斤 | 4721.40 | 4049.50 | 3785.00 | 6003.00 | 4400.00 | 6190.00 |
| 每亩主产品出售产值 | | 元 | 5329.80 | 4034.66 | 3824.91 | 6603.30 | 7040.00 | 4516.00 |
| 每亩成本外支出 | | 元 | 12.59 | 18.45 | 26.80 | | 16.91 | 28.08 |

# 2002年大中城市蔬菜成本收益(二)

品种：大棚西红柿　　　　按地区工价汇总

| 项目名称 | | 单位 | 沈阳 | 长春 | 哈尔滨 | 大连 | 上海 | 南京 |
|---|---|---|---|---|---|---|---|---|
| 调查县数 | | 个 | 2.00 | 4.00 | 2.00 | 2.00 | 1.00 | 1.00 |
| 调查户数 | | 户 | 4.00 | 7.00 | 4.00 | 4.00 | 15.00 | 3.00 |
| 调查面积 | | 亩 | 5.00 | 9.20 | 4.00 | 18.00 | 14.00 | 3.20 |
| 每亩 | 主产品产量 | 公斤 | 3970.30 | 4166.70 | 5646.80 | 4552.30 | 3048.00 | 4181.30 |
| | 产值合计 | 元 | 5890.80 | 3330.49 | 7226.89 | 6052.67 | 3612.48 | 6177.49 |
| | 主产品产值 | 元 | 5890.80 | 3330.49 | 7226.89 | 6052.67 | 3612.48 | 6177.49 |
| | 副产品产值 | 元 | | | | | | |
| | 其它收入 | 元 | | | | | | |
| | 生产成本 | 元 | 2915.43 | 2316.31 | 2933.47 | 2174.19 | 2465.85 | 4601.49 |
| | 物质费用 | 元 | 2509.35 | 1089.13 | 2123.47 | 1130.19 | 689.85 | 2495.49 |
| | 用工作价 | 元 | 406.08 | 1227.18 | 810.00 | 1044.00 | 1776.00 | 2106.00 |
| | 用工数量 | 日 | 37.60 | 108.60 | 60.00 | 69.60 | 74.00 | 135.00 |
| | 劳动日工价 | 元 | 10.80 | 11.30 | 13.50 | 15.00 | 24.00 | 15.60 |
| | 期间费用 | 元 | 95.00 | 125.08 | 148.66 | 265.53 | 101.00 | 71.38 |
| | 税金 | 元 | 98.09 | 35.94 | 35.75 | 43.21 | 10.50 | 37.30 |
| | 含税成本 | 元 | 3108.52 | 2477.33 | 3117.88 | 2482.93 | 2577.35 | 4710.17 |
| | 净产值 | 元 | 3381.45 | 2241.36 | 5103.42 | 4922.48 | 2922.63 | 3682.00 |
| | 减税纯收益 | 元 | 2782.28 | 853.16 | 4109.01 | 3569.74 | 1035.13 | 1467.32 |
| | 成本纯收益率 | % | 89.50 | 34.44 | 131.79 | 143.77 | 40.16 | 31.15 |
| 每50公斤主产品 | 平均出售价格 | 元 | 74.19 | 39.97 | 63.99 | 66.48 | 59.26 | 73.87 |
| | 物质费用 | 元 | 31.60 | 13.07 | 18.80 | 12.41 | 11.32 | 29.84 |
| | 生产成本 | 元 | 36.72 | 27.80 | 25.97 | 23.88 | 40.45 | 55.02 |
| | 含税成本 | 元 | 39.15 | 29.73 | 27.61 | 27.27 | 42.28 | 56.32 |
| | 净产值 | 元 | 42.59 | 26.90 | 45.19 | 54.07 | 47.94 | 44.03 |
| | 减税纯收益 | 元 | 35.04 | 10.24 | 36.38 | 39.21 | 16.98 | 17.55 |
| 每一劳动日 | 主产品产量 | 公斤 | 105.60 | 38.40 | 94.10 | 65.40 | 41.20 | 31.00 |
| | 净产值 | 元 | 89.93 | 20.64 | 85.06 | 70.73 | 39.50 | 27.27 |
| 每亩主产品出售数量 | | 公斤 | 3970.30 | 4138.00 | 5639.80 | 4552.30 | 3048.00 | 4181.30 |
| 每亩主产品出售产值 | | 元 | 5890.80 | 3308.07 | 7217.20 | 6052.70 | 3612.50 | 6177.49 |
| 每亩成本外支出 | | 元 | 31.48 | | 5.74 | 35.74 | | 36.13 |

# 2002年大中城市蔬菜成本收益(三)

**品种：大棚西红柿**　　　　按地区工价汇总

| 项目名称 | | 单位 | 杭州 | 合肥 | 济南 | 宁波 | 青岛 | 武汉 |
|---|---|---|---|---|---|---|---|---|
| 调查县数 | | 个 | 2.00 | 1.00 | 4.00 | 1.00 | 1.00 | 3.00 |
| 调查户数 | | 户 | 6.00 | 4.00 | 12.00 | 3.00 | 12.00 | 6.00 |
| 调查面积 | | 亩 | 8.60 | 3.00 | 6.40 | 2.50 | 12.00 | 6.20 |
| 每亩 | 主产品产量 | 公斤 | 3454.20 | 5500.00 | 5777.60 | 2700.00 | 4500.00 | 2924.50 |
| | 产值合计 | 元 | 5150.09 | 8828.33 | 7203.06 | 3510.00 | 6187.50 | 3096.20 |
| | 主产品产值 | 元 | 5150.09 | 8800.00 | 7203.06 | 3510.00 | 6187.50 | 3096.20 |
| | 副产品产值 | 元 | | 28.33 | | | | |
| | 其它收入 | 元 | | | | | | |
| | 生产成本 | 元 | 1980.59 | 2639.71 | 2225.55 | 2145.00 | 2943.70 | 1870.69 |
| | 物质费用 | 元 | 692.99 | 1585.27 | 1334.73 | 465.00 | 1585.00 | 1203.10 |
| | 用工作价 | 元 | 1287.60 | 1054.44 | 890.82 | 1680.00 | 1358.70 | 667.59 |
| | 用工数量 | 日 | 69.60 | 90.90 | 70.70 | 70.00 | 64.70 | 35.70 |
| | 劳动日工价 | 元 | 18.50 | 11.60 | 12.60 | 24.00 | 21.00 | 18.70 |
| | 期间费用 | 元 | 62.08 | 117.50 | 58.33 | 60.30 | 125.00 | 22.26 |
| | 税金 | 元 | 28.42 | 60.12 | 68.42 | 51.10 | 40.00 | 35.42 |
| | 含税成本 | 元 | 2071.09 | 2817.33 | 2352.30 | 2256.40 | 3108.70 | 1928.37 |
| | 净产值 | 元 | 4457.10 | 7243.06 | 5868.33 | 3045.00 | 4602.50 | 1893.10 |
| | 减税纯收益 | 元 | 3079.00 | 6011.00 | 4850.76 | 1253.60 | 3078.80 | 1167.83 |
| | 成本纯收益率 | % | 148.67 | 213.36 | 206.21 | 55.56 | 99.04 | 60.56 |
| 每50公斤主产品 | 平均出售价格 | 元 | 74.55 | 80.00 | 62.34 | 65.00 | 68.75 | 52.94 |
| | 物质费用 | 元 | 10.03 | 14.37 | 11.55 | 8.61 | 17.61 | 20.57 |
| | 生产成本 | 元 | 28.67 | 23.92 | 19.26 | 39.72 | 32.71 | 31.99 |
| | 含税成本 | 元 | 29.98 | 25.53 | 20.36 | 41.79 | 34.54 | 32.97 |
| | 净产值 | 元 | 64.52 | 65.63 | 50.79 | 56.39 | 51.14 | 32.37 |
| | 减税纯收益 | 元 | 44.57 | 54.47 | 41.98 | 23.21 | 34.21 | 19.97 |
| 每一劳动日 | 主产品产量 | 公斤 | 49.60 | 60.50 | 81.70 | 38.60 | 69.60 | 81.90 |
| | 净产值 | 元 | 64.04 | 79.68 | 83.00 | 43.50 | 71.14 | 53.03 |
| 每亩主产品出售数量 | | 公斤 | 3454.20 | 5500.00 | 5612.40 | 2700.00 | 4430.00 | 2899.00 |
| 每亩主产品出售产值 | | 元 | 5150.09 | 8800.00 | 7033.30 | 3510.00 | 6091.30 | 3069.20 |
| 每亩成本外支出 | | 元 | | | 10.94 | | | 24.63 |

# 2002年大中城市蔬菜成本收益(四)

品种：大棚西红柿　　　　按地区工价汇总

| 项目名称 | | 单位 | 昆明 | 西安 | 兰州 | 西宁 | 银川 | 乌鲁木齐 |
|---|---|---|---|---|---|---|---|---|
| 调查县数 | | 个 | 1.00 | 3.00 | 3.00 | 2.00 | 1.00 | 1.00 |
| 调查户数 | | 户 | 7.00 | 20.00 | 9.00 | 8.00 | 5.00 | 3.00 |
| 调查面积 | | 亩 | 2.50 | 16.10 | 3.45 | 4.50 | 2.87 | 3.00 |
| 每亩 | 主产品产量 | 公斤 | 6765.00 | 5117.50 | 6621.70 | 4951.40 | 4773.00 | 6732.00 |
| | 产值合计 | 元 | 3455.15 | 5785.08 | 4614.64 | 8449.36 | 4203.83 | 4939.72 |
| | 主产品产值 | 元 | 3450.15 | 5785.08 | 4614.64 | 8449.36 | 4203.83 | 4939.72 |
| | 副产品产值 | 元 | 5.00 | | | | | |
| | 其它收入 | 元 | | | | | | |
| | 生产成本 | 元 | 2822.98 | 2848.87 | 2983.45 | 2167.63 | 3616.68 | 3641.19 |
| | 物质费用 | 元 | 1272.58 | 1306.81 | 1316.89 | 1064.50 | 2576.61 | 1975.65 |
| | 用工作价 | 元 | 1550.40 | 1542.06 | 1666.56 | 1103.13 | 1040.07 | 1665.54 |
| | 用工数量 | 日 | 136.00 | 131.80 | 130.20 | 107.10 | 93.70 | 97.40 |
| | 劳动日工价 | 元 | 11.40 | 11.70 | 12.80 | 10.30 | 11.10 | 17.10 |
| | 期间费用 | 元 | 60.00 | 89.83 | 374.69 | 79.93 | 102.09 | 78.00 |
| | 税金 | 元 | 39.90 | 32.37 | 26.89 | 13.24 | 35.30 | 31.75 |
| | 含税成本 | 元 | 2922.88 | 2971.07 | 3385.03 | 2260.80 | 3754.07 | 3750.94 |
| | 净产值 | 元 | 2182.57 | 4478.27 | 3297.75 | 7384.86 | 1627.22 | 2964.07 |
| | 减税纯收益 | 元 | 532.27 | 2814.01 | 1229.61 | 6188.56 | 449.76 | 1188.78 |
| | 成本纯收益率 | % | 18.21 | 94.71 | 36.32 | 273.73 | 11.98 | 31.69 |
| 每50公斤主产品 | 平均出售价格 | 元 | 25.50 | 56.52 | 34.84 | 85.32 | 44.04 | 36.69 |
| | 物质费用 | 元 | 9.39 | 12.77 | 9.94 | 10.75 | 26.99 | 14.67 |
| | 生产成本 | 元 | 20.83 | 27.83 | 22.52 | 21.89 | 37.89 | 27.05 |
| | 含税成本 | 元 | 21.57 | 29.03 | 25.56 | 22.83 | 39.33 | 27.86 |
| | 净产值 | 元 | 16.11 | 43.75 | 24.90 | 74.57 | 17.05 | 22.02 |
| | 减税纯收益 | 元 | 3.93 | 27.49 | 9.28 | 62.49 | 4.71 | 8.83 |
| 每一劳动日 | 主产品产量 | 公斤 | 49.70 | 38.80 | 50.90 | 46.20 | 50.90 | 69.10 |
| | 净产值 | 元 | 16.05 | 33.98 | 25.33 | 68.95 | 17.37 | 30.43 |
| 每亩主产品出售数量 | | 公斤 | 6765.00 | 4881.50 | 6435.90 | 4951.40 | 4773.00 | 6232.00 |
| 每亩主产品出售产值 | | 元 | 3450.15 | 5530.55 | 4480.27 | 8449.36 | 4203.80 | 4539.70 |
| 每亩成本外支出 | | 元 | 21.10 | | | | 12.75 | 20.81 |

# 2002年大中城市蔬菜物质费用(一)

品种：大棚西红柿

| 项　目　名　称 | 单位 | 平　均 | 北　京 | 天　津 | 石家庄 | 太　原 | 呼和浩特 |
|---|---|---|---|---|---|---|---|
| 每亩物质费用 | 元 | 1536.22 | 1307.46 | 702.57 | 1765.84 | 3474.00 | 1667.00 |
| 一、直接生产费用 | 元 | 1338.31 | 1207.24 | 681.02 | 1619.84 | 3285.00 | 1547.00 |
| 1.种籽秧苗费 | 元 | 85.42 | 36.60 | 31.89 | 68.75 | 65.00 | 98.00 |
| 2.农家肥费 | 元 | 195.03 | 227.31 | 66.83 | 170.00 | 332.00 | 269.00 |
| 3.化肥费 | 元 | 198.05 | 72.38 | 123.16 | 164.99 | 431.00 | 66.00 |
| 4.农膜费 | 元 | 394.68 | 403.02 | 287.98 | 504.00 | 1204.00 | 255.00 |
| 5.农药费 | 元 | 105.31 | 135.04 | 56.78 | 197.95 | 150.00 | 184.00 |
| 6.畜力费 | 元 | 2.00 | | | | 20.00 | 20.00 |
| 7.机械作业费 | 元 | 12.65 | 1.64 | 0.12 | | 10.00 | |
| 8.排灌费 | 元 | 55.32 | 77.81 | 42.17 | 81.10 | 167.00 | 45.00 |
| 9.燃料动力费 | 元 | 33.39 | 9.43 | | 192.50 | 50.00 | |
| 10.棚架材料费 | 元 | 241.69 | 244.01 | 62.75 | 240.55 | 851.00 | 589.00 |
| 11.其它直接费用 | 元 | 14.77 | | 9.34 | | 5.00 | 21.00 |
| 二、间接生产费用 | 元 | 197.91 | 100.22 | 21.55 | 146.00 | 189.00 | 120.00 |
| 1.固定资产折旧 | 元 | 173.28 | 91.30 | 15.98 | 138.35 | 154.00 | 105.00 |
| 2.小农具购置修理费 | 元 | 18.66 | 8.92 | 5.23 | 7.65 | 20.00 | 10.00 |
| 3.其它间接费用 | 元 | 5.97 | | 0.34 | | 15.00 | 5.00 |
| 附记：1.每亩种籽用量 | 公斤 | 0.20 | 0.20 | 0.10 | 0.20 | 0.30 | 0.20 |
| 2.每亩化肥用量 | 公斤 | 60.90 | 22.70 | 39.50 | 58.50 | 172.00 | 19.20 |
| 3.每亩农膜用量 | 公斤 | 45.50 | 58.80 | 33.20 | 56.00 | 128.00 | 25.00 |
| 4.每度电价 | 元 | 0.55 | 0.52 | 0.50 | 0.57 | 0.50 | 0.45 |
| 5.每亩柴油费 | 元 | 5.42 | | | 4.13 | 6.00 | 21.00 |

# 2002 年大中城市蔬菜物质费用(二)

品种：大棚西红柿

| 项目名称 | 单位 | 沈阳 | 长春 | 哈尔滨 | 大连 | 上海 | 南京 |
|---|---|---|---|---|---|---|---|
| 每亩物质费用 | 元 | 2509.35 | 1089.13 | 2123.47 | 1130.19 | 689.85 | 2495.49 |
| 一、直接生产费用 | 元 | 1260.35 | 880.10 | 2038.18 | 1096.74 | 649.85 | 2277.99 |
| 1.种籽秧苗费 | 元 | 365.19 | 49.73 | 99.97 | 71.11 | 42.00 | 42.50 |
| 2.农家肥费 | 元 | 85.00 | 122.94 | 242.91 | 181.94 | 81.00 | 480.00 |
| 3.化肥费 | 元 | 77.83 | 140.09 | 93.42 | 196.89 | 150.00 | 138.74 |
| 4.农膜费 | 元 | 512.88 | 219.67 | 467.30 | 355.55 | 97.50 | 640.00 |
| 5.农药费 | 元 | 47.79 | 116.36 | 178.20 | 119.44 | 152.30 | 175.50 |
| 6.畜力费 | 元 | | | | | | |
| 7.机械作业费 | 元 | 21.00 | | | 21.67 | 35.60 | 83.00 |
| 8.排灌费 | 元 | 31.25 | 54.66 | 164.33 | 146.67 | 23.60 | 14.00 |
| 9.燃料动力费 | 元 | 25.00 | 118.38 | 190.30 | | | |
| 10.棚架材料费 | 元 | 94.41 | 38.51 | 590.25 | 3.47 | 67.85 | 646.25 |
| 11.其它直接费用 | 元 | | 19.76 | 11.50 | | | 58.00 |
| 二、间接生产费用 | 元 | 1249.00 | 209.03 | 85.29 | 33.45 | 40.00 | 217.50 |
| 1.固定资产折旧 | 元 | 1240.00 | 125.75 | 35.59 | 30.81 | 20.00 | 153.75 |
| 2.小农具购置修理费 | 元 | 9.00 | 53.17 | 45.30 | 2.64 | 20.00 | 44.25 |
| 3.其它间接费用 | 元 | | 30.11 | 4.40 | | | 19.50 |
| 附记：1.每亩种籽用量 | 公斤 | | 0.10 | 0.50 | 0.10 | 0.10 | 0.10 |
| 2.每亩化肥用量 | 公斤 | 24.00 | 37.50 | 28.20 | 20.80 | 53.60 | 44.60 |
| 3.每亩农膜用量 | 公斤 | 53.90 | 23.70 | 117.40 | 31.90 | 10.50 | 64.90 |
| 4.每度电价 | 元 | 0.52 | 0.77 | 0.57 | 0.55 | 0.28 | 0.60 |
| 5.每亩柴油费 | 元 | | | 10.40 | | 7.55 | 60.25 |

# 2002年大中城市蔬菜物质费用(三)

品种：大棚西红柿

| 项目名称 | 单位 | 杭州 | 合肥 | 济南 | 宁波 | 青岛 | 武汉 |
|---|---|---|---|---|---|---|---|
| 每亩物质费用 | 元 | 692.99 | 1585.27 | 1334.73 | 465.00 | 1585.00 | 1203.10 |
| 一、直接生产费用 | 元 | 647.34 | 1233.27 | 1225.47 | 449.20 | 1471.00 | 1069.97 |
| 1.种籽秧苗费 | 元 | 42.16 | 58.00 | 36.34 | 45.20 | 45.00 | 43.87 |
| 2.农家肥费 | 元 | 50.44 | 84.33 | 192.84 | 21.00 | 290.00 | 238.71 |
| 3.化肥费 | 元 | 59.69 | 181.70 | 390.97 | 61.40 | 307.00 | 269.09 |
| 4.农膜费 | 元 | 267.21 | 459.90 | 358.79 | 130.20 | 630.00 | 219.05 |
| 5.农药费 | 元 | 44.70 | 116.00 | 67.30 | 20.50 | 35.00 | 177.71 |
| 6.畜力费 | 元 | | | | | | 2.42 |
| 7.机械作业费 | 元 | | | 3.75 | | 30.00 | 22.58 |
| 8.排灌费 | 元 | 4.94 | 43.67 | 73.54 | 10.50 | 17.00 | 5.45 |
| 9.燃料动力费 | 元 | | | | | | |
| 10.棚架材料费 | 元 | 178.20 | 230.17 | 101.03 | 160.40 | 105.00 | 91.09 |
| 11.其它直接费用 | 元 | | 59.50 | 0.91 | | 12.00 | |
| 二、间接生产费用 | 元 | 45.65 | 352.00 | 109.26 | 15.80 | 114.00 | 133.13 |
| 1.固定资产折旧 | 元 | 22.32 | 282.00 | 103.86 | | 100.00 | 128.13 |
| 2.小农具购置修理费 | 元 | 14.93 | 36.67 | 5.07 | | 9.00 | 5.00 |
| 3.其它间接费用 | 元 | 8.40 | 33.33 | 0.33 | 15.80 | 5.00 | |
| 附记：1.每亩种籽用量 | 公斤 | 0.50 | 0.10 | | 0.40 | 0.10 | 0.10 |
| 2.每亩化肥用量 | 公斤 | 18.80 | 62.90 | 128.60 | 16.30 | 103.60 | 54.50 |
| 3.每亩农膜用量 | 公斤 | 25.70 | 53.90 | 40.50 | 12.50 | 76.40 | 30.70 |
| 4.每度电价 | 元 | 0.68 | 0.79 | 0.70 | 0.65 | 0.67 | 0.47 |
| 5.每亩柴油费 | 元 | | | 0.41 | | | |

# 2002 年大中城市蔬菜物质费用(四)

品种：大棚西红柿

| 项目名称 | 单位 | 昆明 | 西安 | 兰州 | 西宁 | 银川 | 乌鲁木齐 |
|---|---|---|---|---|---|---|---|
| 每亩物质费用 | 元 | 1272.58 | 1306.81 | 1316.89 | 1064.50 | 2576.61 | 1975.65 |
| 一、直接生产费用 | 元 | 1222.78 | 1222.45 | 1214.44 | 1018.62 | 2046.47 | 1417.23 |
| 1.种籽秧苗费 | 元 | 87.00 | 199.21 | 57.29 | 49.85 | 286.76 | 43.15 |
| 2.农家肥费 | 元 | 95.00 | 144.14 | 249.41 | 110.63 | 236.93 | 513.33 |
| 3.化肥费 | 元 | 442.50 | 168.84 | 262.62 | 181.01 | 334.43 | 241.67 |
| 4.农膜费 | 元 | 267.00 | 275.29 | 354.26 | 366.78 | 462.07 | 340.25 |
| 5.农药费 | 元 | 69.28 | 65.98 | 87.81 | 36.54 | 109.72 | 78.33 |
| 6.畜力费 | 元 | | | | | 3.66 | |
| 7.机械作业费 | 元 | | 24.22 | | | 37.45 | |
| 8.排灌费 | 元 | 12.00 | 69.39 | 13.24 | 20.94 | 63.55 | 90.50 |
| 9.燃料动力费 | 元 | | | 77.93 | | 104.53 | |
| 10.棚架材料费 | 元 | 250.00 | 238.95 | 111.88 | 211.79 | 342.25 | 110.00 |
| 11.其它直接费用 | 元 | | 36.43 | | 41.08 | 65.12 | |
| 二、间接生产费用 | 元 | 49.80 | 84.36 | 102.45 | 45.88 | 530.14 | 558.42 |
| 1.固定资产折旧 | 元 | 20.00 | 54.38 | 62.16 | 38.46 | 505.23 | 558.42 |
| 2.小农具购置修理费 | 元 | 29.80 | 29.98 | 40.29 | 7.42 | 24.91 | |
| 3.其它间接费用 | 元 | | | | | | |
| 附记：1.每亩种籽用量 | 公斤 | 0.30 | | | 0.20 | | 0.10 |
| 2.每亩化肥用量 | 公斤 | 124.70 | 59.70 | 79.60 | 51.00 | 103.00 | 75.70 |
| 3.每亩农膜用量 | 公斤 | 26.00 | 33.00 | 43.10 | 30.10 | 41.00 | 30.50 |
| 4.每度电价 | 元 | 0.50 | 0.44 | 0.47 | 0.39 | 0.45 | 0.61 |
| 5.每亩柴油费 | 元 | | 15.00 | | | | |

# 2002年大中城市蔬菜期间费用(一)

品种：大棚西红柿

| 项目名称 | 单位 | 平均 | 北京 | 天津 | 石家庄 | 太原 | 呼和浩特 |
|---|---|---|---|---|---|---|---|
| 一、每亩期间费用 | 元 | 123.55 | 109.98 | 131.27 | 278.23 | 99.30 | 186.00 |
| 1.土地承包费 | 元 | 21.76 | 70.99 | 14.67 | 170.00 | 22.30 | |
| 2.管理费 | 元 | 2.25 | | | | 21.00 | |
| 3.销售费 | 元 | 99.37 | 38.99 | 116.60 | 108.23 | 52.00 | 186.00 |
| 4.财务费 | 元 | 0.17 | | | | 4.00 | |
| 二、每亩用工量 | 日 | 85.60 | 43.60 | 74.90 | 102.00 | 135.00 | 31.00 |
| 1.直接用工 | 日 | 76.70 | 40.80 | 67.50 | 99.40 | 126.00 | 29.00 |
| 2.间接用工 | 日 | 8.90 | 2.80 | 7.40 | 2.60 | 9.00 | 2.00 |
| 三、每亩成本外支出 | 元 | 12.59 | 18.45 | 26.80 | | 16.91 | 28.08 |
| 1.村提留费 | 元 | | | | | | |
| 2.乡统筹费 | 元 | | | | | | |
| 3.两工支出 | 元 | 4.74 | | 18.77 | | 5.00 | |
| 4.其它成本外支出 | 元 | 7.85 | 18.45 | 8.03 | | 11.91 | 28.08 |
| 附记：1.人均耕地面积 | 元 | 1.60 | 5.20 | 1.10 | 1.00 | 1.70 | 1.10 |
| 2.人均成本外支出 | 元 | 31.20 | 162.20 | 48.10 | | 56.00 | 30.90 |
| 3.人均两工数量 | 日 | 2.00 | | 6.90 | | 3.00 | |
| 4.雇工天数 | 日 | 1.30 | 9.10 | | | 10.00 | |
| 5.雇工工价 | 元 | 18.30 | 15.80 | 20.00 | | 20.00 | 15.00 |

# 2002年大中城市蔬菜期间费用(二)

品种：大棚西红柿

| 项目名称 | 单位 | 沈阳 | 长春 | 哈尔滨 | 大连 | 上海 | 南京 |
|---|---|---|---|---|---|---|---|
| 一、每亩期间费用 | 元 | 95.00 | 125.08 | 148.66 | 265.53 | 101.00 | 71.38 |
| 1.土地承包费 | 元 | | | | 25.56 | | |
| 2.管理费 | 元 | | | 1.57 | | 15.00 | |
| 3.销售费 | 元 | 95.00 | 125.08 | 147.09 | 239.97 | 86.00 | 71.38 |
| 4.财务费 | 元 | | | | | | |
| 二、每亩用工量 | 日 | 37.60 | 108.60 | 60.00 | 69.60 | 74.00 | 135.00 |
| 1.直接用工 | 日 | 35.90 | 97.00 | 55.30 | 66.90 | 60.00 | 115.00 |
| 2.间接用工 | 日 | 1.70 | 11.60 | 4.70 | 2.70 | 14.00 | 20.00 |
| 三、每亩成本外支出 | 元 | 31.48 | | 5.74 | 35.74 | | 36.13 |
| 1.村提留费 | 元 | | | | | | |
| 2.乡统筹费 | 元 | | | | | | |
| 3.两工支出 | 元 | 11.51 | | 5.74 | 17.22 | | 23.75 |
| 4.其它成本外支出 | 元 | 19.97 | | | 18.52 | | 12.38 |
| 附记：1.人均耕地面积 | 元 | 2.20 | 2.90 | 1.90 | 1.60 | 0.80 | 1.50 |
| 2.人均成本外支出 | 元 | 111.80 | | 40.20 | 58.10 | | 44.00 |
| 3.人均两工数量 | 日 | 7.00 | | 2.40 | 3.40 | | 10.00 |
| 4.雇工天数 | 日 | | | | | | |
| 5.雇工工价 | 元 | 20.00 | | 20.00 | 20.00 | | 20.00 |

# 2002年大中城市蔬菜期间费用(三)

品种：大棚西红柿

| 项　目　名　称 | 单位 | 杭　州 | 合　肥 | 济　南 | 宁　波 | 青　岛 | 武　汉 |
|---|---|---|---|---|---|---|---|
| 一、每亩期间费用 | 元 | 62.08 | 117.50 | 58.33 | 60.30 | 125.00 | 22.26 |
| 1.土地承包费 | 元 | 10.47 | 70.00 | 9.38 | 25.00 | | |
| 2.管理费 | 元 | | | | 10.00 | | |
| 3.销售费 | 元 | 51.61 | 47.50 | 48.95 | 25.30 | 125.00 | 22.26 |
| 4.财务费 | 元 | | | | | | |
| 二、每亩用工量 | 日 | 69.60 | 90.90 | 70.70 | 70.00 | 64.70 | 35.70 |
| 1.直接用工 | 日 | 57.50 | 85.70 | 66.60 | 55.00 | 50.70 | 35.30 |
| 2.间接用工 | 日 | 12.10 | 5.20 | 4.10 | 15.00 | 14.00 | 0.40 |
| 三、每亩成本外支出 | 元 | | | 10.94 | | | 24.63 |
| 1.村提留费 | 元 | | | | | | |
| 2.乡统筹费 | 元 | | | | | | |
| 3.两工支出 | 元 | | | 3.14 | | | |
| 4.其它成本外支出 | 元 | | | 7.80 | | | 24.63 |
| 附记：1.人均耕地面积 | 元 | 0.50 | 0.80 | 1.20 | 0.50 | 0.40 | 1.60 |
| 2.人均成本外支出 | 元 | | | 26.60 | 32.00 | | 26.70 |
| 3.人均两工数量 | 日 | | | 1.70 | | | 2.50 |
| 4.雇工天数 | 日 | | | 0.30 | | | |
| 5.雇工工价 | 元 | 25.60 | 15.00 | 15.30 | 25.00 | 25.00 | |

# 2002年大中城市蔬菜期间费用(四)

品种：大棚西红柿

| 项 目 名 称 | 单位 | 昆 明 | 西 安 | 兰 州 | 西 宁 | 银 川 | 乌鲁木齐 |
|---|---|---|---|---|---|---|---|
| 一、每亩期间费用 | 元 | 60.00 | 89.83 | 374.69 | 79.93 | 102.09 | 78.00 |
| 1.土地承包费 | 元 | 25.00 | | | | | 57.00 |
| 2.管理费 | 元 | | | | 4.09 | | |
| 3.销售费 | 元 | 35.00 | 89.83 | 374.69 | 75.84 | 102.09 | 21.00 |
| 4.财务费 | 元 | | | | | | |
| 二、每亩用工量 | 日 | 136.00 | 131.80 | 130.20 | 107.10 | 93.70 | 97.40 |
| 1.直接用工 | 日 | 129.00 | 119.50 | 128.40 | 88.40 | 77.40 | 77.70 |
| 2.间接用工 | 日 | 7.00 | 12.30 | 1.80 | 18.70 | 16.30 | 19.70 |
| 三、每亩成本外支出 | 元 | 21.10 | | | | 12.75 | 20.81 |
| 1.村提留费 | 元 | | | | | | |
| 2.乡统筹费 | 元 | | | | | | |
| 3.两工支出 | 元 | 4.00 | | | | 12.75 | 7.20 |
| 4.其它成本外支出 | 元 | 17.10 | | | | | 13.61 |
| 附记：1.人均耕地面积 | 元 | 1.00 | 0.60 | 0.70 | 0.90 | 2.30 | 5.30 |
| 2.人均成本外支出 | 元 | 29.50 | | | 11.70 | 1.80 | 37.00 |
| 3.人均两工数量 | 日 | 4.50 | | | | 0.50 | 3.60 |
| 4.雇工天数 | 日 | | | | | | 10.00 |
| 5.雇工工价 | 元 | 12.00 | 10.00 | 15.00 | 15.00 | | 20.00 |

# 2002 年大中城市蔬菜成本收益(一)

品种：陆地黄瓜　　　　按统一工价汇总

| 项目名称 | | 单位 | 平均 | 北京 | 天津 | 石家庄 | 太原 | 呼和浩特 |
|---|---|---|---|---|---|---|---|---|
| 调查县数 | | 个 | 54.00 | 5.00 | 4.00 | 2.00 | 1.00 | 3.00 |
| 调查户数 | | 户 | 173.00 | 10.00 | 7.00 | 6.00 | 3.00 | 10.00 |
| 调查面积 | | 亩 | 163.20 | 10.10 | 7.40 | 5.30 | 5.00 | 10.00 |
| 每亩 | 主产品产量 | 公斤 | 3527.60 | 3224.30 | 3684.10 | 4269.50 | 4798.00 | 5410.00 |
| | 产值合计 | 元 | 2375.44 | 2444.30 | 3067.21 | 3052.87 | 2686.88 | 3246.00 |
| | 主产品产值 | 元 | 2373.73 | 2444.30 | 3067.21 | 3052.87 | 2686.88 | 3246.00 |
| | 副产品产值 | 元 | 1.71 | | | | | |
| | 其它收入 | 元 | | | | | | |
| | 生产成本 | 元 | 1162.81 | 923.45 | 992.52 | 1272.83 | 1454.00 | 1056.90 |
| | 物质费用 | 元 | 616.11 | 510.95 | 373.22 | 486.33 | 665.30 | 726.90 |
| | 用工作价 | 元 | 546.70 | 412.50 | 619.30 | 786.50 | 788.70 | 330.00 |
| | 用工数量 | 日 | 49.70 | 37.50 | 56.30 | 71.50 | 71.70 | 30.00 |
| | 劳动日工价 | 元 | 11.00 | 11.00 | 11.00 | 11.00 | 11.00 | 11.00 |
| | 期间费用 | 元 | 97.49 | 114.00 | 38.21 | 62.36 | 89.93 | 180.00 |
| | 税金 | 元 | 33.87 | 26.14 | 30.67 | 36.83 | 27.80 | 46.62 |
| | 含税成本 | 元 | 1294.17 | 1063.59 | 1061.40 | 1372.02 | 1571.73 | 1283.52 |
| | 净产值 | 元 | 1759.33 | 1933.35 | 2693.99 | 2566.54 | 2021.58 | 2519.10 |
| | 减税纯收益 | 元 | 1081.27 | 1380.71 | 2005.81 | 1680.85 | 1115.15 | 1962.48 |
| | 成本纯收益率 | % | 83.55 | 129.82 | 188.98 | 122.51 | 70.95 | 152.90 |
| 每50公斤主产品 | 平均出售价格 | 元 | 33.65 | 37.90 | 41.63 | 35.75 | 28.00 | 30.00 |
| | 物质费用 | 元 | 8.73 | 7.92 | 5.07 | 5.70 | 6.93 | 6.72 |
| | 生产成本 | 元 | 16.47 | 14.32 | 13.47 | 14.91 | 15.15 | 9.77 |
| | 含税成本 | 元 | 18.33 | 16.49 | 14.41 | 16.07 | 16.38 | 11.86 |
| | 净产值 | 元 | 24.92 | 29.98 | 36.56 | 30.05 | 21.07 | 23.28 |
| | 减税纯收益 | 元 | 15.32 | 21.41 | 27.22 | 19.68 | 11.62 | 18.14 |
| 每一劳动日 | 主产品产量 | 公斤 | 71.00 | 86.00 | 65.40 | 59.70 | 66.90 | 180.30 |
| | 净产值 | 元 | 35.40 | 51.56 | 47.85 | 35.90 | 28.19 | 83.97 |
| 每亩主产品出售数量 | | 公斤 | 3459.90 | 3224.30 | 3684.10 | 4211.20 | 4433.30 | 5410.00 |
| 每亩主产品出售产值 | | 元 | 2324.20 | 2444.30 | 3067.21 | 3020.33 | 2483.00 | 3246.00 |
| 每亩成本外支出 | | 元 | 10.45 | 13.72 | 41.33 | | 16.91 | 19.98 |

# 2002年大中城市蔬菜成本收益(二)

品种：陆地黄瓜　　　　按统一工价汇总

| 项目名称 | | 单位 | 沈阳 | 长春 | 哈尔滨 | 大连 | 合肥 | 福州 |
|---|---|---|---|---|---|---|---|---|
| 调查县数 | | 个 | 2.00 | 2.00 | 2.00 | 3.00 | 1.00 | 1.00 |
| 调查户数 | | 户 | 4.00 | 3.00 | 5.00 | 5.00 | 4.00 | 3.00 |
| 调查面积 | | 亩 | 3.50 | 3.10 | 11.00 | 6.40 | 1.30 | 6.40 |
| 每亩 | 主产品产量 | 公斤 | 3886.40 | 2192.30 | 2609.10 | 2950.70 | 4115.40 | 2833.00 |
| | 产值合计 | 元 | 1492.28 | 1395.87 | 1650.25 | 1457.20 | 4030.00 | 1906.30 |
| | 主产品产值 | 元 | 1492.28 | 1395.87 | 1650.25 | 1457.20 | 4000.00 | 1906.30 |
| | 副产品产值 | 元 | | | | | 30.00 | |
| | 其它收入 | 元 | | | | | | |
| | 生产成本 | 元 | 1010.75 | 926.60 | 850.46 | 788.65 | 1583.89 | 867.07 |
| | 物质费用 | 元 | 776.45 | 308.40 | 501.76 | 509.25 | 836.99 | 507.37 |
| | 用工作价 | 元 | 234.30 | 618.20 | 348.70 | 279.40 | 746.90 | 359.70 |
| | 用工数量 | 日 | 21.30 | 56.20 | 31.70 | 25.40 | 67.90 | 32.70 |
| | 劳动日工价 | 元 | 11.00 | 11.00 | 11.00 | 11.00 | 11.00 | 11.00 |
| | 期间费用 | 元 | 89.00 | 33.71 | 62.76 | 81.72 | 48.08 | 225.52 |
| | 税金 | 元 | 79.84 | 53.12 | 30.68 | 57.60 | 60.12 | 53.73 |
| | 含税成本 | 元 | 1179.59 | 1013.43 | 943.90 | 927.97 | 1692.09 | 1146.32 |
| | 净产值 | 元 | 715.83 | 1087.47 | 1148.49 | 947.95 | 3193.01 | 1398.93 |
| | 减税纯收益 | 元 | 312.69 | 382.44 | 706.35 | 529.23 | 2337.91 | 759.98 |
| | 成本纯收益率 | % | 26.51 | 37.74 | 74.83 | 57.03 | 138.17 | 66.30 |
| 每50公斤主产品 | 平均出售价格 | 元 | 19.20 | 31.84 | 31.62 | 24.69 | 48.60 | 33.64 |
| | 物质费用 | 元 | 9.99 | 7.03 | 9.61 | 8.63 | 10.09 | 8.95 |
| | 生产成本 | 元 | 13.00 | 21.14 | 16.30 | 13.36 | 19.10 | 15.30 |
| | 含税成本 | 元 | 15.18 | 23.12 | 18.09 | 15.72 | 20.41 | 20.23 |
| | 净产值 | 元 | 9.21 | 24.81 | 22.01 | 16.06 | 38.51 | 24.69 |
| | 减税纯收益 | 元 | 4.02 | 8.72 | 13.53 | 8.97 | 28.19 | 13.41 |
| 每一劳动日 | 主产品产量 | 公斤 | 182.50 | 39.00 | 82.30 | 116.20 | 60.60 | 86.60 |
| | 净产值 | 元 | 33.61 | 19.35 | 36.23 | 37.32 | 47.03 | 42.78 |
| 每亩主产品出售数量 | | 公斤 | 3886.30 | 2167.70 | 2609.10 | 2950.70 | 4115.40 | 2833.00 |
| 每亩主产品出售产值 | | 元 | 1492.20 | 1380.65 | 1650.20 | 1457.20 | 4000.00 | 1906.30 |
| 每亩成本外支出 | | 元 | 31.48 | | 7.96 | 39.43 | | |

# 2002年大中城市蔬菜成本收益(三)

品种:陆地黄瓜　　　　按统一工价汇总

| 项目名称 | | 单位 | 南昌 | 济南 | 厦门 | 青岛 | 郑州 | 武汉 |
|---|---|---|---|---|---|---|---|---|
| 调查县数 | | 个 | 1.00 | 4.00 | 1.00 | 1.00 | 3.00 | 3.00 |
| 调查户数 | | 户 | 3.00 | 12.00 | 4.00 | 12.00 | 3.00 | 7.00 |
| 调查面积 | | 亩 | 1.20 | 6.00 | 6.20 | 12.00 | 0.90 | 4.10 |
| 每亩 | 主产品产量 | 公斤 | 1004.20 | 5291.50 | 3120.00 | 4200.00 | 3560.00 | 2850.10 |
| | 产值合计 | 元 | 854.17 | 2720.50 | 2371.00 | 4620.00 | 2208.84 | 1335.40 |
| | 主产品产值 | 元 | 854.17 | 2720.50 | 2371.00 | 4620.00 | 2208.84 | 1335.40 |
| | 副产品产值 | 元 | | | | | | |
| | 其它收入 | 元 | | | | | | |
| | 生产成本 | 元 | 447.30 | 1257.98 | 1087.00 | 1655.00 | 1256.41 | 885.05 |
| | 物质费用 | 元 | 207.50 | 638.68 | 702.00 | 643.00 | 643.71 | 633.15 |
| | 用工作价 | 元 | 239.80 | 619.30 | 385.00 | 1012.00 | 612.70 | 251.90 |
| | 用工数量 | 日 | 21.80 | 56.30 | 35.00 | 92.00 | 55.70 | 22.90 |
| | 劳动日工价 | 元 | 11.00 | 11.00 | 11.00 | 11.00 | 11.00 | 11.00 |
| | 期间费用 | 元 | 27.50 | 46.76 | 340.37 | 120.00 | 75.94 | 52.77 |
| | 税金 | 元 | 12.95 | 31.71 | 41.74 | 40.00 | 13.60 | 36.80 |
| | 含税成本 | 元 | 487.75 | 1336.45 | 1469.11 | 1815.00 | 1345.95 | 974.62 |
| | 净产值 | 元 | 646.67 | 2081.82 | 1669.00 | 3977.00 | 1565.13 | 702.25 |
| | 减税纯收益 | 元 | 366.42 | 1384.05 | 901.89 | 2805.00 | 862.89 | 360.78 |
| | 成本纯收益率 | % | 75.12 | 103.56 | 61.39 | 154.55 | 64.11 | 37.02 |
| 每50公斤主产品 | 平均出售价格 | 元 | 42.53 | 25.71 | 38.00 | 55.00 | 31.02 | 23.43 |
| | 物质费用 | 元 | 10.33 | 6.04 | 11.25 | 7.65 | 9.04 | 11.11 |
| | 生产成本 | 元 | 22.27 | 11.89 | 17.42 | 19.70 | 17.64 | 15.53 |
| | 含税成本 | 元 | 24.29 | 12.63 | 23.55 | 21.61 | 18.90 | 17.10 |
| | 净产值 | 元 | 32.20 | 19.67 | 26.75 | 47.35 | 21.98 | 12.32 |
| | 减税纯收益 | 元 | 18.24 | 13.08 | 14.45 | 33.39 | 12.12 | 6.33 |
| 每一劳动日 | 主产品产量 | 公斤 | 46.10 | 94.00 | 89.10 | 45.70 | 63.90 | 124.50 |
| | 净产值 | 元 | 29.66 | 36.98 | 47.69 | 43.23 | 28.10 | 30.67 |
| 每亩主产品出售数量 | | 公斤 | 969.20 | 5219.20 | 3120.00 | 4000.00 | 3487.20 | 2825.60 |
| 每亩主产品出售产值 | | 元 | 824.40 | 2675.33 | 2371.00 | 4400.00 | 2165.10 | 1323.90 |
| 每亩成本外支出 | | 元 | | 10.67 | 17.89 | | | 34.79 |

# 2002年大中城市蔬菜成本收益(四)

品种:陆地黄瓜　　　　按统一工价汇总

| 项目名称 | | 单位 | 长沙 | 广州 | 南宁 | 海口 | 贵阳 | 昆明 |
|---|---|---|---|---|---|---|---|---|
| 调查县数 | | 个 | 1.00 | 1.00 | 1.00 | 1.00 | 1.00 | 2.00 |
| 调查户数 | | 户 | 9.00 | 3.00 | 2.00 | 7.00 | 9.00 | 15.00 |
| 调查面积 | | 亩 | 6.00 | 3.70 | 1.75 | 5.00 | 13.00 | 5.60 |
| 每亩 | 主产品产量 | 公斤 | 5602.50 | 2325.20 | 2065.20 | 3394.20 | 3245.00 | 3046.40 |
| | 产值合计 | 元 | 3137.40 | 2318.22 | 651.78 | 3318.50 | 2286.50 | 2317.76 |
| | 主产品产值 | 元 | 3137.40 | 2318.22 | 651.78 | 3318.50 | 2271.50 | 2314.90 |
| | 副产品产值 | 元 | | | | | 15.00 | 2.86 |
| | 其它收入 | 元 | | | | | | |
| | 生产成本 | 元 | 948.63 | 1084.27 | 901.31 | 1871.01 | 982.00 | 1279.71 |
| | 物质费用 | 元 | 558.13 | 516.67 | 399.71 | 881.01 | 520.00 | 703.31 |
| | 用工作价 | 元 | 390.50 | 567.60 | 501.60 | 990.00 | 462.00 | 576.40 |
| | 用工数量 | 日 | 35.50 | 51.60 | 45.60 | 90.00 | 42.00 | 52.40 |
| | 劳动日工价 | 元 | 11.00 | 11.00 | 11.00 | 11.00 | 11.00 | 11.00 |
| | 期间费用 | 元 | 123.30 | 46.00 | 1.80 | 226.44 | 33.00 | 44.45 |
| | 税金 | 元 | 37.20 | 40.00 | 10.99 | 19.45 | 13.00 | 18.99 |
| | 含税成本 | 元 | 1109.13 | 1170.27 | 914.10 | 2116.90 | 1028.00 | 1343.15 |
| | 净产值 | 元 | 2579.27 | 1801.55 | 252.07 | 2437.49 | 1766.50 | 1614.45 |
| | 减税纯收益 | 元 | 2028.27 | 1147.95 | -262.32 | 1201.60 | 1258.50 | 974.61 |
| | 成本纯收益率 | % | 182.87 | 98.09 | -28.70 | 56.76 | 122.42 | 72.56 |
| 每50公斤主产品 | 平均出售价格 | 元 | 28.00 | 49.85 | 15.78 | 48.88 | 35.00 | 37.99 |
| | 物质费用 | 元 | 4.98 | 11.11 | 9.68 | 12.98 | 7.96 | 11.53 |
| | 生产成本 | 元 | 8.47 | 23.32 | 21.82 | 27.56 | 15.03 | 20.98 |
| | 含税成本 | 元 | 9.90 | 25.16 | 22.13 | 31.18 | 15.74 | 22.02 |
| | 净产值 | 元 | 23.02 | 38.74 | 6.10 | 35.90 | 27.04 | 26.46 |
| | 减税纯收益 | 元 | 18.10 | 24.69 | -6.35 | 17.70 | 19.26 | 15.97 |
| 每一劳动日 | 主产品产量 | 公斤 | 157.80 | 45.10 | 45.30 | 37.70 | 77.30 | 58.10 |
| | 净产值 | 元 | 72.66 | 34.91 | 5.53 | 27.08 | 42.06 | 30.81 |
| 每亩主产品出售数量 | | 公斤 | 5542.50 | 2252.30 | 1900.60 | 3364.60 | 3100.00 | 3046.40 |
| 每亩主产品出售产值 | | 元 | 3103.80 | 2245.33 | 592.43 | 3265.03 | 2170.00 | 2314.90 |
| 每亩成本外支出 | | 元 | | | 7.98 | 8.34 | | 11.57 |

# 2002年大中城市蔬菜成本收益(五)

品种：陆地黄瓜　　　　按统一工价汇总

| 项目名称 | | 单位 | 重庆 | 西安 | 兰州 | 银川 | 乌鲁木齐 |
|---|---|---|---|---|---|---|---|
| 调查县数 | | 个 | 2.00 | 3.00 | 1.00 | 1.00 | 1.00 |
| 调查户数 | | 户 | 6.00 | 14.00 | 2.00 | 2.00 | 3.00 |
| 调查面积 | | 亩 | 0.89 | 6.86 | 2.00 | 1.50 | 17.00 |
| 每亩 | 主产品产量 | 公斤 | 1629.20 | 3972.90 | 4250.00 | 2568.00 | 6675.60 |
| | 产值合计 | 元 | 1537.97 | 2952.70 | 4250.00 | 1587.00 | 1615.30 |
| | 主产品产值 | 元 | 1537.97 | 2952.70 | 4250.00 | 1587.00 | 1615.30 |
| | 副产品产值 | 元 | | | | | |
| | 其它收入 | 元 | | | | | |
| | 生产成本 | 元 | 934.96 | 1935.24 | 1957.68 | 970.08 | 1364.51 |
| | 物质费用 | 元 | 498.26 | 762.64 | 1211.88 | 618.08 | 910.21 |
| | 用工作价 | 元 | 436.70 | 1172.60 | 745.80 | 352.00 | 454.30 |
| | 用工数量 | 日 | 39.70 | 106.60 | 67.80 | 32.00 | 41.30 |
| | 劳动日工价 | 元 | 11.00 | 11.00 | 11.00 | 11.00 | 11.00 |
| | 期间费用 | 元 | 115.65 | 72.13 | 189.00 | 66.67 | 122.42 |
| | 税金 | 元 | 13.79 | 27.58 | 18.38 | 35.30 | 33.76 |
| | 含税成本 | 元 | 1064.40 | 2034.95 | 2165.06 | 1072.05 | 1520.69 |
| | 净产值 | 元 | 1039.71 | 2190.06 | 3038.12 | 968.92 | 705.09 |
| | 减税纯收益 | 元 | 473.57 | 917.75 | 2084.94 | 514.95 | 94.61 |
| | 成本纯收益率 | % | 44.49 | 45.10 | 96.30 | 48.03 | 6.22 |
| 每50公斤主产品 | 平均出售价格 | 元 | 47.20 | 37.16 | 50.00 | 30.90 | 12.10 |
| | 物质费用 | 元 | 15.29 | 9.60 | 14.26 | 12.03 | 6.82 |
| | 生产成本 | 元 | 28.69 | 24.36 | 23.03 | 18.89 | 10.22 |
| | 含税成本 | 元 | 32.67 | 25.61 | 25.47 | 20.87 | 11.39 |
| | 净产值 | 元 | 31.91 | 27.56 | 35.74 | 18.87 | 5.28 |
| | 减税纯收益 | 元 | 14.53 | 11.55 | 24.53 | 10.03 | 0.71 |
| 每一劳动日 | 主产品产量 | 公斤 | 41.00 | 37.30 | 62.70 | 80.30 | 161.60 |
| | 净产值 | 元 | 26.19 | 20.54 | 44.81 | 30.28 | 17.07 |
| 每亩主产品出售数量 | | 公斤 | 1505.60 | 3849.80 | 4000.00 | 2568.00 | 6602.10 |
| 每亩主产品出售产值 | | 元 | 1420.37 | 2862.88 | 4000.00 | 1587.00 | 1608.80 |
| 每亩成本外支出 | | 元 | | | | 9.53 | 20.79 |

# 2002 年大中城市蔬菜成本收益(一)

品种：陆地黄瓜　　　　按地区工价汇总

| 项目名称 | | 单位 | 平均 | 北京 | 天津 | 石家庄 | 太原 | 呼和浩特 |
|---|---|---|---|---|---|---|---|---|
| 调查县数 | | 个 | 54.00 | 5.00 | 4.00 | 2.00 | 1.00 | 3.00 |
| 调查户数 | | 户 | 173.00 | 10.00 | 7.00 | 6.00 | 3.00 | 10.00 |
| 调查面积 | | 亩 | 163.20 | 10.10 | 7.40 | 5.30 | 5.00 | 10.00 |
| 每亩 | 主产品产量 | 公斤 | 3527.60 | 3224.30 | 3684.10 | 4269.50 | 4798.00 | 5410.00 |
| | 产值合计 | 元 | 2375.44 | 2444.30 | 3067.21 | 3052.87 | 2686.88 | 3246.00 |
| | 主产品产值 | 元 | 2373.73 | 2444.30 | 3067.21 | 3052.87 | 2686.88 | 3246.00 |
| | 副产品产值 | 元 | 1.71 | | | | | |
| | 其它收入 | 元 | | | | | | |
| | 生产成本 | 元 | 1371.55 | 1429.70 | 1099.49 | 1279.98 | 1884.20 | 1005.90 |
| | 物质费用 | 元 | 616.11 | 510.95 | 373.22 | 486.33 | 665.30 | 726.90 |
| | 用工作价 | 元 | 755.44 | 918.75 | 726.27 | 793.65 | 1218.90 | 279.00 |
| | 用工数量 | 日 | 49.70 | 37.50 | 56.30 | 71.50 | 71.70 | 30.00 |
| | 劳动日工价 | 元 | 15.20 | 24.50 | 12.90 | 11.10 | 17.00 | 9.30 |
| | 期间费用 | 元 | 97.49 | 114.00 | 38.21 | 62.36 | 89.93 | 180.00 |
| | 税金 | 元 | 33.87 | 26.14 | 30.67 | 36.83 | 27.80 | 46.62 |
| | 含税成本 | 元 | 1502.91 | 1569.84 | 1168.37 | 1379.17 | 2001.93 | 1232.52 |
| | 净产值 | 元 | 1759.33 | 1933.35 | 2693.99 | 2566.54 | 2021.58 | 2519.10 |
| | 减税纯收益 | 元 | 872.53 | 874.46 | 1898.84 | 1673.70 | 684.95 | 2013.48 |
| | 成本纯收益率 | % | 58.06 | 55.70 | 162.52 | 121.36 | 34.21 | 163.36 |
| 每50公斤主产品 | 平均出售价格 | 元 | 33.65 | 37.90 | 41.63 | 35.75 | 28.00 | 30.00 |
| | 物质费用 | 元 | 8.73 | 7.92 | 5.07 | 5.70 | 6.93 | 6.72 |
| | 生产成本 | 元 | 19.43 | 22.17 | 14.92 | 14.99 | 19.64 | 9.30 |
| | 含税成本 | 元 | 21.29 | 24.34 | 15.86 | 16.15 | 20.86 | 11.39 |
| | 净产值 | 元 | 24.92 | 29.98 | 36.56 | 30.05 | 21.07 | 23.28 |
| | 减税纯收益 | 元 | 12.36 | 13.56 | 25.77 | 19.60 | 7.14 | 18.61 |
| 每一劳动日 | 主产品产量 | 公斤 | 71.00 | 86.00 | 65.40 | 59.70 | 66.90 | 180.30 |
| | 净产值 | 元 | 35.40 | 51.56 | 47.85 | 35.90 | 28.19 | 83.97 |
| 每亩主产品出售数量 | | 公斤 | 3459.90 | 3224.30 | 3684.10 | 4211.20 | 4433.30 | 5410.00 |
| 每亩主产品出售产值 | | 元 | 2324.20 | 2444.30 | 3067.21 | 3020.33 | 2483.00 | 3246.00 |
| 每亩成本外支出 | | 元 | 10.45 | 13.72 | 41.33 | | 16.91 | 19.98 |

# 2002年大中城市蔬菜成本收益(二)

品种：陆地黄瓜　　　　按地区工价汇总

| 项　目　名　称 | | 单位 | 沈　阳 | 长　春 | 哈尔滨 | 大　连 | 合　肥 | 福　州 |
|---|---|---|---|---|---|---|---|---|
| 调查县数 | | 个 | 2.00 | 2.00 | 2.00 | 3.00 | 1.00 | 1.00 |
| 调查户数 | | 户 | 4.00 | 3.00 | 5.00 | 5.00 | 4.00 | 3.00 |
| 调查面积 | | 亩 | 3.50 | 3.10 | 11.00 | 6.40 | 1.30 | 6.40 |
| 每亩 | 主产品产量 | 公斤 | 3886.40 | 2192.30 | 2609.10 | 2950.70 | 4115.40 | 2833.00 |
| | 产值合计 | 元 | 1492.28 | 1395.87 | 1650.25 | 1457.20 | 4030.00 | 1906.30 |
| | 主产品产值 | 元 | 1492.28 | 1395.87 | 1650.25 | 1457.20 | 4000.00 | 1906.30 |
| | 副产品产值 | 元 | | | | | 30.00 | |
| | 其它收入 | 元 | | | | | | |
| | 生产成本 | 元 | 1006.49 | 943.46 | 929.71 | 890.25 | 1624.63 | 1275.82 |
| | 物质费用 | 元 | 776.45 | 308.40 | 501.76 | 509.25 | 836.99 | 507.37 |
| | 用工作价 | 元 | 230.04 | 635.06 | 427.95 | 381.00 | 787.64 | 768.45 |
| | 用工数量 | 日 | 21.30 | 56.20 | 31.70 | 25.40 | 67.90 | 32.70 |
| | 劳动日工价 | 元 | 10.80 | 11.30 | 13.50 | 15.00 | 11.60 | 23.50 |
| | 期间费用 | 元 | 89.00 | 33.71 | 62.76 | 81.72 | 48.08 | 225.52 |
| | 税金 | 元 | 79.84 | 53.12 | 30.68 | 57.60 | 60.12 | 53.73 |
| | 含税成本 | 元 | 1175.33 | 1030.29 | 1023.15 | 1029.57 | 1732.83 | 1555.07 |
| | 净产值 | 元 | 715.83 | 1087.47 | 1148.49 | 947.95 | 3193.01 | 1398.93 |
| | 减税纯收益 | 元 | 316.95 | 365.58 | 627.10 | 427.63 | 2297.17 | 351.23 |
| | 成本纯收益率 | % | 26.97 | 35.48 | 61.29 | 41.53 | 132.57 | 22.59 |
| 每50公斤主产品 | 平均出售价格 | 元 | 19.20 | 31.84 | 31.62 | 24.69 | 48.60 | 33.64 |
| | 物质费用 | 元 | 9.99 | 7.03 | 9.61 | 8.63 | 10.09 | 8.95 |
| | 生产成本 | 元 | 12.95 | 21.52 | 17.81 | 15.08 | 19.59 | 22.51 |
| | 含税成本 | 元 | 15.12 | 23.50 | 19.60 | 17.44 | 20.90 | 27.44 |
| | 净产值 | 元 | 9.21 | 24.81 | 22.01 | 16.06 | 38.51 | 24.69 |
| | 减税纯收益 | 元 | 4.08 | 8.34 | 12.02 | 7.25 | 27.70 | 6.20 |
| 每一劳动日 | 主产品产量 | 公斤 | 182.50 | 39.00 | 82.30 | 116.20 | 60.60 | 86.60 |
| | 净产值 | 元 | 33.61 | 19.35 | 36.23 | 37.32 | 47.03 | 42.78 |
| 每亩主产品出售数量 | | 公斤 | 3886.30 | 2167.70 | 2609.10 | 2950.70 | 4115.40 | 2833.00 |
| 每亩主产品出售产值 | | 元 | 1492.20 | 1380.65 | 1650.20 | 1457.20 | 4000.00 | 1906.30 |
| 每亩成本外支出 | | 元 | 31.48 | | 7.96 | 39.43 | | |

# 2002年大中城市蔬菜成本收益(三)

品种：陆地黄瓜　　　　按地区工价汇总

| 项目名称 | | 单位 | 南昌 | 济南 | 厦门 | 青岛 | 郑州 | 武汉 |
|---|---|---|---|---|---|---|---|---|
| 调查县数 | | 个 | 1.00 | 4.00 | 1.00 | 1.00 | 3.00 | 3.00 |
| 调查户数 | | 户 | 3.00 | 12.00 | 4.00 | 12.00 | 3.00 | 7.00 |
| 调查面积 | | 亩 | 1.20 | 6.00 | 6.20 | 12.00 | 0.90 | 4.10 |
| 每亩 | 主产品产量 | 公斤 | 1004.20 | 5291.50 | 3120.00 | 4200.00 | 3560.00 | 2850.10 |
| | 产值合计 | 元 | 854.17 | 2720.50 | 2371.00 | 4620.00 | 2208.84 | 1335.40 |
| | 主产品产值 | 元 | 854.17 | 2720.50 | 2371.00 | 4620.00 | 2208.84 | 1335.40 |
| | 副产品产值 | 元 | | | | | | |
| | 其它收入 | 元 | | | | | | |
| | 生产成本 | 元 | 447.30 | 1348.06 | 1391.50 | 2575.00 | 1440.22 | 1061.38 |
| | 物质费用 | 元 | 207.50 | 638.68 | 702.00 | 643.00 | 643.71 | 633.15 |
| | 用工作价 | 元 | 239.80 | 709.38 | 689.50 | 1932.00 | 796.51 | 428.23 |
| | 用工数量 | 日 | 21.80 | 56.30 | 35.00 | 92.00 | 55.70 | 22.90 |
| | 劳动日工价 | 元 | 11.00 | 12.60 | 19.70 | 21.00 | 14.30 | 18.70 |
| | 期间费用 | 元 | 27.50 | 46.76 | 340.37 | 120.00 | 75.94 | 52.77 |
| | 税金 | 元 | 12.95 | 31.71 | 41.74 | 40.00 | 13.60 | 36.80 |
| | 含税成本 | 元 | 487.75 | 1426.53 | 1773.61 | 2735.00 | 1529.76 | 1150.95 |
| | 净产值 | 元 | 646.67 | 2081.82 | 1669.00 | 3977.00 | 1565.13 | 702.25 |
| | 减税纯收益 | 元 | 366.42 | 1293.97 | 597.39 | 1885.00 | 679.08 | 184.45 |
| | 成本纯收益率 | % | 75.12 | 90.71 | 33.68 | 68.92 | 44.39 | 16.03 |
| 每50公斤主产品 | 平均出售价格 | 元 | 42.53 | 25.71 | 38.00 | 55.00 | 31.02 | 23.43 |
| | 物质费用 | 元 | 10.33 | 6.04 | 11.25 | 7.65 | 9.04 | 11.11 |
| | 生产成本 | 元 | 22.27 | 12.74 | 22.30 | 30.65 | 20.23 | 18.62 |
| | 含税成本 | 元 | 24.29 | 13.48 | 28.43 | 32.56 | 21.48 | 20.19 |
| | 净产值 | 元 | 32.20 | 19.67 | 26.75 | 47.35 | 21.98 | 12.32 |
| | 减税纯收益 | 元 | 18.24 | 12.23 | 9.57 | 22.44 | 9.54 | 3.24 |
| 每一劳动日 | 主产品产量 | 公斤 | 46.10 | 94.00 | 89.10 | 45.70 | 63.90 | 124.50 |
| | 净产值 | 元 | 29.66 | 36.98 | 47.69 | 43.23 | 28.10 | 30.67 |
| 每亩主产品出售数量 | | 公斤 | 969.20 | 5219.20 | 3120.00 | 4000.00 | 3487.20 | 2825.60 |
| 每亩主产品出售产值 | | 元 | 824.40 | 2675.33 | 2371.00 | 4400.00 | 2165.10 | 1323.90 |
| 每亩成本外支出 | | 元 | | 10.67 | 17.89 | | | 34.79 |

# 2002年大中城市蔬菜成本收益(四)

品种: 陆地黄瓜 按地区工价汇总

| 项目名称 | | 单位 | 长沙 | 广州 | 南宁 | 海口 | 贵阳 | 昆明 |
|---|---|---|---|---|---|---|---|---|
| 调查县数 | | 个 | 1.00 | 1.00 | 1.00 | 1.00 | 1.00 | 2.00 |
| 调查户数 | | 户 | 9.00 | 3.00 | 2.00 | 7.00 | 9.00 | 15.00 |
| 调查面积 | | 亩 | 6.00 | 3.70 | 1.75 | 5.00 | 13.00 | 5.60 |
| 每亩 | 主产品产量 | 公斤 | 5602.50 | 2325.20 | 2065.20 | 3394.20 | 3245.00 | 3046.40 |
| | 产值合计 | 元 | 3137.40 | 2318.22 | 651.78 | 3318.50 | 2286.50 | 2317.76 |
| | 主产品产值 | 元 | 3137.40 | 2318.22 | 651.78 | 3318.50 | 2271.50 | 2314.90 |
| | 副产品产值 | 元 | | | | | 15.00 | 2.86 |
| | 其它收入 | 元 | | | | | | |
| | 生产成本 | 元 | 1044.48 | 2049.19 | 992.51 | 3221.01 | 1003.00 | 1300.67 |
| | 物质费用 | 元 | 558.13 | 516.67 | 399.71 | 881.01 | 520.00 | 703.31 |
| | 用工作价 | 元 | 486.35 | 1532.52 | 592.80 | 2340.00 | 483.00 | 597.36 |
| | 用工数量 | 日 | 35.50 | 51.60 | 45.60 | 90.00 | 42.00 | 52.40 |
| | 劳动日工价 | 元 | 13.70 | 29.70 | 13.00 | 26.00 | 11.50 | 11.40 |
| | 期间费用 | 元 | 123.30 | 46.00 | 1.80 | 226.44 | 33.00 | 44.45 |
| | 税金 | 元 | 37.20 | 40.00 | 10.99 | 19.45 | 13.00 | 18.99 |
| | 含税成本 | 元 | 1204.98 | 2135.19 | 1005.30 | 3466.90 | 1049.00 | 1364.11 |
| | 净产值 | 元 | 2579.27 | 1801.55 | 252.07 | 2437.49 | 1766.50 | 1614.45 |
| | 减税纯收益 | 元 | 1932.42 | 183.03 | -353.52 | -148.40 | 1237.50 | 953.65 |
| | 成本纯收益率 | % | 160.37 | 8.57 | -35.17 | -4.28 | 117.97 | 69.91 |
| 每50公斤主产品 | 平均出售价格 | 元 | 28.00 | 49.85 | 15.78 | 48.88 | 35.00 | 37.99 |
| | 物质费用 | 元 | 4.98 | 11.11 | 9.68 | 12.98 | 7.96 | 11.53 |
| | 生产成本 | 元 | 9.32 | 44.06 | 24.03 | 47.44 | 15.35 | 21.32 |
| | 含税成本 | 元 | 10.75 | 45.91 | 24.34 | 51.07 | 16.06 | 22.36 |
| | 净产值 | 元 | 23.02 | 38.74 | 6.10 | 35.90 | 27.04 | 26.46 |
| | 减税纯收益 | 元 | 17.25 | 3.94 | -8.56 | -2.19 | 18.94 | 15.63 |
| 每一劳动日 | 主产品产量 | 公斤 | 157.80 | 45.10 | 45.30 | 37.70 | 77.30 | 58.10 |
| | 净产值 | 元 | 72.66 | 34.91 | 5.53 | 27.08 | 42.06 | 30.81 |
| 每亩主产品出售数量 | | 公斤 | 5542.50 | 2252.30 | 1900.60 | 3364.60 | 3100.00 | 3046.40 |
| 每亩主产品出售产值 | | 元 | 3103.80 | 2245.33 | 592.43 | 3265.03 | 2170.00 | 2314.90 |
| 每亩成本外支出 | | 元 | | | 7.98 | 8.34 | | 11.57 |

# 2002年大中城市蔬菜成本收益(五)

品种:陆地黄瓜　　　　按地区工价汇总

| 项目名称 | | 单位 | 重庆 | 西安 | 兰州 | 银川 | 乌鲁木齐 |
|---|---|---|---|---|---|---|---|
| 调查县数 | | 个 | 2.00 | 3.00 | 1.00 | 1.00 | 1.00 |
| 调查户数 | | 户 | 6.00 | 14.00 | 2.00 | 2.00 | 3.00 |
| 调查面积 | | 亩 | 0.89 | 6.86 | 2.00 | 1.50 | 17.00 |
| 每亩 | 主产品产量 | 公斤 | 1629.20 | 3972.90 | 4250.00 | 2568.00 | 6675.60 |
| | 产值合计 | 元 | 1537.97 | 2952.70 | 4250.00 | 1587.00 | 1615.30 |
| | 主产品产值 | 元 | 1537.97 | 2952.70 | 4250.00 | 1587.00 | 1615.30 |
| | 副产品产值 | 元 | | | | | |
| | 其它收入 | 元 | | | | | |
| | 生产成本 | 元 | 907.17 | 2009.86 | 2079.72 | 973.28 | 1616.44 |
| | 物质费用 | 元 | 498.26 | 762.64 | 1211.88 | 618.08 | 910.21 |
| | 用工作价 | 元 | 408.91 | 1247.22 | 867.84 | 355.20 | 706.23 |
| | 用工数量 | 日 | 39.70 | 106.60 | 67.80 | 32.00 | 41.30 |
| | 劳动日工价 | 元 | 10.30 | 11.70 | 12.80 | 11.10 | 17.10 |
| | 期间费用 | 元 | 115.65 | 72.13 | 189.00 | 66.67 | 122.42 |
| | 税金 | 元 | 13.79 | 27.58 | 18.38 | 35.30 | 33.76 |
| | 含税成本 | 元 | 1036.61 | 2109.57 | 2287.10 | 1075.25 | 1772.62 |
| | 净产值 | 元 | 1039.71 | 2190.06 | 3038.12 | 968.92 | 705.09 |
| | 减税纯收益 | 元 | 501.36 | 843.13 | 1962.90 | 511.75 | -157.32 |
| | 成本纯收益率 | % | 48.37 | 39.97 | 85.82 | 47.59 | -8.88 |
| 每50公斤主产品 | 平均出售价格 | 元 | 47.20 | 37.16 | 50.00 | 30.90 | 12.10 |
| | 物质费用 | 元 | 15.29 | 9.60 | 14.26 | 12.03 | 6.82 |
| | 生产成本 | 元 | 27.84 | 25.29 | 24.47 | 18.95 | 12.11 |
| | 含税成本 | 元 | 31.81 | 26.55 | 26.91 | 20.94 | 13.28 |
| | 净产值 | 元 | 31.91 | 27.56 | 35.74 | 18.87 | 5.28 |
| | 减税纯收益 | 元 | 15.39 | 10.61 | 23.09 | 9.96 | -1.18 |
| 每一劳动日 | 主产品产量 | 公斤 | 41.00 | 37.30 | 62.70 | 80.30 | 161.60 |
| | 净产值 | 元 | 26.19 | 20.54 | 44.81 | 30.28 | 17.07 |
| 每亩主产品出售数量 | | 公斤 | 1505.60 | 3849.80 | 4000.00 | 2568.00 | 6602.10 |
| 每亩主产品出售产值 | | 元 | 1420.37 | 2862.88 | 4000.00 | 1587.00 | 1608.80 |
| 每亩成本外支出 | | 元 | | | | 9.53 | 20.79 |

# 2002 年大中城市蔬菜物质费用(一)

品种：陆地黄瓜

| 项 目 名 称 | 单位 | 平 均 | 北 京 | 天 津 | 石家庄 | 太 原 | 呼和浩特 |
|---|---|---|---|---|---|---|---|
| 每亩物质费用 | 元 | 616.11 | 510.95 | 373.22 | 486.33 | 665.30 | 726.90 |
| 一、直接生产费用 | 元 | 585.09 | 493.67 | 358.21 | 471.78 | 635.30 | 712.90 |
| 1.种籽秧苗费 | 元 | 62.24 | 59.21 | 52.27 | 71.60 | 62.00 | 78.00 |
| 2.农家肥费 | 元 | 119.95 | 125.58 | 66.09 | 58.49 | 160.00 | 260.00 |
| 3.化肥费 | 元 | 123.92 | 98.14 | 81.25 | 120.64 | 125.00 | 70.40 |
| 4.农膜费 | 元 | 44.57 | 66.22 | 16.65 | 43.93 | 32.00 | 31.50 |
| 5.农药费 | 元 | 81.21 | 48.81 | 24.79 | 29.58 | 46.30 | 117.00 |
| 6.畜力费 | 元 | 10.61 | | | | | |
| 7.机械作业费 | 元 | 15.59 | 5.00 | 12.42 | 30.00 | 15.00 | 20.00 |
| 8.排灌费 | 元 | 34.75 | 47.79 | 21.91 | 54.50 | 65.00 | 52.00 |
| 9.燃料动力费 | 元 | | | | | | |
| 10.棚架材料费 | 元 | 83.35 | 42.92 | 80.60 | 63.04 | 127.00 | 66.00 |
| 11.其它直接费用 | 元 | 8.90 | | 2.23 | | 3.00 | 18.00 |
| 二、间接生产费用 | 元 | 31.02 | 17.28 | 15.01 | 14.55 | 30.00 | 14.00 |
| 1.固定资产折旧 | 元 | 18.01 | 12.82 | 9.69 | 10.40 | 15.00 | |
| 2.小农具购置修理费 | 元 | 10.85 | 4.46 | 2.13 | 4.15 | 10.00 | 9.00 |
| 3.其它间接费用 | 元 | 2.16 | | 3.19 | | 5.00 | 5.00 |
| 附记：1.每亩种籽用量 | 公斤 | 0.50 | 0.30 | 0.40 | 0.50 | 0.30 | 0.20 |
| 2.每亩化肥用量 | 公斤 | 39.20 | 38.20 | 27.10 | 42.60 | 42.20 | 20.50 |
| 3.每亩农膜用量 | 公斤 | 5.70 | 7.90 | 2.30 | 5.00 | 4.00 | 3.50 |
| 4.每度电价 | 元 | 0.55 | 0.49 | 0.43 | 0.57 | 0.50 | 0.45 |
| 5.每亩柴油费 | 元 | 3.24 | 0.67 | 7.80 | 4.15 | 6.00 | 26.00 |

# 2002年大中城市蔬菜物质费用(二)

品种：陆地黄瓜

| 项 目 名 称 | 单位 | 沈 阳 | 长 春 | 哈尔滨 | 大 连 | 合 肥 | 福 州 |
|---|---|---|---|---|---|---|---|
| 每亩物质费用 | 元 | 776.45 | 308.40 | 501.76 | 509.25 | 836.99 | 507.37 |
| 一、直接生产费用 | 元 | 772.45 | 279.32 | 485.74 | 503.64 | 729.23 | 492.44 |
| 1.种籽秧苗费 | 元 | 328.50 | 14.02 | 39.73 | 49.50 | 48.08 | 31.81 |
| 2.农家肥费 | 元 | 73.75 | 33.90 | 59.78 | 157.00 | 93.46 | 28.11 |
| 3.化肥费 | 元 | 62.75 | 46.35 |  | 68.50 | 130.23 | 151.29 |
| 4.农膜费 | 元 | 41.90 | 55.54 | 57.87 | 53.57 | 58.46 | 0.75 |
| 5.农药费 | 元 | 27.30 | 7.00 | 41.00 | 51.91 | 76.38 | 118.73 |
| 6.畜力费 | 元 | 37.50 | 54.40 |  |  |  | 21.28 |
| 7.机械作业费 | 元 | 19.00 |  | 33.18 | 10.94 | 70.00 |  |
| 8.排灌费 | 元 | 25.00 | 10.44 | 80.91 | 49.09 | 41.85 | 24.00 |
| 9.燃料动力费 | 元 |  |  |  |  |  |  |
| 10.棚架材料费 | 元 | 156.75 |  | 158.18 | 63.13 | 210.77 | 88.27 |
| 11.其它直接费用 | 元 |  | 57.67 | 15.09 |  |  | 28.20 |
| 二、间接生产费用 | 元 | 4.00 | 29.08 | 16.02 | 5.61 | 107.76 | 14.93 |
| 1.固定资产折旧 | 元 |  | 17.75 | 12.81 | 4.19 | 34.62 | 10.53 |
| 2.小农具购置修理费 | 元 | 4.00 | 8.77 | 2.62 | 1.42 | 38.91 | 4.40 |
| 3.其它间接费用 | 元 |  | 2.56 | 0.59 |  | 34.23 |  |
| 附记：1.每亩种籽用量 | 公斤 |  |  | 0.20 | 0.20 | 0.10 |  |
| 2.每亩化肥用量 | 公斤 | 19.40 | 12.80 |  | 26.80 | 45.60 | 47.90 |
| 3.每亩农膜用量 | 公斤 | 5.00 | 6.20 | 7.90 | 5.30 | 7.30 | 0.10 |
| 4.每度电价 | 元 | 0.52 | 0.60 | 0.57 | 0.54 | 0.79 | 0.48 |
| 5.每亩柴油费 | 元 |  |  | 9.32 |  | 15.65 |  |

# 2002年大中城市蔬菜物质费用(三)

品种：陆地黄瓜

| 项 目 名 称 | 单位 | 南 昌 | 济 南 | 厦 门 | 青 岛 | 郑 州 | 武 汉 |
|---|---|---|---|---|---|---|---|
| 每亩物质费用 | 元 | 207.50 | 638.68 | 702.00 | 643.00 | 643.71 | 633.15 |
| 一、直接生产费用 | 元 | 196.91 | 581.94 | 687.00 | 613.00 | 634.46 | 612.23 |
| 1. 种籽秧苗费 | 元 | 8.33 | 59.00 | 50.00 | 126.00 | 41.11 | 50.12 |
| 2. 农家肥费 | 元 | 73.75 | 125.27 | 80.00 | 120.00 | 151.67 | 15.85 |
| 3. 化肥费 | 元 | 54.00 | 175.31 | 264.00 | 106.00 | 103.33 | 246.68 |
| 4. 农膜费 | 元 |  | 35.52 | 18.00 | 25.00 | 106.52 | 18.44 |
| 5. 农药费 | 元 |  | 48.71 | 180.00 | 40.00 | 56.71 | 132.68 |
| 6. 畜力费 | 元 |  |  | 35.00 |  |  | 19.07 |
| 7. 机械作业费 | 元 |  | 10.35 |  |  | 26.67 | 12.10 |
| 8. 排灌费 | 元 | 20.68 | 51.63 | 60.00 | 16.00 | 42.89 | 6.10 |
| 9. 燃料动力费 | 元 |  |  |  |  |  |  |
| 10. 棚架材料费 | 元 | 40.15 | 72.91 |  | 160.00 | 105.56 | 106.31 |
| 11. 其它直接费用 | 元 |  | 3.24 |  | 20.00 |  | 4.88 |
| 二、间接生产费用 | 元 | 10.59 | 56.74 | 15.00 | 30.00 | 9.25 | 20.92 |
| 1. 固定资产折旧 | 元 | 5.75 | 50.40 |  | 10.00 | 7.09 | 15.78 |
| 2. 小农具购置修理费 | 元 | 4.84 | 6.34 | 15.00 | 10.00 | 2.16 | 5.14 |
| 3. 其它间接费用 | 元 |  |  |  | 10.00 |  |  |
| 附记：1. 每亩种籽用量 | 公斤 | 3.80 | 0.10 | 0.20 | 0.40 |  | 0.30 |
| 2. 每亩化肥用量 | 公斤 | 10.20 | 59.00 | 87.50 | 51.20 | 36.70 | 49.50 |
| 3. 每亩农膜用量 | 公斤 |  | 4.00 | 2.00 | 10.00 | 12.50 | 2.90 |
| 4. 每度电价 | 元 | 0.80 | 0.70 | 0.53 | 0.67 | 0.55 | 0.47 |
| 5. 每亩柴油费 | 元 |  | 1.21 |  |  |  |  |

# 2002年大中城市蔬菜物质费用(四)

品种：陆地黄瓜

| 项目名称 | 单位 | 长沙 | 广州 | 南宁 | 海口 | 贵阳 | 昆明 |
|---|---|---|---|---|---|---|---|
| 每亩物质费用 | 元 | 558.13 | 516.67 | 399.71 | 881.01 | 520.00 | 703.31 |
| 一、直接生产费用 | 元 | 513.13 | 470.34 | 393.64 | 835.01 | 496.00 | 668.48 |
| 1.种籽秧苗费 | 元 | 32.00 | 27.67 | 31.70 | 37.60 | 45.00 | 27.11 |
| 2.农家肥费 | 元 | 226.00 | 132.67 | 39.89 | 16.80 | 80.00 | 222.20 |
| 3.化肥费 | 元 | 5.00 | 150.00 | 65.29 | 333.56 | 137.00 | 170.47 |
| 4.农膜费 | 元 | 48.00 | 48.00 | 68.40 | | 80.00 | 25.91 |
| 5.农药费 | 元 | 105.80 | 44.00 | 78.89 | 259.55 | 15.00 | 136.79 |
| 6.畜力费 | 元 | | | 64.80 | 15.00 | 40.00 | |
| 7.机械作业费 | 元 | 35.00 | | | 5.00 | | 26.46 |
| 8.排灌费 | 元 | 10.00 | 18.67 | 6.97 | 9.50 | 14.00 | 10.90 |
| 9.燃料动力费 | 元 | | | | | | |
| 10.棚架材料费 | 元 | 51.33 | 49.33 | 36.97 | 158.00 | 85.00 | 48.64 |
| 11.其它直接费用 | 元 | | | 0.73 | | | |
| 二、间接生产费用 | 元 | 45.00 | 46.33 | 6.07 | 46.00 | 24.00 | 34.83 |
| 1.固定资产折旧 | 元 | 30.00 | 15.33 | 4.42 | 30.00 | 11.00 | 21.16 |
| 2.小农具购置修理费 | 元 | 15.00 | 31.00 | 1.65 | 16.00 | 13.00 | 13.67 |
| 3.其它间接费用 | 元 | | | | | | |
| 附记：1.每亩种籽用量 | 公斤 | 0.20 | 0.70 | | 0.10 | 0.30 | 0.20 |
| 2.每亩化肥用量 | 公斤 | 2.10 | 43.30 | 24.50 | 54.20 | 43.80 | 60.00 |
| 3.每亩农膜用量 | 公斤 | 6.70 | 5.60 | 13.90 | | 10.00 | 3.20 |
| 4.每度电价 | 元 | 0.67 | 0.37 | 0.50 | 0.60 | 0.50 | 0.56 |
| 5.每亩柴油费 | 元 | | | | 5.00 | | |

# 2002年大中城市蔬菜物质费用(五)

品种：陆地黄瓜

| 项　目　名　称 | 单位 | 重　庆 | 西　安 | 兰　州 | 银　川 | 乌鲁木齐 |
|---|---|---|---|---|---|---|
| 每亩物质费用 | 元 | 498.26 | 762.64 | 1211.88 | 618.08 | 910.21 |
| 一、直接生产费用 | 元 | 475.07 | 678.61 | 1159.13 | 562.08 | 870.43 |
| 1.种籽秧苗费 | 元 | 53.37 | 74.97 | 50.00 | 134.00 | 60.00 |
| 2.农家肥费 | 元 | 105.33 | 143.21 | 517.92 | 76.67 | 115.30 |
| 3.化肥费 | 元 | 114.10 | 110.80 | 232.39 | 73.87 | 173.06 |
| 4.农膜费 | 元 | 26.66 | 24.02 | | 96.67 | 168.30 |
| 5.农药费 | 元 | 105.05 | 66.69 | 300.00 | 52.87 | 62.35 |
| 6.畜力费 | 元 | | | | 10.00 | |
| 7.机械作业费 | 元 | | 41.98 | | 17.33 | 46.12 |
| 8.排灌费 | 元 | | 59.04 | 8.82 | 40.00 | 125.30 |
| 9.燃料动力费 | 元 | | | | | |
| 10.棚架材料费 | 元 | 70.56 | 131.66 | | 60.67 | 100.00 |
| 11.其它直接费用 | 元 | | 26.24 | 50.00 | | 20.00 |
| 二、间接生产费用 | 元 | 23.19 | 84.03 | 52.75 | 56.00 | 39.78 |
| 1.固定资产折旧 | 元 | 9.30 | 53.32 | 29.84 | 43.33 | 39.78 |
| 2.小农具购置修理费 | 元 | 13.89 | 30.71 | 22.91 | 12.67 | |
| 3.其它间接费用 | 元 | | | | | |
| 附记：1.每亩种籽用量 | 公斤 | | | | 0.70 | 0.20 |
| 2.每亩化肥用量 | 公斤 | 61.10 | 39.50 | 62.80 | 26.30 | 58.90 |
| 3.每亩农膜用量 | 公斤 | 3.30 | 2.60 | | 10.70 | 19.30 |
| 4.每度电价 | 元 | 0.55 | 0.41 | 0.43 | 0.45 | 0.61 |
| 5.每亩柴油费 | 元 | | 15.00 | | | |

# 2002 年大中城市蔬菜期间费用(一)

品种：陆地黄瓜

| 项 目 名 称 | 单位 | 平 均 | 北 京 | 天 津 | 石家庄 | 太 原 | 呼和浩特 |
|---|---|---|---|---|---|---|---|
| 一、每亩期间费用 | 元 | 97.49 | 114.00 | 38.21 | 62.36 | 89.93 | 180.00 |
| 1.土地承包费 | 元 | 18.67 | 36.50 | 19.48 | | 22.30 | |
| 2.管理费 | 元 | 0.79 | | | | 21.30 | |
| 3.销售费 | 元 | 77.89 | 77.50 | 18.73 | 62.36 | 42.33 | 180.00 |
| 4.财务费 | 元 | 0.14 | | | | 4.00 | |
| 二、每亩用工量 | 日 | 49.70 | 37.50 | 56.30 | 71.50 | 71.70 | 30.00 |
| 1.直接用工 | 日 | 44.40 | 34.70 | 50.10 | 66.90 | 66.70 | 28.00 |
| 2.间接用工 | 日 | 5.30 | 2.80 | 6.20 | 4.60 | 5.00 | 2.00 |
| 三、每亩成本外支出 | 元 | 10.45 | 13.72 | 41.33 | | 16.91 | 19.98 |
| 1.村提留费 | 元 | | | | | | |
| 2.乡统筹费 | 元 | | | | | | |
| 3.两工支出 | 元 | 3.57 | 2.13 | 32.87 | | 5.00 | |
| 4.其它成本外支出 | 元 | 6.88 | 11.59 | 8.46 | | 11.91 | 19.98 |
| 附记：1.人均耕地面积 | 元 | 1.50 | 5.30 | 1.10 | 1.10 | 1.70 | 1.10 |
| 2.人均成本外支出 | 元 | 25.20 | 109.40 | 55.10 | | 56.00 | 22.00 |
| 3.人均两工数量 | 日 | 1.40 | 1.20 | 8.20 | | 3.00 | |
| 4.雇工天数 | 日 | 1.20 | 8.00 | | | 2.00 | |
| 5.雇工工价 | 元 | 18.80 | 13.80 | 20.30 | | 20.00 | 15.00 |

# 2002年大中城市蔬菜期间费用(二)

品种：陆地黄瓜

| 项 目 名 称 | 单位 | 沈 阳 | 长 春 | 哈尔滨 | 大 连 | 合 肥 | 福 州 |
|---|---|---|---|---|---|---|---|
| 一、每亩期间费用 | 元 | 89.00 | 33.71 | 62.76 | 81.72 | 48.08 | 225.52 |
| 1.土地承包费 | 元 | | | | 68.75 | 7.31 | 66.66 |
| 2.管理费 | 元 | | | 0.40 | | | |
| 3.销售费 | 元 | 89.00 | 33.71 | 62.36 | 12.97 | 40.77 | 158.86 |
| 4.财务费 | 元 | | | | | | |
| 二、每亩用工量 | 日 | 21.30 | 56.20 | 31.70 | 25.40 | 67.90 | 32.70 |
| 1.直接用工 | 日 | 20.00 | 50.50 | 29.20 | 23.80 | 63.60 | 32.20 |
| 2.间接用工 | 日 | 1.30 | 5.70 | 2.50 | 1.60 | 4.30 | 0.50 |
| 三、每亩成本外支出 | 元 | 31.48 | | 7.96 | 39.43 | | |
| 1.村提留费 | 元 | | | | | | |
| 2.乡统筹费 | 元 | | | | | | |
| 3.两工支出 | 元 | 11.51 | | 7.96 | 14.75 | | |
| 4.其它成本外支出 | 元 | 19.97 | | | 24.68 | | |
| 附记：1.人均耕地面积 | 元 | 2.20 | 2.90 | 2.70 | 2.80 | 0.80 | 0.30 |
| 2.人均成本外支出 | 元 | 111.80 | | 47.30 | 118.30 | | |
| 3.人均两工数量 | 日 | 7.00 | | 2.10 | 3.40 | | |
| 4.雇工天数 | 日 | | | | | | |
| 5.雇工工价 | 元 | 20.00 | | 19.20 | 20.00 | 15.00 | |

# 2002年大中城市蔬菜期间费用(三)

品种：陆地黄瓜

| 项目名称 | 单位 | 南昌 | 济南 | 厦门 | 青岛 | 郑州 | 武汉 |
|---|---|---|---|---|---|---|---|
| 一、每亩期间费用 | 元 | 27.50 | 46.76 | 340.37 | 120.00 | 75.94 | 52.77 |
| 1.土地承包费 | 元 | | | 140.37 | | | |
| 2.管理费 | 元 | | | | | | |
| 3.销售费 | 元 | 27.50 | 46.76 | 200.00 | 120.00 | 75.94 | 52.77 |
| 4.财务费 | 元 | | | | | | |
| 二、每亩用工量 | 日 | 21.80 | 56.30 | 35.00 | 92.00 | 55.70 | 22.90 |
| 1.直接用工 | 日 | 21.80 | 53.20 | 35.00 | 66.00 | 53.40 | 22.50 |
| 2.间接用工 | 日 | | 3.10 | | 26.00 | 2.30 | 0.40 |
| 三、每亩成本外支出 | 元 | | 10.67 | 17.89 | | | 34.79 |
| 1.村提留费 | 元 | | | | | | |
| 2.乡统筹费 | 元 | | | | | | |
| 3.两工支出 | 元 | | 3.09 | | | | |
| 4.其它成本外支出 | 元 | | 7.58 | 17.89 | | | 34.79 |
| 附记：1.人均耕地面积 | 元 | 0.10 | 1.10 | 0.70 | 0.40 | 0.30 | 1.60 |
| 2.人均成本外支出 | 元 | | 24.70 | 40.60 | | | 26.70 |
| 3.人均两工数量 | 日 | | 1.30 | | | | 2.50 |
| 4.雇工天数 | 日 | | 0.30 | | | | |
| 5.雇工工价 | 元 | | 15.50 | | 25.00 | | |

# 2002年大中城市蔬菜期间费用(四)

品种：陆地黄瓜

| 项目名称 | 单位 | 长沙 | 广州 | 南宁 | 海口 | 贵阳 | 昆明 |
|---|---|---|---|---|---|---|---|
| 一、每亩期间费用 | 元 | 123.30 | 46.00 | 1.80 | 226.44 | 33.00 | 44.45 |
| 1.土地承包费 | 元 | | | 1.50 | 120.00 | 12.00 | 7.14 |
| 2.管理费 | 元 | | | 0.30 | | | |
| 3.销售费 | 元 | 123.30 | 46.00 | | 106.44 | 21.00 | 37.31 |
| 4.财务费 | 元 | | | | | | |
| 二、每亩用工量 | 日 | 35.50 | 51.60 | 45.60 | 90.00 | 42.00 | 52.40 |
| 1.直接用工 | 日 | 34.50 | 45.30 | 40.90 | 63.50 | 38.00 | 47.60 |
| 2.间接用工 | 日 | 1.00 | 6.30 | 4.70 | 26.50 | 4.00 | 4.80 |
| 三、每亩成本外支出 | 元 | | | 7.98 | 8.34 | | 11.57 |
| 1.村提留费 | 元 | | | | | | |
| 2.乡统筹费 | 元 | | | | | | |
| 3.两工支出 | 元 | | | 3.26 | | | 3.43 |
| 4.其它成本外支出 | 元 | | | 4.72 | 8.34 | | 8.14 |
| 附记：1.人均耕地面积 | 元 | 0.90 | 0.50 | 0.60 | 0.90 | 1.20 | 1.20 |
| 2.人均成本外支出 | 元 | | | 37.00 | 1.70 | | 15.60 |
| 3.人均两工数量 | 日 | | | 2.50 | | | 4.10 |
| 4.雇工天数 | 日 | | | | | 3.00 | |
| 5.雇工工价 | 元 | 20.00 | 30.00 | 18.00 | 20.00 | 20.00 | 17.70 |

# 2002年大中城市蔬菜期间费用(五)

品种：陆地黄瓜

| 项 目 名 称 | 单位 | 重 庆 | 西 安 | 兰 州 | 银 川 | 乌鲁木齐 |
|---|---|---|---|---|---|---|
| 一、每亩期间费用 | 元 | 115.65 | 72.13 | 189.00 | 66.67 | 122.42 |
| 1.土地承包费 | 元 | | | | | 20.66 |
| 2.管理费 | 元 | | | | | |
| 3.销售费 | 元 | 115.65 | 72.13 | 189.00 | 66.67 | 101.76 |
| 4.财务费 | 元 | | | | | |
| 二、每亩用工量 | 日 | 39.70 | 106.60 | 67.80 | 32.00 | 41.30 |
| 1.直接用工 | 日 | 32.60 | 99.80 | 66.30 | 18.90 | 37.80 |
| 2.间接用工 | 日 | 7.10 | 6.80 | 1.50 | 13.10 | 3.50 |
| 三、每亩成本外支出 | 元 | | | | 9.53 | 20.79 |
| 1.村提留费 | 元 | | | | | |
| 2.乡统筹费 | 元 | | | | | |
| 3.两工支出 | 元 | | | | 9.53 | 6.32 |
| 4.其它成本外支出 | 元 | | | | | 14.47 |
| 附记：1.人均耕地面积 | 元 | 0.90 | 0.60 | 0.50 | 2.30 | 5.30 |
| 2.人均成本外支出 | 元 | | | | 1.80 | 37.00 |
| 3.人均两工数量 | 日 | | | | 0.50 | 3.60 |
| 4.雇工天数 | 日 | | | | | 21.00 |
| 5.雇工工价 | 元 | 22.20 | 10.00 | 15.00 | | 20.00 |

# 2002年大中城市蔬菜成本收益(一)

品种：大棚黄瓜　　　　按统一工价汇总

| 项目名称 | | 单位 | 平均 | 北京 | 天津 | 石家庄 | 太原 | 呼和浩特 |
|---|---|---|---|---|---|---|---|---|
| 调查县数 | | 个 | 46.00 | 4.00 | 4.00 | 2.00 | 1.00 | 3.00 |
| 调查户数 | | 户 | 140.00 | 11.00 | 9.00 | 2.00 | 3.00 | 10.00 |
| 调查面积 | | 亩 | 134.98 | 16.70 | 9.55 | 2.20 | 4.00 | 9.80 |
| 每亩 | 主产品产量 | 公斤 | 4912.00 | 4014.70 | 5090.60 | 6413.70 | 6650.00 | 5624.00 |
| | 产值合计 | 元 | 5381.48 | 4164.69 | 6365.62 | 10205.39 | 8645.00 | 4410.00 |
| | 主产品产值 | 元 | 5379.69 | 4164.69 | 6365.62 | 10205.39 | 8645.00 | 4410.00 |
| | 副产品产值 | 元 | 1.79 | | | | | |
| | 其它收入 | 元 | | | | | | |
| | 生产成本 | 元 | 2483.87 | 1762.36 | 2464.31 | 3513.42 | 5066.00 | 2090.80 |
| | 物质费用 | 元 | 1567.57 | 1294.86 | 1105.81 | 1917.32 | 3493.00 | 1738.80 |
| | 用工作价 | 元 | 916.30 | 467.50 | 1358.50 | 1596.10 | 1573.00 | 352.00 |
| | 用工数量 | 日 | 83.30 | 42.50 | 123.50 | 145.10 | 143.00 | 32.00 |
| | 劳动日工价 | 元 | 11.00 | 11.00 | 11.00 | 11.00 | 11.00 | 11.00 |
| | 期间费用 | 元 | 123.09 | 139.96 | 173.35 | 319.90 | 88.30 | 202.00 |
| | 税金 | 元 | 44.03 | 44.69 | 35.27 | 75.00 | 27.80 | 65.52 |
| | 含税成本 | 元 | 2650.99 | 1947.01 | 2672.93 | 3908.32 | 5182.10 | 2358.32 |
| | 净产值 | 元 | 3813.91 | 2869.83 | 5259.81 | 8288.07 | 5152.00 | 2671.20 |
| | 减税纯收益 | 元 | 2730.49 | 2217.68 | 3692.69 | 6297.07 | 3462.90 | 2051.68 |
| | 成本纯收益率 | % | 103.00 | 113.90 | 138.15 | 161.12 | 66.82 | 87.00 |
| 每50公斤主产品 | 平均出售价格 | 元 | 54.76 | 51.87 | 62.52 | 79.56 | 65.00 | 39.21 |
| | 物质费用 | 元 | 15.95 | 16.13 | 10.86 | 14.95 | 26.26 | 15.46 |
| | 生产成本 | 元 | 25.27 | 21.95 | 24.20 | 27.39 | 38.09 | 18.59 |
| | 含税成本 | 元 | 26.98 | 24.25 | 26.25 | 30.47 | 38.96 | 20.97 |
| | 净产值 | 元 | 38.81 | 35.74 | 51.66 | 64.61 | 38.74 | 23.75 |
| | 减税纯收益 | 元 | 27.78 | 27.62 | 36.27 | 49.09 | 26.04 | 18.24 |
| 每一劳动日 | 主产品产量 | 公斤 | 59.00 | 94.50 | 41.20 | 44.20 | 46.50 | 175.80 |
| | 净产值 | 元 | 45.79 | 67.53 | 42.59 | 57.12 | 36.03 | 83.48 |
| 每亩主产品出售数量 | | 公斤 | 4854.80 | 3770.00 | 5090.60 | 6372.70 | 6400.00 | 5624.00 |
| 每亩主产品出售产值 | | 元 | 5313.63 | 3871.09 | 6365.62 | 10085.64 | 8320.00 | 4410.00 |
| 每亩成本外支出 | | 元 | 13.44 | 19.16 | 35.33 | | 16.91 | 28.08 |

# 2002 年大中城市蔬菜成本收益(二)

品种：大棚黄瓜　　　　按统一工价汇总

| 项目名称 | | 单位 | 沈阳 | 长春 | 哈尔滨 | 大连 | 上海 | 南京 |
|---|---|---|---|---|---|---|---|---|
| 调查县数 | | 个 | 2.00 | 4.00 | 2.00 | 1.00 | 1.00 | 1.00 |
| 调查户数 | | 户 | 4.00 | 7.00 | 3.00 | 2.00 | 15.00 | 3.00 |
| 调查面积 | | 亩 | 5.50 | 13.30 | 3.00 | 4.00 | 13.00 | 2.10 |
| 每亩 | 主产品产量 | 公斤 | 4258.40 | 5205.60 | 5110.70 | 7350.00 | 4545.00 | 2880.00 |
| | 产值合计 | 元 | 5814.63 | 3642.75 | 4583.03 | 7350.00 | 4635.90 | 2952.00 |
| | 主产品产值 | 元 | 5814.63 | 3642.75 | 4583.03 | 7350.00 | 4635.90 | 2952.00 |
| | 副产品产值 | 元 | | | | | | |
| | 其它收入 | 元 | | | | | | |
| | 生产成本 | 元 | 3090.42 | 2483.08 | 2375.28 | 2164.50 | 1225.25 | 1950.64 |
| | 物质费用 | 元 | 2680.12 | 1062.98 | 1829.68 | 1394.50 | 697.25 | 1411.64 |
| | 用工作价 | 元 | 410.30 | 1420.10 | 545.60 | 770.00 | 528.00 | 539.00 |
| | 用工数量 | 日 | 37.30 | 129.10 | 49.60 | 70.00 | 48.00 | 49.00 |
| | 劳动日工价 | 元 | 11.00 | 11.00 | 11.00 | 11.00 | 11.00 | 11.00 |
| | 期间费用 | 元 | 107.50 | 140.05 | 111.17 | 55.00 | 100.00 | 21.71 |
| | 税金 | 元 | 98.09 | 34.40 | 35.50 | 70.00 | 10.50 | 32.50 |
| | 含税成本 | 元 | 3296.01 | 2657.53 | 2521.95 | 2289.50 | 1335.75 | 2004.85 |
| | 净产值 | 元 | 3134.51 | 2579.77 | 2753.35 | 5955.50 | 3938.65 | 1540.36 |
| | 减税纯收益 | 元 | 2518.62 | 985.22 | 2061.08 | 5060.50 | 3300.15 | 947.15 |
| | 成本纯收益率 | % | 76.41 | 37.07 | 81.73 | 221.03 | 247.06 | 47.24 |
| 每50公斤主产品 | 平均出售价格 | 元 | 68.27 | 34.99 | 44.84 | 50.00 | 51.00 | 51.25 |
| | 物质费用 | 元 | 31.47 | 10.21 | 17.90 | 9.49 | 7.67 | 24.51 |
| | 生产成本 | 元 | 36.28 | 23.85 | 23.24 | 14.72 | 13.48 | 33.87 |
| | 含税成本 | 元 | 38.70 | 25.53 | 24.67 | 15.57 | 14.69 | 34.81 |
| | 净产值 | 元 | 36.80 | 24.78 | 26.94 | 40.51 | 43.33 | 26.74 |
| | 减税纯收益 | 元 | 29.57 | 9.46 | 20.17 | 34.43 | 36.31 | 16.44 |
| 每一劳动日 | 主产品产量 | 公斤 | 114.20 | 40.30 | 103.00 | 105.00 | 94.70 | 58.80 |
| | 净产值 | 元 | 84.04 | 19.98 | 55.51 | 85.08 | 82.06 | 31.44 |
| 每亩主产品出售数量 | | 公斤 | 4258.30 | 5183.80 | 5024.00 | 7350.00 | 4545.00 | 2880.00 |
| 每亩主产品出售产值 | | 元 | 5814.50 | 3626.64 | 4503.90 | 7350.00 | 4635.90 | 2952.00 |
| 每亩成本外支出 | | 元 | 30.73 | | 6.04 | 40.00 | | 28.00 |

# 2002年大中城市蔬菜成本收益(三)

品种：大棚黄瓜 按统一工价汇总

| 项 目 名 称 | | 单位 | 杭 州 | 合 肥 | 济 南 | 宁 波 | 武 汉 | 昆 明 |
|---|---|---|---|---|---|---|---|---|
| 调查县数 | | 个 | 2.00 | 1.00 | 4.00 | 1.00 | 3.00 | 1.00 |
| 调查户数 | | 户 | 6.00 | 4.00 | 12.00 | 3.00 | 7.00 | 6.00 |
| 调查面积 | | 亩 | 7.70 | 1.40 | 5.90 | 2.50 | 3.50 | 5.60 |
| 每亩 | 主产品产量 | 公斤 | 3734.40 | 5214.30 | 5073.40 | 1320.00 | 2949.00 | 5100.00 |
| | 产值合计 | 元 | 5041.10 | 8448.58 | 7348.70 | 2574.00 | 2558.30 | 3730.00 |
| | 主产品产值 | 元 | 5041.10 | 8414.29 | 7348.70 | 2574.00 | 2558.30 | 3725.00 |
| | 副产品产值 | 元 | | 34.29 | | | | 5.00 |
| | 其它收入 | 元 | | | | | | |
| | 生产成本 | 元 | 1376.34 | 2543.68 | 2356.36 | 878.40 | 1299.31 | 2035.00 |
| | 物质费用 | 元 | 750.44 | 1545.98 | 1573.16 | 416.40 | 1000.11 | 910.80 |
| | 用工作价 | 元 | 625.90 | 997.70 | 783.20 | 462.00 | 299.20 | 1124.20 |
| | 用工数量 | 日 | 56.90 | 90.70 | 71.20 | 42.00 | 27.20 | 102.20 |
| | 劳动日工价 | 元 | 11.00 | 11.00 | 11.00 | 11.00 | 11.00 | 11.00 |
| | 期间费用 | 元 | 99.03 | 76.79 | 53.29 | 59.50 | 56.11 | 63.00 |
| | 税金 | 元 | 34.75 | 60.12 | 80.78 | 51.10 | 36.97 | 38.15 |
| | 含税成本 | 元 | 1510.12 | 2680.59 | 2490.43 | 989.00 | 1392.39 | 2136.15 |
| | 净产值 | 元 | 4290.66 | 6902.60 | 5775.54 | 2157.60 | 1558.19 | 2819.20 |
| | 减税纯收益 | 元 | 3530.98 | 5767.99 | 4858.27 | 1585.00 | 1165.91 | 1593.85 |
| | 成本纯收益率 | % | 233.82 | 215.18 | 195.08 | 160.26 | 83.73 | 74.61 |
| 每50公斤主产品 | 平均出售价格 | 元 | 67.50 | 80.68 | 72.42 | 97.50 | 43.38 | 36.52 |
| | 物质费用 | 元 | 10.05 | 14.76 | 15.50 | 15.77 | 16.96 | 8.92 |
| | 生产成本 | 元 | 18.43 | 24.29 | 23.22 | 33.27 | 22.03 | 19.92 |
| | 含税成本 | 元 | 20.22 | 25.60 | 24.54 | 37.46 | 23.61 | 20.91 |
| | 净产值 | 元 | 57.45 | 65.92 | 56.92 | 81.73 | 26.42 | 27.60 |
| | 减税纯收益 | 元 | 47.28 | 55.08 | 47.88 | 60.04 | 19.77 | 15.61 |
| 每一劳动日 | 主产品产量 | 公斤 | 65.60 | 57.50 | 71.30 | 31.40 | 108.40 | 49.90 |
| | 净产值 | 元 | 75.41 | 76.10 | 81.12 | 51.37 | 57.29 | 27.59 |
| 每亩主产品出售数量 | | 公斤 | 3734.40 | 5214.30 | 4935.10 | 1320.00 | 2929.00 | 5100.00 |
| 每亩主产品出售产值 | | 元 | 5041.10 | 8414.29 | 7144.83 | 2574.00 | 2540.90 | 3725.00 |
| 每亩成本外支出 | | 元 | | | 10.94 | | 33.06 | 19.85 |

# 2002 年大中城市蔬菜成本收益(四)

品种：大棚黄瓜　　　　按统一工价汇总

| 项目名称 | | 单位 | 西安 | 兰州 | 西宁 | 银川 | 乌鲁木齐 |
|---|---|---|---|---|---|---|---|
| 调查县数 | | 个 | 3.00 | 2.00 | 2.00 | 1.00 | 1.00 |
| 调查户数 | | 户 | 16.00 | 5.00 | 5.00 | 4.00 | 3.00 |
| 调查面积 | | 亩 | 10.30 | 2.79 | 2.60 | 1.54 | 8.00 |
| 每亩 | 主产品产量 | 公斤 | 4645.20 | 7729.50 | 4274.60 | 5085.00 | 5796.00 |
| | 产值合计 | 元 | 3721.16 | 6982.30 | 5017.33 | 5618.83 | 4583.25 |
| | 主产品产值 | 元 | 3721.16 | 6982.30 | 5017.33 | 5618.83 | 4583.25 |
| | 副产品产值 | 元 | | | | | |
| | 其它收入 | 元 | | | | | |
| | 生产成本 | 元 | 2865.91 | 3676.32 | 2224.11 | 4383.78 | 2825.50 |
| | 物质费用 | 元 | 1306.11 | 1869.02 | 1213.21 | 3311.28 | 1964.20 |
| | 用工作价 | 元 | 1559.80 | 1807.30 | 1010.90 | 1072.50 | 861.30 |
| | 用工数量 | 日 | 141.80 | 164.30 | 91.90 | 97.50 | 78.30 |
| | 劳动日工价 | 元 | 11.00 | 11.00 | 11.00 | 11.00 | 11.00 |
| | 期间费用 | 元 | 99.57 | 413.36 | 101.30 | 158.12 | 69.00 |
| | 税金 | 元 | 27.56 | 27.95 | 12.98 | 35.30 | 33.80 |
| | 含税成本 | 元 | 2993.04 | 4117.63 | 2338.39 | 4577.20 | 2928.30 |
| | 净产值 | 元 | 2415.05 | 5113.28 | 3804.12 | 2307.55 | 2619.05 |
| | 减税纯收益 | 元 | 728.12 | 2864.67 | 2678.94 | 1041.63 | 1654.95 |
| | 成本纯收益率 | % | 24.33 | 69.57 | 114.56 | 22.76 | 56.52 |
| 每50公斤主产品 | 平均出售价格 | 元 | 40.05 | 45.17 | 58.69 | 55.25 | 39.54 |
| | 物质费用 | 元 | 14.06 | 12.09 | 14.19 | 32.56 | 16.95 |
| | 生产成本 | 元 | 30.85 | 23.78 | 26.02 | 43.11 | 24.38 |
| | 含税成本 | 元 | 32.21 | 26.64 | 27.35 | 45.01 | 25.26 |
| | 净产值 | 元 | 25.99 | 33.08 | 44.50 | 22.69 | 22.59 |
| | 减税纯收益 | 元 | 7.84 | 18.53 | 31.34 | 10.24 | 14.28 |
| 每一劳动日 | 主产品产量 | 公斤 | 32.80 | 47.00 | 46.50 | 52.20 | 74.00 |
| | 净产值 | 元 | 17.03 | 31.12 | 41.39 | 23.67 | 33.45 |
| 每亩主产品出售数量 | | 公斤 | 4452.30 | 7501.70 | 4265.30 | 5085.00 | 5771.00 |
| 每亩主产品出售产值 | | 元 | 3569.67 | 6763.94 | 5008.08 | 5618.80 | 4563.90 |
| 每亩成本外支出 | | 元 | | | | 11.73 | 15.80 |

# 2002年大中城市蔬菜成本收益(一)

品种：大棚黄瓜　　　　按地区工价汇总

| 项目名称 | | 单位 | 平均 | 北京 | 天津 | 石家庄 | 太原 | 呼和浩特 |
|---|---|---|---|---|---|---|---|---|
| 调查县数 | | 个 | 46.00 | 4.00 | 4.00 | 2.00 | 1.00 | 3.00 |
| 调查户数 | | 户 | 140.00 | 11.00 | 9.00 | 2.00 | 3.00 | 10.00 |
| 调查面积 | | 亩 | 134.98 | 16.70 | 9.55 | 2.20 | 4.00 | 9.80 |
| 每亩 | 主产品产量 | 公斤 | 4912.00 | 4014.70 | 5090.60 | 6413.70 | 6650.00 | 5624.00 |
| | 产值合计 | 元 | 5381.48 | 4164.69 | 6365.62 | 10205.39 | 8645.00 | 4410.00 |
| | 主产品产值 | 元 | 5379.69 | 4164.69 | 6365.62 | 10205.39 | 8645.00 | 4410.00 |
| | 副产品产值 | 元 | 1.79 | | | | | |
| | 其它收入 | 元 | | | | | | |
| | 生产成本 | 元 | 2800.41 | 2336.11 | 2698.96 | 3527.93 | 5924.00 | 2036.40 |
| | 物质费用 | 元 | 1567.57 | 1294.86 | 1105.81 | 1917.32 | 3493.00 | 1738.80 |
| | 用工作价 | 元 | 1232.84 | 1041.25 | 1593.15 | 1610.61 | 2431.00 | 297.60 |
| | 用工数量 | 日 | 83.30 | 42.50 | 123.50 | 145.10 | 143.00 | 32.00 |
| | 劳动日工价 | 元 | 14.80 | 24.50 | 12.90 | 11.10 | 17.00 | 9.30 |
| | 期间费用 | 元 | 123.09 | 139.96 | 173.35 | 319.90 | 88.30 | 202.00 |
| | 税金 | 元 | 44.03 | 44.69 | 35.27 | 75.00 | 27.80 | 65.52 |
| | 含税成本 | 元 | 2967.53 | 2520.76 | 2907.58 | 3922.83 | 6040.10 | 2303.92 |
| | 净产值 | 元 | 3813.91 | 2869.83 | 5259.81 | 8288.07 | 5152.00 | 2671.20 |
| | 减税纯收益 | 元 | 2413.95 | 1643.93 | 3458.04 | 6282.56 | 2604.90 | 2106.08 |
| | 成本纯收益率 | % | 81.35 | 65.22 | 118.93 | 160.15 | 43.13 | 91.41 |
| 每50公斤主产品 | 平均出售价格 | 元 | 54.76 | 51.87 | 62.52 | 79.56 | 65.00 | 39.21 |
| | 物质费用 | 元 | 15.95 | 16.13 | 10.86 | 14.95 | 26.26 | 15.46 |
| | 生产成本 | 元 | 28.50 | 29.10 | 26.51 | 27.50 | 44.54 | 18.11 |
| | 含税成本 | 元 | 30.20 | 31.40 | 28.56 | 30.58 | 45.41 | 20.48 |
| | 净产值 | 元 | 38.81 | 35.74 | 51.66 | 64.61 | 38.74 | 23.75 |
| | 减税纯收益 | 元 | 24.56 | 20.47 | 33.96 | 48.98 | 19.59 | 18.73 |
| 每一劳动日 | 主产品产量 | 公斤 | 59.00 | 94.50 | 41.20 | 44.20 | 46.50 | 175.80 |
| | 净产值 | 元 | 45.79 | 67.53 | 42.59 | 57.12 | 36.03 | 83.48 |
| 每亩主产品出售数量 | | 公斤 | 4854.80 | 3770.00 | 5090.60 | 6372.70 | 6400.00 | 5624.00 |
| 每亩主产品出售产值 | | 元 | 5313.63 | 3871.09 | 6365.62 | 10085.64 | 8320.00 | 4410.00 |
| 每亩成本外支出 | | 元 | 13.44 | 19.16 | 35.33 | | 16.91 | 28.08 |

# 2002年大中城市蔬菜成本收益(二)

品种：大棚黄瓜　　　　按地区工价汇总

| 项　目　名　称 | | 单位 | 沈　阳 | 长　春 | 哈尔滨 | 大　连 | 上　海 | 南　京 |
|---|---|---|---|---|---|---|---|---|
| 调查县数 | | 个 | 2.00 | 4.00 | 2.00 | 1.00 | 1.00 | 1.00 |
| 调查户数 | | 户 | 4.00 | 7.00 | 3.00 | 2.00 | 15.00 | 3.00 |
| 调查面积 | | 亩 | 5.50 | 13.30 | 3.00 | 4.00 | 13.00 | 2.10 |
| 每亩 | 主产品产量 | 公斤 | 4258.40 | 5205.60 | 5110.70 | 7350.00 | 4545.00 | 2880.00 |
| | 产值合计 | 元 | 5814.63 | 3642.75 | 4583.03 | 7350.00 | 4635.90 | 2952.00 |
| | 主产品产值 | 元 | 5814.63 | 3642.75 | 4583.03 | 7350.00 | 4635.90 | 2952.00 |
| | 副产品产值 | 元 | | | | | | |
| | 其它收入 | 元 | | | | | | |
| | 生产成本 | 元 | 3082.96 | 2521.81 | 2499.28 | 2444.50 | 1849.25 | 2176.04 |
| | 物质费用 | 元 | 2680.12 | 1062.98 | 1829.68 | 1394.50 | 697.25 | 1411.64 |
| | 用工作价 | 元 | 402.84 | 1458.83 | 669.60 | 1050.00 | 1152.00 | 764.40 |
| | 用工数量 | 日 | 37.30 | 129.10 | 49.60 | 70.00 | 48.00 | 49.00 |
| | 劳动日工价 | 元 | 10.80 | 11.30 | 13.50 | 15.00 | 24.00 | 15.60 |
| | 期间费用 | 元 | 107.50 | 140.05 | 111.17 | 55.00 | 100.00 | 21.71 |
| | 税金 | 元 | 98.09 | 34.40 | 35.50 | 70.00 | 10.50 | 32.50 |
| | 含税成本 | 元 | 3288.55 | 2696.26 | 2645.95 | 2569.50 | 1959.75 | 2230.25 |
| | 净产值 | 元 | 3134.51 | 2579.77 | 2753.35 | 5955.50 | 3938.65 | 1540.36 |
| | 减税纯收益 | 元 | 2526.08 | 946.49 | 1937.08 | 4780.50 | 2676.15 | 721.75 |
| | 成本纯收益率 | % | 76.81 | 35.10 | 73.21 | 186.05 | 136.56 | 32.36 |
| 每50公斤主产品 | 平均出售价格 | 元 | 68.27 | 34.99 | 44.84 | 50.00 | 51.00 | 51.25 |
| | 物质费用 | 元 | 31.47 | 10.21 | 17.90 | 9.49 | 7.67 | 24.51 |
| | 生产成本 | 元 | 36.20 | 24.22 | 24.45 | 16.63 | 20.34 | 37.78 |
| | 含税成本 | 元 | 38.61 | 25.90 | 25.89 | 17.48 | 21.56 | 38.72 |
| | 净产值 | 元 | 36.80 | 24.78 | 26.94 | 40.51 | 43.33 | 26.74 |
| | 减税纯收益 | 元 | 29.66 | 9.09 | 18.95 | 32.52 | 29.44 | 12.53 |
| 每一劳动日 | 主产品产量 | 公斤 | 114.20 | 40.30 | 103.00 | 105.00 | 94.70 | 58.80 |
| | 净产值 | 元 | 84.04 | 19.98 | 55.51 | 85.08 | 82.06 | 31.44 |
| 每亩主产品出售数量 | | 公斤 | 4258.30 | 5183.80 | 5024.00 | 7350.00 | 4545.00 | 2880.00 |
| 每亩主产品出售产值 | | 元 | 5814.50 | 3626.64 | 4503.90 | 7350.00 | 4635.90 | 2952.00 |
| 每亩成本外支出 | | 元 | 30.73 | | 6.04 | 40.00 | | 28.00 |

# 2002年大中城市蔬菜成本收益(三)

品种：大棚黄瓜　　　　按地区工价汇总

| 项 目 名 称 | | 单位 | 杭 州 | 合 肥 | 济 南 | 宁 波 | 武 汉 | 昆 明 |
|---|---|---|---|---|---|---|---|---|
| 调查县数 | | 个 | 2.00 | 1.00 | 4.00 | 1.00 | 3.00 | 1.00 |
| 调查户数 | | 户 | 6.00 | 4.00 | 12.00 | 3.00 | 7.00 | 6.00 |
| 调查面积 | | 亩 | 7.70 | 1.40 | 5.90 | 2.50 | 3.50 | 5.60 |
| 每亩 | 主产品产量 | 公斤 | 3734.40 | 5214.30 | 5073.40 | 1320.00 | 2949.00 | 5100.00 |
| | 产值合计 | 元 | 5041.10 | 8448.58 | 7348.70 | 2574.00 | 2558.30 | 3730.00 |
| | 主产品产值 | 元 | 5041.10 | 8414.29 | 7348.70 | 2574.00 | 2558.30 | 3725.00 |
| | 副产品产值 | 元 | | 34.29 | | | | 5.00 |
| | 其它收入 | 元 | | | | | | |
| | 生产成本 | 元 | 1803.09 | 2598.10 | 2470.28 | 1424.40 | 1508.75 | 2075.88 |
| | 物质费用 | 元 | 750.44 | 1545.98 | 1573.16 | 416.40 | 1000.11 | 910.80 |
| | 用工作价 | 元 | 1052.65 | 1052.12 | 897.12 | 1008.00 | 508.64 | 1165.08 |
| | 用工数量 | 日 | 56.90 | 90.70 | 71.20 | 42.00 | 27.20 | 102.20 |
| | 劳动日工价 | 元 | 18.50 | 11.60 | 12.60 | 24.00 | 18.70 | 11.40 |
| | 期间费用 | 元 | 99.03 | 76.79 | 53.29 | 59.50 | 56.11 | 63.00 |
| | 税金 | 元 | 34.75 | 60.12 | 80.78 | 51.10 | 36.97 | 38.15 |
| | 含税成本 | 元 | 1936.87 | 2735.01 | 2604.35 | 1535.00 | 1601.83 | 2177.03 |
| | 净产值 | 元 | 4290.66 | 6902.60 | 5775.54 | 2157.60 | 1558.19 | 2819.20 |
| | 减税纯收益 | 元 | 3104.23 | 5713.57 | 4744.35 | 1039.00 | 956.47 | 1552.97 |
| | 成本纯收益率 | % | 160.27 | 208.90 | 182.17 | 67.69 | 59.71 | 71.33 |
| 每50公斤主产品 | 平均出售价格 | 元 | 67.50 | 80.68 | 72.42 | 97.50 | 43.38 | 36.52 |
| | 物质费用 | 元 | 10.05 | 14.76 | 15.50 | 15.77 | 16.96 | 8.92 |
| | 生产成本 | 元 | 24.14 | 24.81 | 24.34 | 53.95 | 25.58 | 20.32 |
| | 含税成本 | 元 | 25.93 | 26.12 | 25.67 | 58.14 | 27.16 | 21.32 |
| | 净产值 | 元 | 57.45 | 65.92 | 56.92 | 81.73 | 26.42 | 27.60 |
| | 减税纯收益 | 元 | 41.57 | 54.56 | 46.75 | 39.36 | 16.22 | 15.20 |
| 每一劳动日 | 主产品产量 | 公斤 | 65.60 | 57.50 | 71.30 | 31.40 | 108.40 | 49.90 |
| | 净产值 | 元 | 75.41 | 76.10 | 81.12 | 51.37 | 57.29 | 27.59 |
| 每亩主产品出售数量 | | 公斤 | 3734.40 | 5214.30 | 4935.10 | 1320.00 | 2929.00 | 5100.00 |
| 每亩主产品出售产值 | | 元 | 5041.10 | 8414.29 | 7144.83 | 2574.00 | 2540.90 | 3725.00 |
| 每亩成本外支出 | | 元 | | | 10.94 | | 33.06 | 19.85 |

# 2002 年大中城市蔬菜成本收益(四)

品种：大棚黄瓜　　　　按地区工价汇总

| 项目名称 | | 单位 | 西安 | 兰州 | 西宁 | 银川 | 乌鲁木齐 |
|---|---|---|---|---|---|---|---|
| 调查县数 | | 个 | 3.00 | 2.00 | 2.00 | 1.00 | 1.00 |
| 调查户数 | | 户 | 16.00 | 5.00 | 5.00 | 4.00 | 3.00 |
| 调查面积 | | 亩 | 10.30 | 2.79 | 2.60 | 1.54 | 8.00 |
| 每亩 | 主产品产量 | 公斤 | 4645.20 | 7729.50 | 4274.60 | 5085.00 | 5796.00 |
| | 产值合计 | 元 | 3721.16 | 6982.30 | 5017.33 | 5618.83 | 4583.25 |
| | 主产品产值 | 元 | 3721.16 | 6982.30 | 5017.33 | 5618.83 | 4583.25 |
| | 副产品产值 | 元 | | | | | |
| | 其它收入 | 元 | | | | | |
| | 生产成本 | 元 | 2965.17 | 3972.06 | 2159.78 | 4393.53 | 3303.13 |
| | 物质费用 | 元 | 1306.11 | 1869.02 | 1213.21 | 3311.28 | 1964.20 |
| | 用工作价 | 元 | 1659.06 | 2103.04 | 946.57 | 1082.25 | 1338.93 |
| | 用工数量 | 日 | 141.80 | 164.30 | 91.90 | 97.50 | 78.30 |
| | 劳动日工价 | 元 | 11.70 | 12.80 | 10.30 | 11.10 | 17.10 |
| | 期间费用 | 元 | 99.57 | 413.36 | 101.30 | 158.12 | 69.00 |
| | 税金 | 元 | 27.56 | 27.95 | 12.98 | 35.30 | 33.80 |
| | 含税成本 | 元 | 3092.30 | 4413.37 | 2274.06 | 4586.95 | 3405.93 |
| | 净产值 | 元 | 2415.05 | 5113.28 | 3804.12 | 2307.55 | 2619.05 |
| | 减税纯收益 | 元 | 628.86 | 2568.93 | 2743.27 | 1031.88 | 1177.32 |
| | 成本纯收益率 | % | 20.34 | 58.21 | 120.63 | 22.50 | 34.57 |
| 每50公斤主产品 | 平均出售价格 | 元 | 40.05 | 45.17 | 58.69 | 55.25 | 39.54 |
| | 物质费用 | 元 | 14.06 | 12.09 | 14.19 | 32.56 | 16.95 |
| | 生产成本 | 元 | 31.91 | 25.70 | 25.26 | 43.20 | 28.50 |
| | 含税成本 | 元 | 33.28 | 28.55 | 26.60 | 45.10 | 29.38 |
| | 净产值 | 元 | 25.99 | 33.08 | 44.50 | 22.69 | 22.59 |
| | 减税纯收益 | 元 | 6.77 | 16.62 | 32.09 | 10.15 | 10.16 |
| 每一劳动日 | 主产品产量 | 公斤 | 32.80 | 47.00 | 46.50 | 52.20 | 74.00 |
| | 净产值 | 元 | 17.03 | 31.12 | 41.39 | 23.67 | 33.45 |
| 每亩主产品出售数量 | | 公斤 | 4452.30 | 7501.70 | 4265.30 | 5085.00 | 5771.00 |
| 每亩主产品出售产值 | | 元 | 3569.67 | 6763.94 | 5008.08 | 5618.80 | 4563.90 |
| 每亩成本外支出 | | 元 | | | | 11.73 | 15.80 |

# 2002年大中城市蔬菜物质费用(一)

**品种：大棚黄瓜**

| 项　目　名　称 | 单位 | 平　均 | 北　京 | 天　津 | 石家庄 | 太　原 | 呼和浩特 |
|---|---|---|---|---|---|---|---|
| 每亩物质费用 | 元 | 1567.57 | 1294.86 | 1105.81 | 1917.32 | 3493.00 | 1738.80 |
| 一、直接生产费用 | 元 | 1384.80 | 1193.07 | 1063.31 | 1747.70 | 3293.00 | 1613.80 |
| 1.种籽秧苗费 | 元 | 101.50 | 59.28 | 52.51 | 80.00 | 68.00 | 99.00 |
| 2.农家肥费 | 元 | 175.72 | 178.27 | 101.28 | 206.36 | 355.00 | 297.00 |
| 3.化肥费 | 元 | 212.83 | 93.36 | 162.70 | 182.40 | 449.00 | 77.00 |
| 4.农膜费 | 元 | 393.41 | 413.24 | 366.58 | 503.64 | 1184.00 | 255.00 |
| 5.农药费 | 元 | 120.16 | 146.76 | 115.06 | 209.14 | 146.00 | 182.00 |
| 6.畜力费 | 元 | 2.29 | | | | 18.00 | 20.00 |
| 7.机械作业费 | 元 | 9.88 | | | | 21.00 | |
| 8.排灌费 | 元 | 59.97 | 104.87 | 22.21 | 70.27 | 180.00 | 62.00 |
| 9.燃料动力费 | 元 | 60.86 | | 72.90 | 178.18 | 50.00 | |
| 10.棚架材料费 | 元 | 229.58 | 197.29 | 135.95 | 317.71 | 818.00 | 599.80 |
| 11.其它直接费用 | 元 | 18.60 | | 34.12 | | 4.00 | 22.00 |
| 二、间接生产费用 | 元 | 182.77 | 101.79 | 42.50 | 169.62 | 200.00 | 125.00 |
| 1.固定资产折旧 | 元 | 159.57 | 93.14 | 32.06 | 162.41 | 170.00 | 105.00 |
| 2.小农具购置修理费 | 元 | 17.51 | 8.65 | 8.23 | 7.21 | 25.00 | 12.00 |
| 3.其它间接费用 | 元 | 5.69 | | 2.21 | | 5.00 | 8.00 |
| 附记：1.每亩种籽用量 | 公斤 | 0.30 | 0.30 | 0.50 | 0.30 | 0.50 | 0.20 |
| 2.每亩化肥用量 | 公斤 | 69.90 | 29.60 | 56.30 | 64.20 | 194.00 | 22.40 |
| 3.每亩农膜用量 | 公斤 | 45.50 | 64.10 | 43.80 | 56.70 | 128.00 | 25.00 |
| 4.每度电价 | 元 | 0.53 | 0.49 | 0.46 | 0.57 | 0.50 | 0.45 |
| 5.每亩柴油费 | 元 | 4.84 | | | 4.15 | 6.00 | 26.00 |

# 2002 年大中城市蔬菜物质费用(二)

品种：大棚黄瓜

| 项 目 名 称 | 单位 | 沈 阳 | 长 春 | 哈尔滨 | 大 连 | 上 海 | 南 京 |
|---|---|---|---|---|---|---|---|
| 每亩物质费用 | 元 | 2680.12 | 1062.98 | 1829.68 | 1394.50 | 697.25 | 1411.64 |
| 一、直接生产费用 | 元 | 1432.37 | 866.38 | 1762.20 | 1316.50 | 657.25 | 1298.64 |
| 1.种籽秧苗费 | 元 | 380.63 | 61.39 | 39.91 | 105.00 | 48.00 | 24.71 |
| 2.农家肥费 | 元 | 100.00 | 125.12 | 226.51 | 190.00 | 95.00 | 227.14 |
| 3.化肥费 | 元 | 104.54 | 130.45 | 132.54 | 119.50 | 140.50 | 152.42 |
| 4.农膜费 | 元 | 512.88 | 213.61 | 394.67 | 630.00 | 97.50 | 580.94 |
| 5.农药费 | 元 | 39.92 | 113.49 | 136.37 | 69.50 | 148.30 | 113.00 |
| 6.畜力费 | 元 |  |  |  |  |  |  |
| 7.机械作业费 | 元 | 21.00 |  |  |  | 35.60 | 68.00 |
| 8.排灌费 | 元 | 31.25 | 52.96 | 130.29 | 190.00 | 24.50 | 7.43 |
| 9.燃料动力费 | 元 | 68.00 | 109.11 | 116.75 |  |  |  |
| 10.棚架材料费 | 元 | 174.15 | 33.79 | 582.83 | 12.50 | 67.85 | 125.00 |
| 11.其它直接费用 | 元 |  | 26.46 | 2.33 |  |  |  |
| 二、间接生产费用 | 元 | 1247.75 | 196.60 | 67.48 | 78.00 | 40.00 | 113.00 |
| 1.固定资产折旧 | 元 | 1240.00 | 124.45 | 37.53 | 75.00 | 20.00 | 85.00 |
| 2.小农具购置修理费 | 元 | 7.75 | 44.81 | 28.70 | 3.00 | 20.00 | 20.00 |
| 3.其它间接费用 | 元 |  | 27.34 | 1.25 |  |  | 8.00 |
| 附记：1.每亩种籽用量 | 公斤 |  | 0.20 | 0.20 | 0.20 | 0.40 | 0.20 |
| 2.每亩化肥用量 | 公斤 | 32.50 | 34.60 | 41.60 | 46.00 | 50.10 | 47.90 |
| 3.每亩农膜用量 | 公斤 | 56.40 | 23.00 | 99.10 | 57.50 | 10.50 | 61.60 |
| 4.每度电价 | 元 | 0.52 | 0.60 | 0.57 | 0.56 | 0.28 | 0.60 |
| 5.每亩柴油费 | 元 |  |  | 13.10 |  | 7.55 | 34.29 |

# 2002年大中城市蔬菜物质费用(三)

品种：大棚黄瓜

| 项目名称 | 单位 | 杭州 | 合肥 | 济南 | 宁波 | 武汉 | 昆明 |
|---|---|---|---|---|---|---|---|
| 每亩物质费用 | 元 | 750.44 | 1545.98 | 1573.16 | 416.40 | 1000.11 | 910.80 |
| 一、直接生产费用 | 元 | 698.69 | 1195.98 | 1456.13 | 396.40 | 970.29 | 866.48 |
| 1.种籽秧苗费 | 元 | 46.36 | 58.57 | 74.27 | 42.50 | 76.50 | 61.00 |
| 2.农家肥费 | 元 | 15.42 | 94.29 | 234.93 | 18.00 | 49.11 | 132.00 |
| 3.化肥费 | 元 | 138.89 | 165.28 | 494.53 | 47.00 | 293.08 | 253.48 |
| 4.农膜费 | 元 | 286.37 | 474.84 | 348.08 | 110.00 | 247.26 | 67.00 |
| 5.农药费 | 元 | 59.66 | 85.00 | 129.68 | 21.00 | 135.33 | 143.00 |
| 6.畜力费 | 元 | | | | | 12.43 | |
| 7.机械作业费 | 元 | | | 5.00 | | 4.57 | |
| 8.排灌费 | 元 | 8.81 | 40.50 | 105.00 | 12.00 | 3.91 | 21.00 |
| 9.燃料动力费 | 元 | | | | | | |
| 10.棚架材料费 | 元 | 118.60 | 277.50 | 62.54 | 145.90 | 148.10 | 189.00 |
| 11.其它直接费用 | 元 | 24.58 | | 2.10 | | | |
| 二、间接生产费用 | 元 | 51.75 | 350.00 | 117.03 | 20.00 | 29.82 | 44.32 |
| 1.固定资产折旧 | 元 | 38.05 | 281.43 | 105.54 | | 24.73 | 15.00 |
| 2.小农具购置修理费 | 元 | 8.36 | 37.14 | 8.73 | | 5.09 | 29.32 |
| 3.其它间接费用 | 元 | 5.34 | 31.43 | 2.76 | 20.00 | | |
| 附记：1.每亩种籽用量 | 公斤 | 0.40 | 0.10 | | 0.40 | 0.20 | 0.40 |
| 2.每亩化肥用量 | 公斤 | 47.40 | 66.10 | 155.50 | 10.00 | 64.70 | 94.30 |
| 3.每亩农膜用量 | 公斤 | 28.60 | 55.80 | 39.30 | 10.00 | 34.90 | 7.00 |
| 4.每度电价 | 元 | 0.68 | 0.79 | 0.70 | 0.65 | 0.47 | 0.50 |
| 5.每亩柴油费 | 元 | | | 0.41 | | | |

# 2002 年大中城市蔬菜物质费用(四)

品种: 大棚黄瓜

| 项 目 名 称 | 单位 | 西 安 | 兰 州 | 西 宁 | 银 川 | 乌鲁木齐 |
|---|---|---|---|---|---|---|
| 每亩物质费用 | 元 | 1306.11 | 1869.02 | 1213.21 | 3311.28 | 1964.20 |
| 一、直接生产费用 | 元 | 1220.88 | 1767.88 | 1169.55 | 2686.61 | 1792.60 |
| 1.种籽秧苗费 | 元 | 186.16 | 117.30 | 73.51 | 390.91 | 87.55 |
| 2.农家肥费 | 元 | 136.42 | 302.35 | 194.43 | 227.27 | 360.00 |
| 3.化肥费 | 元 | 181.13 | 463.89 | 202.76 | 468.77 | 229.12 |
| 4.农膜费 | 元 | 289.38 | 350.91 | 336.46 | 631.64 | 360.85 |
| 5.农药费 | 元 | 78.53 | 264.69 | 43.94 | 182.50 | 80.69 |
| 6.畜力费 | 元 | | | | | |
| 7.机械作业费 | 元 | 37.86 | | | 24.35 | |
| 8.排灌费 | 元 | 71.60 | 17.97 | 21.41 | 71.17 | 70.20 |
| 9.燃料动力费 | 元 | | 135.66 | | 242.01 | 366.25 |
| 10.棚架材料费 | 元 | 202.18 | 115.11 | 201.94 | 372.08 | 152.88 |
| 11.其它直接费用 | 元 | 37.62 | | 95.10 | 75.91 | 85.06 |
| 二、间接生产费用 | 元 | 85.23 | 101.14 | 43.66 | 624.67 | 171.60 |
| 1.固定资产折旧 | 元 | 54.32 | 60.10 | 43.66 | 603.89 | 139.29 |
| 2.小农具购置修理费 | 元 | 30.91 | 41.04 | | 20.78 | 18.45 |
| 3.其它间接费用 | 元 | | | | | 13.86 |
| 附记:1.每亩种籽用量 | 公斤 | | | 0.40 | | 0.10 |
| 2.每亩化肥用量 | 公斤 | 64.80 | 139.00 | 57.60 | 149.10 | 70.50 |
| 3.每亩农膜用量 | 公斤 | 33.90 | 43.10 | 26.00 | 56.10 | 43.00 |
| 4.每度电价 | 元 | 0.41 | 0.46 | 0.39 | 0.45 | 0.61 |
| 5.每亩柴油费 | 元 | 15.00 | | | | |

# 2002年大中城市蔬菜期间费用(一)

品种：大棚黄瓜

| 项　目　名　称 | 单位 | 平　均 | 北　京 | 天　津 | 石家庄 | 太　原 | 呼和浩特 |
|---|---|---|---|---|---|---|---|
| 一、每亩期间费用 | 元 | 123.09 | 139.96 | 173.35 | 319.90 | 88.30 | 202.00 |
| 1.土地承包费 | 元 | 21.15 | 87.46 | 18.21 | 167.27 | 22.30 | |
| 2.管理费 | 元 | 2.30 | | | | 20.40 | |
| 3.销售费 | 元 | 99.46 | 52.50 | 155.14 | 152.63 | 41.60 | 202.00 |
| 4.财务费 | 元 | 0.18 | | | | 4.00 | |
| 二、每亩用工量 | 日 | 83.30 | 42.50 | 123.50 | 145.10 | 143.00 | 32.00 |
| 1.直接用工 | 日 | 76.80 | 39.40 | 112.90 | 143.10 | 135.00 | 30.00 |
| 2.间接用工 | 日 | 6.50 | 3.10 | 10.60 | 2.00 | 8.00 | 2.00 |
| 三、每亩成本外支出 | 元 | 13.44 | 19.16 | 35.33 | | 16.91 | 28.08 |
| 1.村提留费 | 元 | | | | | | |
| 2.乡统筹费 | 元 | | | | | | |
| 3.两工支出 | 元 | 4.52 | | 27.14 | | 5.00 | |
| 4.其它成本外支出 | 元 | 8.92 | 19.16 | 8.19 | | 11.91 | 28.08 |
| 附记：1.人均耕地面积 | 元 | 1.70 | 5.00 | 0.90 | 1.00 | 1.70 | 1.10 |
| 2.人均成本外支出 | 元 | 31.60 | 155.70 | 46.80 | | 56.00 | 30.90 |
| 3.人均两工数量 | 日 | 2.00 | | 6.80 | | 3.00 | |
| 4.雇工天数 | 日 | 1.40 | 11.00 | | | 8.00 | |
| 5.雇工工价 | 元 | 17.90 | 14.70 | 20.00 | | 20.00 | 15.00 |

# 2002年大中城市蔬菜期间费用(二)

品种：大棚黄瓜

| 项目名称 | 单位 | 沈阳 | 长春 | 哈尔滨 | 大连 | 上海 | 南京 |
|---|---|---|---|---|---|---|---|
| 一、每亩期间费用 | 元 | 107.50 | 140.05 | 111.17 | 55.00 | 100.00 | 21.71 |
| 1.土地承包费 | 元 | | | | 40.00 | | |
| 2.管理费 | 元 | | | 1.01 | | 15.00 | |
| 3.销售费 | 元 | 107.50 | 140.05 | 110.16 | 15.00 | 85.00 | 21.71 |
| 4.财务费 | 元 | | | | | | |
| 二、每亩用工量 | 日 | 37.30 | 129.10 | 49.60 | 70.00 | 48.00 | 49.00 |
| 1.直接用工 | 日 | 35.80 | 115.20 | 47.80 | 66.50 | 41.00 | 39.00 |
| 2.间接用工 | 日 | 1.50 | 13.90 | 1.80 | 3.50 | 7.00 | 10.00 |
| 三、每亩成本外支出 | 元 | 30.73 | | 6.04 | 40.00 | | 28.00 |
| 1.村提留费 | 元 | | | | | | |
| 2.乡统筹费 | 元 | | | | | | |
| 3.两工支出 | 元 | 11.51 | | 6.04 | 10.00 | | 20.00 |
| 4.其它成本外支出 | 元 | 19.22 | | | 30.00 | | 8.00 |
| 附记：1.人均耕地面积 | 元 | 2.20 | 2.90 | 1.90 | 2.00 | 0.80 | 1.50 |
| 2.人均成本外支出 | 元 | 111.80 | | 40.50 | 40.00 | | 44.00 |
| 3.人均两工数量 | 日 | 7.00 | | 2.30 | 2.00 | | 10.00 |
| 4.雇工天数 | 日 | | 1.40 | | | | |
| 5.雇工工价 | 元 | 20.00 | 20.00 | 20.00 | 20.00 | | 20.00 |

# 2002年大中城市蔬菜期间费用(三)

品种：大棚黄瓜

| 项目名称 | 单位 | 杭州 | 合肥 | 济南 | 宁波 | 武汉 | 昆明 |
|---|---|---|---|---|---|---|---|
| 一、每亩期间费用 | 元 | 99.03 | 76.79 | 53.29 | 59.50 | 56.11 | 63.00 |
| 1.土地承包费 | 元 | 30.78 | 40.00 | 9.38 | 25.00 | | 25.00 |
| 2.管理费 | 元 | | | | 10.00 | | |
| 3.销售费 | 元 | 68.25 | 36.79 | 43.91 | 24.50 | 56.11 | 38.00 |
| 4.财务费 | 元 | | | | | | |
| 二、每亩用工量 | 日 | 56.90 | 90.70 | 71.20 | 42.00 | 27.20 | 102.20 |
| 1.直接用工 | 日 | 50.50 | 85.70 | 67.10 | 35.00 | 26.70 | 95.20 |
| 2.间接用工 | 日 | 6.40 | 5.00 | 4.10 | 7.00 | 0.50 | 7.00 |
| 三、每亩成本外支出 | 元 | | | 10.94 | | 33.06 | 19.85 |
| 1.村提留费 | 元 | | | | | | |
| 2.乡统筹费 | 元 | | | | | | |
| 3.两工支出 | 元 | | | 3.14 | | | 3.50 |
| 4.其它成本外支出 | 元 | | | 7.80 | | 33.06 | 16.35 |
| 附记：1.人均耕地面积 | 元 | 0.60 | 0.80 | 1.20 | 0.50 | 1.60 | 1.00 |
| 2.人均成本外支出 | 元 | | | 26.60 | 32.00 | 26.70 | 29.50 |
| 3.人均两工数量 | 日 | | | 1.70 | | 2.50 | 4.50 |
| 4.雇工天数 | 日 | | | 0.30 | | | |
| 5.雇工工价 | 元 | 25.70 | 15.00 | 15.30 | 25.00 | | 12.00 |

# 2002年大中城市蔬菜期间费用(四)

品种：大棚黄瓜

| 项 目 名 称 | 单位 | 西 安 | 兰 州 | 西 宁 | 银 川 | 乌鲁木齐 |
|---|---|---|---|---|---|---|
| 一、每亩期间费用 | 元 | 99.57 | 413.36 | 101.30 | 158.12 | 69.00 |
| 1.土地承包费 | 元 | | | | | |
| 2.管理费 | 元 | | | 4.12 | | |
| 3.销售费 | 元 | 99.57 | 413.36 | 97.18 | 158.12 | 69.00 |
| 4.财务费 | 元 | | | | | |
| 二、每亩用工量 | 日 | 141.80 | 164.30 | 91.90 | 97.50 | 78.30 |
| 1.直接用工 | 日 | 127.60 | 162.30 | 78.90 | 78.70 | 75.70 |
| 2.间接用工 | 日 | 14.20 | 2.00 | 13.00 | 18.80 | 2.60 |
| 三、每亩成本外支出 | 元 | | | | 11.73 | 15.80 |
| 1.村提留费 | 元 | | | | | |
| 2.乡统筹费 | 元 | | | | | |
| 3.两工支出 | 元 | | | | 11.73 | 1.32 |
| 4.其它成本外支出 | 元 | | | | | 14.48 |
| 附记：1.人均耕地面积 | 元 | 0.60 | 0.70 | 1.00 | 2.30 | 5.30 |
| 2.人均成本外支出 | 元 | | | 15.00 | 1.80 | 37.00 |
| 3.人均两工数量 | 日 | | | | 0.50 | 3.60 |
| 4.雇工天数 | 日 | | | | | 9.00 |
| 5.雇工工价 | 元 | 10.00 | 15.00 | 15.00 | | 20.00 |

# 2002年大中城市蔬菜成本收益(一)

**品种：茄子**　　　　按统一工价汇总

| 项目名称 | | 单位 | 平均 | 北京 | 天津 | 石家庄 | 太原 | 呼和浩特 | 沈阳 |
|---|---|---|---|---|---|---|---|---|---|
| 调查县数 | | 个 | 65.00 | 5.00 | 6.00 | 3.00 | 1.00 | 3.00 | 2.00 |
| 调查户数 | | 户 | 211.00 | 12.00 | 16.00 | 8.00 | 3.00 | 10.00 | 4.00 |
| 调查面积 | | 亩 | 219.04 | 13.80 | 12.30 | 8.70 | 1.80 | 10.00 | 6.50 |
| 每亩 | 主产品产量 | 公斤 | 3320.90 | 3244.40 | 3943.40 | 3350.30 | 4012.00 | 4220.00 | 3465.00 |
| | 产值合计 | 元 | 2496.29 | 2873.39 | 2438.32 | 2226.25 | 1459.00 | 2110.00 | 2126.13 |
| | 主产品产值 | 元 | 2495.75 | 2873.39 | 2438.32 | 2226.25 | 1459.00 | 2110.00 | 2126.13 |
| | 副产品产值 | 元 | 0.54 | | | | | | |
| | 其它收入 | 元 | | | | | | | |
| | 生产成本 | 元 | 1084.05 | 949.77 | 847.34 | 918.73 | 1110.50 | 809.30 | 895.27 |
| | 物质费用 | 元 | 582.45 | 623.07 | 394.14 | 402.83 | 779.40 | 567.30 | 634.57 |
| | 用工作价 | 元 | 501.60 | 326.70 | 453.20 | 515.90 | 331.10 | 242.00 | 260.70 |
| | 用工数量 | 日 | 45.60 | 29.70 | 41.20 | 46.90 | 30.10 | 22.00 | 23.70 |
| | 劳动日工价 | 元 | 11.00 | 11.00 | 11.00 | 11.00 | 11.00 | 11.00 | 11.00 |
| | 期间费用 | 元 | 114.43 | 103.57 | 93.41 | 57.82 | 76.00 | 150.00 | 87.50 |
| | 税金 | 元 | 33.99 | 32.80 | 29.67 | 36.56 | 20.00 | 46.62 | 79.84 |
| | 含税成本 | 元 | 1232.47 | 1086.14 | 970.42 | 1013.11 | 1206.50 | 1005.92 | 1062.61 |
| | 净产值 | 元 | 1913.84 | 2250.32 | 2044.18 | 1823.42 | 679.60 | 1542.70 | 1491.56 |
| | 减税纯收益 | 元 | 1263.82 | 1787.25 | 1467.90 | 1213.14 | 252.50 | 1104.08 | 1063.52 |
| | 成本纯收益率 | % | 102.54 | 164.55 | 151.26 | 119.74 | 20.93 | 109.76 | 100.09 |
| 每50公斤主产品 | 平均出售价格 | 元 | 37.58 | 44.28 | 30.92 | 33.22 | 18.18 | 25.00 | 30.68 |
| | 物质费用 | 元 | 8.77 | 9.60 | 5.00 | 6.01 | 9.71 | 6.72 | 9.16 |
| | 生产成本 | 元 | 16.32 | 14.64 | 10.75 | 13.71 | 13.84 | 9.59 | 12.92 |
| | 含税成本 | 元 | 18.55 | 16.74 | 12.31 | 15.12 | 15.03 | 11.92 | 15.33 |
| | 净产值 | 元 | 28.81 | 34.68 | 25.92 | 27.21 | 8.47 | 18.28 | 21.52 |
| | 减税纯收益 | 元 | 19.03 | 27.54 | 18.61 | 18.10 | 3.15 | 13.08 | 15.35 |
| 每一劳动日 | 主产品产量 | 公斤 | 72.80 | 109.20 | 95.70 | 71.40 | 133.30 | 191.80 | 146.20 |
| | 净产值 | 元 | 41.97 | 75.77 | 49.62 | 38.88 | 22.58 | 70.12 | 62.94 |
| 每亩主产品出售数量 | | 公斤 | 3133.50 | 3244.40 | 3943.40 | 3315.90 | 40.10 | 4220.00 | 3464.30 |
| 每亩主产品出售产值 | | 元 | 2444.54 | 2873.39 | 2438.32 | 2204.10 | 1459.00 | 2110.00 | 2125.70 |
| 每亩成本外支出 | | 元 | 9.19 | 19.47 | 32.44 | | 8.57 | 19.98 | 31.48 |

# 2002 年大中城市蔬菜成本收益(二)

品种：茄子　　　　按统一工价汇总

| 项目名称 | | 单位 | 长春 | 哈尔滨 | 大连 | 上海 | 南京 | 杭州 |
|---|---|---|---|---|---|---|---|---|
| 调查县数 | | 个 | 4.00 | 3.00 | 3.00 | 1.00 | 1.00 | 2.00 |
| 调查户数 | | 户 | 6.00 | 4.00 | 5.00 | 15.00 | 3.00 | 6.00 |
| 调查面积 | | 亩 | 13.30 | 13.00 | 11.00 | 15.00 | 1.50 | 9.00 |
| 每亩 | 主产品产量 | 公斤 | 2116.90 | 3510.30 | 4137.60 | 4206.00 | 3288.00 | 2900.80 |
| | 产值合计 | 元 | 1203.24 | 1636.46 | 1355.02 | 3785.40 | 2613.60 | 5863.20 |
| | 主产品产值 | 元 | 1203.24 | 1636.46 | 1355.02 | 3785.40 | 2613.60 | 5863.20 |
| | 副产品产值 | 元 | | | | | | |
| | 其它收入 | 元 | | | | | | |
| | 生产成本 | 元 | 891.43 | 669.11 | 648.65 | 1158.45 | 1680.44 | 1142.95 |
| | 物质费用 | 元 | 382.13 | 302.81 | 385.75 | 652.45 | 1159.04 | 598.45 |
| | 用工作价 | 元 | 509.30 | 366.30 | 262.90 | 506.00 | 521.40 | 544.50 |
| | 用工数量 | 日 | 46.30 | 33.30 | 23.90 | 46.00 | 47.40 | 49.50 |
| | 劳动日工价 | 元 | 11.00 | 11.00 | 11.00 | 11.00 | 11.00 | 11.00 |
| | 期间费用 | 元 | 22.00 | 104.43 | 61.82 | 100.00 | 20.80 | 93.43 |
| | 税金 | 元 | 50.37 | 25.00 | 55.36 | 10.50 | 29.20 | 28.49 |
| | 含税成本 | 元 | 963.80 | 798.54 | 765.83 | 1268.95 | 1730.44 | 1264.87 |
| | 净产值 | 元 | 821.11 | 1333.65 | 969.27 | 3132.95 | 1454.56 | 5264.75 |
| | 减税纯收益 | 元 | 239.44 | 837.92 | 589.19 | 2516.45 | 883.16 | 4598.33 |
| | 成本纯收益率 | % | 24.84 | 104.93 | 76.93 | 198.31 | 51.04 | 363.54 |
| 每50公斤主产品 | 平均出售价格 | 元 | 28.42 | 23.31 | 16.37 | 45.00 | 39.74 | 101.06 |
| | 物质费用 | 元 | 9.03 | 4.31 | 4.66 | 7.76 | 17.62 | 10.32 |
| | 生产成本 | 元 | 21.06 | 9.53 | 7.84 | 13.77 | 25.55 | 19.70 |
| | 含税成本 | 元 | 22.76 | 11.37 | 9.25 | 15.09 | 26.31 | 21.80 |
| | 净产值 | 元 | 19.39 | 19.00 | 11.71 | 37.24 | 22.12 | 90.74 |
| | 减税纯收益 | 元 | 5.66 | 11.94 | 7.12 | 29.91 | 13.43 | 79.26 |
| 每一劳动日 | 主产品产量 | 公斤 | 45.70 | 105.40 | 173.10 | 91.40 | 69.40 | 58.60 |
| | 净产值 | 元 | 17.73 | 40.05 | 40.56 | 68.11 | 30.69 | 106.36 |
| 每亩主产品出售数量 | | 公斤 | 2086.80 | 2931.80 | 4137.60 | 4206.00 | 3288.00 | 2900.80 |
| 每亩主产品出售产值 | | 元 | 1186.29 | 1375.80 | 1355.00 | 3785.40 | 2163.60 | 5863.20 |
| 每亩成本外支出 | | 元 | | 8.46 | 39.00 | | 23.60 | |

# 2002 年大中城市蔬菜成本收益(三)

品种：茄子　　　　按统一工价汇总

| 项目名称 | | 单位 | 合肥 | 福州 | 济南 | 宁波 | 厦门 | 青岛 |
|---|---|---|---|---|---|---|---|---|
| 调查县数 | | 个 | 1.00 | 1.00 | 3.00 | 1.00 | 1.00 | 1.00 |
| 调查户数 | | 户 | 4.00 | 3.00 | 9.00 | 3.00 | 4.00 | 12.00 |
| 调查面积 | | 亩 | 1.10 | 2.60 | 3.30 | 2.30 | 6.50 | 12.00 |
| 每亩 | 主产品产量 | 公斤 | 2509.10 | 2216.60 | 3810.40 | 1750.00 | 2650.00 | 3790.00 |
| | 产值合计 | 元 | 2358.18 | 2588.65 | 2700.80 | 3412.50 | 3180.00 | 2766.70 |
| | 主产品产值 | 元 | 2358.18 | 2588.65 | 2700.80 | 3412.50 | 3180.00 | 2766.70 |
| | 副产品产值 | 元 | | | | | | |
| | 其它收入 | 元 | | | | | | |
| | 生产成本 | 元 | 1240.95 | 1099.90 | 1226.41 | 1149.90 | 1128.00 | 1397.00 |
| | 物质费用 | 元 | 564.45 | 579.60 | 643.41 | 467.90 | 776.00 | 704.00 |
| | 用工作价 | 元 | 676.50 | 520.30 | 583.00 | 682.00 | 352.00 | 693.00 |
| | 用工数量 | 日 | 61.50 | 47.30 | 53.00 | 62.00 | 32.00 | 63.00 |
| | 劳动日工价 | 元 | 11.00 | 11.00 | 11.00 | 11.00 | 11.00 | 11.00 |
| | 期间费用 | 元 | 55.91 | 505.95 | 44.55 | 58.80 | 320.37 | 87.50 |
| | 税金 | 元 | 60.12 | 24.77 | 28.61 | 51.10 | 41.74 | 40.00 |
| | 含税成本 | 元 | 1356.98 | 1630.62 | 1299.57 | 1259.80 | 1490.11 | 1524.50 |
| | 净产值 | 元 | 1793.73 | 2009.05 | 2057.39 | 2944.60 | 2404.00 | 2062.70 |
| | 减税纯收益 | 元 | 1001.20 | 958.03 | 1401.23 | 2152.70 | 1689.89 | 1242.20 |
| | 成本纯收益率 | % | 73.78 | 58.75 | 107.82 | 170.88 | 113.41 | 81.48 |
| 每50公斤主产品 | 平均出售价格 | 元 | 46.99 | 58.39 | 35.44 | 97.50 | 60.00 | 36.50 |
| | 物质费用 | 元 | 11.25 | 13.07 | 8.44 | 13.37 | 14.64 | 9.29 |
| | 生产成本 | 元 | 24.73 | 24.81 | 16.09 | 32.85 | 21.28 | 18.43 |
| | 含税成本 | 元 | 27.04 | 36.78 | 17.05 | 35.99 | 28.12 | 20.11 |
| | 净产值 | 元 | 35.74 | 45.32 | 27.00 | 84.13 | 45.36 | 27.21 |
| | 减税纯收益 | 元 | 19.95 | 21.61 | 18.39 | 61.51 | 31.88 | 16.39 |
| 每一劳动日 | 主产品产量 | 公斤 | 40.80 | 46.90 | 71.90 | 28.20 | 82.80 | 60.20 |
| | 净产值 | 元 | 29.17 | 42.47 | 38.82 | 47.49 | 75.13 | 32.74 |
| 每亩主产品出售数量 | | 公斤 | 2509.10 | 2216.60 | 3756.10 | 1750.00 | 2650.00 | 3740.00 |
| 每亩主产品出售产值 | | 元 | 2358.18 | 2588.70 | 2674.15 | 3412.50 | 3180.00 | 2730.20 |
| 每亩成本外支出 | | 元 | | | 10.27 | | 17.89 | |

# 2002年大中城市蔬菜成本收益(四)

品种：茄子　　　　按统一工价汇总

| 项　目　名　称 | | 单位 | 郑 州 | 武 汉 | 广 州 | 海 口 | 成 都 | 贵 阳 |
|---|---|---|---|---|---|---|---|---|
| 调查县数 | | 个 | 2.00 | 3.00 | 1.00 | 1.00 | 1.00 | 1.00 |
| 调查户数 | | 户 | 2.00 | 9.00 | 3.00 | 6.00 | 2.00 | 9.00 |
| 调查面积 | | 亩 | 0.80 | 10.30 | 2.10 | 3.90 | 2.20 | 10.00 |
| 每亩 | 主产品产量 | 公斤 | 2935.00 | 3227.70 | 1831.50 | 4166.00 | 3740.80 | 2850.00 |
| | 产值合计 | 元 | 1802.30 | 2955.10 | 3430.72 | 2973.89 | 1856.42 | 1805.50 |
| | 主产品产值 | 元 | 1802.30 | 2955.10 | 3430.72 | 2973.89 | 1856.42 | 1795.50 |
| | 副产品产值 | 元 | | | | | | 10.00 |
| | 其它收入 | 元 | | | | | | |
| | 生产成本 | 元 | 728.92 | 829.30 | 989.01 | 2014.58 | 641.27 | 692.50 |
| | 物质费用 | 元 | 361.52 | 555.40 | 307.01 | 920.08 | 397.07 | 362.50 |
| | 用工作价 | 元 | 367.40 | 273.90 | 682.00 | 1094.50 | 244.20 | 330.00 |
| | 用工数量 | 日 | 33.40 | 24.90 | 62.00 | 99.50 | 22.20 | 30.00 |
| | 劳动日工价 | 元 | 11.00 | 11.00 | 11.00 | 11.00 | 11.00 | 11.00 |
| | 期间费用 | 元 | 25.20 | 152.43 | 35.33 | 232.72 | 66.67 | 27.00 |
| | 税金 | 元 | 12.50 | 38.17 | 42.00 | 19.45 | 24.50 | 12.00 |
| | 含税成本 | 元 | 766.62 | 1019.90 | 1066.34 | 2266.75 | 732.44 | 731.50 |
| | 净产值 | 元 | 1440.78 | 2399.70 | 3123.71 | 2053.81 | 1459.35 | 1443.00 |
| | 减税纯收益 | 元 | 1035.68 | 1935.20 | 2364.38 | 707.14 | 1123.98 | 1074.00 |
| | 成本纯收益率 | % | 135.10 | 189.74 | 221.73 | 31.20 | 153.46 | 146.82 |
| 每50公斤主产品 | 平均出售价格 | 元 | 30.70 | 45.78 | 93.66 | 35.69 | 24.81 | 31.50 |
| | 物质费用 | 元 | 6.16 | 8.60 | 8.38 | 11.04 | 5.31 | 6.32 |
| | 生产成本 | 元 | 12.42 | 12.85 | 27.00 | 24.18 | 8.57 | 12.08 |
| | 含税成本 | 元 | 13.06 | 15.80 | 29.11 | 27.20 | 9.79 | 12.76 |
| | 净产值 | 元 | 24.54 | 37.18 | 85.28 | 24.65 | 19.50 | 25.18 |
| | 减税纯收益 | 元 | 17.64 | 29.98 | 64.55 | 8.49 | 15.02 | 18.74 |
| 每一劳动日 | 主产品产量 | 公斤 | 87.90 | 129.60 | 29.50 | 41.90 | 168.50 | 95.00 |
| | 净产值 | 元 | 43.14 | 96.37 | 50.38 | 20.64 | 65.74 | 48.10 |
| 每亩主产品出售数量 | | 公斤 | 2865.00 | 3224.00 | 1667.00 | 4149.00 | 3726.50 | 2800.00 |
| 每亩主产品出售产值 | | 元 | 1759.40 | 2951.70 | 3122.72 | 2954.30 | 1843.20 | 1764.00 |
| 每亩成本外支出 | | 元 | | 16.70 | | 8.34 | | |

# 2002年大中城市蔬菜成本收益(五)

品种: 茄子　　　　按统一工价汇总

| 项目名称 | | 单位 | 昆明 | 重庆 | 西安 | 兰州 | 银川 | 乌鲁木齐 |
|---|---|---|---|---|---|---|---|---|
| 调查县数 | | 个 | 2.00 | 3.00 | 3.00 | 4.00 | 1.00 | 1.00 |
| 调查户数 | | 户 | 15.00 | 9.00 | 18.00 | 6.00 | 2.00 | 3.00 |
| 调查面积 | | 亩 | 9.30 | 4.70 | 7.70 | 3.04 | 1.30 | 20.00 |
| 每亩 | 主产品产量 | 公斤 | 2375.40 | 2671.80 | 2808.00 | 3744.00 | 3755.00 | 6400.00 |
| | 产值合计 | 元 | 2085.47 | 2401.77 | 2174.13 | 3412.52 | 1585.92 | 1708.00 |
| | 主产品产值 | 元 | 2079.34 | 2401.77 | 2174.13 | 3412.52 | 1585.92 | 1708.00 |
| | 副产品产值 | 元 | 6.13 | | | | | |
| | 其它收入 | 元 | | | | | | |
| | 生产成本 | 元 | 1171.06 | 1115.33 | 1161.88 | 2192.22 | 776.29 | 1255.79 |
| | 物质费用 | 元 | 541.86 | 613.73 | 582.18 | 950.32 | 500.19 | 764.09 |
| | 用工作价 | 元 | 629.20 | 501.60 | 579.70 | 1241.90 | 276.10 | 491.70 |
| | 用工数量 | 日 | 57.20 | 45.60 | 52.70 | 112.90 | 25.10 | 44.70 |
| | 劳动日工价 | 元 | 11.00 | 11.00 | 11.00 | 11.00 | 11.00 | 11.00 |
| | 期间费用 | 元 | 77.00 | 144.58 | 54.00 | 383.83 | 82.31 | 108.09 |
| | 税金 | 元 | 26.25 | 24.35 | 31.58 | 29.19 | 35.26 | 33.80 |
| | 含税成本 | 元 | 1274.31 | 1284.26 | 1247.46 | 2605.24 | 893.86 | 1397.68 |
| | 净产值 | 元 | 1543.61 | 1788.04 | 1591.95 | 2462.20 | 1085.73 | 943.91 |
| | 减税纯收益 | 元 | 811.16 | 1117.51 | 926.67 | 807.28 | 692.06 | 310.32 |
| | 成本纯收益率 | % | 63.65 | 87.02 | 74.28 | 30.99 | 77.42 | 22.20 |
| 每50公斤主产品 | 平均出售价格 | 元 | 43.77 | 44.95 | 38.71 | 45.57 | 21.12 | 13.34 |
| | 物质费用 | 元 | 11.37 | 11.49 | 10.37 | 12,69 | 6.66 | 5.97 |
| | 生产成本 | 元 | 24.58 | 20.87 | 20.69 | 29.27 | 10.34 | 9.81 |
| | 含税成本 | 元 | 26.75 | 24.04 | 22.21 | 34.79 | 11.90 | 10.92 |
| | 净产值 | 元 | 32.40 | 33.46 | 28.34 | 32.88 | 14.46 | 7.37 |
| | 减税纯收益 | 元 | 17.02 | 20.91 | 16.50 | 10.78 | 9.22 | 2.42 |
| 每一劳动日 | 主产品产量 | 公斤 | 41.50 | 58.60 | 53.30 | 33.20 | 149.60 | 143.20 |
| | 净产值 | 元 | 26.99 | 39.21 | 30.21 | 21.81 | 43.26 | 21.12 |
| 每亩主产品出售数量 | | 公斤 | 2368.20 | 2645.90 | 2700.90 | 3601.50 | 3755.00 | 6100.00 |
| 每亩主产品出售产值 | | 元 | 2066.76 | 2372.79 | 2089.79 | 3281.96 | 1585.90 | 1660.00 |
| 每亩成本外支出 | | 元 | 14.10 | | | | 9.77 | 15.80 |

# 2002年大中城市蔬菜成本收益(一)

品种：茄子　　　　按地区工价汇总

| 项目名称 | | 单位 | 平均 | 北京 | 天津 | 石家庄 | 太原 | 呼和浩特 | 沈阳 |
|---|---|---|---|---|---|---|---|---|---|
| 调查县数 | | 个 | 65.00 | 5.00 | 6.00 | 3.00 | 1.00 | 3.00 | 2.00 |
| 调查户数 | | 户 | 211.00 | 12.00 | 16.00 | 8.00 | 3.00 | 10.00 | 4.00 |
| 调查面积 | | 亩 | 219.04 | 13.80 | 12.30 | 8.70 | 1.80 | 10.00 | 6.50 |
| 每亩 | 主产品产量 | 公斤 | 3320.90 | 3244.40 | 3943.40 | 3350.30 | 4012.00 | 4220.00 | 3465.00 |
| | 产值合计 | 元 | 2496.29 | 2873.39 | 2438.32 | 2226.25 | 1459.00 | 2110.00 | 2126.13 |
| | 主产品产值 | 元 | 2495.75 | 2873.39 | 2438.32 | 2226.25 | 1459.00 | 2110.00 | 2126.13 |
| | 副产品产值 | 元 | 0.54 | | | | | | |
| | 其它收入 | 元 | | | | | | | |
| | 生产成本 | 元 | 1321.17 | 1350.72 | 925.62 | 923.42 | 1291.10 | 771.90 | 890.53 |
| | 物质费用 | 元 | 582.45 | 623.07 | 394.14 | 402.83 | 779.40 | 567.30 | 634.57 |
| | 用工作价 | 元 | 738.72 | 727.65 | 531.48 | 520.59 | 511.70 | 204.60 | 255.96 |
| | 用工数量 | 日 | 45.60 | 29.70 | 41.20 | 46.90 | 30.10 | 22.00 | 23.70 |
| | 劳动日工价 | 元 | 16.20 | 24.50 | 12.90 | 11.10 | 17.00 | 9.30 | 10.80 |
| | 期间费用 | 元 | 114.43 | 103.57 | 93.41 | 57.82 | 76.00 | 150.00 | 87.50 |
| | 税金 | 元 | 33.99 | 32.80 | 29.67 | 36.56 | 20.00 | 46.62 | 79.84 |
| | 含税成本 | 元 | 1469.59 | 1487.09 | 1048.70 | 1017.80 | 1387.10 | 968.52 | 1057.87 |
| | 净产值 | 元 | 1913.84 | 2250.32 | 2044.18 | 1823.42 | 679.60 | 1542.70 | 1491.56 |
| | 减税纯收益 | 元 | 1026.70 | 1386.30 | 1389.62 | 1208.45 | 71.90 | 1141.48 | 1068.26 |
| | 成本纯收益率 | % | 69.86 | 93.22 | 132.51 | 118.73 | 5.18 | 117.86 | 100.98 |
| 每50公斤主产品 | 平均出售价格 | 元 | 37.58 | 44.28 | 30.92 | 33.22 | 18.18 | 25.00 | 30.68 |
| | 物质费用 | 元 | 8.77 | 9.60 | 5.00 | 6.01 | 9.71 | 6.72 | 9.16 |
| | 生产成本 | 元 | 19.89 | 20.82 | 11.74 | 13.78 | 16.09 | 9.15 | 12.85 |
| | 含税成本 | 元 | 22.12 | 22.92 | 13.30 | 15.19 | 17.28 | 11.48 | 15.27 |
| | 净产值 | 元 | 28.81 | 34.68 | 25.92 | 27.21 | 8.47 | 18.28 | 21.52 |
| | 减税纯收益 | 元 | 15.46 | 21.36 | 17.62 | 18.03 | 0.90 | 13.52 | 15.41 |
| 每一劳动日 | 主产品产量 | 公斤 | 72.80 | 109.20 | 95.70 | 71.40 | 133.30 | 191.80 | 146.20 |
| | 净产值 | 元 | 41.97 | 75.77 | 49.62 | 38.88 | 22.58 | 70.12 | 62.94 |
| 每亩主产品出售数量 | | 公斤 | 3133.50 | 3244.40 | 3943.40 | 3315.90 | 40.10 | 4220.00 | 3464.30 |
| 每亩主产品出售产值 | | 元 | 2444.54 | 2873.39 | 2438.32 | 2204.10 | 1459.00 | 2110.00 | 2125.70 |
| 每亩成本外支出 | | 元 | 9.19 | 19.47 | 32.44 | | 8.57 | 19.98 | 31.48 |

# 2002年大中城市蔬菜成本收益(二)

品种:茄子　　按地区工价汇总

| 项 目 名 称 | | 单位 | 长春 | 哈尔滨 | 大连 | 上海 | 南京 | 杭州 |
|---|---|---|---|---|---|---|---|---|
| 调查县数 | | 个 | 4.00 | 3.00 | 3.00 | 1.00 | 1.00 | 2.00 |
| 调查户数 | | 户 | 6.00 | 4.00 | 5.00 | 15.00 | 3.00 | 6.00 |
| 调查面积 | | 亩 | 13.30 | 13.00 | 11.00 | 15.00 | 1.50 | 9.00 |
| 每亩 | 主产品产量 | 公斤 | 2116.90 | 3510.30 | 4137.60 | 4206.00 | 3288.00 | 2900.80 |
| | 产值合计 | 元 | 1203.24 | 1636.46 | 1355.02 | 3785.40 | 2613.60 | 5863.20 |
| | 主产品产值 | 元 | 1203.24 | 1636.46 | 1355.02 | 3785.40 | 2613.60 | 5863.20 |
| | 副产品产值 | 元 | | | | | | |
| | 其它收入 | 元 | | | | | | |
| | 生产成本 | 元 | 905.32 | 752.36 | 744.25 | 1756.45 | 1898.48 | 1514.20 |
| | 物质费用 | 元 | 382.13 | 302.81 | 385.75 | 652.45 | 1159.04 | 598.45 |
| | 用工作价 | 元 | 523.19 | 449.55 | 358.50 | 1104.00 | 739.44 | 915.75 |
| | 用工数量 | 日 | 46.30 | 33.30 | 23.90 | 46.00 | 47.40 | 49.50 |
| | 劳动日工价 | 元 | 11.30 | 13.50 | 15.00 | 24.00 | 15.60 | 18.50 |
| | 期间费用 | 元 | 22.00 | 104.43 | 61.82 | 100.00 | 20.80 | 93.43 |
| | 税金 | 元 | 50.37 | 25.00 | 55.36 | 10.50 | 29.20 | 28.49 |
| | 含税成本 | 元 | 977.69 | 881.79 | 861.43 | 1866.95 | 1948.48 | 1636.12 |
| | 净产值 | 元 | 821.11 | 1333.65 | 969.27 | 3132.95 | 1454.56 | 5264.75 |
| | 减税纯收益 | 元 | 225.55 | 754.67 | 493.59 | 1918.45 | 665.12 | 4227.08 |
| | 成本纯收益率 | % | 23.07 | 85.58 | 57.30 | 102.76 | 34.14 | 258.36 |
| 每50公斤主产品 | 平均出售价格 | 元 | 28.42 | 23.31 | 16.37 | 45.00 | 39.74 | 101.06 |
| | 物质费用 | 元 | 9.03 | 4.31 | 4.66 | 7.76 | 17.62 | 10.32 |
| | 生产成本 | 元 | 21.38 | 10.72 | 8.99 | 20.88 | 28.87 | 26.10 |
| | 含税成本 | 元 | 23.09 | 12.56 | 10.41 | 22.19 | 29.63 | 28.20 |
| | 净产值 | 元 | 19.39 | 19.00 | 11.71 | 37.24 | 22.12 | 90.74 |
| | 减税纯收益 | 元 | 5.33 | 10.75 | 5.96 | 22.81 | 10.11 | 72.86 |
| 每一劳动日 | 主产品产量 | 公斤 | 45.70 | 105.40 | 173.10 | 91.40 | 69.40 | 58.60 |
| | 净产值 | 元 | 17.73 | 40.05 | 40.56 | 68.11 | 30.69 | 106.36 |
| 每亩主产品出售数量 | | 公斤 | 2086.80 | 2931.80 | 4137.60 | 4206.00 | 3288.00 | 2900.80 |
| 每亩主产品出售产值 | | 元 | 1186.29 | 1375.80 | 1355.00 | 3785.40 | 2163.60 | 5863.20 |
| 每亩成本外支出 | | 元 | | 8.46 | 39.00 | | 23.60 | |

# 2002年大中城市蔬菜成本收益(三)

品种：茄子　　　　按地区工价汇总

| 项目名称 | | 单位 | 合肥 | 福州 | 济南 | 宁波 | 厦门 | 青岛 |
|---|---|---|---|---|---|---|---|---|
| 调查县数 | | 个 | 1.00 | 1.00 | 3.00 | 1.00 | 1.00 | 1.00 |
| 调查户数 | | 户 | 4.00 | 3.00 | 9.00 | 3.00 | 4.00 | 12.00 |
| 调查面积 | | 亩 | 1.10 | 2.60 | 3.30 | 2.30 | 6.50 | 12.00 |
| 每亩 | 主产品产量 | 公斤 | 2509.10 | 2216.60 | 3810.40 | 1750.00 | 2650.00 | 3790.00 |
| | 产值合计 | 元 | 2358.18 | 2588.65 | 2700.80 | 3412.50 | 3180.00 | 2766.70 |
| | 主产品产值 | 元 | 2358.18 | 2588.65 | 2700.80 | 3412.50 | 3180.00 | 2766.70 |
| | 副产品产值 | 元 | | | | | | |
| | 其它收入 | 元 | | | | | | |
| | 生产成本 | 元 | 1277.85 | 1691.15 | 1311.21 | 1955.90 | 1406.40 | 2027.00 |
| | 物质费用 | 元 | 564.45 | 579.60 | 643.41 | 467.90 | 776.00 | 704.00 |
| | 用工作价 | 元 | 713.40 | 1111.55 | 667.80 | 1488.00 | 630.40 | 1323.00 |
| | 用工数量 | 日 | 61.50 | 47.30 | 53.00 | 62.00 | 32.00 | 63.00 |
| | 劳动日工价 | 元 | 11.60 | 23.50 | 12.60 | 24.00 | 19.70 | 21.00 |
| | 期间费用 | 元 | 55.91 | 505.95 | 44.55 | 58.80 | 320.37 | 87.50 |
| | 税金 | 元 | 60.12 | 24.77 | 28.61 | 51.10 | 41.74 | 40.00 |
| | 含税成本 | 元 | 1393.88 | 2221.87 | 1384.37 | 2065.80 | 1768.51 | 2154.50 |
| | 净产值 | 元 | 1793.73 | 2009.05 | 2057.39 | 2944.60 | 2404.00 | 2062.70 |
| | 减税纯收益 | 元 | 964.30 | 366.78 | 1316.43 | 1346.70 | 1411.49 | 612.20 |
| | 成本纯收益率 | % | 69.18 | 16.51 | 95.09 | 65.19 | 79.81 | 28.41 |
| 每50公斤主产品 | 平均出售价格 | 元 | 46.99 | 58.39 | 35.44 | 97.50 | 60.00 | 36.50 |
| | 物质费用 | 元 | 11.25 | 13.07 | 8.44 | 13.37 | 14.64 | 9.29 |
| | 生产成本 | 元 | 25.46 | 38.15 | 17.21 | 55.88 | 26.54 | 26.74 |
| | 含税成本 | 元 | 27.77 | 50.12 | 18.17 | 59.02 | 33.37 | 28.42 |
| | 净产值 | 元 | 35.74 | 45.32 | 27.00 | 84.13 | 45.36 | 27.21 |
| | 减税纯收益 | 元 | 19.22 | 8.27 | 17.27 | 38.48 | 26.63 | 8.08 |
| 每一劳动日 | 主产品产量 | 公斤 | 40.80 | 46.90 | 71.90 | 28.20 | 82.80 | 60.20 |
| | 净产值 | 元 | 29.17 | 42.47 | 38.82 | 47.49 | 75.13 | 32.74 |
| 每亩主产品出售数量 | | 公斤 | 2509.10 | 2216.60 | 3756.10 | 1750.00 | 2650.00 | 3740.00 |
| 每亩主产品出售产值 | | 元 | 2358.18 | 2588.70 | 2674.15 | 3412.50 | 3180.00 | 2730.20 |
| 每亩成本外支出 | | 元 | | | 10.27 | | 17.89 | |

# 2002年大中城市蔬菜成本收益(四)

品种：茄子　　按地区工价汇总

| 项目名称 | | 单位 | 郑州 | 武汉 | 广州 | 海口 | 成都 | 贵阳 |
|---|---|---|---|---|---|---|---|---|
| 调查县数 | | 个 | 2.00 | 3.00 | 1.00 | 1.00 | 1.00 | 1.00 |
| 调查户数 | | 户 | 2.00 | 9.00 | 3.00 | 6.00 | 2.00 | 9.00 |
| 调查面积 | | 亩 | 0.80 | 10.30 | 2.10 | 3.90 | 2.20 | 10.00 |
| 每亩 | 主产品产量 | 公斤 | 2935.00 | 3227.70 | 1831.50 | 4166.00 | 3740.80 | 2850.00 |
| | 产值合计 | 元 | 1802.30 | 2955.10 | 3430.72 | 2973.89 | 1856.42 | 1805.50 |
| | 主产品产值 | 元 | 1802.30 | 2955.10 | 3430.72 | 2973.89 | 1856.42 | 1795.50 |
| | 副产品产值 | 元 | | | | | | 10.00 |
| | 其它收入 | 元 | | | | | | |
| | 生产成本 | 元 | 839.14 | 1021.03 | 2148.41 | 3507.08 | 756.71 | 707.50 |
| | 物质费用 | 元 | 361.52 | 555.40 | 307.01 | 920.08 | 397.07 | 362.50 |
| | 用工作价 | 元 | 477.62 | 465.63 | 1841.40 | 2587.00 | 359.64 | 345.00 |
| | 用工数量 | 日 | 33.40 | 24.90 | 62.00 | 99.50 | 22.20 | 30.00 |
| | 劳动日工价 | 元 | 14.30 | 18.70 | 29.70 | 26.00 | 16.20 | 11.50 |
| | 期间费用 | 元 | 25.20 | 152.43 | 35.33 | 232.72 | 66.67 | 27.00 |
| | 税金 | 元 | 12.50 | 38.17 | 42.00 | 19.45 | 24.50 | 12.00 |
| | 含税成本 | 元 | 876.84 | 1211.63 | 2225.74 | 3759.25 | 847.88 | 746.50 |
| | 净产值 | 元 | 1440.78 | 2399.70 | 3123.71 | 2053.81 | 1459.35 | 1443.00 |
| | 减税纯收益 | 元 | 925.46 | 1743.47 | 1204.98 | −785.36 | 1008.54 | 1059.00 |
| | 成本纯收益率 | % | 105.54 | 143.89 | 54.14 | −20.89 | 118.95 | 141.86 |
| 每50公斤主产品 | 平均出售价格 | 元 | 30.70 | 45.78 | 93.66 | 35.69 | 24.81 | 31.50 |
| | 物质费用 | 元 | 6.16 | 8.60 | 8.38 | 11.04 | 5.31 | 6.32 |
| | 生产成本 | 元 | 14.29 | 15.82 | 58.65 | 42.09 | 10.11 | 12.34 |
| | 含税成本 | 元 | 14.94 | 18.77 | 60.76 | 45.12 | 11.33 | 13.02 |
| | 净产值 | 元 | 24.54 | 37.18 | 85.28 | 24.65 | 19.50 | 25.18 |
| | 减税纯收益 | 元 | 15.76 | 27.01 | 32.90 | −9.43 | 13.48 | 18.48 |
| 每一劳动日 | 主产品产量 | 公斤 | 87.90 | 129.60 | 29.50 | 41.90 | 168.50 | 95.00 |
| | 净产值 | 元 | 43.14 | 96.37 | 50.38 | 20.64 | 65.74 | 48.10 |
| 每亩主产品出售数量 | | 公斤 | 2865.00 | 3224.00 | 1667.00 | 4149.00 | 3726.50 | 2800.00 |
| 每亩主产品出售产值 | | 元 | 1759.40 | 2951.70 | 3122.72 | 2954.30 | 1843.20 | 1764.00 |
| 每亩成本外支出 | | 元 | | 16.70 | | 8.34 | | |

# 2002年大中城市蔬菜成本收益(五)

品种：茄子　　　　按地区工价汇总

| 项目名称 | | 单位 | 昆明 | 重庆 | 西安 | 兰州 | 银川 | 乌鲁木齐 |
|---|---|---|---|---|---|---|---|---|
| 调查县数 | | 个 | 2.00 | 3.00 | 3.00 | 4.00 | 1.00 | 1.00 |
| 调查户数 | | 户 | 15.00 | 9.00 | 18.00 | 6.00 | 2.00 | 3.00 |
| 调查面积 | | 亩 | 9.30 | 4.70 | 7.70 | 3.04 | 1.30 | 20.00 |
| 每亩 | 主产品产量 | 公斤 | 2375.40 | 2671.80 | 2808.00 | 3744.00 | 3755.00 | 6400.00 |
| | 产值合计 | 元 | 2085.47 | 2401.77 | 2174.13 | 3412.52 | 1585.92 | 1708.00 |
| | 主产品产值 | 元 | 2079.34 | 2401.77 | 2174.13 | 3412.52 | 1585.92 | 1708.00 |
| | 副产品产值 | 元 | 6.13 | | | | | |
| | 其它收入 | 元 | | | | | | |
| | 生产成本 | 元 | 1193.94 | 1083.41 | 1198.77 | 2395.44 | 778.80 | 1528.46 |
| | 物质费用 | 元 | 541.86 | 613.73 | 582.18 | 950.32 | 500.19 | 764.09 |
| | 用工作价 | 元 | 652.08 | 469.68 | 616.59 | 1445.12 | 278.61 | 764.37 |
| | 用工数量 | 日 | 57.20 | 45.60 | 52.70 | 112.90 | 25.10 | 44.70 |
| | 劳动日工价 | 元 | 11.40 | 10.30 | 11.70 | 12.80 | 11.10 | 17.10 |
| | 期间费用 | 元 | 77.00 | 144.58 | 54.00 | 383.83 | 82.31 | 108.09 |
| | 税金 | 元 | 26.25 | 24.35 | 31.58 | 29.19 | 35.26 | 33.80 |
| | 含税成本 | 元 | 1297.19 | 1252.34 | 1284.35 | 2808.46 | 896.37 | 1670.35 |
| | 净产值 | 元 | 1543.61 | 1788.04 | 1591.95 | 2462.20 | 1085.73 | 943.91 |
| | 减税纯收益 | 元 | 788.28 | 1149.43 | 889.78 | 604.06 | 689.55 | 37.65 |
| | 成本纯收益率 | % | 60.77 | 91.78 | 69.28 | 21.51 | 76.93 | 2.25 |
| 每50公斤主产品 | 平均出售价格 | 元 | 43.77 | 44.95 | 38.71 | 45.57 | 21.12 | 13.34 |
| | 物质费用 | 元 | 11.37 | 11.49 | 10.37 | 12.69 | 6.66 | 5.97 |
| | 生产成本 | 元 | 25.06 | 20.28 | 21.34 | 31.99 | 10.37 | 11.94 |
| | 含税成本 | 元 | 27.23 | 23.44 | 22.87 | 37.50 | 11.94 | 13.05 |
| | 净产值 | 元 | 32.40 | 33.46 | 28.34 | 32.88 | 14.46 | 7.37 |
| | 减税纯收益 | 元 | 16.54 | 21.51 | 15.84 | 8.07 | 9.18 | 0.29 |
| 每一劳动日 | 主产品产量 | 公斤 | 41.50 | 58.60 | 53.30 | 33.20 | 149.60 | 143.20 |
| | 净产值 | 元 | 26.99 | 39.21 | 30.21 | 21.81 | 43.26 | 21.12 |
| 每亩主产品出售数量 | | 公斤 | 2368.20 | 2645.90 | 2700.90 | 3601.50 | 3755.00 | 6100.00 |
| 每亩主产品出售产值 | | 元 | 2066.76 | 2372.79 | 2089.79 | 3281.96 | 1585.90 | 1660.00 |
| 每亩成本外支出 | | 元 | 14.10 | | | | 9.77 | 15.80 |

# 2002年大中城市蔬菜物质费用(一)

品种：茄子

| 项　目　名　称 | 单位 | 平　均 | 北　京 | 天　津 | 石家庄 | 太　原 | 呼和浩特 | 沈　阳 |
|---|---|---|---|---|---|---|---|---|
| 每亩物质费用 | 元 | 582.45 | 623.07 | 394.14 | 402.83 | 779.40 | 567.30 | 634.57 |
| 一、直接生产费用 | 元 | 547.00 | 612.09 | 377.20 | 391.38 | 706.40 | 553.30 | 630.57 |
| 1.种籽秧苗费 | 元 | 53.34 | 45.00 | 20.22 | 51.72 | 6.40 | 82.00 | 349.00 |
| 2.农家肥费 | 元 | 97.07 | 135.07 | 58.09 | 72.71 | 66.00 | 255.00 | 85.00 |
| 3.化肥费 | 元 | 136.57 | 116.37 | 95.76 | 123.22 | 120.00 | 74.80 | 45.28 |
| 4.农膜费 | 元 | 83.13 | 117.19 | 90.55 | 37.73 | 369.50 | 31.50 | 41.90 |
| 5.农药费 | 元 | 68.55 | 65.65 | 50.74 | 33.28 | 6.50 | 30.00 | 35.39 |
| 6.畜力费 | 元 | 9.06 | 4.58 | | | | | 30.00 |
| 7.机械作业费 | 元 | 14.90 | 14.52 | | 30.00 | | 20.00 | 19.00 |
| 8.排灌费 | 元 | 29.35 | 48.68 | 29.36 | 42.72 | 31.00 | 42.00 | 25.00 |
| 9.燃料动力费 | 元 | 2.83 | 6.88 | 10.01 | | | | |
| 10.棚架材料费 | 元 | 39.21 | 58.15 | 19.25 | | 47.00 | | |
| 11.其它直接费用 | 元 | 12.99 | | 3.22 | | 60.00 | 18.00 | |
| 二、间接生产费用 | 元 | 35.45 | 10.98 | 16.94 | 11.45 | 73.00 | 14.00 | 4.00 |
| 1.固定资产折旧 | 元 | 21.53 | 6.67 | 10.37 | 9.47 | 37.00 | | |
| 2.小农具购置修理费 | 元 | 10.53 | 4.31 | 6.13 | 1.98 | 10.00 | 9.00 | 4.00 |
| 3.其它间接费用 | 元 | 3.39 | | 0.44 | | 26.00 | 5.00 | |
| 附记：1.每亩种籽用量 | 公斤 | 0.20 | 0.20 | 0.10 | 0.30 | 0.10 | 0.10 | |
| 2.每亩化肥用量 | 公斤 | 42.20 | 35.70 | 32.10 | 51.20 | 43.90 | 20.50 | 15.20 |
| 3.每亩农膜用量 | 公斤 | 9.20 | 14.00 | 9.90 | 4.30 | 22.70 | 3.50 | 5.00 |
| 4.每度电价 | 元 | 0.55 | 0.49 | 0.48 | 0.57 | 0.54 | 0.45 | 0.52 |
| 5.每亩柴油费 | 元 | 3.71 | | 0.34 | 4.14 | | 23.00 | |

# 2002年大中城市蔬菜物质费用(二)

品种：茄子

| 项 目 名 称 | 单位 | 长 春 | 哈尔滨 | 大 连 | 上 海 | 南 京 | 杭 州 |
|---|---|---|---|---|---|---|---|
| 每亩物质费用 | 元 | 382.13 | 302.81 | 385.75 | 652.45 | 1159.04 | 598.45 |
| 一、直接生产费用 | 元 | 344.66 | 275.66 | 377.16 | 612.45 | 1081.84 | 543.71 |
| 1.种籽秧苗费 | 元 | 41.22 | 21.10 | 14.45 | 38.00 | 25.60 | 35.36 |
| 2.农家肥费 | 元 | 75.39 | 30.31 | 179.73 | 81.00 | 214.20 | 31.68 |
| 3.化肥费 | 元 | 40.10 | 48.99 | 41.54 | 150.00 | 123.80 | 64.11 |
| 4.农膜费 | 元 | 54.96 | 57.65 | 37.09 | 97.50 | 420.64 | 217.53 |
| 5.农药费 | 元 | 10.72 | 20.05 | 36.36 | 120.00 | 100.00 | 54.76 |
| 6.畜力费 | 元 | 55.78 | 20.88 | | | | |
| 7.机械作业费 | 元 | | 23.53 | 18.18 | 35.60 | | |
| 8.排灌费 | 元 | 9.73 | 10.87 | 44.36 | 22.50 | 68.00 | 7.92 |
| 9.燃料动力费 | 元 | | | | | 7.60 | |
| 10.棚架材料费 | 元 | | 17.81 | 5.45 | 67.85 | | 132.35 |
| 11.其它直接费用 | 元 | 56.76 | 24.47 | | | 122.00 | |
| 二、间接生产费用 | 元 | 37.47 | 27.15 | 8.59 | 40.00 | 77.20 | 54.74 |
| 1.固定资产折旧 | 元 | 18.94 | 17.58 | 6.36 | 20.00 | 52.00 | 37.55 |
| 2.小农具购置修理费 | 元 | 13.74 | 8.27 | 2.23 | 20.00 | 18.00 | 6.92 |
| 3.其它间接费用 | 元 | 4.79 | 1.30 | | | 7.20 | 10.27 |
| 附记：1.每亩种籽用量 | 公斤 | 0.10 | 0.10 | 0.10 | 0.10 | 0.10 | 0.40 |
| 2.每亩化肥用量 | 公斤 | 11.60 | 15.40 | 14.80 | 53.10 | 40.70 | 20.40 |
| 3.每亩农膜用量 | 公斤 | 6.30 | 7.30 | 3.60 | 10.30 | 44.40 | 21.50 |
| 4.每度电价 | 元 | 0.60 | 0.57 | 0.55 | 0.28 | 0.60 | 0.68 |
| 5.每亩柴油费 | 元 | 7.31 | 5.32 | | 7.55 | 26.00 | |

# 2002年大中城市蔬菜物质费用(三)

品种：茄子

| 项 目 名 称 | 单位 | 合 肥 | 福 州 | 济 南 | 宁 波 | 厦 门 | 青 岛 |
|---|---|---|---|---|---|---|---|
| 每亩物质费用 | 元 | 564.45 | 579.60 | 643.41 | 467.90 | 776.00 | 704.00 |
| 一、直接生产费用 | 元 | 507.18 | 477.10 | 593.49 | 443.70 | 761.00 | 686.50 |
| 1.种籽秧苗费 | 元 | 46.73 | 1.33 | 44.43 | 51.50 | 48.00 | 47.50 |
| 2.农家肥费 | 元 | 96.36 | 83.33 | 92.06 | 32.00 | 80.00 | 150.00 |
| 3.化肥费 | 元 | 156.00 | 171.32 | 196.94 | 60.90 | 328.00 | 267.00 |
| 4.农膜费 | 元 | 60.00 | 24.52 | 92.62 | 112.00 | | 25.00 |
| 5.农药费 | 元 | 47.27 | 143.74 | 31.99 | 28.90 | 210.00 | 24.00 |
| 6.畜力费 | 元 | | 35.33 | | | 35.00 | |
| 7.机械作业费 | 元 | 60.09 | | 9.06 | | | 60.00 |
| 8.排灌费 | 元 | 40.73 | | 78.20 | 11.50 | 60.00 | 23.00 |
| 9.燃料动力费 | 元 | | | | | | |
| 10.棚架材料费 | 元 | | 17.53 | 47.78 | 146.90 | | 80.00 |
| 11.其它直接费用 | 元 | | | 0.41 | | | 10.00 |
| 二、间接生产费用 | 元 | 57.27 | 102.50 | 49.92 | 24.20 | 15.00 | 17.50 |
| 1.固定资产折旧 | 元 | 27.27 | 72.00 | 45.97 | | | |
| 2.小农具购置修理费 | 元 | 22.73 | 30.50 | 3.95 | | 15.00 | 7.50 |
| 3.其它间接费用 | 元 | 7.27 | | | 24.20 | | 10.00 |
| 附记：1.每亩种籽用量 | 公斤 | 0.10 | | | 0.50 | | 0.10 |
| 2.每亩化肥用量 | 公斤 | 51.70 | 69.00 | 62.90 | 17.80 | 104.80 | 99.00 |
| 3.每亩农膜用量 | 公斤 | 7.50 | 2.90 | 10.90 | 10.50 | | 10.00 |
| 4.每度电价 | 元 | 0.79 | 0.70 | 0.73 | 0.65 | 0.53 | 0.67 |
| 5.每亩柴油费 | 元 | 12.27 | | 0.62 | | | |

# 2002年大中城市蔬菜物质费用(四)

品种：茄子

| 项 目 名 称 | 单位 | 郑 州 | 武 汉 | 广 州 | 海 口 | 成 都 | 贵 阳 |
|---|---|---|---|---|---|---|---|
| 每亩物质费用 | 元 | 361.52 | 555.40 | 307.01 | 920.08 | 397.07 | 362.50 |
| 一、直接生产费用 | 元 | 352.47 | 502.90 | 276.68 | 908.03 | 361.28 | 341.50 |
| 1.种籽秧苗费 | 元 | 35.00 | 67.67 | 31.67 | 34.61 | 10.00 | 15.00 |
| 2.农家肥费 | 元 | 67.85 | 36.80 | 100.67 | 19.36 | 43.75 | 80.00 |
| 3.化肥费 | 元 | 75.40 | 215.29 | 55.67 | 490.97 | 53.34 | 111.50 |
| 4.农膜费 | 元 | 42.20 | 61.29 | 33.33 | | | 48.00 |
| 5.农药费 | 元 | 35.90 | 68.65 | 41.67 | 298.72 | 21.50 | 8.00 |
| 6.畜力费 | 元 | | 9.07 | | 20.00 | | 40.00 |
| 7.机械作业费 | 元 | 30.00 | 1.82 | | | 25.00 | |
| 8.排灌费 | 元 | 28.33 | 3.23 | 13.67 | 13.60 | 13.52 | 9.00 |
| 9.燃料动力费 | 元 | | | | | | |
| 10.棚架材料费 | 元 | 37.79 | 39.08 | | 17.95 | 194.17 | 30.00 |
| 11.其它直接费用 | 元 | | | | 12.82 | | |
| 二、间接生产费用 | 元 | 9.05 | 52.50 | 30.33 | 12.05 | 35.79 | 21.00 |
| 1.固定资产折旧 | 元 | 7.25 | 44.81 | 13.33 | 2.56 | 30.49 | 12.00 |
| 2.小农具购置修理费 | 元 | 1.80 | 7.69 | 17.00 | 9.49 | 5.30 | 9.00 |
| 3.其它间接费用 | 元 | | | | | | |
| 附记：1.每亩种籽用量 | 公斤 | | 0.10 | 0.60 | 0.10 | 0.10 | 0.30 |
| 2.每亩化肥用量 | 公斤 | 21.60 | 47.30 | 16.80 | 86.60 | 22.70 | 36.90 |
| 3.每亩农膜用量 | 公斤 | 4.90 | 9.30 | 6.00 | | | 6.00 |
| 4.每度电价 | 元 | 0.55 | 0.47 | 0.37 | 0.60 | 0.47 | 0.50 |
| 5.每亩柴油费 | 元 | | | | | 9.63 | |

# 2002年大中城市蔬菜物质费用(五)

品种：茄子

| 项　目　名　称 | 单位 | 昆　明 | 重　庆 | 西　安 | 兰　州 | 银　川 | 乌鲁木齐 |
|---|---|---|---|---|---|---|---|
| 每亩物质费用 | 元 | 541.86 | 613.73 | 582.18 | 950.32 | 500.19 | 764.09 |
| 一、直接生产费用 | 元 | 524.98 | 588.98 | 510.49 | 877.65 | 460.58 | 728.61 |
| 1.种籽秧苗费 | 元 | 67.12 | 41.60 | 112.52 | 47.79 | 123.08 | 44.60 |
| 2.农家肥费 | 元 | 73.10 | 144.97 | 108.96 | 229.97 | 52.69 | 136.00 |
| 3.化肥费 | 元 | 173.22 | 145.49 | 88.55 | 115.06 | 139.37 | 209.13 |
| 4.农膜费 | 元 | 32.52 | 31.35 | 21.10 | 267.75 | 42.01 | 26.25 |
| 5.农药费 | 元 | 153.69 | 155.57 | 30.90 | 51.45 | 21.05 | 120.00 |
| 6.畜力费 | 元 |  |  |  |  | 21.15 |  |
| 7.机械作业费 | 元 | 12.39 |  | 40.52 |  | 21.23 | 26.00 |
| 8.排灌费 | 元 | 12.94 |  | 51.42 | 15.25 | 40.00 | 83.85 |
| 9.燃料动力费 | 元 |  |  |  | 60.29 |  |  |
| 10.棚架材料费 | 元 |  | 67.45 | 46.13 | 73.64 |  | 30.01 |
| 11.其它直接费用 | 元 |  | 2.55 | 10.39 | 16.45 |  | 52.77 |
| 二、间接生产费用 | 元 | 16.88 | 24.75 | 71.69 | 72.67 | 39.61 | 35.48 |
| 1.固定资产折旧 | 元 |  | 8.68 | 44.48 | 56.41 | 34.61 | 30.15 |
| 2.小农具购置修理费 | 元 | 16.88 | 16.07 | 27.21 | 16.26 | 5.00 |  |
| 3.其它间接费用 | 元 |  |  |  |  |  | 5.33 |
| 附记：1.每亩种籽用量 | 公斤 | 0.10 |  |  |  |  | 0.10 |
| 2.每亩化肥用量 | 公斤 | 41.50 | 44.00 | 32.30 | 37.90 | 58.20 | 62.00 |
| 3.每亩农膜用量 | 公斤 | 4.50 | 3.70 | 2.30 | 33.80 | 4.80 | 3.50 |
| 4.每度电价 | 元 | 0.58 | 0.59 | 0.44 | 0.44 | 0.45 | 0.61 |
| 5.每亩柴油费 | 元 |  |  | 15.00 |  |  |  |

# 2002年大中城市蔬菜期间费用(一)

品种：茄子

| 项目名称 | 单位 | 平均 | 北京 | 天津 | 石家庄 | 太原 | 呼和浩特 | 沈阳 |
|---|---|---|---|---|---|---|---|---|
| 一、每亩期间费用 | 元 | 114.43 | 103.57 | 93.41 | 57.82 | 76.00 | 150.00 | 87.50 |
| 1.土地承包费 | 元 | 20.97 | 53.48 | 16.88 | | 26.00 | | |
| 2.管理费 | 元 | 1.93 | | | | 32.00 | | |
| 3.销售费 | 元 | 91.53 | 50.09 | 76.53 | 57.82 | 18.00 | 150.00 | 87.50 |
| 4.财务费 | 元 | | | | | | | |
| 二、每亩用工量 | 日 | 45.60 | 29.70 | 41.20 | 46.90 | 30.10 | 22.00 | 23.70 |
| 1.直接用工 | 日 | 40.10 | 27.20 | 37.00 | 43.10 | 24.40 | 20.00 | 22.30 |
| 2.间接用工 | 日 | 5.50 | 2.50 | 4.20 | 3.80 | 5.70 | 2.00 | 1.40 |
| 三、每亩成本外支出 | 元 | 9.19 | 19.47 | 32.44 | | 8.57 | 19.98 | 31.48 |
| 1.村提留费 | 元 | | | | | | | |
| 2.乡统筹费 | 元 | | | | | | | |
| 3.两工支出 | 元 | 3.37 | 5.10 | 24.80 | | | | 11.51 |
| 4.其它成本外支出 | 元 | 5.82 | 14.37 | 7.64 | | 8.57 | 19.98 | 19.97 |
| 附记：1.人均耕地面积 | 元 | 1.40 | 6.40 | 1.10 | 1.10 | 0.30 | 1.10 | 2.20 |
| 2.人均成本外支出 | 元 | 22.40 | 116.40 | 49.00 | | | 21.90 | 111.80 |
| 3.人均两工数量 | 日 | 1.40 | 1.20 | 6.10 | | | | 7.00 |
| 4.雇工天数 | 日 | 0.30 | 4.00 | | | | | |
| 5.雇工工价 | 元 | 20.60 | 13.60 | 20.20 | | | 15.00 | 20.00 |

# 2002年大中城市蔬菜期间费用(二)

**品种：茄子**

| 项目名称 | 单位 | 长春 | 哈尔滨 | 大连 | 上海 | 南京 | 杭州 |
|---|---|---|---|---|---|---|---|
| 一、每亩期间费用 | 元 | 22.00 | 104.43 | 61.82 | 100.00 | 20.80 | 93.43 |
| 1.土地承包费 | 元 |  | 47.52 | 50.91 |  |  | 24.13 |
| 2.管理费 | 元 |  | 0.99 |  | 15.00 |  |  |
| 3.销售费 | 元 | 22.00 | 55.92 | 10.91 | 85.00 | 20.80 | 69.30 |
| 4.财务费 | 元 |  |  |  |  |  |  |
| 二、每亩用工量 | 日 | 46.30 | 33.30 | 23.90 | 46.00 | 47.40 | 49.50 |
| 1.直接用工 | 日 | 41.60 | 32.20 | 22.50 | 38.00 | 37.40 | 46.00 |
| 2.间接用工 | 日 | 4.70 | 1.10 | 1.40 | 8.00 | 10.00 | 3.50 |
| 三、每亩成本外支出 | 元 |  | 8.46 | 39.00 |  | 23.60 |  |
| 1.村提留费 | 元 |  |  |  |  |  |  |
| 2.乡统筹费 | 元 |  |  |  |  |  |  |
| 3.两工支出 | 元 |  | 8.46 | 15.27 |  | 18.00 |  |
| 4.其它成本外支出 | 元 |  |  | 23.73 |  | 5.60 |  |
| 附记：1.人均耕地面积 | 元 | 2.90 | 3.10 | 2.20 | 0.80 | 1.50 | 0.50 |
| 2.人均成本外支出 | 元 |  | 47.10 | 87.30 |  | 44.00 |  |
| 3.人均两工数量 | 日 |  | 2.40 | 3.30 |  | 10.00 |  |
| 4.雇工天数 | 日 |  | 1.60 |  |  |  |  |
| 5.雇工工价 | 元 |  | 21.50 | 20.00 |  | 20.00 | 25.00 |

# 2002年大中城市蔬菜期间费用(三)

品种：茄子

| 项 目 名 称 | 单位 | 合 肥 | 福 州 | 济 南 | 宁 波 | 厦 门 | 青 岛 |
|---|---|---|---|---|---|---|---|
| 一、每亩期间费用 | 元 | 55.91 | 505.95 | 44.55 | 58.80 | 320.37 | 87.50 |
| 1.土地承包费 | 元 | 17.27 | 49.80 |  | 25.00 | 140.37 |  |
| 2.管理费 | 元 |  |  |  | 10.00 |  |  |
| 3.销售费 | 元 | 38.64 | 456.15 | 44.55 | 23.80 | 180.00 | 87.50 |
| 4.财务费 | 元 |  |  |  |  |  |  |
| 二、每亩用工量 | 日 | 61.50 | 47.30 | 53.00 | 62.00 | 32.00 | 63.00 |
| 1.直接用工 | 日 | 58.20 | 46.80 | 50.40 | 50.00 | 32.00 | 42.00 |
| 2.间接用工 | 日 | 3.30 | 0.50 | 2.60 | 12.00 |  | 21.00 |
| 三、每亩成本外支出 | 元 |  |  | 10.27 |  | 17.89 |  |
| 1.村提留费 | 元 |  |  |  |  |  |  |
| 2.乡统筹费 | 元 |  |  |  |  |  |  |
| 3.两工支出 | 元 |  |  | 3.98 |  |  |  |
| 4.其它成本外支出 | 元 |  |  | 6.29 |  | 17.89 |  |
| 附记：1.人均耕地面积 | 元 | 0.80 | 0.50 | 1.00 | 0.50 | 0.70 | 0.40 |
| 2.人均成本外支出 | 元 |  | 17.80 | 16.90 | 32.00 | 40.60 |  |
| 3.人均两工数量 | 日 |  |  | 1.20 |  |  |  |
| 4.雇工天数 | 日 |  |  | 0.30 |  |  |  |
| 5.雇工工价 | 元 | 15.00 | 30.00 | 15.70 | 25.00 |  | 25.00 |

# 2002年大中城市蔬菜期间费用(四)

品种：茄子

| 项目名称 | 单位 | 郑州 | 武汉 | 广州 | 海口 | 成都 | 贵阳 |
|---|---|---|---|---|---|---|---|
| 一、每亩期间费用 | 元 | 25.20 | 152.43 | 35.33 | 232.72 | 66.67 | 27.00 |
| 1.土地承包费 | 元 | | | | 153.85 | | 12.00 |
| 2.管理费 | 元 | | | | | | |
| 3.销售费 | 元 | 25.20 | 152.43 | 35.33 | 78.87 | 66.67 | 15.00 |
| 4.财务费 | 元 | | | | | | |
| 二、每亩用工量 | 日 | 33.40 | 24.90 | 62.00 | 99.50 | 22.20 | 30.00 |
| 1.直接用工 | 日 | 32.30 | 24.50 | 55.00 | 64.00 | 19.50 | 27.00 |
| 2.间接用工 | 日 | 1.10 | 0.40 | 7.00 | 35.50 | 2.70 | 3.00 |
| 三、每亩成本外支出 | 元 | | 16.70 | | 8.34 | | |
| 1.村提留费 | 元 | | | | | | |
| 2.乡统筹费 | 元 | | | | | | |
| 3.两工支出 | 元 | | | | | | |
| 4.其它成本外支出 | 元 | | 16.70 | | 8.34 | | |
| 附记：1.人均耕地面积 | 元 | 0.30 | 1.60 | 0.50 | 0.90 | 0.80 | 1.20 |
| 2.人均成本外支出 | 元 | | 26.70 | | 1.70 | | |
| 3.人均两工数量 | 日 | | 2.50 | | | | |
| 4.雇工天数 | 日 | | 1.00 | | | | 2.00 |
| 5.雇工工价 | 元 | | 20.00 | 30.00 | 20.00 | 28.00 | 20.00 |

# 2002年大中城市蔬菜期间费用(五)

品种：茄子

| 项 目 名 称 | 单位 | 昆 明 | 重 庆 | 西 安 | 兰 州 | 银 川 | 乌鲁木齐 |
|---|---|---|---|---|---|---|---|
| 一、每亩期间费用 | 元 | 77.00 | 144.58 | 54.00 | 383.83 | 82.31 | 108.09 |
| 1.土地承包费 | 元 | 11.87 | | | | | |
| 2.管理费 | 元 | | | | | | |
| 3.销售费 | 元 | 65.13 | 144.58 | 54.00 | 383.83 | 82.31 | 108.09 |
| 4.财务费 | 元 | | | | | | |
| 二、每亩用工量 | 日 | 57.20 | 45.60 | 52.70 | 112.90 | 25.10 | 44.70 |
| 1.直接用工 | 日 | 51.00 | 40.20 | 49.40 | 111.30 | 16.60 | 41.80 |
| 2.间接用工 | 日 | 6.20 | 5.40 | 3.30 | 1.60 | 8.50 | 2.90 |
| 三、每亩成本外支出 | 元 | 14.10 | | | | 9.77 | 15.80 |
| 1.村提留费 | 元 | | | | | | |
| 2.乡统筹费 | 元 | | | | | | |
| 3.两工支出 | 元 | 2.94 | | | | 9.77 | 1.32 |
| 4.其它成本外支出 | 元 | 11.16 | | | | | 14.48 |
| 附记：1.人均耕地面积 | 元 | 1.10 | 0.90 | 0.60 | 0.60 | 2.30 | 5.30 |
| 2.人均成本外支出 | 元 | 20.10 | | | | 1.80 | 37.00 |
| 3.人均两工数量 | 日 | 4.30 | | | | 0.50 | 3.60 |
| 4.雇工天数 | 日 | | | | | | 1.50 |
| 5.雇工工价 | 元 | 15.90 | 22.80 | 10.00 | 15.00 | | 25.00 |

# 2002年大中城市蔬菜成本收益(一)

品种：元白菜　　　　按统一工价汇总

| 项目名称 | | 单位 | 平均 | 天津 | 呼和浩特 | 沈阳 | 长春 | 哈尔滨 | 大连 |
|---|---|---|---|---|---|---|---|---|---|
| 调查县数 | | 个 | 47.00 | 7.00 | 3.00 | 2.00 | 4.00 | 1.00 | 2.00 |
| 调查户数 | | 户 | 169.00 | 17.00 | 10.00 | 4.00 | 7.00 | 2.00 | 5.00 |
| 调查面积 | | 亩 | 182.26 | 14.70 | 10.00 | 8.00 | 20.10 | 3.50 | 8.40 |
| 每亩 | 主产品产量 | 公斤 | 3114.10 | 3030.00 | 7522.00 | 3141.00 | 3646.20 | 1623.00 | 3042.90 |
| | 产值合计 | 元 | 1595.96 | 2035.35 | 3008.80 | 1451.99 | 1100.95 | 1279.00 | 1642.86 |
| | 主产品产值 | 元 | 1590.61 | 2035.35 | 3008.80 | 1451.99 | 1100.95 | 1279.00 | 1642.86 |
| | 副产品产值 | 元 | 5.35 | | | | | | |
| | 其它收入 | 元 | 0.97 | | | | | | |
| | 生产成本 | 元 | 705.72 | 1040.05 | 618.50 | 771.69 | 603.19 | 525.06 | 473.34 |
| | 物质费用 | 元 | 384.52 | 492.25 | 475.50 | 542.89 | 264.39 | 279.76 | 342.44 |
| | 用工作价 | 元 | 321.20 | 547.80 | 143.00 | 228.80 | 338.80 | 245.30 | 130.90 |
| | 用工数量 | 日 | 29.20 | 49.80 | 13.00 | 20.80 | 30.80 | 22.30 | 11.90 |
| | 劳动日工价 | 元 | 11.00 | 11.00 | 11.00 | 11.00 | 11.00 | 11.00 | 11.00 |
| | 期间费用 | 元 | 90.67 | 34.56 | 131.00 | 92.00 | 45.55 | 58.01 | 81.19 |
| | 税金 | 元 | 32.00 | 34.60 | 36.82 | 79.84 | 54.53 | 27.50 | 64.33 |
| | 含税成本 | 元 | 828.39 | 1109.21 | 786.32 | 943.53 | 703.27 | 610.57 | 618.86 |
| | 净产值 | 元 | 1211.44 | 1543.10 | 2533.30 | 909.10 | 836.56 | 999.24 | 1300.42 |
| | 减税纯收益 | 元 | 768.54 | 926.14 | 2222.48 | 508.46 | 397.68 | 668.43 | 1024.00 |
| | 成本纯收益率 | % | 92.78 | 83.50 | 282.64 | 53.89 | 56.55 | 109.48 | 165.47 |
| 每50公斤主产品 | 平均出售价格 | 元 | 25.54 | 33.59 | 20.00 | 23.11 | 15.10 | 39.40 | 26.99 |
| | 物质费用 | 元 | 6.15 | 8.12 | 3.16 | 8.64 | 3.63 | 8.62 | 5.63 |
| | 生产成本 | 元 | 11.29 | 17.16 | 4.11 | 12.28 | 8.27 | 16.17 | 7.78 |
| | 含税成本 | 元 | 13.26 | 18.31 | 5.23 | 15.02 | 9.65 | 18.81 | 10.17 |
| | 净产值 | 元 | 19.39 | 25.47 | 16.84 | 14.47 | 11.47 | 30.78 | 21.36 |
| | 减税纯收益 | 元 | 12.30 | 15.28 | 14.77 | 8.09 | 5.45 | 20.59 | 16.82 |
| 每一劳动日 | 主产品产量 | 公斤 | 106.60 | 60.80 | 578.60 | 151.00 | 118.40 | 72.80 | 255.70 |
| | 净产值 | 元 | 41.49 | 30.99 | 194.87 | 43.71 | 27.16 | 44.81 | 109.28 |
| 每亩主产品出售数量 | | 公斤 | 3074.30 | 2764.70 | 7522.00 | 3140.50 | 3634.30 | 1623.00 | 3042.90 |
| 每亩主产品出售产值 | | 元 | 1578.04 | 2035.35 | 3008.80 | 1451.80 | 1097.71 | 1279.00 | 1642.80 |
| 每亩成本外支出 | | 元 | 9.15 | 33.96 | 15.78 | 31.48 | | 7.08 | 40.43 |

# 2002 年大中城市蔬菜成本收益(二)

品种: 元白菜　　　　按统一工价汇总

| 项目名称 | | 单位 | 上海 | 南京 | 杭州 | 福州 | 南昌 | 济南 |
|---|---|---|---|---|---|---|---|---|
| 调查县数 | | 个 | 1.00 | 1.00 | 1.00 | 1.00 | 1.00 | 3.00 |
| 调查户数 | | 户 | 15.00 | 3.00 | 3.00 | 2.00 | 3.00 | 9.00 |
| 调查面积 | | 亩 | 7.00 | 2.70 | 4.30 | 2.10 | 1.10 | 4.70 |
| 每亩 | 主产品产量 | 公斤 | 2105.00 | 2514.40 | 2190.00 | 2250.00 | 2263.60 | 3500.30 |
| | 产值合计 | 元 | 1052.50 | 1395.60 | 1521.80 | 1059.00 | 1416.10 | 2575.18 |
| | 主产品产值 | 元 | 1052.50 | 1395.60 | 1521.80 | 1059.00 | 1416.10 | 2575.18 |
| | 副产品产值 | 元 | | | | | | |
| | 其它收入 | 元 | | | | 23.33 | | |
| | 生产成本 | 元 | 723.80 | 734.96 | 384.40 | 609.15 | 405.43 | 911.90 |
| | 物质费用 | 元 | 448.80 | 314.76 | 120.40 | 413.35 | 132.63 | 614.90 |
| | 用工作价 | 元 | 275.00 | 420.20 | 264.00 | 195.80 | 272.80 | 297.00 |
| | 用工数量 | 日 | 25.00 | 38.20 | 24.00 | 17.80 | 24.80 | 27.00 |
| | 劳动日工价 | 元 | 11.00 | 11.00 | 11.00 | 11.00 | 11.00 | 11.00 |
| | 期间费用 | 元 | 107.00 | 31.11 | 56.90 | 194.60 | 35.00 | 59.88 |
| | 税金 | 元 | 10.50 | 21.50 | 28.00 | 23.33 | 9.74 | 25.85 |
| | 含税成本 | 元 | 841.30 | 787.57 | 469.30 | 827.08 | 450.17 | 997.63 |
| | 净产值 | 元 | 603.70 | 1080.84 | 1401.40 | 645.65 | 1283.47 | 1960.28 |
| | 减税纯收益 | 元 | 211.20 | 608.03 | 1052.50 | 255.25 | 965.93 | 1577.55 |
| | 成本纯收益率 | % | 25.10 | 77.20 | 224.27 | 30.86 | 214.57 | 158.13 |
| 每50公斤主产品 | 平均出售价格 | 元 | 25.00 | 27.75 | 34.74 | 23.53 | 31.28 | 36.79 |
| | 物质费用 | 元 | 10.66 | 6.26 | 2.75 | 9.18 | 2.93 | 8.78 |
| | 生产成本 | 元 | 17.19 | 14.61 | 8.78 | 13.53 | 8.96 | 13.03 |
| | 含税成本 | 元 | 19.98 | 15.66 | 10.71 | 18.38 | 9.94 | 14.25 |
| | 净产值 | 元 | 14.34 | 21.49 | 31.99 | 14.35 | 28.35 | 28.01 |
| | 减税纯收益 | 元 | 5.02 | 12.09 | 24.03 | 5.67 | 21.34 | 22.54 |
| 每一劳动日 | 主产品产量 | 公斤 | 84.20 | 65.80 | 91.30 | 126.40 | 91.30 | 129.60 |
| | 净产值 | 元 | 24.15 | 28.29 | 58.39 | 36.27 | 51.75 | 72.60 |
| 每亩主产品出售数量 | | 公斤 | 2105.00 | 2514.40 | 2190.00 | 2250.00 | 2230.60 | 3392.20 |
| 每亩主产品出售产值 | | 元 | 1052.50 | 1395.60 | 1521.80 | 1059.00 | 1395.30 | 2477.33 |
| 每亩成本外支出 | | 元 | | 24.67 | | | | 8.51 |

# 2002 年大中城市蔬菜成本收益(三)

品种：元白菜　　　　按统一工价汇总

| 项目名称 | | 单位 | 宁波 | 厦门 | 青岛 | 武汉 | 成都 | 贵阳 |
|---|---|---|---|---|---|---|---|---|
| 调查县数 | | 个 | 1.00 | 1.00 | 1.00 | 2.00 | 1.00 | 1.00 |
| 调查户数 | | 户 | 3.00 | 3.00 | 12.00 | 3.00 | 4.00 | 9.00 |
| 调查面积 | | 亩 | 4.50 | 6.50 | 12.00 | 1.80 | 3.60 | 15.00 |
| 每亩 | 主产品产量 | 公斤 | 3080.00 | 2280.00 | 3800.00 | 4125.40 | 2939.30 | 2810.00 |
| | 产值合计 | 元 | 1724.80 | 2736.00 | 2565.00 | 1329.50 | 1088.70 | 1230.20 |
| | 主产品产值 | 元 | 1724.80 | 2736.00 | 2565.00 | 1329.50 | 1088.70 | 1180.20 |
| | 副产品产值 | 元 | | | | | | 50.00 |
| | 其它收入 | 元 | | | | | | |
| | 生产成本 | 元 | 363.30 | 976.00 | 1048.50 | 581.60 | 250.88 | 586.00 |
| | 物质费用 | 元 | 187.30 | 690.00 | 410.50 | 352.80 | 127.68 | 311.00 |
| | 用工作价 | 元 | 176.00 | 286.00 | 638.00 | 228.80 | 123.20 | 275.00 |
| | 用工数量 | 日 | 16.00 | 26.00 | 58.00 | 20.80 | 11.20 | 25.00 |
| | 劳动日工价 | 元 | 11.00 | 11.00 | 11.00 | 11.00 | 11.00 | 11.00 |
| | 期间费用 | 元 | 63.60 | 322.30 | 82.50 | 214.95 | | 27.00 |
| | 税金 | 元 | 51.10 | 33.39 | 40.00 | 25.66 | 31.50 | 12.00 |
| | 含税成本 | 元 | 478.00 | 1331.69 | 1171.00 | 822.21 | 282.38 | 625.00 |
| | 净产值 | 元 | 1537.50 | 2046.00 | 2154.50 | 976.70 | 961.02 | 919.20 |
| | 减税纯收益 | 元 | 1246.80 | 1404.31 | 1394.00 | 507.29 | 806.32 | 605.20 |
| | 成本纯收益率 | % | 260.84 | 105.45 | 119.04 | 61.70 | 285.54 | 96.83 |
| 每50公斤主产品 | 平均出售价格 | 元 | 28.00 | 60.00 | 33.75 | 16.11 | 18.52 | 21.00 |
| | 物质费用 | 元 | 3.04 | 15.13 | 5.40 | 4.28 | 2.17 | 5.31 |
| | 生产成本 | 元 | 5.90 | 21.40 | 13.80 | 7.05 | 4.27 | 10.00 |
| | 含税成本 | 元 | 7.76 | 29.20 | 15.41 | 9.96 | 4.80 | 10.67 |
| | 净产值 | 元 | 24.96 | 44.87 | 28.35 | 11.83 | 16.35 | 15.69 |
| | 减税纯收益 | 元 | 20.24 | 30.80 | 18.34 | 6.15 | 13.72 | 10.33 |
| 每一劳动日 | 主产品产量 | 公斤 | 192.50 | 87.70 | 65.50 | 198.30 | 262.40 | 112.40 |
| | 净产值 | 元 | 96.09 | 78.69 | 37.15 | 46.96 | 85.81 | 36.77 |
| 每亩主产品出售数量 | | 公斤 | 3080.00 | 2280.00 | 3750.00 | 4125.40 | 2896.50 | 2750.00 |
| 每亩主产品出售产值 | | 元 | 1724.80 | 2736.00 | 2531.30 | 1329.50 | 1073.20 | 1155.00 |
| 每亩成本外支出 | | 元 | | 14.31 | | | | |

# 2002 年大中城市蔬菜成本收益(四)

品种：元白菜　　　　按统一工价汇总

| 项目名称 | | 单位 | 昆明 | 重庆 | 西安 | 兰州 | 银川 | 乌鲁木齐 |
|---|---|---|---|---|---|---|---|---|
| 调查县数 | | 个 | 2.00 | 2.00 | 3.00 | 4.00 | 1.00 | 1.00 |
| 调查户数 | | 户 | 14.00 | 7.00 | 17.00 | 10.00 | 4.00 | 3.00 |
| 调查面积 | | 亩 | 7.38 | 2.30 | 6.00 | 4.58 | 4.00 | 28.00 |
| 每亩 | 主产品产量 | 公斤 | 3259.80 | 2753.20 | 2477.40 | 3874.00 | 3546.00 | 2964.30 |
| | 产值合计 | 元 | 2178.59 | 1607.20 | 1079.48 | 1444.20 | 1416.75 | 363.58 |
| | 主产品产值 | 元 | 2174.63 | 1532.68 | 1079.48 | 1444.20 | 1416.75 | 363.58 |
| | 副产品产值 | 元 | 3.96 | 74.52 | | | | |
| | 其它收入 | 元 | | | | | | |
| | 生产成本 | 元 | 972.61 | 845.10 | 920.24 | 1069.57 | 767.17 | 748.44 |
| | 物质费用 | 元 | 361.01 | 311.60 | 363.64 | 549.27 | 546.07 | 575.74 |
| | 用工作价 | 元 | 611.60 | 533.50 | 556.60 | 520.30 | 221.10 | 172.70 |
| | 用工数量 | 日 | 55.60 | 48.50 | 50.60 | 47.30 | 20.10 | 15.70 |
| | 劳动日工价 | 元 | 11.00 | 11.00 | 11.00 | 11.00 | 11.00 | 11.00 |
| | 期间费用 | 元 | 32.27 | 204.86 | 42.53 | 196.51 | 32.50 | 30.20 |
| | 税金 | 元 | 20.41 | 18.81 | 28.53 | 21.11 | 35.30 | 33.69 |
| | 含税成本 | 元 | 1025.29 | 1068.77 | 991.30 | 1287.19 | 834.97 | 812.33 |
| | 净产值 | 元 | 1817.58 | 1295.60 | 715.84 | 894.93 | 870.68 | -212.16 |
| | 减税纯收益 | 元 | 1153.30 | 538.43 | 88.18 | 157.01 | 581.78 | -448.75 |
| | 成本纯收益率 | % | 112.49 | 50.38 | 8.90 | 12.20 | 69.68 | -55.24 |
| 每50公斤主产品 | 平均出售价格 | 元 | 33.36 | 27.83 | 21.79 | 18.64 | 19.98 | 6.13 |
| | 物质费用 | 元 | 5.53 | 5.40 | 7.34 | 7.09 | 7.70 | 9.71 |
| | 生产成本 | 元 | 14.89 | 14.63 | 18.58 | 13.80 | 10.82 | 12.62 |
| | 含税成本 | 元 | 15.70 | 18.51 | 20.01 | 16.61 | 11.78 | 13.70 |
| | 净产值 | 元 | 27.83 | 22.43 | 14.45 | 11.55 | 12.28 | -3.58 |
| | 减税纯收益 | 元 | 17.66 | 9.32 | 1.78 | 2.03 | 8.20 | -7.57 |
| 每一劳动日 | 主产品产量 | 公斤 | 58.60 | 56.80 | 49.00 | 81.90 | 176.40 | 188.80 |
| | 净产值 | 元 | 32.69 | 26.71 | 14.15 | 18.92 | 43.32 | -13.51 |
| 每亩主产品出售数量 | | 公斤 | 3259.80 | 2688.50 | 2413.90 | 3722.60 | 3546.00 | 2860.00 |
| 每亩主产品出售产值 | | 元 | 2174.63 | 1496.56 | 1050.10 | 1409.41 | 1416.80 | 358.60 |
| 每亩成本外支出 | | 元 | 12.08 | | | | 10.47 | 20.76 |

# 2002年大中城市蔬菜成本收益(一)

品种：元白菜　　　　按地区工价汇总

| 项目名称 | | 单位 | 平均 | 天津 | 呼和浩特 | 沈阳 | 长春 | 哈尔滨 | 大连 |
|---|---|---|---|---|---|---|---|---|---|
| 调查县数 | | 个 | 47.00 | 7.00 | 3.00 | 2.00 | 4.00 | 1.00 | 2.00 |
| 调查户数 | | 户 | 169.00 | 17.00 | 10.00 | 4.00 | 7.00 | 2.00 | 5.00 |
| 调查面积 | | 亩 | 182.26 | 14.70 | 10.00 | 8.00 | 20.10 | 3.50 | 8.40 |
| 每亩 | 主产品产量 | 公斤 | 3114.10 | 3030.00 | 7522.00 | 3141.00 | 3646.20 | 1623.00 | 3042.90 |
| | 产值合计 | 元 | 1595.96 | 2035.35 | 3008.80 | 1451.99 | 1100.95 | 1279.00 | 1642.86 |
| | 主产品产值 | 元 | 1590.61 | 2035.35 | 3008.80 | 1451.99 | 1100.95 | 1279.00 | 1642.86 |
| | 副产品产值 | 元 | 5.35 | | | | | | |
| | 其它收入 | 元 | 0.97 | | | | | | |
| | 生产成本 | 元 | 825.44 | 1134.67 | 596.40 | 767.53 | 612.43 | 580.81 | 520.94 |
| | 物质费用 | 元 | 384.52 | 492.25 | 475.50 | 542.89 | 264.39 | 279.76 | 342.44 |
| | 用工作价 | 元 | 440.92 | 642.42 | 120.90 | 224.64 | 348.04 | 301.05 | 178.50 |
| | 用工数量 | 日 | 29.20 | 49.80 | 13.00 | 20.80 | 30.80 | 22.30 | 11.90 |
| | 劳动日工价 | 元 | 15.10 | 12.90 | 9.30 | 10.80 | 11.30 | 13.50 | 15.00 |
| | 期间费用 | 元 | 90.67 | 34.56 | 131.00 | 92.00 | 45.55 | 58.01 | 81.19 |
| | 税金 | 元 | 32.00 | 34.60 | 36.82 | 79.84 | 54.53 | 27.50 | 64.33 |
| | 含税成本 | 元 | 948.11 | 1203.83 | 764.22 | 939.37 | 712.51 | 666.32 | 666.46 |
| | 净产值 | 元 | 1211.44 | 1543.10 | 2533.30 | 909.10 | 836.56 | 999.24 | 1300.42 |
| | 减税纯收益 | 元 | 648.82 | 831.52 | 2244.58 | 512.62 | 388.44 | 612.68 | 976.40 |
| | 成本纯收益率 | % | 68.43 | 69.07 | 293.71 | 54.57 | 54.52 | 91.95 | 146.51 |
| 每50公斤主产品 | 平均出售价格 | 元 | 25.54 | 33.59 | 20.00 | 23.11 | 15.10 | 39.40 | 26.99 |
| | 物质费用 | 元 | 6.15 | 8.12 | 3.16 | 8.64 | 3.63 | 8.62 | 5.63 |
| | 生产成本 | 元 | 13.21 | 18.73 | 3.96 | 12.22 | 8.40 | 17.89 | 8.56 |
| | 含税成本 | 元 | 15.17 | 19.87 | 5.08 | 14.95 | 9.77 | 20.53 | 10.95 |
| | 净产值 | 元 | 19.39 | 25.47 | 16.84 | 14.47 | 11.47 | 30.78 | 21.36 |
| | 减税纯收益 | 元 | 10.39 | 13.72 | 14.92 | 8.16 | 5.33 | 18.87 | 16.04 |
| 每一劳动日 | 主产品产量 | 公斤 | 106.60 | 60.80 | 578.60 | 151.00 | 118.40 | 72.80 | 255.70 |
| | 净产值 | 元 | 41.49 | 30.99 | 194.87 | 43.71 | 27.16 | 44.81 | 109.28 |
| 每亩主产品出售数量 | | 公斤 | 3074.30 | 2764.70 | 7522.00 | 3140.50 | 3634.30 | 1623.00 | 3042.90 |
| 每亩主产品出售产值 | | 元 | 1578.04 | 2035.35 | 3008.80 | 1451.80 | 1097.71 | 1279.00 | 1642.80 |
| 每亩成本外支出 | | 元 | 9.15 | 33.96 | 15.78 | 31.48 | | 7.08 | 40.43 |

# 2002年大中城市蔬菜成本收益(二)

品种：元白菜　　　　按地区工价汇总

| 项目名称 | | 单位 | 上海 | 南京 | 杭州 | 福州 | 南昌 | 济南 |
|---|---|---|---|---|---|---|---|---|
| 调查县数 | | 个 | 1.00 | 1.00 | 1.00 | 1.00 | 1.00 | 3.00 |
| 调查户数 | | 户 | 15.00 | 3.00 | 3.00 | 2.00 | 3.00 | 9.00 |
| 调查面积 | | 亩 | 7.00 | 2.70 | 4.30 | 2.10 | 1.10 | 4.70 |
| 每亩 | 主产品产量 | 公斤 | 2105.00 | 2514.40 | 2190.00 | 2250.00 | 2263.60 | 3500.30 |
| | 产值合计 | 元 | 1052.50 | 1395.60 | 1521.80 | 1059.00 | 1416.10 | 2575.18 |
| | 主产品产值 | 元 | 1052.50 | 1395.60 | 1521.80 | 1059.00 | 1416.10 | 2575.18 |
| | 副产品产值 | 元 | | | | | | |
| | 其它收入 | 元 | | | | 23.33 | | |
| | 生产成本 | 元 | 1048.80 | 910.68 | 564.40 | 831.65 | 405.43 | 955.10 |
| | 物质费用 | 元 | 448.80 | 314.76 | 120.40 | 413.35 | 132.63 | 614.90 |
| | 用工作价 | 元 | 600.00 | 595.92 | 444.00 | 418.30 | 272.80 | 340.20 |
| | 用工数量 | 日 | 25.00 | 38.20 | 24.00 | 17.80 | 24.80 | 27.00 |
| | 劳动日工价 | 元 | 24.00 | 15.60 | 18.50 | 23.50 | 11.00 | 12.60 |
| | 期间费用 | 元 | 107.00 | 31.11 | 56.90 | 194.60 | 35.00 | 59.88 |
| | 税金 | 元 | 10.50 | 21.50 | 28.00 | 23.33 | 9.74 | 25.85 |
| | 含税成本 | 元 | 1166.30 | 963.29 | 649.30 | 1049.58 | 450.17 | 1040.83 |
| | 净产值 | 元 | 603.70 | 1080.84 | 1401.40 | 645.65 | 1283.47 | 1960.28 |
| | 减税纯收益 | 元 | -113.80 | 432.31 | 872.50 | 32.75 | 965.93 | 1534.35 |
| | 成本纯收益率 | % | -9.76 | 44.88 | 134.38 | 3.12 | 214.57 | 147.42 |
| 每50公斤主产品 | 平均出售价格 | 元 | 25.00 | 27.75 | 34.74 | 23.53 | 31.28 | 36.79 |
| | 物质费用 | 元 | 10.66 | 6.26 | 2.75 | 9.18 | 2.93 | 8.78 |
| | 生产成本 | 元 | 24.91 | 18.11 | 12.88 | 18.48 | 8.96 | 13.64 |
| | 含税成本 | 元 | 27.70 | 19.15 | 14.82 | 23.32 | 9.94 | 14.87 |
| | 净产值 | 元 | 14.34 | 21.49 | 31.99 | 14.35 | 28.35 | 28.01 |
| | 减税纯收益 | 元 | -2.70 | 8.60 | 19.92 | 0.73 | 21.34 | 21.92 |
| 每一劳动日 | 主产品产量 | 公斤 | 84.20 | 65.80 | 91.30 | 126.40 | 91.30 | 129.60 |
| | 净产值 | 元 | 24.15 | 28.29 | 58.39 | 36.27 | 51.75 | 72.60 |
| 每亩主产品出售数量 | | 公斤 | 2105.00 | 2514.40 | 2190.00 | 2250.00 | 2230.60 | 3392.20 |
| 每亩主产品出售产值 | | 元 | 1052.50 | 1395.60 | 1521.80 | 1059.00 | 1395.30 | 2477.33 |
| 每亩成本外支出 | | 元 | | 24.67 | | | | 8.51 |

# 2002年大中城市蔬菜成本收益(三)

品种：元白菜　　　　按地区工价汇总

| 项目名称 | | 单位 | 宁波 | 厦门 | 青岛 | 武汉 | 成都 | 贵阳 |
|---|---|---|---|---|---|---|---|---|
| 调查县数 | | 个 | 1.00 | 1.00 | 1.00 | 2.00 | 1.00 | 1.00 |
| 调查户数 | | 户 | 3.00 | 3.00 | 12.00 | 3.00 | 4.00 | 9.00 |
| 调查面积 | | 亩 | 4.50 | 6.50 | 12.00 | 1.80 | 3.60 | 15.00 |
| 每亩 | 主产品产量 | 公斤 | 3080.00 | 2280.00 | 3800.00 | 4125.40 | 2939.30 | 2810.00 |
| | 产值合计 | 元 | 1724.80 | 2736.00 | 2565.00 | 1329.50 | 1088.70 | 1230.20 |
| | 主产品产值 | 元 | 1724.80 | 2736.00 | 2565.00 | 1329.50 | 1088.70 | 1180.20 |
| | 副产品产值 | 元 | | | | | | 50.00 |
| | 其它收入 | 元 | | | | | | |
| | 生产成本 | 元 | 571.30 | 1202.20 | 1628.50 | 741.76 | 309.12 | 598.50 |
| | 物质费用 | 元 | 187.30 | 690.00 | 410.50 | 352.80 | 127.68 | 311.00 |
| | 用工作价 | 元 | 384.00 | 512.20 | 1218.00 | 388.96 | 181.44 | 287.50 |
| | 用工数量 | 日 | 16.00 | 26.00 | 58.00 | 20.80 | 11.20 | 25.00 |
| | 劳动日工价 | 元 | 24.00 | 19.70 | 21.00 | 18.70 | 16.20 | 11.50 |
| | 期间费用 | 元 | 63.60 | 322.30 | 82.50 | 214.95 | | 27.00 |
| | 税金 | 元 | 51.10 | 33.39 | 40.00 | 25.66 | 31.50 | 12.00 |
| | 含税成本 | 元 | 686.00 | 1557.89 | 1751.00 | 982.37 | 340.62 | 637.50 |
| | 净产值 | 元 | 1537.50 | 2046.00 | 2154.50 | 976.70 | 961.02 | 919.20 |
| | 减税纯收益 | 元 | 1038.80 | 1178.11 | 814.00 | 347.13 | 748.08 | 592.70 |
| | 成本纯收益率 | % | 151.43 | 75.62 | 46.49 | 35.34 | 219.62 | 92.97 |
| 每50公斤主产品 | 平均出售价格 | 元 | 28.00 | 60.00 | 33.75 | 16.11 | 18.52 | 21.00 |
| | 物质费用 | 元 | 3.04 | 15.13 | 5.40 | 4.28 | 2.17 | 5.31 |
| | 生产成本 | 元 | 9.27 | 26.36 | 21.43 | 8.99 | 5.26 | 10.22 |
| | 含税成本 | 元 | 11.14 | 34.16 | 23.04 | 11.90 | 5.79 | 10.88 |
| | 净产值 | 元 | 24.96 | 44.87 | 28.35 | 11.83 | 16.35 | 15.69 |
| | 减税纯收益 | 元 | 16.86 | 25.84 | 10.71 | 4.21 | 12.73 | 10.12 |
| 每一劳动日 | 主产品产量 | 公斤 | 192.50 | 87.70 | 65.50 | 198.30 | 262.40 | 112.40 |
| | 净产值 | 元 | 96.09 | 78.69 | 37.15 | 46.96 | 85.81 | 36.77 |
| 每亩主产品出售数量 | | 公斤 | 3080.00 | 2280.00 | 3750.00 | 4125.40 | 2896.50 | 2750.00 |
| 每亩主产品出售产值 | | 元 | 1724.80 | 2736.00 | 2531.30 | 1329.50 | 1073.20 | 1155.00 |
| 每亩成本外支出 | | 元 | | 14.31 | | | | |

# 2002 年大中城市蔬菜成本收益(四)

品种：元白菜　　　　按地区工价汇总

| 项目名称 | | 单位 | 昆明 | 重庆 | 西安 | 兰州 | 银川 | 乌鲁木齐 |
|---|---|---|---|---|---|---|---|---|
| 调查县数 | | 个 | 2.00 | 2.00 | 3.00 | 4.00 | 1.00 | 1.00 |
| 调查户数 | | 户 | 14.00 | 7.00 | 17.00 | 10.00 | 4.00 | 3.00 |
| 调查面积 | | 亩 | 7.38 | 2.30 | 6.00 | 4.58 | 4.00 | 28.00 |
| 每亩 | 主产品产量 | 公斤 | 3259.80 | 2753.20 | 2477.40 | 3874.00 | 3546.00 | 2964.30 |
| | 产值合计 | 元 | 2178.59 | 1607.20 | 1079.48 | 1444.20 | 1416.75 | 363.58 |
| | 主产品产值 | 元 | 2174.63 | 1532.68 | 1079.48 | 1444.20 | 1416.75 | 363.58 |
| | 副产品产值 | 元 | 3.96 | 74.52 | | | | |
| | 其它收入 | 元 | | | | | | |
| | 生产成本 | 元 | 994.85 | 811.15 | 955.66 | 1154.71 | 769.18 | 844.21 |
| | 物质费用 | 元 | 361.01 | 311.60 | 363.64 | 549.27 | 546.07 | 575.74 |
| | 用工作价 | 元 | 633.84 | 499.55 | 592.02 | 605.44 | 223.11 | 268.47 |
| | 用工数量 | 日 | 55.60 | 48.50 | 50.60 | 47.30 | 20.10 | 15.70 |
| | 劳动日工价 | 元 | 11.40 | 10.30 | 11.70 | 12.80 | 11.10 | 17.10 |
| | 期间费用 | 元 | 32.27 | 204.86 | 42.53 | 196.51 | 32.50 | 30.20 |
| | 税金 | 元 | 20.41 | 18.81 | 28.53 | 21.11 | 35.30 | 33.69 |
| | 含税成本 | 元 | 1047.53 | 1034.82 | 1026.72 | 1372.33 | 836.98 | 908.10 |
| | 净产值 | 元 | 1817.58 | 1295.60 | 715.84 | 894.93 | 870.68 | -212.16 |
| | 减税纯收益 | 元 | 1131.06 | 572.38 | 52.76 | 71.87 | 579.77 | -544.52 |
| | 成本纯收益率 | % | 107.97 | 55.31 | 5.14 | 5.24 | 69.27 | -59.96 |
| 每50公斤主产品 | 平均出售价格 | 元 | 33.36 | 27.83 | 21.79 | 18.64 | 19.98 | 6.13 |
| | 物质费用 | 元 | 5.53 | 5.40 | 7.34 | 7.09 | 7.70 | 9.71 |
| | 生产成本 | 元 | 15.23 | 14.05 | 19.29 | 14.90 | 10.85 | 14.23 |
| | 含税成本 | 元 | 16.04 | 17.92 | 20.73 | 17.71 | 11.80 | 15.31 |
| | 净产值 | 元 | 27.83 | 22.43 | 14.45 | 11.55 | 12.28 | -3.58 |
| | 减税纯收益 | 元 | 17.32 | 9.91 | 1.06 | 0.93 | 8.18 | -9.18 |
| 每一劳动日 | 主产品产量 | 公斤 | 58.60 | 56.80 | 49.00 | 81.90 | 176.40 | 188.80 |
| | 净产值 | 元 | 32.69 | 26.71 | 14.15 | 18.92 | 43.32 | -13.51 |
| 每亩主产品出售数量 | | 公斤 | 3259.80 | 2688.50 | 2413.90 | 3722.60 | 3546.00 | 2860.00 |
| 每亩主产品出售产值 | | 元 | 2174.63 | 1496.56 | 1050.10 | 1409.41 | 1416.80 | 358.60 |
| 每亩成本外支出 | | 元 | 12.08 | | | | 10.47 | 20.76 |

# 2002年大中城市蔬菜物质费用(一)

品种：元白菜

| 项目名称 | 单位 | 平均 | 天津 | 呼和浩特 | 沈阳 | 长春 | 哈尔滨 | 大连 |
|---|---|---|---|---|---|---|---|---|
| 每亩物质费用 | 元 | 384.52 | 492.25 | 475.50 | 542.89 | 264.39 | 279.76 | 342.44 |
| 一、直接生产费用 | 元 | 357.75 | 459.40 | 452.50 | 538.89 | 236.04 | 260.81 | 339.20 |
| 1.种籽秧苗费 | 元 | 46.17 | 22.33 | 56.00 | 279.50 | 22.13 | 20.10 | 20.95 |
| 2.农家肥费 | 元 | 71.82 | 65.05 | 192.00 | 77.50 | 43.96 | 57.14 | 181.19 |
| 3.化肥费 | 元 | 101.18 | 83.41 | 65.00 | 49.05 | 30.42 | 34.06 | 35.74 |
| 4.农膜费 | 元 | 38.96 | 170.46 | 31.50 | 41.90 | 26.48 | 64.80 | 22.38 |
| 5.农药费 | 元 | 43.88 | 12.63 | 40.00 | 9.44 | 25.81 | 32.70 | 29.88 |
| 6.畜力费 | 元 | 8.16 | | | 37.50 | 43.28 | | |
| 7.机械作业费 | 元 | 15.11 | 7.89 | 20.00 | 19.00 | | 18.60 | 10.48 |
| 8.排灌费 | 元 | 21.19 | 19.53 | 22.00 | 25.00 | 6.88 | 21.43 | 24.29 |
| 9.燃料动力费 | 元 | 0.77 | 18.39 | | | | | |
| 10.棚架材料费 | 元 | 5.72 | 41.04 | | | | 8.53 | 14.29 |
| 11.其它直接费用 | 元 | 4.79 | 18.67 | 26.00 | | 37.08 | 3.45 | |
| 二、间接生产费用 | 元 | 26.77 | 32.85 | 23.00 | 4.00 | 28.35 | 18.95 | 3.24 |
| 1.固定资产折旧 | 元 | 15.53 | 26.06 | | | 12.73 | 17.14 | 0.95 |
| 2.小农具购置修理费 | 元 | 9.42 | 5.49 | 15.00 | 4.00 | 10.07 | | 2.29 |
| 3.其它间接费用 | 元 | 1.82 | 1.30 | 8.00 | | 5.55 | 1.81 | |
| 附记：1.每亩种籽用量 | 公斤 | 0.80 | 0.30 | 0.20 | | 0.10 | 0.10 | 0.30 |
| 2.每亩化肥用量 | 公斤 | 34.70 | 29.60 | 23.00 | 16.20 | 8.90 | 11.10 | 15.50 |
| 3.每亩农膜用量 | 公斤 | 5.00 | 20.20 | 3.50 | 5.00 | 2.90 | 8.50 | 2.20 |
| 4.每度电价 | 元 | 0.53 | 0.44 | 0.45 | 0.52 | 0.60 | 0.57 | 0.55 |
| 5.每亩柴油费 | 元 | 3.17 | 4.79 | 21.00 | | 7.39 | 4.30 | |

# 2002 年大中城市蔬菜物质费用(二)

品种: 元白菜

| 项 目 名 称 | 单位 | 上 海 | 南 京 | 杭 州 | 福 州 | 南 昌 | 济 南 |
|---|---|---|---|---|---|---|---|
| 每亩物质费用 | 元 | 448.80 | 314.76 | 120.40 | 413.35 | 132.63 | 614.90 |
| 一、直接生产费用 | 元 | 403.20 | 286.54 | 105.50 | 413.35 | 115.42 | 582.89 |
| 1.种籽秧苗费 | 元 | 24.00 | 15.22 | 17.50 | 32.00 | 16.36 | 42.11 |
| 2.农家肥费 | 元 | 80.00 | 95.11 | 25.20 | 50.00 | 85.90 | 58.43 |
| 3.化肥费 | 元 | 130.00 | 102.88 | 41.60 | 208.75 |  | 243.34 |
| 4.农膜费 | 元 |  |  |  |  |  | 80.43 |
| 5.农药费 | 元 | 129.00 | 62.22 | 16.70 | 117.00 |  | 68.42 |
| 6.畜力费 | 元 |  | 11.11 |  |  |  |  |
| 7.机械作业费 | 元 | 25.00 |  |  |  |  | 21.86 |
| 8.排灌费 | 元 | 15.20 |  | 4.50 | 5.60 | 13.16 | 68.30 |
| 9.燃料动力费 | 元 |  |  |  |  |  |  |
| 10.棚架材料费 | 元 |  |  |  |  |  |  |
| 11.其它直接费用 | 元 |  |  |  |  |  |  |
| 二、间接生产费用 | 元 | 45.60 | 28.22 | 14.90 |  | 17.21 | 32.01 |
| 1.固定资产折旧 | 元 | 25.60 | 20.00 |  |  | 8.52 | 27.34 |
| 2.小农具购置修理费 | 元 | 20.00 | 8.22 | 12.30 |  | 8.69 | 4.26 |
| 3.其它间接费用 | 元 |  |  | 2.60 |  |  | 0.41 |
| 附记: 1.每亩种籽用量 | 公斤 | 0.60 | 0.10 | 0.50 |  | 8.20 | 0.20 |
| 2.每亩化肥用量 | 公斤 | 48.10 | 35.60 | 13.10 | 63.60 |  | 81.60 |
| 3.每亩农膜用量 | 公斤 |  |  |  |  |  | 11.40 |
| 4.每度电价 | 元 | 0.28 | 0.60 | 0.68 | 0.39 | 0.80 | 0.69 |
| 5.每亩柴油费 | 元 | 4.55 | 9.56 |  |  |  | 9.44 |

# 2002年大中城市蔬菜物质费用(三)

品种: 元白菜

| 项目名称 | 单位 | 宁波 | 厦门 | 青岛 | 武汉 | 成都 | 贵阳 |
|---|---|---|---|---|---|---|---|
| 每亩物质费用 | 元 | 187.30 | 690.00 | 410.50 | 352.80 | 127.68 | 311.00 |
| 一、直接生产费用 | 元 | 161.50 | 680.00 | 397.00 | 315.05 | 116.60 | 288.00 |
| 1.种籽秧苗费 | 元 | 11.20 | 40.00 | 33.00 | 55.00 | 45.00 | 10.00 |
| 2.农家肥费 | 元 | 15.60 | 50.00 | 130.00 | | 33.15 | 60.00 |
| 3.化肥费 | 元 | 40.90 | 307.00 | 99.00 | 177.78 | 18.75 | 120.00 |
| 4.农膜费 | 元 | | | 25.00 | | | 32.00 |
| 5.农药费 | 元 | 26.80 | 158.00 | 25.00 | 52.27 | 19.70 | 19.00 |
| 6.畜力费 | 元 | 10.00 | 35.00 | | 18.89 | | 40.00 |
| 7.机械作业费 | 元 | 50.00 | | 60.00 | | | |
| 8.排灌费 | 元 | 7.00 | 90.00 | 15.00 | 11.11 | | 7.00 |
| 9.燃料动力费 | 元 | | | | | | |
| 10.棚架材料费 | 元 | | | | | | |
| 11.其它直接费用 | 元 | | | 10.00 | | | |
| 二、间接生产费用 | 元 | 25.80 | 10.00 | 13.50 | 37.75 | 11.08 | 23.00 |
| 1.固定资产折旧 | 元 | | | | 32.19 | 8.63 | 15.00 |
| 2.小农具购置修理费 | 元 | 7.80 | 10.00 | 7.50 | 5.56 | 2.45 | 8.00 |
| 3.其它间接费用 | 元 | 18.00 | | 6.00 | | | |
| 附记:1.每亩种籽用量 | 公斤 | 0.50 | | | 0.10 | 0.50 | 0.20 |
| 2.每亩化肥用量 | 公斤 | 9.80 | 109.00 | 52.40 | 45.10 | 6.90 | 39.20 |
| 3.每亩农膜用量 | 公斤 | | | 10.00 | | | 4.00 |
| 4.每度电价 | 元 | 0.65 | 0.42 | 0.67 | 0.47 | 0.47 | 0.50 |
| 5.每亩柴油费 | 元 | | | | | | |

# 2002年大中城市蔬菜物质费用(四)

品种:元白菜

| 项目名称 | 单位 | 昆明 | 重庆 | 西安 | 兰州 | 银川 | 乌鲁木齐 |
|---|---|---|---|---|---|---|---|
| 每亩物质费用 | 元 | 361.01 | 311.60 | 363.64 | 549.27 | 546.07 | 575.74 |
| 一、直接生产费用 | 元 | 348.60 | 287.77 | 283.19 | 485.44 | 506.70 | 522.42 |
| 1.种籽秧苗费 | 元 | 33.38 | 50.79 | 22.25 | 28.82 | 173.87 | 36.60 |
| 2.农家肥费 | 元 | 45.93 | 94.98 | 82.58 | 113.29 | 52.50 | 34.08 |
| 3.化肥费 | 元 | 132.10 | 88.48 | 62.25 | 108.27 | 136.85 | 112.86 |
| 4.农膜费 | 元 | 21.32 | | | 164.14 | 74.52 | 180.22 |
| 5.农药费 | 元 | 93.48 | 53.52 | 22.94 | 15.09 | 20.42 | 3.20 |
| 6.畜力费 | 元 | | | | | | |
| 7.机械作业费 | 元 | 6.29 | | 41.00 | | 11.04 | 71.50 |
| 8.排灌费 | 元 | 11.44 | | 40.50 | 22.92 | 37.50 | 40.08 |
| 9.燃料动力费 | 元 | | | | | | |
| 10.棚架材料费 | 元 | 4.66 | | 11.67 | 32.91 | | 24.09 |
| 11.其它直接费用 | 元 | | | | | | 19.79 |
| 二、间接生产费用 | 元 | 12.41 | 23.83 | 80.45 | 63.83 | 39.37 | 53.32 |
| 1.固定资产折旧 | 元 | 2.99 | 6.26 | 50.75 | 42.44 | 30.50 | 45.72 |
| 2.小农具购置修理费 | 元 | 9.42 | 17.57 | 29.70 | 21.39 | 8.87 | 7.60 |
| 3.其它间接费用 | 元 | | | | | | |
| 附记:1.每亩种籽用量 | 公斤 | 0.20 | | | | | 0.10 |
| 2.每亩化肥用量 | 公斤 | 49.20 | 33.50 | 22.90 | 34.50 | 50.10 | 33.30 |
| 3.每亩农膜用量 | 公斤 | 3.00 | | | 18.70 | 9.20 | 21.60 |
| 4.每度电价 | 元 | 0.55 | 0.55 | 0.42 | 0.48 | 0.45 | 0.61 |
| 5.每亩柴油费 | 元 | | | 15.00 | | | |

# 2002年大中城市蔬菜期间费用(一)

品种：元白菜

| 项目名称 | 单位 | 平均 | 天津 | 呼和浩特 | 沈阳 | 长春 | 哈尔滨 | 大连 |
|---|---|---|---|---|---|---|---|---|
| 一、每亩期间费用 | 元 | 90.67 | 34.56 | 131.00 | 92.00 | 45.55 | 58.01 | 81.19 |
| 1.土地承包费 | 元 | 16.41 | 18.69 | | | | | 71.19 |
| 2.管理费 | 元 | 1.08 | | | | | 0.87 | |
| 3.销售费 | 元 | 73.18 | 15.87 | 131.00 | 92.00 | 45.55 | 57.14 | 10.00 |
| 4.财务费 | 元 | | | | | | | |
| 二、每亩用工量 | 日 | 29.20 | 49.80 | 13.00 | 20.80 | 30.80 | 22.30 | 11.90 |
| 1.直接用工 | 日 | 25.80 | 43.30 | 12.00 | 19.30 | 27.60 | 20.20 | 10.90 |
| 2.间接用工 | 日 | 3.40 | 6.50 | 1.00 | 1.50 | 3.20 | 2.10 | 1.00 |
| 三、每亩成本外支出 | 元 | 9.15 | 33.96 | 15.78 | 31.48 | | 7.08 | 40.43 |
| 1.村提留费 | 元 | | | | | | | |
| 2.乡统筹费 | 元 | | | | | | | |
| 3.两工支出 | 元 | 4.03 | 25.73 | | 11.51 | | 7.08 | 12.86 |
| 4.其它成本外支出 | 元 | 5.12 | 8.23 | 15.78 | 19.97 | | | 27.57 |
| 附记：1.人均耕地面积 | 元 | 1.40 | 1.30 | 1.10 | 2.20 | 2.90 | 2.80 | 2.80 |
| 2.人均成本外支出 | 元 | 23.50 | 53.80 | 17.40 | 111.80 | | 48.80 | 106.70 |
| 3.人均两工数量 | 日 | 1.70 | 7.80 | | 7.00 | | 2.10 | 3.00 |
| 4.雇工天数 | 日 | 0.40 | | | 10.00 | | | |
| 5.雇工工价 | 元 | 20.60 | 20.50 | 15.00 | 20.00 | | 18.90 | 20.00 |

# 2002年大中城市蔬菜期间费用(二)

品种：元白菜

| 项目名称 | 单位 | 上海 | 南京 | 杭州 | 福州 | 南昌 | 济南 |
|---|---|---|---|---|---|---|---|
| 一、每亩期间费用 | 元 | 107.00 | 31.11 | 56.90 | 194.60 | 35.00 | 59.88 |
| 1.土地承包费 | 元 | | | 23.40 | 30.60 | | |
| 2.管理费 | 元 | 15.00 | | | | | |
| 3.销售费 | 元 | 92.00 | 31.11 | 33.50 | 164.00 | 35.00 | 59.88 |
| 4.财务费 | 元 | | | | | | |
| 二、每亩用工量 | 日 | 25.00 | 38.20 | 24.00 | 17.80 | 24.80 | 27.00 |
| 1.直接用工 | 日 | 21.00 | 30.00 | 21.00 | 17.30 | 24.80 | 23.40 |
| 2.间接用工 | 日 | 4.00 | 8.20 | 3.00 | 0.50 | | 3.60 |
| 三、每亩成本外支出 | 元 | | 24.67 | | | | 8.51 |
| 1.村提留费 | 元 | | | | | | |
| 2.乡统筹费 | 元 | | | | | | |
| 3.两工支出 | 元 | | 19.11 | | | | 0.30 |
| 4.其它成本外支出 | 元 | | 5.56 | | | | 8.21 |
| 附记：1.人均耕地面积 | 元 | 0.80 | 1.50 | 0.50 | 0.50 | 0.10 | 1.10 |
| 2.人均成本外支出 | 元 | | 44.00 | | | | 27.80 |
| 3.人均两工数量 | 日 | | 10.00 | | | | 1.10 |
| 4.雇工天数 | 日 | | | | | | |
| 5.雇工工价 | 元 | | 20.00 | 25.00 | 30.00 | | 15.70 |

# 2002年大中城市蔬菜期间费用(三)

品种：元白菜

| 项　目　名　称 | 单位 | 宁　波 | 厦　门 | 青　岛 | 武　汉 | 成　都 | 贵　阳 |
|---|---|---|---|---|---|---|---|
| 一、每亩期间费用 | 元 | 63.60 | 322.30 | 82.50 | 214.95 | | 27.00 |
| 1.土地承包费 | 元 | 25.00 | 202.30 | | | | 12.00 |
| 2.管理费 | 元 | 10.00 | | | | | |
| 3.销售费 | 元 | 28.60 | 120.00 | 82.50 | 214.95 | | 15.00 |
| 4.财务费 | 元 | | | | | | |
| 二、每亩用工量 | 日 | 16.00 | 26.00 | 58.00 | 20.80 | 11.20 | 25.00 |
| 1.直接用工 | 日 | 14.00 | 26.00 | 40.50 | 20.50 | 7.50 | 22.00 |
| 2.间接用工 | 日 | 2.00 | | 17.50 | 0.30 | 3.70 | 3.00 |
| 三、每亩成本外支出 | 元 | | 14.31 | | | | |
| 1.村提留费 | 元 | | | | | | |
| 2.乡统筹费 | 元 | | | | | | |
| 3.两工支出 | 元 | | | | | | |
| 4.其它成本外支出 | 元 | | 14.31 | | | | |
| 附记：1.人均耕地面积 | 元 | 0.60 | 0.70 | 0.40 | 1.60 | 0.80 | 1.20 |
| 2.人均成本外支出 | 元 | 32.00 | 40.60 | | 26.70 | | |
| 3.人均两工数量 | 日 | | | | 2.50 | | |
| 4.雇工天数 | 日 | | | | | | |
| 5.雇工工价 | 元 | 25.00 | | 25.00 | | 28.00 | 20.00 |

# 2002年大中城市蔬菜期间费用(四)

品种：元白菜

| 项目名称 | 单位 | 昆明 | 重庆 | 西安 | 兰州 | 银川 | 乌鲁木齐 |
|---|---|---|---|---|---|---|---|
| 一、每亩期间费用 | 元 | 32.27 | 204.86 | 42.53 | 196.51 | 32.50 | 30.20 |
| 1.土地承包费 | 元 | 10.54 | | | | | |
| 2.管理费 | 元 | | | | | | |
| 3.销售费 | 元 | 21.73 | 204.86 | 42.53 | 196.51 | 32.50 | 30.20 |
| 4.财务费 | 元 | | | | | | |
| 二、每亩用工量 | 日 | 55.60 | 48.50 | 50.60 | 47.30 | 20.10 | 15.70 |
| 1.直接用工 | 日 | 52.60 | 42.30 | 47.40 | 46.00 | 15.80 | 12.70 |
| 2.间接用工 | 日 | 3.00 | 6.20 | 3.20 | 1.30 | 4.30 | 3.00 |
| 三、每亩成本外支出 | 元 | 12.08 | | | | 10.47 | 20.76 |
| 1.村提留费 | 元 | | | | | | |
| 2.乡统筹费 | 元 | | | | | | |
| 3.两工支出 | 元 | 3.33 | | | | 10.47 | 6.32 |
| 4.其它成本外支出 | 元 | 8.75 | | | | | 14.44 |
| 附记：1.人均耕地面积 | 元 | 1.20 | 0.90 | 0.60 | 0.70 | 2.30 | 5.30 |
| 2.人均成本外支出 | 元 | 16.40 | | | | 1.80 | 37.00 |
| 3.人均两工数量 | 日 | 4.20 | | | | 0.50 | 3.60 |
| 4.雇工天数 | 日 | | | | 0.60 | | |
| 5.雇工工价 | 元 | 17.40 | 24.80 | 10.00 | 15.00 | | 20.00 |

# 2002年大中城市蔬菜成本收益(一)

品种：菜椒　　　　按统一工价汇总

| 项　目　名　称 | | 单位 | 平　均 | 北　京 | 天　津 | 石家庄 | 太　原 | 呼和浩特 | 沈　阳 |
|---|---|---|---|---|---|---|---|---|---|
| 调查县数 | | 个 | 58.00 | 3.00 | 6.00 | 3.00 | 1.00 | 3.00 | 2.00 |
| 调查户数 | | 户 | 198.00 | 8.00 | 14.00 | 7.00 | 3.00 | 10.00 | 4.00 |
| 调查面积 | | 亩 | 189.89 | 8.60 | 8.75 | 8.90 | 2.50 | 10.00 | 5.00 |
| 每亩 | 主产品产量 | 公斤 | 2227.40 | 3407.40 | 2521.60 | 2266.70 | 1116.70 | 3620.00 | 2317.10 |
| | 产值合计 | 元 | 2408.58 | 3277.03 | 3530.50 | 2015.91 | 1125.00 | 2896.00 | 1234.88 |
| | 主产品产值 | 元 | 2407.96 | 3277.03 | 3530.50 | 2015.91 | 1125.00 | 2896.00 | 1234.88 |
| | 副产品产值 | 元 | 0.62 | | | | | | |
| | 其它收入 | 元 | | | | | | | |
| | 生产成本 | 元 | 1103.95 | 1188.20 | 1340.48 | 957.41 | 653.89 | 746.90 | 904.95 |
| | 物质费用 | 元 | 610.05 | 882.40 | 519.88 | 453.61 | 260.09 | 526.90 | 659.65 |
| | 用工作价 | 元 | 493.90 | 305.80 | 820.60 | 503.80 | 393.80 | 220.00 | 245.30 |
| | 用工数量 | 日 | 44.90 | 27.80 | 74.60 | 45.80 | 35.80 | 20.00 | 22.30 |
| | 劳动日工价 | 元 | 11.00 | 11.00 | 11.00 | 11.00 | 11.00 | 11.00 | 11.00 |
| | 期间费用 | 元 | 98.81 | 145.90 | 61.03 | 71.10 | 162.59 | 164.00 | 73.75 |
| | 税金 | 元 | 35.06 | 56.91 | 32.95 | 36.40 | 27.89 | 46.62 | 79.84 |
| | 含税成本 | 元 | 1237.82 | 1391.01 | 1434.46 | 1064.91 | 844.37 | 957.52 | 1058.54 |
| | 净产值 | 元 | 1798.53 | 2394.63 | 3010.62 | 1562.30 | 864.91 | 2369.10 | 575.23 |
| | 减税纯收益 | 元 | 1170.76 | 1886.02 | 2096.04 | 951.00 | 280.63 | 1938.48 | 176.34 |
| | 成本纯收益率 | % | 94.58 | 135.59 | 146.12 | 89.30 | 33.24 | 202.45 | 16.66 |
| 每50公斤主产品 | 平均出售价格 | 元 | 54.05 | 48.09 | 70.01 | 44.47 | 50.37 | 40.00 | 26.65 |
| | 物质费用 | 元 | 13.69 | 12.95 | 10.31 | 10.01 | 11.65 | 7.28 | 14.24 |
| | 生产成本 | 元 | 24.77 | 17.44 | 26.58 | 21.12 | 29.28 | 10.32 | 19.53 |
| | 含税成本 | 元 | 27.78 | 20.41 | 28.45 | 23.49 | 37.81 | 13.23 | 22.84 |
| | 净产值 | 元 | 40.36 | 35.14 | 59.70 | 34.46 | 38.72 | 32.72 | 12.41 |
| | 减税纯收益 | 元 | 26.27 | 27.68 | 41.56 | 20.98 | 12.56 | 26.77 | 3.81 |
| 每一劳动日 | 主产品产量 | 公斤 | 49.60 | 122.60 | 33.80 | 49.50 | 31.20 | 181.00 | 103.90 |
| | 净产值 | 元 | 40.06 | 86.14 | 40.36 | 34.11 | 24.16 | 118.46 | 25.80 |
| 每亩主产品出售数量 | | 公斤 | 2190.60 | 3407.40 | 2521.60 | 2246.10 | 941.70 | 3620.00 | 2317.00 |
| 每亩主产品出售产值 | | 元 | 2371.42 | 3277.03 | 3530.50 | 1998.18 | 947.50 | 2896.00 | 1234.80 |
| 每亩成本外支出 | | 元 | 10.47 | 26.20 | 41.97 | | 11.95 | 19.98 | 31.48 |

# 2002年大中城市蔬菜成本收益(二)

品种：菜椒　　　　按统一工价汇总

| 项目名称 | | 单位 | 长春 | 哈尔滨 | 大连 | 上海 | 南京 | 杭州 |
|---|---|---|---|---|---|---|---|---|
| 调查县数 | | 个 | 3.00 | 1.00 | 2.00 | 1.00 | 1.00 | 2.00 |
| 调查户数 | | 户 | 4.00 | 2.00 | 4.00 | 15.00 | 3.00 | 6.00 |
| 调查面积 | | 亩 | 5.10 | 2.00 | 5.80 | 9.00 | 1.80 | 5.90 |
| 每亩 | 主产品产量 | 公斤 | 1377.20 | 1314.00 | 2212.10 | 1606.00 | 3322.50 | 1808.70 |
| | 产值合计 | 元 | 1037.11 | 1331.30 | 2299.31 | 2955.04 | 3198.00 | 4176.32 |
| | 主产品产值 | 元 | 1037.11 | 1331.30 | 2299.31 | 2955.04 | 3198.00 | 4176.32 |
| | 副产品产值 | 元 | | | | | | |
| | 其它收入 | 元 | | | | | | |
| | 生产成本 | 元 | 740.08 | 536.41 | 624.74 | 1129.75 | 1539.74 | 1101.48 |
| | 物质费用 | 元 | 312.18 | 250.41 | 362.94 | 656.75 | 1019.44 | 566.88 |
| | 用工作价 | 元 | 427.90 | 286.00 | 261.80 | 473.00 | 520.30 | 534.60 |
| | 用工数量 | 日 | 38.90 | 26.00 | 23.80 | 43.00 | 47.30 | 48.60 |
| | 劳动日工价 | 元 | 11.00 | 11.00 | 11.00 | 11.00 | 11.00 | 11.00 |
| | 期间费用 | 元 | 16.87 | 35.38 | 92.15 | 100.00 | 22.33 | 80.88 |
| | 税金 | 元 | 47.18 | 24.10 | 75.79 | 10.50 | 33.70 | 13.27 |
| | 含税成本 | 元 | 804.13 | 595.89 | 792.68 | 1240.25 | 1595.77 | 1195.63 |
| | 净产值 | 元 | 724.93 | 1080.89 | 1936.37 | 2298.29 | 2178.56 | 3609.44 |
| | 减税纯收益 | 元 | 232.98 | 735.41 | 1506.63 | 1714.79 | 1602.23 | 2980.69 |
| | 成本纯收益率 | % | 28.97 | 123.41 | 190.07 | 138.26 | 100.40 | 249.30 |
| 每50公斤主产品 | 平均出售价格 | 元 | 37.65 | 50.66 | 51.97 | 92.00 | 48.13 | 115.45 |
| | 物质费用 | 元 | 11.33 | 9.53 | 8.20 | 20.45 | 15.34 | 15.67 |
| | 生产成本 | 元 | 26.87 | 20.41 | 14.12 | 35.17 | 23.17 | 30.45 |
| | 含税成本 | 元 | 29.19 | 22.68 | 17.92 | 38.61 | 24.02 | 33.05 |
| | 净产值 | 元 | 26.32 | 41.13 | 43.77 | 71.55 | 32.79 | 99.78 |
| | 减税纯收益 | 元 | 8.46 | 27.98 | 34.05 | 53.39 | 24.11 | 82.40 |
| 每一劳动日 | 主产品产量 | 公斤 | 35.40 | 50.50 | 92.90 | 37.30 | 70.20 | 37.20 |
| | 净产值 | 元 | 18.64 | 41.57 | 81.36 | 53.45 | 46.06 | 74.27 |
| 每亩主产品出售数量 | | 公斤 | 1355.90 | 1314.00 | 2212.10 | 1606.00 | 3322.50 | 1808.70 |
| 每亩主产品出售产值 | | 元 | 1019.62 | 1331.30 | 2299.30 | 2955.00 | 3198.00 | 4176.32 |
| 每亩成本外支出 | | 元 | | 5.15 | 46.10 | | 26.66 | |

# 2002年大中城市蔬菜成本收益(三)

品种：菜椒　　　　按统一工价汇总

| 项目名称 | | 单位 | 合肥 | 福州 | 济南 | 宁波 | 厦门 | 青岛 |
|---|---|---|---|---|---|---|---|---|
| 调查县数 | | 个 | 1.00 | 1.00 | 3.00 | 1.00 | 1.00 | 1.00 |
| 调查户数 | | 户 | 4.00 | 3.00 | 9.00 | 3.00 | 4.00 | 12.00 |
| 调查面积 | | 亩 | 1.00 | 6.00 | 2.80 | 2.40 | 3.80 | 12.00 |
| 每亩 | 主产品产量 | 公斤 | 1625.00 | 635.00 | 3089.70 | 1150.00 | 1260.00 | 3500.00 |
| | 产值合计 | 元 | 1585.00 | 478.83 | 3237.72 | 2700.00 | 1764.00 | 4200.00 |
| | 主产品产值 | 元 | 1585.00 | 478.83 | 3237.72 | 2700.00 | 1764.00 | 4200.00 |
| | 副产品产值 | 元 | | | | | | |
| | 其它收入 | 元 | | | | | | |
| | 生产成本 | 元 | 1294.60 | 453.88 | 1329.29 | 1106.00 | 913.00 | 1616.50 |
| | 物质费用 | 元 | 604.90 | 265.78 | 618.69 | 402.00 | 605.00 | 698.00 |
| | 用工作价 | 元 | 689.70 | 188.10 | 710.60 | 704.00 | 308.00 | 918.50 |
| | 用工数量 | 日 | 62.70 | 17.10 | 64.60 | 64.00 | 28.00 | 83.50 |
| | 劳动日工价 | 元 | 11.00 | 11.00 | 11.00 | 11.00 | 11.00 | 11.00 |
| | 期间费用 | 元 | 46.00 | 64.00 | 54.54 | 63.20 | 240.37 | 95.00 |
| | 税金 | 元 | 60.12 | 18.59 | 50.76 | 51.10 | 41.74 | 40.00 |
| | 含税成本 | 元 | 1400.72 | 536.47 | 1434.59 | 1220.30 | 1195.11 | 1751.50 |
| | 净产值 | 元 | 980.10 | 213.05 | 2619.03 | 2298.00 | 1159.00 | 3502.00 |
| | 减税纯收益 | 元 | 184.28 | -57.64 | 1803.13 | 1479.70 | 568.89 | 2448.50 |
| | 成本纯收益率 | % | 13.16 | -10.74 | 125.69 | 121.26 | 47.60 | 139.79 |
| 每50公斤主产品 | 平均出售价格 | 元 | 48.77 | 37.70 | 52.40 | 117.39 | 70.00 | 60.00 |
| | 物质费用 | 元 | 18.61 | 20.93 | 10.01 | 17.48 | 24.01 | 9.97 |
| | 生产成本 | 元 | 39.83 | 35.74 | 21.51 | 48.09 | 36.23 | 23.09 |
| | 含税成本 | 元 | 43.10 | 42.24 | 23.22 | 53.06 | 47.43 | 25.02 |
| | 净产值 | 元 | 30.16 | 16.77 | 42.39 | 99.91 | 45.99 | 50.03 |
| | 减税纯收益 | 元 | 5.67 | -4.54 | 29.18 | 64.33 | 22.57 | 34.98 |
| 每一劳动日 | 主产品产量 | 公斤 | 25.90 | 37.10 | 47.80 | 18.00 | 45.00 | 41.90 |
| | 净产值 | 元 | 15.63 | 12.46 | 40.54 | 35.91 | 41.39 | 41.94 |
| 每亩主产品出售数量 | | 公斤 | 1625.00 | 635.00 | 3059.90 | 1150.00 | 1260.00 | 3400.00 |
| 每亩主产品出售产值 | | 元 | 1585.00 | 478.80 | 3191.04 | 2700.00 | 1764.00 | 4080.00 |
| 每亩成本外支出 | | 元 | | 5.90 | 8.30 | | 17.89 | |

# 2002 年大中城市蔬菜成本收益(四)

品种：菜椒　　　　按统一工价汇总

| 项目名称 | | 单位 | 郑州 | 武汉 | 长沙 | 海口 | 成都 | 贵阳 |
|---|---|---|---|---|---|---|---|---|
| 调查县数 | | 个 | 4.00 | 3.00 | 1.00 | 1.00 | 1.00 | 1.00 |
| 调查户数 | | 户 | 4.00 | 8.00 | 9.00 | 4.00 | 3.00 | 9.00 |
| 调查面积 | | 亩 | 1.30 | 4.50 | 5.00 | 11.50 | 1.80 | 9.00 |
| 每亩 | 主产品产量 | 公斤 | 2277.80 | 1592.00 | 3141.50 | 2526.00 | 1473.40 | 1833.00 |
| | 产值合计 | 元 | 2774.89 | 2275.50 | 2890.18 | 1127.54 | 3123.50 | 2031.30 |
| | 主产品产值 | 元 | 2774.89 | 2275.50 | 2890.18 | 1127.54 | 3123.50 | 2016.30 |
| | 副产品产值 | 元 | | | | | | 15.00 |
| | 其它收入 | 元 | | | | | | |
| | 生产成本 | 元 | 1376.02 | 803.48 | 1113.16 | 1081.37 | 631.60 | 732.00 |
| | 物质费用 | 元 | 665.42 | 591.18 | 684.16 | 784.37 | 292.80 | 347.00 |
| | 用工作价 | 元 | 710.60 | 212.30 | 429.00 | 297.00 | 338.80 | 385.00 |
| | 用工数量 | 日 | 64.60 | 19.30 | 39.00 | 27.00 | 30.80 | 35.00 |
| | 劳动日工价 | 元 | 11.00 | 11.00 | 11.00 | 11.00 | 11.00 | 11.00 |
| | 期间费用 | 元 | 79.44 | 161.52 | 175.36 | 279.91 | | 32.00 |
| | 税金 | 元 | 13.45 | 34.53 | 37.20 | 19.45 | 24.50 | 13.00 |
| | 含税成本 | 元 | 1468.91 | 999.53 | 1325.72 | 1380.73 | 656.10 | 777.00 |
| | 净产值 | 元 | 2109.47 | 1684.32 | 2206.02 | 343.17 | 2830.70 | 1684.30 |
| | 减税纯收益 | 元 | 1305.98 | 1275.97 | 1564.46 | -253.19 | 2467.40 | 1254.30 |
| | 成本纯收益率 | % | 88.91 | 127.66 | 118.01 | -18.34 | 376.07 | 161.43 |
| 每50公斤主产品 | 平均出售价格 | 元 | 60.91 | 71.47 | 46.00 | 22.32 | 106.00 | 55.00 |
| | 物质费用 | 元 | 14.61 | 18.57 | 10.89 | 15.53 | 9.94 | 9.40 |
| | 生产成本 | 元 | 30.20 | 25.24 | 17.72 | 21.41 | 21.43 | 19.82 |
| | 含税成本 | 元 | 32.24 | 31.39 | 21.10 | 27.33 | 22.27 | 21.04 |
| | 净产值 | 元 | 46.30 | 52.90 | 35.11 | 6.79 | 96.06 | 45.60 |
| | 减税纯收益 | 元 | 28.67 | 40.08 | 24.90 | -5.01 | 83.73 | 33.96 |
| 每一劳动日 | 主产品产量 | 公斤 | 35.30 | 82.50 | 80.60 | 93.60 | 47.80 | 52.40 |
| | 净产值 | 元 | 32.65 | 87.27 | 56.56 | 12.71 | 91.91 | 48.12 |
| 每亩主产品出售数量 | | 公斤 | 2236.90 | 1581.30 | 3131.50 | 2387.00 | 1459.60 | 1700.00 |
| 每亩主产品出售产值 | | 元 | 2726.20 | 2260.20 | 2881.00 | 1070.96 | 3098.40 | 1870.00 |
| 每亩成本外支出 | | 元 | | 25.07 | | 8.34 | | |

# 2002年大中城市蔬菜成本收益(五)

品种：菜椒　　　　按统一工价汇总

| 项目名称 | | 单位 | 昆明 | 重庆 | 西安 | 兰州 | 银川 | 乌鲁木齐 |
|---|---|---|---|---|---|---|---|---|
| 调查县数 | | 个 | 1.00 | 3.00 | 3.00 | 2.00 | 1.00 | 1.00 |
| 调查户数 | | 户 | 9.00 | 11.00 | 15.00 | 6.00 | 2.00 | 3.00 |
| 调查面积 | | 亩 | 10.00 | 2.75 | 5.50 | 5.89 | 1.30 | 30.00 |
| 每亩 | 主产品产量 | 公斤 | 2126.00 | 1423.90 | 1815.60 | 4023.40 | 2049.00 | 4389.70 |
| | 产值合计 | 元 | 2434.98 | 1785.84 | 2013.27 | 5924.39 | 1533.08 | 1301.00 |
| | 主产品产值 | 元 | 2431.48 | 1785.84 | 2013.27 | 5924.39 | 1533.08 | 1301.00 |
| | 副产品产值 | 元 | 3.50 | | | | | |
| | 其它收入 | 元 | | | | | | |
| | 生产成本 | 元 | 1347.15 | 875.73 | 1295.25 | 3636.51 | 1004.55 | 1036.31 |
| | 物质费用 | 元 | 789.45 | 348.83 | 690.25 | 2119.61 | 730.65 | 591.91 |
| | 用工作价 | 元 | 557.70 | 526.90 | 605.00 | 1516.90 | 273.90 | 444.40 |
| | 用工数量 | 日 | 50.70 | 47.90 | 55.00 | 137.90 | 24.90 | 40.40 |
| | 劳动日工价 | 元 | 11.00 | 11.00 | 11.00 | 11.00 | 11.00 | 11.00 |
| | 期间费用 | 元 | 54.44 | 177.25 | 52.40 | 245.36 | 63.07 | 54.36 |
| | 税金 | 元 | 11.67 | 23.84 | 27.55 | 30.17 | 35.30 | 33.80 |
| | 含税成本 | 元 | 1413.26 | 1076.82 | 1375.20 | 3912.04 | 1102.92 | 1124.47 |
| | 净产值 | 元 | 1645.53 | 1437.01 | 1323.02 | 3804.78 | 802.43 | 709.09 |
| | 减税纯收益 | 元 | 1021.72 | 709.02 | 638.07 | 2012.35 | 430.16 | 176.53 |
| | 成本纯收益率 | % | 72.30 | 65.84 | 46.40 | 51.44 | 39.00 | 15.70 |
| 每50公斤主产品 | 平均出售价格 | 元 | 57.18 | 62.71 | 55.44 | 73.62 | 37.41 | 14.82 |
| | 物质费用 | 元 | 18.54 | 12.25 | 19.01 | 26.34 | 17.83 | 6.74 |
| | 生产成本 | 元 | 31.63 | 30.75 | 35.67 | 45.19 | 24.51 | 11.80 |
| | 含税成本 | 元 | 33.19 | 37.81 | 37.87 | 48.61 | 26.91 | 12.81 |
| | 净产值 | 元 | 38.64 | 50.46 | 36.43 | 47.28 | 19.58 | 8.08 |
| | 减税纯收益 | 元 | 23.99 | 24.90 | 17.57 | 25.01 | 10.50 | 2.01 |
| 每一劳动日 | 主产品产量 | 公斤 | 41.90 | 29.70 | 33.00 | 29.20 | 82.30 | 108.70 |
| | 净产值 | 元 | 32.46 | 30.00 | 24.05 | 27.59 | 32.23 | 17.55 |
| 每亩主产品出售数量 | | 公斤 | 2126.00 | 1384.10 | 1766.00 | 3803.60 | 2049.00 | 4289.00 |
| 每亩主产品出售产值 | | 元 | 2431.48 | 1741.14 | 1957.13 | 5612.51 | 1533.10 | 1298.00 |
| 每亩成本外支出 | | 元 | 8.00 | | | | 10.23 | 20.80 |

# 2002年大中城市蔬菜成本收益(一)

品种：菜椒　　　　按地区工价汇总

| 项目名称 | | 单位 | 平均 | 北京 | 天津 | 石家庄 | 太原 | 呼和浩特 | 沈阳 |
|---|---|---|---|---|---|---|---|---|---|
| 调查县数 | | 个 | 58.00 | 3.00 | 6.00 | 3.00 | 1.00 | 3.00 | 2.00 |
| 调查户数 | | 户 | 198.00 | 8.00 | 14.00 | 7.00 | 3.00 | 10.00 | 4.00 |
| 调查面积 | | 亩 | 189.89 | 8.60 | 8.75 | 8.90 | 2.50 | 10.00 | 5.00 |
| 每亩 | 主产品产量 | 公斤 | 2227.40 | 3407.40 | 2521.60 | 2266.70 | 1116.70 | 3620.00 | 2317.10 |
| | 产值合计 | 元 | 2408.58 | 3277.03 | 3530.50 | 2015.91 | 1125.00 | 2896.00 | 1234.88 |
| | 主产品产值 | 元 | 2407.96 | 3277.03 | 3530.50 | 2015.91 | 1125.00 | 2896.00 | 1234.88 |
| | 副产品产值 | 元 | 0.62 | | | | | | |
| | 其它收入 | 元 | | | | | | | |
| | 生产成本 | 元 | 1314.98 | 1563.50 | 1482.22 | 961.99 | 868.69 | 712.90 | 900.49 |
| | 物质费用 | 元 | 610.05 | 882.40 | 519.88 | 453.61 | 260.09 | 526.90 | 659.65 |
| | 用工作价 | 元 | 704.93 | 681.10 | 962.34 | 508.38 | 608.60 | 186.00 | 240.84 |
| | 用工数量 | 日 | 44.90 | 27.80 | 74.60 | 45.80 | 35.80 | 20.00 | 22.30 |
| | 劳动日工价 | 元 | 15.70 | 24.50 | 12.90 | 11.10 | 17.00 | 9.30 | 10.80 |
| | 期间费用 | 元 | 98.81 | 145.90 | 61.03 | 71.10 | 162.59 | 164.00 | 73.75 |
| | 税金 | 元 | 35.06 | 56.91 | 32.95 | 36.40 | 27.89 | 46.62 | 79.84 |
| | 含税成本 | 元 | 1448.85 | 1766.31 | 1576.20 | 1069.49 | 1059.17 | 923.52 | 1054.08 |
| | 净产值 | 元 | 1798.53 | 2394.63 | 3010.62 | 1562.30 | 864.91 | 2369.10 | 575.23 |
| | 减税纯收益 | 元 | 959.73 | 1510.72 | 1954.30 | 946.42 | 65.83 | 1972.48 | 180.80 |
| | 成本纯收益率 | % | 66.24 | 85.53 | 123.99 | 88.49 | 6.22 | 213.58 | 17.15 |
| 每50公斤主产品 | 平均出售价格 | 元 | 54.05 | 48.09 | 70.01 | 44.47 | 50.37 | 40.00 | 26.65 |
| | 物质费用 | 元 | 13.69 | 12.95 | 10.31 | 10.01 | 11.65 | 7.28 | 14.24 |
| | 生产成本 | 元 | 29.51 | 22.94 | 29.39 | 21.22 | 38.89 | 9.85 | 19.43 |
| | 含税成本 | 元 | 32.51 | 25.92 | 31.26 | 23.59 | 47.42 | 12.76 | 22.75 |
| | 净产值 | 元 | 40.36 | 35.14 | 59.70 | 34.46 | 38.72 | 32.72 | 12.41 |
| | 减税纯收益 | 元 | 21.54 | 22.17 | 38.75 | 20.88 | 2.95 | 27.24 | 3.90 |
| 每一劳动日 | 主产品产量 | 公斤 | 49.60 | 122.60 | 33.80 | 49.50 | 31.20 | 181.00 | 103.90 |
| | 净产值 | 元 | 40.06 | 86.14 | 40.36 | 34.11 | 24.16 | 118.46 | 25.80 |
| 每亩主产品出售数量 | | 公斤 | 2190.60 | 3407.40 | 2521.60 | 2246.10 | 941.70 | 3620.00 | 2317.00 |
| 每亩主产品出售产值 | | 元 | 2371.42 | 3277.03 | 3530.50 | 1998.18 | 947.50 | 2896.00 | 1234.80 |
| 每亩成本外支出 | | 元 | 10.47 | 26.20 | 41.97 | | 11.95 | 19.98 | 31.48 |

# 2002年大中城市蔬菜成本收益(二)

品种：菜椒　　　　按地区工价汇总

| 项目名称 | | 单位 | 长春 | 哈尔滨 | 大连 | 上海 | 南京 | 杭州 |
|---|---|---|---|---|---|---|---|---|
| 调查县数 | | 个 | 3.00 | 1.00 | 2.00 | 1.00 | 1.00 | 2.00 |
| 调查户数 | | 户 | 4.00 | 2.00 | 4.00 | 15.00 | 3.00 | 6.00 |
| 调查面积 | | 亩 | 5.10 | 2.00 | 5.80 | 9.00 | 1.80 | 5.90 |
| 每亩 | 主产品产量 | 公斤 | 1377.20 | 1314.00 | 2212.10 | 1606.00 | 3322.50 | 1808.70 |
| | 产值合计 | 元 | 1037.11 | 1331.30 | 2299.31 | 2955.04 | 3198.00 | 4176.32 |
| | 主产品产值 | 元 | 1037.11 | 1331.30 | 2299.31 | 2955.04 | 3198.00 | 4176.32 |
| | 副产品产值 | 元 | | | | | | |
| | 其它收入 | 元 | | | | | | |
| | 生产成本 | 元 | 751.75 | 601.41 | 719.94 | 1688.75 | 1757.32 | 1465.98 |
| | 物质费用 | 元 | 312.18 | 250.41 | 362.94 | 656.75 | 1019.44 | 566.88 |
| | 用工作价 | 元 | 439.57 | 351.00 | 357.00 | 1032.00 | 737.88 | 899.10 |
| | 用工数量 | 日 | 38.90 | 26.00 | 23.80 | 43.00 | 47.30 | 48.60 |
| | 劳动日工价 | 元 | 11.30 | 13.50 | 15.00 | 24.00 | 15.60 | 18.50 |
| | 期间费用 | 元 | 16.87 | 35.38 | 92.15 | 100.00 | 22.33 | 80.88 |
| | 税金 | 元 | 47.18 | 24.10 | 75.79 | 10.50 | 33.70 | 13.27 |
| | 含税成本 | 元 | 815.80 | 660.89 | 887.88 | 1799.25 | 1813.35 | 1560.13 |
| | 净产值 | 元 | 724.93 | 1080.89 | 1936.37 | 2298.29 | 2178.56 | 3609.44 |
| | 减税纯收益 | 元 | 221.31 | 670.41 | 1411.43 | 1155.79 | 1384.65 | 2616.19 |
| | 成本纯收益率 | % | 27.13 | 101.44 | 158.97 | 64.24 | 76.36 | 167.69 |
| 每50公斤主产品 | 平均出售价格 | 元 | 37.65 | 50.66 | 51.97 | 92.00 | 48.13 | 115.45 |
| | 物质费用 | 元 | 11.33 | 9.53 | 8.20 | 20.45 | 15.34 | 15.67 |
| | 生产成本 | 元 | 27.29 | 22.89 | 16.27 | 52.58 | 26.45 | 40.53 |
| | 含税成本 | 元 | 29.62 | 25.15 | 20.07 | 56.02 | 27.29 | 43.13 |
| | 净产值 | 元 | 26.32 | 41.13 | 43.77 | 71.55 | 32.79 | 99.78 |
| | 减税纯收益 | 元 | 8.03 | 25.51 | 31.90 | 35.98 | 20.84 | 72.32 |
| 每一劳动日 | 主产品产量 | 公斤 | 35.40 | 50.50 | 92.90 | 37.30 | 70.20 | 37.20 |
| | 净产值 | 元 | 18.64 | 41.57 | 81.36 | 53.45 | 46.06 | 74.27 |
| 每亩主产品出售数量 | | 公斤 | 1355.90 | 1314.00 | 2212.10 | 1606.00 | 3322.50 | 1808.70 |
| 每亩主产品出售产值 | | 元 | 1019.62 | 1331.30 | 2299.30 | 2955.00 | 3198.00 | 4176.32 |
| 每亩成本外支出 | | 元 | | 5.15 | 46.10 | | 26.66 | |

# 2002年大中城市蔬菜成本收益(三)

品种：菜椒　　　　按地区工价汇总

| 项目名称 | | 单位 | 合肥 | 福州 | 济南 | 宁波 | 厦门 | 青岛 |
|---|---|---|---|---|---|---|---|---|
| 调查县数 | | 个 | 1.00 | 1.00 | 3.00 | 1.00 | 1.00 | 1.00 |
| 调查户数 | | 户 | 4.00 | 3.00 | 9.00 | 3.00 | 4.00 | 12.00 |
| 调查面积 | | 亩 | 1.00 | 6.00 | 2.80 | 2.40 | 3.80 | 12.00 |
| 每亩 | 主产品产量 | 公斤 | 1625.00 | 635.00 | 3089.70 | 1150.00 | 1260.00 | 3500.00 |
| | 产值合计 | 元 | 1585.00 | 478.83 | 3237.72 | 2700.00 | 1764.00 | 4200.00 |
| | 主产品产值 | 元 | 1585.00 | 478.83 | 3237.72 | 2700.00 | 1764.00 | 4200.00 |
| | 副产品产值 | 元 | | | | | | |
| | 其它收入 | 元 | | | | | | |
| | 生产成本 | 元 | 1332.22 | 667.63 | 1432.65 | 1938.00 | 1156.60 | 2451.50 |
| | 物质费用 | 元 | 604.90 | 265.78 | 618.69 | 402.00 | 605.00 | 698.00 |
| | 用工作价 | 元 | 727.32 | 401.85 | 813.96 | 1536.00 | 551.60 | 1753.50 |
| | 用工数量 | 日 | 62.70 | 17.10 | 64.60 | 64.00 | 28.00 | 83.50 |
| | 劳动日工价 | 元 | 11.60 | 23.50 | 12.60 | 24.00 | 19.70 | 21.00 |
| | 期间费用 | 元 | 46.00 | 64.00 | 54.54 | 63.20 | 240.37 | 95.00 |
| | 税金 | 元 | 60.12 | 18.59 | 50.76 | 51.10 | 41.74 | 40.00 |
| | 含税成本 | 元 | 1438.34 | 750.22 | 1537.95 | 2052.30 | 1438.71 | 2586.50 |
| | 净产值 | 元 | 980.10 | 213.05 | 2619.03 | 2298.00 | 1159.00 | 3502.00 |
| | 减税纯收益 | 元 | 146.66 | -271.39 | 1699.77 | 647.70 | 325.29 | 1613.50 |
| | 成本纯收益率 | % | 10.20 | -36.17 | 110.52 | 31.56 | 22.61 | 62.38 |
| 每50公斤主产品 | 平均出售价格 | 元 | 48.77 | 37.70 | 52.40 | 117.39 | 70.00 | 60.00 |
| | 物质费用 | 元 | 18.61 | 20.93 | 10.01 | 17.48 | 24.01 | 9.97 |
| | 生产成本 | 元 | 40.99 | 52.56 | 23.19 | 84.26 | 45.90 | 35.02 |
| | 含税成本 | 元 | 44.26 | 59.07 | 24.89 | 89.23 | 57.09 | 36.95 |
| | 净产值 | 元 | 30.16 | 16.77 | 42.39 | 99.91 | 45.99 | 50.03 |
| | 减税纯收益 | 元 | 4.51 | -21.37 | 27.51 | 28.16 | 12.91 | 23.05 |
| 每一劳动日 | 主产品产量 | 公斤 | 25.90 | 37.10 | 47.80 | 18.00 | 45.00 | 41.90 |
| | 净产值 | 元 | 15.63 | 12.46 | 40.54 | 35.91 | 41.39 | 41.94 |
| 每亩主产品出售数量 | | 公斤 | 1625.00 | 635.00 | 3059.90 | 1150.00 | 1260.00 | 3400.00 |
| 每亩主产品出售产值 | | 元 | 1585.00 | 478.80 | 3191.04 | 2700.00 | 1764.00 | 4080.00 |
| 每亩成本外支出 | | 元 | | 5.90 | 8.30 | | 17.89 | |

# 2002年大中城市蔬菜成本收益(四)

品种:菜椒　　　　按地区工价汇总

| 项目名称 | | 单位 | 郑州 | 武汉 | 长沙 | 海口 | 成都 | 贵阳 |
|---|---|---|---|---|---|---|---|---|
| 调查县数 | | 个 | 4.00 | 3.00 | 1.00 | 1.00 | 1.00 | 1.00 |
| 调查户数 | | 户 | 4.00 | 8.00 | 9.00 | 4.00 | 3.00 | 9.00 |
| 调查面积 | | 亩 | 1.30 | 4.50 | 5.00 | 11.50 | 1.80 | 9.00 |
| 每亩 | 主产品产量 | 公斤 | 2277.80 | 1592.00 | 3141.50 | 2526.00 | 1473.40 | 1833.00 |
| | 产值合计 | 元 | 2774.89 | 2275.50 | 2890.18 | 1127.54 | 3123.50 | 2031.30 |
| | 主产品产值 | 元 | 2774.89 | 2275.50 | 2890.18 | 1127.54 | 3123.50 | 2016.30 |
| | 副产品产值 | 元 | | | | | | 15.00 |
| | 其它收入 | 元 | | | | | | |
| | 生产成本 | 元 | 1589.20 | 952.09 | 1218.46 | 1486.37 | 791.76 | 749.50 |
| | 物质费用 | 元 | 665.42 | 591.18 | 684.16 | 784.37 | 292.80 | 347.00 |
| | 用工作价 | 元 | 923.78 | 360.91 | 534.30 | 702.00 | 498.96 | 402.50 |
| | 用工数量 | 日 | 64.60 | 19.30 | 39.00 | 27.00 | 30.80 | 35.00 |
| | 劳动日工价 | 元 | 14.30 | 18.70 | 13.70 | 26.00 | 16.20 | 11.50 |
| | 期间费用 | 元 | 79.44 | 161.52 | 175.36 | 279.91 | | 32.00 |
| | 税金 | 元 | 13.45 | 34.53 | 37.20 | 19.45 | 24.50 | 13.00 |
| | 含税成本 | 元 | 1682.09 | 1148.14 | 1431.02 | 1785.73 | 816.26 | 794.50 |
| | 净产值 | 元 | 2109.47 | 1684.32 | 2206.02 | 343.17 | 2830.70 | 1684.30 |
| | 减税纯收益 | 元 | 1092.80 | 1127.36 | 1459.16 | -658.19 | 2307.24 | 1236.80 |
| | 成本纯收益率 | % | 64.97 | 98.19 | 101.97 | -36.86 | 282.66 | 155.67 |
| 每50公斤主产品 | 平均出售价格 | 元 | 60.91 | 71.47 | 46.00 | 22.32 | 106.00 | 55.00 |
| | 物质费用 | 元 | 14.61 | 18.57 | 10.89 | 15.53 | 9.94 | 9.40 |
| | 生产成本 | 元 | 34.88 | 29.90 | 19.39 | 29.42 | 26.87 | 20.29 |
| | 含税成本 | 元 | 36.92 | 36.06 | 22.78 | 35.35 | 27.70 | 21.51 |
| | 净产值 | 元 | 46.30 | 52.90 | 35.11 | 6.79 | 96.06 | 45.60 |
| | 减税纯收益 | 元 | 23.99 | 35.41 | 23.22 | -13.03 | 78.30 | 33.49 |
| 每一劳动日 | 主产品产量 | 公斤 | 35.30 | 82.50 | 80.60 | 93.60 | 47.80 | 52.40 |
| | 净产值 | 元 | 32.65 | 87.27 | 56.56 | 12.71 | 91.91 | 48.12 |
| 每亩主产品出售数量 | | 公斤 | 2236.90 | 1581.30 | 3131.50 | 2387.00 | 1459.60 | 1700.00 |
| 每亩主产品出售产值 | | 元 | 2726.20 | 2260.20 | 2881.00 | 1070.96 | 3098.40 | 1870.00 |
| 每亩成本外支出 | | 元 | | 25.07 | | 8.34 | | |

# 2002 年大中城市蔬菜成本收益(五)

品种：菜椒　　　　　　　　　　　　　　　　　　　　　按地区工价汇总

| 项目名称 | | 单位 | 昆明 | 重庆 | 西安 | 兰州 | 银川 | 乌鲁木齐 |
|---|---|---|---|---|---|---|---|---|
| 调查县数 | | 个 | 1.00 | 3.00 | 3.00 | 2.00 | 1.00 | 1.00 |
| 调查户数 | | 户 | 9.00 | 11.00 | 15.00 | 6.00 | 2.00 | 3.00 |
| 调查面积 | | 亩 | 10.00 | 2.75 | 5.50 | 5.89 | 1.30 | 30.00 |
| 每亩 | 主产品产量 | 公斤 | 2126.00 | 1423.90 | 1815.60 | 4023.40 | 2049.00 | 4389.70 |
| | 产值合计 | 元 | 2434.98 | 1785.84 | 2013.27 | 5924.39 | 1533.08 | 1301.00 |
| | 主产品产值 | 元 | 2431.48 | 1785.84 | 2013.27 | 5924.39 | 1533.08 | 1301.00 |
| | 副产品产值 | 元 | 3.50 | | | | | |
| | 其它收入 | 元 | | | | | | |
| | 生产成本 | 元 | 1367.43 | 842.20 | 1333.75 | 3884.73 | 1007.04 | 1282.75 |
| | 物质费用 | 元 | 789.45 | 348.83 | 690.25 | 2119.61 | 730.65 | 591.91 |
| | 用工作价 | 元 | 577.98 | 493.37 | 643.50 | 1765.12 | 276.39 | 690.84 |
| | 用工数量 | 日 | 50.70 | 47.90 | 55.00 | 137.90 | 24.90 | 40.40 |
| | 劳动日工价 | 元 | 11.40 | 10.30 | 11.70 | 12.80 | 11.10 | 17.10 |
| | 期间费用 | 元 | 54.44 | 177.25 | 52.40 | 245.36 | 63.07 | 54.36 |
| | 税金 | 元 | 11.67 | 23.84 | 27.55 | 30.17 | 35.30 | 33.80 |
| | 含税成本 | 元 | 1433.54 | 1043.29 | 1413.70 | 4160.26 | 1105.41 | 1370.91 |
| | 净产值 | 元 | 1645.53 | 1437.01 | 1323.02 | 3804.78 | 802.43 | 709.09 |
| | 减税纯收益 | 元 | 1001.44 | 742.55 | 599.57 | 1764.13 | 427.67 | -69.91 |
| | 成本纯收益率 | % | 69.86 | 71.17 | 42.41 | 42.40 | 38.69 | -5.10 |
| 每50公斤主产品 | 平均出售价格 | 元 | 57.18 | 62.71 | 55.44 | 73.62 | 37.41 | 14.82 |
| | 物质费用 | 元 | 18.54 | 12.25 | 19.01 | 26.34 | 17.83 | 6.74 |
| | 生产成本 | 元 | 32.11 | 29.57 | 36.73 | 48.27 | 24.57 | 14.61 |
| | 含税成本 | 元 | 33.66 | 36.64 | 38.93 | 51.70 | 26.97 | 15.62 |
| | 净产值 | 元 | 38.64 | 50.46 | 36.43 | 47.28 | 19.58 | 8.08 |
| | 减税纯收益 | 元 | 23.52 | 26.07 | 16.51 | 21.92 | 10.44 | -0.80 |
| 每一劳动日 | 主产品产量 | 公斤 | 41.90 | 29.70 | 33.00 | 29.20 | 82.30 | 108.70 |
| | 净产值 | 元 | 32.46 | 30.00 | 24.05 | 27.59 | 32.23 | 17.55 |
| 每亩主产品出售数量 | | 公斤 | 2126.00 | 1384.10 | 1766.00 | 3803.60 | 2049.00 | 4289.00 |
| 每亩主产品出售产值 | | 元 | 2431.48 | 1741.14 | 1957.13 | 5612.51 | 1533.10 | 1298.00 |
| 每亩成本外支出 | | 元 | 8.00 | | | | 10.23 | 20.80 |

# 2002年大中城市蔬菜物质费用(一)

品种:菜椒

| 项　目　名　称 | 单位 | 平　均 | 北　京 | 天　津 | 石家庄 | 太　原 | 呼和浩特 | 沈　阳 |
|---|---|---|---|---|---|---|---|---|
| 每亩物质费用 | 元 | 610.05 | 882.40 | 519.88 | 453.61 | 260.09 | 526.90 | 659.65 |
| 一、直接生产费用 | 元 | 577.12 | 863.51 | 486.38 | 437.39 | 251.59 | 511.90 | 655.65 |
| 1.种籽秧苗费 | 元 | 83.92 | 57.07 | 49.90 | 66.73 | 13.00 | 89.00 | 396.25 |
| 2.农家肥费 | 元 | 119.73 | 175.70 | 70.49 | 75.73 | 106.67 | 230.00 | 80.00 |
| 3.化肥费 | 元 | 121.93 | 85.58 | 97.16 | 120.05 | 32.26 | 55.00 | 42.07 |
| 4.农膜费 | 元 | 90.24 | 221.53 | 134.09 | 37.71 | 27.33 | 31.50 | 41.90 |
| 5.农药费 | 元 | 62.31 | 80.36 | 25.58 | 49.61 | 9.00 | 35.40 | 21.43 |
| 6.畜力费 | 元 | 5.76 | | | | | | 30.00 |
| 7.机械作业费 | 元 | 15.38 | 9.72 | 4.44 | 30.00 | 9.33 | 20.00 | 19.00 |
| 8.排灌费 | 元 | 27.64 | 53.51 | 25.24 | 47.65 | 54.00 | 36.00 | 25.00 |
| 9.燃料动力费 | 元 | 5.63 | | 27.64 | | | | |
| 10.棚架材料费 | 元 | 38.40 | 180.04 | 43.40 | 9.91 | | | |
| 11.其它直接费用 | 元 | 6.18 | | 8.44 | | | 15.00 | |
| 二、间接生产费用 | 元 | 32.93 | 18.89 | 33.50 | 16.22 | 8.50 | 15.00 | 4.00 |
| 1.固定资产折旧 | 元 | 19.21 | 13.08 | 25.40 | 11.73 | 6.33 | | |
| 2.小农具购置修理费 | 元 | 10.42 | 5.81 | 6.60 | 4.49 | 2.17 | 9.00 | 4.00 |
| 3.其它间接费用 | 元 | 3.30 | | 1.50 | | | 6.00 | |
| 附记:1.每亩种籽用量 | 公斤 | 0.20 | 0.20 | 0.20 | 0.20 | 0.10 | 0.20 | |
| 2.每亩化肥用量 | 公斤 | 37.90 | 29.10 | 31.60 | 41.90 | 12.40 | 16.00 | 14.00 |
| 3.每亩农膜用量 | 公斤 | 10.60 | 27.60 | 15.10 | 4.30 | 3.00 | 3.50 | 5.00 |
| 4.每度电价 | 元 | 0.55 | 0.49 | 0.46 | 0.57 | 0.54 | 0.45 | 0.52 |
| 5.每亩柴油费 | 元 | 4.21 | | 5.72 | 4.13 | | 23.00 | |

# 2002年大中城市蔬菜物质费用(二)

品种：菜椒

| 项 目 名 称 | 单位 | 长 春 | 哈尔滨 | 大 连 | 上 海 | 南 京 | 杭 州 |
|---|---|---|---|---|---|---|---|
| 每亩物质费用 | 元 | 312.18 | 250.41 | 362.94 | 656.75 | 1019.44 | 566.88 |
| 一、直接生产费用 | 元 | 279.24 | 234.17 | 359.64 | 616.75 | 933.35 | 520.62 |
| 1.种籽秧苗费 | 元 | 27.14 | 24.11 | 77.59 | 45.00 | 39.00 | 46.00 |
| 2.农家肥费 | 元 | 76.86 | 41.20 | 125.17 | 81.00 | 158.00 | 20.62 |
| 3.化肥费 | 元 | 27.62 |  | 29.64 | 150.00 | 124.17 | 60.84 |
| 4.农膜费 | 元 | 53.00 | 69.31 | 41.64 | 97.50 | 357.35 | 219.90 |
| 5.农药费 | 元 |  | 27.56 | 22.50 | 120.40 | 93.83 | 40.48 |
| 6.畜力费 | 元 | 36.96 |  |  |  |  |  |
| 7.机械作业费 | 元 |  | 15.21 | 7.93 | 35.40 | 37.67 |  |
| 8.排灌费 | 元 | 9.56 | 20.19 | 47.93 | 19.60 | 6.00 | 7.76 |
| 9.燃料动力费 | 元 |  |  |  |  |  |  |
| 10.棚架材料费 | 元 |  | 27.09 | 7.24 | 67.85 | 117.33 | 125.02 |
| 11.其它直接费用 | 元 | 48.10 | 9.50 |  |  |  |  |
| 二、间接生产费用 | 元 | 32.94 | 16.24 | 3.30 | 40.00 | 86.09 | 46.26 |
| 1.固定资产折旧 | 元 | 17.06 | 9.95 | 1.21 | 20.00 | 56.00 | 32.98 |
| 2.小农具购置修理费 | 元 | 12.22 | 3.58 | 2.09 | 20.00 | 22.09 | 5.31 |
| 3.其它间接费用 | 元 | 3.66 | 2.71 |  |  | 8.00 | 7.97 |
| 附记：1.每亩种籽用量 | 公斤 | 0.10 | 0.80 | 0.30 | 0.20 | 0.10 | 0.40 |
| 2.每亩化肥用量 | 公斤 | 8.20 |  | 12.10 | 53.60 | 36.90 | 19.00 |
| 3.每亩农膜用量 | 公斤 | 6.20 | 10.00 | 3.60 | 10.30 | 34.90 | 22.00 |
| 4.每度电价 | 元 | 0.60 | 0.57 | 0.54 | 0.28 | 0.60 | 0.68 |
| 5.每亩柴油费 | 元 | 7.55 | 2.00 |  | 7.55 | 23.33 |  |

# 2002年大中城市蔬菜物质费用(三)

品种：菜椒

| 项目名称 | 单位 | 合肥 | 福州 | 济南 | 宁波 | 厦门 | 青岛 |
|---|---|---|---|---|---|---|---|
| 每亩物质费用 | 元 | 604.90 | 265.78 | 618.69 | 402.00 | 605.00 | 698.00 |
| 一、直接生产费用 | 元 | 516.20 | 228.12 | 568.58 | 373.50 | 590.00 | 675.50 |
| 1.种籽秧苗费 | 元 | 44.40 | 16.00 | 50.26 | 52.80 | 35.00 | 47.50 |
| 2.农家肥费 | 元 | 95.00 | 24.33 | 114.61 | 32.50 | 90.00 | 260.00 |
| 3.化肥费 | 元 | 134.80 | 130.75 | 154.49 | 48.30 | 264.00 | 288.00 |
| 4.农膜费 | 元 | 56.20 | 2.87 | 58.17 | 88.00 | 18.00 | 10.00 |
| 5.农药费 | 元 | 76.50 | 54.17 | 63.38 | 18.00 | 148.00 | 30.00 |
| 6.畜力费 | 元 | | | | | 35.00 | |
| 7.机械作业费 | 元 | 66.20 | | 9.33 | | | |
| 8.排灌费 | 元 | 43.10 | | 109.98 | 12.00 | | 30.00 |
| 9.燃料动力费 | 元 | | | | | | |
| 10.棚架材料费 | 元 | | | 7.80 | 121.90 | | |
| 11.其它直接费用 | 元 | | | 0.56 | | | 10.00 |
| 二、间接生产费用 | 元 | 88.70 | 37.66 | 50.11 | 28.50 | 15.00 | 22.50 |
| 1.固定资产折旧 | 元 | 23.20 | 24.83 | 46.77 | | | |
| 2.小农具购置修理费 | 元 | 41.50 | 12.83 | 3.34 | | 15.00 | 15.00 |
| 3.其它间接费用 | 元 | 24.00 | | | 28.50 | | 7.50 |
| 附记：1.每亩种籽用量 | 公斤 | 0.10 | | | 0.40 | 0.10 | 0.10 |
| 2.每亩化肥用量 | 公斤 | 44.90 | 46.80 | 50.10 | 14.00 | 87.50 | 115.90 |
| 3.每亩农膜用量 | 公斤 | 7.00 | 0.30 | 7.30 | 8.00 | 2.00 | 4.00 |
| 4.每度电价 | 元 | 0.79 | 0.48 | 0.77 | 0.65 | 0.53 | 0.67 |
| 5.每亩柴油费 | 元 | 14.96 | | 4.40 | | | |

# 2002年大中城市蔬菜物质费用(四)

品种：菜椒

| 项 目 名 称 | 单位 | 郑 州 | 武 汉 | 长 沙 | 海 口 | 成 都 | 贵 阳 |
|---|---|---|---|---|---|---|---|
| 每亩物质费用 | 元 | 665.42 | 591.18 | 684.16 | 784.37 | 292.80 | 347.00 |
| 一、直接生产费用 | 元 | 654.35 | 557.42 | 639.16 | 782.63 | 292.80 | 325.00 |
| 1.种籽秧苗费 | 元 | 33.84 | 54.47 | 18.33 | 191.91 | 177.45 | 32.00 |
| 2.农家肥费 | 元 | 129.23 | 22.93 | 180.00 | 80.35 | 27.00 | 80.00 |
| 3.化肥费 | 元 | 126.92 | 209.87 | 158.33 | 264.16 | 23.05 | 100.00 |
| 4.农膜费 | 元 | 140.67 | 82.05 | 58.00 | | 11.40 | 44.00 |
| 5.农药费 | 元 | 72.31 | 78.24 | 156.83 | 160.62 | 33.90 | 17.00 |
| 6.畜力费 | 元 | | 15.65 | | 15.21 | | 40.00 |
| 7.机械作业费 | 元 | 23.08 | 1.78 | | 62.18 | 20.00 | |
| 8.排灌费 | 元 | 27.15 | 6.13 | | 8.20 | | 12.00 |
| 9.燃料动力费 | 元 | | | | | | |
| 10.棚架材料费 | 元 | 101.15 | 86.30 | 67.67 | | | |
| 11.其它直接费用 | 元 | | | | | | |
| 二、间接生产费用 | 元 | 11.07 | 33.76 | 45.00 | 1.74 | | 22.00 |
| 1.固定资产折旧 | 元 | 8.05 | 24.59 | 30.00 | 1.20 | | 12.00 |
| 2.小农具购置修理费 | 元 | 3.02 | 9.17 | 15.00 | 0.54 | | 10.00 |
| 3.其它间接费用 | 元 | | | | | | |
| 附记：1.每亩种籽用量 | 公斤 | | 0.10 | 0.10 | 0.10 | 0.30 | 0.40 |
| 2.每亩化肥用量 | 公斤 | 41.30 | 46.40 | 36.70 | 34.40 | 8.50 | 34.20 |
| 3.每亩农膜用量 | 公斤 | 18.80 | 11.30 | 9.70 | | 1.40 | 5.50 |
| 4.每度电价 | 元 | 0.55 | 0.47 | 0.67 | 0.60 | 0.47 | 0.50 |
| 5.每亩柴油费 | 元 | | | | 18.70 | | |

# 2002年大中城市蔬菜物质费用(五)

品种：菜椒

| 项　目　名　称 | 单位 | 昆　明 | 重　庆 | 西　安 | 兰　州 | 银　川 | 乌鲁木齐 |
|---|---|---|---|---|---|---|---|
| 每亩物质费用 | 元 | 789.45 | 348.83 | 690.25 | 2119.61 | 730.65 | 591.91 |
| 一、直接生产费用 | 元 | 789.45 | 322.81 | 607.49 | 2017.67 | 673.73 | 548.62 |
| 1.种籽秧苗费 | 元 | 89.52 | 150.18 | 172.36 | 99.44 | 201.54 | 119.91 |
| 2.农家肥费 | 元 | 162.22 | 50.85 | 129.64 | 604.25 | 162.46 | 105.00 |
| 3.化肥费 | 元 | 185.00 | 44.40 | 105.30 | 341.00 | 153.85 | 101.26 |
| 4.农膜费 | 元 | 65.42 | 39.09 | 15.27 | 587.26 | 62.31 | 35.49 |
| 5.农药费 | 元 | 243.89 | 35.38 | 40.03 | 88.41 | 20.00 | 6.44 |
| 6.畜力费 | 元 | | | | | | |
| 7.机械作业费 | 元 | 11.11 | | 44.73 | | | 34.33 |
| 8.排灌费 | 元 | 6.67 | | 54.89 | 41.88 | 38.19 | 86.44 |
| 9.燃料动力费 | 元 | | | | 141.14 | | |
| 10.棚架材料费 | 元 | 25.62 | 1.09 | 28.00 | 114.29 | | 20.29 |
| 11.其它直接费用 | 元 | | 1.82 | 17.27 | | 35.38 | 39.46 |
| 二、间接生产费用 | 元 | | 26.02 | 82.76 | 101.94 | 56.92 | 43.29 |
| 1.固定资产折旧 | 元 | | 6.22 | 52.18 | 79.34 | 50.00 | 24.20 |
| 2.小农具购置修理费 | 元 | | 19.80 | 30.58 | 22.60 | 6.92 | 10.00 |
| 3.其它间接费用 | 元 | | | | | | 9.09 |
| 附记：1.每亩种籽用量 | 公斤 | 0.30 | 0.20 | | | | 0.30 |
| 2.每亩化肥用量 | 公斤 | 65.90 | 16.90 | 37.30 | 99.90 | 53.00 | 30.50 |
| 3.每亩农膜用量 | 公斤 | 8.50 | 5.20 | 1.70 | 70.20 | 8.00 | 4.10 |
| 4.每度电价 | 元 | 0.58 | 0.57 | 0.40 | 0.47 | 0.45 | 0.61 |
| 5.每亩柴油费 | 元 | | | 15.00 | | | |

# 2002年大中城市蔬菜期间费用(一)

品种：菜椒

| 项 目 名 称 | 单位 | 平 均 | 北 京 | 天 津 | 石家庄 | 太 原 | 呼和浩特 | 沈 阳 |
|---|---|---|---|---|---|---|---|---|
| 一、每亩期间费用 | 元 | 98.81 | 145.90 | 61.03 | 71.10 | 162.59 | 164.00 | 73.75 |
| 1.土地承包费 | 元 | 16.23 | 86.15 | 21.33 | | 27.92 | | |
| 2.管理费 | 元 | 1.04 | | | | 4.67 | | |
| 3.销售费 | 元 | 81.54 | 59.75 | 39.70 | 71.10 | 130.00 | 164.00 | 73.75 |
| 4.财务费 | 元 | | | | | | | |
| 二、每亩用工量 | 日 | 44.90 | 27.80 | 74.60 | 45.80 | 35.80 | 20.00 | 22.30 |
| 1.直接用工 | 日 | 40.50 | 25.30 | 66.40 | 42.70 | 35.50 | 19.00 | 20.80 |
| 2.间接用工 | 日 | 4.40 | 2.50 | 8.20 | 3.10 | 0.30 | 1.00 | 1.50 |
| 三、每亩成本外支出 | 元 | 10.47 | 26.20 | 41.97 | | 11.95 | 19.98 | 31.48 |
| 1.村提留费 | 元 | | | | | | | |
| 2.乡统筹费 | 元 | | | | | | | |
| 3.两工支出 | 元 | 4.07 | 1.81 | 33.71 | | | | 25.76 |
| 4.其它成本外支出 | 元 | 6.40 | 24.39 | 8.26 | | 11.95 | 19.98 | 5.72 |
| 附记：1.人均耕地面积 | 元 | 1.50 | 7.00 | 1.00 | 1.10 | 1.40 | 1.10 | 2.20 |
| 2.人均成本外支出 | 元 | 24.80 | 144.80 | 51.60 | | | 22.00 | 111.80 |
| 3.人均两工数量 | 日 | 1.70 | 1.20 | 7.70 | | 8.00 | | 7.00 |
| 4.雇工天数 | 日 | 0.40 | | | | | | |
| 5.雇工工价 | 元 | 20.20 | 14.60 | 20.20 | | | 15.00 | 20.00 |

# 2002年大中城市蔬菜期间费用(二)

品种：菜椒

| 项 目 名 称 | 单位 | 长 春 | 哈尔滨 | 大 连 | 上 海 | 南 京 | 杭 州 |
|---|---|---|---|---|---|---|---|
| 一、每亩期间费用 | 元 | 16.87 | 35.38 | 92.15 | 100.00 | 22.33 | 80.88 |
| 1.土地承包费 | 元 | | | 80.17 | | | 23.92 |
| 2.管理费 | 元 | | 1.38 | | 15.00 | | |
| 3.销售费 | 元 | 16.87 | 34.00 | 11.98 | 85.00 | 22.33 | 56.96 |
| 4.财务费 | 元 | | | | | | |
| 二、每亩用工量 | 日 | 38.90 | 26.00 | 23.80 | 43.00 | 47.30 | 48.60 |
| 1.直接用工 | 日 | 35.00 | 25.50 | 21.80 | 36.00 | 40.00 | 44.50 |
| 2.间接用工 | 日 | 3.90 | 0.50 | 2.00 | 7.00 | 7.30 | 4.10 |
| 三、每亩成本外支出 | 元 | | 5.15 | 46.10 | | 26.66 | |
| 1.村提留费 | 元 | | | | | | |
| 2.乡统筹费 | 元 | | | | | | |
| 3.两工支出 | 元 | | 5.15 | 13.62 | | 18.33 | |
| 4.其它成本外支出 | 元 | | | 32.48 | | 8.33 | |
| 附记：1.人均耕地面积 | 元 | 2.90 | 2.40 | 3.00 | 0.80 | 1.50 | 0.50 |
| 2.人均成本外支出 | 元 | | 40.50 | 124.50 | | 44.00 | |
| 3.人均两工数量 | 日 | | 1.90 | 3.20 | | 10.00 | |
| 4.雇工天数 | 日 | | | | | | |
| 5.雇工工价 | 元 | | 19.80 | 20.00 | | 20.00 | 25.00 |

# 2002年大中城市蔬菜期间费用(三)

品种:菜椒

| 项目名称 | 单位 | 合肥 | 福州 | 济南 | 宁波 | 厦门 | 青岛 |
|---|---|---|---|---|---|---|---|
| 一、每亩期间费用 | 元 | 46.00 | 64.00 | 54.54 | 63.20 | 240.37 | 95.00 |
| 1.土地承包费 | 元 | 9.50 | | | 25.00 | 82.11 | |
| 2.管理费 | 元 | | | | 10.00 | | |
| 3.销售费 | 元 | 36.50 | 64.00 | 54.54 | 28.20 | 158.26 | 95.00 |
| 4.财务费 | 元 | | | | | | |
| 二、每亩用工量 | 日 | 62.70 | 17.10 | 64.60 | 64.00 | 28.00 | 83.50 |
| 1.直接用工 | 日 | 57.70 | 16.80 | 63.30 | 54.00 | 28.00 | 56.00 |
| 2.间接用工 | 日 | 5.00 | 0.30 | 1.30 | 10.00 | | 27.50 |
| 三、每亩成本外支出 | 元 | | 5.90 | 8.30 | | 17.89 | |
| 1.村提留费 | 元 | | | | | | |
| 2.乡统筹费 | 元 | | | | | | |
| 3.两工支出 | 元 | | | 4.11 | | | |
| 4.其它成本外支出 | 元 | | 5.90 | 4.19 | | 17.89 | |
| 附记:1.人均耕地面积 | 元 | 0.90 | 0.30 | 1.20 | 0.60 | 0.70 | 0.40 |
| 2.人均成本外支出 | 元 | | 39.50 | 14.90 | 32.00 | 40.60 | |
| 3.人均两工数量 | 日 | | | 1.90 | | | |
| 4.雇工天数 | 日 | | | 0.30 | | | |
| 5.雇工工价 | 元 | 15.00 | 30.00 | 15.30 | 25.00 | | 25.00 |

# 2002年大中城市蔬菜期间费用(四)

品种：菜椒

| 项目名称 | 单位 | 郑州 | 武汉 | 长沙 | 海口 | 成都 | 贵阳 |
|---|---|---|---|---|---|---|---|
| 一、每亩期间费用 | 元 | 79.44 | 161.52 | 175.36 | 279.91 | | 32.00 |
| 1.土地承包费 | 元 | | | | 71.74 | | 12.00 |
| 2.管理费 | 元 | | | | | | |
| 3.销售费 | 元 | 79.44 | 161.52 | 175.36 | 208.17 | | 20.00 |
| 4.财务费 | 元 | | | | | | |
| 二、每亩用工量 | 日 | 64.60 | 19.30 | 39.00 | 27.00 | 30.80 | 35.00 |
| 1.直接用工 | 日 | 61.50 | 19.00 | 38.00 | 23.00 | 24.40 | 32.00 |
| 2.间接用工 | 日 | 3.10 | 0.30 | 1.00 | 4.00 | 6.40 | 3.00 |
| 三、每亩成本外支出 | 元 | | 25.07 | | 8.34 | | |
| 1.村提留费 | 元 | | | | | | |
| 2.乡统筹费 | 元 | | | | | | |
| 3.两工支出 | 元 | | | | | | |
| 4.其它成本外支出 | 元 | | 25.07 | | 8.34 | | |
| 附记：1.人均耕地面积 | 元 | 0.40 | 1.60 | 0.90 | 0.90 | 0.80 | 1.20 |
| 2.人均成本外支出 | 元 | | 26.70 | | 1.70 | | |
| 3.人均两工数量 | 日 | | 2.50 | | | | |
| 4.雇工天数 | 日 | | | | | | 1.00 |
| 5.雇工工价 | 元 | | | 20.00 | 20.00 | 28.00 | 20.00 |

# 2002年大中城市蔬菜期间费用(五)

品种：菜椒

| 项 目 名 称 | 单位 | 昆 明 | 重 庆 | 西 安 | 兰 州 | 银 川 | 乌鲁木齐 |
|---|---|---|---|---|---|---|---|
| 一、每亩期间费用 | 元 | 54.44 | 177.25 | 52.40 | 245.36 | 63.07 | 54.36 |
| 1.土地承包费 | 元 | 47.11 | | | | | |
| 2.管理费 | 元 | | | | | | |
| 3.销售费 | 元 | 7.33 | 177.25 | 52.40 | 245.36 | 63.07 | 54.36 |
| 4.财务费 | 元 | | | | | | |
| 二、每亩用工量 | 日 | 50.70 | 47.90 | 55.00 | 137.90 | 24.90 | 40.40 |
| 1.直接用工 | 日 | 43.70 | 43.60 | 51.10 | 136.10 | 16.40 | 37.10 |
| 2.间接用工 | 日 | 7.00 | 4.30 | 3.90 | 1.80 | 8.50 | 3.30 |
| 三、每亩成本外支出 | 元 | 8.00 | | | | 10.23 | 20.80 |
| 1.村提留费 | 元 | | | | | | |
| 2.乡统筹费 | 元 | | | | | | |
| 3.两工支出 | 元 | 3.00 | | | | 10.23 | 6.32 |
| 4.其它成本外支出 | 元 | 5.00 | | | | | 14.48 |
| 附记：1.人均耕地面积 | 元 | 1.30 | 0.80 | 0.60 | 0.70 | 2.30 | 5.30 |
| 2.人均成本外支出 | 元 | 10.00 | | | | 1.80 | 37.00 |
| 3.人均两工数量 | 日 | 4.00 | | | | 0.50 | 3.60 |
| 4.雇工天数 | 日 | | | | | | 11.30 |
| 5.雇工工价 | 元 | 20.00 | 25.30 | 10.00 | 15.00 | | 21.50 |

# 2002年大中城市蔬菜成本收益(一)

品种：大白菜　　　　按统一工价汇总

| 项目名称 | | 单位 | 平均 | 北京 | 天津 | 石家庄 | 太原 | 呼和浩特 | 沈阳 |
|---|---|---|---|---|---|---|---|---|---|
| 调查县数 | | 个 | 61.00 | 4.00 | 6.00 | 3.00 | 2.00 | 3.00 | 2.00 |
| 调查户数 | | 户 | 240.00 | 10.00 | 35.00 | 8.00 | 6.00 | 10.00 | 4.00 |
| 调查面积 | | 亩 | 350.27 | 46.00 | 22.50 | 12.65 | 10.50 | 10.00 | 9.00 |
| 每亩 | 主产品产量 | 公斤 | 3875.10 | 5696.20 | 5165.10 | 5407.00 | 5834.30 | 6415.00 | 4000.00 |
| | 产值合计 | 元 | 1506.13 | 1234.05 | 1803.58 | 1025.39 | 1750.29 | 2309.40 | 793.00 |
| | 主产品产值 | 元 | 1504.32 | 1229.70 | 1803.58 | 1025.39 | 1750.29 | 2309.40 | 793.00 |
| | 副产品产值 | 元 | 1.81 | 4.35 | | | | | |
| | 其它收入 | 元 | 0.54 | | | | | | |
| | 生产成本 | 元 | 632.03 | 418.43 | 498.73 | 638.87 | 767.20 | 538.00 | 357.48 |
| | 物质费用 | 元 | 305.33 | 279.83 | 220.43 | 301.17 | 375.60 | 395.00 | 195.78 |
| | 用工作价 | 元 | 326.70 | 138.60 | 278.30 | 337.70 | 391.60 | 143.00 | 161.70 |
| | 用工数量 | 日 | 29.70 | 12.60 | 25.30 | 30.70 | 35.60 | 13.00 | 14.70 |
| | 劳动日工价 | 元 | 11.00 | 11.00 | 11.00 | 11.00 | 11.00 | 11.00 | 11.00 |
| | 期间费用 | 元 | 76.85 | 126.19 | 37.87 | 34.02 | 126.30 | 119.00 | 106.25 |
| | 税金 | 元 | 29.01 | 19.92 | 34.74 | 36.76 | 27.17 | 36.82 | 79.84 |
| | 含税成本 | 元 | 737.89 | 564.54 | 571.34 | 709.65 | 920.67 | 693.82 | 543.57 |
| | 净产值 | 元 | 1200.80 | 954.22 | 1583.15 | 724.22 | 1374.69 | 1914.40 | 597.22 |
| | 减税纯收益 | 元 | 768.78 | 669.51 | 1232.24 | 315.74 | 829.62 | 1615.58 | 249.43 |
| | 成本纯收益率 | % | 104.19 | 118.59 | 215.68 | 44.49 | 90.11 | 232.85 | 45.89 |
| 每50公斤主产品 | 平均出售价格 | 元 | 19.41 | 10.79 | 17.46 | 9.48 | 15.00 | 18.00 | 9.91 |
| | 物质费用 | 元 | 3.93 | 2.45 | 2.13 | 2.78 | 3.22 | 3.08 | 2.45 |
| | 生产成本 | 元 | 8.15 | 3.66 | 4.83 | 5.91 | 6.57 | 4.19 | 4.47 |
| | 含税成本 | 元 | 9.51 | 4.94 | 5.53 | 6.56 | 7.89 | 5.41 | 6.79 |
| | 净产值 | 元 | 15.48 | 8.34 | 15.33 | 6.70 | 11.78 | 14.92 | 7.46 |
| | 减税纯收益 | 元 | 9.91 | 5.85 | 11.93 | 2.92 | 7.11 | 12.59 | 3.12 |
| 每一劳动日 | 主产品产量 | 公斤 | 130.50 | 452.10 | 204.20 | 176.10 | 163.90 | 493.50 | 272.10 |
| | 净产值 | 元 | 40.43 | 75.73 | 62.58 | 23.59 | 38.61 | 147.26 | 40.63 |
| 每亩主产品出售数量 | | 公斤 | 3710.30 | 5696.20 | 5165.10 | 4913.10 | 4612.40 | 6415.00 | 4000.00 |
| 每亩主产品出售产值 | | 元 | 1411.10 | 1229.70 | 1803.58 | 933.24 | 1439.33 | 2309.40 | 793.00 |
| 每亩成本外支出 | | 元 | 8.74 | 9.36 | 39.26 | | 14.14 | 15.78 | 31.48 |

# 2002 年大中城市蔬菜成本收益(二)

品种：大白菜　　　　按统一工价汇总

| 项目名称 | | 单位 | 长春 | 哈尔滨 | 大连 | 上海 | 福州 | 南昌 | 济南 |
|---|---|---|---|---|---|---|---|---|---|
| 调查县数 | | 个 | 3.00 | 2.00 | 2.00 | 1.00 | 1.00 | 1.00 | 3.00 |
| 调查户数 | | 户 | 6.00 | 6.00 | 3.00 | 15.00 | 2.00 | 3.00 | 9.00 |
| 调查面积 | | 亩 | 18.10 | 20.00 | 30.70 | 6.00 | 3.00 | 0.85 | 13.70 |
| 每亩 | 主产品产量 | 公斤 | 4600.40 | 3913.80 | 3726.40 | 3740.00 | 2675.00 | 1639.40 | 3415.90 |
| | 产值合计 | 元 | 893.81 | 883.90 | 1395.52 | 1271.60 | 1898.50 | 987.53 | 1093.99 |
| | 主产品产值 | 元 | 893.81 | 883.90 | 1395.52 | 1271.60 | 1898.50 | 987.53 | 1093.99 |
| | 副产品产值 | 元 | | | | | | | |
| | 其它收入 | 元 | | | | | 14.69 | | |
| | 生产成本 | 元 | 692.92 | 371.66 | 578.43 | 856.40 | 595.30 | 620.14 | 435.86 |
| | 物质费用 | 元 | 328.82 | 283.66 | 382.63 | 438.40 | 413.80 | 170.24 | 231.26 |
| | 用工作价 | 元 | 364.10 | 88.00 | 195.80 | 418.00 | 181.50 | 449.90 | 204.60 |
| | 用工数量 | 日 | 33.10 | 8.00 | 17.80 | 38.00 | 16.50 | 40.90 | 18.60 |
| | 劳动日工价 | 元 | 11.00 | 11.00 | 11.00 | 11.00 | 11.00 | 11.00 | 11.00 |
| | 期间费用 | 元 | 28.86 | 86.44 | 39.36 | 103.00 | 249.00 | 43.53 | 52.12 |
| | 税金 | 元 | 49.67 | 17.30 | 47.31 | 10.50 | 14.69 | 13.88 | 33.55 |
| | 含税成本 | 元 | 771.45 | 475.40 | 665.10 | 969.90 | 858.99 | 677.55 | 521.53 |
| | 净产值 | 元 | 564.99 | 600.24 | 1012.89 | 833.20 | 1484.70 | 817.29 | 862.73 |
| | 减税纯收益 | 元 | 122.36 | 408.50 | 730.42 | 301.70 | 1054.20 | 309.98 | 572.46 |
| | 成本纯收益率 | % | 15.86 | 85.93 | 109.82 | 31.11 | 122.73 | 45.75 | 109.77 |
| 每50公斤主产品 | 平均出售价格 | 元 | 9.71 | 11.29 | 18.72 | 17.00 | 35.49 | 30.12 | 16.01 |
| | 物质费用 | 元 | 3.57 | 3.62 | 5.13 | 5.86 | 7.74 | 5.19 | 3.38 |
| | 生产成本 | 元 | 7.53 | 4.75 | 7.76 | 11.45 | 11.13 | 18.91 | 6.38 |
| | 含税成本 | 元 | 8.38 | 6.07 | 8.92 | 12.97 | 16.06 | 20.67 | 7.63 |
| | 净产值 | 元 | 6.14 | 7.67 | 13.59 | 11.14 | 27.75 | 24.93 | 12.63 |
| | 减税纯收益 | 元 | 1.33 | 5.22 | 9.80 | 4.03 | 19.70 | 9.45 | 8.38 |
| 每一劳动日 | 主产品产量 | 公斤 | 139.00 | 489.20 | 209.30 | 98.40 | 162.10 | 40.10 | 183.70 |
| | 净产值 | 元 | 17.07 | 75.03 | 56.90 | 21.93 | 89.98 | 19.98 | 46.38 |
| 每亩主产品出售数量 | | 公斤 | 4404.40 | 3492.00 | 3726.40 | 3740.00 | 2675.00 | 1620.40 | 2955.40 |
| 每亩主产品出售产值 | | 元 | 855.94 | 854.20 | 1395.50 | 1271.60 | 1898.50 | 976.10 | 925.54 |
| 每亩成本外支出 | | 元 | | 10.60 | 35.49 | | | | 5.82 |

# 2002年大中城市蔬菜成本收益(三)

**品种：大白菜**　　　　按统一工价汇总

| 项目名称 | | 单位 | 宁波 | 青岛 | 郑州 | 武汉 | 南宁 | 海口 | 成都 |
|---|---|---|---|---|---|---|---|---|---|
| 调查县数 | | 个 | 1.00 | 1.00 | 4.00 | 3.00 | 1.00 | 1.00 | 1.00 |
| 调查户数 | | 户 | 3.00 | 12.00 | 4.00 | 5.00 | 5.00 | 8.00 | 3.00 |
| 调查面积 | | 亩 | 4.50 | 12.00 | 2.20 | 4.70 | 3.10 | 5.90 | 3.10 |
| 每亩 | 主产品产量 | 公斤 | 3120.00 | 6850.00 | 3592.40 | 2611.90 | 2081.20 | 1343.90 | 1941.70 |
| | 产值合计 | 元 | 1934.40 | 3219.50 | 1191.81 | 1097.50 | 787.74 | 2240.01 | 1465.33 |
| | 主产品产值 | 元 | 1934.40 | 3219.50 | 1191.81 | 1097.50 | 787.74 | 2240.01 | 1465.33 |
| | 副产品产值 | 元 | | | | | | | |
| | 其它收入 | 元 | | | | | | | |
| | 生产成本 | 元 | 544.70 | 1147.50 | 697.35 | 474.68 | 838.49 | 915.00 | 328.80 |
| | 物质费用 | 元 | 225.70 | 509.50 | 301.35 | 308.58 | 240.09 | 321.00 | 111.00 |
| | 用工作价 | 元 | 319.00 | 638.00 | 396.00 | 166.10 | 598.40 | 594.00 | 217.80 |
| | 用工数量 | 日 | 29.00 | 58.00 | 36.00 | 15.10 | 54.40 | 54.00 | 19.80 |
| | 劳动日工价 | 元 | 11.00 | 11.00 | 11.00 | 11.00 | 11.00 | 11.00 | 11.00 |
| | 期间费用 | 元 | 62.10 | 72.50 | 58.16 | 74.98 | 16.33 | 92.54 | |
| | 税金 | 元 | 51.10 | 40.00 | 13.71 | 33.07 | 10.40 | 19.45 | 34.50 |
| | 含税成本 | 元 | 657.90 | 1260.00 | 769.22 | 582.73 | 865.22 | 1026.99 | 363.30 |
| | 净产值 | 元 | 1708.70 | 2710.00 | 890.46 | 788.92 | 547.65 | 1919.01 | 1354.33 |
| | 减税纯收益 | 元 | 1276.50 | 1959.50 | 422.59 | 514.77 | −77.48 | 1213.02 | 1102.03 |
| | 成本纯收益率 | % | 194.03 | 155.52 | 54.94 | 88.34 | −8.95 | 118.11 | 303.34 |
| 每50公斤主产品 | 平均出售价格 | 元 | 31.00 | 23.50 | 16.59 | 21.01 | 18.93 | 83.34 | 37.73 |
| | 物质费用 | 元 | 3.62 | 3.72 | 4.19 | 5.91 | 5.77 | 11.94 | 2.86 |
| | 生产成本 | 元 | 8.73 | 8.38 | 9.71 | 9.09 | 20.15 | 34.04 | 8.47 |
| | 含税成本 | 元 | 10.54 | 9.20 | 10.71 | 11.16 | 20.79 | 38.21 | 9.35 |
| | 净产值 | 元 | 27.38 | 19.78 | 12.40 | 15.10 | 13.16 | 71.40 | 34.87 |
| | 减税纯收益 | 元 | 20.46 | 14.30 | 5.88 | 9.85 | −1.86 | 45.13 | 28.38 |
| 每一劳动日 | 主产品产量 | 公斤 | 107.60 | 118.10 | 99.80 | 173.00 | 38.30 | 24.90 | 98.10 |
| | 净产值 | 元 | 58.92 | 46.72 | 24.74 | 52.25 | 10.07 | 35.54 | 68.40 |
| 每亩主产品出售数量 | | 公斤 | 3120.00 | 6200.00 | 3481.80 | 2594.60 | 2007.20 | 1315.60 | 1910.50 |
| 每亩主产品出售产值 | | 元 | 1934.40 | 2914.00 | 1154.90 | 1090.20 | 765.48 | 2201.51 | 1433.70 |
| 每亩成本外支出 | | 元 | | | | 38.73 | 7.53 | 8.34 | |

# 2002年大中城市蔬菜成本收益(四)

品种：大白菜　　　　按统一工价汇总

| 项目名称 | | 单位 | 贵阳 | 昆明 | 重庆 | 西安 | 兰州 | 西宁 | 银川 |
|---|---|---|---|---|---|---|---|---|---|
| 调查县数 | | 个 | 2.00 | 2.00 | 3.00 | 3.00 | 4.00 | 1.00 | 1.00 |
| 调查户数 | | 户 | 24.00 | 12.00 | 11.00 | 18.00 | 12.00 | 4.00 | 2.00 |
| 调查面积 | | 亩 | 76.20 | 13.70 | 3.62 | 7.30 | 5.95 | 2.80 | 2.20 |
| 每亩 | 主产品产量 | 公斤 | 2109.30 | 3322.10 | 2702.90 | 4254.30 | 4377.60 | 4985.00 | 5107.00 |
| | 产值合计 | 元 | 944.78 | 1455.60 | 2134.98 | 1611.45 | 1724.93 | 1994.00 | 1522.82 |
| | 主产品产值 | 元 | 927.22 | 1450.09 | 2113.58 | 1611.45 | 1724.93 | 1994.00 | 1522.82 |
| | 副产品产值 | 元 | 17.56 | 5.51 | 21.40 | | | | |
| | 其它收入 | 元 | | | | | | | |
| | 生产成本 | 元 | 633.33 | 798.23 | 680.31 | 782.20 | 613.77 | 550.40 | 696.01 |
| | 物质费用 | 元 | 269.23 | 381.33 | 229.31 | 336.70 | 306.87 | 244.60 | 441.91 |
| | 用工作价 | 元 | 364.10 | 416.90 | 451.00 | 445.50 | 306.90 | 305.80 | 254.10 |
| | 用工数量 | 日 | 33.10 | 37.90 | 41.00 | 40.50 | 27.90 | 27.80 | 23.10 |
| | 劳动日工价 | 元 | 11.00 | 11.00 | 11.00 | 11.00 | 11.00 | 11.00 | 11.00 |
| | 期间费用 | 元 | 38.59 | 18.83 | 205.84 | 37.32 | 160.27 | 35.54 | 50.00 |
| | 税金 | 元 | 17.24 | 13.76 | 19.27 | 29.56 | 18.11 | 25.74 | 35.30 |
| | 含税成本 | 元 | 689.16 | 830.82 | 905.42 | 849.08 | 792.15 | 611.68 | 781.31 |
| | 净产值 | 元 | 675.55 | 1074.27 | 1905.67 | 1274.75 | 1418.06 | 1749.40 | 1080.91 |
| | 减税纯收益 | 元 | 255.62 | 624.78 | 1229.56 | 762.37 | 932.78 | 1382.32 | 741.51 |
| | 成本纯收益率 | % | 37.09 | 75.20 | 135.80 | 89.79 | 117.75 | 225.99 | 94.91 |
| 每50公斤主产品 | 平均出售价格 | 元 | 21.98 | 21.82 | 39.10 | 18.94 | 19.70 | 20.00 | 14.91 |
| | 物质费用 | 元 | 6.26 | 5.72 | 4.20 | 3.96 | 3.50 | 2.45 | 4.33 |
| | 生产成本 | 元 | 14.73 | 11.97 | 12.46 | 9.19 | 7.01 | 5.52 | 6.81 |
| | 含税成本 | 元 | 16.03 | 12.45 | 16.58 | 9.98 | 9.05 | 6.14 | 7.65 |
| | 净产值 | 元 | 15.72 | 16.10 | 34.90 | 14.98 | 16.20 | 17.55 | 10.58 |
| | 减税纯收益 | 元 | 5.95 | 9.37 | 22.52 | 8.96 | 10.65 | 13.86 | 7.26 |
| 每一劳动日 | 主产品产量 | 公斤 | 63.70 | 87.70 | 65.90 | 105.00 | 156.90 | 179.30 | 221.10 |
| | 净产值 | 元 | 20.41 | 28.34 | 46.48 | 31.48 | 50.83 | 62.93 | 46.79 |
| 每亩主产品出售数量 | | 公斤 | 2083.80 | 3322.10 | 2660.70 | 4098.10 | 4268.20 | 4592.50 | 5107.00 |
| 每亩主产品出售产值 | | 元 | 909.36 | 346.68 | 2085.28 | 1551.94 | 1666.82 | 1837.00 | 1522.80 |
| 每亩成本外支出 | | 元 | | 9.15 | | | | | 10.36 |

# 2002 年大中城市蔬菜成本收益(一)

**品种：大白菜**　　　　按地区工价汇总

| 项目名称 | | 单位 | 平均 | 北京 | 天津 | 石家庄 | 太原 | 呼和浩特 | 沈阳 |
|---|---|---|---|---|---|---|---|---|---|
| 调查县数 | | 个 | 61.00 | 4.00 | 6.00 | 3.00 | 2.00 | 3.00 | 2.00 |
| 调查户数 | | 户 | 240.00 | 10.00 | 35.00 | 8.00 | 6.00 | 10.00 | 4.00 |
| 调查面积 | | 亩 | 350.27 | 46.00 | 22.50 | 12.65 | 10.50 | 10.00 | 9.00 |
| 每亩 | 主产品产量 | 公斤 | 3875.10 | 5696.20 | 5165.10 | 5407.00 | 5834.30 | 6415.00 | 4000.00 |
| | 产值合计 | 元 | 1506.13 | 1234.05 | 1803.58 | 1025.39 | 1750.29 | 2309.40 | 793.00 |
| | 主产品产值 | 元 | 1504.32 | 1229.70 | 1803.58 | 1025.39 | 1750.29 | 2309.40 | 793.00 |
| | 副产品产值 | 元 | 1.81 | 4.35 | | | | | |
| | 其它收入 | 元 | 0.54 | | | | | | |
| | 生产成本 | 元 | 753.80 | 588.53 | 546.80 | 641.94 | 980.80 | 515.90 | 354.54 |
| | 物质费用 | 元 | 305.33 | 279.83 | 220.43 | 301.17 | 375.60 | 395.00 | 195.78 |
| | 用工作价 | 元 | 448.47 | 308.70 | 326.37 | 340.77 | 605.20 | 120.90 | 158.76 |
| | 用工数量 | 日 | 29.70 | 12.60 | 25.30 | 30.70 | 35.60 | 13.00 | 14.70 |
| | 劳动日工价 | 元 | 15.10 | 24.50 | 12.90 | 11.10 | 17.00 | 9.30 | 10.80 |
| | 期间费用 | 元 | 76.85 | 126.19 | 37.87 | 34.02 | 126.30 | 119.00 | 106.25 |
| | 税金 | 元 | 29.01 | 19.92 | 34.74 | 36.76 | 27.17 | 36.82 | 79.84 |
| | 含税成本 | 元 | 859.66 | 734.64 | 619.41 | 712.72 | 1134.27 | 671.72 | 540.63 |
| | 净产值 | 元 | 1200.80 | 954.22 | 1583.15 | 724.22 | 1374.69 | 1914.40 | 597.22 |
| | 减税纯收益 | 元 | 647.01 | 499.41 | 1184.17 | 312.67 | 616.02 | 1637.68 | 252.37 |
| | 成本纯收益率 | % | 75.26 | 67.98 | 191.18 | 43.87 | 54.31 | 243.80 | 46.68 |
| 每50公斤主产品 | 平均出售价格 | 元 | 19.41 | 10.79 | 17.46 | 9.48 | 15.00 | 18.00 | 9.91 |
| | 物质费用 | 元 | 3.93 | 2.45 | 2.13 | 2.78 | 3.22 | 3.08 | 2.45 |
| | 生产成本 | 元 | 9.71 | 5.15 | 5.29 | 5.93 | 8.41 | 4.02 | 4.43 |
| | 含税成本 | 元 | 11.08 | 6.42 | 6.00 | 6.59 | 9.72 | 5.24 | 6.76 |
| | 净产值 | 元 | 15.48 | 8.34 | 15.33 | 6.70 | 11.78 | 14.92 | 7.46 |
| | 减税纯收益 | 元 | 8.34 | 4.37 | 11.46 | 2.89 | 5.28 | 12.76 | 3.15 |
| 每一劳动日 | 主产品产量 | 公斤 | 130.50 | 452.10 | 204.20 | 176.10 | 163.90 | 493.50 | 272.10 |
| | 净产值 | 元 | 40.43 | 75.73 | 62.58 | 23.59 | 38.61 | 147.26 | 40.63 |
| 每亩主产品出售数量 | | 公斤 | 3710.30 | 5696.20 | 5165.10 | 4913.10 | 4612.40 | 6415.00 | 4000.00 |
| 每亩主产品出售产值 | | 元 | 1411.10 | 1229.70 | 1803.58 | 933.24 | 1439.33 | 2309.40 | 793.00 |
| 每亩成本外支出 | | 元 | 8.74 | 9.36 | 39.26 | | 14.14 | 15.78 | 31.48 |

# 2002年大中城市蔬菜成本收益(二)

品种：大白菜　　　　按地区工价汇总

| 项目名称 | | 单位 | 长春 | 哈尔滨 | 大连 | 上海 | 福州 | 南昌 | 济南 |
|---|---|---|---|---|---|---|---|---|---|
| 调查县数 | | 个 | 3.00 | 2.00 | 2.00 | 1.00 | 1.00 | 1.00 | 3.00 |
| 调查户数 | | 户 | 6.00 | 6.00 | 3.00 | 15.00 | 2.00 | 3.00 | 9.00 |
| 调查面积 | | 亩 | 18.10 | 20.00 | 30.70 | 6.00 | 3.00 | 0.85 | 13.70 |
| 每亩 | 主产品产量 | 公斤 | 4600.40 | 3913.80 | 3726.40 | 3740.00 | 2675.00 | 1639.40 | 3415.90 |
| | 产值合计 | 元 | 893.81 | 883.90 | 1395.52 | 1271.60 | 1898.50 | 987.53 | 1093.99 |
| | 主产品产值 | 元 | 893.81 | 883.90 | 1395.52 | 1271.60 | 1898.50 | 987.53 | 1093.99 |
| | 副产品产值 | 元 | | | | | | | |
| | 其它收入 | 元 | | | | | 14.69 | | |
| | 生产成本 | 元 | 702.85 | 391.66 | 649.63 | 1350.40 | 801.55 | 620.14 | 465.62 |
| | 物质费用 | 元 | 328.82 | 283.66 | 382.63 | 438.40 | 413.80 | 170.24 | 231.26 |
| | 用工作价 | 元 | 374.03 | 108.00 | 267.00 | 912.00 | 387.75 | 449.90 | 234.36 |
| | 用工数量 | 日 | 33.10 | 8.00 | 17.80 | 38.00 | 16.50 | 40.90 | 18.60 |
| | 劳动日工价 | 元 | 11.30 | 13.50 | 15.00 | 24.00 | 23.50 | 11.00 | 12.60 |
| | 期间费用 | 元 | 28.86 | 86.44 | 39.36 | 103.00 | 249.00 | 43.53 | 52.12 |
| | 税金 | 元 | 49.67 | 17.30 | 47.31 | 10.50 | 14.69 | 13.88 | 33.55 |
| | 含税成本 | 元 | 781.38 | 495.40 | 736.30 | 1463.90 | 1065.24 | 677.55 | 551.29 |
| | 净产值 | 元 | 564.99 | 600.24 | 1012.89 | 833.20 | 1484.70 | 817.29 | 862.73 |
| | 减税纯收益 | 元 | 112.43 | 388.50 | 659.22 | -192.30 | 847.95 | 309.98 | 542.70 |
| | 成本纯收益率 | % | 14.39 | 78.42 | 89.53 | -13.14 | 79.60 | 45.75 | 98.44 |
| 每50公斤主产品 | 平均出售价格 | 元 | 9.71 | 11.29 | 18.72 | 17.00 | 35.49 | 30.12 | 16.01 |
| | 物质费用 | 元 | 3.57 | 3.62 | 5.13 | 5.86 | 7.74 | 5.19 | 3.38 |
| | 生产成本 | 元 | 7.64 | 5.00 | 8.71 | 18.05 | 14.98 | 18.91 | 6.81 |
| | 含税成本 | 元 | 8.49 | 6.33 | 9.88 | 19.57 | 19.91 | 20.67 | 8.07 |
| | 净产值 | 元 | 6.14 | 7.67 | 13.59 | 11.14 | 27.75 | 24.93 | 12.63 |
| | 减税纯收益 | 元 | 1.22 | 4.96 | 8.84 | -2.57 | 15.85 | 9.45 | 7.94 |
| 每一劳动日 | 主产品产量 | 公斤 | 139.00 | 489.20 | 209.30 | 98.40 | 162.10 | 40.10 | 183.70 |
| | 净产值 | 元 | 17.07 | 75.03 | 56.90 | 21.93 | 89.98 | 19.98 | 46.38 |
| 每亩主产品出售数量 | | 公斤 | 4404.40 | 3492.00 | 3726.40 | 3740.00 | 2675.00 | 1620.40 | 2955.40 |
| 每亩主产品出售产值 | | 元 | 855.94 | 854.20 | 1395.50 | 1271.60 | 1898.50 | 976.10 | 925.54 |
| 每亩成本外支出 | | 元 | | 10.60 | 35.49 | | | | 5.82 |

# 2002年大中城市蔬菜成本收益(三)

品种：大白菜　　按地区工价汇总

| 项目名称 | | 单位 | 宁波 | 青岛 | 郑州 | 武汉 | 南宁 | 海口 | 成都 |
|---|---|---|---|---|---|---|---|---|---|
| 调查县数 | | 个 | 1.00 | 1.00 | 4.00 | 3.00 | 1.00 | 1.00 | 1.00 |
| 调查户数 | | 户 | 3.00 | 12.00 | 4.00 | 5.00 | 5.00 | 8.00 | 3.00 |
| 调查面积 | | 亩 | 4.50 | 12.00 | 2.20 | 4.70 | 3.10 | 5.90 | 3.10 |
| 每亩 | 主产品产量 | 公斤 | 3120.00 | 6850.00 | 3592.40 | 2611.90 | 2081.20 | 1343.90 | 1941.70 |
| | 产值合计 | 元 | 1934.40 | 3219.50 | 1191.81 | 1097.50 | 787.74 | 2240.01 | 1465.33 |
| | 主产品产值 | 元 | 1934.40 | 3219.50 | 1191.81 | 1097.50 | 787.74 | 2240.01 | 1465.33 |
| | 副产品产值 | 元 | | | | | | | |
| | 其它收入 | 元 | | | | | | | |
| | 生产成本 | 元 | 921.70 | 1727.50 | 816.15 | 590.95 | 947.29 | 1725.00 | 431.76 |
| | 物质费用 | 元 | 225.70 | 509.50 | 301.35 | 308.58 | 240.09 | 321.00 | 111.00 |
| | 用工作价 | 元 | 696.00 | 1218.00 | 514.80 | 282.37 | 707.20 | 1404.00 | 320.76 |
| | 用工数量 | 日 | 29.00 | 58.00 | 36.00 | 15.10 | 54.40 | 54.00 | 19.80 |
| | 劳动日工价 | 元 | 24.00 | 21.00 | 14.30 | 18.70 | 13.00 | 26.00 | 16.20 |
| | 期间费用 | 元 | 62.10 | 72.50 | 58.16 | 74.98 | 16.33 | 92.54 | |
| | 税金 | 元 | 51.10 | 40.00 | 13.71 | 33.07 | 10.40 | 19.45 | 34.50 |
| | 含税成本 | 元 | 1034.90 | 1840.00 | 888.02 | 699.00 | 974.02 | 1836.99 | 466.26 |
| | 净产值 | 元 | 1708.70 | 2710.00 | 890.46 | 788.92 | 547.65 | 1919.01 | 1354.33 |
| | 减税纯收益 | 元 | 899.50 | 1379.50 | 303.79 | 398.50 | −186.28 | 403.02 | 999.07 |
| | 成本纯收益率 | % | 86.92 | 74.97 | 34.21 | 57.01 | −19.12 | 21.94 | 214.27 |
| 每50公斤主产品 | 平均出售价格 | 元 | 31.00 | 23.50 | 16.59 | 21.01 | 18.93 | 83.34 | 37.73 |
| | 物质费用 | 元 | 3.62 | 3.72 | 4.19 | 5.91 | 5.77 | 11.94 | 2.86 |
| | 生产成本 | 元 | 14.77 | 12.61 | 11.36 | 11.31 | 22.76 | 64.18 | 11.12 |
| | 含税成本 | 元 | 16.58 | 13.43 | 12.36 | 13.38 | 23.41 | 68.35 | 12.01 |
| | 净产值 | 元 | 27.38 | 19.78 | 12.40 | 15.10 | 13.16 | 71.40 | 34.87 |
| | 减税纯收益 | 元 | 14.42 | 10.07 | 4.23 | 7.63 | −4.48 | 14.99 | 25.72 |
| 每一劳动日 | 主产品产量 | 公斤 | 107.60 | 118.10 | 99.80 | 173.00 | 38.30 | 24.90 | 98.10 |
| | 净产值 | 元 | 58.92 | 46.72 | 24.74 | 52.25 | 10.07 | 35.54 | 68.40 |
| 每亩主产品出售数量 | | 公斤 | 3120.00 | 6200.00 | 3481.80 | 2594.60 | 2007.20 | 1315.60 | 1910.50 |
| 每亩主产品出售产值 | | 元 | 1934.40 | 2914.00 | 1154.90 | 1090.20 | 765.48 | 2201.51 | 1433.70 |
| 每亩成本外支出 | | 元 | | | | 38.73 | 7.53 | 8.34 | |

# 2002年大中城市蔬菜成本收益(四)

品种：大白菜　　　　按地区工价汇总

| 项目名称 | | 单位 | 贵阳 | 昆明 | 重庆 | 西安 | 兰州 | 西宁 | 银川 |
|---|---|---|---|---|---|---|---|---|---|
| 调查县数 | | 个 | 2.00 | 2.00 | 3.00 | 3.00 | 4.00 | 1.00 | 1.00 |
| 调查户数 | | 户 | 24.00 | 12.00 | 11.00 | 18.00 | 12.00 | 4.00 | 2.00 |
| 调查面积 | | 亩 | 76.20 | 13.70 | 3.62 | 7.30 | 5.95 | 2.80 | 2.20 |
| 每亩 | 主产品产量 | 公斤 | 2109.30 | 3322.10 | 2702.90 | 4254.30 | 4377.60 | 4985.00 | 5107.00 |
| | 产值合计 | 元 | 944.78 | 1455.60 | 2134.98 | 1611.45 | 1724.93 | 1994.00 | 1522.82 |
| | 主产品产值 | 元 | 927.22 | 1450.09 | 2113.58 | 1611.45 | 1724.93 | 1994.00 | 1522.82 |
| | 副产品产值 | 元 | 17.56 | 5.51 | 21.40 | | | | |
| | 其它收入 | 元 | | | | | | | |
| | 生产成本 | 元 | 649.88 | 813.39 | 651.61 | 810.55 | 663.99 | 530.94 | 698.32 |
| | 物质费用 | 元 | 269.23 | 381.33 | 229.31 | 336.70 | 306.87 | 244.60 | 441.91 |
| | 用工作价 | 元 | 380.65 | 432.06 | 422.30 | 473.85 | 357.12 | 286.34 | 256.41 |
| | 用工数量 | 日 | 33.10 | 37.90 | 41.00 | 40.50 | 27.90 | 27.80 | 23.10 |
| | 劳动日工价 | 元 | 11.50 | 11.40 | 10.30 | 11.70 | 12.80 | 10.30 | 11.10 |
| | 期间费用 | 元 | 38.59 | 18.83 | 205.84 | 37.32 | 160.27 | 35.54 | 50.00 |
| | 税金 | 元 | 17.24 | 13.76 | 19.27 | 29.56 | 18.11 | 25.74 | 35.30 |
| | 含税成本 | 元 | 705.71 | 845.98 | 876.72 | 877.43 | 842.37 | 592.22 | 783.62 |
| | 净产值 | 元 | 675.55 | 1074.27 | 1905.67 | 1274.75 | 1418.06 | 1749.40 | 1080.91 |
| | 减税纯收益 | 元 | 239.07 | 609.62 | 1258.26 | 734.02 | 882.56 | 1401.78 | 739.20 |
| | 成本纯收益率 | % | 33.88 | 72.06 | 143.52 | 83.66 | 104.77 | 236.70 | 94.33 |
| 每50公斤主产品 | 平均出售价格 | 元 | 21.98 | 21.82 | 39.10 | 18.94 | 19.70 | 20.00 | 14.91 |
| | 物质费用 | 元 | 6.26 | 5.72 | 4.20 | 3.96 | 3.50 | 2.45 | 4.33 |
| | 生产成本 | 元 | 15.12 | 12.19 | 11.93 | 9.53 | 7.58 | 5.33 | 6.84 |
| | 含税成本 | 元 | 16.42 | 12.68 | 16.06 | 10.31 | 9.62 | 5.94 | 7.67 |
| | 净产值 | 元 | 15.72 | 16.10 | 34.90 | 14.98 | 16.20 | 17.55 | 10.58 |
| | 减税纯收益 | 元 | 5.56 | 9.14 | 23.04 | 8.63 | 10.08 | 14.06 | 7.24 |
| 每一劳动日 | 主产品产量 | 公斤 | 63.70 | 87.70 | 65.90 | 105.00 | 156.90 | 179.30 | 221.10 |
| | 净产值 | 元 | 20.41 | 28.34 | 46.48 | 31.48 | 50.83 | 62.93 | 46.79 |
| 每亩主产品出售数量 | | 公斤 | 2083.80 | 3322.10 | 2660.70 | 4098.10 | 4268.20 | 4592.50 | 5107.00 |
| 每亩主产品出售产值 | | 元 | 909.36 | 346.68 | 2085.28 | 1551.94 | 1666.82 | 1837.00 | 1522.80 |
| 每亩成本外支出 | | 元 | | 9.15 | | | | | 10.36 |

# 2002年大中城市蔬菜物质费用(一)

品种：大白菜

| 项　目　名　称 | 单位 | 平　均 | 北　京 | 天　津 | 石家庄 | 太　原 | 呼和浩特 | 沈　阳 |
|---|---|---|---|---|---|---|---|---|
| 每亩物质费用 | 元 | 305.33 | 279.83 | 220.43 | 301.17 | 375.60 | 395.00 | 195.78 |
| 一、直接生产费用 | 元 | 283.24 | 278.83 | 210.09 | 287.78 | 354.82 | 376.00 | 191.78 |
| 1.种籽秧苗费 | 元 | 26.58 | 30.47 | 31.83 | 26.82 | 18.92 | 32.00 | 20.50 |
| 2.农家肥费 | 元 | 71.45 | 14.31 | 39.43 | 86.19 | 98.57 | 186.00 | 45.00 |
| 3.化肥费 | 元 | 89.73 | 131.71 | 97.67 | 85.05 | 72.86 | 63.00 | 27.03 |
| 4.农膜费 | 元 | 3.28 | | | | 36.04 | | |
| 5.农药费 | 元 | 38.76 | 38.24 | 16.67 | 23.68 | 24.14 | 35.00 | 16.50 |
| 6.畜力费 | 元 | 9.63 | 27.39 | | | | | 38.75 |
| 7.机械作业费 | 元 | 14.37 | 3.13 | 2.59 | 30.00 | 17.14 | 20.00 | 19.00 |
| 8.排灌费 | 元 | 26.48 | 33.58 | 21.90 | 36.04 | 84.29 | 21.00 | 25.00 |
| 9.燃料动力费 | 元 | 0.55 | | | | | | |
| 10.棚架材料费 | 元 | 1.18 | | | | | | |
| 11.其它直接费用 | 元 | 1.23 | | | | 2.86 | 19.00 | |
| 二、间接生产费用 | 元 | 22.09 | 1.00 | 10.34 | 13.39 | 20.78 | 19.00 | 4.00 |
| 1.固定资产折旧 | 元 | 12.24 | 0.76 | 5.68 | 10.82 | 8.43 | | |
| 2.小农具购置修理费 | 元 | 8.00 | 0.24 | 3.34 | 2.57 | 6.64 | 12.00 | 4.00 |
| 3.其它间接费用 | 元 | 1.85 | | 1.32 | | 5.71 | 7.00 | |
| 附记：1.每亩种籽用量 | 公斤 | 0.40 | 0.30 | 0.20 | 0.30 | 0.40 | 0.20 | |
| 2.每亩化肥用量 | 公斤 | 30.10 | 45.20 | 32.90 | 35.00 | 33.80 | 23.00 | 9.00 |
| 3.每亩农膜用量 | 公斤 | 0.50 | | | | 4.20 | | |
| 4.每度电价 | 元 | 0.53 | 0.50 | 0.45 | 0.57 | 0.52 | 0.45 | 0.52 |
| 5.每亩柴油费 | 元 | 3.11 | | 1.86 | 4.15 | 3.43 | 19.00 | |

# 2002 年大中城市蔬菜物质费用(二)

品种：大白菜

| 项 目 名 称 | 单位 | 长 春 | 哈尔滨 | 大 连 | 上 海 | 福 州 | 南 昌 | 济 南 |
|---|---|---|---|---|---|---|---|---|
| 每亩物质费用 | 元 | 328.82 | 283.66 | 382.63 | 438.40 | 413.80 | 170.24 | 231.26 |
| 一、直接生产费用 | 元 | 301.76 | 258.73 | 371.81 | 393.40 | 413.80 | 158.56 | 205.89 |
| 1.种籽秧苗费 | 元 | 72.07 | 27.71 | 50.00 | 26.00 | 20.00 | 32.47 | 11.36 |
| 2.农家肥费 | 元 | 58.73 | 97.53 | 47.88 | 89.00 | 50.00 | 41.18 | 27.89 |
| 3.化肥费 | 元 | 36.50 | 14.53 | 72.11 | 131.00 | 212.30 | 53.18 | 102.42 |
| 4.农膜费 | 元 | | | | | | | |
| 5.农药费 | 元 | 16.69 | 21.70 | 64.36 | 99.40 | 128.00 | 16.35 | 11.48 |
| 6.畜力费 | 元 | 91.13 | 6.08 | | | | | 3.36 |
| 7.机械作业费 | 元 | | 26.50 | 25.21 | 27.00 | | | 10.96 |
| 8.排灌费 | 元 | 18.27 | 63.53 | 112.25 | 21.00 | 3.50 | 15.38 | 37.28 |
| 9.燃料动力费 | 元 | | | | | | | |
| 10.棚架材料费 | 元 | | | | | | | |
| 11.其它直接费用 | 元 | 8.37 | 1.15 | | | | | 1.14 |
| 二、间接生产费用 | 元 | 27.06 | 24.93 | 10.82 | 45.00 | | 11.68 | 25.37 |
| 1.固定资产折旧 | 元 | 9.90 | 21.48 | 8.34 | 25.00 | | 6.55 | 22.99 |
| 2.小农具购置修理费 | 元 | 14.80 | 2.25 | 2.48 | 20.00 | | 5.13 | 2.38 |
| 3.其它间接费用 | 元 | 2.36 | 1.20 | | | | | |
| 附记：1.每亩种籽用量 | 公斤 | 0.90 | 0.20 | 0.20 | 0.50 | | 0.50 | 0.20 |
| 2.每亩化肥用量 | 公斤 | 10.20 | 4.50 | 24.20 | 48.50 | 69.10 | 13.00 | 32.70 |
| 3.每亩农膜用量 | 公斤 | | | | | | | |
| 4.每度电价 | 元 | 0.60 | 0.57 | 0.55 | 0.28 | 0.39 | 0.80 | 0.67 |
| 5.每亩柴油费 | 元 | 5.82 | 9.38 | | 4.90 | | | 4.19 |

# 2002年大中城市蔬菜物质费用(三)

品种：大白菜

| 项目名称 | 单位 | 宁波 | 青岛 | 郑州 | 武汉 | 南宁 | 海口 | 成都 |
|---|---|---|---|---|---|---|---|---|
| 每亩物质费用 | 元 | 225.70 | 509.50 | 301.35 | 308.58 | 240.09 | 321.00 | 111.00 |
| 一、直接生产费用 | 元 | 187.40 | 488.00 | 291.10 | 294.86 | 229.91 | 285.07 | 100.00 |
| 1.种籽秧苗费 | 元 | 15.00 | 15.00 | 20.00 | 32.34 | 15.48 | 20.93 | 20.00 |
| 2.农家肥费 | 元 | 12.00 | 270.00 | 116.82 | 5.11 | 42.58 | 26.44 | 40.00 |
| 3.化肥费 | 元 | 59.80 | 147.50 | 49.55 | 151.70 | 88.82 | 109.98 | 35.00 |
| 4.农膜费 | 元 | | 10.00 | | | | | |
| 5.农药费 | 元 | 32.00 | 27.50 | 54.09 | 35.42 | 39.19 | 92.93 | 5.00 |
| 6.畜力费 | 元 | 10.00 | | | 15.74 | 28.16 | 14.07 | |
| 7.机械作业费 | 元 | 50.00 | | 23.64 | 20.34 | | 9.32 | |
| 8.排灌费 | 元 | 8.60 | 18.00 | 27.00 | 2.30 | 15.68 | 11.40 | |
| 9.燃料动力费 | 元 | | | | | | | |
| 10.棚架材料费 | 元 | | | | 31.91 | | | |
| 11.其它直接费用 | 元 | | | | | | | |
| 二、间接生产费用 | 元 | 38.30 | 21.50 | 10.25 | 13.72 | 10.18 | 35.93 | 11.00 |
| 1.固定资产折旧 | 元 | | 5.00 | 8.53 | 9.15 | 4.15 | 30.60 | 7.80 |
| 2.小农具购置修理费 | 元 | 12.90 | 10.00 | 1.72 | 4.57 | 6.03 | 5.33 | 3.20 |
| 3.其它间接费用 | 元 | 25.40 | 6.50 | | | | | |
| 附记：1.每亩种籽用量 | 公斤 | 0.50 | 0.20 | | 0.10 | | 0.20 | 0.50 |
| 2.每亩化肥用量 | 公斤 | 13.50 | 63.40 | 17.20 | 35.20 | 27.20 | 23.80 | 13.80 |
| 3.每亩农膜用量 | 公斤 | | 4.00 | | | | | |
| 4.每度电价 | 元 | 0.65 | 0.67 | 0.55 | 0.47 | 0.50 | 0.60 | 0.47 |
| 5.每亩柴油费 | 元 | | | | | | 1.69 | |

# 2002年大中城市蔬菜物质费用(四)

品种：大白菜

| 项目名称 | 单位 | 贵阳 | 昆明 | 重庆 | 西安 | 兰州 | 西宁 | 银川 |
|---|---|---|---|---|---|---|---|---|
| 每亩物质费用 | 元 | 269.23 | 381.33 | 229.31 | 336.70 | 306.87 | 244.60 | 441.91 |
| 一、直接生产费用 | 元 | 259.46 | 371.53 | 203.31 | 259.26 | 266.28 | 208.60 | 399.64 |
| 1.种籽秧苗费 | 元 | 16.27 | 27.68 | 24.20 | 32.85 | 22.44 | 25.00 | 30.45 |
| 2.农家肥费 | 元 | 120.63 | 76.77 | 58.10 | 77.26 | 38.90 | 39.75 | 123.09 |
| 3.化肥费 | 元 | 82.77 | 142.51 | 62.39 | 41.31 | 134.58 | 64.75 | 152.86 |
| 4.农膜费 | 元 | | 26.74 | | | 15.66 | | |
| 5.农药费 | 元 | 13.94 | 87.84 | 50.36 | 25.72 | 22.48 | 27.50 | 20.47 |
| 6.畜力费 | 元 | 25.28 | | | | | | |
| 7.机械作业费 | 元 | | | 8.26 | 46.85 | | 30.00 | 18.00 |
| 8.排灌费 | 元 | | 9.99 | | 35.27 | 32.22 | 21.60 | 40.00 |
| 9.燃料动力费 | 元 | | | | | | | 14.77 |
| 10.棚架材料费 | 元 | | | | | | | |
| 11.其它直接费用 | 元 | 0.57 | | | | | | |
| 二、间接生产费用 | 元 | 9.77 | 9.80 | 26.00 | 77.44 | 40.59 | 36.00 | 42.27 |
| 1.固定资产折旧 | 元 | 1.41 | 3.38 | 7.36 | 48.36 | 29.89 | 17.50 | 37.27 |
| 2.小农具购置修理费 | 元 | 7.95 | 6.42 | 18.64 | 29.08 | 10.70 | 18.50 | 5.00 |
| 3.其它间接费用 | 元 | 0.41 | | | | | | |
| 附记：1.每亩种籽用量 | 公斤 | 0.40 | 0.10 | | | | 0.50 | 1.50 |
| 2.每亩化肥用量 | 公斤 | 27.00 | 48.90 | 21.20 | 15.70 | 41.60 | 18.00 | 64.40 |
| 3.每亩农膜用量 | 公斤 | | 3.10 | | | 1.80 | | |
| 4.每度电价 | 元 | 0.58 | 0.57 | 0.58 | 0.41 | 0.48 | 0.39 | 0.45 |
| 5.每亩柴油费 | 元 | | | | 15.00 | | 14.58 | |

# 2002年大中城市蔬菜期间费用(一)

品种：大白菜

| 项目名称 | 单位 | 平均 | 北京 | 天津 | 石家庄 | 太原 | 呼和浩特 | 沈阳 |
|---|---|---|---|---|---|---|---|---|
| 一、每亩期间费用 | 元 | 76.85 | 126.19 | 37.87 | 34.02 | 126.30 | 119.00 | 106.25 |
| 1.土地承包费 | 元 | 8.39 | 64.39 | 19.17 | | 38.03 | | |
| 2.管理费 | 元 | 1.70 | 4.36 | | | 7.72 | | |
| 3.销售费 | 元 | 66.55 | 57.44 | 18.70 | 34.02 | 78.26 | 119.00 | 106.25 |
| 4.财务费 | 元 | 0.21 | | | | 2.29 | | |
| 二、每亩用工量 | 日 | 29.70 | 12.60 | 25.30 | 30.70 | 35.60 | 13.00 | 14.70 |
| 1.直接用工 | 日 | 26.30 | 11.60 | 22.90 | 28.70 | 32.10 | 12.00 | 13.90 |
| 2.间接用工 | 日 | 3.40 | 1.00 | 2.40 | 2.00 | 3.50 | 1.00 | 0.80 |
| 三、每亩成本外支出 | 元 | 8.74 | 9.36 | 39.26 | | 14.14 | 15.78 | 31.48 |
| 1.村提留费 | 元 | | | | | | | |
| 2.乡统筹费 | 元 | | | | | | | |
| 3.两工支出 | 元 | 3.30 | 0.85 | 30.99 | | 2.86 | | 11.51 |
| 4.其它成本外支出 | 元 | 5.44 | 8.51 | 8.27 | | 11.28 | 15.78 | 19.97 |
| 附记：1.人均耕地面积 | 元 | 1.50 | 8.50 | 1.10 | 1.10 | 1.60 | 1.10 | 2.20 |
| 2.人均成本外支出 | 元 | 23.60 | 172.10 | 55.00 | | 32.10 | 17.40 | 111.80 |
| 3.人均两工数量 | 日 | 1.40 | 1.20 | 7.90 | | 5.10 | | 7.00 |
| 4.雇工天数 | 日 | 0.10 | 0.80 | | | 1.10 | | |
| 5.雇工工价 | 元 | 19.70 | 18.60 | 20.30 | | 20.00 | 15.00 | 20.00 |

# 2002年大中城市蔬菜期间费用(二)

品种: 大白菜

| 项 目 名 称 | 单位 | 长 春 | 哈尔滨 | 大 连 | 上 海 | 福 州 | 南 昌 | 济 南 |
|---|---|---|---|---|---|---|---|---|
| 一、每亩期间费用 | 元 | 28.86 | 86.44 | 39.36 | 103.00 | 249.00 | 43.53 | 52.12 |
| 1.土地承包费 | 元 | | | 31.97 | | 34.80 | | |
| 2.管理费 | 元 | | 1.04 | | 15.00 | 3.20 | | |
| 3.销售费 | 元 | 28.86 | 85.40 | 7.39 | 88.00 | 211.00 | 43.53 | 52.12 |
| 4.财务费 | 元 | | | | | | | |
| 二、每亩用工量 | 日 | 33.10 | 8.00 | 17.80 | 38.00 | 16.50 | 40.90 | 18.60 |
| 1.直接用工 | 日 | 29.80 | 7.00 | 16.00 | 29.00 | 16.00 | 40.90 | 16.90 |
| 2.间接用工 | 日 | 3.30 | 1.00 | 1.80 | 9.00 | 0.50 | | 1.70 |
| 三、每亩成本外支出 | 元 | | 10.60 | 35.49 | | | | 5.82 |
| 1.村提留费 | 元 | | | | | | | |
| 2.乡统筹费 | 元 | | | | | | | |
| 3.两工支出 | 元 | | 10.60 | 15.21 | | | | 0.39 |
| 4.其它成本外支出 | 元 | | | 20.28 | | | | 5.43 |
| 附记:1.人均耕地面积 | 元 | 2.90 | 3.00 | 1.70 | 0.80 | 0.50 | 0.10 | 1.50 |
| 2.人均成本外支出 | 元 | | 50.20 | 53.00 | | | | 18.80 |
| 3.人均两工数量 | 日 | | 1.90 | 3.00 | | | | 1.90 |
| 4.雇工天数 | 日 | | | | | | | |
| 5.雇工工价 | 元 | | 20.00 | 20.00 | | 30.00 | | 15.30 |

# 2002年大中城市蔬菜期间费用(三)

品种：大白菜

| 项目名称 | 单位 | 宁波 | 青岛 | 郑州 | 武汉 | 南宁 | 海口 | 成都 |
|---|---|---|---|---|---|---|---|---|
| 一、每亩期间费用 | 元 | 62.10 | 72.50 | 58.16 | 74.98 | 16.33 | 92.54 | |
| 1.土地承包费 | 元 | 25.00 | | | | 1.09 | 10.17 | |
| 2.管理费 | 元 | 10.00 | | | | 0.27 | | |
| 3.销售费 | 元 | 27.10 | 72.50 | 58.16 | 74.98 | 14.97 | 82.37 | |
| 4.财务费 | 元 | | | | | | | |
| 二、每亩用工量 | 日 | 29.00 | 58.00 | 36.00 | 15.10 | 54.40 | 54.00 | 19.80 |
| 1.直接用工 | 日 | 24.00 | 42.00 | 34.40 | 14.70 | 49.70 | 44.00 | 16.80 |
| 2.间接用工 | 日 | 5.00 | 16.00 | 1.60 | 0.40 | 4.70 | 10.00 | 3.00 |
| 三、每亩成本外支出 | 元 | | | | 38.73 | 7.53 | 8.34 | |
| 1.村提留费 | 元 | | | | | | | |
| 2.乡统筹费 | 元 | | | | | | | |
| 3.两工支出 | 元 | | | | | 3.07 | | |
| 4.其它成本外支出 | 元 | | | | 38.73 | 4.46 | 8.34 | |
| 附记：1.人均耕地面积 | 元 | 0.60 | 0.40 | 0.40 | 1.60 | 0.60 | 0.90 | 0.80 |
| 2.人均成本外支出 | 元 | 32.00 | | | 26.70 | 37.00 | 1.70 | |
| 3.人均两工数量 | 日 | | | | 2.50 | 2.50 | | |
| 4.雇工天数 | 日 | | | | | | | |
| 5.雇工工价 | 元 | 25.00 | 25.00 | | | 18.00 | 20.00 | 28.00 |

# 2002年大中城市蔬菜期间费用(四)

品种：大白菜

| 项目名称 | 单位 | 贵阳 | 昆明 | 重庆 | 西安 | 兰州 | 西宁 | 银川 |
|---|---|---|---|---|---|---|---|---|
| 一、每亩期间费用 | 元 | 38.59 | 18.83 | 205.84 | 37.32 | 160.27 | 35.54 | 50.00 |
| 1.土地承包费 | 元 | | 2.04 | | | | | |
| 2.管理费 | 元 | | | | | | 4.29 | |
| 3.销售费 | 元 | 35.28 | 16.79 | 205.84 | 37.32 | 160.27 | 31.25 | 50.00 |
| 4.财务费 | 元 | 3.31 | | | | | | |
| 二、每亩用工量 | 日 | 33.10 | 37.90 | 41.00 | 40.50 | 27.90 | 27.80 | 23.10 |
| 1.直接用工 | 日 | 29.90 | 35.60 | 37.10 | 38.30 | 26.80 | 21.80 | 17.90 |
| 2.间接用工 | 日 | 3.20 | 2.30 | 3.90 | 2.20 | 1.10 | 6.00 | 5.20 |
| 三、每亩成本外支出 | 元 | | 9.15 | | | | | 10.36 |
| 1.村提留费 | 元 | | | | | | | |
| 2.乡统筹费 | 元 | | | | | | | |
| 3.两工支出 | 元 | | 3.29 | | | | | 10.36 |
| 4.其它成本外支出 | 元 | | 5.86 | | | | | |
| 附记：1.人均耕地面积 | 元 | 1.20 | 1.30 | 0.80 | 0.70 | 0.80 | 1.10 | 2.30 |
| 2.人均成本外支出 | 元 | | 12.00 | | | | 16.30 | 1.80 |
| 3.人均两工数量 | 日 | | 4.10 | | | | | 0.50 |
| 4.雇工天数 | 日 | 0.40 | | | | 0.20 | | |
| 5.雇工工价 | 元 | 18.90 | 19.20 | 20.00 | 10.00 | 15.00 | 15.00 | |

# 2002 年大中城市蔬菜成本收益(一)

**品种：马铃薯** 按统一工价汇总

| 项目名称 | | 单位 | 平均 | 天津 | 太原 | 呼和浩特 | 长春 | 济南 |
|---|---|---|---|---|---|---|---|---|
| 调查县数 | | 个 | 18.00 | 1.00 | 1.00 | 3.00 | 2.00 | 3.00 |
| 调查户数 | | 户 | 64.00 | 2.00 | 9.00 | 9.00 | 4.00 | 9.00 |
| 调查面积 | | 亩 | 669.47 | 1.80 | 130.00 | 456.60 | 5.90 | 6.30 |
| 每亩 | 主产品产量 | 公斤 | 1575.20 | 1080.00 | 1350.00 | 1371.50 | 2278.10 | 1720.20 |
| | 产值合计 | 元 | 1041.20 | 1511.63 | 594.00 | 630.90 | 938.12 | 1401.33 |
| | 主产品产值 | 元 | 1041.20 | 1511.63 | 594.00 | 630.90 | 938.12 | 1401.33 |
| | 副产品产值 | 元 | | | | | | |
| | 其它收入 | 元 | | | | | | |
| | 生产成本 | 元 | 521.36 | 753.68 | 300.65 | 159.53 | 626.43 | 751.39 |
| | 物质费用 | 元 | 306.86 | 464.38 | 135.65 | 122.13 | 318.43 | 493.99 |
| | 用工作价 | 元 | 214.50 | 289.30 | 165.00 | 37.40 | 308.00 | 257.40 |
| | 用工数量 | 日 | 19.50 | 26.30 | 15.00 | 3.40 | 28.00 | 23.40 |
| | 劳动日工价 | 元 | 11.00 | 11.00 | 11.00 | 11.00 | 11.00 | 11.00 |
| | 期间费用 | 元 | 30.82 | 59.00 | 22.50 | 1.20 | 14.27 | 36.25 |
| | 税金 | 元 | 26.94 | 36.91 | 1.75 | 16.24 | 42.94 | 38.17 |
| | 含税成本 | 元 | 579.12 | 849.59 | 324.90 | 176.97 | 683.64 | 825.81 |
| | 净产值 | 元 | 734.34 | 1047.25 | 458.35 | 508.77 | 619.69 | 907.34 |
| | 减税纯收益 | 元 | 462.08 | 662.04 | 269.10 | 453.93 | 254.48 | 575.52 |
| | 成本纯收益率 | % | 79.79 | 77.92 | 82.83 | 256.50 | 37.22 | 69.69 |
| 每50公斤主产品 | 平均出售价格 | 元 | 33.05 | 69.98 | 22.00 | 23.00 | 20.59 | 40.73 |
| | 物质费用 | 元 | 9.74 | 21.50 | 5.02 | 4.45 | 6.99 | 14.36 |
| | 生产成本 | 元 | 16.55 | 34.89 | 11.14 | 5.82 | 13.75 | 21.84 |
| | 含税成本 | 元 | 18.38 | 39.33 | 12.03 | 6.45 | 15.00 | 24.00 |
| | 净产值 | 元 | 23.31 | 48.48 | 16.98 | 18.55 | 13.60 | 26.37 |
| | 减税纯收益 | 元 | 14.67 | 30.65 | 9.97 | 16.55 | 5.59 | 16.73 |
| 每一劳动日 | 主产品产量 | 公斤 | 80.80 | 41.10 | 90.00 | 403.40 | 81.40 | 73.50 |
| | 净产值 | 元 | 37.66 | 39.82 | 30.56 | 149.64 | 22.13 | 38.78 |
| 每亩主产品出售数量 | | 公斤 | 1306.80 | 1080.00 | 250.00 | 1371.50 | 2000.00 | 1608.50 |
| 每亩主产品出售产值 | | 元 | 923.60 | 1511.63 | 110.00 | 630.90 | 824.66 | 1305.91 |
| 每亩成本外支出 | | 元 | 6.41 | 27.25 | 0.75 | 11.79 | | 5.95 |

# 2002年大中城市蔬菜成本收益(二)

品种: 马铃薯　　　　按统一工价汇总

| 项目名称 | | 单位 | 青岛 | 武汉 | 重庆 | 兰州 | 乌鲁木齐 |
|---|---|---|---|---|---|---|---|
| 调查县数 | | 个 | 1.00 | 1.00 | 3.00 | 2.00 | 1.00 |
| 调查户数 | | 户 | 12.00 | 2.00 | 5.00 | 9.00 | 3.00 |
| 调查面积 | | 亩 | 12.00 | 2.00 | 1.31 | 5.56 | 48.00 |
| 每亩 | 主产品产量 | 公斤 | 2300.00 | 1560.00 | 1117.60 | 1020.70 | 1954.00 |
| | 产值合计 | 元 | 1541.00 | 1092.00 | 1218.73 | 507.31 | 977.00 |
| | 主产品产值 | 元 | 1541.00 | 1092.00 | 1218.73 | 507.31 | 977.00 |
| | 副产品产值 | 元 | | | | | |
| | 其它收入 | 元 | | | | | |
| | 生产成本 | 元 | 843.50 | 427.00 | 597.29 | 337.90 | 415.00 |
| | 物质费用 | 元 | 497.00 | 306.00 | 257.39 | 212.50 | 261.00 |
| | 用工作价 | 元 | 346.50 | 121.00 | 339.90 | 125.40 | 154.00 |
| | 用工数量 | 日 | 31.50 | 11.00 | 30.90 | 11.40 | 14.00 |
| | 劳动日工价 | 元 | 11.00 | 11.00 | 11.00 | 11.00 | 11.00 |
| | 期间费用 | 元 | 45.00 | 20.30 | 82.05 | 26.64 | 1.00 |
| | 税金 | 元 | 40.00 | 34.71 | 26.71 | 6.18 | 25.75 |
| | 含税成本 | 元 | 928.50 | 482.01 | 706.05 | 370.72 | 441.75 |
| | 净产值 | 元 | 1044.00 | 786.00 | 961.34 | 294.81 | 716.00 |
| | 减税纯收益 | 元 | 612.50 | 609.99 | 512.68 | 136.59 | 535.25 |
| | 成本纯收益率 | % | 65.97 | 126.55 | 72.61 | 36.84 | 121.17 |
| 每50公斤主产品 | 平均出售价格 | 元 | 33.50 | 35.00 | 54.52 | 24.85 | 25.00 |
| | 物质费用 | 元 | 10.80 | 9.81 | 11.51 | 10.41 | 6.68 |
| | 生产成本 | 元 | 18.34 | 13.69 | 26.72 | 16.55 | 10.62 |
| | 含税成本 | 元 | 20.18 | 15.45 | 31.59 | 18.16 | 11.30 |
| | 净产值 | 元 | 22.70 | 25.19 | 43.01 | 14.44 | 18.32 |
| | 减税纯收益 | 元 | 13.32 | 19.55 | 22.93 | 6.69 | 13.70 |
| 每一劳动日 | 主产品产量 | 公斤 | 73.00 | 141.80 | 36.20 | 89.50 | 139.60 |
| | 净产值 | 元 | 33.14 | 71.45 | 31.11 | 25.86 | 51.14 |
| 每亩主产品出售数量 | | 公斤 | 2260.00 | 1560.00 | 978.50 | 719.10 | 1240.00 |
| 每亩主产品出售产值 | | 元 | 1514.20 | 1092.00 | 1095.05 | 421.64 | 730.00 |
| 每亩成本外支出 | | 元 | | | | | 18.33 |

# 2002年大中城市蔬菜成本收益(一)

品种：马铃薯　　　　按地区工价汇总

| 项 目 名 称 | | 单位 | 平 均 | 天 津 | 太 原 | 呼和浩特 | 长 春 | 济 南 |
|---|---|---|---|---|---|---|---|---|
| 调查县数 | | 个 | 18.00 | 1.00 | 1.00 | 3.00 | 2.00 | 3.00 |
| 调查户数 | | 户 | 64.00 | 2.00 | 9.00 | 9.00 | 4.00 | 9.00 |
| 调查面积 | | 亩 | 669.47 | 1.80 | 130.00 | 456.60 | 5.90 | 6.30 |
| 每亩 | 主产品产量 | 公斤 | 1575.20 | 1080.00 | 1350.00 | 1371.50 | 2278.10 | 1720.20 |
| | 产值合计 | 元 | 1041.20 | 1511.63 | 594.00 | 630.90 | 938.12 | 1401.33 |
| | 主产品产值 | 元 | 1041.20 | 1511.63 | 594.00 | 630.90 | 938.12 | 1401.33 |
| | 副产品产值 | 元 | | | | | | |
| | 其它收入 | 元 | | | | | | |
| | 生产成本 | 元 | 585.71 | 803.65 | 390.65 | 153.75 | 626.43 | 788.83 |
| | 物质费用 | 元 | 306.86 | 464.38 | 135.65 | 122.13 | 318.43 | 493.99 |
| | 用工作价 | 元 | 278.85 | 339.27 | 255.00 | 31.62 | 308.00 | 294.84 |
| | 用工数量 | 日 | 19.50 | 26.30 | 15.00 | 3.40 | 28.00 | 23.40 |
| | 劳动日工价 | 元 | 14.30 | 12.90 | 17.00 | 9.30 | 11.00 | 12.60 |
| | 期间费用 | 元 | 30.82 | 59.00 | 22.50 | 1.20 | 14.27 | 36.25 |
| | 税金 | 元 | 26.94 | 36.91 | 1.75 | 16.24 | 42.94 | 38.17 |
| | 含税成本 | 元 | 643.47 | 899.56 | 414.90 | 171.19 | 683.64 | 863.25 |
| | 净产值 | 元 | 734.34 | 1047.25 | 458.35 | 508.77 | 619.69 | 907.34 |
| | 减税纯收益 | 元 | 397.73 | 612.07 | 179.10 | 459.71 | 254.48 | 538.08 |
| | 成本纯收益率 | % | 61.81 | 68.04 | 43.17 | 268.54 | 37.22 | 62.33 |
| 每50公斤主产品 | 平均出售价格 | 元 | 33.05 | 69.98 | 22.00 | 23.00 | 20.59 | 40.73 |
| | 物质费用 | 元 | 9.74 | 21.50 | 5.02 | 4.45 | 6.99 | 14.36 |
| | 生产成本 | 元 | 18.59 | 37.20 | 14.47 | 5.61 | 13.75 | 22.93 |
| | 含税成本 | 元 | 20.43 | 41.64 | 15.37 | 6.24 | 15.00 | 25.09 |
| | 净产值 | 元 | 23.31 | 48.48 | 16.98 | 18.55 | 13.60 | 26.37 |
| | 减税纯收益 | 元 | 12.62 | 28.34 | 6.63 | 16.76 | 5.59 | 15.64 |
| 每一劳动日 | 主产品产量 | 公斤 | 80.80 | 41.10 | 90.00 | 403.40 | 81.40 | 73.50 |
| | 净产值 | 元 | 37.66 | 39.82 | 30.56 | 149.64 | 22.13 | 38.78 |
| 每亩主产品出售数量 | | 公斤 | 1306.80 | 1080.00 | 250.00 | 1371.50 | 2000.00 | 1608.50 |
| 每亩主产品出售产值 | | 元 | 923.60 | 1511.63 | 110.00 | 630.90 | 824.66 | 1305.91 |
| 每亩成本外支出 | | 元 | 6.41 | 27.25 | 0.75 | 11.79 | | 5.95 |

# 2002年大中城市蔬菜成本收益(二)

品种：马铃薯　　　　按地区工价汇总

| 项目名称 | | 单位 | 青岛 | 武汉 | 重庆 | 兰州 | 乌鲁木齐 |
|---|---|---|---|---|---|---|---|
| 调查县数 | | 个 | 1.00 | 1.00 | 3.00 | 2.00 | 1.00 |
| 调查户数 | | 户 | 12.00 | 2.00 | 5.00 | 9.00 | 3.00 |
| 调查面积 | | 亩 | 12.00 | 2.00 | 1.31 | 5.56 | 48.00 |
| 每亩 | 主产品产量 | 公斤 | 2300.00 | 1560.00 | 1117.60 | 1020.70 | 1954.00 |
| | 产值合计 | 元 | 1541.00 | 1092.00 | 1218.73 | 507.31 | 977.00 |
| | 主产品产值 | 元 | 1541.00 | 1092.00 | 1218.73 | 507.31 | 977.00 |
| | 副产品产值 | 元 | | | | | |
| | 其它收入 | 元 | | | | | |
| | 生产成本 | 元 | 1158.50 | 511.70 | 575.66 | 358.42 | 500.40 |
| | 物质费用 | 元 | 497.00 | 306.00 | 257.39 | 212.50 | 261.00 |
| | 用工作价 | 元 | 661.50 | 205.70 | 318.27 | 145.92 | 239.40 |
| | 用工数量 | 日 | 31.50 | 11.00 | 30.90 | 11.40 | 14.00 |
| | 劳动日工价 | 元 | 21.00 | 18.70 | 10.30 | 12.80 | 17.10 |
| | 期间费用 | 元 | 45.00 | 20.30 | 82.05 | 26.64 | 1.00 |
| | 税金 | 元 | 40.00 | 34.71 | 26.71 | 6.18 | 25.75 |
| | 含税成本 | 元 | 1243.50 | 566.71 | 684.42 | 391.24 | 527.15 |
| | 净产值 | 元 | 1044.00 | 786.00 | 961.34 | 294.81 | 716.00 |
| | 减税纯收益 | 元 | 297.50 | 525.29 | 534.31 | 116.07 | 449.85 |
| | 成本纯收益率 | % | 23.92 | 92.69 | 78.07 | 29.67 | 85.34 |
| 每50公斤主产品 | 平均出售价格 | 元 | 33.50 | 35.00 | 54.52 | 24.85 | 25.00 |
| | 物质费用 | 元 | 10.80 | 9.81 | 11.51 | 10.41 | 6.68 |
| | 生产成本 | 元 | 25.18 | 16.40 | 25.75 | 17.56 | 12.80 |
| | 含税成本 | 元 | 27.03 | 18.16 | 30.62 | 19.16 | 13.49 |
| | 净产值 | 元 | 22.70 | 25.19 | 43.01 | 14.44 | 18.32 |
| | 减税纯收益 | 元 | 6.47 | 16.84 | 23.90 | 5.69 | 11.51 |
| 每一劳动日 | 主产品产量 | 公斤 | 73.00 | 141.80 | 36.20 | 89.50 | 139.60 |
| | 净产值 | 元 | 33.14 | 71.45 | 31.11 | 25.86 | 51.14 |
| 每亩主产品出售数量 | | 公斤 | 2260.00 | 1560.00 | 978.50 | 719.10 | 1240.00 |
| 每亩主产品出售产值 | | 元 | 1514.20 | 1092.00 | 1095.05 | 421.64 | 730.00 |
| 每亩成本外支出 | | 元 | | | | | 18.33 |

# 2002 年大中城市蔬菜物质费用(一)

**品种：马铃薯**

| 项　目　名　称 | 单位 | 平　均 | 天　津 | 太　原 | 呼和浩特 | 长　春 | 济　南 |
|---|---|---|---|---|---|---|---|
| 每亩物质费用 | 元 | 306.86 | 464.38 | 135.65 | 122.13 | 318.43 | 493.99 |
| 一、直接生产费用 | 元 | 291.36 | 464.38 | 127.90 | 111.48 | 287.40 | 465.53 |
| 1.种籽秧苗费 | 元 | 118.34 | 245.00 | 36.40 | 30.56 | 160.11 | 170.40 |
| 2.农家肥费 | 元 | 49.47 | 30.00 | 15.00 | | 81.36 | 89.97 |
| 3.化肥费 | 元 | 76.98 | 90.00 | 43.00 | 65.32 | 16.90 | 147.53 |
| 4.农膜费 | 元 | 17.87 | 86.88 | | | | 17.54 |
| 5.农药费 | 元 | 5.06 | 2.50 | 3.50 | | 3.22 | 8.14 |
| 6.畜力费 | 元 | 8.25 | | 22.50 | 3.00 | 13.12 | |
| 7.机械作业费 | 元 | 3.96 | | | 2.50 | | 14.07 |
| 8.排灌费 | 元 | 7.41 | 10.00 | | | | 17.88 |
| 9.燃料动力费 | 元 | | | | | | |
| 10.棚架材料费 | 元 | 0.79 | | | | | |
| 11.其它直接费用 | 元 | 3.23 | | 7.50 | 10.10 | 12.69 | |
| 二、间接生产费用 | 元 | 15.50 | | 7.75 | 10.65 | 31.03 | 28.46 |
| 1.固定资产折旧 | 元 | 9.64 | | 2.00 | 8.25 | 9.44 | 25.16 |
| 2.小农具购置修理费 | 元 | 4.79 | | 2.00 | 2.40 | 17.63 | 3.30 |
| 3.其它间接费用 | 元 | 1.07 | | 3.75 | | 3.96 | |
| 附记：1.每亩种籽用量 | 公斤 | 22.90 | | | | | 22.90 |
| 2.每亩化肥用量 | 公斤 | 23.60 | 28.80 | 23.00 | 16.90 | 4.10 | 47.20 |
| 3.每亩农膜用量 | 公斤 | 2.20 | 11.30 | | | | 2.00 |
| 4.每度电价 | 元 | 0.58 | 0.41 | 0.46 | 0.69 | 0.60 | 0.65 |
| 5.每亩柴油费 | 元 | 1.51 | | | 3.00 | 9.49 | 2.57 |

# 2002 年大中城市蔬菜物质费用(二)

品种：马铃薯

| 项 目 名 称 | 单位 | 青 岛 | 武 汉 | 重 庆 | 兰 州 | 乌鲁木齐 |
|---|---|---|---|---|---|---|
| 每亩物质费用 | 元 | 497.00 | 306.00 | 257.39 | 212.50 | 261.00 |
| 一、直接生产费用 | 元 | 486.50 | 290.50 | 245.31 | 195.51 | 239.00 |
| 1.种籽秧苗费 | 元 | 160.00 | 160.00 | 123.51 | 32.43 | 65.00 |
| 2.农家肥费 | 元 | 120.00 | 24.00 | 62.10 | 37.30 | 35.00 |
| 3.化肥费 | 元 | 174.00 | 55.50 | 55.65 | 41.93 | 80.00 |
| 4.农膜费 | 元 |  | 32.00 |  | 42.24 |  |
| 5.农药费 | 元 | 15.00 | 4.00 | 4.05 | 0.18 | 10.00 |
| 6.畜力费 | 元 |  | 15.00 |  | 28.83 |  |
| 7.机械作业费 | 元 |  |  |  |  | 23.00 |
| 8.排灌费 | 元 | 17.50 |  |  | 4.73 | 24.00 |
| 9.燃料动力费 | 元 |  |  |  |  |  |
| 10.棚架材料费 | 元 |  |  |  | 7.87 |  |
| 11.其它直接费用 | 元 |  |  |  |  | 2.00 |
| 二、间接生产费用 | 元 | 10.50 | 15.50 | 12.08 | 16.99 | 22.00 |
| 1.固定资产折旧 | 元 | 6.00 | 10.50 | 4.58 | 15.42 | 15.00 |
| 2.小农具购置修理费 | 元 | 4.50 | 5.00 | 7.50 | 1.57 | 4.00 |
| 3.其它间接费用 | 元 |  |  |  |  | 3.00 |
| 附记：1.每亩种籽用量 | 公斤 |  |  |  |  |  |
| 2.每亩化肥用量 | 公斤 | 41.00 | 19.40 | 18.40 | 13.90 | 22.20 |
| 3.每亩农膜用量 | 公斤 |  | 4.00 |  | 4.40 |  |
| 4.每度电价 | 元 | 0.67 | 0.47 | 0.58 | 0.62 | 0.61 |
| 5.每亩柴油费 | 元 |  |  |  |  |  |

# 2002年大中城市蔬菜期间费用(一)

品种：马铃薯

| 项目名称 | 单位 | 平均 | 天津 | 太原 | 呼和浩特 | 长春 | 济南 |
|---|---|---|---|---|---|---|---|
| 一、每亩期间费用 | 元 | 30.82 | 59.00 | 22.50 | 1.20 | 14.27 | 36.25 |
| 1.土地承包费 | 元 | 0.42 | 4.00 | | 0.20 | | |
| 2.管理费 | 元 | 0.75 | | 7.50 | | | |
| 3.销售费 | 元 | 29.65 | 55.00 | 15.00 | 1.00 | 14.27 | 36.25 |
| 4.财务费 | 元 | | | | | | |
| 二、每亩用工量 | 日 | 19.50 | 26.30 | 15.00 | 3.40 | 28.00 | 23.40 |
| 1.直接用工 | 日 | 17.10 | 24.00 | 13.00 | 3.40 | 25.20 | 21.70 |
| 2.间接用工 | 日 | 2.40 | 2.30 | 2.00 | | 2.80 | 1.70 |
| 三、每亩成本外支出 | 元 | 6.41 | 27.25 | 0.75 | 11.79 | | 5.95 |
| 1.村提留费 | 元 | | | | | | |
| 2.乡统筹费 | 元 | | | | | | |
| 3.两工支出 | 元 | 2.83 | 15.72 | | 4.83 | | 0.40 |
| 4.其它成本外支出 | 元 | 3.58 | 11.53 | 0.75 | 6.96 | | 5.55 |
| 附记：1.人均耕地面积 | 元 | 3.40 | 0.80 | | 10.10 | 2.90 | 1.50 |
| 2.人均成本外支出 | 元 | 24.80 | 41.30 | | 119.10 | | 24.10 |
| 3.人均两工数量 | 日 | 1.60 | 3.40 | | 4.10 | | 1.90 |
| 4.雇工天数 | 日 | 0.30 | | | 3.40 | | |
| 5.雇工工价 | 元 | 18.20 | 20.00 | | 12.00 | | 15.30 |

# 2002年大中城市蔬菜期间费用(二)

品种：马铃薯

| 项目名称 | 单位 | 青岛 | 武汉 | 重庆 | 兰州 | 乌鲁木齐 |
|---|---|---|---|---|---|---|
| 一、每亩期间费用 | 元 | 45.00 | 20.30 | 82.05 | 26.64 | 1.00 |
| 1.土地承包费 | 元 | | | | | |
| 2.管理费 | 元 | | | | | |
| 3.销售费 | 元 | 45.00 | 20.30 | 82.05 | 26.64 | 1.00 |
| 4.财务费 | 元 | | | | | |
| 二、每亩用工量 | 日 | 31.50 | 11.00 | 30.90 | 11.40 | 14.00 |
| 1.直接用工 | 日 | 27.50 | 10.60 | 23.60 | 10.50 | 11.00 |
| 2.间接用工 | 日 | 4.00 | 0.40 | 7.30 | 0.90 | 3.00 |
| 三、每亩成本外支出 | 元 | | | | | 18.33 |
| 1.村提留费 | 元 | | | | | |
| 2.乡统筹费 | 元 | | | | | |
| 3.两工支出 | 元 | | | | | 7.30 |
| 4.其它成本外支出 | 元 | | | | | 11.03 |
| 附记：1.人均耕地面积 | 元 | 0.40 | 1.60 | 1.00 | 6.80 | 5.30 |
| 2.人均成本外支出 | 元 | | 26.70 | | | 37.00 |
| 3.人均两工数量 | 日 | | 2.50 | | | 3.60 |
| 4.雇工天数 | 日 | | | | | |
| 5.雇工工价 | 元 | 25.00 | | 20.00 | 15.00 | 20.00 |

# 第八部分　药　　材

# 2002年全国中药材成本收益

品种：普通参、边条参七年　　　　按统一工价汇总

| 项目名称 | | 单位 | 普通参平均 | 辽宁 | 吉林 | 黑龙江 | 边条参七年平均 | 吉林 |
|---|---|---|---|---|---|---|---|---|
| 调查县数 | | 个 | 6.00 | 2.00 | 2.00 | 2.00 | 1.00 | 1.00 |
| 调查户数 | | 户 | 30.00 | 7.00 | 17.00 | 6.00 | 7.00 | 7.00 |
| 调查面积 | | 亩 | 180.30 | 32.80 | 37.50 | 110.00 | 16.80 | 16.80 |
| 每亩 | 主产品产量 | 公斤 | 380.20 | 298.90 | 522.80 | 319.00 | 438.00 | 438.00 |
| | 产值合计 | 元 | 10588.28 | 8643.00 | 13582.58 | 9539.26 | 15896.00 | 15896.00 |
| | 主产品产值 | 元 | 9762.83 | 8391.50 | 11859.12 | 9037.87 | 15423.00 | 15423.00 |
| | 副产品产值 | 元 | 825.45 | 251.50 | 1723.46 | 501.39 | 473.00 | 473.00 |
| | 其它收入 | 元 | | | | | | |
| | 生产成本 | 元 | 6600.62 | 4616.80 | 8609.41 | 6573.42 | 8869.40 | 8869.40 |
| | 物质费用 | 元 | 4660.22 | 3332.00 | 6099.21 | 4549.42 | 6900.40 | 6900.40 |
| | 用工作价 | 元 | 1940.40 | 1284.80 | 2510.20 | 2024.00 | 1969.00 | 1969.00 |
| | 用工数量 | 日 | 176.40 | 116.80 | 228.20 | 184.00 | 179.00 | 179.00 |
| | 劳动日工价 | 元 | 11.00 | 11.00 | 11.00 | 11.00 | 11.00 | 11.00 |
| | 期间费用 | 元 | 592.81 | 83.85 | 947.29 | 747.30 | 280.00 | 280.00 |
| | 税金 | 元 | 779.21 | 737.32 | 1185.91 | 414.41 | 600.00 | 600.00 |
| | 含税成本 | 元 | 7972.64 | 5437.97 | 10742.61 | 7735.13 | 9749.40 | 9749.40 |
| | 净产值 | 元 | 5928.06 | 5311.00 | 7483.37 | 4989.84 | 8995.60 | 8995.60 |
| | 减税纯收益 | 元 | 2615.64 | 3205.03 | 2839.97 | 1804.13 | 6146.60 | 6146.60 |
| | 成本纯收益率 | % | 32.81 | 58.94 | 26.44 | 23.32 | 63.05 | 63.05 |
| 每50公斤主产品 | 平均出售价格 | 元 | 1283.91 | 1403.73 | 1134.19 | 1416.59 | 1760.62 | 1760.62 |
| | 物质费用 | 元 | 565.09 | 541.16 | 509.30 | 675.59 | 764.28 | 764.28 |
| | 生产成本 | 元 | 800.38 | 749.83 | 718.91 | 976.16 | 982.36 | 982.36 |
| | 含税成本 | 元 | 966.74 | 883.19 | 897.04 | 1148.67 | 1079.83 | 1079.83 |
| | 净产值 | 元 | 718.82 | 862.57 | 624.89 | 741.00 | 996.34 | 996.34 |
| | 减税纯收益 | 元 | 317.17 | 520.54 | 237.15 | 267.92 | 680.79 | 680.79 |
| 每一劳动日 | 主产品产量 | 公斤 | 2.20 | 2.60 | 2.30 | 1.70 | 2.40 | 2.40 |
| | 净产值 | 元 | 33.61 | 45.47 | 32.79 | 27.12 | 50.25 | 50.25 |
| 每亩主产品出售数量 | | 公斤 | 328.40 | 298.90 | 522.80 | 163.60 | 438.00 | 438.00 |
| 每亩主产品出售产值 | | 元 | 8298.29 | 8391.50 | 11859.12 | 4644.26 | 15423.00 | 15423.00 |
| 每亩成本外支出 | | 元 | 189.61 | 27.20 | 531.31 | 10.34 | | |

# 2002 年全国中药材成本收益

品种：普通参、边条参七年　　　　按地区工价汇总

| 项目名称 | | 单位 | 普通参平均 | 辽宁 | 吉林 | 黑龙江 | 边条参七年平均 | 吉林 |
|---|---|---|---|---|---|---|---|---|
| 调查县数 | | 个 | 6.00 | 2.00 | 2.00 | 2.00 | 1.00 | 1.00 |
| 调查户数 | | 户 | 30.00 | 7.00 | 17.00 | 6.00 | 7.00 | 7.00 |
| 调查面积 | | 亩 | 180.30 | 32.80 | 37.50 | 110.00 | 16.80 | 16.80 |
| 每亩 | 主产品产量 | 公斤 | 380.20 | 298.90 | 522.80 | 319.00 | 438.00 | 438.00 |
| | 产值合计 | 元 | 10588.28 | 8643.00 | 13582.58 | 9539.26 | 15896.00 | 15896.00 |
| | 主产品产值 | 元 | 9762.83 | 8391.50 | 11859.12 | 9037.87 | 15423.00 | 15423.00 |
| | 副产品产值 | 元 | 825.45 | 251.50 | 1723.46 | 501.39 | 473.00 | 473.00 |
| | 其它收入 | 元 | | | | | | |
| | 生产成本 | 元 | 6424.22 | 4441.60 | 8609.41 | 6297.42 | 8869.40 | 8869.40 |
| | 物质费用 | 元 | 4660.22 | 3332.00 | 6099.21 | 4549.42 | 6900.40 | 6900.40 |
| | 用工作价 | 元 | 1764.00 | 1109.60 | 2510.20 | 1748.00 | 1969.00 | 1969.00 |
| | 用工数量 | 日 | 176.40 | 116.80 | 228.20 | 184.00 | 179.00 | 179.00 |
| | 劳动日工价 | 元 | 10.00 | 9.50 | 11.00 | 9.50 | 11.00 | 11.00 |
| | 期间费用 | 元 | 592.81 | 83.85 | 947.29 | 747.30 | 280.00 | 280.00 |
| | 税金 | 元 | 779.21 | 737.32 | 1185.91 | 414.41 | 600.00 | 600.00 |
| | 含税成本 | 元 | 7796.24 | 5262.77 | 10742.61 | 7459.13 | 9749.40 | 9749.40 |
| | 净产值 | 元 | 5928.06 | 5311.00 | 7483.37 | 4989.84 | 8995.60 | 8995.60 |
| | 减税纯收益 | 元 | 2792.04 | 3380.23 | 2839.97 | 2080.13 | 6146.60 | 6146.60 |
| | 成本纯收益率 | % | 35.81 | 64.23 | 26.44 | 27.89 | 63.05 | 63.05 |
| 每50公斤主产品 | 平均出售价格 | 元 | 1283.91 | 1403.73 | 1134.19 | 1416.59 | 1760.62 | 1760.62 |
| | 物质费用 | 元 | 565.09 | 541.16 | 509.30 | 675.59 | 764.28 | 764.28 |
| | 生产成本 | 元 | 778.99 | 721.37 | 718.91 | 935.17 | 982.36 | 982.36 |
| | 含税成本 | 元 | 945.35 | 854.74 | 897.04 | 1107.69 | 1079.83 | 1079.83 |
| | 净产值 | 元 | 718.82 | 862.57 | 624.89 | 741.00 | 996.34 | 996.34 |
| | 减税纯收益 | 元 | 338.56 | 548.99 | 237.15 | 308.90 | 680.79 | 680.79 |
| 每一劳动日 | 主产品产量 | 公斤 | 2.20 | 2.60 | 2.30 | 1.70 | 2.40 | 2.40 |
| | 净产值 | 元 | 33.61 | 45.47 | 32.79 | 27.12 | 50.25 | 50.25 |
| 每亩主产品出售数量 | | 公斤 | 328.40 | 298.90 | 522.80 | 163.60 | 438.00 | 438.00 |
| 每亩主产品出售产值 | | 元 | 8298.29 | 8391.50 | 11859.12 | 4644.26 | 15423.00 | 15423.00 |
| 每亩成本外支出 | | 元 | 189.61 | 27.20 | 531.31 | 10.34 | | |

# 2002年全国中药材物质费用

品种：普通参、边条参七年

| 项目名称 | 单位 | 普通参平均 | 辽宁 | 吉林 | 黑龙江 | 边条参七年平均 | 吉林 |
|---|---|---|---|---|---|---|---|
| 每亩物质费用 | 元 | 4660.22 | 3332.00 | 6099.21 | 4549.42 | 6900.40 | 6900.40 |
| 一、直接生产费用 | 元 | 4497.62 | 3200.95 | 5969.96 | 4321.92 | 6685.30 | 6685.30 |
| 1.种籽秧苗费 | 元 | 2023.74 | 1860.00 | 2459.48 | 1751.75 | 4450.00 | 4450.00 |
| 2.农家肥费 | 元 | 163.79 | | | 491.37 | | |
| 3.化肥费 | 元 | 22.34 | 38.82 | 28.19 | | 105.40 | 105.40 |
| 4.农膜费 | 元 | 561.80 | 275.75 | 841.00 | 568.64 | 490.70 | 490.70 |
| 5.农药费 | 元 | 107.39 | 185.03 | 107.14 | 30.00 | 296.40 | 296.40 |
| 6.畜力费 | 元 | 39.04 | 45.25 | 69.51 | 2.36 | | |
| 7.机械作业费 | 元 | 95.65 | 17.50 | | 269.45 | | |
| 8.排灌费 | 元 | 50.52 | | 57.66 | 93.89 | 551.40 | 551.40 |
| 9.燃料动力费 | 元 | | | | | | |
| 10.棚架材料费 | 元 | 648.95 | 643.60 | 755.36 | 547.89 | 620.00 | 620.00 |
| 11.其它直接费用 | 元 | 784.40 | 135.00 | 1651.62 | 566.57 | 171.40 | 171.40 |
| 二、间接生产费用 | 元 | 162.60 | 131.05 | 129.25 | 227.50 | 215.10 | 215.10 |
| 1.固定资产折旧 | 元 | 102.79 | 71.50 | 119.09 | 117.78 | 160.00 | 160.00 |
| 2.小农具购置修理费 | 元 | 32.35 | 59.55 | 10.16 | 27.35 | 55.10 | 55.10 |
| 3.其它间接费用 | 元 | 27.46 | | | 82.37 | | |
| 附记：1.每亩种籽用量 | 公斤 | 93.20 | | 93.20 | | 155.70 | 155.70 |
| 2.每亩化肥用量 | 公斤 | 8.20 | 16.70 | 8.10 | | 22.10 | 22.10 |
| 3.每亩农膜用量 | 公斤 | 60.40 | 31.80 | 87.10 | 62.30 | 43.70 | 43.70 |
| 4.每度电价 | 元 | 0.66 | 0.74 | 0.62 | 0.61 | 0.65 | 0.65 |
| 5.每亩柴油费 | 元 | 8.64 | | | 25.91 | 318.00 | 318.00 |

# 2002 年全国中药材期间费用

品种：普通参、边条参七年

| 项 目 名 称 | 单位 | 普通参平 均 | 辽 宁 | 吉 林 | 黑龙江 | 边条参七年平 均 | 吉 林 |
|---|---|---|---|---|---|---|---|
| 一、每亩期间费用 | 元 | 592.81 | 83.85 | 947.29 | 747.30 | 280.00 | 280.00 |
| 1.土地承包费 | 元 | 253.73 | 40.15 | 279.22 | 441.82 | 215.00 | 215.00 |
| 2.管理费 | 元 | 202.58 | 12.65 | 585.11 | 9.99 | | |
| 3.销售费 | 元 | 52.27 | 31.05 | 29.04 | 96.73 | 65.00 | 65.00 |
| 4.财务费 | 元 | 84.23 | | 53.92 | 198.76 | | |
| 二、每亩用工量 | 日 | 176.40 | 116.80 | 228.20 | 184.00 | 179.00 | 179.00 |
| 1.直接用工 | 日 | 150.50 | 101.50 | 180.70 | 169.20 | 159.00 | 159.00 |
| 2.间接用工 | 日 | 25.90 | 15.30 | 47.50 | 14.80 | 20.00 | 20.00 |
| 三、每亩成本外支出 | 元 | 189.61 | 27.20 | 531.31 | 10.34 | | |
| 1.村提留费 | 元 | | | | | | |
| 2.乡统筹费 | 元 | | | | | | |
| 3.两工支出 | 元 | 12.51 | 27.20 | | 10.34 | | |
| 4.其它成本外支出 | 元 | 177.10 | | 531.31 | | | |
| 附：1.人均耕地面积 | 元 | 3.50 | 1.60 | 2.90 | 6.10 | | |
| 2.人均成本外支出 | 元 | 43.20 | 42.40 | | 87.30 | | |
| 3.人均两工数量 | 日 | 3.30 | 5.60 | | 4.40 | | |
| 4.雇工天数 | 日 | 27.30 | | 5.50 | 76.30 | 86.40 | 86.40 |
| 5.雇工工价 | 元 | 18.30 | 15.00 | 20.00 | 20.00 | 21.70 | 21.70 |

# 2002年全国中药材成本收益

品种：黄莲、当归　　　　按统一工价汇总

| 项目名称 | | 单位 | 黄莲平均 | 湖北 | 陕西 | 甘肃 | 当归平均 | 云南 | 甘肃 |
|---|---|---|---|---|---|---|---|---|---|
| 调查县数 | | 个 | 5.00 | 3.00 | 1.00 | 1.00 | 4.00 | 2.00 | 2.00 |
| 调查户数 | | 户 | 27.00 | 21.00 | 3.00 | 3.00 | 24.00 | 12.00 | 12.00 |
| 调查面积 | | 亩 | 92.60 | 87.20 | 1.40 | 4.00 | 30.10 | 11.60 | 18.50 |
| 每亩 | 主产品产量 | 公斤 | 101.60 | 143.90 | 61.00 | 100.00 | 136.10 | 106.00 | 166.10 |
| | 产值合计 | 元 | 11513.39 | 14502.17 | 8788.00 | 11250.00 | 1037.38 | 1256.03 | 818.72 |
| | 主产品产值 | 元 | 11164.46 | 13705.38 | 8788.00 | 11000.00 | 1023.34 | 1253.17 | 793.50 |
| | 副产品产值 | 元 | 348.93 | 796.79 | | 250.00 | 14.04 | 2.86 | 25.22 |
| | 其它收入 | 元 | | | | | | | |
| | 生产成本 | 元 | 4762.31 | 4641.85 | 1494.00 | 8150.00 | 549.31 | 562.86 | 535.72 |
| | 物质费用 | 元 | 1336.91 | 1703.75 | 207.00 | 2100.00 | 168.71 | 185.56 | 151.82 |
| | 用工作价 | 元 | 3425.40 | 2938.10 | 1287.00 | 6050.00 | 380.60 | 377.30 | 383.90 |
| | 用工数量 | 日 | 311.40 | 267.10 | 117.00 | 550.00 | 34.60 | 34.30 | 34.90 |
| | 劳动日工价 | 元 | 11.00 | 11.00 | 11.00 | 11.00 | 11.00 | 11.00 | 11.00 |
| | 期间费用 | 元 | 65.17 | 186.51 | | 9.00 | 24.08 | 22.91 | 25.24 |
| | 税金 | 元 | 97.02 | 222.06 | 60.00 | 9.00 | 28.80 | 25.14 | 32.45 |
| | 含税成本 | 元 | 4924.50 | 5050.42 | 1554.00 | 8168.00 | 602.19 | 610.91 | 593.41 |
| | 净产值 | 元 | 10176.48 | 12798.42 | 8581.00 | 9150.00 | 868.67 | 1070.47 | 666.90 |
| | 减税纯收益 | 元 | 6588.89 | 9451.75 | 7234.00 | 3082.00 | 435.19 | 645.12 | 225.31 |
| | 成本纯收益率 | % | 133.80 | 187.15 | 465.51 | 37.73 | 72.27 | 105.60 | 37.97 |
| 每50公斤主产品 | 平均出售价格 | 元 | 5494.32 | 4762.12 | 7203.28 | 5500.00 | 375.95 | 591.12 | 238.86 |
| | 物质费用 | 元 | 637.99 | 559.47 | 169.67 | 1026.67 | 61.14 | 87.33 | 44.29 |
| | 生产成本 | 元 | 2272.63 | 1524.26 | 1224.59 | 3984.44 | 199.07 | 264.90 | 156.30 |
| | 含税成本 | 元 | 2350.03 | 1658.42 | 1273.77 | 3993.24 | 218.24 | 287.51 | 173.13 |
| | 净产值 | 元 | 4856.33 | 4202.65 | 7033.61 | 4473.33 | 314.81 | 503.79 | 194.57 |
| | 减税纯收益 | 元 | 3144.29 | 3103.70 | 5929.51 | 1506.76 | 157.71 | 303.61 | 65.73 |
| 每一劳动日 | 主产品产量 | 公斤 | 0.30 | 0.50 | 0.50 | 0.20 | 3.90 | 3.10 | 4.80 |
| | 净产值 | 元 | 32.68 | 47.92 | 73.34 | 16.64 | 25.11 | 31.21 | 19.11 |
| 每亩主产品出售数量 | | 公斤 | 101.60 | 143.90 | 61.00 | 100.00 | 136.10 | 106.00 | 166.10 |
| 每亩主产品出售产值 | | 元 | 11164.46 | 13705.38 | 8788.00 | 11000.00 | 1023.34 | 1253.17 | 793.50 |
| 每亩成本外支出 | | 元 | 8.26 | 24.77 | | | 10.50 | 17.00 | 4.00 |

# 2002年全国中药材成本收益

品种：黄莲、当归

按地区工价汇总

| 项目名称 | | 单位 | 黄莲平均 | 湖北 | 陕西 | 甘肃 | 当归平均 | 云南 | 甘肃 |
|---|---|---|---|---|---|---|---|---|---|
| 调查县数 | | 个 | 5.00 | 3.00 | 1.00 | 1.00 | 4.00 | 2.00 | 2.00 |
| 调查户数 | | 户 | 27.00 | 21.00 | 3.00 | 3.00 | 24.00 | 12.00 | 12.00 |
| 调查面积 | | 亩 | 92.60 | 87.20 | 1.40 | 4.00 | 30.10 | 11.60 | 18.50 |
| 每亩 | 主产品产量 | 公斤 | 101.60 | 143.90 | 61.00 | 100.00 | 136.10 | 106.00 | 166.10 |
| | 产值合计 | 元 | 11513.39 | 14502.17 | 8788.00 | 11250.00 | 1037.38 | 1256.03 | 818.72 |
| | 主产品产值 | 元 | 11164.46 | 13705.38 | 8788.00 | 11000.00 | 1023.34 | 1253.17 | 793.50 |
| | 副产品产值 | 元 | 348.93 | 796.79 | | 250.00 | 14.04 | 2.86 | 25.22 |
| | 其它收入 | 元 | | | | | | | |
| | 生产成本 | 元 | 4170.65 | 4374.75 | 1341.90 | 6225.00 | 462.81 | 511.41 | 413.57 |
| | 物质费用 | 元 | 1336.91 | 1703.75 | 207.00 | 2100.00 | 168.71 | 185.56 | 151.82 |
| | 用工作价 | 元 | 2833.74 | 2671.00 | 1134.90 | 4125.00 | 294.10 | 325.85 | 261.75 |
| | 用工数量 | 日 | 311.40 | 267.10 | 117.00 | 550.00 | 34.60 | 34.30 | 34.90 |
| | 劳动日工价 | 元 | 9.10 | 10.00 | 9.70 | 7.50 | 8.50 | 9.50 | 7.50 |
| | 期间费用 | 元 | 65.17 | 186.51 | | 9.00 | 24.08 | 22.91 | 25.24 |
| | 税金 | 元 | 97.02 | 222.06 | 60.00 | 9.00 | 28.80 | 25.14 | 32.45 |
| | 含税成本 | 元 | 4332.84 | 4783.32 | 1401.90 | 6243.00 | 515.69 | 559.46 | 471.26 |
| | 净产值 | 元 | 10176.48 | 12798.42 | 8581.00 | 9150.00 | 868.67 | 1070.47 | 666.90 |
| | 减税纯收益 | 元 | 7180.55 | 9718.85 | 7386.10 | 5007.00 | 521.69 | 696.57 | 347.46 |
| | 成本纯收益率 | % | 165.72 | 203.18 | 526.86 | 80.20 | 101.16 | 124.51 | 73.73 |
| 每50公斤主产品 | 平均出售价格 | 元 | 5494.32 | 4762.12 | 7203.28 | 5500.00 | 375.95 | 591.12 | 238.86 |
| | 物质费用 | 元 | 637.99 | 559.47 | 169.67 | 1026.67 | 61.14 | 87.33 | 44.29 |
| | 生产成本 | 元 | 1990.28 | 1436.55 | 1099.92 | 3043.33 | 167.72 | 240.68 | 120.66 |
| | 含税成本 | 元 | 2067.68 | 1570.71 | 1149.10 | 3052.13 | 186.89 | 263.30 | 137.49 |
| | 净产值 | 元 | 4856.33 | 4202.65 | 7033.61 | 4473.33 | 314.81 | 503.79 | 194.57 |
| | 减税纯收益 | 元 | 3426.64 | 3191.41 | 6054.18 | 2447.87 | 189.06 | 327.82 | 101.37 |
| 每一劳动日 | 主产品产量 | 公斤 | 0.30 | 0.50 | 0.50 | 0.20 | 3.90 | 3.10 | 4.80 |
| | 净产值 | 元 | 32.68 | 47.92 | 73.34 | 16.64 | 25.11 | 31.21 | 19.11 |
| 每亩主产品出售数量 | | 公斤 | 101.60 | 143.90 | 61.00 | 100.00 | 136.10 | 106.00 | 166.10 |
| 每亩主产品出售产值 | | 元 | 11164.46 | 13705.38 | 8788.00 | 11000.00 | 1023.34 | 1253.17 | 793.50 |
| 每亩成本外支出 | | 元 | 8.26 | 24.77 | | | 10.50 | 17.00 | 4.00 |

# 2002年全国中药材物质费用

品种：黄莲、当归

| 项目名称 | 单位 | 黄莲平均 | 湖北 | 陕西 | 甘肃 | 当归平均 | 云南 | 甘肃 |
|---|---|---|---|---|---|---|---|---|
| 每亩物质费用 | 元 | 1336.91 | 1703.75 | 207.00 | 2100.00 | 168.71 | 185.56 | 151.82 |
| 一、直接生产费用 | 元 | 1233.07 | 1623.23 | 176.00 | 1900.00 | 156.92 | 172.50 | 141.31 |
| 1.种籽秧苗费 | 元 | 413.67 | 400.02 | 141.00 | 700.00 | 37.62 | 46.06 | 29.17 |
| 2.农家肥费 | 元 | 164.35 | 193.05 | | 300.00 | 29.24 | 24.03 | 34.45 |
| 3.化肥费 | 元 | 203.88 | 439.63 | 22.00 | 150.00 | 53.84 | 55.86 | 51.81 |
| 4.农膜费 | 元 | | | | | | | |
| 5.农药费 | 元 | 38.85 | 60.55 | 6.00 | 50.00 | 3.33 | | 6.65 |
| 6.畜力费 | 元 | 8.50 | 25.51 | | | 23.58 | 27.93 | 19.23 |
| 7.机械作业费 | 元 | | | | | 9.31 | 18.62 | |
| 8.排灌费 | 元 | | | | | | | |
| 9.燃料动力费 | 元 | 19.73 | 59.18 | | | | | |
| 10.棚架材料费 | 元 | 370.19 | 410.58 | | 700.00 | | | |
| 11.其它直接费用 | 元 | 13.90 | 34.71 | 7.00 | | | | |
| 二、间接生产费用 | 元 | 103.84 | 80.52 | 31.00 | 200.00 | 11.79 | 13.06 | 10.51 |
| 1.固定资产折旧 | 元 | 20.52 | 40.55 | 21.00 | | 5.55 | 8.38 | 2.72 |
| 2.小农具购置修理费 | 元 | 49.99 | 39.97 | 10.00 | 100.00 | 5.03 | 4.47 | 5.59 |
| 3.其它间接费用 | 元 | 33.33 | | | 100.00 | 1.21 | 0.21 | 2.20 |
| 附记：1.每亩种籽用量 | 公斤 | 3.00 | 3.00 | | | 17.50 | 1.70 | 33.20 |
| 2.每亩化肥用量 | 公斤 | 80.90 | 179.30 | 8.40 | 55.20 | 22.90 | 16.30 | 29.40 |
| 3.每亩农膜用量 | 公斤 | | | | | | | |
| 4.每度电价 | 元 | 0.81 | 0.71 | 1.00 | 0.73 | 0.63 | 0.54 | 0.72 |
| 5.每亩柴油费 | 元 | | | | | | | |

# 2002年全国中药材期间费用

品种：黄莲、当归

| 项目名称 | 单位 | 黄莲平均 | 湖北 | 陕西 | 甘肃 | 当归平均 | 云南 | 甘肃 |
|---|---|---|---|---|---|---|---|---|
| 一、每亩期间费用 | 元 | 65.17 | 186.51 | | 9.00 | 24.08 | 22.91 | 25.24 |
| 1.土地承包费 | 元 | 53.14 | 159.43 | | | 4.69 | 0.22 | 9.15 |
| 2.管理费 | 元 | | | | | 1.63 | 3.26 | |
| 3.销售费 | 元 | 12.03 | 27.08 | | 9.00 | 17.76 | 19.43 | 16.09 |
| 4.财务费 | 元 | | | | | | | |
| 二、每亩用工量 | 日 | 311.40 | 267.10 | 117.00 | 550.00 | 34.60 | 34.30 | 34.90 |
| 1.直接用工 | 日 | 295.10 | 239.30 | 106.00 | 540.00 | 29.00 | 29.00 | 29.00 |
| 2.间接用工 | 日 | 16.30 | 27.80 | 11.00 | 10.00 | 5.60 | 5.30 | 5.90 |
| 三、每亩成本外支出 | 元 | 8.26 | 24.77 | | | 10.50 | 17.00 | 4.00 |
| 1.村提留费 | 元 | | | | | | | |
| 2.乡统筹费 | 元 | | | | | | | |
| 3.两工支出 | 元 | 8.26 | 24.77 | | | 4.88 | 5.76 | 4.00 |
| 4.其它成本外支出 | 元 | | | | | 5.62 | 11.24 | |
| 附：1.人均耕地面积 | 元 | 1.80 | 2.00 | 1.60 | 1.90 | 1.60 | 1.80 | 1.40 |
| 2.人均成本外支出 | 元 | 19.30 | 33.40 | | 24.50 | 42.70 | 69.90 | 15.50 |
| 3.人均两工数量 | 日 | 1.90 | 1.70 | | 4.00 | 5.80 | 4.40 | 7.10 |
| 4.雇工天数 | 日 | 11.90 | 35.70 | | | | | |
| 5.雇工工价 | 元 | 15.70 | 16.30 | 15.00 | | 15.30 | 15.30 | |

# 2002年全国中药材成本收益

品种：川芎、白术　　　　按统一工价汇总

| 项目名称 | | 单位 | 川芎平均 | 四川 | 白术平均 | 浙江 | 江西 | 湖南 |
|---|---|---|---|---|---|---|---|---|
| 调查县数 | | 个 | 1.00 | 1.00 | 5.00 | 3.00 | 1.00 | 1.00 |
| 调查户数 | | 户 | 5.00 | 5.00 | 19.00 | 9.00 | 3.00 | 7.00 |
| 调查面积 | | 亩 | 3.60 | 3.60 | 19.73 | 4.83 | 4.00 | 10.90 |
| 每亩 | 主产品产量 | 公斤 | 133.90 | 133.90 | 151.60 | 176.90 | 128.40 | 149.60 |
| | 产值合计 | 元 | 398.63 | 398.63 | 897.92 | 1166.41 | 770.40 | 756.96 |
| | 主产品产值 | 元 | 357.51 | 357.51 | 869.97 | 1125.41 | 770.40 | 714.10 |
| | 副产品产值 | 元 | 41.12 | 41.12 | 27.95 | 41.00 | | 42.86 |
| | 其它收入 | 元 | | | | | | |
| | 生产成本 | 元 | 480.71 | 480.71 | 1008.91 | 1371.63 | 557.22 | 1096.80 |
| | 物质费用 | 元 | 221.11 | 221.11 | 498.51 | 653.33 | 273.42 | 568.80 |
| | 用工作价 | 元 | 259.60 | 259.60 | 510.40 | 718.30 | 283.80 | 528.00 |
| | 用工数量 | 日 | 23.60 | 23.60 | 46.40 | 65.30 | 25.80 | 48.00 |
| | 劳动日工价 | 元 | 11.00 | 11.00 | 11.00 | 11.00 | 11.00 | 11.00 |
| | 期间费用 | 元 | 6.32 | 6.32 | 13.13 | 17.49 | 10.90 | 11.00 |
| | 税金 | 元 | 31.63 | 31.63 | 45.28 | 69.05 | 16.20 | 50.58 |
| | 含税成本 | 元 | 518.66 | 518.66 | 1067.32 | 1458.17 | 584.32 | 1158.38 |
| | 净产值 | 元 | 177.52 | 177.52 | 399.41 | 513.08 | 496.98 | 188.16 |
| | 减税纯收益 | 元 | -120.03 | -120.03 | -169.40 | -291.76 | 186.08 | -401.42 |
| | 成本纯收益率 | % | -23.14 | -23.14 | -15.87 | -20.01 | 31.85 | -34.65 |
| 每50公斤主产品 | 平均出售价格 | 元 | 133.50 | 133.50 | 286.93 | 318.09 | 300.00 | 238.67 |
| | 物质费用 | 元 | 74.05 | 74.05 | 159.30 | 178.17 | 106.47 | 179.34 |
| | 生产成本 | 元 | 160.99 | 160.99 | 322.40 | 374.06 | 216.99 | 345.82 |
| | 含税成本 | 元 | 173.70 | 173.70 | 341.06 | 397.66 | 227.54 | 365.24 |
| | 净产值 | 元 | 59.45 | 59.45 | 127.63 | 139.92 | 193.53 | 59.33 |
| | 减税纯收益 | 元 | -40.20 | -40.20 | -54.13 | -79.57 | 72.46 | -126.57 |
| 每一劳动日 | 主产品产量 | 公斤 | 5.70 | 5.70 | 3.30 | 2.70 | 5.00 | 3.10 |
| | 净产值 | 元 | 7.52 | 7.52 | 8.61 | 7.86 | 19.26 | 3.92 |
| 每亩主产品出售数量 | | 公斤 | 105.80 | 105.80 | 151.60 | 176.90 | 128.40 | 149.60 |
| 每亩主产品出售产值 | | 元 | 283.95 | 283.95 | 869.97 | 1125.41 | 770.40 | 714.10 |
| 每亩成本外支出 | | 元 | 23.46 | 23.46 | | | | |

# 2002 年全国中药材成本收益

品种：川芎、白术　　　　按地区工价汇总

| 项目名称 | | 单位 | 川芎平均 | 四川 | 白术平均 | 浙江 | 江西 | 湖南 |
|---|---|---|---|---|---|---|---|---|
| 调查县数 | | 个 | 1.00 | 1.00 | 5.00 | 3.00 | 1.00 | 1.00 |
| 调查户数 | | 户 | 5.00 | 5.00 | 19.00 | 9.00 | 3.00 | 7.00 |
| 调查面积 | | 亩 | 3.60 | 3.60 | 19.73 | 4.83 | 4.00 | 10.90 |
| 每亩 | 主产品产量 | 公斤 | 133.90 | 133.90 | 151.60 | 176.90 | 128.40 | 149.60 |
| | 产值合计 | 元 | 398.63 | 398.63 | 897.92 | 1166.41 | 770.40 | 756.96 |
| | 主产品产值 | 元 | 357.51 | 357.51 | 869.97 | 1125.41 | 770.40 | 714.10 |
| | 副产品产值 | 元 | 41.12 | 41.12 | 27.95 | 41.00 | | 42.86 |
| | 其它收入 | 元 | | | | | | |
| | 生产成本 | 元 | 492.51 | 492.51 | 1162.03 | 1861.38 | 536.58 | 1250.40 |
| | 物质费用 | 元 | 221.11 | 221.11 | 498.51 | 653.33 | 273.42 | 568.80 |
| | 用工作价 | 元 | 271.40 | 271.40 | 663.52 | 1208.05 | 263.16 | 681.60 |
| | 用工数量 | 日 | 23.60 | 23.60 | 46.40 | 65.30 | 25.80 | 48.00 |
| | 劳动日工价 | 元 | 11.50 | 11.50 | 14.30 | 18.50 | 10.20 | 14.20 |
| | 期间费用 | 元 | 6.32 | 6.32 | 13.13 | 17.49 | 10.90 | 11.00 |
| | 税金 | 元 | 31.63 | 31.63 | 45.28 | 69.05 | 16.20 | 50.58 |
| | 含税成本 | 元 | 530.46 | 530.46 | 1220.44 | 1947.92 | 563.68 | 1311.98 |
| | 净产值 | 元 | 177.52 | 177.52 | 399.41 | 513.08 | 496.98 | 188.16 |
| | 减税纯收益 | 元 | -131.83 | -131.83 | -322.52 | -781.51 | 206.72 | -555.02 |
| | 成本纯收益率 | % | -24.85 | -24.85 | -26.43 | -40.12 | 36.67 | -42.30 |
| 每50公斤主产品 | 平均出售价格 | 元 | 133.50 | 133.50 | 286.93 | 318.09 | 300.00 | 238.67 |
| | 物质费用 | 元 | 74.05 | 74.05 | 159.30 | 178.17 | 106.47 | 179.34 |
| | 生产成本 | 元 | 164.94 | 164.94 | 371.33 | 507.61 | 208.95 | 394.25 |
| | 含税成本 | 元 | 177.65 | 177.65 | 389.99 | 531.21 | 219.50 | 413.67 |
| | 净产值 | 元 | 59.45 | 59.45 | 127.63 | 139.92 | 193.53 | 59.33 |
| | 减税纯收益 | 元 | -44.15 | -44.15 | -103.06 | -213.12 | 80.50 | -175.00 |
| 每一劳动日 | 主产品产量 | 公斤 | 5.70 | 5.70 | 3.30 | 2.70 | 5.00 | 3.10 |
| | 净产值 | 元 | 7.52 | 7.52 | 8.61 | 7.86 | 19.26 | 3.92 |
| 每亩主产品出售数量 | | 公斤 | 105.80 | 105.80 | 151.60 | 176.90 | 128.40 | 149.60 |
| 每亩主产品出售产值 | | 元 | 283.95 | 283.95 | 869.97 | 1125.41 | 770.40 | 714.10 |
| 每亩成本外支出 | | 元 | 23.46 | 23.46 | | | | |

# 2002年全国中药材物质费用

品种：川芎、白术

| 项目名称 | 单位 | 川芎平均 | 四川 | 白术平均 | 浙江 | 江西 | 湖南 |
|---|---|---|---|---|---|---|---|
| 每亩物质费用 | 元 | 221.11 | 221.11 | 498.51 | 653.33 | 273.42 | 568.80 |
| 一、直接生产费用 | 元 | 217.31 | 217.31 | 473.51 | 623.52 | 255.09 | 541.94 |
| 1.种籽秧苗费 | 元 | 59.04 | 59.04 | 233.36 | 234.76 | 122.50 | 342.82 |
| 2.农家肥费 | 元 | 42.90 | 42.90 | 40.03 | 44.98 | 30.90 | 44.21 |
| 3.化肥费 | 元 | 42.88 | 42.88 | 124.82 | 260.45 | 28.17 | 85.83 |
| 4.农膜费 | 元 | | | | | | |
| 5.农药费 | 元 | 14.82 | 14.82 | 23.61 | 51.07 | 2.33 | 17.42 |
| 6.畜力费 | 元 | | | 8.44 | | 25.33 | |
| 7.机械作业费 | 元 | 41.60 | 41.60 | 10.75 | 32.26 | | |
| 8.排灌费 | 元 | 16.07 | 16.07 | | | | |
| 9.燃料动力费 | 元 | | | 18.27 | | 9.53 | 45.29 |
| 10.棚架材料费 | 元 | | | 12.11 | | 36.33 | |
| 11.其它直接费用 | 元 | | | 2.12 | | | 6.37 |
| 二、间接生产费用 | 元 | 3.80 | 3.80 | 25.00 | 29.81 | 18.33 | 26.86 |
| 1.固定资产折旧 | 元 | 1.30 | 1.30 | 11.21 | 16.83 | 3.93 | 12.86 |
| 2.小农具购置修理费 | 元 | 2.50 | 2.50 | 11.17 | 12.98 | 11.53 | 9.00 |
| 3.其它间接费用 | 元 | | | 2.62 | | 2.87 | 5.00 |
| 附记：1.每亩种籽用量 | 公斤 | 38.20 | 38.20 | 35.50 | 54.50 | 16.50 | |
| 2.每亩化肥用量 | 公斤 | 17.50 | 17.50 | 40.60 | 77.00 | 10.00 | 34.80 |
| 3.每亩农膜用量 | 公斤 | | | | | | |
| 4.每度电价 | 元 | 0.73 | 0.73 | 0.78 | 0.51 | 0.90 | 0.92 |
| 5.每亩柴油费 | 元 | | | | | | |

# 2002年全国中药材期间费用

品种：川芎、白术

| 项目名称 | 单位 | 川芎平均 | 四川 | 白术平均 | 浙江 | 江西 | 湖南 |
|---|---|---|---|---|---|---|---|
| 一、每亩期间费用 | 元 | 6.32 | 6.32 | 13.13 | 17.49 | 10.90 | 11.00 |
| 1.土地承包费 | 元 | | | 2.14 | 6.43 | | |
| 2.管理费 | 元 | 6.32 | 6.32 | 1.67 | | | 5.00 |
| 3.销售费 | 元 | | | 8.51 | 11.06 | 10.90 | 3.57 |
| 4.财务费 | 元 | | | 0.81 | | | 2.43 |
| 二、每亩用工量 | 日 | 23.60 | 23.60 | 46.40 | 65.30 | 25.80 | 48.00 |
| 1.直接用工 | 日 | 17.90 | 17.90 | 43.50 | 61.40 | 23.10 | 46.00 |
| 2.间接用工 | 日 | 5.70 | 5.70 | 2.90 | 3.90 | 2.70 | 2.00 |
| 三、每亩成本外支出 | 元 | 23.46 | 23.46 | | | | |
| 1.村提留费 | 元 | | | | | | |
| 2.乡统筹费 | 元 | | | | | | |
| 3.两工支出 | 元 | 11.40 | 11.40 | | | | |
| 4.其它成本外支出 | 元 | 12.06 | 12.06 | | | | |
| 附：1.人均耕地面积 | 元 | 1.00 | 1.00 | 0.50 | 0.60 | 0.40 | 0.50 |
| 2.人均成本外支出 | 元 | 11.00 | 11.00 | | | | |
| 3.人均两工数量 | 日 | 4.10 | 4.10 | 0.30 | | | 1.00 |
| 4.雇工天数 | 日 | 2.00 | 2.00 | | | | |
| 5.雇工工价 | 元 | 18.00 | 18.00 | 19.60 | 23.80 | 15.00 | 20.00 |

# 2002年全国中药材成本收益

品种：生地、白芍　　　　按统一工价汇总

| 项目名称 | | 单位 | 生地平均 | 山西 | 河南 | 白芍平均 | 浙江 | 安徽 | 四川 |
|---|---|---|---|---|---|---|---|---|---|
| 调查县数 | | 个 | 4.00 | 3.00 | 1.00 | 3.00 | 1.00 | 1.00 | 1.00 |
| 调查户数 | | 户 | 30.00 | 27.00 | 3.00 | 11.00 | 3.00 | 5.00 | 3.00 |
| 调查面积 | | 亩 | 54.70 | 49.60 | 5.10 | 4.65 | 0.55 | 3.10 | 1.00 |
| 每亩 | 主产品产量 | 公斤 | 332.40 | 360.80 | 304.00 | 529.30 | 429.20 | 693.60 | 465.00 |
| | 产值合计 | 元 | 861.13 | 700.12 | 1022.13 | 3705.01 | 6504.16 | 1883.88 | 2727.00 |
| | 主产品产值 | 元 | 836.46 | 700.12 | 972.80 | 2985.27 | 4531.94 | 1733.88 | 2690.00 |
| | 副产品产值 | 元 | 24.67 | | 49.33 | 719.74 | 1972.22 | 150.00 | 37.00 |
| | 其它收入 | 元 | | | | | | | |
| | 生产成本 | 元 | 940.38 | 716.58 | 1163.00 | 1525.02 | 2779.30 | 701.27 | 1094.50 |
| | 物质费用 | 元 | 416.78 | 418.48 | 415.00 | 805.62 | 1693.60 | 398.77 | 324.50 |
| | 用工作价 | 元 | 523.60 | 298.10 | 748.00 | 719.40 | 1085.70 | 302.50 | 770.00 |
| | 用工数量 | 日 | 47.60 | 27.10 | 68.00 | 65.40 | 98.70 | 27.50 | 70.00 |
| | 劳动日工价 | 元 | 11.00 | 11.00 | 11.00 | 11.00 | 11.00 | 11.00 | 11.00 |
| | 期间费用 | 元 | 42.28 | 79.94 | 4.60 | 24.05 | 3.00 | 5.00 | 64.15 |
| | 税金 | 元 | 28.10 | 25.69 | 30.50 | 77.49 | 5.00 | 174.00 | 53.46 |
| | 含税成本 | 元 | 1010.76 | 822.21 | 1198.10 | 1626.56 | 2787.30 | 880.27 | 1212.11 |
| | 净产值 | 元 | 444.35 | 281.64 | 607.13 | 2899.39 | 4810.56 | 1485.11 | 2402.50 |
| | 减税纯收益 | 元 | −149.63 | −122.09 | −175.97 | 2078.45 | 3716.86 | 1003.61 | 1514.89 |
| | 成本纯收益率 | % | −14.80 | −14.85 | −14.69 | 127.78 | 133.35 | 114.01 | 124.98 |
| 每50公斤主产品 | 平均出售价格 | 元 | 125.82 | 97.02 | 160.00 | 282.00 | 527.95 | 124.99 | 289.25 |
| | 物质费用 | 元 | 60.90 | 57.99 | 64.96 | 61.32 | 137.47 | 26.46 | 34.42 |
| | 生产成本 | 元 | 137.40 | 99.30 | 182.05 | 116.07 | 225.60 | 46.53 | 116.09 |
| | 含税成本 | 元 | 147.68 | 113.94 | 187.55 | 123.80 | 226.25 | 58.40 | 128.57 |
| | 净产值 | 元 | 64.92 | 39.03 | 95.04 | 220.68 | 390.48 | 98.53 | 254.83 |
| | 减税纯收益 | 元 | −21.86 | −16.92 | −27.55 | 158.20 | 301.70 | 66.59 | 160.68 |
| 每一劳动日 | 主产品产量 | 公斤 | 7.00 | 13.30 | 4.50 | 8.10 | 4.30 | 25.20 | 6.60 |
| | 净产值 | 元 | 9.34 | 10.39 | 8.93 | 44.33 | 48.74 | 54.00 | 34.32 |
| 每亩主产品出售数量 | | 公斤 | 331.40 | 358.80 | 304.00 | 374.30 | 429.20 | 693.60 | |
| 每亩主产品出售产值 | | 元 | 829.80 | 686.80 | 972.80 | 2088.61 | 4531.94 | 1733.88 | |
| 每亩成本外支出 | | 元 | 2.28 | 4.55 | | 17.60 | | | 52.80 |

# 2002 年全国中药材成本收益

品种：生地、白芍　　　　　　　　　　　　　　　　　　　　　　　　　　按地区工价汇总

| 项目名称 | | 单位 | 生地平均 | 山西 | 河南 | 白芍平均 | 浙江 | 安徽 | 四川 |
|---|---|---|---|---|---|---|---|---|---|
| 调查县数 | | 个 | 4.00 | 3.00 | 1.00 | 3.00 | 1.00 | 1.00 | 1.00 |
| 调查户数 | | 户 | 30.00 | 27.00 | 3.00 | 11.00 | 3.00 | 5.00 | 3.00 |
| 调查面积 | | 亩 | 54.70 | 49.60 | 5.10 | 4.65 | 0.55 | 3.10 | 1.00 |
| 每亩 | 主产品产量 | 公斤 | 332.40 | 360.80 | 304.00 | 529.30 | 429.20 | 693.60 | 465.00 |
| | 产值合计 | 元 | 861.13 | 700.12 | 1022.13 | 3705.01 | 6504.16 | 1883.88 | 2727.00 |
| | 主产品产值 | 元 | 836.46 | 700.12 | 972.80 | 2985.27 | 4531.94 | 1733.88 | 2690.00 |
| | 副产品产值 | 元 | 24.67 | | 49.33 | 719.74 | 1972.22 | 150.00 | 37.00 |
| | 其它收入 | 元 | | | | | | | |
| | 生产成本 | 元 | 826.14 | 640.70 | 1020.20 | 1675.44 | 3519.55 | 673.77 | 1129.50 |
| | 物质费用 | 元 | 416.78 | 418.48 | 415.00 | 805.62 | 1693.60 | 398.77 | 324.50 |
| | 用工作价 | 元 | 409.36 | 222.22 | 605.20 | 869.82 | 1825.95 | 275.00 | 805.00 |
| | 用工数量 | 日 | 47.60 | 27.10 | 68.00 | 65.40 | 98.70 | 27.50 | 70.00 |
| | 劳动日工价 | 元 | 8.60 | 8.20 | 8.90 | 13.30 | 18.50 | 10.00 | 11.50 |
| | 期间费用 | 元 | 42.28 | 79.94 | 4.60 | 24.05 | 3.00 | 5.00 | 64.15 |
| | 税金 | 元 | 28.10 | 25.69 | 30.50 | 77.49 | 5.00 | 174.00 | 53.46 |
| | 含税成本 | 元 | 896.52 | 746.33 | 1055.30 | 1776.98 | 3527.55 | 852.77 | 1247.11 |
| | 净产值 | 元 | 444.35 | 281.64 | 607.13 | 2899.39 | 4810.56 | 1485.11 | 2402.50 |
| | 减税纯收益 | 元 | -35.39 | -46.21 | -33.17 | 1928.03 | 2976.61 | 1031.11 | 1479.89 |
| | 成本纯收益率 | % | -3.95 | -6.19 | -3.14 | 108.50 | 84.38 | 120.91 | 118.67 |
| 每50公斤主产品 | 平均出售价格 | 元 | 125.82 | 97.02 | 160.00 | 282.00 | 527.95 | 124.99 | 289.25 |
| | 物质费用 | 元 | 60.90 | 57.99 | 64.96 | 61.32 | 137.47 | 26.46 | 34.42 |
| | 生产成本 | 元 | 120.71 | 88.79 | 159.70 | 127.52 | 285.69 | 44.70 | 119.80 |
| | 含税成本 | 元 | 130.99 | 103.42 | 165.19 | 135.25 | 286.34 | 56.58 | 132.28 |
| | 净产值 | 元 | 64.92 | 39.03 | 95.04 | 220.68 | 390.48 | 98.53 | 254.83 |
| | 减税纯收益 | 元 | -5.17 | -6.40 | -5.19 | 146.75 | 241.61 | 68.41 | 156.97 |
| 每一劳动日 | 主产品产量 | 公斤 | 7.00 | 13.30 | 4.50 | 8.10 | 4.30 | 25.20 | 6.60 |
| | 净产值 | 元 | 9.34 | 10.39 | 8.93 | 44.33 | 48.74 | 54.00 | 34.32 |
| 每亩主产品出售数量 | | 公斤 | 331.40 | 358.80 | 304.00 | 374.30 | 429.20 | 693.60 | |
| 每亩主产品出售产值 | | 元 | 829.80 | 686.80 | 972.80 | 2088.61 | 4531.94 | 1733.88 | |
| 每亩成本外支出 | | 元 | 2.28 | 4.55 | | 17.60 | | | 52.80 |

# 2002年全国中药材物质费用

品种：生地、白芍

| 项目名称 | 单位 | 生地平均 | 山西 | 河南 | 白芍平均 | 浙江 | 安徽 | 四川 |
|---|---|---|---|---|---|---|---|---|
| 每亩物质费用 | 元 | 416.78 | 418.48 | 415.00 | 805.62 | 1693.60 | 398.77 | 324.50 |
| 一、直接生产费用 | 元 | 385.04 | 404.35 | 365.66 | 792.56 | 1678.60 | 382.49 | 316.60 |
| 1.种籽秧苗费 | 元 | 79.45 | 110.89 | 48.00 | 508.89 | 1266.67 | 120.00 | 140.00 |
| 2.农家肥费 | 元 | 1.50 | 2.99 |  | 72.28 | 62.22 | 19.03 | 135.60 |
| 3.化肥费 | 元 | 118.30 | 82.25 | 154.33 | 117.15 | 249.44 | 102.00 |  |
| 4.农膜费 | 元 | 9.65 | 19.29 |  |  |  |  |  |
| 5.农药费 | 元 | 40.35 | 20.69 | 60.00 | 28.83 | 65.83 | 20.65 |  |
| 6.畜力费 | 元 | 1.39 | 2.78 |  |  |  |  |  |
| 7.机械作业费 | 元 | 37.09 | 27.85 | 46.33 | 27.61 | 34.44 | 48.39 |  |
| 8.排灌费 | 元 | 42.19 | 72.38 | 12.00 | 17.83 |  | 15.00 | 38.50 |
| 9.燃料动力费 | 元 | 37.22 | 29.44 | 45.00 | 3.33 |  | 10.00 |  |
| 10.棚架材料费 | 元 |  |  |  |  |  |  |  |
| 11.其它直接费用 | 元 | 17.90 | 35.79 |  | 16.64 |  | 47.42 | 2.50 |
| 二、间接生产费用 | 元 | 31.74 | 14.13 | 49.34 | 13.06 | 15.00 | 16.28 | 7.90 |
| 1.固定资产折旧 | 元 | 29.46 | 12.25 | 46.67 | 10.32 | 15.00 | 10.47 | 5.50 |
| 2.小农具购置修理费 | 元 | 2.28 | 1.88 | 2.67 | 2.74 |  | 5.81 | 2.40 |
| 3.其它间接费用 | 元 |  |  |  |  |  |  |  |
| 附记：1.每亩种籽用量 | 公斤 | 47.80 | 70.60 | 25.00 | 101.20 | 24.50 | 125.00 | 154.00 |
| 2.每亩化肥用量 | 公斤 | 47.00 | 31.90 | 61.70 | 44.80 | 96.00 | 38.50 |  |
| 3.每亩农膜用量 | 公斤 | 1.80 | 3.50 |  |  |  |  |  |
| 4.每度电价 | 元 | 0.47 | 0.40 | 0.54 | 0.66 | 0.43 | 0.80 | 0.75 |
| 5.每亩柴油费 | 元 | 9.50 | 4.00 | 15.00 |  |  |  |  |

# 2002 年全国中药材期间费用

品种：生地、白芍

| 项目名称 | 单位 | 生地平均 | 山西 | 河南 | 白芍平均 | 浙江 | 安徽 | 四川 |
|---|---|---|---|---|---|---|---|---|
| 一、每亩期间费用 | 元 | 42.28 | 79.94 | 4.60 | 24.05 | 3.00 | 5.00 | 64.15 |
| 1.土地承包费 | 元 | 39.56 | 79.12 | | 18.82 | 3.00 | | 53.46 |
| 2.管理费 | 元 | 0.18 | 0.35 | | 3.56 | | | 10.69 |
| 3.销售费 | 元 | 2.54 | 0.47 | 4.60 | 1.67 | | 5.00 | |
| 4.财务费 | 元 | | | | | | | |
| 二、每亩用工量 | 日 | 47.60 | 27.10 | 68.00 | 65.40 | 98.70 | 27.50 | 70.00 |
| 1.直接用工 | 日 | 45.10 | 26.20 | 64.00 | 59.10 | 95.70 | 26.50 | 55.00 |
| 2.间接用工 | 日 | 2.50 | 0.90 | 4.00 | 6.30 | 3.00 | 1.00 | 15.00 |
| 三、每亩成本外支出 | 元 | 2.28 | 4.55 | | 17.60 | | | 52.80 |
| 1.村提留费 | 元 | | | | | | | |
| 2.乡统筹费 | 元 | | | | | | | |
| 3.两工支出 | 元 | | | | 10.67 | | | 32.00 |
| 4.其它成本外支出 | 元 | 2.28 | 4.55 | | 6.93 | | | 20.80 |
| 附：1.人均耕地面积 | 元 | 1.70 | 2.30 | 1.10 | 1.20 | 0.80 | 1.90 | 0.90 |
| 2.人均成本外支出 | 元 | 15.10 | 30.10 | | 18.60 | | 16.00 | 39.70 |
| 3.人均两工数量 | 日 | 1.00 | 2.00 | | 3.80 | | 7.30 | 4.00 |
| 4.雇工天数 | 日 | 1.20 | 2.30 | | 0.70 | | | 2.00 |
| 5.雇工工价 | 元 | 13.50 | 13.50 | | 18.30 | 30.00 | 10.00 | 15.00 |

# 2002年全国中药材成本收益

品种：黄芪　　　　按统一工价汇总

| 项目名称 | | 单位 | 平均 | 河北 | 内蒙古 | 陕西 | 甘肃 | 宁夏 |
|---|---|---|---|---|---|---|---|---|
| 调查县数 | | 个 | 6.00 | 1.00 | 2.00 | 1.00 | 1.00 | 1.00 |
| 调查户数 | | 户 | 27.00 | 1.00 | 16.00 | 3.00 | 3.00 | 4.00 |
| 调查面积 | | 亩 | 27.90 | 1.00 | 12.20 | 2.30 | 3.00 | 9.40 |
| 每亩 | 主产品产量 | 公斤 | 274.70 | 195.00 | 260.00 | 159.00 | 332.00 | 427.70 |
| | 产值合计 | 元 | 1397.56 | 579.50 | 1484.92 | 2579.00 | 1061.40 | 1282.98 |
| | 主产品产值 | 元 | 1334.91 | 560.00 | 1191.15 | 2579.00 | 1061.40 | 1282.98 |
| | 副产品产值 | 元 | 62.65 | 19.50 | 293.77 | | | |
| | 其它收入 | 元 | | | | | | |
| | 生产成本 | 元 | 674.55 | 568.69 | 379.43 | 686.60 | 814.50 | 924.64 |
| | 物质费用 | 元 | 312.65 | 247.49 | 218.83 | 312.60 | 231.50 | 552.84 |
| | 用工作价 | 元 | 361.90 | 321.20 | 160.60 | 374.00 | 583.00 | 371.80 |
| | 用工数量 | 日 | 32.90 | 29.20 | 14.60 | 34.00 | 53.00 | 33.80 |
| | 劳动日工价 | 元 | 11.00 | 11.00 | 11.00 | 11.00 | 11.00 | 11.00 |
| | 期间费用 | 元 | 18.02 | 21.35 | 9.05 | | 59.70 | |
| | 税金 | 元 | 28.91 | 56.00 | 10.94 | 55.00 | 18.00 | 4.61 |
| | 含税成本 | 元 | 721.48 | 646.04 | 399.42 | 741.60 | 892.20 | 929.25 |
| | 净产值 | 元 | 1084.91 | 332.01 | 1266.09 | 2266.40 | 829.90 | 730.14 |
| | 减税纯收益 | 元 | 676.08 | −66.54 | 1085.50 | 1837.40 | 169.20 | 353.73 |
| | 成本纯收益率 | % | 93.71 | −10.30 | 271.77 | 247.76 | 18.96 | 38.07 |
| 每50公斤主产品 | 平均出售价格 | 元 | 242.98 | 143.59 | 229.07 | 811.01 | 159.85 | 149.99 |
| | 物质费用 | 元 | 54.36 | 61.32 | 33.76 | 98.30 | 34.86 | 64.63 |
| | 生产成本 | 元 | 117.28 | 140.91 | 58.53 | 215.91 | 122.67 | 108.10 |
| | 含税成本 | 元 | 125.44 | 160.08 | 61.62 | 233.21 | 134.37 | 108.64 |
| | 净产值 | 元 | 188.62 | 82.27 | 195.31 | 712.71 | 124.99 | 85.36 |
| | 减税纯收益 | 元 | 117.54 | −16.49 | 167.45 | 577.80 | 25.48 | 41.35 |
| 每一劳动日 | 主产品产量 | 公斤 | 8.30 | 6.70 | 17.80 | 4.70 | 6.30 | 12.70 |
| | 净产值 | 元 | 32.98 | 11.37 | 86.72 | 66.66 | 15.66 | 21.60 |
| 每亩主产品出售数量 | | 公斤 | 274.70 | 195.00 | 260.00 | 159.00 | 332.00 | 427.70 |
| 每亩主产品出售产值 | | 元 | 1106.83 | 560.00 | 1191.15 | 2579.00 | 1061.40 | 142.60 |
| 每亩成本外支出 | | 元 | 4.38 | | 7.88 | | 14.00 | |

# 2002年全国中药材成本收益

品种：黄芪　　　　　　　　按地区工价汇总

| 项目名称 | | 单位 | 平均 | 河北 | 内蒙古 | 陕西 | 甘肃 | 宁夏 |
|---|---|---|---|---|---|---|---|---|
| 调查县数 | | 个 | 6.00 | 1.00 | 2.00 | 1.00 | 1.00 | 1.00 |
| 调查户数 | | 户 | 27.00 | 1.00 | 16.00 | 3.00 | 3.00 | 4.00 |
| 调查面积 | | 亩 | 27.90 | 1.00 | 12.20 | 2.30 | 3.00 | 9.40 |
| 每亩 | 主产品产量 | 公斤 | 274.70 | 195.00 | 260.00 | 159.00 | 332.00 | 427.70 |
| | 产值合计 | 元 | 1397.56 | 579.50 | 1484.92 | 2579.00 | 1061.40 | 1282.98 |
| | 主产品产值 | 元 | 1334.91 | 560.00 | 1191.15 | 2579.00 | 1061.40 | 1282.98 |
| | 副产品产值 | 元 | 62.65 | 19.50 | 293.77 | | | |
| | 其它收入 | 元 | | | | | | |
| | 生产成本 | 元 | 595.59 | 495.69 | 335.63 | 642.40 | 629.00 | 867.18 |
| | 物质费用 | 元 | 312.65 | 247.49 | 218.83 | 312.60 | 231.50 | 552.84 |
| | 用工作价 | 元 | 282.94 | 248.20 | 116.80 | 329.80 | 397.50 | 314.34 |
| | 用工数量 | 日 | 32.90 | 29.20 | 14.60 | 34.00 | 53.00 | 33.80 |
| | 劳动日工价 | 元 | 8.60 | 8.50 | 8.00 | 9.70 | 7.50 | 9.30 |
| | 期间费用 | 元 | 18.02 | 21.35 | 9.05 | | 59.70 | |
| | 税金 | 元 | 28.91 | 56.00 | 10.94 | 55.00 | 18.00 | 4.61 |
| | 含税成本 | 元 | 642.52 | 573.04 | 355.62 | 697.40 | 706.70 | 871.79 |
| | 净产值 | 元 | 1084.91 | 332.01 | 1266.09 | 2266.40 | 829.90 | 730.14 |
| | 减税纯收益 | 元 | 755.04 | 6.46 | 1129.30 | 1881.60 | 354.70 | 411.19 |
| | 成本纯收益率 | % | 117.51 | 1.13 | 317.56 | 269.80 | 50.19 | 47.17 |
| 每50公斤主产品 | 平均出售价格 | 元 | 242.98 | 143.59 | 229.07 | 811.01 | 159.85 | 149.99 |
| | 物质费用 | 元 | 54.36 | 61.32 | 33.76 | 98.30 | 34.86 | 64.63 |
| | 生产成本 | 元 | 103.55 | 122.82 | 51.78 | 202.01 | 94.73 | 101.38 |
| | 含税成本 | 元 | 111.71 | 141.99 | 54.86 | 219.31 | 106.43 | 101.92 |
| | 净产值 | 元 | 188.62 | 82.27 | 195.31 | 712.71 | 124.99 | 85.36 |
| | 减税纯收益 | 元 | 131.27 | 1.60 | 174.21 | 591.70 | 53.42 | 48.07 |
| 每一劳动日 | 主产品产量 | 公斤 | 8.30 | 6.70 | 17.80 | 4.70 | 6.30 | 12.70 |
| | 净产值 | 元 | 32.98 | 11.37 | 86.72 | 66.66 | 15.66 | 21.60 |
| 每亩主产品出售数量 | | 公斤 | 274.70 | 195.00 | 260.00 | 159.00 | 332.00 | 427.70 |
| 每亩主产品出售产值 | | 元 | 1106.83 | 560.00 | 1191.15 | 2579.00 | 1061.40 | 142.60 |
| 每亩成本外支出 | | 元 | 4.38 | | 7.88 | | 14.00 | |

# 2002年全国中药材物质费用

品种：黄芪

| 项　目　名　称 | 单位 | 平　均 | 河　北 | 内蒙古 | 陕　西 | 甘　肃 | 宁　夏 |
|---|---|---|---|---|---|---|---|
| 每亩物质费用 | 元 | 312.65 | 247.49 | 218.83 | 312.60 | 231.50 | 552.84 |
| 一、直接生产费用 | 元 | 295.09 | 231.19 | 201.85 | 303.00 | 221.50 | 517.90 |
| 1.种籽秧苗费 | 元 | 106.30 | 34.45 | 54.95 | 88.00 | 87.50 | 266.61 |
| 2.农家肥费 | 元 | 64.06 | 38.11 | 23.59 | 200.00 |  | 58.59 |
| 3.化肥费 | 元 | 63.33 | 100.01 | 43.61 | 15.00 | 104.00 | 54.03 |
| 4.农膜费 | 元 |  |  |  |  |  |  |
| 5.农药费 | 元 | 3.62 | 11.08 | 1.64 |  |  | 5.38 |
| 6.畜力费 | 元 | 12.57 |  | 29.84 |  | 30.00 | 3.00 |
| 7.机械作业费 | 元 | 15.92 | 22.65 | 20.18 |  |  | 36.78 |
| 8.排灌费 | 元 | 15.69 | 24.89 | 28.04 |  |  | 25.53 |
| 9.燃料动力费 | 元 |  |  |  |  |  |  |
| 10.棚架材料费 | 元 | 0.33 |  |  |  |  | 1.64 |
| 11.其它直接费用 | 元 | 13.27 |  |  |  |  | 66.34 |
| 二、间接生产费用 | 元 | 17.56 | 16.30 | 16.98 | 9.60 | 10.00 | 34.94 |
| 1.固定资产折旧 | 元 | 11.91 | 15.40 | 12.21 |  |  | 31.96 |
| 2.小农具购置修理费 | 元 | 5.65 | 0.90 | 4.77 | 9.60 | 10.00 | 2.98 |
| 3.其它间接费用 | 元 |  |  |  |  |  |  |
| 附记：1.每亩种籽用量 | 公斤 | 14.80 | 1.70 | 1.90 |  | 3.00 | 52.40 |
| 2.每亩化肥用量 | 公斤 | 22.50 | 41.50 | 15.20 | 4.60 | 32.00 | 19.00 |
| 3.每亩农膜用量 | 公斤 |  |  |  |  |  |  |
| 4.每度电价 | 元 | 0.67 | 0.65 | 0.57 | 1.00 | 0.69 | 0.45 |
| 5.每亩柴油费 | 元 | 5.35 | 18.51 |  |  |  | 8.26 |

# 2002 年全国中药材期间费用

品种：黄芪

| 项 目 名 称 | 单位 | 平 均 | 河 北 | 内蒙古 | 陕 西 | 甘 肃 | 宁 夏 |
|---|---|---|---|---|---|---|---|
| 一、每亩期间费用 | 元 | 18.02 | 21.35 | 9.05 | | 59.70 | |
| 1.土地承包费 | 元 | 3.54 | | | | 17.70 | |
| 2.管理费 | 元 | | | | | | |
| 3.销售费 | 元 | 14.48 | 21.35 | 9.05 | | 42.00 | |
| 4.财务费 | 元 | | | | | | |
| 二、每亩用工量 | 日 | 32.90 | 29.20 | 14.60 | 34.00 | 53.00 | 33.80 |
| 1.直接用工 | 日 | 31.20 | 28.20 | 13.50 | 32.00 | 50.00 | 32.30 |
| 2.间接用工 | 日 | 1.70 | 1.00 | 1.10 | 2.00 | 3.00 | 1.50 |
| 三、每亩成本外支出 | 元 | 4.38 | | 7.88 | | 14.00 | |
| 1.村提留费 | 元 | | | | | | |
| 2.乡统筹费 | 元 | | | | | | |
| 3.两工支出 | 元 | 4.38 | | 7.88 | | 14.00 | |
| 4.其它成本外支出 | 元 | | | | | | |
| 附：1.人均耕地面积 | 元 | 1.80 | 1.30 | 2.90 | 1.60 | 1.20 | 2.10 |
| 2.人均成本外支出 | 元 | 8.50 | | 24.80 | | 17.90 | |
| 3.人均两工数量 | 日 | 1.00 | | 2.40 | | 2.50 | |
| 4.雇工天数 | 日 | 3.60 | | 0.50 | | 10.00 | 7.30 |
| 5.雇工工价 | 元 | 16.30 | 20.00 | 19.60 | 15.00 | 12.00 | 15.00 |

# 2002年全国中药材成本收益

品种：麦冬、牛膝　　　　按统一工价汇总

| 项目名称 | | 单位 | 麦冬平均 | 湖北 | 四川 | 牛膝平均 | 河北 | 河南 | 四川 |
|---|---|---|---|---|---|---|---|---|---|
| 调查县数 | | 个 | 2.00 | 1.00 | 1.00 | 3.00 | 1.00 | 1.00 | 1.00 |
| 调查户数 | | 户 | 8.00 | 4.00 | 4.00 | 13.00 | 2.00 | 3.00 | 8.00 |
| 调查面积 | | 亩 | 9.50 | 1.70 | 7.80 | 45.15 | 2.50 | 15.00 | 27.65 |
| 每亩 | 主产品产量 | 公斤 | 283.30 | 187.00 | 379.60 | 297.10 | 300.00 | 306.70 | 284.50 |
| | 产值合计 | 元 | 2785.01 | 2643.00 | 2927.02 | 1065.17 | 812.50 | 1245.00 | 1138.00 |
| | 主产品产值 | 元 | 2766.51 | 2618.00 | 2915.02 | 1059.06 | 812.50 | 1226.67 | 1138.00 |
| | 副产品产值 | 元 | 18.50 | 25.00 | 12.00 | 6.11 | | 18.33 | |
| | 其它收入 | 元 | | | | | | | |
| | 生产成本 | 元 | 1648.31 | 1210.00 | 2086.60 | 717.30 | 493.22 | 1068.80 | 589.87 |
| | 物质费用 | 元 | 295.31 | 264.00 | 326.60 | 191.50 | 201.72 | 306.50 | 66.27 |
| | 用工作价 | 元 | 1353.00 | 946.00 | 1760.00 | 525.80 | 291.50 | 762.30 | 523.60 |
| | 用工数量 | 日 | 123.00 | 86.00 | 160.00 | 47.80 | 26.50 | 69.30 | 47.60 |
| | 劳动日工价 | 元 | 11.00 | 11.00 | 11.00 | 11.00 | 11.00 | 11.00 | 11.00 |
| | 期间费用 | 元 | 18.55 | 11.00 | 26.10 | 7.65 | 18.35 | 4.60 | |
| | 税金 | 元 | 57.90 | 78.00 | 37.80 | 35.70 | 28.00 | 30.50 | 48.59 |
| | 含税成本 | 元 | 1724.76 | 1299.00 | 2150.50 | 760.65 | 539.57 | 1103.90 | 638.46 |
| | 净产值 | 元 | 2489.70 | 2379.00 | 2600.42 | 873.67 | 610.78 | 938.50 | 1071.73 |
| | 减税纯收益 | 元 | 1060.25 | 1344.00 | 776.52 | 304.52 | 272.93 | 141.10 | 499.54 |
| | 成本纯收益率 | % | 61.47 | 103.46 | 36.11 | 40.03 | 50.58 | 12.78 | 78.24 |
| 每50公斤主产品 | 平均出售价格 | 元 | 488.27 | 700.00 | 383.96 | 178.23 | 135.42 | 199.98 | 200.00 |
| | 物质费用 | 元 | 51.77 | 69.92 | 42.84 | 32.04 | 33.62 | 49.23 | 11.65 |
| | 生产成本 | 元 | 288.98 | 320.47 | 273.72 | 120.02 | 82.21 | 171.68 | 103.67 |
| | 含税成本 | 元 | 302.39 | 344.04 | 282.10 | 127.28 | 89.93 | 177.32 | 112.21 |
| | 净产值 | 元 | 436.50 | 630.08 | 341.12 | 146.19 | 101.80 | 150.75 | 188.35 |
| | 减税纯收益 | 元 | 185.88 | 355.96 | 101.86 | 50.95 | 45.49 | 22.66 | 87.79 |
| 每一劳动日 | 主产品产量 | 公斤 | 2.30 | 2.20 | 2.40 | 6.20 | 11.30 | 4.40 | 6.00 |
| | 净产值 | 元 | 20.24 | 27.66 | 16.25 | 18.28 | 23.05 | 13.54 | 22.52 |
| 每亩主产品出售数量 | | 公斤 | 273.50 | 187.00 | 360.00 | 297.10 | 300.00 | 306.70 | 284.50 |
| 每亩主产品出售产值 | | 元 | 2691.40 | 2618.00 | 2764.80 | 1059.06 | 812.50 | 1226.67 | 1138.00 |
| 每亩成本外支出 | | 元 | 2.50 | | 5.00 | 1.62 | | | 4.85 |

# 2002 年全国中药材成本收益

品种：麦冬、牛膝　　　　按地区工价汇总

| 项目名称 | | 单位 | 麦冬平均 | 湖北 | 四川 | 牛膝平均 | 河北 | 河南 | 四川 |
|---|---|---|---|---|---|---|---|---|---|
| 调查县数 | | 个 | 2.00 | 1.00 | 1.00 | 3.00 | 1.00 | 1.00 | 1.00 |
| 调查户数 | | 户 | 8.00 | 4.00 | 4.00 | 13.00 | 2.00 | 3.00 | 8.00 |
| 调查面积 | | 亩 | 9.50 | 1.70 | 7.80 | 45.15 | 2.50 | 15.00 | 27.65 |
| 每亩 | 主产品产量 | 公斤 | 283.30 | 187.00 | 379.60 | 297.10 | 300.00 | 306.70 | 284.50 |
| | 产值合计 | 元 | 2785.01 | 2643.00 | 2927.02 | 1065.17 | 812.50 | 1245.00 | 1138.00 |
| | 主产品产值 | 元 | 2766.51 | 2618.00 | 2915.02 | 1059.06 | 812.50 | 1226.67 | 1138.00 |
| | 副产品产值 | 元 | 18.50 | 25.00 | 12.00 | 6.11 | | 18.33 | |
| | 其它收入 | 元 | | | | | | | |
| | 生产成本 | 元 | 1623.71 | 1124.00 | 2166.60 | 650.38 | 426.97 | 923.27 | 613.67 |
| | 物质费用 | 元 | 295.31 | 264.00 | 326.60 | 191.50 | 201.72 | 306.50 | 66.27 |
| | 用工作价 | 元 | 1328.40 | 860.00 | 1840.00 | 458.88 | 225.25 | 616.77 | 547.40 |
| | 用工数量 | 日 | 123.00 | 86.00 | 160.00 | 47.80 | 26.50 | 69.30 | 47.60 |
| | 劳动日工价 | 元 | 10.80 | 10.00 | 11.50 | 9.60 | 8.50 | 8.90 | 11.50 |
| | 期间费用 | 元 | 18.55 | 11.00 | 26.10 | 7.65 | 18.35 | 4.60 | |
| | 税金 | 元 | 57.90 | 78.00 | 37.80 | 35.70 | 28.00 | 30.50 | 48.59 |
| | 含税成本 | 元 | 1700.16 | 1213.00 | 2230.50 | 693.73 | 473.32 | 958.37 | 662.26 |
| | 净产值 | 元 | 2489.70 | 2379.00 | 2600.42 | 873.67 | 610.78 | 938.50 | 1071.73 |
| | 减税纯收益 | 元 | 1084.85 | 1430.00 | 696.52 | 371.44 | 339.18 | 286.63 | 475.74 |
| | 成本纯收益率 | % | 63.81 | 117.89 | 31.23 | 53.54 | 71.66 | 29.91 | 71.84 |
| 每50公斤主产品 | 平均出售价格 | 元 | 488.27 | 700.00 | 383.96 | 178.23 | 135.42 | 199.98 | 200.00 |
| | 物质费用 | 元 | 51.77 | 69.92 | 42.84 | 32.04 | 33.62 | 49.23 | 11.65 |
| | 生产成本 | 元 | 284.67 | 297.69 | 284.21 | 108.83 | 71.16 | 148.30 | 107.85 |
| | 含税成本 | 元 | 298.07 | 321.26 | 292.59 | 116.08 | 78.89 | 153.94 | 116.39 |
| | 净产值 | 元 | 436.50 | 630.08 | 341.12 | 146.19 | 101.80 | 150.75 | 188.35 |
| | 减税纯收益 | 元 | 190.20 | 378.74 | 91.37 | 62.15 | 56.53 | 46.04 | 83.61 |
| 每一劳动日 | 主产品产量 | 公斤 | 2.30 | 2.20 | 2.40 | 6.20 | 11.30 | 4.40 | 6.00 |
| | 净产值 | 元 | 20.24 | 27.66 | 16.25 | 18.28 | 23.05 | 13.54 | 22.52 |
| 每亩主产品出售数量 | | 公斤 | 273.50 | 187.00 | 360.00 | 297.10 | 300.00 | 306.70 | 284.50 |
| 每亩主产品出售产值 | | 元 | 2691.40 | 2618.00 | 2764.80 | 1059.06 | 812.50 | 1226.67 | 1138.00 |
| 每亩成本外支出 | | 元 | 2.50 | | 5.00 | 1.62 | | | 4.85 |

# 2002 年全国中药材物质费用

品种：麦冬、牛膝

| 项目名称 | 单位 | 麦冬平均 | 湖北 | 四川 | 牛膝平均 | 河北 | 河南 | 四川 |
|---|---|---|---|---|---|---|---|---|
| 每亩物质费用 | 元 | 295.31 | 264.00 | 326.60 | 191.50 | 201.72 | 306.50 | 66.27 |
| 一、直接生产费用 | 元 | 285.26 | 254.00 | 316.50 | 165.83 | 186.93 | 246.50 | 64.06 |
| 1.种籽秧苗费 | 元 | 19.50 | 25.00 | 14.00 | 40.39 | 71.67 | 42.33 | 7.16 |
| 2.农家肥费 | 元 | 43.15 | 70.00 | 16.30 | | | | |
| 3.化肥费 | 元 | 87.11 | 51.00 | 123.20 | 78.10 | 69.13 | 114.57 | 50.61 |
| 4.农膜费 | 元 | | | | | | | |
| 5.农药费 | 元 | 58.40 | | 116.80 | 8.75 | 3.10 | 21.87 | 1.28 |
| 6.畜力费 | 元 | 10.00 | | 20.00 | | | | |
| 7.机械作业费 | 元 | 22.50 | 45.00 | | 18.97 | 20.25 | 36.66 | |
| 8.排灌费 | 元 | 13.10 | | 26.20 | 17.95 | 22.78 | 31.07 | |
| 9.燃料动力费 | 元 | 21.50 | 43.00 | | 0.23 | | | 0.69 |
| 10.棚架材料费 | 元 | | | | 0.42 | | | 1.27 |
| 11.其它直接费用 | 元 | 10.00 | 20.00 | | 1.02 | | | 3.05 |
| 二、间接生产费用 | 元 | 10.05 | 10.00 | 10.10 | 25.67 | 14.79 | 60.00 | 2.21 |
| 1.固定资产折旧 | 元 | 5.00 | 5.00 | 5.00 | 23.86 | 13.74 | 56.67 | 1.17 |
| 2.小农具购置修理费 | 元 | 4.05 | 5.00 | 3.10 | 1.81 | 1.05 | 3.33 | 1.04 |
| 3.其它间接费用 | 元 | 1.00 | | 2.00 | | | | |
| 附记：1.每亩种籽用量 | 公斤 | 25.00 | 25.00 | | 2.90 | 3.90 | 1.80 | 2.90 |
| 2.每亩化肥用量 | 公斤 | 32.40 | 18.40 | 46.20 | 27.00 | 26.70 | 40.70 | 13.60 |
| 3.每亩农膜用量 | 公斤 | | | | | | | |
| 4.每度电价 | 元 | 0.63 | 0.73 | 0.52 | 0.55 | 0.65 | 0.54 | 0.45 |
| 5.每亩柴油费 | 元 | | | | 11.55 | 14.66 | 20.00 | |

# 2002年全国中药材期间费用

品种：麦冬、牛膝

| 项目名称 | 单位 | 麦冬平均 | 湖北 | 四川 | 牛膝平均 | 河北 | 河南 | 四川 |
|---|---|---|---|---|---|---|---|---|
| 一、每亩期间费用 | 元 | 18.55 | 11.00 | 26.10 | 7.65 | 18.35 | 4.60 | |
| 1.土地承包费 | 元 | 13.05 | | 26.10 | | | | |
| 2.管理费 | 元 | | | | | | | |
| 3.销售费 | 元 | 5.50 | 11.00 | | 7.65 | 18.35 | 4.60 | |
| 4.财务费 | 元 | | | | | | | |
| 二、每亩用工量 | 日 | 123.00 | 86.00 | 160.00 | 47.80 | 26.50 | 69.30 | 47.60 |
| 1.直接用工 | 日 | 116.00 | 80.00 | 152.00 | 44.30 | 25.40 | 64.30 | 43.10 |
| 2.间接用工 | 日 | 7.00 | 6.00 | 8.00 | 3.50 | 1.10 | 5.00 | 4.50 |
| 三、每亩成本外支出 | 元 | 2.50 | | 5.00 | 1.62 | | | 4.85 |
| 1.村提留费 | 元 | | | | | | | |
| 2.乡统筹费 | 元 | | | | | | | |
| 3.两工支出 | 元 | | | | 1.25 | | | 3.75 |
| 4.其它成本外支出 | 元 | 2.50 | | 5.00 | 0.37 | | | 1.10 |
| 附：1.人均耕地面积 | 元 | 0.90 | 0.80 | 0.90 | 1.50 | 1.30 | 1.10 | 2.20 |
| 2.人均成本外支出 | 元 | 16.10 | | 32.20 | 3.50 | | | 10.40 |
| 3.人均两工数量 | 日 | 2.50 | | 5.00 | 0.70 | | | 2.00 |
| 4.雇工天数 | 日 | 1.50 | | 3.00 | | | | |
| 5.雇工工价 | 元 | 15.00 | | 15.00 | 17.50 | 20.00 | | 15.00 |

# 2002 年全国中药材成本收益

**品种：三七、菊花** 按统一工价汇总

| 项目名称 | | 单位 | 三七平均 | 云南 | 菊花平均 | 河北 | 浙江 | 安徽 | 河南 |
|---|---|---|---|---|---|---|---|---|---|
| 调查县数 | | 个 | 3.00 | 3.00 | 6.00 | 1.00 | 1.00 | 3.00 | 1.00 |
| 调查户数 | | 户 | 24.00 | 24.00 | 16.00 | 2.00 | 6.00 | 5.00 | 3.00 |
| 调查面积 | | 亩 | 238.72 | 238.72 | 15.00 | 2.20 | 6.60 | 4.20 | 2.00 |
| 每亩 | 主产品产量 | 公斤 | 86.10 | 86.10 | 127.60 | 105.00 | 137.50 | 107.70 | 160.20 |
| | 产值合计 | 元 | 13308.51 | 13308.51 | 1376.23 | 1057.88 | 1425.70 | 1098.93 | 1922.40 |
| | 主产品产值 | 元 | 7353.09 | 7353.09 | 1363.70 | 1050.00 | 1405.00 | 1077.38 | 1922.40 |
| | 副产品产值 | 元 | 5955.42 | 5955.42 | 12.53 | 7.88 | 20.70 | 21.55 | |
| | 其它收入 | 元 | | | | | | | |
| | 生产成本 | 元 | 7138.11 | 7138.11 | 862.57 | 787.90 | 1662.73 | 409.38 | 590.19 |
| | 物质费用 | 元 | 3651.11 | 3651.11 | 311.47 | 298.40 | 594.63 | 172.88 | 179.89 |
| | 用工作价 | 元 | 3487.00 | 3487.00 | 551.10 | 489.50 | 1068.10 | 236.50 | 410.30 |
| | 用工数量 | 日 | 317.00 | 317.00 | 50.10 | 44.50 | 97.10 | 21.50 | 37.30 |
| | 劳动日工价 | 元 | 11.00 | 11.00 | 11.00 | 11.00 | 11.00 | 11.00 | 11.00 |
| | 期间费用 | 元 | 548.61 | 548.61 | 19.87 | 22.80 | 50.99 | 4.00 | 1.70 |
| | 税金 | 元 | 341.61 | 341.61 | 39.76 | 28.00 | 63.69 | 43.50 | 23.85 |
| | 含税成本 | 元 | 8028.33 | 8028.33 | 922.20 | 838.70 | 1777.41 | 456.88 | 615.74 |
| | 净产值 | 元 | 9657.40 | 9657.40 | 1064.76 | 759.48 | 831.07 | 926.05 | 1742.51 |
| | 减税纯收益 | 元 | 5280.18 | 5280.18 | 454.03 | 219.18 | -351.71 | 642.05 | 1306.66 |
| | 成本纯收益率 | % | 65.77 | 65.77 | 49.23 | 26.13 | -19.79 | 140.53 | 212.21 |
| 每50公斤主产品 | 平均出售价格 | 元 | 4270.09 | 4270.09 | 534.37 | 500.00 | 510.91 | 500.18 | 600.00 |
| | 物质费用 | 元 | 1171.47 | 1171.47 | 120.94 | 141.04 | 213.09 | 78.69 | 56.15 |
| | 生产成本 | 元 | 2290.29 | 2290.29 | 334.92 | 372.40 | 595.85 | 186.33 | 184.20 |
| | 含税成本 | 元 | 2575.92 | 2575.92 | 358.08 | 396.41 | 636.95 | 207.95 | 192.18 |
| | 净产值 | 元 | 3098.62 | 3098.62 | 413.43 | 358.96 | 297.82 | 421.49 | 543.85 |
| | 减税纯收益 | 元 | 1694.17 | 1694.17 | 176.29 | 103.59 | -126.04 | 292.23 | 407.82 |
| 每一劳动日 | 主产品产量 | 公斤 | 0.30 | 0.30 | 2.50 | 2.40 | 1.40 | 5.00 | 4.30 |
| | 净产值 | 元 | 30.46 | 30.46 | 21.25 | 17.07 | 8.56 | 43.07 | 46.72 |
| 每亩主产品出售数量 | | 公斤 | 86.10 | 86.10 | 87.60 | 105.00 | 137.50 | 107.70 | |
| 每亩主产品出售产值 | | 元 | 7353.09 | 7353.09 | 883.10 | 1050.00 | 1405.00 | 1077.38 | |
| 每亩成本外支出 | | 元 | 23.11 | 23.11 | | | | | |

# 2002年全国中药材成本收益

品种：三七、菊花　　　　按地区工价汇总

| 项目名称 | | 单位 | 三七平均 | 云南 | 菊花平均 | 河北 | 浙江 | 安徽 | 河南 |
|---|---|---|---|---|---|---|---|---|---|
| 调查县数 | | 个 | 3.00 | 3.00 | 6.00 | 1.00 | 1.00 | 3.00 | 1.00 |
| 调查户数 | | 户 | 24.00 | 24.00 | 16.00 | 2.00 | 6.00 | 5.00 | 3.00 |
| 调查面积 | | 亩 | 238.72 | 238.72 | 15.00 | 2.20 | 6.60 | 4.20 | 2.00 |
| 每亩 | 主产品产量 | 公斤 | 86.10 | 86.10 | 127.60 | 105.00 | 137.50 | 107.70 | 160.20 |
| | 产值合计 | 元 | 13308.51 | 13308.51 | 1376.23 | 1057.88 | 1425.70 | 1098.93 | 1922.40 |
| | 主产品产值 | 元 | 7353.09 | 7353.09 | 1363.70 | 1050.00 | 1405.00 | 1077.38 | 1922.40 |
| | 副产品产值 | 元 | 5955.42 | 5955.42 | 12.53 | 7.88 | 20.70 | 21.55 | |
| | 其它收入 | 元 | | | | | | | |
| | 生产成本 | 元 | 6662.61 | 6662.61 | 887.62 | 676.65 | 2390.98 | 387.88 | 511.86 |
| | 物质费用 | 元 | 3651.11 | 3651.11 | 311.47 | 298.40 | 594.63 | 172.88 | 179.89 |
| | 用工作价 | 元 | 3011.50 | 3011.50 | 576.15 | 378.25 | 1796.35 | 215.00 | 331.97 |
| | 用工数量 | 日 | 317.00 | 317.00 | 50.10 | 44.50 | 97.10 | 21.50 | 37.30 |
| | 劳动日工价 | 元 | 9.50 | 9.50 | 11.50 | 8.50 | 18.50 | 10.00 | 8.90 |
| | 期间费用 | 元 | 548.61 | 548.61 | 19.87 | 22.80 | 50.99 | 4.00 | 1.70 |
| | 税金 | 元 | 341.61 | 341.61 | 39.76 | 28.00 | 63.69 | 43.50 | 23.85 |
| | 含税成本 | 元 | 7552.83 | 7552.83 | 947.25 | 727.45 | 2505.66 | 435.38 | 537.41 |
| | 净产值 | 元 | 9657.40 | 9657.40 | 1064.76 | 759.48 | 831.07 | 926.05 | 1742.51 |
| | 减税纯收益 | 元 | 5755.68 | 5755.68 | 428.98 | 330.43 | -1079.96 | 663.55 | 1384.99 |
| | 成本纯收益率 | % | 76.21 | 76.21 | 45.29 | 45.42 | -43.10 | 152.41 | 257.72 |
| 每50公斤主产品 | 平均出售价格 | 元 | 4270.09 | 4270.09 | 534.37 | 500.00 | 510.91 | 500.18 | 600.00 |
| | 物质费用 | 元 | 1171.47 | 1171.47 | 120.94 | 141.04 | 213.09 | 78.69 | 56.15 |
| | 生产成本 | 元 | 2137.73 | 2137.73 | 344.65 | 319.81 | 856.83 | 176.54 | 159.76 |
| | 含税成本 | 元 | 2423.36 | 2423.36 | 367.80 | 343.82 | 897.92 | 198.16 | 167.73 |
| | 净产值 | 元 | 3098.62 | 3098.62 | 413.43 | 358.96 | 297.82 | 421.49 | 543.85 |
| | 减税纯收益 | 元 | 1846.73 | 1846.73 | 166.57 | 156.18 | -387.01 | 302.02 | 432.27 |
| 每一劳动日 | 主产品产量 | 公斤 | 0.30 | 0.30 | 2.50 | 2.40 | 1.40 | 5.00 | 4.30 |
| | 净产值 | 元 | 30.46 | 30.46 | 21.25 | 17.07 | 8.56 | 43.07 | 46.72 |
| 每亩主产品出售数量 | | 公斤 | 86.10 | 86.10 | 87.60 | 105.00 | 137.50 | 107.70 | |
| 每亩主产品出售产值 | | 元 | 7353.09 | 7353.09 | 883.10 | 1050.00 | 1405.00 | 1077.38 | |
| 每亩成本外支出 | | 元 | 23.11 | 23.11 | | | | | |

# 2002年全国中药材物质费用

品种：三七、菊花

| 项目名称 | 单位 | 三七平均 | 云南 | 菊花平均 | 河北 | 浙江 | 安徽 | 河南 |
|---|---|---|---|---|---|---|---|---|
| 每亩物质费用 | 元 | 3651.11 | 3651.11 | 311.47 | 298.40 | 594.63 | 172.88 | 179.89 |
| 一、直接生产费用 | 元 | 3626.05 | 3626.05 | 291.85 | 285.13 | 537.06 | 168.47 | 176.67 |
| 1.种籽秧苗费 | 元 | 1157.90 | 1157.90 | 36.11 | 75.70 | 5.72 | 3.00 | 60.00 |
| 2.农家肥费 | 元 | 122.51 | 122.51 | 11.86 | 15.84 | 31.59 | | |
| 3.化肥费 | 元 | 245.42 | 245.42 | 113.20 | 105.47 | 157.32 | 123.33 | 66.67 |
| 4.农膜费 | 元 | | | 3.60 | | 14.39 | | |
| 5.农药费 | 元 | 312.60 | 312.60 | 20.55 | 28.10 | 34.15 | 5.95 | 14.00 |
| 6.畜力费 | 元 | 1.36 | 1.36 | | | | | |
| 7.机械作业费 | 元 | | | 30.27 | 17.75 | 53.31 | 20.00 | 30.00 |
| 8.排灌费 | 元 | 39.49 | 39.49 | 15.65 | 31.60 | 25.01 | | 6.00 |
| 9.燃料动力费 | 元 | | | | | | | |
| 10.棚架材料费 | 元 | 1746.77 | 1746.77 | 1.11 | | 4.43 | | |
| 11.其它直接费用 | 元 | | | 59.50 | 10.67 | 211.14 | 16.19 | |
| 二、间接生产费用 | 元 | 25.06 | 25.06 | 19.62 | 13.27 | 57.57 | 4.41 | 3.22 |
| 1.固定资产折旧 | 元 | 17.98 | 17.98 | 15.76 | 12.07 | 44.28 | 3.46 | 3.22 |
| 2.小农具购置修理费 | 元 | 7.08 | 7.08 | 3.86 | 1.20 | 13.29 | 0.95 | |
| 3.其它间接费用 | 元 | | | | | | | |
| 附记：1.每亩种籽用量 | 公斤 | 7.40 | 7.40 | 15.00 | | | 15.00 | |
| 2.每亩化肥用量 | 公斤 | 59.40 | 59.40 | 38.60 | 43.00 | 51.70 | 45.20 | 14.60 |
| 3.每亩农膜用量 | 公斤 | | | 0.30 | | 1.20 | | |
| 4.每度电价 | 元 | 0.59 | 0.59 | 0.64 | 0.65 | 0.53 | 0.80 | 0.56 |
| 5.每亩柴油费 | 元 | | | 3.75 | 15.00 | | | |

# 2002年全国中药材期间费用

品种：三七、菊花

| 项目名称 | 单位 | 三七平均 | 云南 | 菊花平均 | 河北 | 浙江 | 安徽 | 河南 |
|---|---|---|---|---|---|---|---|---|
| 一、每亩期间费用 | 元 | 548.61 | 548.61 | 19.87 | 22.80 | 50.99 | 4.00 | 1.70 |
| 1.土地承包费 | 元 | 499.44 | 499.44 | 7.38 | | 29.53 | | |
| 2.管理费 | 元 | 0.42 | 0.42 | 0.69 | | 2.75 | | |
| 3.销售费 | 元 | 31.06 | 31.06 | 11.80 | 22.80 | 18.71 | 4.00 | 1.70 |
| 4.财务费 | 元 | 17.69 | 17.69 | | | | | |
| 二、每亩用工量 | 日 | 317.00 | 317.00 | 50.10 | 44.50 | 97.10 | 21.50 | 37.30 |
| 1.直接用工 | 日 | 305.80 | 305.80 | 48.30 | 42.80 | 94.60 | 20.50 | 35.30 |
| 2.间接用工 | 日 | 11.20 | 11.20 | 1.80 | 1.70 | 2.50 | 1.00 | 2.00 |
| 三、每亩成本外支出 | 元 | 23.11 | 23.11 | | | | | |
| 1.村提留费 | 元 | | | | | | | |
| 2.乡统筹费 | 元 | | | | | | | |
| 3.两工支出 | 元 | 13.21 | 13.21 | | | | | |
| 4.其它成本外支出 | 元 | 9.90 | 9.90 | | | | | |
| 附：1.人均耕地面积 | 元 | 1.70 | 1.70 | 1.30 | 1.30 | 0.80 | 1.90 | 1.10 |
| 2.人均成本外支出 | 元 | 39.00 | 39.00 | 4.00 | | | 16.00 | |
| 3.人均两工数量 | 日 | 4.20 | 4.20 | 1.80 | | | 7.30 | |
| 4.雇工天数 | 日 | 0.80 | 0.80 | | | | | |
| 5.雇工工价 | 元 | 10.00 | 10.00 | 20.00 | 20.00 | 30.00 | 10.00 | |

# 2002年全国中药材成本收益

品种：银花 按统一工价汇总

| 项目名称 | | 单位 | 银花平均 | 山东 | 河南 | 湖南 | 广西 |
|---|---|---|---|---|---|---|---|
| 调查县数 | | 个 | 6.00 | 2.00 | 1.00 | 1.00 | 2.00 |
| 调查户数 | | 户 | 38.00 | 18.00 | 3.00 | 5.00 | 12.00 |
| 调查面积 | | 亩 | 68.58 | 25.08 | 1.60 | 3.10 | 38.80 |
| 每亩 | 主产品产量 | 公斤 | 54.40 | 38.60 | 86.70 | 78.20 | 14.10 |
| | 产值合计 | 元 | 756.83 | 808.09 | 1473.33 | 485.20 | 260.70 |
| | 主产品产值 | 元 | 751.02 | 784.84 | 1473.33 | 485.20 | 260.70 |
| | 副产品产值 | 元 | 5.81 | 23.25 | | | |
| | 其它收入 | 元 | | | | | |
| | 生产成本 | 元 | 408.16 | 389.73 | 651.71 | 386.03 | 202.96 |
| | 物质费用 | 元 | 149.66 | 59.73 | 334.91 | 175.93 | 28.06 |
| | 用工作价 | 元 | 258.50 | 330.00 | 316.80 | 210.10 | 174.90 |
| | 用工数量 | 日 | 23.50 | 30.00 | 28.80 | 19.10 | 15.90 |
| | 劳动日工价 | 元 | 11.00 | 11.00 | 11.00 | 11.00 | 11.00 |
| | 期间费用 | 元 | 3.34 | 6.02 | 5.00 | | 2.36 |
| | 税金 | 元 | 33.18 | 66.95 | 51.00 | 5.85 | 8.91 |
| | 含税成本 | 元 | 444.68 | 462.70 | 707.71 | 391.88 | 214.23 |
| | 净产值 | 元 | 607.17 | 748.36 | 1138.42 | 309.27 | 232.64 |
| | 减税纯收益 | 元 | 312.15 | 345.39 | 765.62 | 93.32 | 46.47 |
| | 成本纯收益率 | % | 70.20 | 74.65 | 108.18 | 23.81 | 21.69 |
| 每50公斤主产品 | 平均出售价格 | 元 | 690.28 | 1016.63 | 849.67 | 310.23 | 924.47 |
| | 物质费用 | 元 | 136.50 | 75.14 | 193.14 | 112.49 | 99.50 |
| | 生产成本 | 元 | 372.27 | 490.31 | 375.84 | 246.82 | 719.72 |
| | 含税成本 | 元 | 405.58 | 582.11 | 408.14 | 250.56 | 759.68 |
| | 净产值 | 元 | 553.78 | 941.49 | 656.53 | 197.74 | 824.97 |
| | 减税纯收益 | 元 | 284.70 | 434.52 | 441.53 | 59.67 | 164.79 |
| 每一劳动日 | 主产品产量 | 公斤 | 2.30 | 1.30 | 3.00 | 4.10 | 0.90 |
| | 净产值 | 元 | 25.84 | 24.95 | 39.53 | 16.19 | 14.63 |
| 每亩主产品出售数量 | | 公斤 | 40.40 | 14.60 | 86.70 | 46.00 | 14.10 |
| 每亩主产品出售产值 | | 元 | 582.63 | 288.47 | 1473.33 | 308.00 | 260.70 |
| 每亩成本外支出 | | 元 | 7.29 | 22.12 | | | 7.02 |

# 2002 年全国中药材成本收益

品种：银花　　　　按地区工价汇总

| 项目名称 | | 单位 | 银花平均 | 山东 | 河南 | 湖南 | 广西 |
|---|---|---|---|---|---|---|---|
| 调查县数 | | 个 | 6.00 | 2.00 | 1.00 | 1.00 | 2.00 |
| 调查户数 | | 户 | 38.00 | 18.00 | 3.00 | 5.00 | 12.00 |
| 调查面积 | | 亩 | 68.58 | 25.08 | 1.60 | 3.10 | 38.80 |
| 每亩 | 主产品产量 | 公斤 | 54.40 | 38.60 | 86.70 | 78.20 | 14.10 |
| | 产值合计 | 元 | 756.83 | 808.09 | 1473.33 | 485.20 | 260.70 |
| | 主产品产值 | 元 | 751.02 | 784.84 | 1473.33 | 485.20 | 260.70 |
| | 副产品产值 | 元 | 5.81 | 23.25 | | | |
| | 其它收入 | 元 | | | | | |
| | 生产成本 | 元 | 412.86 | 398.73 | 591.23 | 447.15 | 195.01 |
| | 物质费用 | 元 | 149.66 | 59.73 | 334.91 | 175.93 | 28.06 |
| | 用工作价 | 元 | 263.20 | 339.00 | 256.32 | 271.22 | 166.95 |
| | 用工数量 | 日 | 23.50 | 30.00 | 28.80 | 19.10 | 15.90 |
| | 劳动日工价 | 元 | 11.20 | 11.30 | 8.90 | 14.20 | 10.50 |
| | 期间费用 | 元 | 3.34 | 6.02 | 5.00 | | 2.36 |
| | 税金 | 元 | 33.18 | 66.95 | 51.00 | 5.85 | 8.91 |
| | 含税成本 | 元 | 449.38 | 471.70 | 647.23 | 453.00 | 206.28 |
| | 净产值 | 元 | 607.17 | 748.36 | 1138.42 | 309.27 | 232.64 |
| | 减税纯收益 | 元 | 307.45 | 336.39 | 826.10 | 32.20 | 54.42 |
| | 成本纯收益率 | % | 68.42 | 71.31 | 127.64 | 7.11 | 26.38 |
| 每 50 公斤主产品 | 平均出售价格 | 元 | 690.28 | 1016.63 | 849.67 | 310.23 | 924.47 |
| | 物质费用 | 元 | 136.50 | 75.14 | 193.14 | 112.49 | 99.50 |
| | 生产成本 | 元 | 376.56 | 501.63 | 340.96 | 285.90 | 691.53 |
| | 含税成本 | 元 | 409.86 | 593.43 | 373.26 | 289.64 | 731.49 |
| | 净产值 | 元 | 553.78 | 941.49 | 656.53 | 197.74 | 824.97 |
| | 减税纯收益 | 元 | 280.42 | 423.20 | 476.41 | 20.59 | 192.98 |
| 每一劳动日 | 主产品产量 | 公斤 | 2.30 | 1.30 | 3.00 | 4.10 | |
| | 净产值 | 元 | 25.84 | 24.95 | 39.53 | 16.19 | 14.63 |
| 每亩主产品出售数量 | | 公斤 | 40.40 | 14.60 | 86.70 | 46.00 | 14.10 |
| 每亩主产品出售产值 | | 元 | 582.63 | 288.47 | 1473.33 | 308.00 | 260.70 |
| 每亩成本外支出 | | 元 | 7.29 | 22.12 | | | 7.02 |

# 2002年全国中药材物质费用

品种：银花

| 项 目 名 称 | 单位 | 银花平均 | 山 东 | 河 南 | 湖 南 | 广 西 |
|---|---|---|---|---|---|---|
| 每亩物质费用 | 元 | 149.66 | 59.73 | 334.91 | 175.93 | 28.06 |
| 一、直接生产费用 | 元 | 139.21 | 51.18 | 329.81 | 154.63 | 21.23 |
| 1.种籽秧苗费 | 元 | 1.33 | | | 5.32 | |
| 2.农家肥费 | 元 | 26.90 | 9.68 | 75.56 | 7.56 | 14.81 |
| 3.化肥费 | 元 | 68.70 | 30.37 | 171.89 | 72.55 | |
| 4.农膜费 | 元 | | | | | |
| 5.农药费 | 元 | 5.96 | 11.13 | 3.78 | 7.56 | 1.37 |
| 6.畜力费 | 元 | | | | | |
| 7.机械作业费 | 元 | | | | | |
| 8.排灌费 | 元 | 19.65 | | 78.58 | | |
| 9.燃料动力费 | 元 | 1.67 | | | 5.17 | 1.52 |
| 10.棚架材料费 | 元 | | | | | |
| 11.其它直接费用 | 元 | 15.00 | | | 56.47 | 3.53 |
| 二、间接生产费用 | 元 | 10.45 | 8.55 | 5.10 | 21.30 | 6.83 |
| 1.固定资产折旧 | 元 | 8.03 | 3.78 | 5.10 | 19.80 | 3.42 |
| 2.小农具购置修理费 | 元 | 1.91 | 2.74 | | 1.50 | 3.41 |
| 3.其它间接费用 | 元 | 0.51 | 2.03 | | | |
| 附记：1.每亩种籽用量 | 公斤 | | | | | |
| 2.每亩化肥用量 | 公斤 | 35.20 | 10.10 | 93.10 | 37.70 | |
| 3.每亩农膜用量 | 公斤 | | | | | |
| 4.每度电价 | 元 | 0.61 | 0.55 | 0.53 | 0.80 | 0.55 |
| 5.每亩柴油费 | 元 | | | | | |

# 2002年全国中药材期间费用

品种：银花

| 项 目 名 称 | 单位 | 银花平均 | 山 东 | 河 南 | 湖 南 | 广 西 |
|---|---|---|---|---|---|---|
| 一、每亩期间费用 | 元 | 3.34 | 6.02 | 5.00 | | 2.36 |
| 1.土地承包费 | 元 | 0.27 | | | | 1.09 |
| 2.管理费 | 元 | | | | | |
| 3.销售费 | 元 | 3.07 | 6.02 | 5.00 | | 1.27 |
| 4.财务费 | 元 | | | | | |
| 二、每亩用工量 | 日 | 23.50 | 30.00 | 28.80 | 19.10 | 15.90 |
| 1.直接用工 | 日 | 21.90 | 28.70 | 27.50 | 16.40 | 14.80 |
| 2.间接用工 | 日 | 1.60 | 1.30 | 1.30 | 2.70 | 1.10 |
| 三、每亩成本外支出 | 元 | 7.29 | 22.12 | | | 7.02 |
| 1.村提留费 | 元 | | | | | |
| 2.乡统筹费 | 元 | | | | | |
| 3.两工支出 | 元 | 7.06 | 22.12 | | | 6.12 |
| 4.其它成本外支出 | 元 | 0.23 | | | | 0.90 |
| 附：1.人均耕地面积 | 元 | 1.30 | 0.80 | 1.90 | | 1.10 |
| 2.人均成本外支出 | 元 | 10.20 | 18.50 | | | 22.20 |
| 3.人均两工数量 | 日 | 1.30 | 2.90 | | | 2.20 |
| 4.雇工天数 | 日 | 7.40 | 20.60 | | 7.80 | 1.00 |
| 5.雇工工价 | 元 | 15.80 | 11.00 | | 20.00 | 16.40 |

# 2002年全国中药材成本收益

品种：元胡、桔梗

按统一工价汇总

| 项目名称 | | 单位 | 元胡平均 | 江苏 | 浙江 | 桔梗平均 | 安徽 | 湖北 |
|---|---|---|---|---|---|---|---|---|
| 调查县数 | | 个 | 3.00 | 1.00 | 2.00 | 2.00 | 1.00 | 1.00 |
| 调查户数 | | 户 | 8.00 | 2.00 | 6.00 | 6.00 | 5.00 | 1.00 |
| 调查面积 | | 亩 | 3.87 | 0.50 | 3.37 | 3.30 | 2.30 | 1.00 |
| 每亩 | 主产品产量 | 公斤 | 107.60 | 114.70 | 100.40 | 222.80 | 245.60 | 200.00 |
| | 产值合计 | 元 | 743.40 | 550.40 | 936.39 | 2048.98 | 2537.95 | 1560.00 |
| | 主产品产值 | 元 | 735.77 | 550.40 | 921.14 | 1928.22 | 2456.43 | 1400.00 |
| | 副产品产值 | 元 | 7.63 | | 15.25 | 120.76 | 81.52 | 160.00 |
| | 其它收入 | 元 | | | | | | |
| | 生产成本 | 元 | 772.56 | 811.50 | 732.46 | 720.47 | 473.70 | 967.20 |
| | 物质费用 | 元 | 321.56 | 239.50 | 403.56 | 261.77 | 216.30 | 307.20 |
| | 用工作价 | 元 | 451.00 | 572.00 | 328.90 | 458.70 | 257.40 | 660.00 |
| | 用工数量 | 日 | 41.00 | 52.00 | 29.90 | 41.70 | 23.40 | 60.00 |
| | 劳动日工价 | 元 | 11.00 | 11.00 | 11.00 | 11.00 | 11.00 | 11.00 |
| | 期间费用 | 元 | 2.67 | 0.04 | 5.30 | 26.50 | 3.00 | 50.00 |
| | 税金 | 元 | 31.43 | 43.25 | 19.60 | 83.50 | 87.00 | 80.00 |
| | 含税成本 | 元 | 806.66 | 854.79 | 757.36 | 830.47 | 563.70 | 1097.20 |
| | 净产值 | 元 | 421.84 | 310.90 | 532.83 | 1787.21 | 2321.65 | 1252.80 |
| | 减税纯收益 | 元 | -63.26 | -304.39 | 179.03 | 1218.51 | 1974.25 | 462.80 |
| | 成本纯收益率 | % | -7.84 | -35.61 | 23.64 | 146.73 | 350.23 | 42.18 |
| 每50公斤主产品 | 平均出售价格 | 元 | 341.90 | 239.93 | 458.74 | 432.72 | 500.09 | 350.00 |
| | 物质费用 | 元 | 147.89 | 104.40 | 197.71 | 55.28 | 42.62 | 68.92 |
| | 生产成本 | 元 | 355.31 | 353.75 | 358.83 | 152.15 | 93.34 | 217.00 |
| | 含税成本 | 元 | 370.99 | 372.62 | 371.03 | 175.39 | 111.07 | 246.17 |
| | 净产值 | 元 | 194.01 | 135.53 | 261.03 | 377.44 | 457.47 | 281.08 |
| | 减税纯收益 | 元 | -29.09 | -132.69 | 87.71 | 257.33 | 389.02 | 103.83 |
| 每一劳动日 | 主产品产量 | 公斤 | 2.60 | 2.20 | 3.40 | 5.30 | 10.50 | 3.30 |
| | 净产值 | 元 | 10.29 | 5.98 | 17.82 | 42.86 | 99.22 | 20.88 |
| 每亩主产品出售数量 | | 公斤 | 83.60 | 66.70 | 100.40 | 222.80 | 245.60 | 200.00 |
| 每亩主产品出售产值 | | 元 | 620.27 | 320.00 | 920.54 | 1928.22 | 2456.43 | 1400.00 |
| 每亩成本外支出 | | 元 | 14.87 | 29.72 | | 30.00 | | 60.00 |

# 2002 年全国中药材成本收益

品种：元胡、桔梗　　　　按地区工价汇总

| 项目名称 | | 单位 | 元胡平均 | 江苏 | 浙江 | 桔梗平均 | 安徽 | 湖北 |
|---|---|---|---|---|---|---|---|---|
| 调查县数 | | 个 | 3.00 | 1.00 | 2.00 | 2.00 | 1.00 | 1.00 |
| 调查户数 | | 户 | 8.00 | 2.00 | 6.00 | 6.00 | 5.00 | 1.00 |
| 调查面积 | | 亩 | 3.87 | 0.50 | 3.37 | 3.30 | 2.30 | 1.00 |
| 每亩 | 主产品产量 | 公斤 | 107.60 | 114.70 | 100.40 | 222.80 | 245.60 | 200.00 |
| | 产值合计 | 元 | 743.40 | 550.40 | 936.39 | 2048.98 | 2537.95 | 1560.00 |
| | 主产品产值 | 元 | 735.77 | 550.40 | 921.14 | 1928.22 | 2456.43 | 1400.00 |
| | 副产品产值 | 元 | 7.63 | | 15.25 | 120.76 | 81.52 | 160.00 |
| | 其它收入 | 元 | | | | | | |
| | 生产成本 | 元 | 969.36 | 915.50 | 956.71 | 678.77 | 450.30 | 907.20 |
| | 物质费用 | 元 | 321.56 | 239.50 | 403.56 | 261.77 | 216.30 | 307.20 |
| | 用工作价 | 元 | 647.80 | 676.00 | 553.15 | 417.00 | 234.00 | 600.00 |
| | 用工数量 | 日 | 41.00 | 52.00 | 29.90 | 41.70 | 23.40 | 60.00 |
| | 劳动日工价 | 元 | 15.80 | 13.00 | 18.50 | 10.00 | 10.00 | 10.00 |
| | 期间费用 | 元 | 2.67 | 0.04 | 5.30 | 26.50 | 3.00 | 50.00 |
| | 税金 | 元 | 31.43 | 43.25 | 19.60 | 83.50 | 87.00 | 80.00 |
| | 含税成本 | 元 | 1003.46 | 958.79 | 981.61 | 788.77 | 540.30 | 1037.20 |
| | 净产值 | 元 | 421.84 | 310.90 | 532.83 | 1787.21 | 2321.65 | 1252.80 |
| | 减税纯收益 | 元 | -260.06 | -408.39 | -45.22 | 1260.21 | 1997.65 | 522.80 |
| | 成本纯收益率 | % | -25.92 | -42.59 | -4.61 | 159.77 | 369.73 | 50.40 |
| 每50公斤主产品 | 平均出售价格 | 元 | 341.90 | 239.93 | 458.74 | 432.72 | 500.09 | 350.00 |
| | 物质费用 | 元 | 147.89 | 104.40 | 197.71 | 55.28 | 42.62 | 68.92 |
| | 生产成本 | 元 | 445.82 | 399.08 | 468.69 | 143.35 | 88.73 | 203.54 |
| | 含税成本 | 元 | 461.51 | 417.96 | 480.89 | 166.58 | 106.46 | 232.71 |
| | 净产值 | 元 | 194.01 | 135.53 | 261.03 | 377.44 | 457.47 | 281.08 |
| | 减税纯收益 | 元 | -119.61 | -178.03 | -22.15 | 266.14 | 393.63 | 117.29 |
| 每一劳动日 | 主产品产量 | 公斤 | 2.60 | 2.20 | 3.40 | 5.30 | 10.50 | 3.30 |
| | 净产值 | 元 | 10.29 | 5.98 | 17.82 | 42.86 | 99.22 | 20.88 |
| 每亩主产品出售数量 | | 公斤 | 83.60 | 66.70 | 100.40 | 222.80 | 245.60 | 200.00 |
| 每亩主产品出售产值 | | 元 | 620.27 | 320.00 | 920.54 | 1928.22 | 2456.43 | 1400.00 |
| 每亩成本外支出 | | 元 | 14.87 | 29.72 | | 30.00 | | 60.00 |

# 2002年全国中药材物质费用

品种：元胡、桔梗

| 项 目 名 称 | 单位 | 元胡平均 | 江苏 | 浙江 | 桔梗平均 | 安徽 | 湖北 |
|---|---|---|---|---|---|---|---|
| 每亩物质费用 | 元 | 321.56 | 239.50 | 403.56 | 261.77 | 216.30 | 307.20 |
| 一、直接生产费用 | 元 | 317.31 | 236.00 | 398.56 | 236.99 | 206.74 | 267.20 |
| 1.种籽秧苗费 | 元 | 164.46 | 120.00 | 208.91 | 104.89 | 9.78 | 200.00 |
| 2.农家肥费 | 元 | 18.18 | | 36.35 | 36.20 | 12.39 | 60.00 |
| 3.化肥费 | 元 | 97.40 | 104.00 | 90.77 | 68.61 | 130.00 | 7.20 |
| 4.农膜费 | 元 | | | | | | |
| 5.农药费 | 元 | 14.29 | 12.00 | 16.57 | 2.72 | 5.44 | |
| 6.畜力费 | 元 | | | | | | |
| 7.机械作业费 | 元 | 22.98 | | 45.96 | 10.00 | 20.00 | |
| 8.排灌费 | 元 | | | | 14.57 | 29.13 | |
| 9.燃料动力费 | 元 | | | | | | |
| 10.棚架材料费 | 元 | | | | | | |
| 11.其它直接费用 | 元 | | | | | | |
| 二、间接生产费用 | 元 | 4.25 | 3.50 | 5.00 | 24.78 | 9.56 | 40.00 |
| 1.固定资产折旧 | 元 | 1.76 | | 3.52 | 9.90 | 7.30 | 12.50 |
| 2.小农具购置修理费 | 元 | 0.99 | 0.50 | 1.48 | 8.38 | 2.26 | 14.50 |
| 3.其它间接费用 | 元 | 1.50 | 3.00 | | 6.50 | | 13.00 |
| 附记：1.每亩种籽用量 | 公斤 | 64.70 | 75.00 | 54.30 | 1.30 | 1.60 | 1.00 |
| 2.每亩化肥用量 | 公斤 | 31.00 | 27.30 | 34.60 | 24.30 | 45.70 | 2.80 |
| 3.每亩农膜用量 | 公斤 | | | | | | |
| 4.每度电价 | 元 | 0.50 | 0.56 | 0.43 | 0.84 | 0.80 | 0.88 |
| 5.每亩柴油费 | 元 | | | | | | |

# 2002 年全国中药材期间费用

品种：元胡、桔梗

| 项 目 名 称 | 单位 | 元胡平均 | 江苏 | 浙江 | 桔梗平均 | 安徽 | 湖北 |
|---|---|---|---|---|---|---|---|
| 一、每亩期间费用 | 元 | 2.67 | 0.04 | 5.30 | 26.50 | 3.00 | 50.00 |
| 1.土地承包费 | 元 | 2.65 | | 5.30 | 20.00 | | 40.00 |
| 2.管理费 | 元 | | | | | | |
| 3.销售费 | 元 | 0.02 | 0.04 | | 6.50 | 3.00 | 10.00 |
| 4.财务费 | 元 | | | | | | |
| 二、每亩用工量 | 日 | 41.00 | 52.00 | 29.90 | 41.70 | 23.40 | 60.00 |
| 1.直接用工 | 日 | 40.10 | 52.00 | 28.20 | 38.70 | 22.40 | 55.00 |
| 2.间接用工 | 日 | 0.90 | | 1.70 | 3.00 | 1.00 | 5.00 |
| 三、每亩成本外支出 | 元 | 14.87 | 29.72 | | 30.00 | | 60.00 |
| 1.村提留费 | 元 | | | | | | |
| 2.乡统筹费 | 元 | | | | | | |
| 3.两工支出 | 元 | 10.09 | 20.17 | | | | |
| 4.其它成本外支出 | 元 | 4.78 | 9.55 | | 30.00 | | 60.00 |
| 附：1.人均耕地面积 | 元 | 1.40 | 1.90 | 0.80 | 1.20 | 1.90 | 0.40 |
| 2.人均成本外支出 | 元 | 47.30 | 94.50 | | 28.00 | 16.00 | 40.00 |
| 3.人均两工数量 | 日 | 3.90 | 7.70 | | 5.20 | 7.30 | 3.00 |
| 4.雇工天数 | 日 | | | | | | |
| 5.雇工工价 | 元 | 24.90 | 21.30 | 28.50 | 10.00 | 10.00 | |

# 2002年全国中药材成本收益

品种：茯苓、贝母　　　　按统一工价汇总

| 项目名称 | | 单位 | 茯苓平均 | 湖北 | 广西 | 贝母平均 | 江苏 | 浙江 | 湖北 |
|---|---|---|---|---|---|---|---|---|---|
| 调查县数 | | 个 | 4.00 | 2.00 | 2.00 | 5.00 | 1.00 | 1.00 | 3.00 |
| 调查户数 | | 户 | 18.00 | 4.00 | 14.00 | 22.00 | 2.00 | 4.00 | 16.00 |
| 调查面积 | | 亩 | 33.65 | 8.95 | 24.70 | 49.13 | 1.79 | 8.14 | 39.20 |
| 每亩 | 主产品产量 | 公斤 | 517.40 | 79.60 | 955.20 | 292.30 | 534.00 | 189.00 | 153.80 |
| | 产值合计 | 元 | 1925.02 | 507.07 | 3342.95 | 33079.57 | 32040.00 | 59976.00 | 7222.72 |
| | 主产品产值 | 元 | 1889.83 | 471.94 | 3307.71 | 21529.57 | 32040.00 | 25326.00 | 7222.72 |
| | 副产品产值 | 元 | 35.19 | 35.13 | 35.24 | 11550.00 | | 34650.00 | |
| | 其它收入 | 元 | | | | | | | |
| | 生产成本 | 元 | 920.38 | 310.33 | 1529.28 | 12949.09 | 10219.10 | 23446.39 | 5182.87 |
| | 物质费用 | 元 | 440.78 | 200.33 | 681.18 | 12430.99 | 9779.10 | 22906.29 | 4607.57 |
| | 用工作价 | 元 | 479.60 | 110.00 | 848.10 | 518.10 | 440.00 | 540.10 | 575.30 |
| | 用工数量 | 日 | 43.60 | 10.00 | 77.10 | 47.10 | 40.00 | 49.10 | 52.30 |
| | 劳动日工价 | 元 | 11.00 | 11.00 | 11.00 | 11.00 | 11.00 | 11.00 | 11.00 |
| | 期间费用 | 元 | 96.39 | 21.00 | 171.77 | 31.07 | 0.05 | 39.89 | 53.27 |
| | 税金 | 元 | 76.25 | 21.37 | 131.13 | 49.57 | 43.25 | 32.50 | 72.97 |
| | 含税成本 | 元 | 1093.02 | 352.70 | 1832.18 | 13029.73 | 10262.40 | 23518.78 | 5309.11 |
| | 净产值 | 元 | 1484.24 | 306.74 | 2661.77 | 20648.58 | 22260.90 | 37069.71 | 2615.15 |
| | 减税纯收益 | 元 | 832.00 | 154.37 | 1510.77 | 20049.84 | 21777.60 | 36457.22 | 1913.61 |
| | 成本纯收益率 | % | 76.12 | 43.77 | 82.46 | 153.88 | 212.21 | 155.01 | 36.04 |
| 每50公斤主产品 | 平均出售价格 | 元 | 182.63 | 296.44 | 173.14 | 3682.79 | 3000.00 | 6700.00 | 2348.09 |
| | 物质费用 | 元 | 41.82 | 117.12 | 35.28 | 1383.96 | 915.65 | 2558.89 | 1497.91 |
| | 生产成本 | 元 | 87.32 | 181.42 | 79.21 | 1441.64 | 956.84 | 2619.23 | 1684.94 |
| | 含税成本 | 元 | 103.70 | 206.19 | 94.89 | 1450.62 | 960.90 | 2627.31 | 1725.98 |
| | 净产值 | 元 | 140.81 | 179.32 | 137.86 | 2298.83 | 2084.35 | 4141.11 | 850.18 |
| | 减税纯收益 | 元 | 78.93 | 90.25 | 78.25 | 2232.17 | 2039.10 | 4072.69 | 622.11 |
| 每一劳动日 | 主产品产量 | 公斤 | 11.90 | 8.00 | 12.40 | 6.20 | 13.40 | 3.80 | 2.90 |
| | 净产值 | 元 | 34.04 | 30.67 | 34.52 | 438.40 | 556.52 | 754.98 | 50.00 |
| 每亩主产品出售数量 | | 公斤 | 517.40 | 79.60 | 955.20 | 247.60 | 400.00 | 189.00 | 153.80 |
| 每亩主产品出售产值 | | 元 | 1889.83 | 471.94 | 3307.71 | 18849.57 | 24000.00 | 25326.00 | 7222.72 |
| 每亩成本外支出 | | 元 | 17.58 | 7.82 | 27.32 | 13.93 | 29.72 | | 12.09 |

# 2002年全国中药材成本收益

品种：茯苓、贝母　　　　按地区工价汇总

| 项目名称 | | 单位 | 茯苓平均 | 湖北 | 广西 | 贝母平均 | 江苏 | 浙江 | 湖北 |
|---|---|---|---|---|---|---|---|---|---|
| 调查县数 | | 个 | 4.00 | 2.00 | 2.00 | 5.00 | 1.00 | 1.00 | 3.00 |
| 调查户数 | | 户 | 18.00 | 4.00 | 14.00 | 22.00 | 2.00 | 4.00 | 16.00 |
| 调查面积 | | 亩 | 33.65 | 8.95 | 24.70 | 49.13 | 1.79 | 8.14 | 39.20 |
| 每亩 | 主产品产量 | 公斤 | 517.40 | 79.60 | 955.20 | 292.30 | 534.00 | 189.00 | 153.80 |
| | 产值合计 | 元 | 1925.02 | 507.07 | 3342.95 | 33079.57 | 32040.00 | 59976.00 | 7222.72 |
| | 主产品产值 | 元 | 1889.83 | 471.94 | 3307.71 | 21529.57 | 32040.00 | 25326.00 | 7222.72 |
| | 副产品产值 | 元 | 35.19 | 35.13 | 35.24 | 11550.00 | | 34650.00 | |
| | 其它收入 | 元 | | | | | | | |
| | 生产成本 | 元 | 889.86 | 300.33 | 1490.73 | 13080.97 | 10299.10 | 23814.64 | 5130.57 |
| | 物质费用 | 元 | 440.78 | 200.33 | 681.18 | 12430.99 | 9779.10 | 22906.29 | 4607.57 |
| | 用工作价 | 元 | 449.08 | 100.00 | 809.55 | 649.98 | 520.00 | 908.35 | 523.00 |
| | 用工数量 | 日 | 43.60 | 10.00 | 77.10 | 47.10 | 40.00 | 49.10 | 52.30 |
| | 劳动日工价 | 元 | 10.30 | 10.00 | 10.50 | 13.80 | 13.00 | 18.50 | 10.00 |
| | 期间费用 | 元 | 96.39 | 21.00 | 171.77 | 31.07 | 0.05 | 39.89 | 53.27 |
| | 税金 | 元 | 76.25 | 21.37 | 131.13 | 49.57 | 43.25 | 32.50 | 72.97 |
| | 含税成本 | 元 | 1062.50 | 342.70 | 1793.63 | 13161.61 | 10342.40 | 23887.03 | 5256.81 |
| | 净产值 | 元 | 1484.24 | 306.74 | 2661.77 | 20648.58 | 22260.90 | 37069.71 | 2615.15 |
| | 减税纯收益 | 元 | 862.52 | 164.37 | 1549.32 | 19917.96 | 21697.60 | 36088.97 | 1965.91 |
| | 成本纯收益率 | % | 81.18 | 47.96 | 86.38 | 151.33 | 209.79 | 151.08 | 37.40 |
| 每50公斤主产品 | 平均出售价格 | 元 | 182.63 | 296.44 | 173.14 | 3682.79 | 3000.00 | 6700.00 | 2348.09 |
| | 物质费用 | 元 | 41.82 | 117.12 | 35.28 | 1383.96 | 915.65 | 2558.89 | 1497.91 |
| | 生产成本 | 元 | 84.42 | 175.58 | 77.21 | 1456.32 | 964.34 | 2660.37 | 1667.94 |
| | 含税成本 | 元 | 100.80 | 200.35 | 92.90 | 1465.30 | 968.39 | 2668.45 | 1708.98 |
| | 净产值 | 元 | 140.81 | 179.32 | 137.86 | 2298.83 | 2084.35 | 4141.11 | 850.18 |
| | 减税纯收益 | 元 | 81.83 | 96.09 | 80.24 | 2217.49 | 2031.61 | 4031.55 | 639.11 |
| 每一劳动日 | 主产品产量 | 公斤 | 11.90 | 8.00 | 12.40 | 6.20 | 13.40 | 3.80 | 2.90 |
| | 净产值 | 元 | 34.04 | 30.67 | 34.52 | 438.40 | 556.52 | 754.98 | 50.00 |
| 每亩主产品出售数量 | | 公斤 | 517.40 | 79.60 | 955.20 | 247.60 | 400.00 | 189.00 | 153.80 |
| 每亩主产品出售产值 | | 元 | 1889.83 | 471.94 | 3307.71 | 18849.57 | 24000.00 | 25326.00 | 7222.72 |
| 每亩成本外支出 | | 元 | 17.58 | 7.82 | 27.32 | 13.93 | 29.72 | | 12.09 |

# 2002年全国中药材物质费用

品种：茯苓、贝母

| 项　目　名　称 | 单位 | 茯　苓<br>平　均 | 湖　北 | 广　西 | 贝　母<br>平　均 | 江　苏 | 浙　江 | 湖　北 |
|---|---|---|---|---|---|---|---|---|
| 每亩物质费用 | 元 | 440.78 | 200.33 | 681.18 | 12430.99 | 9779.10 | 22906.29 | 4607.57 |
| 一、直接生产费用 | 元 | 423.67 | 187.14 | 660.17 | 12409.94 | 9775.10 | 22855.57 | 4599.13 |
| 1.种籽秧苗费 | 元 | 280.16 | 96.46 | 463.85 | 12012.50 | 9528.40 | 22096.25 | 4412.86 |
| 2.农家肥费 | 元 | | | | 93.03 | 54.00 | 191.78 | 33.32 |
| 3.化肥费 | 元 | | | | 192.65 | 164.80 | 406.11 | 7.04 |
| 4.农膜费 | 元 | 2.92 | | 5.84 | | | | |
| 5.农药费 | 元 | 35.97 | 1.12 | 70.81 | 37.25 | 27.90 | 77.44 | 6.40 |
| 6.畜力费 | 元 | | | | | | | |
| 7.机械作业费 | 元 | | | | | | | |
| 8.排灌费 | 元 | | | | | | | |
| 9.燃料动力费 | 元 | 12.48 | | 24.95 | 37.15 | | | 111.44 |
| 10.棚架材料费 | 元 | | | | 9.36 | | | 28.07 |
| 11.其它直接费用 | 元 | 92.14 | 89.56 | 94.72 | 28.00 | | 83.99 | |
| 二、间接生产费用 | 元 | 17.11 | 13.19 | 21.01 | 21.05 | 4.00 | 50.72 | 8.44 |
| 1.固定资产折旧 | 元 | 3.61 | 0.89 | 6.32 | 0.13 | | | 0.40 |
| 2.小农具购置修理费 | 元 | 11.59 | 8.48 | 14.69 | 19.59 | | 50.72 | 8.04 |
| 3.其它间接费用 | 元 | 1.91 | 3.82 | | 1.33 | 4.00 | | |
| 附记：1.每亩种籽用量 | 公斤 | 96.50 | 96.50 | | 366.00 | 400.00 | 610.00 | 88.00 |
| 2.每亩化肥用量 | 公斤 | | | | 63.80 | 48.40 | 140.10 | 3.10 |
| 3.每亩农膜用量 | 公斤 | 0.40 | | 0.70 | | | | |
| 4.每度电价 | 元 | 0.73 | 0.79 | 0.66 | 0.57 | 0.56 | 0.43 | 0.72 |
| 5.每亩柴油费 | 元 | | | | | | | |

# 2002 年全国中药材期间费用

品种：茯苓、贝母

| 项目名称 | 单位 | 茯苓平均 | 湖北 | 广西 | 贝母平均 | 江苏 | 浙江 | 湖北 |
|---|---|---|---|---|---|---|---|---|
| 一、每亩期间费用 | 元 | 96.39 | 21.00 | 171.77 | 31.07 | 0.05 | 39.89 | 53.27 |
| 1.土地承包费 | 元 | 31.74 | 11.66 | 51.82 | | | | |
| 2.管理费 | 元 | 0.57 | | 1.13 | | | | |
| 3.销售费 | 元 | 64.08 | 9.34 | 118.82 | 31.07 | 0.05 | 39.89 | 53.27 |
| 4.财务费 | 元 | | | | | | | |
| 二、每亩用工量 | 日 | 43.60 | 10.00 | 77.10 | 47.10 | 40.00 | 49.10 | 52.30 |
| 1.直接用工 | 日 | 40.80 | 9.60 | 72.00 | 45.20 | 40.00 | 47.00 | 48.70 |
| 2.间接用工 | 日 | 2.80 | 0.40 | 5.10 | 1.90 | | 2.10 | 3.60 |
| 三、每亩成本外支出 | 元 | 17.58 | 7.82 | 27.32 | 13.93 | 29.72 | | 12.09 |
| 1.村提留费 | 元 | | | | | | | |
| 2.乡统筹费 | 元 | | | | | | | |
| 3.两工支出 | 元 | 0.98 | | 1.95 | 10.75 | 20.17 | | 12.09 |
| 4.其它成本外支出 | 元 | 16.60 | 7.82 | 25.37 | 3.18 | 9.55 | | |
| 附：1.人均耕地面积 | 元 | 1.30 | 1.60 | 0.90 | 1.50 | 1.90 | 0.70 | 2.00 |
| 2.人均成本外支出 | 元 | 25.90 | 4.50 | 47.20 | 44.40 | 94.50 | | 38.60 |
| 3.人均两工数量 | 日 | 1.20 | 0.30 | 2.00 | 3.20 | 7.70 | | 1.90 |
| 4.雇工天数 | 日 | 4.00 | | 7.90 | 3.10 | | | 9.20 |
| 5.雇工工价 | 元 | 18.70 | | 18.70 | 25.50 | 21.30 | 40.00 | 15.30 |

# 2002年全国中药材成本收益

品种：杜仲、厚朴　　　　按统一工价汇总

| 项目名称 | | 单位 | 杜仲平均 | 湖北 | 陕西 | 厚朴平均 | 湖南 |
|---|---|---|---|---|---|---|---|
| 调查县数 | | 个 | 5.00 | 3.00 | 2.00 | 1.00 | 1.00 |
| 调查户数 | | 户 | 19.00 | 7.00 | 12.00 | 10.00 | 10.00 |
| 调查面积 | | 亩 | 42.90 | 27.00 | 15.90 | 32.40 | 32.40 |
| 每亩 | 主产品产量 | 公斤 | 99.80 | 151.20 | 48.40 | 283.00 | 283.00 |
| | 产值合计 | 元 | 1070.31 | 1592.90 | 547.72 | 1656.31 | 1656.31 |
| | 主产品产值 | 元 | 1000.92 | 1460.80 | 541.04 | 1621.00 | 1621.00 |
| | 副产品产值 | 元 | 69.39 | 132.10 | 6.68 | 35.31 | 35.31 |
| | 其它收入 | 元 | | | | | |
| | 生产成本 | 元 | 449.72 | 552.90 | 345.37 | 367.72 | 367.72 |
| | 物质费用 | 元 | 86.72 | 121.70 | 51.67 | 55.32 | 55.32 |
| | 用工作价 | 元 | 363.00 | 431.20 | 293.70 | 312.40 | 312.40 |
| | 用工数量 | 日 | 33.00 | 39.20 | 26.70 | 28.40 | 28.40 |
| | 劳动日工价 | 元 | 11.00 | 11.00 | 11.00 | 11.00 | 11.00 |
| | 期间费用 | 元 | 17.30 | 14.18 | 20.41 | 12.82 | 12.82 |
| | 税金 | 元 | 37.48 | 52.90 | 22.05 | 98.55 | 98.55 |
| | 含税成本 | 元 | 504.50 | 619.98 | 387.83 | 479.09 | 479.09 |
| | 净产值 | 元 | 983.59 | 1471.20 | 496.05 | 1600.99 | 1600.99 |
| | 减税纯收益 | 元 | 565.81 | 972.92 | 159.89 | 1177.22 | 1177.22 |
| | 成本纯收益率 | % | 112.15 | 156.93 | 41.23 | 245.72 | 245.72 |
| 每50公斤主产品 | 平均出售价格 | 元 | 501.46 | 483.07 | 558.93 | 286.40 | 286.40 |
| | 物质费用 | 元 | 40.63 | 36.91 | 52.73 | 9.57 | 9.57 |
| | 生产成本 | 元 | 210.70 | 167.67 | 352.44 | 63.58 | 63.58 |
| | 含税成本 | 元 | 236.37 | 188.02 | 395.77 | 82.84 | 82.84 |
| | 净产值 | 元 | 460.83 | 446.16 | 506.20 | 276.83 | 276.83 |
| | 减税纯收益 | 元 | 265.09 | 295.05 | 163.16 | 203.56 | 203.56 |
| 每一劳动日 | 主产品产量 | 公斤 | 3.00 | 3.90 | 1.80 | 10.00 | 10.00 |
| | 净产值 | 元 | 29.81 | 37.53 | 18.58 | 56.37 | 56.37 |
| 每亩主产品出售数量 | | 公斤 | 99.80 | 151.20 | 48.40 | 283.00 | 283.00 |
| 每亩主产品出售产值 | | 元 | 1000.92 | 1460.80 | 541.04 | 1621.00 | 1621.00 |
| 每亩成本外支出 | | 元 | 1.11 | 2.22 | | | |

# 2002年全国中药材成本收益

品种：杜仲、厚朴　　　　按地区工价汇总

| 项目名称 | | 单位 | 杜仲平均 | 湖北 | 陕西 | 厚朴平均 | 湖南 |
|---|---|---|---|---|---|---|---|
| 调查县数 | | 个 | 5.00 | 3.00 | 2.00 | 1.00 | 1.00 |
| 调查户数 | | 户 | 19.00 | 7.00 | 12.00 | 10.00 | 10.00 |
| 调查面积 | | 亩 | 42.90 | 27.00 | 15.90 | 32.40 | 32.40 |
| 每亩 | 主产品产量 | 公斤 | 99.80 | 151.20 | 48.40 | 283.00 | 283.00 |
| | 产值合计 | 元 | 1070.31 | 1592.90 | 547.72 | 1656.31 | 1656.31 |
| | 主产品产值 | 元 | 1000.92 | 1460.80 | 541.04 | 1621.00 | 1621.00 |
| | 副产品产值 | 元 | 69.39 | 132.10 | 6.68 | 35.31 | 35.31 |
| | 其它收入 | 元 | | | | | |
| | 生产成本 | 元 | 578.42 | 905.70 | 310.66 | 458.60 | 458.60 |
| | 物质费用 | 元 | 86.72 | 121.70 | 51.67 | 55.32 | 55.32 |
| | 用工作价 | 元 | 491.70 | 784.00 | 258.99 | 403.28 | 403.28 |
| | 用工数量 | 日 | 33.00 | 39.20 | 26.70 | 28.40 | 28.40 |
| | 劳动日工价 | 元 | 14.90 | 20.00 | 9.70 | 14.20 | 14.20 |
| | 期间费用 | 元 | 17.30 | 14.18 | 20.41 | 12.82 | 12.82 |
| | 税金 | 元 | 37.48 | 52.90 | 22.05 | 98.55 | 98.55 |
| | 含税成本 | 元 | 633.20 | 972.78 | 353.12 | 569.97 | 569.97 |
| | 净产值 | 元 | 983.59 | 1471.20 | 496.05 | 1600.99 | 1600.99 |
| | 减税纯收益 | 元 | 437.11 | 620.12 | 194.60 | 1086.34 | 1086.34 |
| | 成本纯收益率 | % | 69.03 | 63.75 | 55.11 | 190.60 | 190.60 |
| 每50公斤主产品 | 平均出售价格 | 元 | 501.46 | 483.07 | 558.93 | 286.40 | 286.40 |
| | 物质费用 | 元 | 40.63 | 36.91 | 52.73 | 9.57 | 9.57 |
| | 生产成本 | 元 | 271.00 | 274.67 | 317.02 | 79.30 | 79.30 |
| | 含税成本 | 元 | 296.67 | 295.01 | 360.35 | 98.56 | 98.56 |
| | 净产值 | 元 | 460.83 | 446.16 | 506.20 | 276.83 | 276.83 |
| | 减税纯收益 | 元 | 204.79 | 188.06 | 198.58 | 187.84 | 187.84 |
| 每一劳动日 | 主产品产量 | 公斤 | 3.00 | 3.90 | 1.80 | 10.00 | 10.00 |
| | 净产值 | 元 | 29.81 | 37.53 | 18.58 | 56.37 | 56.37 |
| 每亩主产品出售数量 | | 公斤 | 99.80 | 151.20 | 48.40 | 283.00 | 283.00 |
| 每亩主产品出售产值 | | 元 | 1000.92 | 1460.80 | 541.04 | 1621.00 | 1621.00 |
| 每亩成本外支出 | | 元 | 1.11 | 2.22 | | | |

# 2002年全国中药材物质费用

品种：杜仲、厚朴

| 项　目　名　称 | 单位 | 杜　仲<br>平　均 | 湖　北 | 陕　西 | 厚　朴<br>平　均 | 湖　南 |
|---|---|---|---|---|---|---|
| 每亩物质费用 | 元 | 86.72 | 121.70 | 51.67 | 55.32 | 55.32 |
| 一、直接生产费用 | 元 | 78.84 | 109.25 | 48.38 | 45.00 | 45.00 |
| 1.种籽秧苗费 | 元 | 17.04 | 22.22 | 11.85 | 45.00 | 45.00 |
| 2.农家肥费 | 元 | 23.39 | 45.78 | 1.00 | | |
| 3.化肥费 | 元 | 24.42 | 35.70 | 13.13 | | |
| 4.农膜费 | 元 | | | | | |
| 5.农药费 | 元 | 2.46 | 2.96 | 1.95 | | |
| 6.畜力费 | 元 | 1.13 | | 2.25 | | |
| 7.机械作业费 | 元 | 1.87 | | 3.74 | | |
| 8.排灌费 | 元 | 1.74 | | 3.47 | | |
| 9.燃料动力费 | 元 | | | | | |
| 10.棚架材料费 | 元 | | | | | |
| 11.其它直接费用 | 元 | 6.79 | 2.59 | 10.99 | | |
| 二、间接生产费用 | 元 | 7.88 | 12.45 | 3.29 | 10.32 | 10.32 |
| 1.固定资产折旧 | 元 | 1.43 | 0.81 | 2.04 | | |
| 2.小农具购置修理费 | 元 | 5.84 | 10.43 | 1.25 | 10.32 | 10.32 |
| 3.其它间接费用 | 元 | 0.61 | 1.21 | | | |
| 附记：1.每亩种籽用量 | 公斤 | 3.70 | 6.10 | 1.30 | | |
| 2.每亩化肥用量 | 公斤 | 8.60 | 12.90 | 4.10 | | |
| 3.每亩农膜用量 | 公斤 | | | | | |
| 4.每度电价 | 元 | 0.65 | 0.57 | 0.72 | 0.85 | 0.85 |
| 5.每亩柴油费 | 元 | | | | | |

# 2002 年全国中药材期间费用

品种：杜仲、厚朴

| 项目名称 | 单位 | 杜仲平均 | 湖北 | 陕西 | 厚朴平均 | 湖南 |
|---|---|---|---|---|---|---|
| 一、每亩期间费用 | 元 | 17.30 | 14.18 | 20.41 | 12.82 | 12.82 |
| 1.土地承包费 | 元 | 8.15 | | 16.29 | | |
| 2.管理费 | 元 | | | | | |
| 3.销售费 | 元 | 9.15 | 14.18 | 4.12 | 12.82 | 12.82 |
| 4.财务费 | 元 | | | | | |
| 二、每亩用工量 | 日 | 33.00 | 39.20 | 26.70 | 28.40 | 28.40 |
| 1.直接用工 | 日 | 27.60 | 34.80 | 20.30 | 27.40 | 27.40 |
| 2.间接用工 | 日 | 5.40 | 4.40 | 6.40 | 1.00 | 1.00 |
| 三、每亩成本外支出 | 元 | 1.11 | 2.22 | | | |
| 1.村提留费 | 元 | | | | | |
| 2.乡统筹费 | 元 | | | | | |
| 3.两工支出 | 元 | | | | | |
| 4.其它成本外支出 | 元 | 1.11 | 2.22 | | | |
| 附：1.人均耕地面积 | 元 | 1.60 | 1.40 | 1.70 | 0.90 | 0.90 |
| 2.人均成本外支出 | 元 | 0.80 | 1.50 | | 68.40 | 68.40 |
| 3.人均两工数量 | 日 | 0.10 | 0.10 | | 3.00 | 3.00 |
| 4.雇工天数 | 日 | | | | | |
| 5.雇工工价 | 元 | 19.60 | 25.00 | 14.10 | 18.00 | 18.00 |

# 第九部分　畜 产 品

# 2002年畜牧业产品成本收益

品种：本种绵羊　　　　按统一工价汇总

| 项目名称 | | 单位 | 平均 | 内蒙 | 甘肃 | 青海 | 宁夏 | 新疆 |
|---|---|---|---|---|---|---|---|---|
| 调查县数 | | 个 | 27.00 | 7.00 | 2.00 | 9.00 | 4.00 | 5.00 |
| 调查户数 | | 户 | 145.00 | 35.00 | 18.00 | 45.00 | 16.00 | 31.00 |
| 畜群期初存栏数量 | | 只 | 30119.00 | 4349.00 | 3818.00 | 16421.00 | 1521.00 | 4010.00 |
| 畜群期末存栏数量 | | 只 | 32813.00 | 5139.00 | 4105.00 | 17469.00 | 1512.00 | 4588.00 |
| 每只产品畜平均活重 | | 公斤 | 35.40 | 33.75 | 27.00 | 42.00 | 30.27 | 44.00 |
| 每百只存栏畜 | 产品畜数量 | 只 | 44.00 | 78.00 | 33.00 | 35.00 | 45.00 | 55.00 |
| | 毛(绒)产量 | 公斤 | 190.84 | 212.23 | 300.00 | 103.00 | 130.92 | 208.05 |
| | 产值合计 | 元 | 13029.82 | 16910.23 | 11384.00 | 10117.00 | 10131.78 | 16605.77 |
| | 产品畜产值 | 元 | 12051.22 | 15928.30 | 10236.00 | 9126.00 | 8917.76 | 16048.02 |
| | 毛(绒)产值 | 元 | 638.26 | 874.32 | 569.00 | 686.00 | 663.63 | 398.35 |
| | 副产品产值 | 元 | 340.35 | 107.61 | 579.00 | 305.00 | 550.39 | 159.74 |
| | 其它收入 | 元 | | | | | | |
| | 生产成本 | 元 | 5466.01 | 7227.05 | 4277.00 | 2551.00 | 6563.05 | 6711.95 |
| | 物质费用 | 元 | 2653.66 | 4463.05 | 1131.00 | 1165.00 | 3449.28 | 3059.95 |
| | 用工作价 | 元 | 2812.35 | 2764.00 | 3146.00 | 1386.00 | 3113.77 | 3652.00 |
| | 用工数量 | 日 | 255.67 | 251.27 | 286.00 | 126.00 | 283.07 | 332.00 |
| | 劳动日工价 | 元 | 11.00 | 11.00 | 11.00 | 11.00 | 11.00 | 11.00 |
| | 期间费用 | 元 | 99.74 | 63.26 | 10.00 | 327.00 | 38.82 | 59.62 |
| | 税金 | 元 | 238.37 | 270.75 | 204.00 | 328.00 | 100.00 | 289.12 |
| | 含税成本 | 元 | 5804.12 | 7561.06 | 4491.00 | 3206.00 | 6701.87 | 7060.69 |
| | 净产值 | 元 | 10376.17 | 12447.18 | 10253.00 | 8952.00 | 6682.50 | 13545.82 |
| | 减税纯收益 | 元 | 7225.70 | 9349.17 | 6893.00 | 6911.00 | 3429.91 | 9545.08 |
| | 成本纯收益率 | % | 124.49 | 123.65 | 153.48 | 215.56 | 51.18 | 135.19 |
| 每50公斤 | 产品畜(活重)平均出售价格 | 元 | 383.64 | 302.41 | 569.41 | 307.01 | 327.08 | 332.25 |
| | 产品畜(活重)含税成本 | 元 | 170.89 | 135.22 | 224.63 | 97.29 | 216.35 | 141.27 |
| | 毛(绒)平均出售价格 | 元 | 167.22 | 205.98 | 94.83 | 333.01 | 253.45 | 95.73 |
| | 毛(绒)含税成本 | 元 | 74.49 | 92.10 | 37.41 | 105.53 | 167.65 | 40.71 |
| 每只产品畜 | 平均出售价格(活重) | 元 | 271.65 | 204.13 | 307.48 | 257.89 | 198.01 | 292.38 |
| | 含税成本(活重) | 元 | 121.01 | 91.27 | 121.30 | 81.72 | 130.98 | 124.32 |
| 每劳动日净产值 | | 元 | 40.58 | 49.54 | 35.85 | 71.05 | 23.61 | 40.80 |
| 畜群期内出售、自食数量 | | 只 | 10668.00 | 2604.00 | 984.00 | 4763.00 | 694.00 | 1623.00 |
| 畜群期内出售、自食产值 | | 元 | 2915514.36 | 582835.25 | 305040.00 | 1357195.00 | 134306.00 | 536138.11 |
| 每百只存栏畜成本外支出 | | 元 | 70.24 | | 121.00 | | 9.52 | 220.67 |

# 2002年畜牧业产品成本收益

品种：改良绵羊 按统一工价汇总

| 项目名称 | | 单位 | 平均 | 内蒙 | 甘肃 | 青海 | 新疆 |
|---|---|---|---|---|---|---|---|
| 调查县数 | | 个 | 13.00 | 4.00 | 2.00 | 3.00 | 4.00 |
| 调查户数 | | 户 | 81.00 | 33.00 | 6.00 | 21.00 | 21.00 |
| 畜群期初存栏数量 | | 只 | 11196.00 | 2188.00 | 293.00 | 6534.00 | 2181.00 |
| 畜群期末存栏数量 | | 只 | 12122.00 | 2479.00 | 315.00 | 6887.00 | 2441.00 |
| 每只产品畜平均活重 | | 公斤 | 44.46 | 50.84 | 41.00 | 42.00 | 44.00 |
| 每百只存栏畜 | 产品畜数量 | 只 | 40.00 | 55.00 | 45.00 | 27.00 | 61.00 |
| | 毛(绒)产量 | 公斤 | 273.50 | 430.80 | 233.50 | 188.00 | 241.68 |
| | 产值合计 | 元 | 16687.36 | 19159.67 | 17667.89 | 9217.00 | 20704.89 |
| | 产品畜产值 | 元 | 12582.78 | 14891.44 | 10880.60 | 6785.00 | 17774.08 |
| | 毛(绒)产值 | 元 | 3426.03 | 3929.00 | 5070.12 | 1936.00 | 2768.99 |
| | 副产品产值 | 元 | 678.56 | 339.23 | 1717.17 | 496.00 | 161.82 |
| | 其它收入 | 元 | 31.52 | 126.07 | | | |
| | 生产成本 | 元 | 7546.37 | 11572.94 | 7891.88 | 3608.00 | 7112.67 |
| | 物质费用 | 元 | 3119.78 | 4180.72 | 2751.25 | 2046.00 | 3501.15 |
| | 用工作价 | 元 | 4426.59 | 7392.22 | 5140.63 | 1562.00 | 3611.52 |
| | 用工数量 | 日 | 402.42 | 672.02 | 467.33 | 142.00 | 328.32 |
| | 劳动日工价 | 元 | 11.00 | 11.00 | 11.00 | 11.00 | 11.00 |
| | 期间费用 | 元 | 126.06 | 126.87 | 59.00 | 247.00 | 71.35 |
| | 税金 | 元 | 315.52 | | 625.17 | 340.00 | 296.92 |
| | 含税成本 | 元 | 7987.95 | 11699.81 | 8576.05 | 4195.00 | 7480.94 |
| | 净产值 | 元 | 13567.58 | 14978.94 | 14916.64 | 7171.00 | 17203.74 |
| | 减税纯收益 | 元 | 8730.93 | 7585.92 | 9091.84 | 5022.00 | 13223.95 |
| | 成本纯收益率 | % | 109.30 | 64.84 | 106.01 | 119.71 | 176.77 |
| 每50公斤 | 产品畜(活重)平均出售价格 | 元 | 357.56 | 265.72 | 294.53 | 299.02 | 331.71 |
| | 产品畜(活重)含税成本 | 元 | 171.16 | 162.26 | 142.97 | 136.10 | 119.85 |
| | 毛(绒)平均出售价格 | 元 | 626.34 | 456.01 | 1085.68 | 514.89 | 572.86 |
| | 毛(绒)含税成本 | 元 | 299.82 | 278.46 | 526.99 | 234.35 | 206.98 |
| 每只产品蓄 | 平均出售价格(活重) | 元 | 317.93 | 270.17 | 241.52 | 251.18 | 291.91 |
| | 含税成本(活重) | 元 | 152.19 | 164.98 | 117.23 | 114.32 | 105.47 |
| 每劳动日净产值 | | 元 | 33.72 | 22.29 | 31.92 | 50.50 | 52.40 |
| 畜群期内出售、自食数量 | | 只 | 3505.00 | 915.00 | 110.00 | 1412.00 | 1068.00 |
| 畜群期内出售、自食产值 | | 元 | 894859.10 | 248212.26 | 26597.00 | 308856.00 | 311193.84 |
| 每百只存栏畜成本外支出 | | 元 | 89.81 | | | 22.00 | 337.23 |

# 2002年畜牧业产品成本收益

品种：改良绵羊　　　　按地区工价汇总

| 项目名称 | | 单位 | 平均 | 内蒙 | 甘肃 | 青海 | 新疆 |
|---|---|---|---|---|---|---|---|
| 调查县数 | | 个 | 13.00 | 4.00 | 2.00 | 3.00 | 4.00 |
| 调查户数 | | 户 | 81.00 | 33.00 | 6.00 | 21.00 | 21.00 |
| 畜群期初存栏数量 | | 只 | 11196.00 | 2188.00 | 293.00 | 6534.00 | 2181.00 |
| 畜群期末存栏数量 | | 只 | 12122.00 | 2479.00 | 315.00 | 6887.00 | 2441.00 |
| 每只产品畜平均活重 | | 公斤 | 44.46 | 50.84 | 41.00 | 42.00 | 44.00 |
| 每百只存栏畜 | 产品畜数量 | 只 | 40.00 | 55.00 | 45.00 | 27.00 | 61.00 |
| | 毛(绒)产量 | 公斤 | 273.50 | 430.80 | 233.50 | 188.00 | 241.68 |
| | 产值合计 | 元 | 16687.36 | 19159.67 | 17667.89 | 9217.00 | 20704.89 |
| | 产品畜产值 | 元 | 12582.78 | 14891.44 | 10880.60 | 6785.00 | 17774.08 |
| | 毛(绒)产值 | 元 | 3426.03 | 3929.00 | 5070.12 | 1936.00 | 2768.99 |
| | 副产品产值 | 元 | 678.56 | 339.23 | 1717.17 | 496.00 | 161.82 |
| | 其它收入 | 元 | 31.52 | 126.07 | | | |
| | 生产成本 | 元 | 7314.98 | 14933.04 | 6256.23 | 3324.00 | 6521.69 |
| | 物质费用 | 元 | 3119.78 | 4180.72 | 2751.25 | 2046.00 | 3501.15 |
| | 用工作价 | 元 | 4195.20 | 10752.32 | 3504.98 | 1278.00 | 3020.54 |
| | 用工数量 | 日 | 402.42 | 672.02 | 467.33 | 142.00 | 328.32 |
| | 劳动日工价 | 元 | 10.43 | 16.00 | 7.50 | 9.00 | 9.20 |
| | 期间费用 | 元 | 126.06 | 126.87 | 59.00 | 247.00 | 71.35 |
| | 税金 | 元 | 315.52 | | 625.17 | 340.00 | 296.92 |
| | 含税成本 | 元 | 7756.56 | 15059.91 | 6940.40 | 3911.00 | 6889.96 |
| | 净产值 | 元 | 13567.58 | 14978.94 | 14916.64 | 7171.00 | 17203.74 |
| | 减税纯收益 | 元 | 8962.32 | 4225.82 | 10727.50 | 5306.00 | 13814.93 |
| | 成本纯收益率 | % | 115.54 | 28.06 | 154.57 | 135.67 | 200.51 |
| 每50公斤 | 产品畜(活重)平均出售价格 | 元 | 357.56 | 265.72 | 294.53 | 299.02 | 331.71 |
| | 产品畜(活重)含税成本 | 元 | 166.20 | 208.86 | 115.70 | 126.88 | 110.38 |
| | 毛(绒)平均出售价格 | 元 | 626.34 | 456.01 | 1085.68 | 514.89 | 572.86 |
| | 毛(绒)含税成本 | 元 | 291.13 | 358.44 | 426.48 | 218.48 | 190.63 |
| 每只产品蓄 | 平均出售价格(活重) | 元 | 317.93 | 270.17 | 241.52 | 251.18 | 291.91 |
| | 含税成本(活重) | 元 | 147.78 | 212.36 | 94.87 | 106.58 | 97.14 |
| 每劳动日净产值 | | 元 | 33.72 | 22.29 | 31.92 | 50.50 | 52.40 |
| 畜群期内出售、自食数量 | | 只 | 3505.00 | 915.00 | 110.00 | 1412.00 | 1068.00 |
| 畜群期内出售、自食产值 | | 元 | 894859.10 | 248212.26 | 26597.00 | 308856.00 | 311193.84 |
| 每百只存栏畜成本外支出 | | 元 | 89.81 | | | 22.00 | 337.23 |

# 2002 年畜牧业产品物质费用和期间费用

品种：改良绵羊

| 项目名称 | 单位 | 平均 | 内蒙 | 甘肃 | 青海 | 新疆 |
|---|---|---|---|---|---|---|
| 一、物质费用 | 元 | 3119.78 | 4180.72 | 2751.25 | 2046.00 | 3501.15 |
| (一)直接生产费用 | 元 | 2512.74 | 3755.41 | 2120.75 | 1213.00 | 2961.81 |
| 1.饲草费 | 元 | 743.42 | 678.94 | 845.83 | 550.00 | 898.89 |
| 2.饲料饲盐费 | 元 | 1031.66 | 2038.06 | 676.08 | 232.00 | 1180.48 |
| 3.医疗防疫费 | 元 | 332.22 | 555.21 | 191.17 | 227.00 | 355.50 |
| 4.配种费 | 元 | 47.32 | 153.77 |  | 3.00 | 32.50 |
| 5.放牧用具费 | 元 | 134.32 | 100.19 | 96.17 | 127.00 | 213.94 |
| 6.幼畜购进费 | 元 |  |  |  |  |  |
| 7.其它直接费用 | 元 | 223.81 | 229.24 | 311.50 | 74.00 | 280.50 |
| (二)间接生产费用 | 元 | 607.04 | 425.31 | 630.50 | 833.00 | 539.34 |
| 1.固定资产折旧费 | 元 | 249.59 | 186.88 | 289.34 | 332.00 | 190.13 |
| 2.草场建设费 | 元 | 217.16 | 93.88 | 291.16 | 418.00 | 65.61 |
| 3.修理费 | 元 | 108.76 | 78.95 | 50.00 | 60.00 | 246.10 |
| 4.其它间接费用 | 元 | 31.53 | 65.61 |  | 23.00 | 37.50 |
| 二、期间费用 | 元 | 129.81 | 126.87 | 59.00 | 247.00 | 86.35 |
| 1.承包费 | 元 | 67.42 | 22.68 | 59.00 | 188.00 |  |
| 2.管理费 | 元 | 33.33 | 25.95 |  | 21.00 | 86.35 |
| 3.销售费 | 元 | 10.63 | 30.51 |  | 12.00 |  |
| 4.财务费 | 元 | 18.43 | 47.73 |  | 26.00 |  |
| 三、成本外支出 | 元 | 89.81 |  |  | 22.00 | 337.23 |
| 1.村提留费 | 元 |  |  |  |  |  |
| 2.乡统筹费 | 元 |  |  |  |  |  |
| 3.其它成本外支出 | 元 | 89.81 |  |  | 22.00 | 337.23 |
| 附记： |  |  |  |  |  |  |
| 1.全年人均成本外支出 | 元 | 23.67 |  |  | 21.00 | 73.66 |
| 2.畜群全年雇工天数 | 日 | 775.75 | 460.00 |  | 87.00 | 228.75 |
| 3.畜群全年雇工支出 | 元 | 10893.50 | 7874.50 |  | 712.00 | 2307.00 |
| 4.人均羊数量 | 只 | 38.00 | 24.00 | 33.00 | 62.00 | 33.00 |
| 5.市场皮张单价 | 元 | 57.41 | 57.43 | 72.00 | 50.00 | 50.20 |

# 2002年畜牧业产品成本收益

品种：山羊　　　　按统一工价汇总

| 项目名称 | | 单位 | 平均 | 内蒙 | 宁夏 |
|---|---|---|---|---|---|
| 调查县数 | | 个 | 11.00 | 7.00 | 4.00 |
| 调查户数 | | 户 | 54.00 | 38.00 | 16.00 |
| 畜群期初存栏数量 | | 只 | 5007.00 | 3644.00 | 1363.00 |
| 畜群期末存栏数量 | | 只 | 6058.00 | 4514.00 | 1544.00 |
| 每只产品畜平均活重 | | 公斤 | 28.31 | 34.89 | 21.73 |
| 每百只存栏畜 | 产品畜数量 | 只 | 45.00 | 49.00 | 36.00 |
| | 毛(绒)产量 | 公斤 | 38.60 | 22.63 | 54.57 |
| | 产值合计 | 元 | 13811.89 | 17081.66 | 10542.12 |
| | 产品畜产值 | 元 | 9081.24 | 12032.02 | 6130.46 |
| | 毛(绒)产值 | 元 | 4301.33 | 4593.46 | 4009.19 |
| | 副产品产值 | 元 | 429.32 | 456.18 | 402.47 |
| | 其它收入 | 元 | 48.91 | 97.82 | |
| | 生产成本 | 元 | 8579.76 | 12656.29 | 7027.76 |
| | 物质费用 | 元 | 4085.46 | 4577.79 | 3593.12 |
| | 用工作价 | 元 | 4494.30 | 5553.97 | 3434.64 |
| | 用工数量 | 日 | 408.57 | 504.91 | 312.24 |
| | 劳动日工价 | 元 | 11.00 | 11.00 | 11.00 |
| | 期间费用 | 元 | 112.99 | 195.65 | 30.33 |
| | 税金 | 元 | 108.30 | 116.60 | 100.00 |
| | 含税成本 | 元 | 8801.05 | 12968.54 | 7158.09 |
| | 净产值 | 元 | 9726.43 | 12503.86 | 6949.00 |
| | 减税纯收益 | 元 | 5059.75 | 4210.94 | 3384.03 |
| | 成本纯收益率 | % | 57.49 | 32.47 | 47.28 |
| 每50公斤 | 产品畜(活重)平均出售价格 | 元 | 354.10 | 353.81 | 390.78 |
| | 产品畜(活重)含税成本 | 元 | 225.63 | 268.61 | 265.34 |
| | 毛(绒)平均出售价格 | 元 | 5571.52 | 10148.16 | 3673.44 |
| | 毛(绒)含税成本 | 元 | 3550.22 | 7704.57 | 2494.26 |
| 每只产品蓄 | 平均出售价格(活重) | 元 | 200.48 | 246.87 | 169.83 |
| | 含税成本(活重) | 元 | 127.75 | 187.43 | 115.32 |
| 每劳动日净产值 | | 元 | 23.81 | 24.76 | 22.26 |
| 畜群期内出售、自食数量 | | 只 | 1217.00 | 906.00 | 311.00 |
| 畜群期内出售、自食产值 | | 元 | 203686.60 | 154241.00 | 49445.60 |
| 每百只存栏畜成本外支出 | | 元 | 4.73 | | 9.45 |

# 2002年畜牧业产品成本收益

品种：山羊　　　　按地区工价汇总

| 项目名称 | | 单位 | 平均 | 内蒙 | 宁夏 |
|---|---|---|---|---|---|
| 调查县数 | | 个 | 11.00 | 7.00 | 4.00 |
| 调查户数 | | 户 | 54.00 | 38.00 | 16.00 |
| 畜群期初存栏数量 | | 只 | 5007.00 | 3644.00 | 1363.00 |
| 畜群期末存栏数量 | | 只 | 6058.00 | 4514.00 | 1544.00 |
| 每只产品畜平均活重 | | 公斤 | 28.31 | 34.89 | 21.73 |
| 每百只存栏畜 | 产品畜数量 | 只 | 45.00 | 49.00 | 36.00 |
| | 毛(绒)产量 | 公斤 | 38.60 | 22.63 | 54.57 |
| | 产值合计 | 元 | 13811.89 | 17081.66 | 10542.12 |
| | 产品畜产值 | 元 | 9081.24 | 12032.02 | 6130.46 |
| | 毛(绒)产值 | 元 | 4301.33 | 4593.46 | 4009.19 |
| | 副产品产值 | 元 | 429.32 | 456.18 | 402.47 |
| | 其它收入 | 元 | 48.91 | 97.82 | |
| | 生产成本 | 元 | 9253.90 | 12656.29 | 6496.95 |
| | 物质费用 | 元 | 4085.46 | 4577.79 | 3593.12 |
| | 用工作价 | 元 | 5168.45 | 8078.50 | 2903.83 |
| | 用工数量 | 日 | 408.57 | 504.91 | 312.24 |
| | 劳动日工价 | 元 | 12.65 | 16.00 | 9.30 |
| | 期间费用 | 元 | 112.99 | 195.65 | 30.33 |
| | 税金 | 元 | 108.30 | 116.60 | 100.00 |
| | 含税成本 | 元 | 9475.19 | 12968.54 | 6627.28 |
| | 净产值 | 元 | 9726.43 | 12503.86 | 6949.00 |
| | 减税纯收益 | 元 | 4385.60 | 4210.94 | 3914.84 |
| | 成本纯收益率 | % | 46.29 | 32.47 | 59.07 |
| 每50公斤 | 产品畜(活重)平均出售价格 | 元 | 354.10 | 353.81 | 390.78 |
| | 产品畜(活重)含税成本 | 元 | 242.92 | 268.61 | 245.66 |
| | 毛(绒)平均出售价格 | 元 | 5571.52 | 10148.16 | 3673.44 |
| | 毛(绒)含税成本 | 元 | 3822.16 | 7704.57 | 2309.30 |
| 每只产品畜 | 平均出售价格(活重) | 元 | 200.48 | 246.87 | 169.83 |
| | 含税成本(活重) | 元 | 137.54 | 187.43 | 106.77 |
| 每劳动日净产值 | | 元 | 23.81 | 24.76 | 22.26 |
| 畜群期内出售、自食数量 | | 只 | 1217.00 | 906.00 | 311.00 |
| 畜群期内出售、自食产值 | | 元 | 203686.60 | 154241.00 | 49445.60 |
| 每百只存栏畜成本外支出 | | 元 | 4.73 | | 9.45 |

# 2002 年畜牧业产品物质费用和期间费用

品种：山羊

| 项 目 名 称 | 单位 | 平 均 | 内 蒙 | 宁 夏 |
|---|---|---|---|---|
| 一、物质费用 | 元 | 4085.46 | 4577.79 | 3593.12 |
| (一)直接生产费用 | 元 | 3345.37 | 3336.58 | 3354.16 |
| 1.饲草费 | 元 | 973.90 | 1079.45 | 868.34 |
| 2.饲料饲盐费 | 元 | 1748.38 | 1375.94 | 2120.83 |
| 3.医疗防疫费 | 元 | 275.56 | 382.17 | 168.95 |
| 4.配种费 | 元 | 44.62 | 89.24 | |
| 5.放牧用具费 | 元 | 110.74 | 157.46 | 64.01 |
| 6.幼畜购进费 | 元 | | | |
| 7.其它直接费用 | 元 | 192.18 | 252.32 | 132.03 |
| (二)间接生产费用 | 元 | 740.09 | 1241.21 | 238.96 |
| 1.固定资产折旧费 | 元 | 584.79 | 980.94 | 188.64 |
| 2.草场建设费 | 元 | 52.93 | 105.86 | |
| 3.修理费 | 元 | 92.06 | 133.80 | 50.32 |
| 4.其它间接费用 | 元 | 10.31 | 20.61 | |
| 二、期间费用 | 元 | 76.29 | 195.65 | 30.33 |
| 1.承包费 | 元 | | 21.45 | |
| 2.管理费 | 元 | 21.15 | 42.31 | |
| 3.销售费 | 元 | 55.14 | 79.95 | 30.33 |
| 4.财务费 | 元 | | 51.95 | |
| 三、成本外支出 | 元 | 4.73 | | 9.45 |
| 1.村提留费 | 元 | | | |
| 2.乡统筹费 | 元 | | | |
| 3.其它成本外支出 | 元 | 4.73 | | 9.45 |
| 附记： | | | | |
| 1.全年人均成本外支出 | 元 | 22.17 | | 44.33 |
| 2.畜群全年雇工天数 | 日 | 3156.70 | 3156.70 | |
| 3.畜群全年雇工支出 | 元 | 38777.90 | 38777.90 | |
| 4.人均羊数量 | 只 | 33.00 | 39.00 | 26.00 |
| 5.市场皮张单价 | 元 | 51.96 | 53.03 | 50.89 |

# 2002年畜牧业产品成本收益

品种：牛　　　　按统一工价汇总

| 项目名称 | | 单位 | 平均 | 内蒙 | 新疆 |
|---|---|---|---|---|---|
| 调查县数 | | 个 | 11.00 | 6.00 | 5.00 |
| 调查户数 | | 户 | 63.00 | 36.00 | 27.00 |
| 畜群期初存栏数量 | | 头 | 1280.00 | 671.00 | 609.00 |
| 畜群期末存栏数量 | | 头 | 1422.00 | 772.00 | 650.00 |
| 每头产品畜平均活重 | | 公斤 | 231.09 | 235.99 | 226.20 |
| 每百头存栏畜 | 产品畜数量 | 头 | 37.00 | 43.00 | 31.00 |
| | 毛(绒)产量 | 公斤 | | | |
| | 产值合计 | 元 | 46944.80 | 60366.12 | 33523.48 |
| | 产品畜产值 | 元 | 45117.26 | 57088.44 | 33146.08 |
| | 毛(绒)产值 | 元 | | | |
| | 副产品产值 | 元 | 1827.54 | 3277.68 | 377.40 |
| | 其它收入 | 元 | 47.98 | 95.97 | |
| | 生产成本 | 元 | 16377.34 | 22963.37 | 9791.31 |
| | 物质费用 | 元 | 7814.98 | 10561.72 | 5068.24 |
| | 用工作价 | 元 | 8562.36 | 12401.65 | 4723.07 |
| | 用工数量 | 日 | 778.40 | 1127.42 | 429.37 |
| | 劳动日工价 | 元 | 11.00 | 11.00 | 11.00 |
| | 期间费用 | 元 | 375.43 | 648.32 | 102.54 |
| | 税金 | 元 | 648.46 | 712.50 | 584.42 |
| | 含税成本 | 元 | 17401.23 | 24324.19 | 10478.27 |
| | 净产值 | 元 | 39129.82 | 49804.40 | 28455.24 |
| | 减税纯收益 | 元 | 29591.55 | 36137.90 | 23045.21 |
| | 成本纯收益率 | % | 170.05 | 148.57 | 219.93 |
| 每50公斤 | 产品畜(活重)平均出售价格 | 元 | 260.85 | 279.87 | 236.08 |
| | 产品畜(活重)含税成本 | 元 | 96.69 | 112.77 | 73.79 |
| | 毛(绒)平均出售价格 | 元 | | | |
| | 毛(绒)含税成本 | 元 | | | |
| 每头产品蓄 | 平均出售价格(活重) | 元 | 1205.64 | 1320.91 | 1068.04 |
| | 含税成本(活重) | 元 | 446.90 | 532.25 | 333.83 |
| 每劳动日净产值 | | 元 | 50.27 | 44.18 | 66.27 |
| 畜群期内出售、自食数量 | | 头 | 337.00 | 189.00 | 148.00 |
| 畜群期内出售、自食产值 | | 元 | 421728.54 | 263482.50 | 158246.04 |
| 每百头存栏畜成本外支出 | | 元 | 128.62 | | 257.24 |

# 2002年畜牧业产品成本收益

品种：牛

按地区工价汇总

| 项目名称 | | 单位 | 平均 | 内蒙 | 新疆 |
|---|---|---|---|---|---|
| 调查县数 | | 个 | 11.00 | 6.00 | 5.00 |
| 调查户数 | | 户 | 63.00 | 36.00 | 27.00 |
| 畜群期初存栏数量 | | 头 | 1280.00 | 671.00 | 609.00 |
| 畜群期末存栏数量 | | 头 | 1422.00 | 772.00 | 650.00 |
| 每头产品畜平均活重 | | 公斤 | 231.09 | 235.99 | 226.20 |
| 每百头存栏畜 | 产品畜数量 | 头 | 37.00 | 43.00 | 31.00 |
| | 毛(绒)产量 | 公斤 | | | |
| | 产值合计 | 元 | 46944.80 | 60366.12 | 33523.48 |
| | 产品畜产值 | 元 | 45117.26 | 57088.44 | 33146.08 |
| | 毛(绒)产值 | 元 | | | |
| | 副产品产值 | 元 | 1827.54 | 3277.68 | 377.40 |
| | 其它收入 | 元 | 47.98 | 95.97 | |
| | 生产成本 | 元 | 17622.77 | 28600.48 | 9018.44 |
| | 物质费用 | 元 | 7814.98 | 10561.72 | 5068.24 |
| | 用工作价 | 元 | 9807.79 | 18038.76 | 3950.20 |
| | 用工数量 | 日 | 778.40 | 1127.42 | 429.37 |
| | 劳动日工价 | 元 | 12.60 | 16.00 | 9.20 |
| | 期间费用 | 元 | 375.43 | 648.32 | 102.54 |
| | 税金 | 元 | 648.46 | 712.50 | 584.42 |
| | 含税成本 | 元 | 18646.66 | 29961.30 | 9705.40 |
| | 净产值 | 元 | 39129.82 | 49804.40 | 28455.24 |
| | 减税纯收益 | 元 | 28346.12 | 30500.79 | 23818.08 |
| | 成本纯收益率 | % | 152.02 | 101.80 | 245.41 |
| 每50公斤 | 产品畜(活重)平均出售价格 | 元 | 260.85 | 279.87 | 236.08 |
| | 产品畜(活重)含税成本 | 元 | 103.61 | 138.91 | 68.35 |
| | 毛(绒)平均出售价格 | 元 | | | |
| | 毛(绒)含税成本 | 元 | | | |
| 每头产品畜 | 平均出售价格(活重) | 元 | 1205.64 | 1320.91 | 1068.04 |
| | 含税成本(活重) | 元 | 478.88 | 655.60 | 309.21 |
| 每劳动日净产值 | | 元 | 50.27 | 44.18 | 66.27 |
| 畜群期内出售、自食数量 | | 头 | 337.00 | 189.00 | 148.00 |
| 畜群期内出售、自食产值 | | 元 | 421728.54 | 263482.50 | 158246.04 |
| 每百头存栏畜成本外支出 | | 元 | 128.62 | | 257.24 |

# 2002年畜牧业产品物质费用和期间费用

品种：牛

| 项 目 名 称 | 单位 | 平 均 | 内 蒙 | 新 疆 |
|---|---|---|---|---|
| 一、物质费用 | 元 | 7814.98 | 10561.72 | 5068.24 |
| (一)直接生产费用 | 元 | 6080.10 | 7863.20 | 4296.99 |
| 1.饲草费 | 元 | 3174.73 | 4363.70 | 1985.75 |
| 2.饲料饲盐费 | 元 | 1384.90 | 1436.09 | 1333.71 |
| 3.医疗防疫费 | 元 | 639.70 | 822.17 | 457.22 |
| 4.配种费 | 元 | 129.46 | 222.25 | 36.66 |
| 5.放牧用具费 | 元 | 311.76 | 350.70 | 272.82 |
| 6.幼畜购进费 | 元 | | | |
| 7.其它直接费用 | 元 | 439.56 | 668.30 | 210.83 |
| (二)间接生产费用 | 元 | 1734.88 | 2698.52 | 771.25 |
| 1.固定资产折旧费 | 元 | 1107.23 | 1827.49 | 386.97 |
| 2.草场建设费 | 元 | 197.04 | 248.15 | 145.94 |
| 3.修理费 | 元 | 334.66 | 476.97 | 192.34 |
| 4.其它间接费用 | 元 | 95.95 | 145.91 | 46.00 |
| 二、期间费用 | 元 | 388.43 | 648.32 | 128.54 |
| 1.承包费 | 元 | | | |
| 2.管理费 | 元 | 226.81 | 325.09 | 128.54 |
| 3.销售费 | 元 | 161.62 | 323.24 | |
| 4.财务费 | 元 | | | |
| 三、成本外支出 | 元 | 128.62 | | 257.24 |
| 1.村提留费 | 元 | | | |
| 2.乡统筹费 | 元 | | | |
| 3.其它成本外支出 | 元 | 128.62 | | 257.24 |
| 附记： | | | | |
| 1.全年人均成本外支出 | 元 | 24.72 | | 49.44 |
| 2.畜群全年雇工天数 | 日 | 841.03 | 701.70 | 139.33 |
| 3.畜群全年雇工支出 | 元 | 14474.18 | 12881.00 | 1593.18 |
| 4.人均牛数量 | 头 | 8.00 | 9.00 | 7.00 |
| 5.市场皮张单价 | 元 | 153.32 | 193.83 | 112.80 |

# 2002年畜牧业产品成本收益

品种：牦牛　　　　按统一工价汇总

| 项目名称 | | 单位 | 平均 | 甘肃 | 青海 |
|---|---|---|---|---|---|
| 调查县数 | | 个 | 12.00 | 3.00 | 9.00 |
| 调查户数 | | 户 | 69.00 | 21.00 | 48.00 |
| 畜群期初存栏数量 | | 头 | 3912.00 | 986.00 | 2926.00 |
| 畜群期末存栏数量 | | 头 | 4067.00 | 1022.00 | 3045.00 |
| 每头产品畜平均活重 | | 公斤 | 232.75 | 147.50 | 318.00 |
| 每百头存栏畜 | 产品畜数量 | 头 | 21.00 | 14.00 | 24.00 |
| | 毛(绒)产量 | 公斤 | 43.75 | 35.50 | 52.00 |
| | 产值合计 | 元 | 29948.75 | 22669.50 | 37228.00 |
| | 产品畜产值 | 元 | 23451.00 | 15875.00 | 31027.00 |
| | 毛(绒)产值 | 元 | 367.00 | 227.00 | 507.00 |
| | 副产品产值 | 元 | 6130.75 | 6567.50 | 5694.00 |
| | 其它收入 | 元 | | | |
| | 生产成本 | 元 | 12262.25 | 12430.50 | 12094.00 |
| | 物质费用 | 元 | 3764.75 | 3168.50 | 4361.00 |
| | 用工作价 | 元 | 8497.50 | 9262.00 | 7733.00 |
| | 用工数量 | 日 | 772.50 | 842.00 | 703.00 |
| | 劳动日工价 | 元 | 11.00 | 11.00 | 11.00 |
| | 期间费用 | 元 | 687.25 | 106.50 | 1268.00 |
| | 税金 | 元 | 723.50 | 417.00 | 1030.00 |
| | 含税成本 | 元 | 13673.00 | 12954.00 | 14392.00 |
| | 净产值 | 元 | 26184.00 | 19501.00 | 32867.00 |
| | 减税纯收益 | 元 | 16275.75 | 9715.50 | 22836.00 |
| | 成本纯收益率 | % | 119.04 | 75.00 | 158.67 |
| 每50公斤 | 产品畜(活重)平均出售价格 | 元 | 235.74 | 390.15 | 203.92 |
| | 产品畜(活重)含税成本 | 元 | 107.63 | 222.94 | 78.83 |
| | 毛(绒)平均出售价格 | 元 | 419.43 | 319.72 | 487.50 |
| | 毛(绒)含税成本 | 元 | 191.49 | 182.70 | 188.46 |
| 每头产品蓄 | 平均出售价格(活重) | 元 | 1097.37 | 1150.94 | 1296.93 |
| | 含税成本(活重) | 元 | 501.00 | 657.68 | 501.38 |
| 每劳动日净产值 | | 元 | 33.90 | 23.16 | 46.75 |
| 畜群期内出售、自食数量 | | 头 | 681.00 | 100.00 | 581.00 |
| 畜群期内出售、自食产值 | | 元 | 805721.00 | 113393.00 | 692328.00 |
| 每百头存栏畜成本外支出 | | 元 | 115.00 | 184.00 | 46.00 |

# 2002 年畜牧业产品成本收益

品种：牦牛　　　　按地区工价汇总

| 项目名称 | | 单位 | 平均 | 甘肃 | 青海 |
|---|---|---|---|---|---|
| 调查县数 | | 个 | 12.00 | 3.00 | 9.00 |
| 调查户数 | | 户 | 69.00 | 21.00 | 48.00 |
| 畜群期初存栏数量 | | 头 | 3912.00 | 986.00 | 2926.00 |
| 畜群期末存栏数量 | | 头 | 4067.00 | 1022.00 | 3045.00 |
| 每头产品畜平均活重 | | 公斤 | 232.75 | 147.50 | 318.00 |
| 每百头存栏畜 | 产品畜数量 | 头 | 21.00 | 14.00 | 24.00 |
| | 毛(绒)产量 | 公斤 | 43.75 | 35.50 | 52.00 |
| | 产值合计 | 元 | 29948.75 | 22669.50 | 37228.00 |
| | 产品畜产值 | 元 | 23451.00 | 15875.00 | 31027.00 |
| | 毛(绒)产值 | 元 | 367.00 | 227.00 | 507.00 |
| | 副产品产值 | 元 | 6130.75 | 6567.50 | 5694.00 |
| | 其它收入 | 元 | | | |
| | 生产成本 | 元 | 10137.88 | 9483.50 | 10688.00 |
| | 物质费用 | 元 | 3764.75 | 3168.50 | 4361.00 |
| | 用工作价 | 元 | 6373.13 | 6315.00 | 6327.00 |
| | 用工数量 | 日 | 772.50 | 842.00 | 703.00 |
| | 劳动日工价 | 元 | 8.25 | 7.50 | 9.00 |
| | 期间费用 | 元 | 687.25 | 106.50 | 1268.00 |
| | 税金 | 元 | 723.50 | 417.00 | 1030.00 |
| | 含税成本 | 元 | 11548.63 | 10007.00 | 12986.00 |
| | 净产值 | 元 | 26184.00 | 19501.00 | 32867.00 |
| | 减税纯收益 | 元 | 18400.13 | 12662.50 | 24242.00 |
| | 成本纯收益率 | % | 159.33 | 126.54 | 186.68 |
| 每50公斤 | 产品畜(活重)平均出售价格 | 元 | 235.74 | 390.15 | 203.92 |
| | 产品畜(活重)含税成本 | 元 | 90.90 | 172.22 | 71.13 |
| | 毛(绒)平均出售价格 | 元 | 419.43 | 319.72 | 487.50 |
| | 毛(绒)含税成本 | 元 | 161.74 | 141.13 | 170.05 |
| 每头产品蓄 | 平均出售价格(活重) | 元 | 1097.37 | 1150.94 | 1296.93 |
| | 含税成本(活重) | 元 | 423.16 | 508.06 | 452.40 |
| 每劳动日净产值 | | 元 | 33.90 | 23.16 | 46.75 |
| 畜群期内出售、自食数量 | | 头 | 681.00 | 100.00 | 581.00 |
| 畜群期内出售、自食产值 | | 元 | 805721.00 | 113393.00 | 692328.00 |
| 每百头存栏畜成本外支出 | | 元 | 115.00 | 184.00 | 46.00 |

# 2002年畜牧业产品物质费用和期间费用

品种：牦牛

| 项 目 名 称 | 单位 | 平 均 | 甘 肃 | 青 海 |
|---|---|---|---|---|
| 一、物质费用 | 元 | 3764.75 | 3168.50 | 4361.00 |
| (一)直接生产费用 | 元 | 1945.00 | 1579.00 | 2311.00 |
| 1.饲草费 | 元 | 571.00 | 208.00 | 934.00 |
| 2.饲料饲盐费 | 元 | 271.75 | 222.50 | 321.00 |
| 3.医疗防疫费 | 元 | 271.75 | 273.50 | 270.00 |
| 4.配种费 | 元 | 24.50 | 49.00 | |
| 5.放牧用具费 | 元 | 277.50 | 191.00 | 364.00 |
| 6.幼畜购进费 | 元 | | | |
| 7.其它直接费用 | 元 | 528.50 | 635.00 | 422.00 |
| (二)间接生产费用 | 元 | 1819.75 | 1589.50 | 2050.00 |
| 1.固定资产折旧费 | 元 | 1085.25 | 1012.50 | 1158.00 |
| 2.草场建设费 | 元 | 541.00 | 477.00 | 605.00 |
| 3.修理费 | 元 | 159.50 | 50.00 | 269.00 |
| 4.其它间接费用 | 元 | 34.00 | 50.00 | 18.00 |
| 二、期间费用 | 元 | 687.25 | 106.50 | 1268.00 |
| 1.承包费 | 元 | 525.50 | 86.00 | 965.00 |
| 2.管理费 | 元 | 70.50 | | 141.00 |
| 3.销售费 | 元 | 21.50 | | 43.00 |
| 4.财务费 | 元 | 69.75 | 20.50 | 119.00 |
| 三、成本外支出 | 元 | 115.00 | 184.00 | 46.00 |
| 1.村提留费 | 元 | | | |
| 2.乡统筹费 | 元 | | | |
| 3.其它成本外支出 | 元 | 115.00 | 184.00 | 46.00 |
| 附记： | | | | |
| 1.全年人均成本外支出 | 元 | 29.25 | 30.50 | 28.00 |
| 2.畜群全年雇工天数 | 日 | 30.00 | 13.00 | 17.00 |
| 3.畜群全年雇工支出 | 元 | 323.00 | 79.00 | 244.00 |
| 4.人均牛数量 | 头 | 21.00 | 31.00 | 10.00 |
| 5.市场皮张单价 | 元 | 129.25 | 163.50 | 95.00 |

附：

# 农产品成本调查主要指标解释

## 第一部分　种植业

一、调查面积。按生产单位和农户当年实际种植面积计算，不按耕地面积、收获面积和计划播种面积计算。如遇灾害全部或部分改种其它作物，则按各种作物实际面积计算。间作、套种的作物按各种作物占有面积折算或按每种作物的亩定额的播种量折算，不要多算或少算。多年生作物（如苎麻、甘蔗）按当年留存的可收面积计算。有的地方按习惯亩计算的，应按实际面积折成市亩。在调查时，按每亩每茬计算（桑蚕茧、茶叶等按每亩全年总投入和总产出计算）。

二、主产品产量。按实际产量计算。其中：粮食作物按原粮计算（玉米按脱粒后的粒子计算），薯类按干薯计算，豆类按去豆荚后的干豆计算，棉花按皮棉计算，烟叶按调制后干烟计算，花生按带壳花生计算，苎麻按干麻计算，黄红麻按熟麻计算，甘蔗以蔗根计算，甜菜按块根计算，中药材按干货计算。

三、产值。主产品产值指生产单位和农户通过各种渠道出售主产品所得收入和留存的主产品可能得到的收入之和。其中售出部分按实际出售价格计算。

副产品产值。指可以利用的副产品如稻草、麦秸、棉杆等的实际出售收入或折价计算收入。

四、其它收入。指除主副产品之外，农民从其它渠道直接或间接得到的收入，主要指政府对生产的补贴和以工补农，即各级政府、农副产品加工企业和乡镇企业等为扶持农业生产而无偿提供资金或实物，由此直接或间接增加的农业收入。

五、物质费用。指在直接生产过程中消耗的各种农业生产资料和发生的各项支出的费用，包括直接生产费用和间接生产费用两部分。

（一）直接生产费用，指在直接生产过程中发生的、可以直接计入各种作物中去的费用。包括种籽秧苗费、农家肥费、化肥费、农膜费、农药费、畜力费、机械作业费、排灌费、燃料动力费、棚架材料费、其它直接费用。

（二）间接生产费用。指与各种作物直接生产过程有关、但需要分摊才能计入作物成本的费用。包括固定资产折旧、小农具购置及修理费、其它间接费用。

六、用工数量。分直接生产用工与间接生产用工两部分，计量单位采用“标准劳动日”。

（一）直接用工。指各种作物直接使用的劳动用工数。包括翻耕整地、播种、施肥、排灌、田间管理、收获以及烤烟和茶叶等初制加工的各项劳动用工。

(二)间接用工。指数种作物的共同劳动用工。包括积肥、经营管理以及修理农具、修建水利工程、平整土地等劳动用工。

七、劳动日工价。劳动日工价的计算公式为:

某年农业劳动日工价=(当年农民人均生活消费支出×每农业劳动力负担人口数)÷全年劳动日天数(254天)

八、用工作价=用工数量×劳动日工价。

九、期间费用。期间费用指与生产经营过程没有直接关系和关系不密切的费用,包括土地承包费、管理费、销售费和财务费。

1. 土地承包费。指生产单位或农户为获得某块土地及其附着物的经营使用权而向集体或他人支付的租赁费或承包费。

2. 管理费。指用于生产管理方面的开支。规模农场管理费开支范围按农业企业财务制度的有关规定核算分摊。

3. 销售费。指生产单位或农户为销售商品而发生的运输费、装卸费、包装费、差旅费、广告费等,销售用工按当地工价折算计入销售费用。

4. 财务费。指与生产经营有关的流动资金的借款利息和金融机构手续费等。

十、生产成本。指直接生产过程中发生的各项物质费用和人工支出之和。

十一、税金。当年交纳的农牧业税、销售税和农林特产税。

十二、含税成本。指农产品生产经营全过程发生的全部支出,包括生产成本、期间费用和税金。

十三、净产值指产值合计减去物质费用后的余额。

十四、减税纯收益=产值合计+其它收入-含税成本

十五、成本纯收益率=减税纯收益÷含税成本 ×100%

十六、“成本外支出”指不能计入含税成本(生产成本、期间费用和税金)的各种费用。包括两工支出和一事一议等其它成本外支出。

十七、每50公斤主产品费用、成本计算方法(以种植业为例):

每50公斤主产品物质费用=每亩物质费用÷每亩产值合计×每50公斤主产品平均出售价格

每50公斤主产品生产成本=每亩生产成本÷每亩产值合计×每50公斤主产品平均出售价格

每50公斤主产品含税成本=每亩含税成本÷每亩产值合计×每50公斤主产品平均出售价格

## 第二部分　饲养业

一、饲养业各品种的主副产品如下表：

| 品　种 | 主产品 | 副产品 |
|---|---|---|
| 生　猪 | 生猪活重 | 粪肥 |
| 菜　牛 | 菜牛活重 | 粪肥、牛皮 |
| 菜　羊 | 菜羊活重 | 羊毛、羊绒、羊皮、粪肥 |
| 肉　鸡 | 肉鸡活重 | 粪肥 |
| 蛋　鸡 | 鸡　蛋 | 粪肥、淘汰鸡 |
| 奶　牛 | 牛　奶 | 粪肥、牛犊、淘汰牛 |
| 淡水鱼 | 淡水鱼 | 其它伴养或伴生水产品 |

二、物质费用。指直接生产过程中消耗的各种费用和发生的各项支出。包括直接生产费用、间接生产费用两部分。

(一)直接生产费用。指直接生产过程中发生的、不用分摊可以直接计入产品中去的费用。包括：仔畜(禽、鱼苗)进价、精饲料费、青粗饲料费、饲料加工费、水费、电费、煤费、医疗防疫费、死亡损失费、工具与材料费和其它直接费用。

(二)间接生产费用。指与生产过程有关但需要经过分摊或分年提取计入成本的费用。包括固定资产折旧、修理费和其它间接费用。

三、耗粮数量。指饲养业产品在生产周期内消耗的精饲料折原粮数量。

饲养业其它指标的涵义请参考种植业部分。

## 第三部分　畜产品

一、畜产品成本收益调查表适用于牧区群养的牛、羊(土种山羊、改良山羊、土种绵羊、改良绵羊)等畜牧业产品。

二、畜群产品：指畜群调查周期内出栏畜(包括出售和自食的牲畜)和生产的毛(绒)及副产品，以及畜群期末存栏数减去期初存栏数后净增加的调查畜数量。

三、产品畜数量。指每百只(头)存栏畜调查期内出栏畜(出售、自食)和净增畜数量。

每百只(头)存栏畜出售、自食数量＝调查期内出售、自食数量之和÷期初存栏数×100。

每百只(头)存栏畜净增畜数量＝(期末存栏数量－期初存栏数量)÷期初存栏数量×100。

每百只(头)存栏畜产品畜数量=(畜群期内出售、自食数量+期末存栏数量-期初存栏数量)÷期初存栏数量×100。

三、每只(头)产品畜平均活重。指调查周期内出售、自食和净增畜的活体重量。

每只(头)产品畜平均活重=(出售畜总活重+自食畜总活重+净增畜总活重)÷产品畜数量

净增畜总活重按出售畜的平均活重计算乘以净增畜数量计算。计算公式为:

净增畜总活重=每只(头)出售畜平均活重×净增畜数量

五、产品畜产值。指每百只(头)存栏畜调查期内出栏畜(出售、自食)和净增畜的产值。出售畜按实际出售收入计算,自食畜和净增畜按调查期市场平均活重价格乘以自食畜和净增畜的总活重计算。

畜产品其它指标的涵义请参考饲养业部分。